# MODERN MACROECONOMICS
## Its Origins, Development and Current State

# 现代宏观经济学
## 起 源 、 发 展 和 现 状

[英]

布莱恩·斯诺登　　霍华德·R.文
Brian Snowdon　　Howard R. Vane

佘江涛　魏威　译

江苏人民出版社

**图书在版编目（CIP）数据**

现代宏观经济学：起源、发展和现状 / （英）布莱
恩·斯诺登，（英）霍华德·R.文著；佘江涛，魏威译.
2版. -- 南京：江苏人民出版社，2024.10. -- ISBN
978-7-214-29512-5

Ⅰ．F015

中国国家版本馆 CIP 数据核字第 2024GK6214 号

MODERN MACROECONOMICS by Brian Snowdon & Howard R. Vane

Copyright © 2005 by Edward Elgar Publishing Ltd.

Published by arrangement with Edward Elgar Publishing Ltd.（EE）through Big Apple
Agency，Inc.，Labuan，Malaysia.

Simplified Chinese edition copyright © 2009 by Jiangsu People's Publishing House. All
rights reserved.

江苏省版权局著作权合同登记：图字 10 - 2018 - 406

书　　　名　现代宏观经济学：起源、发展和现状
著　　　者　[英]布莱恩·斯诺登　霍华德·R.文
译　　　者　佘江涛　魏　威
责 任 编 辑　刘　焱　周晓阳　强　薇
责 任 监 制　王　娟
出 版 发 行　江苏人民出版社
地　　　址　南京市湖南路 1 号 A 楼，邮编：210009
照　　　排　南京紫藤制版印务中心
印　　　刷　南京爱德印刷有限公司
开　　　本　718 毫米×1000 毫米　1/16
印　　　张　43　插页 4
字　　　数　696 千字
版　　　次　2024 年 10 月第 2 版
印　　　次　2024 年 10 月第 1 次印刷
标 准 书 号　ISBN 978 - 7 - 214 - 29512 - 5
定　　　价　128.00 元（精装）
　　　　　　（江苏人民出版社图书凡印装错误可向本社调换）

CONTENTS

目　录

现代宏观经济学：起源、发展和现状

现代宏观经济学:起源、发展和现状

# 前　言

在过去的十年里,我们合作写作和编辑了五本有关宏观经济学的著作。这一 系列著作的第一本是《宏观经济学现代指南:竞争的思想流派导论》,它由爱德华·埃尔加公司于1994年出版,而我们最近的合作冒险是《宏观经济学百科全书》,它由爱德华·埃尔加公司于2002年出版。在共同写作和编辑《宏观经济学百科全书》的过程中,许多著名的经济学家为这一计划作出了贡献,他们问我们是否计划写作第二版的《宏观经济学现代指南》。这本书已经得到了广泛的好评,并被翻译成多国文字。最初我们打算写作第二版的《宏观经济学现代指南》,它涉及对每一章的修订,以及对数据和参考书目的更新。但是,当计划展开的时候,我们发现要对《宏观经济学现代指南》进行全面修订,不仅涉及对每一章的大幅度修订,还要求添加两个新的章节,它们考察了"新政治经济学"新近出现的文献和"新发展理论"的文献。鉴于这些广泛的变化,我们认为这是部全新的著作,有理由得到一个反映其主题和内容的新书名。在写作《现代宏观经济学:起源、发展和现状》过程中,我们得到了两位在各自领域十分著名的学者的支持,一位是保罗·戴维森(Paul Davidson),他奉献了论述后凯恩斯学派的第八章,一位是罗杰·加里森(Roger Garrison),他奉献了论述奥地利学派的第九章。

正如书名所反映出来的,这本新书的主要目的是去思考现代宏观经济学的起源、发展和现状。其采用的方式适合于选择中级宏观经济学课程的本科生。这样我们假定这些学生已牢固地掌握经济学的基本原理,同时熟悉宏观经济学的基本理论和模型,这些理论和模型在阿贝尔和伯南克(Abel and Bernank,2001)、布兰查德(Blanchard,2003)或者曼昆(Mankiw,2003)的教科书中得到了发展。但是,本书对那些选修经济学本科课程——最突出的是经济思想史和经济史——的学生来说是有用的。

本书旨在让学生在学位课程的范围内,根据自身的兴趣和需要单独地阅读每一个章节,同时,为了与《宏观经济学现代指南》相一致,本书遵循着一个有结构的方向,展现历史视野中现代宏观经济学的起源和发展的轨迹。由于本书的这一特点,它就不可能涵盖每一个领域。因此我们的目的是突出我们认为是主要议题的东西,这些议题在20世纪30年代宏观经济学诞生之后就出现了。

在论述宏观经济学的导论性的第一章之后,在描述正统凯恩斯学派发展(第三章)、正统货币学派(第四章)、新古典学派(第五章)、实际经济周期学派(第六章)、新凯恩斯学派(第七章)、后凯恩斯学派(第八章)和奥地利学派(第九章)的轨迹之前,第二章思考了凯恩斯和"旧"古典模型之间的争论。熟悉《宏观经济学现代指南》的读者将认识到我们所选择的方法,即讨论宏观经济学主要的竞争性学派在历史的视野里进化时的核心原则以及政策含义。我们在这样做的时候,得以在第二章至第七章中包括了更多最新的参考书目,更为重要的是评价了这些学派对宏观经济学当下状态的影响。在与《宏观经济学现代指南》标题相同的章节中,我们还引进了大量的新材料。例如:在第2.14节,我们引入对大萧条起因和后果的讨论,同时在第3.5节,我们讨论了当凯恩斯的IS-LM模型被扩展到开放的经济体系中的时候,以稳定为目标的财政和货币政策的效应。在本书中,后凯恩斯学派和奥地利学派得到了单独的一章(每一章由这一领域的著名学者撰写),而不像在《宏观经济学现代指南》中那样,被放在同一章里。进一步而言,为了思考20世纪最后几十年宏观经济学领域取得的发展,我们引入了两个全新的章节。在第十章中,我们思考了以"新宏观政治经济学"之名出现的东西,同时在第十一章,我们讨论了"经济增长"领域研究的复兴,我们希望这些变化同样能得到评论家和读者的欢迎。

与《宏观经济学现代指南》一致,为了有助于活跃讨论,并激发读者的想象力,xvi 我们在一些篇章后收录了对在各自研究领域堪称专家的知名经济学家的采访。我们特别感谢(排名顺序以本书中采访的顺序为准)罗伯特·斯基德尔斯基(Robert Skidelsky,他是凯恩斯研究和两次大战期间经济研究的著名权威)、詹姆斯·托宾(James Tobin,1981年诺贝尔经济学奖得主,他是美国最杰出的凯恩斯学派经济学家)、米尔顿·弗里德曼(Milton Friedman,1976年诺贝尔经济学奖得主,他被公认为货币学派的奠基者)、小罗伯特·卢卡斯(Robert E. Lucas Jr,1995年诺贝尔经济学奖得主,他被公认为新古典经济学发展的领军人物)、爱德华·普雷斯科特(Edward Presott,他被公认为经济波动的实际经济周期研究的主要鼓吹者)、格里高利·曼昆(Greg Mankiw,宏观经济学的新凯恩斯学派的代表人物)、艾尔波托·艾莱斯那(Alberto Alesina,新政治经济学文献的主要贡献者),以及罗伯特·索洛(Robert Solow,1987年诺贝尔经济学奖得主)和保罗·罗默(Paul Romer),他们两人在经济增长领域作出了突出贡献。他们富有启发性和个性鲜明的回答表明现代宏观经济学是激动人心和充满争议的领域。另外，读者可能想知道为何我们在论述后凯恩斯主义的第八章和论述奥地利学派的第九章之后没有收录采访。原因是第八章的作者保罗·戴维森是后凯恩斯经济学的主要权威，第九章的作者罗杰·加里森是奥地利学派的主要权威——如果他们没有分别欣然同意撰写这两章的话，我们就会采访他们。

因此，对于可能的评论者和潜在的购买者来说，显然这本书远非《宏观经济学现代指南》的第二版。这是一本新书，我们希望它能成功地传达所讨论的问题的重要性。正如凯恩斯所认识到的，经济学家的思想比通常理解的有力。在这本书中，我们已试图去显示：当关键事件和思想在20世纪出现并融入新千年的时候，为何有理由描绘它们的发展和相互作用的轨迹。

（佘江涛　译）

# 第一章　理解现代宏观经济学

经济学的知识是由历史决定的……今天我们所有的关于经济体系的知识并不是今天早晨所发现的东西,而是我们过去所有的洞察、发现和错误出发点的总和。没有庇古就没有凯恩斯;没有凯恩斯就没有弗里德曼;没有弗里德曼就没有卢卡斯;没有卢卡斯就没有……(Blaug,1991a,pp. X-Xi)

## 1.1　现代宏观经济学的议题和思想

宏观经济学关心的是整体经济的结构、表现和行为。宏观经济学家主要关心的是分析并且试图去理解主要经济总趋势的潜在决定因素,它涉及商品和劳务的总产出(GDP)、失业、通货膨胀和国际贸易。更重要的是,宏观经济学分析试图理解 GDP 短期波动(经济周期)的起因和影响,以及预测 GDP 的长期走势(经济增长)。显然,宏观经济学研究的问题很重要,因为宏观经济事件影响着我们所有人的生活和福利的方方面面。不能仅仅夸大令人满意的宏观经济运作对一个国家居民福利的重要性。一个具有成功的宏观经济管理的经济应具有低失业率和低通货膨胀率,以及稳定持续的经济增长。相反,在一个宏观经济管理不善的国家,我们会看到其对该国人民生活水准和就业的负面影响。在特殊的情况下,不稳定的宏观经济会造成毁灭性的结局。例如,1918—1933 年期间,主要工业国家没能保持经济稳定,从而导致了灾难性的政治和经济结果,并引发了一系列导致第二次世界大战爆发的事件,给人类和世界经济带来了灾难性的影响。

由于宏观经济的表现和政策是紧密联系的,主要宏观经济议题也就成了新闻媒体长期关注的焦点,并不可避免地在政治争辩中发挥着主要的作用。在民主自由国家的竞选活动期间,经济表现对政治事件的影响尤为重要和关键。研究表明,战后选举结果在许多情况下都受到了由三个主要宏观经济指标——通货膨胀、失业和经济增长——反映出来的经济表现的影响。尽管有许多明显的非经济因素影响着选举人的"满意程度",但可以肯定的是,诸如就业和收入增长一类的经济变量是选举行为的一个重要因素。此外,意识形态的冲突经常围绕着主要的宏观经济议题(见 Frey and Schneider,1988;Alesina and Roubini with Cohen,1997;Drazen,2000a)。

为了了解两个经济大国在失业和通货膨胀方面的表现,可以参考图 1.1 和图 1.2。这里,我们可以清楚地看到高失业和高通货膨胀的反常偶尔呈现出远远高出标准的比例。图 1.1 记录了 20 世纪美国和英国的失业轨迹。尽管美国的失业率上升得比在 1929 年以前失业率已很高的英国显著得多,但大萧条(1929—1933年)对两国失业的影响在图表上十分显著(见下文第 1.4 节和第二章)。

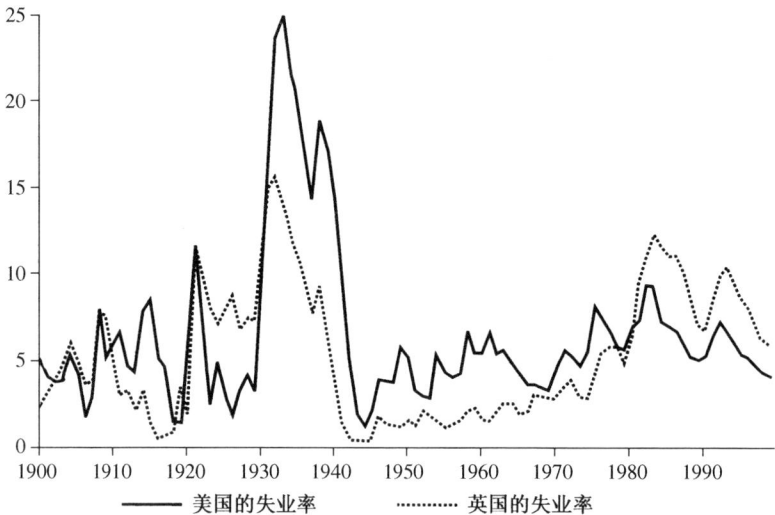

来源:Britton(2002)。

图 1.1  20 世纪美国和英国的失业率

图 1.2 描述了在 20 世纪的美国和英国,通货膨胀率是如何变化的。值得注意的是:两次世界大战(1914—1918 年,1939—1945 年)和朝鲜战争(1950—1953 年)时期通货膨胀率的急剧增长;20 世纪 20 年代初期和 30 年代的低通货膨胀;70年代的"大通货膨胀"(Taylor,1992a)。正如德朗所说:"20 世纪 70 年代是美国爆发通货膨胀的唯一和平年代。"(Delong,1997)

由于这些特殊的事件,以下问题出现在经济学家面前:它们的发生是由于特殊的大事件、调控机制的失败、政策失误的结果,还是受这三方面综合影响?找出这些问题的答案极其重要,因为现代稳定的政策行为必须吸取历史的教训,经济学

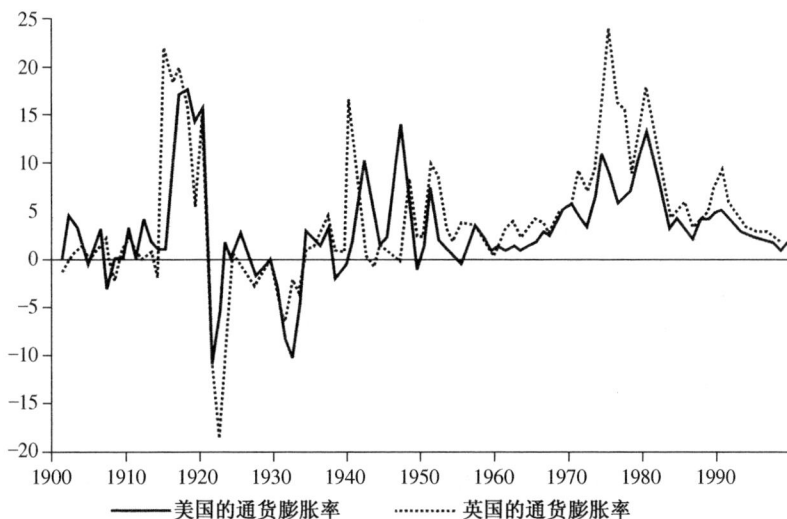

来源：Britton(2002)。

图 1.2　20 世纪美国和英国的通货膨胀率

家的理论和经验研究成果。

## 1.2　经济理论的作用和争论

为了设计和实施在增进经济福利方面大有潜力的经济政策，政府的政策制定者必须明白是哪些因素决定着经济的长期增长和构成经济周期的短期波动。现代宏观经济学研究的主要目标就是尽可能全面地理解经济的运行方式和它是如何对特定的政策和可能引起动荡的各种需求和供给的冲击作出反应的。宏观经济学理论由一整套关于经济运行的观点组成，并且在逻辑框架（理论）中被组织起来，构成了设计和实施经济政策的基础。按照定义，理论是现实的简化。它必须反映实际世界的复杂性。对于经济学家来说，知识的问题在于如何以特殊的模型捕捉数百万个参与经济活动的个体复杂的互相作用的行为。亨廷顿简洁地勾勒了对明确模型的通常辩护，把它作为思维的必要支撑（Huntington，1996）：

简单的样本和图表是人们思维所必不可少的。一方面，我们可以明确地阐明理论或模型，并自觉地运用它们指导行为。另一方面，我们可能拒绝对这些指导的需要，并假定我们只根据"客观的"事实行动，依据事实的是非曲直处理事件。可是，如果我们这样假定，我们就是自欺欺人。因为在我们心灵深处藏有如何理解现实生活、审视什么事实、如何判断它们的重要性和是非曲直的假定、偏向和偏见。

因此,明确和不明确的模型是理解复杂的世界所必需的。根据定义,经济理论和特定模型充当了我们在社会科学中所需要的实验室。它们帮助经济学家在进行关于各类经济事件的起因和结果的思想试验时,决定哪些是需要分析的重要因素。一个成功的理论将有助于经济学家对所选择的行为方案的结果作出更好的预见,由此显示最有可能取得社会既定目标的政策制度。

连贯性的经济政策的目的在于取得一个让人接受的经济增长率,并且减少总体的不稳定性,这一政策的制订依赖于内在一致的经济理论模型的可行性。它能够令人满意地解释主要的宏观变量的运行方式,并且被各种可以得到的经验证据所接受。这样的模型为检查制度和政策的发展与改进提供了一个组织化的框架,而这个制度和政策能实现合理的宏观经济稳定和增长。可是,整个 20 世纪经济学家在哪个是"正确的"经济模型方面,认识存在着差异,有时这些差异是根本性的。结果,持续的分歧和争议时常成了宏观经济思想史的特点(Woodford,2000)。

今天宏观经济学家所拥有的关于经济运行方式的知识是长期研究的结果,这一知识经常涉及激烈的争议和一个不断增加的经验数据库。正如布兰查德(Blanchard,1997a)指出的:

> 宏观经济学不是一门精密科学,而是一门应用科学。概念、理论和模型不断地依据事实得到评估,并且经常被变更或被舍弃……因此宏观经济学是一个建构,一个理论和事实相互作用的过程。今天,宏观经济学家所相信的是一个进化过程的结果,在这一过程中,他们消除了那些失灵的思想,保留了那些似乎能更好地解释现实的理论。

从长远的角度来看,在 21 世纪开始的时候,我们目前对宏观经济学的理解只是经济理论的又一个篇章。可是,从一开始就认识到经济学家对宏观经济学的认识之路并不平坦是重要的。因此,许多经济学家在谈论宏观经济学历史时极愿意经常使用"革命"和"反革命"这样的术语。凯恩斯主义的传统知识在 20 世纪 70 年代初期的快速衰落来自"旧凯恩斯主义者"经验上的失败,以及货币主义经济学家和新古典经济学家所倡导的批判(反革命)中越来越多的成就(Johnson,1997;Tobin,1981,1996;Blaug,1997;Snowdon and Vane,1996,1997a,1997b)。

我们的观点是:对宏观经济学现状的任何充分评判都需要阐述旧理论的兴衰,以及在一个比较的和历史的背景中新理论的现状(见 Britton,2002)。本书检验、比较和评价了构成当代宏观经济学思想的主要竞争状况的演变。我们坚持认为,各种选择性的解释和观点的共存性是力量而非虚弱的表现,因为它允许从知识的交流中相互吸收,从而促进理解。这是约翰·斯图尔特·穆勒(John Stuart Mill)在大约 150 年前指出的:所有的派别从思想的互相比较中获益,各种选择性的观点不仅有助于阻止自满,"一旦没有敌人出现在战场上,老师和同学们都会在各自的岗位上入睡"(Mill,1982,p. 105),而且它们也为促进理解提供了工具,这样,理解各种选择性的观点就迫使经济学家们重新评估自己的观点。争论和对话一直是,也将一如既往地是宏观经济学新知识的积累和宏观经济学发展的动力。因此,我们支持穆勒的对各种选择性框架之间持续对话的呼吁(这里是在宏观经济学内部)的请求,以便经济学家们互相学习。经济学家们所探讨和研究的宏观经济学问题常常是共通的。

  总体来说,经济学有许多学术流派,宏观经济学更甚。鉴于所考察的问题内在的困难性和重要性,这种状况不应该令我们惊讶。尽管在学术界存在着"分辨结果之间差异的强烈动机"(Blanchard and Fischer,1989),但是,很多宏观经济学争论十分深奥,这是不容怀疑的。当然,可以肯定的是,经济学家在许多观点上不一致,但他们在宏观经济学方面的争论更频繁、更激烈、更持久。在讨论为何在宏观经济学方面有这么多争论的问题上,迈耶提出了七个原因(Mayer,1994),它们是:关于经济如何运行的有限知识;经济学家研究的日益广泛的课题;需要去思考的诸如政治因素这样的更为广泛的影响;不同经济学家的"哲学思想核心、价值判断、社会共鸣和方法论"。克努特·威克塞尔认为在经济学内部"战争状态一直存在,并会持续下去"(Knut Wicksell ,1958,pp. 51-52),这看起来对现代宏观经济学更为贴切。在很大程度上这反映了宏观经济学所研究问题的重要性,但这也支持了以前经济学家所发现的成果,它们揭示了与宏观经济学相比较,微观经济学有着更强的共识倾向(例如,见 Alston et al.,1992)。

  可以肯定,在 20 世纪的一些特定时期,宏观经济学理论的状态犹如一个战场。不同的旗帜下聚集着一群群经济学家。可是我们的观点是:经济学家应该始终抵制以不受质疑的方式接受片面的或者限制性的共识的诱惑,"因为正确的答案不可能来自任何一种纯粹的经济理论"(Deane,1983)。另外,科学研究的特点也表明,学科边缘的分歧和争议是最为激烈的,它们也理应如此。正如小罗伯特·E·卢卡斯所认为的(见第五章后的采访),职业经济学家的任务是"通过推进研究进入新的因而必然是争议性的领域,而创造新的理论。在某些特定的问题上人们可能达成共识,但在整个研究领域达成共识就等于停滞不前、离题和死亡"。更如米尔顿·弗里德曼(见第四章后的采访)所认为的,"总的来说科学是由不成功的实验扫清道路的"。

宏观经济学自 20 世纪 30 年代诞生以来,经历了令人瞩目的成长过程。更具体地说,任何落后于时代、在 1965 年——那时"旧凯恩斯主义的"范式已达到顶峰——沉睡的经济学家,都会对以下事实记忆犹新:他们在 21 世纪初苏醒了,并见证了在宏观经济学文献中发生的巨大变化。

## 1.3 目标、工具和政府的职能

在我们的历史旅程中,我们会发现宏观经济学经历了危机时期。不可否认,在不同的思想流派上存在着明显的观点冲突,这在 20 世纪 70 年代和 80 年代尤甚。但也应注意到经济学家在理论问题、经验依据和政策工具选择等方面的分歧要比在政策最终目标上的分歧大。在战后时期写的最有影响的一篇文章的开头,弗里德曼强调了这个观点:

> 在经济政策的主要目标——高就业、稳定的物价和高速的经济增长——上存在着广泛的共识。但是,在这些目标是相互协调的问题上则存在着较少的共识;或者在那些认为它们是不协调的人当中,关于它们能够和应该互相替代的条件也存在着较少的共识。在实现这几个目标上,对不同政策工具能够和应该发挥的作用共识最少。(Friedman,1968a)

为了实现经济政策的"主要目标",适当的工具选择将取决于对特定的宏观经济问题起因的详细分析。这里我们将提及两个宏观经济学的主要学术传统,我们可以宽泛地将其定义为古典的方法和凯恩斯主义的方法。当我们考察政策目标是如何相互联系的时候,考察不同经济学家是如何对待在相应的经济活动中市场的角色和有效性的时候,我们发现了决定经济学家对政策事务分歧的基本问题,即:什么是政府在经济中的适当角色? 政府介入经济的程度和形式是亚当·斯密在《国富论》(Adam Smith,1776)中的主要论题,被凯恩斯抛弃的不受控制的"自由放任"得到了详细的证明。20 世纪宏观经济学真正重大的问题紧紧围绕着这个话题。曼昆认为古典的方法"强调私有参与者的最优化"和"不受约束的市场的有效性"(Mankiw,1989)。另一方面,凯恩斯主义学派"相信理解经济波动需要的不仅是一般均衡的复杂性,而且需要认识到市场失灵的可能性"。显然,在凯恩斯主义的观点中存在着政府发挥更广泛职能的空间。在 1934 年的一个广播节目中,凯恩

斯发表了名为"贫困和富裕：经济系统是自我调节的吗?"的演讲,在这个演讲中,他对敌对的两个经济学派别作了区分:

一方认为,在长期,现存的经济体系是一个自我调节的系统,尽管这种调节有时并不通畅,有时会有时滞,会被外来的干扰和错误打断……鸿沟的另一方拒绝接受现有的经济体系在任何有效的意义上是自我调节的。自我调节学派的优势依赖于它拥有一个一百年来组织化的经济思想体……因此,假如鸿沟另一方的异端们想要摧毁19世纪正统学派的力量……他们必须在对方的城堡里发起进攻……现在我把自己列为异端的一方。(Keynes,1973a,vol. XIII,pp. 485 - 492)

在过去的半个世纪里,尽管有更为复杂的和大量有力的技术的发展,但由凯恩斯确认的这两个基本观点依然存在。请看斯坦利·费希尔(Stanley Fischer)在80年代后期发表的关于宏观经济学发展调查的开篇评论:

一种和凯恩斯、凯恩斯主义者和新凯恩斯主义者有关联的思想学派认为,私有经济遭受了协调的失灵,它会引起高失业水平和现实经济活动的过度波动。另一种观点与古典经济学家相联系,并得到货币主义者和均衡经济周期理论学家的支持,它认为在既定的政府政策情况下,私有经济会达到一个尽可能好的均衡。(Fischer,1988,p. 294)

似乎许多现代的争论与发生在30年代的凯恩斯(J. M. Keynes)和他的批判者们之间的争论有着惊人的相似。近来,卡斯帕尔认为,在70年代美国再次经历了一场在宏观经济学政策方面的支持自由放任假设的辩论,这是一个"回归过去"的明显事例(Kasper, 2002)。

在这本书中,我们主要考察自凯恩斯的《就业、利息和货币通论》(以下简称《通论》,Keynes, 1936)出版以来,造就宏观经济理论发展和宏观经济政策实施的学术流派。第二次世界大战之后的第一个25年对凯恩斯主义宏观经济学来说是风平浪静的时期。新一代宏观经济学家普遍接受凯恩斯的主要观点,即自由放任的资本主义经济可以达到以过高的非自愿失业为特征的均衡。《通论》提出的主要政策观点是,如果想要维持一个令人满意的总产出和就业水平,为了调节总需求,积极的政府干预就是必不可少的,而且是不可避免的。正如斯基德尔斯基所指出的,尽管在《通论》中凯恩斯并不明确针对大萧条,但可以肯定的是,《通论》的主要内容是对1929年以后整个资本主义经济中出现的灾难性事件的直接回应(Skidelsky, 1996a)。

## 1.4 大萧条

对经济思想史的学习告诉我们,新思想演进的主要动力之一是事件的发展。尽管理论能帮助我们理解历史事件,但实际上"历史事件的结果常使理论面临挑战并推翻理论,从而导致新理论的演进"(Gordon,2000a,p. 580)。大萧条确实引发了现代宏观经济学的诞生,正如在 20 世纪 60 年代后期和 70 年代初期加速的通货膨胀导致了货币主义的反革命一样(见 Johnson,1971)。值得注意的是许多 20 世纪的经济家,如米尔顿·弗里德曼、詹姆斯·托宾和保罗·萨缪尔森(Paul Samuelson)都是从那个时期他们个人的经历中首先获得灵感而从事经济学研究的(见Parker,2002)。

莱德勒(Laidler,1991,1999)提醒我们,30 年代之前有大量分析经济波动和货币不稳定的起因和结果的著作,现代宏观经济理论不可否认是始于大萧条。1936年之前,现代宏观经济学由一个"知识的大杂烩构成:它有许多成分,有的是奇异的,更多的是有洞察力的,但也有很多是混乱的"(Blanchard,2000)。经济学家用了70 年的时间试图获得一个关于世界经济为何承受着如此灾难的合理解释。伯南克走得更远,甚至认为"理解大萧条是宏观经济学的圣杯"(Bernanke,1995)。

尽管凯恩斯是资本主义体系的坚定拥护者,反对所有其他形式的经济组织,但他也相信它有一些显然是潜在的致命弱点。它不仅仅引发了"任意的不公平的收入分配",也毋庸置疑地没有能"提供充分就业"(Keynes,1936,p. 372)。在凯恩斯作为一个经济学家的最鼎盛时期(1917—1937 年),他亲身经历了 20 世纪资本主义体系最大的危机——大萧条。对凯恩斯而言,资本主义没能确定总体的就业量和 GDP 量,没有能力有效地分配资源。尽管凯恩斯相信资本主义的市场体系并不具有强烈的不稳定性,但他发现它"似乎能在一个相当长的时期,在周期性的亚正常活动的条件下,在没有任何明显的恢复或是完全崩溃的趋势下保持下来"(Keynes,1936,p. 249)。这就是被其他人解释为凯恩斯观点——非自愿的失业能作为一个均衡现象持续下来——的东西。从这个观点来看,凯恩斯总结道:如果资本主义想在两次世界大战期间它所经历的集权主义——法西斯主义的德国和共产主义的苏联——意识形态的猛烈攻击中生存,它就需要消除其缺点和滥用。

在整个 20 年代,尽管反对和推翻凡尔赛和约的决心是纳粹不断增长的影响的一个重要因素,但是似乎没有人怀疑,他们最终在德国取得权力很大程度上是与经济环境紧密相关的。假如美国和欧洲在 1929 年以后的经济政策是不同的,那么"人们能够有理由想象纳粹主义和第二次世界大战的恐怖是可以避免的"(Eichengreen Temin,2002)。根据蒙代尔的评估:"如果中央银行采用价格稳定的政策取代坚持金本位制,那就没有大萧条,没有纳粹'革命',没有第二次世界大战。"(Mundell,2000)

在 30 年代,世界进入了"黑暗峡谷",欧洲成了"黑暗的大陆"(Mazower,1998;Brendon,2000)。两次世界大战期间见证了三个势均力敌的意识形态之间强烈的政治竞争,它们是自由民主、法西斯主义和共产主义。《凡尔赛和约》(Versailles Treaty,1919)之后,民主政体在全欧洲建立起来,但在 30 年代几乎所有的地方都倒退了,到 1940 年,它"事实上全部灭绝了"。资本主义世界在大萧条时期经济管理的失败引发了集权主义和极端民族主义的兴盛,世界经济开始崩溃。如布伦顿所说:"如果灯在 1914 年灭了,如果窗帘在 1939 年落下,那么在 1929 年以后灯就慢慢地暗淡了。"(Brendon,2000)大萧条等于"经济上世界末日的善恶大决战"和"自黑死病以来摧残人性的最严重的和平危机"。资本主义的危机使民主和旧自由主义秩序不再让人信任,导致许多人得出这样的结论:"如果自由放任引起混乱,那么独裁主义将强加秩序。"两次世界大战之间的经济大灾难有助于墨索里尼(Mussolini)在意大利上台,给希特勒(Hitler)在 1933 年 1 月赢得德国政权的机会,把日本推向"经济萧条、政治混乱和军事竞争"的年代。到 1939 年,也就是西班牙内战三年以后,佛朗哥(Franco)在西欧也建立了一个法西斯独裁政权。

1929 年著名的华尔街破产在工业化的资本主义经济体的经济史上预示着一个最戏剧性的和灾难性的时期。从 10 月 23 日到 29 日的一周里,伴随着"垂直"价格在"黑色星期四"(10 月 24 日)和"黑色星期二(10 月 29 日)"的下降,道-琼斯工业指数下跌了 29.5%。对股票市场破产的起因和它在随后的经济活动中与大萧条的联系存在着争议(见 Snowdon,2002a 中对伯南克和罗默的采访)。重要的是记住:20 年代,不像许多欧洲国家的经济,美国的经济正享受着"怒吼 的 20 年代"的增长繁荣。罗斯托的"高度大众消费的年代"(Brendon,2000)好像就在眼前。整个20 年代中后期,股票市场一片乐观,这可以在 1928 年 11 月赫伯特·胡佛(Herbert Hoover)在斯坦福大学对听众所作的演讲中看到。在接受共和党总统提名时,他说了以下"著名的结语":

在今天的美国比在以前任何的地方,我们更接近彻底地战胜贫困。破旧的房子正从我们中间消失。我们还没有达到目标,但过去八年的政策提供了前进的良

机,不久我们就会在上帝的帮助下,迎来贫困从我们国家消失的日子。(见Heibroner,1998)

在胡佛讲话之后的十年中,美国(与其他主要工业化市场经济国家一道)经历了历史上最糟糕的经济危机,并且达到了令许多人都怀疑资本主义和民主制度能否生存下去的程度。在美国经济中,经济活动的周期性高峰出现于1929年8月;在股票市场的崩溃结束了20年代行情看涨的市场时,GDP已开始下降。由于崩溃出现在日益临近的衰退的顶端,因此此1929—1930年间发生生产的严重收缩就不可避免了。但从以往经济周期的情形来看,收缩的初期是好的。收缩的第二阶段,通常被认为是1931年初期到1933年3月之间,小萧条变成了"大"萧条(Dornbusch et al.,2004)。因此,引起经济学家研究兴趣的问题是:"1929—1930年严重的衰退是如何变成1931—1933年的大萧条的?"绝大部分经济学家现在认为:1930年以后,产出和就业的灾难性崩溃主要是由许多经济体——特别是美国——的财政和货币管理当局出现的一系列政策失误引起的,在美国,经济活动的减少比其他地方更甚(见Bernanke,2000,以及本书第二章)。

萧条程度之深可从表1.1所包含的数据中得到证实。表1.1记录了主要资本主义市场经济国家在1929年和1933年之间工业生产崩溃的时间和程度。

最严重的下降发生在美国,工业生产下降了46.8%,GDP下降了28%。尽管1933年后出现了快速增长(1938年除外),大约直到1942年,产出才真正达到正常水平以上。在美国,失业状况在这个时期与GDP的运动相一致。美国1929年的失业率是3.2%,1933年上升到25.2%,30年代的平均失业率是18%,直到1941年才低于10%(Gordon,2000a)。经济下滑到生产能力之下(由于技术的提高、人力资本的投资和劳动力的快速增长,这种能力在继续扩张),以至尽管在1933年和1937年之间产出增加了47%,失业率仍没有低于9%,并且紧随着1938年衰退的冲击,在美国于1941年12月加入第二次世界大战时,其失业率仍接近10%(见Lee and Passell,1979;C. Romer,1992)。欧洲的情况也是灾难性的,并且和美国的发展联系在一起。除美国外,加拿大、德国、法国、意大利、荷兰、比利时、捷克斯洛伐克、波兰和斯堪的纳维亚国家的衰退最严重,英国和日本所受影响小些。伴随着经济活动下降的是失业率的惊人上升,以及商品价格和批发价格的崩溃(见Aldcroft,1993)。

**表 1.1　大萧条**

| 国家 | 萧条始于* | 复苏始于* | 工业生产下降%** |
|---|---|---|---|
| 美国 | 1929(3) | 1933(2) | 46.8 |
| 英国 | 1930(1) | 1931(4) | 16.2 |
| 德国 | 1928(1) | 1932(3) | 41.8 |
| 法国 | 1930(2) | 1932(3) | 31.3 |
| 意大利 | 1929(3) | 1933(1) | 33.0 |
| 比利时 | 1929(3) | 1932(4) | 30.6 |
| 荷兰 | 1929(4) | 1933(2) | 37.4 |
| 丹麦 | 1930(4) | 1933(2) | 16.5 |
| 瑞典 | 1930(2) | 1932(3) | 10.3 |
| 捷克斯洛伐克 | 1929(4) | 1932(3) | 40.4 |
| 波兰 | 1929(1) | 1933(2) | 46.6 |
| 加拿大 | 1929(2) | 1933(2) | 42.4 |
| 阿根廷 | 1929(2) | 1932(1) | 17.0 |
| 巴西 | 1928(3) | 1931(4) | 7.0 |
| 日本 | 1930(1) | 1932(3) | 8.5 |

备注：＊年份，季度在圆括号内。
　　　＊＊从顶峰到低谷的衰退。
来源：C. Romer(2004)。

我们如何解释总体经济活动这种巨大的、灾难性的下降呢？在 30 年代之前，在我们现在所谓的宏观经济学中占统治地位的观点是旧古典方法，其起源要追溯到 200 多年前。1776 年，亚当·斯密著名的《国富论》出版，在文中他提出了"看不见的手"的定理。其主要观点是理性的经济人在竞争条件下追求效用最大化，这一行为通过"看不见的手"的机制，将数以百万计的个体经济活动引向社会最佳状态。在斯密之后，政治经济学对"自由放任"有一个潜在的偏见，并且宏观经济学的古典观点借助于"供给创造了自己的需求"的格言，找到自己著名的表述。这种观点——就是众所周知的萨伊定律——否定了普遍的生产过剩或生产不足的可能性。除了马尔萨斯(Malthus)、马克思(Marx)和其他异端者之外，这种观点在古典经济学和早期新古典经济学(1870 年以后)对宏观经济学理论的贡献中占据主导地位(见 Baumol，1999；Backhouse，2002；以及本书第二章)。弗里德曼认为大萧条期间扩张的货币政策是由芝加哥学派经济学家所推荐的,同时,那些注意到古典经济学家的研究中所包含的普遍而传统的智慧的经济学家,却不能为经济活动如此深重而持续的衰落找到一致而合理的答案(见第四章后对弗里德曼的采访,以及 Parker,2002)。

## 1.5 凯恩斯主义和宏观经济学的诞生

尽管记住在凯恩斯之前的经济学家讨论了我们现在所谓的宏观经济学的多种议题——如经济周期、通货膨胀、失业和经济增长——是重要的,但是,正如我们注意到的,作为一个对总体经济现象一致而系统的方法的现代宏观经济学的诞生,可以追溯到 1936 年 2 月出版的凯恩斯的著作《通论》。在 1935 年 1 月写给朋友的一封信中,凯恩斯认为:"我相信自己将写一部经济理论书,它将彻底改变——我猜想,不是马上而是在今后的十年里——世界思考经济问题的方式。"凯恩斯大胆的预测应该得到了准确的证实,这不仅是对他自信的评注,也反映了古典经济分析的不足,这一分析没有对 20 世纪 30 年代初期普遍存在的经济状况提供一个可以接受的和令人信服的解释。凯恩斯认为 30 年代资本主义体系所面临的动荡的经济状况威胁着它的生存,同时,这种状况也反映了作为调节工具的价格运行机制的基本缺陷。

为了应对这一问题,凯恩斯需要从古典经济学家的城堡内部向他们提出挑战。在他看来,这一缺陷就潜藏在当时存在的古典理论的内部。如果用古典理论的教诲来解决两次世界大战之间资本主义经济所面临的实际问题,凯恩斯认为,这种教诲不仅仅是"误导的",而且是"灾难性的"。对凯恩斯而言,资本主义并不是患了不治之症,它只是不稳定而已。他的目的只是修改资本主义体系内部的游戏规则,以保护并加强它。他想使充分就业成为正常状态,而不是一种例外。他所进行的是一场保守主义的革命。正如加尔布雷斯所说,凯恩斯从来没有出于个人不满而试图改变世界:"对他来说世界是美好的。"(Galbraith,1977)尽管凯恩斯政治想象中的共和国位于"天体空间的极左一边",但他不是社会主义者。尽管有乔治·萧伯纳(Geerge Bernard shaw)的提示,凯恩斯对马克思依然不屑一顾。按他的说法,《资本论》所包含的只有"数据陈旧的、令人厌倦的学术性争论",这种争论最多只不过是复杂的戏法而已。在凯恩斯的政治经济学俱乐部的一次会议上,他承认曾以阅读侦探小说的心态读过马克思的著作。他曾经期望从中找到其思想的线索,但从未成功过(见 Skidelsky,1992,pp. 514 - 523)。然而,凯恩斯对马克思分析的蔑视未能阻止那些政治上的右派人物认为他的言论激进得可怕。在凯恩斯看来,最终的政治问题是如何把经济效率、社会正义和个人自由结合起来。但相对于效率、稳定和增长而言,公平永远是处于第二位的问题。对于 30 年代初期横扫各资本主义经济国家的经济萎缩,他提出的解决办法是接受"政府传统职能的大幅度扩张"。但是,正如凯恩斯在《自由放任的终结》(Keynes,1926)中所说,政府想要有效率,就不应关心"那些已由私有经营者进行的活动",而是去关注"私有经营者私域之外的那些职能,关注那些政府不做就无人去做的决策"(Keynes,1972,Vol. IX,p. 291)。

　　对大萧条最合理的解释似乎是它涉及了总需求的大规模下降。帕廷金(Patinkin,1982)和托宾(Tobin,1997)认为凯恩斯在《通论》中的主要观点是"有效需求的原则"(参见第八章)。根据古典宏观经济体系,总(有效)需求递减将发挥包括价格下降在内的矫正作用,总需求减少的最终效应将是具有实际产出的低价格水平和迅速回到充分就业水平。在古典经济世界,自我矫正的市场力量通过价格机制运行,无需政府干预而恢复到均衡状态。尽管对美国经济在 20 年代是否以与古典模型相一致的方式运行存有争议,但 1929 年以后的十年肯定没出现这种情形。古典模型不能充分解释世界主要经济国家所经历的经济滑坡的广度或深度。确实, 15那些属于米塞斯-哈耶克-罗宾斯-熊彼特的奥地利学派(见第九章)的经济学家相信,应让萧条自生自灭,因为萧条的发生是人为制造的繁荣时期过度投资的必然结果。他们认为大萧条不是政策的决定者应注意的问题,以刺激总需求的方式干预只能使事态变得更糟,只能在现在的萧条和政府不恰当的干预下未来更严重的萧条之间作出选择。

　　目前的共识认为这个时期的经济行为是与围绕总需求不足的解释相一致的。可是,这种总需求不足的解释是任何训练有素的、在萨伊的市场定律和均衡口号基础上成长起来的经济学家都很难理解和接受的解释。确实,最近又出现了不重视总需求的作用而注重供给方因素重要性的对大萧条的解释(见 Cole and Ohanian, 1999,2002a)。对那些坚决要解释经济灾难为何降临到西方世界经济体系之上的经济学家们来说,大萧条对他们对"自由放任"资本主义的热情有着负面影响。

## 1.6 凯恩斯共识的兴衰

　　第二次世界大战期间大量失业的消除,对关于政府有责任维护充分就业的凯恩斯主义思想的传播和影响发挥了深远的推动作用。在英国,威廉·贝弗里奇(William Beveridge)的《自由社会的充分就业》于1944年出版;而在同一年,在关于"就业政策"的白皮书中,政府也承诺要维持一个"高而稳定的就业水平"。在美国,1946年的《就业法》要求联邦政府致力于追求"最高限度的就业水平、生产能力和购买能力"。尽管英美两国没有对如何达到这些目标进行专门讨论,但它们的这些承诺有着巨大的象征意义。在英国,凯恩斯认为,尽管"试一试没有坏处",但贝弗里奇3%的平均失业率的目标过于乐观了(见 Hutchison,1977)。不过发达经济国家战后所享有的繁荣被认为在很大程度上是凯恩斯主义稳定政策的直接结果。直到2002年去世前,托宾都是美国最杰出的凯恩斯主义经济学家,他写道:

16　　一个有力事实已经证实了凯恩斯主义政策的成功。事实上,在第二次世界大战之后,所有发达的、民主的资本主义国家都不同程度地采取了凯恩斯主义的需求管理政策。这个时期,明确地说是在1950—1973年之间,是空前的繁荣、增长、世界贸易扩张和稳定的时期。在这个"黄金时代",通货膨胀和失业率较低,经济周期得到控制。(Tobin,1987)

　　斯图尔特以类似的语气指出:

　　常识的结论是,英国和其他西方国家之所以在战后的四分之一世纪里实现了充分就业,是因为这些国家的政府对充分就业作出了承诺,并懂得如何去保证充分就业。它们知道如何去保证充分就业,因为凯恩斯告诉了它们如何去做。(Stewart,1986)

　　20世纪80年代之前,习惯的看法是:"从1946年起,尤其是从1961年开始,由于采纳了明智的固定而随机的稳定政策,与第二次世界大战之前相比,美国的实际产出更为稳定。"这也是事实(Tobin,1998a)。这是关于美国经济最为广泛的经验概括之一(Burns,1959;Bailey,1978)。可是,克里斯蒂娜·罗默(Christina Romer)在一系列非常有影响的论文中对有关美国经济传统的宏观经济看法——1945年以后的时期比大萧条之前的时期更稳定(见 C. Romer,1986a,1986b,1986c,1989,1994)——提出了挑战。罗默在1986年的论文中所表达的观点是:经济周期在大萧条时期只比1945年以后经历的不稳定稍微严重一点。通过对有关的失业率、工业产出和GDP等数据的仔细研究,罗默发现历史数据的建立方式导致了在结果上的系统偏差。这些偏差夸大了与周期性运动相关的大萧条之前的数据。因此对不稳定性的历史记录的传统评估勾勒了一幅不稳定的实质性减少的图景,事实上,这一记录是普遍但也错误地建立在"虚构数据"上的观点。通过建立与1945年以前相一致的 1945 年以后的数据,罗默能够表明,在 1945 年以后,繁荣和衰退的程度比传统数据所显示的更为严重。罗默也为 1916 年之前的时期创建了一个新的 GDP 数据,并且发现在新的数据中周期性波动并没有库兹涅茨(Kuznets)原先估计的那么严重。因此罗默总结道:事实上没有什么证据能够证实 1929 年之前的美国经济比 1945 年之后的经济更稳定。当然同样的分析也表明大萧条是一个"前所未有的重大"事件,与以前和后来所发生的事情完全不同。正如罗默所写的:"大萧条甚于战前最糟糕的严重萧条,作为相对稳定的战前经济前所未有的崩溃,它非常引人注目。"(Romer,1986b)换句话说,大萧条不是资本主义的特征,而是一个非常独特的事件。尽管罗默的发现最初遭到了批判,但是,德朗现在也认为,罗默的批评是正确的(Delong and Summers,1986;Delong,2001;也见德朗和罗默的会谈,见 Snowdon,2002a)。

在罗默最近的论文中(Romer,1999),她全面考察了自 19 世纪末以来与美国的数据相关的短期经济波动。在文中她总结道:在 1916 年以前和 1945 年以后的时期,尽管实际宏观经济指标的多变性和衰退的平均严重性有所下降,但是,强有力的证据表明,衰退频度变低了,但多了些独特性。稳定政策的影响延长了 1945 年之后的扩张,并且阻止了严重的经济滑坡。但是,自 1945 年以来,也有政策导致的繁荣(例如 1962—1969 年和 1970—1973 年)和政策导致的衰退(例如 1980—1982 年)。这就是"经济在战后时期仍然不稳定的原因"。

即使我们接受战后经济比 1914 年之前的时期稳定得多的传统观点,但是,并非每个人都会同意在经济政策方面发生过凯恩斯革命(相反的观点在以下文献中充分展现:Stein,1969;Robinson,1972;Tomlinson,1984;Booth,1985;Salant,1988;Laidler,1999)。有些学者也怀疑,是否正是传统的凯恩斯主义对财政政策的强调,使经济运行在 1945 年以后的时期有所不同(Matthews,1968)?无可辩驳的事实是,从第二次世界大战结束到 1973 年,工业化市场经济国家经历了一个无与伦比的繁荣的"黄金时代"。麦迪逊列举了几个特征,它们对例外的经济运行发挥了作用(Maddison,1979,1980):

1. 国际贸易和交易自由化的增强;

2. 一些有利的环境和政策,它们有助于在总需求增长的情况下保持较低的通货膨胀率;

3. 政府对增长的国内需求的积极推动;

4. 第二次世界大战之后各种增长可能性的积累。

17

正如表 1.2 所示,在 1950—1973 年期间,西欧国家人均 GDP 增长率平均为 4.08%,这是前所未有的。尽管克拉夫特和托尼奥罗把"黄金时代"看作"独特的欧洲现象"(Crafts and Toniolo,1996),但是,值得注意的是增长的奇迹也蔓延到计划经济地区:拉丁美洲、亚洲和非洲。与此同时,日本人均 GDP 增长率完全出乎预料,平均为 8.05%。表 1.3 显示了七国集团(G7)在 1820—1998 年相同的五个时期 GDP 增长率的数据。此表更进一步显示了 1950—1973 年间获得的历史性的高增长运行,特别是法国、德国、意大利和日本的情况(见第十一章)。

**表 1.2　世界和主要地区人均 GDP 增长,1820—1998 年(年均综合增长率)**

| 地区 | 1820—1870 | 1870—1913 | 1913—1950 | 1950—1973 | 1973—1998 |
|---|---|---|---|---|---|
| 西欧 | 0.95 | 1.32 | 0.76 | 4.08 | 1.78 |
| 西方的分支* | 1.42 | 1.81 | 1.55 | 2.44 | 1.94 |
| 日本 | 0.19 | 1.48 | 0.89 | 8.05 | 2.34 |
| 亚洲(除日本外) | −0.11 | 0.38 | −0.02 | 2.92 | 3.54 |
| 拉丁美洲 | 0.10 | 1.81 | 1.42 | 2.52 | 0.99 |
| 东欧和苏联 | 0.64 | 1.15 | 1.50 | 3.49 | −1.10 |
| 非洲 | 0.12 | 0.64 | 1.02 | 2.07 | 0.01 |
| 世界 | 0.53 | 1.30 | 0.91 | 2.93 | 1.33 |

来源:Maddison(2001),表 3 - 1a。

**表 1.3　增长率(GDP),1820—1998 年**

| 国家 | 1820—1870 | 1870—1913 | 1913—1950 | 1950—1973 | 1973—1998 |
|---|---|---|---|---|---|
| 法国 | 1.27 | 1.63 | 1.15 | 5.05 | 2.10 |
| 德国 | 2.01 | 2.83 | 0.30 | 5.68 | 1.76 |
| 意大利 | 1.24 | 1.94 | 1.49 | 5.64 | 2.28 |
| 英国 | 2.05 | 1.90 | 1.19 | 2.93 | 2.00 |
| 美国 | 4.20 | 3.94 | 2.84 | 3.93 | 2.99 |
| 加拿大 | 4.44 | 4.02 | 2.94 | 4.98 | 2.80 |
| 日本 | 0.41 | 2.44 | 2.21 | 9.29 | 2.97 |

来源:摘自 Maddison(2001)。

不管什么原因,1973 年以后这个"黄金时代"结束了,70 年代的经济难题使凯恩斯主义的车轮突然(不过是暂时地)停顿下来。凯恩斯主义的批判者们把 70 年代通货膨胀的加速、不断上升的失业率以及经济增长的放慢(见表 1.3—1.5)归因

表 1.4  失业率,1964—2002 年

|      | 美国 | 加拿大 | 日本 | 法国 | 德国 | 意大利 | 英国 |
|------|------|--------|------|------|------|--------|------|
| 1964 | 5.0  | 4.3    | 1.1  | 1.4  | 0.4  | 4.3    | 2.6  |
| 1965 | 4.4  | 3.6    | 1.2  | 1.5  | 0.3  | 5.3    | 2.3  |
| 1966 | 3.6  | 3.3    | 1.3  | 1.8  | 0.2  | 5.7    | 2.2  |
| 1967 | 3.7  | 3.8    | 1.3  | 1.9  | 1.3  | 5.3    | 3.3  |
| 1968 | 3.5  | 4.4    | 1.2  | 2.7  | 1.5  | 5.6    | 3.1  |
| 1969 | 3.4  | 4.4    | 1.1  | 2.3  | 0.9  | 5.6    | 2.9  |
| 1970 | 4.8  | 5.6    | 1.1  | 2.5  | 0.8  | 5.3    | 3.0  |
| 1971 | 5.8  | 6.1    | 1.2  | 2.7  | 0.9  | 5.3    | 3.6  |
| 1972 | 5.5  | 6.2    | 1.4  | 2.8  | 0.8  | 6.3    | 4.0  |
| 1973 | 4.8  | 5.5    | 1.3  | 2.7  | 0.8  | 6.2    | 3.0  |
| 1974 | 5.5  | 5.3    | 1.4  | 2.8  | 1.6  | 5.3    | 2.9  |
| 1975 | 8.3  | 6.9    | 1.9  | 4.0  | 3.6  | 5.8    | 4.3  |
| 1976 | 7.6  | 7.1    | 2.0  | 4.4  | 3.7  | 6.6    | 5.6  |
| 1977 | 6.9  | 8.1    | 2.0  | 4.9  | 3.6  | 7.0    | 6.0  |
| 1978 | 6.1  | 8.4    | 2.2  | 4.7  | 3.0  | 5.3    | 5.7  |
| 1979 | 5.8  | 7.5    | 2.1  | 5.3  | 2.7  | 5.8    | 4.7  |
| 1980 | 7.2  | 7.5    | 2.0  | 5.8  | 2.6  | 5.6    | 6.2  |
| 1981 | 7.6  | 7.6    | 2.2  | 7.0  | 4.0  | 6.2    | 9.7  |
| 1982 | 9.7  | 11.0   | 2.4  | 7.7  | 5.7  | 6.8    | 11.1 |
| 1983 | 9.6  | 11.9   | 2.7  | 8.1  | 6.9  | 7.7    | 11.1 |
| 1984 | 7.5  | 11.3   | 2.7  | 9.4  | 7.1  | 7.9    | 10.9 |
| 1985 | 7.2  | 10.7   | 2.6  | 9.8  | 7.2  | 8.1    | 11.2 |
| 1986 | 7.0  | 9.6    | 2.8  | 9.9  | 6.5  | 8.9    | 11.2 |
| 1987 | 6.2  | 8.8    | 2.8  | 10.1 | 6.3  | 9.6    | 10.3 |
| 1988 | 5.5  | 7.8    | 2.5  | 9.6  | 6.2  | 9.7    | 8.5  |
| 1989 | 5.3  | 7.5    | 2.3  | 9.1  | 5.6  | 9.7    | 7.1  |
| 1990 | 5.6  | 8.1    | 2.1  | 8.6  | 4.8  | 8.9    | 6.9  |
| 1991 | 6.8  | 10.3   | 2.1  | 9.1  | 4.2  | 8.5    | 8.6  |

|  | 美国 | 加拿大 | 日本 | 法国 | 德国 | 意大利 | 英国 |
|---|---|---|---|---|---|---|---|
| 1992 | 7.5 | 11.2 | 2.2 | 10.0 | 6.4 | 8.7 | 9.7 |
| 1993 | 6.9 | 11.4 | 2.5 | 11.3 | 7.7 | 10.1 | 9.9 |
| 1994 | 6.1 | 10.4 | 2.9 | 11.8 | 8.2 | 11.0 | 9.2 |
| 1995 | 5.6 | 9.4 | 3.1 | 11.4 | 8.0 | 11.5 | 8.5 |
| 1996 | 5.4 | 9.6 | 3.4 | 11.9 | 8.7 | 11.5 | 8.0 |
| 1997 | 4.9 | 9.1 | 3.4 | 11.8 | 9.7 | 11.6 | 6.9 |
| 1998 | 4.5 | 8.3 | 4.1 | 11.4 | 9.1 | 11.7 | 6.2 |
| 1999 | 4.2 | 7.6 | 4.7 | 10.7 | 8.4 | 11.3 | 5.9 |
| 2000 | 4.0 | 6.8 | 4.7 | 9.3 | 7.8 | 10.4 | 5.4 |
| 2001 | 4.7 | 7.2 | 5.0 | 8.5 | 7.8 | 9.4 | 5.0 |
| 2002 | 5.8 | 7.7 | 5.4 | 8.7 | 8.2 | 9.0 | 5.1 |

注：标准化的失业率（到 1977 年为止是总劳动力的百分比，之后是民用劳动力的百分比）。
来源：OECD, *Economic Outlook*。

**表 1.5　通货膨胀率，1964—2002 年**

|  | 美国 | 加拿大 | 日本 | 法国 | 德国 | 意大利 | 英国 |
|---|---|---|---|---|---|---|---|
| 1964 | 1.3 | 1.8 | 3.8 | 3.2 | 2.4 | 5.9 | 3.2 |
| 1965 | 1.6 | 2.5 | 6.6 | 2.7 | 3.2 | 4.5 | 4.8 |
| 1966 | 3.0 | 3.7 | 5.1 | 2.6 | 3.6 | 2.2 | 3.9 |
| 1967 | 2.8 | 3.6 | 4.0 | 2.8 | 1.6 | 1.6 | 2.4 |
| 1968 | 4.2 | 4.1 | 5.4 | 4.6 | 1.6 | 1.5 | 4.7 |
| 1969 | 5.4 | 4.5 | 5.2 | 6.0 | 1.9 | 2.4 | 5.5 |
| 1970 | 5.9 | 3.4 | 7.7 | 5.9 | 3.4 | 5.0 | 6.4 |
| 1971 | 4.3 | 2.8 | 6.4 | 5.4 | 5.2 | 4.9 | 9.4 |
| 1972 | 3.3 | 4.8 | 4.8 | 6.1 | 5.5 | 5.8 | 7.1 |
| 1973 | 6.2 | 7.6 | 11.6 | 7.4 | 7.0 | 10.8 | 9.2 |
| 1974 | 11.0 | 10.8 | 23.2 | 13.6 | 7.0 | 19.0 | 15.9 |
| 1975 | 9.2 | 10.8 | 11.9 | 11.8 | 5.9 | 17.2 | 24.1 |
| 1976 | 5.8 | 7.6 | 9.4 | 9.6 | 4.3 | 16.7 | 16.7 |
| 1977 | 6.5 | 8.0 | 8.2 | 9.5 | 3.7 | 18.5 | 15.9 |
| 1978 | 7.6 | 8.9 | 4.2 | 9.3 | 2.7 | 12.1 | 8.2 |

|  | 美国 | 加拿大 | 日本 | 法国 | 德国 | 意大利 | 英国 |
|---|---|---|---|---|---|---|---|
| 1979 | 11.2 | 9.1 | 3.7 | 10.6 | 4.1 | 14.8 | 13.4 |
| 1980 | 13.5 | 10.2 | 7.8 | 13.5 | 5.4 | 21.2 | 18.1 |
| 1981 | 10.4 | 12.5 | 4.9 | 13.3 | 6.3 | 19.6 | 11.9 |
| 1982 | 6.2 | 10.8 | 2.7 | 12.1 | 5.3 | 16.5 | 8.7 |
| 1983 | 3.2 | 5.9 | 1.9 | 9.5 | 3.3 | 14.7 | 4.6 |
| 1984 | 4.3 | 4.4 | 2.3 | 7.7 | 2.4 | 10.8 | 5.0 |
| 1985 | 3.6 | 4.0 | 2.0 | 5.8 | 2.2 | 9.2 | 6.1 |
| 1986 | 1.9 | 4.2 | 0.6 | 2.6 | −0.1 | 5.8 | 3.4 |
| 1987 | 3.7 | 4.4 | 0.1 | 3.3 | 0.2 | 4.7 | 4.2 |
| 1988 | 4.1 | 4.0 | 0.7 | 2.7 | 1.3 | 5.1 | 4.9 |
| 1989 | 4.8 | 5.0 | 2.3 | 3.5 | 2.8 | 6.3 | 7.8 |
| 1990 | 5.4 | 4.8 | 3.1 | 3.4 | 2.7 | 6.4 | 9.5 |
| 1991 | 4.3 | 5.6 | 3.2 | 3.2 | 3.5 | 6.3 | 5.9 |
| 1992 | 3.0 | 1.5 | 1.7 | 2.4 | 1.7 | 5.2 | 3.7 |
| 1993 | 3.0 | 1.8 | 1.3 | 2.1 | 5.1 | 4.5 | 1.6 |
| 1994 | 2.6 | 0.2 | 0.7 | 1.7 | 4.4 | 4.1 | 2.5 |
| 1995 | 2.8 | 2.2 | −0.1 | 1.8 | 2.8 | 5.2 | 3.4 |
| 1996 | 2.9 | 1.6 | 0.1 | 2.0 | 1.7 | 4.0 | 2.5 |
| 1997 | 2.3 | 1.6 | 1.7 | 1.2 | 1.4 | 2.0 | 3.1 |
| 1998 | 1.6 | 1.0 | 0.7 | 0.7 | 1.9 | 2.0 | 3.4 |
| 1999 | 2.2 | 1.7 | −0.3 | 0.5 | 0.9 | 1.7 | 1.6 |
| 2000 | 3.4 | 2.8 | −0.7 | 1.7 | 0.6 | 2.5 | 2.9 |
| 2001 | 2.8 | 2.5 | −0.7 | 1.6 | 2.0 | 2.8 | 1.8 |
| 2002 | 1.6 | 2.3 | −0.9 | 1.9 | 1.3 | 2.5 | 1.6 |

注：上一年消费品价格之上的百分比变化（从指数中计算得出）。

来源：International Monetary Fund, *International Financial Statistics*。

于以凯恩斯名义实施的误导的扩张政策。把1960—2002年作为一个整体来看，
"黄金时代"的平均失业率和通货膨胀率是较低的。在1983—1993年间，在许多国
家，特别是西欧，通货膨胀率降了下来，但失业率仍然居高不下。一些经济学家把
那里的高失业率归因于滞后效应和（或）各种劳动力市场的刚性（见第七章）。在最

近的时期,即 1994—2002 年,特别在西欧国家,通货膨胀率较低,但是失业率却维持在高水平,而在美国,失业率却下降了。但是,只有在 1973—1983 年期间,我们发现高失业率和高通货膨胀率并存,即滞胀。对凯恩斯主义的批判者而言,滞胀是"黄金时代"需求管理的必然产物(Friedman,1975;Bruno and Sachs,1985;DeLong,1997;对 60 年代遗产的讨论,见 Cairncross and Cairncross,1992)。

## 1.7 理论分裂和新古典综合

我们只能对凯恩斯希望通过以他的名义实施的凯恩斯主义政策达到的目标加以猜测。得益于后见之明和经验,我们能够更清楚地看到,在理论层面上,凯恩斯主义经济学在经济学的教学方式上产生了一种分裂:微观经济学课程通常是与配置、生产和分配(效率和公平的问题)相关的问题,而宏观经济学课程则侧重于与总产出和就业两者的水平及其长期趋势以及通货膨胀率(增长和平等的问题)相关的问题。在宏观经济学领域中,凯恩斯主义的市场失灵和非自愿失业的主张,并不能轻而易举地与瓦尔拉的一般竞争均衡理论并存。在后一理论中,理性的、效益最大化的个人的行为保证所有市场——包括劳动力市场——均被弹性价格所出清。在微观经济学中占支配地位的瓦尔拉模型不可能出现对充分就业的偏离。尽管保罗·萨缪尔森和其他人试图调和这两种经济理论趋向,形成"新古典综合",但是,凯恩斯主义宏观经济学与正统新古典微观经济学之间的融合就如油和水的融合。在"黄金时代"这个问题可以被忽视。但是到 1973 年,由于急剧的通货膨胀,这个问题就不可以被忽视了。正如格林瓦尔德和斯蒂格利茨所认为的(Greenwald and Stiglitiz,1987),从这一点出发,有两种方式可以调和这两种理论。要么使宏观理论适应正统的新古典微观理论(新古典方法),要么使微观理论适应宏观理论(新凯恩斯主义方法)。正如我们将要看到的,在过去的 30 年中,这些调和的尝试一直对宏观经济学的理论化发挥着主导影响。

凯恩斯本人对这种两分法作出了贡献。因为在他看来:"没有理由假定,现行体系严重地滥用正在使用的生产要素……正是在决定实际就业者的数量而不是实际就业者的工作方向上,现存的体制破产了。"(Keynes,1936,p. 379)换句话说,资本主义制度在提供充分就业方面的明显无能是其经济制度的主要缺陷。而除了这一点,它是被凯恩斯高度赞扬的。一旦消除了这个主要缺陷并恢复了充分就业,"古典理论就从这一刻起获得了成功",而且"不存在对古典学派的分析方式的非议,在其中,私人的自我利益决定生产何物,用什么比例的生产要素进行生产,如何将最终产品的价值在要素之间加以分配"(Keynes,1936,pp. 378 - 379)。因此,人们认为凯恩斯企图调和关于资本主义市场经济的两种对立观点。第一是古典-新古典观点,它赞扬价格机制在解决由资源稀缺引起的基本的分配和生产问题方面的效率。第二是凯恩斯的异端观点,它强调看不见的手的缺点,至少强调其在产出和就业总水平方面的缺点。凯恩斯乐观地认为后一问题可以通过有限的政府干预来解决,因而资本主义可以拯救自己。

至少到 20 世纪 70 年代初,古典经济学家的观点与凯恩斯观点的综合在主流经济学中一直占据支配地位。从第二次世界大战后直到 70 年代初,宏观经济学的标准教科书着重依据希克斯对《通论》的解释(Hicks,1937)以及莫迪利阿尼(Modigliani,1944)、帕廷金(Patinkin,1956)和托宾(Tobin,1958)对这种解释的修正。萨缪尔森的畅销教材使凯恩斯主义观点和古典观点的综合大众化,使其拥有更广泛的读者群,并对一代又一代的学生产生了影响。正是萨缪尔森在其 1955 年出版的《经济学》第三版中引入了"新古典综合"这个标签。不管是在教科书还是在专业讨论中,这种古典观点和凯恩斯主义观点的综合都成为宏观经济分析的标准方法(见第三章)。正统凯恩斯主义理论为劳伦斯·克莱因(Lawrence Klein)创立的大规模宏观经济计量模型提供了基础,并且这些模型和考尔斯委员会相关。这样的一些模型被用于预测的目的,并使经济学家能够就不同的经济政策对经济的可能影响作出评估。卢卡斯和萨金特把正统的凯恩斯主义经济学在 1960 年所取得的"科学上的统治地位"归因于它能"很容易地使自己在明确经济计量模型中得到体现"这一事实(Lucas and Sargent,1978)。就我们所关心的宏观经济学而言,对 60 年代的大多数研究者来说,"凯恩斯主义模型似乎是该领域中唯一的理论"(Barro,1989a)。

正统的凯恩斯主义认为用积极的货币政策和财政政策进行的政府干预能够纠正市场经济的总量不稳定现象。这个观点也同样影响了政治决策制定者。在英国,至少直到 70 年代中期,工党和保守党两者都一直赞同正统的凯恩斯主义的原则。在美国,直到 60 年代初,凯恩斯理论(以"新经济学"著称)才真正被热心采用(Tobin,1987;Perry and Tobin,2000)。肯尼迪总统任命的经济顾问委员会(CEA)由凯恩斯主义经济学家控制着。CEA 由沃尔特·赫勒(Walter Heller)任主席,成员包括詹姆斯·托宾和罗伯特·索洛,保罗·萨缪尔森是非正式顾问(见 Snowdon and Vane,2002a)。1971 年,尼克松总统甚至宣称:"我们现在都是凯恩斯主义者。"可是,到了 80 年代,美国经济政策很不同于在肯尼迪-约翰逊时期所流行的那种政

23

策了(Feldstein,1992)。

在70年代之前,凯恩斯主义理论强调需求方的因素。凯恩斯改变了萨伊定律,并且建立在凯恩斯对IS-LM解释基础上的凯恩斯主义,在宏观经济学中是既定的正统理论(对凯恩斯的IS-LM解释的讨论,见第三章和Patinkin,1990a)。凯恩斯理论最初与财政主义联系在一起,但到60年代后期,凯恩斯主义者深深地认识到了货币因素的重要性(见Tobin,1987,1996;Buiter,2003a)。这一时期凯恩斯主义最重要的进展是将菲利普斯曲线引入了当时流行的宏观经济模型中(Phillips,1958;Lipsey,1978;本书第三章)。到60年代初期,IS-LM模型被用于解释产出和就业的决策,而菲利普斯曲线则使决策者能够预见到产生于不同的目标失业水平的通货膨胀率。70年代初期,在主要工业经济国家中,失业和通货膨胀的同时上升(如表1.4和1.5所示),这对于"水压式的"凯恩斯理论的极简版本是致命的一击,并为货币主义和新古典主义的反凯恩斯革命开辟了道路(见Johnson,1971;Bleaney,1985;Colander,1988)。70年代,凯恩斯主义之前的信仰得到了明显的复兴,这种信仰是:假如不让政府这只看得见的(而且是瘫痪的)手去执行积极的相机的财政和货币政策,那么市场经济能够达到宏观经济的稳定并实现快速增长。70年代的滞胀使得那些多年来一直对凯恩斯主义宏观经济政策提出警告的经济学家的信誉和影响力不断增强。他们的警告是:凯恩斯主义宏观经济政策不仅野心太大,而且更为重要的是,它们是以有着本质缺陷的理论进行预期的(见Friedman,1968a;Hayek,1978;Buchanan et al.,1978;Lucas and Sargent,1978;Romer and Romer,1997)。

新古典综合主流地位的让位标志着凯恩斯主义宏观经济学统治地位终结后一个新时期的开始,正如我们所看到的,这种共识的崩溃是由经验和理论两方面的缺陷造成的(见Mankiw,1990)。对于那些凯恩斯主义的更为极端的批评家来说,新一代宏观经济学理论家所面临的任务就是"分拣残存物品,决定那个被称为凯恩斯主义革命的重大学术事件的哪些部分可以被拯救出来并很好地利用,哪些部分则必须被抛弃"(Lucas and Sargent,1978)。

## 1.8 凯恩斯主义以后宏观经济学的思想流派

在约翰逊看来,"迄今为止,对新的革命性理论的迅速传播最有益的环境是存在着一种与现实最突出的事实明显不一致的确定的正统理论。"(Johnson,1971)正如我们已看到的,古典模型无力圆满地解释20世纪30年代产出和就业的暴跌,从而为凯恩斯主义革命铺平了道路。在50年代和60年代,新古典综合为大多数经济学家所接受(见第三章)。诺贝尔经济学奖获得者詹姆斯·托宾、劳伦斯·克莱因、罗伯特·索洛、弗兰克·莫迪利阿尼(Franco Modigliano)、詹姆斯·米德(James Meade)、约翰·希克斯(John Hicks)和保罗·萨缪尔森的研究支配着凯恩斯主义学派,并在理论上支持着以需求管理形式进行的政府干预能够显著改善经济运行的观点。1961年,肯尼迪政府采纳的"新经济学"表明了凯恩斯主义思想的影响,1962年的《总统经济报告》明确倡导稳定政策,其政策目标是使"总需求与经济的基本生产潜力保持一致"。

在70年代,凯恩斯主义理论受到越来越多的攻击,并且遭到所谓货币主义和新古典宏观经济学这两种"反革命"理论的冲击。这两种理论坚信不需要积极的稳定政策。新古典学派尤其支持这样一种观点,即管理当局没有能力、因而也不应该试图通过运用积极的需求管理政策去稳定在产出和就业方面的波动(Lucas,1981a)。

正如我们将在第四章中讨论的,鉴于资本主义经济天生稳定、除非受不稳定的货币增长干扰这一信念,正统的货币主义者认为积极稳定的政策是没有必要的(除非是在非常时期)。货币主义者认为,当受到某种扰动时,经济将恢复到并且是相当快地恢复到产出和就业的"正常"水平。鉴于这一观点,他们质疑涉及"调节"总需求的稳定政策的必要性。即使存在需要,货币主义者也认为由于与稳定政策有关的问题,管理当局不可能稳定产出和就业方面的波动。这些问题包括与财政政策有关的内部时间滞后的长度,与货币政策有关的漫长而多变的外部时滞,以及自然失业率给精确值带来何种影响的不稳定性。因此,货币主义者认为不应该给予管理当局在它们认为合适时改变财政和货币政策力度的裁量权,因为他们担心管理当局的行为弊大于利。相反,货币主义者提倡货币管理当局应受到规则的约束。

事后看来,有两本书对巩固货币主义反革命的基础有着特别的影响。第一是弗里德曼和施瓦茨的具有重要价值的研究《美国的货币史,1867—1960》(Friedman and Schwartz,1963)。这部影响深远的著作提供了支持货币主义观点的有说服力的证据,即货币供给的变化在周期性的波动中起着极大的独立的作用。第二是弗里德曼在《美国经济评论》上发表的文章《货币政策的作用》(Friedman,1968a),在文中他提出了自然率的假设和在长期通货膨胀与失业之间不存在此消彼长关系的观点。弗里德曼文章的影响得到很大的提高,因为它预见到了 70 年代的事件,特别是预见到了加速的通货膨胀是重复运用适于过度乐观的就业目标的扩张货币政策的结果。

在 70 年代,发生了与新古典宏观经济学相关的第二次反革命。这一方法极大地怀疑传统的凯恩斯主义的总需求管理是否能被用作稳定经济的方式,它经常被认为是与弗里德曼以前在芝加哥大学的学生、1995 年诺贝尔经济学奖获得者小罗伯特·E. 卢卡斯的观点一致的。其他在 70 年代用新古典货币方法去分析经济波动的主要倡导者有:托马斯·萨金特(Thomas Sargent)、尼尔·华莱士(Neil Wallace)、罗伯特·巴罗(Robert Barro)、爱德华·普雷斯科特、帕特里克·明福特(Patrick Minford)(见 Hoover,1988;Snowdon et al.,1994)。

正如我们将在第五章中讨论的,通过对理性预期假设[由约翰·穆思(John Muth)于 60 年代初期在宏观经济学的背景中首次提出]、市场持续出清的假设、弗里德曼的自然率假设的综合,卢卡斯能够在 1972 年《经济理论杂志》上的《预期和中立性》中阐述在通货膨胀因信息不充分而未被预见到的情况下,通货膨胀和失业之间(菲利普斯曲线)的短期均衡关系是如何出现的。

与货币主义学派一致,新古典经济学家认为经济是天生稳定的,除非被不稳定的货币增长打断,而且在受到某种扰动时,经济将很快恢复到产出和就业的自然水平。但是,在新古典学派的方法中,不可预见的货币冲击正是经济周期的主要原因。新古典学派反对积极的相机政策而赞同规则,这一学派建立在与货币主义者观点不同的一组观点之上。三个深刻的见解决定了新古典的方法:第一,政策无效的主张(Sargent and Wallace,1975,1976)意指只有由管理当局采取的随意或者专断的货币政策行为才可能具有短期的实际效应,因为它们不可能被理性的经济行为者所预见。鉴于这些行为才可能增加产出和就业围绕其自然水平的变化,同时增强经济的不稳定性,这个主张反对相机政策,而赞同规则(见第 5.5.1 节)。第二,卢卡斯对经济政策评价的批判(Lucas,1976)动摇了这样一种信心:传统的凯恩斯主义的宏观计量经济模型能够被用做准确地预见不同的政策变化对主要的宏观经济变量所产生的结果(见第 5.5.6 节)。第三,基德兰德和普雷斯科特(Kydland and Prescott,1977)为动态时间不一致性的分析提供了另一种观点,它支持货币政策应按规则实施而不是相机实施。这一分析意味着如果剥夺政府相机抉择的权力,经济的运行是可以得到促进的(见第 5.5.3 节)。

随着新古典宏观经济学货币意外观点在 80 年代初期的让位,紧随着朗和查尔斯·普洛瑟(Long and Charles Plosser,1983),始于基德兰德和普雷斯科特(Kydland and Prescott,1982)开创性成就的均衡理论的第二阶段被认为是实际经济周期理论。如我们将在第六章讨论的,现代均衡经济周期理论的最初观点是:"增长和波动不是用单独的数据和分析工具研究的截然不同的现象"(Cooley and Prescott,1995)。这一方法的拥护者把经济波动看做主要由持续的实际(供给方)冲击引起,而不是由未预见的货币(需求方)冲击引起的。这些实际冲击的中心涉及在技术进步速度方面庞大而任意的波动。技术进步的速度导致了相对价格的波动,理性的经济行为人通过改变他们的劳动供给和消费对波动作出最优的反应。也许这个方法最有争议的特性是以下主张:产出和就业的波动是帕累托最优的反应,这种反应针对的是实际技术对总生产函数的冲击。这表明明显的产出波动被看作产出自然率的波动,而不是产出对平稳的、决定论趋势的偏离。同样,政府不应该试图使用稳定政策减少这些波动,这不仅是因为这些企图不可能实现它们想要的目标,而且不稳定性的减少会降低福利(Prescott,1986)。

27

实际经济周期方法与传统的凯恩斯主义方法、货币主义和新古典货币均衡理论是冲突的。在最后两种理论中,均衡是一种自然(充分就业)增长轨迹的稳定趋势。在凯恩斯主义的方法中,对充分就业的背离被看作不均衡的状态,在那里,社会福利低于潜在水平,而且政府具有运用财政和货币政策去纠正宏观经济市场失灵的作用。形成鲜明对比的是,实际经济周期理论家的"大胆推测"是:经济周期的每个阶段——繁荣的和衰退的——是一种均衡。"衰退表现为一种人们所面临的不想要的、不受欢迎的、不可避免的约束变动;但是,鉴于这些约束,市场能有效地作出回应,并且人们可成功地取得环境允许的最佳结果……经济周期的每个阶段都是一种帕累托最优的均衡。"(Hartley et al.,1998)无须赘言,实际经济周期的方法已被证明是非常有争议的,而且一直招致大量的批判,不仅仅是在认定引起萧条的负面技术冲击的问题上。在第六章中我们将考察这些批判,并且对实际经济周期理论为现代宏观经济学所作的贡献作出了评价。

新古典均衡方法对经济波动的解释接下来遭到了复兴了的新凯恩斯主义理论家集团的挑战,他们偏爱使微观理论适应宏观的理论,而不愿接受新古典方法,使宏观理论适应正统的新古典市场出清的微观基础。重要的人物包括乔治·阿克洛夫(Geerge Akerlof)、珍妮特·耶伦(Janet Yellen)、奥利弗·布兰查德(Olivier Blanchard)、格里高利·曼昆、埃德蒙·费尔普斯(Edmund Phelps)、戴维·罗默(David Romer)、约瑟夫·斯蒂格利茨和本·伯南克(见 Gordon,1989;Mankiw and Romer,1991)。正如我们将在第七章中讨论的,新凯恩斯主义模型合并了理性预期的假设、市场由于工资和价格的黏性可能不能出清的假设,以及弗里德曼的自然率的假设。根据新凯恩斯主义经济学支持者的说法,存在着对稳定的政策的需要,因为资本主义经济受到需求和供给两方面的冲击,这些冲击引起了产出和就业的无效率波动。资本主义经济不仅不能快速地自我平衡,而且在那里,实际的失业率在相当长的时期里仍会保持在自然率水平之上,自然率——或者是新凯恩斯主义者喜欢称之为非加速通货膨胀失业率(NAIRU)的东西——将由于"滞后"效应而增加。由于政府能够改善宏观经济的运作——如果它们被给予相机的权力——我们将在第七章中探讨由克莱里达等人(Clarida et al.,1999)和伯南克等人(Bernanke et al.,1999)提出的新凯恩斯主义货币政策的方法。

28

　　最后,我们将探讨另外两个思想团体或学派。后凯恩斯主义学派源于一些凯恩斯的更为激进的同代人和门徒,这个学派从琼·罗宾逊(Joan Robinson)、尼古拉斯·卡尔多(Nicholas Kaldor)、米哈尔·卡莱茨基(Michal Kalecki)、乔治·沙克尔(George Shackle)和皮耶罗·斯拉法(Piero Sraffa)的作品中得到灵感和别具一格的方法。这个方法的现代拥护者有:简·克里格尔(Jan Kregel)、维多利亚·奇克(Victoria Chick)、海曼·明斯基(Hyman Minsky)和保罗·戴维森,保罗·戴维森是将要讨论后凯恩斯主义学派的第八章的作者。另一个思想学派以路德维希·冯·米塞斯(Ludwig von Mises)和诺贝尔经济学奖获得者弗里德利希·冯·哈耶克的工作为思想基础,他们两人的研究激发了一种经济分析的、特别是对经济周期现象加以解释的与众不同的奥地利学派方法。奥地利学派方法的现代拥护者包括伊斯雷尔·科兹纳(Israel Kirzner)、卡伦·沃恩(Karen Vaughn)和罗杰·加里森,罗杰·加里森是讨论奥地利学派的第九章的作者。

　　简要地说,我们将确认下列思想学派对 20 世纪宏观经济的发展作出了显著的贡献:(1) 正统凯恩斯主义学派(第三章),(2) 正统货币主义学派(第四章),(3) 新古典学派(第五章),(4) 实际经济周期学派(第六章),(5) 新凯恩斯主义学派(第七章),(6) 后凯恩斯主义学派(第八章),和(7) 奥地利学派(第九章)。无疑其他的经济学家会选择不同的分类法,而且已有人这样做了(见 Cross,1982a;Phelps,1990)。例如,比尔·杰拉德认为,在现代宏观经济发展中统一的主题是一个"不断发展的古典凯恩斯主义的争论"(Bill Gerrard,1996),它涉及被划分为正统的、新的和激进的各个思想流派的贡献。两个"正统的"学派——"IS-LM 凯恩斯主义"和"新古典货币主义"——是 70 年代中期之前宏观经济学的主导理论。自那以后,三个新的学派有着极大的影响。新古典、实际经济周期和新凯恩斯主义学派着重强调与正统学派相反的、与总供给有关的话题。正统学派把研究主要集中在决定总需求的因素以及需求管理政策的后果上。特别是新学派分享了卢卡斯的观点,即宏观经济模型应该被建立在坚实的微观经济基础上(Hoover,1988,1992)。"激进的"学派——后凯恩斯主义和奥地利学派——不管是正统的还是新的,都对主流分析提出了批评。

我们敏锐地意识到对某些特殊的经济学家进行分类的危险,这些方法会过度简化其观点的深度和广度。许多经济学家不喜欢被贴上标签,或者与任何特定的研究项目或学派相联系,这包括上面提及的一些经济学家。正如胡佛以类似的精神认为的,"任何一个经济学家都可以被一个特征矢量充分描述",而且任何界定将"强调该矢量的某些元素,而轻视其他相关的元素"(Hoover, 1988)。20世纪最后的十年也是相同的情况,宏观经济学开始进入古德弗伦德和金所称的"新新古典综合"(Goodfriend and King,1997)。这个新综合的核心元素涉及新古典和新凯恩斯主义的元素,它们是:

1. 考虑跨期最优化的宏观经济模型的需要;

2. 对理性预期假设的广泛运用;

3. 承认商品、劳动力和信贷市场不完全竞争的重要性;

4. 将代价高昂的价格调节并入宏观经济模型。

因此,从70年代和80年代激烈的争论中出现了一个重要发展,即在是什么构成了"实际的宏观经济的核心"的问题上比25年之前有了更多的共识(见 Blanchard,1997b,2000;Blinder,1997a;Eichenbaum,1997;Solow,1997;Taylor,1997b)。

记住这些告诫,我们将在第三章至第九章中考察上面确定的互相竞争的宏观经济学思想学派。本书也包括了对一些经济学家的采访。这些经济学家被公认为每一学派的主要代表人物,而且(或者)对战后时期宏观经济分析的发展有着突出贡献。在讨论这些不同的思想流派时,重要的是要记住,凯恩斯的研究依然是"所有宏观经济学思想学派的主要而唯一的参照点,不管是肯定的还是否定的"。因此,并不令人惊奇的是,所有学派在界定自己时都与最初由凯恩斯在《通论》中阐述的思想相联系,"要么是他的某种思想的发展,要么是某种前凯恩斯古典思想的复活"(Vercelli,1991,p.3)。

在考虑这些主要思想学派的核心信念和政策含义之前,我们也需要着重强调两个发生在20世纪最后十年里的宏观经济学的其他重要变化。第一,在第1.9节中我们勾勒了以新宏观政治经济学著称的领域的发展。第二,在第1.10节,我们将评论在过去的20年里强调的关键变化,它就是增长理论和经验主义者的复兴。

## 1.9 新宏观政治经济学

在过去的20年间,对不同形式的政治学和宏观经济学间相互作用的研究已经成为一个主要的增长领域,从而形成了以"新宏观政治经济学"著称的领域(Alesina,1995;Alt and Alesina,1996;Alesina and Rosenthal,1995;Alesina et al.,1997;Drazen,2000a)。这个研究领域是在宏观经济学、社会选择理论和博弈论的边缘地带发展起来的。宏观经济学家特别感兴趣的是政治因素对诸如经济周期、通货膨胀、失业率增长、预算赤字、稳定政策的实施和发展等事件的影响(Snowdon and Vane,1999a)。

正如我们将在第十章中讨论的,最初在20世纪70年代由诺德豪斯(Nordhaus,1975)、希布斯(Hibbs,1977)、弗雷和施奈德(Frey and Schneider,1978a)提出的现代政治-经济模型认为,政府是政治和经济体系内生的部分。传统的标准方法正好相反,它把政策的制定者当作"慈善的社会计划者",他们唯一的目标是使社会福利最大化。标准的方法关心的是政策的制定者应该如何行事而不是实际上如何行事。

艾莱斯那(Alesina,1994)强调了两种在经济中似乎经常起着重大扭曲作用的一般政治力量。第一个因素是当权的政策制定者保住权力的野心,它是"机会主义"行为的动机。第二个因素是社会是两极分化的,而且这不可避免地导致了某种程度的社会冲突。结果是意识形态的考量就以"党派"行为和行动的形式显露出来。

诺德豪斯的模型预见了在大选之前不顾党派忠诚的自利的机会主义行为。当这些政治的动机与选举人的缺乏远见的非理性行为、经济行为人的非理性预期联系在一起时,一个政治性的经济周期就出现了。这个周期最终会在民主国家引发一个比最优政策要高的通货膨胀率。在希布斯的模型中,左倾政治家对失业率比对通货膨胀抱有更大的反感,而右倾政治家则有相反的偏好。希布斯模型因此预见了在与当权政治家的党派偏好一致的政策选择和结果上的系统差异。

理性预期革命动摇了这两个模型的基础。到70年代中期,那些继续采用适应预期或者依赖于菲利普斯曲线长期稳定的此消彼长关系的模型遭到了严厉的批评。机会主义者的或意识形态的行为空间似乎在这样一个世界里受到了极端的限制,这个世界受到理性"前瞻的"选举人和不可能被系统愚弄的经济行为人的主宰。可是在相当一段被人忽视的时期后,政治-经济模型的第二阶段在 80 年代中期出现了。这些模型获取了来源于并包含在宏观经济模型中的理性预期假设。像罗戈夫和西伯特这样的经济学家创建了"理性机会主义"的模型(Rogoff and Sibert,1988),并且艾莱斯那在总体不稳定性的"理性党派"理论(Alesina,1987,1988;Alesina and Sachs,1988)的创建中作出了突出的贡献。这些模型表明,尽管机会主义的行为或意识形态的行为的空间被更多地局限在理性预期背景下,但是,鉴于信息不充分和选举结果的不确定性,政治扭曲对宏观经济政策制定的影响仍然是存在的(Alesina and Roubini,1992)。这些研究的重点同样也指向对更大的透明性的需求,它包括财政政策的实施和让中央银行独立地实施货币政策(Alesina and Summers,1993;Alesina and Gatti,1995;Alesina and Perotti,1996a;Snowdon,1997)。

最近,一些宏观经济学家已经扩展了新宏观政治经济学的领域,而且这已经涉及对以下几个方面的研究:日益提高的财政赤字和债务比率的起源和发展、增长的政治经济学、国家的最优规模、涉及财政联盟成员资格经济和政治的风险,以及对经济增长的政治限制(Alesina and Perotti,1996b,1997a;Alesina et al.,1996;Alesina and Spolare,1997,2003;Alesina and Perotti,1998;Acemoglu and Robinson,2000a,2003)。关于实现 GDP 中财政赤字比率的下降的问题,艾莱斯那的研究已经表明,成功的财政调节与经费削减的构成有着很强的相关性。不成功的调节与公共投资开支的削减有关。相反,在成功的例子中,半数以上的开支削减是政府工资和转移支付(Alesina et al.,1997)。另外,因为在经济合作与发展组织(OECD)国家,财政政策越来越事关再分配,因此用劳动力税收的增加去为转移支付提供财政支撑可能会导致工资压力、劳动力成本的上升和竞争力的降低(Alesina and Perotti,1997b)。对国家最优规模的研究表明贸易自由化和政治分离主义之间有着重大的联系。在一个贸易限制主宰的世界,由于市场的规模由政治的界线所决定,因此大的政治团体是有意义的。如果自由贸易普遍流行,那么相对小的、相似的政治管辖区域可以从世界市场中繁荣和获利(Alesina and Spolare,2003)。对财政联盟意义的研究表明大集团的潜在劣势。尽管大的管辖区域能从集中化的再分配中获利,但是,"这些利益可能被多样性的增加(部分或者全部)抵消,因此被从大的管辖区域的公民利益的潜在冲突中抵消"(Alesina and Perotti,1998)。

最近几年来,"增长理论政治化"(Hibbs,2001)已催生了关于政治、政策和制度安排对经济增长的影响的研究。达龙·阿塞穆戈鲁(Daron Acemoglu)和他的合著者已对以下争议作出了极有影响的贡献,它们包括经济增长的"更深一步的"制度决定和作为进步障碍的政治扭曲的作用(见 Acemoglu,2003a;Snowdon,2004c)。阿塞穆戈鲁的最新研究着重强调"发展的政治障碍"的重要性。这项研究集中在对等级制社会的态度变化上。经济学家认为:经济增长是消除贫困、生活水平可持续增长的必要条件。另外,技术的变化和革新是促进增长的重要因素。那么,为何政治精英故意阻碍采纳那些有助于消除经济落后的制度和政策呢?阿塞穆戈鲁和鲁宾逊认为:先进的制度和技术受到抵制是因为它们可能削弱精英的政治权力。另外,强大制度的缺乏允许独裁的统治者采用非常有效的政治策略,铲除反对其政权的对手。结果是经济增长与发展的停滞。(Acemoglu and Robinson,2000a,2003)

## 1.10 经济增长研究的复兴

毫无疑问,从凯恩斯的研究中产生的一个非常重要的结果是:它导致了一个从古典的经济增长的长期问题到总体不稳定性的短期问题的重点转移。正如托宾(Tobin,1997)所强调的,凯恩斯主义经济学并不妄称适用于增长和发展的长期问题。这与亚当·斯密、大卫·李嘉图和其他古典经济学家们的工作正好相反,他们试图理解"国民财富"的本质和起因,而不是集中在短期不稳定的问题上。鉴于古典宏观经济模型的迅速自我均衡的特征,这并不让我们感到惊奇(见第二章)。

甚至人均收入增长率上的些微差异——如果保持了很长的一段时间——也会导致国家之间相对生活水平的巨大不同。不能夸大作为增进人类福利的基础的经济增长的重要性,因为增长率即使产生些微差异,其影响——当与时间合为一体时——也是惊人的(见第十一章)。巴罗和萨拉-伊-马丁提供了一个简单而有说服力的增长差异长期后果的例子(Barro and Sala-i-Martin,1995)。他们注意到美国经济在 1870—1990 年期间平均年增长率为 1.75%,这样,其实际人均 GDP 从 1870 年的 2 244 美元上升到 1990 年的 18 258 美元(以 1985 年的美元价格计算)。如果增长率在相同的时期是 0.75%,那么实际人均 GDP 在 1990 年将会是 5 519 美元而不是 18 258 美元。另一方面,如果增长率是 2.75%,那么美国实际人均 GDP 到 1990 年将会是 60 841 美元。值得注意的是:在增长率上相对细微的差异是如何导致令人惊异的结果差异的?戴维·罗默也简明地表达了如下相同观点:"长期增长的福利问题掩盖了宏观经济传统上所关注的短期波动的任何可能的影响。"(David Romer,1996)在评论国家和地区——例如印度、埃及、亚洲四小龙、日本和美国——间不同的增长表现,以及这些差异对生活水平的影响时,卢卡斯总结道:"与这类问题相关的人类福利的结果是令人惊愕的。一旦人们开始思考它们,就很难思考其他事情。"(Lucas,1988)对有些经济学家——如普雷斯科特——来说,再次对过去20多年的增长产生兴趣,主要源于这样的信念:经济周期的波动"对社会并非代价高昂",对经济学家来说更重要的是去关心"增加整个经济体范围内生产率的增长率,而不是稳定经济波动"(Prescott,1996)。这个观点早些时候已经由卢卡斯在1985年5月的伊尔约·约翰松讲座中公开提出了。那时他认为:1945年之后的经济稳定是一个相对次要的问题,特别是相对于"适度减少的增长率"而言(Lucas,1987)。最近,卢卡斯以美国过去50多年的表现作为依据,重申了这一观点。卢卡斯认为:"福利从较好的、长期的、供给方的政策获得益处的潜力远远超过从在短期需求管理方面的进一步提高中获得益处的潜力。"(Lucas,2003)

鉴于糟糕的增长表现对经济福利的明显负面影响,以及与增长紧密相关的结果的重要性,也许令人惊讶的是这一领域研究的成就是周期性的。虽然增长的议题是古典经济学家的主要关注点,但是,1870—1945年间经济学家的研究主要受到"边际主义革命"的影响,而且因此明显带有宏观的导向,被引向现有资源有效分配的议题(Blaug,1997)。1923—1933年大萧条之后的四分之一世纪,与大萧条和凯恩斯对这个事件的回应有关的议题主宰了宏观经济学的讨论。

正如我们将在第十一章中讨论的,1945年后,在增长理论方面有三次兴趣的浪潮(Solow,1994)。第一次浪潮集中在哈罗德(Roy Harrod,1939,1948)和多马(Domar,1947)的新凯恩斯主义研究上。在50年代中期,由索洛(Solow,1956)和斯旺(Swan,1956)发展的新古典增长模型刺激了第二个更持久、更实质性的兴趣浪潮,经过1970—1986年间的相对忽略之后,它再次得到了复苏(Mankiw et al.,1992)。1970—1985年间,宏观经济研究主要由理论的议题主导,涉及正统凯恩斯主义模型的衰退、经济周期新均衡理论、供给冲击、滞胀和理性预期对宏观经济模型和政策构成的影响。尽管增长计算的经验研究仍在继续(例如Denison,1974),但是在这一领域,理论前沿的研究在1970—1985年间"明显消失"了,因为经济学家们的智慧已经被耗尽了。

第三次浪潮首先由保罗·罗默和罗伯特·卢卡斯的研究发起,它导致了内生增长理论的发展,后者是作为对新古典模型在理论和经验上的不足的回应而出现

34

的。在80年代,几个因素导致了对增长进程的理论研究的复苏,同时,经验工作的新方向也开始有所发展。在理论前沿,保罗·罗默(Romer,1986)开始公布其1983年芝加哥大学博士论文中的相关材料。同年,也就是1986年,鲍莫尔(Baumol)和阿布拉莫维茨(Abramovitz)各自发表了很有影响的与"竞争和集中"问题有关的文章。不久,紧跟着这些贡献,卢卡斯1985年在剑桥大学进行的马歇尔演讲(Lucas,1987)得以出版。这项研究激发了新的内生增长理论的发展,并导致了对与长期发展有关的经验和理论问题的兴趣。(P. M. Romer,1994a;Barro,1997;Aghion and Howitt,1998;Jones,2001a)。另一个重要的影响是一个不断增长的认识,即数据表明,在1973年以后,在经济合作与发展组织的主要成员国,产出的增长一直呈下降的趋势。(P. M. Romer,1987a)

在18世纪和19世纪,大部分增长发生在少数国家中(Pritchett,1997;Maddison,2001)。自工业革命以来,发生在先进的工业国家的生活水平的巨大提高正向世界的其他地方蔓延。可是,这种向世界其他地方的扩散很不均衡,在有些情况下是可以忽略的。这一长时期不均衡增长的结果是人均收入差异的模式,这种世界最富有国家和最贫穷国家之间的差异几乎是令人难以理解的。在最近对经济增长研究背后,大多数潜藏的动机来自对这些国家间人均收入的巨大不平等的起因和持久性的关心。生活水平的"大分化"的起源一直是经济历史学家争论的主要原因(Pomeranz,2000)。最近,这个议题也吸引了经济学家提供一个统一的增长理论的兴趣。这样一个理论应该说明在18世纪前整个历史经历的"马尔萨斯主义的增长制度",以及后来在那些经历了"工业革命"的国家中盛行的"现代增长制度"(见Galor and Weil,2000)。总之,对经济增长的分析再次成为活跃和富有活力的研究领域,以及当代宏观经济学的核心(Klenow and Rodriguez-Clare,1997a)。第十一章将对此进行更为充分的讨论。

在以后的章节中,我们将回到这些议题,它们是多年来争论的重要起因。但是,首先我们将开始回顾20世纪宏观经济发展的旅程,评论凯恩斯在《通论》中所攻击的固定的"旧"古典的主要特征。"凯恩斯与古典主义者"争论的重要性为本书以后的章节设置了背景。

35

（佘江涛　译）

现代宏观经济学:起源、发展和现状

# 第二章　凯恩斯与"旧"古典模型之争

这本书主要写给像我一样的经济学家……其主要目的是解决理论上的疑难问 
题,其次是解决理论运用于实践的问题……如果我的解释是对的,我必须首先说服
的是像我一样的经济学家,而不是一般公众。(Keynes,1936,pp.5-6)

## 2.1 引言

为了更好地了解现今宏观经济学领域中的争论,我们有必要将其起源追溯到
"凯恩斯与古典学派"之争,这一争论开始于 20 世纪 30 年代,并且以不同形式延续
至今。例如,在 80 年代,处于主流争论核心的两个思想学派是新古典(实际)均衡
经济周期理论家和新凯恩斯学派。前者继承了古典经济学家的传统,强调在自由
市场力量框架中经济行为人行为的最优化力量。后者"相信理解经济波动不仅仅
需要研究一般均衡的复杂性,而且要注意大规模市场失灵的可能性"(Mankiw,
1989,见本书第六章、第七章)。

古典经济学是凯恩斯《通论》(Keynes,1936)出版之前就已存在的思想体系。
对凯恩斯来说,古典学派不仅仅包括亚当·斯密、大卫·李嘉图、约翰·斯图尔
特·穆勒,也包括"李嘉图的**后继者**,即那些接受和完善李嘉图经济学的人"
(Keynes,1936,p.3)。因此,凯恩斯与传统的经济思想流派分类史是不一致的,特
别是他把艾尔弗雷德·马歇尔(Alfred Marshall)和阿瑟·塞西尔·庇古(Arthur
Cecil Pigou)纳入了古典学派。不过,鉴于把新古典时期从古典时期区分出来的大
部分理论进展发生于微观经济的分析中,因此凯恩斯可能认为,就其实际状况来
说,将 1776—1936 年这一阶段的宏观经济思想看作在宽泛的思想范围内基本属于
同类是合理的,因为它们都坚信自然的市场调节机制是维护充分就业均衡的手段。

在我们继续考察与古典经济学家有关的宏观经济学思想的主要线索之前,读
者应该知道,在《通论》出版之前,没有关于总就业单一的、统一的或者正式的理论, 

对经济周期的属性和起源,经济学家之间存在着本质的差异(见 Haberler,1963)。古典宏观经济学的结构主要产生于 1936 年以后,在很大的程度上是为了回应凯恩斯的理论,以便作出比较。这里我们采用传统的方法,介绍一个在某种程度上说是人为构造的对古典宏观经济学的总结,在现实生活中,这一思想体系是极其复杂多样的(见 O'Brien,1975)。

尽管没有一个经济学家持有下面介绍的所有观点,但是确实存在着一些思想线索,它们贯穿于整个前凯恩斯时期的经济文献,这使得我们可以将古典经济学理论看作一个可以清晰辨别的、由模块累加而成的一致体系。这样做尽管"从历史的角度不够精确"(见 Ackley,1966,p.109),但从分析的角度来看却是有用的。比较而言,古典理论"容易成为攻击目标"版本能够帮助我们更好地理解 1936 年以后宏观经济理论的发展。我们承认:尽管对"凯恩斯与古典学派"之争的主要描述由非历史的虚构构成——尤其是对希克斯(Hicks,1937)和莱琼霍夫德(Leijonhufvud,1968)的描述——并且充当了稻草人的角色,但是,明显地简化凯恩斯和古典学派的观点,有助于我们对其加以理解。

## 2.2 古典宏观经济学

古典经济学家很清楚,资本主义的市场经济有可能偏离产出与就业的均衡水平,但是他们相信,这种扰动只是暂时和短命的。他们的共同观点是:市场机制会相对迅速有效地运作,以使经济恢复到充分就业的均衡状态。如果古典经济学的分析是正确的,那么,以积极的稳定政策形式出现的政府干预,就既没有必要,也不能令人满意。事实上,这些政策完全有可能引起更大的不稳定。后面我们将会看到,旧古典观点的现代拥护者(即新古典均衡经济周期理论家们)坚信市场因素的最优化力量,以及积极的政府干预将导致混乱而非和谐的可能性。继之而来的必然结果是古典理论家极少注意决定总需求的因素,以及用稳定总需求来促进充分就业的经济政策。在古典经济学家看来,充分就业是一种常态。鉴于所有主要的资本主义经济体系在 20 世纪 30 年代经历的大量失业,凯恩斯在这个时期对这种观点的攻击丝毫也不令人惊讶。但是,古典经济学家是如何得到这一乐观结论的呢? 接下来,我们将介绍一个"典型的"古典模型,该模型试图去解释一个经济体系实际产出($Y$)、实际工资($W/P$)、名义工资($W$)、价格水平($P$)以及实际利息率($r$)等水平的决定因素(见 Ackley,1966)。在这一典型模型中,人们假设:

1. 所有的经济行为人(厂商和家庭)都是理性的,他们的目标是最大化他们的利润或效用,此外,他们没有货币幻觉;

2. 所有市场都是完全竞争的,因此,经济行为人在一组给定的完全灵活的价格基础上决定买卖多少;

3. 所有经济行为人进行交易前,都拥有关于市场情况和价格的完全信息;

4. 交易只有在所有市场都建立了市场出清价格时才能发生,这由一个虚构的瓦尔拉式的拍卖者得以保障,他的出现避免了错误的交易;

5. 经济行为人有稳定的预期。

这些假设保证了在古典模型中,市场——包括劳动力市场——总是出清的。为了弄明白古典模型如何解释关键的宏观变量的决定,我们采用这种方法,将经济分为两个部门:一个是实际部门,一个是货币部门。为了便于分析,我们也假设一个封闭的经济体系,也就是说没有外贸部门。

在考察实际部门和货币部门的行为时,我们需要考虑模型的以下三个因素:(1)就业和产出决定的古典理论;(2)萨伊的市场定律;以及(3)货币数量论。前两个因素表明了模型中实际变量的均衡值是如何在劳动力市场和商品市场上被排他地决定的。第三个因素解释在这一系统中的名义变量是如何被决定的。因此,在古典模型中存在着两分法。实际部门和货币部门是分离的。所以,模型中货币数量的变化不会影响实际变量的均衡值。实际变量对货币量变化是恒定的,古典经济学家由此认为货币量是中性的。

## 2.3 就业和产出的决定

古典中性的假设意味着在经济中实际产出水平独立于货币数量。现在我们来考察什么决定实际产出。古典模型的一个关键组成部分是短期生产函数。在微观的水平上,生产函数一般是指一个厂商利用所有给定的要素投入量所能生产的最大产出量。厂商利用的投入劳动力($L$)和资本($K$)越多,生产的产出就越高(假定投入被有效利用)。但是,在短期,假定劳动力是唯一的可变投入量。资本的投入量和技术状态被看作固定。当我们把这一经济体系看成一个整体,总产出量($GDP$ $=Y$)也同样取决于使用的投入数量及其利用效率。这一关系,即短期总生产函数,可以表示成如下形式:

方程2.1 $$Y = AF(K, L)$$

在这里(1) Y＝每一时期的实际产出，

（2）K＝每一时期的资本投入量，

（3）L＝每一时期的劳动力投入量，

（4）A＝总要素产出率指数，

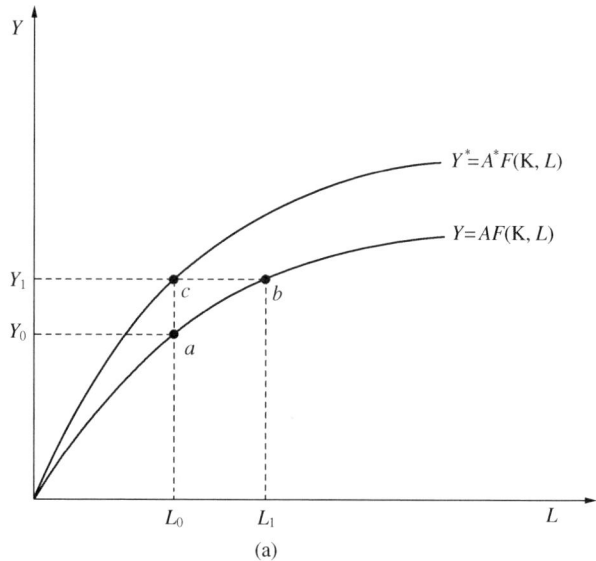

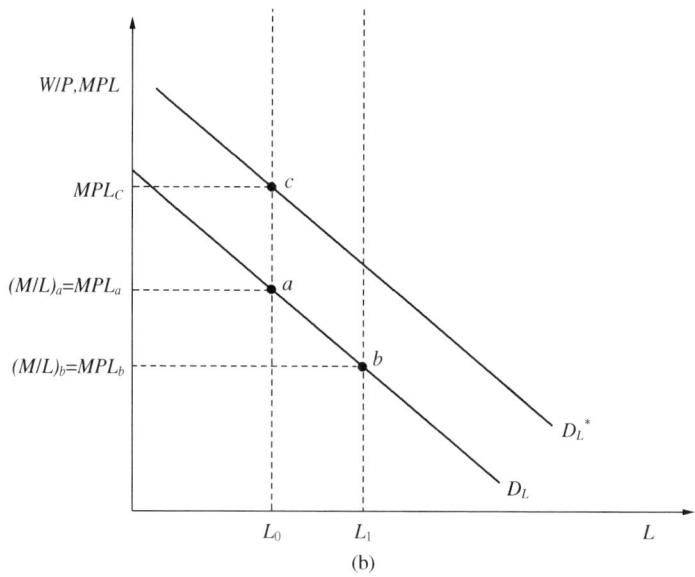

图 2.1　总生产函数(a)和劳动力的边际产出(b)

(5) $F=K$ 和 $L$ 的投入与实际产出的函数关系。

符号 $A$ 体现了自主的增长要素,这一要素抓住了技术进步的影响,以及提高一个经济体系对其生产要素利用的全面效率的所有其他影响。方程 2.1 简要地告诉我们,鉴于给定的现有资本存量、技术和投入的组织形式,总产出将取决于受雇的劳动力数量。这一关系可由图 2.1 的图形(a)表示出来。

短期总生产函数显示了一些特性。有三点值得注意。第一,对于给定的 $A$ 值和 $K$ 值来说,就业($L$)与产出($Y$)之间存在着正相关,从 $a$ 点至 $b$ 点生产函数的变化表明了这种关系。第二,对于可变投入——劳动力——来说,生产函数显示了收益递减。这由生产函数的斜率($\Delta Y/\Delta L$)表示,它随就业增加而下降。随着雇佣的劳动力数量的持续增加,产出的增量就会越来越少。因为 $\Delta Y/\Delta L$ 度量着劳动力的边际产出($MPL$),因此,我们可以通过生产函数的斜率看出,就业的增加是与递减的劳动力的边际产出联系在一起的。这表示在图 2.1 的图形(b)中,$D_L$ 表明 $MPL$ 是正的,而且是递减的(由于就业从 $L_0$ 增至 $L_1$,$MPL$ 减少;也就是 $MPL_a > MPL_b$)。第三,如果资本投入增加,而且(或者)由 $A$ 值增大(例如,技术进步)所体现的投入的产出率提高,生产函数将向上移动。这种变动显示在图 2.1 的图形(a)中,当 $A$ 提高到 $A^*$ 时,生产函数由 $Y$ 移至 $Y^*$。在图 2.1 的图形(b)中,生产函数向上移动导致了 $MPL$ 从 $D_L$ 上移至 $D_L^*$。注意,随着这一变化,劳动生产率得到提高(雇佣的劳动力数量 $L_0$ 现在的产出为 $Y_1$ 而非 $Y_0$)。我们将在第六章中看到,这种生产函数的移动在最近的新古典实际经济周期理论中发挥着重要的作用(见 Plosser,1989)。

虽然方程 2.1 和图 2.1 告诉我们许多有关一个经济体系的产出和所使用的投入之间的关系的信息,但是,它们并没有告诉我们在一个特定时期有多少劳动力会被实际雇用。为了理解在古典模型中总就业水平是如何决定的,我们必须考察古典经济学家们的劳动力市场模型。我们首先考察一个追求利润最大化的厂商会雇用多少劳动力。众所周知,利润最大化的条件是厂商使它的边际收益($MR_i$)与边际成本($MC_i$)相等。对完全竞争的厂商来说,$MR_i = P_i$,$P_i$ 也就是厂商 $i$ 的产品价格。于是,我们可以把利润最大化原则写成方程 2.2:

方程 2.2 $$P_i = MC_i$$

如果一个厂商在完全竞争的劳动力市场上雇用劳动力,它必须支付给每一个额外的工人等同于 $W_i$ 的货币工资。雇用额外单位劳动力所造成的额外成本将是 $W_i \Delta L_i$。由一个额外工人所带来的额外收益是生产的额外产出($\Delta Q_i$)和厂商的产品价格($P_i$)的乘积。因而收益的增量即为 $P_i \Delta Q_i$。只要 $W_i \Delta L_i < P_i \Delta Q_i$,追求利润最

大化的厂商就会付酬去雇用劳动力。因此,利润最大化需满足如下条件:

方程 2.3 $$P_i \Delta Q_i = W_i \Delta L_i$$

它相当于方程 2.4:

方程 2.4 $$\frac{\Delta Q_i}{\Delta L_i} = \frac{W_i}{P_i}$$

因为 $\Delta Q_i / \Delta L_i$ 是劳动力的边际产出,一个厂商应该直到劳动力的边际产出等于实际工资水平时,才停止雇用劳动力。这个条件是表示方程 2.2 的另一种简单方法。因为 $MC_i$ 是额外工人的成本 $(W_i)$ 除以由那个工人带来的产出增量 $(MPL_i)$,所以,我们可以将这一关系表述为:

方程 2.5 $$MC_i = \frac{W_i}{MPL_i}$$

合并方程 2.5 和方程 2.2,得到方程 2.6:

方程 2.6 $$P_i = \frac{W_i}{MPL_i} = MC_i$$

由于收益递减的影响,$MPL$ 是雇佣的劳动力数量的减函数,所以 $MPL$ 曲线是向下倾斜的 —— 见图 2.1 图形(b)。我们已经看到,当厂商使 $MPL_i$ 等于 $W_i / P_i$ 时,利润将达到最大,因此,边际产出曲线与厂商对劳动力的需求曲线 $(D_{Li})$ 是相同的。方程 2.7 表达了这一关系:

方程 2.7 $$D_{Li} = D_{Li}(W_i / P_i)$$

这一关系告诉我们,厂商对劳动力的需求是实际工资的反函数:实际工资越低,就会有越多的劳动力在厂商可获利的情况下被雇用。

在以上分析中,我们考量了单个厂商的行为。同样的论证可以运用于整个经济体系。由于单个厂商对劳动力的需求是实际工资的反函数,通过将一个经济体系中所有厂商的这些函数相加,我们就得到了古典的假设:总劳动力需求也是实际工资的反函数。这里,$W$ 代表整个经济体系中的平均货币工资,$P$ 代表价格总水平。在图 2.1 图形(b)中,这一关系显示为 $D_L$。当实际工资从 $(W/P)_a$ 下降至 $(W/P)_b$ 时,就业就从 $L_0$ 扩张至 $L_1$。总劳动力需求函数可以由方程 2.8 表示:

方程 2.8 $$D_L = D_L(W/P)$$

迄今我们已考察了那些决定劳动力需求的要素。现在我们需要考虑劳动力市场的供给方了。古典模型假定家庭的目标是最大化其效用,因此,劳动力的市场供给是实际工资水平的正函数,由方程 2.9 表示;它由图 2.2 的图形(b)中的 $S_L$ 表示:

方程 2.9 $$S_L = S_L(W/P)$$

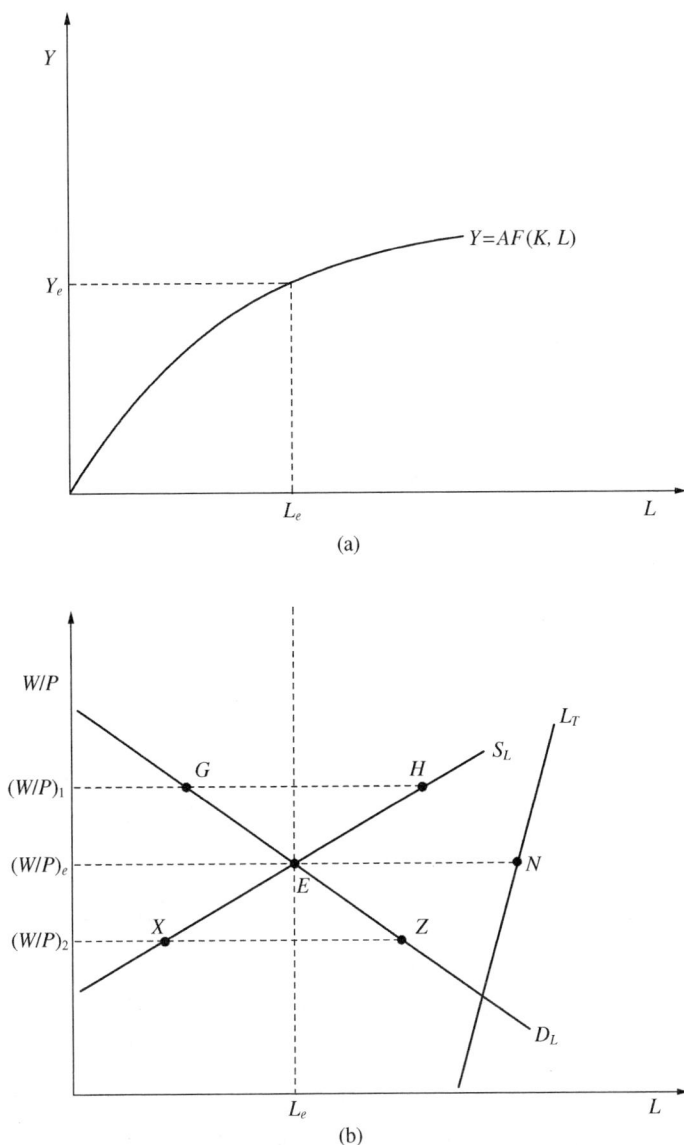

(a)

(b)

图 2.2 在古典模型中的产出和就业的决定

给特定的人口提供多少劳动力取决于家庭对消费和闲暇的偏好,这两者都带来正效用。但是为了消费,必须以工作时间替代闲暇时间来挣得收入。工作被认为带来了负效用。因此,工人的偏好和实际工资将决定劳动力供给的均衡量。以放弃的收入来衡量,实际工资的提高会使闲暇变得更加昂贵,而且将提高劳动力的供给量。这叫替代效应。当然实际工资的提高会使工人的生活得到改善,他们将能够负担得起更多的闲暇消费。这叫收入效应。古典模型假定替代效应超过了收入效应,由此劳动力供给对实际工资的提高作了积极的反馈。对此观点更加详细的论述,可参阅 Begg et al.(2003,第十章)。

在阐述了劳动力需求曲线和劳动力供给曲线的来源之后,我们接着考察古典模型中竞争性均衡的产出和就业的决定。古典模型中的劳动力市场如图 2.2 的图形(b)所示,这里需求和供给的力量决定均衡的市场出清的实际工资 $(W/P)_e$ 和均衡的就业水平($L_e$)。如果实际工资低于$(W/P)_e$,例如$(W/P)_2$,将会出现对劳动力的过度需求($ZX$),货币工资将因厂商的竞争而上升,使实际工资恢复至均衡值。如果实际工资高于均衡值,如$(W/P)_1$,将出现和 $HG$ 相等的劳动力的过度供给。在这种情况下,货币工资将一直降,直至实际工资回到$(W/P)_e$。在古典模型中,这一结果肯定会出现,因为古典经济学家假设市场完全竞争、价格灵活、信息充分。均衡的就业水平($L_e$)标志着"充分就业",在这种情况下,愿意接受均衡实际工资而工作的所有劳动者都可以工作。反之,$S_L$ 线显示有多少劳动力愿意接受在每个实际工资水平下提供的工作。$L_T$ 线表明在每个实际工资水平下愿意加入劳动队伍的总人数。$L_T$ 有一个正斜率,表明实际工资越高,想加入劳动大军的人就越多。在古典模型中,劳动力市场的均衡中有失业存在,这种失业由图 2.2 的图形(b)中的距离 $EN$ 表示。古典充分就业均衡与摩擦性失业、自愿失业并不矛盾,但不承认非自愿失业出现的可能性。在讨论劳动力市场的均衡失业问题时,弗里德曼(Friedman,1968a)后来提出了自然失业率这一概念(见 4.3)。在劳动力市场中,均衡的就业水平一旦确定,产出水平也就由总生产函数的位置决定了。通过查看图 2.2 的图形(a),我们可以看到就业量 $L_e$ 将产生 $Y_e$ 的产出。

至此,我们在这里再现的简单而程式化的古典模型已使我们了解了古典经济学家是如何解释实际产出、就业、实际工资,以及失业的均衡水平等问题的决定的。如果劳动力需求曲线和(或)劳动力供给曲线发生位移,以上变量的均衡值的变化将显而易见。例如,由技术变化带来的生产函数的上移将使劳动力需求曲线右移,鉴于劳动力供给曲线有一个正斜率,这将导致就业、产出和实际工资增加。人口增长将使劳动力供给曲线向右移,这就会增加就业和产出,而降低实际工资。读者可以自行证实这一点。

在以上的分析中,我们已看到古典模型中劳动力市场上的竞争保证了充分就业。在均衡的实际工资水平下,任何愿意出来工作的人都不会没有工作。在这个意义上,"古典条件不承认非自愿失业出现的可能性"(Keynes,1936,p. 6)。但是,古典经济学家也很清楚，如果人为的约束限制了实际工资均衡作用的发挥，那么，超过均衡水平的持久性失业也可能存在。如果实际工资由于工会的垄断力量或最低工资法而高于均衡水平——如图2.2的图形(b)中的$(W/P)_1$，那么很明显，愿意在"被扭曲了"的实际工资水平上接受工作的人不一定会如愿以偿。在古典经济学家看来，这种"古典失业"的解决办法是简单明了的，应当通过削减货币工资来降低实际工资。

凯恩斯把图2.2中描绘的均衡结果看作"特例"，它不是"我们实际面临的经济社会"的典型情形(Keynes,1936,p.3)。古典模型的充分就业均衡是一个特例，因为它对应的是这样一种情况，在其中，总需求足以吸收总产出的水平。凯恩斯认为总需求处于这样的水平是无法保证的。古典经济学家借助"萨伊定律"否认总需求不足的可能性。这一定律"与社会上没有阻挠充分就业力量的主张相同"(Keynes,1936,p.26)。现在让我们来分析这一主张。

## 2.4 萨伊定律

1803年，让-巴蒂斯特·萨伊(Jean-Baptiste Say)的《政治经济学概论》出版了。这位经济学家的观点简单地说来就是：劳动者只有使自己就业才能获得收入，而收入是用来购买生产出来的产品的。萨伊以这样的方式表述了这一论断：

一个产品一旦被创造出来，**从那一刻起**，它就以自身的全部价值为限，为其他产品提供了市场……一个产品创造的细小状态立即为其他产品开启了一个出口。(Say,1821)

换句话说，因为生产行为同时造就了收入和购买能力，因此，就不可能出现由于总需求不足而引发的充分就业的不能实现。"供给创造自己的需求"这一格言把握了萨伊定律的本质。萨伊定律的目的是描述在一个特定的经济体系中交换的本质特征。对于古典经济学家来说，供给行为创造相应的需求，这一点是显而易见的。该定律并不否认资源可能发生分配不当以及会产生某种商品供过于求的情况，但这些问题是暂时的，对整个商品市场而言，不会有这种过度供给的情况。（对萨伊的贡献更为详细而精辟的讨论，见 Sowell,1972;Baumol,1977,1999;Backhouse,2002）

萨伊定律最初产生于实物交换的经济中，根据定义，一种商品供给行为无疑意味着需要其他一些商品。一般说来，古典经济学家——尤其是李嘉图和穆勒——

支持萨伊定律,他们相信,萨伊定律对于货币交换经济也是正确的。货币只不过是方便的交换媒介,它使得市场参与者避免了实物交换所带来的麻烦和不便。如果萨伊定律适用于货币经济,那将意味着不管产出水平如何,市场都是有保证的,尽管市场力量将明显地使总产出的结构发生变化。如果总需求和总供给一直保持相等,那么货币只是掩盖经济中潜在的实际力量的"面纱"而已。

在这个意义上,区分两种形式的萨伊定律是重要的。根据特里维西克(Trevithick,1992)的解释,**弱形式**意味着:通常,每种生产和供给行为必然涉及对产出的等量需求。但是,这种形式的萨伊定律不能保证产出和充分就业保持一致。它仅仅表明:无论即将出现什么水平的总产出,都能找到市场。这种弱形式的萨伊定律可用于降低的或上升的产出水平。而强形式的萨伊定律认为,在一个竞争的市场经济体系中,会有一种自动达到充分就业的趋势——见图 2.2 的图形(b)。由于这种强形式的萨伊定律意味着一个相等的总需求和总供给,它与劳动力市场的均衡一致,这等同于如下见解:不会出现因为总需求不足而阻止充分就业实现的障碍。要了解古典经济学家是如何为他们的观点——经济中的总支出始终足以购买充分就业的产出水平——进行辩护的,我们就需要考察他们与投资、储蓄和利率有关的观点。

古典的利率决定理论对保证不会出现总需求不足的现象发挥着关键作用。假如我们设想一个由两个部分——厂商和家庭——组成的经济体系,我们就可以列出下列方程,它告诉我们总支出($E$)在均衡点必定等于总产出($Y$):

方程 2.10 $$E = C(r) + I(r) = Y$$

进一步而言,总产出包括两部分:来自厂商的投资支出($I$)和来自家庭的消费支出($C$)。对商品的计划需求($E$)是对消费品的计划需求和对投资品的计划需求的总和。在古典模型中,对这两种商品的需求都是利率($r$)的函数。由于居民户并不自动支出他们的全部收入,我们还可以写出方程 2.11:

方程 2.11 $$Y - C(r) = S(r)$$

合并方程 2.10 和方程 2.11 得到方程 2.12 给出的均衡条件:

方程 2.12 $$S(r) = I(r)$$

我们可以从方程 2.11 中看出,在古典模型中,储蓄($S$)也是利率的函数。利率越高,储蓄者越愿意以未来消费替代现时消费,因此,古典经济学家将利率看作节制或节约的实际回报。因此,储蓄的流动在资本市场上就代表着可贷资金的供给。既然家庭储蓄与利率成同向变动($\Delta S / \Delta r > 0$),那么居民户的消费必然与利率反向变动($\Delta C/\Delta r < 0$)。在古典模型中,资本货物的投资支出和利率反向变动($\Delta I/\Delta r < 0$),并表示了在资本市场上对可贷资金的需求。厂商的投资支出只有在支出的预期收益率大于或至少等于用于购买资本货物的资金成本时才是合理的。利率越高,用于购买资本货物的直接成本(和间接成本)就越高。因此,我们可以将商业支出($I$)表示为利率的减函数。在古典模型中,投资、储蓄和利率的关系可见图2.3的图形(a)。生产率和节约两股力量共同决定着实际利率,而利率变动是维持可贷资金供求平衡的均衡力量,它确保了总需求永远不会不足。在图2.3中,我们可以看出对古典均衡过程而言,弹性利率的重要程度。在图形(a)中,我们展示了利率

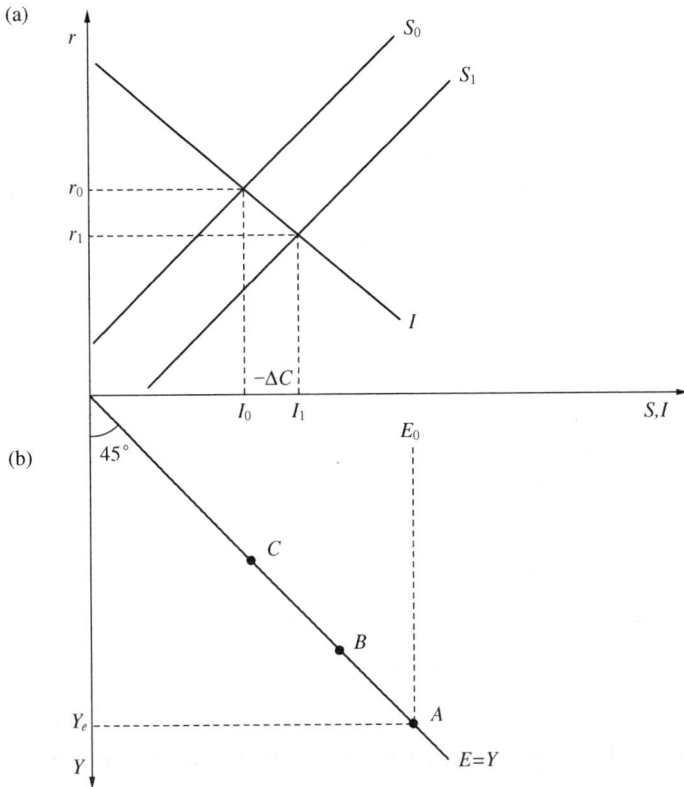

图 2.3　古典利率机制和萨伊定律

决定的古典理论。纵轴表示利率,横轴表示储蓄和投资流量。在图形(b)中,纵轴表示实际产出,横轴表示商品的总需求($C+I$)。从图2.2中,我们知道劳动力市场的竞争形成了均衡的实际工资水平和就业水平。将它和生产函数相结合,就得到充分就业下的总产出$Y_e$。图2.3的图形(b)表示要购买$Y_e$的产出,就需要与$E_0$数量相等

的总支出。由于在45°线上的所有点都表示需求和产出相等，那么，像$B$和$C$这样的点就与弱形式的萨伊定律一致。图形(b)中的$A$点对应于强形式的萨伊定律。不仅总支出和总产出相等，而且$Y_e$对应于与充分就业的劳动力市场均衡相应的产出水平。

假如家庭突然决定储蓄更多(或消费更少)，会发生什么情况呢？我们对此加以提问可以更好地了解在这个模型中利率弹性的重要意义。这种情况由图2.3的图形(a)中储蓄函数从$S_0$右移到$S_1$来表示。最初的可贷资金供给的增加导致利率从$r_0$下降到$r_1$，这会促使投资支出从$I_0$增加到$I_1$。由于$E_0 - I_0$等于消费支出，很显然，投资支出的增加($I_1 - I_0$)恰好抵消了等于图中的$-\Delta C$的消费支出的减少。尽管组成发生了变化，但是，总支出仍然会维持在$E_0$的水平上。

在古典模型中，即使储蓄和投资决策是由不同的人群作出的，利率也会相应发生变动以便适应储蓄和投资的需求。在凯恩斯的理论中，$S$和$I$之间的差异导致了数量上的变动。如果储蓄增加，凯恩斯的模型会预见总支出、产出和就业的减少，即凯恩斯的节俭悖论。依据萨伊定律的古典模型，弹性工资、价格和利率会遭遇最终需求结构的变化，但是不会遭遇需求的持久不足和非自愿失业。这是一个著名的结果。

并不是所有的古典经济学家都接受萨伊定律和它的含义。罗伯特·托马斯·马尔萨斯(Robert Thomas Malthus)认为可能存在商品的普遍过剩。尽管李嘉图、穆勒和萨伊的追随者都认为供给决定总产出，但是马尔萨斯早在凯恩斯之前就强调，需求是决定因素(见 Dorfman，1989)。不过"李嘉图完全征服了英国，犹如异端裁判所完全征服了西班牙"(Keynes，1936，p. 32)。在凯恩斯看来，李嘉图大获全胜是一件奇怪而神秘的事情。出于这一原因，凯恩斯给马尔萨斯极高的评价，因为他预见了凯恩斯自己的关于总需求普遍不足的想法(见 Keynes，1936，pp. 362 - 371)。尽管李嘉图似乎对马尔萨斯所说的完全不予理会，但是，这种分歧部分是因为各自采纳的时间范围不同。李嘉图注重讨论长期，而马尔萨斯则像凯恩斯一样，更注重短期。

在迄今为止所讨论的古典模型中，我们主要侧重于实际部分。得到了萨伊定律支持的劳动力市场和资本市场的运行，为古典经济学家提供了一个能够解释经济体系中实际变量的决定的理论体系。但是，在古典模型中什么决定价格水平呢？在古典经济学家的体系中，用于解释价格水平和其他票面价值的决定的最后一部分内容是货币数量论。

## 2.5 货币数量论

古典宏观经济理论的特点是区分了实际变量和名义变量。这一古典的两分法使我们得以在忽视名义变量的同时,考察了经济体系中实际变量的行为。在我们已经发展起来的典型古典模型中,货币数量与实际变量的决定无关。长期的货币中性是古典模型的重要特征。

为了解释经济体系中名义变量的决定,古典经济学家支持货币数量论。一批著名的经济学家要么对这一理论的发展作出了贡献,要么参与了相关政策的制订。这些经济学家有坎蒂隆(Cantillon)、休谟(Hume)、李嘉图、穆勒、马歇尔、费雪、庇古、哈耶克以及凯恩斯。最近,货币数量论被与货币主义的发展及米尔顿·弗里德曼的研究联系在一起,弗里德曼大概是过去四分之一世纪里最有影响的经济学家。虽然"货币主义"这个术语直到 1968 年才出现(见 Brunner,1968),但是它的核心命题——货币数量论——在休谟发表于 1752 年的著名论文《论货币》之后就完整地建立起来了。事实上,迈耶认为,货币主义观点诞生于 1752 年,因为大多数反映货币主义的基本命题都可以追溯到休谟的论文(Mayer,1996)。这里我们只简要介绍一下货币数量论,以便完整地说明古典模型。更详细的讨论,可参见 Laidler(1991)。

20 世纪 30 年代之前,占据主导地位的宏观经济理论是货币数量论。在文献中存在着两种极具影响力的数量论形式,第一种形式是马歇尔和庇古的,被称为剑桥的现金-余额法;第二种形式与欧文·费雪相关。

剑桥经济学家们在他们的货币数量论中,明确区分了货币需求($Md$)和货币供给($M$)。货币需求主要取决于交易的需求,交易和总支出的货币价值成正比。由于后者和国民收入相等,我们可以用方程 2.13 来表示剑桥货币需求函数:

方程 2.13 $$Md = kPY$$

这里 $Md$ 是持有名义货币余额的需求,$k$ 是年国民收入($PY$)中行为人(厂商和家庭)希望持有的部分。读者应该注意到:剑桥方法承认 $k$ 在短期内可能发生变动(见 Laidler,1993),但是在典型的表述中,我们认为方程 2.13 中的参数 $k$ 是被假定为不变的。可以说,剑桥方程是关于货币需求的理论。为了解释价格水平,我们必须引入货币供给。如果我们假设货币供给是由货币管理当局决定的(也就是说,$M$ 是外生的),那么我们可以用方程 2.14 来表示货币均衡条件:

方程 2.14 $$M = Md$$

将方程 2.14 代入方程 2.13,得方程 2.15:

方程 2.15 $\qquad M = kPY$

为了得到数量论的结论——货币数量的变化在长期内不会产生实际效应,但能决定价格水平——从我们先前讨论中,只需记住:$Y$ 是由生产函数和竞争的劳动力市场在充分就业水平上预先决定的。由于 $k$ 和 $Y$ 是不变的,所以 $M$ 决定 $P$。假如货币市场最初是均衡的,那么货币供给的增加就会引起不均衡($M > Md$)。由于 $Y$ 和 $k$ 值是固定的,货币市场的均衡只有在价格水平上升时才能得以恢复。在古典模型中,价格上升的原因:当家庭和厂商发现他们持有的货币多于他们的期望时,过度的货币余额就会用来购买商品和服务。由于商品和服务的供给受制于预先已决定了的充分就业水平下的产出,商品市场上的过度需求就会引发一般价格水平按与货币供给增加的比例一致的速度上升。

52 第二种方法采用了收入形式的费雪交换方程,方程 2.16 给出了这种关系:

方程 2.16 $\qquad MV = PY$

这里 $V$ 是货币流通的收入速度,表示在进行构成名义 GDP 的最终交易中单位货币被使用的平均次数。由于 $V$ 可被定义为 $k$ 的倒数,因为决定行为人交易频率的制度因素变化十分缓慢,$V$ 的不变性也得到了证明。我们可以通过比较方程 2.15 和方程 2.16 发现 $V$ 是 $k$ 的倒数,而且 $V$ 和 $1/k$ 都等于 $PY/M$。假如我们考察一下由方程 2.16 重新整理得到的方程 2.17,就可以清楚地发现价格水平依赖于名义货币的供给:

方程 2.17 $\qquad P = \dfrac{MV}{Y}$

由于 $V$ 和 $Y$ 是常数,容易看出 $P$ 取决于 $M$,而且 $\Delta M$ 等于 $\Delta P$。

为了了解价格水平在古典模型中是怎样被决定的,以及实际产出、实际工资和就业变化对于货币数量来说是如何不变的,我们来分析图 2.4。在象限(a)和象限(b)中,我们复制了图 2.2。在这里,竞争的劳动力市场产生均衡就业 $L_0$ 和均衡实际工资 $W_0/P_0$。从生产函数中,我们可以看出古典模型中充分就业导致了 $Y_0$ 的产出。在象限(c)中,我们具有古典总需求($AD$)和总供给($AS$)函数。$AS$ 函数是完全非弹性的,这表明实际产出对一般价格水平来说是不变的。古典 $AD$ 曲线由方程 2.16 得出。由于固定的货币供给(例如 $M_0$)和常数 $V$,较高的价格水平必定和较低的实际产出水平相联系。$AD_0(M_0)$ 显示了对于给定的货币供给来说,在无数的 $P$ 和 $Y$ 的结合之间,$MV$ 是如何被分解的。由于我们假设 $V$ 是固定的,因而经济中所有交易的名义价值取决于货币供给。如果价格较高，每笔交易需要更多的货币数量，由此被购买的商品量和服务的量就必定会下降。由于 $AD$ 曲线是在给定的货币数量下画出的，正如 $AD_1(M_1)$ 所示，货币供给量的增加将使 $AD$ 曲线右移。最后，在象限$(d)$ 中，我们显示了对于给定的名义工资来说，实际工资和价格水平的关系。如果名义工资是 $W_0$，那么较高的价格水平将会使实际工资降低。

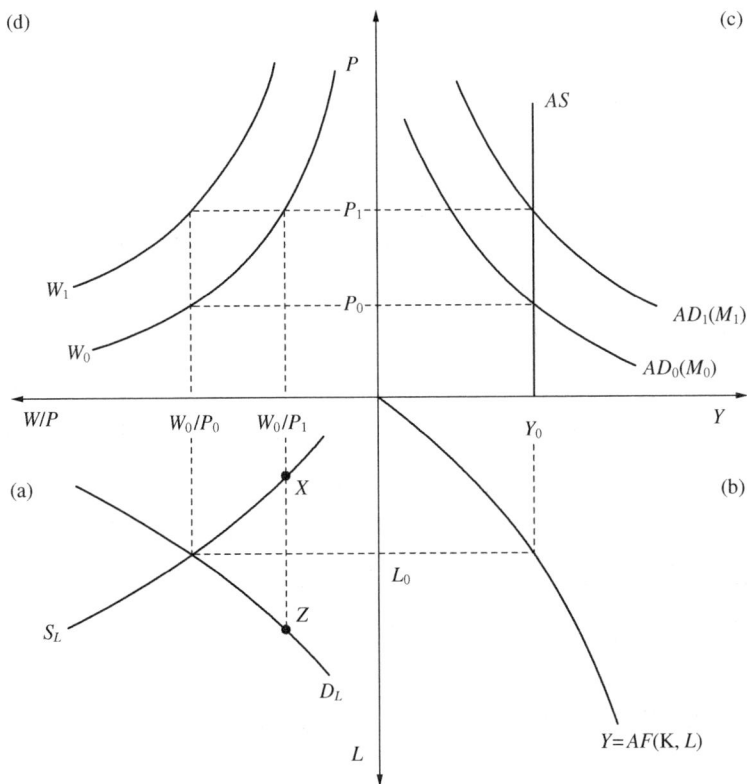

图 2.4　古典模型中价格水平的决定

让我们假定，在模型中和货币数量 $M_0$ 相关的最初均衡值是 $Y_0$、$W_0/P_0$ 和 $L_0$。假定货币管理当局增加货币供给至 $M_1$，试图增加实际产出和就业。我们可以看出，在古典模型中，这一政策完全无效。货币数量的增加 —— 通过引起货币市场的失衡 $(Md < M)$ —— 将导致对商品和服务需求的增加。因为 $Y$ 被劳动力市场均衡就业 $(L_0)$ 限定于 $Y_0$，因而使价格上升至 $P_1$。对于给定名义工资 $W_0$ 来说，价格的上升降低了实际工资，并使劳动力市场产生失衡。对劳动力的过度需求 $ZX$ 出现于实际工资水平 $W_0/P_1$ 处。雇主之间的竞价使名义工资上升，直至达到 $W_1$ 值，这使实际工

资恢复到均衡水平(即 $W_0/P_0 = W_1/P_1$)。欧文·费雪也论证了货币扩张怎样通过"费雪效应"提高名义利率的(Fisher,1907)。在古典模型中,调整实际利率,可以使可贷资金市场上的储蓄和投资相等。由于实际利率等于名义利率减去通货膨胀率,并由生产率和节俭的实际因素所决定,名义利率将调整以反映实际利率和通货膨胀率两方面因素的不断影响。货币扩张——通过提高通货膨胀率——也使名义利率上升。总之,货币扩张的最终结果是价格水平、名义工资和名义利率的上涨,但是经济体系内的所有实际变量都不受影响(即货币是中性的)。用大卫·休谟的话来说就是:"很明显,货币的多少无关紧要,因为商品的价格总是和货币的数量成正比的。"(Hume,1752)

在开始考察凯恩斯对古典模型的异议之前,我们应该注意到以上提供的典型形式的数量论对于凯恩斯之前致力于数量论传统的经济学家发展形成的理论的复杂性和精深性来说,并不公正。像李嘉图这样的古典经济学家注重长期均衡状态,并且使用比较静态分析法来比较两种均衡状态。一些古典经济学家很清楚货币中性在短期内无法成立(见 Corry,1962)。事实上,拉尔夫·霍特里(Ralph Hawtrey)这个先于凯恩斯偏离古典体系的经济学家,毕生致力于研究关于经济周期的纯货币理论。在他的理论中,货币在短期内远非中性(见 Haberler,1963,Deutscher,1990)。但是,若从 20 世纪 30 年代初期有利的角度来看,在大萧条的严重时期,李嘉图的长期均衡不妨被放在火星上。在《货币改革论》中,凯恩斯声明说:"在长期中,我们都死了。如果在暴风雨的季节里,经济学家们只能告诉我们,风暴过去很久后,海面又会恢复平静的话,那么他们留给自己的任务也太轻松、太无用了。"(Keynes,1923)现在,我们转而考量凯恩斯对古典理论的反对,它在他最有影响的书出版时达到了高潮。

## 2.6 凯恩斯的《通论》

尽管自《通论》于 1936 年 2 月出版以来已有 70 年了,关于凯恩斯对经济理论的贡献,至今仍存在激烈的争论。很少有经济学家反对萨缪尔森的观点:凯恩斯

对经济学的影响是"20 世纪经济科学中最重大的事件"(Samuelson,1988),或者说宏观经济学是他的创造。反对者们确信凯恩斯从根本上是错误的(Hayek,1983;也见第四章、第五章之后对弗里德曼和卢卡斯的采访)。凯恩斯主义者本身也分为两类:一类如凯恩斯,认为《通论》的政策含义是相当保守的(Tobin,1987),另一类

认为凯恩斯的著作代表着对主流的古典和新古典理论的革命性决裂(Robinson, 1971；Davidson，1994；本书第八章)。不论是好是坏，《通论》对宏观经济学的发展以及宏观经济政策制定的行为都有着深远的影响，这一点是毋庸置疑的。

从本质上来说，凯恩斯是在艾尔弗雷德·马歇尔的剑桥传统下成长起来的应用经济学家，在那里，经济学的吸引力在于它保存了这样一种期望——它能使其从业者致力于改善世界。但是，对凯恩斯来说，写《通论》涉及"长时间逃避……思想和表达的习惯性方式的挣扎"。凯恩斯极力避免的旧思想是与19世纪古典经济学的自由传统相联系的自由放任主义。继亚当·斯密之后，政治经济学从根本上偏好自由放任。除少数人之外，古典经济学家都关注政府的失灵。在他们看来，政府应将其活动限制在确保一个和平的、竞争的环境，在这个环境中，公民可以尽可能充分地追求他们自己的目标。鉴于稀缺但被充分利用的资源的约束，只有垄断力量的邪恶或政府对经济事务的过多干预才会阻碍价格机制实现最大的国民产出。与这一正统观念相反，凯恩斯著作最具革命性的方面——我们能从他20世纪20年代中期以后的作品中察觉出来——是他清楚明确地指出：在总的就业水平和产出水平方面，不存在引导私利进入社会最优的"看不见的手"。虽然凯恩斯的异端观点不时出现在他对20年代英国政府政策的抨击中，但是，他的许多政策建议都缺乏能够被逻辑推演出来的理论结构。例如在1929年，凯恩斯极力鼓吹以财政赤字扩大需求的政府计划，以全力支持劳合·乔治(Lloyd George)的自由党复兴计划(见Keynes，1929)。他虽然这样做了，却不具有一个对其观点而言非常重要的有效需求理论和乘数机制(见Keynes，1972，第九卷)。

为了有效地正面对抗现存的古典正统经济学，凯恩斯需要提出另一套理论。由于大萧条的发生，我们发现凯恩斯"在他48岁时隐入国王学院的象牙塔，投身于最高的智力劳动，将西方文明从经济崩溃带来的野蛮巨潮中拯救出来"(见Skidel-sky，1992，p. XXⅶ)。凯恩斯敏锐地意识到世界资本主义此刻在世界历史中的极端脆弱性。

当今的集权主义国家体制似乎在以效益和自由为代价来解决失业问题。可以肯定的是：世界不再容忍失业，除了骚乱的短暂间隔，失业与当今资本主义的个人主义相关联，以我的观点来看是不可避免地相互关联。但是，通过对这一问题的正确分析去医治病痛，同时保持效益和自由是可能的。(Keynes，1936，p. 381)

因此我们发现从1931年起，凯恩斯摸索着创作《通论》，此书不同于他的早期著作，它是写给他的经济学同仁的。

1932 年末,并且肯定不迟于 1933 年初,最初的思想或他脑海里"灰色的、毛茸茸的怪物"开始出现在他在剑桥的讲座中(见 Skidelsky,1992;Patinkin,1993)。对于他的反对者来说,《通论》仍然是一个"怪物"。卢卡斯——凯恩斯主义的当代主要批评家——认为该书"草率成书"以致"无法阅读",显示了"对萧条的政治反应"(见 Klamer,1984)。就连萨缪尔森——凯恩斯的最早皈依者——也将这本书形容为"结构松散"、"文字粗糙"。但是对萨缪尔森来说,"这是一本天才的著作",因其模糊性和争议性而将长期影响经济学的发展(Samuelson,1946)。加尔布雷斯持有相似的观点,他也把《通论》的模糊性看成它能赢得皈依者的重要原因,因为:

在付出大量的努力后终于弄懂的时候,读者会坚定他们的信念。他们会认为,这种艰辛是值得的。而且如果其中有着足够的矛盾和模糊,就像在《圣经》和马克思理论中那样,那么,读者总能找到他们想相信的东西。这也就赢得了追随者。(Galbraith,1977)

不足为奇的是:很快接受这些新观点的,主要是英国剑桥和美国剑桥的年轻一代经济学家。相反,超过 50 岁的经济学家总的来说都没有受到凯恩斯思想的影响,《通论》"打动了大多数 35 岁以下的经济学家,就像突如其来的一场疾病首次袭击并杀伤了与外界隔绝的南海岛民部落一样"(Samuelson,1946)。经济学的变化和变化的一代代人一并出现,这一现象在大约 40 年以后也发挥了重要的作用,当时,新古典经济学主要影响了年轻一代的经济学家,以至于凯恩斯主义面临灭绝的威胁(见 Colander,1988;Blinder,1988b)。

## 2.7 解释《通论》

讨论《通论》内容时最大的难题之一是:它是一本具有高度复杂性、争议性和影响力的著作,信念上有着巨大差异的经济学家都能从中找到支持他们对凯恩斯的基本观点的论述。凯恩斯学的文献已经为数众多,但仍呈指数式增长。形形色色的观点是混乱和启蒙的根源。例如 E. 罗伊·温特劳布的著作(E. Roy Weintraub,1979)中有一章名为"对凯恩斯体系的第 4827 次再考察"!要想了解关于《通论》的不同理论解释,读者可参考 Hicks(1937)、Modigliani(1944,2003)、Klein(1947)、Patinkin(1956,1976,1990b)、Leijonhufvud(1968)、Davidson(1978,1994)、Chick(1983)、Coddington(1983)、Kahn(1984)和 Meltzer(1988)。由坎宁汉·伍德(Cunningham Wood,1983)编辑的多卷本论文集使我们对 1936 年以后出现的评论和发展有了某种认识。要想在凯恩斯的生平和哲学这一更广阔的背景中理解凯恩斯贡献的发展,读者应参考 Harrod(1951)、Moggridge(1992)和 Skidelsky(1983,1992,2000)等杰出的凯恩斯传记,唐纳德·莫格里奇(Donald Moggridge)编辑的《约翰·梅纳德·凯恩斯选集》多达 30 卷。

这里不存在对凯恩斯理论的赢得广泛支持的最终解释,鉴于本书的非数学风格,这里也不可能存在这种解释。凯恩斯在经济学中引发的扰动仍然在持续着,而且《通论》仍然是一个"没有被完全发掘"的文本(Phelps,1990;也见阿克洛夫的诺贝尔经济学奖演讲)。其中一个原因是凯恩斯关注的主要议题——在不存在政府积极干预的情况下,市场因素在产生稳定的充分就业均衡方面的有效性——仍然位于经济争论的中心(有关政府和市场失灵的相似问题处于经济学其他争论的中心,见 Snowdon,2001b)。

比尔·杰拉德试图分析产生不同解释的原因(Gerrard,1991)。由于"技巧拙劣"、"文体上的困难"、"前后矛盾"和"错误"等问题,凯恩斯本人造成了种种混乱。另外一些可能的混乱是由"读者造成的",起因于"选择性地阅读"、"不合适的表述"和"对二手资料的依赖"。更深层的问题是由凯恩斯在《通论》以外写作的大量材料造成的,例如,有些理论家将研究重点转移到被忽视的凯恩斯早期哲学论文上(O'Donnell,1989)。杰拉德总结道:凯恩斯《通论》的贡献主要在于"它能带来各种各样的研究计划",它们反映了人们考察宏观经济的许多可能方式。简而言之,杰拉德认为:我们不应该再为多种解释而担忧,因为这一点证实了凯恩斯著作的再生能力和"参照力量"。

由于我们不可能为种类繁多的对凯恩斯的解释作出评价,我们将介绍和《通论》有关的一些主要观点。

## 2.8 凯恩斯的主要观点

在《通论》中,凯恩斯宣称"去发现在任何时间,是什么决定一个给定的经济体系的国民收入以及(几乎是同一事物的)它的就业量"(Keynes,1936,p.247)。在构建他的理论时,"国民收入取决于就业量"。在发展其理论的过程中,凯恩斯也试图证明宏观经济的均衡与非自愿失业是一致的。《通论》的理论新颖性及其中心命题是:有效需求的原则,以及产出变动而非价格变动的均衡作用。《通论》中对数量而非价格调节的强调与古典模型及包含在《货币论》中的凯恩斯早期研究(Keynes,

1930)形成了鲜明的对比。在《货币论》中,储蓄和投资决策的矛盾引发了价格水平的波动。

在《通论》出版前几年,构成凯恩斯《通论》中心观点的基本论据就已开始形成了。正如上面所提及的,在 1929 年,凯恩斯为支持政府以财政赤字的方式扩大总需求的政策而辩论。在他和休伯特·亨德森合著(Hubert Henderson,1929)的著名小册子里,凯恩斯赞同公共工程计划,以支持劳合·乔治 1929 年竞选时对全国许下的减少失业、"在一年内达到正常水平"的许诺(见 Skidelsky,1992)。可是,凯恩斯和亨德森不能有力地反驳正统的"财政教条",它是由财政大臣在 1929 年提出的:"不管怎样的政治或社会优势,事实上,而且一般来说,政府借款和政府开支不能创造额外的就业。"凯恩斯和亨德森对减少失业的公共工程计划的支持论证隐含着需求决定产出的观点和就业乘数的概念。

有效需求原理认为,在一个封闭的、有闲置生产能力的经济中,产出水平(从而就业)取决于总的计划支出。计划支出包括两个部分:家庭部分的消费支出($C$)和厂商的投资支出($I$)。在《通论》中没有对直接由政府支出或间接由税收变动所刺激的消费变化效应的明确分析。因此,《通论》中有两个部门(家庭和厂商),计划支出由方程 2.18 给出:

方程 2.18 $$E = C + I$$

读者会回忆起在古典模型中,消费、储蓄和投资都是利率的函数(见方程 2.10 和方程 2.11)。在凯恩斯的模型中,消费支出是内生的,而且本质上是被动的,取决于收入而不是利率。凯恩斯的消费函数理论发展了这种关系。

投资支出取决于投资的预期收益和利率,后者体现了借贷资金的成本。凯恩斯将预期利润称为"资本的边际效率"。因此,在凯恩斯的模型中,就业不可避免地依赖于一个不稳定因素——投资支出,它容易发生广泛和突然的波动。如果投资年复一年都很稳定,产出和就业对投资的依赖性也就不那么重要了。不幸的是,作出投资决策是很困难的,并且机器和厂房是现在购买的,以生产出在不确定的将来出售的商品,因此,计算中就涉及对需求的未来水平和成本的预期,同时,希望、恐惧以及严峻的现实都会影响决策。鉴于预期的不稳定性,常受到"非理性的动物精神"的驱动,因而对资本的预期收益必然也是极为不稳定的。投资决策可能受到非理性的乐观主义和悲观主义波动的影响,从而引起商业信心的大幅度摇摆,这使凯恩斯对利率调整作为一种影响投资量的方法的有效性产生了怀疑。在将现在和未来联系在一起时,对投资未来收益的预期远比利率重要得多,因为"鉴于公众的心理状态,产出和就业水平总体上都取决于投资量","那些决定投资率的因素正是最不可靠的,因为它们受到我们对知之甚少的未来的看法的影响"(Keynes,1937)。

厂商对投资决策预期收益的认识的"极端的不稳定性"处于凯恩斯解释经济周期的核心。在他对不稳定性的分析中,资本边际效率的"剧烈波动"形成了改变实际总需求变化的冲击;也就是说经济波动的主要原因来自经济的实际部分,正如 IS 曲线所描述的(参见第 3.3.1 节)。从对消费函数的分析开始,凯恩斯创建了边际消费倾向的概念,它在决定乘数大小中起着重要的作用。由于乘数,任何对投资支出的干扰都会对总产出产生巨大的影响。这可以很容易地表达如下。假设 $c$ 等于边际消费倾向($\Delta C/\Delta Y$),而 $a$ 等于自发消费,我们可以写出消费行为方程 2.19:

方程 2.19 $$C = a + cY$$

记住,在凯恩斯模型中,总消费量(主要)取决于总收入量。将方程 2.19 代入方程 2.18,我们可以得到方程 2.20 给出的均衡条件:

方程 2.20 $$Y = a + cY + I$$

由于 $Y - cY = a + I$,$Y - cY = Y(1-c)$,我们可以得到通常的缩写方程 2.21:

方程 2.21 $$Y = (a+I)/(1-c)$$

这里 $1/(1-c)$ 表示乘数。以 $k$ 代表乘数,我们就可以把方程 2.21 重写成 $Y = (a+I)k$,它随投资支出的给定变动而变化($\Delta I$):

方程 2.22 $$\Delta Y = \Delta Ik$$

方程 2.22 告诉我们,收入(产出)的变化是投资支出变化的倍数。凯恩斯把投资乘数($k$)定义为收入变化对由此带来的自发支出变化的比率:"当总投资增加时,收入的增量等于投资增加量的 $k$ 倍。"(Keynes,1936,p. 115)

若其他条件均相同,边际储蓄倾向越小,乘数就越大。因而,乘数的大小取决于 $c$ 的值,并且 $1 > c > 0$。乘数效应表明:对于自发需求的移动($\Delta I$)来说,收入最初将增加相应的数量。但是,这种收入的增加接下来会使消费增加 $c\Delta I$。第二轮的收入增加又使支出增加 $c(c\Delta I)$,并进一步使支出和收入增加。因而这里我们得到的是 $c$ 的一个无限几何级数,这样,方程 2.23 给出了产出需求的自发变化的完整效应:

方程 2.23 $$\Delta Y = \Delta I + c\Delta I + c^2\,\Delta I = \Delta I(1 + c + c^2 + c^3 + \cdots\cdots)$$

并且 $\Delta I(1 + c + c^2 + c^3 + \cdots\cdots) = 1/(1-c)$。在以上整个分析中,假设我们讲的是一个有闲置生产能力的经济,厂家有能力去生产更多的产品以满足过度的需求。由于更多的产出需要更多的劳动力投入,产出乘数暗示着就业乘数(Kahn,1931)。因此,自发支出的增加提高了产出和就业。从一个未达到充分就业的水平开始,假设在经济体系中发生了一个自发的投资增加。投资支出的增加将导致制造资本货物的厂家就业的增加。在资本货物工业中新雇佣的工人将在消费品上花费他们的部分收入而将余下部分用于储蓄。对消费品需求的上升将随之导致消费品工业就业的增加,进而引起更进一步的支出循环。结果是自发投资的最初增加将会产生一个收入方面增大比例的增加。随着投资支出方面的变化,也随着在自发消费支出方面发生的变化,又会产生同样的乘数效应。根据萨缪尔森著名的凯恩斯主义的交叉模型,一个较大的乘数会以更陡直的总支出图标显现出来,反之亦然(见 Pearce and Hoover,1995)。在凯恩斯 IS-LM 模型中,乘数影响着 IS 曲线的斜率。乘数值越大,IS 曲线越平坦,反之亦然(见第三章)。

凯恩斯清楚地知道能够影响他建议的公共支出计划的乘数效应规模的各种因素,包括"提高利率"的效应——除非"货币管理当局采取相反的措施",从而排斥"在其他方面的投资",包括对投资"信心"负面效应的潜力,以及在一个开放的、像英国一样的经济体系中,支出对税收和进口两者的渗漏(Keynes,1936,pp. 119 - 120)。在充分就业的经济中,凯恩斯认为投资的任何增加将"建立一种货币-价格无限上涨的趋势,它与边际消费倾向无关"。

尽管乘数的概念与凯恩斯及其《通论》关联甚密,但是,这一概念首次有影响地出现于 1930 年夏天理查德·卡恩给经济顾问委员会的备忘录中。更正式的表述是 1931 年卡恩在《经济学杂志》上发表的论文。该文分析了增加政府投资支出对充分就业影响的假设: (1) 经济有闲置的生产能力,(2) 有货币政策的调节,(3) 货币工资保持稳定。财政部排斥性地拒绝通过由信贷融资的公共工程来减少失业,卡恩的文章是对此的回应。第二年,詹斯·沃明对卡恩的分析进行了批评,并对此进行了重新定义和扩展(Jens Warming,1932)。正是沃明第一个把消费函数这个概念带入乘数文献中(见 Skidelsky,1992,p. 451)。凯恩斯对乘数的首次连贯一致的表述出现在发表于 1933 年《泰晤士报》上的题为"繁荣的方法"的四篇系列文章中;随后又出现在发表于《新政治家》4 月号上的名为"乘数"的文章中。然而,乘数的概念遭到了正统的金融界和恪守古典传统的经济学同仁的强烈反对。1933 年,凯恩斯把这种对乘数概念的反对归因于"不管我们是否意识到,我们所有关于经济学的思想充满了理论上的假定,这些假定只能运用于处于均衡之中的社会,并且这一社会的所有生产能力都得到了利用。许多人试图基于没有失业的假设理论去解决失业问题……这些思想在他们特有的背景下是完全有效的,但对现在的情况来说是不适用的"(由 Meltzer,1988,p. 137 转引;也见 Dimand,1988,它是对这个时期乘数理论发展的杰出综述)。

无疑,乘数效应在凯恩斯主义经济学中发挥着积极的作用。帕廷金(Patinkin, 1976)认为乘数概念的建立代表着"迈向《通论》的重要一步",而斯基德尔斯基认为,乘数的概念是"凯恩斯主义魔法中最著名的部分"(Skidelsky,1992)。我们也应该注意到,乘数概念在早期战后凯恩斯学派的经济周期理论中发挥着重要的作用。随着自发投资的初始增加,由于乘数效应,新投资的增加将通过"加速器"机制强化收入的上升,这一机制随后对收入有一个更进一步的乘数效应,以此类推。将所谓的乘数加速器模型与对"顶峰"和"低谷"的分析融为一体,使得经济周期的凯恩斯主义方法的支持者能够去解释这一周期较高和较低的转折点。

凯恩斯对利率决定的解释也标志着和古典前辈们的决裂。凯恩斯否定利率是由节俭和资本边际生产率这些实际因素决定的观点。利率在《通论》中是一个纯粹的货币现象,取决于与货币管理当局决定的货币供给相关的公众的流动性偏好(货币需求)。在持有货币的交易动机之外,凯恩斯增加了谨慎动机和投机动机,后者对利率敏感(见第3.3.2节)。凯恩斯否定利息是对推迟现时消费报偿的古典观念。在凯恩斯看来,利率是对放弃流动性或在某一特定时期不储藏货币的报偿。在一个以不确定性为特征的世界里,总有持有现金而不是其他金融资产(如债券)的投机动机,凯恩斯认为,"流动性偏好"对利率发挥着比储蓄决策更大的作用。通过将投机动机引入货币需求函数,凯恩斯使得利率取决于信心状态和货币供给(见第三章)。如果流动性偏好会改变,这就破坏了关于货币需求函数稳定性的古典假设,从而意味着货币流通速度是易变的。

凯恩斯有效需求理论的基本结构可参照图2.5来理解。从这里读者可以看到总产出和总就业对总支出($C+I$)的依赖产生了不稳定性的潜能,因为与不稳定的未来相关的商业预期的影响,投资支出是极为不稳定的。不确定的未来也产生了对流动性的渴望,以至于货币需求的变化和货币供给的变化都会影响产出和就业。因此,在凯恩斯的模型中,古典的货币数量中性的观点被抛弃了。降低利率带来了货币供给的增加,这一增加能够通过增加投资和紧随其后的乘数效应来刺激总支出——见方程2.22。这一关系可描述如下:

2.24 $\qquad +\Delta M \rightarrow -\Delta r \rightarrow +\Delta I \rightarrow \Delta Y, +\Delta L$

凯恩斯的著作为什么名为"就业、利息和货币通论",现在就十分清楚了。对于凯恩斯来说,它是普遍的,因为充分就业是一个特例,并且古典理论假设的这个特例的特征"恰恰不是我们实际生活的经济社会所拥有的"(Keynes,1936,p.3)。然

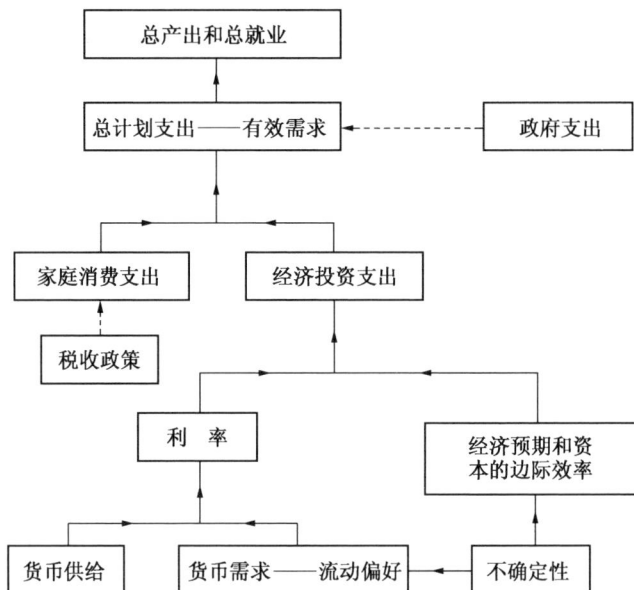

图 2.5 产出和就业的决定

而,凯恩斯认为货币政策的力量也许会受限制,尤其是在极度衰退时期,而且"在此政策发生作用之前,还有几道难关"(Keynes,1936,p.173)。货币政策被证明是软弱无力的或无效的,总支出可以直接由政府支出或间接由税收变化来刺激,后者通过提高家庭可支配的收入刺激消费支出。在《通论》的结束语中,我们看到对凯恩斯政策结论的一些暗示:"国家必须对消费倾向实施主导影响,部分通过税收计划,部分通过固定利率,部分或许通过其他方法。"(Keynes,1936,p.378)

　　但是,"其他方法"是什么呢?根据凯恩斯的观点,由于储蓄倾向的长期趋势超过投资倾向,减少总体不稳定的关键是在一个充分的水平上发现稳定投资支出的方式,以吸收充分就业的储蓄水平。凯恩斯认为:"投资某种程度的全面社会化"将证明,"保证接近充分就业的唯一办法"可以有多种解释(见 Meltzer,1988)。凯恩斯认为他的理论有着"相当保守"的含义,同时也意味着"传统的政府职能的极大延伸"。这是人们在《通论》中发现的极好的模糊性例子,它导致了在以后研究中的各种各样的解释。

　　在对古典模型的讨论中,我们注意了这些著作的三个主要方面:就业和产出决定的理论、萨伊市场定律和货币数量论。现在我们简单考察一下凯恩斯是怎样驳斥这些与古典经济学基础相关的基本观点的。

我们已经发现(见第 2.3 节),在古典模型中,充分就业是得到保障的,因为劳动力市场以竞争为主导,价格和工资具有完全的弹性(见图 2.2 和图 2.4)。相反,凯恩斯并不认为劳动力市场总能维持在保证市场出清的状态下。如果货币工资是刚性的,非自愿失业就很可能是劳动力市场的一个特征。但是,凯恩斯走得比这更远,他认为名义工资的弹性不太可能产生足够的力量,引导经济恢复到充分就业状态。让我们来逐一考察这些情形。

### 2.9.1 名义工资的刚性

在《通论》中,凯恩斯一开始就假定货币工资是"不变的"以"便于阐述",同时注意到"不管货币工资是否易变,这一观点的本质特征是相同的"(Keynes,1936,p.27)。参照图 2.6,我们可以看到,在名义工资刚性的情况下,对实际产出和就业的负需求冲击。假设一个初始处于充分就业均衡状态的经济($L_e$ 和 $Y_F$)经历着总需求的减少,这由 AD 曲线从 $AD_0$ 移至 $AD_1$ 表示。如果价格是弹性的而名义工资是刚性的,经济会从图 2.6 图形(b)中的 $e_0$ 移至 $e_1$。在名义工资刚性的情况下,总供给曲线变为 $W_0AS$。如果价格水平降低至 $P_1$,而名义工资仍维持在 $W_0$,实际工资将上升至图 2.6 图形(a)中的 $W_0/P_1$。在这个实际工资水平下,劳动力供给($L_d$)超过劳动力需求($L_c$),非自愿失业 cd 就出现了。

根据凯恩斯的观点,如果"工资价格的小幅上升导致愿意为现有货币工资工作的劳动力总供给和在此工资基础上对劳动力的总需求高于现有的就业量"(Keynes,1936,p.15),就会出现非自愿失业。只要我们想到,劳动力的供给曲线表示在每个实际工资下劳动力供给的最大数量,这就有意义了。由于($L_e - L_c$)部分的非自愿失业工人愿意为均衡的实际工资 $W_0/P_0$ 工作,这样,对他们来说,实际工资从 $W_0/P_1$ 降至 $W_0/P_0$ 是可以接受的,因为他们愿意为较低的实际工资工作,如 b 和 e 之间的劳动供给曲线所示。实际工资的降低也使利润最大化的厂商对劳动力的需求增加了。

但是,怎样降低实际工资呢?从根本上说有两个途径:相对于价格水平,货币工资必须降低;或者相对于名义工资,价格水平必须上升。凯恩斯更喜欢后者,提倡扩大总需求以对价格水平产生向上的推力。在图 2.6 的图形(b)中,需要施行

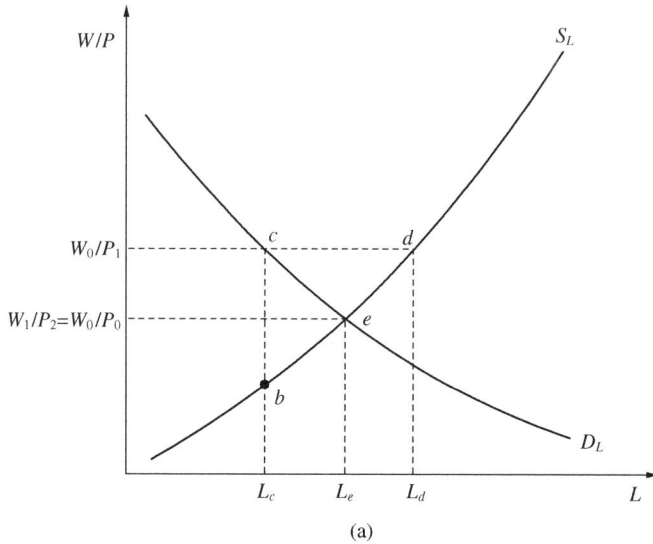

(a)

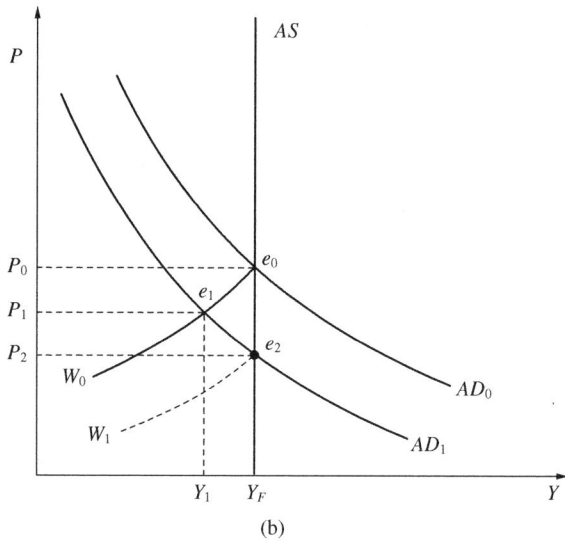

(b)

图 2.6  凯恩斯和非自愿失业

政策,将 $AD$ 曲线由 $AD_1$ 移向 $AD_0$。价格水平从 $P_1$ 上升到 $P_0$ 导致实际工资降至均衡水平 $W_0/P_0$,并且消除了非自愿失业。凯恩斯在实践和理论两个方面都反对采取削减工资的政策来刺激就业。实践方面的原因是:在以分散化的工资议价为特征的民主政治中,削减工资只会在"徒劳无益和灾难性的斗争"后产生,根据社会公正或经济利益的任何标准,它所产生的最终结果都是不正当的(见《通论》的第三章和第十九章)。凯恩斯还认为,工人不会抵制由一般价格水平上升而引起的实际工资降低,因为这会使实际相对工资维持不变,而这是工人们关心的主要问题。我们应该注意到,这不表明工人一方存在着货币幻觉。抵制货币工资的削减和接受通过普遍提高生活成本带来的实际工资的降低有利于保持现有的相对结构(见Trevithick,1975;Keynes,1936,p. 14)。不管怎样,由于劳动力只能在货币工资上议价,而无力控制价格水平,所以,全体劳动力没有办法通过修正和雇主间的货币工资的议价而使自己的实际工资降低(Keynes,1936,p. 13)。但是,凯恩斯在反对削减名义工资方面超出了这些实践议题。他还从理论方面反对将工资和价格弹性作为恢复均衡的有效方法。确实,在许多场合,货币经济中的名义工资的极端弹性极有可能使情况更糟。

## 2.9.2 名义工资的弹性

许多正统的凯恩斯主义者把货币工资的刚性作为《通论》中凯恩斯对非自愿失业解释的核心(见 Modigliani,1944,2003;Snowdon and Vane,1999b;Snowdon,2004a)。凯恩斯在《通论》中指出,以削减名义工资来消除失业的方法主要是通过其对利率的影响而发挥作用的。如果工资削减引起价格水平的进一步降低,则会增加实际货币供应量,降低利率,刺激投资支出。根据图 2.6 的图形(b),下降的货币工资使总供给曲线从 $W_0AS$ 移至 $W_1AS$(在这里 $W_1 < W_0$)。经济在 $e_2$ 处恢复到充分就业的状态。价格机制使得总需求增加,而无需以总需求的刺激来进行政府刺激。但是,正如我们将要在第 3.4.2 节中更清楚地看到的,凯恩斯提出了这种"凯恩斯效应"会失灵的两个理由。阻碍利率下降的流动性陷阱的存在或者利率无弹性的投资计划,可能会使下降的价格不能通过利率变化刺激总需求。根据图 2.6 的图形(b),这些作为恢复途径的可能的通货紧缩限制通过 $e_1$ 以下部分趋于垂直的 $AD$ 曲线反映出来,即经济无法从 $e_1$ 移动到 $e_2$。

在凯恩斯看来,对于给定的货币供应量来说,允许货币工资下降的政策从理论上说可能产生与以给定的名义工资扩张货币供给的政策相同的效应。果真如此的话,作为保证充分就业的方法,货币政策面临着和削减工资政策同样的局限。然而,剧烈的价格紧缩也可能会对商业预期产生不利的影响,引起总需求的进一步下降(见 Keynes,1936,p. 269)。严重的通货膨胀通过分配效应对消费倾向的影响也将是"不利的"(Keynes,1936,p. 262)。在总结这些问题时,凯恩斯采取了实用的姿态。

鉴于人性和制度,只有愚蠢的人才会选择弹性工资政策,而不是弹性货币政策……假设弹性工资的政策总体上是自由放任的经济体系正确而必要的附属品,那么这一政策是真理的对面。(Keynes,1936,pp. 268-269;也见 Modigliani,2003)

由于价格机制的不同局限,凯恩斯坚信管理当局应采取积极措施以消除非自愿失业。除非它们这样做,否则经济体系就会处于就业不足的均衡状态。就此他认为,市场经济在相当一个时期内会长期处于低迷活动的状态,"既无显著倾向趋于复苏,也无显著倾向趋于完全崩溃"(Keynes,1936,p. 249)。

## 2.10 凯恩斯对萨伊定律的反驳

如果接受萨伊定律,这一定律就会使得宏观经济的需求管理政策变得多余。我们早已看到,在古典模型中约束当下消费的决策等同于未来消费更多的决策。因而这一决策自然而然地意味着:资源要被转移到投资品的生产上去,而投资品则是提供未来消费品流动所需要的。储蓄的增加通过利率调整自动地转化成投资支出的增加。在古典模型中,储蓄实际上是另一种形式的支出。决定萨伊定律的原理在两次大战之间关于反萧条经济政策的争论中得以盛行。拉尔夫·霍特里是"财政部观点"的大力倡导者,他很有说服力地认为公共工程项目是无效的,因为这种支出只会"挤出"等量的私人支出。这种观点只在充分就业经济中才有效(Deutscher,1990)。

写作《通论》的一个主要目的是对萨伊定律进行理论驳斥,也就是马尔萨斯在一个世纪以前努力去做而没有成功的事情。在凯恩斯模型中,产出和就业由有效需求决定,劳动力市场的运作不能确保充分就业。利率是在货币市场上决定的,而不是靠储蓄和投资决策决定的。投资边际效率的变化通过乘数效应引起实际产出的变化,而且最终通过收入的变化,储蓄适应了投资。因此,在凯恩斯的模型中,任何计划投资和计划储蓄之间的不相等都会导致数量调整而不是利率的均衡调整。在消极的需求冲击后,作为使经济恢复到充分就业状态的方法的工资弹性和物价弹性,具有内在的缺陷。通过论证这一点,凯恩斯有效地反驳了萨伊定律。在凯恩斯就业不足的均衡世界中,需求创造供给。

## 2.11 凯恩斯与货币数量论

在古典模型中,货币冲击对经济没有实际影响。货币是中性的。由于实际产出的数量是由竞争的劳动力市场和萨伊定律的综合影响预先决定的,因此,货币数量的任何变动只能影响一般价格水平。通过对萨伊定律和劳动力市场古典模型的反驳,凯恩斯理论不再假定实际产出在充分就业水平上被预先决定。在《通论》的第二十一章中,凯恩斯讨论了多种可能性。如果总供给曲线具有完全弹性,那么,由货币数量增长引发的有效需求的变化将导致产出和就业的增加而不影响价格水平,直至经济实现充分就业。然而,在通常情况下,有效需求的增加"将自己部分用在就业量上,部分用在提高价格水平上"(Keynes,1936,p.296)。换句话说,在凯恩斯的模型中,经济的供给反应能够用如图 2.6 的图形(b)中的 $W_0AS$ 总供给函数来表示。所以,当 $Y<Y_F$ 时,货币扩张就会实现,产出和价格水平都将上升。一旦对应于充分就业的总产出量得以实现,凯恩斯认为,"古典理论就会再次盛行起来",货币扩张将产生"真正的通货膨胀"(Keynes,1936,p.378,303)。凯恩斯模型中更复杂之处是货币数量的变化和有效需求的变化之间的关系是间接的,通过它对利率、投资和乘数规模的影响来发生作用。我们还应注意到,一旦凯恩斯引入了流动性偏好的理论,货币需求函数就可能不可预期地移动,引起货币流通速度变化,这意味着 $M$ 的变化可能被 $V$ 的反向变化所抵消。由于在方程 $MV=PY$ 中,$Y$ 和 $V$ 不再被假定为不变,因此,货币数量的变化可能会引起 $V$、$P$ 或 $Y$ 的变化是明显的。货币的中性不再有保障。

## 2.12　对凯恩斯的三种重要的解释

在 1936 年以来有关凯恩斯贡献的大量文献中,我们可以确认三种独特的、获得不同程度认可的阐述(见 Snowdon and Vane,1997a)。科丁顿(Coddington,1983)归纳出三种解释,它们是:(1)"水压式的"解释法,(2)"基要主义的"解释法,(3)修正的一般均衡分析法。

### 2.12.1　"水压式的"解释

这是对凯恩斯的正统解释,由希克斯(Hicks,1937)、莫迪利阿尼(Modigliani,1944)、克莱因(Klein,1947)、萨缪尔森(Samuelson,1948)和汉森(Alvin Hansen,1953)始创和激发。在这种方法中,IS - LM 模型构成了理论化的骨架,它支配着20 世纪 50 年代和 60 年代出现的新古典综合派的思考方式。萨缪尔森首版于1948 年的著名教科书《经济学》在这里起着十分重要的作用,在凯恩斯 45°交叉图的帮助下,它普及了凯恩斯。由于莫迪利阿尼的贡献,凯恩斯经济学被看作关于工资刚性和价格刚性的经济学。不稳定预期的不稳定影响在这种方法中被贬低了。尽管像莫迪利阿尼和托宾这样的凯恩斯主义者致力于改进凯恩斯模型的微观基础,"水压式的"凯恩斯主义的主要缺陷是它缺乏基于理性行为的对工资刚性和价格刚性的令人信服的推论。与"水压式的"凯恩斯主义相关的思想将在第三章中详述,而新凯恩斯主义理论家修正新古典综合模型理论缺陷的更新的尝试将在第七章中考察。

### 2.12.2 "基要主义的"解释

这一对《通论》的解释认为凯恩斯的著作是对新古典正统观点的正面攻击。基要主义者认为,由于不确定性而产生的不稳定预期的影响是凯恩斯著作的主要特征,它尤其在《通论》第十二章和第十七章中得到了表述。在这些章节中,凯恩斯讨论了"长期预期的状态"和"利率和货币的本质特性"。基要主义者还指向凯恩斯在《经济学季刊》上发表的题为"就业通论"的文章(Keynes,1937),凯恩斯写作此文的目的是回应他的批评者,以此证明在不确定条件下的决策制定问题位于他体系的核心。虽然汤曾德作过一个很早的说明(Townshend,1937),但这一学派的主要人物也包括乔治·沙克尔(George Shackle,1967,1974)和琼·罗宾逊(Joan Robinson,1962)。基要主义者将"水压式的"解释驳斥为凯恩斯贡献的"私生子"。这种后凯恩斯主义学派的观点及其发展将在第八章中论述。

### 2.12.3 修正的一般均衡分析法

科丁顿(Coddington,1983)将这种观念称作"重构的还原主义"(还原主义者是指这样一些经济学家,他们的分析方法"是以单个交易者作出的选择为基础去分析市场",见 Coddington,1983,p. 92)。这种方法最初受到帕廷金观点(Patinkin,1956)的影响,帕廷金认为凯恩斯主义经济学是关于失业非均衡的经济学,非自愿失业应被看作动态不均衡的一个问题。在帕廷金的分析中,非自愿失业可存在于弹性工资和价格的完全竞争经济中。帕廷金对市场吸收和校正冲击的速度的侧重把注意力从价格和工资的弹性程度转移到协调的问题上来。这条路线的后继者有克洛尔(Clower,1965)和莱琼霍夫德(Leijonhufvud,1968),他们发展了一种与瓦尔拉路线一致的修正的一般均衡方法,以搞清在没有虚构的"拍卖者"的市场经济中必然会出现的协调问题。如果说"水压式的"解释贬低了凯恩斯作为理论家的贡献

现代宏观经济学:起源、发展和现状

的话,那么重构的还原主义方法试图恢复《通论》在非均衡动态方面开创性实践的地位。

克洛尔对《通论》的再解释认为凯恩斯的反驳是违反瓦尔拉新古典经济学的一般均衡传统的。在瓦尔拉的范式中,由于虚构的拍卖者的作用,所有的市场都是持续出清的。在帕廷金见解(Patinkin,1956)的基础上,克洛尔的研究强调凯恩斯研究的动态非均衡的本质。克洛尔认为凯恩斯的目的是排除拍卖者的神话以增加实际经济领域中的信息量和跨期协调的困难。在凯恩斯的《通论》中,累积的产出下降来自行为人对错误的(虚假的)价格信号作出反应而导致的大量协调失灵。一旦瞬时调节的价格假定被放弃,那么,就不再能保证分散的价格体系将协调处于充分就业状态的经济行为。这再次表明古典模型是一个"特例",凯恩斯理论是一个更普遍的理论。克洛尔一直对没有严肃对待市场过程的各种主要宏观学派持高度批评的态度。这样做涉及对由厂商、个人和政府建立的市场和货币机制的确认。克洛尔认为,为了真正认识市场的作用,经济学家需要建立一种基于马歇尔而不是瓦尔拉宏观基础之上的"后瓦尔拉宏观经济学"(Clower and Howitt,1996;Colander,1996)。尽管凯恩斯对宏观经济学的发展有着积极的影响,但是,他的反形式主义的方法被1945年之后主流理论家的"瓦尔拉形式主义"所排除(Backhouse,1997a)。

在20世纪70年代,受克洛尔见解影响的几个经济学家开始发展新凯恩斯理论的数量限制模型(Barro and Grossman,1976;Malinvaud,1977)。这项工作使经济学家们认为传统的凯恩斯模型缺乏坚固的微观基础(Barro,1979)。这是新古典经济学家在70年代采用的主要方法,但这和克洛尔喜爱的方法明显不同。70年代,新古典学派盛行而新凯恩斯模型逐渐不再被人喜爱,这不仅仅是因为高通货膨胀使得固定价格模型变得"不现实"(Backhouse,1995)。

在60年代中后期,阿克塞尔·莱琼霍夫德也对凯恩斯的《通论》作了具有影响和发人深思的解释。他发表于1968年的专题论文《凯恩斯主义的经济学和凯恩斯的经济学》立刻获得成功,而且成了激烈争论的主题,因为这篇论文是对凯恩斯最有影响的贡献的新分析。莱琼霍夫德通过建立和瓦尔拉的凯恩斯主义极为不同的"凯恩斯的经济学",详细阐述了克洛尔的观点。瓦尔拉的凯恩斯主义以对新古典综合的主流解释为特征。莱琼霍夫德紧随帕廷金(Patinkin,1948),提出了一个对凯恩斯的新瓦尔拉解释,它集中于非均衡交易和协调失灵的过程和含义。通过这些,莱琼霍夫德说明凯恩斯的"非自愿失业"概念(Keynes,1936,p.15)是如何以动态非均衡现象形式出现的。在莱琼霍夫德对《通论》的再解释中,凯恩斯的主要创新是他对以下问题提出的连贯、系统的分析：当价格和工资的调整是非完全弹性的时候，以私有企业为主体的市场经济是如何在短期内对总需求的冲击发生作用、反应和协调的。瓦尔拉关于瞬时价格、工资弹性以及完全信息的假设只不过是一个虚构。因此，莱琼霍夫德认为凯恩斯提出了更为通行的理论：行为人的不完全信息使得经济系统在总需求冲击后不能迅速平稳地过渡到新的均衡点。莱琼霍夫德对凯恩斯理论的再解释试图表明：假如行为人在交易时拥有完全信息这个重要的假设被抛弃的话，那么《通论》的内容和选择理论的框架是一致的。没有必要对价格机制采取制度刚性（例如，刚性名义工资）以达到凯恩斯主义的结果。这是《依据莫迪利阿尼观点的凯恩斯理论福音》(2003)的直接反驳。新近的诺贝尔经济学奖获得者佛朗科·莫迪利阿尼(Modigliani,2003)依然认为"凯恩斯经济学的本质是工资的刚性。工资刚性就是凯恩斯。"（见 Snowdon and Vane,1999b 中对莫迪利阿尼的采访，以及本书第三章）

莱琼霍夫德认为对凯恩斯的新古典综合的解释为凯恩斯理论革命提供了一个不连贯的理论基础。他认为凯恩斯认识到了在一个非中心化的市场经济中寻求合适的市场出清价格矢量的难度。凯恩斯认为，对经济体系冲击的最初反应是通过数量而不是价格调节的，调节的相对速度后者往往落后于前者（与瓦尔拉的观点相反）。在缺少虚构的"瓦尔拉拍卖者"的情况下，主要课题集中在控制机制以及信息的产生和传播上。根据莱琼霍夫德的观点，信息的不足和合作的缺乏会导致偏差增大（正反应）的过程，如乘数，它是瓦尔拉综合所反对的。瓦尔拉综合强调偏差缩小（负反应）的机制。

74　　　莱琼霍夫德认为新古典综合完全误解和错误解释了凯恩斯(Leijonhufvud, 1981;Snowdon,2004a)。正统的凯恩斯主义的叙述强调在《通论》的观点中没有发挥真正作用的成分（但它是凯恩斯主义者研究中的重要部分）——例如工资刚性的主张，实际中存在流动性陷阱，投资是缺乏利率弹性的。莱琼霍夫德坚持认为在凯恩斯的经济学中找不到这些基本的凯恩斯主义论据（见第三章）。

在经历了 70 年代出现的莱琼霍夫德对凯恩斯解释的最初热情和极大兴趣之后，年轻一代经济学家不久就被由罗伯特·卢卡斯提倡的"理性预期"革命所带来的振奋吸引（见第五章），对凯恩斯和凯恩斯主义经济学的兴趣开始减弱。依据莱琼霍夫德的自述，"70 年代之后，凯恩斯和凯恩斯主义走出了学术主流，因为跨期最优化变得风靡一时"(Leijonhufvud,1993)。莱琼霍夫德回忆道："宏观经济学似乎发生了一个极其类似于电影的转向：越来越愚蠢的剧情却有着越来越多的令人难以置信的效果。人们期盼着一种宏观经济学,其理论能更多地洞察人类的环境。"(Leijonhufvud,1998a)尽管年轻一代的新古典经济学家到处宣称凯恩斯主义时代的结束,信奉理性预期和经济周期的均衡理论,但是,莱琼霍夫德一直认为凯恩斯主义的经济学有前途。莱琼霍夫德(Leijonhufvud,1992)认为这种乐观主要有两方面的理由。首先,协调的问题是极为重要的一个事件,以至不能无限地被排除在经济学家研究的议程之外。"市场体系会自动和经济活动相协调吗?总是?从不?有时很好,但有时很糟?若是后者,那么在何种情况下,用何种体制结构,它会协调得很好或很坏?"莱琼霍夫德认为这些问题是宏观经济学的主要问题。其次,莱琼霍夫德认为,或早或晚,经济学家必将开放他们的理论结构,允许将其他行为科学的成果运用于经济分析中。当这种情况发生时,"不受限制的合理性的假定必将实现"。

在诺贝尔奖的演讲中,乔治·阿克洛夫(Akerlof,2002)对思考了诸如"认知偏向、互惠、公正、集群和社会地位"等行为的假设加以组合,也对巩固宏观经济理论进行了强烈的辩护。就此阿克洛夫认为,宏观经济学将"不再忍受新古典综合的专门规定。新古典综合忽视了《通论》中对心理和社会因素影响的强调"。因为在阿克洛夫看来,凯恩斯的《通论》"是现时代之前对行为经济学的最伟大贡献",因此似乎经济学家需要再次发现宏观经济行为野性的一面,以开始构建"一个不过分理性的宏观经济学"(Leijonhufvud,1993)。

有兴趣的读者可参见斯诺登等人的著作(Snowdon,et al.,1994,第3.5节,以及那里列出的参考书目),它对克洛尔、莱琼霍夫德和马林沃德的研究有着更为详细的讨论。

## 2.13 "新"凯恩斯学派

在20世纪80年代,人们对早期凯恩斯的研究兴趣大增,以便更好地理解凯恩斯后期的《通论》。凯恩斯的哲学和方法论框架对他的经济分析和政治观点的巨大影响越来越被人们所承认和接受。然而,大多数著述是关于所谓的凯恩斯经济学的内容,很少涉及他的方法论和哲学。利特博伊和梅塔认为:"凯恩斯对宏观经济理论的巨大推动作用已经被彻底地认识到了,但是很少提及他对科学方法论的观点。"(Littleboy and Mehta,1983)劳森和佩萨伦认为:"凯恩斯对方法论的贡献被普遍地忽视了。"(Lawson and Pesaran,1985,p.1)直到出现了诸如卡拉贝利(Carabelli，1988）、菲茨吉本斯（Fitzgibbons，1988）和奥唐奈（O'Donnell，1989）的贡献，这样的不满才遇到了例外。尤其是奥唐奈早期的研究（O'Donnell，1982）更是特别的例外，它对凯恩斯哲学和经济学之间的关联进行严肃而广泛的分析。对凯恩斯政治经济学的方法论基础和哲学基础进行探究的更近尝试被斯基德尔斯基称为"新凯恩斯学派"（Skidelsky，1992，pp. 82 - 89）。

新学派的主要目标是突出认识到凯恩斯经济学有着坚实的哲学基础的需要，而且就凯恩斯对不确定性、知识、无知和可能性丰富细致的论述作一个详尽的考察。新学派也赋予凯恩斯一生对不确定条件下决策制定问题的关注特别重要的地位。卡拉贝利（Carabelli，1988）认为：凯恩斯方法的一般认识论前提被普遍忽视了，尽管它们被系统地——虽然以十分精细的方式——表述在《论可能性》（1921）中。菲茨吉本斯认为（Fitzgibbons，1988）：由于凯恩斯的哲学缺乏系统化和反现代主义姿态，因此经济学家们犯下了压制它的罪过。对菲茨吉本斯来说，凯恩斯为稳固地基于短期的暂时性特性之上的长期的思考方式，提供了一个激进的替代物。人们认为：《通论》是一种集中于不确定性的激进经济学，这种不确定性围绕着"动物精神"和创造性冲动组织起来，伴随着不断的经济崩溃的威胁：在这样一个世界里，货币对经济的实际方面有着根本的影响。人们认为凯恩斯关注经济的不确定性问题，关注对均衡的放弃。同样，卡拉贝利强调，凯恩斯关注时间和变化之间的紧密关系，关注分析，注重短期问题的需要。奥唐奈试图通过认识凯恩斯对长期和短期这两个时期的兴趣调和凯恩斯对它们的解释，但是他更强调后者（O'Donnell，1982，pp. 222 - 229）。在奥唐奈对凯恩斯的解释中，不管时间尺度如何，必须承认不确定性和预期的普遍规律。

虽然新学派增强了对凯恩斯哲学和他的经济学之间关联的意识，但人们认为，在给《论可能性》——该书远远早于大多数凯恩斯严谨的、学术性的经济学著作——中的凯恩斯方法论定位的时候，卡拉贝利之类的学者没有充分考虑到经济对哲学的相应影响以及它们之间的相互作用和不断发展。然而，新学派加强了"基要主义的"凯恩斯主义的观点：凯恩斯的不确定性观点是他的思想核心（见 Shackle，1974；Davidson，1978，1994；以及本书第八章）。

可是，贯穿本书，我们持有的观点是：比其他任何东西都重要的是，正是大萧条的经历使得凯恩斯写了最重要的经济理论著作《就业、利息和货币通论》。在这本书里，凯恩斯在解释总体不稳定性时，着重强调了预期和不确定性的作用（见第2.8节）。

## 2.14 大萧条的起因与后果

大萧条是现代影响资本主义市场经济最重大的经济灾难,甚至今天,大多数的经济学家认为 20 世纪 30 年代全球性衰退,以及那场大灾难的结果,假如不是最重要的,也是 20 世纪一次重要的宏观经济事件。它的政治意义和经济意义反映在对这一创伤性的历史事件研究的持续、众多的成果中(见 Temin,1976,1989;Bernanke,1983,1995,2000;Eichengreen,1992a,1992b;C. Romer,1992,1993;Bordo et al.,1998;Hall and Ferguson,1998;Wheeler,1998;Krugman,1999;Cole and Ohanian,1999,2002a;Prescott,1999;James,2001)。人们很容易发现,为何总体来说两次世界大战之间——尤其是大萧条期间——会持续受到经济学家和经济历史学家关注:

1. 这个时期的事件极大地影响了第二次世界大战的爆发,后者永久地改变了政治世界和经济世界。

2. 大萧条是到目前为止世界工业化资本主义经济体系在 20 世纪里所经历的最严重的经济滑坡,而且全球经济活动衰退的原因和结果的性质仍旧被激烈地争论着。

3. 人们普遍认为大萧条促使凯恩斯写作了《通论》(Keynes,1936),这本书标志着宏观经济学的诞生。斯基德尔斯基认为:"《通论》不可能提前十年出版,对古典经济学的特别指控,以及对经济运作方式的谴责,都需要大衰退使之具体化。"(Skidelsky,1996a)

4. 宏观经济学家经常用大萧条测试其总体波动的模型,同时,两次世界大战之间的时期为宏观经济学的研究者们提供了非常宝贵的数据。

5. 经常有一些评论家周期性地提出这样的问题:"这样的事件会再次发生吗?"

6. 最后,有了 20 世纪 30 年代的经历,政府在所有市场经济体系中的作用很大程度地增加了,导致了政府和私人部门关系根本而长期的变化。结果是在 20 世纪末,经济制度与 1929 年极为不同,因而,博尔多等相当合理地把大萧条描述为 20 世纪美国经济发展的一个"划界时刻"(Bordo et al.,1998)。在宏观经济范围内,稳定政策的现代取向是从 30 年代"大紧缩"的经历中发展而来的(DeLong,1996,1998)。

经济学家普遍得出结论:大萧条最有可能的起因涉及几个因素的相互作用,

这些因素导致了总需求的剧烈下降(见 Fackler and Parker,1994;Snowdon and Vane,1999b;Sandilands,2002)。表 2.1 的数据显示了价格水平剧烈的顺周期性运动——也就是价格水平随着 GDP 的下降而下降——对总需求产生巨大冲击的确凿证据。也请注意失业的剧烈增加。

伯南克和卡里的数据同时也显示:绝大多数国家存在着实际工资的逆周期性变动,这是对一些国家总需求冲击的回应。在那里,价格紧缩超过了名义工资的紧缩。因而,"在大萧条时期,非垂直总供给曲线的证据是很明显的"(Bernanke and Carey,1996)。在图 2.7 中,我们用类似于 AD - AS 的框架描述了美国经济在 1929—1933 年间的状况。在这个时期,总需求的急剧下降由 AD 曲线的左移表示。

78　注意:正在下降的价格水平和 GDP 的结合可能并不产生于会降低 GDP 而提高价格水平的负供给冲击(AS 曲线的左移)。

**表 2.1　美国的 GDP、价格和失业率:1929—1933 年**

| 年　份 | 实际 GDP[a]<br>(十亿美元) | 价格水平[b] | 失业率(%) |
|---|---|---|---|
| 1929 | 103.1 | 100.0 | 3.2 |
| 1930 | 94.0 | 96.8 | 8.9 |
| 1931 | 86.7 | 88.0 | 16.3 |
| 1932 | 75.2 | 77.6 | 24.1 |
| 1933 | 73.7 | 76.0 | 25.2 |

注:a. 以 1929 年的价格为基准。

　　b. 扣除通货膨胀的 GDP 指数,1929 年=100。

来源:摘自 Gordon(2000a)。

79　在有关美国大萧条起因的争论中,人们提出了五个主要假设,前四个集中在总需求急剧下降的起因上:

1. 非货币/非金融的假设。这个假设把焦点集中在消费和投资支出下滑的影响上,集中在 1930 年提出的《斯穆特-霍利关税法》对出口的不利影响上(见 Temin,1976;C. Romer,1990;Crucini and Kahn,1996);在《通论》第二十二章,凯恩斯认为:"尽管经济体系的其他重要短期变量的相关变化会使得经济周期变得复杂,而且经常使其恶化,但是,经济周期最好被视为由资本的边际效率的周期性变化引起的。"因而,衰退的"主要"决定因素是"资本边际效率的突然崩溃"。

2. 弗里德曼和施瓦茨的货币假设(Friedman and Schwartz,1963)。该假设认

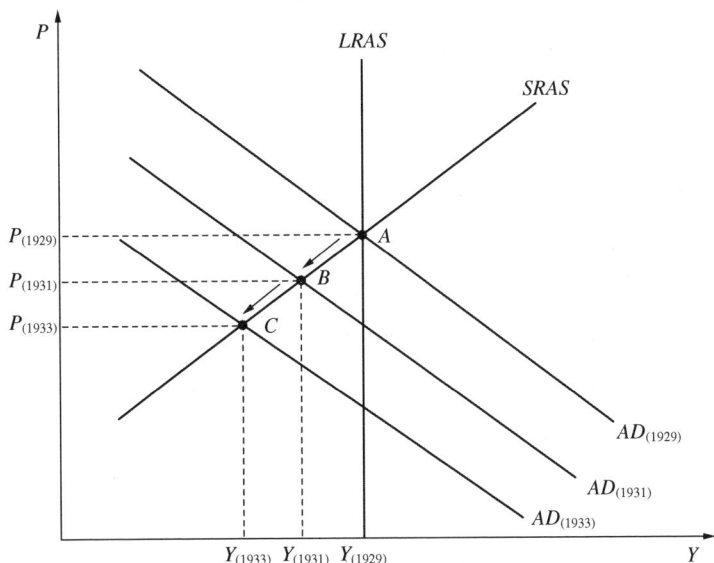

图 2.7　美国经济在 1929—1933 年的总需求失灵

为 GDP 的大幅度下滑主要是由名义货币供应量空前下滑造成的,特别是在始于 1930 年的一系列银行破产之后,联邦政府未能用扩张的货币政策去加以阻止。这使得价格紧缩没有增加实际货币供应量。实际货币的供应量通过"凯恩斯效应"可能对总需求发挥稳定机制的作用。另一种由费雪(Fisher,1933b)最初提出的货币假设,其重点是负债-通货紧缩过程对银行系统偿付能力的影响。

3. 尤其是与伯南克(Bernanke,1983)开创性论文相关的非货币/金融的假设。伯南克的信用观点以费雪的负债-通货紧缩的论述作为起点。由于许多银行在衰退期间破产,这导致了金融系统的崩溃,因而也就导致了银行的现有和潜在客户知识与信息网络的崩溃。尽管许多借债人的信用是好的,但他们因此被拒绝了贷款申请(也见 Bernanke and James,1991)。

4. 伯南克-艾申戈林-特敏的金本位制假设。在追问什么使萧条变成一个"巨大的"国际事件时,有必要去审视一下在美国运行的国内机制之外的东西。"大萧条不是始于 1929 年。随着华尔街的崩溃回家栖息的小鸡已经孵出来好多年了。我们应该在大萧条之前的经济发展背景下,详尽地分析 1929 年以后的大萧条。"(Eichengreen,1992a)

5. 非货币的新古典主义实际经济周期的假设。这个最近的(而且极具争议的)假设与科尔和奥罕尼(Cole and Ohanian,1999,2002a)以及普雷斯科特(Pre-

scott,1999,2002)的研究尤其相关。这一方法强调来自"经济制度的变化"的实际冲击对经济的影响。这些制度"降低了人均 16 小时以上正常的或者稳定的国家市场时间"(Prescott,1999;也见第六章)。

就这些强调总需求下滑的解释而言,许多近来对大萧条的研究已从对美国国内事件的传统注重转移到对在两次世界大战期间运转的国际货币体系的关注上。因为大萧条是如此巨大的国际宏观经济事件,它要求一种能说明大萧条为何在世界范围内蔓延的解释。伯南克认为,对大萧条起因的理解已经取得了"实质性的进展"(Bernanke,1995),近 20 年的大量研究集中国际金本位制在 20 世纪 20 年代恢复以后的运行状况上(见 Choudri and Kochin,1980;Eichengreen and Sachs,1985;Eichengreen,1992a,1992b;Eichengreen and Temin,2000,2002a;Hamilton,1988;Temin,1989,1993;Bernanke,1993,1995,2000;Bernanke and James,1991;Bernanke and Carey,1996;James,2001)。

金本位制的鼎盛时期是在第一次世界大战以前的 40 年,国际收支均衡机制是通过我们通常所说的"价格-铸币流动机制"运行的。逆差国家将出现金币的流出而顺差国家获得金币的流入。由于一个国家的货币供给和金币的供给相联系,因而逆差国家因货币量的减少将出现价格的紧缩,而盈余的国家将经历通货膨胀。这个过程将使得逆差国家的出口更具竞争力,反之亦然,这样就使得均衡回到国际收支不平衡的状态。这些就是"博弈规则"。整个机制由对新古典货币数量论的信念和市场在通货膨胀推动下会很快出清以恢复到充分就业状态的假设所支撑。这个体系在第一次世界大战之前运行得相当不错。但是,第一次世界大战在国际结算方式中造成了极大的不平衡,并且这种不平衡在整个 20 年代继续破坏着国际经济体系。特别是战争"使得美国从一个净债务国变成了一个债权国",并且"导致赔偿和战争债务清偿的向西流动……因而,两次大战期间金本位制自身的稳定性取决于美国重新利用国际收支顺差的持续意愿"(Eichengreen,1992a)。

对特敏(Temin,1989)和艾申戈林来说,战争代表着一种对金本位制的巨大冲击,在 20 年代期间恢复旧式的战前平衡的努力注定是场灾难。1928 年,作为对担心美国经济过热的回应,联邦政府收紧了货币政策,美国减少了对欧洲和拉丁美洲的借贷量。由于中央银行开始出现由收支赤字引发的储备损失,它们作出了符合金本位制要求的反应,同时也收紧了它们的货币政策。因而,到 1929 年夏天,通货紧缩的进程已经在国际范围内运行良好,而且在股票市场 10 月份剧烈崩溃前也是如此。艾申戈林和特敏认为当国际经济处于下滑态势时,"正是金本位制的意识形态、思想和影响力促使政策的制定者采取了进一步加剧 30 年代经济灾难的行为。当世界经济处于下降趋势时,中央银行的银行家继续折磨着经济,直到它失去知觉"(Eichengreen and Termin,2000)。因而,大萧条的根本原因是第一次世界大战强加于金本位制的压力,随后是 20 年代,在一个极为不同的世界中,金本位制再次实施。相对而言它不再是容易的事情,因为在 1914 年之前,为了重建国际竞争力,它通过通货紧缩和失业操纵了工资削减。资本主义经济内部的政治被战争转变了,工人阶级对货币政策的运用越来越有敌意,这一政策的方向是为了维持汇率,而不是给就业目标更大的优先权。因而,始见于 1929 年的衰退是箭在弦上的灾难。

金本位制的思想限制了政策制定者的思维,而且"形成了他们对可能出现的状态的想法"。在金本位的体制下,国家不能使用货币贬值的方法促进出口,单方面的货币扩张政策也被排除在外,因为它们会动摇一个国家汇率的稳定性。除非金本位制国家的政府能组织协调的景气恢复,遭受黄金储备流失的国家的唯一选择,是货币紧缩和通货紧缩。但正如艾申戈林所认为的那样:政治的争议、保护主义的兴起和矛盾的概念框架都表明国际合作"不可逾越的障碍"(Eichengreen,1992a)。因而,始于 1929 年的衰退,由于广泛地实施了不正当的政策而转变成大萧条,其政策的设计是为了维护和保持金本位制。伯南克和卡里认为:通过考虑"结构性缺陷和管理不善的国际金本位制"对经济政策的影响,经济学家至少能够解释"大萧条的总需求的难题",即为何如此多的国家经历了同时发生的总需求下滑(Bernanke and Carey,1996)。金本位制国家的经济政策行动加剧而不是减轻了世界范围经济活动的衰退。令人难以置信的是,在大萧条的中期,中央银行的银行家仍为通货膨胀担心,此举类似于"在洪灾中高呼救火"! 为了使美国经济恢复正常,财政部部长安德鲁·梅隆提议赫伯特·胡佛总统"清算劳动力,清算股票,清算农场主,清算不动产……把腐败清除出体制",结果是,"人们将更努力地工作,过着更有意义的生活"(引自 Eichengreen and Termin,2000)。这些政策最终破坏了他们想要维护的结构。

在 30 年代,各国相继放弃了金本位制,并将其货币贬值。一旦它们摆脱了"金脚镣",政策的制定者就能采取扩张货币的政策,使经济再度膨胀(英国在 1931 年秋天放弃了金本位制,美国在 1933 年 3 月、德国在 1931 年 8/9 月、法国在 1936 年也都放弃了金本位制)。因而,尽管弗里德曼和施瓦茨等公正地批判了联邦政府没有在 1931 年采取更扩张的货币政策(Friedman and Schwartz,1963),但是艾申戈林认为,鉴于金本位制强加的制约,"很难发现负责维护固定金价的中央银行能做其他什么事情"(Eichengreen,1992b)。研究表明,美国经济的复苏绝大部分是货币扩张的结果(C. Romer,1992),同样,那些最先摆脱"金脚镣",而且采取货币扩张政策的国家是最早复苏的(Choudri and Kochin,1980;Eichengreen and Sachs,1985)。

伯南克-艾申戈林-特敏关于由金本位制强加的约束阻止了货币扩张政策实施的假设受到了挑战。博尔多等人认为,尽管这个观点对小型的开放经济是有效的,但它不适用于美国,因为它"拥有大量的黄金储备",而且"没有受到采用扩张性的货币政策去抵消银行恐慌的约束"(Bordo et al.,2002a)。不幸的是,一些更为稳定的民主国家当时放弃了它们的"金脚镣",并开始了复苏,德国萧条的经济状况帮助希特勒攫取了权力。因此,人们认为两次大战期间经济决策者作出的糟糕选择的最灾难性结果是1939—1945年间的大屠杀(Eichengreen and Temin,2002)。

## 2.15 如何为战争付款

斯基德尔斯基认为,1937年以后,凯恩斯开始把他的注意力集中到重整军备给"接近充分就业"的经济体带来的问题上(Skidelsky,2000)。在一个充分就业的经济中,人们必须创造空间以实现涉及重整军备的军工生产的必要增加。鉴于保持出口和投资支出的需求,这只能通过减少总需求的消费部分而得以启动。为了达到这个目标,凯恩斯在他的《如何为战争付款》(Keynes,1940)中提倡战时财政约束。瓦因斯把这本小册子描述成"实用经济学绝妙的篇章"(Vines,2003,p. 343),尽管书中的计划只被部分地采纳(凯恩斯相信普遍配给的另一个体系等于"布尔什维主义";见 Skidelsky,2000,p. 68)。凯恩斯的分析涉及将总需求——包括战争支出——和总供给加以比较。凯恩斯(见 Skidelsky,2000,p. 84)把"通货膨胀缺口"定义为"购买力的数量,它不得不通过税收,或者通过原始存款收回……以便余下的购买力等同于现有价格水平之下市场的有效供给"。财政限制(强制性储蓄)的主要目的是通过减少消费消除"通货膨胀缺口"。值得注意的是:凯恩斯的建议表明,他对把价格机制而不是官僚控制作为最有效的配置机制的强烈信奉,即使在宏观水平上可能存在要求有总需求管理的市场失灵时也是如此。

在第二次世界大战爆发后,凯恩斯在财政部的讨论的一个重要副作用是:发展和改进国民收入会计核算和程序的迫切需要变得更为明显,同样形成了日益增长的对在萧条和繁荣时期进行需求管理的必要性的认可。对斯基德尔斯基

（Skidlesky，2000）来说，需求管理的主张是凯恩斯最重要的学术遗产。这也表明凯恩斯不是一个彻底的扩张主义者。对凯恩斯来说，如果通货膨胀和萧条都能被避免的话，需求管理的需要是匀称的。斯基德尔斯基清楚地指出：凯恩斯总是准备着警告通货膨胀造成的危害（Skidlesky，2000）。我们也应该记住在《通论》（Keynes，1936，pp. 295 - 296）中，凯恩斯清楚地指出：一旦实现了充分就业，"工资单位和价格将与有效需求同比例地增加。"这样，我们就回到了和古典模型相关的世界。但是对凯恩斯来说，古典世界是一个"特例"，而不是"我们实际生活的社会"的"通例"（Keynes，1936，p. 3）。

## 2.16　凯恩斯与国际宏观经济学

根据瓦因斯的观点（Vines，2003），尽管凯恩斯被广泛地被认为是比其他任何人更有助于建立宏观经济学的经济学家，但是，罗伯特·斯基德尔斯基杰出的凯恩斯自传的最后一卷清楚地表明，凯恩斯在现代国际宏观经济的发展中也发挥着重要的作用。1945 年，国际经济体系处于彻底崩溃状态，并且重建全球经济体系花费了 50 多年的时间。1944 年 7 月，来自 45 个国家的代表在美国新罕布什尔州的布雷顿森林集会，讨论建立战后主要国际机构的问题，其目的是加强国际合作，增进国际经济的融合和发展，进而提高世界经济的稳定性。布雷顿森林会议的主要议题是防范在两次大战期间已发生的灾难性事件的再度发生和经济管理失误的后果。会议的结果是"布雷顿森林孪生子"（凯恩斯语）的建立，它们是国际货币基金组织（IMF）和国际复兴开发银行（IBRD）——现在叫世界银行。世界银行的主要目标集中在长期经济发展和减少贫困的问题上，国际货币基金组织的主要目标——正如最初在协定（宪章）条款中宣称的——是短期国际货币体系的稳定性。国际货币基金组织正式成立于 1945 年 12 月，有 29 个国家加入，最终于 1947 年 3 月 1 日开始金融运作。世界银行于 1946 年 6 月 25 日正式开始运作。另外，关贸总协定（GATT）建立于 1947 年，其主要目标是鼓励成员国促进自由贸易、为减少贸易壁垒提供便利。在多哈谈判之前的八轮谈判中，GATT 成功地大幅度降低了关税，并减少了其他贸易壁垒。GATT 从来不是正式机构，而是国际贸易组织建立前的过渡运行机制。1995 年，随着世界贸易组织（WTO）的建立，终于有了正式的机构。

斯基德尔斯基认为，凯恩斯和哈里·迪克特·怀特（Harry Dexter White）是布雷顿森林国际货币体系的"共同创立者"。瓦因斯更进一步认为，凯恩斯"对世界经济的各个部分在自治国家政策的驱使下是如何相互作用的,有着超清晰的理解"(Vines,2003,p.339)。凯恩斯对英国战时金融的研究,以及他的"在战争结束之时把英国从出自美国之手的金融混乱中解救出来"的探究,促使他深入了解新兴的战后国际经济体系。到1945年,英国的经济和金融状况是灾难性的。为回应这个危机,凯恩斯在他生命中最后几年的研究造就了国际宏观经济学,这一贡献"与凯恩斯作为经济学家的任何成就一样重大"(Vines,2003,p.339)。凯恩斯战时的研究建立在他早期对国际金融的贡献之上,它体现在他的以下著作中:《印度货币和金融》(Keynes,1913)、《货币改革论》(Keynes,1923)、《和约的经济后果》(Keynes,1913)、《丘吉尔先生的经济后果》(Keynes,1925)和《货币论》(Keynes,1930)。不同于有着封闭的经济框架的《通论》,凯恩斯的早期研究强调国际货币体系的运行。瓦因斯甚至宣称"凯恩斯创造了"后来的蒙代尔-弗莱明的 IS-LM-BP 模型的两国版本(见第3.5节)。

凯恩斯关于国际经济体系的雏形的非凡观点于1944年定型。瓦因斯讲述了与诺贝尔经济学奖获得者詹姆斯·米德的私下讨论。米德回忆道,凯恩斯在"在信封背面"写出了类似于表2.2的提纲,表明他对未来的看法。

**表 2.2 凯恩斯和国际经济体系,1944 年**

| 目　　标 | 工　　具 | 负责机构 |
|---|---|---|
| 充分就业 | 需求管理(主要是财政手段) | 各国政府 |
| 调节国际收支 | 可调整的钉住汇率 | 国际货币基金组织 |
| 促进国际贸易 | 降低关税等 | 国际贸易组织 |
| 经济发展 | 官方的国际借贷 | 世界银行 |

来源:Vines(2003)。

虽然1947年诞生的是关贸总协定(GATT)而不是国际贸易组织,但是,表2.2所含的观点是对后来所说的"布雷顿森林体系"的极其准确的描绘。

## 2.17 凯恩斯的遗产与古典学派的复兴

尽管"宏观经济学"在经济学文献中的首次出现,要追溯至1941年德·沃尔夫(De Wolff)发表于《经济学杂志》上的一篇文章,但是,是约翰·梅纳德·凯恩斯第一个将研究宏观经济现象所需的实际变量和货币变量集中在一个单一的正式框架中(Blanchard,2000;Woodford,2000)。由表2.3-表2.6中的1920-1944年的引用数据，可以清楚地看出凯恩斯去世前在形成中的宏观经济学领域中的地位。

**表2.3　最常被引用的经济学家：1920—1930 年**

| 排　名 | 姓　　名 | 引用的次数 |
|:---:|:---:|:---:|
| 1 | 欧文·费雪 | 30 |
| 2 | W. C. 米切尔 | 24 |
| 3 | A. C. 庇古 | 21 |
| 4 | 艾尔弗雷德·马歇尔 | 15 |
| 5 | W. S. 杰文斯 | 13 |
| 6 | R. G. 霍特里 | 11 |
|  | D. H. 罗伯逊 | 11 |
| 8 | H. L. 穆尔 | 10 |
|  | 卡尔·斯奈德 | 10 |
| 10 | J. M. 凯恩斯 | 9 |

来源：Deutscher(1990)。

**表2.4　最常被引用的经济学家：1931—1935 年**

| 排　名 | 姓　　名 | 引用的次数 |
|:---:|:---:|:---:|
| 1 | J. M. 凯恩斯 | 66 |
| 2 | D. H. 罗伯逊 | 44 |
| 3 | F·冯·哈耶克 | 33 |
| 4 | R. G. 霍特里 | 30 |
|  | 欧文·费雪 | 30 |
| 6 | G. 卡塞尔 | 22 |
| 7 | A. C. 庇古 | 20 |
| 8 | K. 威克塞尔 | 17 |
| 9 | A. 汉森 | 14 |
| 10 | 艾尔弗雷德·马歇尔 | 13 |

来源：Deutscher(1990)。

表 2.5　最常被引用的经济学家：1936—1939 年

| 排　　名 | 姓　　名 | 引用的次数 |
|---|---|---|
| 1 | J. M. 凯恩斯 | 125 |
| 2 | D. H. 罗伯逊 | 48 |
| 3 | J. 希克斯 | 33 |
| 4 | A. C. 庇古 | 31 |
| 5 | 罗伊·哈罗德 | 27 |
| 6 | R. G. 霍特里 | 25 |
| 7 | F. 冯·哈耶克 | 24 |
|  | G. 哈伯勒 | 24 |
| 9 | 琼·罗宾逊 | 20 |
| 10 | J. M. 克拉克 | 18 |

来源：Deutscher(1990)。

表 2.6　最常被引用的经济学家：1940—1944 年

| 排　　名 | 姓　　名 | 引用的次数 |
|---|---|---|
| 1 | J. M. 凯恩斯 | 59 |
| 2 | J. 希克斯 | 30 |
| 3 | G. 哈伯勒 | 24 |
| 4 | D. H. 罗伯逊 | 22 |
| 5 | R. G. 霍特里 | 20 |
| 6 | M. 卡莱茨基 | 18 |
|  | J. 熊彼特 | 18 |
| 8 | A. 汉森 | 17 |
|  | N. 卡尔多 | 17 |
| 10 | S. 库兹涅茨 | 16 |
|  | A. 勒纳 | 16 |

来源：Deutscher(1990)。

这些信息的突出特点是：在 20 世纪 30 年代中期凯恩斯在宏观经济学中已经处于主导地位。然而，我们将会在下面的章节中看到，1936 年以后，宏观经济学的发展是被周期性反革命覆盖的进化过程，结果是，在凯恩斯 1946 年去世之后的 30

现代宏观经济学：起源、发展和现状

年,"凯恩斯的声望先是大噪,后是大衰"。这一运势的变化很大程度上是由于对"凯恩斯主义的"扩张政策运用过度。斯基德尔斯基在他的凯恩斯自传最后一卷(第三卷)突出了"凯恩斯主义思想"的四个重要因素(Skidelsky,2000)。凯恩斯主义盛行于从约 1950 年起到 20 世纪 70 年代的"黄金时代"。

1. 经济被看作"黏性的、不流动的",因而它们对冲击的适应相对缓慢。

2. 存在着对以下问题激烈的政治-经济争议:自由民主经济不能容忍高水平的、持久的失业(如它们在 20 世纪两次大战期间所经历的失业)。因而,虽然"在长期中,我们都死了",但是从短期来看,高失业可能会引发革命。

3. 投资机会在导致长期停滞的富裕国家可能会萎缩。

4. 许多凯恩斯主义者对统计预测抱着严肃的信念。

虽然凯恩斯确实坚持前三个要素,但是他始终对"统计学的欢乐"表示"深深的怀疑"。他的追随者表现得稍宽容些。大萧条投下的阴影和对长期停滞的恐惧足以促使人们对频繁刺激总需求的方式加以辩护,同时也导致了对重要的供给方因素的忽视(见 Delong,1998)。尽管凯恩斯(Keynes,1936,p.16)清楚地意识到除需求不足之外还有其他导致失业的因素,但是,可以理解的是他在《通论》中较少注意这些因素。尽管凯恩斯明白两次世界大战期间英国的失业很大程度上具有大规模的结构成分,但是,试图根据变化的结构或摩擦的因素去解释 1929 年以后与主要资本主义经济体系失业率上升同时发生的国际性的爆发,对他来说似乎是完全难以置信的。通过投资机会缺乏体现的预期的长期停滞也是难以实现的。正如阿布拉莫维茨注意到的,由两次世界大战之间的停滞所引发的大量未利用的技术机会,以及西方欧洲工业化国家采用美国大规模产品制造体系的失灵,都为"赶超"提供了巨大的空间。结果,资本投资具有了较高的边际生产力,西方在"黄金时代"经历了长期的繁荣(Abramovitz,1986,1990)。

杰弗里·萨克斯也认为:事实证明,需求管理更为极端的热衷者给人的印象——大萧条可能某种程度上体现了市场经济的正常运行——是错误的。正如 2.14 所讨论的,我们现在知道大萧条是一个例外,并且在很大程度上是不当政策反应的结果(Sachs,1999)。萨克斯写道:

经济史上大萧条的重要性大概等同于第一次世界大战在政治史上的重要性。大萧条给了我们许多教训,它们中的大多数是错误的。凯恩斯——20 世纪最伟大的政治经济学家——在命名他的著作《就业、利息和货币通论》时犯了个严重的错误。他给人的印象是:大萧条是市场经济"普遍的"状态,而不是怪异部分的一场一次性的意外挫折。凯恩斯未能解释清楚它源于国际金本位制,这是凯恩斯强烈批评和憎恨的货币安排,但是,奇怪的是,它在《通论》中没有得到强调。无论如何,大萧条让世界深深地怀疑自组织的市场体制。充分恢复对市场经济的信心花费了几十年的时间。

因而,从这个观点来看,凯恩斯的《通论》"不像他相信的那样通用"(Skidelsky,2000)。

在 1936 年以后的时期存在着大量的发展和贡献,它们表现出对凯恩斯《通论》的敌对回应,并最终为古典政治经济学的复兴作出了贡献。弗里德曼和货币主义的反革命的影响代表了对与水压式的凯恩斯主义相关的更为简单的见解和政策结论的极大挑战。弗里德曼认为:"尽管《通论》是一本伟大的著作,但是我并不认为它是凯恩斯最好的作品……我趋于舍弃它……因为我相信它和证据相矛盾。"(Friedman,1983)

在第四章中,我们将讨论由货币主义分析提出的对凯恩斯主义正统理论的重大挑战。接着,我们将考察新古典学派的出现,它在 20 世纪 70 年代对凯恩斯主义发起了更为根本的攻击。对许多人来说,这种批判对凯恩斯主义的传统智慧发起了迄今为止最大的挑战。对于卢卡斯和萨金特来说,凯恩斯主义模型的预见是"极为不正确的",是基于一个"有根本缺陷"的学说,这是一个简单的"事实"。在 70 年代,凯恩斯主义模型的"巨大失败"引发了对"凯恩斯革命的理论受害者,以及与凯恩斯同时代的和**先前的经济学家多年来被认为是过时的观点**"(Lucas and Sargent,1978,强调是我加的)的更多注意和尊重。

查尔斯·普洛瑟是宏观经济波动的新古典主义实际经济周期方法的主要倡导者,他也认为凯恩斯主义的模型是有根本缺陷的。他认为:"我们对经济波动的理解的基础很可能不是基于凯恩斯主义模型得到恰当修正的形式之上的。"(Plosser,1989)明福特和皮尔在评论理性预期对宏观经济学的影响时认为:"它使得认识结构——基于 20 世纪 60 年代后期的新凯恩斯主义或新古典主义体系的宏观经济学——颠倒过来;实际上,每一个主题……已被发现需要重新思考"(Minford and Peel,1983)。在第五章和第六章中,我们将考察新古典主义思想的发展,特别是与卢卡斯、萨金特、巴罗、普雷斯科特、基德兰德和普洛瑟相关的思想。

从奥地利学派的观点来看,弗里德利希·冯·哈耶克毕生对凯恩斯和凯恩斯主义持严厉的批评态度。用哈耶克自己的话来说,凯恩斯"在其因此而著称的科学研究中是完全错误的"(Hayek,1983)。第九章将考察与哈耶克及其追随者的研究有关的奥地利学派的有力批判。

尽管我们不把"公共选择"观点作为一个特殊的学派加以处理,但是,鉴于这些思想对公众观念的影响,由布坎南和瓦格纳提出的观点很值得注意。布坎南和瓦格纳谴责凯恩斯的"巨大的智识错误",而且声称凯恩斯主义的经济学"使得政治家们放纵自己;它摧毁了对政治家们无明显必要地花费税收的日常偏好的有效约束"(见 Buchanan and Wagner,1978,第十章)。

只有伟大的经济学家才可能激起如此大的反响。在 1935 年写给罗伊·哈罗德的信中,凯恩斯清楚地表示其即将出版的书对古典经济学家们的攻击是经过深思熟虑的,因为他希望"迫使古典经济学家再次成为同路人"。他的目标是"引起骚动"(见 Skidelsky,1992,p.534)。我们只能这样总结:在这一目标中,凯恩斯是极为成功的!

在以后的章节和采访中,我们将探讨为何经济学家们会有如此广泛多样的结论。

# 罗伯特·斯基德尔斯基

　　罗伯特·斯基德尔斯基,1939 年生于中国,1960 年毕业于牛津大学耶稣学院,分别于 1961 年和 1967 年在那里获得文学硕士和哲学博士学位。他曾是牛津大学纳费尔德学院(1965—1968)、英国科学院(1968—1970)的研究员,约翰·霍普金斯大学历史学副教授(1970—1976),北伦敦理工大学历史、哲学和欧洲研究系主任(1976—1978),沃里克大学国际研究学教授(1978—1990),现任沃里克大学政治经济学教授(自 1990 年起)。1991 年,他被授予终身教授。

　　斯基德尔斯基教授是研究凯恩斯和两次世界大战之间问题的主要权威之一。他的名作有:《政治家和萧条》(*Politicians and the Slump*,Macmillan,1967);《凯恩斯时代的终结》(编辑)(*The End of the Keynesian Era*,Macmillan,1977);《约翰·梅纳德·凯恩斯,第一卷: 背叛的希望(1883—1920)》(*John Maynard Keynes*,*Vol. 1*:*Hopes Betrayed*,*1883—1920*,Macmillan,1983);《约翰·梅纳德·凯恩斯,第二卷:作为救世主的经济学家(1920—1937)》(*John Maynard Keynes*,*Vol. 2*:*The Economist as Saviour*,*1920—1937*,Macmillan,1992);《凯恩斯》(*Keynes*,Oxford University Press,1996);以及《约翰·梅纳德·凯恩斯,第三卷:为英国而战(1937—1946)》(*John Maynard Keynes*,*Vol. 3*:*Fighting for Britain*,*1937—1946*,Macmillan,2000)。

　　他的论文包括:《凯恩斯的政治遗产》("Keynes's Political Legacy")和《凯恩斯其人的若干方面》("Some Aspects of Keynes the Man",O. F. Hamouda and J. H. Smithin ed.,*Keynes and Public Policy After Fifty Years*,*Vol. 1*:*Economics and Policy*,New York University Press,1988);《凯恩斯和政府》("Keynes and the State",D. Helm ed.,*The Economics Borders of the State*,Oxford University Press,1989);《大萧条对凯恩斯〈通论〉的影响》("The Influence of the Great Depression on Keynes's *General Theory*",*History of Economics Review*,Winter-Summer,1996)。

　　1993 年 3 月 9 日,我们和彼得·怀纳泽克(Peter Wynarczyk,诺森布利亚大学经济学前首席讲师)一起在沃里克大学斯基德尔斯基教授的办公室对他进行了采访。

▲ 你为什么要写一本凯恩斯的传记？

这源于我早年对两次世界大战期间历史的研究。凯恩斯是我过去著作的一个主角，是我那个时期观点的主要灵感来源。我认为他是个有趣的人，我最好写一下他。我读了罗伊·哈罗德写的传记后产生了这个念头，我认为在他的传记中留有模糊不清的地方。

▲ 你对凯恩斯生活和工作的介绍与哈罗德和莫格里奇所提供的解释有根本不同吗？

我更具历史意识。这可能是主要的不同。存在着对现象加以思考的历史方法和经济方法。现在，我认为你并非必须明确区分两者，但是，经济学家往往是概括者，历史学家往往专注于特殊的和出乎意料的东西。总之，历史学家是比经济学家更好的传记作者。对许多经济学家来说，证据只是数据，而不是历史——说明的素材。他们像统计学家一样对待历史。这不是了解一个人的生活或工作的有说服力的方法。

▲ 为什么对凯恩斯《通论》有许多不同解释？这表明了该著作的优势还是缺陷？

主要原因可能是，凯恩斯是一位多产的思想家，而不是一位系统的思想家。他擅长于短篇论文而不是巨著。他的脑海中总是充满着思想，他不会真正长时间坚持一条思路。太多的东西不断涌现。第二个原因是在他所有的著作中都含有很强的引起争议的因素。他很想做点事。你必须把有争议的东西从理论中分离出来，同时，一个争议从哪里开始，另一个在哪里结束，这一点并非始终清楚。凯恩斯总是过分强调一个主张的一部分以便确立政策结论。第三个原因是凯恩斯在许多不同层面上工作。你可以选取你所发现的最有吸引力的层面。这就是存在着这么多不同解释的原因。

▲ 你认为这种多维度的描述是一种优势吗？

是的。因为，多产最终是指留下了什么，而不是指严密性。严密是为了它自身的时代，而多产则是为了所有的时代。

▲ 凯恩斯反对马歇尔的哪些观点？又有哪些还保留在从《货币改革论》到《通论》的智识历程中？

93

最明显的是他从马歇尔那里拿来了处理时间的独特方法。他在许多作品中明确区分了短期和长期——这直接来自马歇尔。但是,人们对此不应太严格,因为直到《通论》的写作后期,凯恩斯才对他使用的分析方法不再保持相当开放的心态——无论是使用短期均衡的框架,还是使用非均衡的框架。其次,尽管马歇尔承认递增收益,但是,凯恩斯可能从来没有太大地背离马歇尔的厂商理论,并且相当不合逻辑地接受马歇尔的完全竞争模型。凯恩斯从来没有过多考虑过完全竞争模型以外的东西,这就是他对不完全竞争革命极为不感兴趣的原因。我一直觉得这是非常有趣、自相矛盾而又古怪的。理由是尽管凯恩斯是皮耶罗·斯拉法的崇拜者,但是他从未采纳过剑桥革命的观点,这一革命始于斯拉法的文章(Sraffa,1926),延续至琼·罗宾逊的贡献(Robinson,1933)。这部分是因为他在微观经济学的供给方面依然是马歇尔主义者,并且和马歇尔一样,对这些问题中的一两个问题感到困惑。凯恩斯相信第三代厂商理论,倾向于假定厂商在市场上建立起强大的垄断地位之前就会自然衰退。第三个影响是这样一种思想:你不应把需求看作是给定的,还存在着更高的需求。但是,和马歇尔不同,凯恩斯认为这些更高价值的需求来自哲学而非来自进化。第四,凯恩斯沿用了马歇尔现金余额形式的货币数量论,他一直以这种方式而不是以费雪的方式思考数量论。这就是他写作《货币论》和随后《通论》的方式。马歇尔的这些遗产是非常重要的。

▲ 你如何归纳凯恩斯方法论的特点?

我认为凯恩斯只是一个勉强的实证主义者。他并不非常赞同这样的观点:假设可能被一种或另一种检验证实——当然不是社会或伦理科学中的假设。事实上,这是他反对计量经济学的根本原因。他认为,就理论而言,最重要的是具有创造力,符合人们的直觉。他认为数据在构造这些直觉方面非常重要:你不应该忽视现实世界。你应该是一个警觉的观察者,这是经济学家最重要的任务之一,但这是未经修饰或简化的原材料。现代经济学家看到那类资料全是事先做好的,曲线已经在那里。凯恩斯讨厌用图表表示的经济数据——这是他从不在其著作中使用图表的原因,《通论》中采用的那个图表是由哈罗德提供的。凯恩斯总是采用实际的数字。这些数字不是用来证实假设的,而是用来反映直觉在正确性上的局限类型。如果数字完全和你的直觉相反,那么,你的直觉就有可能是错误的——但是,它是一种大致和现成的检验:没有任何理论可以被称为实证主义理论。我不知道他会怎样评论波普尔的证伪方法,也许他对这一方法更感兴趣。

▲ 鉴于你对凯恩斯详细的传记研究,在你的研究中,你发掘出真正令人惊奇的

东西了吗？

从根本上说，令人惊奇的东西来自历史处理本身，也就是把凯恩斯的观点——包括价值观念——十分小心地置于历史和传记的环境中，而且对那些更为短命的作品给予更多的关注。通常就是在这里，你才能明白他付诸实践的和处于事物边缘的思想。我发现他从1931年到1933年的演讲在某种程度上比《通论》本身更有趣，因为你能看见自然状态的事物全貌，实际上你能更确切地看见正在发生的事情。在写《论可能性》的时候，他写信给利顿·斯特雷奇(Lytton Strachey)说："我现在正把我的材料转化成更为正式的论文，在做此事时，任何我认为是独创的东西都要被剔除出去，因为这就是学术生活。"现在看来，这并不十分正确。当然，当《通论》出版时，它就被认为是一本革命性的著作，但是，我认为创作《通论》的一些原动力已经丧失了。

▲ 你曾写过"凯恩斯的灵感是激进的，目的却是保守的"——凯恩斯是如何调和这些冲突的？

那么，加尔布雷斯为这个问题给出了最佳答案，他说在货币问题上激进的人通常在社会方面是比较保守的。换句话说，存在着一种非结构性的经济疗法，它致力于为维护现存的结构服务。在我看来，这不会引起任何问题。如果你想到凯恩斯时代与之竞争的一些激进主义思想，尤其是马克思主义，你就会发现，相对而言，凯恩斯理论对社会秩序的态度是相当保守和谨慎的。他一直说，如果你不接受我温和的解决方法，那么迟早你将不得不接受更令人不快的解决方法。我认为他的理论不是维护现有的社会秩序的简单工具，但是，他以此为心中目标。他也确实相信，因为事物运作的方式有了一些轻微改变，你就可避免经济波动最糟的状态，稳定经济。你可通过改善经济科学实现这一目标。因而，在经济理论的范围内，他实际上是非常激进的，但根据《通论》的总结来看，他坚持认为他的理论相当保守。

▲ 当凯恩斯谈到"投资的社会化"时，他究竟指的是什么？

凯恩斯是一位政治活动家，并且"投资的社会化"是抛给工党的短语之一。这个短语出现于20世纪20年代，那时凯恩斯正在谈论社会主义制度在资本主义母体中的生长。到20年代晚期，他确实认为，大部分私人企业不再是完全私有的了；从某种意义上说，它们社会化了，因为管理者更重视稳定而不是短期利润的最大化。一旦厂商达到了一定的规模，它们也就开始有了公共动机和社会责任，它们往往由更像公务员的人，而不是由旧式的、盛气凌人的熊彼特式的企业家来管理了。因此，我认为投资的社会化至少意味着投资标准社会化的增长趋势，这种趋势是从

95

资本主义制度的自然进化中产生的。我认为加尔布雷斯在他的《新工业国》(*New Industrial state*,1967)中提出了一些相同的观点。

▲ 你如何解释凯恩斯思想的迅速传播,尤其是在美国?

它们在美国传播得很快吗? 如果你从整个美国的范围来看,在学术界内你发现了一幅参差不齐的画面。哈佛,是的,毫无疑问。哈佛-华盛顿的关系已经得到了很好的探索。一旦凯恩斯主义采用了免税的形式而不是公共支出的形式,那么,你当然就会得到相当多的保守企业的支持。你总能为那个政策找到供给方面的理由。这就是解释了 20 世纪 80 年代为何会有一个里根版本的凯恩斯理论。40 年代和 50 年代有一个更温和的内置稳定器版本。我个人认为凯恩斯对罗斯福新政的影响比人们后来认为的影响要大,尤其是在新政的第一阶段,也就是《通论》前的阶段。但是,在英国,凯恩斯主义确实是和战时财政一起出现的。

▲ 你能明确区分凯恩斯的工作和凯恩斯主义者的贡献吗? 特别是,你如何看待 IS-LM 模型的解释?

你总是必须区分原创者的工作和后继者的工作。最初理论的丰富性、纯洁性和尖锐性被修正了,变得易于为现实经济生活所接受。凯恩斯总是十分留意去拥有他能够被模型化的理论部分,尽管他自己并不刻意花费很多时间去将它模型化。模型被留给其他人去做,不仅有希克斯,还有哈罗德和米德;整件事被降格为一组同步方程,这一方法对凯恩斯的本意来说并非真实。凯恩斯是一个更喜欢链式方程的人,他对因果关系链更感兴趣,并试图将它们计算出来。希克斯抽掉了《通论》的具体内容,他归纳概括,增强了它的可接受性,同时为新古典综合打下了基础。这是很重要的公关工作,但是,我认为它没有抓住凯恩斯想要表达的精髓。事实上,希克斯承认这点。有趣的是凯恩斯对希克斯解释的反应。在这里我和唐·帕廷金有所不同,他一直认为凯恩斯接受了希克斯的版本,将它当作对他理论最准确的表述。凯恩斯确实从未批评过它。我自己的感觉是凯恩斯——尽管这么说听起来有些怪——从未认识到它的重要性,也从未认为它特别有趣。他从未对它作出反应,这是很重要的一点。他没有说过这是伟大的或糟糕的,他从未作出回应,这令人费解。凯恩斯是一位谨小慎微的通信者。希克斯把他的解释寄给了凯恩斯,但凯恩斯在六个月之后才回信,并且只说除了一两点似乎特别不重要外,"我对此没有什么可说的"。但是,在我看来他认为希克斯不是一位非常有趣的思想家。他说希克斯有一个二流以上的头脑。这是一个错误。凯恩斯对希克斯的某些东西并没作出回应——就如卡尔多从未作过一样。卡尔多曾对我说希克斯不是一位伟大的经济学家,因为"一位伟大的经济学家必须是一位多产的作家——希克斯是一个鉴赏家,他权衡每一件事,然后取中间的观点。这根本不是亚当·斯密的传统,凯恩斯属于那个传统。我和卡尔多属于那个传统,希克斯不属于那个传统"。凯恩斯与希克斯之间缺少相互欣赏,这意味着凯恩斯往往忽视希克斯所做的一切。

▲ 在《通论》中凯恩斯不公正地对待古典学派了吗?

是的,他建立了一个对手。没有哪位古典经济学家相信凯恩斯宣称的古典经济学支持的那些东西。事实上他的同仁们一个也不相信。罗伯逊、霍特里和哈耶克都不是古典经济学家,只有像庇古那样的人才是古典经济学家。凯恩斯是相当深思熟虑的。他说被他描述为古典经济学的东西不是他那个时代的经济学家实际信仰的,而是他们需要相信以弄清他们所言含义的。凯恩斯是在挑战他们,使他们前提和结果相一致。

▲ 如果《通论》写作于 1926 年,那么 30 年代所经历的经济灾难可能避免吗? 97

不,我认为《通论》不可能提前十年出版。对古典经济学的指控,同时事实上对经济运行方式的指控需要大衰退来使之具体化。凯恩斯的著作是对不同时代经历的极好反应。《货币论》是对 20 年代的总结,与大衰退无关。那是一个开放的经济模型,在其中一国的经济运行得不是很好。《通论》是一本关于世界衰退的书,因而,除了通过政府没有办法避免。但是似乎你还有别的问题要问:如果人们拥有更好的理论,他们会制订出更好的政策吗?你不仅需要更好的理论,而且需要为人们所接受的更好的理论,这是非常不同的。我的预感是,当事态变得非常糟糕的时候,所有凯恩斯式的理论反而开始有所萎缩了。但是,人们最不需要它们的时候,它们最易于被接受。换句话说,在 50 年代和 60 年代没有压力的时候,每个人都是凯恩斯主义者;一旦压力出现,你会发现正统主义有东山再起的习性,这是一个心理上的谜:当人们经历巨大压力时,神经紧张就有极大的增加,那么人们就会依据他们最古老的准则而不是新兴的准则。

▲ 你是否认为庇古效应被过多地用来作为削弱凯恩斯理论贡献的一种方法?凯恩斯是否否定而非预见到了这一思想?

在 20 世纪 20 年代,它是随着凯恩斯以"人为匮乏"的标题对丹尼斯·罗伯逊(Dannis Robertson)的《金融政策与价格水平》(Robertson,1926)的补充而出现的。就是在这里,你增加储蓄以保持你被通货膨胀侵蚀的现金余额的真实价值,这是一种均衡机制,凯恩斯把这种真实余额效应归于罗伯逊。为什么凯恩斯没有留意它反过来在通货紧缩情况下的运作呢?我想,答案是,他没有沿着那些均衡思路进行思考。我知道,普雷斯利(Presley,1986)认为凯恩斯是这样想的,但是,我不认为他的说法具有说服力。就庇古效应而言,为什么凯恩斯没有把它当成一种理论上的可能性而加以接受,却简单地将它视为无关紧要或者非常微弱的呢?我不知道。凯恩斯非常关注社会不断贫困化的后果而不是余额的机械调整。

▲ 在第二次世界大战之后的英国和美国,凯恩斯革命达到了何种程度?你认为凯恩斯会赞同如此频繁地使用以他的名字命名的政策吗?

98
很难说不存在一场革命。有些评论家怀疑是否存在着一场革命。对我来说,如果你致力于维持稳定的高水平就业,你就是在谈论某种新的、政府以前从未说过的东西,至于你打算做多少,则是另外一回事。但是,一旦你制造了某种类型的言辞,那么甚至政治家也会受制于它们。当然,假如他们拥有一个某种程度上不同于战前经济的模型,以及一些在第二次世界大战中出现的凯恩斯主义财政管理的经验,那么他们只是作出了这一承诺。因而,存在着因人而异的世界范围的凯恩斯革命,人们从凯恩斯理论中各取所需,并将之纳入自己的传统。

▲ "哈维路的假设"(把政府官员都视为大公无私的圣人,对政府缺陷视而不见——译注)对作为政治经济学家的凯恩斯有什么意义?公共选择学派和政治经济周期文献的贡献是否真的表明凯恩斯在政治上很幼稚?

不,我不这么认为。你不能肯定地说某人幼稚,除非他们生活在某个时期却没有记下那个时期的发现。这种话对凯恩斯来说是不正确的,我认为,如果他活到60年代、70年代,他的政治观点会得到发展。他那时所作的假设可能更符合那个时代而不是以后时代的事实。

▲ 除了凯恩斯,在你看来,谁对《通论》后的宏观经济学发展有着最大的影响?

毫无疑问是弗里德曼,他既是凯恩斯的挑战者,又是他那一派思想的代表人物。弗里德曼对凯恩斯的挑战也导致了理性预期革命。弗里德曼是一位宏观经济学家,他赞同凯恩斯有关宏观经济学在稳定经济方面的作用的许多假设,理解这一点非常非常重要。弗里德曼对凯恩斯的《货币改革论》一直给予高度评价。20世纪另一位伟大的经济学家是哈耶克,但是,哈耶克不相信宏观经济学,不相信它是有效的科学,因为他在方法论上是一个极端的个人主义者。

▲ 鉴于凯恩斯在《通论》中对预期重要性的强调,你认为他会如何运用由卢卡斯和其他人建立起来的理性预期假设和新古典主义模型?

这也是非常困难的,因为你实际上在问有关凯恩斯的认识论的问题,这将把你带入他的《论可能性》当中,带到你谈论信仰理性的方式中去。在凯恩斯那里曾出现过理性预期的念头——如果你愿意的话,你可以讲述一个关于瞬时乘数的理性预期故事,因为你立即预期到了或预见到了所有的结果——但是总的来说,确实,他的主要观点是不确定预期。

▲ 戴维·莱德勒已注意到了经济学家历史学识的低下(Laidler,1992b),作为一个历史学家和经济学家,你赞同这一观点吗?

是的,我同意,部分原因我先前也略有提及。经济学家不是很好的历史学家,我认为这尤其和凯恩斯主义者的研究只强调或专注于单独一本书——《通论》——有关,这显示出他们对《通论》是如何嵌入凯恩斯的全部思想和时间历史之中的缺乏兴趣。阿克塞尔·莱琼霍夫德(Leijonhufvud,1968)是少数能理解这一点的经济学家之一,他严肃地对待了《货币论》,并试图在《货币论》和《通论》之间建立起凯恩斯主义理论的图像。这种新方式认真对待了将凯恩斯后期经济著作和早期哲学著作之间加以联结的问题,但它显然不是历史的方式。例如,他们没有把《论可能性》看作1914年前的作品,而在历史学家的直觉中,它就是1914年前的作品,并且他们确信这一点。这些新学者简单地把《论可能性》和《通论》相提并论,研究它们的异同。这不是历史。

▲ 哪种非经济因素对凯恩斯的经济学影响最大?

我认为有三个主要的非经济因素。第一是他在学校学习的古典文学和他对古典世界及其方式的感受。在他的作品中有着大量古典的和神话的典故。第二是神学。他的许多语言以及他运用语言的方式是很神学化的。毕竟,经济学是神学的后继者,保留了神学的许多特征。第三是艺术。经济行为的目的是什么?这点尤其可以从像《我们后代的经济可能性》(Keynes,1930)这样的论文中看出。美学影响着他对经济学作用的看法。

▲ 英国主要货币主义者——如艾伦·沃尔特斯(Alan Walters)和帕特里克·明福特——对英国的汇率机制成员资格的猛烈抨击同凯恩斯20世纪20年代对丘吉尔的攻击有着惊人的相似之处,这两个事件相似吗?

这两个事件在许多方面是相似的。在这两者中,英镑的价值被高估了,调整的过程没有得到足够的重视。凯恩斯对金本位制的反对基于《货币改革论》的论点,是非常货币主义的。它必须处理新的一系列价格或汇率调整中的滞后体系。但是,我不认为凯恩斯曾是20世纪70年代货币主义者心目中的货币浮动论者。他想要一种有管理的货币体系,记住,他是布雷顿森林体系的主要缔造者之一。在一个资本不受控制、金融体系甚至比凯恩斯时代更加去管制化的世界里,人们不禁会猜测：他是否会认为，我们不会在与投机者竞争的游戏中胜出，因而维持固定汇率的努力注定会失败？

▲ 尽管在20世纪70年代凯恩斯主义出现了普遍危机，但是，现在这种思想又经历了某种复苏。你如何解释这一现象？你是否看到一个正在兴起的共识，也许，凯恩斯主义又将成为宏观经济学的焦点？

当然，是的。凯恩斯说过的两点似乎对我永远具有价值，而且必然成为人们思考经济运行方式的一部分。第一，他强调导致易变性的不确定性。投机是经济的平衡器，而投机的平衡方式是通过其他市场的急剧变化。第二，他强调对收入、产出和价格的影响，而不仅仅是价格本身。这两点非常重要，对经济运行方式的任何现代认识都必须牢记这两点。如果你相信经济是易变的，衰退就是相当剧烈的，它们的影响不会自动消除，那么，这就要求政府发挥一些作用。另一些经济学家认为政府不应承担过多职能，只要遵循一些规则。这才是争论之所在，我站在凯恩斯一边。这并不意味着我们将严格地遵循凯恩斯本人的处方。时代变了，他的政策也应随之而变。

▲ 如果凯恩斯1969年仍健在，你认为他能获得首届诺贝尔经济学奖吗？

当然，我们只能说"是的"。

（佘江涛　译）

# 第三章　正统凯恩斯学派

凯恩斯革命是 20 世纪经济科学最伟大的事件。(Samuelson,1988)

## 3.1　导言

在《通论》出版后的十几年中,经济学家们热衷于凯恩斯和古典经济学的争议,他们企图去澄清凯恩斯的观点和他的批评者的反驳观点。例如,莫迪利阿尼的论文的主题是为了表明,除非在极端的工资刚性下,不考虑某些限定因素,凯恩斯的体系是允许通过弹性价格恢复充分就业均衡的(Modigliani,1944)。可是,在 20 世纪 50 年代,萨缪尔森(Samuelson,1955)宣布休战。他认为 90% 的美国经济学家不再是凯恩斯的反对者或是凯恩斯主义的拥护者,但是他们现在承认了"新古典综合",人们普遍认为:新古典宏观经济学和凯恩斯主义的宏观经济学能相互依存。古典的或新古典的模型仍然是与微观经济问题和长期的增长分析相关的,但是,正统的凯恩斯主义宏观经济学却为分析短期总体现象提供了最有用的框架。直到 70 年代,这种历史性的妥协一直在经济学领域保持着主导地位。

本章的主要目的有四。首先是评论最有影响的对凯恩斯《通论》(Keynes,1936)的正统凯恩斯学派的解释,也就是希克斯式的封闭经济的 IS - LM 模型,然后更为全面地考量在 IS - LM 模型条件下不充分就业均衡的理论争议(第 3.3 - 3.4 节);其次,考量此模型扩展到开放经济时,旨在稳定经济的财政政策和货币政策的有效性(第 3.5 节);第三,讨论原初的菲利普斯曲线分析和关于菲利普斯曲线对正统凯恩斯主义分析的重要性的评论(第 3.6 节);最后,根据上面的讨论,总结正统凯恩斯主义经济学的核心命题(第 3.7 节)。

读者会发现:通过本章和以后的章节,两个反复出现的、互相关联的问题出现了,它们涉及对经济的自我均衡特性和干预主义政府政策的作用两个问题的争论。我们以早期正统的凯恩斯学派对宏观经济学内部的这些核心问题的研究开始我们的讨论。

## 3.2 正统凯恩斯学派

战后初期,正统凯恩斯学派核心而突出的信念如下:

1. 经济是内在不稳定的,易受到不规则的冲击。这些冲击主要归因于商业信心状态变化之后投资边际效率的变化,或凯恩斯所谓投资者们的"动物精神"的变化(见第2.8节)。

2. 经济在遭受某种扰动后,运用自身的机制,需要很长时间才能恢复到充分就业状态;也就是说,经济不能迅速地自我均衡。

3. 产出和就业的总水平本质上是由总需求决定的,管理当局可以通过干预影响总"有效"需求水平,以确保更迅速地恢复充分就业的状态。

4. 在实施稳定政策时,相对于货币政策,财政政策通常更受偏爱,因为财政政策的效应被认为比货币政策更直接、更好预测,对总需求的影响更为迅速。这些信念体现在正统凯恩斯主义模型中,也就是我们现在面对的IS-LM模型。

## 3.3 封闭经济下的IS-LM模型

正统凯恩斯模型对宏观经济学的发展产生了极为重要的影响,此影响一直延续至今天。它最初起源于希克斯的著名文章——《凯恩斯先生和"古典经济学":启发性的解释》(Hicks,1937)。随后,莫迪利阿尼对希克斯的模型作了详尽阐述(Modigliani,1944),汉森在美国将其普及推广(Hansen,1949,1953)。实际上,在以后的半个多世纪里,希克斯式的IS-LM模型成了宏观经济理论固定的模型,对20世纪60年代中期以前的宏观经济政策的走向产生了巨大的影响。

我们假设大多数读者至少熟悉IS-LM模型的推理,因而下文首先我们只是回顾该模型在封闭经济下的主要特征,特别是回顾该模型在总需求的决定乃至产出水平和就业水平的决定过程中整合实际因素和货币因素的方式。不熟悉该模型推导方法(或将该模型扩展为开放经济下的模型)的读者可任意参考标准宏观经济学教科书,如多恩布什等人的版本(Dornbusch et al.,2004)。我们先回顾一下商品市场和*IS*曲线。

103

### 3.3.1 商品市场与 *IS* 曲线

在商品市场中,如果商品的总需求和总供给相等,就会出现均衡。正统凯恩斯模型假设产出和就业水平完全由总需求决定,即忽略了供给的约束。在封闭经济中,总需求由消费、政府支出和投资之和组成。为了简化分析,消费支出被认为和可支配收入正相关,政府支出被看作外生决定的,而投资被视为和利率负相关,在这一模型中,利率是一个由商品市场和货币市场相互作用决定的变量。

*IS* 曲线描绘了商品市场均衡条件下利率和收入组合的轨迹。*IS* 曲线的名字来自一个没有政府部门的封闭经济中商品市场的均衡状态,投资(*I*)等于储蓄(*S*)。鉴于投资被视为和利率负相关,故 *IS* 曲线向下倾斜(见图 3.2)。在其他条件都相同的条件下,当利率下降时,投资就会增加,结果导致更高的收入水平。*IS* 曲线的斜率取决于投资支出的利率弹性和乘数值(见第 2.8 节)。投资对利率变化的反应越小(越大)、乘数值越小(越大),*IS* 曲线越陡(越平坦)。例如,在其他条件均相同的条件下,利率的下降值一定时,投资增加越少,收入的增加也越少,这就形成一条较陡的曲线。同样,在投资的增加值一定时,乘数值越小,收入的增加就越少,因而 *IS* 曲线也就越陡。在投资完全没有利率弹性的限定(极端的凯恩斯主义)条件下,*IS* 曲线将是垂直的。

最后,重要的是要记住:*IS* 曲线是在给定的政府支出水平、税收和预期条件下得出的,因此扩张性的财政政策(即政府支出增加或税收的减少,或更为乐观的经济前景)会使 *IS* 曲线向外朝右移动,反之亦然。例如,在任何给定的利率水平下,政府支出的增加会与更高的收入水平相关,同时,*IS* 曲线的向外移动等于政府支出的增加量乘以乘数值。现在我们转向货币市场和 *LM* 曲线。

104

### 3.3.2 货币市场与 *LM* 曲线

在货币市场中,如果货币需求和货币供给相等,那么货币市场上就会出现均衡。货币供给被假定由政府外生决定。该模型确认了持有货币的三个主要动机:交易动机、预防动机和投机动机。假定对交易和预防余额的需求与收入同向变化。对投机或闲置余额的需求取决于相对于正常利率的现行利率水平。假设不同的人对利率的未来趋势有不同的预期,那么就可以假定:对投机余额的需求和利率呈反向变动(见图 3.1)。现行利率水平越高(相对于正常水平而言),预期未来利率将降低的人就越多(从而提高了债券价格),投机余额的需求就越少,反之亦然。

特别重要的是这种理论上的可能性：低利率会被认为在就业不足均衡条件下盛行，货币需求就利率来说可能变得有完全弹性。图3.1中曲线在 $r^*$ 点的水平部分说明了这一点。在 $r^*$ 点，预期汇聚在一起，因为每个人都预期利率趋势在未来只会上升，因而货币需求变得具有完全利率弹性，也就是所谓的"流动性陷阱"。关于流动性陷阱，有趣的是凯恩斯是把它作为理论上的可能性提出来的，甚至声称他并不知道这种陷阱在实践中是否起作用(见 Keynes,1936,p.207)。然而，正如我们将在第3.4.2节中讨论的，在正统凯恩斯模型中，流动性陷阱对于分析就业不足的均衡是尤为重要的。

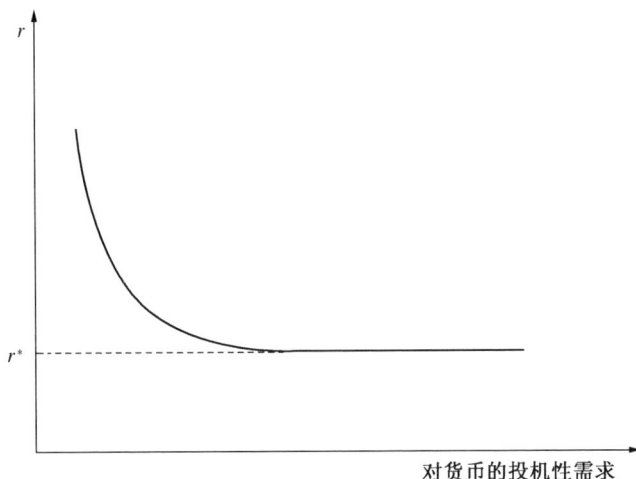

图 3.1　对投机余额的需求

　　LM 曲线描绘了货币市场中与均衡相关的利率和收入组合的轨迹。LM 曲线的名字来自货币市场中的均衡条件，在这一市场中，货币需求，也就是凯恩斯所称的流动性偏好(L)等于货币供给(M)。鉴于货币需求和收入/利率是正/负相关的假设，LM 曲线向上倾斜(见图3.2)。在其他条件均相同的条件下，当收入增长时，对货币的投机性和预防性需求就会增加。在货币供给一定时，这必然导致利率的提高以减少对货币的投机性需求，从而维持货币市场上的均衡。LM 曲线的斜率取决于收入弹性和货币需求的利率弹性，收入弹性越大(越小)，货币需求的利率弹性越小(越大)，LM 曲线就越陡(越平坦)。例如，在其他条件均相同的条件下，在收入增量不变时，货币需求增加越多，为维护货币市场均衡，利率的上升幅度就越大，从而产生更陡的 LM 曲线。在(1)所谓"古典值域"(货币需求完全没有利率弹性)和(2)流动性陷阱(货币需求对利率具有完全弹性)的限定因素下，LM 曲线将

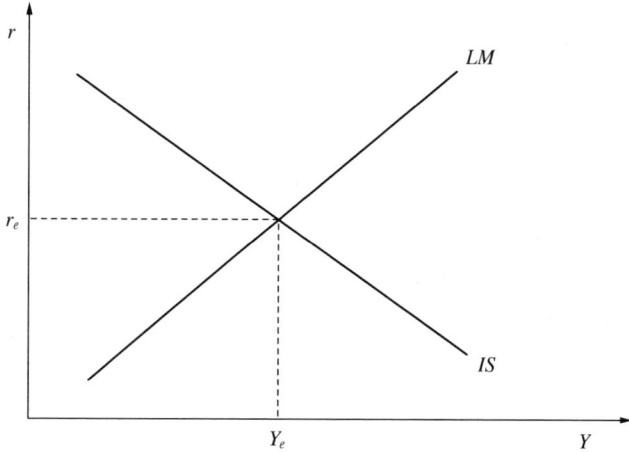

图 3.2　广义的 IS‐LM 模型

分别呈现垂直和水平状态。

最后,重要的是要记得:LM 曲线是在一定的货币供给、价格水平和预期下绘制的,因此,扩张性货币政策(即货币供给的增加)会使 LM 曲线向右下方移动,反之亦然。随着货币供给的增加,在一定的货币需求的收入弹性下,任何给定的收入水平必定与较低的利率相关以维持货币市场的均衡。LM 曲线移动的范围取决于货币需求的利率弹性。货币供给的增加会引发 LM 曲线小幅(大幅)地移动,在此,货币需求相对而言具有(没有)利率弹性,货币市场将通过利率的小幅(大幅)下降来恢复均衡。读者可自行证明这一点。

### 3.3.3　完整模型以及财政与货币政策的作用

在 IS 曲线和 LM 曲线的相交处,即图 3.2 中的 $(Y_e, r_e)$ 处,商品市场和货币市场同时达到了均衡。有两点值得强调:首先,图 3.2 中两条曲线的交点代表的是利率和收入的**唯一**值,该值代表两个市场都达到了均衡状态。其次,如果收入水平低于充分就业水平,那么财政政策和货币政策都有可能在稳定经济方面发挥重要作用。我们现在简要考察一下是什么决定了财政政策和货币政策在影响总需求、从而影响产出和就业水平方面的相对有效性。

在图 3.3 中,经济最初处在均衡状态 $(Y_0, r_0)$ 处(IS₀ 与 LM 的交点),处于低于充分就业的水平。扩张的财政政策(例如,政府开支的增加)使 IS 曲线向右向外移动,从 IS₀ 移至 IS₁,导致均衡利率(从 $r_0$ 移至 $r_1$)和均衡收入水平(从 $Y_0$ 移至 $Y_1$)

两者的提高。由于支出和收入的增加,对货币的交易需求和预防需求随之增加,由于货币供给不变,这将导致利率的上升。利率的上升随后导致私人部门投资支出的减少,减少的程度取决于投资的利率弹性。读者可自行证明:(1)货币需求越具有利率弹性,财政政策对总需求从而对产出和就业水平的作用就越有效,即 LM 曲线越平坦;(2)投资越不具有利率弹性,IS 曲线越陡。在垂直的 LM 曲线(古典值域)的限定因素下,财政扩张不会对收入产生影响,因为利率上升将减少私人投资量,其数量等于政府支出增加的数量;也就是完全(100%)挤出或所谓"财政部观点";在水平的 LM 曲线(即流动性陷阱)下,财政扩张将导致简单的凯恩斯 45°模型或交叉模型的完全乘数效应。

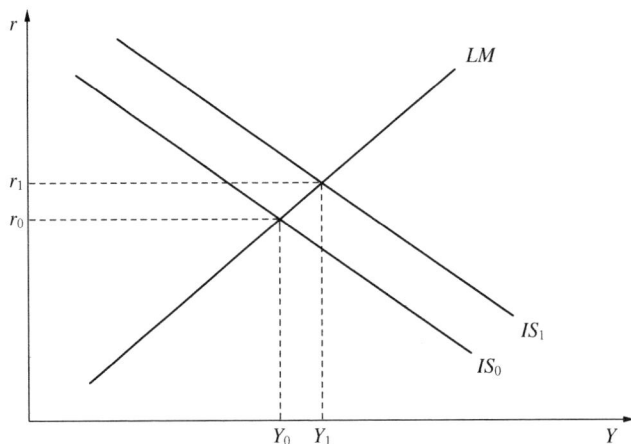

图 3.3  扩张的财政政策

在图 3.4 中,经济再次处于初始均衡状态($Y_0, r_0$)处($LM_0$ 与 IS 的交点),处于低于充分就业的水平。扩张性货币政策使 LM 曲线向右下方移动,从 $LM_0$ 移至 $LM_1$,导致均衡利率的下降(从 $r_0$ 移至 $r_1$)和均衡收入水平的上升(从 $Y_0$ 移至 $Y_1$)。根据正统凯恩斯学派的传导机制,货币政策的效力取决于货币供给增加后利率下降的程度、投资对利率下降的反应程度和乘数的大小。读者可自行证明,满足以下条件时,货币政策在影响总需求、从而影响产出和就业水平方面更为有效:(1)货币需求的利率弹性高,即 LM 曲线更陡,并且(2)投资的利率弹性高,即 IS 曲线更平坦。在水平的 LM 曲线(流动性陷阱)或者垂直的 IS 曲线(即投资完全没有利率弹性)的(极端的凯恩斯主义)情况下,传导机制会失灵,货币政策不会对收入水平产生影响。

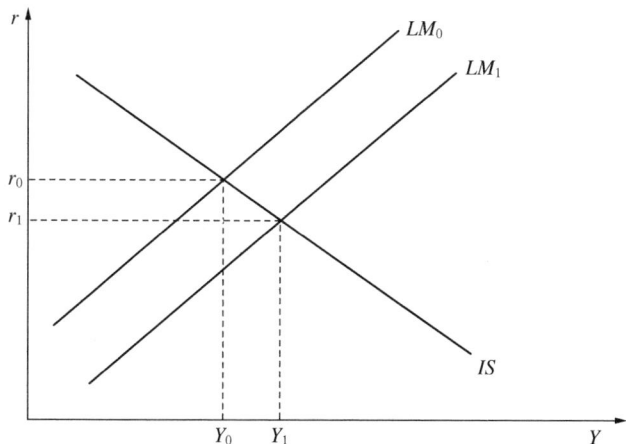

图 3.4　扩张性货币政策

　　从以上讨论可以明显地看出,尽管在正常情况下财政政策和货币政策都可以用于影响产出和就业水平,但是,这两种政策工具的相对效力取决于模型的结构参数,即 IS 和 LM 曲线的相对斜率。在正统凯恩斯学派中,传统上认为货币需求对利率变化相当敏感(产生一个相对平坦的 LM 曲线),而认为投资对利率变化相当不敏感(产生一个相对陡的 IS 曲线)。的确,早期经验性证据支持与 IS 和 LM 曲线的弹性相关联的正统凯恩斯主义,克莱因论及了其"坚固的经验基础"(见 Klein,1968,pp.65-66,pp.71-72)——我们得赶紧加上一句,一个在 20 世纪 60 年代初变得愈加可疑的基础。在这种情况下,来自经济实际方面的扰动(即 IS 曲线的随机移动)往往支配着收入的变化。进一步而言,人们一般更愿意使用财政政策,因其相对有力,而货币政策的效力较弱。在此,读者应该注意到,到 50 年代末,英国的凯恩斯主义者对财政政策相对于货币政策的有效性的信任度要比美国的凯恩斯主义者强烈得多。

　　这种分析也可以用代数的形式加以概括。下面假设,当经济处于低于充分就业水平时,物价水平保持不变。总实际支出(E)由自发性分量(A)取决于实际收入的分量(cY)和利率敏感分量(ar)三者运算得出。

方程 3.1　　　　　　　　　　　$E=A+cY-ar$

若商品总需求和商品总供给相等,则商品市场上会出现均衡。

方程 3.2　　　　　　　　　　　$E=Y$

至于货币市场,实际货币余额需求(M/P)有一个依赖于实际收入的分量(mY)

和一个利率敏感分量($br$)。

方程 3.3
$$\frac{M}{P} = mY - br$$

假定名义货币余额的供给是外生变量($\overline{M}_s$),若货币市场上货币需求和货币供给相等,则那里会出现均衡。

方程 3.4
$$\frac{M}{P} = \frac{\overline{M}_s}{P}$$

对这些关系式进行整理,可以解出 $Y$:

方程 3.5
$$Y = \frac{1}{1 - \left(c - \frac{a}{b}m\right)}A + \frac{1}{m + \frac{b}{a}(1-c)}\frac{\overline{M}_s}{P}$$

在这一框架内,可以把正统凯恩斯主义者描绘成低 $a$ 和高 $b$ 的人。参考方程3.5可知,在 $a/b$ 取值小的地方,(1)来自经济实际方面的扰动往往会支配收入变化,并且(2)财政政策对趋于 $1/(1-c)$ 的自发性支出乘数作用较强,而货币政策对趋于零的货币乘数作用较弱。在第 3.2 节中已经指出了正统凯恩斯主义者的这些核心特征信念。

正统凯恩斯主义者对财政政策效力的信心一直受到人们的挑战,其中,尤其是货币主义者认为,"纯粹的"财政扩张(即货币供给没有任何适应性变化的扩张)在长期会挤出或取代私人支出,因而对总需求、收入以及就业水平的作用较小。经济文献已提出了许多理由,说明为什么在 $IS$-$LM$ 框架内会出现挤出效应,这些理由没有依赖于完全没有利率弹性的货币需求(垂直的 $LM$ 曲线),包括预期和财富效应(见 Carlson and Spencer,1975)。下面我们将概述凯恩斯主义的回应,这一回应重申了财政政策的重要性(见 Blinder and Solow,1973),强调政府支出中债券融资的增长的财富效应。这一分析涉及混合了政府预算约束的、扩展形式的凯恩斯主义的 $IS$-$LM$ 模型。

图 3.5 的上半部分描绘了传统的 $IS$-$LM$ 模型,下半部分描绘了由政府支出($G$)和税收($T$)之间的关系决定的政府预算状况,政府支出被假定为独立于收入,税收对于收入水平来说是内生的。在 $Y_0$ 点($IS_0$ 和 $LM$ 的交点),商品市场和货币市场都处于均衡状态,政府预算是平衡的($G_0 = T$);也就是说,稳定的均衡状态占据优势。假定管理当局现在试图增加它们的支出来提高收入和就业水平。政府支出的增加使 $IS$ 曲线向右向外移动,从 $IS_0$ 移至 $IS_1$,使政府支出函数向下移动,从 $G_0$ 移至 $G_1$。在 $Y_1$ 点($IS_1$ 和 $LM$ 的交点),有一个等于 $AB$ 的预算赤字。只要这一

赤字持续存在,政府就不得不发行更多的债券,这将导致私人部门财富的增加(归因于增加的债券持有),并导致私人消费支出和货币需求的增加。如果消费的财富效应(它使 IS 曲线进一步向右向外移动,如箭头所示)超过货币需求的财富效应(它使 LM 曲线向左上方移动),那么在长期内,债券融资的财政扩张将导致收入增加到 $Y_2$,在此赤字被消除,即不会有挤出效应。进一步而言,如果考虑到债券融资带来的增加的利息支付(使政府支出函数向下移动至 $G_1$ 以下),收入则必然上升至 $Y_2$ 之上以平衡政府预算。所以很显然,把财富效应和政府预算约束并入 IS-LM 模型,极有可能使政府支出中债券融资的增长非常有效地提高收入和就业水平。

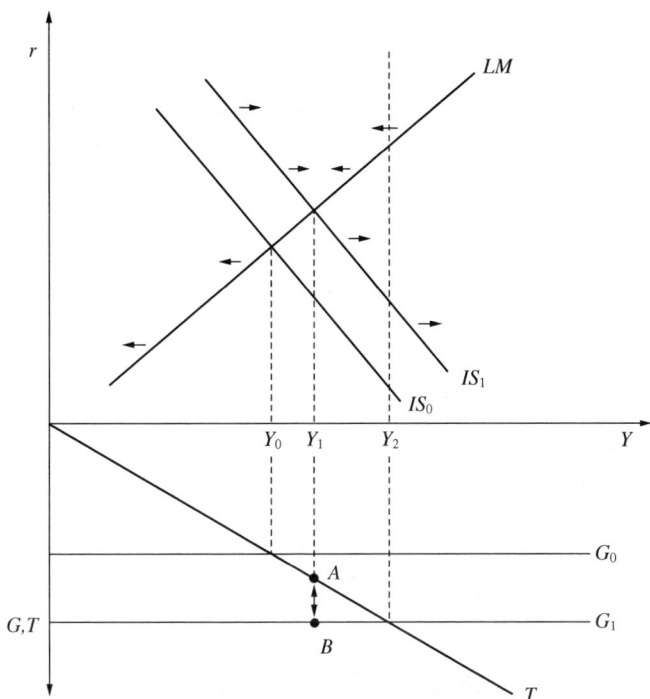

图 3.5　政府预算约束和债券融资的财政扩张

对涉及财政政策功效的分析的预测,有一种特殊的反对意见值得讨论。它来源于李嘉图的债务等价定理(例如见 Buchanan,1976;Dimand,2002a)。简而言之,这一定理指出:政府支出的增加,不管是源于增加税收还是出售债券,给私人部门带来的负担都是相同的。政府债券的销售给私人部门带来的负担涉及用于利息支付的未来的纳税义务,以及偿付非永久性债券。假定私人部门充分考虑到这种未来的纳税义务,政府债券便不能被视为净财富。未来的纳税义务将被贴现,它的现值被认为正好能抵消已售债券的价值。巴罗那篇很有影响的论文(Barro,1974)对政府债券不应被视为净财富的争议性观点作了精辟的陈述。政府是采用出售债券还是增加税收的办法来为支出筹资,并无任何区别,因为出售债券不会影响私人部门的财富。私人部门对于债券融资的政府支出增长作出的反应,将仅仅是在现期节约更多的钱,以履行未来的纳税义务。换句话说,无论是用增税还是用出售债券的办法为政府支出的增长筹资,这种增长的效应都是相同的,都和所谓的"平衡预算"的乘数一致(见 Shaw,2002)。只有把政府债券视为净财富,债券融资的政府支出增长才会比税收融资的政府支出增长更有效。

一些反对李嘉图债务等价定理的观点已经出现,下面我们简要谈及两种主要的批评意见。读者可参看托宾(Tobin,1980a)和费尔德斯坦(Feldstein,1982)的著作,它们对李嘉图定理及其含义作了通俗易懂的批判性讨论;还可看巴罗的著作(Barro,1989b),它为现有的从理论上反驳李嘉图定理的主要意见作了精彩的辩护。首先,如果债券融资的财政扩张引起的未来纳税义务落在未来一代身上,那么可以认为现在的一代人较为富有。但是巴罗认为,遗产的存在意味着现在的一代人将节约更多的钱,以增加给孩子的遗产,用于履行未来的纳税义务。巴罗关于遗产的存在意味着父母关心孩子将承受的税收负担的观点,已招致许多批评。例如,是否所有的父母都这么有远见,都这么关心子女,考虑到他们未来的纳税义务,这是个公开的争论话题。其次,鉴于不完全的资本市场,政府债券可能被视为净财富。政府支付债券的利率规定了未来纳税义务的规模。如果由于政府比个人能更便利地进入资本市场,因而在估计未来纳税义务的现值时,利率低于适用于私人部门的贴现率,那么政府债券将被视为净财富。在这种情况下,政府支出中债券融资的增长将会增加私人部门的财富和消费,就会比税收融资的政府支出增长更有扩张性。

113    在接下去用 *IS - LM* 模型框架讨论凯恩斯和古典经济学针对"就业不足均衡"问题所进行的争论之前,我们应该注意到:多年以来,*IS - LM* 模型已引起了大量争论。莫迪利阿尼对战后初期的理论发展进行了思考,他认为"凯恩斯主义体系"依赖于四个标准部件:消费函数、投资函数、货币需求和货币供给,以及决定价格和工资变化的机制(Modigliani,1986)。在希克斯努力模拟前三个莫迪利阿尼的"标准部件"之后,在 20 世纪 40 年代和 50 年代,凯恩斯主义经济学家——包括莫迪利阿尼(Modigliani,1944)、莫迪利阿尼和布伦伯格(Modigliani and Brumberg,1954)、帕廷金(Patinkin,1956)、菲利普斯(Phillips,1958)和托宾(Tobin,1958)——作出了其他有利于我们理解的贡献。到 60 年代初期,在莫迪利阿尼发表了著名的论文(Modigliani,1958)后,主流宏观经济模型就是一个可以用希克斯(Hicks, 1937)-汉森(Hansen,1949)的 *IS-LM* 模型——扩展的菲利普斯曲线——加以描述的模型。MPS-FMP 宏观经济计量模型(基于扩展的 *IS-LM* 模型)由莫迪利阿尼和他的同事构建在 60 年代,它可能是关于那个时期共识的最好的实例。

尽管大多数的经济学家(例如见 Patinkin,1990a,以及本章最后对托宾的采访)承认希克斯主义者倡导的 *IS-LM* 模型是对《通论》中凯恩斯思想本质的正确表述,但是,观点激烈的少数派"凯恩斯主义者"把 *IS-LM* 模型看作对凯恩斯观点的扭曲或"滥用"(见 Leijonhufvud,1968;Robinson,1975;Davidson,1994)。有趣的是,最近戴曼德(Dimand,2004)采用了由莱默斯编辑的凯恩斯讲义笔记(Rymes,1989)中的证据,他以此显示凯恩斯本人在 1933 年米迦勒节学期的讲稿以及 1934 年《通论》的初稿中,采用了类似于 *IS-LM* 模型的一般均衡的方程体系表达他的新思想。像弗里德曼、布伦纳和梅尔泽这样的货币主义者也"不喜欢" *IS-LM* 框架。博尔多和施瓦茨把这一否定性的观点归结于 *IS-LM* 模型对投资的狭隘定义和它对货币作用的狭隘看法(Bordo and Schwartz,2003)。然而,即使 *IS-LM* 模型不再是宏观经济学研究生课程的基础(现在由动态一般均衡理论主导)——直到 70 年代,才不再是——但是,该模型依然是中级宏观经济教科书主流课程的重要入门点,这类书如 Blanchard(2003)、Dornbusch et al.(2004)、Gordon(2000a)和 Mankiw (2003)。对近来关于 *IS-LM* 模型起源、发展和未来的争论和讨论话题感兴趣的读者,可参考 King(1993)、Young(1987)、Young and Zilberfarb(2000)、Young and Darity(2004)、Barens and Caspari(1999)、De Vroey(2000)、Backhouse(2004)、Colander(2004)、Dimand(2004)、Snowdon(2004a)。

现在我们转而考量凯恩斯主义的信念:经济在遭受某种扰动后需经过较长时间 <sup>114</sup> 才能恢复到充分就业状态。这涉及对就业不足均衡的争议的讨论。下面我们就考察这样一种情形,在这种情形中 *IS-LM* 模型将无法在充分就业水平上达到自我均衡。

## 3.4 凯恩斯模型中的非充分就业均衡

### 3.4.1 一般情况

在 *IS-LM* 模型中,非充分就业均衡的存在可以归因于该体系中"刚性"的存在,特别是两种关键价格,即货币工资和利率。我们先看看"凯恩斯主义"的货币工资向下刚性的假设。这种情况可以用图3.6的四象限图来加以说明。象限(a)描述标准的 $IS$-$LM$ 模型。象限(c)表示短期生产函数,在此,由于资本存量和技术是给定的,产出/收入水平($Y$)依赖于就业水平($L$)——参见第2.3节。象限(d)描

115

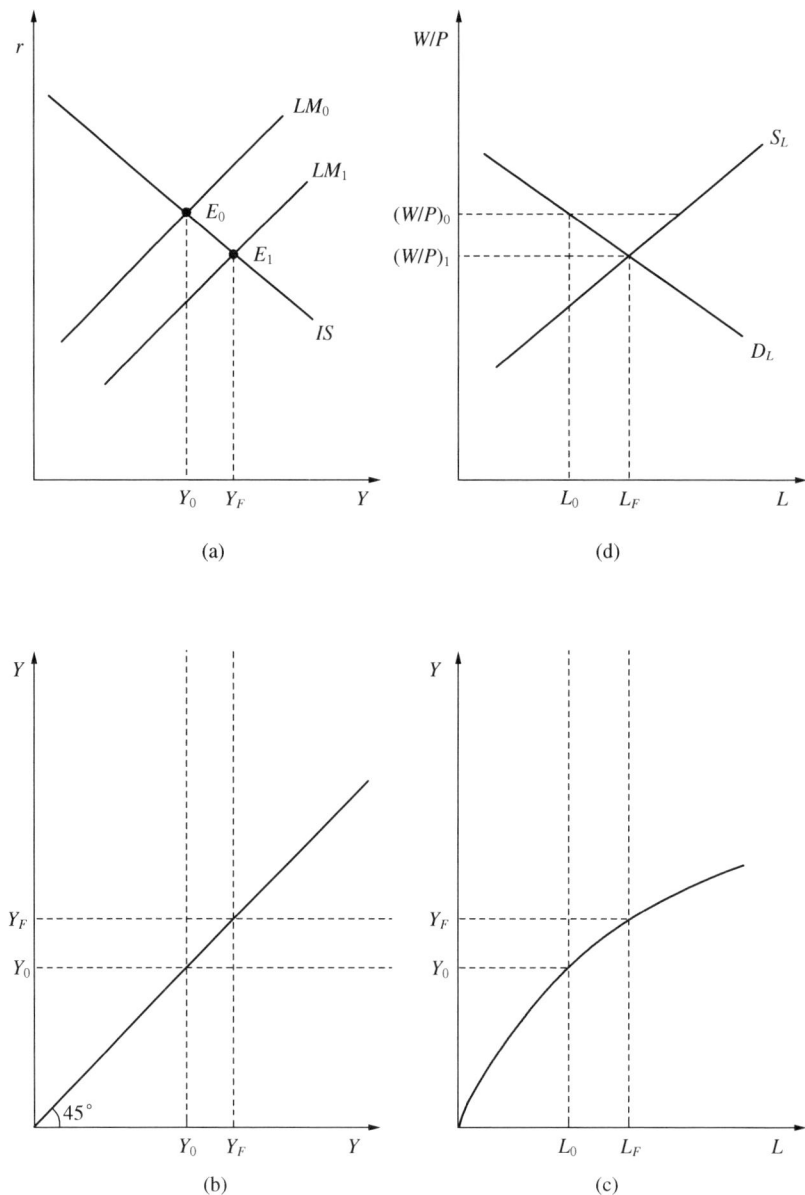

(a)

(d)

(b)

(c)

图 3.6　凯恩斯效应的一般情况

100 —

现代宏观经济学:起源、发展和现状

述的是劳动力市场,在其中人们假定劳动力需求(供给)和实际工资($W/P$)负(正)相关。最后,象限(b)中的两条线都描述收入,与45°直线(这条线上各点横坐标与纵坐标数值相等)相交。该象限的纳入可以使我们更容易地看出特殊的收入均衡水平的含义,这些含义是建立在象限(a)所描述的商品市场和货币市场中的。换句话说,在下文中,读者应该总是从象限(a)看手,并根据象限(d)中的就业水平,按逆时针方向去探究收入水平(由总需求决定)的含义。

假定经济最初处于 $E_0$ 点,即象限(a)中 $LM$ 和 $IS$ 的交点。虽然商品市场和货币市场均处于均衡状态,但是,收入水平 $Y_0$ 低于充分就业收入水平 $Y_F$。参照象限(d)可知:在固定的货币工资(外生决定的)和与货币市场上的均衡(即 $LM_0$ 曲线)相一致的物价水平下,实际工资水平 $(W/P)_0$ 和劳动力市场出清工资水平是不一致的。换句话说,不存在如下保证:需求决定的就业水平($L_0$)处于充分就业状态($L_F$)。过剩的劳动力供给对货币工资没有影响,因而经济有可能停留在失业持续存在的非充分就业均衡状态。现在我们来考量一下把 $IS$-$LM$ 模型与关于弹性价格和弹性货币工资的古典假设结合在一起,会对非充分就业均衡的理论可能性产生什么影响。

再次假定经济最初处于 $E_0$ 点,即象限(a)中 $IS$ 和 $LM_0$ 的交点。同以前一样,虽然商品市场和货币市场均处于均衡状态,但是,收入水平 $Y_0$ 低于充分就业收入水平 $Y_F$。参照象限(d)可知:这意味着就业水平($L_0$)低于充分就业水平($L_F$),实际工资 $(W/P)_0$ 高于市场出清水平 $(W/P)_1$。只要价格和货币工资具有完全弹性,宏观经济就会自行均衡于充分就业水平。在 $(W/P)_0$ 处,过剩的劳动供给导致货币工资($W$)的下降,它降低了厂商的成本,并使物价($P$)下降。物价的下降增加了货币供给的实际价值,使 $LM$ 曲线向右下方移动。过剩的实际余额被引入债券市场,从而债券价格被抬高,利率被压低。利率的下降刺激投资支出,增加总需求水平,从而增加产出和就业水平。降低的货币工资和物价通过利率刺激了支出,它们的这种"间接"效应被称为"凯恩斯效应"。总需求的增加会减缓物价的下降速度,这样,由于货币工资下降得比物价快(不平衡的通货紧缩),实际工资向它的(充分就业)市场出清水平方向下降,即象限(d)中的 $(W/P)_1$ 点。货币工资和物价将继续被压低,$LM$ 曲线将继续向右下方移动,直至恢复充分就业、消除过剩的劳动供给。这种情况会出现在 $E_1$ 点,即 $LM_1$ 与 $IS$ 的交点。值得强调指出的是:借助凯恩斯效应,总需求的增加确保了经济恢复到充分就业状态。

可是,在这个一般框架内存在两种限制性的或特殊的情况:尽管货币工资和价格具有完全的弹性,经济也不能自行在充分就业的水平达到均衡。图 3.7 和图

3.8 分别说明了流动性陷阱和投资支出没有利率弹性这两种特殊情况。

### 3.4.2　限定性的或特殊情况

在图 3.7 所说明的流动性陷阱中,经济最初处于 $E_0$ 点,即 $IS_0$ 和 $LM_0$ 的交点。尽管商品市场和货币市场均处于均衡状态,但是,收入水平 $Y_0$ 低于充分就业水平

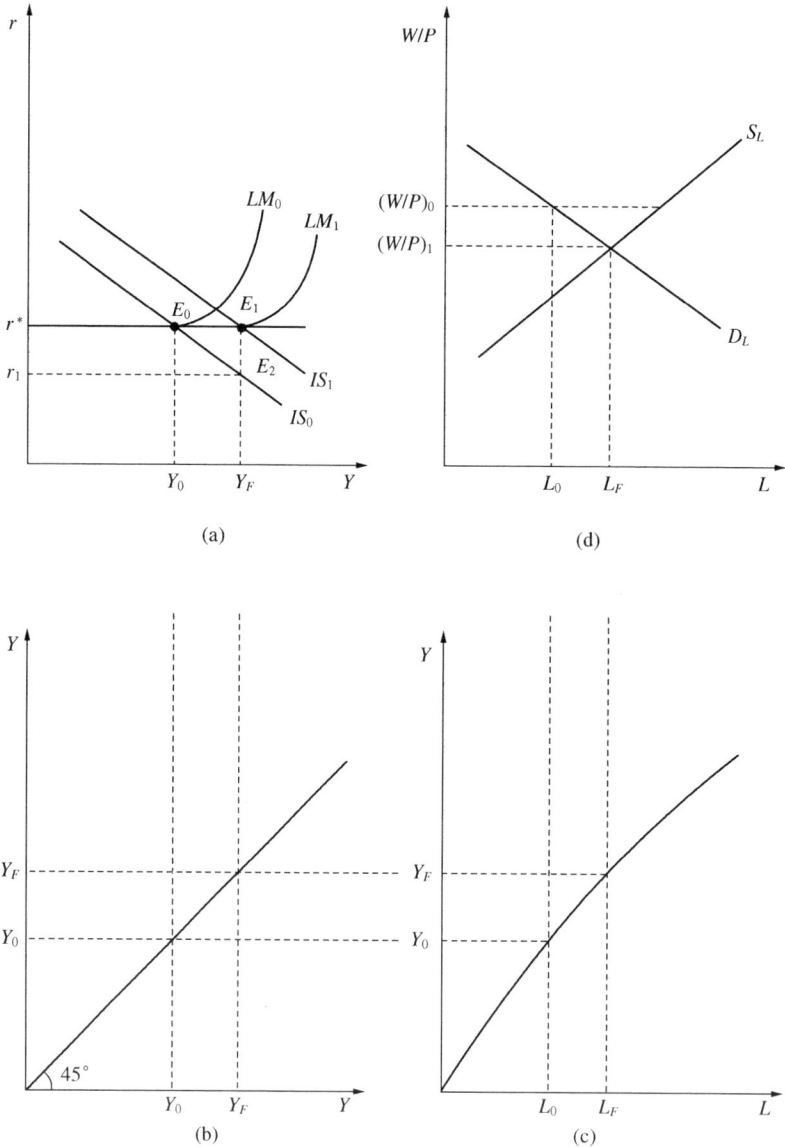

图 3.7　流动性陷阱的情况

$Y_F$。参照象限(d)可知：这意味着就业水平($L_0$)低于充分就业水平($L_F$)，实际工资$(W/P)_0$高于市场出清水平$(W/P)_1$。在$(W/P)_0$点，过剩的劳动力供给导致货币工资(W)下降，因而降低了厂商的成本而使物价下降。尽管物价的下降增加了货币供给的实际价值(使LM曲线向外移动，从$LM_0$移至$LM_1$)，但是，增加的实际余额被闲置或投机性余额完全吸收。换句话说，在流动性陷阱中(也见图3.1)—— 在其中，货币需求就$r^*$点的利率来说具有完全弹性 —— 过剩余额不会被引入债券市场，这阻碍了利率降至$r_1$点(在$E_2$点)，$r_1$点是刺激总需求和恢复充分就业所必需的利率水平。由于没有总需求的增加去减缓物价下降的速度，因而物价的下降和货币工资的下降成相应的比例(平衡的通货紧缩)，并且实际工资停留在$(W/P)_0$水平，高于市场出清水平$(W/P)_1$。总需求不足以实现充分就业，经济停留在低于充分就业的均衡状态，存在持续的"非自愿"失业。最后，正如前面的第3.3.3节指出的，在流动性陷阱的情况下，货币政策变得不起作用，而财政政策作为增加总需求从而提高产出和就业水平的一种手段，则变得非常有效。

在图3.8所示的投资缺乏利率弹性的情况中，经济也无法自行均衡于充分就业水平。同前面一样，我们假设经济最初处于收入水平($Y_0$)低于其充分就业水平($Y_F$)的$E_0$点($IS_0$和$LM_0$的交点)。这意味着就业水平($L_0$)低于充分就业水平，实际工资$(W/P)_0$高于市场出清水平$(W/P)_2$。过剩的劳动力供给导致货币工资和物价的下降。虽然实际余额的增加(这使LM曲线从$LM_0$移至$LM_1$)通过凯恩斯效应导致利率降低，但是，利率的降低不足以恢复充分就业。参照图3.8可知：由于投资支出缺乏利率弹性，因而只能用$r_1$点的负利率通过凯恩斯效应恢复充分就业均衡。从理论上说，经济会停留在$E_1$(利率为零)处，即就业不足和持续存在的非自愿失业的均衡点($Y_1$)。

在此需要强调一下上述分析的要点。概括地说，货币工资和物价的下降除非通过凯恩斯效应成功地增加总需求，否则将无法恢复充分就业。在流动性陷阱和投资缺乏利率弹性的情况下，总需求不足以实现充分就业，只有通过以扩张的财政政策提高总需求水平，才能消除持续存在的非自愿失业。将相对静态的$IS$-$LM$模型与弹性的物价、弹性的货币工资的古典假定结合起来产生了一个结果，它意味着：凯恩斯没能提供一种有关非充分就业均衡的坚固的"一般理论"，非充分就业均衡存在的可能性依赖于两种限定性的或特殊的情况。

以上均衡分析很大程度上得益于莫迪利阿尼的著作。正如我们已经看到的，以上分析意味着：由于体系中的"刚性"，即刚性货币工资、流动性陷阱或没有利

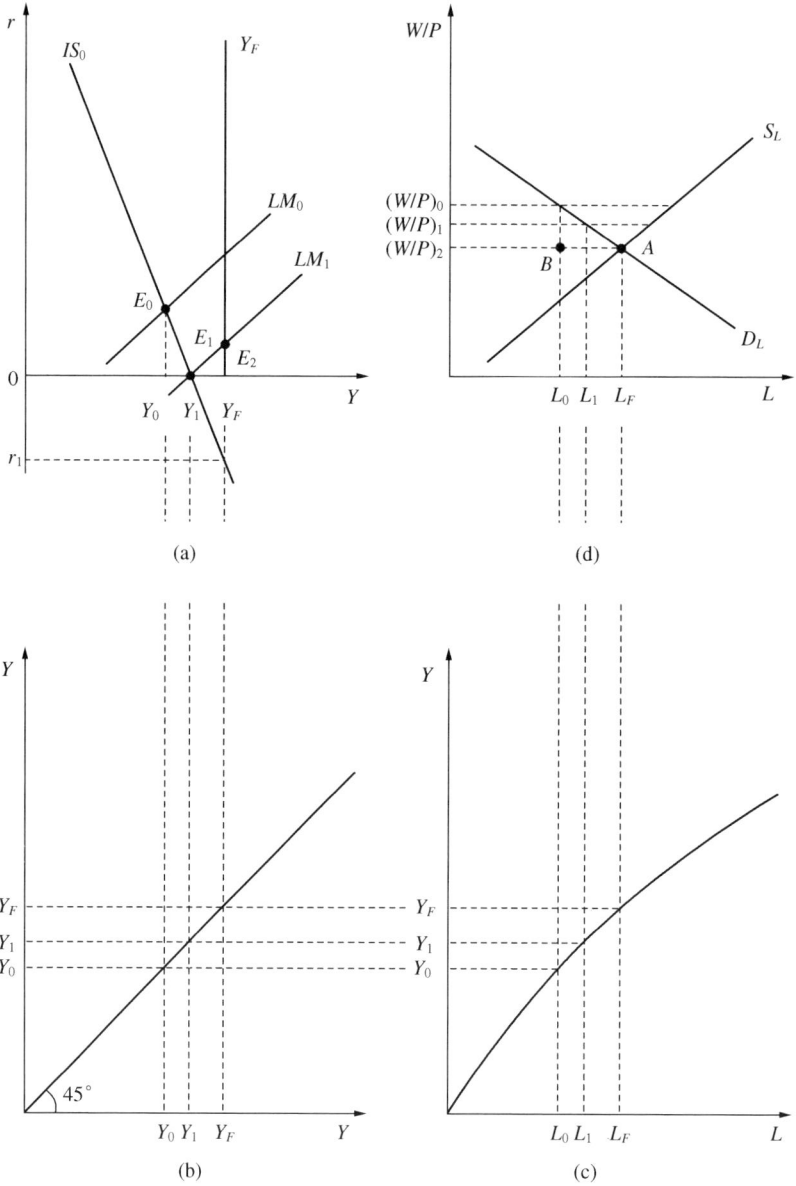

图 3.8 缺乏利率弹性的投资

率弹性投资的情况,经济有可能停留在持续的(非自愿的)失业状态。相反,帕廷金认为失业是一种非均衡现象,即使在货币工资和物价具有完全弹性时也会普遍存在(Patinkin,1956)。为了说明这一观点,假设一个充分就业的初始状态,再假设随后发生了总需求的减少。这种减少将导致一个失衡时期,在此期间,物价和货币工资都会趋于下降。帕廷金假设货币工资和物价以相同的速度下降：一个平衡的通货紧缩。结果，就业水平的下降不是和实际工资的上升联系在一起，而是与总"有效"需求水平的下降联系在一起。换句话说，厂商会被迫背离它的劳动力需求曲线。在图 3.8(d)中，这会导致从点 A 向点 B 的移动。不过，在帕廷金看来，这种失衡不会无限期地存在，因为货币工资和物价的下降，通过货币余额的价值会产生一种刺激总需求增加的"直接效应"，从而恢复充分就业，即从 B 点返回 A 点。这种关于支出的财富效应的特殊观点被称为"实际余额"效应（见 Dimand，2002b）。正如我们在下一节中将讨论的，更一般地来说，在分析中引入支出的财富效应或庇古效应后，从理论上说，只要货币工资和物价是有弹性的，即使在前面所述的两种特殊情况下，宏观经济也会自行均衡于充分就业水平。现在我们讨论就凯恩斯主义 $IS$-$LM$ 模型中非充分就业均衡的可能性而言，庇古效应的性质和作用。

### 3.4.3　庇古效应

庇古是最后一批伟大的古典经济学家之一，是 20 世纪 40 年代古典学派的代言人（例如，Piguo，1941，1943，1947）。他认为，只要货币工资和物价是有弹性的，正统凯恩斯主义模型就不会停留在低于充分就业水平的均衡状态。庇古效应（对庇古效应的经典论述，见 Patinkin，1948 等）关注的是物价的下降对增加实际财富从而增加消费支出的效应。正如图 3.7 所示，假定经济处于流动性陷阱 $E_0$ 点的非充分就业均衡状态（$Y_0$），即 $IS_0$ 和 $LM_0$ 的交点。当物价下降时，由于货币供给的实际价值的增加，$LM$ 曲线不仅会向右向外移动（从 $LM_0$ 移至 $LM_1$），而且 $IS$ 曲线也会向右移动，从 $IS_0$ 移至 $IS_1$，因为实际财富的相应增加引起了消费支出的增加。从理论上说，经济不会停留在非充分就业均衡状态，而是会自动调整，直至 $E_1$ 点，即 $IS_1$ 和 $LM_1$ 的交点，实现充分就业。读者可以证明，在图 3.8 所示的投资缺乏利率弹性的特殊情况下，一旦将支出的庇古效应或财富效应纳入分析之中，经济便会自动调 <sub>121</sub> 整恢复到 $E_2$ 点的充分就业状态。约翰逊简洁地概括了庇古效应在理论上的重要性："庇古效应最终否定了凯恩斯主义的观点：非充分就业均衡不依赖于工资刚性的假设。相反，它依赖于工资刚性假设。"（Johnson，1964，p. 239）

多年来，人们提出了许多保留意见，他们怀疑庇古效应或财富效应在实践中是否能确保迅速恢复充分就业（例如见 Tobin，1980a）。下面我们考察对庇古效应的两种主要批评意见。首先，动态因素可能使庇古效应不能成为迅速自行均衡的机制。例如，如果人们预期物价将来会进一步下降，他们可能会延迟消费，致使失业水平上升。同时,如果厂商预期衰退会继续,他们便会推迟投资计划,这会使失业水平上升。而且,在严重的衰退时期,破产的厂商会增加,会更进一步减少支出(例如见 Fisher,1933b)。在图解分析中我们已看到,下降的物价会使 *IS* 曲线向左移动,致使经济进一步偏离充分就业均衡。在这种情况下,扩张性财政政策能确保经济更迅速地恢复至充分就业状态。

其次,我们需要简要考量一下有关哪些资产能构成"净"财富的争论。净财富可定义为总财富减去未偿还债务。在凯恩斯主义的模型中,财富可以以货币和债券的形式持有。先看货币,人们广泛接受的定义是现金与银行存款之和。外部货币可定义为现金加银行存款,后者必须与银行现金储备或在中央银行的存款准备金相适应。外部货币可看作私人部门的净财富,因为不存在相应的私人部门债务。相反,内部货币可定义为银行存款,它由向私人部门贷款而产生。由于这种银行存款有相应的私人部门债务(银行贷款)相匹配,所以可以认为内部货币不能视为净财富。值得注意的是,对内部货币不构成净财富的观点已有人提出了质疑,其中包括佩塞克和萨文(Pesek and Saving,1967)以及约翰逊(Johnson,1969),尽管这是货币经济学领域的有趣争论,却超出了我们讨论的范围。只要说出如下观点就足够了:如果一个人承认只有外部货币才真正构成净财富的观点,那么下降的物价对消费支出的财富效应会大大减少。其次,正如第 3.3.3 节所述,人们对政府债券能否被视为净财富存有争议。人们可能认为:私人部门会认识到物价下降之后,未偿付政府债务的实际价值的增加必然引起未来税收的增加,以应对利息支付的增加值以及偿付政府债券的需要。如未来税款负债现值的提高正好抵消未偿付政府债务实际价值的增加,那么便不会有财富引起的 *IS* 曲线的移动。另外,虽然这种观点未被普遍接受,但是却使人对经济通过庇古效应自我均衡的特性产生了怀疑。经验证据表明:庇古效应的力量是极其微弱的。譬如,格拉赫对美国(Glahe,1973,pp.213 - 214)和摩根对英国(Morgan,1978,pp.55 - 57)所作的考察都发现,在两次世界大战之间,庇古效应没有强大到足以恢复充分就业状态,尽管实际价格水平下降了,但是支出和产出也下降了。进一步而言,基于可以接受的假设,斯蒂格利茨已证明,如果物价每年降低 10%,那么在其他条件不变的情况下"要增加 25% 的消费,得花费大约 400 年的时间","即使是在最乐观的观点中,也很难看出实际余额效应对短期宏观经济分析的数量意义"(Stiglitz,1992)。鉴于这些疑问,正统凯恩斯主义者主张运用扩张的财政政策来确保更为迅速地恢复充分就业。

最后,庇古的下列引语很有意思:"我们正在思考的那些难题……是理论练习,或许对澄清思想略有帮助,但是,几乎不可能有机会出现在现实生活的棋盘上。"
(Pigou,1947)

### 3.4.4　新古典综合

从第 3.4.1 - 3.4.3 节的讨论中我们可以清楚地看出,如果货币工资和物价是有弹性的,凯恩斯主义的 $IS$ - $LM$ 模型在理论上便可以通过庇古效应或财富效应自动调整,实现充分就业,这是古典经济学的主要预言。在纯分析性理论的领域,据说庇古打赢了这场智力战,为古典理论的胜利奠定了基础。一些著述者(例如 Wilson,1980;Presley,1986;Bridle,1987)认为,凯恩斯早先发现了财富效应,但是基于理论和实践上的理由而放弃了它。尽管有着这一被忽视点,凯恩斯主义者仍然认为自己已经赢得了政策论战的胜利。在论战中,庇古效应的调整过程过慢,以致需要采取干预主义的政策(尤其是扩张的财政政策)来确保更迅速地恢复到充分就业。20 世纪 50 年代后期和 60 年代初期出现了共识的观点,即所谓的"新古典综合"(见 Fletcher,2002),它虽然承认需要凯恩斯主义的干预政策来确保更迅速地恢复充分就业,但是把《通论》看作更一般的古典理论的一个特例(也就是向下的货币工资刚性阻碍了经济自动调整至充分就业状态的古典模型运行的情形)。

## 3.5　开放经济的 IS - LM 模型

我们已讨论了在封闭经济的 $IS$ - $LM$ 模型背景中凯恩斯主义的稳定方法(第 3.2 - 3.4 节),接下来我们运用一个在 20 世纪 60 年代早期首先由罗伯特·蒙代尔和马库斯·弗莱明提出的模型(见 Mundell,1963;Fleming,1962),考量在开放经济中以稳定经济为目标的财政政策和货币政策的运用。正如我将要讨论的,财政政策和货币政策变化的效应依赖于资本的流动性以及现有的汇率体制的类型。在把 $IS$ - $LM$ 模型扩展到开放经济时,我们需要引入一些重要的变化。下文从对这些变化的评价说起。

### 3.5.1　商品市场与 $IS$ 曲线

正如在封闭经济中一样,当商品的总需求等于商品的总供给时,商品市场上的均衡就出现了。在开放经济中,总需求不但由消费、政府支出和投资之和构成,也包括"净"出口,即出口减进口($X - Im$)。出口被假设成以下变量的函数:(1) 世界其他国家的收入；(2) 一国商品相对于海外竞争者产品的价格,它可定义为 $eP_D/P_F$,其中 $e$ 是以外国货币表示的国内货币的汇率,$P_D$ 是以国内货币表示的国内商品价格,$P_F$ 是以外国货币表示的外国商品价格；以及(3) 诸如趣味、商品的质量、交货日期等其他因素。除了和进口有关的收入变量是国内收入之外,假定进口由和影响出口相同的因素所决定(因为一个国家的出口是另一个国家的进口)。在其他条件相同的情况下,当国内收入增加的时候,总需求将会增加,需求这一增加的部分将由进口商品来实现,即边际进口倾向大于零。

如第 3.3.1 节所讨论的,$IS$ 曲线描绘了在商品市场中与均衡相关的利率和收入的综合轨迹。开放经济的 $IS$ 曲线向下倾斜,但是比封闭经济下的 $IS$ 曲线更陡,因为进口的额外泄漏,它随着国内收入的增加而增加,因而缩小了乘数的规模。除在封闭经济下影响 $IS$ 曲线位置的要素之外,影响"净"出口的任何变量的变化都会使 $IS$ 曲线移动。譬如,由于世界收入的增加而引起的出口的增加将与一个更高水平的国民收入相对应,在任何给定的利率水平下,致使 $IS$ 曲线向右向外移动。同样,在其他条件不变的情况下,如果出现以下三种情况之一,净出口就会增加：(1) 马歇尔-勒纳的条件得到满足,也就是说,以一个初始的平衡贸易状态开始,同时也假设进出口品供给的价格弹性无穷大,那么进出口品需求的价格弹性之和就大于1,从而出现汇率下降(即贬值)(见 De Vanssay,2002)；(2) 国外价格水平上升；以及(3) 国内价格水平下降。以上任何一种情形都会使 $IS$ 曲线向右向外移动,和先前一样,移动的幅度等于冲击的规模乘以乘数。相反,这些变量的任何一个反方向变化都将使 $IS$ 曲线向左移动。

## 3.5.2 货币市场与 $LM$ 曲线

开放经济的 $LM$ 曲线和封闭经济下的情形完全相同,都带有一个重要的扩展。在实行固定汇率制的开放经济中,国内货币供给将随着国际收支的赤字或盈余(即往来账户和资本账户的净余额)而变动,除非管理当局能清除或中和国际收支的亏损(盈余)对国内货币供给的影响。在固定汇率制下,管理当局致力于以固定价格用本国货币买卖外币。譬如,在国际收支盈余的情况下,居民将按固定汇率将外币卖给政府当局以换取本国货币。在其他条件均不变的情况下,国际收支盈余将导致管理当局的外币储备和国内货币供给两者的增加,因而使 $LM$ 曲线向右下方移动。相反,国际收支赤字将致使政府外汇储备和国内货币供给两者的减少,因而使 $LM$ 曲线向左上方移动。相反,在浮动汇率制下,汇率依外汇市场的出清而变动(即中央货

124

币管理当局不干预外汇市场），因而往来账户和资本账户之和总是为零。结果是，*LM* 曲线独立于外部因素，并且决定 *LM* 曲线位置的因素与在第 3.3.2 节中讨论的因素相同。

为完成开放经济中的 IS－LM 模型，下面我们转而考察国际收支的总体平衡和 *BP* 曲线。

### 3.5.3 国际收支的总体平衡和 *BP* 曲线

对国际收支的早期凯恩斯主义分析（见 Dimand,2002c）集中在对往来账户的决定和政府政策如何改善国际收支（特别是通过贬值达到此目的的条件）上。20 世纪 50 年代后期、60 年代早期是自由贸易日益增长和资本流动的时期，并且如前所述，蒙代尔和弗莱明对开放经济下凯恩斯模型加以扩展，使其包含了资本的流动。在开始讨论前，应注意到：我们假设我们正在考察一个小规模的开放经济，在这个意义上，这个国家国内经济的变化和它的宏观经济政策对世界其他国家没有重大影响。

国际收支的总体平衡要求国际收支经常账户和资本账户的总和为零。如前所述，进口品是国内收入和（国内外商品）相对价格的函数，而出口品是世界收入和相对价格的函数。在其他条件均不变的情况下，当国内收入增加时，进口品就增加，往来账户的国际收支状况将恶化。由于汇率静态期望值的变化，资本净流量是国内外利率差额的函数。在其他条件均不变的情况下，当国内利率上升时，国内资产就变得更具吸引力，由此造成的资金内流将改善资本账户状况。

*BP* 曲线（见图 3.9）描绘了国内利率和收入水平组合的轨迹，它产生了经常账户和资本账户之和为零的国际收支状态。*BP* 曲线的斜率为正，因为如果国际收支平衡得以维持（即总体余额为零），那么，国内收入水平的提高（降低）——它恶化（改善）了经常账户，必然会伴随着国内利率的提高（降低）——它改善（恶化）了资本账户。*BP* 曲线上方和左侧的点与整个国际收支的盈余相关，因为在收入水平一定时，为达到国际收支平衡的状态，国内利率应高于必要的利率。相反，*BP* 曲线下方和右侧的点表明国际收支的总体赤字。因为，在收入水平一定时，国内利率应低于必要的利率，以产生一个零总额的国际收支状态。

*BP* 曲线的斜率依赖于边际进口倾向和国际资本流动的利率弹性。在其他条件均不变的情况下，边际进口倾向越小（大），资本流动的利率弹性越大（越小），*BP* 曲线就越平坦（陡）。例如，资本流动对国内利率变化越敏感，需要上升的国内利率幅

度就越小,从而在一定的收入增量下维持国际收支平衡,因而 BP 曲线越平坦。在图 3.9 中所示的 BP 曲线代表着一种不完全资本流动的情形,因为国内利率不受世界其余国家执行的利率影响。就国际资本流动的利率弹性而言,应注意到下面这一点:在资本完全和不完全流动的限定因素下,BP 曲线会分别相应地变得水平和垂直。譬如,在资本完全流动的情况下,BP 曲线将是水平的;也就是说,国内利率水平和世界其余国家执行的利率相关。如果国内利率水平升至给定的世界利率以上的水平,则会出现巨大的资本流入,反之亦然。

BP 曲线是在一定的世界收入水平、利率和价格水平、汇率,以及国内价格水平下绘制的。这些变量中的任何一个发生变化,BP 曲线都将移动。例如,任何能导致出口品增加和(或)进口品减少的事(例如世界收入水平的提高、汇率的下降、国外价格水平的提高或国内价格水平的下降)将使 BP 曲线向右向下移动,反之亦然。换句话说,在任何给定的国内收入水平下,经常账户的改善需要一个较低的国内利率水平,通过资本账户效应去维持一个零总额的国际收支状态。

### 3.5.4　完整的模型及财政、货币政策变化的作用

现在我们考量一个小型开放经济的 IS - LM 模型。商品市场、货币市场以及国际收支的均衡发生于 IS、LM 和 BP 三条曲线的交点处,如图 3.9 所示。下面我们分析财政政策和货币政策变化对固定汇率制和浮动汇率制下的收入水平与国际收支所起的作用。

在固定汇率制下,虽然财政扩张将导致收入的增加,但是它可能引起国际收支总体状况的好转或恶化,反之亦然。图 3.10 中的两个图形阐明了财政扩张对收入水平和国际收支的影响。在图 3.10 图形(a) 中,LM 曲线比 BP 曲线陡,而在图 3.10 图形(b) 中情形则相反。在图 3.10 的两个图形中,经济由 A 点 —— $IS_0$、LM 和 BP 三条曲线的交点 —— 开始运转,商品市场、货币市场以及国际收支均衡于 $(Y_0, r_0)$。扩张的财政政策使 IS 曲线向右向外移动,从 $IS_0$ 移至 $IS_1$,并导致国内利率的上升,从 $r_0$ 至 $r_1$(改善了资本账户),还导致了收入从 $Y_0$ 增至 $Y_1$(恶化了经常账户)。从图

3.10 的两个图形中可以看出,国际收支净额依赖于 LM 和 BP 曲线的相对斜率(即模型的结构参数)。在图形(a) 中,净额是点 B 处国际收支的总体盈余(即 $IS_1$ 和 LM 曲线相交于高于 BP 曲线的点),而在图形(b) 中,净额是国际收支的总体赤字(即 $IS_1$ 和 LM 曲线相交于低于 BP 曲线的 B 点)。扩张的财政政策极有可能使国际收支总体状态得到改善:(1)边际进口倾向越小,资本流动越具利率弹性(即 BP 曲线越

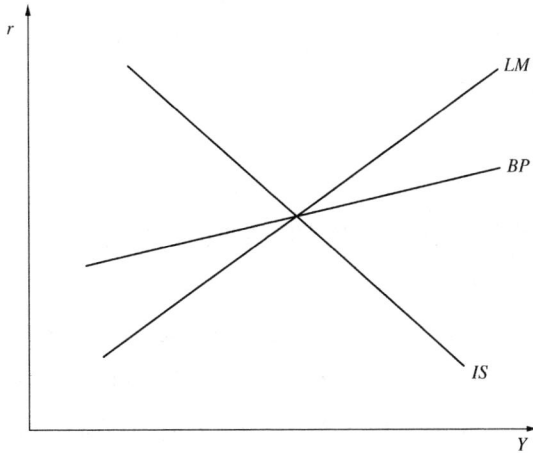

图 3.9　蒙代尔-弗莱明／凯恩斯模型

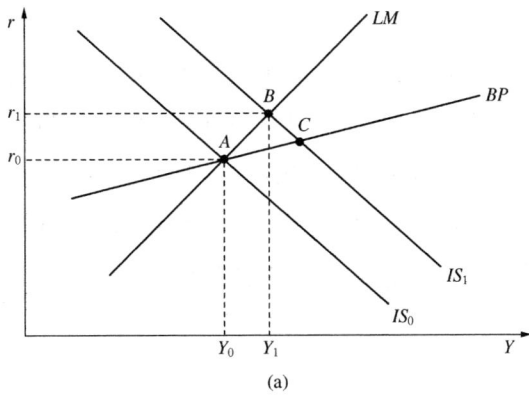

(a)

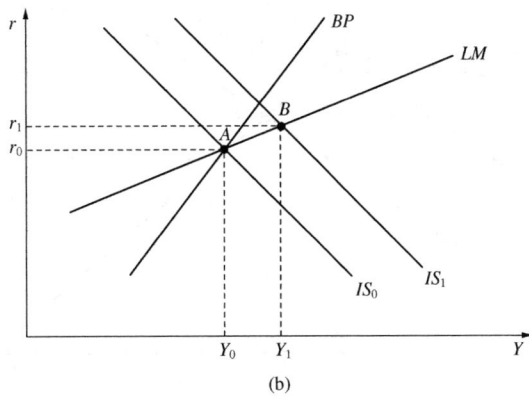

(b)

图 3.10　资本不完全流动情况下的财政扩张

平坦),(2)收入弹性越大,货币需求的利率弹性越小(即 $LM$ 曲线越陡);反之亦然。在现实中,由于货币需求的利率弹性没有资本流动的利率弹性大,$LM$ 曲线可能比 $BP$ 曲线更陡。这种观点得到了有效的经验证据的支持,它将被运用于下面有关长期均衡的讨论中。

129

在此有必要强调一点：在分析固定汇率制下财政政策的变化对国际收支的影响时,凯恩斯主义的方法是假设管理当局能够在短期消除国际收支盈余或赤字对货币储备的影响。我们正在分析的结果必然涉及短期,因为在长期,消除持续存在的盈余或赤字对货币储备的影响会变得越来越困难。长期均衡需要国际收支总体余额为零均衡,否则,国内货币供给会以第3.5.2节中讨论的方式变化。在图3.10图形(a)中,点 $B$ 处这样的国际收支盈余将导致在管理当局为维持固定汇率而进行干预后国内货币供给的扩张。这会引起 $LM$ 曲线向右下方移动,长期均衡将在 $C$ 点发生,在此国际收支余额为零,商品市场和货币市场均处于均衡状态。

与在固定汇率制下的财政扩张相反,由于资本不完全流动,不管 $LM$ 曲线是否比 $BP$ 曲线更陡,货币扩张将总是引起国际收支的恶化,反之亦然。如图3.11所示,经济最初运行于 $A$ 点,即 $IS$、$LM_0$ 和 $BP$ 三条曲线的交点,商品市场、货币市场和国际收支均处于均衡状态。扩张的货币政策使 $LM$ 曲线由 $LM_0$ 向 $LM_1$ 移动,导致国内利率由 $r_0$ 下降至 $r_1$(恶化了资本账户),收入水平由 $Y_0$ 提高到 $Y_1$(恶化了经常账户)。由于分别对资本账户和经常账户不利的利息效应和收入效应,国际收支总体

130

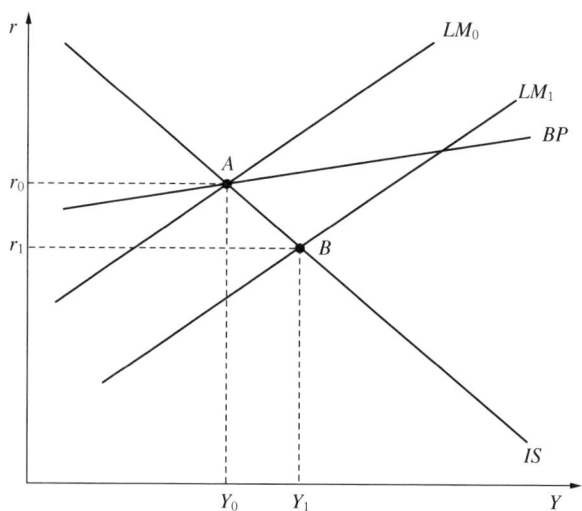

图3.11 资本不完全流动下的货币扩张

上在 B 点(即 IS 和 LM 曲线相交于低于 BP 曲线处)出现明显赤字。

按与讨论扩张的财政政策时相似的方法,B 点不可能是长期均衡点。潜在的国际收支赤字会引发货币供给的紧缩,使 LM 曲线向后移动。长期的调整过程将在 A 点结束,LM 曲线在 A 点回到了初始位置。换句话说,除非考虑对吸入水平施加影响,如果不冻结资金,货币政策是不会奏效的。这就假定:国内相对于世界其余部分是微小的,以至其货币供给的扩张不足以影响世界货币供给。

读者可自行证明,对运行于固定汇率制下的小型开放经济,在资本不完全流动的限定因素下,从长期来看,国内收入的均衡水平位于 IS 和"水平的"BP 曲线相交处。在此种情况下,财政政策变得非常有力(即财政扩张产生凯恩斯的 45°或交叉模型的简单乘数效应,没有对私人部门的投资产生挤出效应),而货币政策将是无

131

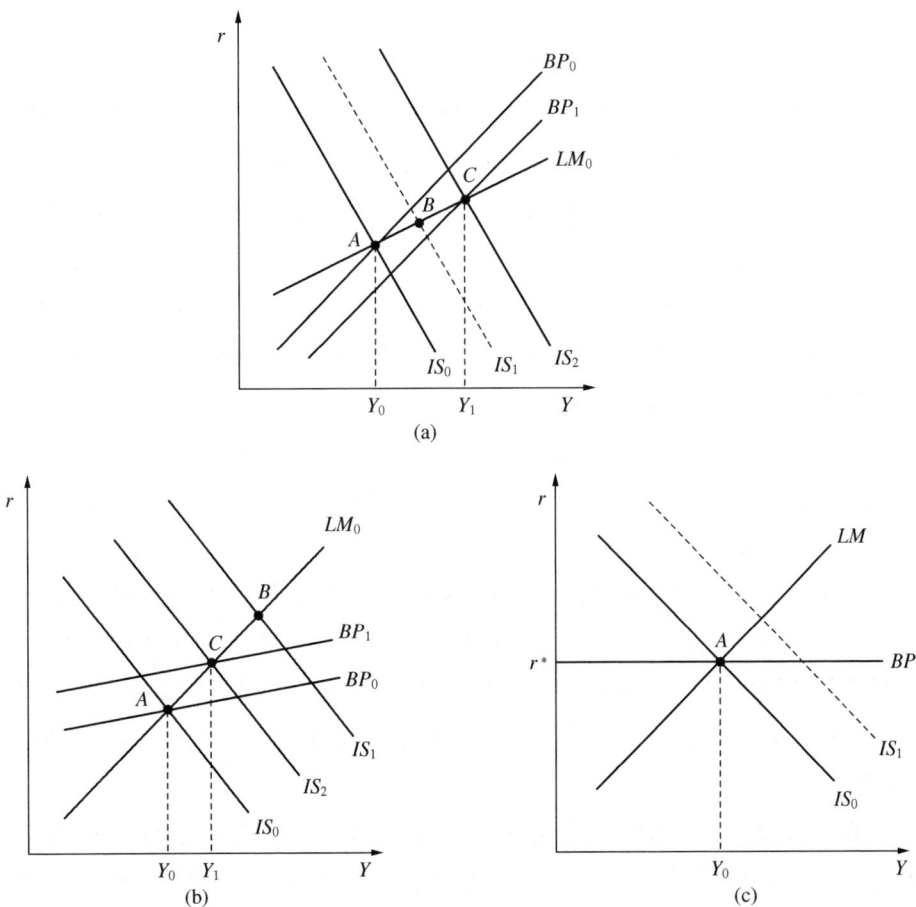

(a)

(b)                                    (c)

图 3.12　在资本完全流动和不完全流动情况下的财政扩张

力的,对总需求和总收入没有持久的影响。

在考量浮动汇率制下的财政政策和货币政策的有效性之前,应注意到以下有趣现象:蒙代尔也曾考虑过适当运用货币政策和财政政策来确保内部(在充分就业水平上的产出和就业)和外部(国际收支总体余额为零)目标保持平衡(Mundell, 1962)。蒙代尔对这个所谓配置问题的解答遵循着他的有效市场分类原则(Mundell,1960)。这个原则要求每个政策工具必须对应于其最能施加影响的目标,这个原则也涉及实现内部平衡的财政政策和实现外部平衡的货币政策的配合。

现在我们考量在浮动汇率制下,财政政策和货币政策变化对收入和汇率的影响。财政扩张对收入水平和汇率的影响也依赖于 $BP$ 和 $LM$ 曲线的相对斜率。图 3.12 图形(a)和图形(b)描绘了资本不完全流动的情形,它是上面讨论的固定汇率制下的图 3.10 在浮动汇率制下的对应图形。

在图 3.12 图形(a)中,$BP$ 曲线比 $LM$ 曲线陡。经济最初处于均衡点 $A$,即 $IS_0$、
$LM_0$ 和 $BP_0$ 三条曲线的交点处。扩张的财政政策使 $IS$ 曲线从 $IS_0$ 移至 $IS_1$。如前所述,在固定汇率制下,财政扩张将导致国际收支赤字(即 $IS_1$ 和 $LM_0$ 相交于 $BP_0$ 下方的 $B$ 点)。在浮动汇率制下,可以调整汇率以校正潜在的国际收支不均衡。本国货币在外汇市场上的过度供给将导致汇率贴水,使 $IS_1$ 和 $BP_0$ 向右侧移动,直到沿着 $LM_0$ 曲线在 $B$ 点的右侧到达新的均衡点,譬如 $C$ 点,即 $IS_2$、$LM_0$ 和 $BP_1$ 三条曲线的交点,此时收入水平为 $Y_1$。在这一特例中,汇率的贬值增强了国内财政扩张对总需求的影响,导致了更高的产出和就业水平。

图 3.12 图形(b)描述 $LM$ 曲线比 $BP$ 曲线陡的情况。经济最初处于均衡点 $A$,即 $IS_0$、$LM_0$ 和 $BP_0$ 三条曲线的交点。财政扩张使 $IS$ 曲线由 $IS_0$ 外移至 $IS_1$,曲线 $IS_1$ 和 $LM_0$ 相交于 $BP_0$ 上方的 $B$ 点。这相当于固定汇率制下的国际收支盈余的情况,并引发汇率调整,以消除对本国货币的过度需求。与 $BP$ 曲线比 $LM$ 曲线更陡的情形相反,汇率升水,它引发 $IS_1$ 和 $BP_0$ 曲线都向左移动。均衡将沿着 $LM$ 曲线出现在 $B$ 点的左侧,譬如 $C$ 点。在这种情况下,财政政策对产出和就业水平的影响,因为汇率的升水部分抵消了财政扩张对总需求的影响。如前文所述,图 3.12(b)更能反映实际情况。

在图 3.12(c)所示的资本完全流动的情况下,财政政策变得完全没有效力,不能影响产出和就业水平。在资本完全流动的情况下,$BP$ 曲线是水平的;即国内利率和世界其余国家执行的利率 $r^*$ 是一致的。如果国内利率上升,超过给定的世界利率水平,将有一个无限的资本流入,反之亦然。财政扩张(即 $IS$ 曲线从 $IS_0$ 右移至

$IS_1$)对国内利率产生一个向上的压力,初始的压力引发了资本的流入,并导致汇率的升水。由于汇率的升水,净出口减少,使 $IS$ 曲线左移。只有在资本流入大到让汇率升水、使 $IS$ 曲线返回其原初的位置时,均衡点才会再次在 $A$ 点建立起来。换句话说,财政扩张完全挤出了净出口,并且不存在产出和就业的变化。在原初收入水平 $Y_0$,经常账户赤字将增加,其增加额正好等于政府预算赤字。

最后,我们考察在资本完全和不完全流动情况下,货币扩张对收入水平和汇率的影响。图 3.13 图形(a)描述的是资本不完全流动的情况。经济最初处于均衡点 $A$,即 $IS_0$、$LM_0$ 和 $BP_0$ 三条曲线的交点。货币扩张政策使 $LM$ 曲线从 $LM_0$ 移至 $LM_1$。在固定汇率体制下,这将导致国际收支赤字。在浮动汇率制下,汇率将贴水以维持国际收支平衡,$BP$ 和 $IS$ 曲线都向右移动,直至沿着 $LM_1$ 曲线在 $B$ 点的右方,例如 $C$ 点,即 $IS_1$、$LM_1$ 和 $BP_1$ 三条曲线相交于一个新的均衡点。货币扩张的效应由汇率的贴水而得以加强,导致一个更高水平的收入。在图形(b) 描述的资本完全流动的情况下,货币扩张(它使 $LM$ 曲线从 $LM_0$ 移至 $LM_1$)将对国内利率产生向下的压力,这一初始的压力导致资本外流和汇率贴水,致使 $IS$ 曲线向右移动(从 $IS_0$ 到 $IS_1$),直至在 $C$ 点,即 $LM_1$、$IS_1$ 和 $BP$ 三条曲线的交点,在给定的世界利率 $r^*$ 和新的收入水平 $Y_1$ 处,建立起新的均衡点。在这种限定情况下,货币政策是完全有效力的,与上面讨论的财政政策情形截然不同。

总之,在资本不完全流动的固定汇率制下,虽然财政扩张将导致收入的增加,但是它对总额的国际收支(假设出现冻结)的影响是不明确的(依赖于 $LM$ 和 $IS$ 曲线的相对斜率)。相反,货币政策变化的作用是明确的。货币扩张将导致收入的增加,并总是引起国际收支的恶化。可是,在没有冻结的情况下,货币政策在影响收入水平上完全没有效力。进一步说,在资本完全流动的情况下,尽管货币政策是无效的,对总需求和收入水平没有长久的影响,但是财政政策变得非常有效。在资本不完全流动的浮动汇率制下,虽然财政扩张将导致收入的增加,但是它可能(依赖于 $LM$ 和 $IS$ 曲线的相对斜率)引起汇率的贴水或升水,因而加强或部分抵消财政扩张对总需求和收入的影响。相反,货币扩张导致收入的增加,同时,货币扩张对总需求和收入的影响由于汇率贴水而得到加强。在资本完全流动的情况下,尽管货币政策变得非常有效,但是财政政策却变得无效,不能对产出和就业产生影响。

在总结我们的讨论时,应注意下面这一点:上面的开放经济的 $IS$-$LM$ 模型有许多局限性。它们包括:限制性的假设(譬如固定工资和物价,关于汇率变化的静态预期);和有价证券组合理论——永久的资本流动要求持续的利率变化——不相

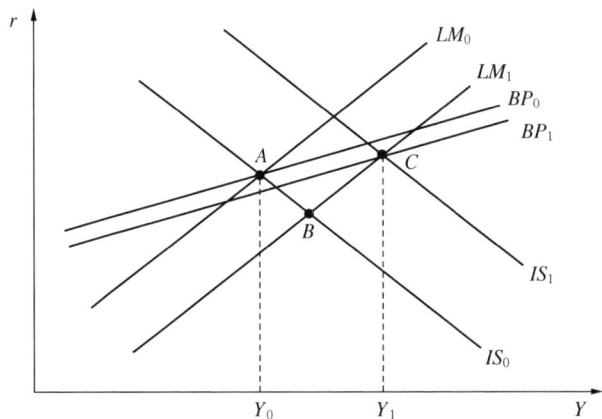

(a)

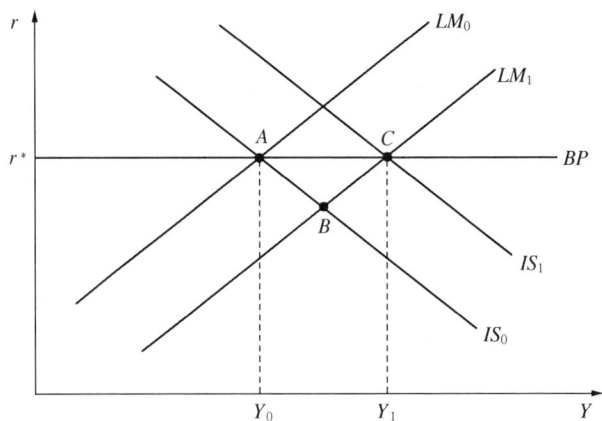

(b)

图 3.13 在资本不完全流动(a)和资本完全流动(b)情况下的货币扩张

一致资本账户的规定(国家间净资本流动仅仅取决于国内外利率的差异);暗含的假定:一个国家能使经常账户的持续亏损和资本账户的盈余相匹配。相反,在现实中,国际收支目标的性质可能比国际收支总体均衡精确得多,在扰动后采取相对静态的而不考虑动态的调整(见 Ugur,2002)。(关于对蒙代尔-弗莱明模型的起源以及后来的修正的讨论,读者可参见 Frenkel and Razin,1987;Mundell,2001;Obst-feld,2001;Rogoff,2002;Broughton,2003。)

在封闭和开放经济的价格不变的凯恩斯模型背景下,我们分析了财政政策和货币政策的效力,下面我们讨论原始的菲利普斯曲线分析,并就这一曲线对正统凯恩斯经济学的重要性作些评论。

## 3.6 菲利普斯曲线与正统凯恩斯经济学

菲利普斯曲线涉及有关通货膨胀和失业之间关系的论辩,它是宏观经济学中最著名的关系之一(见 Smithin,2002)。应该注意的是:对失业和通货膨胀关系的第一个统计性研究是由欧文·费雪(见 Fisher,1973)在 1926 年作出的。可是,A. W.菲利普斯的曲线来源于 1958 年发表的对英国 1861—1957 年间失业($U$)和**货币工资**($\dot{W}$)变化率之间关系的**统计性**研究。如图 3.14 所示,人们发现两者是非线性的,是减函数关系。譬如在大约 5.5% 的失业率水平上,货币工资变化率是 0,而在大约 2.5% 的失业率水平上,货币工资变化率是 2%。

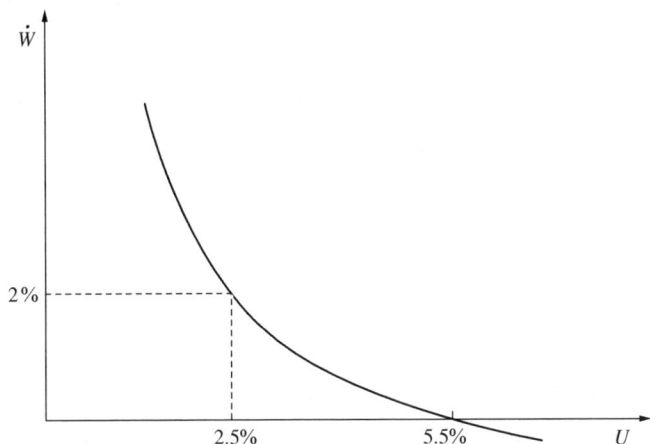

图 3.14　菲利普斯曲线

值得注意的是,菲利普斯发现 1948—1957 年的数据和符合 1861—1913 年数据的曲线非常接近,它由方程式 3.6 给出。

方程 3.6　　　　　　　$\dot{W} = -0.9 + 9.638(U)^{-1.394}$

对一些人来说,这个发现暗示了工资膨胀和失业之间可能存在着一种**稳定的长期**负相关。

尽管菲利普斯最初的论文(Phillips,1958)是对货币工资膨胀和失业之间关系的经验性研究,但是,菲利普斯的论文开头提供了这一根本的理论推理的概述,可用于解释我们为何可能观察到这两个变量之间的负相关关系。他以下面这段话开头:

当商品或服务的需求相对高于其供给时,我们预期价格上升,超出部分的需求越大,上升的速度就越快。相反,当商品或服务的需求相对低于其供给时,我们预期价格下降,不足部分的需求越大,下降的速度就越快。这个原理应作为决定货币工资变化率的一个因素,这似乎是有道理的。

继菲利普斯开拓性的研究之后,在文献上出现了两条路线。一条是理论的,另一条是经验的。在**经验**的阵营,经济学家感兴趣的是确认在其他市场经济中通货膨胀和失业之间是否普遍存在着一种稳定的关系(对经验性文献的讨论,见 Santomero and Seater,1978)。就低通货膨胀和低失业同时实现所涉及的问题来说,对这两个目标之间可能存在的稳定交替关系的发现意味着政策的困境,如果曲线可以因适当的经济政策而左移,那么这一困境是可能被克服的。可是,制订能有效实现这个目标的政策,首先必须对隐藏在这一关系后面的经济力量作连贯的理论解释。

利普西通过综合两个假设的关系首先尝试给这一曲线提供充分的理论支撑(Lipsey,1960)。这两个假设的关系是:(1)货币工资增加的比率和劳动力的额外需求($X_L$)之间的线性正相关;(2)额外需求和失业之间的非线性负相关。这些假设关系可用方程式 3.7 和 3.8 表示。

方程 3.7 $$\dot{W} = \alpha(X_L) = \alpha[(D_L - S_L)/S_L]$$
方程 3.8 $$X_L = \beta(U)$$

在这里,$D_L$ 表示劳动力的需求;$S_L$ 表示劳动力的供给;$\alpha$ 表示工资弹性的正相关系数,$\beta$ 表示可变负参数,$X_L \to 0, U = U^*$,而且 $U^* > 0$;$X_L \to \infty$ 时,$U \to 0$。通过综合这两个假设关系,利普西能够为菲利普斯观察到的货币工资变化率和失业之间的非线性负相关关系 —— 如图 3.14 所示 —— 提供经济解释。

图 3.15 描述了工资变化和劳动力的额外需求之间的关系。图 3.15 图形(a)表示在任何低于 $W_e$ 的工资率上,工资将因为劳动力市场的过度需求而上升。图 3.15 图形(b)表明,对劳动力的额外需求越大,货币工资率增加的比率就越大。例如,在图 3.15 图形(a)中,在工资率 $W_1$ 处存在着劳动力的额外需求 $aa$。这一额外需求等于图 3.15 图形(b)中的 $O_a$,而且导致货币工资率 $W_1$ 的增加率。图 3.16 说明了劳动力的额外需求和失业之间的关系。甚至当劳动力市场出清的时候(也就是说,既没有额外的需求也没有额外的供给),由于劳动力市场的摩擦,存在着数量为正的失业。这种摩擦来自人们改变工作和寻找新的职业,即图 3.16 中的 $O_e$。利普西认为,尽管失业将下降以适应正的额外需求(譬如,由于空缺的增加,工作变得容易寻

找),但是失业只会逐渐趋向于零。换句话说,稳定增长的额外需求总是和失业的递减的下降同时进行的。

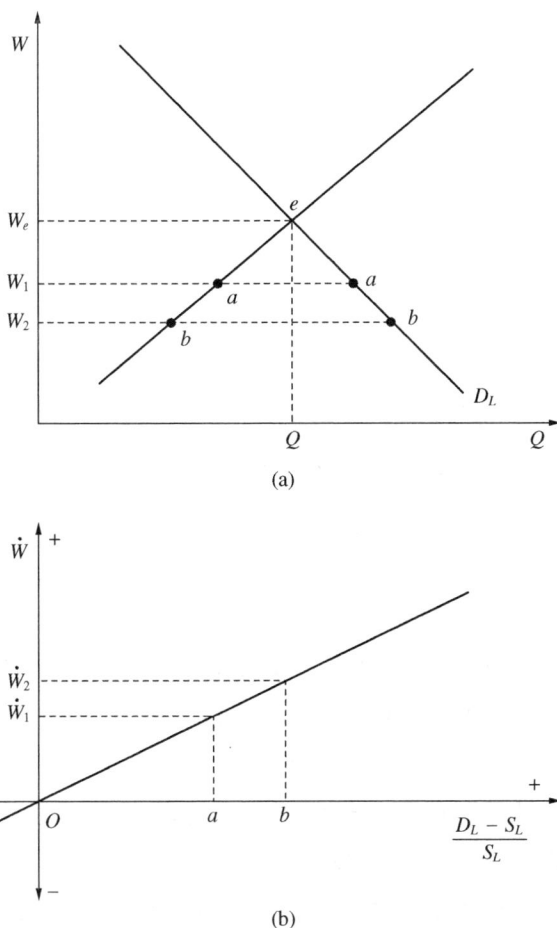

图 3.15 工资变化和劳动力的额外需求之间的关系

总之,利普西的经济解释表明:在其最简单的形式中,货币工资变化率依赖于劳动力市场上的额外需求(或供给)的程度,它可用失业水平来代替。这可用方程 3.9 表达:

方程 3.9 $$\dot{W} = f(U)$$

回顾菲利普斯 1958 年论文的开始语,十分清楚的是:他把货币工资膨胀和失业间的高度相关作为支持对通货膨胀的"需求推动"解释的强有力证据。

在利普西模型中,由于劳动力市场的摩擦,当 $U = U^* > 0$ 时,劳动力市场出现

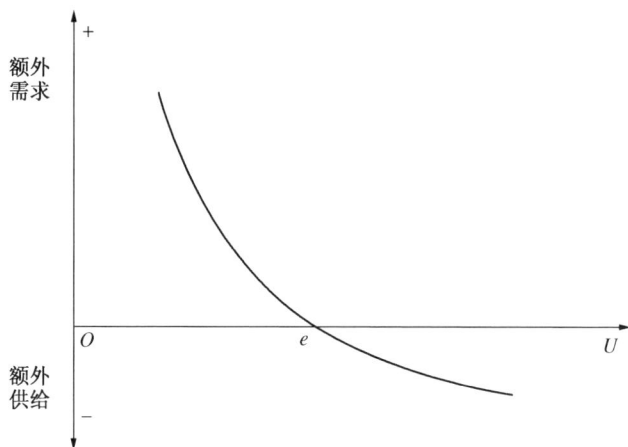

图 3.16 劳动力的额外需求和失业之间的关系

均衡(见 Lipsey,1960,pp. 470 - 471)。当 $U = U^*$ 时,职位空缺的数量$(V)$等于积极寻找工作的失业人数的数量。由于 $S_L$ 等于总就业数$(E)$加失业人数$(U)$,并且 $D_L$ 等于总空缺数$(V)$加就业人数$(E)$,我们可将额外劳动力需求的**比例**表示如下:

方程 3.10    $X_L = [(D_L - S_L)/S_L] = [(V - U)/(E + U)]$

假设 $v = V/S_L$ 和 $u = U/S_L$,我们可以把劳动力的额外需求以可测定的变量 —— 空缺率$(v)$和失业率$(u)$—— 来加以表示。

方程 3.11                 $X_L = v - u$

在整个经济周期中,假定当 $X_L$ 增加时,辞职率没有超过雇佣率,那么空缺率将和 $X_L$ 正相关,失业率将与 $X_L$ 负相关。

后来,汉森通过假设空缺率和失业率以双曲线的形式相关,细化了利普西的分析(Hansen,1970),即 $h = vu$,其中,$h$ 等于劳动力市场的摩擦系数(若劳动力市场上没有摩擦,$h = 0$,且 $u = 0$ 或 $v = 0$)。当劳动力市场出现摩擦时,$X_L$、$u$ 和 $v$ 之间的关系见图 3.17。

在图 3.17 图形(a)中,我们可以看到:即使劳动力的额外需求为零,失业率和空缺率也都为正,反映了劳动力市场的摩擦。在无摩擦的劳动力市场,$X_L$、$v$ 和 $u$ 之间的关系将是一条 45° 直线,如 $AB$ 所示。图 3.17 图形(b)表示一条双曲线。45° 直线上的任何一点都表示劳动力市场的均衡,因为 $X_L = 0$,我们也可得出 $v = u$。在图 3.17 图形(b)中,现有摩擦程度由双曲线上 $F$ 点的位置表示。随着劳动力市场摩擦的增加,曲线将向外移动。随后,由于劳动力市场摩擦的增加,与 $X_L = 0$ 对应的失业水平也会增加,这样就导致菲利普斯曲线向右移动。例如,有明显的证据表明:在20世纪60年代后期和70年代早期的英国经济中曾发生过这样的移动(Gujarati,1972;也见Taylor,1972)。

经汉森的细化,菲利普斯关系现在可用以下形式表示:

方程3.12  $\dot{W} = \alpha(h/u - u) + w^* = \alpha h/u - \alpha u + w^*$

其中$w^*$是由工资膨胀外生决定的(例如,因工会的力量而产生)。由方程3.12可以看出:菲利普斯曲线的斜率依赖于工资的弹性系数$\alpha$,菲利普斯曲线的位置将受到$w^*$和劳动力市场摩擦程度$h$的影响。劳动力市场越没有弹性,摩擦程度就越高,同时,对任何给定的失业水平来说,工资膨胀将越高(见Rothschild,1971;Frisch,1977;Lipsey,1978)。

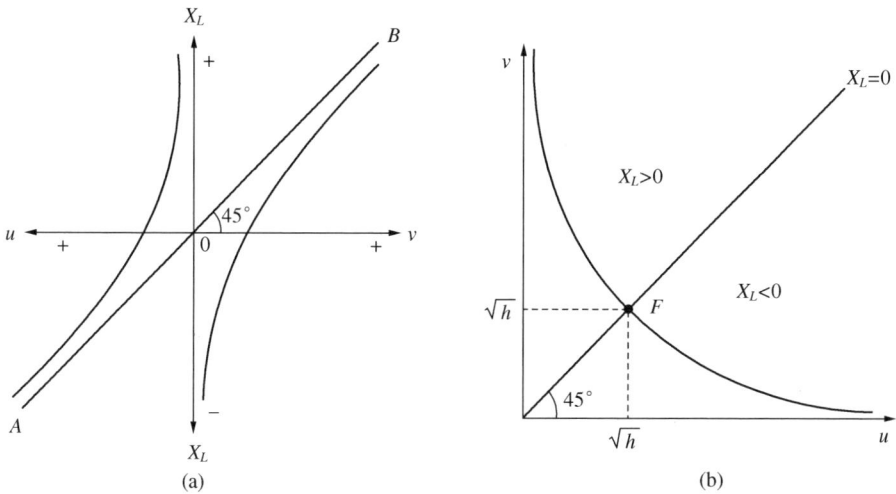

图3.17 劳动力的额外需求、空缺、失业率之间的关系

在20世纪60年代期间,菲利普斯曲线作为那时居主导地位的正统凯恩斯主义范例不可或缺的一部分迅速地传播开来,这尤其是因为它得到了许多正统凯恩斯主义者的解释,意味着稳定的长期平衡关系。这一关系为管理当局的政策选择提供了一个多种可能的通货膨胀-失业组合菜单。在学术界,教科书对菲利普斯曲线的解释被当作一个命题:**长期**低水平的失业可以通过承受**长期**高水平的通货膨胀而得以实现。詹姆斯·加尔布雷斯指出:在1968年,主流的美国凯恩斯主义者"信奉萨缪尔森和索洛(Samuelson and Solow,1960)版本的菲利普斯曲线"(Galbraith,1997)。根据罗伯特·利森的观点(Robert Leeson,1994a,1997a,1999),这

不是比尔·菲利普斯看待他所发现的关系的方式。利森认为：菲利普斯1958年的论文试图定位与价格稳定性相应的失业水平。理查德·利普西认定：菲利普斯没有"把通货膨胀作为减少失业的代价"（Leeson,1997a）。可是,至少直到60年代后期,流行的凯恩斯主义正统经济学运用菲利普斯曲线去预测通货膨胀率——它由激进的总需求政策所取得的不同目标失业率产生,侧重于财政工具的运用。正如德朗指出的,一旦目标失业率持续下降,这种宏观经济政策的执行所产生的通货膨胀结果就会不可避免,70年代"伟大和平时代通货膨胀"的复仇也适时到来了（DeLong,1998）。

为何菲利普斯曲线会如此快地被正统凯恩斯主义者所采纳？主要原因之一是：它似乎能为通货膨胀提供一种解释,而在那时流行的宏观经济学模型中缺乏

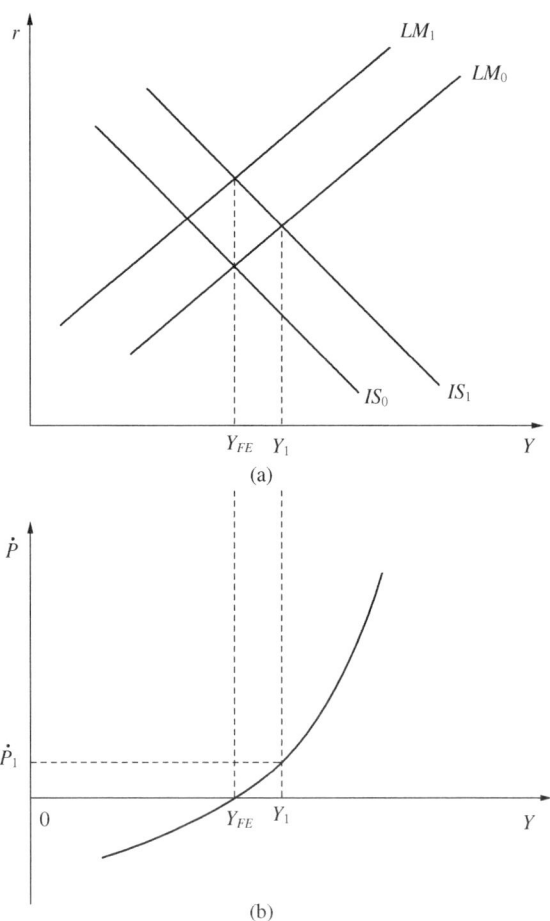

图 3.18　凯恩斯模型与工资型、物价型通货膨胀的关系

这种解释。读者会回忆起第 3.3 节中的讨论,在 $IS\text{-}LM$ 模型中,假设价格水平固定于低于充分就业的水平,因而直到实现充分就业为止,总需求的变化一直影响着实际收入和就业水平。直到实现充分就业,货币工资都被假定为不变,对总需求的变化没有反应。只有当充分就业实现的时候,总需求的变化才会影响价格水平。

菲利普斯曲线使得正统凯恩斯主义关于产出和就业的决定理论与工资和物价膨胀的理论联系在一起。根据利普西的观点(Lipsey,1978),图 3.18 说明了这一点。图 3.18 图形(a)描述了标准的 $IS\text{-}LM$ 模型,图形(b)描述了菲利普斯曲线,两条轴表示校正的物价膨胀($\dot{P}$)和产出 / 收入($Y$)。图形(b)来自这样的假定:(1) 产出水平依赖于就业水平,失业水平和就业水平负相关;(2) 价格由产品单位成本加成确定,产品单位成本的主要成分是工资。简单地说,加成定价假设认为价格的膨胀等于货币工资的膨胀减去生产率的增长。在这一背景中,有趣的是:我们所考察的菲利普斯曲线(图 3.14)显示,大约为 2.5% 的失业水平是与稳定价格相一致的,因为在这个失业水平上,货币工资的变化率大致等于当时 2% 的平均生产增长率。假设经济最初运行于充分就业收入水平($Y_{FE}$),即图 3.18 图形(a) 中 $IS_0$ 和 $LM_0 = 0$ 的交点。参照图形(b) 可知:充分就业的收入水平和稳定的价格相适应;也就是 $\dot{P} = 0$。随着彻底扩张性的实际推动,$IS$ 曲线向右向外移动,从 $IS_0$ 到 $IS_1$,实际收入水平上升,移至充分就业水平 $Y_{FE}$ 之上的 $Y_1$。参照图形(b) 可知:当收入高于充分就业水平时,物价膨胀增加到 $\dot{P}_1$。随着价格的上升,货币供给的实际价值减少了,使 $LM$ 曲线向左方移动,从 $LM_0$ 到 $LM_1$,经济恢复到充分就业状态,即图 3.18(a) 中的 $IS_1$ 和 $LM_1$ 的交点。在充分就业状态,稳定的价格占据优势地位,也就是图形(b) 中 $\dot{P} = 0$。

在萨缪尔森和索洛(Samuelson and Solow,1960)富有影响的贡献之后,许多正统凯恩斯主义者对菲利普斯曲线加以解释,认为它意味着的长期稳定的交替关系,为管理当局的政策选择提供了多种可能的通货膨胀-失业组合菜单(见 Leeson,1994b,1997a,1997b,1997c)。按照萨缪尔森-索洛的论文,替代关系一般是根据物价膨胀而非工资膨胀得到解释。可是,到 20 世纪 60 年代后期或者 70 年代初期,通货膨胀和失业都开始上升,如表 1.4 和表 1.5 所示。正如我们将在下一章所讨论的,通货膨胀和失业之间的稳定关系的论断分别受到了米尔顿·弗里德曼(Friedman,1968a)和费尔普斯(Phelps,1967)的挑战,他们都否定在通货膨胀和失业间存在一种持久的(长期的)替代关系。

在本章的最后,我们结合第3.2-3.6节中的讨论,总结一下出现在20世纪60年代中后期的正统凯恩斯经济学的主要命题。

第一个命题:现代工业资本主义经济体系受制于一个特有缺陷,这些体系往往会因此出现损失惨重的衰退,有时十分严重,它主要是由总(有效)需求不足引起的。衰退被看作令人不快的对充分就业均衡点的背离,一般是由来自各种可能原因——实际的和货币的——的需求冲击引起的。正如我们将在第六章中讨论的,这种观点和实际经济周期理论的结论截然相反,实际经济周期理论强调供给冲击是总体不稳定的主要原因。

第二个命题:正统的凯恩斯主义者相信一个经济体系可以处于两种体制的任何一种当中。在凯恩斯主义体制中,总体的经济活动是需求约束型的。在古典体制中,产出是供给约束型的,在这种情况下,供给自己创造需求(萨伊定律)。"旧"凯恩斯主义的观点是经济在不同的时段可以处于任一体制当中。相反,新古典经济学家,例如罗伯特·卢卡斯和爱德华·普雷斯科特,认为经济似乎总是处于供给约束的体制当中。在凯恩斯主义需求约束的体制中,就业和产出将对任何来源的实际需求增长作出积极的回应。

第三个命题:劳动力的失业是凯恩斯主义体制的主要特征,大部分失业是非自愿失业,因为它是由没有工作的人构成的,这些人愿意在受雇的、具有相似技能的工人的当下工资水平上工作(例如见 Solow,1980;Blinder,1988a)。正如我们将在以后的章节中讨论的,这和许多货币主义者——新古典的经济学家和实际经济周期的经济学家的观点形成鲜明的对比,那些经济学家把失业看作一种自愿的现象(Lucas,1978a)。

第四个命题:"市场经济受制于总产出、失业和价格的波动,它需要得到纠正,它能够被纠正,因而应该被校正。"(Modigliani,1977,1986)。审慎或协调地运用财政政策和货币政策对稳定经济起着重要的作用。这些宏观经济工具应致力于诸如实际产出和就业这样的实际经济目标。到60年代中期,凯恩斯主义思想家——特别是美国的莫迪利阿尼和托宾(见 Snowdon and Vane,1999b)——对早期"水压式的"凯恩斯主义对财政政策的强调作了相当的调整。在美国,"新经济学"的支持者被贴上了"财政主义者"标签,以区别于货币主义者。可是,索洛和托宾(Solow and

Tobin,1988)指出,"这一二分法是非常不正确的。在 20 世纪 60 年代之前的很长时间,新凯恩斯主义的新古典综合认为在稳定总需求方面,货币方法与财政等效。"(见 Buiter,2003a)

第五个命题:在现代工业经济体系中,价格和工资不是完全自由的,因而可预见的和不可预见的总需求的变化,将在短期对实际产出和就业而不是名义变量,产生重大的影响。鉴于名义价格的刚性,短期总供给曲线有正斜率,至少直到经济达到受供给约束的充分就业的均衡点为止。

第六个命题:经济周期反映产出的波动,这些波动是对低于充分就业均衡的产出趋势的不合意的背离。经济周期不是围绕这一趋势的对称波动。

第七个命题:控制财政政策和货币政策的政策制定者,面临着一个在短期通货膨胀和失业之间非线性的交替关系。最初,在 60 年代,许多凯恩斯主义者认为 146 这种交替关系相对稳定,并且索洛和托宾承认(Solow and Tobin,1988):在 60 年代早期他们"可能太重视由战后直至 1961 年的数据显示的菲利普斯曲线的稳定性"(见 Leeson,1999)。

第八个命题:更多的争议,更少的共识,包括托宾的一些凯恩斯主义者有时支持暂时使用收入政策("指导线")作为一种必要的附加政策工具,以获取充分就业和价格稳定的同时实现(Solow,1966;Tobin,1977)。欧洲凯恩斯主义者对这种政策的热情一直比美国凯恩斯主义者大得多,尤其在 60 年代和 70 年代初期。

第九个命题:凯恩斯主义宏观经济学关心的是短期不稳定性问题,并不打算运用于增长和发展的问题上。短期需求波动和长期供给趋势的分离是新古典综合的一个主要特征。可是,紧缩的财政政策和宽松的货币政策相结合的稳定性政策,将"导致产出的比例更多地依赖于投资和资本的结构,更少地依赖于消费的结构"。因而,这一比例更有益于一个经济体系长期潜在产出的增长(见 Tobin,1987,pp. 142 - 167,Tobin,2001)。"驾驭经济周期和维持充分就业是宏观经济的首要任务。但是,应当采取促进经济生产力更快增长的途径去加以实现。"(Tobin,1996,p. 45)

正统凯恩斯学派在 60 年代中期达到它影响力的顶峰。在英国,弗兰克·佩什总结道:在菲利普斯数据的基础上,如失业率维持在 2.5% 左右,那么,就有一个实现价格稳定的好机会(Frank Paish,1968)。在美国,1966 年的《经济顾问委员会年度报告》对 1946 年的《就业法案》20 年的经历进行了思考,《报告》对凯恩斯主义需求管理政策的有效性作了如下乐观的总结(强调是我加的):

*20 年的经历已显示了我们避免破坏性通货膨胀和严重萧条的能力。现在我*

们有能力去建立更有抱负的目标。我们努力去避免周期性的萧条,去维持失业率远远低于过去十年的比率,去维持充分就业状态之上不可或缺的价格稳定,去向伟大的社会迈进,就是使得美国经济正常状态走向彻底繁荣。我们现在不仅拥有经济上显著的成效,而且拥有运用经济政策作为进步的有效工具的愿望和决心,这就是在《就业法案》下对我们成功的赞扬。

我们现在知道,这个论断对经济学家拥有的宏观经济学知识,以及让经济走向不断增长的低失业率目标的能力过于乐观了(见 DeLong,1996,1997,1998)。

这意味着凯恩斯主义经济学死亡了吗(Tobin,1977)?当然不是。保罗·克鲁格曼警告经济学家:20 世纪 90 年代见证了"萧条经济的复归"(Paul Krugman,1999)。克鲁格曼的观点是:"在两代人当中,第一次出现经济需求方的失败——利用有效的生产能力的私人支出不足——已成为对世界上大部分地区的繁荣的明显和现实限制。"鉴于日本、亚洲四小龙和几个欧洲经济体在 90 年代所发生的事情,克鲁格曼的观点提醒经济学家不要漠视经济萧条和通货紧缩的可能性。德朗也强调经济周期和通货紧缩的威胁远未消失(DeLong,1999a,1999b,1999c)。个别经济学家认为日本经济似乎陷于"流动性陷阱"当中(Krugman,1998)。保罗·克鲁格曼写道(Krugman,1999):

甚至现在,许多经济学家仍然认为萧条是一个次要的问题,认为他们的研究是一个微不足道的课题;流行的研究都一直集中在技术进步和长期增长上。它们是极为重要的问题,而且在长期这些问题是至关重要的……同时在短期,世界在危机中不稳定地前行,这些危机都不可避免地涉及创造充分需求的问题……如何去维持充分的需求以充分利用经济的产能再次变得至关重要。萧条经济学出现了。

因而,即使鉴于正统凯恩斯主义框架存在明显的不足,需要新的认识,凯恩斯关心的问题也不会消失。

在下一章我们将讨论正统货币学派在 50 年代中期到 70 年代早期的发展,着重强调那时流行的正统凯恩斯主义框架在理论和实践层面的不足之处。

# 詹姆斯·托宾

　　詹姆斯·托宾 1918 年生于伊利诺伊州的尚佩恩,他分别于 1939 年、1940 年和 1947 年获得哈佛大学的学士学位、硕士学位和博士学位。1946 年,当他还是哈佛大学研究生时,便开始了教学。1950 年他转到耶鲁大学,除有一年半曾在华盛顿担任肯尼迪总统的经济顾问委员会成员(1961—1962 年)以及学术假期外,其中包括在肯尼亚内罗毕大学发展研究院担任了一年访问教授(1972—1973 年),他一直在耶鲁大学担任经济学教授,直至 2002 年去世。

　　詹姆斯·托宾是美国最卓越、最著名的凯恩斯主义经济学家之一。他是凯恩斯主义稳定政策的长期倡导者,以及货币主义和新古典均衡理论的主要批评者。他对货币和宏观经济理论作出了基本的贡献,同时也对周期性的波动和经济增长之间的关系作出了重要的贡献。由于他分析了"金融市场以及它们和支出决策、就业、生产和价格的关系",1981 年他获得了诺贝尔经济学奖。

　　他最著名的作品有:《国家经济政策》(*National Economic Policy*,Yale University Press,1966);《经济学论文集:宏观经济学》(*Essays in Economics*:*Macroeconomics*,Markham,1971;North-Holland,1974);《十年之久的新经济学》(*The New Economics One Decade Older*,Princeton University Press,1974);《经济学论文集: 消费和经济计量学》(*Essays in Economics*:*Consumption and Econometrics*,North-Holland,1975);《资产积累和经济活动》(*Asset Accumulation and Economic Activity*,Basil Blackwell,1980);彼得·杰克逊编辑的《促进繁荣的政策:凯恩斯主义模型论文集》(*Policy for Property*:*Essays in Keynesian Mode*,Harvester Wheatsheaf,1987)以及《充分就业和增长:凯恩斯主义关于政策的更多论文集》(*Full Employment and Growth*:*Further Keynesian Essays on Policy*,Edward Elgar,1996)。

　　在他撰写的大量论文中,最有名的有:《现金交易需求的利率弹性》("The Interest-Elasticity of Transaction Demand for Cash",*Review of Economics and Statistics*,1956);《作为应对风险行为的流动性偏好》("Liquidity Preference as Behaviour

Towards Risk", *Review of Economics Studies*, 1958);《货币和经济增长》("Money and Economic Growth", *Econometrica*, 1965);《货币理论的一般均衡分析方法》("A General Equilibrium Approach to Money Theory", *Journal of Money, Credit, and Banking*, 1969);《货币和收入:发生于其后者必然是其结果》("Money and Income:Post Hoc, Ergo Propter", *Quarterly Journal of Economics*, 1970);《通货膨胀和失业》("Inflation and Unemployment", *American Economic Review*, 1972);《凯恩斯如何过时?》("How Dead is Keynes?", *Economic Inquiry*, 1977);《新古典模型是否真的足以指导政策?》("Are New Classical Models Plausible Enough to Guide Policy?", *Journal of Money, Credit, and Banking*, 1980);《货币主义的反革命:一个评价》("The Monetarist Counter-Revolution:An Appraisal", *Economic Journal*, 1981)。

1993 年 2 月 17 日,我们在托宾教授的办公室采访了他,后来于 1998 年 1、2 月间和他通了信。

## 凯恩斯和凯恩斯经济学

▲ 你恰好在《通论》发表的那一年开始在哈佛学习经济学。是什么把你吸引到了经济学上的呢?

学习经济学令人感到难以置信的幸福,它是一门承诺去拯救世界的学科,并且从解决难题的智力角度看,它是令人着迷的学科。我也对大萧条感到非常担心,并有充分的理由认为经济状况的巨大失灵是世界上许多祸害的关键,无论这些祸害是政治的还是经济的。

▲《通论》是一本很难读的书,它反映了凯恩斯"长期的斗争以摆脱"先前的思想。《通论》给你的第一印象是什么?

我当时有点无知,不知道它是本难读的书,我没有从经济的角度阅读此书。我当时 19 岁。我哈佛的导师在英国待了一年,他在我们第一次一对一的个别辅导会上只是说道:"为什么你我不在我指导你的一年读一读我所听说的这本新书?"我不自量力地阅读了它,我并未感到有多难读。当然,对一个 19 岁的人来说,令人激动的事情之一是感觉到了一场智识革命,推翻了过去包裹起来的迂腐智慧,尤其是当新的理论有助于为我和我这代人关注的主要问题做一些建设性工作的时候。

150    ▲ 斯基德尔斯基在其所著的《凯恩斯传(第二卷)》(Skidelsky,1992)中认为"凯恩斯的灵感是激进的,目的却是保守的"。凯恩斯是如何调和这两个对立面的?

我认为斯基德尔斯基说的基本上是正确的。将凯恩斯对当时世界问题的解决方法与马克思主义者和斯宾格勒(Spengler)《西方的没落》的解决方法——所有那些资本主义灭亡的启示性预言,因为资本主义决不会成功——对比。凯恩斯站了出来,并且表示根本问题不是经济的组织,而是控制总需求的方式。凯恩斯没有对经济配置资源的方式表示极为不满,而只是对经济没有充分利用资源极为不满。

▲《通论》只用了大约12年时间便赢得了大多数经济学专家的心。凯恩斯的思想为何传播得这么快?

这是因为凯恩斯的思想看似一直能解决大萧条的问题。所有的国家都存在着巨大的焦虑:第二次世界大战后,我们会重新陷入战前萧条的状况。凯恩斯的思想看起来是避免那种可能性的相当不错的方法。考虑一下美国在我们陷入战争之前为动员所作的花费以及支出对国内生产总值(GDP)和就业的影响。这是对凯恩斯思想的生动的证明。

▲人们广泛地认为你是美国最著名的凯恩斯主义经济学家。你喜欢"凯恩斯主义者"这个标签吗? 对你而言,作为一个凯恩斯主义者意味着什么?

如果你问我这个问题,在25年前,我会说我不喜欢任何标签,我只是个研究我碰巧感兴趣的问题的经济学家。这些问题包括宏观经济问题、货币-财政政策以及诸如此类的事情。对于这些问题在实践中似乎有相当共识。我的大量工作是在发现有理论问题或缺少"微观基础"的地方,以各种方式修补凯恩斯的思想。实际上,我写作并发表的第一篇论文(Tobin,1941)是反凯恩斯主义理论的,针对的是他的货币工资和就业关系的问题。因而当时我会说我们不要给人贴标签,而是让我们做自己的工作。在货币主义反革命之后,当所有的学派和标签都出现时,考虑到其他的选择,我的确对被视为凯恩斯主义者感到骄傲。

▲凯恩斯主义者坚持的基本主张是什么?

概括它的一种方法是假定存在着一个两种体制的经济模型。有时,经济处于古典的情形中,在其中市场是出清的(需求等于供给),经济的产出能力受供给约束。由于实际上没有闲置的资源,你无法生产更多的东西(为了简化,我作了夸张)。所以,对产出的约束是生产能力。这种生产能力的约束产生了价格和收入的结构,这一结构使需求和供给在诸多价格水平上相等。另外一些时候,经济则处于凯恩斯的情形中,对实际产出的约束是**需求**——即总支出。如果有额外的总实际需求,并且能够得到按实际回报制造实际需求的投入——实际收益不超过依据所

151

投入的生产要素的生产能力能够获取的收益——便会有额外的产出。这种凯恩斯的情势是经常存在的,虽然并非一直是,这就涉及扩大需求的政策以消除这种情势造成的社会浪费。我想是有这种区别的。但是在实际经济周期理论家(爱德华·普雷斯科特)和新古典经济学家(如罗伯特·巴罗)看来,经济总是受供给约束的。只存在一种体制,人们所观察到的周期性波动是自愿受雇的意愿的波动。

▲ 20世纪50年代末和60年代初,新古典综合派的一些解释认为《通论》陈述的是一种更为普遍的古典模型的特殊情形,你怎样看待这种特殊的解释?

我不会那样解释《通论》。相当多的人对上面提及的两种体制模型都表示赞同。我认为也存在着一种规范性共识,在这个意义上你不应把你得自于利用闲置资源的任何产出看作无偿,因为你拥有利用闲置资源的不同方法。在古典均衡状态下,决定着资源配置的相同的古典机会成本的考虑,决定着回归供给约束体制的不同方式之一的资源配置。因而我认为在这个意义上,没有理由去制定增加就业的浪费计划,如在地上挖洞,因为可以通过投资或其他有益于社会的项目雇用人们。从这个意义上说,古典机会成本的考虑在两种体制中都得到了考虑。但是,只有当你准备做些事情来摆脱你所处的浪费情形时,才会如此。

▲ 人们是否过多地利用庇古效应来抵消凯恩斯对经济理论的贡献?

当然是这样。我在已出版的东西中一直这么说的。庇古效应是根很细的稻草,人们站在这根稻草上坚持自我调节机制的效力。首先,信贷和债务的会计总量并非必然意味着出自信贷和债务行为上的净收入。我相信:如果对于财富,债务人比债权人有更大的消费倾向——这是合理的预期,那么通货紧缩对总需求的效力可能是不合常理的。那么整个问题就是你如何将物价水平由现有水平降下来。降低物价水平的完美的概念效应没有考虑所涉及的实际时间——只是一种物价水平与另一种物价水平静态的比较。正如凯恩斯本人所说的,尽管他未把这当成理论原则,但是通货紧缩的过程——或反通货膨胀——涉及实际利率的上升,并且确实会产生不合常理的效应。

▲ 你是否认为凯恩斯如果1969年(86岁)依然健在,他就会获得首届诺贝尔经济学奖?

很有可能。他会得到我的一票。但是,至于凯恩斯与丁伯根(Tinbergan)和弗里希(Frisch)这两位实际获奖者相比[能否胜出],我并不知道。该奖项是为经济科学而设立的。从某种意义上说,可以认为他们作出了可以确认的、更类似于获得诺贝尔奖的自然科学家所作的创新。不过凯恩斯本应成为诺贝尔奖的早期获得者。

▲ 你对 1981 年获得诺贝尔奖有何感受？你认为什么是你对宏观经济学所做的最重要贡献？

我从未想过我会得到它。我感兴趣的是按自己的理解解释宏观经济学和新古典综合，是将货币模型普遍化以考量各种资产，是资产组合理论以及它的宏观经济学含义——这些就是我努力去做的。

▲ 你认为为何对《通论》存在着如此多的相互冲突的解释？

我猜原因之一是这本书在许多方面含糊不清，有许多可被引证支持不同观点的思路。它们使得人们可以对世界有各种看法，特别是，一方面，因为人们把《通论》解释为产出、就业和利率的决定的一种一般均衡模型，它可被运用于上面提到的两个体制当中。这就是 J. R. 希克斯在他的著名论文中所做的。另一方面，你得到一个论及长期预期的《通论》第 12 章，它认为或许根本不存在投资函数。在希克斯的一般均衡模型中却必须有一个投资函数。第二种观点强调预期和动物精神的因袭性，可以将它看作是为一种不同的模型开辟了道路。凯恩斯对投资社会化的尝试性鼓吹，对货币政策和财政政策也许不能适当地稳定投资的怀疑，需要某种中央计划来调整投资的感觉，都支持了这种观点。我认为这些含糊不清使我们可以以不同方式来解释《通论》。当然，一些人希望在社会制度和政治制度方面从凯恩斯理论中推断出比他明确表述要激进得多的观点。我记得罗宾逊夫人以及其他一些人，他们宣称是凯恩斯的真正继承人。可以说，我从未对这类有关凯恩斯衣钵的争论感到兴奋。根据我的观点，《通论》的主要部分，也就是模型的核心在另一方，即希克斯的一方。无疑，希克斯的模型实际上是 50 多年来在学校中讲授的模型，是影响政策制定和宏观经济理论的模型。

153

▲ 鉴于像罗宾逊夫人、克洛尔、莱琼霍夫德这样的人对 *IS-LM* 模型的批判，你是否认为讲授 *IS-LM* 模型对大学生理解宏观经济仍然重要？

是的，我认为 *IS-LM* 模型是首选工具。如果面对的是解释经济的问题——政策或事件——也许所能做的最有用的第一件事就是设法在这些条件下发现如何去审视它。因为学生们处于这种状况下，他们确实需要了解这一模型。无论如何，事情到此并没有结束。我不是说这就足够了。我怀疑凯恩斯或希克斯是否充分思考过这一模型。但是，这一模型是一个开端，在许多时候它是完全正确的。

## 对凯恩斯主义的批评

▲ 你是否承认 20 世纪 70 年代由像卢卡斯这样的人激发的许多理论变化是凯

恩斯主义模型缺陷的必然结果?

不,我不承认这一点。我认为模型相容的预期是个好想法。人们长期保持对变量的错误预期——在这些预期不同于模型自身不断创造的预期这个意义上是错误的——这肯定是任何均衡模型的一个坏特征。但是,我认为把这一想法应用于动态的情况却太过分了。在动态情况中,学习在持续着,人们对世界有着大量不同的看法。

▲ 你认为对于宏观经济学来说,拥有新古典选择理论的基础有多重要?

我认为对于宏观经济模型中的行为方程式来说,不与选择理论的考量相矛盾而要在原则上与其一致是很重要的。但是,我认为那种较强形式的"微观基础"是一种方法论上的错误,它造成了大量的危害。我指的是当下正统的要求,也就是假定代表性的行为人,他们的最优化产生了"宏观经济"的行为方程式。这在很大程度上牺牲了宏观经济学的许多本质。假定你拥有许多不同类型的行为人,他们都追求最大化。那么,你要为宏观经济模型做的就是把他们归并进一个宏观模型当中。这种归并非必然是单个行为人的解决方案。对于我来说,坚持如此认为似乎是十分错误的。这已使我们在宏观经济学或者所谓宏观经济学方面走上了错误的道路。

▲ 20世纪60年代后期你和弗里德曼进行过相当多的辩论,弗里德曼有段时间认为宏观经济学家之间的主要分歧是对经验问题的分歧,70年代是否确切表明在宏观经济学家之间存在着某些根本性的理论分歧?

弗里德曼的话是没有诚意的。他有一种货币需求理论,这一理论把许多变量放到包括各种利率的需求函数当中,但是,他的货币政策观点却依据利率不在这一函数中的假设。他断言他独一无二地发现,经验性结果是,货币需求的利率弹性是可以忽略不计的。当他真的被这种证据的重要性卡住时,他后来写道,货币需求的利率弹性的规模问题和任何东西无关。要理解这个特殊观点,唯一方法是:无论货币存量是什么,总之你都处于充分就业状态,因而利率总是一种必然与在充分就业状态下的储蓄需求和储蓄供给相一致的东西。但是,这是对我们争论最初问题的完全逃避。他以前从未说过货币政策对实际变量没有影响,他说过货币政策对实际变量有着很大的影响。他思想中有着某种菲利普斯曲线(虽然他没有那么称呼它),甚至当他发明自然失业率时也是如此。他没有否认在周期性波动期间货币政策会对实际产出产生某些影响,因此他处于做个真正的新古典经济学家或者做一个实用的货币主义者之间。在前一种情况下,他不得不说货币在任何时候都是

154

无关紧要的,在后一种情况下,他却没有一个好的理论或经验基础支持他所说的东西。

▲ 弗里德曼的自然失业率概念和非加速通货膨胀失业率之间究竟有什么区别? 这两个概念之间是否存在着某种重要的区别?

我认为这两个概念之间不存在重大的实际区别。或许莫迪利阿尼在发明这个词时心里想的是:弗里德曼说过自然失业率是失业的数量,这一数量是瓦尔拉一般均衡方程式的解(据我所知,它是一个未被弗里德曼和其他人证明的观点)这是纯粹的猜测。我的意思是,为什么在瓦尔拉方程的解中会有失业呢? 这种对自然失业率的识别没有任何意义,这肯定是不正确的。在莫迪利阿尼和其他人开始谈论非加速通货膨胀失业率时,他们更多的是在谈论一种实用的经验性观点。

▲ 最后还是由政治家制订经济政策。公共选择学派以及你的同事威廉·诺德豪斯对政治的经济周期的研究认为:政治家实际上可以利用经济政策来牟取私利。凯恩斯认为我们可以把政策制定权交给政治家,他们会采纳经济学家的建议,你是否认为凯恩斯的看法有些天真?

我不会引用《通论》中的最后一段话,它讲的是思想在长期是至关重要的。我认为它是真实的,但是,我的观点稍微有点不同。如果我们经济学家是在给政府官员、政治家和选民提建议,我们就不会和他们进行博弈。不用凯恩斯来说,我不会查禁《通论》,不会告诉下议院、工党和保守党可以利用公共工程支出来减少失业。如果我就战争经费或任何其他问题给他们提建议——我的建议将是别做坏事——我不会决定由于他们非常邪恶和不负责任,我就不告诉他们何种行为将产生何种结果。我认为吉姆·布坎南或者我没有权利拒绝向美国总统、国会议员或选民提出建议——原因是如果他们知道我们的建议就会滥用它们。我不认为这该由我们来决定。

▲ 你曾说过优秀的经济论文包含令人意外之处,它们会刺激人们作进一步的研究。根据这一标准,20世纪70年代像卢卡斯、萨金特、华莱士和巴罗等人的论文都是优秀的。你觉得新古典宏观经济学已经较好地改变了宏观经济学吗?

在某些方面我认为卢卡斯的思想——由于政策被行为人所预见,因而你不可能肯定当政策改变时人们的行为会保持不变——是很重要的,我们不得不对此感到担忧。我认为这一思想不像他认为的那么重要。我认为他巧妙地解释了你如何拥有一些观察,它们看起来像是菲利普斯曲线的情况,但是丝毫没有曲线可操作的政策根据——这是简练的。但是,我认为它并不表明它是一个好的思想。由于人

155

们弄不懂货币供给是什么这一令人难以置信的想法,它没能幸存下来。如果他们弄不懂,为何我们不每星期五下午发布货币供给数据——在美国我们当然是这么做的,而且已做了很长一段时间?我们认为新古典主义者已不再注意这种错误的看法了。他们变得更加极端。巴罗的论文(Barro,1974)极具争议,激励人们做了大量的理论和经验研究。我在詹森讲座中发表过一篇论文(Tobin,1980a),它列举巴罗的中立观点站不住脚的 15 个理由,我认为,从那时起,论述每一个理由的论文已大量发表。

▲ 我们看到近来所谓的新凯恩斯主义经济学家所做的大量贡献。你认为凯恩斯主义经济学和新凯恩斯主义者的贡献之间的主要区别是什么?是后者接受了理性预期和许多货币主义的思想吗?

是的,他们承认理性预期。另外,他们接受选择理论的基础和代表性的行为人这两个方法论,远远超过我接受的程度。他们的市场出清的接受程度——除非它受到不完全竞争的限制——也远远超过我。他们认为他们的任务是给出一个货币工资和货币价格所谓的刚性的基本原理,这个原理承认名义冲击会产生实际结果。我认为这**不**是凯恩斯的思想。凯恩斯主要关心的不是名义需求的冲击,而是实际需求的冲击,即使价格是灵活的,后者也会产生问题。他们说过他们所要做的一切就是表明为何名义价格无弹性是合理的,并导致失业的结果。纯粹有效需求问题是改变餐馆菜单上的名义价格的实际成本,我不觉得它非常有说服力——我认为凯恩斯也不会。我认为凯恩斯会嘲笑这种想法:菜单成本是一个耗费资源的大问题,足以引发大萧条或经济活动的任何其他严重损失。这令人难以置信。如果我拥有"凯恩斯主义"这个词的版权,我不会允许他们使用这个词。

▲ 你怎样看待实际经济周期的方法?

该方法实际上是宏观经济学另一极端上的敌人。实际经济周期理论认为:社会总是处于不断地对技术-生产力-供给冲击作出反应的动态均衡之中,经济总是尽可能有效地对这些冲击作出反应。这些良性的反应产生了我们称之为经济周期的波动。不存在凯恩斯所说的那种失业。只有现在就业和未来就业之间的跨期替代,这种替代是对人们生活的随机环境作出的合理反应。人们依据愿意干多少活进行大量的跨期替代,我认为这种说法一点也不可信。把我国失业率由 1978 年的 5.7%上升至 1982 年的 11%解释为部分工人渴望休息以便在实际工资提高时工作,这太荒谬了。

▲ 我们应该接受卢卡斯的建议(Lucas,1978a),放弃非自愿性失业的概念吗?

当然不接受。任何时候在现行价格下你都不会得到相等的供给和需求,那么就存在着某种非自愿的东西。一些人愿意供给更多的东西,或一些人愿意需求更多的东西,但是在这些价格下,他们没有能力这样做。你能说一切都是自愿的唯一方法是假设市场总是出清的——经济每时每刻都处在市场出清的均衡状态。

▲ 在新古典模型中,充分就业等同于实际失业。我们应如何界定充分就业?

我愿像凯恩斯说的那样,以古典方式把它定义在这一点上,在古典模型中,人们处于劳动供给曲线上,得到他们乐于接受的雇主能支付和将支付给他们的实际工资水平上的所有工作。凯恩斯考虑到了部门之间的流动和摩擦性失业,但是从根本上说,我则不愿在界定均衡的充分就业时与古典模式有任何不同。

▲ 经济学家在微观经济问题上似乎比在宏观经济问题上共识更多。你认为这是为什么?

让我们回到凯恩斯所说过的那里去。他对市场经济配置其所利用的资源的方式没有持太大的异议。我本人认为,同时许多微观经济学家和经济学家也总是会说:凯恩斯放弃了太多的东西。他应该更多地认识到普通市场的资源配置的外在性,他应该对垄断性竞争可能造成的社会浪费表示更多的担忧。在微观经济学领域的许多方面,如租金控制和最低工资,选择理论机会成本法正按我们过去受训的运用方式而得到运用。这是我们知道的秘密,并且社会学家和其他社会科学家并不知道。经济学是一门更为科学的学科,但是,我并不认为所有的表现都是好的。理性预期对宏观经济学已经产生的影响就是博弈论对微观经济学正在产生的影响。博弈论的问题在于它总是导致多重解决方案,因而似乎得不出结论。它同理性预期一样,对于那些寻求运用他们数学才能和解惑才能的人来说具有同样的魅力,并且是以牺牲更为实用的、经验性的和制度性产业组织研究为代价的。因此我也不能肯定在微观经济学中一切都是好的。在应用性较强的领域,一直进行着大量有益的政策研究。

▲ 你是否看到在宏观经济学领域正形成共识的迹象?

也许正在形成,但我没有看到。这里依然存在着巨大的分歧。

## 经济政策

▲ 当撒切尔夫人当政时,她一再说,在她看来,抑制通货膨胀是宏观经济政策最主要的目标。你对这种观点有何看法?

那是用次要目标代替了真正的目标。若通货膨胀达到损害现在或将来的实际生活的程度,那么通货膨胀是件值得担忧的事。但是,很容易以通货膨胀的名义造成实际产出和实际消费的更多损失,这一损失超出了抑制通货膨胀带来的好处。

▲ 结构性预算赤字是 20 世纪 80 年代美国经济的一个特征,而且事实上现在对不断增长的预算赤字问题存在诸多议论。预算赤字是否有害? 你是否认为美国经济的结构性预算赤字是一个严重问题? 应对它采取什么措施?

你必须再次抓住重点,不要把目的和手段相混淆。当你想的是可能和财政政策相关的目标时,它是指旨在提高未来人们生活水平的生产能力的增长。对美国来说,我们谈论的是美元赤字,用我们印刷的通货体现债务。它不是英镑债务、日元债务或任何其他债务,主要是国内持有的债务,并且当你想的是国际资产负债表时,外国人是持有我们的联邦公债还是持有其他资产,是无关紧要的。不过,确实存在着一种负担,因为在其中公债使一些可用于私有生产性资本的私人财富转变为去持有为私人消费或集体消费融资的政府公债。从这个意义上说,增加债务的赤字使用着可用于资本的生产性投资的储蓄,这一投资可以提高我们子孙后代可挣得的实际工资。但是,这并不意味着我们在经济仍处于衰退的年份里必须减少赤字。现今的国内生产总值不是供给约束的;经济中投资额不受储蓄供给的约束。事实上,在经济疲软的情况下,削减赤字会阻碍生产,它会减少国内生产总值,减少投资。为了我们的后代,不如在公共投资上支出或减税去刺激私人消费。所有这一切都可怕地混淆在有关赤字的政治讨论中。我一直是里根和布什政府实施了 12 年的那种财政政策的主要反对者之一。同时,在我们摆脱衰退前,里根和布什政府就仓促地实施削减赤字的盲目政策,它实施得太早了——我不赞成这么做。设法对症下药才对。

159 ▲ 你仍是收入政策的鼓吹者吗? 一些凯恩斯主义者——如阿兰·布林德(Allen Blinder)——对这种政策几乎没有热情,而你似乎认为除需求管理外,收入政策也是有用的。

我认为收入政策在 20 世纪 70 年代确实发挥了作用,特别是 1979 年开始实施的反通货膨胀中。我认为,如果我们当时采取了某种收入政策,我们可以在实施反通货膨胀时使产出和就业遭受的损失更小。当前我对收入政策不太感兴趣。80 年代的幸事——部分是由于好运——是没有再发生石油冲击。工资压力也很缓和。1979/1980 年,很少有经济学家会说有可能把失业率降至 1988 年的接近 5% 的水平而实际上没有通货膨胀的结果。十年前我也不会说——然而却发生了。当前我们没有通货膨胀的困扰。若再出现通货膨胀,那收入政策可能是一件可做的事,但我不想把水搅浑,并且现在我对此也不感兴趣。

▲ 为何凯恩斯主义经济学在过去的十年里经历了某种程度的复兴?

那是因为过去五年遇到了凯恩斯主义的那些问题。凯恩斯主义经济学在70年代受到了不公正的判决,我认为它一直受到不公正的判决。人们说:"为何你要回到70年代和60年代末期的那些失败政策上去?"凯恩斯主义的政策被认为要对通货膨胀和滞胀负责——人们从不提及或从记忆中抹去了石油冲击和越南战争。现在我们回到了更为正常的环境,新古典思想对新一代经济学家不再那么有吸引力了,他们是在反凯恩斯革命的高潮之后成长起来的新一代经济学家。

▲ 假如你给克林顿就未来四年应采取的经济战略提建议,你认为什么是他应该做的重要事情?

基于我们已讨论的那些原因,这是个棘手的问题。当前他面临的问题是振兴经济和复苏。当前经济的运行情况要比半年前稍好一些,但仍运行得不太好。同时总是存在着对联邦赤字采取点措施的压力。克林顿正试图做这两件事。由于实际上一方是需要更大的赤字,而另一方是需要较小的赤字,这相当困难。我担心他将给予的刺激不会很大,不会持续足够长的时间。今年将是他计划中增加赤字的阶段,或许明年(1994年)他的预算赤字将不增不减。此后将逐步增加税收,削减补贴和其他开支,因而最终到1997财政年度,他将能说他已做了所承诺的事。他正试图同时做这两件事情。这有几分像在说,我们将不得不给这个病人做手术,但眼下病人的身体有点虚弱,因而我首先得增强病人的体质。存在着两个困难。一个是这种二元方法解释起来极为深奥——为何我们现在做这事,随后我们将做相反的事。实际上,他甚至尚未对此作出解释。

▲ 也许,他不懂。

他懂,他是个精明的家伙,是我所见到的精明的政治家——他懂。

## 1998 年 1/2 月通信回答的附加问题

▲ 在你 1995 年的论文《作为新古典经济学的自然失业率》中,你认为弗里德曼的论文《货币政策的作用》(Friedman,1968a)"很可能是在经济学杂志上发表过的最有影响的论文"。那篇论文以何种重要的方式改变了宏观经济学? 你是否认为自然失业率假设是主流宏观经济学的核心部分?

或许那是夸张,但是这篇论文确实对经济学专业和整个世界经济政策具有深远的影响。正如我在 1995 年的论文中认为的,假如该论文是向新古典宏观经济学和实际经济周期理论的巨大迈进,那么弗里德曼论文最初的影响翻倍了。如果这些学说现在是主流宏观经济学的中心,那么自然失业率的观点同样也是如此。尽管对于学院派宏观经济学理论来说这可能是真实的,但是,我认为对于用于政府政策和经济实践的应用宏观经济学来说却是不真实的。正如我在 1995 年的论文及其他论文中认为的,非加速通货膨胀失业率是更好的概念,并且它是与自然失业率不同的。当以前对非加速通货膨胀失业率的评估被证明是错误时,这两个概念都遭受了前几年经验上的意外。另外,相对于我关于在低通货膨胀率时持续存在一个交替关系的观点,在长期存在着一条垂直的菲利普斯曲线的观点失去了根基。我的观点最近得到了阿克洛夫、迪肯斯和佩里(Akerlof,Dichens and Perry,1996)的支持。

▲美国经济最近(1998 年 1 月)的失业率是 4.7%,通货膨胀率刚好超过 2%。鉴于对美国经济的自然失业率的大多数估算是 6% 左右,你如何解释目前的状况?

鉴于 70 年代中期之后的经验,除失业率外,劳动力市场的密度指标表明劳动力市场比失业率本身所表明的要宽松得多。空缺(在美国由招工指数代表)相当多,相对于失去工作来说,辞职不很频繁,被认为失去劳动力的人也容易得到工作。贝弗里奇曲线似乎移回了 50 年代和 60 年代所处的位置。其他因素包括:工会成员人数和相对于私人企业雇主的权力的下降,缩小雇用规模以改善账本底线和存货价格的可接受性已经上升,甚至以损害长期雇员为代价,进口竞争,特别是国内竞争,当然还有供给冲击的匮乏,这一匮乏与 70 年代的滞胀有很大的关系,远远超出新古典经济学家想要记住的。完全可能将失业率降低到 60 年代肯尼迪政府的目标水平(4%),同时使通货膨胀率保持在低于 3.5% 的水平。

▲尽管目前美国和英国经济中的失业率比较低,但是欧盟经济中的平均失业率比较高。我们如何解释目前存在于美国和诸如法国、德国等国家之间的失业率的可观差异?你认为欧洲货币联盟(EMU)有可能加剧欧洲失业问题吗?

我是无药可救的。我依然认为随意的、有害的宏观经济政策是造成欧洲大量失业的根源。自然失业率和实际比率不可能同时从一位数上升到两位数。欧洲人认为:假如他们不看到明显的通货紧缩维持在无论哪种实际的 U 形比率上,那么这一比率必定等于或低于自然失业率,这样,任何货币政策或财政政策都将引发通货膨胀的上升。但是,也许短期的菲利普斯曲线是相当平坦的,因此这个推论是不合理的。总之,他们从没作过扩张政策的实践。我可以相信在欧洲大陆减少失业会比在美国和英国遭遇到更多的结构性障碍。我可以相信撒切尔夫人对工会的强硬态度是有用的,尽管我没有看到当英镑和马克捆绑在一起的时候,英国的工资和价格的剧烈波动。我认为欧洲大陆的一些结构性问题反映出滞后效应。不像美国,政府和中央银行从未试图从 1979—1982 年的衰退中复兴,因而这些衰退导致的周期性失业变成"结构性"失业。无论是什么性质和起因,欧洲的失业是不光彩的,应该在欧洲政府的权力范围内作出某种调整,而不是抱怨,好像失业是美国强加给它们的一样。

我也并不过多指望欧洲货币联盟会改变失业状况。如果有什么的话,它将使情况变得更糟。欧盟成员在欧洲货币体系下没有做太多的工作去改善其国内的宏观经济结果。但是,就它们各自所做的事情来说,一旦它们处于欧洲货币联盟之中,它们就将不具有任何宏观政策工具。新的中央银行也没有做与联盟银行不同的事,联盟也没有用于指导财政政策的国库。

▲ 自我们上次于 1993 年会面后,你认为宏观经济学领域向达成进一步共识迈进了吗?

也许,在宏观经济理论方面有了更多的共识,在这个意义上,凯恩斯主义理论恰恰被忽略了,而且研究生不再学习它了。也许,在实用宏观经济学方面有了更多的一致,因为拥有大量的凯恩斯主义因素是无用的,而且因为机械性的货币主义已经死去了。

▲ 许多著名的宏观经济学家——例如巴罗和萨拉-伊-马丁(Barro and Sala-i-Martin,1995)、卢卡斯(Lucas,1987)——认为宏观经济学真正重要的部分是增长。你是否同意这种观点? 并且过去十年内生增长理论是否改变了我们对增长方式的理解?

是的,毫无疑问,在世界上贫穷且不发达的国家,增加数十亿人的生产力、财富和平均寿命,能增加比在西欧减少失业率 3%—4% 更多的效用。我认为研究增长的宏观经济学家没有为如何实现提供答案。对于发达的工业资本主义国家来说,总需求的问题是可以得到的奢侈品。贫穷国家的根本问题是供给的匮乏。可能的是:总需求的短缺——大萧条中在潜在丰裕中不必要的贫困导致的社会解体——不再是一个首要的问题,因为宏观经济学解决了它,而不是因为它从来不是问题且它所引发的宏观理论和政策是错误的。在交叉路口有少量的交通事故的事实并不意味着没必要设信号灯。对我来说似乎是,巴罗和卢卡斯抛弃了需求主导的宏观经济学,接着离开了战场,假定这不再有趣。内生增长理论非常有趣地依赖于克服递减收益的某种外在性,这一理论是有魅力的,但至今对我没有说服力。

(佘江涛　译)

# 第四章　正统货币学派

发生在经济理论当中戏剧性的变化不是意识形态战争的结果。它并非来自不 163
同的政治信仰或目标。它几乎完全反映了事实的力量：残酷的经验远比最强烈的
政治或者意识形态的偏好有力。(Friedman,1977,p. 470)

## 4.1 引言

20 世纪 50 年代到 60 年代中晚期,凯恩斯主义经济学在宏观经济学理论化和
政策制定中发挥着主导性的作用,其代表是希克斯-汉森模型。正如一位关键的凯
恩斯主义经济学家所承认的,在 60 年代晚期,凯恩斯模型"似乎在宏观经济学领域
是独一无二的"(见 Barro,1984)。凯恩斯《通论》中的核心主题是这样的论点:资
本主义市场经济具有内在的不稳定性,并且在长期的接近充分就业均衡的情况下,
这种不稳定是可以稳定下来的。根据凯恩斯的观点,这一不稳定性主要是由总需
求的波动引起的。40 年代中期和 50 年代盛行的正统凯恩斯主义观点强调实际扰
动(尤其是投资和自主消费的扰动)是货币收入或者名义收入——尤其是以实际收
入变化的形式——波动的主要原因。对于早期的凯恩斯主义者来说,大萧条起源
于投资水平的急剧下滑,起源于相关的反映了总需求不足状态的严重失业。这与
较早的货币数量论(QTM)传统形成了鲜明的对比,这一传统将货币存量的变化视
为解释货币收入变化的主导——尽管不是唯一——的因素。

在 50 年代和 60 年代,米尔顿·弗里德曼承担了比其他经济学家更多的责任
来复兴货币数量论。1968 年,卡尔·布伦纳(Karl Brunner)非常恰当地给予这些
经济学家(尤其是一贯坚持货币数量论的弗里德曼)的思想以"货币主义"的标签。
货币数量论是货币主义的核心纲领。根据马克·布劳格(Mark Blaug)的观点,货
币数量论是"幸存的最古老的经济学理论"(Blaug et al.,1995)。根据合理的一贯的
形式,货币数量论可以追溯到至少 300 年前的约翰·洛克(John Locke)的著作(出 164

版于 1692 年)《对降低利率和提高货币价值结果的思考》(见 Eltis,1995)。但是,大卫·休谟的经典论文《论货币》(出版于 1752 年)被普遍认为是对货币数量论的早期论述中最复杂的一篇。根据梅耶观点,货币主义大多数基本主张可以追溯到这篇论文(Mayer,1980)。此后,货币数量论在整个 19 世纪和 20 世纪初被许多经济学家接受和发展,其中包括大卫·李嘉图、艾尔弗雷德·马歇尔、欧文·费雪,以及 1930 年之前的凯恩斯本人。正如布劳格所评论的那样:"凯恩斯以爱之开始,以恨之终结。"(见 Blaug et al.,1995)

本章有两个主要目的。首先,追溯正统货币主义的历史发展(见图 4.1),它以货币数量论方法开始(第 4.2 节),从 50 年代中期发展到 60 年代中期;然后经预期扩展的菲利普斯曲线分析(第 4.3 节),它在 60 年代中期到晚期被吸收进货币主义的分析当中;最后是对国际收支理论和汇率决定的货币研究(第 4.4 节),它在 70 年代初期融入货币主义的分析。其次,借助于这一讨论,概述正统货币学派内部普遍拥有的核心而独特的信念,尤其是有关稳定政策的作用和行为(第 4.5 节),并且思考货币主义反革命在今天的遗存。

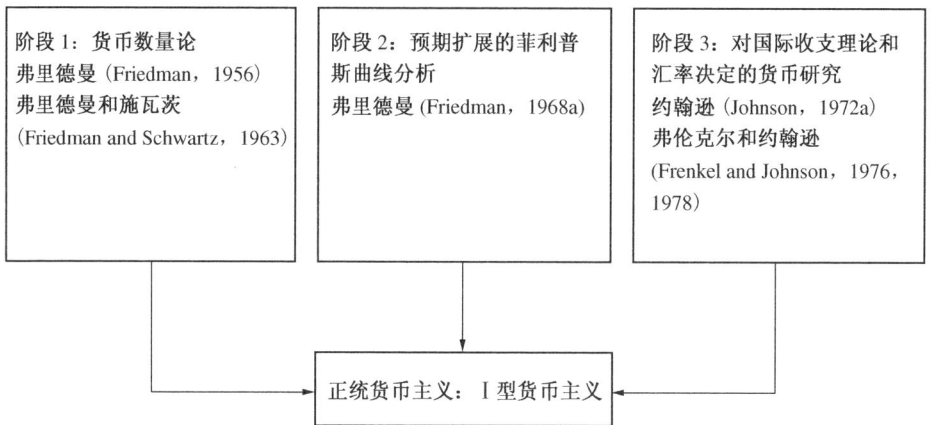

图 4.1　正统货币主义的演变

在检验宏观经济分析的货币数量论方法之前,我们应该注意到,弗里德曼在后来著名的"货币主义反革命"中所发挥的关键作用(见 Johnson,1971;Snowdon and Vane,1996,1997b)。不像大多数经济学家,弗里德曼在学术圈子外非常有名,这是他与凯恩斯共有的特点。弗里德曼和凯恩斯对宏观经济学理论和政策制定的影响远远超过了任何 20 世纪的经济学家。这可能不仅归因于他的研究成果的数量和质量。而且也归因于促进一个事业时的艺术性和言语表达能力。作为对弗里德曼学术贡献的肯定,1976 年诺贝尔经济学奖颁给了他,以表彰"他在消费分析、货币史以及稳定政策复杂性证明上的成就"。毫无疑问,弗里德曼的货币分析和他对在动态而不确定的世界中相机稳定政策的局限性和危险性的证明,已经影响了整整一代著名经济学家——其中最著名的是小罗伯特·卢卡斯,他坦率地承认从他从前的老师处学得了许多知识,他将弗里德曼称为"超级经济学家"(Klamer,1984)。从 60 年代初期开始,对在美国学习的一代经济学家特别有影响的是弗里德曼和施瓦茨的《美国货币史》(Friedman and Schwartz,1963)的出版。对于卢卡斯来说(Lucas,1994b),这本书在 60 年代稳定政策的争论中发挥着重要的"也许是决定性的"作用。在思考这部"经典"文本的长期影响时,卢卡斯评述道:假如他因为"赏樱花之外的缘故"而被邀请到华盛顿的话,那么他的箱子里首先要放的书就是《美国货币史》。根据卢卡斯的看法,弗里德曼是他"迄今为止最重要的老师",他确信他已经读过弗里德曼写的所有东西(见 Lucas,1994a)。在这一章中,我们将检验弗里德曼的许多成就。

## 4.2 货币数量论方法

　　正统的货币主义发展的第一阶段可以追溯到 50 年代中期至 60 年代中期,并且涉及重建宏观经济分析的货币数量论方法的尝试。当时,凯恩斯革命已经占据了宏观经济分析领域。在货币数量方法当中(见第 2.5 节),货币存量的变化被认为是可以解释货币收入或者名义收入的主导性——尽管不是唯一的——因素。

　　正统凯恩斯主义的分析(见第 3.3 节)强调实际扰动(尤其是投资和自主消费的扰动)是货币收入波动——尤其是以实际收入变化的形式——的主要原因。根据在第 2.5 节中勾勒的程式化的货币数量论,凯恩斯的通论被解释为这样的含义:在非充分就业的条件下(它可能延续相当长的时间),收入流通速度($V$)十分不稳定,并且被动地适应在货币供应量($M$)或者货币收入($PY$)中独立发生的任何变化。在这些情况下,货币被认为是相对不重要的。例如,在流动性陷阱和投资陷阱两个极端的情形中,货币是无关紧要的,因为货币政策在影响经济行为方面完全无效。在流动性陷阱中,货币供应量的增加被收入流通速度上相反的变化完全彻底地抵消。货币供应量的增加将会以不变利率和实际收入水平,完全被吸收进闲置余额或者投机余额当中。在投资陷阱的情形中,投资完全没有利率弹性,货币供给的增加也不会对实际收入水平发生影响。货币供给无力影响实际收入,因为投资

166

对利率的变化缺乏弹性。当对货币的需求相对于收入的不变水平增加的时候,收入流通速度就会下降。读者可以自行证明,在这两种极端的凯恩斯主义的情形中,货币是无关紧要的,任何在自主消费、投资或者政府支出中的变化,都将导致 45°模型或者简单的凯恩斯交叉的完全乘数效应。在这样的条件下,尽管货币数量论的关系式(方程 2.16)依然有效,但是正统的凯恩斯主义者认为在货币政策制定范围内,它是没有用处的。

### 4.2.1 作为货币需求理论的货币数量论

就是在反对这种正统凯恩斯主义的背景下,米尔顿·弗里德曼在整个学术界企图维护和重建他所认定的芝加哥大学的口述传统,即宏观经济分析的货币数量论方法(对于这一解释的批评,见 Patinkin,1969)。尽管传统的货币数量论是一个与货币供给和总体价格水平之间关系相关的学说,但是弗里德曼最初把货币数量论再次表述为货币需求的理论,而不是一般价格水平或者货币收入的理论(Friedman,1956)。

弗里德曼假设:对货币的需求(像对任何资产的需求一样)会给持有者带来服务流,并且这一需求依赖于三个主要因素:(1) 财富的约束,它决定了可以持有的最大货币量;(2) 货币相对于其他可持有的金融资产和不动产的回报或者收益;(3) 资产持有者的趣味或者偏好。总财富在不同形式之间的分配方式依赖于不同资产的相对回报率。这些财产不仅包括货币和债券,而且还包括股本和实物商品。在均衡的状态下,财富将在各种资产之间分配,直至边际回报率相同时为止。尽管帕廷金认为弗里德曼的再次表述应被视为凯恩斯主义分析的延伸,仍须强调以下三个重要差异。第一,弗里德曼对货币需求的分析可以被认为是他的"永久收入假说"在特殊资产分析中的运用;第二,他将预期的通货膨胀率作为潜在的重要变量引入货币需求函数当中;第三,他断言货币需求是有限变量的稳定函数。(Patinkin,1969)

弗里德曼实际货币余额需求函数的简单形式可以用以下形式表达:

方程 4.1
$$\frac{M_d}{P} = f(Y^P; r, \dot{P}^e; u)$$

在这里,$Y^P$ 代表永久性收入,它被用作货币的替代物,即预算约束;

$r$ 代表金融资产收益率;

$\dot{P}^e$ 代表预期通货膨胀率;

$u$ 代表个人趣味或者偏好。

这一分析预言：在其他条件不变的情况下,(1) 财富水平越高,货币需求越大;(2) 其他资产收益越低,货币需求越大;(3) 预期通货膨胀率越低,货币需求越大。反之亦然。每当边际收益率不相等的时候,追求效用最大化的个人将在不同的资产之间重新分配财富。这一投资组合的调整过程是货币主义者所说明的传导机制的核心,因此,货币存量的变化影响了实际部分。检验货币当局的公开市场运作所带来的货币供应量的增加效应就可以证明这一点。假定在最初的均衡下,财富是在金融资产和不动产之间分配的,以至边际回报率是相等的。在货币当局由公开市场买入债券之后,公众的货币持有量就会增加。鉴于任何资产持有量增加时该资产的边际回报就会消失,货币持有的边际回报率也随之下降。当过度的货币余额被交换成金融资产和不动产(包括耐用消费品)的时候,它们的价格将被抬高,直到投资组合的均衡状态被再度建立起来,此时,所有的资产再次被自愿地拥有,边际回报率再次相等。与正统凯恩斯主义的分析相反,货币主义者认为货币是各种各样不动产和金融资产的替代物,但是没有一个单一的资产或一组资产可以被认为是货币的近似替代物。更为广泛的资产和相关的支出得到了强调,结果是货币主义者将更为强烈和直接地对总支出的影响归结于货币的刺激。

## 4.2.2  货币数量论和货币收入的变化：经验的证据

在宏观经济分析的现代货币数量论方法的核心当中存在着这样一种主张：在实际余额的需求和决定这一需求的有限变量之间存在着稳定的函数关系。如果货币函数的需求是稳定的,那么收入速度也是稳定的,也就是说,假如货币需求函数的有限变量中的任何一个发生变化,变化是可以预测的。弗里德曼把货币数量论假定为“这样一条经验的规律,它所希望的实际余额(货币的需求)的变化往往是缓慢和逐步发生的,或者是由以前货币供应量的变化引发的,而与此相对照的是,名义余额供给的根本变化可能并且经常和任何需求的变化无关。结论是：价格或者名义收入的根本变化几乎总是名义货币供应量变化的结果”。

在本节中,我们从货币需求函数着手,讨论人们提出的各种各样支持宏观经济分析的货币数量论方法的经验证据。因篇幅限制,这里不对货币需求经验证据进行详尽讨论。不过,有两点需要突出。首先,尽管弗里德曼在他早期有关货币需求的经验研究中声言,他发现利率是无足轻重的;但是,所有后来进行的研究发现,利率在函数中是重要的变量。确实,在后来的一篇论文(Friedman,1966)中,弗里德曼承认了这一点。比特叙述道（Buiter，2003a）：长期与弗里德曼争论的托宾"使得经济学界的大多数人确信货币需求具有经济学和统计学意义上的利率敏感性"（也就是 LM 曲线不是完全没有弹性的）。这一观点是托宾所说的情形中的关键部分，用来支持在稳定政策中发挥作用的相机财政政策。进一步而言，在 20 世纪 50 年代和 60 年代，似乎没有什么证据表明当利率下降时，正如流动性陷阱所需求的那样，货币需求的利率弹性提高了。这意味着极端的货币数量论以及凯恩斯垂直和水平的 LM 曲线的情形被分别排除了。但是，假如实际利率和实际收入由实际因素而非货币因素决定，而且经济自动趋向充分就业，静态的 IS－LM 模型依然可以被用于证明宏观经济分析的货币数量论（见 Friedman，1968a）。第二，尽管对稳定的货币函数的信念到 70 年代得到经验证据的有力支持，但是从那时开始的许多研究，包括对美国和其他经济的研究，都发现了货币需求明显的非稳定性的证据。例如在 80 年代初期的美国，在狭义货币总量（M1）流通速度的趋势上发生了明显的断裂，并且 90 年代初期，在广义货币总量（M2，M3）流通速度上也接着出现了断裂。人们提出了一些可能的原因来解释这一明显的不稳定性，包括发生在 70 年代和 80 年代金融制度中的体制变化。读者可以参阅莱德勒的著作（Laidler，1993），它详尽地而非常易懂地讨论了货币需求的经验证据，以及对货币需求函数稳定性问题的持续争论。

弗里德曼企图通过时间序列数据的研究，将货币增长率与美国经济活动水平的转折点加以比较，为货币重新确立重要而独立的作用（Friedman，1958）。通过研究自 1870 年来 18 个没有战争的经济周期，他发现货币供给变化率高峰（波谷）平均领先于经济活动水平的高峰（波谷）16（12）个月。弗里德曼得出的结论是：这提供了有力的、富有启示性的证据，表明了货币对经济的影响。弗里德曼的研究后来遭到了卡伯森（Culberson，1960，1961）以及卡雷肯和索洛（Kareken and Solow，1963）从方法论和统计学方面的批评。首先提出的质疑是，这种时间上有先后顺序的证据是否能够证明货币与经济活动间有因果关系的推论是合理的（参见 Kaldor，1970a；Sims，1972）。其次，对弗里德曼方法提出的统计学的反对是他没有比较相同的事物。当卡雷肯和索洛用货币变化率和经济活动变化率重新检验弗里德曼的数据时，他们没有发现货币变化一贯引导着经济活动水平的变化。后来，托宾极好地接过了货币与收入因果关系的问题，他向由弗里德曼和其他经济学家收集的时间上有先后顺序的证据提出了挑战（Tobin，1970）。托宾运用了"极端的凯恩斯主义"模型，他证明时间上先后的顺序是如何轻易地得到解释，以支持凯恩斯主义有关经济周期和不稳定性的立场。托宾批评弗里德曼犯下了"发生于其后必然是其结果"的错误。他还进一步批评弗里德曼缺乏明确的理论基础来连接一种因果关系，却将货币主义的主张建立在这种关系上面。托宾经常提出这样的主张，大多数弗里德曼的著作是"没有理论的计量"，货币主义依然存在着大量的"黑匣子"。正如胡佛近来提醒经济学家的，相关关系从来不能证明因果关系（Hoover，2001a，2001b）。"宏观经济学中的因果关系"的问题已经导致并且将继续导致在经验宏观经济学领域内无休无止的争议和论战（参见 Friedman，1970b；Davison and Weintraub，1973；Romer and Romer，1994a，1994b；Hoover and Perez，1994；Hammond，1996）。

1963 年，弗里德曼和施瓦茨（Friedman and Schwartz，1963）提供了更有说服力的证据来支持货币主义的以下信念：货币存量的变化在周期性通货膨胀中发挥着极为独立的作用。在他们富有影响的研究《美国货币史，1867—1960》中，他们发现，当货币存量在周期性扩张和紧缩期间趋于上升的时候，在经济行为的水平上，在紧缩期间货币供应量的增长率比在扩张期间慢。在所考察的时期内，货币存量明显绝对减少的时期，正好也是所辨别出来的主要的经济紧缩时期：1873—1879年、1893—1894 年、1907—1908 年、1920—1921 年、1929—1933 年以及 1937—1938年。进一步而言，从研究决定发生在这些主要衰退时期的货币供给中的变化的历史环境，弗里德曼和施瓦茨认为，产生货币紧缩的因素基本上与货币收入和价格同期或者先前的变化无关。换句话说，货币的变化被视为主要衰退期的原因而非结果。例如，弗里德曼和施瓦茨认为，发生在 1920—1921 年和 1937—1938 年货币存量的绝对下降是联邦储备系统采取的高度限制性政策行为的结果。例如，1936 年和 1937 年初，法定准备金率被提高了一倍。紧随着这些行动的是货币存量的急剧下降，而后就是一段严酷的经济紧缩期。

更具有争议性的是对大萧条的重新解释，以证明货币变换和货币政策的潜力。弗里德曼和施瓦茨认为：1929—1930 年，货币存量最初温和的下降由于 1930 年下半年银行倒闭的浪潮而转变为急剧的下降（也见 Bernanke，1983）。银行的倒闭导致现金比率和存款准备金率的上升，前一个比率上升起因于公众失去了银行偿付存款能力的信心，后一个比率的上升起因于银行失去了公众持有银行存款的信心。根据弗里德曼和施瓦茨的观点，1931 年 10 月，联邦储备系统提高贴现率的限制性行动，进一步加剧了货币存量的下降，它导致了银行的进一步倒闭。在这一解释中，萧条变得更为严重，这只是因为联邦储备系统没有能够阻止货币存量的大幅度下降，在 1929 年 10 月和 1933 年 6 月期间，货币存量大约下降了三分之一。他们认为,依靠采取可供选择的政策,联邦储备系统可能能够阻止银行的崩溃、货币存量的下降,以及严重的通货紧缩。弗里德曼和施瓦茨进一步证明了其观点的合理性,即货币存量的变化在周期性的通货膨胀中发挥着很大程度上独立的作用,其证据是货币的周期运动(在时间上的先后顺序和幅度方面)与经济活动的周期性运动具有大致相同的关系,甚至在 1867—1960 年美国与以往根本不同的货币制度下(对这些问题的进一步讨论,见 Temin,1976;Romer and Romer,1989;Romer,1992;Hammond,1996)。

1963 年,弗里德曼和迈泽尔曼承担了货币和信贷委员会的一项研究任务,研究报告的出版引发了一场更为激烈的争论。尽管弗里德曼-迈泽尔曼的争论花费了经济学家大量的时间,但是争论本身现在通常被认为只是经济思想史的学生的兴趣所在。总之,弗里德曼和迈泽尔曼企图估计消费的变化(消费的代理变量)在多大程度上可以由以下两点得到解释:(1) 按照货币数量论的方法,货币供应量的变化;(2) 按照凯恩斯主义的分析,自主支出(投资)的变化。利用两个检验方程(一是利用货币作为自变量;一个是利用自主支出作为自变量)检验美国 1897—1958 年的数据,他们发现,除了受大萧条影响的一个子时期以外,货币方程给出了较好的解释。这个研究后来受到了挑战,最著名的是由德·普拉罗和迈耶(De Prano and Mayer,1965)、安多和莫迪利阿尼(Ando and Modigliani,1965)提出的,他们显示了自主支出定义的改变会改善自主支出方程的表现。

仔细想来,公平地说,在区分货币数量论和凯恩斯主义的观点上,这些检验在设计上是有缺陷的,以至于它们没有确定是货币供应量的变化还是自主支出的变化引发了收入的变化。这一点可以借助封闭经济的 IS-LM 模型得到证明。一般来说,在希克斯的 IS-LM 模型中,货币乘数和财政乘数都依赖于消费函数和流动性偏好函数。当收入决定是纯粹古典的或者凯恩斯式的时候,利用这两个方程可以得到同样好的结果。图 4.2 说明了古典情形,在这里,货币需求与利率无关。经济最初在非充分就业收入水平 $Y_0$ 和利率 $r_0$ 处处于均衡状态,就是说,处于 $LM_0$ 和 $IS$ 的交叉点。货币供应量的增加(它使 LM 曲线从 $LM_0$ 移动到 $LM_1$)将导致较低的利率($r_1$)和较高的收入水平($Y_1$)。当利率下降时,投资支出受到刺激,接下来,这通过乘数影响消费和收入。在古典情形中,经验研究将发现在自主支出和收入水平之间的稳定关系,即使因果关系的指向是从货币到收入。

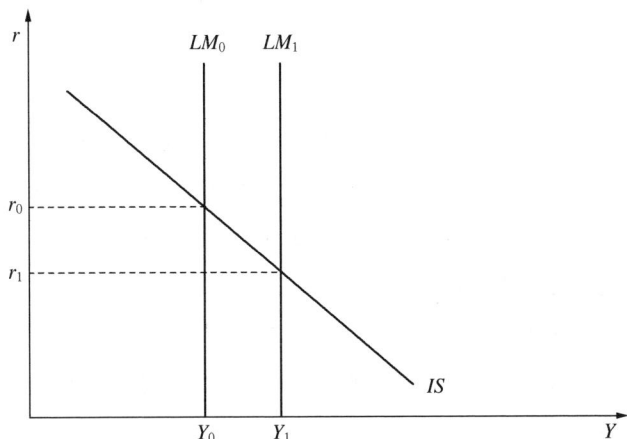

图 4.2  古典情形

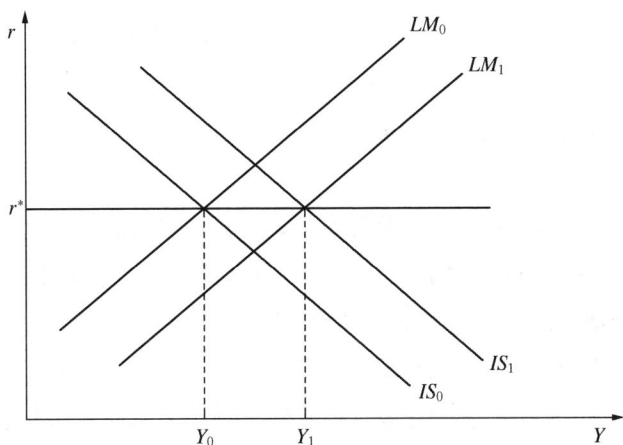

图 4.3  凯恩斯式情形

图 4.3 说明了凯恩斯式情形。经济最初在收入水平 $Y_0$ 和利率 $r^*$ 处处于均衡状态,就是说,处于 $IS_0$ 和 $LM_0$ 的交叉点。随着扩张性的实际刺激(它使 IS 曲线向右向外移动,从 $IS_0$ 移动到 $IS_1$),货币当局通过扩大货币供给(它使 LM 曲线向右下方运动,从 $LM_0$ 移动到 $LM_1$)将利率稳定在 $r^*$ 水平上。在凯恩斯式情形中,经验研究将发现在货币供给和收入水平之间的稳定关系,即使在这一特殊的情形中,因果关系的指向是从收入到货币。

总之,弗里德曼和迈泽尔曼检验似乎证明:(1)边际消费倾向是相对稳定的;(2)与极端的凯恩斯主义观点相反,经济没有处于流动性陷阱或者投资陷阱中,因为假如经济处于这种陷阱中,这些检验就不会发现货币方程会如此拟合实际。

### 4.2.3　评价

此处,将这一节中的材料聚合在一起并对核心原则加以归纳是有益的。这些原则直到 20 世纪 60 年代中期都得到了宏观经济分析的货币数量论方法支持者的普遍遵守(见 Mayer,1978;Vane and Thompson,1979;Purvis,1980;Laidler,1981)。它区别于其他流派的主要观点如下:

1. 货币存量的变化是解释货币收入变化的主导因素。

2. 面对稳定的货币需求,大多数被观察到经济的不稳定性可以归因于由货币管理部门导致的货币供给的扰动。

3. 货币当局只要愿意,就可以控制货币供给,并且在实施控制的时候,货币收入的方式将不同于货币供给是内生变量时的情形。

4. 货币存量变化和货币收入变化之间的迟延是长期和易变的,以至于利用相机的货币政策去微调经济可能会产生不稳定性。

5. 货币供给应该被允许以固定的比率,与作为基础的产出增长同步增长,以确保长期物价的稳定。

174　凯恩斯和货币学派的争论,涉及货币存量变化的重要性,这一存量被视为解释货币收入变化的主导因素。争论于 1970 年达到高峰,那时,弗里德曼为了回应批评者,企图提交他的论文《货币分析的理论框架》。直到弗里德曼 1970 年论文的出版,决定货币主义观点的理论结构才变得**明晰**、**正式**和**一致**。为了打开货币主义的"黑匣子"以供理论的审视,弗里德曼打算证明"经济学家之间的基本差异是经验的而非理论的"。他的理论表述被证明是广义的 IS - LM 模型,这个模型有助于将货币主义的方法放置在主流立场**当中**(见 Friedman,1970a,1972;Tobin,1972b;Gordon,1974)。这一争论代表了在理性预期革命和新古典经济学"将凯恩斯主义和货币主义扫出中心舞台"之前,"弗里德曼和他的凯恩斯主义批评家之间最后一次大的争论"。按照托宾的观点(Tobin,1981),宏观经济理论和政策的中心议题是经济对货币刺激的供给反应。这样的刺激可以划分为价格和数量,它被弗里德曼称为"遗漏的方程"。根据托宾的观点,弗里德曼对这一问题的解决"实质上与主流折中的凯恩斯理论和经济计量学的工资/价格/产出机制是不同的"(Tobin,1981,p.36)。

回想起来,我们现在能够发现,弗里德曼与他的批评家的争论证明了他们的差异不是质上的,而是量上的,它促成了货币主义思想和凯恩斯主义思想正在出现的综合。这一综合或者理论上的一致证明了 50 年代凯恩斯主义占主导地位的宏观经济学低估（而不是忽视）了在制造经济不稳定时货币刺激的重要性。在这个时期的英国，这也许特别真实，它最终提出了有关英国货币制度运行情况的《拉德克利夫报告》（1959）。根据美国凯恩斯主义的领军人物萨缪尔森的观点，到 1959 年，"英国和美国凯恩斯主义的区别已经变得十分明显"，因为英国许多凯恩斯主义的崇拜者"依然刻板地坚持凯恩斯体系过时的模型"（见 Samuelson,1983,1988;Johnson,1978）。

## 4.3 预期扩展的菲利普斯曲线分析

正统货币主义发展的第二阶段开始更为精确地分析了一种方式：货币扩张率的变化影响在实际量值和名义量值之间的分配。这一分析涉及弗里德曼（Friedman,1968a）和费尔普斯（Phelps,1967,1968）各自独立对菲利普斯曲线文献作出的贡献（见第 3.6 节）。通货膨胀和失业之间稳定关系的观点受到了弗里德曼和费尔普斯的挑战，他们都否定通货膨胀和失业之间永久的（长期的）交替关系（费尔普斯的分析来自非货币主义的观点;见 Cross,1995）。对菲利普斯曲线最初详尽说明的问题是决定货币工资的变化率与物价状态无关。这接下来意味着工人是非理性的，并且承受着完全的货币幻觉，因为他们将劳动需求的决策建立在与物价状态无关的货币水平上。在下面的讨论中，我们将集中在弗里德曼 1967 年美国经济协会会长就职演讲中所提出的非常有影响的观点上。在这样做之前，我们应该认识到弗里德曼论文对 1968 年之后宏观经济学发展的重要性。《货币史》无疑是弗里德曼在宏观经济学方面最为重要的著作，同时，以"货币政策的作用"为题出版的 1967 年就职演说是其最有影响力的文章。1981 年，罗伯特·戈登将这篇论文描述为可能是之前 20 年最有影响力的文章。詹姆斯·托宾是弗里德曼最能言善辩、最有效的、最长期的批评者之一，他更进一步地将 1968 年的论文描述为"**迄今在经济学期刊上发表的最有影响力的文章**"（Tobin,1995）。保罗·克鲁格曼将弗里德曼的论文描述为"战后经济学决定性的知识成就"（Krugman,1994）。马克·布劳格（Blaug,1997）和罗伯特·斯基德尔斯基（Skidelsky,1996b）认为它是"战后出版的有关宏观经济学的最有影响力的论文"。1968—1977 年，《社会科学引用索引》记载，弗里德曼的论文大约被引用了 924 次，并且继续是经济学中被引用最多的论文之一（Snowdon and Vane,1998）。正如将"理性的"一词运用于预期假设导致了 70

年代新古典经济学的兴盛一样,弗里德曼在失业背景下对威克塞尔"自然失业率"概念的运用有修辞色彩的话来说是"市场营销的杰作"(见 Dixon,1995)。弗里德曼教授的著作所产生的冲击迫使凯恩斯主义者——甚至在卢卡斯教授和其他主要的新古典经济学家尖锐的理论批评进一步动摇他们对政策行动主义的辩护之前——重新阐述和修改了这一辩护。

### 4.3.1  预期扩展的菲利普斯曲线

菲利普斯曲线流行的凯恩斯主义观点被孕育于 20 世纪 60 年代的新思想和 70 年代的事件所颠覆(Mankiw,1990)。新思想核心的组成部分涉及弗里德曼对菲利普斯曲线交替关系的解释。这一解释是由弗里德曼在与索洛(Solow,1966)有关工资的争论中提出的,甚至更早的时候在与理查德·利普西 1960 年的谈话中已经大致地加以勾勒(Leeson,1997a)。但是,这一观点是在他 1967 年著名的就职演说中才得到更为充分的表述的。按照弗里德曼的观点,把货币工资变化率和失业联系起来的最初的菲利普斯曲线是错误的。尽管货币工资是在谈判中确定的,但是,雇主和雇员感兴趣的是实际工资,而非货币工资。因为工资的议价是在不延续的期限里谈判的,这样影响预计实际工资的东西是整个合同期预期存在的通货膨胀率。弗里德曼认为,应该根据实际工资变化率来建立菲利普斯曲线。因此,他以预计的或者预期的通货膨胀率作为决定货币工资变化率的附加变量,来扩展基本的菲利普斯曲线。这一预期扩展的菲利普斯曲线从数学上可以用方程 4.2 表达:

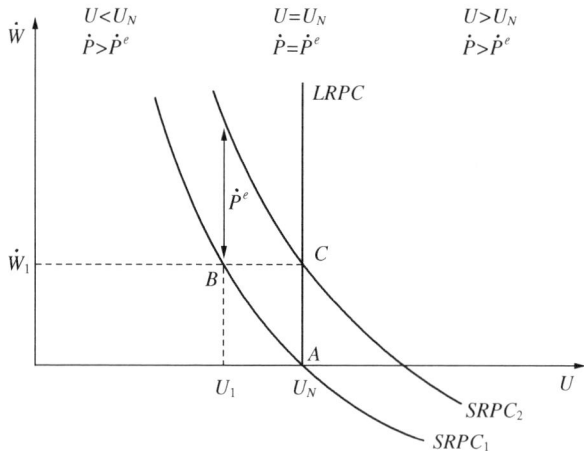

图 4.4  预期扩展的菲利普斯曲线

方程 4.2 $$\dot{W} = f(U) + \dot{P}^e$$

方程 4.2 显示了货币工资增长率等于由过度需求(这个状态以失业水平为代表)状态决定的一个分量加预期通货膨胀率。

引入预期通货膨胀率作为过度需求的附加变量,让它决定货币工资的变化率,意味着取代单一的菲利普斯曲线。这里存在着一组菲利普斯曲线,每一条曲线都与不同的预期通货膨胀率相联系。图 4.4 画出了两条这样的曲线。假定经济最初在短期菲利普斯曲线($SRPC_1$)上的 $A$ 点处于均衡状态,失业率 $U_N$ 处于自然率水平,货币工资增长率为零。为简化此处和接下来的分析,我们假定生产率的零增长,这样,在货币工资的零增长率的情况下,价格水平将持续不变,预期通货膨胀率为零;也就是,$\dot{W} = \dot{P} = \dot{P}^e = 0\%$。现在设想管理部门通过货币扩张扩大总需求,将失业从 $U_N$ 降至 $U_1$。商品市场和劳动市场的过度需求导致了价格和货币工资的向上压力,同时商品价格通常要比工资调整得快。由于最近经历了一段价格的稳定期($\dot{P}^e = 0$),工人们误认为其货币工资的增加是实际工资的增加,并且提供了更多的劳动;也就是说他们经历了短暂的货币幻觉。但是,当厂商需要更多的劳动时,失业率下降,货币工资以 $\dot{W}_1$ 的速率上升,即在短期菲利普斯曲线($SRPC_1$)点 $B$ 的速率上升的时候,实际工资事实上就会下降。当工人们开始逐渐根据实际经历的通货膨胀率调整他们的通货膨胀预期的时候,他们会认识到,尽管他们的货币工资增加了,但是他们的实际工资下降了,他们会要求增加工资,这使得短期菲利普斯曲线从 $SRPC_1$ 向上移动到 $SRPC_2$。货币工资将以 $\dot{W}_1$ 的速率加预期通货膨胀率提高。当实际工资上升的时候,厂商会解雇工人,直到在 $C$ 点,实际工资恢复到原初的水平,失业达到自然率水平,失业才会停止增加。这意味着,一旦实际的通货膨胀率在工资议价中($\dot{W}_1 = \dot{P}^e$,即没有货币幻觉)完全得到了预期($\dot{P}_1 = \dot{P}^e$),失业和工资膨胀之间长期的交替关系就不再存在了。因此,假如没有过度需求(也就是经济在自然失业率水平上),那么,货币工资的增长率将等于预期通货膨胀率,并且只有在预期通货膨胀率为零的特殊情形下,工资膨胀率才会为零,也就是图 4.4 中的 $A$ 点。依靠将像 $A$ 和 $C$ 这样的点连接在一起,便可以在自然失业率($U_N$)处得到一条垂直的长期菲利普斯曲线。在 $U_N$ 处,货币工资的增长率正好和价格的增长率相同,这样,实际工资是不变的。结果是在劳动市场里没有扰动。在自然失业率的水平上,劳动市场处于均衡的状态,实际和预期的通货膨胀率是相等的;也就是说,通货膨胀完全是被预期的。弗里德曼的分析有助于调和古典学派有关货币长期中性的论点(见第 2.5 节),同时让货币在短期内发挥实际的作用。

根据弗里德曼对菲利普斯曲线的攻击,对预期扩展的菲利普斯曲线的大量经验研究是采用这样的方程进行的:

方程 4.3 $$\dot{W} = f(U) + \beta\dot{P^e}$$

β 的估计值如果为 1,意味着没有长期的交替关系。相反,β 的估计值如果小于 1、大于零,意味着有长期的交替关系,但是,这种关系在短期内不那么有利。这在代数上可以用以下方式来证明。假定生产率增长为零,方程 4.3 可以写成:

方程 4.4 $$\dot{P} = f(U) + \beta\dot{P^e}$$

对方程 4.4 进行调整,可得:

方程 4.5 $$\dot{P} - \beta\dot{P^e} = f(U)$$

从失业率等于 $U^*$(见图 4.5)以及实际通货膨胀率和预期通货膨胀率都等于零(也就是 $\dot{P} = \dot{P^e}$)的均衡状态着手,方程 4.5 可以被分解写成:

方程 4.6 $$\dot{P}(1 - \beta) = f(U)$$

最终,将方程的两边除以 $(1 - \beta)$,我们得到:

方程 4.7 $$\dot{P} = \frac{f(U)}{1 - \beta}$$

现在设想一下当局最初通过货币扩张来扩大总需求,将失业率降低到 $U^*$(见图 4.5)之下。从方程 4.7 中我们可以发现,正如图 4.5 所表明的,(1) β 的估计值如为零,意味着像原始菲利普斯曲线所显示的那样,在通货膨胀率和失业之间存在着稳定的短期和长期交替关系;(2) β 的估计值如为 1,意味着没有长期的交替关系;(3) β 的估计值小于 1 但大于零,意味着有长期的交替关系,但是这种关系在长期内并不有利。人们进行了广泛研究,试图检验通货膨胀预期的系数(β)是否等于 1,得自这种研究的早期证据非常不明确。结果是,在 70 年代初期,关于长期垂直菲利普斯曲线可能存在的主题在货币主义者和凯恩斯主义者的辩论中成了富有争议的问题。虽然有许多证据可供货币主义来证明其信念:β 等于 1,因此不存在长期的失业和通货膨胀的交替关系,但是,这些证据还不足以说服所有的怀疑者。但是,根据一位著名的美国凯恩斯主义经济学家的观点,“到 1972 年,长期垂直菲利普斯曲线的观点已经取得了胜利”(Blinder,1992a)。读者可以参看桑托麦罗和西特合著的著作(Santomero and Seater,1978),它通俗易懂地评论了截至 1978 年有关菲利普斯曲线的浩繁文献。到 70 年代中期和后期,大多数主流凯恩斯主义者(特别在美国)已经承认长期菲利普斯曲线是垂直的。但是,关于在经济在受到扰动后,要花费多少时间才能复归长期的结果,仍然有许多争论。

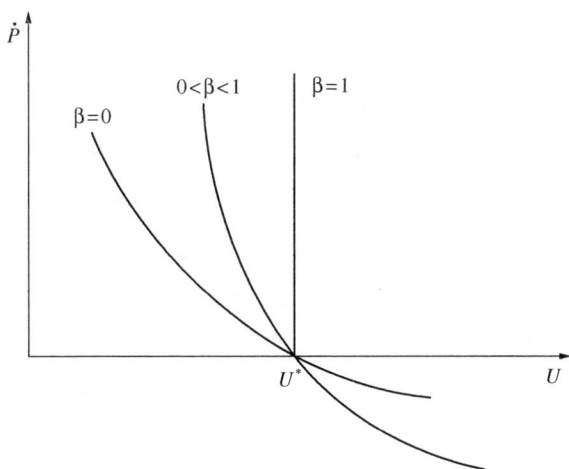

图 4.5　通货膨胀和失业之间的交替关系

在转而讨论预期扩展的菲利普斯曲线的政策含义之前,值得一提的是,在诺贝尔奖获奖演讲中,弗里德曼为为期几年的正斜率菲利普斯曲线的存在提供了解释,认为它与自然失业率状态下的垂直长期菲利普斯曲线一致的(Friedman,1977)。弗里德曼指出,通货膨胀率越高,它就变得越不稳定。增大的通货膨胀不稳定性导致了更大的不确定性,并且当市场效率降低、价格体系作为协调-信息传导机制不再有效的时候,失业就可能上升(见 Hayek,1948)。增加的不确定性也可能引起投资的下降,导致失业的增加。弗里德曼进一步认为,当失业率上升并变得越来越不稳定的时候,政府往往通过强加工资和价格的控制来更多地干预定价过程,这会降低价格体系的效率,并导致失业的增加。通货膨胀和失业之间的正相关来自通货膨胀率和通货膨胀不稳定性的不可预测的增加。根据弗里德曼的观点,虽然过渡时期可能是漫长的,会延续几十年,但是,一旦经济适应了不稳定的高通货膨胀率,它就会返回自然失业率。

### 4.3.2　预期扩展的菲利普斯曲线的政策含义

短期产出-失业增加的程度　货币主义者相信长期垂直菲利普斯曲线意味着货币扩张的增长率能够将失业降至自然失业率之下,仅仅是因为由此造成的通货膨胀是未预期到的。正如我们已经讨论的,只要通货膨胀完全能够被预测,它就会被纳入工资议价中,失业就会回到自然率的水平上。作为正统货币主义分析基础的假定是:预期到的通货膨胀只是根据所谓的"适应性"或者试错预期假定逐渐适应实际的通货膨胀。有趣的是,似乎弗里德曼受到"菲利普斯适应性通货膨胀预期公式"的深远影响(Leeson,1999)。适应性的预期方程内含在弗里德曼对菲利普斯曲线的分析中,并被运用到《货币数量理论研究》(Friedman,1956)中。1952 年 3 月,弗里德曼和菲利普斯在伦敦某个公园的长凳上进行了讨论,此后,弗里德曼和菲利普·卡甘(Philip Cagan)一道发展了这一方程(Leeson,1994b,1997a)。事实上,弗里德曼对作为经济学家的菲利普斯印象非常深刻,他两次(1955 年和 1960 年)企图劝说菲利普斯转到芝加哥大学任职(Hammond,1996)。

支撑适应性预期假定的主要思想是:经济行为人根据过去的通货膨胀率调整他们的通货膨胀预期,同时从错误中学习。工人们被假定通过上次所犯的错误的比率来调整他们的预期。这个比率是指:实际通货膨胀率和预期通货膨胀率之间的差异。这可以以下面的方程来表示:

方程 4.8 $$\dot{P}_t^e - \dot{P}_{t-1}^e = \alpha(\dot{P}_t - \dot{P}_{t-1}^e)$$

181 在这里,$\alpha$ 是一个不变的比率。通过重复的倒转代换,预期通货膨胀可以表示为过去实际通货膨胀率的几何加权平均数,经历的通货膨胀越近,平均数就越重要:

方程 4.9 $$\dot{P}_t^e = \alpha\dot{P}_t + \alpha(1-\alpha)\dot{P}_{t-1}\cdots\alpha(1-\alpha)^n\dot{P}_{t-n}$$

在这个"回顾性"的模式中,通货膨胀的预期完全建立在过去实际的通货膨胀率之上。实际通货膨胀率的增长和预期通货膨胀率的增长之间存在的时间滞后,使得失业率可以暂时降至自然失业率之下。一旦通货膨胀被完全预期到,经济就会恢复到它的自然失业率水平,但会具有与货币增长率相等的较高均衡工资率和价格膨胀率。正如我们将在第 5.5.1 节讨论的,假如预期是根据理性预期的假定构成的,并且经济行为人和当局一样有渠道得到信息,那么预期通货膨胀率就会立刻升高,以回应已经增长的货币扩张率。在这样的情形下,实际通货膨胀率的增长和预期通货膨胀率的增长之间没有时滞,当局就没有能力影响产出和就业。

加速假设 垂直长期菲利普斯曲线信念中的第二个政策含义涉及所谓的"加速"假设。这一假设意味着任何将失业保持在自然失业率之下的企图将导致加速通货膨胀,并且要求当局持续提高货币扩张率。图 4.4 显示:假如失业长期维持在

$U_1$(也就是在自然失业率$U_N$之下),那么劳动市场过度需求的持续存在将导致比预期高的通货膨胀率。当实际通货膨胀率上升的时候,人们将向上修正其通货膨胀预期(也就是使短期菲利普斯曲线向上移动),这接下来导致了更高的实际通货膨胀率,以至带来了恶性通货膨胀。换句话说,为了使失业维持在自然失业率下,实际工资必须维持在均衡的水平上。为了实现这一点,实际物价必须比货币工资的上升速度快。在这样的情况下,雇员就会向上修正对通货膨胀的预期,要求提高货币工资,这将导致更高的通货膨胀率。最终结果是出现加速通货膨胀,它使得货币扩张率的持续增长成为必然,以适应持续上升的通货膨胀率。相反,如果失业被长期维持在自然失业率以上,则会出现加速的通货紧缩。在失业长久维持在自然失业率之上的地方,劳动市场过度供给的持续存在将导致比预期低的通货膨胀。在这一情形下,人们将向下修正他们的通货膨胀预期(也就是使短期菲利普斯曲线向下移动),这接下来导致了更低的实际通货膨胀率。从这一分析可以得出这样的结论:自然失业率是能使通货膨胀率维持不变的唯一失业水平。换句话说,按照宏观经济分析的货币数量论方法,在经济处于自然失业率水平的长期均衡状态下,货币扩张率(假定产出和流通速度的增长率不变)将决定通货膨胀率。

降低通货膨胀的产出-就业的成本 弗里德曼指出:"通货膨胀无论何时何地都是一种货币现象,在这个意义上,它只能是由货币数量的增长快于产出的增长造成的。"(Friedman,1970c)鉴于正统的货币主义相信通货膨胀本质上是一个由过度货币增长传导的货币现象,货币主义者认为通货膨胀只能通过放慢货币供应量增长率来降低。降低货币扩张率导致了失业水平的上升。当局面对的困境是:他们越是迅速地以货币紧缩来降低通货膨胀,在失业方面的成本就越高。认识到这一事实会导致一些正统的货币主义者(如戴维·莱德勒)提倡渐进的调整方法,由此,货币扩张率会逐渐地下降到合意的水平,从而使得降低通货膨胀的产出-就业的成本最小化。渐进主义和激进主义政策选择的成本如图4.6所示。

在图 4.6 中,我们假定经济最初在 A 点运行,A 点是短期菲利普斯曲线(SRPC₁)和长期垂直菲利普斯曲线(LRPC)的交叉点。这样,最初的起始位置既是长期均衡状态,也是短期均衡状态,工资率和价格膨胀率不变,并且完全被预期到(也就是 $\dot{W}_1 = \dot{P} = \dot{P}^e$),失业处于自然失业率水平($U_N$)。那么,假定通货膨胀率高于当局合意的水平,它们想通过放慢货币扩张速度来降低通货膨胀率,移动到长期垂直菲利普斯曲线的 D 点上。假定有两种可移至 D 点的政策可供选择。一种(激进主义的)选择将降低货币扩张率,使失业上升到 $U_B$,以至于工资率和价格膨胀很快

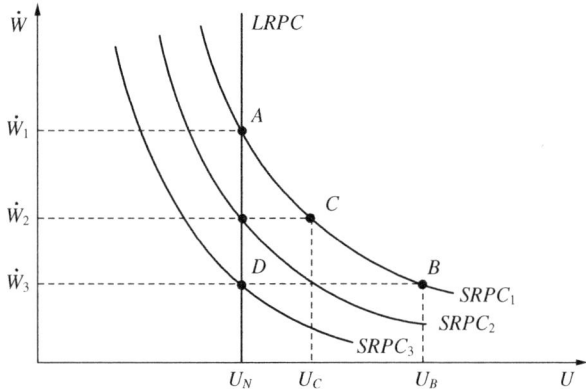

图 4.6　降低通货膨胀的产出-就业成本

跌到 $\dot{W}_3$；也就是沿着 $SRPC_1$ 从 $A$ 点移动到 $B$ 点。这一选择的初始成本是失业的大幅上升，从 $U_N$ 到 $U_B$。当实际通货膨胀率下降到预期到的通货膨胀率之下的时候，未来通货膨胀率的预期就会在下降的方向得到修正。短期菲利普斯曲线将向下移动，最终将在 $D$ 点，即 $SRPC_3$ 和 $LRPC$ 的交叉点取得新的短期和长期均衡，在该点，$\dot{W}_3 = \dot{P} = \dot{P}^e$，失业率为 $U_N$。管理部门采纳的另一种（渐进主义的）政策选择是，先以小得多的幅度降低货币的扩张速度，把失业率提高到 $U_C$，这样，工资和价格降至 $W_2$；也就是说，沿着 $SRPC_1$ 从 $A$ 点移动到 $C$ 点。与激进主义的选择相比，这种渐进的选择造成的失业增加比较小，只是从 $U_N$ 移动到 $U_C$。由于实际通货膨胀率降低到预期通货膨胀率之下（但降低的程度要比第一种选择小得多），人们会向下修正对通货膨胀的预期。经济适应了较低的通货膨胀率后，短期菲利普斯曲线（$SRPC_2$）会与预期通货膨胀率 $W_2$ 相对应。进一步降低货币扩张的速度会进一步降低通货膨胀率，直至达到目标通货膨胀率 $W_3$。不过，同第一种政策选择相比较，过渡到 $SRPC_3$ 的 $D$ 点时间花费要长得多。这样的政策会使得人们在相当长的时间里与通货膨胀为伴，并已经导致了一些经济学家主张对降低通货膨胀率的渐进调整过程辅以额外的政策措施。在考察指数化以及物价和收入政策等辅助措施的潜在能力之前，我们应该强调一下所有反通货膨胀战略可信性的重要性（这一问题将在第 5.5.3 节中得到较为充分的讨论）。如果公众相信当局将采取紧缩性的货币政策来降低通货膨胀，那么，经济行为人将向下快速地调整他们的通货膨胀预期，从而降低与调整过程相关的产出-就业的成本。

一些货币主义者（例如 Friedman，1974）认为，某种形式的指数化将是降低通货膨胀率的有效辅助措施。据称,指数化不仅可以降低武断地再分配收入和财富引发的未预期到的通货膨胀带来的损害,而且可以降低与货币扩张率降低相关的产出-就业的成本。有了指数化,当通货膨胀下降时,货币工资的增长会自动地下降从而去除了雇主在现有的合同下所承受的通货膨胀下降过度时工资依然增长的危险。换句话说,有了指数化,工资增长就会变慢,失业上升的幅度就会下降。另外,一些经济学家(如 Tobin,1977,1981;Trevithick and Stevenson,1977)认为,价格和收入政策也能够发挥作用,作为货币紧缩临时和辅助的政策措施,通过降低通货膨胀预期,协助经济转向较低的通货膨胀率。根据图 4.6,只要价格和收入政策成功地降低了通货膨胀预期,短期菲利普斯曲线便会更快地向下移动。这就能更快地实现向较低通货膨胀率的调整,并且使伴随货币紧缩的失业程度和时间的成本较小。但是,运用价格和收入政策的难题之一是:即使这一政策最初成功地降低了通货膨胀预期,但是,一旦它开始出现问题或者被终止,那么通货膨胀预期就会得到向上修正。结果是,短期菲利普斯曲线将向上移动,在较低的失业和工资膨胀方面抵消了政策最初的收益。例如,亨利和奥默罗德得出以下结论:

185

尽管一些收入政策在执行过程中降低了工资膨胀率,但是,这种降低是暂时的。紧随政策的终止,工资在这一时期的增长会高于其他地方。并且,这些增长正与这一收入政策实施期间所发生的损失相抵。(Henry and Ormerod,1978)

总之,在正统货币主义的研究之中,与货币紧缩相关的产出-就业成本主要依赖于三个因素:第一,当局是追求快速地还是逐渐地降低货币扩张速度;第二,制度调整的程度——例如,货币合同是否指数化;第三,经济行为人向下调整通货膨胀预期的速度。

货币主义者认为,通货膨胀只能通过放慢货币供应量的增长率而得以降低。这一观点对美国(见 Brimmer,1983)和英国 80 年代初期推行的宏观经济政策产生了重要的影响。例如在英国,作为其中期金融战略的一部分,1979 年当政的保守党政府寻求逐步地降低货币增长率(预先宣布了未来四年的目标降低幅度),以达到降低长期通货膨胀率这一首要的经济政策目标。进一步而言,正统货币主义者认为:通货膨胀率不可能在没有产出-就业成本的前提下得到降低。这一看法似乎已经被美国 1981—1982 年的经济和英国 1980—1981 年的经济各自经历的不景气所证实(见第 5.5.2 节)。有人对传媒所说的"撒切尔货币主义试验"的背景、执行情况和效应进行了精彩且可读性很强的描绘,感兴趣的读者可以参考基根(Keegan,1984)和史密斯(Smith,1987)的著作。

第四章　正统货币学派　　　　　　　　　　　　　　　　　　　　　　—159

**货币政策的作用和实施** 相信长期垂直菲利普斯曲线和总需求管理政策只能
影响短期的产出和就业,这对于货币政策的作用和实施具有重要意义。在讨论弗
里德曼固定货币增长的政策措施的合理性之前,重要的是强调:即使长期菲利普
斯曲线是垂直的,对相机的货币干预在短期能稳定经济进行合理化的观点的根据
是:一是具有认定和回应经济扰动的潜能,一是在扰动之后,经济回归自然失业率
需要漫长的时间。弗里德曼为固定货币增长率(与浮动汇率相结合)设计的政策措
施符合经济的趋势增长率和长期增长率,这一政策建立在许多论点之上。这些论
点包括这样一些信念:(1)假如当局长期以稳定的速率扩大货币供给,经济便会稳
定在自然失业率的状态,通货膨胀率也会保持稳定;也就是经济会处于长期垂直菲
利普斯曲线上的某一点;(2)货币规则的采用会消除经济中最大的不稳定之源,也
就是说,除非受到不稳定货币增长的扰动,否则发达的资本主义经济具有内在的稳
定性,并且总是围绕着自然失业率;(3)由目前的经济知识来看,相机的货币政策
可能会造成不稳定,把事情弄得更糟而不是更好,这要归结为与货币政策相联系的
时间长、变化多的时间滞后;(4)因为不知道自然失业率本身的状况(它可能随着
时间而改变),因此政府不应该瞄准失业率目标,以避免前面论及的那些严重结果,
最突出的是加速通货膨胀。

我们最后考量一下对就业政策来说自然失业率信念的含义所在。

**自然失业率和供给方政策** 正如我们早些时候所讨论的,自然失业率与劳动
市场的均衡和实际工资结构是有联系的。弗里德曼(Friedman,1968a)把自然失业
率定义为:

> 它是这样一种水平,可以通过瓦尔拉一般均衡方程组计算出来,只要在这些方
> 程中嵌入劳动市场和商品市场的实际结构性特征,包括市场的不完全性、需求和供
> 给相机变动、获得工作空缺和劳动可能性的信息的成本、劳动力流动性的成本,
> 等等。

这种研究方法意味着,假如政府希望降低自然失业率以达到较高的产出和就
业水平,那么它们就应该推行供给管理的政策来提高劳动市场和工业的结构和功
能,而不是实施需求管理政策。20世纪80年代英国(见 Vane,1992)和其他国家推
行的范围广泛的(经常引发强烈争议的)供给方政策包括一些措施,旨在增加:
(1)工作的动力,例如通过降低边际收入税率,降低失业率和社会保险费用;(2)工
资的弹性和工作规章的弹性,例如通过削减工会的权力;(3)劳动力在职业和地
域上的流动性,例如在前一种情况下,通过更大规模的政府再培训计划的实施;

（4）商品和服务市场的效率，例如通过私有化。

在弗里德曼和费尔普斯的论文之后，自然失业率的概念依然是有争论的（见Tobin,1972a,1995;Cross,1995）。它也以各种方式得到了定义。正如罗杰森（Rogerson,1997）所表明的，自然失业率等于"长期的＝摩擦的＝平均的＝均衡的＝常规的重复就业的＝稳定状态的＝最低限度可持续的＝有效的＝霍德瑞克-普雷斯科特趋向的＝自然的"。如此定义上的问题使得像索洛（Solow,1998）这样的怀疑主义者将自然失业率的学说形容为"像葡萄一样绵软"。在讨论失业和通货膨胀时，经济学家喜欢使用"非加速通货膨胀的失业率"（NAIRU），这个术语最初由莫迪利阿尼和帕帕德莫斯（Modigliani and Papademos,1975）以"非通货膨胀失业率"（NIRU）为名引进。大部分经济学家可能承认"没有 NAIRU 这个概念，思考宏观经济的政策是困难的"（Stiglitz,1997），其他经济学家依然并不相信自然失业率的概念是有用的（J. Galbraith,1997;Arestis and Sawyer,1998;Akerlof,2002）。

## 4.4　国际收支理论和汇率决定的货币分析方法

20 世纪 70 年代，正统货币主义发展的第三阶段出现了，它将国际收支理论和汇率决定的货币分析方法融合到货币主义的分析当中。直到 1971 年与美元保持固定汇率的布雷顿森林体系崩溃，美国经济才可能不再被看作一个相当接近封闭的经济。货币分析的方法特别重要，因为它使得货币主义的分析——它在这个封闭的经济背景中已经得到了悄悄的发展——与诸如英国这样的开放经济相关起来。

### 4.4.1　固定汇率下国际收支的货币分析方法

在 20 世纪 70 年代期间，大量不同的国际收支的货币模型出现在文献当中。但是，所有的货币模型都有一个共同的观点：国际收支平衡本质上是一个货币现象。正如我们所讨论的，这一分析方法主要集中在货币市场，在这一市场中，对货币的存量需求和货币供应量之间的关系被认为是国际收支流动的主要决定因素。另外，尽管存在着不同的限定，在大部分国际收支的货币模型中，通常要作出四个关键的假定。第一，货币需求是有限变量的稳定函数。第二，从长期的角度来看，产出和就业趋向于它们的充分就业或者自然水平。第三，从长期的角度来看，当局不能消除国际收支逆差/顺差对国内货币供给的冲击，或者使其中立化。第四，从

188

长期的角度来看,在对关税和运输耗费应有的补贴之后,套汇将确保相同的贸易商品价格相等。

对国际收支理论的货币分析方法发展最有影响的贡献是由约翰逊(Johnson, 1972a)以及弗伦克尔和约翰逊(Frenkel and Johnson,1976,1978)作出的。仿效约翰逊,我们现在思考一下一个小型开放经济的国际收支的简单货币模型。人们假定在这一模型中:(1)实际收入被固定在它的完全就业或者自然水平上;(2)在商品市场和金融市场,一价法则得到了坚持;(3)国内物价水平和利率固定在国际水平上。

对实际余额的需求依赖于实际收入和利率。

方程 4.10 $$M_d = Pf(Y,r)$$

货币供给等于国内信贷(即国内创造的货币)加上与国际储备变化相联系的货币。

方程 4.11 $$M_s = D + R$$

在货币市场的均衡中, $M_d$ 必须等于 $M_s$,这样:

方程 4.12 $$M_d = D + R$$

或者

方程 4.13 $$R = M_d - D$$

假定这个系统最初处于均衡状态,我们现在检验一下当局一次性增加国内信贷的结果。因为货币需求函数(方程4.10)中的自变量是外生给定的,因此对货币的需求不能适应国内信贷的增加。个人将通过购买外国的商品和证券来消除他们多余的货币余额,从而产生国际收支的逆差。在固定汇率制下,管理部门不得不出售外汇来换取国内通货以弥补国际收支的逆差,结果这造成了国际储备($R$)的损失。国际储备的损失将修正货币供给的最初增长——这种增长要归因于国内信贷的增加——并且货币供给持续下滑,直到国际收支逆差消除之后才会终止。当货币供给回复到最初的状态时,这一系统将回复到均衡的状态,国内信贷的增加伴随着同等的外汇储备的减少(方程4.11)。总之,实际货币余额和合意货币余额之间的任何差额,都会导致国际收支的逆差/顺差,这接下来提供了一种消除差异的机制。在均衡状态,实际货币余额和合意货币余额再次平衡,在国际储备中将没有任何变换;也就是说,国际收支可以自动矫正。

也可以用动态的条件进行分析。为了说明这种方法所作的预期,我们再次简化这一分析,这次是假定这个小型的开放经济经历了持续的实际收入的增长,同时国际(从而国内)价格和利率不变。在这种情况下,国际收支状况反映了货币需求增长和国内信贷增长之间的关系。无论何时,当国内信贷的扩张大于对货币余额(归因于实际收入的增长)需求的增长的时候,一个国家将经历持续的国际收支逆差,结果是继续损失国际储备。显然,外汇储备的水平限制了一国为其国际收支持续逆差提供融资的时间跨度。相反,无论何时,当当局没有随着货币余额需求的增长扩大国内信贷的时候,国家将经历持续的国际收支顺差。一个国家短期内可以为了弥补消耗掉的国际储备而将目标放在实现国际收支顺差上;但对于一个国家来说,在长期内维护实现持续的国际收支顺差的政策,以及因此持续地获得国际储备,是非理性的。

## 4.4.2　固定汇率下货币分析方法的政策含义

**自动调整和支出转向政策**　货币分析方法预言,存在着一种自动调整机制,在没有相机的政府政策的情况下,它就可以被用于纠正国际收支的失衡。正如我们已经讨论的,当人们试图通过国际商品和证券市场,消除或者获得实际货币余额的时候,在实际货币余额和合意货币余额之间的任何差额都会导致国际收支的失衡。这一调整过程通过国际收支流动来运作,并持续到实际货币余额与合意货币余额之间的差额被消除为止。与确信自动调整机制的信念紧密相连的是这样一种预言:假如支出转向政策通过提高国内价格增加了对货币的需求,那么它们只会暂时地改善国际收支的状况。例如,贬值将提高国内的价格水平,接下来它将把实际货币余额的水平降低到其均衡水平之下。方程 4.12 显示,假定国内信贷没有增加,一旦通过国际收支顺差和外汇储备水平的相应提高,货币供应量得到增加,从而满足增加了的货币需求,那么,经济系统将会恢复均衡状态。

**货币政策的力量**　从上面的分析可以明显地看出:在一个小国与世界其他国家保持固定汇率的情况下,这个国家的货币供应量将是一个内生的变量。在其他条件不变的情况下,国际收支逆差会导致一个国家外汇储备和国内货币供应量的下降,反之亦然。换句话说,在当局有义务以固定汇率买入和卖出外汇换取本国通货的地方,货币供给的变化可能不仅来自国内的原因(也就是国内信贷),而且来自维护固定汇率的国际收支干预政策。方程 4.11 显示,国内的货币政策只是决定了这个国家的货币在国内信贷和外汇储备之间的分配,而非货币供应量本身。在其他条件不变的情况下,国内信贷的任何增加会伴随着外汇储备的同等减少,对货币供给没有任何影响。在一个小型的开放经济中,货币政策在长期内完全无力影响

190

除了外汇储备之外的任何变量。对于一个在固定汇率下的开放经济运作来说,货币供应量的增长率($\dot{M}$)将等同于国内信贷扩张($\dot{D}$)加外汇储备变化率($\dot{R}$),由此反映出国际收支的状况。国内货币扩张不会影响国内的通货膨胀率、利率或者产出增长率。但是,大国的货币扩张率相对于世界的其他地方,就能够影响世界货币的扩张率和世界的通货膨胀。

191 　　**作为国际货币现象的通货膨胀**　在固定汇率的世界当中,通货膨胀被看作一种国际的货币现象,它能够依靠过度需求预期模式得到解释。过度需求依赖于世界而不是国内的货币扩张。世界货币扩张率(归因于一个大国或者一些小国同时发生的快速的货币扩张)总是创造了过度的需求,并导致整个世界的通货膨胀压力。在这一背景下,关注到以下一点是有趣的:货币主义者认为发生在 60 年代西方世界的通货膨胀加速主要是美国货币扩张率增长的结果,这种增长的目的是在财政上支持在越南战争中增加的支出(例如见 Johnson,1972b;Laidler,1976)。在到 1971 年依然存在的固定汇率体制下,据称,美国发起的通货膨胀压力通过源于美国国际收支逆差的西方各国国内货币供给的变化传播到其他西方经济中。实际上,美国决定了世界其他地方的货币状况。对于其他国家来说,这一情况最终是不可接受的,从而导致布雷顿森林体系的崩溃。

### 4.4.3　汇率决定的货币分析方法

　　汇率决定的货币分析方法是把国际收支的货币分析方法直接运用到弹性汇率的情况当中(见 Frenkel and Johnson,1978)。在完全弹性的汇率制度中,汇率为出清外汇市场而调整,因而国际收支余额一直为零。在没有国际收支逆差和顺差的情况下,这里不存在国际储备的变化,因而国内信贷的扩大是货币扩张的唯一原因。在固定汇率体制下,如果其他条件不变,国内信贷的增加导致了国际收支逆差和国际储备减少;在弹性汇率体制下,国内信贷的增加会导致名义汇率的下降和国内价格水平的提高。按照货币分析的方法,在弹性汇率制度下,"汇率的直接决定因素是对各国货币的需求和供给"(Mussa,1976)。

　　可以用第 4.4.1 节中最先引入的货币模型来解释汇率决定的货币分析方法。假定经济最初处于均衡状态,我们再次考察当局一次性增加国内货币供给(也就是192 国内信贷)的行为,这扰乱了最初货币市场的均衡。方程 4.10 显示,实际的收入固定在其充分就业水平或者自然失业率水平上,国内利率固定在世界利率水平上,那么,货币的过剩需求只能被国内价格水平的上升所消除。实际货币余额和合意货币余额之间的差额导致了对外国商品和证券需求的增加,以及外汇市场上国内通货相应的过度供给,这引发了国内货币的贬值。国内货币的贬值导致了国内价格水平的上升,这接下来导致了货币余额需求的增加,当实际货币余额和合意货币余额再次平衡的时候,货币市场恢复了均衡的状态。在这个简单的货币模型中,名义汇率的贬值相应地是货币供给的增加。换句话说,汇率是由相对货币供给决定的。例如,在两个国家的世界中,如果其他条件不变,假如两国以同样幅度一道增加货币供给,那么实际汇率是不会发生变化的。

也可以用稍微复杂的货币模型以动态的方式进行这一分析。这一模型考虑到了不同的实际收入增长和不同的通货膨胀经历(归因于货币扩张不同的速率)。这些模型预言:汇率的变化率依赖于相对的货币扩张率和实际收入的增长。用两个事例可以充分地说明这一点。首先,如果其他条件不变,假如国内实际收入扩张低于世界其他地方,汇率将下降,反之亦然。第二,如果其他条件不变,假如国内的货币扩张率高于世界的其他地方,汇率将下降,反之亦然。换句话说,货币分析方法预言,如果其他条件不变,缓慢增长的国家或者飞速通货膨胀的国家将经历汇率的下降,反之亦然。来自这种分析方法的重要政策含义是:汇率弹性是通过控制国内货币扩张速度来控制国内通货膨胀率的必要条件,而非充分条件。这一分析方法认为,在完全弹性汇率的情况下,国内通货膨胀率是由相对于国内实际收入增长而言的国内货币扩张率决定的。

## 4.5 正统货币学派和稳定政策

最后,有必要对正统货币学派的发展以及这一学派是如何影响有关稳定政策作用和行为的持久争论进行评价。鉴于正统货币学派从 20 世纪 50 年代中期到 70 年代初期在理论和经验方面的进步,它是可以得到积极评价的(例如见 Cross, 1982a,1982b)。再度形成货币数量论分析(QTM)方法,添加预期扩展的菲利普斯曲线(EAPC)分析,运用适应性预期假定(AEH),将货币分析方法运用到国际收支理论和汇率决定(MTBE),这一切都产生了大量来自现实世界的印证和经验上的支持(见 Laidler,1976)。我们因此对正统货币主义(OM)总结如下:

$$OM = QTM + EAPC + AEH + MTBE$$

与正统货币学派相反,在以上所说的时期将要结束的时候,也就是 70 年代初期,正统凯恩斯主义观点正越来越衰败,因为(1)它没有能够从理论上解释菲利普斯曲线关系的崩溃;(2)它愿意越来越退却到对加速通货膨胀和不断上升的失业的非经济解释当中(例如见 Jackson et al.,1972)。

我们可以将包含在第 4.2—4.4 节中的讨论汇集在一起,并且对正统货币主义思想流派中核心而与众不同的信念加以概括(参见 Brunner,1970;Friedman,1970c;Mayer,1978;Vane and Thompson,1979;Purvis,1980;Laidler,1981,1982;Chrystal,1990)。这些信念可以排列如下:

1. 货币存量的变化是解释货币收入变化主导的——尽管不是唯一的——因素。

2. 经济具有内在的稳定性,除非受到不稳定的货币增长的干扰,并且,当经济受制于某种干扰的时候,它将十分快速地恢复到自然失业率下的长期均衡状态。

3. 从长期来看,失业和通货膨胀之间不存在交替关系;也就是说,长期菲利普斯曲线在自然失业率下是垂直的。

4. 通货膨胀和国际收支本质上是货币现象。

5. 在执行经济政策的时候,当局在货币总量上应该遵循某种原则,以确保长期的价格稳定,同时,财政政策限于其传统的作用,即对收入、财富和资源的分配施加影响。在前一种情况下,正如弗里德曼所提议的,莱德勒(Laidler,1993,p. 187)认为当局必须改变供给他们所选择控制的无论哪种货币总量的行为,而不是维护对所选定的货币总量所执行的严格(用立法形式确定的)增长规定。

194　　货币学派对积极的稳定政策——包括货币的和财政的政策(价格和收入政策的)——的反对,是正统货币学派区别于正统凯恩斯学派的核心议题。这一反对来自相互关联的理论命题和在第 4.2—4.4 节中讨论的经验证据。

管理总需求以至限制与不稳定相关的社会、经济耗费最有效的方法是什么?是否可以希望政府尝试运用反周期的政策对经济进行微调? 1950—1980 年间,凯恩斯主义和货币主义的争论与对以上问题的回答不一致有关。在这一争论中,弗里德曼是行动主义的相机政策的最早批评者之一。最初,他把注意力集中在实施这一政策的实践方面。早在 1948 年,弗里德曼就注意到:"控制周期的建议往往得到了发展,好像没有其他目标的存在;好像在框架性周期波动发生时,不存在什么影响。"他还注意到时间滞后的问题。根据他的观点,时间滞后多半总是"强化而不是减轻周期性波动"。弗里德曼区分了三种类型的时间滞后:认知滞后、行为滞后、效应滞后。这些内部和外部的滞后通过延迟政策行为的影响,构成了"附加随意扰动"的对应物。弗里德曼认为:货币政策具有强有力的影响,并且可能比较快地得到实施,它的效应服从于长期外部的滞后。相机财政调整——特别是在美国这样的政治体制中——可能实际上并不能很快地得到实施。从原则上说,通过使当局能够调整货币和财政政策以预期经济周期趋势,准确的预测可能有助于克服这一问题。但是,糟糕的预测完全可能增加总需求管理的不稳定影响。正如曼昆所强调的:"大萧条和1982年美国的不景气显示了许多最戏剧性的事件是难以预测的。尽管私有的和公共的决策者除了依赖于经济预测之外别无选择,但是他们必须牢记这些预测有着大量的错误。"(Mankiw,2003)这些考量导致弗里德曼作出这样的结论:行动主义的需求管理政策更可能使得非中央集权化的市场经济变得不稳定,而非稳定。

弗里德曼的另一个重要贡献没有直接和他论述货币经济学的理论和经验著作相关,而是带有重要的稳定政策的含义,那就是他出版于1957年的《消费函数理论》。在正统的凯恩斯主义财政政策理论中有一个重要的假定,这就是财政管理部门能够通过提高可支配收入的减税来推动消费支出,从而刺激总需求(或者反之亦然)。它假定当前消费在很大程度上是当前可支配收入的函数。弗里德曼认为当前收入 ($Y$) 有两个分量,一个是暂时的分量($Y_T$),一个是长期的分量($Y_P$)。因为人们把 $Y_P$ 作为他们的平均收入,把 $Y_T$ 作为对平均收入的偏离,因此,他们将消费的决策建立在长期的分量上。由税收引起的 $Y_T$ 的变化带来了 $Y$ 的变化,这种变化将被视为短暂的,并且对当前消费的计划($C$)几乎没有影响。因此,我们所得到的弗里德曼的模型是:

方程 4.14 $$Y = Y_T + Y_P$$
方程 4.15 $$C = \alpha Y_P$$

假如消费与永久收入是成比例的,这明显会降低由税收引起的总需求变化的影响。这进一步削弱了凯恩斯主义为行动主义财政政策的辩护。

弗里德曼还一直非常赞成公共选择的文献,后者认为结构性的赤字,以及对国民储蓄的损害,还有因此产生的长期赤字的增长,往往是民主体制中相机财政政策运作的结果(见 Buchanan and Wagner,1978)。政治家在拥有相机处置权时也可能有意制造不稳定,因为正如政治景气循环文献所认为的那样,在一个民主体制当中,他们可能为了政治利益想去操纵政治(Alesina and Roubini with Cohen,1997;见第十章)。

尽管经济学理论和经验的发展推动了用于预测目的的高度总计联立方程的发展(这种发展由克莱因、格德贝格、莫迪利阿尼发起),但是,许多经济学家依然不相信这样的预测能够克服时间滞后和更广泛的政治约束所带来的问题。弗里德曼的结论是：在一个不确定的世界中，政府不具有要求用来引导相机政策的调整形式的知识和信息。相反,弗里德曼提倡货币当局采用被动的货币控制形式,特定货币总量的增长根据明确已知的(千分比)比率被预先确定了(Friedman,1968a,1972)。弗里德曼认为这样的控制将促进更大的稳定性,同时,"一些不确定性和不稳定性"依然保存下来,因为"不确定性和不稳定性是进步和变化不可避免的伴生物"(Friedman,1960)。它们是一枚硬币的同一面,另一面是自由。德朗(Delong,1997)也总结道:很难认定在美国经济中,"相机的"财政政策在第二次大战后的时期发挥着稳定的作用。但是,人们普遍接受的是:自动的稳定装置在减轻动荡冲击中发挥着重要的作用。以下一段话清楚地概括了出现在70年代的有关稳定政策的作用和操作的争论。这段话选自莫迪利阿尼在就任美国经济学会主席典礼上的讲话:

> 非货币主义者接受我所认为的《通论》的基本实践思想:使用无形货币的私有企业经济**需要**加以稳定,并且是**可以**稳定的,因此**应该**被合适的货币和财政政策所稳定。相比之下,货币主义者认为稳定经济不是当务之急;即使有必要,也是不可能办到的,因为稳定政策可能增加而不是减少不稳定。

尽管取得了相当的成功,到70年代末80年代初,货币主义在学术界已不再被认为是凯恩斯主义的主要对手。在70年代,在理论层面上,它的角色被与新古典学派相关的宏观经济学的发展所取代。这些发展进一步怀疑传统的稳定政策是否能够促进经济的总体运行。但是,货币主义对英国撒切尔政府(1979—1985年)和美国联邦政府(1979—1981年)的政策产生了巨大的影响。货币主义影响让位的特殊意义是美国和其他地方在80年代发展速度的剧烈下降。美国在1982年所经历的严重衰退部分归因于发展速度出乎意料的剧烈下降(B. M. Friedman,1988;Modigliani,1988a;Poole,1988)。假如发展速度有高度的不稳定性,那么,弗里德曼所提倡的稳定增长率的货币规则就是完全不值得信任的。因此,毫无疑问的是:在80年代早期对货币函数的稳定需求的崩溃对货币主义是非常有害的。结果是,货币主义在学术界和政策制定者那里"受到了严重的创伤"(Blinder,1985),结果是"核心货币主义的消失"(Pierce,1995)。货币总量流通速度不可预见性的另一个重要结果是货币政策主要工具之一短期名义利率的广泛使用(见Bain and Howells,2003)。近些年,积极的泰勒式的货币反馈管理成了实施货币政策的"唯一选择"。正如比特所注意到的,"弗里德曼为某种货币总量持续增长开出的处方今天已经不再受到经济理论家和政策制定者的喜爱,并且这种状态至少存在了 20 年"(见 Buiter,2003a 和第七章)。

最后,值得思考一下货币主义反革命在今天的遗存。作为 70 年代"伟大和平时期通货膨胀"的结果,许多主要的货币主义观点在主流模型中得到吸纳(例如见 Blinder,1988b;Romer and Romer,1989;Mayer,1997;Delong,2000)。根据德朗的观点,现在构成了宏观经济学主流思想关键部分的货币主义思想主要包括:对自然失业率的假定,对作为趋势而非低于潜能的偏离的波动分析,相信在正常的环境下货币政策对于稳定来说是比财政政策"更为有力和有用的工具",认识到宏观经济政策处于一个以规则为基础的框架内,承认稳定政策成功的有限可能性。因此,尽管在学术圈内,货币主义不再具有它在 60 年代末期和 70 年代初期的影响(例如,明显的证据是论述货币主义的期刊文章和会议论文越来越少),但是,在很大的程度上,它的明显退位可以归结为这样的事实:不少"温和的"货币主义的洞见已经被吸纳到主流的宏观经济学当中。确实,两个对新凯恩斯主义的文献有着重要贡献的人——格里高利·曼昆、戴维·罗默(Mankiw and Romer,1991)——认为新凯恩斯主义经济学家可以被轻易地贴上"新货币主义经济学家"的标签。

货币主义为宏观经济学作出了以下几个重要而持续的贡献。首先是预期扩展的菲利普斯曲线分析,认为菲利普斯曲线是垂直的、货币在长期是中性的观点已经得到普遍接受,并且构成了主流宏观经济学不可分割的一部分。第二,大多数经济学家和中央银行在解释长期通货膨胀并与之斗争的时候,都强调货币供给的增长率。第三,经济学家广泛接受的观点是:中央银行应该把控制通货膨胀作为货币政策的**首要**目标。有趣的是,从 90 年代开始,许多国家都采用了目标通货膨胀率(见 Mishikin,2002a 和第七章)。货币主义反革命中没有幸存下来的是一度由处于领导地位的货币主义者所提出的"核心"信念:当局在实施货币政策时应推行非临时的"固定"货币增长率。尤其是 80 年初期美国和其他地区货币需求的不稳定性(流通速度趋势的中断以及变得越来越不确定的流通速度),都动摇了对固定货币增长率管理的辩护。最后,也许货币主义最为重要和持久的贡献是说服经济学家接受了这样的思想:在货币主义反革命之前,行动主义的相机财政和货币政策的潜在能力比人们所理解的还要有限。

# 米尔顿·弗里德曼

米尔顿·弗里德曼 1912 年出生于纽约市,1932 年毕业于拉特格斯大学,获学士学位,1933 年在芝加哥大学获得硕士学位,1946 年在哥伦比亚大学获得博士学位。1946—1977 年(该年他退休)期间,他在芝加哥大学教学,并且在全世界的大学开办讲座。现在他是加利福尼亚州斯坦福大学胡佛研究所(研究战争、革命和和平)的高级研究员。他和约翰·梅纳德是 20 世纪最著名的经济学家。弗里德曼教授被广泛地认为是货币主义的奠基者,并且是各种背景下自由市场不知疲倦的提倡者。他在诸如方法论、消费函数、国际经济、货币理论、货币史、货币政策、经济周期和通货膨胀等领域都作出了重大的贡献。1976 年,他"因为在消费分析、货币理论和历史等领域获得的成就,因为对稳定政策复杂性的证明而获诺贝尔经济学奖"。

他最为著名的著作是:《实证经济学论文集》(*Essays in Positive Economics*,University of Chicago Press,1953)、《货币数量论研究》(*Studies in the Quantity Theory of Money*,University of Chicago Press,1956)、《消费函数理论》(*A Theory of the Consumption Function*,Princeton University Press,1957)、《资本主义与自由》(*Capitalism and Freedom*,University of Chicago Press,1962)、与安娜·施瓦茨合著的《美国货币史,1867—1960》(*A Monetary History of the United States*,Princeton University Press,1963)、与他的妻子罗斯·弗里德曼合著的《自由选择》(*Free to Choose*,Harcourt Brace Jovanovich,1980)、与安娜·施瓦茨合著的《美国和英国的货币趋势》(*Monetary Trends in the United States and in the United Kingdom*,University of Chicago Press,1982) 、《货币主义经济学》(*Monetarist Economics*,Basil Blackwell,1991)。

在他所写的大量文章中,最著名的包括:《实证经济学方法论》("The Methodology of Positive Economics")和《为弹性汇率辩护》("The Case for Flexible Exchange",*Essays in Positive Economics*,University of Chicago Press,1953);《货币数

量论：再次表述》（"The Quantity Theory of Money：A Restatement", *Studies in the Quantity Theory of Money*, University of Chicago Press, 1956)；《货币政策的作用》（"The Role of Monetary Policy", *American Economic Review*, 1968a)，这是他就任美国经济协会会长的就职演说；《货币分析的理论框架》（"A Theoretical Framework of Monetary Analysis：A Restatement", *Journal of Political Economics*, 1970a)；《通货膨胀和失业》（"Inflation and Unemployment", *Journal of Political Economics*, 1977)，这是他诺贝尔奖的演讲。

1996 年 1 月 8 日，我们在旧金山弗里德曼的公寓书房里采访了他，同时参加了美国经济协会的年会。

## 背景信息

▲ 是什么最初吸引你研究经济学并成为一个经济学家的？

我是 1932 年大学毕业的。作为一个大学生，我同时主修了经济学和数学。当我毕业的时候，我得到了两份研究生奖学金。在那个时候，并不存在我们现在这样慷慨的奖学金；研究生奖学金是由给你支付学费的捐款构成的。我在布朗大学得到了数学奖学金，在芝加哥大学获得了经济学奖学金。现在把你放在 1932 年，那时有四分之一的人失业。什么是重要紧迫的事情呢？显然是经济学，因此，我毫不犹豫地学习了经济学。当我开始学业时，我对这些问题一无所知，因为我是在低收入家庭长大的，它对更为宽广的世界没有什么特别的理解。我对数学非常感兴趣，并且也比较擅长数学。在我去大学之前，我能发现的唯一道路是成为一名保险精算师。我在大学的前两年参加了一些保险精算师的考试，但是此后我没有将此继续下去。

## 凯恩斯的《通论》和凯恩斯经济学

▲ 当你在芝加哥大学就读研究生的时候，你的老师是用什么来解释大萧条的？

这是一个非常有趣的问题。因为长期以来，我相信我的凯恩斯研究和阿巴·勒纳（Abba Lerner）的凯恩斯研究之间的基本差异——举一个特别的事例——归因于我们的教授传授给我们的东西。1932 年秋季，我开始读研究生，大萧条那时怎么说也没有过去。我的老师是雅各布·瓦伊纳（Jacob Verner）、弗兰克·奈特

(Frank Knight)和劳埃德·明茨(Lloyd Mints),他们教导我正在发生的事情是联邦储备系统减少货币供给所带来的灾难性错误。它不是一场自然灾难,不是必然发生的事情,也不是可以顺其自然的事情。必须做点什么。作为一个研究生,我的第一门课程是从雅各布·瓦伊纳那里学习纯粹经济理论,他在明尼苏达州发表的演讲中特别呼吁由联邦储备系统和政府制定的扩张性货币政策。因此,凯恩斯革命不会像黑暗中突然出现的光亮那样到来,也就是说只有你知道就一种情况做些什么,而别人似乎都不知道该如何行事。

▲ 你能回忆起你是什么时候第一次阅读《通论》(Keynes,1936)的? 你对这部作品的印象是什么?

我真的不能回答这一点。我回忆不起来。假如看一下我手上最早的《通论》版本,我可能能够告诉你。因为我有时有一个习惯,在我的书上写上购买它们的日期以及为它们付出的钱。就这些。我在1938年购买它,花了1.8美元。这可能是我第一次阅读它的年份,不过我记不起我的印象,这是很久以前的事情了,但是我还记得在1940年初我写了一篇《通论》的书评,我尖锐地批评了包含在《通论》中的凯恩斯主义的分析。

▲ 你认为为什么凯恩斯的《通论》在1936年出版之后十年内能引起这么多经济学专业人士的注意?

我认为解释这一点没有什么问题。假如你把经济学专业作为一个整体,那么我所描绘的芝加哥大学的教育是一个特例。大量经济学学派的教学更多地遵循着米塞斯-哈耶克的观点。假如你拿伦敦经济学院做比方,那么与阿巴·勒纳的区别是最明显的,因为他以及大多数当时正在研究经济学的人被告知大萧条是治疗由先前扩张产生的经济疾病的必要泻药。这是十分令人沮丧的研究。突然从沮丧之中出现了富有吸引力的理论信条,它来自剑桥,来自凯恩斯的《通论》,写作它的人因为《和约的经济后果》(Keyens,1919)已经获得了巨大的名声。他说:瞧,我们知道如何去解决这些问题,这里存在着非常简单的方法。假定一个告诉你为何我们陷入麻烦的假定,同时当你唯一拥有的选择只是令人沮丧的奥地利学派的观点时,你当然会紧紧抓住这一假定。

▲ 在对凯恩斯经济学传播的贡献上,保罗·萨缪尔森导引性的教材(Samuelson,1948)和阿尔文·汉森中级教材(Hansen,1953)起了什么作用?

它们非常重要。我认为汉森在美国确实重要;我不能谈论世界的其他地方,这部分是因为他经历了鲜明的转化。假如你着眼于他在凯恩斯之前的早期工作,你会发现它严格遵循着米塞斯-哈耶克的思路。汉森非常相信大萧条是必要的泻药，但是他后来突然改变信仰，成了凯恩斯主义坚定不移的拥护者。他当时在哈佛大学，但是，他是在明尼阿波利斯表述自己的早期观点的。他是一个非常优秀的教师、非常善良的人。他有着巨大的影响，对此我毫不怀疑。萨缪尔森的影响来得较晚。除非我犯了错误，汉森是在 1938 年或者 1939 年改变思想的，但是，萨缪尔森基本的文本是在第二次世界大战后出现的，因此他的影响要晚得多。因为对哈佛大学师生的影响，汉森就变得特别的重要。在哈佛有一个非常优秀的经济学家团体，它在联邦储备系统、财政部发挥着重大的作用，并且战争期间受雇于华盛顿。因此，我认为汉森具有十分重要的影响。

▲ 杰出的实际经济周期理论家查尔斯·普洛瑟（Plosser，1994）认为：假如没有希克斯的 IS-LM 模型，凯恩斯的《通论》就不会有这么大的影响。你同意这样的观点吗？

我相信这和希克斯的 IS-LM 模型很有关系，因为后来萨缪尔森使用了他的完全来自希克斯 IS-LM 框架的交叉图表。我认为这是一个正确的观点。

▲ 假如凯恩斯活着获得了诺贝尔经济学奖，你认为获奖评价会是什么？

这取决于获奖的时间。假如是在 1969 年获奖，那么评价无疑是"此人向我们显示了如何从大萧条中摆脱出来，如何推行能导致合理、充分和完全的就业的政策"。但是，假如这个评价在 1989 年作出，那么我认为就会完全不同。它可能是"这位经济学家继续着以《论可能性》（Keynes，1921）开始的工作，并且一直富有成效，对经济学的专业进程发挥着巨大的影响"。但是，你知道这只是一个推测，没有人知道会是什么。让我梳理一下我对凯恩斯的看法。我相信他是一位伟大的经济学家，是我们时代最伟大的经济学家之一，《通论》是杰出的知识成就。有一种现象需要解释。在一个具有如此巨大生产能力的经济中，你怎么可能拥有广泛的失业呢？这是一种需要解释的现象，并且根据我的观点，他的解释是正确的。你所需要做的是拥有一种非常简单的、直抵根本原则的理论。假如理论极其复杂和困难，它就是不成功的，因为大多数现象是由一些核心的力量驱动的。优秀的理论所做的就是简单化，它抽出核心的力量，剔除其他的成分。因此，凯恩斯的《通论》是正确的理论。从总体上说，科学主要是通过扫清障碍的不成功实验得到发展的，我认为《通论》就是一个不成功的实验。它是正确的理论。它具有内容，因为它能使得你作出预言，但是当你作出预言时，它们没有被证实，因此我认为它是不成功的实验。

▲ 你认为新凯恩斯主义文献对宏观经济学的发展作出了什么主要的贡献？

我不想评论这个问题,因为我确实没有仔细地领会过它。自从我和施瓦茨的《货币趋势》(Friedman and Schwartz,1982)问世以后,特别是自从我的《货币的祸害》(Friedman,1992)出版之后,我确实没有对类似的问题进行任何研究。在过去的三四年中,我一直忙于我夫人和我自己的传记。

## 货币主义

▲ 你是否认为你对货币数量论的再次表述(Friedman,1956)是对凯恩斯流动性偏好理论的详尽阐述?

完全不是。正如我那时所说,我认为它是一般货币理论的延续,在凯恩斯理论出现之前,我作为一个学生就学习过这一理论。一般货币理论的一个成分是与流动性偏好分析一致的,但是,假如你问是否当时这就是我的动机,或者是否这就是我对它的理解,我的回答必须是否定的。

▲ 你是否认为你的再次表述是与凯恩斯主义分析的明显决裂?

不是。我一点也没有以这样的方式考虑我的再次表述。我只是试图记录下我对货币数量论的重新阐述。请记住凯恩斯是货币数量论的理论家。例如考量一下《货币改革论》(Keynes,1923),我相信这本书是他最优秀的著作之一,它被过于低估,并且远比《通论》有用。不像《通论》,《货币改革论》并不尝试建立任何新的理论。它潜心于将现存的理论用于一些有趣的现象和战后随即发生的通货膨胀。这是一个非常优秀的、明显的货币数量论的著作,并且我就是一位货币数量论理论家。因此,假如你询问凯恩斯的流动性偏好是以什么方式与他在《货币改革论》中采纳的货币数量论相区别,那么,这一区别只表现在具有流动性陷阱的思想当中。这是唯一根本的不同思想。在我的再次阐述中,不具有流动性陷阱,流动性陷阱是可能的,但不是这一分析的成分。

▲ 尽管到20世纪70年代初期,对货币函数稳定需求的信念得到了经验证据的支持,但是,从那时开始,许多研究发现了明显的不稳定证据。这动摇了为固定货币增长率的辩护吗?

既是又不是。假如你具有稳定的货币需求函数,那么,这并不等于说它从来就不再会变化,不再受到其他事物的影响。让我们拿我最熟悉的美国为例吧。假如你择取第二次世界大战以后到1980年这个时期,那么你具有一个稳定的货币函数,并且你是使用基础货币、还是M1、M2或者M3都无关紧要,这样你在本质上就得到了同样的结果。在 80 年代初期,货币制度发生了一系列结构性的变化,尤其是活期存款利率的支付,它具有改变货币需求函数的效应,尤其是对基础货币和 M1。这大约有五年的周期,在此期间,因为这些结构的变化,人们很难知道会发生什么。后来,大约从 1985 年开始,M2 的早期需求函数被重建起来,但它不是 M1 或者基础货币的函数;它们是不稳定的。正如我已经做的,假如你年复一年地针对两年后出现的通货膨胀的变化编制不同的货币总量,那么直到 1980 年,这种状况依然是无关紧要的,一切都是不错的。但是,到了 1980 年以后,M1 和基础货币完全出了毛病。另一方面,与 M2 的关系依然同过去一样好。因此,那里存在着真实的问题,因为——正如许多人所思考的(我不这么思考)——假如你把 M1 当作主要的货币总量,那么继续执行这种稳定的增长率就是错误的。但是,假如你维持 M2 的稳定增长率,你就会是正确的。

▲ 罗伯特·卢卡斯认为,对于弗里德曼和施瓦茨的《美国货币史》(1963)来说,20 世纪 70 年代是繁荣的时代,而 80 年代必然被视为温和衰退的时代(Lucas,1994b)。你对这一观点作何反应?这应该归因于实际经济周期理论家的影响吗?

204

我不知道如何回答这个问题。我确实没有从繁荣或衰退的角度来审视过这本货币史。关于这本书出版三十周年的意义,共有三种意见。我得说我最喜欢杰弗里·迈伦(Jeffrey Miron)的评论,因为他强调了我认为真正重要的东西,以及不仅与货币问题而且与作为整体的经济专业相关的东西,即以历史和经验材料检验理论的重要性。对我来说,似乎在许多方面,《美国货币史》的成就之一是有关方法论的。我不是指它没有取得重大的成就,而是说这里也存在着方法论上的成就,假如我记忆准确的话,迈伦在他的评论中强调了这一点。现在回到你的问题上来。这里有一个使科学远离政治的问题。80 年代是里根的时代。我作为里根的亲密顾问而闻名。尽管经济学可能不如你可以说出的其他学科真实,但是学术界几乎整个是反里根的。我在这里谈论社会科学和人文科学,而不是自然科学。我可能在这一点上是完全错误的,我希望我是,但是,我相信,我和里根政府的关系同经济学界希望与我的工作划清界限之间,有一定联系。另有一件必须说明的事情。在任何科学中有趣的事情——无论是经济学、数学还是其他什么——都不是重复过去,而是迈向新的事物。每隔十年或者二十年,每一种科学都必须有新的时尚,否则就会死亡。我认为对实际经济周期理论的强调就是提供了一时的新时尚,它对经济学家所从事的工作施加了巨大的影响。

▲ 你同意你的《货币政策的作用》(Friedman,1968a)也许是你最有影响的论

文吗?

关于这一点,我不怀疑它有着巨大的影响,但是,当你谈及比较的时候,我很难在它和《实证经济学方法论》(Friedman,1953a)之间作出决断,后一篇论文在不同的方向上,即不是对内容而是对方法论,影响同样巨大。

▲ 你认为在什么程度上,因为你的论文(Friedman,1968a)预测了20世纪70年代的事件,尤其是预言了加速通货膨胀,其影响得到了极大的增强?

就这一点来说,我认为不存在任何有疑问的东西。这就是态度转变的主要理由。正如我早些时候所说的,正确的理论是作出能引起反驳的预言的理论。凯恩斯的理论作出了能引起反驳的预言,并且它也遭到了反驳。我正在描述的理论也作出了预言;假如是这样的话,那么它预言了我们将经历的加速通货膨胀,而且它没有受到反驳。

▲ 在你对美国经济协会发表就职演讲的同一年,埃德蒙·费尔普斯在他的经济学论文(Phelps,1967)中也否认了通货膨胀和失业之间长期交替关系的存在。在你的菲利普斯曲线分析和埃德蒙·费尔普斯的分析之间是否存在着明显的差异?

这里有众多的相似和巨大的重叠。主要的差异是我是从货币的一面,而爱德蒙·费尔普斯是从劳动市场的一面来看待这一问题的。但是,理论是相同的,表述是相同的,这里不存在任何差异。

▲ 你对自然失业率的定义和凯恩斯对充分就业的定义之间有什么明显的差异?

这是一个困难的问题。他对充分就业的定义就是一种状态,在其中不存在不满意的雇员,任何接受现有工资水平的人都能得到一份工作。我认为我合理而正确地引用了这一点。我对自然失业率的定义是需求和供给达到平衡的失业率,因此不存在过度的供给或需求,人们的预期得到了满足。我认为这两者与威克塞尔的自然利率是相关的。我认为我们两者之间不存在太大的差异。

▲ 在你的《货币政策的作用》(Friedman,1968a)中,你集中表述了将通货膨胀预期引入菲利普斯曲线中的意义。从那时开始,在可能被描述为理性预期革命的东西之后,适应性预期就不再流行了。你喜欢用哪一种假定来为经济行为人形成这种预期?

我不知该怎样回答。理论的原则一直是相同的,即重要的是什么是预期以及预期发挥着重要的作用。这是一个古老的思想,并非新思想。我肯定你能在马歇尔那里发现它。我知道你能在熊彼特那里发现它。事实上,你随处都能发现它。

适应性预期研究方法仅仅是一种企图使之在经验上可以得到观察的方法,在许多情况下,它似乎发挥着作用,最明显的情况是菲利普·卡甘对德国和其他欧洲国家恶性通货膨胀的研究(Cagan,1956),在那里,适应性预期逐渐达到了必须改革的程度。那么,它就根本不起作用了。顺着这条思路,最好的研究是萨金特后来有关货币改革效应的研究(Sargent,1982)。

理性预期——罗伯特·卢卡斯的研究方法——在某种程度上是明显的,也是 206
著名的。过去每个人都知道一个理性的人不会只把他的预期建立在过去发生的事情上。假如公共政策出现了重大的变化或者明显的变化,他也会审视他对政策所知道的东西。卢卡斯的成就部分在于给予了这种想法以名称,我想你不要低估给事物命名的重要性。你知道,正如马歇尔过去常说的,没有人能同时记住所有事物;你不可能做到这一点。你必须将事物简单化,并表明它们是如何组合的。卢卡斯的真正成就是显示了你如何可能将研究数学化,同时从经验的角度设计这些研究。这些研究给你某种方法去得到假设的和无法测定的理性预期的经验对应物。这就是卢卡斯真正的成就。

我对以下观点一直有异议:存在着某种能让你判定预期正误的感觉。让我解释一下我所要表达的。此刻假定在下一个 20 年的某时会有一个较大范围的通货膨胀是完全理性的。已经出现了许多较大范围的通货膨胀。假定我预期出现较大范围的通货膨胀的概率和不出现较大范围的通货膨胀的概率都为 10%。我一直断言可能会发生较大范围的通货膨胀,并且为了保护自己,我一直在购买不动产,而不是名义资产。假如较大范围的通货膨胀没有发生,在什么意义上你能说我是错误的呢?这里一直存在着一个机会。在某种程度上,依据过去经济发展情形分析,任何事情发生的可能性一直只有一个。你是如何判断一个人所谓的理性预期是正确的呢?你可能说你必须从已经发生的事情中分得一份。我必须选取 1000 年、100 年、50 年吗?什么是正确的基础?另外,每一个理性预期想法认为你所预先具有的是一种可能性的分配,而不是一个简单的点,并且它会提出这样的问题:是否存在着一种客观的可能性?我能够理解的唯一可能性的想法是原始人和他心中的个人可能性。凯恩斯信念的等级也一样的。事实上,我相信凯恩斯在《论可能性》一书中所作的贡献被低估和忽视了。今天统计学中的整个贝叶斯定理的运用——它对统计学方法产生了巨大的影响——是建立在个人可能性和信仰程度的思想基础上的。它是建立在凯恩斯在其《论可能性》中提出的思想基础上的。

**▲ 当证据似乎表明通货膨胀率对实际变量没有强有力的影响时,我们应该为**

温和的通货膨胀率担心吗?

不,我们不应该为温和的通货膨胀担心,除非它造成了更大的通货膨胀,并且这是一个重要的例外。我对这一点证据的总结——我确实不可能自命这是可信的,因为在过去的许多年里,我没有关注这一领域的研究——是在未预期到的通货膨胀和失业之间没有长期的关系,甚至短期关系也是非常微弱的。我在长期关系上引用的重要事例是1879—1896年和1896—1913年的美国。1879—1896年,物价每年大约下降3%,当然不是有规律的,而是平均下降3%;1896—1913年,它们大约每年上升3%。然而,实际增长率在两段时间内是相同的。

▲ 在过去的几年中,货币主义和保守主义经常被联系起来。这一所谓的联系是不可避免的吗?

这一所谓的联系不是不可避免的。卡尔·马克思是一个货币数量论的理论家。中国的央行是货币主义者。另外,我自己不是一个保守主义者。我是古典意义上的自由主义者(liberal);或者用在美国变得普通的术语来说是哲学上的自由主义者(libertarian)。在任何情况下,得到适当解释的货币主义是一套客观的有关货币数量和其他经济变量之间关系的主张。假如保守主义的、激进主义的、共产主义的、社会主义的管理部门能够预计他们行为的后果,就能实现自己的目标。正确的货币主义主张对于任何一个国家的管理部门都是必要的。

## 新古典宏观经济学

▲ 人们可能认为经济中最困难的事情之一就是创造一种新的洞察力。这是否就是罗伯特·卢卡斯影响的最重要特点之一?

不是,因为我认为这一洞察力过去就有。每个人都知道应该向前看。他所做的就是展示了一种方法,由此,你可能使得这种洞察力具有操作性。我曾经搜集过一些有关预期的引文。一则特别好的引语取自熊彼特,它正好在洞察力的意义上清晰地表述了理性预期的观点,但是它没有操作性。我认为卢卡斯最大的成就在于使得它具有操作性。每个人都理解人们是在他们对未来的预期基础上行动的,问题是你的预期如何最接近这一未来。当然,理性预期真正的开端是约翰·穆思在《计量经济学》上发表的论文(Muth,1961)。

▲ 为什么你认为新古典宏观经济学对美国年轻一代的经济学家具有很大的吸引力?

政策无效的主张一度是非常普遍的,但是,这一主张是另一个属于正确理论但也受到其预期反驳的理论。任何面对 20 世纪 80 年代初期经历的人都不可能相信政策无效的主张是对短期将发生的事情的有效预期。1980—1982 年的不景气完全是对它的反驳。我不知道这一方法是如何流行的。它受到一个小团体的喜爱。它的美妙之处是把你带回到纯粹的理论分析当中。它没有被复杂性、复杂化、冲突和其他什么所玷污。假如人们能够正确地预期未来,它就如理论问题一样被汇总起来,但是情况就完全不同了。

▲ 凯文·胡佛描绘了你作为一个马歇尔主义者的工作和罗伯特·卢卡斯作为一个瓦尔拉主义者的工作之间鲜明的区别(Kevin Hoover, 1984)。这种区别有效吗?

这个问题涉及面很广。总的来说,我相信这可能是真的,我一直对马歇尔的方法和瓦尔拉的方法加以区别。从个人的角度来说,我一直是一个马歇尔主义者。这并不意味着瓦尔拉的方法是无用的或者不合适的方法。人们的性情和态度是不同的。我猜想在我对作为经济学家的马歇尔表示欣赏的问题上我没有屈服于任何人,但是作为个人他确实有缺点。他对待他妻子的态度是不名誉的。我们 1952—1953 年在剑桥度过了一年,当时我们就发现了这一点。我们在马歇尔图书馆花费了许多时间,并且阅读了大量马歇尔的文献。马歇尔的妻子似乎是一个非常有能力和干练的人。我不会进入这个故事。它会占用我们太长的时间。

▲ 基德兰德-普雷斯科特时间不一致性观点在规则和相机决策的争论中有多重要?

它在这一争论中非常有影响,非常精确,完全有效。

▲ 自从 20 世纪 80 年代初期新古典经济学的货币意外说让位之后,实际经济周期理论重新赋予了新古典方法以活力。按照你的观点,实际经济周期理论是否处于研究富有成果的思路上?

我对回答这一问题有些犹豫不决,因为我没有尽可能多地关注或者研究文献以便作出周详的回答。我相信不存在什么经济周期,这是一个误导性的概念。经济周期的看法认为有一种周期发生的现象,它受到经济体制机制内在的驱使。我相信在这个意义上不存在经济周期。我相信存在这样一种具有某种反应机制的体制,相信随着时间的过去,体制服从于外在的随机力量(一些是巨大的,一些是微小的)。这些力量对体制施加影响,同时体制对这些力量加以适应。这一适应的过程具有某些在一定程度上回到斯鲁斯基随机力量累积的思想的规则性。这些力量当中的一些无疑是实际的,并且就实际经济周期来说,人们强调扰动是来自外部的,这是有益的。另一方面,对实际扰动作出反应的机制很大程度上是货币性的,由于在这一过程中没有充分发挥货币的作用,因此经济周期的理论是无益的。你可能知道我自己一篇发表在《经济学探索》(1993)中的小论文,它论述了我所谓的"拨动理论"。许多年前,在国家经济研究署的年度报告中,我写下了这篇论文,而且在《最适宜的货币数量》(Friedman,1969)中收录了这篇论文,尽管为了在《经济学探索》上发表它我作了一点程度不大的修改。其中有一段话说道:"想一下,在完全水平的木板下面的两点之间有一根弦,它具有弹性,被绷得紧紧的,而且它被轻轻地粘在这块板上。用一个任意变化的力在或多或少随便选择的一些点上拨动这根弦,然后控制所能达到的最低点。结果会在这根弦上产生一连串明显的周期,它的振幅依赖于弹拨弦的力量。"对于我个人来说,与自生的周期模型相比,我发现了更为有用的模型。

▲ 20 世纪 80 年代,随着实际经济周期模型声望的增长,许多新古典宏观经济学家已经转向测定方法,而不是传统的计量经济学的方法,来检测其模型的运作。你是如何看待测定方法的?

我相信这是在回避这一问题。显示时间序列的特性可以在一种模型中复制是不够的。假如这一模型有任何意义,那么它就会对可能观察到的和可能相抵触的事物作出预言。假如你在其中有足够的变量,你就可能正好将所有数据和最小两次方的衰退匹配起来。

## 方法问题和总体问题

▲ 你早些时候评说过你的《实证经济学方法论》(Friedman,1953a)是你最有影响的论文之一。你是否曾经预见到你的论文所产生的争论?

没有。

▲ 科学哲学和形式方法论依然是你感兴趣的领域吗?

这是当时我感兴趣的领域,但是在我写了那篇论文之后,我决定宁愿从事经济学,也不告诉人们如何从事经济学。我发现我的观点与卡尔·波普尔(Karl Popper)的观点类似,我以某种含糊的而非非常严肃的方式理解他的作品。那篇论文之所以导致如此多的争论,主要原因之一是我决定不对此进行反击。我是严肃的。假如你想获得针对你的一篇文章的争论,那么就写点会遭到攻击的东西,然后并不回应攻击者,因为这篇文章开启了辩论。

210

▲ 你为何认为与宏观经济学问题相比,经济学家在有关微观经济学问题的争论中有更多的共识?

主要因为在微观经济学领域并不存在可以与宏观经济学领域相比的凯恩斯革命。有一段时间,张伯伦和罗宾逊不完全竞争的发展在微观经济学领域中也发挥着同样的作用,但是他们很快被吸纳进在马歇尔《政治经济学原理》中所体现的微观经济学理论传统经典的肌体之中。第二,也是引发凯恩斯革命的原因,是就业-失业的问题和经济周期的问题成了主要的政治问题。

▲ 你认为对于诸多的宏观经济模型来说,具有理论选择的微观基础有多重要?

对于宏观经济模型来说,具有理论选择的微观基础没有具有可能受到反驳的经验含义那么重要。理论选择的微观基础可能提供改进宏观经济模型的假定,但是,即使没有近来对理论选择的微观基础的强调,主要的宏观经济模型依然具有长期的名声和众多的成功。

▲ 你是否认为尝试理解工资和价格刚性的理由是一条富有成果的研究思路?

我相信你不可能告诉人们什么是一条富有成果的研究思路。每一个东西都是富有成果的研究思路。我记得非常清楚,当我向博士生就他们的论文提出建议的时候,他们总是接受下来,尽管过去对论文的主题都有了很多的研究。其实并不存在什么没有更多的东西需要论述的主题,尽管它是建立在过去所做的基础之上的。我不怀疑存在着工资刚性,因为它是显而易见的。这是生活的事实,很难否定它。问题是它们是否重要,并且在什么方面它们是重要的,在哪类现象中它们是重要的。正如我过去所说的,成功故事的本质是它从整个附随的环境中抽取了关键的因素。因此,我不会阻止任何人在这一领域从事研究工作。另外我也不会阻止任何人在任何领域从事研究工作。人们必须做的事情是去做使他们感兴趣的事情,从而增强他们的洞察力,提高他们的思想。

▲ 罗伯特·卢卡斯认为,"专业的经济学家主要是学者……他们的责任是通过将知识推进到新的因而也富有争论的领域来创造新的知识"(Lucas, 1994a, p. 226)。你认为宏观经济学研究的方向在哪里?

经济学家是学者,但是他们受到自己周围世界发展的影响。无疑对经济周期的巨大兴趣部分是大萧条现象的结果。在今天的世界上,我们拥有最令人震惊的现象:一方面存在着世界范围内的技术革命,另一方面存在着政治革命——苏联的崩溃和卫星国的独立。两个影响产生了共同的结果,即人们所称的"经济全球化",这也正是我厌恶的术语。两个革命产生了这样一种情景,即生产者可以在全

211

球的任何地方生产一种产品,将它在全球的任何地方销售,并且利用位于全球任何地方的资源,使自己位于全球的任何地方。因此谈论国内的事物不再有意义了。当一部轿车的一些部分来自日本,一些部分来自其他国家的时候,它是否还是美国生产的呢?这一直是真实的,但是今天它成为更为重要的现象。另外,还存在着许多与不发达或者落后国家相关的问题,这些国家现在也第一次进入了世界的潮流。这些是十分重要的现象,需要得到讨论和分析。经济学家应该去发现他们如何才能理解这些现象,发现有助于解释这些现象的事物。我丝毫不怀疑这将是未来几年研究的焦点所在。

▲ 在 1991 年《经济学杂志》上发表的论文中,你对"分析工具"的重要改进给予了关注,但是,你似乎认为众多经济研究的质量已经下降了。你能详尽阐述这一观点吗?

我相信我并没有这么表达。我首先要说的是经济学越来越成为数学的不可思议的分支,而不去处理经济的问题。无疑这已经发生了。我相信经济学在这个方向已经走得太远了,不过存在着对此的纠正。比如《经济学杂志》。它对最近的争论进行了介绍。这一部分确实与过去发生的不太相同。无疑对所有人来说,除了其专门的领域,要无所不知是越来越困难了,我相信这是经济学中发展中最坏的特性。在这个意义上,你所谈论的经济学研究的下降和退化是真实的。但是,作为技术和理论结构的分析工具确实在一段时间里有了很大的提高。

▲ 你认为为何宏观经济学研究的领导地位在第二次世界大战之后从英国转移到了美国?

回答很简单。假如你拥有过于正统的理论,那么你就不会拥有任何领导地位。毫无疑问,英国在 20 世纪 30 年代处于领导者的地位,但是它后来固化为正统观念的顽石,不再是引领未来的滋生地。当然,这是一个复杂的问题,因为它与整个英国在第二次世界大战之后作用的变化完全联系在一起。第一次世界大战大大削弱了英国作为世界领导者的地位,而第二次世界大战进一步强化了这一削弱。但是我在根本上认为,问题是剑桥在经济学上的领导地位,并且英国的经济学成为可固化为正统的理论,它不是革命或者创造性研究的良好滋生地。

## 经济政策

▲ 一些经济学家——也许是大多数——总是认为货币主义者和凯恩斯主义者

的根本差异与其说是他们各自对货币供给的观点，不如说是他们对市场机制均衡力量的不同看法。货币主义者相信市场力量的均衡倾向，而凯恩斯主义者坚信存在着实际的市场失灵，它要求在宏观的水平上进行积极行动主义的干预。你同意这样的观点吗？

我不同意这样的观点。有着各式各样的货币主义者，一些人强调市场的失灵，一些人则不。所有经济学家——货币主义者、凯恩斯主义者，等等——都认为存在着市场失灵。我相信真正使得经济学家相互不同的因素不是他们是否承认市场失灵，而是他们认为政府的失灵有多么的重要，尤其是在政府寻求医治据说是市场失灵的东西的时候。接下来的差异与经济学家针对各种问题所持有的时间观点相关。就我自己而言，我相信我并不比大多数凯恩斯主义者更多地对市场力量的均衡倾向充满信心，但是，我比大多数经济学家——无论凯恩斯主义者还是货币主义者——更不相信政府弥补市场失灵而不把事情弄得更糟的能力。

▲ 你认为最不一致的地方似乎没有涉及经济政策的主要目标，而是实现这些目标的合适工具的选择（*American Economic Review*，1968a）。总体而言，根据你对消费函数和货币经济学的研究，你认为在宏观经济学的背景下，财政政策的作用是什么？

我相信：假如财政政策不试图弥补经济中的短期变化，它的作用将是巨大的。在这里我表达一个少数派的观点，但那也是我的信念：财政政策不是控制经济短期变化的有效工具。这些年我企图做的一件事情就是发现一些案例，在那里，财政政策朝着一个方向发展，而货币政策朝着相反的方向发展。在每一案例中，事件的实际过程是紧随着货币政策的。我没有发现一个案例，财政政策在其中决定着货币政策，并且我向你提议做一个能够提供相反事例的检验。对此有两种可能的解释。一个我认为是真实的：政府财政赤字具有刺激性的凯恩斯主义观点是完全错误的。因为赤字必须受到资金的支撑，因此它不具有刺激性，并且用资金支撑赤字的消极作用抵消了在支出上的积极作用（假如有这种效应的话）。但是，这可能并不是理由，因为还存在着另一个理由：以敏感的短期方式调整财政政策远比调整货币政策艰难。因此，我相信短期的财政政策没有任何作用。在不同效用之间的资源的长期分配方面，财政政策有着巨大的作用，并且这也是这一观点需要存在的地方。

▲ 你是否认为甚至在 20 世纪 30 年代的情况下，你也没有主张扩张性的财政政策？

不是财政政策,而是处于主导地位的货币政策。你没法对试图抵消货币总量下跌三分之一的财政政策做些什么。让我来向你展示一个近来的事例。现在以日本为例。日本人花费了大量的时间和金钱企图拥有一个扩张性的财政政策,同时不需要一个扩张性的货币政策。对于日本我有所夸大。因为大约在去年,主要是因为日本银行新的领导人的任命,日本人开始追随扩张性的货币政策。我相信日本人将显示出相当水平的进步,他们将东山再起。这是非常有趣的现象,因为过去五年日本中央银行的行为重复了1929年之后联邦储备系统的行为。

▲ 从20世纪80年代初开始,持续的高失业率一直是欧洲经济的特色。人们提出了包括迟滞理论在内的各种解释。你是如何解释这种持续失业的呢?

我相信这是广泛的福利国家和体制僵化的结果。我阅读过芝加哥联邦储备银行的一篇非常有趣的工作底稿,它是由拉尔斯·扬奎斯特(Lars Ljungqvist)和汤姆·萨金特共同写作的。他们所阐明的一个明显解释是福利国家的制度安排和人们所拥有的动机变化。不过另一方面,对此明显的回应是为何它对较早的失业没有产生同样的影响。他们的解释是较早时期是一个更为稳定的时期,那时对环境变化作出迅速以及广泛而动态的调整并无必要。但是在过去的十年或者二十年,由于技术革命和政治革命,完全有必要进行巨大的变化,并且欧洲是僵化的。假如一切都进展顺利还不错,不过它并不十分擅长适应巨大而动态的变化。对我来说这具有重大的意义。你可能会问这样的问题:为什么美国没有同样的经历?我不能确定我现在的答案在未来是有效的,因为我们在同一个方向行走,尽管我们走得并非同样远。我们拥有更有弹性的工资制度。尽管雇用员工变得越来越困难,但是解雇人也更为容易。由于赞助性行为以及相关的规则和法律,雇主在雇用员工时出现了越来越多的阻碍。但是我们依然比欧洲经济的状况要好。

▲ 在另一篇出版于1953年的——布雷顿森林固定汇率体系建立仅九年——具有广泛影响的论文(Friedman,1953b)中,你为浮动汇率进行了辩护。根据70年代这一体系崩溃之后的经验,你是如何回应浮动汇率的批评者突出的可变性或者不稳定性的问题的呢?

这一可变性比我想象的要大。我对此没有疑问,但是存在着两个建议。一个是高度可变性的理由是对国际市场发挥作用的高度可变的力量。根据我的观点,这一市场来自以下事实:从1971年开始,世界具有了一种没有先例的货币体系。在世界历史上,首次出现了主要通货,或者就此而言次要通货没有和商品直接地联系起来。最初,每个人是在海图没有标明的海域航行,在这片海域,一些人朝着一

现代宏观经济学:起源、发展和现状

个方向航行,另一些人朝着另一个方向前行。因此在不同的国家不同的通货膨胀率中有着更为宽广的、远远超出你所习惯的可变性,导致了汇率上更大的可变性。

第二个建议是汇率的可变性是一件好事。假如你试图在这些条件下保持固定汇率,那么它就要求对各个国家之间的自由贸易进行大的干预。所以,汇率的可变性比我预计的要重要得多,同时我相信这是一个对正在发生的事情必要的反应,可215能是过度的反应;并且随着这段时间的过去,假如你审视这一经历,它并不具有任何消极的影响。我不怀疑任何汇率的调整将是过度的。假如你需要大的变化,调整将会是巨大的,并且因为预期和投机的影响,它还会再度出现。但是我相信你不具有任何破坏稳定的投机事例。从整体上说,投机者发挥着积极的功能。欧洲的汇率机制从根本上说是不稳定的,并且投机者在 1992 年 9 月打破了这一体制,其他地方更早,这是意料中事。英国因为将自己的货币和这一汇率机制联系在一起而犯下了巨大的错误。它不应该这样做,它为此付出了巨大的代价。

▲ 你对建立欧洲单一货币的愿望有什么看法?

存在着两个不同的问题,即愿望和可能性。我相信这是一件可能去做的事情,是某种我在所有地方反复论述的事情。对我来说似乎你必须区分统一的货币和由固定汇率连接的货币。假如你只有一个中央银行、一个政府所在地,那么你只能够拥有一个统一的货币。我不相信你会乐意关闭英格兰银行,法国会乐意关闭法兰西银行。所以,似乎对于我来说,政治的统一化必须先行。我们有多少次不得不看到相似的现象在重复着自身?第二次世界大战之后出现了布雷顿森林体系,并且它崩溃了;在 70 年代,"蛇形浮动体系"也崩溃了。在你认识到许多独立的国家所拥有的固定汇率出现了某种真正的麻烦之前,有多少次你必须重复一种经历?一直被关注的 19 世纪以某种非常简单的方式与现时期相区别。主要国家的政府支出在 1913 年之前只占国民收入的 10% 左右。一个政府支出了 10% 的国民收入就可以运作的体制在支出了 50% 的国民收入时却不可以运作了。人们感到单一货币是符合人们愿望的,但是说某种不可实现的东西是符合人们愿望的意味着什么呢?

▲ 正如许多英国的批评家怀疑货币的统一正被当作向政治统一前行的方式来利用一样,你说在经济统一之前需要政治的统一,这很有趣。

我不怀疑这一点,我不怀疑德国人和法国人正企图做这件事,但是我相信他们不会成功的。

▲ 宏观经济学不是实验室科学;我们从一些事件中得到教训。我们从 20 世纪216 80 年代初美国和英国的"货币主义实验"中学到了什么呢?

你必须区分两种不同的事物。所谓的货币主义实验发生在 1979 年。那时,联邦储备系统主席沃克尔宣布他将采取货币总量,而不是利率作为他的指导。但是他没有做。假如你审视一下货币总量,它们在沃克尔时期比历史上任何过去的时期都富有变化。因此他没有遵循货币主义的路线。另一方面,假如你消除这一混乱,并且审视 1980—1995 年在世界货币总量中每个国家的普遍趋向,那么货币增长开始下降,随之而来的是通货膨胀。因此我认为世界所有国家的实验充分证明了通货膨胀是一种货币现象的观点。

▲ 政府为何制造通货膨胀?

它们制造通货膨胀是为了从中获得财政收入,而且通货膨胀率下降不是因为政府变得高尚了,而是因为它们不能从中得到更多的收入。1985 年我在日本银行作了一次演讲,我把这一演讲作为《货币的危害》最后一章的基础。我把这一章命名为"许可世界里的货币政策"。其中一段说:"作为政策的取向,通货膨胀已经越来越没有吸引力了。鉴于投票的公众对通货膨胀极其敏感,他们通常可能在政治上对建立货币的安排是有利的,对于费雪的归纳来说,这些安排给了不可救药的纸币本位制一个例外。"费雪在其《货币的购买力》(Fisher,1911)中说,对纸币本位的每一次尝试都是灾难性的。政府如何从通货膨胀中得到金钱呢? 第一,高能货币具有直接价值。这是一个非常小的来源,微不足道。最重要的是两个其他的来源。第一个是假如你的税收是按名义价格计算的,那么在没有任何人必须投票支持高税收的情况下通货膨胀就提高了税收。第二个是假如你已经能够以低于通货膨胀率的利率发放债券,你就能侵占这些债券。对过去债务的侵占以及税收的自动增长,对从 20 世纪 70 年代开始通货膨胀的美国来说,无疑是税收的主要来源。这是毫无疑问的。我记得某次和后来成为路易斯安那州国会参议员、当时在金融委员会工作的朗格共进早餐。他说:你知道,假如本期收入不能通过通货膨胀自动地提高,那么我们就不可能通过本期税率。这在政治上是不可能的。为通货膨胀调整税率、改变税率会消除收入的一个来源。证券市场变得对通货膨胀极为敏感的事实已经消除了第二个来源。因此你现在能够从通货膨胀中得到多少收入呢? 通货膨胀是没有价值的。假如你在未来拥有了通货膨胀,我的预言是:对于充分就业的目标来说,这只能作为尝试;并且它不能作为增加收入的方法。这就是我为什么十分相信在未来不存在范围较大的通货膨胀的原因。

▲ 你认为在没有重大的实际产出-就业的成本的情况下,是否能够消除通货膨胀?

我对此非常怀疑。这就是你不希望通货膨胀发生的原因所在,因为使它下降是非常困难的。

## 个人信息

▲ 获得诺贝尔经济学奖对你个人来说具有怎样的重要性?

很明显,这是极有价值的。我最初是在底特律的一个停车场从一位记者那里得知我获奖的,他将麦克风朝着我的脸问道:"你是否认为这是你事业的顶点?"我回答道:"我更关心我的后继者从现在往后50年是如何看待我的专业著作的,而不是关心碰巧在诺贝尔委员会的七个人对我作品的判断。我并不是贬低诺贝尔委员会。总体上说,委员们的工作是尽职和良好的,但是,同时,对于科学家真正重要的是他的作品对科学的长期影响。

▲ 你已经出版的著作和可引用的文章的数量是否大得惊人?

我不知道有多大。但它的确是非常大的。

▲ 你是如何找到写作如此众多的作品的时间的? 如此大的工作又是如何影响你的家庭和社会生活的?

我婚姻生活的大部分时间,特别是在芝加哥的最初阶段,我们通常在新罕布什尔州我的第二个家的乡下度过充实的三个月,后来是在佛蒙特州。我将自己后来的生活分成两半:六个月在芝加哥,六个月在佛蒙特州。几乎我所有的写作都是在佛蒙特州或者新罕布什尔州完成的,相对来说,在学校就几乎什么也不写。我设法压缩公共活动。我不离开佛蒙特州或者新罕布什尔州去演讲、参加会议和发言。尽管偶尔也有例外,但是我在最大程度上把它作为严格的规则。当我阅读依然留存的那个时期的日记的时候,我对自己在芝加哥时密密麻麻的日记和佛蒙特州或者新罕布什尔州空空荡荡的日记感到震惊。这是我能够写这么多的唯一原因。

218

▲ 你的许多观点一度是激烈辩论和争论的主题,现在却稳固地嵌入宏观经济学主流正统学派当中,你是否发现这具有讽刺意味?

我认为这非常令人满意,一点也没有讽刺意味。它为什么得具有讽刺意味呢?新观点在被接受前都要经过争论。如果你是在挑战传统智识,引起反应是非常自然的。第一反应是,这些都是废话,它那么极端,不可能是正确的。第二反应是,哦,你看,它有点道理。第三反应是,它被嵌入理论中,没有人再去谈论它。

▲ 在这样的情况下,要确信自己的观点正确,是否需要厚脸皮和强力?

我不认为这和脸皮厚有关。我认为问题是对你正在从事的工作要有信念。信念是强大的。我从不因为知识分子的攻击而感到烦恼。这不是一个问题。我一直与那些观点与我相异的人相处得很好。除了非常非常少的例外,我从来没有与人相处的问题。例如,我和保罗·萨缪尔森是非常好的朋友。

▲ 你是否有没有实现的专业抱负?

我不这样认为。我的主要抱负现在是完成我的回忆录,我已经在回忆录上花费了很长的时间。一年半来我一直有病,这减慢了我写作回忆录的速度。

▲ 最后一个问题。约翰·伯顿将你形容为 20 世纪的亚当·斯密(John Burton,1981)。这一形容你乐意接受吗?

我确实乐意接受这一点。毫无疑问,亚当·斯密是现代经济学之父。我认为别人这样看待我是对我的极大赞美。但是,我相信这一观点不是建立在我的科学著作而是建立在我宣传自由市场的公共活动之上的。

（佘江涛　译）

# 第五章　新古典学派

现存的凯恩斯宏观经济学模型在阐述货币政策、财政政策及其他政策时不能 219
提供可靠的指导。这一结论部分建立在这些模型近来惊人的失败上，部分建立在
它们缺少完备的理论基础或经济基础……在后一个根基上，对这些模型微小或者
甚至重大的修正将导致它们可信性的明显提高是绝无希望的。(Lucas and Sar-
gent,1978)

## 5.1　导论

在 20 世纪 70 年代初期，有一种信仰出现了重大的复兴，那就是假如政府看得
见的手不再实施错误的相机财政政策和货币政策，市场经济有能力实现宏观经济
稳定。特别是 70 年代"大通货膨胀"为这些经济学家提供了越来越高的可信度和
影响力，他们警告，凯恩斯的行动主义过于野心勃勃了，并且更为重要的是它基于
有着根本缺陷的理论。对于凯恩斯主义的批评家来说，大萧条事件和凯恩斯理论
所起的作用错误地将世界推入了"对自组织的市场体制深重的怀疑之中"(Sachs,
1999)。正如我们在第三章所见，正统的凯恩斯主义者坚持认为相对低水平的失业
是可以通过扩张性的总需求政策实现的。这一观点受到了米尔顿·弗里德曼的强
烈挑战，他发动了一场"货币主义反革命"来抵制 50 年代和 60 年代之间政策的行
动主义。在 70 年代期间，另一批经济学家对凯恩斯主义的经济学提出了更具杀伤
力的批评。它们对凯恩斯以及凯恩斯主义者的主要反对是他们没有能够探究对经
济行为人行为内生构成的预期的充分含义。另外，这些批评家坚持认为唯一将预
期并入宏观经济学模型的方法是采纳某种变化了形式的约翰·穆思(Muth,1961)
的"理性预期假设"。

托马斯·萨金特也向均衡理论的原则转变(Sargent,1979)，追随他的贡献，理
性预期的理论家们作为新古典学派一并变得大名鼎鼎。根据该学派的标签推断，

新古典学派假设在竞争市场的框架中存在着持续市场出清,通过这一假设,它企图恢复均衡分析的古典模型。市场出清意味着完全的、即时的弹性物价,这一假设代表着新古典理论化最富有争议的一面。根据胡佛的观点,这一假设的并入体现了他们思想中新古典的因素,即一个坚定的信念:"应该以经济均衡来为经济建模。"(Hoover,1992)因此,对于新古典理论家来说,"最终的宏观经济学是特定的一般均衡微观经济学。"正如胡佛所指明的,这一方法不仅意味着古典思想模式的复活,而且是"宏观经济学的安乐死"。

## 5.2 小罗伯特·卢卡斯的影响

小罗伯特·卢卡斯被广泛地认为是宏观经济学新古典方法发展的发起人和核心人物,他被迈克·帕金(Parkin,1992)形容为"我们这一代宏观经济学的头号登山运动员"。由于他"发展和采用了理性预期的假设,因此改变了宏观经济学的分析,并加深了我们对经济政策的理解",为了表彰卢卡斯在宏观经济学中具有开创性的研究,1995年10月,瑞典皇家科学院宣布了授予卢卡斯诺贝尔经济学奖的决定。这个威望极高的奖项并没有使经济学家感到惊讶,因为,卢卡斯的重要成就无疑使他成了20世纪最后20年之间最有影响的宏观经济学家(见Fischer,1996a;Hall,1996;Svensson,1996;Hoover,1988,1992,1999;Snowdon and Vane,1998)。一些评论家认为卢卡斯对经济周期分析的贡献是"经济学自然进步的一部分"(Chari,1998),或者是"知识稳定的积累"(Blanchard,2000),同时一些人在讨论卢卡斯对宏观经济学的成就时,经常提到"革命"或者"反革命"这两个词(Tobin,1996;Snowdon and Vane,1996b;Woodford,2000)。

尽管卢卡斯早在1965年分析最佳投资政策时就明显地采用了理性预期的假设,但是直到他开始在瓦尔拉的均衡框架中深入思考总供给的问题时,这一假设对宏观经济学的实际意义才变得清晰起来(Fischer,1996a)。卢卡斯和拉平的论文(Lucas and Rapping,1969)也许是实质上的第一篇"新古典"论文,因为它强调了失业均衡的(自愿)性质,并且它使用了跨期劳动替代的假设(见Hoover,1988和第六章),同时,由卢卡斯写作并在1972—1978年间出版的一系列论文奠定了研究总量经济波动(经济周期)的理性预期均衡方法的分析基础。这些论文一并对20世纪最后25年宏观经济学的研究方向产生了巨大的影响。正如《社会科学引用索引》所记载的,引用量提供了一个客观的尺度或者一些论文在宏观经济学发展中所产生的冲击/影响的标志。表5.1提供了卢卡斯在主流宏观经济学领域中被引用最多的三篇论文(Lucas,1972a,1973,1976),以及一篇来自经济增长领域中的论文(Lucas,1988)。为了有助于将这些论文的影响放置在背景当中,我们也为其他几篇著名的、引用率极高的论文提供了引用量信息,它们是弗里德曼(Friedman,1968a)以及基德兰德和普雷斯科特的论文(Kydland and Prescott,1977,1982)。

**表5.1 引用量:1966—1997**

| 论文 | 1966—1970 | 1971—1975 | 1976—1980 | 1981—1997 | 总计 | 自出版以来平均每年引用 |
|---|---|---|---|---|---|---|
| Friedman,1968a | 30 | 148 | 238 | 508 | 924 | 31 |
| Kydland and Prescott,1977 | — | — | 25 | 499 | 524 | 25 |
| Kydland and Prescott,1982 | — | — | — | 443 | 443 | 28 |
| Lucas,1972a | — | 12 | 112 | 503 | 627 | 24 |
| Lucas,1973 | — | 10 | 122 | 583 | 715 | 29 |
| Lucas,1976 | — | — | 105 | 654 | 759 | 35 |
| Lucas,1988 | — | — | — | 568 | 568 | 57 |

资料来源:Snowdon and Vane(1998)。

正如表5.1所表示的,卢卡斯的影响对于1970年以来的宏观经济学具有巨大的重要性。但是,在70年代,新古典经济学其他富有影响的代表者还有托马斯·萨金特、罗伯特·巴罗、爱德华·普雷斯科特、尼尔·华莱士。在英国,新古典的方法——特别是将理性预期的假设并入宏观经济学分析的需求——主要得到了帕特里克·明福特的拥护(见对巴罗教授和明福特的采访,Snowdon et al,1994)。

凯恩斯的宏观经济学模型忽视了内生预期,米尔顿·弗里德曼(Friedman,1968a)和埃德蒙·费尔普斯(Phelps,1968)对这种忽视的重视形成了一些成为卢卡斯著作基础的洞见。卢卡斯的著作(Lucas,1972a,1972b,1973,1975,1976)在将宏观经济学家引入穆思的理性预期假设(Muth,1961),以及认识它对理论和经验工作的巨大意义上起着关键的作用(Lucas,1981a)。特别是随着理性预期的引入,标准的凯恩斯主义模型似乎不能得出政策上的结论。阿兰·布林德所指的"卢卡斯革命"展示了一个比货币主义的批评更为有力的对凯恩斯主义主流的挑战,这一挑战具有潜在的破坏性,并且更为持久(见 Snowdon,2001a)。卢卡斯回忆道:他是

222

"20 世纪 60 年代作为货币主义者成长起来的",并且弗里德曼"一直有着巨大的影响"。确实,在 90 年代期间,卢卡斯依然认为自己是一个"货币主义者"(Lucas,1994b;Snowdon and Vane,1998)。不过,虽然正统的货币主义把自己作为标准的凯恩斯主义模型的替代物,但是它并没有对它构成严重的挑战。因此,虽然 70 年代的新古典经济学Ⅰ型最初来自货币主义的宏观经济学,但显然,新古典经济学应该被认为是从正统货币主义中产生的独立的思想流派。虽然 70 年代的新古典学派无疑在它的政策制定范围内是"货币主义的",但是,根据胡佛的观点(Hoover,1984),新古典学派更为激进的音调来自卢卡斯和弗里德曼理论上的关键差异,这一理论分化的根源是方法上的:弗里德曼是一个马歇尔主义者,而卢卡斯是一个瓦尔拉主义者。尽管他们存在着方法上的差异,但是德弗洛伊(De Vroey,2001)无疑正确地认为:"弗里德曼和卢卡斯可能是 20 世纪下半叶最有影响的经济学家。他们能够彻底颠覆凯恩斯的范式。"在卢卡斯对托宾的著作《财产积累和经济行为》(Tobin,1980a)的评论中,他宣称:

凯恩斯主义的正统观点或者新古典综合陷入了深深的麻烦之中,这是一个运用理论所能发现自身陷入的最深的麻烦。它似乎正在给予最基本的宏观经济学问题非常严重的错误回答。(Lucas,1981b)

卢卡斯和其他新古典经济学家为何并且如何在 70 年代对凯恩斯主义的经济学持否定的态度,是这一章的主题。

在这一章余下的部分,有四个目标。首先,讨论作为新古典模型基础的核心理论命题(第 5.3 节)。第二,借助这一讨论,思考经济周期的新古典理论(第 5.4 节)。第三,研究来自宏观经济学新古典方法的政策含义(第 5.5 节)。最后,评估新古典学派对宏观经济学所产生的冲击。

## 5.3 新古典模型的结构

新古典学派作为一个独特的流派出现于 20 世纪 70 年代,正如我们已经注意到的,其发展中的关键人物是小罗伯特·卢卡斯。但是,新古典研究传统的来源是不同的。例如,在早期新古典模型中对信息和预期的强调同奥地利学派传统有一定的联系,哈耶克最好地代表了这一传统(见第九章)。在分析经济周期的时候,卢卡斯区分了刺激(冲击)和传播机制,这一区分来源于弗里希(Frisch,1933)开创性的研究。货币扰动在创造总量稳定时的重要作用稳固地存在于古典的传统和弗里德曼的货币主义传统中；确实，托宾认为早期的新古典学派所起的作用是"货币主义Ⅱ型"（Tobin，1981）。费尔普斯等人的著作《就业与通货膨胀理论的微观基础》（Phelps et al.，1970）启发了卢卡斯采用从费尔普斯"岛屿寓言"的使用中收集起来的真知灼见，并且去寻找分析劳动市场动力的理论。最后，卢卡斯的方法受到一般均衡理论的巨大影响，这一理论传统是由瓦尔拉、希克斯、阿罗和德布罗构成的（见Zijp，1993；Beaud and Dostaler，1997）。

70 年代初期的新古典方法具有几个重要的性质：

1. 十分强调用新古典选择理论的微观基础来巩固宏观经济学理论的形成，这一微观基础处于瓦尔拉一般均衡的理论框架之中。

2. 采用关键的新古典假定，即所有经济行为人是理性的。也就是说，行为人服从于他们面对的约束而持续地追求效益的最优，厂商最大化其利润，劳工和家庭最大化其效用。

3. 行为人不会一直处于货币幻觉之中，因此，唯有实际量（相对价格）与最优决策有关。

4. 完全、持续的工资和价格弹性保证：当行为人耗尽从交易中产生的所有互惠受益时，市场就会不断地出清，不留下未被使用的有利可图的机会。

鉴于这些假设，货币数量的变化应该是中性的，实际量将不依赖于名义量。但是，经验的证据显示，在实际的国内生产总值和名义价格水平（向上倾斜的总供给曲线）之间，以及在名义货币供给变化和实际国内生产总值之间，存在着正相关（至少是在短期之内），并且在通货膨胀和失业（菲利普斯曲线）之间存在着负相关；也就是说，从经验的角度来看，在短期内货币似乎不是中性的。解决古典/新古典理论预见的货币中性和显示非中性证据之间的难题将是重大智力成果。卢卡斯独创性的论文《预期和货币的中性》（Lucas，1972a）就是这一成果的代表。卢卡斯的关键思想是，把古典的经济行为人具有充分信息的假设改变为行为人信息不充分的假设。

224

我们可以将早期宏观经济学新古典方法的主要特性归纳为对三个主要假设的一并接受：（1）理性预期假设；（2）持续市场出清的假设；（3）卢卡斯的（意外）总供给假设。在下面分别讨论这些假设的时候，读者应该记住，尽管新古典经济学家接受了所有三个假设（见图 5.1），但是对于不同主张的经济学家来说，支持理性预期假设而不必同时接受三个假设是可能的。（见第七章）

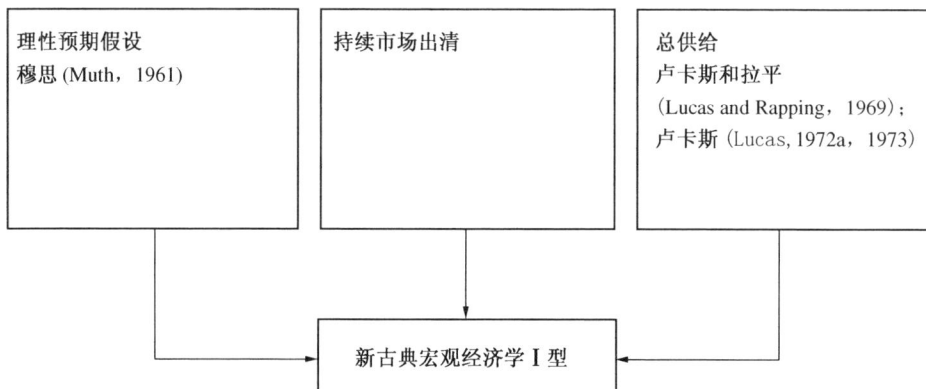

| 理性预期假设<br>穆思 (Muth，1961) | 持续市场出清 | 总供给<br>卢卡斯和拉平<br>（Lucas and Rapping，1969）；<br>卢卡斯 (Lucas，1972a，1973) |

新古典宏观经济学 I 型

图 5.1　新古典学派的结构

**5.3.1　理性预期假设**

　　新古典宏观经济学的核心信条之一是理性预期假设(REH)，它与约翰·穆思最初在微观经济学背景下的研究(Muth,1961)有关。然而，注意到以下一点是有趣的：库泽坎普认为丁伯根是穆思的先行者，他几乎在 30 年前就提出了理性预期的模型(Keuzenkamp,1991)。我们也应该注意到是艾伦·沃尔特斯首先运用了他所说的宏观经济学的"一致性预期"的思想(Walters,1971)。但是，对 70 年代初的年轻新古典经济学家最有影响的，正是约翰·穆思独创性的论文(Muth,1961)。在他独创性的文章中，穆思认为"因为预期是未来事件信息全面的预见，因此，它们在本质上是与相关的经济理论的预见一致的"。

　　预期是主观的，它们对经济行为人的行为是重要的，并且所有的经济行为具有信息的/预期的范围。例如，对经济变量未来值的预期将明显地影响需求和供给的决策。正如卡特和马多克指出的，"因为所有的经济决策实际上都涉及对未来不确定的收益采取行动，因此，对未来的预期在决策制订中是至关重要的。"(Carter and Maddock,1984)通货膨胀预期会影响行为的一个明显事例关系到工会和雇主之间的谈判。假如工会的谈判者低估了整个商定好的工资契约时期的通货膨胀率，那么，工人就可能发现他们遭受了名义工资的增加和实际工资的减少。

　　对某一关键经济变量未来值的预期无需被限定在单一的预见值中，而是可能更为现实地采用产出的可能性分配的形式。因此，在将预期融入宏观经济学模型的问题上，经济学家面临着两个关键问题：

　　1. 为了形成关键变量的预期，个人如何获得、处理和利用信息？

2. 在宏观经济模型中,我们应该采用什么形式的预期假设?

70 年代,理性预期假设替代了适应性预期假设,成为构成内生预期的主导方式(在凯恩斯出版于 1936 年的《通论》中,他强调了认识宏观经济不稳定性的重要性,但是在凯恩斯的理论中,预期是外生的,受到"动物精神"驱使的;见第八章和 Keynes,1937)。理性预期假设的巨大魅力在于,预期构成的选择性(非理性)假设226存在系统性错误,这是一种不能为生活在正统新古典模型中的理性计算的行为人所接受的状态。

理性预期假设多年来以各种不同的形式和版本出现在文献当中(见 Redman,1992)。一开始就注意到这一假设弱和强的两种形式的差异是重要的。这一假设的弱形式是:在对一个变量的未来值形成预见或者预期时,理性经济行为人将最好地(最有效地)利用所有可以公开得到的信息,这些信息与他们认为能决定该变量的诸多因素有关。换句话说,预期被假定为由单个经济行为人根据效用最大化要求"理性地"形成。例如,假如经济行为人认为通货膨胀率是由货币增长率决定的,他们将充分利用所有可以公开得到的有关货币增长率的信息,以形成他们对未来通货膨胀率的预期。强形式的理性预期假设在以上引用的穆思论文(Muth,1961)中得到了表述,新古典学派的主要代表人物采纳了穆思的强形式,并把它融入宏观经济学模型当中。在穆思的强形式当中,经济行为人对经济变量的主观预期将符合这些变量实际的或者客观的条件数学期望。运用经济行为人通货膨胀预期( $\dot{P}_t^e$ )的事例,理性预期假设可以用下式表达。

方程5.1 $$\dot{P}_t^e = E(\dot{P}_t \mid \Omega_{t-1})$$

在这里, $\dot{P}_t$ 是实际通货膨胀率; $E(\dot{P}_t \mid \Omega_{t-1})$ 是根据截至之前的( $\Omega_{t-1}$ )期 所能得到的信息对通货膨胀率的理性预期。理性预期并不意味着行为人能准确地预见未来,强调这一点是重要的。理性预期和完全预见不同。为了构成对通货膨胀的预期,行为人需要考量什么是他们相信的"正确的"宏观经济模型。行为人在预期时会犯错误,因为可以得到的信息是不完全的。确实,这是卢卡斯货币意外模型的一个根本要素(见第 5.3.3 节和第 5.5.1 节)。但是,这种预见错误和预期(例如对通货膨胀的预期)形成时期的信息集合无关。由于理性预期,行为人对经济变量的平均预期是正确的,也就是说,等于它们的实际价值。进一步而言,这一假设意味着行为人不会形成有系统性错误的预期。人们认为,假如有系统性的错误,行为人227就会从他们的错误中吸取教训,改变他们形成预期的方式,从而消除系统性的错

误。更为规范的是,强形式的理性预期假设意味着:

方程 5.2 $$\dot{P}_t^e = \dot{P}_t + \varepsilon_t$$

$\dot{P}_t^e$ 在这里等于从 $t$ 到 $t+1$ 期的预期通货膨胀率;$\dot{P}_t$ 等于从 $t$ 到 $t+1$ 期的实际通货膨胀率;$\varepsilon_t$ 等于随机错误项,它的平均数为零,与预期形成时可以得到的信息集合没有关系,与其他所有预见方式相比方差最小。换句话说,理性预期是最准确和最有效的预期构成形式。

理性预期假设与正统货币主义最初在解释预期扩展的菲利普斯曲线时所采用的适应性预期假设形成了对比(见第 4.4 节)。在适应性预期假设中,经济行为人将他们对一个变量(如通货膨胀)未来值的预期建立在这一变量过去值的基础之上。这一构成预期的"回顾"方式的主要问题之一是:直到这一被预期的变量在相当一段时间内处于稳定状态的时候,构成这一变量的预期才不会一而再再而三地出错。比如,根据第 4.3.2 节的讨论,按照加速理论的假设,如果失业处于自然率之下,通货膨胀就会加速,并且通货膨胀预期将向下偏离。这一问题的来源是:(1)这样一个假定:经济行为人只是用上次所犯的一点错误部分地调整了他的预期;(2)行为人没有考量除了这一变量的过去值以外的其他额外信息。与此相比较,在"前瞻"方式中,理性预期被建立在使用所有可以公开得到的信息基础之上,同时具有强形式的理性预期假设的关键含义,就是经济行为人将不会形成具有系统性错误的预期;也就是说,预期是没有偏差的。

针对理性预期假设出现了许多批评,我们现在考量一下三个主要批评。第一个涉及为了预见一个变量——例如通货膨胀——的未来值,获得和处理所有可以公开得到的信息的成本(在时间、精力和金钱方面)。正如一些批评家所认为的,理性预期假设的弱形式并不要求经济行为人实际上使用所有可以公开得到的信息,注意到这一点是重要的。鉴于与获得和处理信息相关的成本,经济行为人是不可能使用所有可以公开得到的信息的。理性预期假设弱形式的拥护者认为:"理性的"经济行为人有充分使用所有可以公开得到的信息来形成预期的动机。换句话说,行为人利用信息,直至边际收益(被预期的变量精确度提高)等于边际成本(获得和处理所有可以公开得到的信息)为止。在这种情况下,与使用所有可以得到的信息状况的预期相比,这种预期可能不够有效。进一步而言,正如一些批评家所认为的,理性预期假设的弱形式并不要求所有个体的行为人直接、亲自获得和处理可以得到的信息。例如,经济行为人可以从公开的预测和新闻媒体的评论中间接地获得信息。鉴于预测总是存在差异，那么问题就在于辨别哪一种观点是"正确的"。

鉴于经济学家自身对"正确"模型所显示的相当大的不一致，更为严厉的反对意见涉及行为人实际上如何得到"正确"经济模型的知识问题。个别行为人在分散市场的运作是否能够"了解"经济实际的模型，这一问题成了引发相当可观的争论的议题（例如，见 Frydman and Phelps，1983；Evans and Honkapohja，1999）。关于这一特定的批评，理性预期假设的强形式并不要求理性的行为人实际知道正确的经济模型。理性预期假设的强形式暗含的意思是理性行为人不会形成系统性错误的预期。换句话说，正如人们所认为的，这一预期将类似于已经形成的预期，好像行为人知道了正确的模型，以致它们不会出现偏差，并且预期是随机分布的。但是，对这一预期的批评家并没有被这样的一些观点所说服，他们认为：由于诸如获得和处理所有可以得到的信息的成本问题，以及正确模型的不确定问题，对于行为人来说，构成系统性错误的预期是可能的。有证据表明，行为人在预期中会犯下系统性的错误（例如，见 Lovell，1986）。

第三个重要的批评特别和后凯恩斯主义学派相关，它与在基本不确定的世界中预期构成的问题相连。对于凯恩斯的基要主义者来说，凯恩斯的主要成就是将不确定的问题放置在宏观经济学的中心舞台。在后凯恩斯主义的视野中，世界并非经历所有形态的；也就是说，每一个历史事件是独特的，而非重复的。在这样的情况下，可能性的规则是不适用的。我们处在一个变化多端而且基本没有延续性的世界当中（Shackle，1974）。因此，后凯恩斯主义者认为追随凯恩斯（Keynes，1921）和奈特（Knight，1933），并且对风险状态和不确定状态加以区分是重要的。在风险的情况下，可能性的分布是众所周知的。相反，在不确定的状态中，不存在阐明任何有意义的可能性分布的可能。因为理性预期的假设假定：经济行为人能够阐明各种经济变化和状态的结果的可能性分布，因此，这一预期属于风险世界。在新古典模型中，这一基本不确定的问题受到了忽视，因为卢卡斯（Lucas，1977）把经济活动解释为本质上相似事件的例证。因此，在卢卡斯的经验世界中，有意义的结果概率的分布可能被聪明而理性的经济行为人所测定。不幸的是，根据后凯恩斯主义的观点，实际世界的特征就是基本不确定，这意味着建立在使用理性预期假设模型之上的结论是无用的。另外，奥地利学派也对理性预期假设提出了非常严厉的批评（见 Snowdon et al.，1994，和第八、九章）。

最近英国银行对预期的各种影响因素进行了研究（the Bank of England,

2003）。在报告最近"通货膨胀态度调查"的结果时，英国银行发现了下列有趣结果：

1. 分解数据表明：不同的民众和团体对通货膨胀有着不同的态度；
2. "专业"团体的预期集中在平均预期的周围。
3. 年轻人比老年人对通货膨胀的预期要低。
4. 抵押贷款人比出租房产者对通货膨胀的预期要低。
5. 英国南部的居民比英国北部的居民对通货膨胀的预期高。
6. 一生通货膨胀的经验影响通货膨胀的预期。

因此，通货膨胀的预期受到年龄、地理位置、教育、职业和居住状况的影响。明显的是，那些经历过70年代"大通胀"老年人不能完全在他们的判断中消除这一经验。

尽管存在着这些批评，在70年代期间，宏观经济学中无疑存在着"理性预期革命"（Taylor，1989；Hoover，1992）。应该注意到：穆思的思想没有立刻被宏观经济学家所采纳，这可能是因为在60年代期间，正统的凯恩斯主义模型占据了唯一的统治地位。差不多在十年之后，卢卡斯、萨金特和其他主要的古典经济学家才将这一假设融入宏观经济学的模型当中。

从对穆思论文（Muth，1961）引用的数量中我们能够收集这一延迟的证据。巴克豪斯（Backhouse，1995）对穆思的论文和阿克塞尔·莱琼霍夫德著名的著作《论凯恩斯主义的经济学和凯恩斯的经济学》（Leijonhufvud，1968，见第二章）的相对影响进行了有趣的比较，表明了对穆思论文的引用在70年代和80年代是如何突然增多的，同时，对莱琼霍夫德著作的引用是如何随着对凯恩斯著作兴趣的消逝而下降的（见 Snowdon，2004a）。莱琼霍夫德著作产生了直接影响，但最终没有在莱琼霍夫德所强调的调整失灵的方向改变宏观经济学，同时，穆思的影响起初不大，但是最终在改变宏观经济学中发挥了关键的作用（根据宏观经济学的需要，在许多其他事情当中重新思考宏观经济学的调控问题，见 Leijonhufvud，1992，1993，1998a，1998b）。

最后一点值得说明。在展示理性预期假设的时候，"理性"一词的运用在赢得70年代宏观经济学家人心的战斗中，是重要的"修辞"武器。正如巴罗所指出的：

理性预期革命最聪明的特征之一是"理性"一词的运用。因此，这一方法的反对者被迫退到防御的位置，要么是非理性的，要么把其他人塑造成非理性的，这两个位置对于经济学家来说都是不舒服的。（Barro，1984）

为了对理性预期假设以及它在宏观经济学中的运用进行更细致的讨论,读者可以参考以下作品:Begg(1982)、Carter and Maddock(1984)、Show(1984)、Attifield et al. (1985)、Redman(1992)、Sheffrin(1996)、Minford(1997)。对新古典经济学家修辞运用的讨论,见 Backhouse(1997a)。

### 5.3.2 持续市场出清

在新古典模式中的第二个关键假设是所有经济市场是持续出清的,符合瓦尔拉的传统。在时间的每一个点上,所有的人都观察到结果被视为"市场出清",是经济行为人对他们价格理解最佳供求回应的结果。结果是,经济被视为处于(长期和短期)不断的均衡状态。新古典模型结果经常被认为是"均衡"模型,在那里,均衡被解释为意味着所有在市场经济中的经济行为人已经进行了选择,这些选择将其服从于他们所面对的约束的目标最优化。

在市场出清的模型中,经济行为人(工人、消费者和厂商)是"价格的接受者";也就是说,他们将市场价格作为给定的,他们不具有可用于影响价格的市场力量。厂商在以"完全竞争"著称的市场结构中运作。鉴于由市场决定的价格,在这样一个市场结构中,厂商可能只决定其最优(利润最大化)产出(决定使边际收益等于边际成本的产量水平)。由于缺乏外部性,在由供求力量决定的市场价格下,竞争性均衡达到帕累托最优,并导致了总剩余(生产者和消费者剩余的总和)的最大化。在图 5.2(a)中,我们能够发现一个竞争性的市场出清均衡($P^*$,$Q^*$)最大化了消费者和生产者剩余的总量(等于 $BCE$ 区域),反之,在图 5.2(b)中所显示的非市场出清的价格(产出)——诸如 $P_1(Q_1)$ 或者 $P_2(Q_2)$ ——导致了分别由 $FEI$ 和 $GEH$ 区域表示的福利损失(见 Dixon,1997)。

在图 5.2(a)中,从交易中产生的相互收益被经济行为人耗尽,"没有一张美元留在人行道上"(见 Barro,1979)。重要的是要注意到,供求曲线的位置,因此也是市场出清的价格和均衡产出,将受到经济行为人预期的影响。由于信息不充分,即使是出于理性的预期也有可能是错误的,这意味着至少只有当行为人得到更为准确的信息时,当下观察到的市场出清均衡才会等于信息充分的均衡。但是,正如下式所示,因为行为人用他们所能得到的信息尽力而为,因此他们一直被视为处于均衡状态。

理性⇒最优化⇒均衡

持续市场出清的假设是最重要的、最富有争议性的、决定新古典分析的假设,

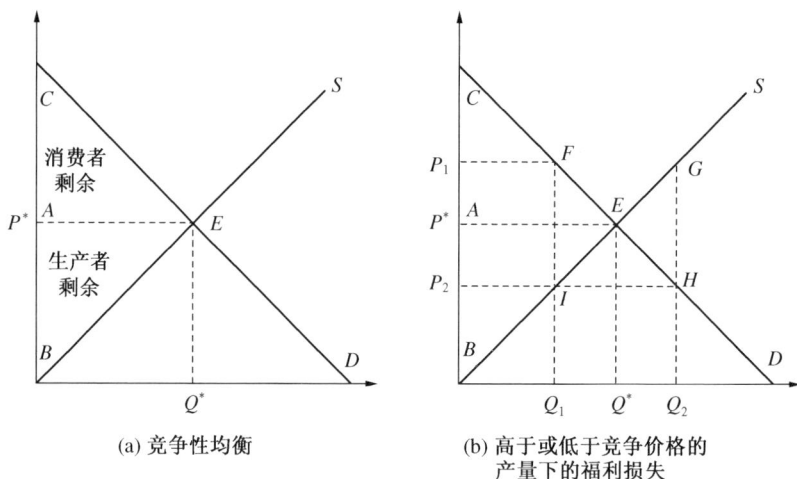

图 5.2　竞争性市场均衡的福利含义

因为它意味着价格会自由地迅速调整到出清市场(见 Tobin,1993,1996)。这一假设与正统的凯恩斯主义和货币主义的模型形成鲜明的对比。正如我们在前面两章所讨论的,正统的凯恩斯主义者和货币主义者在出清市场所需的时间上意见并不一致。凯恩斯主义的模型包含了以下假设:因为价格调整缓慢,市场可能不能出清,这样,经济被视为处于持续不均衡的可能状态。相反,正统的货币主义模型包含以下假设:价格会很快调整以出清市场,同时经济在短期可能是不均衡的,在长期会以产出和就业的自然率自动地回归宏观经济的均衡状态。

　　持续市场出清的假设比理性预期的假设更具有争议性,正如我们将在第七章讨论的,新凯恩斯主义提出了许多观点来解释为何在扰动之后,价格和工资调整对市场的出清是缓慢的。针对新古典假设的真实性,尤其是关于劳动市场——在那里,新古典经济学家坚持认为任何希望工作的人都可能以市场出清的均衡工资,找到就业的机会——人们可能提出严厉的异议;也就是说,新古典均衡方法完全把信息当作一个自愿现象(Lucas,1978a)。但是,鉴于效率工资因素(见第七章),人们可能认为对于厂商来说,支付高于市场出清的效率工资既是有利可图的也是理性的。在这一情形下,在劳动市场供大于求的情况下也可能形成均衡,同时存在着作为均衡现象的非自愿失业。

　　我们现在考量一下新古典经济学的最后一个主要信条:总供给的假设。

　　　　　　　　　　　　　　　　　　　　　　　　现代宏观经济学:起源、发展和现状

### 5.3.3　总供给的假设

在理性预期假设下,文献中出现了对总需求假设的各种解释。由此可以确定两种主要的总供给研究方法。决定这些方法的是两个正统的微观经济学假设:(1) 工人和厂商采取的理性决策反映了他们的最优化行为;(2) 工人/厂商的劳动/产出的供给取决于相对价格。

总供给的第一个新古典研究方法集中在劳动供给,它来自卢卡斯和拉平的著作(Lucas and Lapping,1969)。第六章将对这一分析作更加充分的讨论,我们在下面只是勾勒出这一方法的本质。在任何时期,工人都必须对在工作和闲暇之间分配多少时间作出决策。假定工人对正常或者预期的平均实际工资具有某种看法。假如当下的实际工资高于正常的实际工资,工人就会有动力在当期多工作(而少闲暇),期望在预期实际工资较低的未来多闲暇(而少工作);相反,假如当下的实际工资低于正常的实际工资,工人就会多闲暇(而少工作),期望在预期实际工资较高的未来多工作(而少闲暇)。劳动的供给因此被假定为对实际工资可以察觉的暂时变化的回应。为了未来的闲暇而替代当下闲暇的行为反应或者相反的行为反应被称为"跨期替代"。在跨期替代的模型中,就业的变化根据工人的"自愿"选择得到了解释,这些工人改变了他们的劳动供给以回应实际工资的可以察觉的暂时变化。

总供给的第二个新古典研究方法也来自卢卡斯极有影响力的著作(1972a,1973)。下面,我们通过聚焦于商品市场和厂商供给决策来证明卢卡斯观点的实质。卢卡斯分析的主要成分涉及生产者可以得到的信息集合的结构。假定厂商知道自己商品的现价,同时对其他市场一般价格水平的了解存在时滞。当厂商发现自己的商品现行市场价上升时,他必须确定这一价格的变化是否反映了如下事实:(1)对它的产品需求的实际变化,在这一情境下,厂商应该(理性地)通过增加产出回应其产品价格相对于其他商品价格的上升;(2)仅仅是整个市场需求的名义增长产生了不要求供给回应的价格的普遍上升。公司面对的是被称为"信号提取"的问题,也就是说它们必须对价格的相对变化和绝对变化加以区别。确实。一般价格水平的可变性越大,对于一个生产者来说,提取正确的信号就越困难,对任何给定的价格变化的供给回应就越小(见 Lucas,1973)。

根据劳动和商品的供给对个体行为人进行的行为分析导致了被称为卢卡斯的"意外"供给函数,其最简单的形式如下:

方程 5.3 $$Y_t = Y_{N_t} + \alpha[P_t - P_t^e], \alpha > 0$$

因为在新古典模型中,预期是理性地形成的,我们能够用方程(5.4)替代方程(5.3)。

方程 5.4 $$Y_t = Y_{N_t} + \alpha[P_t - E(P_t \mid \Omega_{t-1})]$$

方程 5.4 显示了产出($Y_t$)只是为了回应实际价格水平($P_t$)对其(理性的)期望值$[E(P_t \mid \Omega_{t-1})]$的偏离而偏离了它的自然水平($Y_N$),也就是回应没有预期的(意外)价格水平的上升。例如,当实际价格水平比预期高的时候,个体行为人就会感到"意外",错误地把价格的上升当成自己产品的相对价格的上升,从而导致了经济中产品供给和就业供给的增加。在没有价格意外的情况下,产出将停留在它的自然水平上。对于任何给定的对价格水平的预期来说,总供给曲线将在 $P-Y$ 空间向上倾斜,$\alpha$ 的值越大,"意外"总供给的曲线就越有弹性,对一般价格水平未预见到的上升的实际变量的影响就会越大(见图 5.3 和第 5.5.1 节)。

卢卡斯意外函数的另一种形式可表述为:为了回应实际通货膨胀对预期通货膨胀的偏差(也就是说回应通货膨胀预期的误差),产出才偏差了它的自然水平:

方程 5.5 $$Y_t = Y_{N_t} + \alpha[\dot{P}_t - E(\dot{P}_t \mid \Omega_{t-1})] + \varepsilon_t$$

在方程 5.5 中,$\dot{P}_t$ 是实际通货膨胀率,$E(\dot{P}_t \mid \Omega_{t-1})$ 是通货膨胀率的理性预期,它受到直到上一个时期可以得到的信息的限制,$\varepsilon_t$ 是随机误差处理。根据卢卡斯的看法,一个通货膨胀相对稳定的国家可能会对通货膨胀的刺激显示出较大的供给反应,反之亦然。在其著名的以经验为根据的论文中,卢卡斯确信:

235　　　　　　在一个像美国这样的价格稳定的国家内……增加名义收入的政策往往对实际产出产生巨大的初始影响,同时对通货膨胀率有着轻微的正影候……相反,在价格波动的国家,比如阿根廷,名义收入的变化与同等的、同时的价格运动相关,这种价格运动对实际产出没有明显的影响。(Lucas,1973)

方程 5.4 可以重新表述为包括滞后产出项($Y_{t-1} - Y_{N_{t-1}}$)的形式,这一形式在卢卡斯的经验研究中(Lucas,1973)得到了采用,这一研究涉及经济总量运动中的持续性(序列相关性)问题。现在,意外的总供给函数采取了方程 5.6 的形式:

方程 5.6 $$Y_t = Y_{N_t} + \alpha[P_t - E(P_t \mid \Omega_{t-1})] + \beta(Y_{t-1} - Y_{N_{t-1}}) + \varepsilon_t$$

借助于"奥肯定律"(Okun,1962),即在失业和 GDP 之间存在着一个稳定的并且可预测的负相关关系,卢卡斯意外总供给方程可能被视为另一种预期扩展的菲利普斯曲线形式,如方程 5.7 所示:

方程 5.7 $\qquad \dot{P}_t = E(\dot{P}_t \mid \Omega_{t-1}) - \varphi(U_t - U_{N_t}), \varphi > 0$

在这里，$U_t$ 是当前失业率，$U_{N_t}$ 是自然失业率，对方程 5.7 进行整理，得到方程 5.8：

方程 5.8 $\qquad U_t = U_{N_t} - 1/\varphi[\dot{P}_t - E(\dot{P}_t \mid \Omega_{t-1})]$

在这一公式表述中，通货膨胀的意外导致了失业暂时被减少到自然率之下，在方程 5.6 和 5.8 中，实际变量与名义变量相连。但是，根据卢卡斯的论证，当名义变量的变化是一个"意外"的时候，古典的两分法才得以中止。预期货币变化和未预期货币变化具有非常不同的影响，确实，卢卡斯自己认为这一发现是战后宏观经济学的关键思想（Snowdon and Vane，1998）。进一步而言，卢卡斯指出：预期货币变化和未预期货币变化之间的区别是所有在 70 年代发展起来的理性预期式模型的特性，这种模型用于解释在短期的交替关系中所显示的货币的非中性（Lucas，1996）。

## 5.4 均衡经济周期的理论

在凯恩斯的《通论》（Keynes，1936）之前，许多经济学家就热衷于经济周期的研究（见 Haberler，1963）。但是，凯恩斯革命的重要结果之一是将宏观经济学的研究重新定位于与某一时点产出水平相关的问题上，而不是经济的动态演进。但是，在 20 世纪 70 年代之前，在主流的宏观经济学内部，对 1945 年之后经济周期分析的主流方法是由凯恩斯主义者和货币主义者提供的（见 Mullineux，1984）。70 年代，卢卡斯引进了一种新的研究总量波动的方法，他提倡一种经济周期模型的均衡方法（Kim，1988）。卢卡斯的均衡理论与凯恩斯的经济周期分析明显不同，在后者那里，GDP 的波动被看成非均衡现象。通常凯恩斯的宏观经济学的特性是各种各样的刚性和摩擦，它们抑制了工资和价格的弹性。结果是，市场不能在短期出清，GDP 可能长期明显远离潜在水平。米尔顿·弗里德曼也批评了凯恩斯的模型，认为它们没有重视货币扰动作为总量不稳定的主要原因的重要性。弗里德曼和施瓦茨的研究（Friedman and Schwartz，1963）对整个一代经济学家产生了巨大的影响。弗里德曼和施瓦茨尤其认为大萧条是"货币因素重要性的悲剧性验证"。尽管卢卡斯受到弗里德曼货币主义思想非常大的影响，但是他偏好使用瓦尔拉的研究方法，而不是在分析经济周期的时候建立在弗里德曼的马歇尔式方法上（见 Hoover，

1984）。

　　我们可以在卢卡斯发表在《经济理论杂志》的独创性论文（Lucas，1972a）中发现卢卡斯经济周期分析模型方法的基本思想，在这篇论文中，他在开篇的段落中明确表达了他的目标：

　　这篇论文提供了一个简单的经济例证，在其中，均衡价格和均衡量显示了现代经济周期可能的核心性质，即名义价格（通货膨胀）变化率和实际产出水平之间系统性的关系。这种关系——本质上是另一种著名的菲利普斯曲线——来自一个框架，所有形式的"货币幻觉"被严格地排除在这个框架之外：所有的价格都是市场出清的，所有行为人借助自己的目标和预期最优地行为，预期也得以最优地构成……在所呈现的框架中，价格运动起因于相对需求的变化或者名义的（货币的）变化。这种保值行为导致了货币的非中性，或者更宽泛地来说导致了菲利普斯曲线，在性质上相似于我们在现实中观察到的菲利普斯曲线。同时，货币长期中性的典型结果，或者实际数量和名义数量的独立性，继续得以维持。

237　　卢卡斯证明在这一瓦尔拉的框架中，货币的变化具有实际的结果，但是"只因为行为人不能完全区分货币的需求变化和实际的需求变化"，这样"在通货膨胀和实际产出之间不存在可用的交替关系"。在卢卡斯1972年的模型中，"菲利普斯曲线不是作为不明的经验事实，而是作为对一般均衡体系解决方案的核心性质出现的。"

　　在这种洞察之上，卢卡斯进而发展了一种分析总量波动的均衡方法。卢卡斯将经济周期定义为"有关实际产出趋势的连续相关运动，这种趋势是不能以生产要素的有效性来加以解释的"（Lucas，1975）。与GDP波动相关的是诸如价格、消费、商业利润、投资、货币总量、生产率和利息率这样的不同总量时间系列之间的共同运动（见Abel and Bernanke，2001）。这些就是卢卡斯声明的规则，即"考虑到这些序列之间共同运动的定性行为，经济行为都是相似的"（Lucas，1977，大萧条是一个例外）。对于卢卡斯来说，"经济周期反复出现的特性至关重要。"正如卢卡斯所解释的：

　　至于把经济周期看作本质相似的事件的重复出现，把行为人看作在对作为"风险"的周期性变化作出反应，或者假定他们的预期是**理性的**，这些都是合理的，这样他们对收集和处理信息有着相当稳定的安排，他们利用这些信息以稳定的方式预见未来，从而没有系统性的和容易纠正的偏差。

　　在1972年和1973年的开创性论文的基础上，卢卡斯提供了对经济周期的"新古典"货币主义解释，它把经济周期看作一个均衡现象（Lucas，1975，1977）。正如凯文·胡佛所认为的："解释宏观经济总量和价格的相关运动而不借助非均衡概念，是对经济周期理论的新古典研究的当务之急。"（Hoover，1988）正如卢卡斯所指出的："宏观经济学的核心问题"是去发现一个理论框架，在其中货币扰动可能引发实际产出的波动，同时这一波动不意味着在凯恩斯模型中出现的"持续的、反复出现的、未加利用的利润机会的存在"，价格刚性和非理性预期是这一模型的特点（Lucas，1975）。

　　哈耶克提出了一个研究议程。在该项研究中，"贸易周期的关键难题"是找出一个解决方法，它允许将"周期现象合并到经济均衡理论的体系当中，而这些现象与这一体系处于明显的矛盾之中"（Hayek，1933）。哈耶克借用的均衡理论是"被理论经济学的洛桑学派最完美地表达的"均衡理论。尽管凯恩斯主义的经济学家认为寻求经济周期的均衡理论是不可及的，但是，卢卡斯最为著名的成就之一就是证明有可能形成对总量不稳定的均衡解释。尽管最初卢卡斯宣称通过均衡观点的理论化，和哈耶克的经济周期研究产生了某种近亲关系，但是现在我们知道，新古典模型和奥地利学派经济周期理论是不同的。尽管奥地利学派理论把经济周期视为一种均衡的过程，但是，在新古典模型中，经济周期被视为一个"均衡的连续体"（Kim，1988；参见本书第九章；Lucas，1977；Hoover，1984，1988；Zijp，1993）。

　　卢卡斯的货币均衡经济周期理论（MEBCT）将穆思的理性预期假设（Muth，1961）、弗里德曼的自然率（Friedman，1968a）和瓦尔拉的一般均衡方法合并在一起。随着归因于完全工资和价格弹性的持续市场出清，货币均衡经济周期理论中发生的波动被描述为竞争性的均衡，但是，货币扰动究竟是如何制造波动的呢？在程式化的、行为人能获得充分信息的古典模型当中，货币供给的变化应该是严格中性的，也就是说，这些变化对诸如实际 GDP 和就业这样的实际变量没有影响。但是，弗里德曼和施瓦茨（Friedman and Schwartz，1963）这样的研究者从经验的角度观察到货币领先的和顺周期的状况，近来两位罗默（Romer and Romer，1989）也观察到了这一点。货币的这种状况表示了货币是非中性的（无视相反因果关系的可能性）。卢卡斯所面对的知识挑战是在一个理性的、追求利益最大化行为人居住的世界中，以及在所有市场被不断出清的世界中，去说明货币的中性。他的主要创新是扩展了古典模型，允许所有的行为人具有"不完全信息"。尽管这一思想——不稳定是货币错觉的结果——也是弗里德曼对菲利普斯曲线分析的主要特性（Friedman，1968a），但它最终导致卢卡斯的货币均衡经济周期理论作为"错觉理论"而著称。在卢卡斯开创性的建立货币均衡经济周期理论模型的尝试中，存在着以下特

238

点(Lucas,1975)：价格和数量在竞争性均衡中得以确立；行为人具有理性预期；不完全信息不仅意味着未来是不可知的，而且意味着没有哪个行为人对经济的现状有着完全信息。

总供给依赖于相对价格的假设对于产出波动和就业波动的新古典解释来说是处于核心地位的。在新古典的分析当中，影响了整个经济的未预见到的总需求冲击(主要来自未预见到的货币供给的变化)引发了(理性形成的)价格预期的误差，并且导致产出和就业背离了其长期(完全信息)均衡(自然)水平。这些误差是由具备不充分/不完全信息的工人和厂商作出的，这样错误地将一般价格的变化当作相对价格的变化，并且通过改变劳动和产出的供给作出各自的反应。

在新古典的微观经济理论中，竞争市场中单个生产者的供给曲线是向上倾斜的，这表明厂商将生产更多的商品以回应价格的上涨。但是，这一利润最大化的回应是生产者对他们的商品相对价格上升的反应，因此，单个厂商需要知道一般价格水平的情况以便作出理性的算计：扩大产出以回应他们提供的商品名义价格的上升是否有利可图。假如所有的价格都因为通货膨胀而上升，那么厂商就不应该增加产出以回应商品价格的上升，因为这并不代表相对(实际)价格的上升。可是，数据显示当一般价格水平上升的时候，总产出就会增加；也就是说，短期总供给曲线在 $P-Y$ 的空间向上倾斜。这必然意味着数以千计的单个厂商对一般价格水平上升的总体回应是正向的，但是，利润最大化的个人不应该以此方式加以回应。这又如何成为可能的呢？理性的行为人应该对实际的变量加以回应，并且他们的行为不会对名义变量产生变化。卢卡斯提供的答案与对商品的相对价格具备不完全信息的行为人(工人、家庭、厂商)有关(Lucas,1972a)。假如行为人已经习惯于价格稳定的世界，他们通常把他们生产的商品(或者提供的服务)供给价格的提高解释为相对价格的上升，并且会更多地生产以作为回应。因此，未预期到的和未预见到的价格水平的上升将使行为人感到意外，他们将错误地解释他们所观察到的有关他们商品价格上升的信息，并生产更多的产品。行为人具有卢卡斯(Lucas,1977)所说的"信号提取问题"，并且，假如所有行为人犯了同样的错误，那么我们将发现与总价格水平增长相关联的产出的总体增长。因为卢卡斯的模型是"货币主义的"，因此一般物价水平的上升是由在先货币供给的上升引起的，因此我们发现货币与产出的正相关关系，也就是货币的非中性。

例如，考虑一下产出和就业处于自然水平状态的经济。假定未预见到的货币扰动发生了，这种扰动导致了一般价格水平的上升，这样，整个经济的所有市场的个别价格也上升了。正如上面所指出的,假定厂商只拥有他们从事交易的少数市场的信息。假如个别厂商将他们商品价格的上升解释为其产品相对价格的上升,那么,他们将相应增加他们的产出。假定工人也具备不完全信息。假如工人错误地认为货币工资的增加(相对于其期望)是实际工资的增加,那么,他们将会以增加劳动的供给作为回应(Lucas and Rapping,1969)。与弗里德曼的模型(见第四章)——工人在这里是被愚弄的——相比,卢卡斯的模型并不依赖于工人和厂商之间信息的不对称。厂商和工人倾向于作出错误预期,分别依靠增加产品和劳动的供给来正向地回应误察的普遍价格的上升。结果是总产出和就业会暂时上升,高于它们的自然水平。一旦行为人认识到相对价格没有变化,产出和就业就会回到它们长期(完全信息)均衡(自然)的水平上。

240

卢卡斯模型突出了货币的冲击,把它作为总量不稳定的主要原因,并且整个过程建立在部分行为人对相对价格运动和绝对价格运动混淆的基础上(Dore,1993;Arnold,2002)。正如方程5.9所显示的,在货币均衡经济周期理论当中,在给定的时间上 $(Y_t)$ 产出的供给具有永久性(长期的)分量 $(Y_{N_t})$ 和周期性分量 $Y_{C_t}$:

方程5.9 $$Y_t = Y_{N_t} + Y_{C_t}$$

GDP永久性分量反映了经济潜在的增长,并追随着方程5.10所给出的趋势线:

方程5.10 $$Y_{N_t} = \lambda + \phi_t$$

正如方程5.11所显示的,周期性分量取决于价格意外以及以前各期产出对其自然率的离差:

方程5.11 $$Y_{C_t} = \alpha[P_t - E(P_t \mid \Omega_{t-1})] + \beta(Y_{t-1} - Y_{N_{t-1}})$$

5.11中的滞后产出项表明,由于多种传播机制的影响,产出对趋势的偏离将不会是短暂的,大于零的系数 $\beta$ 决定产出在冲击之后回归其自然率的速度。因为理性预期假设和意外供给函数的联合意味着产出和就业将围绕其自然水平随机波动,所以,需要进一步的假设来解释为何在经济周期当中,产出和就业会在连续的时间里,持续地保持在趋势值之上(上升)或之下(下降)。观察到的一系列产出和就业的相关运动(也就是说在这里,在任何一个时期产出和就业水平与它们的先前值是相关的)以许多方式在文献中得到了解释。这些解释(传播机制)包括滞后产

241

出、投资加速效应、信息滞后和资本货物的耐久性、约束直接调整的合同,以及可调整成本(见 Zijp,1993)。例如,在就业领域,厂商在雇用和解雇劳动力上面临着成本耗费,这些成本包括面试和培训雇员的成本、裁员费,等等。结果是紧随着某种

未预见到的冲击,在一段时间里他们最优的回应可能是调整他们的就业水平和产出水平。

联立方程 5.9、5.10 和 5.11,可得方程 5.12 给出的卢卡斯的总供给关系。

方程 5.12 $\quad Y_t = \lambda + \phi_t + \alpha[P_t - E(P_t \mid \Omega_{t-1})] + \beta(Y_{t-1} - Y_{N_{t-1}}) + \varepsilon_t$

$\varepsilon_t$ 在这里是随机的误差过程。

尽管在卢卡斯的模型中,行为人的行动表明,依据过去经济发展情形分析并非最优,但是鉴于他们得到的(完全和不完全的)信息,他们处于理性预期的均衡当中,进行着他们所能进行的最优选择。正如卢卡斯所证明的,这意味着货币的扰动(随机冲击)可能对价格稳定性处于常态的国家的实际变量产生更大的冲击(Lucas,1973)。假定 $\theta$ 代表由于相对价格的变化总体个别价格变化的分数,$\theta$ 越大,所有可以观察到的价格的可变性被经济行为人归因于实际冲击的就越多,归因于一般价格水平的纯粹通货膨胀(名义)变动的就越少。因此,我们可以对方程 5.12 加以修改,并展示卢卡斯的总供给曲线,其形式类似于他在 1973 年的论文《产出-通货膨胀交替关系的一些国际证据》中的显示方式。

方程 5.13 $\quad Y_t = \lambda + \phi_t + \theta\alpha[P_t - E(P_t \mid \Omega_{t-1})] + \beta(Y_{t-1} - Y_{N_{t-1}}) + \varepsilon_t$

根据方程 5.13,发生在行为人希望价格稳定的国家的未预见到的货币扰动,将导致明显的实际产出扰动。在方程 5.13 中,我们观察到产出($Y_t$)的如下特征:

1. 永久性分量 $= \lambda + \phi t$;
2. 与价格意外的冲击有关的分量 $= \theta\alpha[P_t - E(P_t \mid \Omega_{t-1})]$;
3. 与产出对永久性产出的上期离差有关的分量 $= \beta(Y_{t-1} - Y_{N_{t-1}})$;
4. 随机分量 $= \varepsilon_t$。

242

因而,在卢卡斯的模型中,经济周期是由外生的货币需求冲击引发的,这一冲击给不完全信息下的经济行为人传递了不完全的价格信号,以增加供给回应价格的增长。一般价格的可变性越大(归因于相对价格变化的价格变化就越低),对货币扰动的周期性产出回应就越低,反之亦然。货币均衡经济周期理论的主要政策含义是良性的货币政策会消除总量不稳定的主因。因此,就有关稳定政策的行为展开的"规则与相机"之争中,新古典经济学家是站在规则一边的。

下面更详尽地思考新古典宏观经济学方法的主要政策含义。

## 5.5 新古典方法的政策含义

理性预期、持续市场出清以及总供给假设共同产生了一些重要的政策结果。

下面我们将讨论新古典方法的主要政策含义，即：(1) 政策无效主张；(2) 减少通货膨胀的产出-就业成本；(3) 动态时间的不一致性、信用和货币规则；(4) 中央银行的独立性；(5) 宏观经济政策增加总供给的作用；(6) 卢卡斯对计量经济政策的批评。

我们首先讨论强政策的结论，即完全预见到的货币政策的变化甚至在短期对产出和就业的影响也是无效的，这就是货币的超中性。

## 5.5.1 政策无效主张

新古典的政策无效主张首先体现在萨金特和华莱士合作的两篇富有影响的论文（Sargent and Wallace，1975，1976）当中。图 5.3 所示的总需求-总供给模型能够最好地说明这一观点。那些不熟悉这一模型推导的读者可以参考任意一本标准的宏观经济学教科书，比如曼昆（Mankiw，2003）。在图 5.3 中，经济最初在 $A$ 点上运行，它是 $AD_0$、$SRAS_0$、$LRAS$ 三线的交叉点。在 $A$ 点，与方程 5.3 一致的是，物价水平（$P_0$）完全预见到了（也就是，实际和预测的物价水平是一致的），并且产出和就业处于长期（完全信息）均衡的（自然的）水平。假定管理当局宣布打算增加货币供给，理性的经济行为人在形成预期时会考虑这一信息，并完全预见货币供给的增加对一般物价水平的影响，这样，产出和就业在它们的自然水平上依然保持不变。总需求曲线从 $AD_0$ 到 $AD_1$ 的右移会被斜率为正的总供给曲线从 $SRAS_0$ 到 $SRAS_1$ 向左上方的位移所抵消。在这种情况下，经济将从 $A$ 点直接位移到 $C$ 点，停留在垂直的长期总供给曲线上，甚至在短期也没有产出和就业的变化；也就是说货币是超中性的。

相反，假定管理当局增加了货币供给，同时并没有公布他们的打算，从而使经济行为人感到意外。在这样的情形下，不具有完全信息的厂商和工人会错误地将由此而产生的一般价格水平上升错误地当成相对价格的增长，从而相应增加产出和劳动。换句话说，工人和厂商错误地把一般价格的上升当成对他们服务/商品的实际需求的增加，而相应增加劳动/产出的供给。如图 5.3 所示，总需求曲线会从 $AD_0$ 右移至 $AD_1$，在 $B$ 点上与正斜率的总供给曲线 $SRAS_0$ 相交。与方程 5.3 一致，由于价格水平（$P_1$）偏离其预期水平（$P_0$），也就是说，由于行为人的预期误差，产出（$Y_1$）会偏离其自然水平（$Y_N$）。产出的增加和失业的减少只是暂时的。一旦行为人认识到相对价格并没有变化，产出和就业就会回到它们长期均衡的（自然）水平上。根据图 5.3，当行为人充分调整其价格预期时，正斜率的总供给曲线会向左上方位移，从 $SRAS_0$ 到 $SRAS_1$，与 $AD_1$ 在 $C$ 点相交。上面讨论的前一个新古典的调整过程

243

244

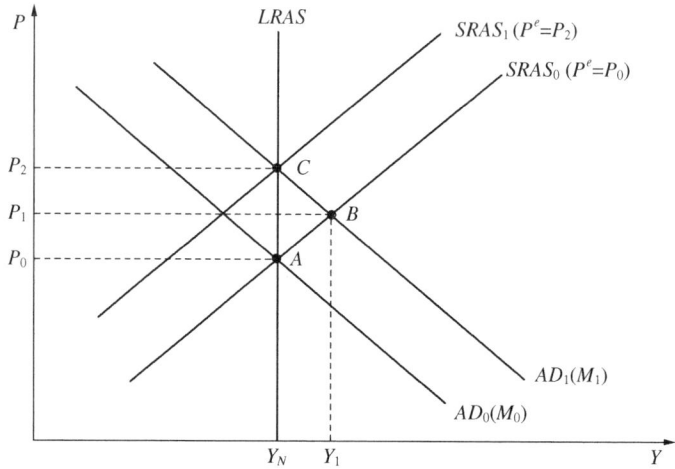

图 5.3  在产出水平和价格水平上,预见到的和未预见到的货币供给变化的影响

(从 $A$ 到 $C$)是对应于正统货币主义的长期情形,同时后一个调整过程(从 $A$ 到 $B$ 到 $C$)对应于正统货币主义的短期情形,而不论货币供给的增加是否被预见到。总而言之,新古典的分析认为:(1)货币供给预见到的增长将提高价格水平,并且对产出和就业没有影响;(2)只有未预见到的货币意外能够在短期影响实际变量。

这一强硬的政策无效主张对于有关宏观经济稳定政策的作用和实施的争论具有重要的含义。假如货币供给是由管理当局根据一些"已知的"规则决定的,那么管理当局甚至在短期都不能依靠推行系统性的货币政策来影响产出和就业,因为它可能被行为人预见到。例如,管理当局可能采取一种货币规则,允许货币供给按6%的固定增长率增加。在形成通货膨胀的预期时,理性的经济行为人会将6%的货币供给扩张的预期影响包括在内。结果是货币规则的系统性分量(即6%)对实际的变量不会产生影响。实际上,假如货币供给以每年8%的增长率增加,那么非系统性的(未预见到的)货币扩张分量(即每年2%)就会由于通货膨胀预期的失误,引发产出和就业的暂时上升,超出它们的长期均衡(自然)水平。在另一种情况下,管理当局可能许可货币供给由反馈原则决定(例如,为了回应失业和产出的变化)。此外,来自众所周知的反馈政策的货币增长率的变化将被行为人所预见,这使得反馈政策的规则无效。只有对众所周知的货币规则未预见到的违反(诸如货币管理当局的政策失误或者未预见到的政策变化)才能影响产出。

政策无效主张可以表示为以下代数式(见 Gordon,1976)。我们首先以修正的线性形式重现弗里德曼-费尔普斯方程:

方程 5.14 $$\dot{P}_t = \dot{P}_t^e - \phi(U_t - U_{N_t}) + \phi\theta S_t$$

在这里 $\theta S_t$ 代表"外生的"供给冲击(平均值为零),$U_t - U_{N_t}$ 代表失业对其自然 245
率的偏离,方程 5.14 可以重写成:

方程 5.15 $$U_t = U_{N_t} - 1/\phi(\dot{P}_t - \dot{P}_t^e) + \theta S_t$$

通货膨胀 $\dot{P}_t$ 和货币增长率 $\dot{M}_t$ 的关系如下:

方程 5.16 $$\dot{P}_t = \dot{M}_t + \theta D_t$$

在这里,$\theta D_t$ 代表"未预见到的"、零平均值的需求冲击(诸如来自私有部门的
冲击)。假如 $\dot{M}_t$ 是预见到的货币供给增长率,那么通货膨胀的理性预期就会是:

方程 5.17 $$\dot{P}_t^e = \dot{M}_t^e$$

假定受到凯恩斯主义影响的货币管理当局企图控制货币增长,以致货币增长
为一常数($\lambda_0$)加上前一时期失业对其自然率离差的一定比例($\lambda_1$)。在这种情形
下,实际的货币增长率将是:

方程 5.18 $$\dot{M}_t = \lambda_0 + \lambda_1(U_{t-1} - U_{N_{t-1}}) + \theta\dot{M}_t$$

在这里,$\theta\dot{M}_t$ 表示货币增长随机或者不可预测的部分。方程 5.18 表明货币管理
当局实施着系统性的反馈货币规则,当这一规则成为方程 5.1 中的信息集合时,它
就可能被理性的经济行为人预见到。理性的经济行为人因此具有了建立在预期货
币增长率之上的通货膨胀预期,如方程 5.19 所示:

方程 5.19 $$\dot{M}_t^e = \lambda_0 + \lambda_1(U_{t-1} - U_{N_{t-1}})$$

把方程 5.19 代入 5.18 可得:

方程 5.20 $$\dot{M}_t - \dot{M}_t^e = \theta\dot{M}_t$$

把方程 5.17 代入 5.16,再将方程 5.20 代入,可得 5.21:

方程 5.21 $$\dot{P}_t - \dot{P}_t^e = \theta\dot{M}_t + \theta D_t$$

最终将 5.21 代入 5.15,可得: 246

方程 5.22 $$U_t = U_{N_t} - 1/\theta(\theta\dot{M}_t + \theta D_t) + \theta S_t$$

关于方程 5.22,有一点很重要:政府试图用来阻止失业偏离其自然率的货币
增长的系统性分量,也就是 $\lambda_0 + \lambda_1(U_{t-1} - U_{N_{t-1}})$,没有被包含在内。方程 5.22 唯一的
分量——货币管理当局能够直接影响的——是 $\theta\dot{M}_t$,即货币增长的随机分量。因
此,方程 5.22 告诉我们,在萨金特和华莱士的世界里,失业可能因不可预知的需求

（$\theta D_t$）和供给（$\theta S_t$）冲击或者**未预见到**的货币意外（$\theta M_t$）而偏离其自然率。任何系统性的反馈货币规则由于成了经济行为信息集合的一部分,因此不能使得通货膨胀偏离它的预期水平。只有违反众所周知的、不可预测的货币规则(诸如由货币管理当局造成的政策失误或者不可预测的政策变化)时才能影响产出和就业。

总之,这一方法预示着当理性的经济行为人将所有众所周知的货币规则作为其预期形成的考量因素时,管理当局甚至不能依靠推行系统性的货币规则在短期影响产出和就业。进一步而言,它认为,任何依靠随机的或者非系统性的货币政策影响产出和就业的尝试,只会使产出和就业围绕其自然水平的变化增多。因此,人们可能发现,反对政策行动主义的新古典经济学家所提出的观点与正统的货币主义者所提出的观点有着微妙的不同(见论述货币政策作用和实施的第 4.3.2 节)。

政策无效的主张——只有未预见到的货币意外具有实际的产出影响(或者有时被称为"预期到和未预期到的争论")——是许多经验研究的课题。早期的成果——特别是巴罗独创性的论文(Barro,1977a,1978)——似乎支持了这种观点。利用美国从 1941—1976 年的年度数据,巴罗在将产出和失业退回到未预见到的货币增长之前,首次采用了两步法评估了预见到的和未预见到的货币增长。总之,巴罗的研究为以下观点提供了支持:当产出和失业明显受到未预见到的货币增长的影响时,预见到的货币增长就不具有实际的效应。但是后来的研究——最著名的是米什金(Mishkin,1982)和戈登(Gordon,1982a)进行的——找到了证据,认为未

247　预见到的和预见到的货币政策都影响了产出和就业。总体上说,尽管经验的证据混杂含糊,但是它似乎并不支持这样的观点:系统的货币政策不具有实际的影响。另外,正如比特指出的,甚至在完全预见到的货币增长率的变化具有实际影响的地方,通过改变通货膨胀率,因此改变名义收益率为零的现金余额收益率,理论模型可能被构建起来的。反过来,这将通过改变均衡资产结构来影响资本积累率(Buiter,1980)。在没有假定完全预见到的财政变化——诸如改变劳动力供给和补偿行为——将具有实际影响的前提下,这依然是可以发生的。"清晰的财政政策甚至在最古典的体系中也是非中性的。"(Buiter,1980)在非中性的市场出清模型中,价格是固定的,预见到的货币政策的变化将通过规范的 LS - LM - AD - AS 的机制具有实际的效应。为了回应萨金特和华莱士的论文,费希尔(Fischer,1977)、费尔普斯和泰勒(Phelps and Taylor,1977)、泰勒(Taylor,1980)提出了一些模型,他们将多时期的工资合同和理性预期结合在一起,在那里货币政策是非中性的(见第七章)。

另外,许多凯恩斯主义者发现整个新古典方法是误导的,而偏好探究这样一种

　　　　　　　　　　　　　　　　　　　　现代宏观经济学:起源、发展和现状

可能性：就所有市场参与者来说，非市场出清可能与利益最大化行为是一致的（Akerlof，1979）。另外，当经济已经处于（充分就业）均衡的时候，刺激总需求的思想对凯恩斯来说是诅咒。为什么这样的政策总是被认为是必需的？正如弗兰克·哈恩所说的："凯恩斯主义者关心的是将经济推至其自然率水平，而不是超出自然率的问题。假如经济已达到自然率水平，我们就都可以回家了。"（Hahn，1982，p.75）

### 5.5.2 抑制通货膨胀的实际成本

新古典方法第二个主要的政策含义涉及降低通货膨胀的产出-就业成本。新古典经济学家分享了货币主义的观点：通货膨胀本质上是由过度的货币增长传播的一种货币现象。但是，经济学家在控制通货膨胀实际成本的问题上存在着重大分歧。

经济体为了降低通货膨胀而承受的产出损失的总和就是众所周知的"牺牲率"。在凯恩斯的模型中，即使行为人有理性预期，由于价格和工资对总需求减少的迟缓反应，牺牲率通常是巨大的。鉴于价格的逐步调整，抑制通货膨胀的冲动不可避免地导致了明显的实际损失，这一损失可能被滞后效应所延长，也就是说在这里衰退引发了自然失业率的提高（Cross，1988；Gordon，1988；本书第七章）。一些凯恩斯主义者主张临时采用收入政策，与货币紧缩政策配合使用，来提高抑制通货膨胀政策的效率（例如，见 Lipsey，1981）。还应注意到，后凯恩斯的经济学家把收入政策当作关键而持久的反通货膨胀的武器。在后凯恩斯主义的模型中，抑制通货膨胀只会导致持久的、更高水平的失业（见 Cornwall，1984）。

在第4.3.2节中讨论的正统货币主义的观点是失业将随着货币紧缩而上升，其程度和持续时间取决于货币紧缩的程度、制度适应的程度以及人们向下调整对未来通货膨胀预期的速度。这里的关键因素是预期对货币制度变化的回应程度，这反过来意味着货币当局的信誉和名声在决定牺牲率中发挥着关键的作用。

与凯恩斯主义和货币主义的模型相反，新古典方法意味着：假如政策是可信的话，那么，货币政策公布的或者预见到的变化对实际的产出和就业甚至在短期也没有影响。被人们确信的、公布的货币紧缩将引发理性行为人直接向下修正他们的通货膨胀预期。货币管理当局原则上可能减少通货膨胀率，而没有凯恩斯主义和货币主义的分析所预见的产出和就业的成本；也就是说，牺牲率是零。正如一位批评家注意到的："在萨金特-华莱士的世界里，联邦储备委员会可能仅仅通过宣布从此它与价格稳定性相一致的比率来扩张货币就可以消除通货膨胀。"根据图

4.6,通货膨胀率可能在没有任何失业增长的情况下,从 $A$ 降至 $D$。在这种情况下,没有任何必要去遵循正统货币主义者所提倡的渐进货币紧缩政策。鉴于不存在产出-就业的成本,新古典经济学家认为,管理当局完全可以宣布货币扩张率的急剧降低会将通货膨胀降低到他们所偏好的目标比例上。

至于降低通货膨胀的产出-就业的成本,简要地提及 20 世纪 80 年代里根和撒切尔时期的通货紧缩所提供的第一手证据是有趣的。这一时期的这两个国家都实行严格的货币紧缩政策,之后,美国经济(1981—1982 年)、英国经济(1980—1981年)都经历了深重的衰退。1979—1983 年,在美国,通货膨胀率从 11.2% 降至3.2%;在英国,通货膨胀从 13.4% 降低到 4.6%;同期,在美国,失业率从 5.8% 上升到 9.6%;在英国,失业率从 4.7% 上升到 11.1%(见表 1.4 和表 1.5)。在评论英国的时候,马修斯和明福特将这一时期衰退的严重性主要归因于不利的外部冲击和供给方的冲击(Matthews and Minford,1987)。但是,由撒切尔政府发起的货币紧缩也是一个因素。这次对通货膨胀的抑制出乎意料地严重,其结果是,"预期对它毫无准备"。由于最初撒切尔政府存在着一个信誉问题,"意外冲击的处理"对产出和就业产生了严重的影响。在新古典模型中,对信誉的重要影响是政府债务的增长路径。新古典经济学家坚持认为,为了在不经历严重的牺牲率的情况下控制通货膨胀,需要一个与公布的货币政策相一致的财政策略,否则具有理性预期的行为人将会预期一个政策的逆转(U 型转弯)。像马修斯和明福特所指出的那样:"撒切尔政府反通货膨胀策略的主要特征是政府预算赤字的同幅度削减。"(Matthews and Minford,1987)这一"中期金融策略"目的在于创造长期的信誉(也见 Matthews et al.,1980;Sargent and Wallace,1981;Sargent,1993,1999)。

在美国,1979 年 10 月到 1992 年夏季之间实施了"货币政策试验"。沃尔克这一制止通货膨胀也与严重的衰退联系在一起,尽管第二次石油冲击的影响也肯定是一个导因。在评论这一案例时,米尔顿·弗里德曼认为相关的经济行为人对 1979 年联邦储蓄委员会公布的新的制止通货膨胀的政策并没有普遍的信心(Friedman,1984)。波尔以同样的方式评述道:"为了证明中央银行是严肃的,衰退可能是必需的。"(Poole,1988)对美国"货币主义试验"的讨论,读者可以参考布里默(Brimmer,1983)和 B. 弗里德曼(Friedman)的著作。达尔奇尔(Dalziel,1991)、鲍尔(Ball,1991,1994)、查达(Chadha et al.,1992)提供了与制止通货膨胀问题相关的有益调查。

从以上的讨论我们清楚地发现,为了使无痛苦的制止通货膨胀得以发生,公众必须相信货币管理当局准备贯彻它所公布的货币紧缩政策。假如公布的政策缺乏

249

信誉,通货膨胀的预期将不会充分下降以防止经济承担产出-就业成本。最初,与信誉重要性相关的观点由菲尔纳有力地展示出来(Fellner,1976,1979)。与政策信誉紧密相关的观点的第二条线索与动态时间不一致性相关联。这一问题最初是在基德兰德和普雷斯科特独创性的论文(Kydland and Prescott,1977,1982)中提出来的。我们下面将研究一下这一富有影响的理论的政策含义。

### 5.5.3　动态时间的不一致性、信誉和货币规则

"核心的"货币主义为稳定的货币增长率规则辩护,米尔顿·弗里德曼在20世纪50年代和60年代清楚地阐述了这一辩护。弗里德曼的辩护建立在众多的观点之上,其中包括:政策制定者所面对的约束,与时间滞后和预见相关联的问题,与财政政策和货币政策乘数规模有关的不确定性,将失业减少到自然率之下的通货膨胀的后果,对与市场力量相比较的政治过程的基本不信任。卢卡斯-萨金特-华莱士政策无效的主张对预见到的影响实际变量的货币政策的力量提出了质疑,同时进一步增强了弗里德曼对随机政策的攻击。尽管新古典经济学家的瓦尔拉式的框架明显不同于弗里德曼的马歇尔式的方法,但是,在攻击凯恩斯为积极行动主义的随机稳定政策辩护的时候,卢卡斯、萨金特和华莱士的政策结论在其模型当中是"货币主义的"。例如,在卢卡斯高度理论性的论文《预期和货币中性》(Lucas,1972a)中,他证明了弗里德曼千分比规则的最优性。

1977年,基德兰德和普雷斯科特创立了一个分析上严谨的新古典模型,在这一模型中,政策的制定者致力于与老练的、富有前瞻性的私有部门的行为人进行策略上的动态博弈。依靠这一创立,他们再次阐明了对随机政策的反对。在这一背景中,随机的货币政策导致了涉及"通货膨胀偏差"的均衡收入。

基德兰德和普雷斯科特在他们的论文中所攻击的经济政策理论是在50年代和60年代发展起来的。丁伯根灌输的传统方法由三个关键的步骤构成(Tinbergen,1952)。首先,政策的制订者必须明确经济政策的目标或者目的(例如低通货膨胀和低失业)。第二,鉴于政策制定者试图最大化的社会福利函数,人们选择一套(货币和财政)将用于实现目标的工具。最终,政策的制定者必须使用一种经济的模型,以便这些工具处于最优值上。这一规范的经济政策方法关注的是政策制定者应该如何行为,并且鉴于政策接受者的偏好,在最优控制理论的背景中,经济学家为了达到最优的结果,企图确认最优的政策(见 Chow,1975)。基德兰德和普雷斯科特认为,如果预期是理性的,就不存在任何方法能够将"最优控制理论运用

第五章　新古典学派　　　　　　　　　　　　　　　　　　　　　——215

到经济计划当中"。尽管最优控制理论在自然科学中是非常有用的,但是基德兰德和普雷斯科特依然否认能以同样的方式看待社会系统的控制。在社会系统中存在着企图预见政策行为的聪明行为人。结果是,在动态的经济系统中,政策制定者在一定时期内介入一系列行为。在这一系统中,鉴于当下的状况,"随机政策,即最优的政策选择,并不会导致社会目标函数的最大化"(Kydland and Prescott,1977,p.463)。出现这种显而易见的矛盾结果是因为"经济计划并不是针对自然的博弈,而是针对理性经济行为人的博弈"。这一观点对于货币政策的实施,以及对于最可能产生有关低通货膨胀明确目标的信誉的体制结构来说,具有非常重要的意义。

251

由基德兰德和普雷斯科特所提供的基本洞察与宏观经济学政策的评价相关。这一洞察就是:当经济行为人有远见的时候,政策问题就会以聪明的对手——比如政府(或者货币关当局)和私有部门——之间动态的博弈形式出现(见 Blackburn,1987)。假定一个政府制定了它认为是最优化的政策,然后把它公布给私有行为人。假如这一政策被人所相信,那么在接下来的一段时期里,坚持已经公布的政策可能不再是最优的,因为在新的情况下,政府发现有否认或者欺骗以前公布的最优政策的动力。事先最优性和事后最优性之间的差异以"时间的不一致性"而著称。正如布莱克本表明的:假如再次最优化在 $(t+n)$ 期意味着不同的最优政策,那么在 $t$ 时间上计算出的最优政策是时间不一致性的(Blackburn,1992)。基德兰德和普雷斯科特证明了时间不一致性将如何明显地削弱已公布的政策的信誉。

通过检验货币管理当局和私有经济行为人之间进行的策略博弈,并运用表示通货膨胀和失业之间交替关系的卢卡斯货币意外的菲利普斯曲线形式,来显示一致的均衡将如何涉及通货膨胀偏差,最优计划时间上的不一致性在宏观经济学的背景中得到了最好的证明。在基德兰德和普雷斯科特的模型中,随机政策是不能实现最优均衡的。在下面的分析中,我们假定货币管理当局能够完全控制通货膨胀率,市场持续出清,并且经济行为人具有理性预期。方程 5.23 表明失业可能被正的通货膨胀意外所降低:

方程 5.23 $$U_t = U_{N_t} + \psi(\dot{P}_t^e - \dot{P}_t)$$

方程 5.23 显示了政策制定者所面对的约束。在这里,正如前面一样,$U_t$ 是 $t$ 时期的失业,$U_{N_t}$ 是自然失业率,$\psi$ 是正的常数,$\dot{P}_t^e$ 是 $t$ 时期预期的通货膨胀率,而 $\dot{P}_t$ 是 $t$ 时期实际通货膨胀率。基德兰德和普雷斯科特假定正如方程 5.24 所给定的,预期是理性的:

方程 5.24 $$\dot{P}_t^e = E(\dot{P}_t \mid \Omega_{t-1})$$

在这里,正如前面一样,$\dot{P}_t$ 是实际通货膨胀率;$E(\dot{P}_t \mid \Omega_{t-1})$ 是根据前一个时期($\Omega_{t-1}$)可以得到的信息,对通货膨胀率的理性预期。然后基德兰德和普雷斯科特确定存在着某种社会目标的函数($S$),它使政策选择理性化,并且具有方程 5.25 所显示的形式:

方程 5.25 $$S = S(\dot{P}_t, U_t), S'(\dot{P}_t) < 0, 并且 S'(U_t) < 0$$

社会目标函数(5.25)表明通货膨胀和失业是"有害的东西",因为降低其中任何一个或者两个一并降低都会增加社会的福利。一致性的政策将在服从方程 5.23 给予的菲利普斯曲线约束的情况下寻求方程 5.25 的最大化。图 5.4 表示了两个预期通货膨胀率 $\dot{P}_{to}^e$ 和 $\dot{P}_{tc}^e$ 菲利普斯曲线的交替关系。社会目标函数等值线由无差异曲线 $S_1 S_2 S_3$ 和 $S_4$ 表示。鉴于通货膨胀和失业是"有害的东西",那么 $S_1 > S_2 > S_3 > S_4$,并且无差异曲线的形式意味着"社会偏好的"通货膨胀率为零。在图 5.4 当中,在纵轴上所有的点都是潜在的均衡位置,因为在点 $O$ 和点 $C$ 上,失业处于自然率上(也就是 $U_t = U_{N_t}$),并且所有的行为人都正确地遇见了通货膨胀(也就是 $\dot{P}_t^e = \dot{P}_t$)。无差异曲线显示最优的位置(持续均衡)在 $O$ 点上,在那里,同时满足 $\dot{P}_t = 0$ 和 $U_t = U_{N_t}$。尽管在这一模型中,货币管理当局能够决定通货膨胀率,但是,在图 5.4 中的菲利普斯曲线将依赖于私有经济行为人的通货膨胀预期。在这一情形下,时间一致性的均衡得到了实现,在这里,无差异曲线 $S_3$ 正切于通过点 $C$ 的菲利普斯曲线。由于点 $C$ 在 $S_3$ 上,那么很明显,时间一致性均衡是次优的。让我们来看这样的情形是如何在政策制定者和私有行为人之间动态博弈的背景中出现的。

在动态博弈中,每一个博弈者选择策略,这个策略显示当在博弈过程中收到信息时他们将如何行事。特定的博弈者所选择的策略将依赖于他们对其余参与者可能采用的策略的感知,以及他们是如何预期其他的参与者受到他们策略的影响。在动态博弈中,每一个博弈者都追求自己目标函数的最大化,服从于他们对其他博弈者采用的策略的感知。博弈在政府(货币管理当局)和私有行为人之间展开。这一情形是非合作性的"斯塔克尔伯格"博弈的例证。斯塔克尔伯格博弈具有等级的结构,处于主导地位的博弈者是领导者,其余的参与者对领导者的策略作出反应。在基德兰德和普雷斯科特所讨论的货币政策的博弈中,政府是处于主导地位的博弈者。当政府以其最优政策作出决定时,它将考虑"追随者"(私有行为人)的可能

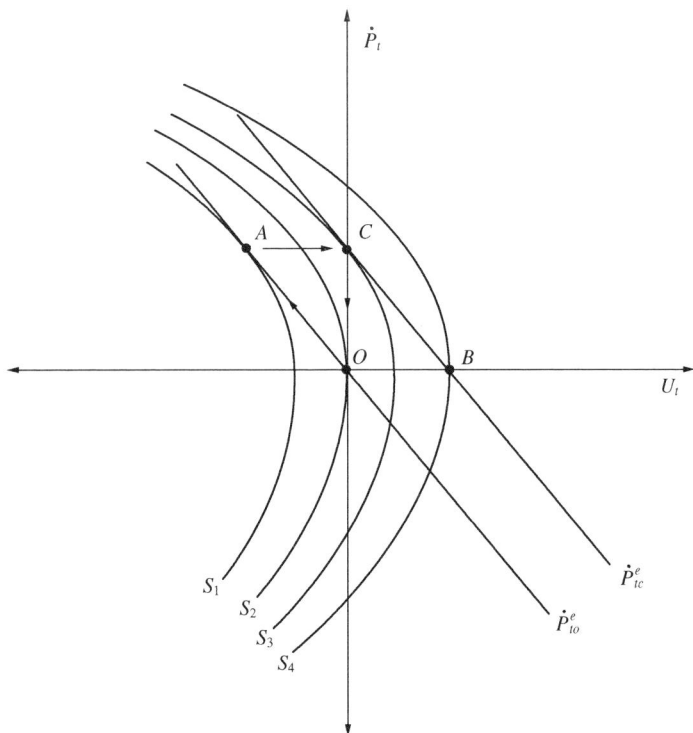

图 5.4　一致性和最优均衡

反应。在斯塔克尔伯格博弈中,除非存在着领导人事先的对已经公布的政策的承诺,否则最优的政策将会出现动态的不一致性,因为政府可以采用欺骗手段来改进自己的结果。因为私有部门的行为人知道这一点,时间不一致性的均衡将成为一种"纳什"均衡。在这样的情形下,每一个博弈者正确地认识到:鉴于其他博弈者的行为,他们尽自己所能行为,同时领导者则放弃了他们的主导地位(对于博弈论非技术性的讨论,参见 Davis,1983)。

　　假定经济最初处于图 5.4C 点显示的次优但时间一致的均衡点。为了将经济转移到点 O 所示的最优位置,货币管理当局公布了零通货膨胀的目标,它将通过将货币供给从 $\dot{M}_c$ 减少到 $\dot{M}_o$ 来实现这一目标。假如这样的公布是可信的,并且被私有经济行为人所相信,那么他们就会从 $\dot{P}_{tc}^e$ 向下到 $\dot{P}_{to}^e$ 修正他们的通货膨胀预期,从而引发菲利普斯曲线从 C 向下移动到 O。但是,一旦行为人修正他们的预期以回应已经公布的政策,那么什么可以保证货币管理当局不违反他们的承诺,并且不引起通货膨胀意外呢?正如图 5.4 所清楚表明的,货币当局所采取的最优政策是时间不一致性的。假如它们为了制造"通货膨胀意外"而使用随机的权力,提高货币增长率,那么经济就可能达到 $S_1$ 上的点 $A$,它明显高于 $O$ 点。但是,这样一个点是不能够维持的,因为在点 $A$ 上,失业低于自然率,并且 $\dot{P}_t$ 大于 $\dot{P}_t^e$。理性的行为人很快就意识到他们被愚弄了,经济将在点 $C$ 回复到时间一致均衡。请注意,对于货币当局来说,一旦达到了 $C$ 点,就不存在为了减少失业而企图扩张经济的动机,因为这样的政策会降低福利;也就是说,假使这样的话,经济就会改变为次等的社会无差异曲线。

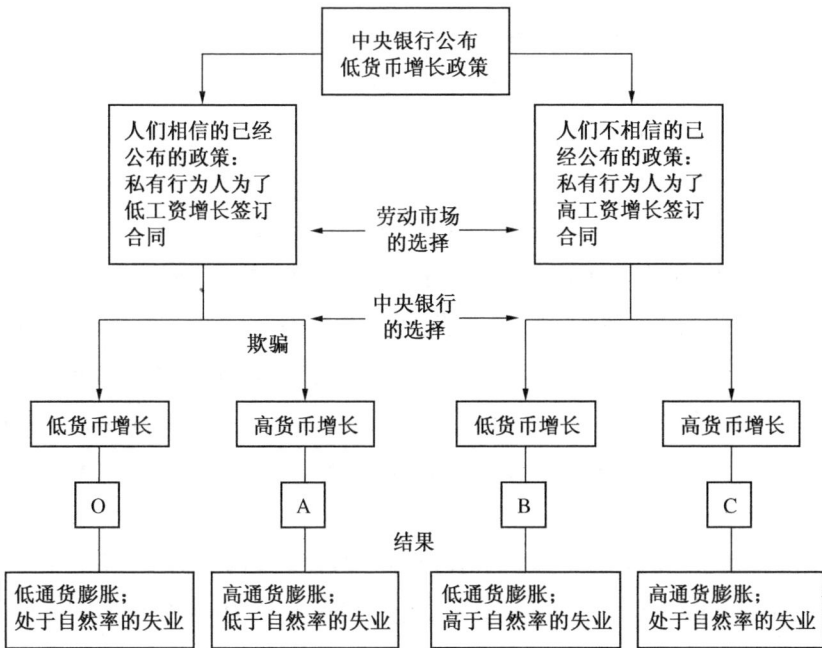

中央银行公布
低货币增长政策

人们相信的已经公布的政策:私有行为人为了低工资增长签订合同

人们不相信的已经公布的政策:私有行为人为了高工资增长签订合同

劳动市场的选择

中央银行的选择

欺骗

低货币增长 —— O

高货币增长 —— A

低货币增长 —— B

高货币增长 —— C

结果

O:低通货膨胀;处于自然率的失业

A:高通货膨胀;低于自然率的失业

B:低通货膨胀;高于自然率的失业

C:高通货膨胀;处于自然率的失业

图 5.5　货币管理当局与工资谈判者之间进行的博弈

总而言之,尽管在图 5.4 中,$A > O > C$,但是只有点 $C$ 是时间一致的。点 $A$ 是不能够维持的,因为失业低于自然率,并且在点 $O$ 上,管理当局有为了实现更高的(暂时)社会福利的水平进行欺骗的动机。这个事例所证明的是:假如货币管理当局具有随机的权力,它们会具有欺骗的动机。因此,已经公布的、时间不一致性的政策将是不可信的。因为在通货膨胀博弈中的其余博弈者知道管理当局的目标函数,他们将不会调整他们通货膨胀的预期以回应已经公布的政策;而且,由于缺乏有约束力的规则,经济将不能够达到最优但时间不一致性的、由点 $O$ 所显示的位置。由点 $C$ 所显示的非合作的纳什均衡证明:随机政策产生了展示通货膨胀偏差的次优结果。因为理性的行为人能够预见拥有随机权力的货币管理当局的策略,所以他们将预见通货膨胀水平为 $\dot{P}^e_{tc}$。因此,为了阻止产出的萎缩,政策制定者必须也提供一个与私有部门预期相当的通货膨胀率。由于时间的不一致性而缺乏信誉的最优政策因此既不是最优的,也不是可行的。鉴于现存的状况而强调选择最佳政策的随机政策将导致一致的、但是是次优的结果。对于货币管理当局来说,实现最佳位置点 C 的唯一方法是事先承诺与价格稳定一致的非随机的货币规则。

货币管理当局与工资谈判者之间进行的博弈可能产生出各种各样的结果。泰勒很好地描述了这些结果(Taylor,1985)。图 5.5 来自泰勒的著作,它显示在私有行为人和中央银行之间展开的非合作性博弈中四种可能的结果。时间一致的结果由 C 显示,相反,由 O 显示的低通货膨胀加处于自然率的失业是最优的结果。因为时间的不一致性,政府刺激经济诱惑由结果 A 所显示,相反,不认可高预期通货膨胀率和高工资增长的决策将产生衰退,这一决策由结果 B 所示。

由基德兰德和普雷斯科特确定的信誉问题最为明显地出现在一次性完全信息的非合作斯达克尔伯格博弈的情形中,在那里,政府具有货币政策的随机权力。但是,在经济政策制定的情形中,这是不真实的,因为博弈会重复。在重复博弈(超级博弈)的情况下,政策的制定者被迫采取长远的观点,因为现行政策的未来结果将影响政策制定者的声誉。在这一情形下,政府欺骗的动机得到了削弱,因为它们面对着从食言中获利和未来成本之间跨时期的权衡,这一关系不可避免地来自菲利普斯曲线移动。

这一名誉的问题在巴罗和戈登对时间不一致性模型的发展和通俗化中得到了采纳(Barro and Gordon,1983a,1983b)。他们探索了用政策制定者的名誉替代更为规范的规则的可能性。巴罗和戈登的著作在实证的货币政策分析方面取得了明显的成绩。这一分析关注于政策制定者的行为方式,而不是他们应该如何行为。假如经济学家能够一致认为通货膨胀主要是由货币增长决定的话,那么,为什么政府会允许过度的货币增长呢?在巴罗-戈登的模型中,通货膨胀偏差的出现是因为货币管理当局没有受到规则的约束。但是,甚至一个实施随机政策的政府,假如面对来自私有行为人的惩罚,也会受到信誉因素的影响,结果是它必然权衡一下食言已公布的政策的获利和带有随机均衡特征的、较高的未来通货膨胀水平的成本。在这种情况下,"一种不同形式的均衡可能出现,在其中,政策制定者为了长期名誉的原因放弃了短期的获利。"(Barro and Gordon,1983b)鉴于这种跨期的在当下获利(根据较低的失业和较高的产出)和未来成本之间的权衡,那么这种博弈的均衡

256

依赖于政策制定者的贴现率。贴现率越高,均衡点就越贴近基德兰德-普雷斯科特模型的时间一致的均衡(图 5.4 的点 C)。假如贴现率是低的,均衡点将更接近最优的零通货膨胀的事先承诺的结果。请注意,就是事先承诺的出现区分了建立在规则基础上的货币体制和建立在随机政策基础上的货币体制。

以上分析的一个问题是:因为私有行为人具有不完全的信息,因此他们并不知道自己所面对的政府行为的类型(见 Driffill,1988)。鉴于政府意图的不明确,私有行为人将会仔细地分析各种以政策行为和公告的形式出现的信号。在这样的情形下,对于私有行为者来说,区分"强硬的"(零通货膨胀)管理和"软弱的"(高通货膨胀)管理是困难的,因为"软弱的"管理具有伪装成"强硬的"管理的动机。但是,正如布莱克本所认为的,行为人依靠政府的所作所为,提取了有关政府立场的信息,同时完全知道他们所观察的可能只是一个骗子伪装的行为(Blackburn,1992)。巴克库斯和德利菲尔扩展了巴罗和戈登的框架,考虑到了私有部门一方对于政策制定者真实意图的不确定性(Backus and Driffill,1985)。鉴于这种不确定性,假如坚定而顽强的政府采用抑制通货膨胀的政策,并且与工资谈判者进行"小鸡"(无经验的人)博弈,那么,政府将不可避免地面对高牺牲率。为了仔细地探索本节讨论的议题,读者可参考 Barro(1986)、Persson(1988)、Blackburn and Christensen (1989)、Fischer(1990)。

最近斯文森指出了通货膨胀的目标是如何作为策略出现的,设计这个策略是为了消除内在于随机货币政策中的通货膨胀的偏差(Svensson,1997a)。由基德兰德、普雷斯科特、巴罗和戈登首先提出的时间不一致性的文献假定:具有随机权力的管理当局将试图通过将失业降低到自然率之下来实现绝对的就业目标。管理当局认为这一自然率既没有效率,也比较高。这一问题使得许多经济学家寻找可信的货币框架去帮助解决通货膨胀偏差的难题。但是,"最优的"解决方式是纠正引起供给方的扭曲,因为它引发了自然失业率高于货币管理当局的希望,也就是从源头上控制这一问题。假如这一解决方案因为某个理由在政治上是不可行的(强大的工会),那么,次优的解决方案涉及对货币政策规则的承诺,或者分派给货币管理当局一个与自然率相等的就业目标。假如这些解决方案没有是一个可行的,那么政策将是随机的,经济也将显示与次优均衡相关的通货膨胀的偏差。斯文森将随机的(时间不一致性的)结果定级为第四优的解决方案。通过将货币政策委托给"保守的中央银行"以"修正中央银行的偏好",或者通过采纳最优的中央银行契约(Walsh,1993,1995a),可以改善第四优的结果。斯文森认为通货膨胀的目标可能将经济向次优的解决方案移动。

### 5.5.4 中央银行的独立性

与中央银行独立性(CBI)相关的争论受到新古典思想的极大影响,尤其与通货膨胀预期、时间不一致性、名誉和信誉相关。假如我们接受基德兰德和普雷斯科特的观点——随机政策导致通货膨胀偏差的话——那么建立约束随机行动的制度基础显然是必要的。许多经济学家相信某种形式的中央银行的独立性将提供这一必要的约束。中央银行独立性的理论案例与对自然率假设的普遍接受相关。这一假设认为,在长期内,通货膨胀率独立于失业的水平,随机政策可能导致通货膨胀偏差。因此在没有长期可利用的交替关系的情况下,富有远见的货币管理当局应该选择与较低的、可以承受的低通货膨胀率一致的长期菲利普斯曲线上的一个位置(在图 5.4 中靠近点 $O$ 的位置)。为何过度的(适中的)通货膨胀可能是一个排除长期承诺的货币体制结果?由基德兰德和普雷斯科特首先提出并由巴罗、戈登、巴克库斯、德利菲尔发展的通货膨胀的动态不一致性的理论,对此提供了解释。这种随机的体制与金本位制形成了鲜明的对比,在后一种体制中,博弈的潜在规则围绕着对价格稳定的事先承诺。为了保持价格的稳定,这些模型对制度和规则重要性的强调为独立的中央银行的建立提供了有力的辩护。这种中央银行的随机权力受到担当事先承诺设计的明确的反通货膨胀目标的限制。因为信誉的问题起源于有关货币政策实施的货币管理当局的随机权力,因此,将反通货膨胀的责任移交给非政治性的、独立的中央银行就能克服信誉的问题。另外,一个独立的中央银行将从"信誉的收获"中获利,由此,就可以以低"牺牲率"实现抑制通货膨胀的政策(Cukierman,1992;Goodhart,1994a,1994b)。

在对中央银行独立性的争论中,区别"目标的独立性"和"工具的独立性"是重要的(见 Fisher,1995a,1995b)。前者意味着中央银行建立了自己的目标(也就是政治的独立性);后者意味着与各种水平的货币政策相关的独立性(也就是经济的独立性)。1997 年 3 月创建的英国"独立"银行只是具有工具的独立性。最初,政府确定了 2.5% 的通货膨胀的指数,政府构成了银行明确宣布的货币政策目标。因此在英国,与目标相关的决策依然存在于政治领域(Bean,1998;Budd,1998)。

正如上面所表明的,斯文森认为与时间的不一致性问题相关的通货膨胀的偏差,可能依靠"修正中央银行的偏好"得以改善(Svensson,1997a),像罗戈夫(Rogoff,1985)所认为的那样,这种修正可以通过将货币政策交付给"保守的中央银行家"

（例如格林斯潘）而实现，也可以通过如沃尔什所认为的采用最优的中央银行契约得以实现（Walsh,1993,1995a）。罗戈夫保守的中央银行家具有目标和工具的独立性，德国的国家银行是最好的代表，在欧洲货币联盟成立之前，它一直是欧洲最好的独立银行（Tavelli et al.,1998）。在罗戈夫的模型中，反通货膨胀的保守银行家得到委任，他们在对通货膨胀的控制中获得了比通常社会更重要的责任（例如吉米·卡特总统在 1971 年任命保罗·沃尔克为联邦储备委员会主席）。这意味着确保与时间不一致性问题相关的过度通货膨胀在一些环境中被控制在较低的水平，否则在这些环境中，很难建立对低通货膨胀的事先承诺。总体而言，从这个模型中，我们能预见平均较低的通货膨胀和较高产出的可变性（Waller and Walsh,1996）。但是艾莱斯那和萨默斯的研究（Alesina and Summers,1993）显示了这两个预见的第一个在代表性的数据中出现了。相反，哈奇逊和沃尔什最近通过对新西兰的研究（Hutchison and Walsh,1998）发现，中央银行的改革似乎增强了短期产出-通货膨胀的交替关系。在罗哥夫的模型中，保守的中央银行家对货币冲击的反应没有那些共享社会偏好的人那样强烈，他们显示了适应性和承诺之间潜在的交替关系。为了回应这一问题，洛曼认为中央银行制度的设计应该涉及许可保守的中央银行家具有局部的独立性，他将更重视通货膨胀而不是政策的制订者；但是"政策制定者依然保留着选择权，他可以拒绝考虑中央银行在一些严格意义上实际和确定的成本上的决策"（Lohmann,1992）。这一条款被写进《英国银行法案》，在法案中宣布了保留的权力："假如财政部确信指导是符合公共利益需要的，并且由最终的经济环境要求，那么，财政部在与英格兰银行行长商议之后，可以奉命给予英格兰银行有关货币政策的指导。"这样的权力无论何时被运用，都会得到理解。

签订合同模型与沃尔什相关，它采用了主要执行者的框架，并且强调了中央银行的责任性（Walsh,1993,1995a,1998）。在沃尔什签订合同的方法中，中央银行具有工具的独立性，但不具有目标的独立性，对中央银行的奖励和处罚建立在其对通货膨胀控制的成就上。新西兰储备银行类似于这种主要执行者的类型框架。签订合同方法的重要问题是与中央银行家签订合同的最优期限长度（Muscatelli,1998）。长期的任命将降低选举人意外的作用。但是，假如社会的偏好服从于经常的变化，那么，任职期过长可能代价高昂。瓦勒和沃尔什认为最优期限长度"必须将降低选举效应的优势和一种需要加以平衡，这种需要就是确保货币政策反映出来的偏好是选民的偏好"（Waller and Walsh,1996）。

支持中央银行独立性的经验案例与跨国的证据相连，这一证据显示：对于先

进的工业化国家来说,存在着中央银行独立性和通货膨胀的负相关关系。在 2005
年之前的 15 年间,人们进行了相当多的研究,检验了中央银行独立性和经济运作
之间的关系(见 Grilli et al.,1991;Bernanke and Mishkin,1992;Alesina and Sum-
mers,1993;Eijffinger and Schaling,1993;Bleaney,1996;Eijffinger,2002a,2002b)。
对中央银行独立性的经济影响的研究认为核心的难题是建立独立性指数的问题。
艾莱斯那和萨默斯确定了以下指数:在没有政府的影响的情况下中央银行选择自
己目标的能力;中央银行行长选举的程序;在中央银行对金融财政赤字不加限制和
要求的情况下运用货币政策的能力,这些赤字可能作为关键指数被用于解释中央
银行独立性的尺度。艾莱斯那和萨默斯运用了来自帕金和巴德(Parkin and Bade,
1992)以及格瑞利(Grilli et al.,1991)的复合指数,他们检验了独立性指数和一些主
要经济指数之间的相关关系。表5.2 表明:"尽管中央银行独立性推动了价格稳定,但
是,它对实际的经济运作并不具有可测定的影响。"(Alesina and Summers,1993,p.151)

**表5.2 中央银行独立性和经济运作**

| 国　　家 | 中央银行独立性的平均指数 | 1955—1988 年平均通货膨胀 | 1955—1988 年平均失业率 | 1966—1987 年实际 GDP 增长 |
|---|---|---|---|---|
| 西班牙 | 1.5 | 8.5 | n/a | 4.2 |
| 新西兰 | 1 | 7.6 | n/a | 3.0 |
| 澳大利亚 | 2.0 | 6.4 | 4.7 | 4.0 |
| 意大利 | 1.75 | 7.3 | 7.0 | 4.0 |
| 英国 | 2 | 6.7 | 5.3 | 2.4 |
| 法国 | 2 | 6.1 | 4.2 | 3.9 |
| 丹麦 | 2.5 | 6.5 | 6.1 | 3.3 |
| 比利时 | 2 | 4.1 | 8.0 | 3.1 |
| 挪威 | 2 | 6.1 | 2.1 | 4.0 |
| 瑞典 | 2 | 6.1 | 2.1 | 2.9 |
| 加拿大 | 2.5 | 4.5 | 7.0 | 4.1 |
| 荷兰 | 2.5 | 4.2 | 5.1 | 3.4 |
| 日本 | 2.5 | 4.9 | 1.8 | 6.7 |
| 美国 | 3.5 | 4.1 | 6.0 | 3.0 |
| 德国 | 4 | 3.0 | 3.6 | 3.4 |
| 瑞士 | 4 | 3.2 | n/a | 2.7 |

来源:Alesina and Summers(1993)。

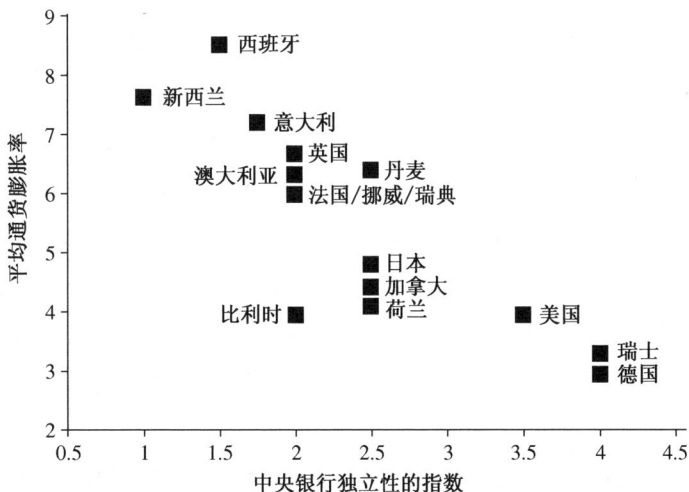

来源：Alesina and Summers(1993)。

图 5.6　平均通货膨胀和中央银行独立性的关系

在图 5.6 中，通货膨胀和中央银行之间"几近完全"负相关关系在图 5.6 中清晰可见。但是，正如艾莱斯那和萨默斯所认为的那样，相关关系并不能证明是因果关系，德国卓越的反通货膨胀的表现可能更多地与公众对通货膨胀的厌恶，而不是独立的中央银行的存在相关。因为德国人有着 1923 年极度通货膨胀灾难性的经历。在这一案例中，独立的中央银行可能是德国公众对通货膨胀厌恶的结果，而不是低通货膨胀的原因。确实，德意志银行维持低通货膨胀所建立的声誉是英国政府 1990 年 10 月加入汇率机制的一个重要原因。英国加入这一组织的目的在于束缚国内政策制定者的手脚，有助于低通货膨胀的预期。在这一组织中，货币政策是由反通货膨胀的中央银行制订的，它拥有业已确立的声望和信誉。

大量研究已转向影响着经济运行的政治所发挥的作用。"政治经济周期"的文献或者"货币政治学"的文献也认为：英国中央银行的独立性有助于减少政治对宏观经济政策制定的政治扭曲。现在人们所熟悉的"新宏观政治经济学"已经极大地影响了艾尔波托·艾莱斯那的影响。他的研究显示了理性预期的影响并不能去除在经济周期的分析中政治因素的重要性，并且总体而言，政治经济周期的文献给一些经济学家提供了更多的手段，这些经济学家赞成将货币政策从当选的政治家们的手中解放出来。我们可以在艾莱斯那、鲁比尼和科恩合著的著作（Alesina and Roubini with Cohen，1997）、德莱森的著作（Drazen，2000a）以及第十章中找到货币政治学文献的卓越研究。

尽管英国中央银行独立性可以避免基德兰德和普雷斯科特提出的动态时间不一致性问题,且通货膨胀率较低,但是许多经济学家依然怀疑:受到规则限制的中央银行总体而言比另一种中央银行要运行得好。鉴于大规模未预见到的冲击的可能性,后者被允许实施相机政策。与以规则为基础的政策相比,面对大规模冲击可以实施随机政策的中央银行可能更具吸引力。这无疑是像斯蒂格利茨这样的凯恩斯主义者的观点。其他在中央银行内部工作的经济学家——如在美联储工作的布林德(Blinder,1997b,1998),在英国银行工作的古德哈特(Goodhart,1994a)——都不认为中央银行行为的博弈论方法是有效和现实的。伯南克和米什金的研究也确认:"中央银行不论何时何地都没有遵守严格的、铁定的货币增长的规则。"(Bernanke and Mishkin,1992,p. 186)

对中央银行独立性最为重要的理论上的反对之一是冲突的潜在性,它产生于货币管理当局和财政管理当局之间(Doyle and Weale,1994;Nordhaus,1994)。人们认为,财政管理和货币管理的分离可能导致会破坏信誉的协调问题。在一些导致冲突的国家(诸如 1979—1982 的美国)出现了巨大的财政赤字和高水平的实际利率。这一货币政策-财政政策的冲突没有导致增长,并且在美国里根经济学的初期,这一冲突招来了许多经济学家的尖锐批评(Blanchard,1986;Modigliani,1988b;Tobin,1987)。鉴于驱动美联储和美国财政部的主要动机,严格的货币政策和宽松的财政政策的冲突并不令人惊讶。尽管独立的中央银行往往强调货币的紧缩和低通货膨胀,但是,财政管理当局(政治家们)知道增长的政府支出和减少的税收是"政治的肉食、土豆和肉汤"(Nordhaus,1994)。对于这些批评家来说,中央银行的独立性并非万灵药。值得特别注意的是,在所有的情况下,认为通货膨胀应该是中央银行的首要目标与将通货膨胀作为货币政策唯一目标是完全不同的。正如布莱克本(Blackburn,1992)所得出的结论:"货币政策的信誉不仅仅依赖于货币政策,也依赖于宏观经济的整体规划。"

### 263 5.5.5 增加总供给的宏观经济政策

我们所思考的新古典方法的下一个政策含义涉及假如管理当局希望永久增加产出或者减少失业,它们应该推行什么政策(货币政策的作用并非试图永久减少失业,而是试图使得通货膨胀维持在低水平和稳定的状态)。正如我们已经发现的,人们将减少劳动市场扭曲的宏观经济政策作为"最优的"对通货膨胀偏差问题——由基德兰德和普雷斯科特(Kydland and Prescott,1977)认定的——的解决方案。

失业被认为是反映工人最优选择的均衡结果，他们对劳动或者闲暇的替换以回应当下的实际工资和预期未来的实际工资的变化。劳动市场持续地出清，这样，任何在当下实际工资条件下要求就业的人会作出这样的替换。那些自愿失业的人在当下实际工资条件下选择了不去就业（Lucas，1978a）。鉴于厂商和工人对相对价格的看法，产出和失业的变化一直反映了他们的均衡供给决策。从这一观点得出的是，增加产出或者减少失业适宜的政策方法是那些增加厂商和工人提供更多的产出和劳动的微观经济动机的方法（例如广泛的经常具有高度争议性的供给方政策，这一政策近年来得到了推行，见第四章，以及第 4.3.2 节；参见 Minford et al.，1985；Minford，1991）。供给方政策改革的重要性最近被卢卡斯所采纳。在卢卡斯2003 年 1 月就任美国经济学会主席典礼上的讲话中，他集中论述了"宏观经济学的优先权"（Lucas，2003）。在一个分析中，卢卡斯运用了过去 50 年来美国经济的运作作为基准的，他的结论是：福利的潜力来自较好的、长期的、供给方的政策，其收益远远超过短期稳定政策进一步提高所带来的收益。

对于一些经济学家来说，欧洲的失业问题从根本上说不是货币政策的问题，而是供给方的问题，它经常被认为是"欧洲顽症"。在 20 世纪 50 年代和 60 年代，欧洲的福利国家的平均失业率要比美国的低。从 1980 年前后开始，情况正好相反。许多经济学家将欧洲差劲的劳动市场的表现归结为各种制度上的变化，这些变化——尤其是与失业福利的数量和持续时间相关的措施、限制流动性的住房政策、增加聘用和解聘成本的最低工资立法和就业保护立法、在厂商的劳动成本（生产工资）和工人的净收入（消费工资）之间的"税收楔入"、"内部人"权力——对劳动市场的灵活性产生了不利的影响（Siebert，1997；Nickell，1997）。面对越来越动荡的经济形势，经济合作与发展组织成员国家要求持续的重构。扬奎斯特和萨金特认为：欧洲的经济合作与发展组织的福利国家慷慨的津贴计划已经产生了"等待爆炸的定时炸弹"（Ljungqvist and Sargent，1998）。当巨大的经济冲击更为经常发生的时候，爆炸就会到来。福利国家的计划阻碍了经济必要的重构，并且这种情况暴露出持续的高失业率。

尽管接受了一些供给方政策的观点的合理之处，但是，索洛（Solow，1998）和莫迪利阿尼（Modigliani，1996）依然认为欧洲失业上升的明显部分起源于其严格的反通货膨胀的货币政策，这些政策一直是过去 20 年的特征之一。因此，解决欧洲失业问题的方法要求同时采用微观导向的供给方政策和更为扩张的总需求政策。

### 5.5.6 卢卡斯对经济计量学政策评价的批评

新古典方法对宏观经济学政策制定的最后含义涉及众所周知的"卢卡斯批评",这一名词来自卢卡斯的一篇独创性的、首先提出这一论点的论文。卢卡斯（Lucas,1976）对运用大规模的宏观经济计量学模型评价不同政策方案的结果的一贯做法发起了攻击,因为这样的政策模型建立在这样一个假定之上：当政策发生变化时,模型的参数依然保持不变。在20世纪50年代和60年代得到发展的凯恩斯宏观经济学模型由涉及内生变量和外生变量的"方程系统"构成。按照库普曼的观点,这样的一些模型包括四类被称为"结构方程"的方程（Koopman,1949）,它们是：

1. 身份,根据定义是实际的方程;

2. 体现诸如税收计划的制度规则的方程;

3. 规定诸如产品功能的技术约束的方程;

4. 描绘个人或者组织回应经济环境方式的方程,例如工资调整、消费、投资和货币需求函数。

这类"方程系统"模型的范例是著名的FMP模型（此名来自美联储-麻省理工学院-宾夕法尼亚大学模型的缩写）。这个模型由安多和莫迪利阿尼建立。这样的一些模型被用于预见目的,以及测试随机和随意冲击的可能影响。模型的建立者们用历史的数据去评估模型,然后运用模型去分析各种政策可能的结果。60年代和70年代初期典型的凯恩斯模型建立在IS-LM-AD-AS的框架之上,这一框架和菲利普斯曲线关系相关。明显的是,除了别的之外,这类模型的行为将依赖于这一模型中变量系数的估计值。例如,这样的模型通常包括一个消费函数作为一种关键关系。假定消费函数采取了下列简单的形式：$C = \alpha + \beta(Y - T)$。那么,消费是对于可以任意使用的（税后）收入（$Y - T$）来说是均衡的。然而,在这一凯恩斯式的简单消费函数中,鉴于经济行为人的效用函数,参数（$\alpha,\beta$）将依赖于他们在过去作出的与花费和节约多少相关的最优决策。也就是说,这些参数是在较早时期最优化的过程中构成的,在那时占主导地位的特定的政策管理制度直接影响了这一过程。卢卡斯认为我们不能使用诸如这样的方程来为预见的目的建立模型,因为当理性的、效用最大化的经济行为人对政策变化的最优（消费）回应通过模型实现的时候,这些模型的参数通常将发生变化。在面对政策变化时,大规模宏观经济计量学模型不可能持久（没有变化）,因为经济行为人可能根据新的环境调整他们的预期和行为(Sargent,1999,认为这一点是"漂移的系数")。因为预期影响消费者行为、厂商、投资者、工人和其他所有经济行为人的方式,预期在经济中发挥着重要的作用。另外,经济行为人的预期依赖于许多事情,其中包括政府推行的经济政策。假如预期被假定是理性的,当政府改变经济政策的时候,经济行为人就会相应调整他们的预期。宏观经济计量学模型应该考虑到这样的事实:政策的任何变化都会系统地改变宏观经济计量学模型的结构。当政府政策发生变化时,私有部门结构行为的关系是变化的。因此,评估一个政策变化的效应需要知道经济行为人的预期将如何在回应政策变化时发生变化。卢卡斯认为传统的(凯恩斯主义占主导地位的)政策评价的方法不能充分地考虑到政策对预期的影响。因此,卢卡斯质疑使用这样的模式,他认为:

　　鉴于经济计量学模型的结构由经济行为人最优的决策规则构成,并且最优决策随着与决策制定者相关的数列结构的变化而发生系统的变化,因此接着出现的是:任何政策变化都将系统地改变经济计量学模型的结构。(Lucas,1976)

　　换句话说,大规模宏观经济计量学模型是不可能在面对政策变化时保持不变的,因为理性的经济行为人可能调整它们的行为以适应新的环境。因为在大多数现存的凯恩斯式的宏观经济计量学模型中,评估方程不会随着各种政策变化而变化,因此,任何来自政策模拟的建议都可能是误导性的。根据卢卡斯的观点,当试图对政策变化的经济所产生的影响加以预见的时候,采用从过去的数据中得到的评估关系将是一个错误。

　　当70年代通货膨胀加速、失业增加的时候,凯恩斯主义式的宏观经济计量学模型的这一弱点暴露了出来。50年代和60年代的经历导致一些政策的制定者和经济理论家相信:在通货膨胀和失业之间存在着一个稳定而长期的交替关系。但是,一旦受到这种思想影响的政策制定者改变了政策管理制度,并且听任失业下降、通货膨胀上升的时候,当经济行为人对较高通货膨胀的经历作出回应时,菲利普斯曲线就会发生变化。因此,正统凯恩斯主义的模型显得"极为不正确"和"显著的失败",这些模型建立在一个"根本错误"的信条上(Lucas and Sargent,1978)。弗里德曼自然率理论的卢卡斯理性预期的形式意味着:政策的制定者不能将政策建立在明显存在的任何短期菲利普斯曲线的交替关系之上。货币管理当局应该将目标定位在实现具有明显福利收益的低通货膨胀率上(见 Sargent,1999;Lucas,2000a,2003)。

　　对于宏观经济政策的制订来说,"卢卡斯批评"具有深远的意义。因为政策制定者不可能预见新的、不同的经济政策对他们的模型参数的影响,运用现存模型的模拟不可能被用于预见各种政策管理制度的结果。根据卢卡斯的观点,对于政策的变化来说,一个模型中参数的不变性不可能在凯恩斯主义式的非均衡模型中得到保证。相反,均衡理论化的优势是:依靠将注意力集中在个人目标和约束上,结果的模型将完全由对于政策变化来说不变的结构关系构成是更为可能的。卢卡斯将对预期的处理态度作为标准的宏观经济计量学模型的主要缺陷。由于理性预期,行为人对公布的政策变化快速地作出反应。60年代末期和70年代初期通货膨胀的较低预期似乎证实了卢卡斯的看法。1978年,卢卡斯和萨金特明确地宣布:"现存的凯恩斯主义宏观经济计量学模型不能提供可信赖的指导去制订货币、金融和其他种类的政策。"

"卢卡斯批评"意味着对宏观经济计量学模型需要进行完全的重新思考,所以方程是结构性的或者行为性的。卢卡斯和萨金特主张均衡模型没有与现存的凯恩斯主义宏观经济计量学模型相关的困难,它能够说明经济周期主要的定量性质(Lucas and Sargent,1978)。最后,卢卡斯批评的影响对80年代被现代新古典经济周期(也就是"实际经济周期"理论,见图5.7)的理论家采纳的方法论的研究做出了贡献。

至于宏观经济稳定政策,"卢卡斯批评"也"对作为稳定的、得到经济行为人很好理解的游戏规则选择的政策思想的必要性给予了关注。只有在这一背景下,经济理论才能帮助我们预见行为人将要选择采取的行为"(Lucas and Sargent,1978)。

但是,诸如阿兰·布林德这样的一些经济学家相信,"卢卡斯批评"对于宏观经济学的进步有着消极的影响(见 Snowdon,2001a)。另外,对"卢卡斯批评"直接的检验并没有给以下的主张提供强有力的支持,即政策变化导致了行为方程系数的变化(见 Hoover,1995a)。布兰查德(Blanchard,1984)显示:在沃克尔反通货膨胀所采纳的政策管理制度变化期间,"并不存在菲利普斯曲线重大变化的证据。"其他的经济学家指出:沃克尔反通货膨胀包含了比政策实施前的1979年10月所预期到的更低的牺牲率(见 Sargent,1999)。最后,应该注意的是,假如经济行为人的偏好和技术紧随经济政策规则的变化而变化,那么,甚至新古典"均衡"方法的结构参数,对政策行为人也不可能是不变的。事实上,根据所考虑的特定政策的变化,"卢卡斯批评"的意义似乎依赖于模型参数的稳定性。

## 5.6 评价

诸如卢卡斯、巴罗、萨金特、华莱士这样一些主要的新古典理论家所取得的成就主宰了整个 70 年代,尤其是在美国。特别是在 70 年代,卢卡斯的经济周期研究对宏观经济学家研究和看待世界的方式产生了巨大的影响(Lucas,1980a,1981a;Hoover,1992,1999;见第六章)。例如,失业应该被视为自愿的观点依然是具有争议性的,但是,"卢卡斯革命"之后的经济学家已经不太乐意接受缺乏批判性的"非自愿失业"的凯恩斯观点(见 Solow,1980;Blinder,1988a;Snowden and Vane,1999b)。

但是,到 70 年代末期,新古典均衡方法的几个弱点变得明显起来。这些缺陷主要是运用了持续市场出清和不完全信息这两个假设的结果。到 1982 年,货币形式的新古典均衡模型陷入了理论和经验的僵局。例如,在理论的前沿,与信息混乱相关的假设的不真实性得到了广泛的认同(Okun,1980;Tobin,1980b)。由于在方法论基础上被排除出去的黏性价格,新古典模型没有对涉及货币-产出的因果关系提供可以让人接受的解释,从而被人遗弃。另外,希姆斯对货币在货币-产出相互关系中的原因作用表示异议,而这些异议提出了与对经济周期的货币解释相关的问题。在经验的前沿,尽管存在着一些最初的成功,但是对预见到的货币是中性的观点加以支持的证据并不充分(见 Barro,1977a,1978,1989a)。根据戈登的观点,新古典理论第一阶段的影响在 1976—1978 年达到顶峰(Gordon,1989)。戈登还将这一阶段的衰落"精确地定位在 1978 年 10 月 13 日星期五美国东区时间上午 8 点59 分,发生地点是新罕布什尔州的秃山。因为就是在这里,罗伯特·巴罗和马克·拉什(Barro and Rush,1980)根据美国战后季度数据开始对政策无效的观点进行经验性的检验。这一观点不仅遭到三位讨论者的严厉批评,而且包含着甚至对作者来说都是可疑的结果(见 Hoover,1992,vol. 1)。因此,80 年代初期出现了新古典方法Ⅰ型(货币意外)的退位。这一退位很大程度上归因于与总价格水平和货币供给数据相关的假定信息差距的不可信,归因于为政策无效观点提供强有力支持的经验检验的失败(Barro,1989a)。在里根和撒切尔政府通货紧缩之后美国和英国发生的 1980—1982 年经济衰退的深度已进一步地证实了这些批评家的观点。这些异议的结果是,货币意外的模型被普遍认为对现代信息资源丰富的产业家来说是不合适的。

同时,斯坦利·费希尔(Fischer,1977)、埃德蒙·费尔普斯和约翰·泰勒(Phelps and Taylor,1977)已经表明:如果放弃持续市场出清的假定,那么名义扰动是能够对体现理性预期的模型产生实际影响的。尽管接受理性预期的假设是成为新古典理论家的必要条件,但是肯定不是充分条件。当新凯恩斯主义的成就萌发之后,人们很快地认识到理性预期假设对于政策无效也不是充分条件。结果理性预期假设的观点"悄无声息地、无人哀悼地死去了,进入这一真空之中的是来自明尼苏达的普雷斯科特,他以自己实际经济周期的理论捡起了破损的新古典旗帜"(Gordon,1989)。因此,卢卡斯的货币均衡经济周期理论从 80 年代初期开始被强调技术意外的新古典实际经济周期的模型、强调货币扰动的新凯恩斯主义的模型(Gordon,1990)、将以上两者加以综合的新新古典综合模型所替代(见 Lucas,1987;Goodfriend and King,1997;Blanchard,2000)。

赞同新古典方法的经济学家(诸如基德兰德和普雷斯科特)创建了新古典模型Ⅱ型,也就是众所周知的实际经济周期理论(REBCT,见图 5.7)。尽管实际经济周期理论方法的支持者放弃了解释经济周期的货币意外的方法,但是他们都保留了Ⅰ型中的均衡方法和传播机制(诸如调整成本)成分。回应卢卡斯批评也是实际经济周期理论发展的驱动力(见 Ryan and Mullineux,1997)。

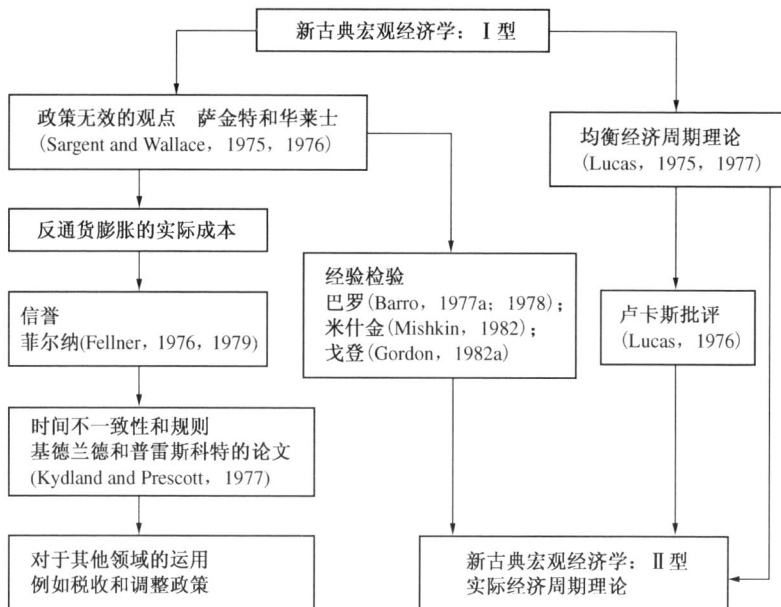

图 5.7　新古典经济学的发展

尽管围绕着新古典经济学存在着争议,但是,这一方法对过去 15 年宏观经济学的发展起到了明显的影响。我们能够在许多领域发现这一影响。首先,人们更多地关注塑造理性预期的方式,从而导致了宏观经济学中所谓的"理性预期革命"(Taylor,1989)。例如,理性预期的假设被新凯恩斯主义者和"新政治宏观经济学"领域中的研究者所普遍采纳(见第七章和第十章)。这一假设也是多恩布什的交易率过度模型(Dornbusch,1976)的关键组成部分(见第七章)。第二,理性预期的洞见——政策的变化将肯定影响预期(预期接下来可能影响行为人的行为)——现在已经得到了相当广泛的接受。这接下来导致经济学家重新考虑宏观经济稳定政策的作用和实施。尤其在讨论货币政策的稳定作用的时候,对"政策规则"的强调受到了理性预期思想的重大影响。

围绕着新古典宏观经济学的大部分争论并不指向理性预期假设本身,而是指向来自新古典模型结构的政策含义。有意思的是,在这一背景下,凯恩斯主义者所喜欢的非均衡模型(在那里市场不能持续地出清)尽管承认行为人具有理性预期,并且包含了自然率的假设,但是它依然预见了稳定经济的需求管理政策的作用。面对针对总需求的随机冲击,假如政府能够比私有部门重新谈判货币工资更快地调整政策,那么,稳定经济、弥补产出和就业在它们自然率上下波动的总需求管理的作用依然是存在的。正如比特所总结的:"事实上,在所有经济上有趣的模型中,都会存在货币和财政政策预见到或者未预见到的结果,这使得可行的政策干预的成本-效益的分析成为从事实际工作的经济学家关注的焦点。"(Buiter,1980)因此,不应该存在这样的假设:"一个依靠最简单的可能的固定规则无所事事并决定它的工具行为的政府,保证可以带来进一步而言所有最可能的世界中最好的世界。"进一步而言,鉴于在凯恩斯主义模型中价格和工资的逐步调整,任何货币性的抑制通货膨胀的政策——即使是可信的,得到理性行为人参与——都将导致产出和就业方面的根本性的衰退,并伴随着提高自然失业率的滞后效应(见第七章)。

最后,新古典宏观经济学有关宏观经济稳定政策的作用和实施的争论产生了影响,在全面评价这一影响的尝试中,似乎产生了三个结论。首先,人们普遍一致认为:使得宏观经济稳定政策在短期完全无力影响产出和就业的必要条件是不可能保持的。另外,经济行为人会预见经济政策变化的可能性意味着管理当局稳定经济的能力下降了。其次,新古典宏观经济学加强了对采用总供给的政策刺激产出和就业的辩护。最后,新凯恩斯主义者被迫回应新古典经济学的挑战,并且在这样做的时候,特别是在解释为何工资和价格趋向于逐步调整的时候,提供了一个更为完善的宏观理论基础以证实稳定经济的干预主义政策(需求和供给管理政策)的合理性。

在讨论新凯恩斯经济学之前,下一章将首先考察新古典经济学模型Ⅱ——也就是实际经济周期理论——的演化。

# 小罗伯特·卢卡斯

小罗伯特·卢卡斯 1937 年生于华盛顿州的亚基马,分别于 1959 年和 1964 年 272 在芝加哥大学获得历史学学士和博士学位。1962—1963 年,任芝加哥大学讲师;1963—1967 年,任该校助理教授;1967—1970 年任副教授;1970—1974 年任卡内基-梅隆大学经济学教授;1974—1975 年任福特基金会访问研究教授;1975—1980 年任芝加哥大学教授。从 1980 年开始,他一直是芝加哥大学约翰·杜威经济学功勋教授。

罗伯特·卢卡斯以其对宏观经济分析的均衡方法,以及运用理性预期对宏观经济政策加以分析而最为著称。他被广泛地认为是新古典经济学发展中的领军人物。除了对宏观经济模型和政策评价具有高度影响力的研究工作,他对其他研究领域也做出了许多重要的贡献,包括最近进行的经济增长研究。1995 年,他"因为发展和运用了理性预期假设,因而改变了宏观经济分析,并加深了我们对经济政策的理解",而获得诺贝尔经济学奖。

他著名的著作有:《经济周期理论的研究》(*Studies in Business Cycle Theory*,Basil Blackwell,1981);与托马斯·萨金特共同编撰的《理性预期和经济计量的实践》(*Rational Expectation and Econometric Practice*,University of Minnesota Press,1981);《经济周期的模型》(*Models of Business Cycle*,Basil Blackwell,1987); 273 与南希·斯托克和爱德华·普雷斯科特共同写作的《经济动态的递推方法》(*Recursive Methods in Economic Dynamic*,Havard University Press,1989);《经济增长讲座》(*Lectures on Economic Growth*,Harvard University Press,2002)。

在他所写作的大多数文章中,最著名的包括:《预期和货币中性》("Expectation and Neutrality of Money",*Journal of Economic Theory*,1972a);《关于产出-通货膨胀交替关系的一些国际证据》("Some International Evidence on Output-Inflation Tradeoffs",*American Economic Review*,1973);《经济计量政策的评价:一个批评》("Econometric Policy Evaluation: A Critique",*The Phillips Curve and Labor*

*Market*, North-Holland, 1976);《论经济发展的机制》("On the Mechanics of Economic Develop ment", *Journal of Monetary Economics*, 1988);《诺贝尔奖讲座：货币的中性》("Noble Lecture：Monetary Neutrality", *Journey of Economics*, 1988);《宏观经济学的优先权》("Macroeconomic Priorities", *American Economic Review*, 2003)。

1997 年 7 月 3 日,我们在新奥尔良一家旅馆的房间采访了前来出席美国经济学会年会的卢卡斯教授。

### 背景信息

▲ 作为大学生你在芝加哥大学学习历史,并且在伯克利作为历史学的学生也开始了研究生的学习。为何你决定回到芝加哥大学转向学习经济学研究生课程?

作为学历史的学生,我对经济和经济史越来越感兴趣。强调经济力量的比利时历史学家亨利·皮莱勒对我产生了影响。当我在伯克利时,我听了一些经济史的课,甚至选择了一门经济学的课程。就在这时,我初次知道了经济学属于什么领域,知道了作为一位业余爱好者不可能对此有所认识。这样,我决定转向经济学。我在伯克利不可能获得经济上的支持,因此,这使得我回到了芝加哥。

▲ 当你作出这一转向时,你是否发现经济学家使用的技术和工具很难掌握?

确实,但是对于我来说是令人激动的。在进入经济学领域之前,我没有想到人们正为社会科学问题而采用数学方法。一旦我认识到这一点,我特别多地享用了它。

▲ 当你在高中时,数学是你学科的强项吗?

在高中和大学我学了一点数学,但是放弃了。我对自然科学不感兴趣。确实我没有动机去继续学习数学,但是,当我知道数学是如何在经济中得到运用的时候,它重新激发了我对这一领域的兴趣。

▲ 哪几位经济学家对你的研究最具影响?

许多许多。在我开始读研究生的时候,萨缪尔森的《经济学基础》对我产生了巨大的影响。他的著作是我们这一代人的圣经。弗里德曼是一位伟大的教师,确实是一个不同寻常的教师。任何从芝加哥来的人都会告诉你这一点。

▲ 在哪一方面? 是不是他传递复杂思想的能力?

这是一个很难回答的问题。我认为是他展示问题的广度,你可以用经济的推理来处理这些问题。这就是弗里德曼所强调的东西。没有一个问题被深入地分析

274

过,但是问题的范围包括了每一件事情。因此我们获得了一个印象,我们得到了一个强有力的工具来处理人类事务中所出现的所有问题。

▲ 奥地利学派(哈耶克等等)的研究在何种程度上影响了你的思想?

我曾经认为自己有一点奥地利学派的味道,但是,凯文·胡佛的著作使我相信,这是我误解了哈耶克和其他人的结果。

▲ 戴维·兰德勒十分关注被他描述为"经济学家当中历史学问令人惊讶的低水平"(Landler,1992b)的状态。对于要成为有实力的经济学家来说,这重要吗?

不。对一些经济学家来说,成为有实力的历史学家是重要的,正如有些经济学家成为有实力的数学家、社会学家等等一样。但是,对于每个人来说,没有必要也不可能擅长所有的事情。像斯蒂芬·戴达鲁斯(Stephen Dedalus)———一样,在世界文化的宴席上我们所有的人永远仅仅是含羞的宾客。

## 凯恩斯的《通论》和凯恩斯主义的经济学

▲ 你生于 1937 年。大萧条对诸如弗里德曼、萨缪尔森、托宾这样的经济学家产生了巨大的影响,首先刺激了他们对经济学的兴趣。你是否认为大萧条是 20 世纪首要的宏观经济事件?

我认为经济增长———尤其是扩散到我们通常所谓的第三世界的经济增长———是 20 世纪主要的宏观经济事件。但是大萧条是第二个。我当时年龄非常小,不知道那时正在发生什么,但是大萧条对我父母产生了重要影响。在 30 年代,他们在政治上觉醒了。在我成长的时候,政治和经济一直是我们家庭里谈论的问题。

▲ 对于理论发展来说,你认为历史事件有多重要? 例如,人们通常认为大萧条导致了《通论》?

绝对是这样。

▲ 你认为这些事件是至关重要的吗?

是的,我喜欢这一实例。

▲ 在 70 年代日益增加的通货膨胀的影响如何? 正如大萧条导致了凯恩斯主义经济学的发展,你是否认为在舍弃凯恩斯主义的理论中,历史事件也发挥着同样的作用?

与理性预期相关的主要思想在 70 年代初起得到了发展,因此,存在的通货膨胀的重要性是它肯定了这些理论思想的重要性。在某种程度上,时间的安排不可能更好了。**我们认为不存在与失业和通货膨胀相关的稳定的菲利普斯曲线**。鉴于可以采用的截至70年代的战后数据,在这一问题上你可以走另一条道路,但是到70年代之后,这一切就过去了。

▲ 你是如何看待作为宏观经济学家的凯恩斯的?

我认为经过希克斯、莫迪利阿尼和萨缪尔森的阐释,凯恩斯是宏观经济学的奠基人,因此人们不得不把他看作这一领域的第一流人物。

▲ 罗伯特·索洛把《通论》描述为"20世纪经济学最有影响的著作,并且凯恩斯是最重要的经济学家"(Solow,1986)。但是,人们从你对凯恩斯各种各样的评价中得出的印象是:你发现《通论》是最不好理解的。你看待《通论》的方式肯定不会与索洛相同。

假如你通过索洛的文集寻找知识上受益的证据的话,比如学者们寻找的证据——引文和思想的转移——那么你会发现几乎没有凯恩斯的影响。因此,我认为这样的评论有点不诚实,除非他只是在关心意识形态。当然,凯恩斯是20世纪历史中极其重要的人物,但是我认为他的主要影响是意识形态的。大萧条是俄国革命后不久发生的,作为解决经济问题的方法,当时存在着许多对社会主义理想主义理解的色彩,尤其是因为苏联没有大萧条。在《通论》中,凯恩斯彻底地使自己与经济学专业的其余部分分离开来。他的《货币论》中充满了对主流经济学家的引用,但是在整部《通论》中,几乎没有对主流经济学家的任何引用。《通论》的要旨强调的是大萧条的严重性,而大萧条是可以在一个自由的民主体制的背景中得到解决的,而无须求助于中央计划。这是一个非常重要的要旨,它无疑支持了像你和我这样的国家中的民主维护者,它有助于在战后将整个世界加以组织,它是自由的民主国家在其周围结盟的旗帜。在这个意义上,《通论》是一部不同寻常的著作。也许比经济理论更重要。但是,从对凯恩斯理论思想对我们从事经济学的方式的影响角度来看,这似乎是一个不同的问题。我认为他的影响是非常轻微的。

▲ 宏观经济学的学生还应该阅读《通论》吗?

不。

▲ 假如凯恩斯在1969年依然活着,你认为他应该获得第一个诺贝尔经济学奖吗? 他是否能得到你的投票?

我认为琼·罗宾逊应该得到第一个奖,因此我作为诺贝尔奖预报员的资格自始就是靠不住的。但是,凯恩斯会在初期获得一次诺贝尔奖。因为我不是瑞典皇家学院的成员,因此我无票可投。

▲ 凯恩斯和马歇尔一开始都是数学家,但是他们两个在方法论的范围内似乎都轻视在经济学中运用数学,并不认为数学是表达经济学思想的重要方法,你对此是否发现这令人困惑?

当马歇尔受教育的时候,甚至在凯恩斯受教育的时候,数学在英国是停滞不前的。假如他们在法国、德国或者俄国受教育,与科尔摩格罗夫、波莱尔、康特尔一起工作,他们会以不同的方式思考问题。瓦尔拉、帕累托、斯鲁特斯基就是以不同的方式思考的。那些创立数学经济学的学者主要生活在欧洲大陆。

▲ 你是否认为区分宏观经济学中短期和长期力量的传统方法被误解了,并且没有达到预期目标? 凯恩斯是否把每个人送上了错误的轨道?

短期-长期的区分是马歇尔的区分,不是凯恩斯的。确实,凯恩斯在《通论》中 是相当明确的:他认为持久的停滞可能产生于需求不足。萨缪尔森的新古典综合再次为新古典分析使用了长期,至少在美国。萨缪尔森的学生——也就是我们整整一代人——也企图恢复短期。这是艰难的行动,我知道,但是萨缪尔森已经做了容易的一部分,我们无论如何必须谋生。

30年代把我们所有的人送上了由凯恩斯开启的错误道路。甚至在大萧条结束50年后的今天,公众人物谈论着GDP数字微小的摆动,好像它是资本主义的终结。假如凯恩斯现在还活着,他会对在建立一个制度上他所发挥的作用感到骄傲,这个制度使得欧洲的复苏和日本的奇迹成为可能,并且他会对将第二和第三世界整合到世界经济中的前景感到激动。我认为他和我一样,对过分强调短期微调是没有耐心的。

## 货币主义

▲ 在20世纪70年代,哪些主要因素有助于在政策和学术圈子里货币主义的兴起?

对于我来说,说明这一点是困难的,因为在60年代我是作为一位货币主义者出现的。

▲ 那么,在英国,环境是非常不同的,货币主义思想出现的时候对许多英国的经济学家产生了巨大的冲击,他们当时正沉浸在科丁顿所称的"水压式的凯恩斯主义"(Coddington,1976)和萨缪尔森所指的"T模型的凯恩斯体系"(Samuelson,1983)当中。

我们主要的凯恩斯主义的理论家——像托宾和莫迪利阿尼——一直让货币在他们的模型中,以及在我读研究生时所学习的模型中发挥着作用。英国的货币主义作为更宽泛的标签为整个撒切尔计划所利用,这不是真实的吗?

▲ 英国的媒体无疑通常认为供给主义的经济学和货币主义是相同的。有时任何对市场机制和放任主义哲学的信念也被归类为货币主义的一部分。

你能够分别采纳这些不同的成分,同时也可以采取你喜欢的方式将它们混合。

▲ 你认为弗里德曼是单独发动货币主义的反革命的吗?

弗里德曼一直有着巨大影响。如果没有他,很难说会发生什么。

▲ 在英国,60 年代晚期,作为经济学的研究生,我们从自己的经历中知道弗里德曼经常被描绘为芝加哥某种奇特的狂人。

是的,在某种程度上,这也是人们在这里对待他的方法,但是并不成功。

▲ 让我们接着谈论弗里德曼在《美国经济评论》上发表的论文(Friedman 1968a)。1981 年,罗伯特·戈登将这篇论文描述为过去 20 年宏观经济学中可能最有影响的文章,最近,詹姆斯·托宾进一步把它描述为"在一本经济学杂志上发表的最富有影响的文章"。你认为这一篇特殊的文章有什么重要性?

它对我产生了巨大的影响。那时,里奥纳德·拉平和我正在对菲利普斯曲线进行计量经济学研究,在我们准备阐明自己思想的时候,这篇论文对我们产生了冲击。我们的模型与弗里德曼的论证不一致,但是我们看不出他的推理有什么问题。这是一种真正的科学上的张力,即试图采纳两种不匹配的观点,并且试图发现你可能做出的调整,从而得出一致的观点。埃德蒙·费尔普斯追求着相似的思想。费尔普斯在阐述理论上比弗里德曼清楚一些,他对我也产生了巨大影响。

▲ 是不是关于对微观基础的需求?

是的。我一直把不存在长期菲利普斯交替关系的观点看作弗里德曼-费尔普斯的观点。

▲ 你认为货币主义的反革命今天还留下了些什么?

它正朝着许多方向前行。理性预期宏观经济学也朝着许多方向前行。实际经济周期理论没有给货币力量以重要地位。这一工作对于我和其他人都产生了巨大的影响,尽管我依然认为自己是一个货币主义者。这里有萨金特称为财政主义者的人,这些人认为政府的财政赤字对通货膨胀起着至关重要的作用,赤字是否得到债券发行或者货币发行的财政支持是其次的,或者可能是完全不相关的。这里有老式的货币主义者,如弗里德曼和阿兰·梅尔泽,这是我给自己加以分类的地方。

尽管没有太多的人说出这一点，但是，人们达成共识的一件事情是：无论你如何审视数据，从计量经济学的角度来看，似乎很难将战后时期四分之一强到三分之一的美国的实际变化解释为货币力量。观点不同的人已经提出了上限的数据。我过去通常认为实际变化中90％来自货币冲击，而且我依然认为它们是30年代的中心事件。但是绝不要用货币冲击来说明战后四分之一的实际变化。至少没有人发现这样做的方法。

▲ 现在一个共识的观点是货币力量在长期肯定引发了通货膨胀。假如我们知道是什么引发了通货膨胀，依然存在着问题是：为何政府坚持要快速地增加货币供给？在货币扩张的背后潜藏着什么力量？

公正地说，从70年代开始，发达的资本主义国家创造了我所认为的通货膨胀的惊人纪录。每一个中央银行都专一地，或者几乎是专一地，将注意力转变到货币稳定上。它们做了大量的工作。我喜欢从3％降低到0％的想法，但是重大的事情是从13％降低到3％。每个人都同意这一点。因此尽管在一些通货膨胀依然是顽疾的拉丁美洲国家有一些例外，但是发达国家的记录是可怕的。尽管智利有力地处理了通货膨胀，但是拉美国家十年来的通货膨胀的记录是牢固的。不断地有国家回过头来通过限制货币增长来应对通货膨胀。但是无知依然存在，并且为了不履行责任，一直存在着制造意外通货膨胀的诱惑。

▲ 因为民主党政府对就业目标所公布的承诺，你认为民主党政府通常会比共和党政府在长期制造更多的通货膨胀吗？

从19世纪开始，放松货币和紧缩货币一直是一个问题。我认为这是一个非常好的概括：共和党从整体上说是一个货币紧缩的党。

▲ 根据艾尔贝托·艾莱斯那理性的党派模型（Alesina，1989），共和党通常是更好一些。

我认为尼克松和福特在货币政策上是无能的。

▲ 阿兰·布林德认为，在70年代，美国的凯恩斯主义吸收了弗里德曼-费尔普斯的观点，并且在考虑到石油输出国组织供给冲击的影响之后，一个修正了的凯恩斯主义模型有能力解释70年代的宏观经济现象（Blinder，1986，1988b，1992b）。你认为布林德是错误的吗？

石油输出国组织冲击的直接影响在我看来是次要的。我更喜欢明确的是我们正在讨论哪一种模型，什么特性正在被夸大。我并不知道阿兰所指的"修正了的凯恩斯主义模型"。

▲ 根据布林德的观点,到 70 年代中期,预期扩展的菲利普斯曲线已经成了主流宏观经济学的一部分,到那时,凯恩斯主义已经"不那么粗糙"了,它吸收了弗里德曼货币主义的观点。但是,理性预期模型依然是具有争议的。

我不知道你是如何将这两者区分开来的。但是,我还是不知道是否阿兰指的是某项研究,或者是否他就是想说他认为自己非常接近事业的顶峰。

## 新古典宏观经济学

▲ 在发展新古典经济学中,你是否认为你的工作和你的同事的工作是从货币主义当中创造了一个独立的思想学派?

我不喜欢那个集体,也就是我和我的同事。就像萨金特、巴罗和普雷斯科特对他们自己的工作负责一样,我对我的工作负责。当你处于研究当中的时候,它意味着论文接着论文,问题接着问题。你不会说"我是一个学派,这里就是我的学派正在做的事情"。这些标签是事后贴上的。它们没有发挥重要的作用。我最有影响的论述"预期和货币的中性"的论文(Lucas,1972a)来自费尔普斯组织的一次会议,在这次会议上,拉平和我应邀谈论了有关菲利普斯曲线的工作。费尔普斯使我确信我们需要某种普遍均衡的背景。拉平和我正关注于劳动供给的决策。费尔普斯坚持认为这些劳动供给者处于某种经济当中,并且你必须考虑与整个一般均衡类似的东西,而不是与劳动供给决策类似的东西。这就是激发我的东西。我不认为它是货币主义的,但是我也不认为它是一个新的学派。

▲ 你认为新古典方法导致了宏观经济学思想的一次革命吗?

萨金特曾经写道:如你所好,你可能将任何科学的发展解释为持续的进化或不断的革命。对我自己来说,我与"革命"这个词没有任何浪漫的联系。对我而言,革命意味着说谎、偷窃和谋杀,因此我不喜欢被人当成革命者。

▲ 新古典分析的政策含义是:在公布的、预见到的货币扩张之后,通货膨胀和失业之间甚至在短期也不存在交替关系。借助于 80 年代初期英国和美国抑制通货膨胀的经验,你现在如何看待这一政策无效的观点?

在任何特殊的时期知道什么被预见或者不被预见几乎是不可能的,因此,80年代没有提供对任何东西的关键检验。萨金特收录在他的《理性预期和通货膨胀》中的两篇论述抑制通货膨胀的论文提供了对这一问题的最好分析,并且它们对"预见的"政策变化所意味的东西进行了严肃的讨论。

281

▲ 80 年代初期见证了你的新古典模型的货币意外形式的退位。回头来看,你是如何看待这一工作的? 你认为新古典革命的第一阶段还遗留下些什么?

我在我诺贝尔奖的演讲中(Lucas,1996)讨论了这一点。我的模型强调预见到的通货膨胀和未预见到的通货膨胀之间的区别,并且我通过信息处理模型达到了这一区别。但是,其他的人通过考虑契约找到了同样的区别。有许多方式促成这一区别。当时,我认为我考虑这一区别的方式要比其他人考虑这一问题的方式好得多。现在他们似乎与我相当相似。我认为预见到的和未预见到的货币之间的这种区别——并且无论它们的影响有怎样的差异——都是战后宏观经济学的关键思想。我愿意它在更好的理论模型中得到体现。我希望它没有被忘记或者遗失。

▲ 你认为什么是最严肃的批评,它以文献的方式出现来反对新古典均衡模型?

对于我来说,最有兴趣的争论不是有关模型的分类,而是有关特殊的模型。例如梅塔和普雷斯科特(Mehra and Prescott,1985)有关"股票升值"的论文突出了我们所知道的、在解释股票回报和债券回报之间巨大差异时所有新古典模型的失灵。现在他们肯定没有将这一事实看成作为思想整体的新古典模型的失灵,但是另一方面,不可否认,这是一种特殊的新古典模型的失灵。我认为这是一条富有成果的、要继续走下去的道路。我认为尤其由非经济学家发起的对体系是不是均衡的普遍讨论并非完全是胡言乱语。你不能从这个窗口向外望,然后问道是否新奥尔良处于均衡状态。这意味着什么? 均衡只是我们看待事物的方法特性,而不是现实的特性。

▲ 许多新古典宏观经济学的批评家认为缺乏有效的、具有支持力的证据说明强烈的、跨期的劳动替代效应。你对这一批评是如何回应的?

我一点也不能同意这一观点,我不知道你所说的"有效的证据"指的是什么。<sup>282</sup>在实际经济周期中假定的劳动的跨期替代程度被选择出来制造巨量的就业波动,也就是说,我们认为这些波动与一些"有效的证据"是一致的。已经运用个体调查数据的经济学家没有成功地解释个体水平上的就业波动。我们没有从他们的工作中学到任何有关偏好的东西。这是一件令人失望的事情,但没有任何良善的目的是通过重新解释这一失灵而获益的,尽管它看似成功地评价某事的尝试。

▲ 你是否认为,你在 1972 年的《经济理论杂志》上刊登的论述"预期和货币中性"的论文是你最有影响的论文?

似乎是,或者论政策评价(Lucas,1976)的那篇可能是。

▲ 你认为"卢卡斯批评"一直是重要的吗?

我认为这是非常重要的,但是正在消失。过去你能举起"卢卡斯批评",像对着吸血鬼举着十字架,并且只说一句"卢卡斯批评"就能击败人。人们已经厌倦了"卢卡斯批评",我认为这是公正的。假如你要有效地批评,你必须进入到工作当中,并且批评它的细节。但是,假如没有深入到一些经济理论、一些经济结构中的话,你不可能得到经济的结论。我认为这是基本的。

▲ 1978 年你和萨金特共同写作的《凯恩斯主义之后的宏观经济学》似乎宣布了凯恩斯宏观经济学的死亡。鉴于凯恩斯主义的宏观经济学以新的凯恩斯主义经济学的形式复活,那么你现在是否认为这一观点是不成熟的?

"凯恩斯主义"标签是一面令人崇敬的旗帜,因此它不会躺倒而不被使用。当然,萨金特和我谈论的是一套我们完全明白的特殊模型。

▲ 你们谈论的是 60 年代的凯恩斯主义模型吗?

沃顿模型、密歇根模型、MPS 模型等等模型当时都存在,并且在某种意义上是凯恩斯主义的模型。假如一个完全不同的模型分类提出人们喜欢称哪一个为凯恩斯主义模型的问题,那么我们的批评当然是不能适用的。

▲ 1978 年的那篇论文包含了许多带有强烈的修辞色彩的命题。你当时在写作中意识到这一点了吗?

是的。有人邀请我们参加由波士顿政府赞助的一次会议。在某种程度上,它像是处于敌人的军营中,我们试图作出一个我们不会被同化的声明。

283 **实际经济周期理论**

▲ 在你 1980 年的论文《经济周期理论的方法和问题》中,你似乎在一些方面预见到了下一个十年的工作。你似乎在寻求某种基德兰德和普雷斯科特将要采取的方法论意义上的方法。你当时是否意识到他们正在从事的研究?

是的。但是我没有预见他们的研究。

▲ 但是,你在这篇论文中似乎在提倡他们已经使用的方法论。

普雷斯科特和我数年来相处非常亲密。我们谈论每一件事情。但是,假如你问在我写那篇论文的时候,是否已经具有以下的思想——你可以从一个宏观经济学的模型(在其中唯一的扰动是生产率的冲击)中得到某类令人满意的运作——那么答案是否定的。当基德兰德和普雷斯科特显示这一思想是可能的时候,我和其他每个人一样感到惊讶。

▲直到 80 年代,你、弗里德曼、托宾和其他主要的宏观经济学家才不再趋向于考虑波动围绕的长期平滑的趋势,你认为这样说公平吗?

公平。

▲从根本上说,观点的差异涉及是什么引发了波动,以及你能够对这些波动做些什么。后来,基德兰德和普雷斯科特出现了,并且改变了思想的方式。

他们根据对趋势的偏离讨论了经济周期。差异之处是:弗里德曼、托宾和我总是将趋势的原因考虑为完全来自供给方,认为波动的趋势是由货币冲击诱发的。当然我们总是考虑不同类型的理论模型来处理长期和短期的问题。基德兰德和普雷斯科特采纳了我们考虑为长期的原因去发现它们是如何充分地对短期运动发生作用的。令人惊讶的事情是,这一思想是如何充分发挥作用的。我依然很大程度上站在弗里德曼和托宾一边,但是,毫无疑问,我们的思想在这一工作的基础上已经发生了巨大的改变。

▲在《牛津经济学论文》的一篇论文中,凯文·胡佛认为:"校准方法论至今缺乏任何像计量经济学强加的严格规定……首先,它并不清楚什么样的竞争性标准,而不是什么样的相互矛盾的模型将得到比较和裁定。"(Hoover,1995b)这是否提出了一个问题?

是的,但是这不是一个由尼曼-皮尔森的统计学解决的问题。在这里,整体的形式主义是为了检测嵌套的模型。比较非嵌套的模型一直是一个哲学的问题。这不是基德兰德和普雷斯科特引介的东西。我认为基德兰德和普雷斯科特部分回应了尼曼-皮尔森的统计学方法的贫乏。这些方法恰巧没有回答我们要求回答的问题。也许他们是为了研究农业经验的结果,而不是去处理经济学。

▲实际经济周期的方法的主要成就是提出了一些基本的有关经济波动的意义、重要性和性质的问题。你同意这样的观点吗?

我认为对于任何一个有影响的宏观经济学来说这都是实际的。我认为这也不能将实际经济周期理论的独特贡献排斥在外。

▲在评论最近新古典经济学的发展时,格里高利·曼昆认为:尽管实际经济周期理论"有促进和激发科学争论的重要功能,但是作为对可观察到的波动的解释,(他预测)它将最终被抛弃"(Mankiw,1989)。什么是你对宏观经济学未来发展的预见?

我同意曼昆的观点,但是我认为他不理解他的观察的含义。我们现在是以名义刚性、不完全信用市场,以及那些自以为是凯恩斯主义者的人所强调的许多其他特性来看待基德兰德和普雷斯科特的模型的。差异之处是：在明显的均衡框架中，我们能够在开始就计算出这些性质的数量含义，而不是用教科书上的图标来说明它们。

## 新凯恩斯主义

▲当我们在1993年采访格里高利·曼昆的时候，他认为"人们已经回答了卢卡斯及其同伴的理论挑战"（见 Snowdon and Vane, 1995），凯恩斯主义的经济学现在"在微观经济学模型的基础上很好地建立了起来"。你是否认为曼昆这样的新凯恩斯主义者已经为凯恩斯主义的模型创造了一个坚实的微观经济学的基础？

那些自称为"新凯恩斯主义者"的人提供了一些有趣的理论模型。我不知道是谁首先提出挑战的，但是，我总是认为那是帕廷金。当我还是学生的时候，这一凯恩斯模型微观基础的思想已经出现在每个人的议事日程上，我认为帕廷金是这一思想的主要倡导者。

60年代的凯恩斯模型——也就是让萨金特和我感到激动的东西——在以下的意义上是可操作的：你能够通过模拟这些模型，对各种政策变化的效应加以定量。假如你每年都平衡了预算，或者假如你增加了货币供给，或者改变了财政政策，你都能够发现什么将会发生。这是令人激动的东西。它们是可操作的、定量的、指导重要的政策问题的模型。那么，在这个意义上，新凯恩斯主义不是定量的，也与数据不吻合；在这些模型中不存在现实的动力。它们不能被用于指导任何政策的结论。"新凯恩斯主义经济学"的主要政策结论是什么呢？在下一次采访他的时候你要问曼昆这个问题。我甚至不会去问它们是否证实了有趣的政策结论，不会去问它们是否做出了一些尝试。每个人都知道弗里德曼说我们应该每四年扩大一次货币供给。在我们应该如何对付预算赤字的问题上，旧凯恩斯主义者也有相似的思想。新凯恩斯经济学似乎没有在一开始与使我们感兴趣的宏观经济学问题联系起来。

▲在欧洲，最近的失业与美国比较而言是一个更大的问题，某种新凯恩斯主义的工作试图根据滞后效应解释这一现象。这一工作意味着弗里德曼（Friedman, 1968a）是错误的，因为他认为总需求的扰动不能影响自然率。因此，在这个意义上，新凯恩斯主义的经济学家是试图指导失业的问题，他们认为总需求管理依然发挥着作用。

当弗里德曼在 1968 年写作他的文章时,美国的平均失业率大约是 4.8%,整个经济体系一直试图恢复到这一水平上下。从那时开始,自然率一直在变。那时比现在看上去更像是不断的自然回归。每个人都不得不同意这一点。这不是一种理论,而是对所发生的事情的观察。现在,在欧洲,向上的变化变得更为显著。失业是十分重要的问题。但是,我并不想称呼认识到这个问题的人为凯恩斯主义者。扬奎斯特和萨金特对此已经进行了激动人心的研究(Ljungqvist and Sargent,1998),他们试图将欧洲的福利和失业率联系起来。我不知道他们是不是正确的。

▲ 在英国,这也一直是帕特里克·明福特等人(Minford et al.,1985)工作的一个主题。

因为在大多数欧洲国家,福利国家 30 年左右以来以它现有的形式一直是适当的,因此,它是一个需要辩护的艰难主题。

▲ 也许最好的方法是在激励结构而不是救济水平上认同变化。

是的,这是你必须做的。扬奎斯特和萨金特也企图指导这个问题。

286

## 总体的和方法论的问题

▲ 你是否认为让学生接受研究生水平的视角广度是合适的?

我不知道。我教授导论性的宏观经济学,我要自己的学生发现明确的、必须是十分简单的模型,并且以他们的预见与美国的数据相比较。我要他们为自己去发现,而不是道听途说。这给他们的训练以精密性。但是,另外可供选择的方法是给他们一本学校的目录,而不让学生们知道如何运用经济推理去说明目录中所载的事实,这一方法也是没有特别吸引力的。也许有更好的方法做这件事。

▲ 你是否曾经考虑过写作一本基础的导论性的教科书?

我非常想写一本教科书,但是做这件事非常难。我一度只好满足于课程笔记,去发现这么多年我一直使用的笔记离一本教科书有多远,这是一条非常非常长的道路。所以我从未写过教科书。

▲ 科学哲学和形式方法论是一个让你产生兴趣的领域吗?

我在这一领域读得不多,但是,我喜欢思考它。

▲ 你承认弗里德曼对你产生了巨大的影响,但是他的方法论意义上的方法是完全不同于你自己的宏观经济学方法的。为什么他的方法论意义上的方法对你没有吸引力?

我喜欢数学和一般均衡理论,而弗里德曼不喜欢。我认为他坐失了良机。

▲ 他的方法论意义上的方法似乎与凯恩斯和马歇尔有更多的关联。

他将自己描述为一位马歇尔主义者,尽管我并不十分知道这意味着什么。无论它是什么,它都不是我对自己的看法。

▲ 建立富有成果的理论的恰当标准是由理论预见获得的经验确证的程度,你同意这样的观点吗?

大概就是如此。是的。

▲ 在方法论的问题上你是弗里德曼的信徒吗?

287　我肯定是一个弗里德曼的信徒。这一命题的问题是并非所有的经验确证都相等。有些关键事物是理论必须解释的。假如理论没有去解释,我们就不会关心它在其他范围做得有多好。

▲ 你是否认为对于宏观经济模型来说,具有新古典选择理论的微观基础是至关重要的?

不。这取决于你要这个模型去做什么。例如,对于短期预见来说,沃顿模型是十分有益的,同时在理论基础方面则没有什么用处;希姆斯、里特曼和其他人在纯粹的、没有涉及经济学的统计推断方法上是十分成功的。但是,假如一个人想要知道在政策的某种变化下行为可能是如何变化的,那么就有必要将人们作出选择的方法模型化。假如你看见我在克拉克大街驾驶,你就会获得好的(尽管是不完全的)预见:你猜想在几分钟后我依然在同一条大街向北行驶。但是,假如你想要预见如果克拉克大街关闭我将如何反应,那么你必须了解我正在往哪里走,我可以选择的路线是什么,也就是了解我的决策问题的性质。

▲ 为何你认为,与宏观经济问题相比较,在经济学家当中,对微观经济问题有着更多的共识?

你说的微观经济的共识是指什么? 它是否就意味着微观经济学家在斯鲁特斯基方程,或者其他纯粹的数学命题上是一致的? 宏观经济学家也都以同样的方式采纳了派生物。在反托拉斯的行动中,双方在得到专家的证词上都没有任何困难,但在应用和政策的问题上,微观经济学家和宏观经济学家一样,非常不一致。

我认为今天在宏观经济的问题上存在着大量的共识。但是还存在着大量我们不知道的,因此——必然地——存在着许多争议。

▲ 你是否发现宏观经济学正在出现共识的一些迹象? 假如是这样的话,它将采取什么形式?

当宏观经济学的共识在一个问题上实现的时候(正如在通货膨胀的货币原因的问题上),这一问题专业争论的阶段就结束了,我们就会就其他问题发生争论。专业的经济学家主要是学者,而不是政策制定者。我们的责任是通过将研究推进到创造新的也必然富有争议性的领域。共识在特殊的问题上是可能实现的,但是对于整个研究领域来说,共识就等于停滞、失当和死亡。

▲ 除了通货膨胀的货币原因,你认为在什么领域现在存在着宏观经济学上的共识? 例如,你是否认为存在着大量的反对微调的经济学家?

288

是的。微调肯定已经留下了一些借口。保罗·克鲁格曼撰写了大量非常有效的作品,攻击非经济学家的有关经济事务的作品。保罗以非常有效的方法为整个专业界代言,指导着社会科学中最为重要的问题。经济学家有着大量意见一致的领域,这部分归因于我们着眼于数字的事实。假如有人说世界正将自己带入了饥馑,我们就审视一下数字,发现人均收入在世界范围内上升。似乎在经济学家当中对大量的问题存在着共识。我们现在越来越关注技术的、供给方、长期的问题。现在对于我们来说,它们都是大问题,而不是关注阻止萧条。

## 经济增长

▲ 在最近论述经济增长的著作中,罗伯特·巴罗和埃克萨维尔·萨拉-伊-马丁表达了这样一个观点:"经济增长是宏观经济学真正具有重要意义的一部分。"(Barro and Sala-i-Martin,1995)在你的伊约·约翰松讲座中(Lucas,1987),似乎也说出了相似的东西:宏观经济学家已经在稳定上花费了大量的时间,同时忽视了增长,对于宏观经济学家来说,后者是一个更为重要的、需要审视的问题。

是的。这已经成为共识的观点。戴维·罗默新的教科书——我们在芝加哥的第一年研究生宏观经济学课程中就使用了这部教科书——一开始就谈论了增长。罗默一直称自己为一位新凯恩斯主义者,他完全有资格享有他自己起的称号。但是,他这本书显示了在强调长期增长问题上的转移。我认为这非常正确。

▲ 因此它回到了古典,回到了长期的大问题上了吗?

是的。

▲ 根据你的观点,什么是新的内生增长经济学的促进因素? 除了可能的"趋同俱乐部",是否缺乏人们在富国和穷国之间从经验上观察到的一致性?

不。新的增长理论的新颖之处就是这样一个思想:我们应该尝试做的事情是得到一个单一的新古典模型,它能够在相同的条件下,以同样的方式解释富国和穷国。这与我们在60年代具有的观点形成对比。这个观点就是:存在着一种发达国家的理论和某种第三世界所需要的模型。60年代的整个假设是需要某种明确的政策——也许建立在苏联模式上——来促进穷国的发展。我们没有把经济增长视为通过市场力量才能发生的东西。

▲ 你认为至今在内生增长上所做的工作的重要政策含义何在?一些经济学家已经解释了这一工作,认为存在着比索洛模型中更为积极的政府作用。

是的。索洛模型的含义是一个国家经济的长期增长率是由技术变化决定的。一切内生增长的模型具有这样的性质:长期增长率是由内生方式决定的,例如,税收结构上的变化能够影响增长率。我们现在能够使用新的模型去分析税收政策变化的增长效应。这是我们以前所不能做的。但是我认为这些效应是非常小的。甚至在你拥有一个增长率在其中被政策所改变的模型的地方,这些效应似乎也是十分适度的。

▲ 根据你的观点,是什么原因导致了东亚四小龙的成功?这些地区正以每年8%或者9%的增长率追赶西方。而在非洲,就经济增长而言,80年代就是完全失去的10年。

你知道非洲有着非常可怕的政治。

▲ 你是否认为非洲国家普遍缺乏必要的、成功的发展所要求的制度框架?

不。那里有着太多太多的传统社会主义的影响。像中国台湾、韩国、日本这样的地区和国家有着一个共同的特性,那就是它们具有某种保守的、亲市场的、亲企业的经济政策。我的意思是我不愿意称它们为自由贸易。因为日本和韩国至少在贸易政策上是非常重商主义的,我对此并不赞成。但是这比社会主义和进口替代要好得多。

▲ 尽管一些发展经济学家一直看上去是开放的,但是他们总是认为在许多东南亚地区存在着相当多的政府干预。而且他们把它视为成功的政府干预的范例。

是的。这就是日本人和韩国人看待政府干预的方式。

▲ 你不以这样的方式看待吧?

甚至在芝加哥大学的韩国学生也认为:韩国的增长率是由政府操纵启动的。我不同意这样的观点。我没有发现任何(政府操纵的)证据。但是驳斥它是困难的。无疑政府在从事它们认为能促进经济增长的事情上一直是非常积极的。

**现代宏观经济学:起源、发展和现状**

# 经济政策

▲ 在你 1978 年发表于《美国经济评论》上的论"失业政策"的论文中,你认为:假如人们放弃非自愿失业的概念,那么宏观经济的分析将取得更好的进展。许多经济学家——例如凯文·胡佛就因此对你提出了批评(Hoover,1988,1995a),并且质疑你能否将失业视为完全自愿的。

在任何种类的失业中都存在着非自愿和自愿的因素。以任何一个找工作的人为例,假如他到晚上还没有找到一个工作,那么他就会对此感到不快。在某种意义上,他们没有选择去找一份工作。每个人都希望自己拥有较好的选择。但是,当工作到处都有的时候,在失业中也明显存在着自愿的因素。当我们失业的时候,这是因为我们认为我们能做得更好。

▲ 我假定失业对欧洲的影响更甚,因为总失业在欧洲更为严重。似乎在美国就没有这么严重。

应该是这样。

▲ 许多欧洲经济体——包括德国、法国、意大利——近来出现了超过 10% 的失业率。

假如你走进我的大学周围一英里内的邻居家中,你会发现 50% 的失业率。因此,失业在这里也很成问题。

▲ 英国银行没有德国银行的独立性强。你是否将此视为一个可能的理由来解释英国的通货膨胀控制没有德国成功?

我不知道,可能吧。我觉得我对这两个国家货币政策差异的政治起源认识不足。

▲ 凯恩斯主义和货币主义引导了经济政策,但经济政策似乎没有以同样的方式受到新古典理论发展的引导。为什么在经济政策的制订中,它的影响比较小?

你为什么要这么说呢? 我们已经谈论了中央银行越来越关注通货膨胀,每个人都不再强调微调。这是美国和欧洲 20 世纪最后 20 年的重要趋势,并且据我看来是非常健康的趋势。

▲ 假如没有理性预期和均衡理论,作为弗里德曼影响的结果,这种现象就不会出现吗?

也许。

291

▲ 你是否受邀去做华盛顿政府的顾问？你认为自己胜任这一角色吗？

不。

▲ 你曾经评论道："作为一种提供建议的专业，我们处在自己都不能理解的行业。"(Lucas,1981c)这是不是你没有更为严肃地考虑这一角色的理由？

不。完全不。我相信经济学家应该无所不能。

▲ 凯恩斯也是这样认为的。

我知道。我认为从个人的角度来看，我不具有任何特殊的才能或者对这类角色的热爱。但是，我非常高兴其他人，比如约翰·泰勒或者拉里·萨默斯这样做。例如，我认为克林顿保险改革失败的全部原因是没有足够的经济学家的参与。我喜欢经济学，并且认为经济学与国家政策的几乎所有问题都是相关的。越多的优秀经济学家参与，我就越高兴。但是，我个人并不热衷于做这种事情。

▲ 你对欧洲货币联盟有什么看法？

我并不十分清楚这一必须是核心的政治活动。

▲ 它是否对你来说有经济上的意义？

对，这是一个库存理论中的问题。处理多样货币的成本是：假如你在欧洲做生意，你或者你雇来帮你的人，都必须具有大量不同的货币库存，因为支付是以大量不同货币体现的应付款。持有货币的库存成本是通过持有有利息的资产你可能已经挣得的先前利息。假如你拥有统一的货币，你就能统一你的现金库存，这就涉及储备问题。这是一个非常适度的储备，不过是积极的。但是，多种货币显然不是与巨大的繁荣不一致的。假如你能够统一，一切会更好，但是这些纯粹的经济收益是十分适度的。假如你不信任其他人管理你的货币政策，可能你会反对货币联合。对于我自己来说，我总是乐意任何一天将我的货币政策托付给德国人。

292　个人信息

▲ 当我们采访米尔顿·弗里德曼（见 Snowdon and Vane,1997b)时，他评论道：他经历了对他的许多观点的三种反应，"第一反应是，这些都是废话；第二反应是，它有点道理；第三反应是，它被嵌入理论中，没有人再去谈论它。"如何将这种情形和你努力想让人接受的新的、富有争议的思想相比较呢？

稍许有点相似。不过你知道，米尔顿和凯恩斯一样，他直接以思想面向公众和选民。他所谈论的这些反应是非经济学家、政治家和大众对他所维护的政策变化的反应。我的职业经历确实没有采取这一形式。我的影响更多更多地集中在专业内部，正因如此，我也就是对专业的技术小集团产生影响。至于对更大的世界的影响，你是不可能搞清楚的，因为我的影响包含了许多其他人的影响。你如何将我的影响和汤姆·萨金特影响分开来呢？除了专业的经济学家，甚至没有人听说过我。在国会中没有人说："我喜欢卢卡斯的政策。"回答总是："谁是卢卡斯？"

▲ 现在来谈谈诺贝尔经济学奖。当我们 1993 年采访詹姆斯·托宾，询问他对接受诺贝尔奖的感受的时候，他的反应自始至终是防卫性的：他没有申请此奖，是瑞典皇家学院授予他的。与此对应，我们向米尔顿·弗里德曼提出同样的问题，他承认这是非常令人满意的。他还告诉我们，他最初是从一位记者那里知道获奖消息的，在底特律的一个停车场，这位记者将话筒递到他面前。我们想知道，你对诺贝尔奖赋予给予怎样的重要性？

对我来说它是非常重大的事件。我不知道我还能说什么。我不知道詹姆斯在心里可能要说什么。当这件事发生的时候，他肯定是高兴的，他无疑应该得到经济学奖。记者将会采访你，不久这就会使你感到恼火。"是什么使你应该得到经济学奖？"他们应该看一下瑞典皇家学院的网站上所说的话。我并不想阻止提问。假如这是詹姆斯所想的，那么我也一直处于同样的状态，我和他一样被提问所激怒。

▲ 你近来在什么问题上或者什么领域里从事研究工作？

事实上，我正在再次思考货币政策。特别是所有的中央银行现在都在谈论利息率，把它作为它们可以操纵的直接变量。我不能理解。然而，它们控制通货膨胀的记录是十分好的。对于我来说，在作为货币目标对立面的利率目标的范围内谈论，似乎是思考货币政策的错误方式，但是假如是这样的话，为什么货币政策又运作得那么好呢？

▲ 最后，在这次采访中，被问到的问题中有你喜欢的吗？

我不知道。你的问题对我来说是有趣的。你们是经济学家。被经济学家采访比被记者采访有趣得多，记者对经济学一无所知。

（佘江涛　译）

# 第六章　实际经济周期学派

假如理论是正确的，它们意味着在凯恩斯革命之后得到发展的宏观经济学被完全地限制在历史的垃圾箱里。（Summers，1986）

## 6.1　导言：新古典宏观经济学Ⅰ型的退位

劳伦斯·萨默斯对实际经济周期理论的生动陈述是毫不夸张的。其理由与经济周期理论发展的显著含义有关，这一理论与最初出现于 20 世纪 80 年代初期的实际经济周期学派相关。在前两章中，我们已经发现货币主义和新古典经济学是如何质疑积极的相机稳定政策的愿望和有效性的。这样一些政策建立在一个信念之上，那就是总需求的冲击是总量不稳定的原因所在。但是，弗里德曼和卢卡斯不是提倡持久地采用扩张性的总需求政策以实现某种目标的（充分）就业率，而是提倡采用供给方的政策以实现就业的目标（Friedman，1968a；Lucas，1978a，1990a）。在 20 世纪 60 年代和 70 年代，弗里德曼和卢卡斯在他们对经济周期的解释中都强调了货币冲击是驱动周期的主要刺激机制。实际经济周期的理论家在对供给方的分析中走得更远，在由基德兰德和普雷斯科特于 80 年代初期详尽表述的模型（Kydland and Prescott，1982）中，提供了对经济周期纯粹供给方的解释。这篇论文标志着新古典宏观经济学Ⅱ型的开端。确实，基德兰德和普雷斯科特的研究对先前所有那些集中于总需求冲击尤其是强调货币冲击的经济周期的考虑提出了挑战。

对传统知识的冲击是实际经济周期的理论家提出的大胆假设。这个假设认为：经济周期的每一个阶段（高峰、衰退、萧条、恢复）是一个均衡。正如哈特利等人指出的："根据常识，经济的繁荣是好的，经济的衰退是坏的。"（Hartley，1998）在新古典综合时期，人们抓住了这一"常识"的看法。在这一时期存在着这样的假设："充分就业"代表着均衡，衰退是福利减少的均衡，这一均衡意味着市场失灵和对稳定政策的需求。实际经济周期的理论家拒绝这一市场失灵的观点。尽管衰退不是经济行为人所期望的,但是,它们代表着对行为人面对的约束中不可避免的变化加以回应的总产出。鉴于这些约束,行为人作出最优的反应,并且体现总波动的市场产出是有效的。经济学家无需借助非均衡的分析、协调失灵、价格黏性、货币和金融冲击,以及用"根本的不确定性"观点来解释总体不稳定。另外,一旦承认了技术进步率的随机存在,那么理论家就能够运用基本的新古典增长模型去理解经济周期(新古典增长模型在第十一章中讨论)。在这一背景下,经济周期是作为最大化决策的总产出出现的,这个决策是由所有从事经济活动的行为人作出的。

## 6.2　从货币经济周期向实际均衡经济周期的转变

正如我们在第五章中所看到的,在 1972—1982 年期间,占据统治地位的新古典经济周期的理论是由卢卡斯创立的货币意外模型。从 20 世纪 80 年代早期开始,对总量不稳定性的主要新古典解释集中在实际冲击而非货币冲击上,并且在朗和普洛瑟所取得的成就之后(Long and Plosser,1983),这一解释以实际(均衡)经济周期理论(REBCT)而著称。对这一方法最著名的倡导者或者贡献者是明尼苏达大学的爱德华·普雷斯科特、卡内基-梅隆大学的芬恩·基德兰德、罗切斯特大学的查尔斯·普洛瑟和约翰·朗和阿兰·斯托克曼、波士顿大学的罗伯特·金、西北大学的塞尔吉奥·雷贝罗和哈佛大学的罗伯特·巴罗(见对罗伯特·巴罗和查尔斯·普洛瑟的采访,Snowdon et al.,1994)。

在 80 年代初期,为了回应货币均衡经济周期理论已知的缺陷,一些新古典经济学家寻求为经济周期提供严格的均衡解释。这一解释不仅摆脱了早期新古典模型的理论缺陷,同时在经验上是经得起检验的。其结果就是实际(均衡)经济周期理论的发展,它以供给方冲击替代了早期模型的刺激机制(也就是未预见的货币冲击),这一冲击采取了技术随机变化的形式。但是,早期新古典模型的传播机制依然被保留下来,并得到了发展。具有讽刺意味的是,首先认识到均衡理论的这条靠不住的逃跑路线的人是托宾(Tobin,1980b)。在批评卢卡斯货币误解的情况时,托宾注意到,"受到自然禀赋、技术和趣味的驱使,完全信息模型的实际均衡可能发生变动",同时假如这样的波动是持久的随机过程,所产生的观察"可能看上去像经济周期"。同时,在 1980 年前后,基德兰德和普雷斯科特就对这一模型进行了研究,在托宾作出他的评论两年之后,《计量经济学》发表了基德兰德和普雷斯科特包含非货币均衡模型原型的论文。

在仔细思考实际经济周期理论之前,有意思的是注意到新古典模型Ⅰ型方法两个主要开创者对均衡理论第二阶段的反应。罗伯特·卢卡斯认为,基德兰德和普雷斯科特将"宏观经济学模型"引入了一个新的领域(Lucas,1987)。但是卢卡斯最初对实际(均衡)经济周期理论的反应是,这样的模型只关注作为货币因素对立面的实际因素是"一个错误"。他认为,要为作为富有成果的进步方法的"混合"模型进行辩护。但是,卢卡斯热情地赞扬实际经济周期所采纳的方法论,他们追随着自己早期的建议,即对经济周期的理解最好是"通过建立一个最没有夸张意义的模型"来实现。它是这样一个模型:一个随着时间而运转,能逼真模拟实际经济的时间序列行为的、被充分说明的、人为的经济"(Lucas,1977)。这样的经济体系可以作为一个实验室,"那些在实际经济中因为费用昂贵而禁止实验的政策可以以非常低的成本得到检验"(Lucas,1980a)。这就是80年代实际经济周期的理论家们作为研究日程而建立的东西,并且卢卡斯(Lucas,1980a)的论文就是现代均衡理论的参照点。正如威廉姆森指出的:"在卢卡斯那里,人们发现了未来研究方法论的计划,它与实际经济周期计划明显是贴近的。"(Williamson,1996)

到1996年,卢卡斯承认:"货币冲击没有那么重要。这就是我被推动接受的观点。无疑这是我观点上的退却。"(见Gordon,2000a,p.555)。同时,卢卡斯多次提出了这样的观点:他认为至少在从1945年以来的水平上,经济周期是相对"次要的"问题(Lucas,1987,2003)。根据他的观点,假如我们真的对提高生活水平感兴趣的话,理解经济增长的过程更为重要,而不是为了去除残余的经济周期风险,企图建议更为复杂的稳定政策(见Lucas,1988,1993,2002,2003,以及第十一章)。

到80年代后期,罗伯特·巴罗也宣称:70年代期间,新古典经济学家解释货币非中性的重点是"放错了地方",因为"新古典方法并没有很好地解释货币在经济波动中的重要作用"(Barro,1989a,1989c)。到80年代中期,巴罗认为实际经济周期理论家的成就是"前途远大的",代表着"真正的进步"(Barro,1984)。另外,他自己的工作为新古典宏观经济学Ⅰ型和Ⅱ型提供了桥梁。无论如何,早期的模型缺乏坚实的经验结果,因此没有使70年代的新古典理论家的成就生效,根据巴罗的观点,这些成就导致了"一流的理论分析和经验分析方法"(Barro,1984)。

巴罗(Barro,1989a)确定了三个新古典的成就。它们是:(1)对宏观分析均衡模型的运用;(2)理性预期假设的采用和推广;(3)博弈论在决策和评价中的运用。前两个成就满足了在理论选择的微观基础上建立宏观模型的目标,并且提供了能够更好地回应卢卡斯批评(Lucas,1976)的分析框架。与动态博弈相关的第三个领域显示了对承诺、信誉、名誉作用的政策分析,以及对规则和随机之间的区别加以阐明的重要性。除了货币政策的实施以外,与政策的时间不一致性相关的洞察现在被运用到各种领域当中。尽管巴罗对实际经济周期理论依然抱有热情,但是像卢卡斯一样,巴罗开始在80年代后期将他的研究工作转向与经济增长相关的领域(见 Barro,1991,1997;Barro and Sala-i-Martin,1995)。

为了细致地考察实际(均衡)经济周期理论的演进和发展,读者可以参阅以下著作:Walsh(1986)、Rush(1987)、Kim(1988)、Plosser(1989)、Mullineux and Dickinson(1992)、McCallum(1992)、Danthine and Donaldson(1993)、Stadler(1994)、Williamson(1996)、Ryan and Mullineux(1997)、Snowdon and Vane(1997a)、Hartley et al. (1998)、Arnold(2002)和 Kehoe and Prescott(2002)。

## 6.3 历史视野下的实际经济周期理论

正如实际经济周期理论的现代倡导者所显示的,它是建立在这样一个假设基础上的:在技术进步率中存在着大规模的随机扰动。这些对生产函数供给方的冲击产生了总产出和就业的波动,因为理性的个人通过改变他们的劳动供给和消费决策对相对价格的结构变化作出了回应。尽管这些发展在很大程度上是对早期货币误解模型退位以及卢卡斯对建立"人为经济"呼吁的回应,但是它也代表了对宏观经济方程供给方兴趣的复活。

经济周期可能受到实际力量而非货币力量驱使的思想肯定不是一个全新的思想。受到基德兰德和普雷斯科特独创性的论文(Kydland and Prescott,1982)激发的实际经济周期模型属于一条漫长的分析途径,它在凯恩斯《通论》(Kaynes,1936)之前的文献中就很突出(至于对两次大战期间经济周期文献的精彩评述,见Haberler,1963)。诸如拉尔夫·霍特里这样的一些经济学家坚持对经济周期作极端的货币解释,而其他人的工作,特别是丹尼斯·罗伯逊、约瑟夫·熊彼特和克纳特·威克塞尔的工作依然强调作为经济波动背后动力的实际力量(见 Deutscher,1990;Goodhart and Presley,1991;T. Caporale,1993)。尽管罗伯逊的工作不像现代实际经济周期理论那样轻视货币力量,但是,根据古德哈特和普雷斯利的观点,在罗伯逊对技术变化的强调和均衡理论家近来的工作之间有着大量相似之处。技术变化在约瑟夫·熊彼特对短期不稳定和资本主义发展的长期动态的分析中也发挥

298

着关键作用。因为新技术的引进影响了生产率长期的增长,同时引发了短期非均衡的效应,因此,熊彼特像现代实际经济周期的理论家一样,将周期和增长视为不可分割的和相互关联的(见 Schumpter,1939)。卡波拉尔认为克纳特·威克塞尔也是实际经济周期理论的早期阐述者(Caporale,1993)。卡波拉尔显示,威克塞尔将"市场周期归因于独立于商品价格运动的**实际**原因"。对于威克塞尔来说,市场周期的主要原因是供给方的冲击,它将自然利率提高到贷款利率之上。与之相等的是贷款利率的降低,因为银行系统通常并不能立刻调整贷款利率以反映新的自然利率。依靠银行系统,作为传播机制的贷款市场的非均衡导致了内生货币的产生,以回应企业家们用于投资的贷款需求。通过扭曲生产的时间结构,投资繁荣制造了通货膨胀的压力。结果是,货币利率赶上自然利率,繁荣就此结束。尽管这一解释对瑞典和奥地利后来有关经济周期的货币理论产生了较多的影响,但是,卡波拉尔突出了威克塞尔经济周期理论是如何以对资本边际产出的实际冲击开始的。因此,威克塞尔对经济周期的实际冲击加内生货币的解释与金和普洛瑟所提供的现代实际(均衡)经济周期的理论(King and Plosser,1984)明显是相似的(见 6.12)。

在凯恩斯的《通论》(Kaynes,1936)出版之后,人们建立了强调乘数-加速数相互作用机制的经济周期模型(Samulson,1939;Hicks,1950;Trigg,2002)。这些模型也是"实际的",因为它们把波动看作由**实际**总需求——主要是不稳定投资支出——推动的,它们不重视货币因素,同时认为供给方的现象造成了形成经济周期转折点的约束(见 Landler,1992a)。无论它们的优点是什么,乘数-加速数模型到了 20 世纪 60 年代初期就不再是积极研究的焦点了。这一模型在很大的程度上反映了凯恩斯革命的影响,它将宏观经济学分析的焦点从经济周期现象移向能够提高宏观经济运行的方法和政策的发展。一些经济学家相信:经济周期不再是主要的问题,甚至到 1969 年,有些经济学家在思考这样的问题:"经济周期过时了吗?"(Bronfnbrenner,1969)对"经济周期终结"的假设在 90 年代后期出现了,它们经常出现在对"新经济"的讨论中;例如,见韦伯(Weber,1997)。我们发现在 70 年代和80 年代期间,经济周期带着报复心杀了回来,同时发现对凯恩斯主义模型的不满是如何导致了货币主义和新古典的反革命。

80 年代期间均衡理论家激发了经济周期研究中的最新发展,这些发展证明了它是对所有过去依赖于总需求波动——不稳定的主要原因——的模型的挑战。因此,实际经济周期理论不仅是新古典综合时期的"旧"凯恩斯主义宏观经济学的竞争者,而且是所有货币主义的模型和较早出现的货币均衡经济周期理论新古典模型的挑战者。

　　除了以上影响,从经济周期的货币理论到经济周期实际理论的过渡进一步受到另外两个重要发展的激励。首先,与石油输出国组织在 70 年代两次提高油价相关的供给冲击使宏观经济学家认识到在解释宏观经济不稳定中供给方因素的重要性(Blinder,1979)。这些事件和需求导向的凯恩斯模型不能充分解释与加速通货膨胀伴随的失业率的不断上升,迫使所有的经济学家付出了越来越多的努力,去建构供给方具有一致微观基础的宏观经济学理论(见第七章)。第二,纳尔逊和普洛瑟(Nelson and Plosser,1982)的开创性研究表明,在解释跨期总产出变化轨迹的时候,实际冲击可能比货币冲击更重要。纳尔逊和普洛瑟认为,有证据表明以下观点:产出追随着最好被描述为"随机行走"的路径。

　　在更为仔细地考察纳尔逊和普洛瑟的成就之前,注意到以下一点是重要的:新凯恩斯主义者和新古典经济学家都期望为其模型的供给方建立更好的微观基础,但这一期望不应该和 70 年代和 80 年代里根执政期间美国出现的与众不同的"供给经济学学派"的经济学家相混淆。<sup></sup>在 80 年代的著述中,费尔德斯坦在"传统供给经济学"和"新供给经济学"之间作了区分(Feldstein,1986)。传统的供给经济学把分析建立在主流的新古典经济分析之上,并且强调市场的有效性、对经济增长激励的重要性以及政府失灵的可能性。经济学家对这种包括了凯恩斯主义者、货币主义者、新古典经济学家在内的供给经济学达成了很大的共识(见 Friedman,1968a;Tobin,1987;Lucas,1990a)。相反,新供给经济学派包括阿瑟·拉弗、裘德·万尼斯基、里根总统,他们对减税和解除经济管制对经济增长的影响提出了"极端的主张"。尽管供给经济学派主张里根减税的激励作用对美国 1982 年后的复苏负有责任,但是,托宾认为,里根的政策"作为供给经济学的秘方,是由反凯恩斯主义的医生偶然发现并加以管理的",它等于是"凯恩斯主义的药品、需求滋补品的化装舞会"(Tobin,1987)。对于 80 年代期间"里根经济学"和"新供给经济学"的讨论见 Samuelson(1984)、Blanchard(1986)、Feldstein(1986)、Levacic(1988)、Modigliani(1988b)、Roberts(1989)和 Minford(1991)。

## 6.4　周期与随机行走

　　在 20 世纪 70 年代期间,随着对经济周期研究兴趣的复活,经济学家越来越关注经济时间序列的统计特性。这项工作的主要问题之一是将趋势从周期中分离出来。传统的方法是设想经济是沿着一条反映潜在的趋势增长率的路径发展的,这条路径由索洛的新古典模型(Solow,1956)描绘。这一方法假定 GNP 的长期趋势分量是平滑的,并且有关趋势的短期波动主要是由需求冲击决定的。一直到 80 年代初期,这一传统的见解都被凯恩斯主义者、货币主义者和新古典经济学家所接受。三个群体的需求冲击模型都把产出对趋势的偏离解释为暂时的。假如经济周期是暂时的事件,那么衰退没有制造对 GNP 长期不利的影响。但是,凯恩斯主义者认为这样的偏离可能是严重和持久的,因此对矫正行为的必要性加以证明,而货币主义者,尤其是新古典经济学家拒绝对行动主义稳定政策的需求,他们更相信市场力量的均衡能力和以规则为基础的货币政策。

301　　1982 年,纳尔逊和普洛瑟发表了一篇重要的论文,它向这种传统方法提出了挑战。他们对宏观经济时间序列的研究导致他们得出这样的结论:"以作为纯粹短期波动原因的货币扰动为中心的宏观经济模型,可能在解释大部分产出变化时是不成功的,并且由实际因素导致的随机变化是任何模型的宏观经济波动的本质成分。"假如总波动的背后是实际因素,那么经济周期就不应该被看作暂时的事件。衰退有充分的理由可以对 GNP 产生持久的影响。1973 年后经常被讨论的"生产率下降"显示了一个这样的事例(见 Fischer et al.,1988)。阿贝尔和伯南克指明:在 80 年代和 90 年代期间,美国的 GNP 依然保持在与 1947—1973 年的趋势一致的水平上(Abel and Bernanke,2001)。在分析两次大战期间英国经济的时候,索罗默(Solomou,1996)发现第一次世界大战的冲击,以及第二次世界大战刚刚结束时的冲击,都对均衡产出的路径具有持久的影响。

纳尔逊和普洛瑟得出了他们重要的结论,因为在对美国数据的研究中,他们不能拒绝 GNP 随机行走的假定。这个结论是如何不同于传统方法的呢?可逆的周期性波动能够解释大多数实际 GNP 的短期运动,这一观点可以用方程 6.1 来表示:

方程 6.1 $\qquad Y_1 = g_t + bY_{t-1} + z_t$

在这里,$t$ 代表时间,$g$ 和 $b$ 是常数,$z$ 代表具有零平均值的随机冲击。在方程 6.1 中,$g_t$ 代表潜在的、描述了必然趋势的 GNP 平均增长率。假定存在着对 $z_t$ 的某一冲击,这一冲击引起了产出在 $t$ 期高于趋势。我们假定冲击只持续了一段时间。因为 $Y_t$ 依赖于 $Y_{t-1}$,因此冲击将及时向前传播,产生序列关联。但是,因为在传统方法中,$0 < b < 1$,对产出冲击的影响实际上将逐渐消失,产出将回到它的趋势增长率上。在这一情形下,产出据说是"趋于回归的"或者"趋于稳定的"(见 Blanchard and Fischer,1989)。

在趋于稳定的情形下,对收入路径的冲击的影响如图 6.1 所示,在图中,我们假定在 $t_1$ 期发生了扩张性的货币冲击。请注意,$Y$ 最终将回归到它的趋势路径上,因此,这个例子与自然率的假设是一致的,这一假设所表述的意思是:对由未预见到的货币冲击引起的产出对自然水平的偏离,都是暂时的。

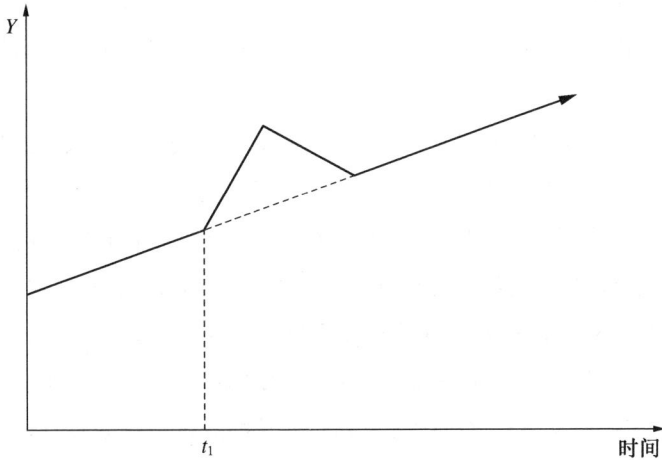

图 6.1　在"趋于回归"的情形中的产出路径

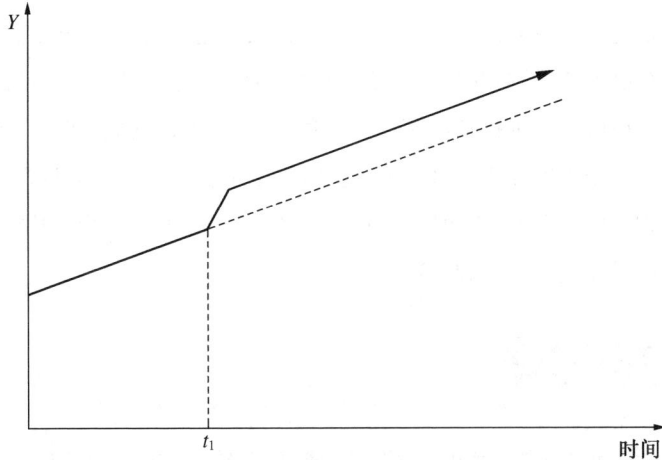

图 6.2　冲击具有持久影响的产出路径

与上述观点相反,纳尔逊和普洛瑟认为:我们所观察到的 GNP 中的大多数变化是持久的,因为在一次冲击之后,对于产出来说不存在回归它先前趋势的倾向。在这一情形下,GNP 依所谓随机行走的统计过程变化。方程 6.2 显示了 GNP 漂移的随机行走:

方程 6.2 $$Y_t = g_t + Y_{t-1} + z_t$$

在方程 6.2 中，$g_t$ 反映了产出的"漂移"，同时 $Y_t$ 也依赖于 $Y_{t-1}$，因此对 $z_t$ 的任何冲击都将持久地提升产出。假定在图 6.2 中的一个冲击在 $t_1$ 期提高了产出的水平。因为 $t_1$ 期的产出决定着下一个时期的产出，因此产出的提高将持续到所有的未来时期。在漂移的随机行走的情形中，产出具有一个"单位根"；也就是说，方程 6.2 中滞后产出项的系数等于单位量，即 $b=1$。人们假定单位根的确定显示了对生产函数的冲击。

纳尔逊和普洛瑟的这些发现对于经济周期理论来说意义重大。假如归因于技术变化对生产率增长的冲击是经常和随机的，那么随机行走之后的产出路径将展示出与一个经济周期相似的特性。但是，在这一情形下，GNP 中人们观察到的波动是产出自然（趋势）率的波动，而不是对平滑的必然趋势的偏离。事实上，产生趋势看似围绕着平滑趋势波动，实则为由一系列持久冲击导致的产出自然率的波动，同时，每一个持久的生产率冲击都决定了一个新的增长路径。追随索洛的开创性研究，经济学家们通常将对增长的分析和对波动的分析加以分离，但是，纳尔逊和普洛瑟的研究认为决定趋势的经济力量不同于引起波动的力量。因为根据中性的假设，GNP 中持久的变化不可能来自新古典世界中的货币冲击，因此，引起不稳定的主要力量必定是实际冲击。纳尔逊和普洛瑟认为他们的发现为经济周期的货币理论的重要性设置了限制，并且认为实际的扰动可能是引起产出波动的更为重要的原因。假如在增长的进程和经济周期之间存在着重要的相互作用，那么将增长理论从对波动的分析中分离出来的传统实践就是不合逻辑的。通过消除趋势和周期之间的区别，实际经济周期理论家开始将增长理论和波动理论相结合（见 King et al.，1988a，1988b；Plosser，1989）。

## 6.5 供给方的冲击

对总需求的冲击或者对总供给的冲击，或者两者兼而有之，可能导致周期性的不稳定。在需求方，正如凯恩斯和早期凯恩斯主义模型所强调的，冲击可能起源于 IS 曲线一些分量的不稳定；或者正如 LM 曲线所描述和货币主义所强调的，可能来自货币方的不稳定。在供给方，我们可以想象出多种导致生产率明显变化的冲击。

1. 对农业产出产生不利影响的物质环境的不利变化。这一类冲击包括地震、干旱、洪水之类的自然灾害。

2. 能源价格的明显变化,诸如 1973 年和 1979 年的"提价"和 1986 年的下跌。詹姆斯·汉密尔顿认为,1945 年之后美国的大多数衰退都是以能源价格上升为先导的(Hamilton,1983,1996)。

3. 破坏现存经济运作和结构的战争、政治动乱,或者劳工骚乱,如前南斯拉夫和苏联,以及最近伊拉克所遭受的破坏,或者英国 20 世纪 70 年代和 1984 年的罢工和劳工骚乱。

4. 政府管控,诸如进口配额,它破坏了激励,并将企业家的才能转向寻租行为。

5. 资本和劳动输入的质量变化、新的管理实践、新产品的开发,以及新的生产技术的引进所产生的生产率冲击。

尽管以上的一些或者以上所有的一切在某个特定的时空点可能是重要的,但是,在通常的情况下,我们可能将第五条宽泛地定义为"技术冲击",并希望它对于发达的工业经济来说是供给方长期的驱动力。不应该忘记的是:政治上稳定的、通常免于自然灾害的经济,依然具有总量波动的特点。

## 6.6 经济周期:主要特征和典型事实

正如我们早些时候注意到的,宏观经济分析的主要目标是对长期和短期的产出、就业和价格水平总的运行提供一贯而有力的解释。我们也注意到试图解释这样的经济运行的重要研究计划和思想学派在凯恩斯《通论》出版之后出现了(Snowdon and Vane,1997a)。对任何一个特殊理论的评价都必须考虑到该理论解释宏观经济不稳定性的重要特征和典型事实的能力(见 Greenwald and Stiglitz,1988)。

依据"典型事实",我们对在经济时间序列的统计特性中确认的广泛规则加以解释。对与经济周期现象相关的主要"典型事实"的确认是研究自身的合法领域(见 Zarnowitz,1992a,1992b)。在美国,建立于 1920 年的国家经济研究署首先对经济周期的现象进行了研究,其标志性的工作就是亚瑟·伯恩斯和韦斯利·米切尔出版于 1949 年的《测量经济周期》。在这本书中,伯恩斯和米切尔提供了他们对经济周期的经典定义:

经济周期是在国家的总体经济活动中发现的一种波动,这些国家主要是在商业企业中组织它们的工作。一个周期由在许多经济活动中大约同时发生的扩张构成,紧随其后的是相似的普遍衰退、收缩、复苏。复苏与下一个周期的扩张阶段重合;这一变化序列是周期性的,而不是定期发生的,也就是说在持续时间上,周期从

1年多到10年或者12年不等。

伯恩斯和米切尔的确认,以及接下来以一种对经济周期过程可预见的方式研究经济变量的共同运行导致了卢卡斯这样的主张:"对于在序列(经济变量)之间共变(co-movement)的定性行为来说,经济周期都是相似的。"(Lucas,1977)对于经济理论家来说,这是一个富有吸引力的特性,因为"它暗示了统一解释建立在支配市场经济的普遍法则基础之上,而不是建立在对一个国家或者时期来说特殊的政治或者制度特性之上的经济周期的可能性"(Lucas,1977,p. 10)。尽管许多经济学家没有走这么远,但是明显的是:存在着对各种经济总量和实际GDP总量偏离的共变,这种偏离的共变的统计特性引导着对经济周期现象的理论解释。可预见的方式中存在的许多重要经济变量的共变是经济周期的特性。尽管经济周期不是定期发生的(也就是说,它们的长度是不同的,没有在预见到的时间间隔出现),但是,它们是周期性的(它们在工业经济国家中重复出现)。一种特殊的理论解释经济周期主要的典型事实的能力将成为评价一种理论的主要方法。正如阿贝尔和伯南克所认为的:"一个经济周期理论如果是成功的,它必须解释诸多关键变量的周期性行为。"(Abel and Bernanke,2001,p. 284)不仅仅是少数变量——如产出和就业的周期性行为。

306 150年以来,经济周期一直是工业经济国家的一个主要特性。一本典型的经济周期教科书描绘了一个经济周期的各阶段,即从低谷阶段通过扩张阶段到达顶峰阶段,随后是通往总量经济活动收缩的衰退阶段的转折点。在这种一般的周期模式中,什么是可信的宏观经济理论必须面对的经济周期关键的"典型事实"? 在这里我们只概要展示这一研究发现。更为详细的讨论见 Lucas(1981a)、Blanchard and Fischer(1989)、Zarnowitz(1992a)、Danthine and Donaldson(1993)、Els(1995)、Abel and Bernanke(2001)和 Ryan(2002)。

表6.1 经济周期的"典型事实"

| 变 量 | 方 向 | 时 序 |
|---|---|---|
| **生产** | | |
| 工业生产* | 顺周期的 | 重合的 |
| **支出** | | |
| 消费 | 顺周期的 | 重合的 |
| 经济固定投资 | 顺周期的 | 重合的 |
| 住宅投资 | 顺周期的 | 领先的 |

| 变　　量 | 方　　向 | 时　　序 |
|---|---|---|
| 存货投资** | 顺周期的 | 领先的 |
| 政府购买 | 顺周期的 | 不确定的 |
| **劳动市场的变量** | | |
| 就业 | 顺周期的 | 重合的 |
| 失业 | 逆周期的 | 没有明晰模式的 |
| 平均劳动生产率 | 顺周期的 | 领先的 |
| 实际工资 | 顺周期的 | 不确定的 |
| **货币供应量和通货膨胀** | | |
| 货币供应量 | 顺周期的 | 领先的 |
| 通货膨胀 | 顺周期的 | 滞后的 |
| **金融变量** | | |
| 股票价格 | 顺周期的 | 领先的 |
| 名义利率 | 顺周期的 | 滞后的 |
| 实际利率 | 非周期的 | 不确定的 |

注释：　＊　　耐用品工业比非耐用品工业和服务业更不稳定。
　　　　　＊＊　投资支出比消费支出更不稳定。
来源：Abel and Bernanke(2001)，p. 288。

　　在宏观经济学中，对经济活动中总波动的原因存在着大量的争论。但是，根据阿贝尔和伯南克的观点，对基本的、经验的经济周期事实存在着相当一致的意见（Abel and Bernanke，2001）。即使没有两个经济周期是一样的，它们通常具有许多共同的性质。根据阿贝尔和伯南克的总结，主要的"典型事实"是按照与 GDP 运动相关的方向和时序分类的。至于运动方向，与 GDP 相同方向的变量（表现为正相关）是顺周期的；与 GDP 反方向的运动的变量（表现为负相关）是逆周期的；表现为没有明晰模式的变量（表现为不相关）是非周期性的。在时序方面，在 GDP 之前变化的是领先变量，跟随 GDP 的变量是滞后变量，与 GDP 同时变化的变量是重合变量。

　　表 6.1 表明：阿贝尔和伯南克展示的主要典型事实显示：产出运动在经济的所有方面往往是相关的，工业生产、消费和投资是顺周期的和重合的。政府购买也往往是顺周期的。尽管耐用消费品上的支出呈现很强的顺周期性，但是投资在整个经济周期中要比消费不稳定得多。就业是顺周期的，失业是逆周期的。尽管实际工资只是轻微的顺周期，但是实际工资和平均劳动生产率是顺周期的。货币供

应量和股票价格是顺周期的,并且是引导周期的。通货膨胀(含蓄地说是价格水平)和名义利率是顺周期的和滞后的,同时实际利率对于周期是中性的。正如我们将要发现的,对于"典型事实"的一致意见对于我们评价相互竞争的理论具有潜在暗示。但是,确定这些事实是什么无疑并非毫无争议(见 Ryan and Mullineux,1997;Ryan,2002)。

## 6.7 实际经济周期理论

现代新古典研究计划开始于这样的观点:"增长和波动不是用独立的数据和不同的分析工具研究的直接现象。"(Cooley,1995)实际均衡经济周期理论研究计划是由基德兰德和普雷斯科特(Kydland and Prescott,1982)发起的,他们两人有效地继承了卢卡斯提出的挑战(Lucas,1980a),去建立一个能够模拟实际经济主要特征的人为的模拟经济。这一人为经济由利益最大化的行为人构成,他们在一个服从于对生产率不断冲击的、无摩擦的、完全竞争性的环境中活动。尽管新古典宏观经济学的第二阶段将重点从对经济周期的货币解释那里转移开去,但是最近逐渐形成的均衡模型依然保留和改进了其他新古典的基本论据。

308

在弗里希(Frisch,1933)和卢卡斯(Lucas,1975,1977)之后,实际经济周期理论对**刺激**机制和**传播**机制进行了区分。刺激机制是初始的冲击,它引发了一个变量偏离它的稳态值。传播机制由这些力量构成,它们将冲击的效应扩散至以后各期,并引发了对持续的稳态的偏离。最近的新古典均衡理论具有下列一般特征:

1. 实际均衡经济周期理论利用了具有代表性的行为人框架,在那里,行为人/家庭/厂商在服从于现行的资源约束的情况下,最大化他们的效用或者利润。

2. 行为人理性地形成了预期,并且不会受到信息不对称的危害。尽管预期价格等于实际价格,但是,在决定一个特殊的生产率冲击是暂时的还是持久的时候,行为人可能依然面临信号提取的问题。

3. 价格弹性保证了持续的市场出清,以至均衡一直占据优势。不存在摩擦或者交易成本。

4. 可利用的生产技术巨大的随机变化驱使着总产出和就业的波动。外生的对技术的冲击在这些模型中发挥着刺激机制的作用。

5. 多种传播机制扩散了最初的刺激。它们包括消费平滑的作用、投资过程的滞后和跨期的劳动替代。

6. 就业的波动反映了人们愿意选择的工作时数的自愿变化。人们假设工作和闲暇随着时间的逝去呈高度替代性。

7. 货币政策是无意义的,对实际变量没有影响,也就是说货币是中性的。

8. 在对经济波动和趋势的分析中,短期和长期的区分被舍弃了。

从上述特征可以发现,来自货币均衡经济周期理论的主要变化是:(1)居主导地位的刺激因素中,技术冲击代替了货币冲击;(2)不再强调有关一般价格水平的不完全信息,而这种不完全信息在卢卡斯创立的早期货币误解模型中发挥着关键的作用;(3)通过整合增长理论和波动理论,打破了宏观经济学分析中短期和长期的两分法。一般认为,货币构成经济波动的原因缺乏来自经济计量工作的明显而有支持力的证据,这种情况为研究方向转向实际力量在其中发挥关键作用的模型提供了有力的辩护。正如我们所发现的,纳尔逊和普洛瑟的发现(Nelson and Plosser,1982)——大多数宏观经济的时间序列最好被描绘为随机行走,而不是波动或者是对决定性趋势的偏离——进一步强化了这一辩护。实际经济周期理论家也声称他们的理论对体现总波动的"典型事实"给予了更好的解释。确实,他们向有关什么是典型事实的许多传统思想提出了挑战(见6.14)。

## 6.8 实际经济周期模型的结构

在典型的实际经济周期模型中,单一商品的总产出可能被用于消费目的或者投资目的。人们是根据持久的收益来制造总产出的,以测定方程6.3所示的新古典生产函数:

方程6.3 $$Y_t = A_t F(K_t, L_t)$$

在这里,$K_t$是资本冲击,$L_t$是劳动投入,$A_t$是代表随机的生产率转移要素(对技术或者总要素生产率的冲击=TFP)。技术参数($A_t$)的变化是随机的,并采取方程6.4所显示的形式:

方程6.4 $$A_{t+1} = \rho A_t + \varepsilon_{t+1},\text{在这里},0 < \rho < 1$$

$\rho$在这里大于0而小于1,$\varepsilon$是对技术的随机扰动。方程6.4告诉我们在任何特定的时期,技术水平依赖于在前一个时期占优势的水平和随机扰动(Kydland and Prescott,1996)。在实际经济周期模型中,通常假定的是:典型的经济中包含着相同个人,这就允许用代表性的行为人的行为去解释集团行为(Plosser,1989; Hartley,1997)。这一代表性的行为人的效用函数如方程6.5所示:

方程 6.5　　$U_t = f(C_t, Le_t)$, 在这里 $f'(C_t) > 0$, 并且 $f'(Le_t) > 0$

$C_t$ 是消费单位, $Le_t$ 是我们的代表性行为人(鲁宾逊·克鲁索)的闲暇时间。假定代表性行为人在无限的时间范围内将他们当下和未来效用的预期贴现总额最大化。方程 6.6 表明了这一最大化问题:

方程 6.6　　$U_t = \max E_t \left\{ \sum_{j=0}^{\infty} \beta^{t+j} u [ C_{t+j}, 1 - L_{t-j} ] \mid \Omega_t \right\}, 1 > \beta > 0$

在这里, $C_t$ 是代表性行为人的消费水平, $L_t$ 是劳动时间的数量, $1 - L_t$ 是被消耗的闲暇时间, $E_t \{ \cdot \}$ 是数学期望的运算符, $\Omega_t$ 是用于建立预期的信息集合, $\beta$ 是代表性的行为人的贴现因子。方程 6.6 详细说明了代表性行为人以消费代替闲暇的愿望。因此,代表性的行为人的选择问题是如何最大化他们一生的(无限的)效用,这一效用服从于方程 6.7 和 6.8 所示的资源约束:

方程 6.7　　　　　　　　$C_t + I_t, \leqslant A_t F(K_t, I_t)$

方程 6.8　　　　　　　　$L_t + Le_t \leqslant 1$

方程 6.7 表明:消费总量($C_t$)和投资总量($I_t$)不可能超过生产,方程 6.8 将可用时间总量的最大值规定为 1。正如方程 6.9 所示,资本存量的变化依赖于当下的投资(等于储蓄)和折旧率 $\delta$:

方程 6.9　　$k_{t+1} = (1 - \delta) k_t + I_t$

在这一背景下,对生产率转移要素 $A_t$ 的扰动(技术冲击)导致了来自效用最大化的代表性行为人的动态回应,这样,我们将观察到产出、工作时间、各期消费和投资的变化。

为了证明一个"经济周期"如何在一个没有货币或者金融制度的世界发生,让我们采用生活在荒岛的鲁宾逊·克鲁索的极端事例。假定发生了外生的冲击(方程 6.3 中 $A_t$ 的变化),这一变化提高了鲁宾逊·克鲁索的生产率。在这一特殊的事例中,我们能够根据与克鲁索过去多年来习惯的气候相比不同寻常的气候改善来进行思考。鉴于更为宜人的气候,尽管工作时间相同,克鲁索现在能够制造出更多的产品。因为克鲁索关心未来的消费和当下的消费(见方程 6.6),所以,他可能

会选择在现时减少当下的闲暇而工作更长的时间;也就是说,克鲁索会热衷于跨期劳动替代。

假如克鲁索相信冲击(不同寻常的好天气)可能是短暂的,那么,储蓄和工作更长时间的激励将会更强烈。因为根据方程 6.9,人们将增长的一部分用于储蓄和投资,因此,资本存量在下一个时期以及所有未来时期都会比较高。这就意味着甚至

一个短暂的对产出的冲击都会扩展至未来。另外,代表性行为人对经济冲击的回应是选择性的,因此克鲁索的经济活动显示了帕累托最优。当气候在接下来的一年恢复正常的时候,克鲁索也回到了他正常的工作方式和产出倾向,尽管现在依然比冲击之前的情况还是要高。记住,由于发生在前一年的积累,克鲁索现在具有了更高的资本存量。正如普洛瑟(Plosser,1989)所认为的那样,我们所观察的回应一个冲击的结果是由代表性行为人选择的结果。因此,社会计划者绝对不应该通过干预主义的政策,试图强迫出现不同的结果。注意:在整个假设的事例中,我们只是证明了由供给方冲击以及克鲁索对这一冲击最优回应引发的克鲁索小岛上的产出(一个经济周期的)波动。货币或者金融变量没有发挥任何作用。

在克鲁索的故事中,我们注意到当由于更适宜的气候而闲暇的价格(即可能失去的当下产出)出现上升的时候,我们的代表性行为人是如何热衷于跨期劳动替代的。根据实际经济周期理论家们的观点,劳动供给对实际工资较小变化的大回应——起因于跨期劳动替代——形成了强有力的传播机制。根据这一由卢卡斯和拉平首先提出的假设(Lucas and Rapping,1969),家庭随着时间的逝去而转移着它们的劳动供给,当实际工资暂时处于高位的时候,它们更乐于工作;当实际工资暂时走低的时候,它们就乐于少工作几个小时。为什么应该是这样的情形呢?

由于劳动的总供给依赖于个体劳动供给的决策,因此我们需要思考各种影响个人选择供给劳动总量的因素。当下就业的收益主要与挣得的收入相关,劳动者以此去消费商品和服务。为了挣得收入,劳动者们需要分配较少的时间用于闲暇,也就是压缩所有不能产生收入的活动。代表性劳动者的效用函数表明:消费和闲暇两者都能获得效用,但是,在劳动者们作出劳动供给决策时,他们会考虑未来和当下的消费和闲暇。在劳动者考虑未来时,当劳动者们决定在现时供多少劳动时,他们需要考虑当下的实际工资高于或低于正常状态的程度。实际工资较高出价的替代效应往往会增加所供给的劳动量。但是,因为较高工资也会使得劳动者感到更为富裕,因此这也往往会抑制劳动的供给。这一财富或者收入的效应在替代效应的相反方向发挥着作用。当下实际工资上升对所供给的劳动总量的影响明确地依赖于上述效应中的哪一种占据主导地位。为了分析理性的、效益最大化的个人如何随着时间的过去回应其经济环境的变化——这一变化是由技术冲击带来的,实际经济周期的理论家对实际工资的持久变化和暂时变化作出了区别。跨期劳动替代假设出现了两种情形。首先,假如技术的冲击是暂时的,这样当下高于正常实际工资的出价就是暂时的,那么劳动者们就会抓紧时机,用工作替代当下的闲暇。当人们预期实际工资走低时,未来就会提供较少的劳动,这样,现在供给更多劳动的决策也就是未来消费更多闲暇、现在消费更少闲暇的决策。因此,实际经济周期理论预见到在实际工资暂时的变化那里所出现巨大的供给回应。持久的技术冲击由于提高了未来实际的工资,从而导致了往往降低当下劳动供给的财富效应。

第二,一些理论家在弹性价格的模型中,强调实际利率对劳动供给的重要性(见 Barro,1981,1993)。实际利率的增长鼓励家庭在现时供给更多的劳动,因为相对于明天,从今天工作中所挣得的收入价值是上升的。这一影响以劳动曲线的右移表现出来。

因此我们能够在实际经济周期模型中将一般形式的劳动供给函数表现为方程6.10,在这里,$r$ 等于实际利率:

方程 6.10 $\qquad\qquad S_L = S_L(W/P, r)$

方程 6.11 提供了适合的跨时期相对价格(IRP):

方程 6.11 $\qquad\qquad IRP = (1+r)(W/P)_1/(W/P)_2$

根据方程 6.11,任何对要么引发实际利率上升,要么引发当下实际工资($W/P)_1$ 相对于未来实际工资($W/P)_2$ 暂时处于高位的经济冲击,都将增加劳动的供给从而增加就业。

## 6.9 技术冲击

尽管一些形式的实际经济周期理论考虑到实际需求的冲击——诸如偏好的变化或者政府的支出——发挥着刺激机制的作用,但是更为通常的是,这些模型受到外生生产率冲击的驱使。这些要素生产率的随机波动是技术变化率的大规模随机变化的结果。传统的索洛新古典增长模型假定:在延长的时期内,每个劳动者的产出增长依赖于技术的进步,这一进步被假定为稳定发生的。实际周期理论家拒绝这一观点,并且强调技术变化不稳定的性质,他们把这些性质看作总产出变化的主要原因。

总产出和就业在实际周期模型中变化的方式,可由图 6.3 看出。图 6.3(a)表示了有利的技术冲击的影响,这一冲击将生产函数从 $Y$ 移动到 $Y^*$。这一移动对劳动边际产出从而对劳动需求的影响如图 6.3(b)所示。通过提高对劳动的需求,生产率的冲击增加了就业和产出。就业扩大的程度依赖于与当下实际工资相关的劳动供给的弹性。经济周期的"典型事实"表明:实际工资小规模的顺周期的变化与就业大规模的顺周期变化相关。因此,对要与这些事实相一致的经济周期理论来说,最为关键的要求是需要一条与实际工资相关的、高度弹性的劳动供给曲线,如图 6.3(b)中 $S_{L2}$ 所示。在这种情况下,技术冲击将使得产出从 $Y_0$ 扩张到 $Y_2$,同时实际工资从 $(W/P)_a$ 增加到 $(W/P)_c$,就业从 $L_0$ 增加到 $L_2$。正如 $S_{L1}$ 所显示的,假如劳动供给曲线相对来说缺乏弹性,那么技术冲击就会导致实际工资的大幅变化和就业的小幅变化。然而,这并不符合事实。

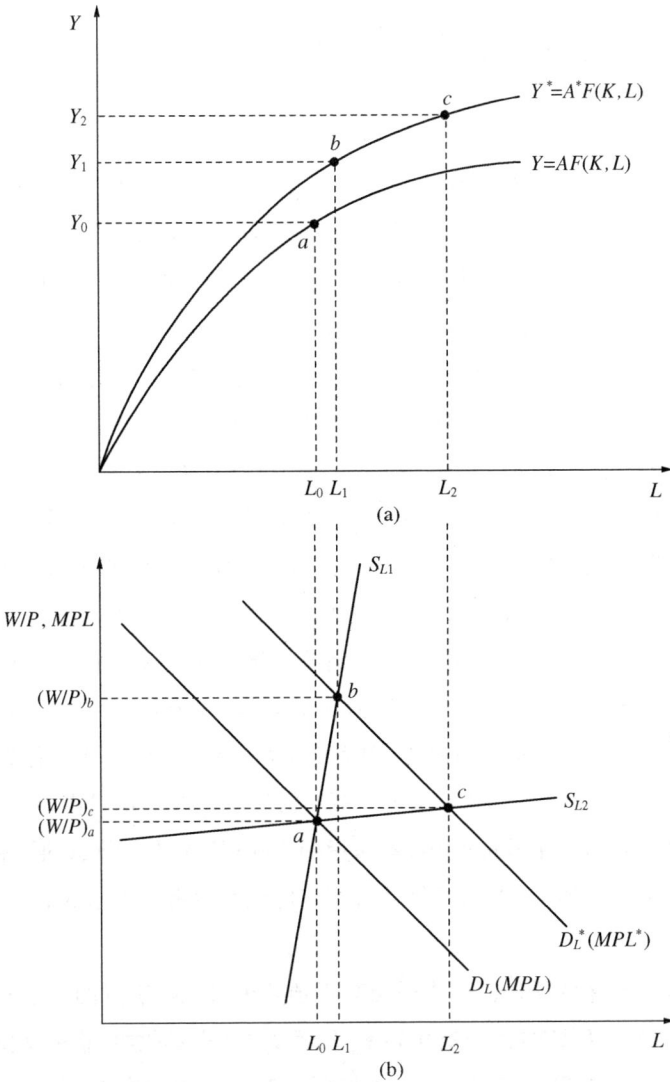

314

图 6.3  由技术冲击引起的产出和就业的波动

显然,对于实际经济周期理论来说,为了能够解释总量波动期间所观察到的就业的大幅变化,必须存在闲暇的跨期替代。因为在这些模型里人们假定价格和工资是完全具有弹性的,劳动市场也总是处于均衡状态。在这样的框架中,劳动者是根据他们的偏好和可以得到的机会选择失业或者就业的。对于许多经济学家来说,尤其是对于那些具有凯恩斯主义定位的经济学家来说,这种对劳动市场现象的解释依然是不可信的(Mankiw,1989;Tobin,1996)。

## 6.10　实际经济周期的总需求和总供给模型

315

图6.3提供的证明技术冲击影响的模型是不完全的,因为它忽视了供给冲击对实际利率的影响。在这一节中,我们将提供一个更为完全的"实际总需求和总供给"模型来证明技术冲击的影响。正如在跨期劳动替代假设中所详述的,这一影响包括实际利率的变化对劳动供给的影响。但是,在这一事例中,我们将忽略技术冲击通过财富效应对实际总需求可能产生的影响。

在理性预期、完全的价格弹性、与货币供给相关的充分信息的世界里,货币中性是得到保证的。因为名义变量不能影响实际变量,产出和就业完全由支撑生产函数和生产要素供给的实际力量所决定。图6.4显示了与这样一个世界相一致的IS-LM模型。IS曲线表明,实际总需求(RAD)是实际利率的减函数。鉴于价格是完全有弹性的,因此LM/P曲线会一直变化,以便在充分就业的产出水平上与IS曲线相交。实际总供给曲线(RAS)的位置由生产函数的位置和劳动者供给劳动的意愿所决定(见图6.3)。改变生产函数的技术改进将引发RAS曲线向右移动,同时在RAS曲线上的任何一点都代表着均衡(充分)就业的位置;也就是说,RAS曲线是一条劳动市场均衡曲线,因为价格水平将自动地调整,这样,LM/P曲线将一直在充分就业的产出水平上与RAD曲线交叉,我们也只需要考虑RAD和RAS两条曲线,但是,在图6.4中没有考虑到实际利率对劳动供给的影响。实际经济周期总需求和总供给的模型具体体现了实际利率对劳动供给的影响,图6.5显示了这一模型。

因为实际利率的增长也将使得相对于预期未来实际工资的当下实际工资得到提高,因此现在RAS曲线具有正斜率,从而增加了劳动供给(将劳动供给曲线向右移动)和产出。方程6.11表明:假如实际利率上升,劳动的当下供给将会增加。一些重要的观点值得注意:

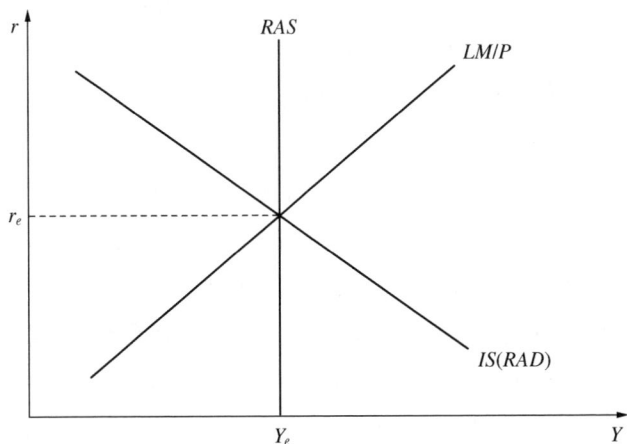

图 6.4   具有弹性价格的 IS - LM 模型

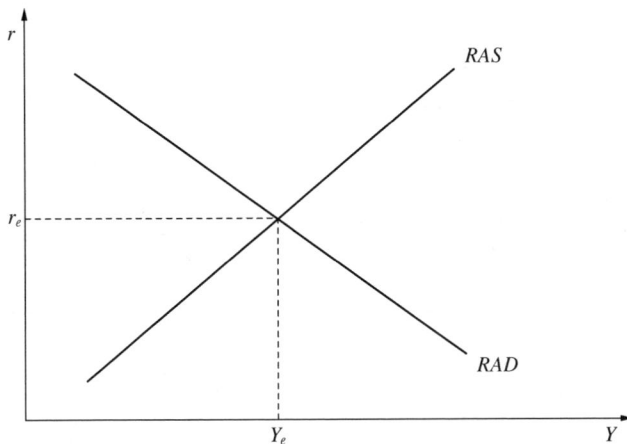

图 6.5   实际经济周期总需求和总供给的模型

1. 这一模型完全是实际的,因为货币量和价格总水平对总产出或者总就业没有影响。

2. 长期和短期的总供给曲线之间的区别消失。这一区别在货币主义的、早期新古典的和新凯恩斯主义的模型中发挥着重要的作用。

3. RAS 曲线描绘出一系列均衡的位置,它们与"充分就业"是完全一致的。

4. 价格弹性的假设使得实际利率能出清商品市场,从而使 RAD 等于 RAS。

5. 在解释产出波动时,实际经济周期的理论家强调了技术冲击所造成的 RAS 曲线的移动(Kydland and Prescott,1982;Plosser,1989)。

6. 一些均衡理论家表明,实际总需求冲击在一些时期也可能作为对总波动的解释。例如,巴罗显示了政府支出的暂时增长是如何引发产出扩张的(见 Barro, 1993, chap.12)。他的结论是:"政府采购的变化在战时而不是在和平时期的经济波动中发挥着主要的作用。"

在图 6.6 中,我们证明了有利的技术冲击的影响,同时考虑到了这样的冲击对实际产出($Y$)、实际利率($r$)和实际工资($W/P$)的影响。在图 6.6 中,我们将 $RAD$ 和 $RAS$ 曲线分别重新列为 $Cd$ 和 $Ys$。最初的均衡位置位于图 6.6 所有四个象限中的点 $a$。有利的技术冲击在象限 $d$ 中将 $Ys$ 曲线从 $Ys_1$ 移动到 $Ys_2$,生产函数在象限 $b$ 中从 $AF(K,L)$ 上升到 $A^*F(K,L)$。有利的技术冲击增加了劳动的边际生产率,因而将象限 $a$ 中劳动需求曲线($D_L$)向右移动,也就是从 $D_{L1}$ 移动到 $D_{L2}$。但是,劳动供给曲线在象限 $a$ 中也从 $S_{L1}$ 移动到 $S_{L2}$。劳动供给的减少是对实际利率降低(从 $r_1$ 到 $r_2$)的理性的、跨期回应。图 6.6 所有四个象限中的 $b$ 点带来了考虑到所

318

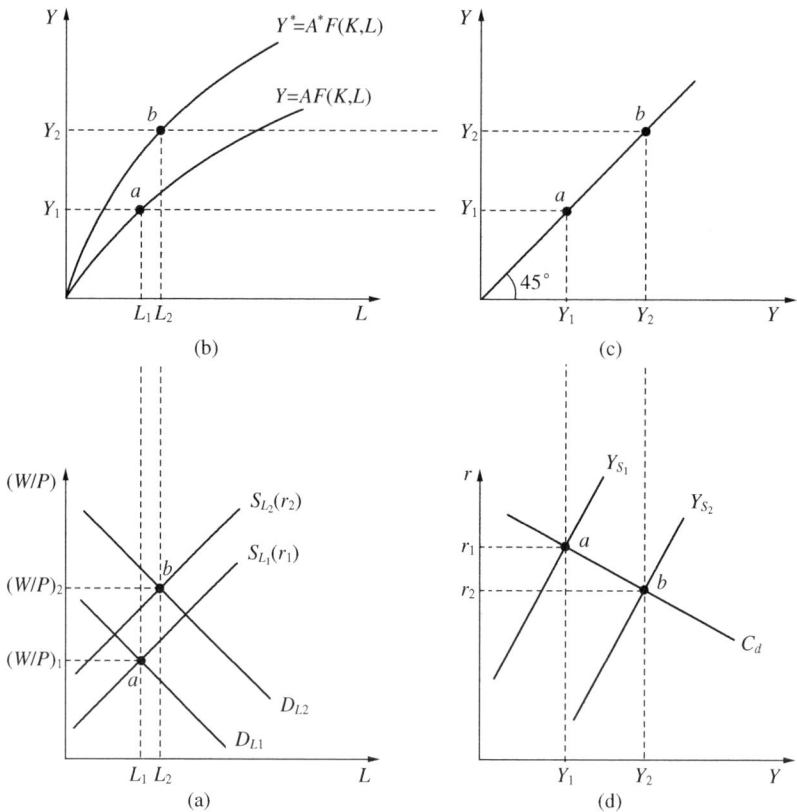

图 6.6  技术冲击的影响

现代宏观经济学:起源、发展和现状

有这些效应的新的均衡。这样,有利的技术冲击增加了实际的产出(从 $Y_1$ 到 $Y_2$),降低了实际利率(从 $r_1$ 到 $r_2$),增加了劳动生产率和实际工资[从 $(W/P)_1$ 到 $(W/P)_2$]。也就是说,正如典型事实所表明的,实际工资和劳动生产率是顺周期的。

图 6.7 显示了增加政府采购可能产生的影响。正如过去一样,最初的均衡点是图 6.7 所有四个象限中的 $b$ 点。政府采购的增加将实际总需求曲线从 $Cd_1$ 移动到 $Cd_2$。在这一情形下,产出增加了(从 $Y_1$ 到 $Y_2$),实际利率增加了(从 $r_1$ 到 $r_2$),实际工资下降了[从 $(W/P)_1$ 到 $(W/P)_2$],以回应劳动供给的增加。图 6.7 四个象限中的 $b$ 点带来了考虑到所有这些效应的新的均衡。正如在图 6.4 中,在旧的新古典模型当中,总供给是完全无弹性的,政府采购的增加对实际产出没有影响。相反,在实际均衡经济周期理论中,政府采购的增加会导致实际产出的增加,因为实际利率的诱导性上升鼓励了劳动供给的增加,因而增加了实际的就业和产出。

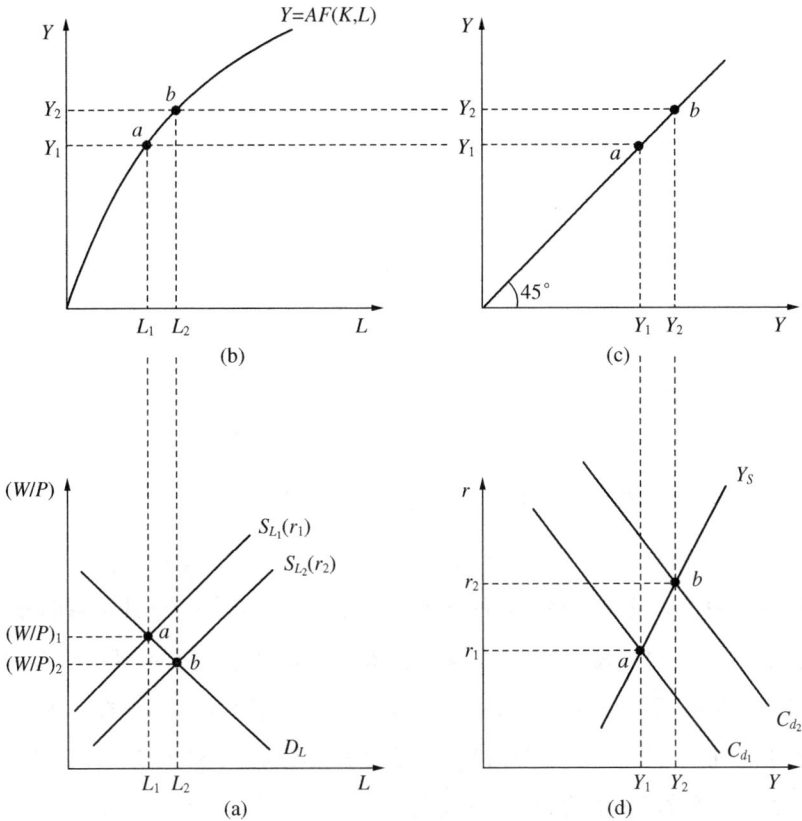

图 6.7 政府采购冲击的影响

最后,我们运用 $Cd$ - $Ys$ 模型来检验暂时技术冲击和持久技术冲击。在这一情形下,我们不只是原样复制 $Cd$ - $Ys$ 图表,但是,我们也考虑到对 $Cd$ 曲线可能的财富效应。

图 6.8 提供了一个基本的市场出清的图形,它是宏观经济分析的现代新古典均衡方法的核心。根据巴罗的观点(Barro,1993),方程 6.12 提供了市场出清的条件:

方程 6.12 $$Cd(r,\cdots) = Ys(r,\cdots)$$

在方程 6.12 中,被省略号省略和表明的变量包括各种财富效应和替代效应,这些效应产生于对生产函数或者政府支出等等的冲击。沿着总需求和总供给曲线的移动阐明了 $Cd$ 和 $Ys$ 对实际利率变化的回应。假如任何其他影响 $Cd$ 和 $Ys$ 的变量发生变化,比如对生产函数的冲击或者政府支出的增加,那么 $Cd$ 和 $Ys$ 曲线将发生移动。

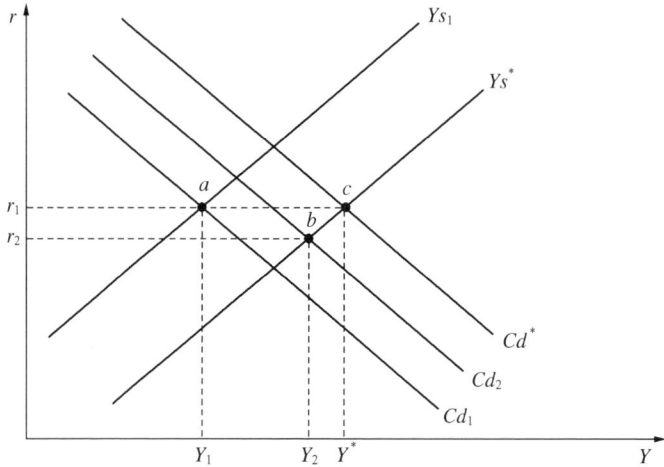

图 6.8　在实际经济周期模型中,暂时和持久的技术冲击的影响

技术冲击对这一模型中的总产出的影响,可见图 6.8。图中从点 $a$ 开始,我们假定图 6.3 中考察过的那种有利的技术变化出现了。这样一个冲击将明显使 $Ys$ 曲线向右移动,从 $Ys_1$ 移动到 $Ys^*$。假如技术冲击被视为短暂的,那么财富效应对消费需求的影响可能是微小的,结果是,$Cd$ 向右的位移将小于 $Ys$ 的位移:从点 $a$ 到点 $b$ 的移动。产出从 $Y_1$ 上升到 $Y_2$,实际利率下降到 $r_2$。假如技术冲击被视为持久的,那么财富效应对消费的冲击可能是有力的。在这一情形下,$Cd$ 和 $Ys$ 向右的位移可能是相同的,从而导致产量从 $Y_1$ 上升到 $Y^*$,但实际利率依然保持在 $r_1$:从点 $a$ 移至点 $c$。根据巴罗的观点,这一模型十分合理地揭示了经济波动的典型事实

（对这一问题的详尽讨论，参见 Barro,1993,尤其是 p. 232 - 241）。

## 6.11　校准模型

基德兰德和普雷斯科特首次证明了一般均衡实际经济周期模型——受到外生的技术冲击的驱动——能够产生周期性时间序列,这些数据体现了 1950—1979 年美国经济周期统计学上的特性(Kydland and Prescott,1982)。但是,实际经济周期的理论家并非普遍试图提供能够进行传统经济计量学检验的模型,而是趋于集中提供更为一般的波动理论的数值化事例。为了检验他们模型定量的含义,实际经济理论家建立了一种众所周知的"校准"或者"计算试验"的模型。库利将校准定义为"一种发现人造经济的参数数值的策略"(Cooley,1997),同时他专注于"理论和度量之间共生的关系"。这一校准策略由以下几个步骤构成(见 Kydland and Prescott,1982,1991,1996;Plosser,1989;Backhouse,1997b;Abel and Bernanke,2001)。

1. 提出与特定重要议题相关的问题,例如这样一个重要的政策议题:"什么是由技术冲击引发的波动的定量性质?"

2. 运用一个"得到了很好的验证"的理论,在那里,理论被认为是一组明确的有关如何建立模拟经济的指导。

3. 建立一个模型经济,并选择函数形式。基德兰德和普雷斯科特运用了这一基本的随机新古典增长模型,把它作为他们模型的基础(Kydland and Prescott,1982)。

4. 提供用于体现生产决策和消费决策的函数明确的代数形式。例如,普洛瑟采用了明确的科布-道格拉斯生产函数(Plosser,1989)。

5. 运用来自先前存在的微观经济研究和"典型事实"的知识来校准模型经济,在没有信息存在的地方选择参数值,以至这一模型能够模拟实际世界变量的变化。

6. 校准的实施涉及使用计算机去模拟使这一模型受到一系列技术冲击的效应。

7. 这些冲击对关键的宏观经济变量的影响被描述出来,其结果可以和主要的宏观经济时间序列的实际行为加以比较。

8. 控制这一试验,并将模型经济的均衡途径和实际经济的行为加以比较。运用这些类型的模拟去回答在第一条中确定的与重要议题相关的问题。

在基德兰德和普雷斯科特 1982 年的开创性论文中,他们采用了新古典的增长模型,接着采用了校准/模拟的方法来查看当模型经济受到技术冲击时,这一模型是否能够解释总量波动。正如普雷斯科特所回忆的,"当技术变化率的不稳定具体表现为增长模型的时候,它显示了经济周期的现象。这一发现是戏剧性的,也是未预见到的。"(Prescott,1986)由基德兰德、普雷斯科特、普洛瑟进行的模拟产生了令人印象深刻的结果,因为他们的模型能够显现有关一些重要时间序列数据的实际经济。这些模拟表明被重复的技术冲击撞击的竞争经济能够表现出某种实际上被观察到的波动。

从否定的一面来看,校准的问题之一是它通常没有提供一个能让人在实际的和其他的(例如凯恩斯主义的)经济周期模型之间作出判断的方法。正如胡佛指出的:"校准方法至今缺乏任何像经济计量学方法那样严格的规定……首先,人们并不清楚在什么标准上,竞争的但不是矛盾的模型将得到比较和判定。"(Hoover,1995b)但是,校准已经对经验的宏观经济学研究作出了重要的新贡献。尽管最初的校准方法集中于经济周期研究,但是更近的模型被用于研究公共财政、经济增长、工业、厂商、工厂发展等问题,以及与经济政策选择相关的问题(Cooley,1997)。对校准方法的更为详细的讨论和批评,见 Kydland and Prescott(1991,1996)、Summers(1991a)、Quah(1995)、Hoover(1995b)、Wickens(1995)、Hansen and Heckman(1996)、Sims(1996)、Cooley(1997)、Hartley et al.(1998)。

## 6.12　实际经济周期理论和货币中性

实际经济周期理论家宣称:最近的与经济周期典型事实相关的研究支持着与"货币的"波动理论相对的"实际的"波动理论的普遍预见。但是,正如我们在前面提到的,货币与产出的联系是公认的典型事实,实际经济周期理论是如何对待货币显而易见的因果关系的影响的呢?

货币中性是实际经济周期模型的重要特性。在这样的模型中,货币中性适用于短期,也适用于长期。在 20 世纪 70 年代晚期,来自其他思想学派的代表人物,如托宾、弗里德曼、卢卡斯等一致认为:货币供给的增长率对经济有着实际的效应,并且在所有对产出波动的解释上都有着重要的作用。当然,在货币和产出之间关系的性质和强度上,在货币政策和财政政策的相对效力上,存在相当的不一致,不过所有主张不同的经济学家都理所当然地认为:货币现象对于经济周期的研究是至关重要的。公认的经济周期的典型事实是:货币和产出呈现出正相关关系,并且货币引导产出。这一事实被许多人作为从货币到产出这一因果关系的强有力证据(Sims,1972)。弗里德曼和施瓦茨的研究进一步强调了货币主义的这一观点(Friedman and Schwartz,1963,1982):货币的不稳定存在于实际不稳定的**核心**。但是,得到很好建立的货币和总产出的正相关关系可能只不过意味着货币供应量是对经济行为的回应,而不是经济行为对货币供应量的反向回应。在这样的情形下,货币是内生的,并且我们所观察的货币到产出的相关是反向的产出到货币因果关系的证据;也就是说,对未来产出扩张的预期导致了当下货币供应量的增长。根据实际经济周期理论的观点,在经济扩张时期,对货币的需求是扩张的,并且由货币供应量引起适应性的回应,特别是假如货币管理当局的目标是利率的话(见 Barro, 1993,chap. 18)。低估货币作为原因作用的动力得到了来自矢量自动回归分析的证据的支持,这一分析表明:一旦利率被包括在被估价的系统的变量中,那么货币就不再具有强大的预测力量。西姆斯(Sims,1980,1983)、利特曼和韦斯(Litterman and Weiss,1985)的贡献提供了维护实际经济周期方法的重要证据,并且为经济周期模型的非货币方法的偏好提供了支持(也见 Eichenbaum and Singleton,1986)。

最初建立的实际经济周期模型没有货币的特征。基德兰德和普雷斯科特起初着手建立一个只包括实际变量,但是能够扩展到考虑名义变量的模型(Kydland and Prescott,1982)。但是,在建立了他们的实际模型之后,基德兰德和普雷斯科特得出了这样的结论:货币部门的引入可能是不必要的,因为经济周期可以完全由实际数量解释(Prescott,1986),尽管朗和普洛瑟的模型(Long and Plosser,1984)没有包含货币部门,但是金和普洛瑟将货币和产出之间的历史关联解释为反映了货币对产出的内生回应(King and Plosser,1984)。以布莱克(Black,1987)和法马(Fama,1980)的研究为基础,金和普洛瑟拒绝了正统的货币主义对货币到产出的因果关系的解释。在他们的模型中,"货币服务是私有生产的中间产品,其数量随着经济的发展而升降。"金和普洛瑟认为,提供会计服务流的金融业有助于推动市场交易。通过把金融部门嫁接到生产和消费的一般均衡模型上,金和普洛瑟显示了实际产量、信贷、交易服务之间的正相关关系是如何出现的,同时,这些共变时序的路径依赖于实际产出变化的来源。他们的模型意味着内生货币量(银行储蓄)将与产出变化同向运动。另外,金融服务比最终产品更快地生产出来的事实意味着:金融服务的扩张可能是在产出扩张前发生的。因此,银行储蓄量与产出是高度相关的,是经济周期的先导指标。

以上提及的货币-产出的相关关系是与弗里德曼和施瓦茨提供的证据(Friedman and Schwartz,1963)相对应的,但是来自完全不同的视角。在货币主义的模型中,货币量的外生变化在引发产出的运动中发挥着重要的作用,而金和普洛瑟强调储蓄对计划产量的内生回应。实际上,金融部门的产出和其他部门产出的运动是一致的。但是,到 80 年代末期,尽管在解释货币-产出的相关关系时,实际均衡经济周期理论带来了进步,但是,普洛瑟的观点是:"在增长和波动的均衡理论中,货币的作用没有得到很好的理解,因此依然是一个开放的议题。"(Plosser,1989)

吊诡的是,实际均衡经济周期理论"货币是内生的"观点也是后凯恩斯学派的主要观点(见 Kaldor,1970a;Davison,1994)。例如,关于货币到产出因果关系的问题,琼·罗宾逊认为,"假如从方程的右边来看",这种相关关系可以用"数量论的关系"来解释。"因此,我们可能认为,货币供给的增加可能先于市场行为水平的明显上升。"(Robinson,1971)后凯恩斯主义者和实际经济周期的理论家似乎结成了非神圣的同盟,他们都同意罗宾逊夫人的观点:数量论的方程($MV = PY$)应该依照因果关系从右向左来解释。正统的凯恩斯主义者在考察货币到产出的因果关系时也提出了时间顺序的问题。托宾显示了超凯恩斯模型是如何可能得到建构的,在其中,货币的供应量是对收入变化的内生回应(Tobin,1970)。在这一模型中,货币供应量的扩张先于实际经济活动的变化,因为厂商为了给计划扩张融资,要从银行部门借贷资金。托宾证明,从时间顺序的证据推断出货币供应量的变化引发了实际经济行为的变化,是犯了"后发生的必为结果"的谬误。然而,尽管托宾利用了这一观点对他认为的货币主义者有关货币力量的夸大主张提出了挑战,但是他肯定没有得出这样的结论:货币与经济波动无关(参见 Cagan,1993)。

基德兰德和普雷斯科特拒绝了与货币总量有关的一个被确认的经济周期的典型事实,从而对这一有关时间顺序和因果关系争论的基础提出了异议。他们认为:"没有证据表明基础货币或者货币供应量导致了周期,尽管一些经济学家依然相信这一货币神话。"(Kydland and Prescott,1990)显然,这样的主张对有关货币角色的传统观点提出了严肃的挑战。这一"亵渎"遭到了凯恩斯主义和货币主义的经济学家的拒绝,他们由实际经济周期分析结成了同盟,这在 20 世纪 60 年代和 70 年代初期托宾和弗里德曼之间发生激烈争论的时候是难以想象的(对于弗里德曼和施瓦茨早期研究的辩护,参见 Schwartz,1992)。

## 6.13 测量技术的冲击:索洛剩余

假如技术冲击是经济周期的主要原因,那么区分并测量技术进步率就很重要了。鉴于实际经济周期模型的结构,关键的参数是技术冲击的方差。普雷斯科特认为:索洛测量这一方差的方法是可以接受的、合理的(Prescott,1986)。索洛的技巧是把技术的变化定义为总产出的变化减去劳动和资本投入的加权贡献之和(Solow,1957)。总之,索洛余值测量了不能用可测量的资本和劳动量的变化来解释的总产出变化的那部分。索洛余值的推导如下。方程 6.13 中总生产函数表明,产出(Y)是依赖于资本(K)、劳动(L),以及当下可得到的作为总要素生产率指标的技术(A)投入的:

方程 6.13 $\qquad Y = AF(K, L)$

假如 A、K 或者 L 发生变化,那么产出也将发生变化。科布-道格拉斯函数是特殊类型的生产函数,经常被用于与增长核算相关的经验研究当中。它可以用以下方程表示:

方程 6.14 $\qquad Y = AK^{\delta}L^{1-\delta}, 0 < \delta < 1$

在方程 6.14 中,资本存量的指数 $\delta$ 测量与资本产出有关的弹性,劳动投入指数($1-\delta$)测量与劳动产出有关的弹性。权数 $\delta$ 和($1-\delta$)测量资本和劳动的收入份额(简单推导,见 Dornbusch et al.,2004,pp. 54 - 58)。由于权数的总和为 1,这意味着这是一个规模回报为常数的生产函数。因此,要素投入(K 和 L)的同比例增长将使得产出(Y)也以同样的比例增长。通过重新调整方程 6.14,我们能够将我们需要测量的生产率指数表示为方程 6.15:

方程 6.15 $\qquad$ 索洛余值$= A = \dfrac{Y}{K^{\delta}L^{1-\delta}}$

因为没有直接测量 A 的方法,它只能被估算为余值。与产出和资本投入相关的数据是可以得到的。可以从历史的数据中得到 $\delta$ 和($1-\delta$)的估计值。因为投入的产出增长率是 A 的增长率加 $K^{\delta}$ 的增长率,再加 $L^{1-\delta}$ 的增长率,因此方程 6.15 可以重新表示为方程 6.16,它是基本的增长核算方程。这一方程被用于经济增长原因的大量经验研究中(见 Denison,1985;Maddison,1987)。

方程 6.16 $\qquad \dfrac{\Delta Y}{Y} = \dfrac{\Delta A}{A} + \delta \dfrac{\Delta K}{K} + (1 - \delta) \dfrac{\Delta L}{L}$

方程 6.16 只不过是用反映变化率的形式重新表示了科布-道格拉斯生产函数。它显示了产出增长($\Delta Y/Y$)依赖于总要素生产率贡献的变化($\Delta A/A$)、资本加权贡献($\delta \Delta K/K$)的变化,以及劳动加权贡献的变化$[(1-\delta)\Delta L/L]$。根据变化率写出方程 6.15,或者重新整理方程 6.16(这是一样的),我们得到一个方程,总要素生产率的增长率(技术变化)可以被估算为余值。如方程 6.17 所示:

方程 6.17
$$\frac{\Delta A}{A} = \frac{\Delta Y}{Y} - \left[\frac{\delta \Delta K}{K} + (1-\delta)\frac{\Delta L}{L}\right]$$

在方程6.17中,索洛余值等于$\Delta A/A$。实际经济周期理论将索洛余值的估算用于测算技术进步。普雷斯科特(Prescott,1986)的分析表明:"以百分比表示的技术进步的过程是随机行走的,其特征是漂移加某种序列不相关的测量误差。"普洛瑟也认为:"将生产率水平看作随机行走的似乎是可以接受的。"(Plosser,1989)图6.9重述了普洛瑟对美国1955—1985年间技术和产出年增长率的估算。这些发现似乎支持了实际经济周期理论的观点:总波动主要是由技术扰动诱导的。在后来的研究中,基德兰德和普雷斯科特发现战后美国产出方差的70%可以用索洛余值中的变量来加以解释(Kydland and Prescott,1991)。我们将在6.16中考虑对这一研究的批评,特别是凯恩斯主义者提供了另一种对生产率可观察到的顺周期的解释。

327

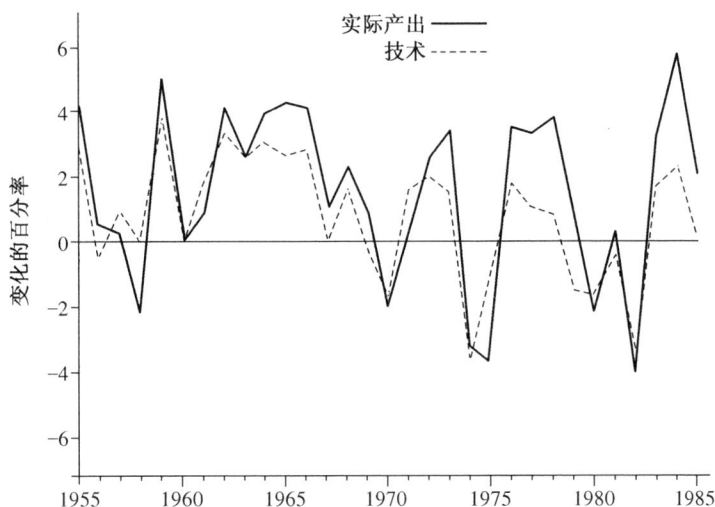

来源:Plosser(1989)。

图6.9　美国的技术和产出的年增长率(1955—1985年)

## 6.14　经济周期理论和典型事实

20世纪80年代,经济周期文献迅猛增加,这引发了相当多的有关解释"典型事实"的不同宏观经济模型的能力的争议和讨论。正如丹西尼和唐纳森所指出的那样,实际经济周期研究"迫使理论家认识到我们对经济周期现象的认识实际上是多么的不全面"(Danthine and Donaldson,1993),并且近期文献的主要成就是"使我们不受限制地重新思考我们对经济周期的认识"。这一领域的研究对有关什么是确定的典型事实的许多传统观点提出了质疑。就哪一个经济周期的模型最好地解释了公认的典型事实,也存在着争议。对于这一争论的详尽讨论,读者可以参考Greenwald and Stiglitz(1988)、Kydland and Prescott(1990)、Hoover(1991)、Blackburn and Ravn(1992)、Smith(1992)、Zanowitz(1992b)、Danthine and Donaldson(1993)、Judd and Trehan(1995)、Ryan and Mullineux(1997)和Ryan(2002)。这里我们将简要地讨论一下有关实际工资和价格的周期性行为的争论。

在正统的凯恩斯主义的和货币主义的宏观经济理论中——其中总需求的波动推动着经济周期——人们预测实际工资为逆周期的。在凯恩斯的《通论》(Keynes,1936,p.17)中,就业的扩张与实际工资的下降是联系在一起的,并且新古典综合时期的凯恩斯模型也假定经济是沿着劳动总需求曲线运行的,因此实际工资必然是逆周期变化的。

回过头来参阅第二章图 2.6 象限(b),我们能够发现对于给定的货币工资 $W_0$ 来说,当总需求下降、经济趋于衰退时,实际工资必然逆周期变化。AD 曲线从 $AD_0$ 向 $AD_1$ 的移动表明了总需求的下降。在象限(b)中,价格是弹性的,名义工资是刚性的,那么经济就会从 $e_0$ 向 $e_1$ 运动。当价格水平降低到 $P_1$,名义工资依然保留在 $W_0$ 的时候,在图 2.6 的象限(a)中,实际工资就上升到 $W_0/P_1$。在这一实际工资水平上,劳动供给($L_d$)超过了劳动需求($L_c$),非自愿的失业($cd$)出现了。由于货币工资的固定,下降的价格水平意味一个逆周期的实际工资。

与弗里德曼的货币主义相关的理论,以及一些早期新古典和新凯恩斯主义的模型,也具有意味着逆周期实际工资的特征(见 Fischer,1977;Phelps and Taylor,1977)。根据戈登的观点(Gordon,1993),除了 70 年代巨大的石油冲击,并不存在实际工资系统性的运动,但是,如果说有些什么的话,那么"在繁荣时期存在着一种微弱的倾向,即价格的上升高于工资的上升,这意味着逆周期的实际工资"。但是,基德兰德和普雷斯科特发现实际工资以一种"相当强的"顺周期方式运动,这个发现和生产函数的位移是一致的(Kydland and Prescott,1991)。当下的共识是实际工资呈较弱的顺周期运动,这不仅对经济周期传统的货币解释提出了质疑,而且质疑了实际经济周期理论(见 Fischer,1988;Brandolini,1995;Abraham and Haltiwanger,1995;Snowdon and Vane,1995)。假如实际工资呈弱顺周期性,那么只有当劳动供给曲线是高弹性的时候,对生产函数的冲击才可能对就业产生明显的影响[见

图 6.3 象限(b)]。但是,经验的证据并没有为明显的跨期替代提供有力的支持,对于体现了经济周期特征的就业巨大变化的实际经济周期来说,这种替代是必需的(见 Mankiw et al.,1985;Altonji,1986;Nickell,1990)。

尽管从邓洛普(Dunlop,1938)和塔希斯(Tarshis,1939)与凯恩斯(Keynes,1939a)就实际工资的周期行为发生争论以来,这一问题一直存有争议,但是,价格(和通货膨胀)通常是顺周期的假设一直被不同观点的经济学家所接受。价格顺周期的行为是凯恩斯主义、货币主义的根本特征,也是新古典模型(Lucas,1977)的货币误解形式的根本特征。曼昆认为,在缺乏显著的供给冲击,诸如像 20 世纪 70 年代石油输出国组织石油价格的上升的情况下,通货膨胀率的顺周期行为是"充分证明的事实"(Mankiw,1989)。卢卡斯(Lucas,1977,1981a)也把价格和通货膨胀的顺周期性质列为基本的典型事实。与这些观点相对,基德兰德和普雷斯科特表明:在 1954—1989 年的美国,"价格水平已经展示了清晰的**逆周期**形式"(Kydland and Prescott,1990)。这使得他们得出了以下有争议的结论:"我们注意到,在解释战后经济波动时,任何以顺周期价格为主要特征的理论都是注定要失败的。"这一结论得到了库利和奥罕尼(Cooley and Ohanian,1991)的支持,并且布莱克本和拉夫恩(Blackburn and Ravn,1992)通过对美国数据的研究也支持了这一结论。后两人将有关价格水平的顺周期行为的传统观点描述为"一种虚构"。根据他们的观点,价格是顺周期的传统假设与证据是完全矛盾的,并且他们把自己的发现解释为向经济周期的货币解释提出"严肃的挑战"。巴克库斯和基欧(Backus and Kehoe,1992)、史密斯(Smith,1992)、拉夫恩和索拉(Ravn and Sola,1995)也为实际周期观点提供了支持(关于对传统观点的辩护,见 Chadha and Prasad,1993)。

要了解逆周期价格水平证据是如何支持实际经济周期模型的,可以参见图 6.10。这里我们使用了价格水平位于纵轴上的、传统的总需求和总供给的框架。因为价格和工资是完全灵活的,因此对于价格水平来说,总供给曲线(AS)是完全无弹性的(尽管假如技术得到提高或者实际利率上升,总供给曲线会向右移动,同时导致劳动供给和就业的增加;见 Jansen et al.,1994)。经济最初是在 AD 和 $AS_0$ 的交叉处运行的。假如经济遭到负的供给冲击的打击,这一冲击将 AS 曲线从 $AS_0$ 移到 $AS_2$,那么,对于给定的货币供给来说,产出的均衡水平将从 $Y_0$ 下降 $Y_2$。假如实际扰动引发了总供给曲线沿着给定的总需求曲线移动的话,均衡点 a、b、c 表明价格水平将是逆周期的。回过头来参阅图 2.6 象限(b),显然,总需求曲线带来的波动产生了对顺周期价格水平的观察。凯恩斯主义者认为:在明显可观察到的 20

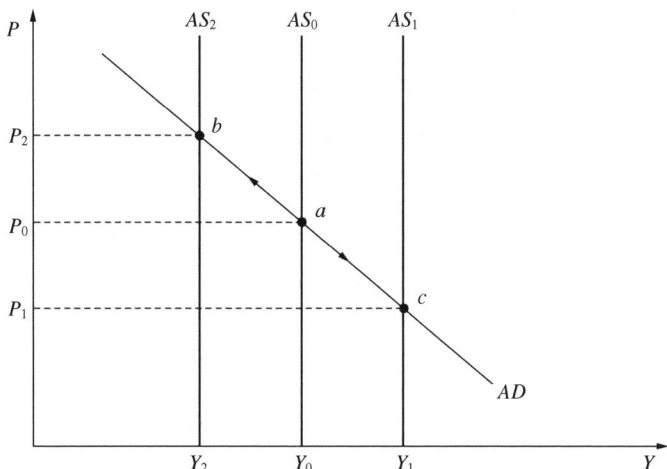

图 6.10　供给冲击和价格水平

世纪 70 年代石油冲击之后价格水平的逆周期行为没有给传统的总需求和总供给模型提出难题,并且到 1975 年,这样的效应已经融入他们模型当中去了(见 Gordon,1975;Phelps,1978;Blinder,1988b)。凯恩斯主义者所要拒绝的是这样的观点:经济周期**主要**是由供给冲击引起的。共识的观点是价格有时是顺周期的,有时是逆周期的。对于折中主义的奉行者来说,这一共识表明需求冲击和供给冲击在不同的时期都是重要的。贾德和特里汉也显示出这一争论被以下事实弄得更加复杂了:回应各种冲击的价格和产出之间的相关关系反映了复杂的动态回应,并且不难"发现一个要么与需求冲击相关的,要么与供给冲击相关的,要么是负相关关系,要么是正相关关系的合理模型"(Judd and Trehan,1995)。

## 6.15　实际经济周期理论的政策含义

在 1980 年之前,尽管宏观经济理论家之间发生了相当多的知识论战,但是对三个重要的问题是存在着共识的。首先,经济学家把总产出的波动视为对某种潜在趋势的增长率暂时的偏离。这一趋势的一个重要决定因素被认为是外生决定的、稳定的技术增长率。第二,经济周期形式中总量的不稳定性被假定是社会所不期望的,因为它们减损了社会的福利。能够也因此应该用适当的政策减少这种不稳定性。第三,当货币力量用来解释经济周期的时候,它是重要的因素。正统的凯恩斯主义者、货币主义者和新古典经济学家都接受了传统观念这三根支柱。当然,这些经济学家在应该如何减少总量不稳定性的问题上是不一致的。在连接货币到实际产出的传播机制的问题上也没有达成共识。在凯恩斯主义和货币主义的模型中,非中性是用适应性预期以及面对名义需求冲击进行的工资和价格的缓慢调整来解释的。在70年代新古典市场出清的模型中,非中性被解释为具有不完全信息的行为人的一种后果。当就如何稳定经济进行政策讨论时,货币主义者和新古典经济学家赞成固定的货币增长率规则,而凯恩斯主义的经济学家则赞成随机政策(见 Modigliani,1986;Tobin,1996)。第一波新古典理论对政策分析的主要影响是对行动主义进行了更为强烈的驳斥(见 Kydland and Prescott,1977)。政治经济周期文献也对政治家们使用稳定政策是否真的是为了削弱波动,而非最大化他们自己的利益提出了质疑(见 Nordhaus,1975 和本书第十章)。

在80年代期间,一切都发生了变化。纳尔逊和普洛瑟(Nelson and Plosser,1982)、基德兰德和普雷斯科特(Kydland and Prescott,1982)使得经济学家们开始询问这样一个问题:"是否存在经济周期?"实际经济周期理论家发现使用"经济周期"是一种不幸(Prescott,1986),因为它意味着存在着一种需要解释的现象,它独立于决定经济增长的诸因素。实际经济周期的理论家提供了增长和波动整合的研究方法,他们显示:在相对短的时期里产出和就业的巨大波动是"标准的新古典理论的预言"。确实,"假如经济没有表现产出和就业的巨大波动,那就是一个谜"(Prescott,1986)。因为不稳定是理性的经济行为人最优化地回应经济环境变化的结果,那么,我们所观测到的波动就**不**应该被视为对产出理想趋势路径的降低福利的偏离。在波动的竞争理论中,均衡是帕累托最优的(见 Long and Plosser,1983;Plosser,1989)。因此,实际经济周期理论家厌恶政府无论怎样都应该试图去削弱这些波动的思想。这样的政策几乎肯定会降低福利。正如普雷斯科特所认为的:"这一研究的政策含义是稳定的昂贵努力可能会产生相反的结果。经济波动是对技术进步率不确定性的最优回应。"(Prescott,1986)经济周期描绘出反映技术随机波动的 GDP 的路径。这完全颠覆了经济波动的传统思想。对生产函数的冲击主要来自技术的变化,假如波动是对这种冲击的帕累托最优的回应,那么,为了解释这种不稳定性,货币因素就不再是重要的了;货币政策也不可能具有任何实际的效果。货币是中性的。因为工人能够决定他们工作多少时间,因此被观察到的失业总是自愿的。确实,GNP 被观察到的波动路径仅仅是持续运动的均衡。在实际经济周期理论当中,"充分就业"这样明确的政府目标可能是没有任何意义的,因为经济已经存在了。当然,实际经济周期的观点是:假如政府通过税收政策和支出政策制造许多扭曲的话,那么它可能会造成巨大的伤害。但是,正如我们已经注意到的,在实际经济模型当中,政府采购的暂时增加会提高产出和就业,因为为了回应由较高的(实际的)总需求带来的较高利率,劳动供给会得到提高。

假如技术变化是决定增长和波动的关键因素,那么我们确实需要进一步更好地理解决定技术进步率的因素,包括制度结构和制度安排(见第十一章)。对于实际经济周期理论家来说,凯恩斯主义和货币主义经济学家对稳定问题所给予的重视是耗费巨大的错误。在一个动态的世界里,不稳定是人们期望的,也是不可避免的。

最后,查特耶指出:实际均衡经济周期理论是第二次世界大战之后成功的顺周期政策的遗产。这些政策成功地削弱了相对于过去一段时期而言的由总需求扰动产生的 GDP 的反复无常。这些政策使得技术扰动的影响作为现代经济周期的主要原因浮现出来。(Chatterjee,1999)

## 6.16 对实际经济理论的批评

在这一节中,我们将评论一些重要的对经济周期理论的批评。对于这一文献批评性的概述,读者可以参考 Summers(1986)、Hoover(1988)、Sheffrin(1989)、Mankiw(1989)、McCallum(1989)、Phelps(1990)、Eichenbaum(1991)、Stadler(1994)、Hartley et al.(1997,1998)。

对劳动供给传统的新古典分析突出了实际工资增长的两个对立效应。通过替代效应,较高的实际工资导致了劳动供给的增长,但是同时,较高的工资也具有导致工人消费更多闲暇的收入效应。在实际经济周期模型中,假如这些模型可以合理地解释由技术冲击引发的就业的巨大变化,那么,与收入效应相比较,替代效应必定是有力的。但是,正如我们已经注意到的,可以得到的微观证据与劳动供给跨期替代弹性相关,这一证据显示了对短暂的工资变化的微弱反应。假如劳动供给的工资弹性较低,那么改变劳动需求曲线的技术冲击(见图 6.3)将产生巨大的实际工资的波动,以及较小的就业波动。但是,整个经济周期中被观察到的就业变化似乎太大了,以至于不能用跨期替代来加以解释。另外,曼昆认为:实际利率在劳动供给决策中并不是重要的考虑因素(Mankiw,1989)。例如,为了进行跨期替代,行为人是如何被期待准确地预期未来利率和实际工资的?

对实际经济周期理论第二个主要的批评与这些模型对大体上难以观察的技术

冲击的依赖有关。许多经济学家怀疑为了形成经济周期现象,所要求的技术冲击是否足够大,或者足够频繁。在这些模型中,产出的巨大运动要求对技术有明显的总量扰动。缪尔鲍尔认为:实际均衡经济周期理论所意味的某种技术变动因为三个理由是"十分不合情理的"(Muellbauer,1997),即:(1)技术的传播是缓慢的;(2)传播过程的总量往往产生总量的平滑结果;(3)技术的退步所造成的衰退没有合理的微观基础。与这一问题相关,萨默斯拒绝了普雷斯科特将索洛剩余中的方差用做对技术重大冲击的证据(Summers,1986)。在索洛剩余中大的方差可以被解释为以劳动储存的形式出现的"偏离生产函数行为"的结果。实际经济周期理论家将顺周期劳动生产率解释为生产函数变化的证据,而传统的凯恩斯主义的解释将这一典型事实归因于劳动投入的半固定性。在衰退期生产率下降的原因是短期调整的成本,厂商保留了比所需工人更多的工人。在这样的情况下,在周期中稳定劳动投入将使厂商获益,这意味着在处于周期低谷时储存劳动。这解释了为何在衰退期产出的百分比下降通常超过劳动投入的百分比下降。当经济复苏时,厂商更彻底地使用了他们的劳动力,这样产出以比劳动投入更大的百分比增加。

一般来说,许多经济学家通过在衰退期突出对资本和劳动的利用不足来解释索洛剩余的顺周期运动。按照阿贝尔和伯南克的意见(Abel and Bernanke,2001),我们可以对方程6.13和方程6.14给出的生产函数进行改写,形成方程6.18。

方程6.18　　$Y = AF(\mu_K K, \mu_L L) = A(\mu_K K)^{\delta}(\mu_L L)^{1-\delta}$

在这里,$\mu_K$ 表示资本投入的利用不足,$\mu_L$ 表示劳动投入的利用不足。将方程6.18代入方程6.15中的 $Y$,我们得到了新的索洛剩余的表现形式方程6.19,这一剩余承认资本和劳动的投入可能利用不足。

方程6.19　索洛剩余 $= A(\mu_K K)^{\delta}(\mu_L L)^{1-\delta}/K^{\delta}L^{1-\delta} = A\mu_K^{\delta}\mu_L^{1-\delta}$

方程6.19表明:即使技术保持不变,索洛剩余可能也会变化。假如资本和劳动投入的利用率是顺周期的——正如经验证据所表明的——那么,我们将观察到反映出这种影响的索洛剩余(对这一问题的讨论,见 Fay and Medoff,1985;Rotemberg and Summers,1990;Bernanke and Parkinson,1991;Burnside et al.,1995;Braun and Evans,1998;Millard et al.,1997)。

第三个批评是有关衰退期是技术退步时期的思想。正如曼昆指明的:"衰退是重要的事件;它们受到了政策制定者和媒体的关注。但是没有人讨论过可用技术下降的问题。假如社会承受了某种重要而不利的技术冲击,我们应该认识到它。"(Mankiw,1989,p.85)为了回应这一批评,汉森和普雷斯科特拓宽了对技术冲击的解释,这样,"任何生产函数的变化,或者更一般地说,利润核心的生产可能性组合的变化"都可能被认为是扰动的潜在原因(Hansen and Prescott,1993)。在他们对美国 1990—1991 年衰退的分析中,他们认为法律和制度框架的变化能够改变采用某种技术的激励;例如,政府管理的限制可能成为负的技术冲击。但是,正如缪尔鲍尔所指出的那样,英国 90 年代初期的严重衰退可以轻而易举地被解释为 1988—1989 年利率"大幅度"上升、相关房地产价格的崩溃、在汇率高估下于 1990 年 10 月成为汇率机制成员的结果(Muellbauer,1997)。这些影响几乎没有在实际均衡经济周期理论中发挥重要的作用。

第四个主要批评与失业问题有关。在实际经济周期模型中,失业要么不存在,要么是自愿的。批评家们发现这一观点是不可信的,并且指向大萧条的经历,"通过指向跨期替代和生产率冲击来解释这一大规模的运动是难以置信的"(Summers,1986)。卡林和索斯凯斯认为:80 年代欧洲大部分失业是非自愿的,它体现了一个重要的典型事实,这一事实是不可能在新古典的框架内得到解释的(Carlin and Soskice,1990)。托宾也对新古典经济学家将所有失业视为自愿的方法提出了质疑(Tobin,1980b)。这些批评家指出:劳动力市场的流动模式与均衡理论是不一致的。假如我们能够将失业解释为经济行为人的自愿选择,那么,我们就不会观察到公认的空缺率和自愿辞职的顺周期运动。衰退期不是我们从中观察到自愿辞职率增加的时期! 根据布林德的观点,政策制定者或者经济学家都没能应对 80 年代高失业率提出的挑战。在一个明显针对实际经济周期理论家的评论中,布林德指出:"尽管我们玩弄着帕累托最优衰退理论——可能被称为尼禄古典经济学的业余爱好,但一点也无助于减轻失业。"(Blinder,1988b)尽管与利益相关的跨部门转移模型(Lilien,1982)将失业引入一个在其中技术冲击激发了重新在各部门分配的需要的模型当中,但是,这些批评家认为实际经济周期理论对失业的忽视是一个主要缺陷。

第五个对实际经济周期理论的批评与货币中性以及对实际结果而言货币政策的无效性有关。有点反讽意味的是:这些模型在 80 年代初期出现,当时沃克尔和撒切尔夫人开启的美国和英国反通货膨胀带来了严重的衰退。1990—1992 年,英国的经济低迷也似乎是另一次反通货膨胀的结果。为了回应这一批评,实际经济周期的理论家指出:80 年代初期所经历的衰退是以 1979 年的第二次石油大冲击为先导的。但是,大多数经济学家依然不相信货币在短期是中性的(见 Romer and Romer,1989,1994a,1994b;Blanchard,1990a;Ball,1994;本书第七章)。

第六个批评与纳尔逊和普洛瑟的重要发现有关。他们发现,很难拒绝这样的观点:实际GNP和带有漂移的随机行走一样持久。这一发现似乎支持了这样一种思想:波动是由供给方冲击引发的。纳尔逊和普洛瑟的研究表明,总产出似乎没有回归趋势(Nelson and Plosser,1982)。假如波动有回归趋势,那么产出对它自然率的暂时偏离就不会改变预测者对十年以内产出的估计值。坎贝尔和曼昆(Campbell and Menkiw,1987,1989)、斯托克和沃森(Stock and Watson,1988)、德劳夫(Durlauf,1989)已经证实了纳尔逊和普洛瑟的发现,结果是,冲击的持久性现在被认为是"典型事实"(见 Durlauf,1989,p.71)。但是,坎贝尔、曼昆和德劳夫都没有认为,GNP序列中近似单位根的发现是实际冲击的明确证据,或者建立在需求扰动基础上的对波动的解释应该被舍弃。假如技术创新受到经济周期的影响,或者假如滞后效应是重要的,总需求可能具有持久的效应(见第七章)。德劳夫显示了在协调失灵出现的时候,实际活动的坚实持久性是如何来自总需求冲击的。这意味着需求方的政策可能对产出具有持续的效应。斯塔德勒也显示了内生技术变化的引入将如何从根本上改变经济周期的实际理论和货币理论的特性(Stadler,1990)。实际均衡经济周期理论没有提供任何富有深度的微观基础来解释技术变化和创新活动。但是,技术进步对诸如需求条件、研究和发展支出、"边干边学"效应等经济因素的似乎合理的依赖(Arrow,1962),意味着经济供给方的变化并非独立于需求方的变化。因此,未预期的名义总需求的变化可能导致了供给方的技术变化,这些变化持久地增加了产出。在这样的模型中,自然失业率将依赖于总需求和供给方的历史。在经济周期纯粹的货币模型中,技术是内生的。这一模型也能够解释纳尔逊和普洛瑟的发现,即产出似乎是随机行走的。

第七个批评与实际经济周期理论中代表性行为人结构的普遍使用有关。实际经济周期理论家通过利用代表性行为人——这个行为人的选择与数百万不同的个人的总体选择是巧合的——回避了内在于宏观经济分析中的总体问题。因此,这样的模型避免了与不对称信息、交换和协调相关的问题。对于许多经济学家来说,宏观经济理论中最重要的问题是与协调和异质性相关的。假如协调问题和交易失灵的可能性处于经济波动的核心,那么,通过假定经济中只有一个鲁滨逊·克鲁索来回避问题,对于许多经济学家来说是不可接受的研究策略(见 Summers,1986;Kirman,1992,1998a;Akerlof,2002;Snowdon,2004a)。

最后一个重要的批评与缺乏有力的经验检验有关(见 Fair,1992;Laidler,1992a;Hartley et al.,1998)。就典型事实而言,新凯恩斯主义理论和经济周期理论都能够解释广义时间序列的共变（见 Greenwald and Stiglitz,1988）。在对实际经济周期理论经验可信性的评价中,艾肯鲍姆发现这一理论的拥护者所提出的证据"脆弱得难以置信"(Eichenbaum,1991)。

## 6.17 大萧条：实际经济周期的观点

正如上文所述,实际均衡经济周期理论被批评缺乏解释大萧条的可信性。但是,在最近几年之间,经济学家开始用新的古典增长理论来研究经济萧条。

科尔和奥罕尼是最早从这一角度研究大萧条的经济学家,他们不仅试图解释1929—1933 年 GDP 的下降趋势,而且试图解释 1934—1939 年产出的复苏(Cole and Ohanian,1999)。在他们的分析中,他们并不否认实际的和货币的总需求冲击在引起大萧条过程中的作用。但是,鉴于放弃金本位约束、消除银行失灵和通货紧缩、总要素生产率的明显上升之后所采纳的扩张性的货币政策,传统的模型预见到了 1933 年之后的快速复苏。鉴于这些变化,产出到 1936 年应该恢复到趋势水平,但是,美国的产出在整个 30 年代依然保持在低于趋势 30％的水平上。科尔和奥罕尼认为：微弱的复苏进程主要归因于新政政策——特别是与 1933 年《全国工业复兴法》相关的政策——的不利后果。《全国工业复兴法》在美国经济的 500 多个部门中止了《反托拉斯法》,鼓励卡特尔化,并减少价格竞争。厂商也被鼓励对现职的工人支付更多的工资。科尔和奥罕尼声称：就是《全国工业复兴法》的影响使得复苏期间的就业和产出下降,因此延长了大萧条的时间。普雷斯科特对美国经济提出了一个相似的观点,他认为大萧条"在很大程度上是经济制度变化的结果,这些制度使人均正常稳定的市场交易时间减少了 16 个小时"(Prescott,1999)。因此,对于普雷斯科特来说,凯恩斯主义对萧条的解释是本末倒置的。投资的崩溃没有引发就业的下降。确切地说,是工业政策和劳动力市场政策变化导致了就业的下降(参见 Chari et al.,2002)。是流动性偏好的冲击而不是技术的冲击在美国大萧条的紧缩阶段发挥了重要的作用(如果支持弗里德曼和施瓦茨的观点：美联储更为随和的货币政策可以在更大程度上减轻大萧条的严重性)。尽管克里斯提亚诺等人持有这样的观点,但是他们也同意科尔和奥罕尼的观点：30 年代美国就业的复苏受到罗斯福新政政策的不利影响(Christiano et al.,2004)。

在接下来的一篇论文中,科尔和奥罕尼集中论述了美国和英国的大萧条为何持续如此长的时间,并且在这两个国家的经济中产出和消费在十年当中低于趋势大约25%。两个国家中的这种持续时间不可能"合理地用通货紧缩或者其他金融冲击"来加以解释。相反,科尔和奥罕尼重点分析了美国《全国工业复兴法》(1933)和《国家劳资关系法》(1935)的负面效应,两者都通过增加垄断权力来扭曲市场的有效运作。在英国的案例中,本杰明和科辛的早期研究(Benjamin and Kochin, 1979)引出了科尔和奥罕尼的分析。这一研究表明,失业救济金的大量增加延长了大萧条的时间。

解释萧条的新方法并不能使大多数经济学家信服,他们继续强调总需求冲击的重要性,以及在解释大萧条时货币和金融因素的重要性(见第二章)。但是,普雷斯科特的埃利讲座主要以供给方因素来解释美国、英国和德国在两次大战期间所经历的"繁荣和衰退",以及最近法国的萧条和战后日本的记录(Prescott, 2002)。在每一个案例中,引发产出低于趋势的最为重要的因素最初是供给方因素,而不是需求方因素(参见 Kehoe and Prescott, 2002)。维持繁荣的关键因素是集中于提高总体要素生产率的政策。鉴于这样的观点,普雷斯科特建议的供给方政策是:

1. 鼓励建立有效的金融部门以分配稀缺的投资基金;
2. 加强国内和国际的竞争;
3. 促进国际融合,包括建立诸如欧盟的贸易俱乐部。

## 6.18 评价

在詹姆斯·托宾1978年的伊约·约翰松讲座中,他表明:"不存在新的或者老的经济周期理论,它们涉及这样一个假设,即经济活动的波动只反映决定性技术和偏好的波动。"(Tobin, 1980a, p. 37)20 世纪 80 年代,事态发生了戏剧性的变化。那时,紧随着对货币误解形式的均衡理论的广泛拒绝,实际经济周期理论模型扩散开来。由纳尔逊和普洛瑟发起的研究为以下观点提供了重要支持:对总产出的冲击往往具有长期的效应。产出似乎没有回归到确定的趋势上。由于这一发现认为大多数我们所目击的对总产出的扰动是由供给方影响引发的,因此,它对经济周期研究具有深远的影响。通过证明均衡模型不是与总量不稳定不一致的,实际经济周期理论家向传统观点提出了挑战,并且迫使经济学家全面地认识到我们有关经济周期现象的知识是多么贫乏。因此,实际经济周期的方法在提出与经济波动的意义、重要性、性质相关的深远问题上发挥着有效的功能。在这一章中,我们发现了实际均衡经济周期理论是如何成为一个研究计划的延续的。在现代,这一计划由卢卡斯发起,目的在于探索宏观经济一般均衡的跨期特性(Wickens,1995)。这样,实际均衡经济周期理论整合了增长和波动理论,并且不可逆转地改变了经济周期研究的方向。人们得到了新的洞识,以及创新的模型技巧。

30 多年前,哈里·约翰逊在他对美国经济协会的演讲中,试图为凯恩斯革命的快速传播提供理由,以便更好地理解货币主义反革命(Johnson,1971)。60 年代和 70 年代,面对加速的通货膨胀,正统凯恩斯主义的观念退却了,而货币主义革命填补了退却所造成的真空。在约翰逊具有高度观察力的文章中,注意力集中在凯恩斯主义革命和货币主义革命共同的特性上。这些特性在解释这些理论的成就上似乎是重要的。根据约翰逊的观点,有两类因素能够解释新思想被经济学家迅速接受和它的传播。第一个因素与"产生新理论的客观社会环境"有关。第二个重要因素包含"新理论内在的科学性质"。我们认为这些因素有助于理解新古典思想——货币均衡经济周期理论和实际均衡经济周期理论——的快速传播(见Snowdon and Vane,1996)。

业已确定的正统观念——如趋势回归——与"最为显著的事实"有着明显的矛盾。尽管这一观念"对于新的革命性理论的快速传播来说是最为有益的条件",但是,约翰逊还确认了五个内在的对年轻一代经济学家有吸引力的科学特性。归纳来说,约翰逊确认的五个特性是:

1. "在理论说服的基础上,对时代正统观念的核心观点发动核心攻击";

2. "形成明显新颖的理论,不过这一理论吸收了在现存理论中有效的一切东西";

3. 新理论具有"适度的理解难度",它对"年轻一代的业内人士和学生的知识兴趣提出了挑战";

4. 比盛行的方法论"更为新颖和有魅力";

5. 推进了新的、重要的、适合于计量经济学家确定性评估的经验联系。

这五个内在的科学特性在什么程度上,在解释新古典经济学,尤其是实际均衡经济周期理论的成就中发挥了重要作用?

第一个特性(也就是对业已形成的正统观念的核心观点发起攻击)在实际经济周期理论中可以直接看到。在 1980 年前,业已形成的共识认为,经济周期是不受社会欢迎的。实际经济周期理论则迥然不同,其主要政策含义是:因为总产出波动的存在并不意味着市场出清的失灵,因此政府应该避免减少此类波动的尝试,这不仅因为这类政策不可能奏效,而且因为减少不稳定就会降低福利。

约翰逊的第二个内在特性(也就是新理论吸收尽可能多的现存正统理论的有效成分)也可能适用于实际均衡经济周期理论。为了对总波动进行定量分析,这一理论首先使用了正统的新古典增长模型作为框架,并且采纳了 70 年代卢卡斯所提倡的大部分方法论。

约翰逊的第三个特性(也就是在知识上具有挑战性的新理论对年轻一代经济学家具有吸引力)也适用于实际均衡经济周期理论。毫无疑问,新古典革命将宏观经济理论推入到新的、更为抽象的方向,它涉及引进并非建立在“老一辈经济学家工具袋”基础上的技巧(Blinder,1988b)。由于受过更好的数学训练,年轻一代能够吸收这一新的、使他们能超过老一代经济学家的“巨大而具有竞争优势”的技巧(如校准方法)。

现在转向第四个特性(也就是新的方法论),实际经济周期理论全神贯注地信奉一种有关正式的一般均衡研究的方法论框架。为了给一般均衡的宏观经济模型建立完善的微观基础,对“卢卡斯批评”的回应促进了对回归首要原则的强调。由于实际经济周期的方法论大体上具有意识形态上的中立性,因此它有能力构造差异显著的模型。

第五个特性(涉及评估的“新的、重要的经验联系”)很难适用于实际经验周期理论。实际经验周期理论家没有试图提供能够进行传统经济计量学测试的模型,而是发展了“校准方法”。他们根据关键宏观经济变量,将特殊模型的模拟结果与经济的实际行为进行了比较。不幸的是,校准没有提供让人们在实际经济周期模型的运作和其他经济周期模型(例如凯恩斯模型)之间作出判断的模型。

从以上讨论中我们发现,很明显:尽管约翰逊提出了五个主要的有助于解释凯恩斯革命成功和货币主义革命成功的“内在”特性,但是,前四个相似的特性也有助于理解为何实际经济周期理论从 80 年代起对宏观经济的发展产生了如此重大的影响。在评价实际经济周期理论是否构成了宏观经济学的一个“时尚”或者一次“革命”时,柯施乐和瑞从他们对科学研究传播的统计学分析中得出这样的结论:在实际经济周期理论领域中的出版物数据和研究者都展示了“微型革命”的特性(Kirschner and Rhee,1996)。

早期实际经济周期理论的一个明显特征是:作为经济周期主要原因的货币影响不再得到重视。相反,技术的随机冲击在制造扰动上发挥着重要的作用,并且经济行为人对消费平滑的需要以及建立约束的时间都会充当主要的持久的传播机制。尽管早期的实际经济周期理论模型兴趣的中心过于狭隘，但是，后来的研究也开始在这一模型中添加货币和金融的变量，并且扩展了这一研究思路，使其包括政府的影响和开放经济的影响（见 Mendoza，1991；Backus et al.，1992；Hess and Shin，1997）。将市场的不完善引入实际经济周期理论的做法，将为新古典经济周期方法和凯恩斯主义经济周期方法提供一座桥梁（Wickens，1995）。我们也该注意到，实际经济周期方法促进了那些坚持宏观模型需要建立在更为坚实的微观基础之上的经济学家的事业。接下来，这又加强了提高我们对供给方理解的总体运动。假如有人在过去质疑这一点，那么，现在没有人再怀疑宏观经济学是有关需求和供给以及它们之间相互作用的学科了。正如布林德所指出的那样："对于凯恩斯主义经济学家和新古典经济学家来说，20 世纪 70 年代和 80 年代的事件表明，马歇尔著名的剪刀在巨大的经济规模中也会出现。"（Blinder，1987b）

尽管批评者承认实际经济研究计划的成就，但是，他们依然相信这一方法具有严重的缺陷。大多数经济学家相信：因为实际经济具有名义价格和工资刚性的特点，来自货币政策的短期总需求扰动具有明显的实际效应（见第七章）。这一批评的重要思路对市场是持续出清的新古典假设提出了挑战。假如市场不能很快地出清，并且世界是以总需求扰动和总供给的扰动为特征，那么，我们所观察到的实际波动将是由随机的趋势构成，作为需求冲击的结果，产出围绕着这一趋势发生偏离。布兰查德和奎阿最近很好地表述了这一观点，在他们的论文里，他们"将 GDP 和失业的波动归因为两种类型的扰动：一种是对产出有持续效应的扰动，一种则没有。我们将第一种解释为供给扰动，第二种解释为需求扰动"（Blanchard and Quah，1989）。在这一情况下稳定政策的作用显然是极为复杂的，即使我们承认需求扰动是重要的。例如，政府如何能够对需求冲击和供给冲击作出必要的区别，尤其是当这样的冲击不是独立的，而是相互依赖的时候（见 Friedman，1992）？

G. M. 卡波拉尔进一步支持以开放的心态看待这一总量不稳定的原因。在对英国、法国、芬兰、意大利、瑞典、西德的经济周期的研究中，卡波拉尔发现不论需求冲击还是供给冲击都不能单一地解释经济波动（Caporale，1993）。近来由特敏作出的经验研究也发现，美国的经济周期是由许多因素引起的（Temin，1998）。特敏认为在过去的 20 年里，美国经济周期的原因可以划分为四类，即：国内实际原因、国内货币原因、国外实际原因和国外货币原因。根据特敏的数据，国内的原因似乎远远超过国外的冲击（16.5：7.5），实际扰动支配着货币的扰动（13.5：10.5）。实际国内冲击是不同的，并且包括所有形式的实际需求扰动。特敏的结论是："所有四种类型的冲击是美国经济周期的原因。"其研究的主导结论是"不稳定的原因并不同质"。在对20世纪大衰退的研究中,讨论了三个发现:第一,大衰退主要归因于总需求冲击。第二,这些需求冲击是可以识别的,例如1979—1982年英国的衰退主要由出口下降引起。回应玛格丽特·撒切尔首相新的货币和金融体制的汇率升值导致了这一下降。第三,鉴于经济学家现有的知识状态,衰退是不可预测的(Dow,1998)。

在分析经济周期的原因时,来自以上讨论的折中结论似乎显示出折中方法的优势。没有证据表明经济周期不再存在,或者政府没有能力和知识抵消各种各样的冲击。尽管政府不可能消除所有的经济周期,但它们应该具有知识和能力扭转大萧条或者大通货膨胀。

在近来有关实际经济周期理论对20世纪宏观经济贡献的评价中,阿克塞尔·莱琼霍夫德评论道:

> 我认为,在分析方法的范围内,爱德华·普雷斯科特研究的遗产适于有着技术头脑的经济学家,尽管这些技巧并非一直适用,你不可能一直使用它们。特别是,你不可能越过历史的大灾难和对启蒙的期待,有意义地控制这些动态随机的一般均衡模型。(见 Snowdon,2004a)

即使考虑到这些重要的缺陷,实际经济周期理论研究计划依然是"极有影响力的",并且近来在这一领域有影响的研究与最初代表性行为人竞争性(且独一无二)的均衡模型有着很大的不同。这一模型是由基德兰德和普雷斯科特在80年代提出的(Williamson,1996)。但是,在注意到新的、富有争议的思想经常富有成效甚至错误的时候,哈特利等人得出这样的结论:"实际经济周期模型是波普尔式模型中的大胆假设,在多数证据中,它们是被驳斥的。"(Hartley et al.,1998)但是,对于那些拒绝实际经济周期观点——稳定政策不发挥什么作用——的经济学家来说,依然存在着理论上的困难,即以统一的方式去解释市场为何不能出清。

从70年代晚期开始,许多经济学家接受了这一挑战,试图去解释为何在许多市场中,价格和工资的调整是缓慢的。这一努力依然在持续。"刚性合理性"的主题是新凯恩斯主义经济学家研究的主要特性,在下面一章我们就将讨论这一研究。

# 爱德华·普雷斯科特

爱德华·普雷斯科特1940年生于纽约州的格伦斯福尔斯,1962年在斯沃斯摩 344尔学院获得数学学士学位,1963年在卡斯技术学院获得运筹学硕士学位,1967年在卡内基-梅隆大学获得博士学位。1966—1971年,任宾夕法尼亚大学经济学助理教授,1971—1972年任卡内基-梅隆大学经济学助理教授,1972—1975年任卡内基-梅隆大学经济学副教授,1975—1980年任卡内基-梅隆大学经济学教授,1980—2003年任明尼苏达大学评议教授。他从2003年起任亚利桑那州立大学经济学教授。

普雷斯科特教授对各种背景下的理性预期的意义进行了富有影响的研究,近来又发展了随机动态的一般均衡理论,并以这些研究而著称。作为经济波动的实际经济周期方法的领军倡导者,他得到了广泛的认可。2004年,因为"对动态宏观经济学——经济政策的时间一致性和经济周期背后的驱动力——的贡献",他和芬恩·基德兰德共同获得了诺贝尔经济学奖。他最著名的著作有:与南希·斯托基、小罗伯特·卢卡斯合著的《经济动态的递推方法》(*Recursive Methods in Economic Dynamics*,Harvard University Press,1989);与斯蒂芬·帕伦特合著的《富裕的障碍》(*Barriers to Riches*,MIT Press,2000)。他最著名的论文包括:与小罗伯特·卢卡斯合著的《不确定条件下的投资》("Investment Under Uncertainty",*Econometrica*,1971);与芬恩·基德兰德合著的《规则而非随机:最优计划的非一 345致性》("Rules Rather Than Discretion:The Inconsistency of Optimal Plans",*Journel of Political Economy*,1997);与芬恩·基德兰德合著的《构建和总量波动的时机》("Time to Build and Aggregate Fluctuations",*Econometrica*,1982);《经济周期测定之前的理论》("Theory Ahead of Business Cycle Measurement",*Federal Reserve Bank of Minneapolis Quarterly Review*,1986);与芬恩·基德兰德合著的《经济周期:实际事实和货币神话》("Business Cycle:Real Facts and a Monetary Myth",*Federal Reserve Bank of Minneapolis Quarterly Review*,1990);与芬恩·

基德兰德合著的《计算实验：一种经济计量学工具》（"The Computational Experiment: A Econometric Tool", *Journal of Economic Perspectives*, 1996）；《繁荣与萧条》（"Prosperity and Depression", *American Economic Review*, 2002）。1998年1月3日，我们在芝加哥一家旅馆的房间里采访了普雷斯科特教授，他当时正参加美国经济协会年会。

## 背景信息

▲ 你最早于何时何地学习经济学？

我是在1963年作为卡内基-梅隆大学——当时是卡内基技术学院——学习经济学研究生课程的。作为一位大学本科的在读生，我最初将物理学作为主修课——那时是人造地球卫星的时代，物理学是富有魅力的领域。我有两门不喜欢的枯燥的试验课程，因此我转向数学。

▲ 经济学的什么东西吸引了你？

从物理学转向数学之后，我首先考虑学习应用数学。我在运筹学上获得过学位。然后，我转到跨学科的计划当中。我似乎感到，最敏锐的、最有趣的人在从事经济学研究。当我来到卡内基-梅隆大学的时候，鲍勃·卢卡斯（即罗伯特·卢卡斯）刚刚成为助理教授。我的导师是迈克·洛厄尔，一个非常好的人。

▲ 除了鲍勃·卢卡斯、迈克·洛厄尔，是否还有具有特殊影响或者能够启发灵感的其他教师？

是的。莫瑞·德·戈鲁特（Morie De Groot），他是一位伟大的贝氏统计学家。

▲ 对于你自己的研究来说，哪些经济学家具有最重要的影响？

我一直认为是鲍勃·卢卡斯。还有芬恩·基德兰德，他是我的学生。也许我最重要两篇的论文就是和芬恩合写的（Kydland and Prescott, 1977, 1982）。

346

▲ 20多年来，你与芬恩·基德兰德一直保持着非常富有成效的联系。你是什么时候遇见他的？

离开卡内基-梅隆大学之后，我在宾夕法尼亚大学获得了第一个职位。当我回到卡内基-梅隆大学时，芬恩是那里的一位优秀研究生，准备从事研究工作。我们有一个大约有八位教师和七位学生参与的非常小的经济学计划。这是一个非常好的计划，学生和教师十分密切地从事研究工作。鲍勃·卢卡斯和我都有一些学生。不像鲍勃，我并不恐吓学生。

现代宏观经济学：起源、发展和现状

## 宏观经济学的发展

▲ 你提到过,鲍勃·卢卡斯对你的思想产生了巨大的影响。你认为凯恩斯以后还有哪些经济学家是最有影响的宏观经济学家?

假如你把增长理论定义为宏观经济学的一部分,那么鲍勃·索洛肯定是的。彼得·戴蒙德、汤姆·萨金特和尼尔·华莱士也是非常有影响的。

▲ 米尔顿·弗里德曼如何?

我知道,鲍勃·卢卡斯认为,弗里德曼对货币领域的研究计划产生了惊人的影响。弗里德曼的研究确实对那些对事物的货币方面感兴趣的人产生了影响——例如,尼尔·华莱士就是弗里德曼的学生。但是,我更喜欢尼尔·华莱士的计划,它为货币奠定了理论基础。弗里德曼和安娜·施瓦茨在货币领域里的研究很大程度上是经验性的(Friedman and Schwartz, 1963)。当弗里德曼谈论自然失业率的时候——在那里计算单位是无关紧要的——他的理论是严肃的。但是弗里德曼从来没有接受动态均衡的范例,或者将经济理论延伸到动态随机的环境中。

▲ 在凯恩斯主义"似乎是宏观经济学领域中唯一的理论"(Barro, 1989a)时,你还是一名研究生。你是否相信过凯恩斯主义的模型? 那时你是凯恩斯主义者吗?

在我的学位论文中,我使用了凯恩斯的经济周期波动模型。鉴于参数是未知的,因此,我认为你可能会使用最优统计决策理论去更好地稳定经济。后来,我到了宾夕法尼亚大学。拉里·克莱因(Larry Klein)当时在那里。他是一位优秀的学者。他为我这个助理教授提供了支持。我还与沃顿经济预测小组有联系。但是,在与小罗伯特·卢卡斯一道写完《不确定条件下的投资》,并且阅读了卢卡斯的《预期和货币中性》("Expectation and Neutrality of Money", *Journal of Economic Theory*, 1972)之后,我就决定我不再是一名凯恩斯主义者了。实际上我在后来的十年里没有教过宏观经济学,直到1982年春天搬到明尼苏达之后,我认为自己很好地理解了这一学科,可以重操旧业了。

## 经济周期

▲ 经济周期的研究自身也经历了一系列周期。经济周期的研究兴盛于20世纪20—40年代,在50—60年代萎缩,70年代经历了对此兴趣的复苏。再次导致

70 年代对经济周期研究的兴趣的主要因素是什么？

有两个因素再次导致了对经济周期的兴趣。第一，卢卡斯很好地详细说明了这一问题：市场经济为何经历了产出和就业围绕趋势的反复波动？第二，人们将经济理论延伸到对动态随机的经济环境的研究中。人们需要这些工具引导出经济周期波动理论的含义。实际上，对经济周期的兴趣一直是存在的，但是经济学家在没有必要工具的情况下，可能什么也做不了。我认为这使得我站在相信经济学是受工具驱动的科学的阵营。假如缺乏所需的工具，我们就会受阻。

▲ 在 20 世纪 80 年代初期你和基德兰德的研究之后，一直存在着对什么是经济周期典型事实的重新检验。你认为什么是好的理论必须解释的经济周期的典型事实？

经济周期性波动正是动态经济理论所预见的东西。在 70 年代，每个人都认为刺激或者冲击必定是货币的，并且一直在寻找传播机制。在我和芬恩 1982 年的论文《构建和总量波动的时机》中，为了得到传播，我们在自己的模型经济中装填了许多原料。我们发现经济理论的预测是：技术冲击将引起可观察到的自然状态的经济周期的波动。大量的波动和对趋势的持续背离是和观察一致的。投资的不稳定三倍于产出，消费的不稳定是产出的一半，这些事实也和观察是一致的，产出的大多数经济周期的变化可以解释为劳动投入的变化，也是和观察一致的。这是显著的成果。所采用的理论——也就是新古典增长理论——没有在解释经济周期方面取得进展，而是被用于解释增长问题。

348　　▲ 你能够建立一个模型经济，这一经济产生了与美国实际经历十分相似的波动，你是否对此感到惊讶？

是的。当时我们依然在寻找与数据吻合的模型，而不是用理论去解释事实。我们确实没有约束技术冲击的规模，并且发现劳动力供给的跨期弹性必须较高。在不同的背景下，我和我的另一个学生拉耶·梅拉撰写了一篇论文（Mehra and Prescott，1985），试图运用基本理论去解释股票和权益平均回报的差异。我们认为现存的理论会提前发挥作用——金融界的人们告诉我们它会这样的。实际上我们发现现存的理论只能解释巨大差异的极小部分。

▲ 有人批评道：缺乏可以得到的支持性证据来证明强烈的跨期劳动替代的效应。你对这样的批评是如何作出反应的？

加里·汉森（Hansen，1985）和理查德·罗杰森（Rogerson，1988）对劳动不可分割性所作出的关键的理论发展对这一问题具有核心意义。他们使用的边际值是从事工作的人员数量,而不是从事工作的人所用的时间量。这导致了代表性家庭十分乐意跨期替代,即使个人不乐意。采用宏观数据的劳动经济学家发现:对于全职工人来说,用于工作的小时数和小时工资之间的关联是微弱的。在这些观察的基础上,他们得出这样的结论:劳动供给弹性很小。这些早期的研究忽视了两个重要的现实特征。首先,劳动供给的大多数变化存在于计件劳动中,而不存在于一星期的工作时间中;其次,工资是随着资历增长的。这意味着个人工资的一部分是这一有价值的经历。当人们思考这一现实特征的时候,对劳动供给的评估较高。支持高度跨期劳动供给弹性的证据已经非常充分了。宏观和微观的劳动经济学已经合为一体了。

▲ 许多著名的经济学家——如米尔顿·弗里德曼(见 Snowdon and Vane,1997b)、格里高利·曼昆(Mankiw,1989)和劳伦斯·萨默斯(Summers,1986)批评了作为对总波动的解释的实际经济周期模型。你认为在批评实际经济周期模型的文献中,批评家提出的最严肃的批评是什么?

我认为你没有在批评模型——也许是理论。一个范例是索洛的模型在公共财政领域得到大量的运用——它的一些预见得到了证实,因此我们现在更加相信其结构,相信公共财政人士所谈论的不同税收政策的结果。鲍勃·卢卡斯说技术冲击似乎特别巨大,并且这是最让他烦恼的特征(Lucas,1987)。当你审视总要素生产率在五年期间有多大的变化,并且假定变化是独立的时候,一季度一次的变化必然是巨大的。美国和印度的总要素生产率之间的差异至少是 400%。假定在两年中冲击使生产率的百分比高于或者低于平均生产率,那么这种状况远远高于这一假定。这足以引起衰退或繁荣。其他因素也是有影响力的——税率对于劳动供给是至关重要的,并且也不会排除偏好冲击。我不能预见社会的态度会是什么,我认为任何人都不能——例如预见女性劳动力的参与率是否会增长。

▲ 1986 年你在《明尼阿波利斯联邦储备银行季评》上发表论文《经济周期测定之前的理论》。你得出这样的结论:注意力应该集中在"决定平均技术进步率的因素"上。按照你的观点,决定平均技术进步率的主要因素是什么?

总要素生产率的决定因素是经济学的问题。假如我们知道为何美国的总要素生产率是印度的 4 倍,那么我确信印度会立刻会采取适宜的行动,并且变得和美国一样富裕。当然,整个世界整体的上升必须和保罗·罗默所谈论的东西相关——收益的提高和可以利用的知识储备的增加。但是,对于总要素生产率来说,还有更多的东西,尤其是当你审视各个国家的相对水平或者不同经历时。例如,菲律宾和韩国在 1960 年是十分相似的,但是在今天就十分不同了。

▲ 制度有多重要?

非常重要。法律制度就很重要,而且至关重要,特别是商业法规和产权制度,社会为某些专门的要素供给者团体提供保护——它们保护现状。例如,在印度,为何你发现受过高等教育的银行工作人员用手工的方法将数字登入分类账上?在过去的几年,我一直在解释许多这类问题,但是,似乎更多的是问题而不是答案。

▲ 在论及技术变化的问题时,你是不是熊彼特理论的热心支持者?

是老熊彼特,而不是新的。新熊彼特认为我们需要垄断——贫穷国家需要的是更多的竞争,而不是更多的垄断。

▲ 在你 1991 年与芬恩·基德兰德合写的经济理论论文中,你认为战后超过三分之二的美国波动可能归因于技术冲击。许多作者对这一经济模型进行了一些修正,例如周和库利(Cho and Cooley,1995)。对于这样的修正来说,技术冲击对总波动的影响有多么强烈?

对数字的挑战来自两个方面。首先,劳动供给的跨期弹性评估的规模;其次是我们对技术冲击的评估是否和实际的一样大?你可能具有其他许多因素,它们无需是垂直的——可能朝着相反的方向运动,相互抵消;或者朝着同样的方向运动,相互扩大。冲击是否又如此之大?马蒂·艾肯鲍姆试图将数字降下来,提出了总要素生产率冲击的标准离差为 0.005。我的数字为 0.007(Marty Eichenbaum,1991)。我向马蒂指出,伊恩·弗莱明的秘密特工 005 已经死了,007 还活着。

▲ 你是如何看待以下的最新发展的,即将名义刚性、不完全信用市场和其他凯恩斯主义的特征引入实际经济周期模型?

我喜欢使一个理论定量的方法。引入垄断性竞争和黏性价格是试图为货币方提出一个好的机制。我认为这一机制不会像人们希望的那样有结果,但是,它是一件值得探究的好事。

▲ 在 20 世纪 70 年代,卢卡斯、萨金特、华莱士和其他人逐步形成的新古典货币意外模型是非常有影响的。你最早是什么时候开始不相信这一特殊方法的?

在我和芬恩 1982 年的论文中,我们是十分小心的——我们所说的是在战后时期,假如唯一的冲击是技术冲击,那么经济就应该具有 70% 的不稳定性。当你回顾弗里德曼和施瓦茨的数据(Friedman and Schwartz,1963),尤其是从 19 世纪 90 年代到 20 世纪初期的数据时,就会发现,当时存在着金融危机和相关的巨大衰退。只是在近来我才不再对货币解释产生幻觉。主要原因之一是许多聪明的人都在寻找好的货币传播机制,但是他们没能成功地提出一种好的机制——执意放弃货币意外是困难的。

▲ 你现在如何看待你和芬恩·基德兰德在 1977 年的《政治经济学杂志》上发表的论文?在这篇论文中,货币意外——假如它们是能够实现的——具有实际的效应。

芬恩和我想要集中说明在更为实际的环境中,最优计划的非一致性。运用这一简单事例的压力来自一位编辑——鉴于论文后来受到的关注,我想他的要求是正确的。

▲ 在 20 世纪 70 年代逐步形成的货币意外模型和 80 年代逐步形成的实际经济周期之间,你认为有什么本质的关联?

是方法论——卢卡斯是一个方法论和解释问题的大师。我认为在芬恩和我探究我们 1982 年的论文时,我们并没有认识到它会是一篇重要的论文。依据事后的分析,我们发现它是一篇重要的论文——我们无疑从写作这篇论文知道了许多东西,并且它也影响了鲍勃·卢卡斯思考方法论的问题。这篇论文令经济学专业试图使宏观经济学变得更加定量化——也就是说事态如何重要。在此有许多的因素——我们从它们当中的大多数中进行抽象,否则世界就太复杂了——我们要知道哪些因素是不重要的,哪些是重要的。

▲ 让我们转向经济周期的典型事实,是否有证据表明,价格水平和通货膨胀是顺周期的或者是逆周期的?

芬恩和我发现美国的价格从第二次世界大战开始是逆周期的,但是,在两次世界大战期间是顺周期的(Kydland and Prescott,1990)。那么,假如你转到通货膨胀的问题上,你会得到价格水平的导数,并且事态会变得更加复杂。由于缺乏相当一致而规则的形式,我有点怀疑货币事实的重要性——但是进一步的研究可能会改变我的观点。

▲ 你最近对货币供给行为和经济周期之间的关系持什么观点?

可以谈论预感吗?我的猜测是货币政策和金融政策确实是紧密相关的——政府总是具有预算约束的。从理论上说,至少你可以拥有一个具有预算约束的财政管理机构和一个独立的货币管理机构。事实上,一些国家的中央银行具有高度独立性。我对一些简单的封闭经济模型做过试验,这些模型不幸很快就变得十分复杂。在这些模型中,有一部分是政府的政策产生了实际的结果——政府的"乘数"非常不同于那些标准的实际经济周期模型中的乘数。货币政策和金融政策不是独立的——货币政策和有关债务管理的财政政策之间、货币供给和政府支出之间存在着复杂的相互关系。因此我认为：存在着很好的研究模型，当我们得到更好的工具时，我们就会学会更多的东西。

▲ 凯恩斯主义的主要特征之一是给予失业问题高度的优先性。均衡经济周期理论似乎将失业问题作为第二位的问题。你是如何思考失业的？

当我思考失业时，失业不是一个困难的问题，因为你能够外出，并且对它加以测定——你发现人们工作多长时间，多少人在工作。失业的问题是失业不失为一个得到很好定义的概念。当我审视像法国和西班牙这样的欧洲国家的经济经历时，我发现失业和这些国家建立的制度安排有关。失业，特别是在年轻人当中的失业，是一个社会问题。拉尔斯·扬奎斯特和萨金特正在对这一问题进行一项非常有趣的研究（Ljungqvist and Sargent, 1998），并且它是我需要更多的研究的事情。

▲ 鉴于你的工作给增长和波动理论提供了一个综合的方法，当我们提及总经济波动时，也许我们应该放弃"经济周期"这个术语？

在很大程度上，经济周期是归因于人们工作时间变化的波动。是否有好的术语？我认为我将把它留给你来决定。我赞成你的问题所指，但是，我现在并不认为有更好的术语。

## 方法论

▲ 你以一位实际经济周期的领军人物而著称。你是否对此标签感到满意？

我往往更认为实际经济周期理论是一种方法论——动态的、应用的一般均衡模型是向前的一大步。人们现在所做的应用分析比过去习惯做的好得多。因此，就我与它的关联、就我对它的启动所提供的帮助而言，我喜欢这一标签。

▲ 你是否认为你的工作导致了宏观经济学的革命？

不。我只是追随着学科的逻辑。不存在对动态经济学的剧烈变化，只是一个扩展。它用时间来了解事物，并且逐步形成了一个新的工具。人们一直期待着革命——也许某天革命会发生，但是我认为我不会无所事事、守株待兔。

▲ 校准的使用在实际经济周期模型的发展中发挥着什么样的作用？

我认为这一模型是用于度量某物的模型。鉴于提出的问题，我们通常要求我们的模型经济在某些尺度上符合现实。有了温度计，你让它准确地记录它被放在冰里和开水里的温度。在过去，经济学家企图发现这一模型，而它又阻止了他们前行。今天,人们并没有将数据作为福音;他们着眼于如何收集数据。因此,这迫使人们更多地了解政府对经济的统计。

▲ 卢卡斯的《经济周期理论的方法和问题》(Lucas,1980a)在你的校准方法的形成中有多重要?

很难准确地回忆起来。我认为他的看法后来更为明确了。那时我一直思考着去发现这一模型,而反对根据一组指导来思考经济理论,这些指导的目的旨在为回答一个特殊的问题建立一个模型。从来就不存在一个正确的或者错误的模型——问题实际上是模型是否好用。

▲ 凯文·胡佛认为:"校准方法论至今都缺乏学科的严格性,而这一严格性是计量经济学所必备的。"(Hoover,1995a)假如你具有运作得非常好的凯恩斯主义模型和实际经济周期模型,那会发生什么事情呢? 你如何在两者之间作出选择呢?

那么让我们假定你是在凯恩斯主义理论框架中工作的,并且它提供了建立模型的指导,你运用了这些模型,它们运作良好——从定义上说,这就成功了。有一种看法认为:新古典的基本原理最终是为凯恩斯主义模型提供的,但是,在凯恩斯主义的计划中,理论并没有为建立这一构架提供更多的方法。有许多方程的选择涉及经验的事务——当一些系数为零的时候,人们用理论去限制这些方程。你注意到凯恩斯主义者在谈论方程。在应用的一般均衡方法中,我们不谈论方程——我们一直谈论着生产函数、效用函数或者人们替代的能力和意愿。不像凯恩斯主义者和货币主义者,我们并没有企图追随物理学家去发现经济运动的法则。凯恩斯主义的方法得到了尝试,并被用于检验。根据鲍勃·卢卡斯和汤姆·萨金特的看法(Lucas and Sargent,1978),在 70 年代,凯恩斯主义的宏观经济模型经历了"大规模的计量经济学的失灵"。

▲ 计算试验是否应该被认为是计量经济学工具的问题,在什么程度上是一个语义学的问题?

这是一个纯粹的语义学问题。拉格勒·弗里希想使得新古典经济学具有定量的性质。他讨论了定量的理论经济学和定量的经验经济学,以及两者的统一。计量经济学现代狭窄的定义只是集中在经验的一面。 354

▲ 劳伦斯·萨默斯论述"经验宏观经济学的科学幻想"的论文(Summers,1991a)始终认为:正规计量经济学的工作对经济知识增长没有产生任何影响,反之,像弗里德曼和施瓦茨(Friedman and Schwartz,1963)这样的人的非正式的实用方法则具有明显的效果。你是否同意萨默斯的观点?

在一些方面我是同意的,在另一些方面,我则不同意。我认为我会避免正面回答。至于根据不同事物都是真实的这一可能性来阐述我们的知识——所以当我们得到更多观察的时候,我们就瞄准了真理——这似乎就不以这种方式运作。

## 增长和发展

▲从20世纪80年代中期开始,许多著名的经济学家将他们的注意力转移到经济增长的问题上。我们是否可以解释为何在富国和穷国之间缺乏趋同?

由保罗·罗默(Romer,1986)和鲍勃·卢卡斯(Lucas,1988)发起的有关增长和发展的新文献是非常激动人心的。我们现在知道从文明的起点开始直到工业革命,生活标准或多或少是持续的;后来事情发生了变化。当我将东方的国家(中国、印度、日本等等)和西方的国家相比较的时候,根据人均GDP,它们在1800年大概是相似的。到1950年,西方几乎比过去富裕十倍,现在它们只比过去富裕四倍。因此我发现了趋同。当现代经济的增长开始的时候,趋同就发生了。例如在中国,公元2世纪的农民和1950年的农民一样富裕,而今天他们就富裕多了。现代经济增长的历程较早地开始于日本——即使如此,直到战后,日本人才富裕起来。1937年,日本与1870年的英国或者美国大致相当。甚至非洲人均收入的增长率现在也同富裕国家一样。它们应该增长得更快,我希望它们很快就会开始迎头赶上。进一步而言,当你审视像印度、巴基斯坦、印度尼西亚、菲律宾这样的国家时,它们的增长速度是快于发达国家的。所以我相信:在下一个50年中将会出现更多的趋同,同样,上一个50年已经出现了许多趋同——这一切都取决于你如何看待数据。

▲有关内生增长的文献导致重新开启了对有关政府促进经济增长的作用的争论。你认为政府的作用是什么?

我对像印度这样的贫穷国家的问题感兴趣。在这些国家,重要的是听其自然,而不是维持现状。例如,在印度有一些奇怪的许可惯例。一旦事态发生变化,它们也会较快地发生变化,这样就可能出现快速的变化。

▲你是如何解释对发展经济学重新产生兴趣的?

人们推进这一范型,直到旧式的工具接纳它。现在新的一代出现了,他们力图进一步发展它。令人激动的理论发展和新的数据集合是重新产生兴趣的关键所在。像克拉维斯,以及更近的萨默斯和赫斯顿都通过提供新的数据,为经济学做出了重要的贡献(Summers and Heston,1991)。

# 总结

▲ 假如有人要求你给二、三年级本科生讲授经济学,你会如何着手?

我主要集中在索洛的增长模型上,并且思考两个关键的决策:消费/储蓄和劳动/闲暇。在讨论货币问题时,我追随着某种基本的、简单的、人们拥有资产的跨期模型——尼尔·华莱士和他的学生逐步形成了一些十分好的可用材料。给大学生讲授宏观经济学遇到的难题是没有好的教科书——我们需要萨缪尔森。萨缪尔森是一位艺术家;他将大学生很好地提高到经济学专业的知识状态的水平。现在则存在着巨大的鸿沟。

▲ 你的大多数工作涉及将经济学知识向后推的研究。你考虑过写作经济学教科书或者宏观经济学中级教科书的基本原则吗?

写作这样类型的图书需要特殊的才能。假如我具有这样的才能,我会严肃地思考这个问题。但是我不具备这一才能。

▲ 是否有人邀请过你担任华盛顿的经济顾问?

没有。我太激动了——你必须冷静,并具有恰当的举止。你也必须是一位优秀的演员和一位优秀的经济学家。因此,从未有人对我感兴趣——也许假如我有能力的话,会有人来邀请我的。

▲ 你对宏观经济学的未来是否乐观?

是的。我认为人们已经取得了许多进步,并且将继续取得进步。

▲ 近来你在什么问题或者领域中从事研究工作?

356

我一直在各种问题上进行研究工作,希望一个问题能有所突破。我最近完成了两篇论文(Parente and Prescott,1977;Prescott,1998)。一篇论文是论述经济增长的,专门论述致富的障碍。我采用博弈论去建立一个明确的模型经济。在这一模型中,一组特殊的垄断权可能引起总要素生产率的巨大差异。另一篇论文论述财政经济,思考为何与合并相关的公司价值会发生如此大的跳跃。我还要更全面地审视货币政策和财政政策之间的关系和相互作用的问题,我早先时候暗示过这些问题。

（佘江涛　译）

# 第七章　新凯恩斯学派

现在到了将凯恩斯请进经济学家名人堂休息的时候了，当然他是属于那里的。而我们也该对凯恩斯和他早期及后来追随者所做的最具价值的贡献与其他宏观经济学理论分支做一些整合工作。(Lindbeck，1998)

## 7.1　凯恩斯经济学的衰荣

丹尼斯·罗伯逊是凯恩斯学派最能说会道的评论家之一，他曾经写道："智慧的观点像被捕猎的野兔，你如果站在原地不动或者接近原地，它肯定就会围着你转。"(Robertson，1956)。古典学派和凯恩斯主义思想在"新"的外衣之下复兴就是罗伯逊上述观察评语的很好的例证。在第五章和第六章里，我们已经看到了古典思想是如何经过那些技巧惊人且富有想象力的论文的加工被赋予新的形式，这些论文的灵感尤其来自罗伯特·卢卡斯和爱德华·普雷斯科特。在本章中，我们将考察凯恩斯经济学在最近 20 年里是如何"复兴"的。

我们在前几章已经看到，与新古典综合学派相关联的正统凯恩斯模型在 20 世纪 70 年代是如何受到挑战的。对主流凯恩斯主义来说，有一点很快就变得明显起来，即：新古典主义的解析代表了比货币主义更有力量的和更具潜在破坏性的挑战，尽管来自货币主义的挑战更为持久些。虽然正统货币主义标榜自己是标准凯恩斯模型的替代品，但它并不构成对凯恩斯模型的根本性的理论挑战（见 Laidler，1986）。卢卡斯的有关总量不稳定性的新古典货币理论根植于弗里德曼的货币主义；而新古典实际经济周期学派则代表了对凯恩斯主义、货币主义以及卢卡斯的用货币观点解释经济周期的思想的挑战。凯恩斯的工资价格调整方程是基于稳定的菲利普斯曲线的观点之上的，在 70 年代"大通胀"时期，这一方程收效甚微，迫使凯恩斯主义者修正他们的模型，以便把通货膨胀预期的影响和供给冲击的作用考虑进去。这样做很适时,一旦恰当地修正了菲利普斯曲线,工资价格调整方程就表现得"非常好"(Blinder,1986;Snowdon,2001a),戈登(Gordon,1972,1975)、费尔普斯(Phelps,1968,1972,1978)和布林德(Blinder,1979)(三人都是凯恩斯主义者)的重要著作,对开创必要的基础工作尤为有益,这些基础工作将货币主义者的影响吸收到现有的凯恩斯模型框架中来,使得凯恩斯模型能够进行自我调整和发展(Mayer,1997;DeLong,2000)。不仅如此,这种综合各家思想的趋向,并不需要经济学家观察经济机器的方式发生根本性的改变。比如,戈登认为,他的"坚定的凯恩斯主义的"通货膨胀模型(该模型发明于 70 年代中期,基于惯性和供求冲击的概念,属于预期增大的菲利普斯曲线的框架内),在解释"大通胀"时期的产出、失业以及通货膨胀形态方面是非常有效的(Gordon,1997)。通过把供给冲击的概念引进到菲利普斯曲线框架中,戈登的"三角形"模型证明可以解释 70 年代观察到的通货膨胀和失业之间存在的正相关关系。与此同时,在导致"大通胀"的起因中,有关需求冲击与供给冲击相对重要性的争论仍在继续(见 Bernanke et al.,1997;Barsky and Kilian,2001)。

尽管在凯恩斯经济学范畴内有了上述积极的进展,到了 1978 年,卢卡斯和萨金特开始构想"后凯恩斯主义宏观经济学"的情形。在他们看来,凯恩斯模型的问题不是靠修修补补就能解决的,因为它的问题是相当根本性的,尤其关于以下几点:(1) 假定非市场出清的不恰当的微观基础;(2) 在凯恩斯主义以及货币主义模型里包含有对预期形成过程的假设,采用的是适应性预期假设而不是理性预期假设,从而与行为最优化假设相矛盾。在一篇题为《凯恩斯经济学的死亡:问题和观念》的文章里,卢卡斯甚至这样写道:"人们在被称作凯恩斯主义者时,甚至会有恼怒的反应。在研究专题小组会上,人们不再把凯恩斯理论当回事,听众开始相互私语和窃笑起来"(Lucas,1980b,被 Mankiw 引用,1992)。布林德以相同的口吻证实道:"到了大约 1980 年,很难再找到 40 岁以下的美国学者声称自己是凯恩斯主义者了。这是在不到 10 年间知识界发生的令人吃惊的变化,称之为知识革命也肯定不为过。"(Blinder,1988b)此时,美国凯恩斯经济学最杰出的元老已经提出这样一个问题:"凯恩斯是怎么死的?"(见 Tobin,1977)。当保罗·萨缪尔森被问及凯恩斯是否死了的时候,他答道:"是的,凯恩斯是死了;同样还有爱因斯坦和牛顿。"(见 Samuelson,1988)

## 7.2 凯恩斯主义的复兴

卢卡斯为凯恩斯经济学写讣告现在看来早了点,因为罗伯特·巴罗的"同伙们"又回来了(Barro,1989a)。到了 20 世纪 80 年代中叶,霍维特开始对"凯恩斯主义的复苏"发表评论(Howitt,1986);布林德开始讨论"卢卡斯之后的凯恩斯"(Blinder,1986)和"凯恩斯经济学的衰荣"(Blinder,1988b)。到了 90 年代初期,布林德已经宣布"凯恩斯主义复辟了"(Blinder,1992b);曼昆宣称凯恩斯经济学已经"投胎再生"(Mankiw,1992);特尔威尔(Thirlwall,1993)热烈地讨论"凯恩斯主义的复兴"。尽管在 20 世纪 80 年代后期,凯恩斯主义的美好前景尚不明朗,布林德就已经相信"我们终将渡过荒漠来到约旦河边"(Blinder,1988a)。

托宾在回答他自己有关凯恩斯经济学已经死亡的问题(Tobin,1977)时,明确无误在他的著作《凯恩斯经济学的未来》中答道:

凯恩斯经济学会有前景的理由之一是其他与经济波动有关的竞争理论没有能够……我斗胆预测,新古典宏观经济学提出有关经济周期的两种形式在未来几年内将不再被认为是对经济波动的严肃而可信的解释。不论周期理论以怎样的新综合的面孔出现,里面都会有重要的凯恩斯主义的元素……是的,凯恩斯经济学之所以有前途,是因为它在解释和理解过去和现在的大量观察和经验方面是至关重要的,而其他宏观经济学方法则不够明晰。(Tobin,1987)

托宾特别对"鲁宾逊·克鲁索宏观经济学"有关实际经济周期理论的"优雅的假相"提出了批评(Tobin,1996),因为这一理论忽略了宏观经济学中的协调问题(见第六章)。在诸如阿克洛夫、斯蒂格利茨、托宾以及莱琼霍夫德看来,宏观经济学理论的根本任务是解释在何种情况下"看不见的手"能够或者不能够有效地协调诸多不同基本力量的经济行为。莱琼霍夫德简洁地把这一问题总结如下:

简单地说,协调问题就是:市场体系会自动地协调各项经济活动吗?是一直会,还是从不?协调效果是时好时坏吗?如果是最后一种情况,那么在什么条件下和怎样的制度结构中市场会协调得好或是不好?我认为这些问题是宏观经济学中核心的和基本的问题。(Leijonhufvud,1992)

当然 20 世纪 80、90 年代出现在欧洲的持续的高失业率对用均衡的观点阐释经济周期的合理性提出了质疑,同时也越来越提高了"凯恩斯理论和政策的声望"(Tobin,1989;Arestis and Sawyer,1998)。

在第五章和第六章,我们已经看到,新古典宏观经济学家是如何通过抛弃凯恩斯宏观经济学来消除新古典微观经济学与凯恩斯宏观经济学之间的紧张对立的。其他一些经济学家提出了另外的方法来解决上述问题,他们认为新古典综合包含了一些基本的真理,同时认为只要作适当的修正,凯恩斯经济学就能重新主导宏观经济学。正统凯恩斯学派的核心的分析主旨包括了下面几项主要命题(Greenwald and Stiglitz,1987,1993a;Tobin,1996;Lindbeck,1998):

1. 缺乏监管的市场经济会经历"持久的"产出和劳动力供给剩余,这与关于市场经济的"萨伊定律"是对立的;也就是说,在凯恩斯的术语里,市场经济会展现"失业均衡";

2. 导致宏观经济总量不稳定(经济周期)的主要原因是来自总需求的波动干扰;

3. 绝大多数时间里,"钱是管用的",尽管在大萧条时期货币政策可能无效(Blanchard,1990a;Krugman,1998);

4. 采用经济稳定政策形式的政府干预具有提高宏观经济稳定性和经济福利的潜力。

虽然"新"凯恩斯主义经济学家会认同这些"旧的"凯恩斯主义命题,我们也应看到新凯恩斯模型在许多方面与它们 60 年代的"远亲"有很大的区别。尽管新凯恩斯主义者不同意新古典主义有关经济不稳定性的解释,他们却分享着两项新古典主义的方法论前提。第一,宏观经济学理论需要微观经济学的坚实基础。第二,宏观经济学模型最好建筑在一个一般均衡的框架体系内。但是,正如格林瓦尔德和斯蒂格利茨指出的,实际经济周期理论家采用的微观经济学基础是一个被描绘为充分信息、完全竞争、零交易成本和存在完整市场系列的世界(Greenwald and Stiglitz,1993a)。信息不对称、经济基本力量的差异性以及不充分和不完整的市场所带来的问题被假定为不存在。新凯恩斯主义方法的精髓在于承认现实世界之形形色色不完美在经济学中的重要地位(Stiglitz,2000,2002)。通过利用现代微观经济学理论的发现来重建凯恩斯经济学的微观基础,新凯恩斯主义理论家已经建立了一个研究项目,旨在改正充斥于"旧"凯恩斯模型之供给方面的理论缺陷(见Snowdon and Vane,1995)。因为典型的市场经济充满了诸多不完美现象,总供给对总需求的变化会不作出反应。

如果想阅读探讨新凯恩斯主义的详细的评论文献,我们推荐读者参阅:McCallum(1986)、Greenwald and Stiglitz(1987,1993a)、Rotemberg(1987)、Fischer

(1988)、Barro(1989a)、Blanchard(1990a)、Gordon(1990)、Phelps(1990)、Colander et al.(1992)、Hargreaves-Heap(1992,2002)、Stiglitz(1992)、King(1993)、D. Romer (1993)、Tobin(1993)、Davidson(1994)、Dixon(1997)、Snowdon and Vane(1997a)、Lindbeck(1998)。大多数重要文章收集在曼昆和罗默编辑的姊妹卷册(Mankiw and Romer,1991)中,他们两人写的介绍性概论为读者浏览早期文献提供了非常好的导读服务。

## 7.3 新凯恩斯经济学

尽管"新凯恩斯主义"这个术语于 1982 年第一次出现在帕金和巴德的现代宏观经济学教科书中(Parkin and Bade,1982b),但是很明显,这一思想在 20 世纪 70 年代新古典革命的第一阶段就已经孕育了。随后,仍在萌芽中的新凯恩斯文献主要涉及的是"在行为最优化和理性预期的基础之上,寻找严格有说服力的工资和/或价格黏性模型"(Gordon,1990)。新凯恩斯经济学的发展是对 70 年代卢卡斯所揭露的凯恩斯经济学理论危机的反应。凯恩斯主义理论学家面临的主要任务是弥补理论的缺陷和旧凯恩斯模式的不连贯性。因此,新凯恩斯理论家打算建立一个清楚完整的总供给理论,使得工资和价格刚性合理化。

新旧古典经济学都假定持续的市场出清,这样经济就不会因为有效需求的不足而受到限制了。很多经济学家认为凯恩斯经济学的特征就是不再假定持续的市场出清。在旧凯恩斯模型(新古典综合)和新凯恩斯模型中,价格不能很快地变化以完成市场出清,意味着供求冲击将对经济的产出和就业造成实质性的影响。在凯恩斯的世界里,产量和就业偏离它们的均衡值可能是相当大的和持久的,当然被看成对经济福利的损害。正如戈登指出的,"**凯恩斯经济学的呼吁源于经济萧条时工人和公司的不幸,他们似乎并非自愿减少产量和工作时间**"(Gordon,1993)。凯恩斯主义者认为基于市场出清失效的经济周期理论较新古典或实际经济周期理论更现实些。凯恩斯经济学的新老版本的本质区别在于新古典主义综合模型趋向于假设名义刚性,而新凯恩斯方法的吸引人之处在于它试图提供让人接受的微观基础来解释工资和价格黏性的现象。

读者应该知道新凯恩斯经济学家是非常混杂的,因此用"学派"一词是方便胜过适当。尽管这样,那些为新凯恩斯文献作出重要贡献的经济学家——即使他们当中有些人可能反对"新凯恩斯主义者"的标签——包括:格里高利·曼昆和劳伦斯·萨默斯(哈佛大学);奥利弗·布兰查德(麻省理工学院),斯坦利·费希尔(花旗集团,曾在麻省理工学院),布鲁斯·格林瓦尔德、埃德蒙·费尔普斯和约瑟夫·斯蒂格利茨(哥伦比亚大学);本·伯南克(普林斯顿大学);劳伦斯·鲍尔(约翰斯·霍普金斯大学);乔治·阿克洛夫,珍妮特·耶伦和戴维·罗默(伯克利大学);罗伯特·霍尔和约翰·泰勒(斯坦福大学);丹尼斯·斯诺尔(Birkbeck学院,伦敦)和阿萨·林德贝克(斯德哥尔摩大学)。美国的新凯恩斯主义者靠近东西海岸的现象激发了罗伯特·霍尔用"盐水区"经济学家来称呼他们。奇巧的是,新古典经济学家更易与"淡水区"的学术机构相关联:比如,芝加哥大学、罗切斯特大学、明尼苏达大学、卡内基-梅隆学院(见Blanchard,1990b;Snowdon and Vane,1999b;Snowdon,2002a)。

在这一点上,应该指出的是,一些作者已经发现一个欧洲派别的宏观经济分析也被称为"新凯恩斯主义"。这一欧洲学派强调劳动力市场和商品市场的不完全竞争,反映了以高工会化率为特征的欧洲经济(Hargreaves-Heap,1992)。工资是通过议价来决定的,以此作为凯恩斯宏观经济学的微观基础是否恰当,在美国更具争议性,因为只有少数美国工人加入工会。使用不完全竞争的宏观模型来检讨失业的问题在理查德·莱亚德(Richard Layard)、斯蒂芬·尼克尔(Stephen Nickell)和理查德·杰克曼(Richard Jackman,伦敦政治经济学院),温迪·卡林(Wendy Carlin,大学学院,伦敦)和戴维·索斯凯斯(David Soskice,杜克大学)等人的著作中有非常好的展现。这些经济学家提供了关于欧洲系派别新凯恩斯主义的最全面的介绍(见Layard et al.,1991,1994;Carlin and Soskice,1990)。新凯恩斯主义两大派别当然有很多重合的地方,特别是在有关实际工资刚性的问题上(见第七章第三节)。经济学家如贝纳西、德雷茨(Drèze)、格兰蒙特(Grandmont)和马林沃德也发展了一般均衡模型,其中的非市场出清和价格决定行为人概念显示了这一模型具有凯恩斯主义的特征。在这一文献的介绍中,贝纳西认为"值得把最相关的新凯恩斯主义见解融合到"一般均衡方法中去(Bénassy,1993)。

20世纪80年代初期,在主流经济学中出现了三种关于经济周期的解释(主流之外还有奥地利学派、后凯恩斯学派和马克思主义,见第八章和第九章,Snowdon and Vane,2002b)。主流经济学的三种解释分别是(1)弹性价格及货币错觉的均衡经济周期理论,由卢卡斯提出并倡导(见第五章);(2)黏性价格预期模型,强调工资和价格刚性的一些要素(例如,Fischer,1997;Phelps and Taylor,1997;Taylor,1980);(3)实际经济周期理论,20世纪80年代越来越成为新古典均衡理论家的主要旗帜(见第六章)。到80年代中期,由于新古典货币模型已不复存在,"盐水-淡水"的辩论实质上是围绕黏性价格和实际经济周期进行的。然而,新凯恩斯主义理论家主要关心的是解释名义刚性是如何源于行为最优化的。鲍尔等人认为,70年代凯恩斯经济学的衰落主要是因为没能解决这一理论问题(Ball et al.,1998)。

在本章以下部分,我们将考察各种不同的新凯恩斯主义文献的主要成分。首先,我们要找出什么是被普遍理解为新凯恩斯主义方法的本质特征。

## 7.4　新凯恩斯经济学的核心主张及特征

新凯恩斯经济学的出现主要是应对70年代凯恩斯经济学面临的理论危机。在新凯恩斯经济学的简介中,曼昆和罗默参考某一特定理论对下面一组问题的回答来判别其是否为新凯恩斯经济学(Mankiw and Romer,1991):

问题1　此理论违反了古典二分法吗? 即,货币是非中性的吗?

问题2　此理论是否认为经济中的实际市场不完全性是理解经济波动的关键?

主流学派中只有新凯恩斯学派对两个问题的回答都是肯定的。货币非中性源于黏性的价格,而市场的不完全性解释了价格的这种黏性行为。因此,在曼昆和罗默看来,正是"名义和实际的不完整性的相互作用"将新凯恩斯经济学与宏观经济学的其他研究项目区别开来。相反地,早期实际经济周期理论对这两个问题的回答都是否定的。

20世纪70年代失衡的凯恩斯模型(例如,Barro and Grossman,1976)将工资价格刚性强加到瓦尔拉体系中,而更多的传统凯恩斯主义和货币主义模型并不认为对于名义刚性的解释是优先的。后两者倾向于认为经验主义的证据远比理论的纯度重要;例如,莱德勒从一个货币主义者的视角出发,强调"更好的和更明了的微观基础也不能保证对宏观政策实验结果有更为精确的经验预测"(Laidler,1992b)。然而,正如曼昆和罗默所强调的,在60年代货币主义者与凯恩斯主义者的老式辩论中新凯恩斯主义者并不是主角(Mankiw and Romer,1991)。这有两个原因:第一,尽管新凯恩斯主义者较旧凯恩斯的观点更强调货币政策的经济稳定作用,但关于财政政策的作用仍没有统一的新凯恩斯主义观点(参见 Mankiw,2002及第三章、第四章)。因为这一点,曼昆和罗默认为新凯恩斯经济学的大部分可以轻易地被改称"新货币主义经济学"(见 DeLong,2000)。第二,新凯恩斯主义者对行动主义者的(主观判断的)稳定政策的合意性和可行性并没有统一的见解。虽然绝大多数的新凯恩斯主义者接受弗里德曼对由不确定性、时滞和政策扭曲引发的问题的批判主旨,但他们也反对"顽固的"货币主义者需要一个严格的货币增长率规则的主张。这些人的观点与弗里德曼的自然率假说有联系,但是观点跨度也很大:从极端怀疑主义到"修正的"接受"随时间改变的非加速的失业通胀率(time-varying NAIRU)"的观念。(见 Gordon 1997, 1998; Galbraith, 1997; Stiglitz 1997; Phelps and Zoega, 1998; Mankiw, 2001; Akerlof, 2002; Ball and Mankiw, 2002; Mankiw and Reis, 2002。)

80 年代新凯恩斯主义的发展带有明显的非经验的特征。这些新一代的经济学家试图通过发展和改进已受理论攻击的"凯恩斯堡垒"的微观基础来巩固凯恩斯模型(参见 Blinder, 1992a)。这一做法得到了曼昆和罗默的认可(Mankiw and Romer, 1991),他们注意到凯恩斯经济学的重建已成为微观经济学革命的一部分。为了捍卫"凯恩斯堡垒",这些凯恩斯主义领导者将稀有的研究资源分配到理论方面要远多于经验方面,因为他们觉得修正的凯恩斯理论包含了费尔普斯-弗里德曼的预期扩展的菲利普斯曲线和供给冲击的效应,足以在经验阵地站住脚。一旦理论防卫得到巩固,就可将资源逐渐地再分配到经验战线,来检测新凯恩斯模型。

新古典与新凯恩斯模型的关键区别在于价格决定行为的不同。与新古典模型的价格接受者相比,新凯恩斯模型假设的是垄断价格决策的公司,而不是完全竞争的公司(Dixon, 1997)。虽然在凯恩斯的《通论》发表之前,罗宾逊(Robinson, 1933)和钱伯林(Chamberlin, 1933)已经独立地发展了垄断竞争理论,但也只是到最近,主流凯恩斯理论家才开始认真地将不完全竞争融入非市场出清模型中去。在这个问题上,后凯恩斯主义者率先脱离了轨道(参见第八章;Dixon and Rankin, 1994)。

绝大多数的新凯恩斯理论假设预期的形成过程是理性的。很明显这是 70 年代新古典革命对宏观经济学家总体产生深刻影响的一个领域。然而,一些卓越的凯恩斯主义者(Blinder, 1987b; Phelps, 1992)及一些属于正统货币学派范畴的经济学家(Laidler, 1992b)对理性预期假说的理论基础持批判态度并对这一假说的经验支持提出疑问。因此,尽管在新凯恩斯模型中理性预期是常态,但并非始终如此。

虽然新凯恩斯经济学家对改进凯恩斯模型的供给方面有共同兴趣,但是他们对政策问题持有很多不同意见,例如争论在财政和货币政策的执行方面主观判断与规则哪个更重要。新凯恩斯主义者认为供给和需求冲击都是不稳定性的潜在原因(见 Blanchard and Quah, 1989),但是尤其当评估市场经济吸收这类冲击以保持均衡(充分就业)的能力时,他们部分地赞同实际经济周期理论家的观点。很多的

365

（并非全部的）新凯恩斯主义者也认同凯恩斯的观点——非自愿的失业是可以存在和可能发生的。

新凯恩斯经济学家栖息在一个新的理论世界,其特征是：不完全竞争、不完全市场、差异的劳动力构成、不对称的信息和各方行为人经常关心公平问题。结果"实际的"宏观世界,在新凯恩斯主义者的眼里,便以存在协调失败和宏观经济外部效应的可能性为特征。新凯恩斯主义发展中存在的一个问题是其研究项目"文献太多"(Colander,1998)以至于没有一个统一的新凯恩斯模型;实际上,关于工资和价格刚性及其宏观经济学后果的解释实在有些繁多。新凯恩斯学派思想中的不同要点强调市场不完善和宏观经济效应的不同方面和原因。然而,大量的解释并不是相互排斥的,反而经常是互补的。简而言之,如莱斯利的妙语所评"新凯恩斯主义向平滑的新古典范本中掺撒了满桶的粗砂"(Leslie,1993)。

因为这里回顾的文献范围很广,所以将对刚性的解释分成关注名义刚性和关注实际刚性两大类是比较方便的做法。当某些因素阻止名义价格水平随名义需求变动作精确反应时,名义刚性便产生了。当某些因素阻止实际工资进行调整或存在一类工资水平(价格)黏住另一类工资水平(价格)的现象时,实际刚性便产生了(见 Gordon,1990)。首先,我们来考察名义刚性的影响。

## 7.5 名义刚性

正统凯恩斯方法和新凯恩斯方法均有这样的设想：受到干扰后,价格缓慢地进行调整。然而,与凯恩斯交叉(Keynesian cross)或 IS－LM 模型所不同的是：新凯恩斯方法寻求能够为缓慢的工资与价格调整过程提供一种微观的经济学基础,而非武断地设想为固定的名义工资与价格。与新古典分析的选择理论框架一致的是,新凯恩斯方法认为工人是理性地追求效用,而企业是追求最大化的利润。

我们已经看到,新古典主义者采用了弹性价格拍卖模型,并将其运用在所有市场的交易分析上,包括劳动力市场。与此相反,新凯恩斯主义者认为运用希克斯的区分(Hicks,1974)是很重要的。希克斯将市场分为两类,一类是固定价格市场,主要是劳动力市场以及大部分货物市场;另一类是弹性价格市场,以金融和商品市场为主。设定价格是固定价格市场通常的做法,价格与工资惯性成为一种现实。为了产生货币的非中立性(实际效果),凯恩斯模型以在出现总需求扰动之后,名义工资和价格不能及时调整到与新的市场出清相匹配的水平为基础。凯恩斯主义者习惯把注意力集中到劳动力市场和名义工资黏性上,以此来说明市场经济有偏离充分就业这一均衡状态的趋势。然而,认识到以下这点是很重要的,即在名义总需求路径已知的情况下,产生实际产量波动的必要条件是价格黏性而不是工资黏性。假如利润有充分的弹性,那么名义价格就能够随名义总需求的变动作精确应变,使得实际产出不受影响(见 Gordon,1990)。

尽管如此,新凯恩斯主义对新古典批评作出的第一波反应集中在名义工资刚性上。

## 7.5.1 名义工资刚性

在传统的凯恩斯模型中,因为货币工资(成本)不可调整,于是阻碍了价格水平跌落到均衡值(见图 2.6)。根据卢卡斯、萨金特、华莱士和巴罗在 20 世纪 70 年代发展的新古典模型,任何已经预见的货币扰动都将导致名义工资和价格迅速跳跃至它们的新均衡值,从而使产出和就业维持不变。在这样一个世界中,系统性的货币政策是无效的。首先,人们广泛地相信这一新古典主义的货币政策无效论是将理性预期假设融入宏观经济模型的直接结果。费希尔(Fischer, 1977)、费尔普斯和泰勒(Phelps and Taylor, 1977)揭示了在那些包含了理性预期的模型中,名义扰动能够产生实际的效果,只要不再坚持持续市场出清的假设(也见 Buiter,1980)。由于这些贡献,人们便清楚地看到,理性预期假说并不意味着凯恩斯主义经济学的终结。新古典模型的关键特征被揭示为持续的市场出清假定,即完全的、即时的工资和价格弹性。然而,正如费尔普斯提醒我们的,科学的进步常常是通过否定一个理论上很有趣的模型,并且"即使是绝对错误的,新古典宏观经济学仍然十分重要,因为它迫使凯恩斯经济学家增强或者重建自身的理论结构"(Phelps, 1985)。

早期凯恩斯主义者增强其理论结构的尝试集中在名义工资刚性上,这些由费希尔(Fischer,1977)和泰勒(Taylor,1980)发展的模型提出了长期工资合同下的名义惯性的概念。在发达经济中,工资不是由即期市场决定的,而是倾向以明确的(或隐含的)合同形式约定一段时期的工资水平。这些长期合同的存在能为货币政策重新获得它的有效性提供充分的名义工资刚性。但是值得注意的是,不管是费希尔还是费尔普斯和泰勒都没有假装拥有了严密的微观基础来支持他们对价格和工资设定过程的假设。相反,他们理所当然地认为长期工资合同受到明显的偏爱,反映出伴随工资和价格频繁调整的不便已被认知(这是解释名义工资缺乏弹性的一个创新性尝试,见 Laing,1993)。

费希尔的分析有如下主要的特征,它涉及建立与卢卡斯-萨金特-华莱士的货币政策无效模型(第五章曾讨论过)相似的模型。产出供应方程是标准理性预期的卢卡斯"意外"函数(方程 7.1),其中 $\dot{P}_t$ 和 $\dot{P}_t^e$ 分别是实际的和预期的通货膨胀率:

方程 7.1 $\qquad Y_t = Y_{N_t} + \alpha(\dot{P}_t - \dot{P}_t^e), \alpha > 0$

费希尔假定通胀预期是理性形成的,$\dot{P}_t^e = E(\dot{P}_t \mid \Omega_{t-1})$,因此我们可以把方程 7.1 写成下式:

方程 7.2 $\qquad Y_t = Y_{N_t} + \alpha[\dot{P}_t - E(\dot{P}_t \mid \Omega_{t-1})]$

费希尔的模型省略了增长性,因此假定工资谈判者意在保持实际工资的恒定,于是设定名义工资的增长与预期通货膨胀率相等。如方程 7.3 所示:

方程 7.3 $\qquad \dot{W}_t = E(\dot{P}_t \mid \Omega_{t-1})$

将方程 7.3 代入 7.2 得到方程 7.4,表明总供给是随实际工资的增加而递减的函数(注意:这表明实际工资的反经济周期特性)。

方程 7.4 $\qquad Y_t = Y_{N_t} + \alpha[\dot{P}_t - \dot{W}_t], \alpha > 0$

对于多时段合同,名义工资增长固定在 $\dot{W}_t = \dot{W}_t^*$。费希尔(Fischer,1977)作出了一个"经验上合理的"假设:经济行为人在谈判工资合同时,对于"期限长于货

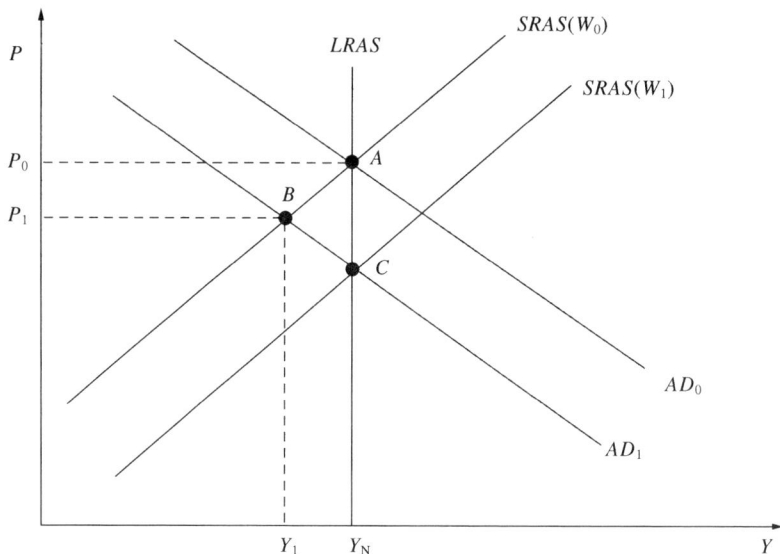

图 7.1　名义工资合同、理性预期与货币政策

币当局对变化的经济环境作出反应所需时间"的合同,用名义工资计价。由于货币当局改变货币供应(因此发生通货膨胀)的频率要高于期限交叠的劳动合同到期重新谈判的频率,因此货币政策在短期能产生实际的效果,尽管在长期将保持中性。

费希尔的上述论点可以参考图 7.1 来理解。经济一开始在 $A$ 点运行。假使在当期,一个意料之外的名义需求冲击发生了(比如速度下降),使得总需求曲线从 $AD_0$ 移至 $AD_1$。如果价格是弹性的,但名义工资暂时是刚性的(定格在 $W_0$),这种刚性是因为工资合同是前期商定的结果并且延展到当期以后,所以经济会移动到 $B$ 点,伴随实际产出从 $Y_N$ 降至 $Y_1$。如果工资和价格是弹性的,那么短期总供给曲线会从 $SRAS(W_0)$ 向下向右移至 $SRAS(W_1)$,这样将在 $C$ 点恢复自然产出水平。然而,长期名义工资合同的存在阻止了上述变动,并为货币当局提供了扩大货币供应量的机会,如果这种情况被预期,则 $AD$ 曲线会右移并在 $A$ 点重新建立均衡。假定货币当局在每一时段都能自由地对来自外部的负面冲击作出反应,而工人却不能,这就产生了为稳定经济而对需求进行调控的机会,即使行为人具有理性的预期。实际上,如果货币当局能以比私人部门重新商谈名义工资更快的速度对名义需求冲击作出反应,那么货币当局就有裁决干涉的机会。固定的名义工资使得货币当局可以对实际工资以及随后的就业和产出施加影响。费希尔模型中货币的非中立性并非来自预料之外的货币突变。可预见的货币政策,因为它依据的是工资合同定好后才能得到的信息,所以能产生实际的效果。

工资合同是所有主要工业市场经济的一项重要特征。但是,随着国家的不同,合同的期限以及重新订立合同的时间安排也有很大的差别。例如,在日本典型的工资合同期限为一年,所有合同同时到期。日本的这种同步重新商谈合同(称为春斗制度)的方式与其更为稳定的宏观经济环境相一致,而美国由于宏观经济没有日本那样稳定,则采用了一种不同步续谈合同(不同合同期限交叠,先后到期)的制度,大多数情况要持续三年才完成所有合同的续订(见 Gordon,1962b;Hall and Taylor,1997)。英国也是交叠制度,但是完成所有合同续订的时间一般要比美国短,通常持续一年时间。在合同期限交叠的情况下,名义工资在遇到冲击时会展现出更大的惯性,而如果现有合同同步续订,名义工资展现的惯性要小,因为新的信息被吸纳进去了。泰勒揭示道,如果工人关心自己的名义工资甚于其他人,那么交叠合同制度将使货币政策对实际经济变量的影响的持续时间超过合同的期限长度(Taylor,1980)。泰勒说明了工资对供给和需求条件的反应在日本要比在美国、加拿大以及其他欧洲主要国家要更为强烈,这正好说明了在 70 年代和 80 年代初期日本宏观经济表现何以更为稳定(Taylor,1992b)。

上面的讨论马上产生了一个问题:如果长期工资协议增加了宏观经济的不稳定性,那为什么还要达成它? 费尔普斯认为,长期工资合同对企业和工人来说都有隐蔽的好处(Phelps,1985,1990):

1. 工资谈判对工人和企业都是费时的。要对本企业内部和外部的工资相对结构关系进行调研。此外,还要预测关键经济变量如生产能力、通货膨胀、需求、利润和价格的未来走向。合同期越长,交易成本的发生频率就越低,并且不管怎样,管理层总是趋向于提前设定工作表来处理与工资谈判有关的复杂事务。

2. 总是存在谈判破裂的可能,工人们便会感到需要依靠罢工行动来增加他们的谈判地位。停工对工人和企业来说都是要付出代价的。

3. 当发生负的需求冲击之后,对于一个企业来说,一下子把工资水平调整到新的“最终”均衡点并不是很好的策略,因为如果其他企业不采取同样做法的话,企业势必降低其相对工资,这很可能引发劳动力流失,增加了该企业的成本。

这样,在经济衰退期间,工资水平的反应并不遵循新古典主义所设想的“精确的常规的过程”(precision drill process)。相反,随着新信息的获得,我们观察到的是一个“混乱的无序的倒退”过程(Phelps,1985,p. 564)。

由这个讨论引出的另一个重要问题涉及为什么没有采用盯住指数的做法,即为什么劳动合同不盯住通货膨胀率? 完全的生活成本协议(COLA)对企业来说太冒险了(见 Gordon,2003)。其危险在于并非所有的冲击都是名义需求冲击。如果工厂同意将工资比率盯住通货膨胀率,那么像发生在 70 年代那样的供给冲击将抬高价格水平和企业的工资成本,就会阻止能源冲击导致的实际工资的必然下降。

最后,我们注意到,即使合同的不稳定会产生一些宏观经济问题,但它的确有着微观经济的好处。当处在一个信息不完全的现有经济环境中时,企业可以通过观察其他企业所定的价格和工资来获得关键的信息。根据豪尔和泰勒,不稳定的工资设定方式为企业和工人提供了有关不断变化的工资和价格结构的有用信息(Hall and Taylor,1997)。在缺少交叠制度的权力分散体系中,“惊人的变动性”将被带入体系中。鲍尔和切凯蒂说明了不完全信息是如何通过帮助企业设定与完全信息水平最为接近的价格,使得效率提高的好处超过了价格水平惯性的成本,从而能够使交叠的价格和工资设定制度达到社会意义上的最佳水平(Ball and Cecchetti,1988)。因此,交叠的价格调整机制能够产生理性的经济行为。与之对比的是,工资同步设定制度似乎需要一定程度的来自政府的积极参与。

## 7.5.2　名义价格刚性

凯恩斯模型建立在名义工资合同制度之上,这一点很快招致不少批评(见 Barro,1977b)。批评者指出,此类合同的存在不能用坚实的微观经济原则加以解释。进一步的问题涉及名义工资合同模型中的实际工资的反经济周期变动的路径。在费希尔模型中,货币扩张通过降低实际工资来增加就业。然而,我们已经看到,有关经济周期的漂亮的事实数据并没有给实际工资的反周期性提供有力的支持,因为实际工资看起来更像适度的与经济周期同向变化(见 Mankiw,1990)。甚至可以说,正是这个问题让曼昆相信黏性的名义工资模型没什么用处(Mankiw,1991)。企业是价格的接受者、新古典的生产技术和黏性的名义工资这三项假设的结合,意味着总需求的收缩将与实际工资的提高相联系,也就是说,名义工资是反经济周期运动的。正如曼昆指出的,如果上述情况成立,那么经济衰退将变得"颇受欢迎"。虽然很多人会失业,绝大多数仍能保留工资的人将享受更高的实际工资!"如果像《通论》和我的教授教导我的那样,高实际工资伴随着低就业,那么绝大多数家庭将欢迎经济不景气。"因此"正是思考实际工资问题的困惑让我有兴趣思考货物市场的不完善性,以及最终地,有兴趣思考面临菜单成本的垄断竞争企业的问题"(Mankiw,1991,pp. 129 - 130)。

作为以上这些及其他一些批评的结果,一些赞成凯恩斯的关于总需求波动能引起经济周期的观点的经济学家把他们的注意力转移到货物市场的名义刚性上来,而不再继续研究名义工资惯性(Andersen,1994)。的确,在 20 世纪 80 年代中期出现的"新凯恩斯主义"这个术语是用来概括那些试图为名义价格刚性现象提供更为坚实的微观基础的新理论的(见 Rotemberg,1987)。从这个角度看,"新凯恩斯模型背后的基本的新思想是关于不完全竞争的"(Ibid.)。正是这一根本创新把新凯恩斯主义者与凯恩斯、正统凯恩斯主义者、货币主义者以及新古典主义者区别开来。

如果价格变化过程是一项没有成本的活动,如果价格调整的失败导致企业利润大幅变动,那么我们当然期望观察到高度的名义价格弹性。在完全竞争条件下运行的企业是价格的接受者,而价格的变化会随着需求和供给条件的变化而自动出清市场。由于每个企业都能以当前市场价格卖出它想要生产的数量,一个完全竞争的企业要想高于市场出清价格销售是不可能的。同样也不存在为了利润动机而独立降价,因为企业的需求曲线在现行的市场价格上是完全弹性的。因此在这个完全价格弹性的世界里,谈论单个企业的定价决策是毫无意义的。

当企业在不完全竞争的市场中运作时,它的利润将随自身产品价格的改变而变化,因为销量不会由于略微提高价格而降为零。这样的公司进行减价将会增加销量但也会导致已售产品的单位收入减少。在这样的情况下,任何价格相对其最佳值的偏离只会导致利润在"二阶函数"上的减少。因此,即便价格调整的成本很小,也能产生出相当大的名义价格刚性。这个观察由阿克洛夫和耶伦(Akerlof and Yellen,1985a)、曼昆(Mankiw,1985)和帕金(Parkin,1986)得出,被罗滕伯格(Rotemberg,1987)称为"PAYM 洞察"。

PAYM 洞察简单而有力。名义刚性给单个企业带来的个别成本要远远小于这种刚性给宏观经济带来的后果。PAYM 洞察的一个关键成分是价格调整的壁垒或摩擦力的存在,这种壁垒被称为"菜单成本",包括重新设定价格的有形成本如新价格表和目录的印刷,还有经营管理者用在监督和与供应商及客户重订买卖合同上的时间。为说明微小的菜单成本是如何产生巨大的宏观经济波动,我们将回顾曼昆、阿克洛夫和耶伦的论点。

在不完全竞争的市场中,一个企业的需求将取决于它的相对价格和总需求。假定在总需求下降之后,一个不完全竞争企业面临的需求曲线向左移动。需求曲线左移会大幅减少企业的利润。然而,面临新的需求曲线,企业通过改变价格的收益甚微。企业当然希望需求曲线不要变动,但既然新情况出现了,它只能在新需求曲线上选择某一点。需求的减少如图 7.2 所示:需求曲线从 $D_0$ 移动到 $D_1$。在需求减少以前,使得利润最大化的价格和产出为 $P_0$ 和 $Q_0$,因为边际收入($MR_0$)在点 $X$ 与边际成本($MC_0$)相等。为简便起见,我们假设边际成本在我们看到的范围内不随产量变动。随着需求的降低,企业遭受了很大的利润减少。在需求减少之前,利润在图 7.2 中由 $SP_0YX$ 区域表示。需求减少后,如果企业一开始不降价,则利润将减少到 $SP_0JT$ 所示的区域。因为这个企业是"价格的制定者",它必须决定是否要在新的需求曲线 $D_1$ 上把价格降到新的利润最大化点 $W$。新的利润最大化的产出水平由 $MR_1=MC_0$ 决定。在新的产出水平 $Q_1$ 下,企业利润为 $SP_1WV$。如果伴随价格的变化而进行调整的成本为零,一个追求利润最大化的企业将把价格从 $P_0$ 调至 $P_1$。然而,如果企业面临的"菜单成本" $z$ 并非微不足道的话,它有可能维持价格 $P_0$ 不动;如图表 7.2 所示,这样企业从 $Y$ 移动到 $J$。

图 7.3 表明了企业决策的后果。通过将价格从 $P_0$ 降到 $P_1$,企业利润增加量为 $(B-A)$。当 $z>(B-A)$ 时,追求利润最大化的企业没有降价的动机。由于产量 $Q^*$

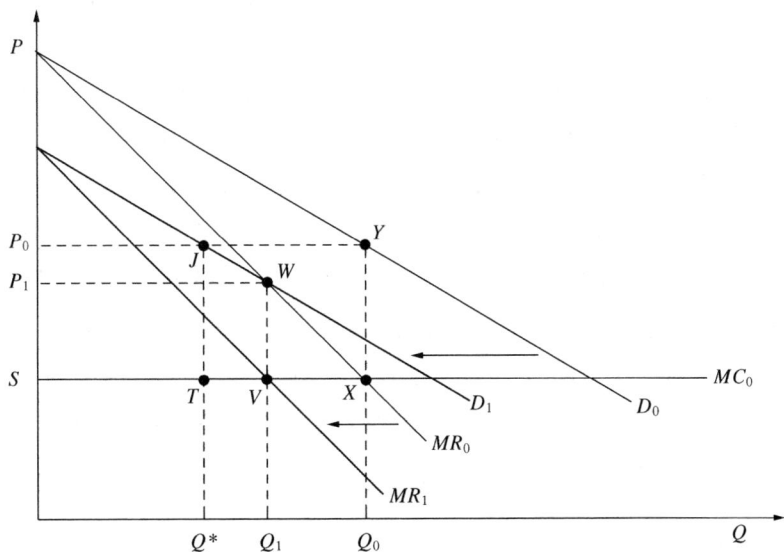

图 7.2　垄断竞争下的价格调整

374

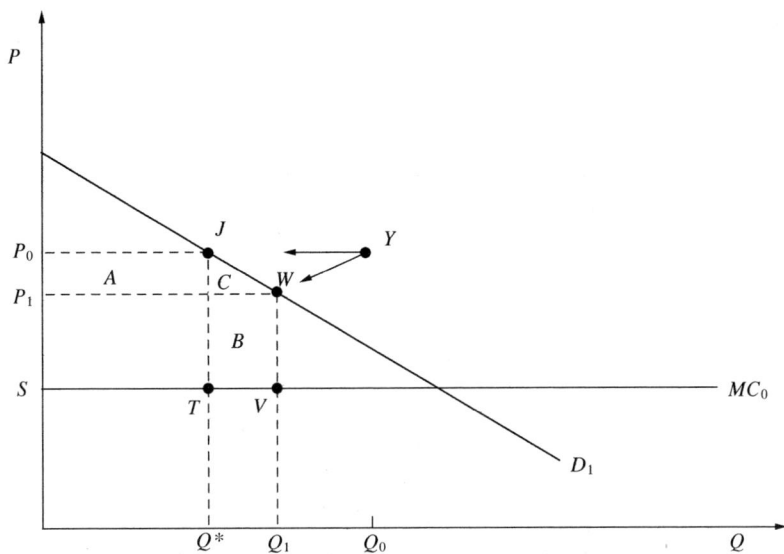

图 7.3　菜单成本与价格调整

代替 $Q_1$ 给社会带来的损失为$(B+C)$,它代表了总剩余的损失。如果需求降低了,但 $B+C>z>B-A$,企业不会因此降价,即使这样做对社会来说是最佳的。$MC$ 越平坦,使企业维持价格不变成为一项正确决定所必需的菜单成本就越低。读者可以自己证实以下一点：当产量减少时，边际成本下降越多，企业因此降价的动机就越强烈（见 Gorden，1990；D. Romer，2001）。

在阿克洛夫和耶伦（Akerlof and Yellen，1985a，1985b）的模型里，企业采取的惯性的工资-价格行为"可能是接近理性的"。那些在价格设定过程中行为次优化的企业可能遭受损失，但这种损失很可能非常小。这种接近理性的思想可以用图7.4 来演示。如前，在需求降低之后，使利润最大化的价格用 $P_1$ 表示。由于价格未能从 $P_0$ 减少到 $P_1$ 而导致的利润的减少量（$\pi_1 - \pi^*$），甚至在考虑菜单成本之前，就已经很小了（二阶函数意义上的），也就是图 7.3 里的（$B - A$）的值很小。阿克洛夫和耶伦（Akerlof and Yellen，1985a）也证明了当产品市场的不完全竞争与劳动力市场的高效工资机制结合起来的时候，总需求扰动将导致与经济周期同步的波动（见 Akerlof，2002）。

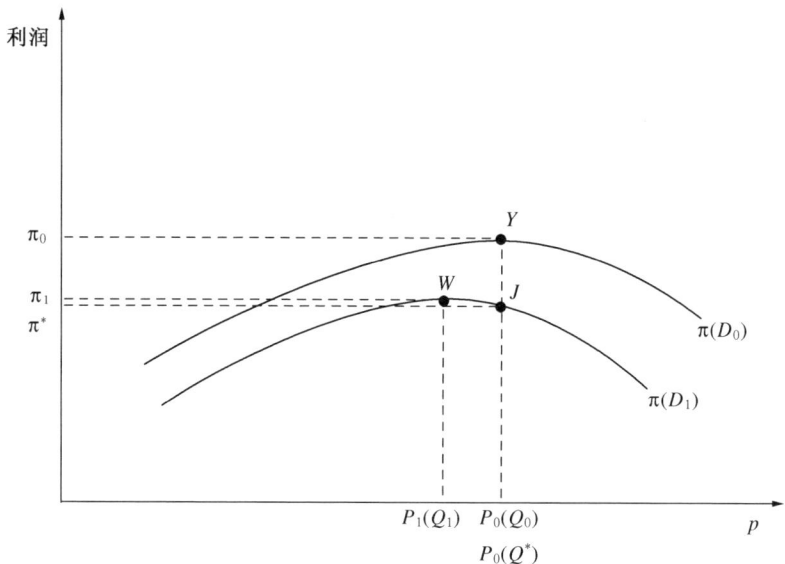

图 7.4　接近理性

尽管企业最佳的做法可能是选择将价格维持在 $P_0$ 点，如果其他所有企业都这么做，那么这样的决策能产生相当明显的宏观经济效果。布兰查德和基约塔基（Blanchard and Kiyotaki，1987）在他们对 PAYM 洞察的解释里，说明了名义价格刚性的宏观经济效果与私人部门的成本是不同的，因为价格刚性产生了总需求的外部效应。如果每个企业都降价的话，社会整体将获益，但是私人部门缺乏这样做的激励。如前,假设企业的需求曲线因总需求减少而左移,如果没有菜单成本,则追求利润最大化的行为要求所有企业都降价;也即在图 7.2 和 7.3 所示,每个企业将价格从 $Y$ 点移到 $W$ 点。因为所有企业都降价,每个企业会发现包括货币工资在内的投入在减少。因此每个企业会发现各自的边际成本曲线开始向下移动。这使得企业进一步地降低价格。在图 7.3 中,当 $MC_0$ 下降时,产出将扩张。既然所有企业都在着手进一步降价,投入的价格再次下降,$MC$ 再度减少。因为这一通货紧缩的过程将增加实际货币余额,从而降低利率,总需求会增加。这将会使各企业面临的需求曲线向右移动,产出因此回到 $Q_0$ 点。

375

如果菜单成本的存在和(或)近似理性行为导致名义价格刚性,对名义总需求的冲击会引起产出和福利的大的波动。既然这种波动是低效率的,这表明稳定经济的政策是必要的。显然,如果货币工资是刚性的(因为合同的缘故),边际成本曲线将呈黏性,这样加强了菜单成本在产生价格黏性中的作用。

我们前面注意到签订长期工资合同给企业和工人所带来的一些个人的好处。很多这样的好处同样适用于企业之间有关产品价格的长期协议。预先设定价格不仅减少了不确定性,而且节约了稀缺资源的使用。戈登认为,如果每个产品的价格都是通过拍卖来决定,市场经济里现有产品类型和质量上存在的"诱人购买的差异性"将产生"压倒性的交易成本"(Gordon,1981)。当买卖双方不需要面对面的接触(如金融资产的交易)或者产品有很强同质性(如小麦的交易)时,拍卖市场才有效率。拍卖市场的本质特征是买卖双方必须同时在场。因为时间和空间是稀缺的资源,对绝大多数货物来说通过拍卖方式销售是不明智的。实际上,大量的物品是摆在合适的场所,让消费者在他们方便的时候过来选购。使用"价格标签"(货物以固定的价格待售)是对差异性问题的理性反应。通常,当价格预先设定时,这个过程所用的方法就是"加价"法(见 Okun,1981)。

376

从上面的讨论可以明显看出,不完全竞争理论构成了新凯恩斯经济学的主要基石。因此,在转而考虑实际刚性之前,注意一下经济学思想史上的一个大谜团还是非常有趣的。为什么凯恩斯对 30 年代早期发生在他身边即剑桥大学的不完全竞争理论革命几乎毫无兴趣? 理查德·卡恩是著名的乘数论文(发表于 1931 年)的作者兼凯恩斯的同事,在琼·罗宾逊于 1933 年关于不完全竞争理论这个主题的名著出版之前就已对此理论相当熟悉。由于凯恩斯、卡恩和罗宾逊在《通论》撰写期间分享着相同的剑桥学术环境,凯恩斯却采纳了古典主义或新古典主义对完全竞争产品市场的假设就显得特别引人注目,而卡恩早就论证了完全竞争产品市场的假设对短期分析而言是不健全的(Kahn,1929,见 Marris,1991)！如狄克逊所说:"若卡恩和凯恩斯或者凯恩斯和罗宾逊能一起合作的话,《通论》可能会截然不同。"(Dixon,1997)与正统凯恩斯学派相反,后凯恩斯主义者受到迈克尔·卡莱茨基著作的启发,一直强调统一定价企业在他们模型中的重要性(见 Arestis,1997)。

## 7.6 多恩布什的汇率超调模型

我们已经看到,由费希尔、费尔普斯及泰勒共同提出的黏性价格理性预期模型分析的是货币政策在封闭经济状态下所发挥的作用。在考察实际刚性在新凯恩斯分析中的重要性之前,我们简要讨论一下多恩布什关于小型开放经济的黏性价格理性预期模型(Dornbusch,1976)。肯尼斯·罗戈夫称这个汇率超调模型为"自二战后国际经济学领域里最具影响力的论文之一",并称"这篇论文标志了现代国际宏观经济学的诞生"。

在讨论多恩布什模型的主要预测之前,把这个模型放置到先前讨论的国际宏观经济学诸方面的背景中会比较有帮助。在第三章的 3.5.4 小节,我们探讨了如下的问题:在固定价格的(IS-LM-BP)蒙代尔-弗莱明模型里(这个模型针对运行在灵活汇率体系下的开放经济),货币扩张政策如何导致收入的增加,同时货币扩张对总需求和收入造成的影响被汇率贬值所强化。进一步地,在资本充分流动受限的情况下,货币政策变得具有"绝对统治力"。相比之下,在第四章的 4.4.3 小节里,我们讨论了在汇率决定的货币论中(在这个方法中,实际收入是一个外生变量,处在其自然均衡水平),货币扩张政策如何导致了汇率的贬值以及国内物价水平的上升。接下来我们简要叙述一下多恩布什黏性价格理性预期模型的关键要素,在这个模型里,货币扩张政策导致了汇率贬值(伴随短期的汇率超调)而实际产量没有改变。

在此模型中,多恩布什作出了很多假设,其中最重要的有以下几个:

1. 相对资产市场和汇率,货物市场调整速度缓慢,即货物价格是黏性的。

2. 汇率的变动与理性预期是一致的。

3. 在资本完全流通的条件下,一个小型开放经济的国内利率必须等于国际利率(国际利率是给定的外生变量)加上预期的国内货币的贬值率。也就是说,预期的汇率变化必须由国内外资产的利差来弥补。

4. 对实际货币数量的需求取决于国内利率(国内利率由均衡状态的国内货币

市场决定)和实际收入(实际收入是固定不变的)。

根据上述假设,货币扩张政策会给汇率带来什么影响呢? 在短期内,在价格固定不变和实际收入水平给定的情况下,实际货币供给的增加会造成国内利率的下降,以此来保持国内货币市场的均衡。国内利率的下降意味着国内货币预期会升值,如果国外利率是固定的外生变量(根据小国假设)。虽然短期均衡要求国内货币有预期的升值,但是长期均衡却需要汇率的贬值。换言之,既然长期均衡要求国内货币贬值(相对于其起始水平而言),汇率遂迅速下降(即短期内超调),以便它能被预期回升到长期均衡水平。这种的短期汇率超调和理性预期是完全一致的,因为汇率是沿着预期的道路前进的。

以上分析中有很多要点值得我们注意。首先,在多恩布什模型中,汇率超调的起因是短期内货物价格的相对黏性。换句话说,该模型中作出的根本假设是资产市场和汇率比货物市场的调整速度要快。其次,汇率调整到长期均衡水平的速度取决于价格水平因货币储备增长而调整的速度。最后,从长期来看,货币扩张政策导致价格提高和汇率贬值等比例进行。

## 7.7 实际刚性

鲍尔等人注意到,对菜单成本理论的一个重要的批评观点认为,"只有在参数取值荒谬时",名义摩擦的模型从理论上讲方能产生很大的名义刚性(Ball et al., 1988)。然而,鲍尔和罗默阐明,实际刚性结合名义调整过程中小的摩擦可能产生相当大的名义刚性(Ball and Romer,1990)。的确,曼昆和罗默指认名义不完全性和实际不完全性之间的相互作用是"新凯恩斯主义经济学的一个显著特征"(Mankiw and Romer, 1991)。

如果一个经济里的所有名义价格都具有完全的和即时的灵活性,那么一个仅仅是名义上的冲击不会改变这个经济的实际均衡。正如鲍尔和罗默指出的,"实际刚性并不意味着名义刚性:如果没有一个独立的名义黏性的来源,那么不管实际刚性的程度有多大,价格都会对名义冲击进行充分调整。"(Ball and Romer,1990)尽管如此,实际的价格和工资的刚性都会放大由小的名义摩擦而产生的非中立性。这个观点的重要性可以通过考察货币供给下降的影响而看出。假定起初菜单成本的存在延迟了企业调低价格来应对这个名义的扰动,那么价格水平的不变导致实际产量下降。每个垄断竞争的企业都会发现它的需求曲线已经左移。因为所有企

378

业的产量都减少了,对劳动力的有效需求也下降了(见 Abel and Bernanke,2001)。
如果劳动力供给相对缺乏弹性,那么由产量的下降带来的对劳动力需求的变化将
会造成实际工资的大幅下降;也就是说,通过名义工资水平的降低来实现实际工资
的减少(见 Ball et al.,1988;Gordon,1990;D. Romer,1993)。实际工资的下降意味
着边际成本的降低;如果随着劳动投入的减少,劳动的边际产品数量剧烈上升,那
么边际成本的降幅会更大。从图 7.2 我们容易看出,向上倾斜的边际成本曲线将
极大地增加降价的动机,而且会"冲破阻碍名义调整的任何看起来合理的壁垒",除
非现行价格下的需求弹性随着企业的需求曲线的左移而下降。随着产量的减少,
现行价格下的需求弹性下降得越多,企业面临的边际收入曲线将越向左移,企业降
价的动机也就越弱。

戴维·罗默对这个问题的本质总结如下:"如果古典的二分法不成立的话,那
么其原因一定是边际成本没有剧烈下降来回应需求推动的产出收缩,或者是边际
收入剧烈减少,或者是这两种情况的结合"(D. Romer, 1993)。需求弹性的周期敏
感性越强,或者边际成本的周期敏感性越弱,实际价格刚性就越大。因此实际刚性
程度越高,名义冲击造成的实际后果就越大(见 D. Romer,2001)。

参考下面这个大家熟知的追求利润最大化的垄断竞争企业所面临的加价定价
方程式,我们可以更容易地理解上面所讨论的几个问题(见 Pindyck and Rubinfeld,
1998,p. 340)。利润最大化要求企业生产达到边际收入($MR$)等于边际成本($MC$)
的产出水平。边际收入可用如下等式的形式来表示:

方程 7.5 $$MR = P + P(1/\eta)$$

这里,$P$ 是企业的价格,$\eta$ 是需求的价格弹性。因此利润最大化要求:

方程 7.6 $$P + P(1/\eta) = MC$$

通过调整方程 7.6,我们得到方程 7.7:

方程 7.7 $$\frac{P - MC}{P} = -1/\eta$$

这个方程也可以重组,使价格在边际成本基础上加价得出。这个加价方程用
下式表示:

方程 7.8 $$P = MC \frac{1}{1 + 1/\eta}$$

因为边际成本等于名义工资($W$)除以劳动的边际产出($MPL$),我们最终得到方
程 7.9:

方程 7.9  $$P = \frac{W}{MPL}\left(\frac{1}{1+1/\eta}\right)$$

括号里面的因子代表加价,加价空间大小与需求弹性的变化相反(记住 $\eta$ 是负数)。方程 7.9 说明当 $MC$ 减少时,如果加价因子足够提高抵消 $MC$ 的减少(见 Stiglitz,1984),P 不会减少。方程 7.9 还指出,如果需求弹性不下降,并且 $MPL$ 没有随着劳动投入的减少而大幅提高的话,那么在存在菜单成本的情况下改变价格的动机会很弱(见 Hall,1991)。罗滕伯格和伍德福德提出,当经济繁荣时,企业所渴求的加价利润会下降,这是因为此时维持寡头垄断的合谋显得越来越困难;也就是说,在经济活跃时期,行业竞争性在加强(Rotemberg and Woodford,1991)。当经济衰退时,寡头企业私下合谋增多,导致作为实际刚性的加价利润呈反经济周期变化,放大了相对较小的菜单成本对名义刚性的影响(D. Romer,2001)。

### 7.7.1  实际价格刚性的其他来源

前面我们已提到了边际成本对产出波动的适度敏感和需求弹性的正周期性(意味着加价利润的反周期性)会导致实际价格刚性。新凯恩斯主义文献还指出了促成实际价格刚性的其他几个潜在来源。

**稠密市场的外部效应**  在现实世界里,买卖双方能够碰面是需要付出搜寻成本的。消费者需要花费时间来搜寻自己想购买的商品,企业需要通过各种广告以吸引顾客的注意。雇员和雇主也需要花费时间和资源在市场上搜寻。当经济活动活跃时市场处于稠密状态,其搜寻成本要低于以贸易活动低迷为特征的稀薄市场,这一点听起来很合理(见 Diamond,1982)。人们也可能更愿意参与稠密市场,那里贸易活动频繁,这也就形成了战略互补;也就是说,一家企业的最佳贸易活动水平取决于其他企业的活动水平。如果这种稠密市场的外部效应有助于边际成本曲线在市场衰退时上升而在市场繁荣时下降的话,那么它就促进了实际价格刚性。

**顾客市场**  奥肯研究了拍卖市场和顾客市场之间的差别(Okun,1975,1981)。顾客市场的重要特征是相对于购买频率而言搜寻频率要低(McDonald,1992)。绝大多数商品是经过一系列的逛店过程才购买的;只要搜寻市场的成本并不是那么微不足道,买方掌握的有关市场最低价的信息总是不完全的(有限的)。由于与逛商场过程有关的搜寻成本的存在,卖方总是或多或少有些垄断力量,即使市场上有大批的厂家出售相似的产品。因为大多数顾客会多次购买,厂家为了自身利益,会设法阻止它们的顾客在市场上搜寻更优惠的价格。厂家因此不愿频繁变动价格，因为这会鼓励顾客产生到其他地方再看看的动机。与价格调高时顾客会立即发现形成对比，顾客对降价的最初反应小得多，因为这个降价信息传递到其他厂家的顾客需要一定的时间。顾客对涨价和降价反应速度的差别，以及厂家想留住老顾客的意愿，都会倾向于产生相对价格黏性（对顾客市场的精彩讨论，见 Phelps，1985）。

价格刚性和投入-产出列表　戈登注意到现实世界里决策的复杂性，典型的过程是，成千上万的企业购买成千上万的零部件，而这些零部件又包含了来自其他众多企业（其中很多是海外的企业）的成千上万的原料（Gordon，1981，1990）。"一旦承认了供应商-生产商两者关系的去中心化和多样性，就没有一个单个企业能采取行动消除整体经济周期。"（Gordon，1981，p. 525）

因为企业是通过一个复杂的投入-产出列表与其他成千上万的企业相联系的，所以它不可能知道供应商-生产商关系网上所有其他参与者的身份。正是因为这种复杂性，我们难以确定在总需求冲击发生之后，边际收入和边际成本是否会一起同向运动。也不能确定总需求减少之后，单个企业的边际成本的变化是否会与对其产品的需求减少成比例。它的供应商可能有很多是国外的厂商，面临着不同的总需求环境。在这种情况下，某一企业降价的结果可能更容易遭受破产，而不是为消除经济周期做贡献，因为一个典型的企业同时受制于当地的和整体的需求冲击和成本冲击。戈登认为，在这样的世界里，没有哪个企业会冒盯住名义 GNP 指数的风险，这样做会使它为应对各种各样的冲击而牺牲自由和灵活性，而这些冲击能影响它的边际收入和边际成本的位置。既然当边际成本和总需求有很大的独立性时，盯住指数是人们所不愿为的，于是戈登的投入-产出理论不仅解释了实际价格刚性，而且实际上变成了关于名义刚性的理论。价格逐渐调整的根本理由在于：这种调整方式代表了在一个不确定的和信息最终不完全的世界里运营的企业所能采取的最安全的行动方式。（Gordon，1990）

显然，在每个时期，设定价格的企业为理性定价行为所需掌握的需求信息是庞大的。它们不仅需要知道它们的需求和成本曲线的位置和形状，而且还需要预测出在投入-产出列表中其他所有企业的定价行为。因为企业的需求和成本曲线会受到总需求的影响，企业还需预测出所有影响总需求的相关宏观变量的数值。简言之，垄断竞争企业内部的决策者必须是一流的一般均衡理论家并且拥有完全的信息！有了上述这些复杂性，企业倾向于遵循简单的加价定价规则也许是次优的做法。如果其他企业也这么做的话，遵循这一规则的动机便得到加强，因为这能确

382

保企业保持其相对价格,将有可能使其损失最小化(见 Naish,1993)。企业可遵循的另一个简单规则是:等到其他企业调高或调低价格后再做出变化调整。这产生了先后定价的过程,意味着价格水平将需要更长时间的调整以回应总需求的冲击。

**资本市场的不完全性** 想要寻求外部融资的企业面临的一个重要障碍是借款人和贷款人之间的信息不对称问题,即借款人比贷款人更清楚自己投资项目的成功可能性和质量。这个问题的后果之一是企业外部融资要比内部融资代价更为昂贵。在经济繁荣期,企业能赚取更多的利润,使其有更多的内部资金来支持各种项目。因此在经济衰退时期,由于更多地依赖外部资金,企业的融资成本上升。如果资本的成本呈反周期性,这也容易使一个企业的成本在经济衰退期上升(见 Bernanke and Gertler,1989;D. Romer,1993)。

**根据价格判断质量** 斯蒂格利茨强调了另外一个导致企业面临需求下降时不愿调低价格的原因(Stiglitz, 1987)。在市场上,顾客对需要购买产品的性能所掌握的信息并不完全,价格就有可能作为产品质量的信号。企业降价会冒这样一个风险:顾客(或潜在顾客)会把这种降价行为理解为产品质量的下降。

考察完产品市场中实际刚性的几个潜在来源之后,接下来我们转向考察劳动力市场的实际刚性。如果遭遇需求扰动时实际工资是刚性的,这将在很大程度上减弱企业为回应这种扰动而改变价格的动机。

383

### 7.7.2 实际工资刚性

在阐述名义工资刚性的后果和为这种惯性提供一个普遍能接受的理论解释方面,经济学家们做前一项工作比后一项要强得多。名义刚性允许总需求波动产生实际的效果,同时为经济周期提供了一个非市场出清的解释。然而,凯恩斯经济学家也希望解释自 20 世纪 70 年代早期开始出现在主要工业国家的持续的高失业率(特别是 80 年代发生在欧洲的),这种高失业率已经成为这些国家劳动力市场的一个主要特征(见表1.4)。在新古典货币和实际经济周期模型里,所有的参与者都是价格的接受者。完全的和即时的价格和工资灵活性保证了劳动力市场总是出清于一个瓦尔拉市场出清的实际工资水平。在新凯恩斯主义世界里,价格制定者占支配地位,实际工资的均衡点会出现在与市场出清的实际工资不同的地方。斯蒂格利茨(Stiglitz, 1987)把市场均衡定义为"一种没有参与者有动机改变他们目前行为的状态",并且在关于实际工资刚性的新凯恩斯模型中,均衡可以不以市场出清(即需求等于供给)为特征。涉及实际工资刚性的模型能够在长期均衡中产生非自愿的失业;与之对比的是,在新古典模型中,每个人都处在各自的劳动力供给函数上,均衡状态下的失业是自愿失业。当卢卡斯主张丢弃大部分失业是非自愿的观点(Lucas, 1978a)时,索洛却认为"看似非自愿的失业,其实就是非自愿的失业"(Solow, 1980,也见 Hahn, 1987; Blinder, 1988a)。

新凯恩斯主义对实际工资刚性的解释主要分为三类:(1)隐性合同理论;(2)效率工资理论;(3)内部人-外部人理论。因为新凯恩斯理论家主要研究第二、第三种理论,所以我们只简要评论一下隐性合同理论。读者可以参考罗森(Rosen, 1985)和提姆布雷尔(Timbrell, 1989)的著作,他俩对隐性合同的理论文献作了全面的介绍。同时我们也该注意到费尔普斯把实际工资刚性理论与新凯恩斯理论分开来看,并把它归入"结构主义学派"(Phelps, 1990, 1994)。

384 　　　隐性合同模型　　最初的隐性合同模型是由贝利(Bailey, 1974)、D. F. 戈登(Gordon, 1974)和阿扎里亚迪斯(Azariadis, 1975)提出的。随着自然率假说的发展(Friedman, 1968a; Phelps, 1968),经济学家们将更多的注意力投入模拟劳动力市场的行为,这一行为是行为最优化的结果。"新"微观经济学理论(Phelps et al., 1970)的主要贡献是它解释了为什么失业的自然率是正数。然而,劳动力市场的换手率显得要比搜寻理论所暗示的小得多。另外,工资频繁地偏离边际生产率。隐性合同理论寻求理解是什么东西形成了"经济黏合剂"把工人和企业结合成长期的关系,因为是这种长期的安排而不是瓦尔拉拍卖师模式支配着劳动力市场。因为企业想要工人保持忠诚度,所以它们发觉有必要与工人达成一个不成文的(或隐性的)默契。这种"看不见的握手"给每一个工人提供了关于在各种工作环境下有怎样的工作关系条件的保证。贝利、戈登和阿扎里亚迪斯的模型考察了建立在风险中性的企业和风险厌恶的工人之间的最佳劳动合同的后果。在这种情形之下,工资不仅是对劳动者服务的酬劳,而且是为防止经济冲击带来收入起伏的风险所加的一份保险。一份固定的实际工资平顺了单个工人的消费流,而企业给工人提供这份"保险"的原因在于它们要比工人在承受经济波动能力方面强得多,考虑到它们更容易参加资本市场和保险市场。因为企业能长期支付稳定的工资,所以工人们为他们自身着想,愿意接受一份平均水平较低的实际工资(低于由市场力量决定的可变工资的平均水平)。

这一方法的一个主要问题是它预言了当经济气候恶化时工人们将会分享工作而不是被辞退。这个理论也不能说明为什么企业不付给新员工较低的工资。在试图矫正这个关于实际工资刚性的解释的种种弱点的过程中,新凯恩斯主义经济学家已经发展了关于工资惯性的效率工资模型和内部人-外部人模型(见 Manning,1995)。

效率工资模型　任何一个能令人接受的有关非自愿失业的描述都必须阐明为什么失业的工人不能通过竞争的方式把工资降低到全员就业的水平。效率工资理论认为企业降低实际工资对自身并不有利,因为工人的生产力(努力程度或工作效率)并非独立于实际工资;相反,实际工资与工人的努力程度是相互依赖的,至少在某些有意义的范围内是这样。耶伦(Yellen,1984)、阿克洛夫和耶伦(Akerlof and Yellen,1986)、卡茨(Katz,1986,1988)、黑利(Haley,1990)、韦斯(Weiss,1991)、阿克洛夫(Akerlof,1979,2002)以及斯蒂格利茨(Stiglitz,2002)等新凯恩斯主义者都对效率工资理论作了认真的研究,戈登称之为"80 年代的风尚"(Gordon,1990)。

索洛为效率工资模型提供了一个基本的结构(Solow,1979)。在索洛的模型中,工资黏性对雇主是有利的,因为削减工资将会降低生产率并提高成本。因为工资是作为劳动投入的放大因素出现于企业的短期生产函数中的,所以追求成本最小化的厂商会偏爱实际工资刚性。这可以用以下的等式来说明(见 Yellen,1984;Katz,1988)。假定一个经济里所有企业都是相同的且是完全竞争的,每个企业都有相同的生产函数,如方程 7.10 所示:

方程 7.10　　　　　　　$Q = AF[e(w)L], e'(w) > 0$

这里,$Q$ 是企业的产出,$A$ 代表生产率变换因子,$e$ 是每个工人的努力程度,$w$ 是实际工资,$L$ 是劳动力投入。努力程度假定为实际工资的增函数,并且所有工人假定是相同的。企业的目标是使其利润($\pi$)最大化,如下式所示:

方程 7.11　　　　　　　$\pi = AF[e(w)L] - wL$

因为努力程度以 $e(w)$ 计入利润等式,削减实际工资会降低企业利润,只要实际工资尚未达到使工人努力程度最大化的水平。如果企业能以它开出的工资雇到所有它想要的劳动力,那么它会提供一个效率工资 $w^*$ 来使其利润最大化。这个 $w^*$ 要满足两个条件。其一是工人努力程度的工资弹性为1。换言之,这表示企业应该这样设定工资,使得单位有效劳动的劳动成本最小化。这由图 7.5 说明。小图(a)由 $E$ 表示的努力曲线反映了工人努力与实际工资之间的关系。实际工资越高,工人就越努力。一开始,出现一段回报递增的区域:当实际工资增加时,激发了工人努力(生产率)超比例的增加。每英镑(美元)实际工资的努力用 $e/w$ 来衡量。这个比率在点 $M$ 处达到最大值,$OX$ 与努力函数相切于 $M$。努力曲线的倾斜度($e/w$)与每效率单位的工资成本($w/e$)反向:当 $E$ 的倾斜度增加时,单位有效劳动的工资成本在减少,反之亦然。w/e和w的关系如图7.5里的小图(b)所示。既然$e/w$在$M$点最大化,这时的效率工资是$w^*$,单位有效劳动的工资成本也在实际工资取值为$w^*$时达到最小值(见Stiglitz,1985,p.5)。

386

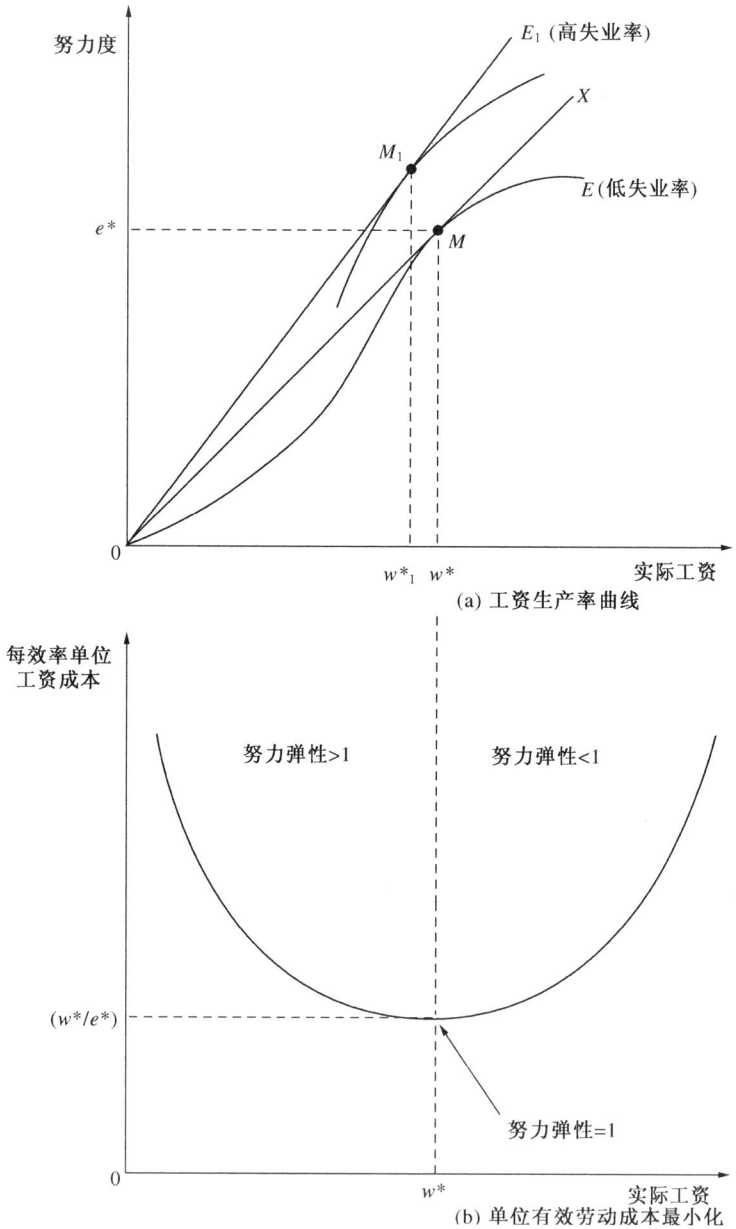

(a) 工资生产率曲线

(b) 单位有效劳动成本最小化

图 7.5　效率工资和索洛条件

334 —

现代宏观经济学:起源、发展和现状

第二个利润最大化的条件是企业雇佣的劳动力数量应该使其边际产出等于效率工资。

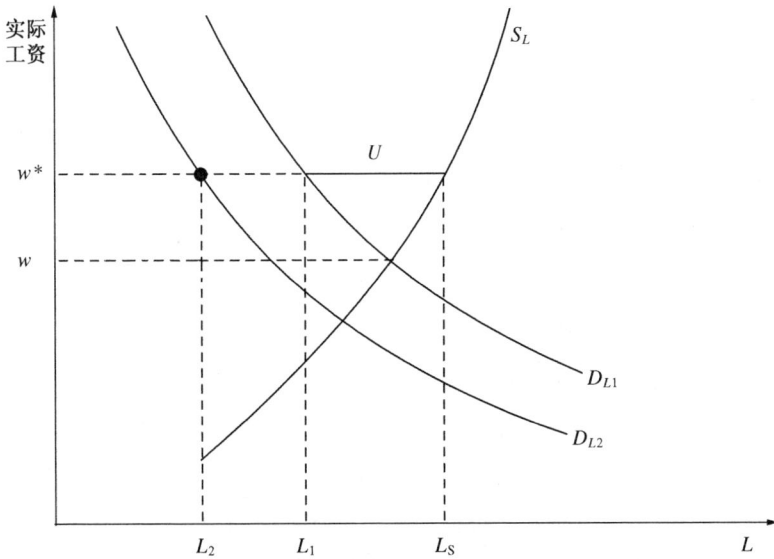

图 7.6　在效率工资模型里的自愿失业

如果在工资水平 $w^*$ 下，劳动力总需求小于劳动力总供给，则非自愿失业是市场均衡的要求。因为最佳工资率 $w^*$ 不取决于就业水平或是生产率变动参数($A$)，某一改变劳动力总需求的冲击会导致就业的改变，但不会使刚性的实际(效率)工资发生变化。这些观点如图 7.6 所示。$D_{L1}$ 表示在某一给定的努力水平($e^*$)下的劳动力边际产出。如果效率工资高于市场出清工资($w$)，那么市场均衡与非自愿失业(用 $U$ 表示)在逻辑上是连贯的。如果某一冲击将劳动力需求曲线推移至 $D_{L2}$，则非自愿失业将增加，因为效率工资仍保持在 $w^*$ 水平。只有当市场出清工资高于效率工资时，非自愿失业才会消失(见 Abel and Bernanke，2001)。在 $w > w^*$ 的情况下，企业被迫支付市场出清工资，但是 $w^*$ 总有可能大于市场出清工资，在接下来的章节中我们将讨论出现这种状况的原因。如果说失业的上升会影响到在职工人的努力程度，那么努力曲线将呈上升趋势，如此一来，工资会降低到使得 $e/w$ 最大化的水平。这种可能性由图 7.5 说明：努力曲线从 $E$ 移至 $E_1$。现在 $e/w$ 比率在 $M_1$ 点达到最大值，新的效率工资 $w_1^*$ 随之出现。

到目前为止，我们假定努力与实际工资正相关。现在我们必须考察由新凯恩斯主义理论家提出的可以解释这种正相关关系的原因。艾尔弗雷德·马歇尔清楚地认识到,工人的生产率与实际工资必须在一定范围内正相关;他观察到"一般来说,高薪劳动者的工作效率也高,因此不能说他们是昂贵的劳动力"(Marshall,1920)。更晚些时候,效率工资的思想再次出现在与发展经济学有关的文献里(Leibenstein,1957;Bardhan,1993)。在发展中国家,高工资增加了工人的营养,从而提高了工人的物质福利,所以高实际工资是通过减少营养不良来提高劳动力效率的。在发达国家,绝大多数工人有充足的营养,所以我们需要不同的思维方式。

现代效率工资理论通常与选择和动机问题相联系,我们可以找到四类效率工资理论:(1)逆向选择模型(例如,Weiss,1980);(2)劳动力转换模型(例如,Salop,1979);(3)怠工模型(例如,Shapiro and Stiglitz,1984);(4)公平模型(例如,Aker-lof,1982)。我们将会依次讨论这四种模型。阿克洛夫和耶伦(Akerlof and Yellen,1986)汇集过以上四种模型的相关论文。

**逆向选择模型**　在逆向选择模型中,支付高工资的企业会吸引最优秀的工人。因为劳动力市场由不尽相同的许多个人组成,企业对每个求职者的生产率水平不可能完全了解;劳动力市场是不对称信息占主导地位的市场的一个好例子。当不对称信息存在时,交易一方总会比另一方掌握更多的信息。在这种情形之下,在被雇佣之前求职者比雇佣者更了解自己的能力、诚实度以及奉献精神。他们会试着向潜在的雇主发送有关他们自身情况的信号,比如学历、先前的工作经验以及如果他们所要求的工资水平(关于职场信号的讨论,见 Spence,1974)。因为雇佣和解雇工人的成本并非微不足道,所以企业不愿在招工之后发现它们有必要辞退那些生产率水平不高的员工。在发现有些员工不够标准之前,企业还可能需要投入可观的资源来培训新员工。企业避免出现这类问题的方法之一就是向劳动力市场发出支付高薪的信号。在韦斯提出的模型里(Weiss,1980),企业给付的工资会影响到求职者的人数和质量。如果说工人的能力与他们的最低意愿工资有密切联系的话,那么较高的工资会吸引工作能力最强的求职者,而任何一位愿意为低于效率工资而工作的求职者将会视为一个潜在的"无用之人"。在当前的工资条件下,即使愿意工作的劳动力供给过剩,企业也不愿降低工资水平,因为这样做极有可能会使能力最强的工人自愿退出申请。这些影响的结果是非充分就业均衡的形成。为了避免逆向选择问题,企业会尝试采用筛选测试装置,但是这种措施有成本,就像员工被雇佣后持续的监督也需要成本一样。

**劳动力换手模型**　企业愿意给付高于市场出清工资的效率工资的第二个原因是为了减少高昂的劳动力换手成本。这个思路的灵感来源于费尔普斯(Phelps,

1968)以及其后他和其他人为自然失业率和搜寻行为所做的开创性的解释(Phelps et al.,1970)。这里所说的思想是指,如果企业给付一份高于现行水平的工资,那么工人辞职的愿望会大大降低。因为辞职比率与实际工资成反比,企业就有动机支付一份效率工资以减少代价高昂的劳动力换手。在萨洛普(Salop, 1979)的模型中,劳动力市场的均衡需要非自愿性失业,因为所有的企业都需要提高工资以阻止工人流失。在失业人数增加的情况之下,阻止劳动力换手所必需的额外工资将会下降。

怠工模型 大多数职业的劳动合同是不完整的,这使工人对其出力多寡有一定的自决权。因为合同不可能规定工人行为和责任的方方面面,所以就有了"努力自决权"(见 Leibenstein, 1979,可参考到类似的方法)。由于搜集有关每个工人生产效率的信息和持续监督工人相当耗费企业的成本,所以支付一份高于市场出清均衡水平的效率工资可以成为一种防止工人怠工的激励因素。这种怠工行为在以团队合作为特征的工作场所尤其难以被发现并加以监督。

信息不对称产生问题的类型有进一步的例证:工人改变他们的努力程度是有可能的。工人比他们的雇主更加了解自己的努力水平。这种不对称造成了一个"主顾-代理人"问题。只要经济行为人之间存有某种关系并且其中一个人的福利取决于另一人的行为,即当主顾的福利受到代理人的作为(或不作为)的影响时,代理关系就会发展下去。在劳动力市场的情形下,主顾就是企业的所有人,而经理和工人就是代理人。在这种情况下,减少怠工问题的一个办法就是给付一个效率工资。

解雇的威胁并非一个有效的阻止怠工的办法,因为在劳动力市场上工人可以很快找到给付相同水平工资的工作。然而,当一个企业给付一个高于其他地方可获得的工资,或者失业现象存在时,工人就有动机不再怠工,因为现在被解雇的成本变得实际,对每个工人而言,怠工也变得更有风险。在夏皮罗-斯蒂格利茨于1984年建立的模型中,给付效率工资是工人怠工的负激励,而均衡状态下的非自愿失业是企业面临的监督不完全问题的结果,"在不完全监督和充分就业的情况下,工人们会选择怠工"。现在工人得到一份高于现行水平的工资后,若被发现怠工的话,他们将面临实际的惩罚。但是,正如夏皮罗和斯蒂格利茨指出的:"如果一个企业提高薪酬的话,其他所有的企业也会提高薪酬。"(Sharpiro and Stiglitz, 1984)由于实际工资普遍水平的提高会增加失业,即使所有企业支付同样的效率工资,工人再次有动机不怠工,因为一旦被发现怠工,他们将会面临长期失业的可能性。失业"后备军"的作用好像一个抑制怠工的装置。因此,第 $i$ 个企业雇佣的工人的努力程度(或生产率)$e_i$,是第 $i$ 个企业所付工资 $w_i$、其他所有企业所付的工资 $w_{-i}$,以及失业率 $u$ 这三者的函数。其等式显示如下(7.12):

方程 7.12 $$e_i = e_i(w_i, w_{-i}, u)$$

当所有企业给付相同的工资($w_i = w_{-i}$)时,怠工与就业水平正相关。不怠工约束线(no-shirking constraint,NSC)表示在每一就业水平下的最低工资,低于这个最低工资怠工将发生,如图 7.7 所示。在图 7.7 中,市场出清工资为 $w$。然而,可以从图中很明显地看出,不怠工和充分就业并不一致。为激励工人不怠工,企业必须付出一份高于 $w$ 的效率工资。如果所有企业都提供效率工资 $w^*$,那么工人因害怕失业而不敢怠工。图 7.7 还显示,需要付出的高于 $w$ 的工资数额随失业的增加而减少,同时效率工资 $w^*$ 和就业水平 $L_0$ 通过非自愿失业均衡水平(用 $L_F - L_0$ 表示)相联系。因为 NSC 永远在劳动力供给曲线的上方和左方,所以在均衡状态下总会有一定的非自愿失业。

NSC 会向左移动,如果企业减少其监督强度和(或)政府提高失业补偿。不管前面哪种情况,为阻止怠工所需的工资在每一就业水平下都比原先要高。NSC 的变化(不论是前面哪种原因造成的)在图 7.7 中用从 $NSC_0$ 移至 $NSC_1$ 来表示。移动后的均衡用 $E_1$ 表示,表明此模型预测,作为前述变化的结果,效率工资将提高,非自愿失业率也将提高。

391 　　**公平模型** 最近几年,一些经济学家已经考察了"不公平工资"和减薪对员工努力程度的负面效应,减薪使得工作场所的士气下降,从而影响到员工的工作效率。社会学模型强调下面一些因素,诸如工资相对性、社会地位、有关权益相对的被剥夺、忠诚、信任以及平等的重要性。在一系列的文章中,阿克洛夫(Akerlof,1982,1984)、阿克洛夫和耶伦(Akerlof and Yellen,1987,1988,1990)回应了索洛的《国产社会学》(Solow,1979,1980),并且发展了一些关于在劳动力市场上感受平等和公平的需要能阻止企业给付过低工资的模型。瑟罗(Thurow,1983)、布林德(Blinder,1988a)和索洛(Solow,1990)也指出这种社会经济学的调查方法在解释持续失业方面是有成效的。近来,乔治·阿克洛夫在诺贝尔奖纪念演讲(Akerlof,2002)中,提出了通过融合一些假设可以加强宏观经济学理论的有力理由,这些假设把行为因素(如认知偏见、互惠、公平、人员集中和社会地位)考虑在内。阿克洛夫认为这样做之后宏观经济学将"不再遭受新古典综合'随意性'之苦,新古典综合忽视了《通论》中强调的心理学和社会学因素作用的重要性"。既然阿克洛夫视凯

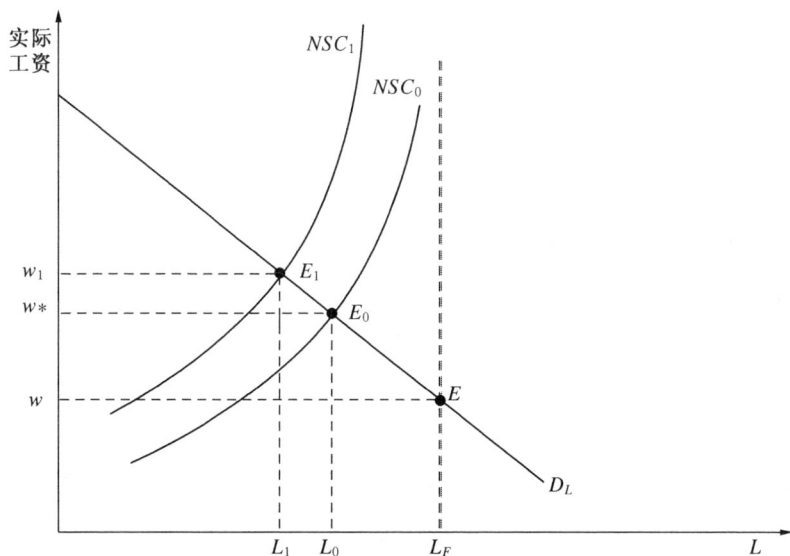

图 7.7  怠工模型

恩斯的《通论》为"现时代之前对行为经济学做出的最大贡献",经济学家们似乎需要重新发现宏观经济行为"野性的一面",以便开始建构"一个不要过于理性的宏观经济学"(Leijonhufvud,1993)。

很多经济学家都赞同阿克洛夫的观点并对那些用商品市场或金融市场的方法来构建的劳动力市场模型持批评态度。新古典主义经济学家采用的灵活的价格-拍卖模型似乎与我们所观察到的劳动力市场行为并不相像。劳动力投入与其他非人力投入在生产过程中有着根本的区别:

1. 工人有喜好、有感情,而机器和原材料没有。

2. 工人需要激励措施,机器不需要。

3. 对机器的生产性能在购买之前就可以有相当的了解,所以有关质量的信息不对称问题不是很突出。

4. 工人会罢工,或因健康状况不佳、压力太大等等问题而"停工";机器也会停工,但永远不会为了更高的工资和更多的休假而罢工。

5. 与资本资产相比,人力资本更加缺乏流动性,而且风险更大。

6. 工人通常需要培训,而机器不要。

7. 人力资本无法与其所有者分开,而非人力资本却可以。

8. 工人的效用函数是相互依赖的,而不是独立的。

由于这些重要的区别,工人的生产效率是可以自决的变量;工人的努力程度或产出并非独立于工作环境的各种变化,它在事先既不给定,在未来也不固定(也可参见 Leibenstein,1979)。机器不会因其价格波动而生气,也不会在被关掉时恼怒。相反,工人不会对他们的工资漠不关心,也不会在违背他们意愿被解雇时保持镇定。出于这些以及其他的一些原因,在劳动力市场上,公平的概念似乎成为决定结局的一个重要因素。正如索洛认为的,"公平概念以及关于何为公平、何为不公的信念在劳动力市场行为中扮演了重要的角色,思索这个问题的最基本的原因就是我们一直在谈论它"(Solow, 1990)。"公平"与"不公平"这两个词甚至曾被新古典主义经济学家在大学院系会议上使用过!

引进社会学元素作为对效率工资的解释的第一个正式的模型可见于阿克洛夫的重要文章(Akerlof, 1982),这篇文章把公平问题作为讨论的中心内容。根据阿克洛夫的解释,企业是要通过争取才能获得工人的合作意愿,因为劳动合同是不完全的,并且团队作业是常态。阿克洛夫的桃李相报模型的精髓可简洁地概括为"按酬出工"。从日常观察可以看出,每个人生来就有被公平对待的心理需要,否则他们的士气就会受挫。在阿克洛夫的模型中,工人的努力程度是其士气的正函数,而对他们士气的主要影响是他们在到达一定的工作水准(被认为是正常的水准)后所得到的薪酬。如果企业付给员工高于现行市场工资率的工资,那么工人将会提高他们的团队工作标准,用更高的生产力来回报企业给付的更高的工资。

在接下来的研究工作中,阿克洛夫和耶伦发展了他们所谓的"公平的工资-努力假说"(Akerlof and Yellen, 1990),这个假说源于平等理论。在工作场所中,小组成员之间的个人交往和潜在的冲突关系是不可避免的。因此,有关公平的问题从来没有远离我们。既然没有绝对的方法来衡量公平,人们在衡量自己是否受到公平对待时会拿组内其他成员的情况作参考。衡量公平是通过和处在类似工作环境的工人(企业内部和外部的)相比较来实现的。这样,单个工人的效用函数可以总结为方程 7.13:

方程 7.13 $$U = U(w/\overline{w}, e, u)$$

这个工人的效用($U$)依赖如下因素:相对于观察到的"公平"工资($\overline{w}$)的实际工资($w$)、工人的努力程度($e$)以及失业率($u$)。假使工人想要把这个函数值最大化,他们付出的努力取决于在既定失业率情况下 $w$ 与 $\overline{w}$ 的关系。那些感到自己未受到公平对待的($w < \overline{w}$)工人便会相应地调整他们的努力程度。"工人对他们的努力程度进行调控的能力,为了回应不公正而采取这种调控行为的意愿,构成了公平

393

工资-努力程度假说的基础"(Akerlof and Yellen，1990，p. 262)。就像在夏皮罗-斯蒂格利茨的模型中企业面临一条不怠工约束线一样,在公平版本的效率工资模型中企业面临一条"公平工资约束线"。由于公平工资高于市场出清工资,这一体系所能产生的均衡与非自愿失业相伴。

这种解释实际工资刚性的开创性方法的本质是：当工人感到自己未受公平对待时,企业人力资本的士气很容易被挫伤。那些看重自己作为雇主的声誉以及想要提高劳动力士气和忠诚度的企业,一般都会倾向于支付一份让人感觉公平的效率工资。

美国企业家亨利·福特似乎赞同马歇尔的观点,即一般来说,"高薪劳动者的工作效率也高,因此不能说他们是昂贵的劳动力"。1908 年的秋天,亨利·福特着手生产著名的 T 型福特车。在 1908 年到 1914 年期间,他率先发明了大规模生产技术,这成为"美国生产体系"的主要特征(Rosenberg,1994)。福特发明的组装线生产法需要的是相对不太熟练的工人,而不是先前所需要的能够一辆一辆组装汽车的熟练技工。第一条活动的组装线于 1913 年 4 月开始运行,但对福特来说不幸的是,大规模生产技术的引进彻底改变了工作环境并导致了旷工次数和换手率的大量增加,代价很大。1913 年,福特员工的年换手率达到 370%,每天旷职人员比率达到 10%。1914 年 1 月,福特为了解决这个问题提出了一个薪金制度,即超过 22 岁的男性员工(至少在本公司工作六个月)每天工作八个小时的报酬是 5 美元。此前,同样的员工一天工作九个小时才能拿到 2.34 美元的报酬。在一定的劳动生产率水平下,工资的增加必然造成单位劳动力成本的增加,当时的评论家认为福特的办法预示着企业利润必然会降低。然而,福特的新工资政策的结果是,员工旷职率急剧下降了 75%,工人换手率下降了 87%,生产效率大幅提高了 30%,T 型福特车的价格降低了,公司的利润也增加了。福特似乎是最先应用效率工资理论的企业家之一。之后,亨利·福特将他支付员工一天 5 美元的决定描述为"我们所采取的最好的降低成本的措施之一"(见 Meyer,1981；Raff and Summers,1987)。目前没有迹象表明 1914 之前福特在招聘员工方面遇到过什么麻烦,也没有迹象显示新工资政策是为了吸引更高技能的员工才引进的。对这个政策最合理的理解是它对员工努力程度、工人换手率、旷职率以及士气等方面产生的正面影响。拉夫和萨默斯总结道(Raff and Summers,1987),福特推出的"具有超强竞争力的"工资确实产生了"可观的生产效益和利润",而且此案例研究"强烈支持"了一些效率工资理论的相关性。

内部人-外部人理论　为什么失业者不愿意接受低于当前付给就业工人的工资而工作呢？如果他们这样做了，工资会因竞争而降低，而就业率会增加。这里，似乎有不成文的第十一条戒律："你们不要允许通过报低工资价格和从你们同伴那里窃取工作而犯下工作偷盗。"内部人-外部人理论也尝试解释为什么实际工资刚性在非自愿性失业情况下能持续存在(见 Ball，1990；Sanfey，1995)。

以内部人-外部人方法来解释实际工资刚性于 1980 年代由林德贝克和斯诺沃(Lindbeck and Snower，1985，1986，1988a，1988b)的一系列贡献而发展起来。在这个模型里，内部人是指在职的受雇佣者，外部人是指失业者。在效率工资模型中，决定支付高于市场出清水平工资的是企业；而在内部人-外部人方法中，焦点转向了内部人的力量，他们至少部分决定着工资和雇佣决策。这里，没有假定工资对生产力有直接的影响。

内部人的权力来自何处？根据林德贝克和斯诺沃的观点，内部人权力是换手成本的结果(Vetter and Andersen，1994)。这些成本包括了聘用和解聘的成本，例如在劳动力市场搜寻、登广告、雇员身份审查、谈判雇佣条件、法定解雇补偿金和诉讼费用等相关成本。其他重要的成本与生产有关，产生于培训新员工的需要。除了这些大家熟知的换手成本，林德贝克和斯诺沃还强调了一个较为新颖的成本形式——内部人对新员工采取合作还是排斥态度的能力和动机，这种动机与外来人的级别有关(Lindbeck and Snower，1988a)。如果内部人感觉到他们的地位正受到外部人的威胁，那么他们就会拒绝与新进者合作，不愿培训他们，还会把工作生活弄得不愉快。通过增加工作的负面因素，造成了外部人的最低意愿工资上升，使得聘用外部人对企业的吸引力降低。合作和排斥活动由员工自己掌握，从这个意义上说，他们可以通过自己的行为对换手成本造成相当大的影响。

由于高换手率的企业不仅缺乏工作保障而且晋升的机会也很有限，所以工人们少有或者没有想在雇主那里建立良好声誉的动机。低迷的工作积极性破坏了生产力，这是高昂的劳动力换手成本的又一代表。

因为用失业的外部人替代企业在业工人的代价较高，所以内部人就有能量来要求分享经济租金，这种经济租金产生于换手成本(为避免高昂的换手成本企业有动机付出某些代价)。林德贝克和斯诺沃认为工人在工资谈判过程中有很强的议价能力来获得这种经济租金的一部分(Lindbeck and Snower，1988a)。虽然工会不是形成内部人力量的必要条件，但工会可以通过组织威胁罢工、不合作(以拒做分外之事的形式)来增强内部人力量(关于工会议价模型和失业的讨论，见 McDonald

　　尽管内部人-外部人理论的提出最初是为了解释非自愿失业,它也产生了其他一些重要的预测(见 Lindbeck and Snower,1988b)。首先,内部人-外部人理论暗示了改变劳动力需求的显著的总量冲击可能会对工资、就业和失业产生持久的影响。在劳动力换手成本高并且工会力量强大的国家里,这种"影响的持久性"会相当显著。第二,在冲击较轻微的情况下,高换手成本的企业有储存劳动力的动机,这样可以缓和就业的起伏变动。第三,内部人-外部人模型为"双重的劳动力市场"的许多特征提供了理性基础。第四,这个理论暗示了失业人口的构成。林德贝克和斯诺沃认为"失业率在工作履历相对不稳定的人群中会比较高"(Lindbeck and Snower,1988b)。这就解释了为什么年轻人、女性及少数民族群体通常失业率相对较高。

396

　　虽然内部人-外部人理论和效率工资理论对非自愿失业做出了不同的解释,但它们并非不能兼容,相反它们是互为补充的,这是因为非自愿失业的人数"可能取决于企业愿意付出什么和工人有能力得到什么"(见 Lindbeck and Snower,1985)。

## 7.8　新凯恩斯主义经济周期理论

　　新凯恩斯主义经济学家承认产生总量扰动的冲击来源可出自供给和需求两个方面。然而,新凯恩斯主义者认为,经济中存在的一些摩擦和缺陷,会放大这些冲击,从而导致实际产出和就业的大幅波动。对新凯恩斯主义者而言,重要的课题并不在于研究冲击的来源,而在于研究经济是如何应对这些冲击的。

　　在新凯恩斯经济学内部,对总量波动问题的研究又分为两个流派。占主体地位的方法强调名义刚性的重要性。另外一个方法追随凯恩斯(Kaynes,1936)和托宾(Tobin,1975),探究工资和价格灵活性所具有的潜在的不稳定作用。我们将一一考察这两种方法。请看图 7.8。小图(a)中,我们展示了货币供应下降的影响使得总需求从 $AD_0$ 移到 $AD_1$。如果菜单成本和实际刚性的共同作用使得价格水平在 $P_0$ 处保持不变,则总需求的下降将使经济从 $E_0$ 点移到 $E_1$ 点,见小图(a)。产出的下降减少了对劳动力的有效需求。小图(c)中,有效劳动力需求曲线($D_L$)表示不同水平的产出所必需的劳动力数量。如图所示,生产 $Y_1$ 的产出所需要的劳动力数量是 $L_1$。当价格和实际工资分别固定在 $P_0$ 和 $w_0$ 时,企业的劳动力需求曲线不再是理论上的 $D_L$,而是有效劳动力需求曲线,用小图(d)中的 $NKL_1$ 表示。在刚性的实际工资 $w_0$,企业希望雇佣 $L_0$ 数量的工人,但是雇佣额外工人所生产的额外产

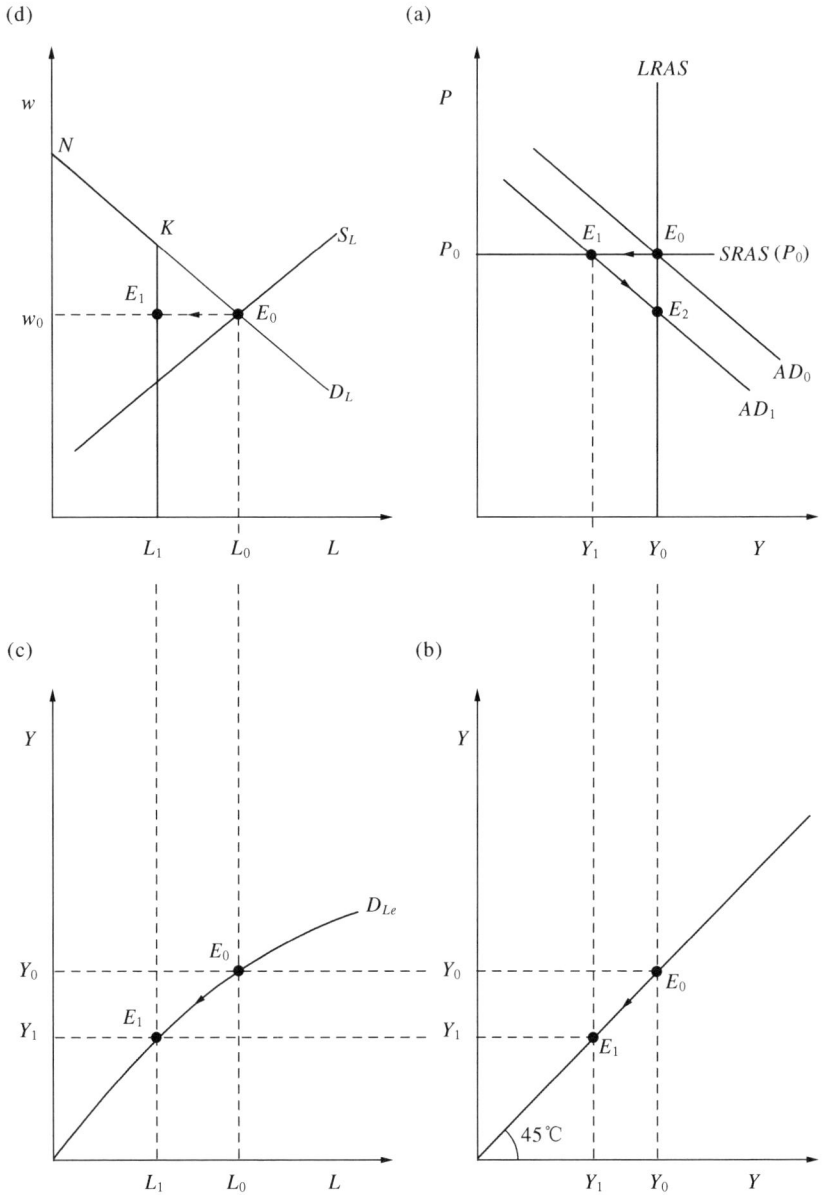

图 7.8　新凯恩斯模型中总需求冲击的影响

出，并没有市场销路。于是，总需求冲击造成非自愿失业增加了($L_0-L_1$)。新凯恩斯的短期总供给曲线 $SRAS(P_0)$ 在固定不变的价格水平下是完全有弹性的。价格和工人工资的下降压力最终将使得经济从 $E_1$ 点降到 $E_2$ 点，如小图(a)中所示，但这个过程可能需要特别长的时间。因此，新凯恩斯主义经济学家，像凯恩斯本人一样,主张采取措施将总需求曲线还原到 $E_0$ 点。在新凯恩斯主义的模型中,短期内货币冲击显然有着非中性的影响,尽管长期内货币会保持中性,如小图(a)中垂直的长期总供给曲线($LRAS$)所示。

企业无法降价——尽管降价最终对所有企业都有好处,这种情况便是"协调失灵"的例子。协调失灵出现在以下情形:经济行为人得到一个对所有各方来说都不是最佳的结果,这是因为各方都没有自发联合起来选择某种策略,尽管这些策略能产生好得多的(并且是为大家所偏好的)结果(见 Mankiw,2003)。在权力分散的制度里,存在行为人不能够成功地协调他们之间活动的情形,这是因为假设其他行为人不作为,单个企业没有动力去降价和增产。由于某个企业的最佳策略取决于其他企业采用的策略,策略互补便成为需要,因为如果价格降低和产出增加的话,所有企业都将获益(Alvi,1993)。很多凯恩斯主义经济学家认为宏观经济不稳定的根本原因与协调失灵问题有关(见 Ball and Romer,1991;Leijonhufvud,1992)。

新凯恩斯主义经济周期理论的第二个流派认为工资和价格刚性不是主要的问题。即便工资和价格是充分灵活的,产出和就业仍将非常不稳定。的确,价格刚性很可能减少总量波动的幅度,这个观点凯恩斯在《通论》的第十九章中提出过,但是经常被忽略(见前面第二章和《通论》,p. 269)。对这一问题的重新审视始于托宾的文章(Tobin, 1975;关于这个争论的讨论,见 Sheffrin,1989)。托宾自己对那些继续强调名义刚性重要性的新凯恩斯理论家持高度的批评态度(Tobin,1993),而格林瓦尔德和斯蒂格利茨在发展新凯恩斯经济周期模型方面颇具影响力,这些模型不依赖于名义价格和工资惯性,尽管实际刚性扮演着重要的角色。

在格林瓦尔德和斯蒂格利茨的模型(Greenwald and Stiglitz, 1993a,1993b)里,企业被假定为是厌恶风险的。由信息的不对称造成的金融市场的不完整性限制了许多企业进行股权融资。股本受限的企业仅能部分地分散所面临的风险。它们被迫依赖借债而不是发行新的股份,这使得企业更加容易招致破产,尤其是在经济衰退期大多数企业面临的需求曲线左移的时候。面对这样的情形,厌恶风险的、股本受限的企业宁可减少其产出,这是因为与价格灵活性相关的不确定性比自数量调整的不确定性大得多。正如斯蒂格利茨所说:"价格-工资设定问题应该在标准动态投资组合管理模型的框架内来研究,这个模型考虑了每项决策的风险、不可逆性以及价格和数量的调整成本。"(Stiglitz, 1999a)

格林瓦尔德和斯蒂格利茨认为,企业生产数量越多,破产的可能性越大,而且由于破产是要产生成本的,所以这些因素会被考虑到企业的生产决策的过程中。

边际破产成本衡量的是由破产导致的预期额外成本。在经济衰退期,边际破产风险增加,厌恶风险的企业将对此作出如下反应:在每一价格水平下(工资是给定的),企业将减少它们准备生产的数量。企业净资产的变化或者其面临的风险的改变,都会对企业的生产意愿产生负面影响,并且导致基于风险的总供给曲线左移。结果是,需求引导的衰退很可能引发总供给曲线向左侧移动。这些事件如此组合可保持价格水平不变,尽管这个模型中没有阻碍调整的摩擦。的确,价格的灵活性只有可能通过制造更多的不确定性而使情况更糟。在格林瓦尔德和斯蒂格利茨的模型中,总供应和总需求是相互依存的,"区分'需求'方面和'供给'方面的冲击,是会引起误解的——这已是比较委婉的说法了"(Greenwald and Stiglitz, 1993b, p. 103;Stiglitz,1999b)。

在图 7.9 中我们展示了总需求冲击的影响,这种冲击引发了总供给曲线向左移动。尽管产出已从 $Y_0$ 点下降到 $Y_1$ 点,价格水平仍停留在 $P_0$ 点。总供给曲线的左移——作为已知风险增加的结果——也会导致劳动力需求曲线的左移。如果效率工资因素能影响实际工资,那么非自愿失业人数会增加,同时实际工资可以不发生任何重大的变化。

除了上述影响之外,新凯恩斯主义者还研究了信贷市场不完整性的后果,这种不完整性使得厌恶风险的贷款人通过将资产组合转向比较安全的项目来应对经济衰退。这种行为,通过提高中介机构的实际成本,能放大经济冲击的效果。所导致的贷款紧缩可把经济从衰退转变为萧条,因为许多受股本限制的借款人发现借债成本太高或很难借到钱,于是破了产。

由于高利率会增加违约的可能性,所以厌恶风险的金融机构常常会惜贷。传统的分析货币传导机制的方法着重于利率和汇率的渠道,而新范式(new paradigm)则强调信息不对称情况下,影响金融机构评估潜在借款人"信用"的能力的各种因素。的确,在新范式中,银行被视为厌恶风险的机构,不停地筛选和监督客户。在一篇广为人知的论文里,伯南克认为大萧条的严酷性大部分归因于经济的信贷系统的崩溃,而不是货币供给的下降(Bernanke, 1983,见 Jaffe and Stiglitz, 1990,以及 Bernanke and Gertler,1995,对惜贷问题的文献回顾;亦可见 Stiglitz and Greenwald,2003,他们捍卫着所谓的货币经济学中的新范式)。

一些新凯恩斯主义者也已将技术冲击的影响融入他们的模型中。例如,艾兰德探究了"当代的新凯恩斯模型和上一代的实际经济周期模型"之间的联系(Ireland,2004)。为了找出是什么导致了总量的不稳定性,艾兰德的模型将技术冲击

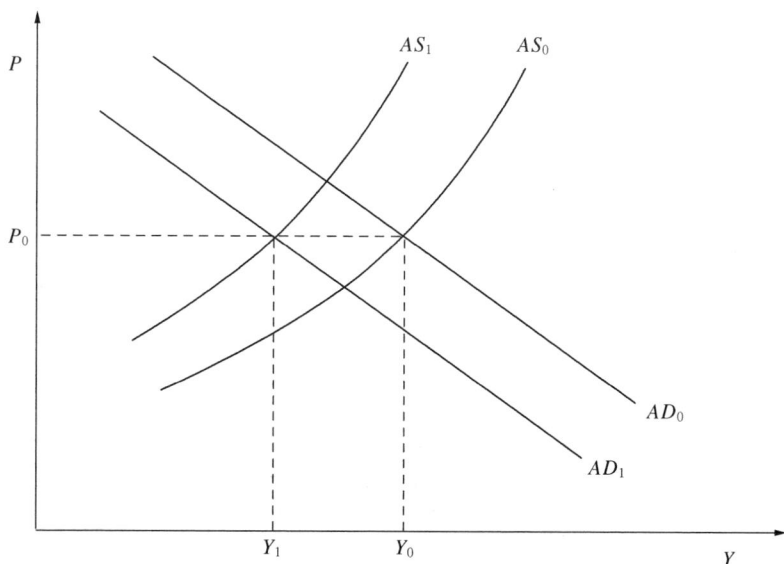

图 7.9　基于风险的总供给曲线

与下面这些冲击结合起来：家庭偏好，企业加价，以及央行的货币政策规则。艾兰德发现货币冲击是实际国内生产总值不稳定的主要来源，尤其是在 1980 年之前。1980 年之后，技术冲击只扮演了一个"适度的角色"，只能解释不到一半的可观测到的产出不稳定性。

## 7.9　滞后性和非加速的失业通胀率

自 20 世纪 70 年代早期，经济合作和发展组织成员国的自然失业率"似乎已有野马脱缰之势"。整体而言，经合组织成员国在 80 年代和 90 年代的失业率超过了"黄金时代"（1950—1973 年）的失业率。稳步上升的失业率看似源于 1973 年和 1979 年的两次 OPEC 油价冲击（Phelps and Zoega，1998）；而欧洲的经合组织成员国的平均失业率从 60 年代早期的 1.7％上升到 90 年代中期的 11％。这个高平均值也隐藏了欧洲各国失业率的高分散度（Blanchard and Wolfers，2000）。戈登（Gordon，1997，1998）的评估表明，同一时期美国的自然失业率也在变动，尽管 80 年代经济衰退给欧洲带来的长期失业后果似乎要比美国持久得多。图 7.10 显示了 1972—1998 年间美国和经合组织欧洲成员的标准化失业率。虽然直到 80 年代早期，经合组织欧洲成员国的失业率低于美国的失业率，但之后当美国的失业率已经下降时,欧洲的失业率仍保持在一个令人吃惊的高水平上。

70年代和80年代早期,通货膨胀问题成为政策关注的焦点,而从80年代中期开始,经济学家们再一次把他们的注意力转向失业问题,尤其是关注估算的NAIRU值的提高(见Bean et al.,1986;Fitoussi and Phelps,1988;Summers,1990;Layard et al.,1991,1994;Bean,1994;Cross,1995;Nickell,1997,1998;Siebert,1997;Katz and Krueger,1999;Blanchard and Wolfers,2000;Fitoussi et al.,2000;Hall,2003)。

尽管NAIRU的估算值显然受到不确定性的影响——因为决定该值的因素的范围很广,然而经合组织新近的估算显示,与欧洲七国集团相比,美国的表现优异得多,如表7.1所示。

402 表7.1  七国集团和欧元区的 NAIRU 估算值

| 国家/地区 | 1980 | 1985 | 1990 | 1995 | 1999 |
|---|---|---|---|---|---|
| 加拿大 | 8.9 | 10.1 | 9.0 | 8.8 | 7.7 |
| 法国 | 5.8 | 6.5 | 9.3 | 10.3 | 9.5 |
| 德国 | 3.3 | 4.4 | 5.3 | 6.7 | 6.9 |
| 意大利 | 6.8 | 7.8 | 9.1 | 10.0 | 10.4 |
| 日本 | 1.9 | 2.7 | 2.2 | 2.9 | 4.0 |
| 英国 | 4.4 | 8.1 | 8.6 | 6.9 | 7.0 |
| 美国 | 6.1 | 5.6 | 5.4 | 5.3 | 5.2 |
| 欧盟 | 5.5 | 7.1 | 8.8 | 9.2 | 8.8 |

来源:《经合组织对结构性失业的修正衡量》,经合组织,2000年12月。

20世纪60年代后期,弗里德曼和费尔普斯分别提出了菲利普斯曲线的预期增大模型。在弗里德曼的模型中,市场出清失业率被称为自然失业率,并与一个稳定的通胀率相联系。正如我们在第四章中所注意到的,许多经济学家(尤其是那些凯恩斯主义的支持者)在讨论长期失业时,倾向于采用"NAIRU"的概念(非加速的失业通胀率),而不是"自然率"这个概念。NAIRU这个术语首先是由莫迪利阿尼和帕帕德莫斯(Modgliani and Papademos,1975)以"NIRU"(非通货膨胀失业率)的形式提出,并把它定义为"这样一个比率,只要失业率超过它,便可以预期通货膨胀会下降"。NAIRU这个首字母缩写单词是由詹姆斯·托宾(Tobin,1980c)提出的,之403 后就一直被用来描述自然失业率的估算值(见Cross et al.,1993;Cross,1995)。然而,据金所言:

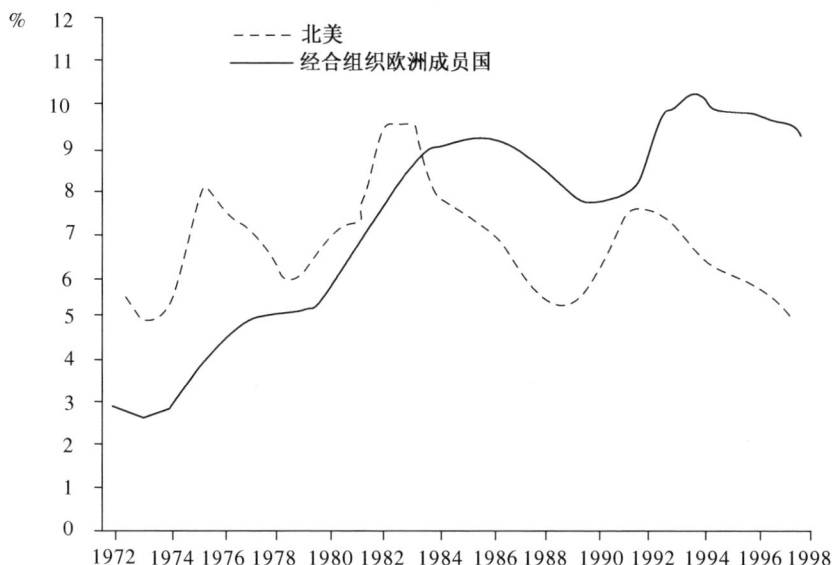

图 7.10　北美(美国和加拿大)和经合组织欧洲成员国的标准失业率,1972—1998

　　自然失业率和 NAIRU 是两个大不相同的概念。前者描述了一个由劳动力市场和产品市场的结构特征所决定的实际均衡——对弗里德曼的瓦尔拉一般均衡体系(若有必要的话,用劳动力市场的非瓦尔拉特征进行修正,如不完全竞争、搜寻行为和效率工资等)。它独立于通货膨胀率。相反,后者不仅受到这些结构特征的影响,而且还受到经济体对以往经济冲击所作的渐进调整的影响,这些冲击决定了通货膨胀的路径。因为它被定义为一个失业率,在此比率下,没有直接的压力要改变通货膨胀率,所以它是一个简式的——而不是一个结构的——变量。(King,1999)

　　因此,NAIRU 的概念将体系中的惯性考虑进去,允许经济体对各种经济冲击作出延缓的反应。

　　另一个区分这些概念的方法与它们的微观基础有关。弗里德曼的自然率是一个市场出清的概念;而 NAIRU 是促成工人的目标实际工资和可行实际工资之间一致性的失业率,而可行实际工资取决于劳动力的生产效率和企业的加价幅度。既然 NAIRU 是由工人和企业权力平衡所决定,那么 NAIRU 的微观基础与劳动力市场和产品市场的不完全竞争理论相关(见 Carlin and Soskice,1990;Layard et al.,1991)。然而,尽管认识到自然率和 NAIRU 概念上的差别,鲍尔和曼昆(Ball and Mankiw,2002)认为 NAIRU "近乎是自然失业率的同义词"。因此,在接下来的讨论中,我们将假定这两个概念可以互换使用。

根据弗里德曼的自然率假说,总需求的波动无法对自然失业率施加任何影响,因为自然失业率是由实际供给方面的影响因素所决定的。传统的自然率观念允许货币冲击或其他的冲击去改变总需求,从而在短期内影响实际发生的失业率。但是,随着通胀预期的调整,失业率回到它的长期均衡(自然)值。在新古典模型中,如果总需求的变化偏离预期,那么充分灵活的价格与理性预期的联合作用确保失业率会很快回到它的自然率水平。

这个传统的观点由图 7.11 来说明,失业自然率($U_N$)给定在 A 点。任何总需求的下降将使实际发生的失业率暂时增加到 B 点,而总需求的一次扩大将降低实际发生的失业率并使经济暂时移动到 C 点。但从长期来看,失业会回到其自然率水平即 A 点处。

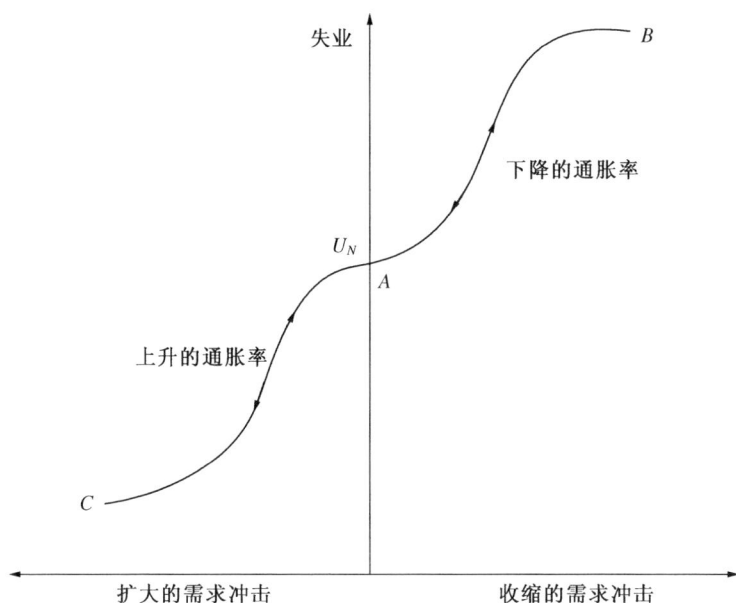

图 7.11 以"自然率"观点看待实际发生的失业和均衡失业之间关系

失业率的急剧上升,特别是在 20 世纪 80 年代的欧洲,说明了这种关于自然失业率(或 NAIRU)的传统观点一定是错误的。看起来 NAIRU 肯定已经上升,而计量经济学家们所作的估算值,如表 7.1 中所示的数据,证实了这个观点。对于这些高水平的失业率已经有了一些解释。一种观点将高失业率现象解释为特殊政策变化的结果,这些政策变化降低了劳动力市场的灵活性;更强大的行业工会、更高的失业补偿和更长的受益期间、最低工资法、过度监管、就业保护以及更高的税收是或曾经是那些政策变化的最佳候选例子(见 Minford,1991;Nickell,1997;Siebert,1997;Ljungquist and Sargent,1998;Fitoussi et al.,2000;Roed and Zhang,2003)。然而,尽管其中的一些因素可以解释 70 年代上涨的失业率,许多经济学家不相信它们能够为 80 年代和 90 年代所经历的失业情况提供一个完整的解释(比如工会的力量,在英国已大大减弱,而在美国经济中工会从来不是一个主要的因素)。

实际发生的失业率和均衡失业率同时上升的现象引导一些新凯恩斯主义经济405学家去探究第二种解释,这种解释允许总需求影响自然率(或 NAIRU)。自然率取决于均衡率的历史记录,包含这一思想的模型被称为"滞后"理论。正是费尔普斯(Phelps,1972)第一次提出自然率的均衡将部分地受到达到均衡的路径的影响。费尔普斯称这种路径依赖为"滞后",这是一个从物理学中借用过来的术语,它在物理学中是用来描述磁源后面的磁感应的滞后(见 Cross,1995)。

在滞后模型中,如果上一期的实际发生的失业率超过了上一期的自然率,那么自然失业率会上升(Hargreaves-Heap,1980)。这可表示如下:

方程 7.14 $\qquad U_{Nt} = U_{Nt-1} + a(U_{t-1} - U_{Nt-1}) + b_t$

在方程 7.14 中,$U_{Nt}$ 是在时点 $t$ 的自然失业率,$U_{Nt-1}$ 是上一期的自然失业率,$U_{t-1}$ 是上一期的实际发生的失业率,$b_t$ 捕捉的是影响自然率的其他因素如失业补偿。如果我们假设 $b_t = 0$,那么方程 7.14 可以被改写成下式:

方程 7.15 $\qquad U_{Nt} - U_{Nt-1} = a(U_{t-1} - U_{Nt-1})$

从方程 7.15 可以看出,如果 $U_{t-1} > U_{Nt-1}$,那么 $U_{Nt} > U_{Nt-1}$。换句话说,实际发生的失业率的变化就像是一块磁铁,牵引着自然失业率朝同一方向变动。这样,虽说短期内总需求对 $U_N$ 没有影响的观点可能是合理的,但是持续的异常高涨或低落的经济活动很有可能将改变自然失业率。

图 7.12 显示了滞后的影响。初始的均衡失业率用 $A$ 点来表示。如果经济遭受负面的总需求冲击,那么产出会下降,同时失业率会上升至 $B$ 点。当经济从衰退状态复苏,失业率不会回到 $A$ 点。实际上,因为滞后效应,新 NAIRU 值在 $C$ 点。如果经济正遭遇正面的总需求冲击,失业率会降至 $D$ 点。经济回到均衡状态时,NAIRU则已降到了 $E$ 点。再一次的衰退使经济的运动路径经由 $F$ 点到达 $G$ 点。换句话说,NAIRU 受到实际发生的失业率的影响,而后者主要取决于总需求。

滞后理论主要分两类,即期限理论和内部人-外部人理论。期限理论指出,当 $U_t > U_{Nt}$ 时,结构性失业问题会恶化,这是因为失业者遭受着自身人力资本(技能)的贬值,其结果是变得更加容易失业。高失业率也易造就数量增加的长期失业人

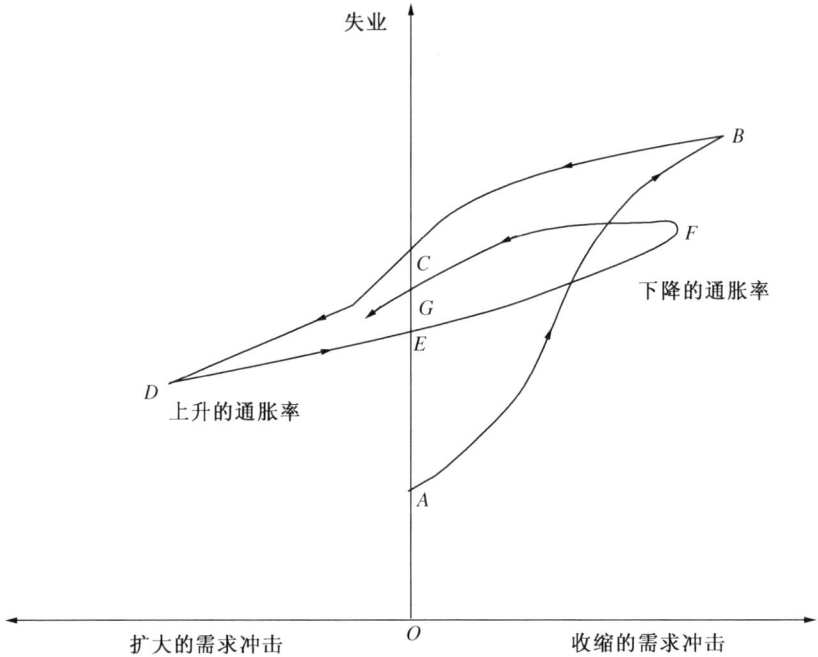

图 7.12 以滞后的观点看待"随时间变化的"NAIRU

员,这些人在工资谈判中几乎不能施加什么影响,这同样提高了 NAIRU。内部人-外部人理论强调内部人的权力,在面临高失业率时,内部人运用这种力量阻止工资下调。结果,在失业率上升之后,外部人无法通过压低工资要求而重获工作(见 Blanchard and Summers,1986,1988)。如果滞后效应是重要的,那么与通货膨胀率下降和经济衰退相关的牺牲率将大大超过原先自然率假说所确定的比率,因为高失业率将会持续(对本节所提出的问题的详细讨论,可参考 Cross,1988;Cross et al.,1993,Layard et al.,1991;Blanchard and Katz,1997;Gordon,2003)。

埃德蒙·费尔普斯和他的合作研究人员发展了另一种特别的方法来解释均衡失业率随时间所作的变动。在一系列的书籍和论文中,费尔普斯一直在寻求构造出一种自然失业率的内生理论,在这个理论中,"失业的均衡路径受到自然率的驱使,这个自然率是系统的变量而不是一个常量或者时间变量……因此,运动自然率理论解开了失业率变化及长期摇摆背后的谜团"(见 Phelps,1994;亦可见 Fitoussi and Phelps,1988;Phelps and Zoega,1988;Phelps,2000)。在弗里德曼的自然率模型中,均衡失业会因为供给方面的影响而改变,而在费尔普斯动态的跨期非货币均衡模型中,实际需求冲击才是"经济均衡路径的强大的推动者和撼动者",尽管实际供给(能源)冲击也扮演了重要的角色。费尔普斯(Phelps,1990,1994)归结其解释失业的方法既是属于"现代的"又是属于"结构主义者的",尽管它还包含了新古典主义的(由资本市场决定的实际利率的作用)、奥地利学派的(利率对产出供应的影响)和新凯恩斯主义的要素(不对称信息和效率工资)。费尔普斯着重强调了一些实际因素(如技术、偏好、社会价值和制度)对均衡失业率路径造成的影响。费尔普斯回忆道,到80年代,他已确定,战后经济活动摇摆不定的任何一个机会将要求:

放弃对自然率——不因非货币的(不光是货币的)宏观冲击而改变的失业率——的简化,从而支持使得均衡率成为一个内生变量的模型,这个内生变量由多项非货币的力量所决定……更长的经济景气和低迷……必须在很大程度上被解释为失业的均衡路径自身的位移,而不是围绕一条不变的均衡路径的失业偏离。(Phelps,1994)

在找寻菲图西等人所谓的"大低迷"即80年代均衡失业率上移(Fitoussi et al.,2000)的原因的过程中发现,主要可能的原因是存在于整个经合组织范围的影响企业利润和工人积极性的五大实际冲击(见 Phelps,1994),它们是:

1. 生产力增长预期的减少,因而增加的有效的资本成本;

2. 预期实际利率的增加,同样提高了有效的资本成本;

3. 来自工人私人资产的服务的增长(见 Phelps,2000);

4. 社会权益相对税后实际工资的增长,是70年代生产率放缓和福利州扩大的结果;

5. 发生于1973年和1979年的两次 OPEC 石油价格冲击。

在费尔普斯(Phelps,1994)的模型里,NAIRU 上升背后的主要驱动力是自70 408年代中期直至80年代发生于经合组织国家的实际利率的提高(Blanchard and Wolfers,2000)。世界范围的实际利率的提高,在很大程度上是受到80年代早期美国的财政扩张的影响,这种利率提高削弱了资本积累的动机,并且在给定实际工资的情况下,导致了对劳动力需求的降低。这一时期的高实际利率引发了美元升值(或欧洲货币的实际贬值),还导致了欧洲地区企业加价空间的增大(企业没有按照与货币贬值相同的比率降低出口价格),其后果是,导致了对劳动力需求的减少和均衡失业率的上升。例如,费尔普斯和索伊加发现了1975—1995年间,世界范围的实际利率和英国的失业率之间存在着相当强的相关关系(Phelps and Zoega,1998,p.788)。请注意,和实际经济周期模型(该模型认为实际利率的变化会通过跨期劳动力替代假说的机制影响劳动力的供给)相比,费尔普斯模型认为实际利率的变化会影响对劳动力的需求(见 Madsen,1998)。

尽管用实际冲击的影响来解释欧洲失业率上升的大趋势有一定说服力,布兰查德和沃尔夫却认为"这些冲击缺乏充分的差异性来说明国家之间的情况不同……不利的冲击可以潜在地解释失业率的普遍提高。制度的不同可以潜在地说明各国经济结果的不同"(Blanchard and Wolfers, 2000)。因此,对欧洲地区 NAIRU 演变的一个更有说服力的解释必须涉及可观察的实际冲击之间的交互作用,并与承认欧洲各国存在着制度多样性相结合(见 Nickell,1997;Laiyard and Nickell,1998)。

## 7.10 新凯恩斯经济学和模式化的事实

新凯恩斯模型在解释经济周期的许多模式化的事实方面相对是成功的(见 Abel and Bernanke,2001):

1. 新凯恩斯主义的分析不仅与就业的正周期行为相吻合,还与正周期的消费、投资、政府开支和生产率一致(见第六章对正周期的生产率的讨论)。

2. 新凯恩斯模型中货币的非中性与货币的正周期性和领先周期这一模式化的事实相一致。

3. 较有争议的(见第六章)是新凯恩斯主义关于通货膨胀将趋于顺周期和滞后的预测。顺周期的通货膨胀与强调总需求扰动的新凯恩斯模型相一致。然而,这一模式化的事实近些年来已经受到了挑战(见 Kydland and Prescott,1990,以及第六章)。

4. 与旧凯恩斯模型不同,新凯恩斯模型没有暗示反周期的实际工资。引入黏性名义价格之后,新凯恩斯模型中的实际工资可能是顺周期的或与周期无关的(见 Mankiw, 1990)。如果效率工资对失业率敏感,那么在这些模型里,实际工资将趋于适度的顺周期性(见 Shapiro and Stiglitz,1984)。

格林瓦尔德和斯蒂格利茨对宏观经济学理论的介绍文章中总结道,没有一个模型能成功地解释所有的数据,但是新凯恩斯模型要比传统的凯恩斯模型或者实际经济周期模型做得更好(Greenwald and Stiglitz, 1988)。有些经济学家把非自愿失业看成模式化的事实并且需要加以解释,对这些人来说,根植于不完全竞争的新凯恩斯模型要比新古典模型或者实际经济周期模型"好得令人印象深刻"(见 Carlin and Soskice,1990)。

　　由于费希尔(Fischer，1977)、费尔普斯和泰勒(Phelps and Taylor，1977)的贡献，新古典主义的有关政府需求管理政策无效的结论依赖何种假设的问题变得清楚起来：这个结论不是依赖于理性预期的假设，而是即时市场出清的假设。在强调价格黏性的新凯恩斯模型中，货币不再是中性的，而且政策效力——至少是在原则上——被重新建立。既然在格林瓦尔德-斯蒂格利茨模型中，更大的价格灵活性会使经济波动问题恶化，新凯恩斯主义者们还阐明了纠正性的需求管理政策的潜在作用，即使价格是灵活的(但不是即时的灵活)。在一个企业以不协调的方式设定价格和工资并且不能确定自己行动后果的世界里，出现相当程度的价格和工资惯性就不奇怪了。

　　在市场经济里，内生力量经常能放大外生冲击的干扰影响。虽然新凯恩斯主义者更倾向于关注经济对冲击的反应方式而不是冲击来源，但是过去的四分之一个世纪的经历已经证实了经济可以受到来自供给和需求两方面的干扰。的确，正如本杰明·弗里德曼(Benjamin Friedman，1992)观察到，要清楚地区分出什么是某个干扰的焦点什么又不是，不论在实践上还是概念上都非易事。因为新凯恩斯模型认为波动是无规则的和难以预料的，所以他们不会积极支持政府试图"精确微调"宏观经济的行为。许多新凯恩斯主义者(比如曼昆)接受货币主义者对旧凯恩斯主义的批评，也接受新古典主义经济学家提出的有关动态一致性的一些批评(见第五章)。政府为应对总量波动在多大程度上可以采取自由裁定的财政和货币行动，在这一点上并没有形成统一的新凯恩斯主义观点(见 Solow and Taylor，1998)。然而，由于市场的失灵，尤其是深度衰退的时候，绝大多数新凯恩斯主义者承认需要行动主义的政府采取某种形式的干预。例如，泰勒认为，虽然财政政策通常应该应用于长期目标如经济增长，但是"在特殊情况下，比如当名义利率降为零时"就有充分理由去明确地使用财政扩张政策(Taylor，2000a)。

　　由于经济将来可能遇到的问题的不确定性，新凯恩斯主义者不支持货币政策的固定规则方式，这种方式是由弗里德曼(Friedman，1968a)及70年代的新古典主义均衡理论家如卢卡斯、萨金特、华莱士、巴罗、基德兰德、普雷斯科特所倡导的。如果说货币主义者和新古典主义者成功地反驳了精确微调的理由，新凯恩斯主义者当然也胜利地捍卫了林德贝克(Lindbeck，1992)称之为"粗犷调整"的理由，设计

410

这种粗犷调整政策是用来抵消或避免严重的宏观层面的问题。

这里，回顾一下莱琼霍夫德的观点会很有趣。这个观点是：市场经济在限定的范围里运行得还不错。莱琼霍夫德认为：

系统很可能在很大程度上而不是适度地表现为偏离"充分协调"的时间路径。在这个路径两边的一定范围（为简便起见，称之为"走廊"）内，系统的内部平衡纠正机制运行良好，偏离的反作用倾向在增强力度。(Leijonhufvud, 1973,1981)

然而，莱琼霍夫德认为在这个"走廊"以外，这些平衡趋势是微弱的，市场体系越来越容易受到来自有效需求失灵的损害。更近一点时候，克鲁格曼(Krugman, 1998,1999)也提醒经济学家注意"萧条经济学"的危险和流动性陷阱的潜在可能(见 Buiter, 2003b)。

回应这种关注，新凯恩斯主义分析为政策干预提供了理论支持，特别是在持续的巨大冲击情况下，因为市场经济调整过程运作缓慢，政策干预成为必要。经济学家逐渐达成共识，支持应该有某种形式的有限自由裁定，这种有限自由裁定采取行动主义规则的形式。的确，在 20 世纪的最后 10 年间，宏观经济学开始演变成古德弗伦德和金所称的"新古典主义综合"(Goodfriend and King, 1997)。这个新综合的中心要素涉及：

411

1. 需要宏观经济的模型以便把跨期最优化考虑进去；

2. 广泛使用理性预期假说；

3. 认识到不完全竞争在货物、劳动力及信贷市场中的重要性；

4. 将高成本的价格调整融入宏观经济模型中。

显然这个新共识有明显的新凯恩斯主义的味道。的确，加利(Gali, 2002)把新一代的小规模货币经济周期模型称为"新凯恩斯主义的"或者"新古典综合"。这个新的范式把新凯恩斯主义元素，如名义刚性和不完全竞争，融合到一个实际经济周期动态一般均衡的框架中。

在古德弗伦德和金看来，"新古典综合"模型提出了关于货币政策角色的四个主要结论。首先，由于渐进的价格调整，货币政策对于实际变量具有持续的效果。其次，在实际变量和名义变量之间，几乎不存在长期的取舍关系。再次，通货膨胀产生相当大的福利成本，因为它扭曲了经济表现。最后，在理解货币政策的效果时，考虑政策的可信度是十分重要的。这暗示了货币政策最好在一个基于规则的框架下实施，同时中央银行采取一个以控制通货膨胀为目标的体制(Muscatelli adn Trecroci, 2000)。正如古德弗伦德和金指出的，这些涉及货币政策的思想"与多数国家央行管理者的公开陈辞是一致的"（见，例如 Gordon Brown，1997，2001，英格兰银行的宏观计量经济学模型的"核心特性"，1999；Treasury，1999）。

## 7.11.1　通货膨胀的代价

对宏观经济学日益增进的共识中的一个要素是：低水平的和稳定的通货膨胀有利于经济增长、稳定和市场经济功能的有效发挥（Fischer，1993；Taylor，1996，1998a，1998b）。一致的观点是通货膨胀确有实际经济成本，尤其是意料之外的通货膨胀。预料之外的通货膨胀的成本包括收入分配的扭曲、价格机制的扭曲从而导致的效率缺失，以及增加的不确定性带来的损失——这种不确定性会减少投资和放慢经济增长。同样重要的是抑制通货膨胀的成本（"牺牲率"），尤其是如果存在滞后效果的话（Ball，1999；Cross，2002）。莱琼霍夫德还认为，除了轻微的通货膨胀时期外，经济中的主顾-代理人问题，尤其是在政府部门，变得很难解决。这是因为名义审计和记账是在各种情况下主顾唯一可以用来控制代理人的手段。例如，莱琼霍夫德特别强调了由于名义预算产生的问题：当"12 个月之后的货币购买力变得根本无法知晓"的时候，下一年度的名义预算变得毫无意义。在这种情况下，政府部门不能因为没有坚持它们的预算而受到追究，因为政府已经失去了全盘控制力。"这不仅仅是一个私人部门不能预见货币当局下一步该做什么的情况，货币当局本身也由于受到不断变化的形势和强大的政治压力，对下个月货币创造的速率也心中无数"（Snowdon，2004；还可参见 Heymann and Leijonhufvud，1995）。如果政府选择抑制通货膨胀，则会付出其他一些重大的代价，导致价格机制的扭曲和进一步的重大效率损失。席勒（Shiller，1997）也揭示出了通货膨胀极端不受普通公众的欢迎，"尽管人们对于通货膨胀的机理和后果有着明确的观点，而公众的这些观点与经济学家之间有着令人吃惊的不同"。这些观点的差异很大程度上似乎有赖于戴蒙德等人（Diamond，1997）的发现——"货币的幻觉似乎在经济行为人当中广泛传播"。

尽管低于 20% 的通货膨胀率给经济增长率带来的影响可能很小，但值得注意的是，在相对短暂的历史时期内，增长率的微小变化对生活水准会产生巨大的影响（见第十一章，和 Fischer，1993；Barro，1995；Ghosh and Phillips，1998；Feldstein，1999；Temple，2000；Kershner，2001）。雷米和雷米也从一个包含 95 个国家的样本中找到波动性和增长之间关联的证据，即越稳定的经济通常增长越快（Ramey and Ramey，1995）。鉴于宏观经济的稳定和经济增长存在正相关关系（Fischer，1993），保持较低的和稳定的通货膨胀有利于持续的增长。例如,在一系列的论文中,泰勒认为,始于 20 世纪 80 年代早期美国的经济增长("大景气")能够持续归因于由改进的货币政策所带来的较低的波动性(Taylor,1996,1997a,1997b,1998a,1998b,1999)。

近来,罗默和罗默(Romer and Romer,1999)、伊斯特利和费希尔(Easterly and Fischer,2001)已经提供证据表明,通货膨胀损害了社会上最贫穷团体的生活质量。罗默和罗默发现高通货膨胀以及宏观经济的不稳定"与较慢的平均收入增长和更多的不平等相关联"。他们因此得出这样的结论:低通货膨胀的经济环境随着时间的推移很有可能为穷人带来收入提高的结果,因为低通胀有利于长期增长和收入平等,而高且多变的通货膨胀对长期增长和收入平等有不利的影响。尽管 413 扩张的货币政策能引起繁荣并因此减少贫困,但这种效果只是暂时的。正如弗里德曼(Friedman,1968a)和费尔普斯(Phelps,1968)许多年前所描述的,扩张的货币政策不能创造永久的繁荣。因此"那些带来低通货膨胀和宏观经济稳定的典型的配套改革也将为穷人创造生活条件的改善和为所有的人提供更快的增长"(Romer and Romer,1999)。

### 7.11.2　货币制度和通货膨胀目标

如果经济学家达成共识,认为通货膨胀对经济福利有害,那么怎样才能最佳地控制通货膨胀还有待决定。既然现在被广泛接受的主要长期货币政策目标是控制通货膨胀和创造合理的价格稳定,经济学家的明确任务就是决定采取何种准确的货币制度形式来实现上述目标。货币制度的特征是使用某种特定的名义锚(nominal anchor)。米什金把名义锚定义为"一个对国内货币价值的约束"或者更广义的为"对自由裁定的政策的约束,该政策有助于减弱时间不一致问题"(Mishkin,1999)。它帮助解决在运用自由裁定的需求管理政策时固有的通货膨胀倾向的问题(Kydland and Prescott,1997)。实践中,在过去的 50 年里,我们能区别出四类已经在市场经济中运行的货币制度:第一类,汇率目标,例如英国,1990—1992 年;第二类,货币目标,例如英国,1976—1987 年;第三类,显性的通货膨胀目标,例如,英国,1992 年至现在;第四类,隐性的通货膨胀目标,例如,最近几年的美国(见 Mishkin,1999;Goodfriend,2004)。虽然上述货币制度的每一类都有优缺点,但是近年来,越来越多的国家已经开始采用各种形式瞄准通货膨胀,并与一个负责的和更加透明独立的中央银行的作用相结合(见 Alesina and Summers,1993;Fischer,1995a,

1995b,1996b;Green,1996;Bernanke and Mishkin,1992,1997;Bernanke and Wood-ford,1997;Bernanke et al.,1999;King,1997a,1997b;Snowdon,1997;Svensson,1997a,1997b,1999,2000;Artis et al.,1998;Haldane,1998;Vickers,1998;Mishkin,1999,2000a,2000b,2002;Gartner,2000;Muscatelli and Trecroci,2000;Piga,2000;Britton,2002;Geraats,2002;Bernanke and Woodford,2004;亦见对斯诺登和伯南克的采访,2002a,2002b)。

在斯文森(Svensson,1997a,1997b)和米什金(Mishkin,2002)之后,我们可以把瞄准通货膨胀看成一个包括以下六个主要元素的货币制度:

1. 公告通货膨胀的中期数字目标。

2. 机构对价格稳定所作的肯定承诺(通常是 2%—3%左右的较低的且稳定的通货膨胀率);政府代表社会,将损失函数转移给中央银行。

3. 一个"信息密集型策略",在这个策略中,许多变量被用于决定政策变量的设定。

4. 更加透明和公开地实施货币政策,以便更好地与公众沟通;通货膨胀目标比汇率或货币目标更加易于理解。

5. 中央银行在实现其通货膨胀管理目标上需承担更多的责任;通货膨胀目标为货币政策的表现提供了事后的衡量指标;同时,通过估算通货膨胀预期(相对于通货膨胀目标),衡量政策的可信度变为可能。

6. 因为以通货膨胀目标为名义锚涉及将公布的通胀目标与通胀预测做比较,而通胀预测是货币政策的决策基础,所以斯文森已经指出"通货膨胀目标隐含了瞄准通货膨胀预测的意思",并且"中央银行的通货膨胀预测成为中间目标"(Svens-son,1997b)。

通货膨胀目标的制度的成功采纳还有某些其他前提条件。通过拥有一个健全的金融体系,其中中央银行为完成其通货膨胀管理目标而享有完全的运用金融工具的独立性,通货膨胀目标作为一项策略的可信度将被明显地增强(见 Berger et al.,2001;Piga,2000)。为此英格兰银行在 1997 年 5 月被授予操作独立权(Brown,1997)。在采用通货膨胀目标制度的国家里,中央银行应不受财政的主导,这一点也很关键。有持久的巨额财政赤字的国家几乎没有可能令人信服的成功实施通货膨胀目标的策略。这可能是许多发展中国家和转型国家会遇到的问题(Mishkin,2000a)。通货膨胀目标的成功还需要采用浮动汇率制度来保证该国保持货币政策的独立性。著名的开放经济的政策三角难题表明,一国不能同时保持开放的资本市场、固定汇率,以及旨在完成国内目标的独立的货币政策。一个政府能选择完成其中任何两个目标,但不可能同时完成全部三个目标!如果一个政府想把货币政策瞄向国内目标如通货膨胀,那么资本的流动性或者汇率目标就不得不被放弃(见Obstfeld,1998;Obstfeld and Taylor,1998;Snowdon,2004b)。

我们在第五章提到,斯文森已经揭示了通货膨胀目标是如何作为一项旨在消除通货膨胀倾向的策略而出现的,而通货膨胀倾向是自由裁定的货币政策所固有的(Svensson,1997a)。弗里德曼和库特纳(Friedman and Kuttner,1996)把通货膨胀目标解释为货币规则的一种形式,而伯南克和米什金(Bernanke and Mishkin,1997)更愿意把它看成一项约束中央银行的货币制度,中央银行被赋予某种形式的"有限的自由裁定权"。伯南克和米什金将通货膨胀目标视为货币政策的一种框架,而不是一种严格的政策规则。在实践中,所有已经采用通货膨胀目标的国家都已经把灵活的元素植入目标中。这种灵活的方式受到默文·金(Mervyn King,2004)的支持,他被任命为英格兰银行行长,接替2003年6月退休的埃迪·乔治。金指认"货币政策问题的核心"是"未来社会决策的不确定性——让继任者接受任何给定的货币政策策略是不可能的和不受欢迎的,由此导致了这种不确定性"。这些问题使任何形式的固定规则不受欢迎,即使它有可能值得遵守,其原因正如金指出的:

一定程度的自由裁定的施用是需要的,这可使我们不断学习。反对采用固定货币规则的最有说服力的理由是没有什么规则能长期保持最优……因此我们不打算把任何规则牢牢固定在我们的决策结构中……相反,我们要把决策的权力交给一个机构,它将运用有限的自由裁定针对不同的时期实施相应的政策。(King,2004)

格林斯潘也强调因为不确定性而需要灵活性,他在1987年8月成为美联储主席。战后美联储的经验清楚说明了"不确定性不仅是一个普遍存在的货币政策的地貌特征,它还是这个地貌的本质特征"(Greenspan,2004)。更进一步的:

我们不可能完全清楚一个不断变化的经济的关键的结构组件,并且有时候一个特定的结果既有代价又有好处,在这种情况下,中央银行不仅要考虑未来经济最有可能的路径,还要考虑这个路径的可能结果的分布。决策者需要形成一种关于可能性、成本及收益的判断,这三项在不同的政策选择下会有不同的可能性结果。

显然,设定利率是"科学也是艺术"(Cecchetti,2000)。通过考察一个传统形式的损失函数交由中央银行管理者负责的情形,可以部分地说明对灵活性的需要,如下式所示：

方程 7.16 $\quad L_t = \frac{1}{2}\left[(\dot{P}_t - \dot{P}^*)^2 + \phi(Y_t - Y^*)^2\right], \phi > 0$

在这个社会损失的二次方程式里，$P_t$ 是在时点 $t$ 的通货膨胀率，$\dot{P}^*$ 是通货膨胀目标值，$Y_t$ 是在时点 $t$ 的总产出，$Y^*$ 代表产出的自然率或目标值。参数 $\phi$ 是用来稳定产出差的相对权重。在严格的通货膨胀目标下，$\phi = 0$，而对于灵活的通货膨胀目标 $\phi > 0$。正如斯文森指出的，"没有哪家有着明确通货膨胀目标的中央银行似乎会表现出它将不惜一切代价实现那个目标"(Svenssson,1997a)。设定 $\phi = 0$ 将是那些被默文·金称为"通货膨胀疯子"(King,1997b)的人采取的政策立场。因此所有已经引进通货膨胀目标的国家都已把灵活性的元素植入目标之中(Allsopp and Vines,2000)。

通货膨胀目标的值该是多少？格林斯潘曾是世界最有权力的货币政策制定者，他把价格稳定定义为一种人们在作决定时不再考虑通货膨胀的情形。更加具体的，伯南克等人(Bernanke et al.,1999)支持一个在 1%—3% 范围内的正的通货膨胀目标值。这也得到萨默斯(Summers,1991b,1996)、阿克洛夫等人(Akerlof,1996)及费希尔(Fischer,1996b)的支持。大萧条和最近十年在日本重演的较轻程度的萧条的主要教训之一，就是政策制定者应该确保经济避免通货紧缩，这一点尤为重要(Buiter,2003b；Eggertsson and Woodford,2003；Svensson,2003a)。因为名义利率以零为最低边界，任何一般性价格紧缩将导致实际利率的一个极具破坏性的增长。切凯蒂认为，通货膨胀目标的策略所传递的信息很清楚，那就是"小心那些隐藏相当大可能性的通货紧缩的目标"(Cechetti,1998)。因此听从费尔德斯坦的建议(Feldstein,1999)将通货膨胀目标定为零似乎是不明智的。阿克洛夫等人也支持正的通货膨胀率目标，以允许相对的价格变化(Akerlof et al.,1996)。如果名义工资是向下刚性的，那么可以换一种使实际工资下降以刺激就业的方法：通过通货膨胀提高一般物价水平，使其超过黏性的名义工资的上涨。有了灵活的和正的通货膨胀目标，上述方法即可为中央银行采用。

英国自 1992 年 9 月脱离汇率机制(ERM)之后，必须有新的名义锚来控制通货膨胀。1945 年以后，我们能找出英国货币当局采用过的五种货币体制，即，固定(可调整的钉住)汇率制度，1948—1971 年；没有名义锚的浮动汇率制度，1971—1976 年；货币目标，1976—1987 年；汇率目标(ERM 成员遵循的"德国马克影子汇率")，1987—1992 年；通货膨胀目标，1992 年至今(Balls and O'Donnell,2002)。在

1997 年 5 月英格兰银行被赋予操作独立权后,通货膨胀目标制度的可信度大大增强了。这个由"新工党"政府所作的决定,目的是通过消除因意识形态或者短期选举考虑而影响稳定政策行动的嫌疑,从而提高政府反通货膨胀的可信度(见第十章)。

当前英国货币政策的框架包括以下主要特点:

1. 一个对称的通货膨胀目标。政策目标或目的由财政大臣制定。

2. 每月货币政策会议,由"专家"组成的九人货币政策委员会(MPC)。至今,现任和曾任的 MPC 成员包括诸多卓越的经济学家:默文·金、查尔斯·比恩、斯蒂芬·尼克尔、查尔斯·古德哈特、威廉·比特、阿兰·巴德、约翰·维克、迪安娜·朱利叶斯、克里斯托弗·奥尔索普、凯特·巴克和埃迪·乔治。

3. 中央银行的工具独立。MPC 有责任根据公布的 MPC 会议的中心目标设定利率。

4. 公布季度通货膨胀报告来解释英格兰银行对通货膨胀和 GDP 的预测。英格兰银行的通货膨胀预测以"扇形图"的形式公布出来(见图 7.13)。该行通货膨胀的目标是 2%,以 12 个月的消费者价格指数(CPI)来衡量。这个目标公布于 2003 年 12 月 10 日。之前的通货膨胀目标是 2.5%,其依据是 RPIX 通货膨胀指标(不含按揭利息支付的零售价格指数)。

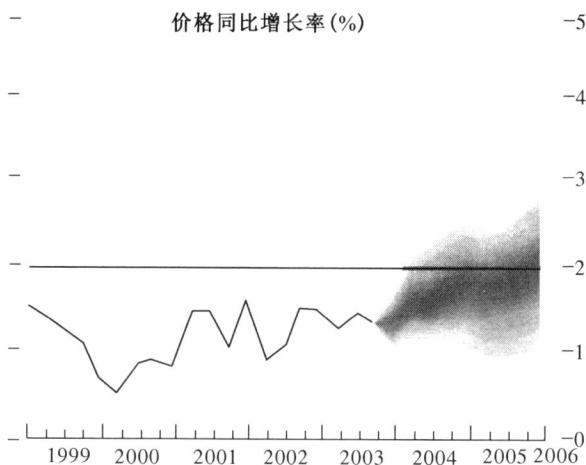

图 7.13　英格兰银行通货膨胀报告的扇形图(2004 年 2 月):
在 4% 的不变名义利率下的 CPI 通货膨胀的预测

5. 公开信制度。只要通货膨胀偏离目标超过正负一个百分点,英格兰银行行长代表货币政策委员会,必须向财政大臣致一封公开信来解释偏离通货膨胀目标的原因。这是一种适应性的方法,当遇到巨大供给冲击时用来缓解不利的产出和就业后果(Budd,1998;Bean,1998;Treasury,1999;Eijffinger,2002b)。

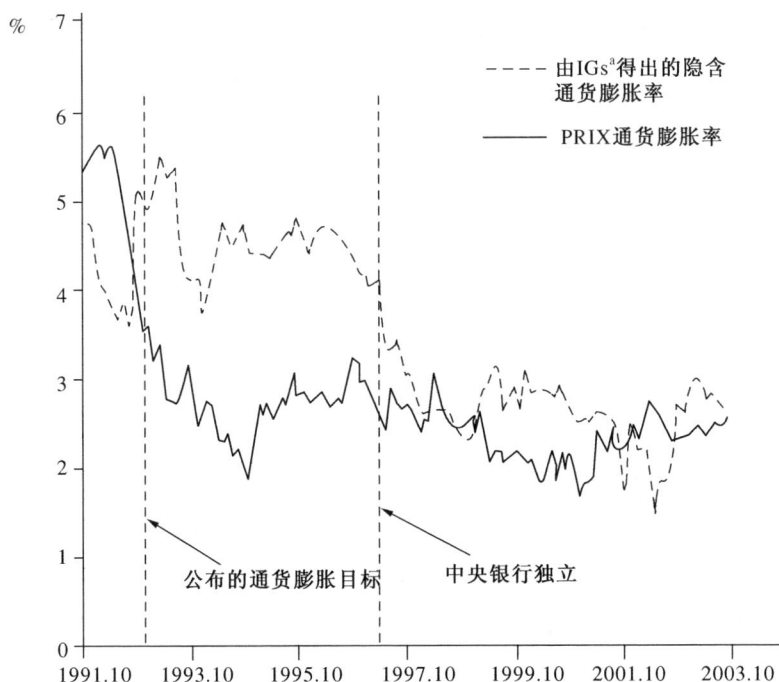

注:a 5—10年之后的隐含预期平均值,由指数化国债得出。
来源:英格兰银行,www. bankofengland. co. uk.

图7.14 英国通货膨胀和通货膨胀预期,1991.10—2003.10

自1992年以来,英国经济的通货膨胀表现非常突出,特别是与早期如70年代和80年代相比,当时通货膨胀很高且不稳定。图7.14清楚地表明英国通货膨胀 419表现自1992年来的巨大改善,特别是与早期相比(见 King,2004)。

现在说这些货币安排在长期能催生更低的通胀和更高的经济稳定为时过早,尤其是在一个比90年代更为动荡的世界里。但是最近几年的迹象至少提供了保持乐观态度的部分理由,这是一个"到目前为止还不错"的例子(见 Treasury,1999;Balls and O'Donnell,2002)。然而,鲍尔和谢里登认为,没有证据表明通货膨胀目标制度已经改善了用通货膨胀、产出增长和利率来衡量的经济表现(Ball and Sheri-dan,2003)。他们提出证据说明,没有采用通货膨胀目标制度的国家和采取这一制度的国家一样,在同一时期也经历了通货膨胀的降低,暗示了良好的通货膨胀表现可能源于其他因素。例如,罗戈夫通过观察自80年代早期以来全球通货膨胀率的降低,发现了全球化、私有化和放松管制的交互作用作为重要因素,以及更好的政策和机构作为主要因素,一起为通货膨胀的降低做出了贡献(Rogoff,2003)。

### 7.11.3　货币政策的新凯恩斯主义方法

在两篇颇具影响的论文中,克莱里达等人(Clarida et al.,1999,2000)阐述了他们所认为的经济学家们已经从货币政策行动中学到的重要经验。经济学家们在这个领域的研究指向了最优政策的某些有用的一般性原则。他们把他们的方法看成新凯恩斯主义的,因为在他们的模型中,名义价格刚性允许货币政策在短期内对实际变量产生非中性的效果;产出与通货膨胀间存在一个短期的正向关系(即菲利普斯曲线);事前的实际利率和产出存在负向关系(即 IS 函数)。

在他们对 1960—1996 年的美国货币政策的分析中,克莱里达等人表明"货币政策的实施方式在 1979 年以前和以后有相当的不同"(Clarida et al.,2000):1979年之后比之前相对管理得更好。两段时期的关键的不同是美联储对预期通货膨胀作出反应的规模和速度的不同。在威廉·M·马丁(Willian M. Martin)、威廉·米勒(G. William Miller)及亚瑟·伯恩斯(Arthur Burns)分别任主席时期,美联储是"高度适应性的"。相反,在保罗·沃克尔和艾伦·格林斯潘掌印时期,美联储更加"先发主动地控制通货膨胀"(见 Romer and Romer,2002,2004)。

克莱里达等人(Clarida et al.,2000)用一个基础的政策反应方程来开展他们的调查,如下所示:

方程 7.17　$r_t^* = r^* + \beta[E(\dot{P}_{t,k} \mid \Omega_t) - \dot{P}^*] + \gamma E[y_{t,q} \mid \Omega_t]$

420　　这里 $r_t^*$ 代表了联邦资金(FF)名义利率的目标利率;$\dot{P}_{t,k}$ 是时期 $t$ 和时期$(t+k)$ 之间的通货膨胀率;$\dot{P}^*$ 是通货膨胀目标;$y_{t,q}$ 衡量的是时期 $t$ 和时期$(t+q)$ 之间实际 GDP 和 GDP 目标水平之间的偏差(产出空隙)的平均值;$E$ 是期望的运算符号;$\Omega_t$ 是政策制定者在利率设定时可获得的信息组合;$r^*$ 是"想要的"名义联邦资金利率,当 $\dot{P}$ 和 $y$ 同时处在它们的目标水平时。对一个有着二次损失函数(如方程7.16)的中央银行来说,这种形式的政策反应函数(规则)在新凯恩斯主义的背景下是合适的。由方程 7.17 表示的政策规则与大家熟知的"泰勒规则"的不同之处在于前者是前瞻性的(见 Taylor,1993,1998a)。泰勒提出了一种规则,美联储以此对滞后的产出和通货膨胀作出反应,而方程 7.17 建议美联储根据他们对未来通货膨胀和产出空隙的数值的预测来设定联邦资金的利率。泰勒的规则等同于方程 7.17

的一个"特殊情况",在此情况下,滞后的通货膨胀和产出空隙提供了预测未来通货膨胀的足够信息。泰勒的政策方程7.18在1992年的卡内基-罗切斯特会议上首次被推荐(Taylor,1993):

方程7.18　　　　　$r = \dot{P} + g(y) + h(\dot{P} - \dot{P}^*) + r^*$

方程7.18中,$y$是实际GDP,用偏离潜在GDP的百分比衡量;$r$是短期名义利率,用百分点表示;$\dot{P}$是通货膨胀率,$\dot{P}^*$是目标通货膨胀率;$r^*$是"在中央银行反应函数里隐含的实际利率";参数$g$和$h$,以及$\dot{P}^*$和$r^*$全为正数。根据这一规则,如果产出和(或)通货膨胀在其目标值之上,短期名义利率会上升,反之则反是。(对泰勒规则的评析可参见Svensson,2003b。)

在方程7.17下,政策制定者能够把关于未来经济路径的大量信息考虑进去。在标准宏观经济学模型里,总需求对实际利率作出反向的反应;即高实际利率抑制经济活动而低实际利率刺激经济活动。从方程7.17我们可以推导出目标(事前)实际利率$rr_t^*$的"引申的规则"。这可以用方程7.19表示:

方程7.19　　$rr_t^* = rr^* + (\beta - 1)[E(\dot{P}_{t,k} \mid \Omega_t) - \dot{P}^*] + \gamma E[y_{t,q} \mid \Omega_t]$

这里,$rr_t^* \equiv r_t - [E(\dot{P}_{t,k} \mid \Omega_t) - \dot{P}^*]$;$rr^* \equiv r^* - \dot{P}^*$是长期均衡的实际利率。根据方程7.19,实际利率目标将随美联储对未来产出和通货膨胀的预期的改变而作出反应。然而,正如克莱里达等人指出的,$rr_t^*$对预期产出和通货膨胀变化的反应的正负符号取决于参数$\beta$和$\gamma$各自的数值。如果$\beta > 1$且$\gamma > 0$,则利率规则将倾向起稳定作用。如果$\beta \leqslant 1$且$\gamma \leqslant 0$,则利率规则"很有可能起破坏稳定的作用,或者最好的情况是,对冲击起适应性的作用"。当$\beta < 1$时,预期通货膨胀的增加会导致实际利率的下降,这将接着刺激总需求从而加剧通货膨胀。在70年代中期美国的实际利率是负数,尽管通货膨胀在10%以上。

在这个基本框架基础上,克莱里达等人在他们对1960—1996年货币政策实施的调查中发现:

美联储在前沃克尔时期是高度适应性的:平均起来,当通货膨胀上升时,它让实际短期利率下降。尽管它提高了名义利率,但它提高名义利率的程度小于预期的通货膨胀。另一方面,在沃克尔到格林斯潘时代,美联储采用先发主动的态度来控制通货膨胀。它系统性地提高实际利率和名义短期利率来应对更高的预期通货膨胀。(Clarida et al.,2000)

尽管在70年代出现了加速的通货膨胀,联邦资金的名义利率紧随通货膨胀率变动,但在大部分时间里这一做法导致了零或负的事后实际利率。在 1979 年沃克尔通过紧缩的货币政策抑制通货膨胀之后,货币政策的实施发生了明显的变化,在 80 年代的绝大部分时间里,实际利率取得了正值。认识到货币政策对经济活动有滞后的影响,新的货币制度对通货膨胀压力的积聚采取预防性的应对措施。美联储政策的这一显著转变的结果是,通货膨胀成功地被降低了,尽管作为抑制通货膨胀的后果,美国经历了自大萧条以来的最严重衰退,失业率从 1979 年二季度的 5.7％上升到 1982 年四季度的 10.7％(Gordon,2003)。

在对美联储货币政策制度转变的分析中,克莱里达等人对联邦资金利率和目标远期起息利率预计值进行了比较,覆盖了沃克尔-格林斯潘规则下的全部时期。根据克莱里达等人的估计,规则"做得不错",因为它捕捉了 1979 年以后的样本期间联邦资金利率的大动向。

几乎毫无疑问的是,过去 20 年所经历的低通货膨胀很大部分归因于美联储和世界其他国家中央银行所采取的更加坚定的反通货膨胀的货币立场。德朗认为前沃克尔时期糟糕的货币政策制度源自美联储相信自然失业率比 70 年代的实际值低(Delong,1997)。克莱里达等人提出了另外一种可能性(Clarida et al.,2000)。其时,"美联储和经济学界都不能很好地理解通货膨胀的动态机制。的确,直到 70 年代中后期,中级的教材才开始强调并不存在通货膨胀和产出的长期取舍关系。预期在产生通货膨胀中的重要性以及可信度在政策制定过程中的重要性,在那个时代没有被很好地确立起来"(亦见 Taylor,1997a;Mayer,1999;Romer and Romer, 2004)。要想理解一个经济在一段时期的历史表现,就必须理解这段被考察时期内的政策决策者的认知。因为大多数决策者的认知来源于经济学家的研究发现,所以当评估经济表现时,经济学家在各个历史时期的认知状况总是必须考虑的因素(Romer and Romer,2002)。尽管分析和批评过去政策的过失是经济学家的一项非常重要的任务,但我们应该记住,像对待所有事情一样,事后诸葛亮总是容易当的。

尽管新凯恩斯主义经济学家所达成的共识支持上述的新凯恩斯主义的货币政策风格,仍有怀疑者存在。例如,斯蒂格利茨偏爱一个更加灵活的政策制定的方法,并认为:

变化的经济环境要求变化的经济政策,但不可能提前描述什么是合适的政策……现实是没有哪个政府在 10％、15％ 或 20％ 的工人面临失业时还能袖手旁观……新凯恩斯经济学家还相信面对一个快速变化的经济设计适合的规则其实是

不可能的。(Stiglitz，1993,pp. 1069 - 1070)

## 7.11.4　其他政策推论

对于那些一直发展着实际工资刚性的各种解释的新凯恩斯主义者来说，大量旨在减少持久性高失业的政策结论出现了(Manning,1995;Nickell,1997,1998)。林德贝克和斯诺尔的研究认为机构改革是必需的，以削弱内部人的权力和使外部人对雇主更具吸引力(Lindbeck and Snower，1988b)。理论上可以想象的权力削弱的政策包括：(1) 工作保障立法的软化，以减少劳动力的雇佣和解雇(换手)成本；(2) 产业关系的改革，以减少罢工的可能性。

有助于给予外部人"选择权"的政策包括：(1) 对外部人员进行再培训以便提高他们的人力资本和边际产出；(2) 提高劳动力流动性的政策；例如，一个功能良好的房屋市场；(3) 给工资带来更大灵活性的利润分享安排；(4) 重新设计失业补偿制度以鼓励工作搜寻。

韦茨曼强烈支持利润分享计划，因为这些计划为鼓励工资灵活性提供了一个分散的、自动的和市场激励的方法，这种灵活性可以减轻宏观经济冲击的影响(Weitzman,1985)。韦茨曼指向日本、韩国和中国台湾在灵活支付制度上的经验，这个制度能使这些国家和地区在过去渡过经济周期的风浪而保持相对高的产出和就业水平(见 Layard et al.,1991)。

许多新凯恩斯主义经济学家意识到了失业补偿制度对失业的扭曲影响。一个制度无限期地为失业提供补偿而不强求失业工人接受给他们提供的工作，似乎最有可能导致取消外部人的"投票权"和为减少怠工而提高效率工资(Shapiro and Stiqlitz,1984)。在怠工模型中，如果失业的收益数额提高，非自愿失业的均衡水平将会增加。莱亚德等人也赞成失业补偿制度的改革(Layard et al.,1991；见 Atkinson and Micklewright,1991 对此文献的介绍)。

一些新凯恩斯主义者(特别是欧洲的新凯恩斯主义者)支持用某些形式的收入政策来弥补不协调的工资议价制度的不利影响；例如，莱亚德等人认为"如果失业率在长期 NAIRU 之上并且存在滞后现象，一个临时的收入政策是帮助失业率更快地回归到 NAIRU 水平的一个很好的方法"(Layard et al.，1991；亦见 Galbraith，1997)。然而，这种政策仍然极具争议性并且大多数凯恩斯主义者(例如曼昆)并不认为收入政策会起到有效的作用。

## 7.12　没有 LM 曲线的凯恩斯经济学

　　第 7.11 节中介绍的稳定政策的现代方法如今反映在经济学家的教学思想中了,甚至在原理级的课程中就有体现(见 D. Romer,2000；Taylor,2000b,2001)。下面这个简单的模型和当前美联储及英格兰银行正在实践的宏观经济模型是一致的(见 Bank of England,1999；Taylor,1999；Clarida et al.,2000)。按泰勒的解释(Taylor,2000b),这个模型包括三个基本关系。首先是**实际**利率和 GDP 之间的方向关系,其形式如下:

　　方程 7.20

$$y = -ar + \mu$$

　　$y$ 衡量实际 GDP(相对于潜在的 GDP)；$r$ 是实际利率；$\mu$ 是一个改变项,例如它捕捉外生的变化对出口、政府支出等等的影响。一个高的实际利率通过降低消费和投资支出从而打压经济的总需求,同时在汇率自由的开放经济中还通过汇率升值抑制净出口。这个关系"类似于"传统教科书的 $IS$-$LM$ 分析中的 $IS$ 曲线。这个模型的第二个关键元素是通货膨胀和实际利率之间的正向关系,其形式:

　　方程 7.21

$$r = b\dot{P} + v$$

　　$\dot{P}$ 是通货膨胀率；$v$ 是改变项。这个关系,非常接近地再现了有领导地位的中央银行的当前实践,它表明了当通货膨胀上升时,货币当局将采取行动提高短期名义利率,其提高程度将足以提高实际利率。如泰勒(Taylor,2000b)和 D. 罗默(D. Romer,2000)都指出,中央银行不再视货币总量为目标,而是遵循一个简单的实际利率的规则。以现代货币政策模型为基础的第三个关键关系是通货膨胀和 GDP 之间的一个"菲利普斯"型的关系,其形式是:

　　方程 7.22

$$\dot{P} = \dot{P}_{t-1} + cy_{t-1} + w$$

　　$w$ 是改变项。方程 7.22 表明,当实际 GDP 高于潜在的 GDP($y > y^*$)时,通货膨胀将加剧,但要晚一个时期；反之则反是。通货膨胀对于实际 GDP 偏离潜在的 GDP 的反应的滞后性,反映了企业的重定价交错行为,这些企业拥有包括名义黏性在内的市场力量。虽然这个方面表现出这一模型的新凯恩斯主义特征,这一关系同样允许通货膨胀预期对实际的通胀率产生影响。

　　从上述三个简单的关系中我们能构建一个稳定政策的现代方法图解。合并方程 7.20 和 7.21,可得下式:

方程 7.23                      $y = -ab\dot{P} + \mu - \alpha v$

方程 7.23 表明通货膨胀和实际 GDP 之间存在负斜率的关系,泰勒和罗默都称它为总需求曲线(AD)。图 7.15 演示了总需求曲线的形成。

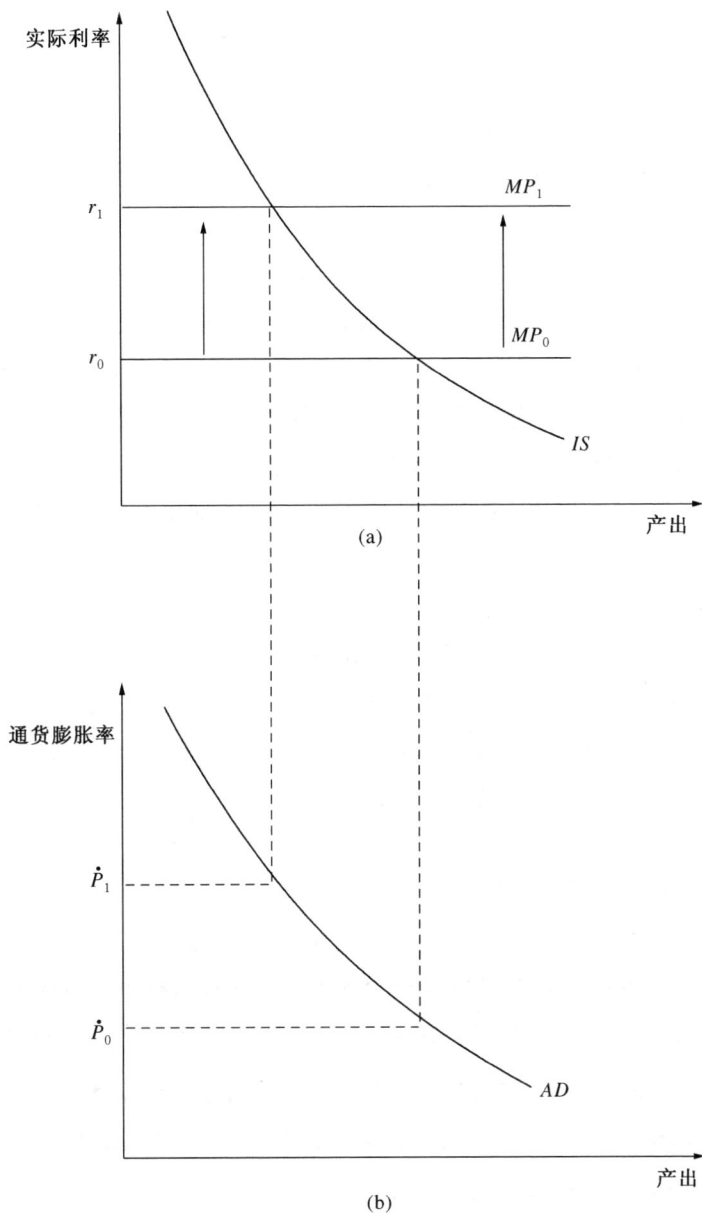

图 7.15　总需求曲线的形成

简便起见,如果我们假设中央银行对实际利率的选择完全取决于其通货膨胀

目标,那么货币政策(MP)的实际利率规则可以在图表7.15(a)中用一条水平线来表示,MP曲线的移动取决于中央银行对通货膨胀率的变化所作出的反应。方程7.20用图7.15中的IS曲线来表示。在图7.15(b)里我们看到,方程7.23由一个处于通货膨胀-产出空间里的向下倾斜的总需求曲线来演示。这里的直觉是,如果通货膨胀上升,中央银行会提高实际利率,从而减少经济的总支出,导致GDP下降。类似地,当通货膨胀下降时,中央银行会降低实际利率,从而刺激经济的总支出和提高GDP。我们可以把这种反应视为中央银行的**货币政策规则**(Taylor,2000b)。

AD曲线的移动可能源自对总支出的各个组成部分的外生冲击,比如AD曲线会对如下冲击作出反应而向右移动:政府支出的增加、减税、净出口的增加、消费者和(或)商业信心的增强所导致的支出增加。AD曲线也会对货币政策的变化作出反应而移动。例如,如果货币当局认定通货膨胀在现行货币政策规则下过高的话,他们会改变规则,提高实际利率并且使AD曲线向左移动(见Taylor,2001)。

由方程7.22给出的菲利普斯曲线或者通货膨胀调整关系,在图7.16中用标以$IA_0$的水平线来表示。跟随泰勒和D.罗默,这个关系可以被当作这个模型的总供给方面的组件,这里有两个假设:一是总需求增加的直接影响全部作用在总产出上;二是当实际发生的GDP等于潜在的或"自然的"GDP($y=y^*$)时,通货膨胀会保持稳定,但当$y>y^*$时,通货膨胀会增加,而当$y<y^*$时,通货膨胀会下降。这两个假设都与经验的证据相一致,并且为新凯恩斯主义关于工资价格短期黏性的理论所支持(Gordon,1990)。当经济处于其潜在产出时,IA线会向上移动以应对来自供给方面的冲击如商品价格的上涨,同时也应对通货膨胀预期的改变。图7.16说明了完整的AD-IA模型。

在这个模型里,长期均衡要求AD和IA相交于自然产出水平($y^*$)。假设经济起初在长期均衡点$E_{LR0}$并且假设一个外生的需求冲击将AD曲线从$AD_0$移至$AD_1$。这个AD曲线的移动的最初影响是使GDP从$y^*$增加到$y_1$,同时通货膨胀保持在$\dot{P}_0$。既然$y_1>y^*$,通货膨胀率随着时间会增加,使得IA曲线上移。中央银行会用提高实际利率的办法来应对通货膨胀率上升,可以用MP曲线在IS-MP图形(图7.15)中的一个向上的移动来表示。

IA曲线继续向上移动直到AD和IA曲线相交于潜在产出水平$y^*$,即$AD_1$和$IA_1$相交的地方。经济现在处于一个新的长期均衡点$E_{LR1}$,不过与更高的稳定通货

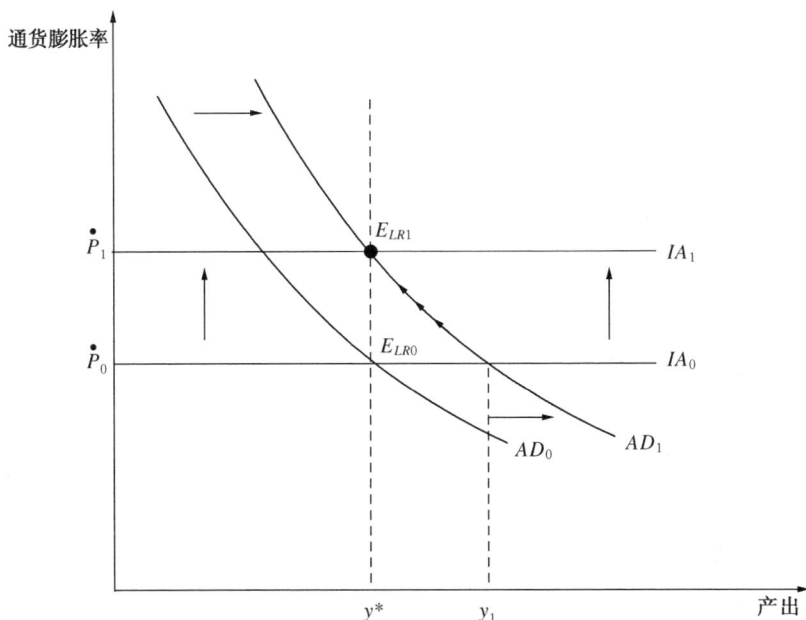

图 7.16　在 $AD$ - $IA$ 模型中向长期均衡的调整过程

膨胀率 $\dot{P}_1$ 相伴。中央银行已经通过将实际利率从 $r_0$ 提高到 $r_1$，对需求冲击作出了反应。如果中央银行认定新的稳定通货膨胀率过高（即高于通货膨胀目标），那么它将不得不采取步骤通过改变其货币政策规则来使 $AD$ 曲线向左移动。这将导致衰退（$y < y^*$）和逐渐下降的通货膨胀率。随着 $IA$ 曲线向下移动，中央银行会降低实际利率，刺激需求，经济则会回到 $y^*$，这一点上的通货膨胀率较低且较稳定。

　　上述简单的模型给出了货币政策如何施行的一个比较精确的描述。在泰勒（Taylor，2002b）看来，这个理论"很好地与数据相契合并且以现实的方式解释了政策决定及影响"。这个方法最终被大家认同为"新凯恩斯主义的"（Clarida et al.，2000；Gali，2002）还是"新古典综合的"（Goodfriend and King，1997），还有待观察。罗默干脆把它称为"没有 $LM$ 曲线的凯恩斯宏观经济学"（D. Romer，2000）。

## 7.13　对新凯恩斯经济学的批评

　　新凯恩斯主义研究计划的推动来自一种观点：正统凯恩斯模型缺乏连贯的关于工资和价格的微观基础。因此，新凯恩斯主义文献直到现在一直非常注重于在理论上的发展。很多经济学家已经批评它缺乏在经验上的研究，而费尔（Fair，

1992)认为,这些文献已经使宏观经济学脱离了计量经济学基础并且建议凯恩斯主义者"考虑把各种思想放置在一起以产生一个可被检测的有关结构的宏观计量经济学模型的可能性"。莱德勒同样强烈地建议重新将经验证据作为宏观经济学研究的优选对象(Laidler,1992a)。

表7.2 价格黏性的原因的证据

| 价格黏性理论 | 接受理论的企业百分比 |
|---|---|
| 协调失灵——每个企业都等待其他企业先调价 | 60.6 |
| 基于成本的定价,有滞后现象 | 55.5 |
| 喜欢改变产品的特性而不是价格 | 54.8 |
| 隐性合同——对顾客的公平需要稳定的价格 | 50.4 |
| 显性的名义合同 | 35.7 |
| 有代价的价格调整——菜单成本 | 30.0 |
| 正周期的弹性——需求曲线越左移越少弹性 | 29.7 |
| 定价特征的心理意义 | 24.0 |
| 喜欢改变存货而不是价格 | 20.9 |
| 不变的边际成本和不变的加价幅度 | 19.7 |
| 官僚主义的拖延 | 13.6 |
| 以价判质——担心顾客认为一分价钱一分货 | 10.0 |

来源:改编自 Blinder(1994)。

429　　作为回应,新凯恩斯主义者可以提及布林德所作的非正统的但有趣和创新性的关于企业定价行为的研究(Blinder,1991,1994),它是一项经验性的研究,与检测效率工资假说有关(例如 Drago and Heywood,1992;Capelli and Chauvin,1991);也可以提及鲍尔等人(Ball et al.,1988)用跨国数据来检测菜单成本模型的有影响力的论文。在为重要的问题"为什么价格有黏性"寻找答案的过程中,布林德的研究使用了从访谈中采集到的数据来区分价格黏性的不同解释,而价格黏性在凯恩斯主义经济学家看来是一种固定模式的事实(关于价格黏性的证据,见 Carlton,1986)。布林德的结果,再现于表 7.2,对凯恩斯主义的解释给予了某种支持,而凯恩斯主义的解释强调协调失灵、成本加成定价法、偏向于改变产品性能而不是价格以及隐性合同。

在一次访谈(Snowdon,2001a)中,布林德这样总结他的关于价格黏性的发现:

在被检验的 12 种理论当中,许多检测结果最优的理论有凯恩斯主义的特征。当你将这 12 种理论以受访者喜欢和认同程度的顺序排列时,排在第一位是协调失灵——一个非常凯恩斯化的观点。第二位的理论与加成定价模型有关,我可以说它是一个非常英式-凯恩斯主义的观点。一些价格黏性的理由根本不是凯恩斯主义的。例如,在衰退时期的非价格竞争。奥肯的隐性合同的思想(Okun,1981)也非常凯恩斯化……如果你看看厂商给出的价格黏性的前五位理由,其中有四个看起来显然有凯恩斯的特征……如果你准备相信这些调查结果(有些人不准备相信),我想这项研究对凯恩斯主义的观点给予了不少支持。

巴斯克尔等人的类似研究(Bhaskar et al.,1993)使用了在 80 年代采集于英国的数据,证实了绝大多数厂商不倾向于在景气的时候抬高价格而在衰退的时候降低价格,反而是通过改变工作时间、换班工作、存货或者客户配给的手段而作出的数量调整反应具有"极端的重要性"。

新凯恩斯主义文献的第二个主要问题是它已经产生了大量经常互不相干的精美理论(Gordon,1990)。这使得把这些思想集合在一起以产生一个可检验的新凯恩斯模型变得非常困难。新凯恩斯主义者自己已经意识到了这个问题,布兰查德反思到"我们已经建造了太多的怪物"而"有趣的结果却很少"(Blanchard,1992)。迷恋于建造"令人目眩的一堆"理论,这些理论"准宗教般地"坚守微观基础,这已经成为一种病态。因为工资和价格惯性的原因太多,在刚性的哪一个来源是最重要的问题上没有达成一致的意见(对效率工资理论的批评,见 Katz,1986;Weiss,1991)。

批评的第三个方面也与菜单成本文献有关。价格调整的小额成本可能解释产出和就业的重大缩减,批评家们对此表示怀疑(Barro,1989a)。卡普林和斯普尔伯也对菜单成本结果表示怀疑,他们证明,虽然菜单成本对单个厂商可能是重要的,但是这种影响在总量层面可能消失(Caplin and Spulber,1987)。为回应这些批评,新凯恩斯主义者认为,正在出现的文献融合了实际刚性,扩大了名义刚性的范围,使其对产出和就业具有影响(见 Ball and Romer,1990;D. Romer,2001)。包含了价格改变之小额成本的模型的另一个弱点是,它们产生了多重均衡。罗滕伯格认为,"如果许多事情可能发生,这些模型就更难否定",并且"当存在多重均衡时,就不太可能知道经济对任何特定的政府政策将会如何反应"(Rotemberg,1987)。格罗索夫和卢卡斯也强调了在校准实验中,他们的菜单成本模型与如下事实是一致的,即"即使大的通货膨胀抑制措施也可能产生小的实际效果,如果这些措施能可靠地付诸实施的话"(Golosov and Lucas,2003)。

对新凯恩斯主义经济学的第四个批评与它所强调的从微观基础导出刚性有关。托宾否认凯恩斯主义宏观经济学"坚持或要求"名义的和(或)价格的刚性(Tobin,1993)。在托宾看来,工资和价格灵活性很可能会使经济衰退恶化,并且他支持凯恩斯的直觉(Keynes,1936):名义工资刚性在面临总需求冲击时将起稳定的作用。托宾还提醒新凯恩斯主义者,凯恩斯基于工人关心工资相对性所作的名义工资刚性的解释具有"理论上的无瑕性"和"经验上的现实性"。既然一次名义工资的削减将被每一工人团体视为一次相对的实际工资的降低(因为在一个分散体系下,工人们不能确保知道其他工人团体正在接受多大程度的工资削减),所以工资削减将遭到理性工人的抵制。萨默斯开始研究这个被忽视的问题,并且认为相对工资的作用导致了显著的协调问题(Summers,1988)。格林瓦尔德和斯蒂格利茨也已发展了新凯恩斯主义理论演绎的一个分支,它强调价格灵活性的不稳定作用(Greenwald and Stiglitz,1993b)。

第五项批评与许多新凯恩斯主义者接受理性预期假说有关。费尔普斯认为理性预期假说"不能令人满意"(Phelps,1992),并且布林德指出,有利于这个假说的经验证据"往好里说是软弱的,往坏里说是破坏性的"(Blinder,1992a)。直到有人提出更好的观念,否则这项批评不会导致在宏观经济学中放弃理性预期假说。然而,关于理性预期的形成,莱琼霍夫德对近期有关"学习"的研究很有热情(见 Evans and Honkapohja, 2001;Snowdon,2004a)。

新凯恩斯主义的第六个问题涉及"旧"IS-LM 模型作为理解总需求的决定因素的最佳方式为"新"学派所继续接受。金(King,1993)认为,IS-LM 模型"没有像福特 Pinto 有望成为 20 世纪 90 年代的可靠的运动型轿车那样,有望成为 90 年代宏观经济学可靠的分析工具"。金发现的基本问题是,为使 IS-LM 模型成为有用的分析工具,经济学家必须从根本上放弃预期,但是"我们现在知道,这种简化清除了总需求的关键决定因素"(King,1993)。金建议宏观经济学家和政策制定者不要理会新凯恩斯主义的宣传广告,因为尽管换了新包装,新产品还是和原来的一样不健全(见第 7.12 节)。

最后,保罗·戴维森对新凯恩斯主义分析非常不满,他声称,"新凯恩斯主义的餐盘里面没有一点凯恩斯主义的牛肉"(Davidson,1994)。从戴维森的后凯恩斯主义视角来看,新凯恩斯主义没有关注凯恩斯货币理论的至关重要的方面(见第八章)。然而,曼昆不认为新凯恩斯主义分析与《通论》之间的一致性是个重要的问题,他把后者描绘成"一本模糊的书"(Mankiw,1992)。

## 7.14 对新凯恩斯经济学的评价

新凯恩斯经济学家为黏性价格模型寻求发展清晰合理的微观基础,他们做得有多成功? 巴罗(Barro,1989a)对于新凯恩斯经济学(他用首字缩写单词 NUKE 来称呼它)的主要结论是,尽管其中有些思想作为实际经济周期模型里的元素是有用的,NUKE 模型"没有成功地为凯恩斯主义方法恢复名誉"。与之截然不同的是,曼昆和罗默总结道,"新古典学派关于凯恩斯的名义刚性假设未能被赋予理论基础的论断已经遭到了反驳"(Mankiw and Romer, 1991,p. 15)。

凯恩斯主义经济学在过去 30 年里展现了惊人的复苏,尤其是在 1968—1982 年期间,它被赋予了反对其基本教义的反革命的理论力量。这一复苏可归功于凯恩斯分析适应理论创新和适应新的经验发现的能力(见 Shaw,1988;Lindbeck,1998;Gali,2002)。凯恩斯经济学不仅证明有能力吸收自然率假说和预期扩大的菲利普斯曲线,它还设法容纳理性预期假说,并且设法建立在实际经济周期学派的见解和方法论上(Ireland,2004)。这些基础性的蜕变还在继续:新凯恩斯理论家们正在重建和逐步改进凯恩斯经济学的基础,使其与微观经济学和宏观经济学理论的现代发展保持同步。通过强调劳动力、产品和资本市场的诸多不完全性,新凯恩斯经济学被它的倡导者看成一项"令人兴奋的"和"动态的研究计划"(Stiglitz,1992)。对批评家来说,新凯恩斯主义者除了将"陈酒装于新瓶"之外,没有取得更多成就。

林德贝克(Lindbeck,1998)在对新凯恩斯经济学的评价中认为,目前"宏观经济学的复杂结构"产生于许多不同的经济学分析派别的大量贡献。随着这一过程的继续并且涉及实际经济周期分析和新凯恩斯摩擦更紧密的整合,在经济学理论上加贴的"传统标签",如新凯恩斯主义、新古典主义和实际经济周期,将"可能变得越来越不相干了"。

在他的诺贝尔奖纪念讲演《行为的宏观经济学和宏观经济学的行为》(Akerlof,2002)中,阿克洛夫对新古典模型提出了重要的批评,并对广义凯恩斯经济学进行了激烈的辩护。阿克洛夫认为新古典模型的行为假设是如此"原始",导致了对一些重要的宏观经济学现象的完全否定。这些包括否认"非自愿失业的存在",否认货币政策——即使是预见的——可以影响实际变量如产出和就业,并且忽视了这样的事实:当失业和产出高于它们的自然率时,通货紧缩就不能再加剧,这正是新

432

古典模型所预言的情况。阿克洛夫同意卢卡斯的观点,即新古典综合时代的正统凯恩斯模式需要清晰合理的微观基础。然而,新古典学派所采用的正统新古典微观基础忽视了并且很大程度上会继续忽视如下事实,经济学家在模拟不对称信息的影响、在不完全竞争以及在采用"基于心理学和社会学观察"的假设等方面正取得巨大的进步。阿克洛夫相信宏观经济学将来的进步取决于建立一个具有凯恩斯精神的"行为的宏观经济学"(参见 Stiglitz,2000,2002)。"凯恩斯经济学"是否会朝着阿克洛夫所推荐的方向发展,仍有待观察。

# N. 格里高利·曼昆

格里高利·曼昆 1958 年出生于新泽西州的特伦顿,1980 年毕业于普林斯顿大学,1984 年取得麻省理工学院的经济学博士学位。自从 1985 年开始,一直在哈佛大学担任经济学教授。

格里高利·曼昆以价格调整、顾客消费的决定因素以及经济增长的理论和经验方面的研究而闻名。他被公认为新凯恩斯主义学派宏观经济学的主要拥护者。他的名作包括:《新凯恩斯主义经济学(卷 1):不完全竞争和黏性价格》(*New Keynesian Economics*, *Vol*. 1, *Imperfect Competition and Sticky Prices*, MIT, 1991,与大卫·罗默合著);《新凯恩斯主义经济学(卷 2):协调失败和实际刚性》(*New Keynesian Economics*, *Vol*. 2, *Coordination Failures and Real Rigidities*, MIT,1991,与大卫·罗默合著);《货币政策》(*Monetary Policy*, University of Chicago Press, 1994);《宏观经济学》第五版(*Macroeconomics*, Worth Publishers, 2003)。

曼昆教授最出名的文章包括:与朱利奥·罗坦伯格和劳伦斯·萨默斯合著的《宏观经济学中的跨期替代》("Intertemporal Substitution in Macroeconomics", *Quarterly Journal of Economics*, 1985);《小菜单成本和大经济周期:垄断的宏观经济学模型》("Small Menu Costs and Large Business Cycles: A Macroeconomic Model of Monopoly", *Quarterly Journal of Economics*, 1985);与劳伦斯·鲍尔和戴维·罗默合著的《新凯恩斯主义经济学和产出-通货膨胀两难》("The New Keynesian Economics and the Output-Inflation Trade-off", *Brookings Papers on Economic Activity*,1988);《实际经济周期:新凯恩斯主义视角》("Real Business Cycles: A New Keynesian Perspective", *Journal of Economic Perspectives*, 1989);与戴维·罗默和戴维·韦尔合著的《对经济增长的经验论的贡献》("A Contribution to the Empirics of Economic Growth", *Quarterly Journal of Economics*,1992);《国家的成长》("The Growth of Nations", *Brookings Papers on Economic Activity*,

1995);《通货膨胀和失业之间无止境的神秘的两难》（"The Inexorable and Mysterious Trade-off Between Inflation and Unemployment"，*Economic Journal*，2001）。

1993 年 2 月 18 日，我们在哈佛大学曼昆教授办公室对他进行了采访，后来1998 年 2、3 月份也进行了类似的采访。

## 一般性问题

▲ 你为什么会认为我们在宏观经济学上争论要比微观经济学多呢？

真是个难回答的问题。微观经济学家在处理事情上的方法上有很多共同之处，这是事实。也就是，大多数的微观经济学家把效用最大化和利润最大化作为基础的动因，并由此出发进行进一步的研究。宏观经济学在某些方面就要难一些，因为你在研究整个经济；所以这个领域需要更加简化的假设，以使事物变得可控，使问题比实际情况要简单些。我觉得，在哪些简化的假设是最自然或者最有用的问题上，大家是有分歧的。

▲ 你认为宏观经济学采用新古典的选择理论基础有多重要？

所有的宏观现象是很多微观现象的综合结果，这是当然正确的；从这个意义上来讲，宏观经济学不可避免地奠基于微观经济学。然而我还不能确定是否所有的宏观经济学都必须从微观经济学的基础出发。作个类比，从某种意义上说，所有的生物是物理粒子的总和，因为所有的生物都是由粒子组成的。但并不是说创建生物学的自然出发点是从物理粒子开始，然后再汇总。的确，我可能从有机体或细胞这些层面的理论开始，而不是从亚原子颗粒的层面。我们有很多模型，例如 IS-LM，对研究宏观经济很有用，即使这些模型不是从个体单位开始并建立起来的。

▲ 在过去的 25 年，你认为哪些论文或书籍对宏观经济学的发展影响最大？

毋庸置疑，卢卡斯的影响最大。他使得 20 世纪 60 年代意见一致的凯恩斯主义产生了裂痕。他提出新的奇妙的思想事实上撕裂了宏观经济学。当今宏观经济学家中的分歧很大程度上是由卢卡斯及其追随者的批评引起的。正如你们所知道的，我不同意卢卡斯的解决办法，但是我会很认真地对待他所指出的问题。我和其他新凯恩斯主义者所做的很多工作是为了回应他所指出的旧凯恩斯主义思想存在的问题。

▲ 在某种程度上你已经回答了我们的下一个问题。你从哪儿为自己的工作获取灵感？

435

各家的影响。部分来自老一代的宏观经济学家。我把我所做的很多工作视为在托宾、莫迪利阿尼和弗里德曼的工作基础之上。我在他们提出的观点中看到了很多正确的东西。我也很认真地对待卢卡斯指出的问题。很多新凯恩斯主义的工作就是重新组织60年代弗里德曼-托宾对世界的看法。现在所谓的新古典综合包含了很多真理。另一方面,它也有问题,并且卢卡斯有力地揭示了这些问题。我们需要解决这些问题以及卢卡斯的关心问题,同时保留新古典综合里的真理元素。

## 凯恩斯及《通论》

▲ 50年代末期出现的新古典综合所作的一种解释认为《通论》是更为一般的古典模型的一个特例。你同意这个解释吗?

我想说,古典模型和凯恩斯模型对价格调整的假设是不同的。我认为古典模型是假定价格完全灵活的模型,因此,它需要给出令这样的假设显得至为合理所需的一个期限。这个期限也许是几年的时间,但绝非几个月。凯恩斯模型适用于一个工资和价格在此期间相对缺乏灵活或者迟缓的期限。这两种模型都是一个更为一般的模型的特例,这个更为一般的模型允许各种程度的价格灵活和迟缓,这取决于我们想研究的期限。当我们研究一季或十年的政策影响时,我们希望对价格的灵活程度作不同的假定。

▲ 为什么你会认为对《通论》存在很多互相冲突的解释呢?

有很多相互冲突的解释是因为凯恩斯有很多不同的观点。由于这些观点不是必然打包在一起的,所以不同的人抓住了不同的观点组并声称这就是凯恩斯学说的核心。问题是,当我们审视市场的不完整性即我们所称的经济周期时,《通论》中哪些思想组是最重要的?《通论》中的观点太多了,很难一下子掌握。是由于选择并强调凯恩斯世界观的不同片段而导致了意见分歧。

▲ 如果凯恩斯到1969年仍健在,你认为他能获得第一个诺贝尔经济学奖吗?

毋庸置疑,我认为20世纪有一些非常非常重要的经济学家,但无疑凯恩斯会进入每一个人的最佳候选名单。

## 新古典主义宏观经济学

▲ 你是否认为新古典主义宏观经济学与货币主义是不同的思想流派?

我认为是这样的。我的印象是货币主义是这样一种思想流派,它认为货币供应量的波动是总需求和总收入波动的主要原因,而新古典主义则是一个特别的理论,它探究为什么总需求的波动通过一个不能预料的价格突变而可能变得重要起来。这个由卢卡斯提出的价格突变的观点,我认为,是货币主义的下一步。最近,新古典主义经济学家已经把他们的注意力转移到实际经济周期理论上,这个理论是与货币主义截然对立的。

▲ 你是否认为新古典主义的贡献总体上已经对宏观经济学的发展产生了有益的效果?

争论是正常的,而新凯恩斯主义学派很大程度上是由于应对新古典主义学派而崛起的。在这个意义上讲,是一场争论带来了更多的真理,争论是有益的。许多特定的贡献,特别是实际经济周期理论,可能经不起时间的检验。而关于政策的时间不一致性的文献是经得起检验的贡献,并且可能已经成为过去 20 年间对政策分析最为重要的贡献之一。

▲ 理性预期假说有多重要?

它已经成为所有职业经济学家正在使用的假说,从这个意义上说,它是重要的。经济学家一般认为人们在做决定时是理性的:他们追求效用最大化,他们理性地追求利润最大化,等等。我们假定人们是理性的,但当他们形成预期的时候除外,这时候他们是不理性的,这可能有点奇怪。大家一开始相信,理性预期假说具有所有变革性的效果,在这个意义上讲,我不认为理性预期假说是重要的。起初,人们认为这个假说有着让政策失效的所有特性。

▲ 是不是还需要市场出清的假设?

正是。人们已经认识到正是其他的一些假说,比如市场出清假设,才是真正重要的,也认识到理性预期自身并不具有原先所认为的变革性的效果。

▲ 有一种观点认为:80 年代早期美国和英国的反通货膨胀的经验为驳斥新古典主义的反通货膨胀无痛苦的论断提供了决定性的证据。你对这种观点提出了质疑。这是否因为反通货膨胀是事先没有预料到的?

有两种新古典主义的观点。第一种是卢卡斯的价格突变理论。第二种是实际经济周期理论。第二种观点认为不论预料之内还是预料之外的货币都不重要。我对此的看法是它与证据完全背道而驰。拉里·鲍尔(Larry Ball)写过一篇文章说明,许多国家的系统性的情况是:只要有反通货膨胀的措施,就会伴随一段时期的低产出和高失业(见 Ball,1994)。所以我认为在这一点上证据已经很清楚了。证

现代宏观经济学:起源、发展和现状

据对早期的新古典理论更为有利。你说得对,在很大程度上,甚至在美国,反通货膨胀没有被预料到,所以沃克尔才会说他准备去反通货膨胀。我不认为人们会相信他准备反通货膨胀的速度和他后来做到的一样快。绝大多数预期通货膨胀的指标并没有降下来,直到衰退来临之后。我赞同可信度是反通货膨胀的成本大小的决定因素之一的观点。

## 凯恩斯主义和新凯恩斯主义者

▲ 你认为自己是凯恩斯主义者吗?

我认为是,但是我总是对这个称谓感到紧张,因为凯恩斯主义者对不同的人意味着不同的事物,就像不同的人阅读《通论》会选出不同的重要成分。人们以如此多的不同方式使用凯恩斯主义者这个词,以至于最近我尽量避免用它,因为它是让人混淆的而不是让人明白的。我认为自己是个凯恩斯主义者是因为我相信经济周期代表了某种大范围的市场不完整性。在这个意义上讲,米尔顿·弗里德曼也是一个凯恩斯主义者。我自己的观点来自米尔顿·弗里德曼的和来自约翰·梅纳德·凯恩斯的一样多。一些人把"凯恩斯主义的"一词的涵义当作相信经济是可以被微调的以至于政府能够控制经济的每一次上上下下的摆动。另外一些人认为这个词表示相信赤字消费并非坏事。这些观点我都不同意。我觉得《通论》的广义主题思想是:经济周期是我们需要担心的东西,因为它是市场不完整性的标志。那样的话,我是个凯恩斯主义者,但如我前面所说的,米尔顿·弗里德曼也是。

438

▲ 菲利普斯曲线的崩溃对正统凯恩斯主义是致命的吗?

它突显了缺少一个好的总供给理论。正统凯恩斯主义者有一个关于总需求的非常好的理论。IS-LM模型为思考总需求是如何决定的提供了坚强的总体结构。问题是,一旦你已经得到总需求,它是一个在价格-产出空间中向下倾斜的曲线,你仍然需要一个关于总供给曲线的好故事。菲利普斯曲线没有出处。它只是照着数据上真实的情况作出的经验描述,没有任何特别好的理论来说明诸如为什么它看上去会那样、它对政策变化会如何反应、什么可使它变得不稳定等问题。所以我们对此从来没有一个很好的理论,这从菲利普斯曲线的崩溃中明显可以看出来。而且它的崩溃为卢卡斯提出的更为一般性的批评提供了空间。供给方面的缺陷一直是个弱点,但是在菲利普斯曲线崩溃前它一直未被关注。

▲ 什么是新凯恩斯主义宏观经济学的中心命题?你将如何总结?

中心命题大多是理论的而非政策导向的。新凯恩斯主义者接受新古典综合总结的世界观：经济能在短期内偏离其均衡水平，并且货币和财政政策对实际经济活动有重要的影响。新凯恩斯主义者说，新古典综合的缺陷并不像卢卡斯和其他人所认为的那种情况。新凯恩斯学派的目的是解决那些由卢卡斯提出的理论问题并接受卢卡斯的观点，即我们需要更好的微观经济学基础来支持经济学模型。

▲ 因此你不会同意后凯恩斯主义者所倡导的支持收入政策的观点。

不，根本不会。当政府介入设定工资和价格时，它是不善于此道的。工资和价格的设定应该交给自由的市场。

▲ 所以你不是加尔布雷斯的信徒？

绝对不是。

▲ 不完全竞争理论对新凯恩斯主义宏观经济学有多重要呢？

新凯恩斯主义经济学大部分试图解释为什么在较长时期内企业以它们现在采取的方式来设定和调整价格。处在完全竞争环境中的企业对其价格别无选择，只能是价格的接受者。如果你想讨论企业设定价格的事，那么你不得不讨论有某种能力这么做的企业，它们便是那些具有某种市场力量的企业：它们是不完全竞争的。所以我认为不完全竞争是考虑价格设定的中心并且因此是新凯恩斯经济学的中心。

▲ 这很奇怪，因为一想起 30 年代，就会想起剑桥的凯恩斯和琼·罗宾逊。琼·罗宾逊发展了不完全竞争论，凯恩斯发展了他的《通论》。为什么汇合这两种思想花了这么长时间？

我不认为凯恩斯会像我们今天这样，操心把其理论建立在微观基础上这件事。琼·罗宾逊当时正在建造的微观经济学，后来证明对完善凯恩斯的宏观经济学很有帮助。凯恩斯没读过卢卡斯的著作，并不操心建立总供给的微观经济学。

▲ 在某种意义上，后凯恩斯主义者在这一点上不是走在你们之前了吗？像保罗·戴维森这些人将不完全竞争作为他们的微观基础已经有好多年了。所以，新凯恩斯主义者只是补做后凯恩斯主义者一段时间之前曾经做过的事吗？

他们都有着不完全竞争这个宽泛的主题，但是细节并不十分相似。我感觉相比于后凯恩斯主义，新凯恩斯主义经济学离新古典综合更近些。

▲ 很显然你将很熟悉阿兰·布林德最近所做的介绍文章。他们支持新凯恩斯主义的观点吗？（参见 Blinder,1991）

阿兰正在提供一种评判诸多不同的新凯恩斯主义观点的方法。这里有很多关于工资价格刚性的新理论。他在试着筛选对错时用了一种相当新颖的方法：去问企业是如何设定工资和价格。这真是件了不起的工作，但是最终我们将获知什么仍不是很清楚。他还在写论文，但是我们还没有看到所有的结果。其目标是提供一种方法来决定哪些是我们喜欢的理论，哪些不是。这真是个令人兴奋的项目。

▲ 新凯恩斯主义者似乎对实际刚性和名义刚性作了重要的区分。为什么做这个区分是重要的？

其原因是实际刚性是一个相对价格中的刚性，它不是货币非中性的原因。例如工会能设定脱离均衡的刚性的实际工资。一个刚性的实际工资不会提供任何可以相信货币非中性的理由，因为它没有创造任何名义杠杆使货币作用其上。它可能会引起失业，但不会导致货币的非中性。取得货币非中性——这对宏观理论家是一个核心的挑战——你需要某种名义刚性，如黏性价格。我已经说过了，世界上似乎有好多种实际刚性，例如工会将工资定在高于均衡的水平。问题是名义刚性和实际刚性是否互相作用。这类文献大的主题之一是实际刚性和名义刚性似乎相互加强，这个发现主要归功于拉里·鲍尔和戴维·罗默。实际上，如果没有实际刚性，名义刚性远没有如此重要。

440

▲ 菜单成本文献的批评家认为这是个小小的挂钩，却要挂着对经济周期的解释。小小菜单成本是如何对宏观经济产生如此大的实际影响呢？（参见 Barro，1989a）

很明显，菜单成本是很小的。企业在改变价格的时候，不会承受巨大的成本。同样明显的是，经济衰退是代价高昂的事件。问题是这些相对低的菜单成本是否能成为理解相对代价昂贵的经济周期的关键因素。这类文献说明企业对价格的调整有着外部效应。当一个企业决定保持价格黏性的时候，这可能要经济付出代价，而对正在作出这些决定的企业来说却是代价不高的。

▲ 效率工资和内部人-外部人理论是如何融入新凯恩斯主义思想的？

这两种理论都为实际刚性提供了一种特别的解释，例如为什么在劳动力市场，实际工资达不到均衡水平。正如我前面所说的，实际刚性和名义刚性是能够互补的。即，刚性的实际工资的内部人-外部人解释和效率工资解释在某种意义上与刚性价格的菜单成本解释是互补的。

▲ 滞后的思想对新凯恩斯主义宏观经济学很重要吗？

实际上，我不这么认为。衰退能对经济产生持久的影响并且在衰退的起因消失后仍能留下永久的伤疤，这是很有趣的思想。例如，80 年代欧洲的高失业率持续的时间比任何人用标准的模型所能解释的要长。但是如果这种想法是错误的，它就不能击退我们的理论。这曾经是个有趣的但又是相对独立的问题。

▲ 你认为 NAIRU 的概念和弗里德曼的自然率是相同的思想还是不同的？

我一直认为它们基本上是相同的。绝大多数的新凯恩斯主义模型都会涉及某种自然率；在这个意义上，米尔顿·弗里德曼赢得了这场辩论。绝大多数新凯恩斯主义者相信自然率假说，除了一小部分人使用滞后理论。自然率假说根基相当牢固。

▲ 完全就业的概念怎么样？15—20 年前很难想象不以完全就业的概念为中心进行宏观经济学研究。我们如何对待诸如非自愿失业的问题？卢卡斯建议我们应该抛弃这个概念，对此你的看法是什么？（参见 Lucas,1978）

我认为存在非自愿失业。部分新凯恩斯主义文献想到用劳动力市场模型来解释为什么存在非自愿失业，为什么实际工资不能调节以使劳动力市场达到均衡。例如，效率工资理论及内部人-外部人理论中有很多真理。

▲ 新凯恩斯主义者认为完全就业就是自然率？

我避免使用完全就业这个术语是因为它在某种意义上暗示了自然率是人们想要的。我认为有些自然率是经济将要趋近的长期失业率，在长期是不受货币政策影响的。这并不是说，任何政策干预都不能改变它。对劳动力市场已经采取了种种措施来增加或降低自然率，如最低工资、失业保障法、劳动力培训政策。政府为改变自然率可以做的事很多很多。我不喜欢称它为完全就业是因为好的劳动力市场政策也许能将就业率提高到超出那个水平。

▲ 当你关注劳动力市场时，你觉得考虑公平的因素有多重要？我们在这里考虑乔治·阿克洛夫，珍妮特·耶伦和索洛的工作，他们强调过公平的思想。难道这些工作没有提示新凯恩斯主义者或许应该开始更加密切关注心理学和社会学的文献吗？（参见 Akerlof and Yellen,1990；Solow,1990）

他们写过的一些文章极为有趣。我认为我们还需要更多的有力证据来放弃新古典主义的假设。我在自己的工作中还没这么做，但是我当然高兴看到别人是这么做的。

▲ 在你最近编辑的新凯恩斯经济学论文集中，你提出"新凯恩斯主义宏观经济学可以被简单地称为新货币主义经济学"。你准确的意思是什么？（参见 Mankiw and Romer,1991）

实际经济周期学派提出的挑战是关于货币是否为中性的问题，如果不是，为什么不是？20 年前，弗里德曼和托宾在争论的时候，他们在某些事情上的看法还是一致的。他们同意联邦储备系统是经济的重要的参与者，并且它们所做的事情的确很重要。实际经济周期学派对此提出了异议，他们写下的模型没有货币政策的实际效果。新凯恩斯模型试图确立为什么货币不是中性的，哪些必需的微观经济的不完整性可以用来在宏观层面上解释货币的非中性。在这个意义上讲，这些模型正试着同时支持传统凯恩斯主义和货币主义的观点。

▲ 你是否同意斯坦利·费希尔的观点：弗里德曼、布伦纳和梅尔泽的观点更接近凯恩斯主义者的观点，而不是更接近均衡经济周期理论家的观点？（参见 Fischer，1988）

那是自然。实际经济周期理论的本质是联邦储备系统作用的缺失，而我却认为布伦纳、梅尔泽和弗里德曼将同意托宾的观点：联邦储备系统很重要。他们中没有人会像实际经济周期理论家那样认为货币是中性的。

▲ 詹姆斯·托宾指出好的经济学论文蕴藏着惊喜。新凯恩斯主义的论文展现了什么惊喜？（参见 Tobin，1988）

大的惊喜之一就是可以比人们原先想象的更加深入地使用菜单成本模型。很多人过去常常认为这些模型是思考价格刚性的愚蠢的方法。新的文献正试图说"不"：也许我们应该认真对待菜单成本模型。我认为实际刚性和名义刚性的互补性是个惊喜。正如我前面提到的，迄今为止新凯恩斯主义文献的一个令人失望的特征是它还不是经验的，如我希望的那样。在一些研究中，这个问题正在得以矫正。这是这些文献最终的归宿。我们需要更多经验的工作。

▲ 彼得·霍维特已经谈论了凯恩斯的恢复，阿兰·布林德提到凯恩斯的修复，您似乎更倾向于再生这个术语。在用过的不同术语中有什么重要的东西吗？（参见 Howitt，1990；Blinder，1992b 和 Mankiw，1992）

我选择再生这个术语因为它意味着在另一个身体上重生。我想强调的是，新旧凯恩斯经济学虽然有很多相似之处，但也有很多差异。在某种意义上，凯恩斯的精神已经被带回来了，不过它看起来不像老凯恩斯。事实上凯恩斯也许根本不会承认新凯恩斯主义者是凯恩斯主义者。一般而言，也许人们转世之后就认不出以前的自己了。所以这是我使用再生这个术语的原因。

▲ 你是否认为你的有关凯恩斯的工作是忠于其精神但批判其细节？

我认为那很公平。更加认真地对待微观基础，在此意义上，我的工作试图超越凯恩斯。阿兰·布林德写过一篇文章《继卢卡斯之后的凯恩斯》，我觉得这个题目很恰当地描述了新凯恩斯主义者。它认真地采用了凯恩斯的一些观点，也认真地

采纳了卢卡斯的一些批评。(参见 Blinder,1986)

▲ 你认为凯恩斯会有可能成为一个新凯恩斯主义者吗?

我不知道;我觉得凯恩斯是个非常难以捉摸的家伙。我猜想他会在其中看到一些他喜欢的东西,也会看到一些他不喜欢的东西。

## 实际经济周期理论

▲ 最近你认为实际经济周期理论在激起科学辩论方面起到了重要的作用,但是你预言这种方法最终会被丢弃。你反对实际经济周期理论的主要理由是什么?它的不足之处是什么? 是理论上的,或是经验上的,或者两者都有不足?

我反对的原因主要是经验方面的。理论上它们是很漂亮的模型,这是它们吸引人的主要地方。它们是非常节俭的模型。但是当我着眼于实际世界,我看到了与米尔顿·弗里德曼和托宾所看到的同样的事情,这就是:在美国有强有力的联邦储备委员会或者在英国有强有力的英格兰银行。世界各国有很多证据表明,反通货膨胀的时期就是低产出和高失业的时期。实际经济周期模型里完全没有这些效果。我觉得这些理论所强调的经济周期的中心动力即技术冲击,并不是很重要。

▲ 难道实际工资的顺经济周期的行为不是这些理论的明显特征吗? 新凯恩斯主义者如何解释在经济周期内实际工资的运动?

这些理论确实预言到了顺经济周期的工资。虽然在这个问题上我没有仔细地看过这些模型,但是按我的理解,它们所预言的是顺周期程度很高的实际工资。尽管实际工资确实是顺经济周期的,但我对现象的解读是实际工资仅仅有适度的顺周期性。因此,这些理论预言程度很高的顺周期的实际工资,而数据表明它们只是适度的顺周期,这样的事实使得很难把模型与现象连贯起来。我认为实际工资现象不难解释。如果你相信随着时间的推进,工资和价格会缓慢变化,实际工资的周期性表现实际上是一个工资或者价格哪个更慢的问题。事实上,实际工资大致上是无关周期的,也许稍微有点顺周期性,这给了我某种提示:工资和价格仅仅是同等黏性的。这与阿兰·布林德的证据是一致的,该证据说明价格平均每年变化一次,并且我们知道很多工资平均每年变化一次。所以我认为那样解释与很多现象是一致的。

▲ 我们是如何解释顺经济周期的生产率的? 一些凯恩斯主义者似乎建议应归因于劳动力雪藏。

对那些不相信技术冲击的人来说，生产率顺周期的行为是个谜。对生产率为什么是顺周期的传统解释是劳动力雪藏。在经济衰退时，企业继续保留那些其实并不需要的工人，因此当下次繁荣来临时，它们仍有可用的工人，这便倾向于呈现出顺经济周期的生产率的表象。这些理论对我很有意义。我知道当我有很多工作要做的时候，我便叫我的助手更加努力地工作，因此她的生产率是顺经济周期的。我知道有更多工作要做的时候，我会更加努力地工作。我认为很多信手拈来的迹象表明劳动力雪藏和顺周期的工作努力是很重要的。

## 宏观经济学政策

▲ 凯恩斯经济学的中心观点之一是总需求的增长将刺激经济。你认为在什么样的情况下，政府真的应该刺激需求？

这里有两个问题。第一，政府什么时候应该行动？第二，政府应该怎样行动？即，应该用货币政策还是财政政策？回答第一个问题，当总需求太低以致不能维持充分就业时，也就是当你观察到有非常高的失业率或者有理由相信失业率将会上升的时候，就该刺激总需求。很多新凯恩斯主义理论的政策推论可以回溯到60年代新古典综合的政策推论。那时对政策的一些限制的辩论现在仍是有意义的。即使你接受新凯恩斯主义者所说的价格是迟缓的等等，但是政府及时处理冲击的能力有多强仍是问题。在那场辩论中，我很大程度上赞同米尔顿·弗里德曼。政府及时意识到冲击的能力很差，并且当它们真的对冲击作出反应时，行动经常是非常滞后的，并且对生产率起到相反的作用。所以，虽然我把经济周期看成市场失灵的标志，但我还觉得它是一种政府解决能力十分有限的市场失灵。如果出现持续的严重的衰退，当然是指跟大萧条差不多的情况，政府还有做些事情的余地。对于战后经济所经历的相对微小的摆动，政府是否有可能做得更好，这一点并不清楚。

▲ 你是否觉得凯恩斯认为政治家会被技术官僚说服并采取正确的行动，这种想法在政治上很幼稚？在这我们想起了公共选择文献和政治经济周期文献。我们真的能相信一旦财政和货币杠杆交到政治家手中，便得到正当使用吗？

我想这是个严肃的问题，但是有很多解决这个问题的办法。例如，大量文献显示那些中央银行较为独立的国家，其平均通货膨胀率也较低。独立程度越小的中央银行，所受的政治压力也就越大，因此就有更大的可能采用过多的通货膨胀的政策。政治的问题有很多解决的方法，如建立独立的中央银行，它在某种程度上由技术官僚组成。因为这个原因,独立的中央银行能更好地微调经济,甚至可以达到完全由我们来进行微调的程度;相比之下财政政策总是由政治家掌控的,没有中央银行做得好。

▲ 你说过,关于时间不一致性的文献为诉诸某种货币政策规则提供了有说服力的理由,你是否也支持财政的规则?

财政的规则必须经过精心雕琢。过于严格的平衡预算修正可能是个灾难。在特定的时期,如衰退和战争时期,采用预算赤字是恰当的。所以任何财政的规则必须考虑到这些特殊的情况,在这些情况下预算赤字才是恰当的政策应对。财政的规则自身并不是个坏主意,但是它必须经过精雕细琢。到目前为止,我还没见到过一个雕琢得很好的规则。

▲ 如果经济受到突发的冲击,政府不得不违背规则并采取自由裁定的行为,这难道不是制定规则的一个问题吗? 很难想象规则真的具有约束力。

446 这个问题有两个部分。第一,你如何使规则有约束力? 第二,你想使规则具有约束力吗? 使规则有约束力的方法之一是良好的声誉。许多规则之所以成为规则是因为长期的传统建立了 它们并且人们不愿意打破传统。另一种更具法律效力的贯彻规则的方法是将这些规则写入宪法。我认为你们所提出的更难回答的问题是"你想使规则具有约束力吗"。问题是你能否写出一种规则,它能很好地应对即使是突发的事件。如果与这些规则捆绑在一起的代价太大,人们将停止遵守这些规则。我们所想做的正是写下一种规则可以很好地应对通常的各种冲击。也就是说,你并不知道会出现什么冲击,但你知道冲击的类型可能是什么。你已经经历了石油冲击、货币需求冲击等等。根据以往的冲击所带来的经验,你写出一种规则可以很好地应对你预期经济会遭受的冲击类型。因此,除非出现一些完全不可预见的状况,你必须遵循规则。

▲ 莱琼霍夫德曾言,经济可以被想象成沿着一条走廊的旅行。只要它还在走廊里,就由它发展,但如果经济离开了走廊转入严重的衰退,那就是进行干预的时候。这是不是你正想表达的呢?(参见 Leijonhufvud,1981)

不是这样的,因为衰退是合理可预见的。尽管你不知道何时会出现衰退,但你知道一场衰退最终会出现。衰退是你想用规则来对付的紧急事件之一。所以我不认为衰退本身是使你想要打破规则的极端事件之一。衰退是你可以事先作出计划来对付的事情。我正在讨论的事件不仅仅是那些你不能预见何时会发生的事情,还包括那些你从来不曾想过它会发生的事情。例如,1973 年之前,人们从未想象过 OPEC 供给冲击。OPEC 这个概念甚至从未在人们的脑海里闪现过。这是让你想重新考虑规则的情况类型。既然我们知道 OPEC 是有能力的,我们能够制定一种规则把这种情况考虑进去。

▲ 财政政策在新凯恩斯主义宏观经济学中扮演什么角色?

很大程度上,新凯恩斯主义经济学一直是关于总供给及为什么价格调整缓慢的理论。它在"什么决定总需求"的问题上一直保持相对的中立,尤其在货币杠杆和财政杠杆哪个最有用的问题上。正如我之前提到的,我个人对财政政策对经济进行微调的效果持怀疑态度,因为议会行动很慢,至少在美国是这样的。就在我们进行访谈的同时(1993 年 2 月 18 日),国会还在辩论财政刺激,尽管经济恢复已经有大约一年时间了。到这些财政刺激真的对经济起作用的时候,我估计我们差不多又接近自然率水平了。这个例子很好地说明了财政政策的滞后有多长。在稳定总需求方面,货币政策是一个更有用的工具。

▲ 预算赤字重要吗?

我认为很重要。它产生影响的方式不是由于短期宏观经济的原因而是长期的原因——是增长模型而不是凯恩斯模型,对这些长期原因作了最好的阐述。我看到的迹象是高额财政赤字减少国民储蓄。增长理论的教义以及各国经济增长经验表明,低储蓄导致低增长。而这正是现今美国的一个大问题。

▲ 如果你给克林顿总统提一提未来三四年宏观经济政策的建议,你觉得哪种类型的政策是必要的?

对于克林顿总统(1993 年 2 月 17 日)的演讲,我的反应是我不认为我们需要他所提议的那种财政刺激。这次从一开始衰退就不是很严重,所以我一点也不惊讶出现温和的恢复。财政刺激要过一段时间才能让人们回归就业。我很高兴他对预算赤字的担心,因为低水平的国民储蓄在美国是一个重要的长期宏观问题。但他过多强调提高税收而不是削减花费,让我有些失望。与其说那是个关于宏观经济学的观点,不如说是关于政府规模的观点。我还感到失望的是,他没有对美国的低私人储蓄率给予关注。我建议进行税收改革来消除现存的抑制储蓄的因素。因此我给他一个混合的评价。

## 宏观经济学目前和将来的进展

▲80 年代,包括你自己在内的很多研究旨在为凯恩斯主义经济学的中心元素

提供更为严谨的微观经济学基础。简单回顾一下过去十年，你认为这些研究在为凯恩斯主义经济学提供一个更加坚实的微观基础方面有多成功呢？

现在人们可以说凯恩斯主义经济学是关于工资价格刚性的经济学，建立在良好的微观经济学模型之上，在这个意义上，这些研究在理论层面已经取得成功。现在人们可以随手获得好几个微观经济模型。卢卡斯和他的追随者所提出的理论挑战已经被攻克。不太明朗的是此类研究在经验上能否成功。也就是说，在多大程度上它能带来有助于理解实际发生的经济波动的新的洞察力？它给了我们看待数据和政策的新的方式吗？关于这些问题还没有答案。是有少量的经验的文献，但有关经验的论文数量屈指可数。希望这个领域有所发展，但直到目前为止，这类文献还并非如我期待的那样是以经验为导向的。

▲ 你是否认为我们现时有太多的理论这种观点有几分真实呢？

是的，我很赞同这种观点。在我们这个职业里，提出聪明的理论的好处太多了。我想不出什么办法能解决这个问题。显然，我相信我所相信的东西，但我不能告诉大家仅仅因为有太多的理论，所以大家应该信我的。如果宏观经济学家能达成共识，在细节上下更多的功夫，而少花点时间创造全新的经济周期理论，那就好了。在我们达成共识之前，没办法用强制手段来统一大家的思想。

▲ 你是否看到了任何达成宏观经济学共识的迹象？

这个问题问得好。我在不同的会上，立场会多次改变。在这个专业里，肯定有些团体互相赞成对方的观点。在新凯恩斯主义学者当中，如奥利弗·布兰查德、拉里·鲍尔、戴维·罗默、乔治·阿克洛夫、阿兰·布林德等人，有更多的共识。很难说我们作为一个团队会与某些实际经济周期的团队形成共识。令我高兴的是，一些之前使用大量实际经济周期模型来工作的人，正在尝试将货币效应整合到那些模型中去。这提供了一种希望：有朝一日，新凯恩斯模型与实际经济周期模型合并成某个大的综合，它将结合两种方法的优点。这种情况还没有发生，只是一个希望。

## 书信答复的更多问题：1998 年 2 月、3 月

▲ 在我们上次与你的交谈中，也就是 1993 年 2 月的那次，你对"有朝一日，新凯恩斯模型与实际经济周期模型合并成某个大的综合，它将结合两种方法的优点"抱有一定的希望。过去五年宏观经济学研究的发展是否已经如你所愿，朝着更加

一致的方向迈进呢？

某种程度上是有这样的综合。越来越多的经济学家(如鲍勃·金、罗滕伯格和迈克尔·伍德福德)在尝试整合新凯恩斯模型和实际经济周期模型的洞见。不奇怪，这样会带来很多困难的技术问题。我们早就知道，很难解决动态的黏性价格模型存在的问题，在一些特殊情况下除外。但还是取得了进步。

▲ 你的新教科书《经济学原理》(Mankiw,1997)激起了许多兴趣和评论。例如，马克·斯库森(Mark Skousen)1997年10月在《华尔街日报》上对你的这本书作出了评论，他把你书中的总体信息理解成"现在古典主义经济学是'一般的理论'，而凯恩斯经济学是一个'特殊的'情况"。斯库森还写道："整本书几乎都是致力于古典经济学，只不过在结尾的章节对凯恩斯模型作了事后补充。"他这样看待你这本书的结构平衡和你自己现在的立场准确吗?

我很高兴对于我的新教科书有这样的反响。其中一些评论，如斯库森在《华尔街日报》上的文章，夸大了这本书所做的事情;该报刊登了我的一封回应他那篇文章的信。在书中，我试着将凯恩斯主义思想和古典思想以一种平衡的方式呈现出来。我用了三章完整的篇幅来演绎凯恩斯的分析，这三章解释并运用了总供给和总需求模型。这个篇幅与很多传统教材相比可能要少些，但无论在何种意义上凯恩斯经济学都不是仅被当作"事后补充"来处理。我开始于古典主义思想——包括长期增长、货币的数量理论等等——但到了书的结尾，学生完全熟悉了凯恩斯理论的重要性和角色。

▲ 在我们之前的采访中你评说道"自然率假说根基很牢固"以及"绝大多数新凯恩斯主义者相信自然率假说"。那你怎么解释美国经济目前正在经历的相当低的通货膨胀和相当低的失业同时并存的现象?

美国自然失业率已经下降，这点日益明朗。一方面，这并不特别令人吃惊，因为理论上并没有设想自然率必须是固定不变的。劳动力市场的很多变化能改变自然率。但我还没看到一个解释其下跌的好理由，这有点麻烦。有些人的反应可能是拒绝整个自然率的框架，但我还没准备这么做。我仍致力于自然率模型，部分的原因在于我还没发现好的替代品。

▲ 近几年你的研究更聚焦于经济增长而不是总量波动的短期问题。与保罗·罗默和其他内生增长理论家不同，你在《国家的增长》(1995)一文中，为修正的索洛模型作了激烈的辩护。你对这个迅速扩展的研究领域所取得的进步作何估量?

关于增长的文献对经济学专业而言已经是一个非常积极的发展。毕竟，对人类的福祉而言，长期的增长至少和经济周期一样重要，因此这个问题被重新认真研

449

450

究是件大好事。在我的新《经济学原理》教科书以及我的中级宏观经济教材里,我颇为靠前地介绍了长期增长的话题。这主要是对保罗·罗默和其他一些人开启的这一研究趋势作一个反映。

至于取得什么进展的问题,我还是有些疑问。现在有许多增长的理论模型,还有比数据事实更多的经验研究。但还是很难找到那些我们过去不能回答而现在可以充满信心回答的重要问题。亚当·斯密曾说过"除了和平、简单的税收及可忍受的公正管理,没有其他必需的东西能将一个国家从最低等的野蛮带入最高等的繁华"。这句话仍然似乎是最好的政策建议。在那层意义上,200年来我们还没有很大的进步。另一方面,可能我们更好地理解了为什么斯密的直觉是正确的,这就是进步。

▲ 你的关于技术进步的看法与保罗·罗默有什么主要的不同之处?

在技术进步问题上,我不同意保罗·罗默。技术进步主要来自那些大多是但不全部是公共商品的思想创造。我们俩都同意这解释了为什么绝大多数国家比一个世纪前更富有。

我们的分歧在于,这种旧的见解在理解国际差别上是否重要。我已经论述了大多数生活水准上国际差异可以被解释为人力和实物资本数量上的不同。据我对保罗·罗默观点的理解,他对这种可能持有怀疑。他认为跨国之间的知识差别是重要的;在根本上,他声称不同的国家有着不同的蓝图。检验这两种理论时遇到的问题是,实物资本和人力资本(教育程度)是可以衡量和评价的,这正是在《经济学季刊》的论文里我和戴维·罗默及戴维·威尔试图做的事情。而保罗·罗默所强调的"思想"更加难以衡量。我确定不论是"资本的观点"还是"思想的观点"都有正确的地方,并且其他东西——贸易政策、知识产权等等——也起着作用。这些不同的决定因子的相对重要性最终是一个经验的问题,很难作出结论性的回答。

(魏 威 译)

# 第八章　后凯恩斯学派

保罗·戴维森[*]

　　人类的决策影响着未来，不论是在个人的、政治的还是经济的方面；这些决策 451不可能依赖严格的数学预期，因为进行这种数学计算的基础并不存在……推动历史车轮前进的是我们天生的行为冲动，虽然我们的理性自我做着最优的选择，计算着可能的方向，但往往又回到用冲动、感觉或者机会来说明我们的动机。

## 8.1 导言

　　一群互不相同的经济学家，仅仅因为共同反对新古典综合理论而联合起来，他们时常用一个相同的名称来称谓他们的宏观经济学建模方法，那就是后凯恩斯经济学。不幸的是，这些互不相同的模型，其中许多仅仅是正统古典理论的变种，并没有依据凯恩斯《通论》(Keynes, 1936)中的基础性的理论革命而建立。这些不同的经济学家(如卡莱茨基、皮耶罗·斯拉法和他的新李嘉图学派的追随者)仍然抱守着古典经济学的各种变种；因此，将他们中的许多人归为后凯恩斯经济学家的做法，只能是有意混淆凯恩斯主义者(以及那些运用凯恩斯分析模型的后凯恩斯主义者)与主流经济学家之间的差别，这些主流经济学家真正地提出了古典分析理论的21世纪版本。下节将提供关于后凯恩斯经济学的连贯和精确的定义。

　　尽管克莱因将凯恩斯的分析描述为代表了经济学理论的一次"革命"(Klein, 1947)，许多经济学家声称"凯恩斯主义的"宏观经济学的主流发展已经被发现是"一条走不通的路"。一些经济学家如希克斯、萨缪尔森、莫迪利阿尼和托宾，对"水压式的"凯恩斯模型所作的发展，代表了"一次躲进正统主义城堡的撤退"(亦可见 Gerrard, 1988; Coddington, 1976)。更糟糕的是，正统凯恩斯分析和政策药方的失败引发了货币主义和新古典主义的"反革命"。况且，这个"新"凯恩斯的研究计划 452

---

[*]　保罗·戴维森，《后凯恩斯经济学》杂志的编辑。

的出现,是作为对新古典学派所作的新古典综合解析的回应,并没有包含"凯恩斯的成分"(Davidson,1994)。鉴于这些发展,从后凯恩斯主义的视角来看,"凯恩斯革命"在代表对古典主义思维一次成功的和根本性的决裂方面,从未取得胜利。

霍尔特将绝大多数自称是后凯恩斯主义者的经济学家分为两大团体,即"欧洲"阵营和"美国"阵营(Holt,1997)。"欧洲"或者英国剑桥的团体包括了与诸如杰夫·哈考特、理查德·卡恩、尼古拉斯·卡尔多、米哈尔·卡莱茨基、琼·罗宾逊以及皮耶罗·斯拉法等经济学家相关的著作。贯穿 20 世纪 50 年代和 60 年代,凯恩斯在剑桥大学的一些老同事,特别是琼·罗宾逊,重复强调他们所认为的对凯恩斯主要思想的误解,他们认为形成这些误解的是最重要的几位主流("讨厌的")凯恩斯主义思想家。霍尔特指认的第二类大阵营包括诸如维多利亚·奇克、阿尔弗雷德·艾希纳、简·克雷格尔、海曼·明斯基、巴兹尔·穆尔、乔治·沙克尔、悉尼·温特劳布以及保罗·戴维森等经济学家的著作。尽管霍尔特给这第二类团体贴上"美国"的标签,但决定谁是哪个阵营的标准,是分析的风格和重点,而不是推理过程。例如,乔治·沙克尔是英国人;还有维多利亚·奇克尽管生于美国,但她的绝大部分专业生涯是在英国度过的。

霍尔特所谓的"欧洲"团体是一个笼统的称谓;像所有古典经济学家那样,这个团体强调实际经济的行为和功能,而忽视了或者至少看轻了货币的和金融的后果。霍尔特所谓的"美国"团体中的一些人(但不是所有人),通常将注意力集中在不确定性以及货币金融的影响力对经济的作用上(参见 Hamouda and Harcourt,1988;Chick,1995;Davidson,1991,1996,2002;Arestis and Sawyer,1998)。

尽管艾希纳和克雷格尔认为后凯恩斯经济学代表了能够替代主流宏观经济分析的一个清晰合理的学派思想(Eichner and Kregel,1975),但对此论断仍存有争议(Coddington,1976 和 Patinkin,1990b 精彩地介绍了对凯恩斯《通论》的各种解释;亦见 Arestis,1996;Walters and Young,1997;以及 Snowdon and Vane,1997a)。事实上,说后凯恩斯经济学缺乏一个清晰合理的观念是有一定基础的,因为在自称后凯恩斯主义者当中,来自霍尔特所谓的欧洲团体的许多人和至少一个来自美国团体的人,利用了新古典模型的变种,而不是凯恩斯的金融和货币分析法。相应的,在本章余下的篇幅里,我不会一一介绍由这些不尽相同的经济学家所组成的竞相展示后凯恩斯主义标签的团体的全部著作,我认为只有那些采用了凯恩斯的有效需求原则和承认流动性偏好重要性[这在《通论》(Keynes,1936)中有阐述]的分析性的模型,才有资格使用后凯恩斯主义的名号。我的这个论点的主旨是,真正的

453

凯恩斯的理论遗产不会被发现于主流凯恩斯主义——不论是新还是旧——的任何分支里。

## 8.2 有效需求原则的意义

后凯恩斯经济学接受凯恩斯(Keynes,1936,chap. 2)的"有效需求原则"作为所有适用于业主经济的宏观经济学理论的基础。凯恩斯主要是一位货币理论家。"货币"、"币种"、"货币的"这些词汇出现在其经济学主要著作的大多数标题中。后凯恩斯理论是从凯恩斯的革命性方法进化而来,这个方法用于分析一个使用货币的企业。

在《通论》这本主要为他的"经济学家同行"(凯恩斯,1936,p. v)而写的书中,凯恩斯坚持认为:

古典理论的信条只适用于特殊的情形,而不是普遍的情形……更糟糕的是,古典理论所假设的特殊情形的特征并不是我们真实生活中的经济社会的那些特征,其结果是:它的教义是误导性的和灾难性的,如果我们试图将它应用到经验事实中的话。(Keynes,1936,p. 3)

我还在其他地方提出过这样的观点(Davidson,1984):主流宏观经济学理论——不论其是理性预期(新古典主义)、货币主义(旧古典主义)、旧凯恩斯主义(新古典综合),或者是新凯恩斯主义的理论,都建立在三大古典信条之上,正如凯恩斯所特别指出的:

古典理论只适用于完全就业,[因此]将它应用于非自愿失业的问题是件荒谬的事……古典理论家就像一群在一个非欧几里得的世界里的欧几里得几何学家,发现实际经验中显然平行的直线经常相遇,便斥责直线没有保持笔直——作为对正在发生的不幸碰撞的唯一补救措施。真实的情况是,除了抛弃平行的假设公理和设计出一个非欧几里得几何学,没有别的补救措施。今天的经济学也需要类似的改变。(Keynes,1936,p. 16)

凯恩斯的有效需求原则基本上推翻了三大限制性的古典信条。一旦从这些信条中解放出来,凯恩斯(Keynes,1936,p. 26)便可以从逻辑上证明,为什么当我们模拟一个具有真实世界特征的经济时,萨伊定律不是一个"正确的定律";除非我们使我们的理论准确地反映并适用于"经验事实",否则就不可能使我们的政策正确。这个告诫在今天同样有用。

推翻一个假设公理就是否认那些忠实信徒所相信的"普世真理"。因此凯恩斯在经济学理论领域的革命是一场真正的反叛，因为这场革命的目标是拒绝接受基本的主流公理，从而为非萨伊定律的模型发展一个合乎逻辑的基础，这个模型可以和我们所生活的真实世界更加紧密地联系起来。鉴于凯恩斯所作的几何学的类比，后凯恩斯主义理论或许可以被称作非欧经济学！

被凯恩斯在其革命性的逻辑分析中所拒绝的限制性的古典公理有：(1) 总体替代公理，(2) 货币中性公理，和 (3) 遍历的经济世界的公理。凯恩斯认为只有通过推翻这些公理才能模拟真实的世界，其特征有：

1. 货币在长期和短期能起作用；即货币和流动性偏好不是中立的，它们能影响实际的决策。

2. 经济体系是在运动当中的：从不可更改的过去到不确定的将来。因此，有关生产、投资和消费活动的重要决定，经常是在一个不确定的环境中作出的。

3. 以货币计价的远期合约是为有效组织长期生产和交换过程而发展起来的一项人类制度。货币工资合同是上述合约的最普遍的种类。现代生产型经济建立在基于货币工资合同的制度之上，也就是凯恩斯所谓的"业主制度"。

4. 在一个以市场为导向的、货币生产的经济中，失业而不是完全就业是自由放任制度的一个共同的情景。

## 8.3 分类法

一个精确的分类法是所有科学研究的必要的前提条件。在经济学中的通用词汇通常有多种涵义。其后果是，经济学家之间的许多争论经常涉及语义学上的混乱，不同参与者使用相同的单词来表达不同的意思，或者更糟的是，同一参与者使用同一单词在不同的论点上暗指不同的概念。为了避免这种语义学上的混淆，对那些被经常使用并且被误用的单词，有必要提供一本字典，事先明确地解释此概念所指的意义。例如，有多少经济学家曾经认真地阅读和理解凯恩斯《通论》带有定义性质的第六章及其附录？同样，有多少人曾经仔细读过弗里德曼的《消费函数理论》(Friedman, 1957) 的第一、二章，并意识到弗里德曼把储蓄 (p. 11) 定义为包括衣
服等在内的新的耐用品的购买，而对凯恩斯而言，储蓄是家庭作出的有关不购买耐用品或非耐用品的决定？哈罗德 (Harrod, 1951, pp. 463 - 464) 用他典型的清晰笔法，强调了凯恩斯革命的本质特性，他写道：

经济学中的分类和生物学中的分类一样,对科学结构是至关重要的……古典体系的实际缺陷就是它从最需要关注的地方移开了视线。凯恩斯非凡的直觉告诉他什么是重要的,使他确信旧的分类方法是不充分的。是他的高度发达的逻辑能力使他能够构建一个属于他自己的新的分类方法。

## 8.4 凯恩斯从分类法的角度攻击萨伊定律

当凯恩斯开始确信正统经济学的词汇表不足以解释为什么某一经济会陷入失业的泥潭的时候,他发展了一个扩展了的分类方法和新的定义来说明萨伊定律“不是真正的关于总需求和总供给函数的定律……[因此]经济学理论仍有至关重要的一章有待书写,缺了这一章,所有关于总就业量的讨论都会无功而返”(Keynes,1936,p. 26)。

凯恩斯的《通论》是通过对总供给-总需求函数的分析而发展起来的,这种分析是为了找到一个有效需求点(Keynes,1936,pp. 25 - 26)。总供给函数($Z$)将企业主预期的销售收入和企业主在任一预期销售收入下的雇佣水平($N$)联系起来。这个总供给($Z$)函数表明企业主预期销售越高,他们将雇佣的工人也越多。总需求函数将买方所想要的支出流和任一给定的就业水平联系起来(见 Davidson,1994)。

萨伊定律规定所有在工业产品上的支出(总需求)等于总生产(总供给)的全部成本,包括毛利。用 $D$ 表示总需求,$Z$ 表示总供给,如果:

方程 8.1 $$D = f_d(N)$$

且

方程 8.2 $$Z = f_z(N)$$

那么萨伊定律断定:

方程 8.3 $$f_d(N) = f_z(N)$$

“对于 $N$ 的**所有**取值,也就是对产出和就业的所有取值,都成立”(Keynes,1936,pp. 25 - 26)。换言之,在一个遵循萨伊定律的经济里,所有生产成本总是可以通过产出的售出而收回。这里从不存在有效需求的缺乏。总需求和总供给曲线重合。在一个萨伊定律的经济里,实现完全就业是没有障碍的。

总需求和总供给函数的重合只发生在下面三种情况同时出现的时候:货币是中性的;所有东西都是所有别的东西的好的替代品(总体替代);以及未来能可靠的用概率(遍历公理)来预测。

为挑战萨伊定律在我们所生活的真实世界中的适用性,凯恩斯必须发展一个模型,在这个模型里,总需求和总供给函数,即 $f_d(N)$ 和 $f_z(N)$,不会重合。既然凯恩斯接受在马歇尔经济学中发展的正常企业短期流动-供给函数,他便可以仅通过总需求的概念显示他的方法的与众不同。凯恩斯将总需求分为两类,即,

方程 8.4 $$D = D_1 + D_2$$

这里:

方程 8.5 $$D_1 = f_1(N)$$

并且

方程 8.6 $$D_2 = f_2(N)$$

$D_1$ 代表所有的支出,这些支出"依赖总收入的水平,并且因此也依赖就业 $N$ 的水平"(Keynes,1936,p.28)。$D_2$ 因此代表所有其他与收入无关的支出。即使 $D_2$ 与总收入有关[即,$D_2 = f_2(N)$],只要 $f_1(N) + f_2(N) = f_z(N)$ 对于所有的 $N$ 值都成立,那么萨伊定律就不适用。

明确地承认总需求支出有两类的可能性一定会使凯恩斯分析成为比正统理论更加通用的理论,因为后者承认只有单一的需求类别。古典理论是"一个特例"(Keynes,1936,p.8),其中:

方程 8.7 $$D_2 = 0$$

457

并且

方程 8.8 $$D_1 = f_1(N) = f_2(N) = Z$$

对于所有 $N$ 值都成立。

通过宣称一个与"具体的经验事实"相关联的"基本的心理学定律"的存在,根据这个定律,凯恩斯认定边际消费倾向永远小于1(Keynes,1936,p.96),凯恩斯宣布了 $f_1(N)$ 和 $f_z(N)$ 在现实世界里永远不会重合,即使 $D_2 = 0$。萨伊定律不能适用于"经验事实"。

## 8.5 相对价格变化能引导 $D_2$ 填补空隙吗?

凯恩斯对古典理论的攻击的基础阶段涉及将需求扩展为两个不同的类别,各有其不同的决定因子。凯恩斯声称,萨伊定律的成立需要存在古典的需求关系,即所有的支出与收入相联系且相等。这个古典的需求假设关系与"经验事实"不吻合。

下一步,需要凯恩斯来说明,由总体替代效应而产生的相对价格的变化不能拯救萨伊定律。在古典理论中,在任何会计期间所获得的所有收入根据时间偏好被分成两类:一是花费在当期生产的消费品(货物与服务)上的收入,二是花费在当期投资品上的收入,投资品将被用于生产未来消费的商品。换言之,所有当期收入总是被花费在当前的产品上。然而,在凯恩斯的分析里,时间偏好决定了多少当前收入被花在当前生产的消费品上,以及多少收入没有被花在消费品上,而是通过购买流动资产被节省了下来。相应地,在凯恩斯的体系里,有第二步的决策——流动性偏好,即收入获得者决定用什么样的流动资产来储存他/她所节省下来的收入,以便把储蓄的购买力转移到未来使用。因为所有的流动资产都有某种本质特性(Keynes,1936,chap. 17)——即它们是不可复制的、不可作为工业产品的替代品,所以对流动资产的需求本身不会产生对工业产品的需求。

凯恩斯为了说明任何关于非自愿失业的解释必须明确"利息和货币的本质特性"(Keynes,1936,chap. 17)而发展了流动性偏好理论,正是这个特性使得他的理论与旧古典主义、新古典主义、旧凯恩斯主义以及新凯恩斯主义的理论区别开来,也就是说,与所有主流宏观经济学理论——不仅是凯恩斯同时代的,还有 21 世纪的主流经济学——区别开来了。

这些本质特性是:

1. 所有流动资产包括货币的生产率弹性为零或可忽略不计;并且
2. 流动资产(包括货币)与可复制品之间的替代弹性为零或者忽略不计。

货币的生产率零弹性意思是,当对货币(流动性)的需求增加时,企业主不能通过雇佣劳动力来生产更多的货币,以满足对一个不可复制的(在私人部门)商品的这种需求变化。换言之,生产率零弹性的意思是货币不会长在树上!与此不同的是,在古典理论中,要么货币是一种可复制的商品,要么货币的存在不会以任何方式影响对可复制的货物和服务的需求;即货币是中性的(假设是这样)。在许多新古典主义教科书模型中,花生是货币商品或者计价物。花生可能不长在树上,但是它们确实长在灌木的根部。花生的供给可以由私人部门的企业主通过雇佣额外的劳动力而轻易地增加。

替代的零弹性保证了那些不花在可复制的消费品上的收入部分,将在对不可复制的商品的需求上找到"落脚的地方"(借用弗兰克·哈恩的术语)。大约后于凯恩斯 40 年,哈恩重新发现了凯恩斯的观点:只要"储蓄在可生产的资产以外有落脚的地方",萨伊定律就可以被违背,并且非自愿失业就有可能发生(Hahn,1977, p.31）。人们为储藏新的"储蓄"而产生对不可复制的商品的需求，这种商品的存在意味着所有在商品生产活动中产生的收入，不一定非得花在可由劳动力生产的商品上，不论在短期还是长期都是这样的。

假如总体替代公理是适用的，任何新的储蓄都会使不可复制商品的价格上升（不可复制商品的供给曲线根据定义是完全缺乏弹性的）。这个不可复制商品的价格的相对提升，在总体替代公理下，将诱使储蓄者将不可复制商品换成可复制的耐用品，作为其持有财富的组成部分，因此不可复制商品不可能成为储蓄的最终落脚点。随着不可复制商品价格的升高，对这些不可复制商品的需求将转变为对可复制商品的需求（见 Davidson，1972，1977，1980）。于是，只要价格是完全灵活的，接受总体替代公理就是否认非自愿失业的逻辑可能。在跨期的背景下，推翻总体替代公理是真正的异端行为。它改变了大家对"理性的"和"最优的"储蓄是何涵义的整个看法，也改变了大家对人们为什么要储蓄或者储蓄什么的整个看法。例如，它否认生命周期假说。的确，丹齐格等人（Danziger et al.，1982—1983）已经说明了，有关老年人消费行为的事实数据与消费规划的跨期总体替代观点不相符，这种消费规划是生命周期模型和世代重叠模型的基础，而这两种模型正流行于当前主流经济学理论中。然而，在一个普遍的总体替代公理缺席的情况下，收入效应（如凯恩斯乘数）占据了主导地位并且能淹没任何假设的古典替代效应。正像在非欧几何学中两条明显平行的线经常相交一样，在凯恩斯-后凯恩斯的非欧经济学世界里，对"储蓄"的需求的增加，即使提高了不可复制商品的相对价格，也不会导致需求涌向可复制商品。

## 8.6 投资开支、流动性以及货币非中性公理

凯恩斯的理论隐含地指出，在一个使用货币的业主经济体系中，计划在当期购买可复制商品的行为人无需在当期或前期已经取得收入，凭此收入来实现这种需求（$D_2$）。这就意味着用于 $D_2$ 的开支——通常它与对可生产的固定和营运资本品的需求相联系，其来源不局限于实际发生的收入或继承的财产。在一个创造货币的银行系统中，$D_2$ 仅仅受限于预期的未来货币的（不是实际的）现金流（Keynes，1936，chap.17）。在一个货币只有在借债购物的过程中才能被创造出来的世界里，实际的投资开支将会发生，只要购买新生产出来的资本品预计能产生一个未来的现金流入（除去运营开销之后的净值），该现金流入的贴现值等于或大于当前为购

买此项资产所需的货币现金流出(供给价格)。

总需求的 $D_2$ 项不受限于实际发生的收入,因此,行为人必须有能力通过从一个能创造货币的银行体系那里借款来为投资提供资金。在这种后凯恩斯主义的融资机制中,名义的货币数量的增加被用来为对可复制商品的增加的需求提供资金,其结果是提高了就业水平;这种机制意味着货币不可能是中性的。哈恩对货币中性公理作了如下描述:

决定行为人行动和规划的目标不依赖于任何名义的规模。行为人只关心"实际的"东西例如商品……闲暇和辛苦度。我们知道这种情况叫作不存货币幻想的公理,似乎在任何合理的意义上都难以放弃这个公理。(Hahn,1982,p. 44)

460

放弃货币中性公理并不需要假设行为人受到货币幻觉的困扰。它只是表示"货币不是中性的"(Keynes,1937b,p. 411);货币在短期和在长期都是有影响力的,它能影响就业均衡水平和实际产出。正如凯恩斯指出的:

我想要的理论与这样一种经济有关,在这种经济里,货币有它自己的作用并且影响着人们的动机和决策。简言之,它是环境中起作用的因素,以至于如果不了解货币从最初到最后状态的表现,就无法对事件的过程进行长期的或短期的预测。这便是当我们提及一个货币经济时应该表达的意思。(Keynes,1937b,pp. 408 - 409)

一旦我们意识到货币是实际的现象,货币是起作用的,那么中性理论就必须被抛弃。凯恩斯相信欧文·费雪的"实际利率"概念是一个逻辑混乱(Keynes,1936,p. 142)。在一个货币经济里——这个经济随着日历时间朝着一个不确定的(无法用统计预测的)未来前进,不存在譬如前瞻性的实际利率这样的东西。在一个业主经济里,企业的唯一目标就是通过变现其营运资本来结束生产过程,以获得比它开始投入的更多的资金(Keynes,1979,p. 82)。不仅如此,货币在短期和长期都对实际部门有影响。因此,货币是个实际的现象。这与古典理论和现代主流理论的教义正相反。在正统宏观经济学理论里,利率是一个实际的(由技术决定的)因素,而货币(至少在长期——弗里德曼和托宾都认为)不影响实际产出流。正统理论和凯恩斯理论在关于货币与利率对于实际和货币现象的重要性哪个更大的问题上所作的相反结论,是凯恩斯抛弃新古典主义的普遍真理——货币中性公理的结果。阿罗和哈恩含蓄地承认货币是重要的,他们写道:

合同的计价条件是重要的。尤其是,如果货币是合同的计价商品,那么以货币计价的商品价格就有着特殊的意义。如果我们考虑一个既没有过去也没有将来的

第八章 后凯恩斯学派 　—401

经济,上述情况则不存在……**如果一个严肃的货币理论**将要被构建,那么合同用货币计价这个事实将具有相当的重要性。(Arrow and Hahn,1971,pp. 356 - 357;强调是后加的)

不仅如此,阿罗和哈恩说明:如果在一个随着日历时间从过去走向未来的经济里,合同是以货币计价的(因此货币影响实际决策),那么所有展现古典的完全就业均衡结果的存在性定理就会遭到破坏(Arrow and Hahn,1971,pp. 361)。货币合同的存在——我们生活中的世界的一个特征——暗示了不论在长期还是在短期,从不需要存在任何理性预期均衡或者一般均衡市场出清价格向量。

## 8.7 什么类型的经济体系在使用货币合同时足够"不理性"?

新古典理论的一个基本公理是货币的中性。因此在一个新古典的世界里,经济行为人被假定为仅仅依据"实际的"价值评估来作出决策;他们不会受到任何"货币幻觉"的困扰。于是,在一个"理性的"古典世界里,所有的合同都是依据实际的条款来签订的,并且总是以实际的条款来执行。

在我们生活的世界里,情况却相反,我们用货币合同——不是实际合同——来落实生产和在自利的个体之间的交换协定。货币合同的普遍使用一直让新古典理论陷入两难的境地。逻辑上连贯的主流古典理论家必须将现代经济广泛使用货币合同的情况视为不理性的,因为这种合同以名义的条款将付款数额固定下来,会阻碍经济决策人追求实际收入最优化的自利行为。因此主流经济学家倾向于用非经济的原因如社会习俗、看不见的握手等等来解释货币合同的存在。这些非经济的原因是社会制度的束缚,它限制了价格信号的作用,并且因此限制了为长期最优地使用资源所作的调整。对于后凯恩斯主义者,情况正相反,有约束力的名义合同的义务是一个对付关于未来结果的真正不确定性的合理手段,只要经济活动跨越一个长期的日历时间。

为了理解为什么关于货币合同使用的观点有如此根本的不同,必须对一个使用货币的业主经济和一个合作(易货)经济作出区分。凯恩斯在其《通论》的早期草稿中发展了这种关于合作经济和业主经济的区分(见 Keynes,1979,pp. 76 - 83)。合作经济被定义为这样一种组织生产的经济:每一个要素投入的所有者因其对生产过程的实际贡献而获得报酬,他将获得生产出来的物质产出总和的一个事先定好的份额。合作经济体系的例子包括僧庙、修道院、监狱,或者甚至一个以色列合作农场。在这些合作经济的每一例中,有一个中央的权力当局或者一套事先定好的规则来控制生产,以及向资源投入者分配以实物计量的报酬。对于和尚、修女、犯人或者以色列合作农场工人而言,从来就不存在非自愿失业。萨伊定律成立。这是古典分析的世界。

462

与此相反,业主经济是一个有着两项显著不同的特征的体系。首先,组织生产的是"一群企业主,他们付钱雇佣了生产要素,然后期望从产品的销售中得到金钱补偿"(Keynes,1979,p. 77)。第二,不存在自动的机制保证付给生产过程中的投入要素的货币将被花费在工业产品上。因此,企业主永远无法确定他们能收回所有的货币生产成本。正如凯恩斯指出的,"这些定义显然表明了我们今天生活在其中的正是业主经济"(Keynes,1979,p. 8)。在一个业主经济里,根据定义,萨伊定律不能适用。

在我们的业主经济里,被市场引导的企业经理们在一个将来货币合同的基础上组织生产过程。即企业经理雇佣投入要素并且购买生产过程所需的原材料,通过签订合同协议来支付货币款项,以换取在确定的未来日期交付的特定材料和服务。生产过程中的这些经理们期望通过销售产品(生产的结果)获得资金,用于补偿期初那些货币投资,而销售可以在一个即期或者远期合约的基础上进行。在我们的经济里,当我们说起"底线"时,我们实质上在表明:企业主的驱动力是追求从销售中获得的现金流入,此现金流入将等于或超过用于生产成本的货币流出。

在一个业主经济体系里,收入(如凯恩斯上述的定义)的获得与这些货币合同的存在有直接的关联,这些货币合同允许企业主"控制"生产活动中投入要素的顺序以及企业的现金流出。这些合约性的货币支付给予接受支付者要求获得工业产品的权力。读者应该还记得,在某些经济学专题文章里,收入一词不仅与当期的产出相联系,还与一个福利的成分相联系,这个福利成分用当期社会可获得的服务来衡量。既然在任一期间社会可获得的某些服务来自之前已存在的耐用品,那么从福利的层面使用收入一词与从当期产出价值的角度使用该词是不相符的,除非所有的产品都是非耐用品。既然"收入"这个术语与为经济的当期产出的生产所作的贡献相联系,那么总收入等于从服务和当期产品的合约性的销售中收到的货币。(利润是某种复合体,因为它们不是由要素雇佣合同直接决定的。它们是由产品销售收入与生产要素成本之间的差额而产生的剩余价值,而收入和成本是由相应的合同确定的。)实物工资收入应被视为两笔合同交易的结合,即要素所有者从雇主那里得到货币工资收入的同时,给予雇主购买商品的承诺。

463

雇佣和销售都需要使用货币合同,在此基础上,凯恩斯定义我们生活于其中的经济。这个定义本身并未解释这项人类制度的存在和普遍应用。为了给货币合同的广泛使用提供一个解释,我们必须探究企业主如何作出决策,并且必须明白风险与不确定性的差别——这个差别是凯恩斯的非自愿失业分析的核心。

关于不确定性,主流的思维方式是假定预期是基于对过去数据的统计学分析,市场信号提供了关于不可更改的客观的概率的信息,或者是基于在预期效用理论公理的基础上形成的对这些概率的主观看法。在有关不确定性的主流思维方式下,概率风险和不确定性是同义词。

后凯恩斯主义者(Davidson,1978,1982—1983)已经发展了关于不确定性的不同的思维方式,这里,概率分布不是理解在不确定的环境中的实际行为的基础。根据这一分析,今天的选择导致的未来后果的"真正的"不确定性存在于许多重要的场景中。在这些真正的不确定性的例子里,今天的决策人相信当期资源的支用不能为未来可能性提供可靠的统计学的或直觉的线索。用随机过程理论的术语说,这种不确定的未来是一个非遍历随机体系的结果,这个体系在过去或当期的概率分布的基础上预测未来可能出现的结果,而这些概率分布是从不可靠的市场数据中获取的。

在这种关于不确定性的后凯恩斯主义的思维方式下,决策人在一个不确定的环境中,要么避免在不同选项中作出选择——因为这些选项"没有关于未来的线索",要么凭借"动物精神"以一种"发射鱼雷,全速前进"的方式去积极行动。这种看待不确定性的思维方式提供了一个更为一般的理论来解释关于流动性需求的长期决策和投资决策、长期不完全就业均衡的存在,以及凯恩斯赋予名义合同尤其是货币工资合同的重要角色。

464

时间是防止所有事情同时发生的装置。在实际的选择过程中,与任何一项行动相联系的可能益处不会发生在作出选择的那一刻,两者在日历时间上必然隔着某一个期间。商品的生产需要相当的时间;资本品和耐用消费品的消耗甚至需要

更长的时间。由于时间流逝这一根本性的事实,所有经济决策可以被视为发生在如下互相排斥的环境之一中:

1. 客观的概率环境。

决策人相信在统计学上过去是未来的可靠参照。这是理性预期假说,这里,关于今天决策的未来后果的知识涉及了主观概率和客观概率的汇合。

2. 主观的概率环境。

在个体的头脑里,关于未来可能情况的主观的(或者 Savage,1954,称为个人的)概率在作出选择的那一刻决定着未来的结果。这些主观的概率无需与客观的概率分布重合,即便定义良好的客观分布恰巧存在。

3. 真正的不确定性环境。

不论我们能否说明,客观的相对频率在过去已经存在,和(或)主观的概率在今天是否存在,经济行为人都相信,在作出选择的时刻到获得收益之间这段时间里,不可预见的变化将发生。决策人相信关于未来可能情况的信息在今天不存在,因此未来是不可计算的。这就是凯恩斯(Keynes,1937,p. 113)所谓的不确定性(或者叫对未来后果的无知)。凯恩斯写道,他用不确定性一词"不仅是为了区分确定知道的事情与只是可能的事情。在此意义上,轮盘赌游戏不受制于不确定性……我使用这个术语的意义是……没有形成可计算的概率的科学基础。我们就是不知道"。不仅如此,凯恩斯补充道:"一个可计算的未来的假说导致了对行为原理的错误解释。"(Keynes,1937,p. 122)选择与后果之间的时间跨度越长,人们就越有可能怀疑他们必须在一个真正的不确定性环境中作出决定。

**客观的概率环境和真正的不确定性**　凯恩斯(Keynes,1936,pp. 148 - 150, 161)声称某些未来后果可能没有分配给它们的概率。当然,作为一项计算性的事务,机械地使用公式可使人从一段时间内收集到的任何一组数据中计算出一个算术平均值、标准方差等等。问题是以这样的方式计算出来的各种数值有何意义。如果经济学家没有掌握、从未曾经掌握并且将来在概念上也决不会掌握整个宏观经济世界,那么从逻辑上可以认为客观的概率结构不会存在(哪怕很短的时间),并且概率分布函数不可能被定义。因此,将随机过程的数学理论应用到宏观经济学现象中的做法就算在原则上不是无效的,也是值得高度怀疑的。希克斯(Hicks,1979,p. 129)得出了相似的判断,他写道: <sup>465</sup>

出于这些考虑,我可以大胆地总结:"统计的"或者"随机的"方法在经济学中的有用性比现在普遍认为的要小得多。我们无需自动地求助于它们;在应用它们之前,我们应该总是问问自己,它们是否适用于手头的问题。它们经常不适合。

显然,与理性预期假说相联系的客观的概率环境涉及一个非常不同的概念。从过去数据计算出的时间平均值将与未来实现结果的时间平均值趋合,这在形成宏观经济预期的背景下是成立的。未来的知识涉及将基于过去和(或)当前实现结果的平均值投射到将来的事件中去。未来仅仅是过去的统计学反映,经济行动在某种意义上是永不过时的。对于那些相信过去能够为未来提供可靠的统计信息(价格信号)的人来说,将来事件是可以知道的,而且这种知识是可以获得的,只要人们愿意花力气去研究过去的市场数据。

理性预期假说如果想要提供一个没有持续性错误的关于预期形成的理论,那么不仅在任一时点上主观和客观的分布函数必须相等,而且这些函数必须从所谓的遍历性随机过程中得出。根据定义,一个遍历随机过程仅指从过去的观察计算出的平均值不会持续地不同于未来结果的时间平均值。在遍历性的客观概率分布下,概率是知识,而不是不确定性!非平稳性是非遍历性的充分条件,而不是必要条件。有些经济学家已经提出经济是沿着历史时间前进的一个非平稳的过程,并且社会的行为能永久性地改变经济前景。的确,凯恩斯的(Keynes, 1939b, p. 308)对丁伯根计量经济学方法论的著名的批评指出,经济学上的时间序列是不平稳的,因为"经济环境在一段时间内不是同质的(可能是因为非统计的因素起到相关作用)"。

然而,至少有些经济过程可以是这种情况:基于过去分布函数的预期不同于随着未来事件的发生而成为历史事实这一过程所产生的时间平均值。在这些情况下,理智的经济行为人将忽略现有的有关相对频率的市场信息,因为未来不是从过去的数据中统计计算出来的,因而是真正的不确定的。或者像希克斯简明指出的那样,"一个模型必须假设在这个模型里的人们不知道将要发生什么,并且知道自己对将要发生什么并不知情"(Hicks, 1977, p. vii)。在真正的不确定性的情况下,人们常常意识到自己就是一点线索都没有!

只要经济学家们谈起"结构上的破坏"或者"制度的变化",他们即隐含地承认,经济至少在那一阶段没有在客观概率假设成立的条件下运行。例如,索洛曾认为历史-社会条件与经济事件之间存在着互动。在描绘"经济学应该是一种什么样的学科"时,索洛(Solow, 1985, p. 328)写道:"不幸的是,经济学是一门社会科学",因此"经济学分析的最终产品是……依赖于社会条件——依赖于历史背景……然而,不管是好是坏,经济学已经沿着一条不同的路径走了下去"。

真正的不确定性之可能存在表明,尽管在某些行为有规律的领域里,客观概率和理性预期假说可以是一个合理的近似,但它不能被看成一个关于选择的一般理论。不仅如此,如果整个经济被客观概率环境占据,那么货币的作用就无从发挥了;即,货币将是中性的! 在所有阿罗-德布鲁类型的体系中,关于未来的完全信息由一整套即期和远期市场提供,所有的支付在最初时刻以市场出清的价格完成。货币是不需要的,因为从本质上交易是以货换货的。

      **主观的概率环境和真正的不确定性**    在主观的概率环境中,概率的概念可以被解释为确信的程度(Savage,1954,p. 30),或者相对频率(von Neumann and Morgenstern,1953)。不管上述哪种解释,基础性的假设都没有客观概率环境中的假设严格;例如,萨维奇(Savage)框架不依赖一个随机过程的理论。然而,真正的凯恩斯的不确定性仍将存在,只要决策者没有作出这种主观计算的基础线索,或者意识到今天的计算不适用于未来收益的计算。

    这种无法知晓未来结果的环境为更为一般的选择理论提供了基础,这种更为一般的选择理论可以通过预期效用理论家的语言来阐述。在预期效用理论中,“一个可能性被定义为与一系列概率相联系的一系列后果,每个后果对应一个概率,所有概率之和等于1。后果应被理解为相互排斥的可能事件:这样,一个可能性包括一项特定行动的可能后果的完全系列……[而且]个人的偏好被定义为所有可想象的可能性的组合”(Sugden,1987,p. 2)。用这些定义,一个真正的不确定性的环境(即非遍历性环境)发生于个人不能指明和(或)排列关于未来的一个完整的可能性组合的时候,由于下面任一原因:(1) 决策人不能想象出发生于未来的完整的后果系列;或者(2) 决策人不能给所有的后果分配概率因为“证据不足以建立一个概率”,以至于可能的后果“甚至不可被排序”(Hicks,1979,pp. 113,115)。

    从萨维奇的观察可以得出一组既有联系又有些不同的条件,这组条件将导出真正的不确定性;萨维奇的观察将个人的概率整合到预期效用理论中,这种整合“没有正式提到时间。特别的,这里形成的关于一个事件的概念是不过时的”(Savage,1954,pp. 11-13)。萨维奇发展了预期效用理论的一个排序公理,这个公理明确要求“个人应该对所有可想象的前景有一个偏好的顺序”(Sugden,1987,p. 2)并且这个排序是不过时的。因此,即使一个决策人能够想象出一个完整的前景组合——如果收益是即时的,只要他或她担心明天的前景以某种未知的方式不同于今天,那么这个决策人将不能对明天的收益进行完整的排序,则萨维奇的排序公理被推翻,而凯恩斯的不确定性的概念成立。

    足够有趣的是,萨维奇意识到(尽管他的许多追随者没有意识到)他的分析结构不是一个一般的理论;它与真正的不确定性无关。萨维奇承认"一个人不太可能在社会的各个状态中都知道他可选择的行为的后果。他或许是……无知的"(Savage,1954,p.15)。然而,萨维奇接着声称这种无知仅仅是"对可能状态的一个不完整的分析"的症状。接受一个"显然的解决办法"就可以抹去关于未来的无知,这个办法假定:对于这些不会过时的社会状态的明确说明能够被扩展以涵盖所有可能的情况。萨维奇承认,这个明确的说明"所有可能状态"的假定当"运用到其逻辑的极限时……是彻底荒诞的……因为作出这样的决定所必需的任务是人力远不能及的"(Savage,1954,p.16)。

468    通过作出上述承认,萨维奇不可避免地把他的选择理论限制在"小型社会"的各种状态里(Savage,1954,pp.82-86),预期效用理论适用于"小型社会",因此他写道:"这个理论[仅]在合适的有限的范围内是可行的……同时,人们的行为经常背离这个理论……我利用[预期效用命题]主要是……规范性的,是来管理我自己的决策以达到一致性"(Savage,1954,pp.20)。任何不承认非遍历不确定性有可能存在的货币理论,不可能为货币提供一个非中性的角色,因此在逻辑上与后凯恩斯主义货币理论不相容。在凯恩斯的"大型社会"(与萨维奇的"小型社会"相对)里,决策者可能不能满足预期效用理论的公理,作为替代,他们于此时采取"没有线索"的行为,于彼时采取"发射鱼雷"的行为,尽管这样做意味着,随着时间的推移,当面临相同的刺激时,他们作出了任意的和不一致的选择。

## 8.10 凯恩斯的不确定性、货币和显性货币合同

真实世界里的个人必须判断过去的经验是否为将来提供了有用的指导。人们是否应该假定经济过程是统一的和一致的,以至于事件是决定好了的——通过遍历性随机过程或者至少通过明确的和完整的可能性序列? 行为人在从选择到结果的期间能否打消对悲剧后果的恐惧? 行为人是否相信他或她对未来是无知的? 关于个人如何判定他们是处在一个客观的、主观的还是真正不确定性的环境中,事先并无规则能够明确。然而,他们的看法将导致其行为有所不同。

凯恩斯着重强调了不确定性和概率之间的区别,这种区别尤其关系到与财富积累和保持流动性相关的决策。他的《通论》的核心是关于流动性偏好和主导着实际支出选择的动物精神。货币在所有资产当中起到了唯一的"掌权人"的作用(Keynes,1936,p.223),并且它在短期和长期都是非中性的(Keynes,1937a,p.408-

411)。当凯恩斯在其 1937 年的重新阐发（Keynes,1937b,pp. 112,114）里澄清他所认为的他的《通论》与"之前其他理论最明显的不同"之处的时候所作的这些论断，建立在"概率微积分"与不确定性条件的明确区分之上，这种不确定性发生在"没有科学基础用以形成任何可计算的概率"的时候。"无论怎样，我们就是不知道"。

流动性和动物精神是凯恩斯对长期不完全就业均衡（即便在一个价格灵活的世界里）所作分析的背后驱动力。无论是客观的还是主观的概率都不足以理解非中性的货币的作用以及在凯恩斯的不完全就业均衡分析中货币政策的作用。这并不奇怪，因此，失业仍然困扰着 21 世纪的经济，因为绝大多数经济学家所作的政策指引仍然只适用于一个有限的范围，在此范围内，行为人"像是"掌握了明确的和完整顺序的有关其行为后果的知识之后，才作出选择。

我们已经说明了，以名义（而非实际！）计价的远期合同可以被合法执行——这种社会制度的存在创造了一个非中性的货币环境，即使在长期亦如此（Davidson, 1978,1982）。这些法律安排允许行为人在一定程度上保护自己不受当前决策的不可预测的后果的损害，而当前决策是要将实际的资源投入长期的生产和投资活动中去。固定货币合同的法律执行允许合同各方拥有合理的预期：在其他方未履行其合同义务时，受损方有权要求赔偿并因此不受金钱损失。托宾写道：货币的存在"对于新古典一般均衡理论……［和］据称的货币中性而言，一直是一个棘手的问题……将货币中性的命题应用到真实的实际世界的货币政策中，是错置具体性的谬论（the fallacy of misplaced concreteness）的典型例子"（Tobin, 1985, pp. 108 - 109）。托宾随后将凯恩斯对货币中性假设的否定与凯恩斯对未来的"根本性的不可预测性，即使在概率意义上也是如此"的强调联系起来（Tobin,1985, pp. 112 - 113）。

货币的社会制度和固定货币合同的法则使得企业主和家庭随着时间的推移能够形成关于现金流（但不一定是实际的结果）的合理预期，并且因此能够对付如果没有这种制度和法则就会变得不可知的未来。用名义条款固定下来的合同义务为合同各方提供了保障：尽管有不确定因素，各方至少能以现金流的形式决定未来后果。签订固定的购买和雇佣的长期合同将名义负债限制在企业主相信他或她的流动性状况（通常以银行的信用承诺为支撑）能够存续的范围内。如动物般迫切需要行动的企业主们在面临不确定性时，不会作出任何关于实际资源投入的有意义的决定，直到他们对流动性状况有所把握为止。这样，他们才能够满足自己的合约性的（交易需求）现金支出。固定的远期货币合同允许企业主（和家庭）找到一个有效率的使用资源和为资源付价的顺序,而这些资源被用于长时间的生产和交换过程中。

货币在一个业主经济中被定义为"合约解决的手段"。这意味着在后凯恩斯货币理论里,有关合同的民事法律规定了在任何一个遵守法律的社会里什么是货币。在他的《货币论》的正文第一页(Keynes,1930a,Vol.1,p.3),凯恩斯提醒我们货币的诞生与合同有关! 货币或者任何流动资产(Davidson,1982,p.34)的持有,提供了流动性(流动资产是在一个有组织有秩序的即期市场上可出售并换回货币的资产)。流动性被定义为清偿名义合同下的到期债务的能力。在一个不确定的世界里,负债用货币确定下来,持有货币是一个有价值的选择(Keynes,1936,pp.236-237)。进一步而言,银行系统创造"有形票据"的能力提供了流动性来为生产流的增加提供资金,这种能力在一个(非中性的)货币生产经济的运行中是一种根本的扩张性的元素。当经理们(总体而言)想要扩大他们的生产流(并且大众的流动性偏好没有改变)的时候,如果紧缩的货币政策阻止了企业主从银行那里以合理的资金成本得到足够的额外货币支持,那么在额外的产出被生产出来并销售获利之前,有一些企业主将不能满足他们潜在的额外的合约性的工资支出以及原料购买的付款义务。相应地,没有额外的银行货币的创造,企业主将不情愿签订额外的雇佣和原料供应合同,而且长期的就业增长受到阻碍,即便企业主认为未来的有效需求足够支持扩张活动。货币短缺能阻止实际产出的扩张,哪怕有预期的利润!

当不确定性的威胁增大时,如凯恩斯的有关预防性和投机性动机的讨论中的情况,流动资产为不动用对资源的货币请求权提供了安全保护。凯恩斯断言流动性的特征只与某种耐用品有关,这种耐用品具有"如此的本质特性,以至于它们既不会被私人部门的劳动力很容易地制造出来,也不会**为了流动性的目的**而被由劳动力生产出来的物品所轻易替代"(Keynes,1936)。

当行为人对不确定的未来的恐惧增加了他们对"等待"(即使在长期)的总需求,行为人将分散他们已经获得的收入权利——从购买当期工业产品到需要额外的流动性。其结果是,对私人部门的劳动力的有效需求减少了。这种延迟支出的做法只有在一个不可预测的(非遍历的)环境里才是有意义的,与此种延迟支出相对的是将个人的所有收入全部用于购买在自由市场上正在被买卖的各种工业产品。

这种流动性的论点可能看上去与一般均衡理论家如格兰蒙特和拉罗克(Grandmont and Laroque,1976)的观点相似。他们强调了对货币期权的需求。然而，在他们的以及其他许多的模型里，货币具有期权价值仅仅因为此模型的其他地方存在非常不现实的假设。例如格兰蒙特和拉罗克假设：（1）所有可生产的物品是不可储藏的；（2）不存在金融体系，意味着没有借款也没有用来再次出售证券的即期市场；（3）法定货币是唯一的耐用品并因此是价值的唯一可能的储藏处所，通过它价值可以被储藏到未来。当然，如果耐用的可生产品和生产资料是存在的（正如在实际世界里那样）并且与持有可生产的耐用品相关联的结果能完整地被排序，那么灵活的即期和远期价格将反映个人的多期的消费计划，并且"追求最优化"的行为人将不会持有法定货币作为价值储藏手段。萨伊定律将适用，并且货币的名义数量将是中性的。因此格兰蒙特和拉罗克通过对货币的期权需求能取得"暂时的"凯恩斯均衡，而这种货币的期权需求只有在最荒唐的条件下才能长期有效。与此相反的是，凯恩斯允许持有货币（作为长期价值的储存）的需求与生产性的耐用品的存在相伴。

另一个研究流动性的方法由克雷普斯提出，他对"等待"的分析（Kreps，1988，p. 142）假定在不远的将来的某一天，每一个行为人将收到"有关何种状态会在较远的未来收益日占据主导的信息"。相应地，等待接收信息只是一个短期的现象；长期等待行为在克雷普斯的分析中不是最优的——除非这个信息永远收不到！选择等待的行为通常与"对灵活性的偏好"相联系直到获得充分的信息。尽管克雷普斯没有明确说明这个推论，但他的框架暗示了如果行为人始终收不到需要的信息并因此处于真正的不确定性状态，那么他们将永远等下去。

另一方面，凯恩斯坚持认为不买产品的决定——即储蓄行为"不一定表示这个决定是关于一星期后还是一年后要不要用餐，或者是否买一双靴子，或者在任何一个特定的日子消费任何特定的东西……它不是用未来的消费需求来替代当前的消费需求——它是此种需求的净减少"（Keynes，1936，p. 210）。换言之，无论克雷普斯的等待选择还是格兰蒙特和拉罗克的对货币的期权需求都不能解释凯恩斯的观点，即可能不存在跨期替代。在长期，人们可能仍会保持流动性，因此长期的失业均衡能够存在。

这个论点是有经验支持的。丹齐格等人分析了有关老年人消费和收入的微观数据，显示"老年人没有减少储蓄来为他们退休期间的消费提供资金……他们比处于相同的各个收入水平的非老年人花费在消费物品和服务上的钱要少（储蓄明显增多）。不仅如此，老年人中年纪最大的人在给定收入水平下储蓄最多"（Danziger et al.，1982—1983，p. 210）。这些事实说明了随着年龄的增长，生命变得更加不确定,老年人"等待"更长的时间,而不作出决定将他们已获得的对资源的请求权花费掉。根据生命周期假说,这个行为是非理性的,与格兰蒙特-拉罗克对等待的期权需求论不一致,也不符合克雷普斯的"等待"论——除非大家愿意承认即使在长期"关于何种状态将占据主导的信息"可能不存在,并且这些经济决策是在一个凯恩斯的不确定性的状态下作出的。

对等待和期权价值的概率分析仅承认一种在时间跨度上推迟花费的需要。然而,只有凯恩斯的不确定性为长期的流动性需求和长期的不完全就业均衡的可能存在提供了基础。

## 8.11　结论

后凯恩斯主义理论的基石是:(1)货币的非中性;(2)在经济生活的某些重要决策方面,存在非遍历的不确定性;(3)对总体替代公理的普适性的否定。收益发生在没有预料的并且可能是无法预料的将来,而现在又必须作出决策,人类对付这个难题的一个方法就是文明社会的合同法的发展,以及使用货币作为履行合同义务的一种查特主义的手段。奴隶制的废除使得执行人力劳动力的实际合同成为非法。相应地,文明社会已经决定不再允许"签订实际的合同",不论它被证明在新古典经济学中是多么有效。

凯恩斯的革命性的分析(货币从来不是中性的并且流动性很重要),是关于一个经济的一般理论;在这个经济里,未来的完全不可预测性可以产生重要的经济后果。与之对比,新古典主义的最优化过程要求关于不确定性的限制性的基础命题,从而要求对未来后果有所预期,而凯恩斯的分析没有这样的要求。因此,分析人员必须选择哪个体系对分析当下的经济问题更具相关性。

对于许多日常的决策,假定时间跨度上的统一性和一致性(即假定遍历性),就"日常"的定义而言,可能是处理手头问题的一个有用的简化方法。对于涉及投资和流动性决策的问题,其中不可预测的重大变化在长期的日历时间跨度上是不可排除的,凯恩斯的不确定性模型显得更为适用。假定一个规律性可以被发现的世界,而且可以预期此规律性会延续到将来,货币的中性是这个世界的核心(Lucas,1981b,p.561);作出这样的假定为发展货币生产经济的宏观政策提供了一个误导性的模拟世界,只要在实际经济中货币是真正起作用的并且能影响生产决策。

经济学家应该小心不要为他们的学科进行名不副实的宣传。相信在"某些条

472

现代宏观经济学:起源、发展和现状

件"下世界是有概率可循的(Lucas and Sargent,1981,pp. Ⅺ-Ⅻ),或者相信未来前景能完全有序,将容易导致这样的论断,即自由市场中的个人将不会犯持续性的错误并且容易比政府更好地知道如何判断未来。将一般的规则建立在这些特别的假设之上,会导致将灾难性的政策建议提供给政府官员;在这些官员所面临的环境中,许多经济决策人感到无法根据过去为将来下结论。

然而,如果经济学家能认识到并且能指出这些(非遍历的)真正的不确定性的经济条件在何时有可能占据主导,那么政府能在改善市场的经济表现方面发挥作用。经济学家应该努力设计出能够对无限的事件集合进行法律约束的制度工具,否则随着经济过程沿着历史时间前进,这些事件将可能发生。例如,政府能够设立金融安全带,用以防止(或者至少是抵消)有可能发生的灾难性后果,还能够提供货币激励以鼓励个人采取由民主程序所决定的有利于社会的文明行动(Davidson and Davidson,1988)。在私人部门不存在的地方,或者当私人部门需要帮助以抵御真正的不确定性的风暴的时候,政府应该发展那些旨在降低不确定性的经济制度,其方法是通过把私人行动的可能后果限制在与完全就业和合理的价格稳定相容的范围内。

(魏 威 译)

# 第九章　奥地利学派

罗杰·W.加里森[*]

　　凯恩斯先生的总量消除了变化最基本的机制。(Hayek,1931)

## 9.1　门格尔的观点

　　奥地利学派以其微观经济学,特别是以其在边际主义革命中的作用而著称。在19世纪70年代初期,卡尔·门格尔、法国经济学家莱昂·瓦尔拉和英国经济学家威廉·斯坦利·杰文斯一道,通过关注商品的边际单位去理解商品的市场价格,从而重新定位了价值理论。由于边际是分析的核心,微观经济学常常是变化的。但是,人们对以下观点很少形成普遍认同:可行的宏观经济学结构也十分自然地产生于边际主义革命,这一革命的背景是门格尔与资本使用相关的市场经济观点。

　　现代宏观经济学对要素市场(投入)和产品市场(产出)作了区分。中间的投入和产出很少产生影响。相反,奥地利学派的经济学家给予生产过程以显著的地位。这一过程是某些活动的产出成为随后活动投入的一系列活动。消费品产出最终的收益构成了一系列活动的终点。门格尔[Menger,1981(1871)]以"货物的等级"说明了这一理论。货物的第一等级,或者是最低等级构成了消费资料,第二、第三和更高的等级构成了生产资料,它们离最低等级货物越来越远。欧根·冯·庞巴维克[Bohm-Bawerk,1959(1989)]引入相似的"成熟等级"观念去把握经济生产过程中的这一时间因素。他强调:相对于较后的成熟等级的(并存)行为,经济增长率的提高必定带来成熟等级较低的活动的增加。

　　庞巴维克可能是第一个坚持认为宏观经济观点必须有坚实的微观基础的经济学家。在1895年的一篇论文中,他写道:"假如一个人要恰当地理解发达经济的宏

---

　　[*]　罗森·W.加里森,美国奥本大学经济学教授,著有《时间与货币:资本结构的宏观经济学》(Garrison,2001)。在撰写本章过程中,得到了莱恩·波蒂(Lane Boyte)和斯文·托姆森(Sven Thommesen)的支持。

　　　　　　　　　　　　　　　　　　**现代宏观经济学:起源、发展和现状**

观世界,他不可能回避研究微观世界。"(Hennings,1997,p. 74)。人们普遍认为路德维希·冯·米塞斯的功绩在于运用边际效用的分析来解释货币的价值,他也是第一个承认在分散的、耗时的生产过程的背景中信用创造重要性的人[Mises,1953(1912)]。弗里德利希·哈耶克(发展了门格尔创立的资本理论以及米塞斯阐述的货币和信用理论,使它们成为奥地利学派的经济周期理论。莱昂内尔·罗宾斯[Robins,1971(1934)]和默里·罗斯巴德(Rothbard,1963)将这一理论运用于两次大战期间繁荣和萧条的时期。最终,这些奥地利人和其他一些奥地利人的洞见促进了成熟的、以资本为基础的宏观经济学的诞生(Horwitz,2000;Garrison,2001;参见 Littlechild,1990)。

## 9.2 资本的跨期结构

哈耶克将经济生产活动模型化为一连串的投入和一个点的产出,这样,他极端地简化了奥地利学派对资本使用的经济的观点。这一连串投入中的每个因素都被指定为一个"生产的阶段",阶段数目的设定在很大程度上是出于方便教学的考虑。这一简单的结构最初是作为柱形统计图表引介的,在图中,每个柱形图按时间排列,它们的(相等的)宽度表示生产时间的增加。最后一个柱形图的长度代表消费品产出的价值;前一个柱形图缩短的高度代表着各个生产阶段货物的价值。

图 9.1 显示了从左到右排列的十个生产阶段。(在哈耶克最初的解释中,从上到下排列了五个阶段。)人们并不想用明确的阶段数量来量化实际的、有关经济生产进程的经验数据,只代表我们的普遍认识:在许多情况中,一个阶段的(中间的)

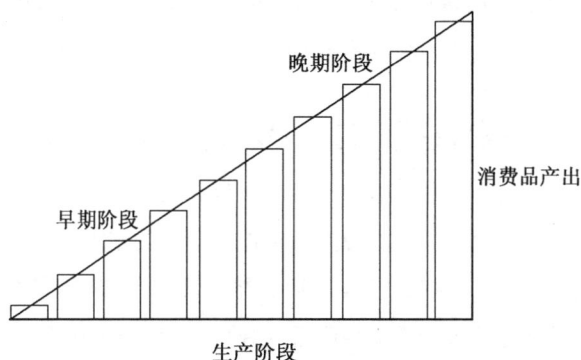

图 9.1　生产的跨期结构

产出被用于下一个阶段的投入。这就是垂直管理——并且肯定是完全垂直管理——它并非标准。哈耶克的"阶段"不能完全地转化成"公司"或者"企业"。在一个行业单一的公司当中,人们可能实施一些垂直的管理行为。例如,一个石油企业可能从事勘探、开采、提炼、批发和零售。又例如,一位纸张生产商可能为蓝图印刷和贺卡提供纸张,这样他同时在不同的阶段经营。而且存在着对严格单一的时间序列的明显偏离:煤炭可能用于钢的生产,同时钢用于煤炭的生产。(这就是有力的反例,弗兰克·奈特在门格尔《经济学原理》英文版的批判性导论中提供了这一反例。)和其他所有简单的模型一样,这一奥地利学派的资本结构模型不是以它的许多疏忽而著称,而是以它的图形所捕捉到的基本真理而著称。

人们运用手段去实现目的,并且这些手段暂时先于相对应的目的。生产随着时间的流逝向前移动。但是,评估是逆向进行的。也就是说,与某一目的有关的预期值将自身与实现目的的手段联系起来。这就是门格尔的法则。对生产要素的需求,以及由此对中间产品的需求是引申需求。评估方向暗含在门格尔对消费品的称呼中,他称呼消费品为"**第一**等级货物"。第二等级、第三等级、更高等级的货物的市场价值最终从第一等级货物的预期价值中导出。但是,即使引申需求学说完全奏效,这些价值必须使系统的时间贴现与较高等级货物的时间间隔相一致。

奥地利学派认为企业家发挥着关键的作用。在最低程度上,在生产的某一特定阶段,企业家必须预见到对产出的需求,通过关注借入资金的成本,来评估自己行为的可能性。较为长期的计划可能要求测定以后几个阶段需求的强度,包括对消费品产出的最终需求。投机行为可能部分存在于回应信贷状况变化及从一个阶段向另一个阶段的资源运动中,并且可能存在于新的生产阶段的产生中,这是比现存阶段的最高等级还要高级的阶段。不断增长的"迂回"——借用庞巴维克的术语——以及生产进程中时间因素的不断增加的重要性,是发展中(和发达)资本主义经济的特性。

对生产时间结构的关注表明:在我们理解分权经济如何协调消费偏好和生产行为,从而理解协调机制出现的问题时,时间因素是一个重要的变量。生产的多重阶段的运用充分体现了边际主义的思想。奥地利学派的宏观经济学是亲微观经济学的。资源配置的方式以系统的方式得到了修正,同时它改变了生产行为的时间轮廓。与早期阶段行为的边际递增相联系的晚期阶段行为的边际递减对于经济全面的增长率具有重要的意义。重要的是,边际变化的相关形式带来了繁荣和萧条。根据奥地利学派的观点,我们需要注意跨期资源配置方式的变化,即使这些边际变化在某一传统的宏观经济总量——诸如投资支出(所有阶段中的)或者总支出(由消费者和投资团体作出)——中相互抵消了。

与跨期均衡相关的资源配置形式,在将生产阶段加以分离的价值差异的范围内显示了某种一致性。除了别的之外,一个阶段产出的价值和下一个阶段产出的价值中的差异反映了跨期交换的一般条件,它大致是通过市场利率形成的。在给定的利率下,阶段之间的过度价值差异总是将自身体现为获利机会,这些机会只有通过向较早的阶段再配置资源才可能得到利用。在这一限度内,当所有这样的利润机会竞争殆尽的时候,用于各个阶段的投入的相对价格就会和均衡利率相一致。跨期资本结构的汇总图表呈三角形,它将梯次排列的阶段囊括其中。在图 9.1 中,哈耶克的三角形避免了资本理论的诸多复杂性,同时使生产进程中的全部时间因素发挥了作用。

极端的简化水平确保了某一讨论的进行。第一,我们注意到这一直角三角形的斜边勾勒了已经成为消费品的价值,它沿着直线轨迹从完全没有价值向消费品的完全市场价值移动。但是,我们知道,利率是以某一初始投入价值的百分比形式出现的,因此需要顾及混合因素。明显的是——并且与哈耶克的三角形相对——这样的百分比价值的差异意味着累积价值应该由一条曲线勾勒,它以指数的方式从某一初值上升到某一终值。在此,线性结构虽然简单,在勾勒价值变化方面却已足够。对于哈耶克独创的阐述来说,这也是真实的。但是,我们需要认识到,这一三角形在处理任何混合效应作用比较重要的问题时,总是不充分的。利率和迂回的总体水平之间的精确关系有一些含糊的地方,当复利的效应被包括进去的时候,这些含糊就出现了。这些含糊性以及相关的涉及资本密集度的含糊性构成了剑桥学派资本论战的核心(见 Harcourt,1972)——这一论战旷日持久,无果而终,在过去的几十年里吸引了许多人的注意力。但对于经济周期和宏观经济学的相关问题而言,这一简单的三角形已经足用。

第二,这一三角形底边使我们联想到一连串单位时间的间隔。底边不能简单对应于日历时间。在实际运用当中,较早的生产阶段只是部分地存在于在产品当中——正如逐渐长成木材的树苗和慢慢变陈的葡萄酒那样。较早的阶段也暗含在耐用资本品中,甚至暗含在人力资本中。生产的这些要素被划入较早阶段的范畴,因为它们将在长期的未来获得收益。资本的不同成分告诫人们不要去制造单一的标准,比如某一平均的生产期,或者以其他方式对宏观经济的生产时期进行量化。尽管如此,许多较早阶段的活动和较晚阶段的活动是容易辨别的。零售的存货管

478

理是较晚阶段的活动。产品研制是早期的活动。经济资本结构的时间范围的扩展可能采取将资源从相对晚期的阶段转移到相对早期的阶段的形式,采取制造更耐用的资本品的形式,或者为了支持那些需要更为耗时的(但是有更高收益的)生产过程的货物,只改变货物的生产组合。

第三,哈耶克三角形的垂直边代表着消费品产出的价值,意味着消费是在生产过程的时间终点上发生的。这并不否认耐用消费品的存在。但是,如果扩展宏观经济的时间跨度,只会把问题复杂化,而不会给这一分析增加更多的东西。这一三角形将注意力集中在生产的特殊性上,集中在市场过程的各个方面。一旦货物处于消费者手中,这些方面就失去诸多相关性。假如"消费阶段"有意义,那么人们就会发明这一概念。

和更传统的理论一样,奥地利学派的理论在实际运用时,在投资商品和耐用消费品之间存在着一条明确的界线。住宅建筑——无论是否由房主居住——普遍地被划入投资的范畴,其设施的租金(实际的或者暗含的)已具有消费的性质。但是,自驾的汽车——无论它们是否具有相当的耐久性和暗含的租价,还是被划入消费品的范围。人们可能会想象一些实例,一件消费品(例如新近购买的非商用卡车)后来通过销售进入了生产的早期阶段(例如作为工程用车)。但一般来说,提供给消费者的货物就留在消费者手中了。这些以及相关问题在奥地利学派的理论的特定应用中可能是必需的,但是,这一理论自身是建立在多阶段的、产生消费品产出的生产过程的观点之上的。

在这一最为简单的解释中,图 9.1 显示了一个没有增长的经济。由储蓄支撑的总投资足以弥补资本的贬值。由于特定的爱好和技术,宏观经济习惯于跨期均衡,并以不变速率生产消费品。更有代表性的是,储蓄和总投资超过了资本的贬值,同时让经济在全部的边际增长。假如我们目前可以假定一个不变的利率,那么,增长可以由一个规模逐步扩大的三角形表示,它的一般形状依然是相同的。

但是,哈耶克三角形的结果中包含了三角形形状的变化。更为传统的宏观经济学架构作出了结构固定性或者结构不相关的暗含假定。在奥地利学派的理论中,储蓄行为的变化在经济的资本结构中对资源配置具有意义。接下来,三角形变化的形状影响了消费品产出的时间轮廓。这一分析的自然焦点集中在跨期协调上,集中在跨期不协调的可能原因上。

479

## 9.3 储蓄和经济增长

我们往往认为经济存在着某种不间断的增长率。增长率依赖于储蓄和资本贬值之间的关系，它可能为正、为负或者为零。在一个静止的或者没有增长的经济中，储蓄所支持的投资足以弥补资本的贬值。正如图 9.2 前两个时期所描绘的，消费品各期产出是稳定的。

假如储蓄超过资本贬值，经济就增长了。正如图 9.2 最后三个时期所示，消费品产出量是上升的。每个生产阶段的产出也增加了。经济在全部的边际增长，甚至可以在许多阶段中持续增长。在长期增长时期，哈耶克的三角形变大了，但是形状——不是必然的——没有改变。

从无增长到正增长率的转变是个有趣的问题——或者说，就此而言，从某一初始的增长率到一个更高的增长率的转变。其答案是奥地利学派经济周期分析的前奏曲。对于转变过程中消费品产出的时间曲线来说，什么才是真相呢？让我们假定技术状态中，或者在资源的一般可利用性上没有任何变化。我们假定，人们的跨期偏好因未来消费而发生了变化。假如人们面对无增长和增长之间的简单选择，人们肯定是偏好后者的。但是，这一选择从来都不是简单的。世上没有免费的好事，人们也不可能获得没有代价的增长。

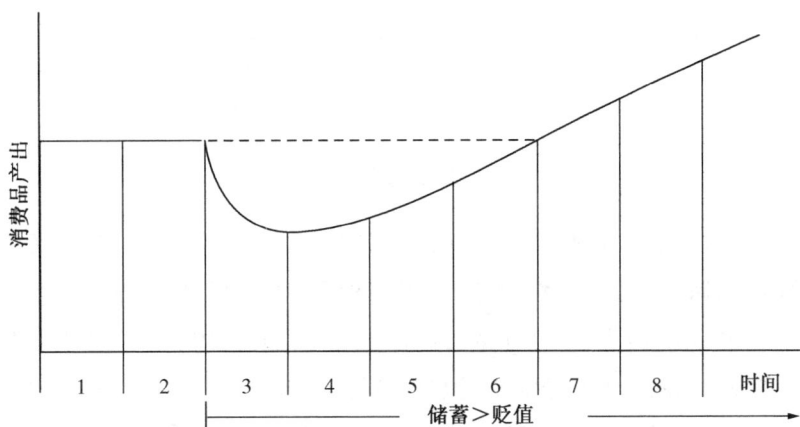

图 9.2 消费品产出可能的时间模式

相关的交替关系存在于不远的将来的消费品产出和更远的未来的消费品产出之间。为了享受未来逐步提高的消费，人们是否乐意放弃一些当下和近期的消费？

毕竟正是对当下和近期消费的放弃使得资源用于扩展经济的生产能力,使得逐步提高的未来消费成为可能。在图 9.2 中,假定的偏好变化发生在第二期的末尾。由于这一变化,应减少第三期的消费品产出。节省下来的资源可能被用于较早的生产阶段。资本结构就这样得到了改变,它最终将开始以递增的速率产出消费品,在第六期与初始的产出水平相一致(在这一特定的事例中),并且在接下来的时期,超过这一水平。

根据奥地利学派的观点,市场经济能够使跨期生产活动与跨期消费活动相一致。在图 9.2 中显示的消费品产出的时间模式要求资本的重构。图 9.3 显示了所要求的变化的一般形式。无增长的第一、二期在时间上先于偏好的变化,具有较短的跨期资本结构的三角形描绘了这两个时期。在第二期的末尾偏好发生变化,消费下降,在第三期的末尾达到了最低点。节省下来的资源可能被配置到生产的早期诸阶段,并用于较早诸阶段的创立,从而提高经济在未来制造消费品产出的能力。消费品产出减少的短期收益和生产阶段增加的数目在三角形 3——也是改变形状的三角形中最小的一个——中得到了描绘。

481

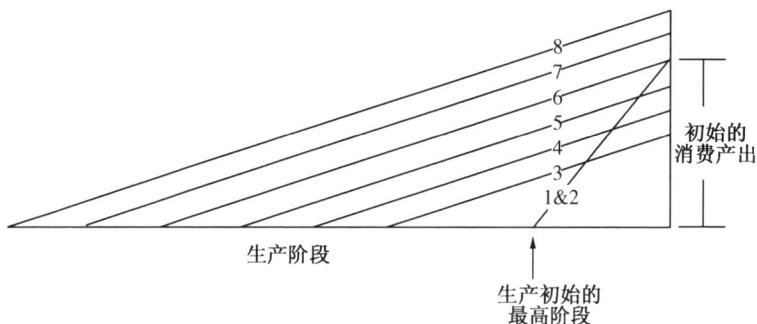

图 9.3　跨期资本重构

当生产过程中的货物开始在各个阶段重构的序列中移动的时候,消费品的产出开始上升,储蓄超过了资本的贬值,在生产的每个阶段都发生了扩张。正如三角形 4-8 所显示的,经济经历了正的长期的增长率,同时,三角形 6 的消费品产出与无增长的时期相同。然而,我们在这里讨论的是实际带来这一资本重构的市场机制。在这一方面,焦点集中在图 9.3 显示的跨期资本重构和图 9.2 显示的消费品产出的时间模式之间的对应关系上。

在这里,注意力集中在导致从无增长的经济向经历着正的长期增长率的经济转变的一个一次性简单偏好上。这一注意力在分析和启发式的便利中发现了合理性。不难想象更为复杂的偏好变化。在跨期偏好中的实际变化可能自身就是缓慢的，消费品偏好的时间曲线无疑不会像图 9.2 的跨期形式那样简单。必须指出的是：分权经济——包括它的跨期特征——比我们用于教学的简单结构更为复杂。

图 9.2 的关键特点是从无增长到正的增长率转变期间消费品产出的减少。被放弃的消费证明了这一原则：世上没有免费的经济增长。在实际运用当中，哪里的初始增长率为正，哪里就不需要消费产出的实际下降。在这样的情况下，以上原则以更微妙的方式证明了自己。随着消费产出初始以 2% 的速率增长，增加的储蓄意愿可能引发一种形式的产出，它不断上升，但速率是不断变化的——可能从初始 2% 的速率变为 1%，接着又变为 3%。在增值率只有 1% 的转变期，人们放弃了不增加储蓄时可能带来的消费品产出。

对与储蓄导致的增长相关联的机会成本的明确认识，决定了与政策制定相关的一般禁令。总之，奥地利学派不是增长的啦啦队队长。许多入门型的和中级水平的课本都用一个政策目标的简短列表介绍宏观经济学的主题。列表的突出条目一贯都是经济的高速增长。但是，是否存在着这样一个基础——它包括了政策制定者力图实现的高增长率目标？根据奥地利学派的观点，人们所需要的是制度安排，这些安排使得消费品产出的增长率与人们储蓄的意愿相一致。生产计划需要与消费偏好相一致。但是，一致性可能带来低增长率、无增长，甚或——在不常见的情况下——负增长。增长率自身只是对人们为了享受更远的将来增加的消费而放弃不久的将来的消费的简要描述。宏观经济学家不应该将"快速增长"作为他们的目标之一，并认为它比微观经济学家的"大量蔬菜"目标重要。

另外，这里存在着关键的宏观经济学问题。在实现宏观经济恰当的增长率的同时，微观经济也实现了恰当的蔬菜量。正如下面两节所讨论的，假如相关的供求计划准确地反映了基本的东西，即支配各自的市场行为的偏好和约束，那么这两个目标是可以实现的。

## 9.4 储蓄-投资的关系

是否存在一种市场机制，能让人们进行上一节所讨论的交易？这是一个关键的问题——它是宏观经济学争论的核心，对它的回答区分了不同的思想学派。问题可能以突出宏观经济要点的方式提出：是否存在着一种市场机制，它使得储蓄和投资相一致，同时对宏观经济没有不利的影响（例如普遍的资源闲置）？可供选择的答案对于市场经济的生存状态,对于政策制定者的适当作用都具有明确的含义。

### 9.4.1　货币主义迂回

一些宏观经济学家以肯定的方式回答了这一关键问题,通过市场分配将资源投入消费品生产和投资品生产(后者由储蓄支撑),同时与将资源配置到水果和蔬菜的生产中相匹配。换句话说,在总产出中,资源配置的问题——无论是在严格限定的货物(桃子和土豆)中,或者是在宽泛的子集(消费和投资)中——主要属于微观经济学的领域。

根据这一观点,宏观经济学应该集中在总产出上,因为它与宏观经济的变量(诸如一般价格水平和货币供应量)相关。以 $Q$、$P$、$M$ 表示这些宏观经济变量,可得以下为人们所熟悉的换算方程:

方程9.1 $$MV = PQ$$

当然,对于针对 20 世纪 50 年代凯恩斯主义的货币主义反革命来说,这一方程是核心(见第四章)。货币流通速度 $V$ 是由这一方程限定的,并且在 80 年代初以前,在不同国家和不同时期经验上证明了的近乎恒定性,在货币供应量和某种产出价格指数之间建立了稳固的关系。通常以货币数量论而著称的东西被更为描述性地称为价格水平的货币数量论。

货币主义者认为:货币供给变化的长期结果是价格总水平相同比例的变化。这是一个只能受到正在进行的、长期的实际产出变化和货币周转率变化调节的结果。人们允许实际产出的短期变化。也就是当 $P$ 与增加了的 $M$ 相适应的时候,总产出 $Q$ 可能上升,然后会下降。但是,货币主义者一点不关注主要的子集(消费和投资)在调整过程中的相对运动,也一点不关注构成总投资的子集(生产的各个阶段)。是否涉及长期的增长或者短期的由货币导致的实际产出的运动,关键在于总产出变量 $Q$。无论在产出量中发生什么变化——根据哈耶克的三角形,奥地利学派可能把握的——都被视为与宏观经济学更为重要的问题不相关。

### 9.4.2　凯恩斯主义储蓄-投资的反常

当然,货币主义的反革命试图反对的就是凯恩斯主义的经济学家。但是在储蓄-投资关系的问题上,这一反革命可以被更准确地描述为一次掩饰。在凯恩斯的《通论》(Keyens,1936,p. 21)中,他明确地指出了前辈们和同时代人的错误,"他们

484

谬误地假定存在着一种联系,它将放弃当下消费的决策和为未来提供消费的决策合为一体。"根据凯恩斯的观点,不存在协调这两个决策的简单有效的方式。相反,实际上使得储蓄和投资一致的机制是间接和反常的。事实上,储蓄-投资的反常是凯恩斯主义宏观经济观点的核心(见 Leijonhufvud,1968)。

换算方程可以以一种方式重写,它揭示了凯恩斯主义革命作为基础的问题。总产出 $Q$ 由消费品产出和投资品产出组成。也就是 $Q = Q_c + Q_I$,$Q_I$ 被认为是投资品的"最终"产出,这样就避免了重复计算。这样,这一换算方程可以被重写为:

方程9.2 $$MV = P(Q_c + Q_I)$$

这一方程强调了凯恩斯所发现的问题($Q_I$ 不稳定性和它对其他宏观经济量值的影响)和货币主义者所说的问题不是一回事。相反,用货币主义的 $Q$ 替代凯恩斯主义的 $(Q_c + Q_I)$ 只会掩盖反常的本来轨迹。对投资品的产出是如何与当下消费和未来消费之间优先的交替关系相匹配的这一问题,货币主义者并没有回答——甚至没有提出。

根据 9.11 节中以相当长的篇幅涉及的这一凯恩斯主义的观点,投资量的变化首先对收入发生冲击,接下来收入又对消费支出产生冲击。也就是说,$Q_c$ 和 $Q_I$ 沿着相同的方向运动,$Q_I$ 的运动是不可预见的,$Q_c$ 对应的相同方向的运动被人们熟悉的凯恩斯乘数所放大(见第二章)。同样,当下消费的自主变化——如果存在的话——往往影响收益预期,因而导致投资沿着相同的方向变化。引申需求的原则是有效的。由于两个主要的子集同升同降(尽管速率不同),凯恩斯主义的理论通过图形排除了奥地利学派所强调的那种交替关系存在的可能性。进一步而言,对耐用资本和所谓的投资加速的考量意味着通常有束缚力的供给方约束不存在了。凯恩斯主义的观点不认为要以牺牲当下消费的代价来增加投资。同样,市场参与者乐意放弃当下的消费(也就是节省)是为了享受未来更多的消费。但是,将储蓄和投资连接起来的市场机制挫败了他们的努力。与其说是刺激性的投资,不如说是增加的储蓄对总支出从而对总收入产生了冲击。这一反常的负收入效应被凯恩斯认为是节俭的悖论。我们将在 9.9 节中讨论这一问题。

### 9.4.3 奥地利学派的总量分解

奥地利学派在换算方程的背景下对凯恩斯主义和货币主义的看法是富有启发性的。凯恩斯主义采用了暗示着潜在问题(这是将消费和投资的资源进行适当的划分的问题——的总量水平,但是并没有允许正常的市场来解决这一问题。货币主义像大多数新古典主义一样,提高了总量水平,并且模糊了这一核心问题,因而将这一问题和其解决方法归入了微观经济学的领域。在凯恩斯主义和货币主义之前,奥地利学派就比以上任何一个学派更倾向于在较低的总量水平上研究,在这一总量水平中,这一问题和潜在可行的市场解决方法可能被看作是有关联的。

另外,这一换算方程可能被作为不同的思想学派的公分母。对于奥地利学派来说,在凯恩斯主义的文本中,投资量必须被分解,以便将生产阶段纳入分析之中。$Q_C$ 是消费产出,或者用门格尔的术语来说是第一等级的货物。在九个较早的阶段得到分配的投资被确定为从 $Q_2$ 到 $Q_{10}$。换算方程因此变成:

方程 9.3 $\quad MV = P(Q_C + Q_2 + Q_3 + Q_4 + Q_5 + Q_6 + Q_7 + Q_8 + Q_9 + Q_{10})$

正如在传统宏观经济学理论中 $Q_l$ 被看作"最终"产品一样,在方程 9.3 中,第二和更高等级的货物(从 $Q_2$ 到 $Q_{10}$)也被这样看待,以便保持换算方程的整一性。因此避免了重复计算,产出量的总和(在方程 9.2 和方程 9.3 中)等于总产出,并且同样等于总收入。但是,由于奥地利学派的总量分解,分析的焦点被放在 $Q_s$ 之间的相对运动和它们的总和之上。

486      在凯恩斯主义的图形中,似乎难以置信的是:储蓄的增加和相应的 $Q_C$ 上支出的减少可能导致 $Q_l$ 的增加。假如厂商不能出清当下的存货,那么他们就不可能有为扩大生产投入更多资源的积极性,因为那样会造成存货的进一步过剩。引申需求说认为:对生产能力的需求反映了对产出的需求,在奥地利学派的图形中,时间贴现的考量缓和了引申需求说。消费支出的下降是根据投资支出形式的变化描绘的,而不是绝对根据涵盖一切的投资量的变化来描绘的。为了这一消费支出下降的结果,生产的多重阶段包含了足够的自由度。关于市场如何可信地运转的描述能够和引申需求说相匹配,但是,正如奥地利学派所告诉我们的,这一描述是不受引申需求所支配的。这一分析运用了微观经济学方法和宏观经济学方法,并且正如早些时候指出的,其主角是企业家。

### 9.4.4 引申需求和时间贴现

储蓄的增加给经济社会发出了两个信号。假如跨期偏好的变化成功地转变为经济多阶段生产过程的相应变化,那么这两个信号就能发挥作用。产出价格的变化和利率的变化对各个生产阶段产生不同的影响。面对增加的储蓄,资源非反常的再配置主要取决于两个原则:引申需求的原则和时间贴现的原则。在这里值得注意的是:市场经济的储蓄-投资关系中被察觉到的反常性来自对第二个原则的潜在否定。假如引申需求是唯一发挥作用的原则，那么，随之而来的现象便微不足道：市场不能适应储蓄的增加。

储蓄的增加意味着对消费品当下需求的减少。（当然，对于储蓄和消费都增加的经济来说，我们必须考察相对增加率的变化。更快地增加储蓄意味着更慢地增加对消费品的需求。）对第一等级货物需求的增加——再次使用门格尔的术语——对第二等级货物的需求具有直接意义。对咖啡豆的需求和对咖啡的需求是一致的。门格尔的法则是普遍的。更为普遍的是，对投入的需求如果在时间上接近于消费品的产出，那么对第二等级货物的需求是引申需求。在严格的其他情况均相同的条件（这些条件没有带来利率变化）下，引申需求就是全部。

储蓄带来的更值得赞许的贷款条件是这一描述剩余部分的基础。较低的利率使商店能以更低廉的成本购进存货。这一供给条件的变化有多重要呢？在测定对第一等级货物和第二等级货物（咖啡和咖啡豆）的需求的相对变化时，时间贴现的效应较弱。咖啡豆的存货只维持了较短时间，结果是，时间贴现的效应——在这种情况下是下降了的存货成本——与引申需求的效应相比是微不足道的。对咖啡豆的需求几乎和对咖啡的需求差不多同比例下降。对于较高等级的货物来说，时间贴现效应是巨大的——而且越来越大。比方说以耐用资本设备的形式考虑一下一个第十等级的货物。有助于产品开发的检测设备和实验室装置就是很好的例子。更值得赞许的贷款条件能够轻易地创建或扩充这类设施。在较早的生产阶段上，时间贴现的效应可能超过引申需求的效应。

对时间贴现的考量使得资源进入较早的生产阶段。进一步而言，在测定较早阶段活动的收益率时，引申需求效应自身可能会扩展而非以补偿为限。企业家的要素以特殊的方式发挥着作用。人们普遍承认的相关的引申需求并非建立在当下对第一等级货物需求的基础上，而是建立在对某一未来时点的预期需求基础上。这一需求因为储蓄的积聚，有充分的理由得到加强。增加的储蓄不必被看作一种预示——对消费品的需求**永远**是下降的。相反，储户是为某物在储蓄。最好地预见消费者用他们增加的购买力采购何物的企业家将从支出的跨期变化中获利。

引申需求和时间贴现之间的相互关系说明了由储蓄增加带来的资源配置形式的变化。我们能得出这样的看法：这一说明使企业家承受了超过其承受能力的巨大负担。然而，在储蓄增加之前，企业家这些同样的技巧在维护跨期资本结构中已经发挥了作用。换句话说，甚至在缺乏跨期偏好变化的时候，整个经济中的市场条件在所有其他方面都是持续变化的——趣味的变化、技术的变化、资源有效性的变

487

化。企业家必须从较早阶段移向较晚阶段,持续地适应这些变化。储蓄的增加只是要求企业家采用同样的技巧——但是在边际值变化的信贷条件下。似乎更为合理的观点是:甚至在没有这样一些变化的时候,不能适应储蓄偏好的经济也最不可能维持一个差强人意的经济协调水平。

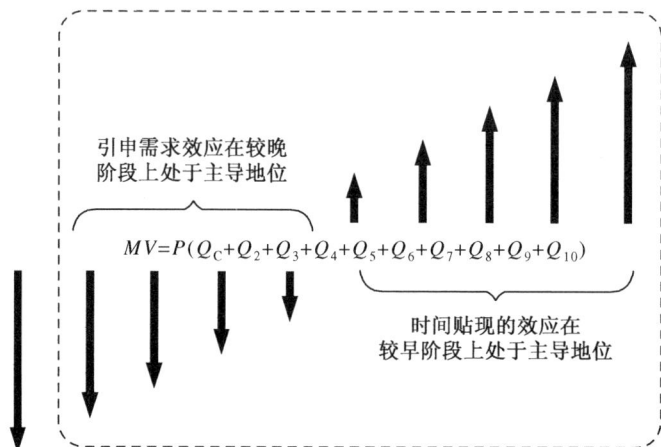

$$MV=P(Q_C+Q_2+Q_3+Q_4+Q_5+Q_6+Q_7+Q_8+Q_9+Q_{10})$$

引申需求效应在较晚阶段上处于主导地位

时间贴现的效应在较早阶段上处于主导地位

图9.4　时间贴现和引申需求

图9.4用分解成九个生产阶段的投资部分复制了换算方程。箭头所指为由储蓄增加带来的产出量变化的方向和相对数量。第一等级货物($Q_C$)产出的减少反映在第二到第五等级货物($Q_2$、$Q_3$、$Q_4$、$Q_5$)产出当中,也就是为了越来越高等级的货物,由时间贴现的效应所削弱的减少规模。从第六等级(在这幅图里)的货物开始,时间贴现弥补了引申需求的效应。在阶段六和早期生产阶段($Q_6$、$Q_7$、$Q_8$、$Q_9$和$Q_{10}$)的生产水平中出现了增长,时间贴现的效应主导着越来越高等级的货物。

增长了的储蓄释放了资源,资源以被更值得赞许的贷款条件所支配的形式被配置到生产的不同阶段。在图9.4中,我们将$Q_2$到$Q_{10}$聚集在一起,我们发现:当对消费品的当下需求下降时,全部的投资上升。与凯恩斯节俭的悖论相对,消费和投资可以在相反方向运动。对投资跨期形式的关注使得我们解决了这一悖论,并且显示了投资的变化是如何与储蓄行为的变化相一致的。对投资形式的整个忽视决定了哈耶克早期观点——"凯恩斯先生的总量消除了变化最基本的机制"。重要的是:这些基本机制是通过可贷资金的供求开始运行的。因为可贷资金理论——前凯恩斯主义者工具箱里的一件工具——正是凯恩斯尤其要放弃的理论。

## 9.5 可贷资金市场

可贷资金理论有着光荣的历史。许多年来,许多思想流派,根据"贷款"进行的抽象理论化就是一种认知方法,即供给和需求的机制支配着跨期的资源配置。通过集中于资源本身,而不是集中于让配置者(企业家)支配资源的任何特殊的金融手段,可贷资金理论的宏观经济涵义得到了极好的理解。

人们以十分多样的形式制造产出。他们以自己的收入用于消费支出,获取他们集体制造的大多数产出,但并非全部产出。不是这样花费的收入部分——也就是他们的储蓄——与当下未消费的产出部分形成牢固而全面的关系。这些未消耗的资源可能对提高经济的生产能力是适宜的。在一个市场经济当中存在着许多不同的金融工具(银行存款、存折账户、债券和股权),它们将对未消耗资源的支配转移给企业界。

概括地说,"可贷资金"指的是投资界支配未消耗资源的所有方法。进一步而言,就企业界未分配利润来说,支配必须包括留存收益。为了扩大公司自身的生产能力,公司放弃了留存收益的市场回报率,这是它可以通过金融部门获得的回报率。但是,对于宏观经济而言,可贷资金包括消费贷款。个人挣到的收入和个人花费在消费品上的收入——通过储蓄和消费贷款市场——不是可贷资金理论化的中心。

由于可贷资金被宽泛地限定于为实际投资融资的各种方法,因此,使这一市场达到均衡的相应利率必须在同样宽泛的条件下加以理解。重要的财经理论必须考虑到许多种利率,它们之间的差异来自风险、流动性和到期时间的不同。但是,要理解以资本为基础的宏观经济学的变量之间的基本关系(产出、消费、储蓄、投资,甚至资源配置的跨期形式),单利就已足够了。正如在以下小节所表明的,一些解释了不同利率之间变化的考量可能加剧了单利变化的效应,同时,其他一些考量可能改善了这些效应。但是,无论怎样,区分以资本为基础的宏观经济学和其他宏观经济学学派的根本差异,并没有以任何重要的或者优先的方式,取决于金融部门内部不同收益率的相对运动。

图 9.5 提供了对可贷资金市场的简单分析。在极大的程度上,可贷资金的供给来自当下收入的储蓄。在现实中,这就是未被消费的产出部分。对可贷资金的需求反映了企业界运用储蓄来支配未消耗资源的渴望。储蓄和投资这两个宏观经

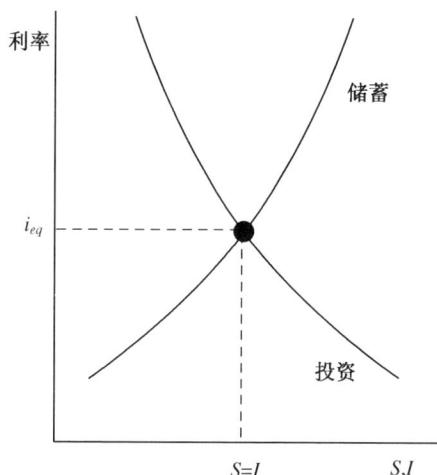

图 9.5 可贷资金市场

济上相关的数量从定义上说并不相同,而是在宽泛构想的利率中,通过均衡运动被带入平衡当中。

突出这一方式的对可贷资金的需求和供给,只提出了这样的观点:在市场经济中,利率是基本的机制,跨期协调通过这一机制得以实现。简单地说,利率配置着各期资源。无需要求马歇尔的机制像比林斯格特(过去英国伦敦的一个鱼市场)的鱼的供求变化一样快捷。因为时间的因素和可贷资金市场的跨期范围中的内在不确定性,利率的信号可能需要解释。

491 　　如果收入既没有花费在消费上,也没有作为可贷资金提供出来,将会怎样呢?也就是说,假如人们——出乎意料地,并且以整个经济为基础——喜欢增加他们的手持现金,将会怎样呢?对手持现金增加的需求在未消费的收入的意义上构成了储蓄,但是在供给可贷资金的意义上没有构成储蓄。凯恩斯革命的一个重要结果就是提高对流动性偏好的考量,而贬低对跨期偏好的考量。利率被认为是由对货币需求的变化决定的。甚至在货币主义反革命的贡献中,利率位于换算方程的左侧——作为参数影响着对货币的需求,而不位于右侧,作为总产出内部的关键配量机制。(就是因为这一将利率置于左侧的做法,米尔顿·弗里德曼对货币数量论的重新阐述被一些学者认为是凯恩斯传统的贡献;见 Carrison,1992。)

图 9.5 所描绘的对可贷资金市场的关注反映了奥地利学派的观点:尽管利率从货币主义的换算方程来看是隐蔽的,但是,它本质上是一个右侧变量。与储蓄行为相一致,市场经济中利率的主要作用是配置可供投资的资源。这没有否认作为

货币需求的次要决定因素或者作为储蓄行为的短期结果,利率有时会在换算方程的左侧发挥作用。尽管如此,货币主义和凯恩斯主义所关心的东西在奥地利学派的观点中是次要的。货币需求外生的变化很少是一个宏观经济瓦解的原因。(在这里,奥地利学派与货币主义者是一致的。)流动性偏好偶发的明显变化更有可能是整个经济跨期协调失败的结果,而不是它的原因。(在这里,甚至凯恩斯都同意,在经济周期的背景中,对流动性的争夺是一个次要的现象。他对"流动性崇拜"的关注——在奥地利学派的观点中根本没有的关注——在长期失业的背景下清楚地表述出来。)

图 9.5(可贷资金市场)和图 9.1(哈耶克的三角形)讲述了同样的事情,但是处于两个不同的总量层面上。图 9.1 显示了这些资源是如何在整个不同的阶段中得到配置的。利率的变化,比方说,由储蓄增加带来的利率下降,具有能够在这两幅图里被描绘的系统结果。利率控制着投资资源的数量和这些资源配置的一般形式。可贷资金供给向右移动会使市场沿着需求曲线移动,以利率的下降来体现可供投资资源的增加。同时,减少的利率将使投资于较早阶段的行为更具竞争力。适宜于长期计划扩张的资源部分来自未消耗资源的全面增长,部分来自晚期阶段行为的资源转移,在那里,较低的投资需求反映了对当下和近期产出的较低需求。

增加的储蓄对总量水平的影响清楚地表现在图 9.4 中,暗含在图 9.5 中。在连续阶段产出水平的方向和数量上,资源配置形式的变化被描绘为系统的变化。未消耗资源的增加表现为第一等级货物产出的减少,同时也表现为第二到第十等级货物的相应增加。所有这一切反映在可贷资金供给的右移上:更多的未消耗资源正在按更低的利率分配。

这一讨论缺乏对总体资源约束的明确认同。稀缺性暗含在以下的观点中:在给定的时间里,在图 9.3 和图 9.4 中描绘的产出量此消彼长,运动方向完全相反。较早阶段的活动以当下消费和晚期活动为代价,处于扩张状态。生产可能性边界的导入可能使总体资源约束明晰起来,这一边际使得消费和投资明显区别开来。前者作为哈耶克三角形的垂直边得到描绘;后者的轨迹与可贷资金图的横轴一致。充分就业的经济可以被描述成在其生产可能性边界进行生产的经济。

## 9.6 充分就业和生产可能性边界

在充分就业的概念中,总体资源约束的存在是内在的。充分就业的经济是供给方的约束有效的经济。劳动力的充分就业和生产的其他要素给我们带来了充分就业的产出和充分就业的收入。这被宏观经济思想的所有流派所接受。但是,是什么在宏观经济的相关意义上构成了失业?我们从传统定义的范畴(这些范畴涉及失业摩擦的、结构的和周期的成分)能够了解什么呢?就是这些议题将奥地利学派与其他学派区别开来。

对于凯恩斯来说,失业根据"现行的工资"判定,在经济未遭受宏观经济混乱期间,这一工资就出现了。按凯恩斯的思维方式,在接下来的时期,宏观经济的实际状态是通过现行工资基础上劳动力的需求量和可供选择的劳动力的供给量之间的关系确定的。假如这两个量(需求和供应)是相同的,那么劳动力(连同所有其他资源一道)就是充分就业的。假如——在不太有利的市场条件下——在过去建立起来的现行工资基础上,相对于可供选择的供给量,需求量不足的话,那么,这一差异就是周期性失业的尺度。

493

凯恩斯观点的核心是这样一种思想:甚至在决定现存工资的市场条件已经消失之后,现存工资依然得以保持。就是在这一背景下,凯恩斯使用了"非自愿失业"这一术语,非自愿性来自"工人是资本主义制度牺牲品"的思想(Keynes,1936,p.15)。这一制度没有考虑对工资的总体水平进行某种统一的调整。非自愿性失业通常指的是周期性失业。在此,我们应该承认凯恩斯的信念——尽管现代凯恩斯主义者没有就此达成共识——持续的非自愿变化的周期性失业是市场体制的固有属性。

在缺乏非自愿失业的情况下,也就是甚至在经济不处于衰退的情况下,凯恩斯和现代凯恩斯主义者也考虑到了某种失业。在健康的经济中,失业者构成了依然没有接受工作价格的新劳动力,以及处于各种工作之间的劳动力。现代教科书通常在摩擦性失业和结构性失业之间作出区别。前者只是意味着在市场经济中,工作的申请者和工作的机会不能快速匹配;后者意味着申请者和机会之间严重的不匹配,例如需要昂贵的再培训和重新定位。

尽管摩擦性失业和结构性失业有本质区别,但是,这一失业分类法的最终目的是明确区分失业的成分和剩余的成分,后者是经济违反其总的、宏观的相关供给方约束的尺度。犹如经验方法所显示的,摩擦性-结构性失业率可能占劳动力的5%—6%。因此,市场经济测定的失业率假定为8%,这就表明市场处于衰退当中,并且测定的失业周期性成分——也就是归因于衰退状况的失业——为2%—3%。

对失业众所周知的分类(摩擦性失业、结构性失业和周期性失业)在这里清楚地说明了奥地利学派对失业的判断和这一更为传统的判断之间的区别。以资本为基础的宏观经济学突出了生产的跨期结构。并且,正如在下面的 9.10 节所看到的,经济周期带来了各个生产阶段结构的扭曲、劳动力和其他资源的误置。因此,周期性失业——或者至少是周期性失业基本的部分——是特殊情形的结构性失业。奥地利学派离开了传统,他们认为结构性失业和周期性失业不是相互排斥的范畴。

对自然失业率货币主义观点的考量显示了奥地利学派对失业水平的判断——以及通常对资源约束的判断——的第二个特点(见第四章)。货币主义者不是强调如上面讨论的失业的不同范畴,而是对"自然地"存在于健康状态的市场经济中的失业率和超出自然的失业率作出了明确的区分。(米尔顿·弗里德曼发明了"自然失业率"这个术语以强调它与"自然利率"的亲缘关系,瑞典经济学家威克塞尔引入了相似的定义性术语;见 Leijonhufvud,1981)。在这里,货币主义和凯恩斯主义的区别在于术语,而非本质区别。自然失业率在 5%—6%之间。一个经历着自然失业率的经济就是充分就业的(见 Dixon,1995)。

与这一判断一致,经历着自然失业率的经济可能处于生产可能性边界。这一边际可能会给任一方向的偏离留有余地。也就是说,衰退中的经济由它边际内的一个点所体现,过热的经济——在其中,失业率被暂时推到自然率之下——由它边际外的一个点所体现。这只是表明边际自身被限定在产出持续水平的范围内,而不是在产出某一短期最大化的水平范围内。

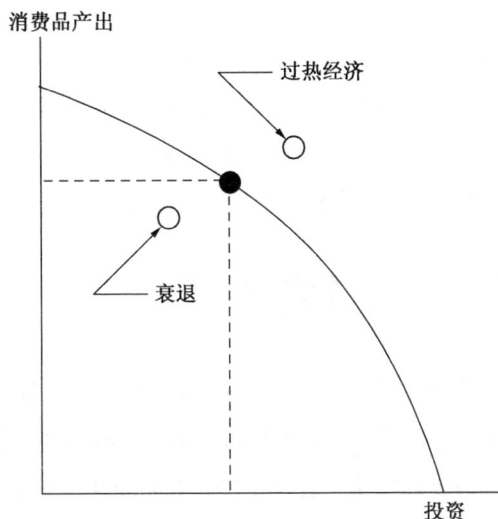

图 9.6　生产可能性边界

图 9.6 根据消费品产出和投资的连续结合,描绘了私有经济产出的可能性边界。这一经济经历了充分就业,它的失业率没有超出 5%—6%。纵轴显示了消费品的轨迹,采取的方式符合哈耶克三角形垂直边体现的最后阶段的产出。横轴描绘了总投资的轨迹。因此,假如资本的贬值正好和总投资相等,经济就没有经历增长。通常,贬值低于总投资,经济享有正的增长率,边界逐期向外扩张。在一个不太可能的案例中,由于没有贬值,总投资下降,当然,经济处于衰退状态,边界逐期向内移动。

作为其关键的特点之一,以资本为基础的宏观经济学考虑到**沿着**某个边界运动,以回应跨期偏好的变化。顺时针的运动显示了为了追加投资而损失的当下消费。消费品产出的初始降低最终得到了补偿,并且当边界自身向外加速移动时,就不只是补偿了。消费品产出的时间路径就是在图 9.2 中所描绘的路径。逆时针运动表明了相反方向的损失。消费产出初始的增长承担了经济增长率的减少以及可能是负增长率的成本。

值得注意的是,正如在第 9.9 节和第 9.11 节中所显示的,这些可能的顺时针和逆时针的运动是被凯恩斯理论的结构排除在外的运动类型;并且由于表现换算方程特点的总量水平,这类运动也被货币主义者所忽视。奥地利学派理论的主要关注点是考虑到这类运动的市场机制,以及导致这些机制瓦解的政策行为。宏观经济健康状态承担着超出 5%—6% 范围的失业率。它也承担着与跨期偏好一致的增长率。

对以资本为基础的宏观经济学关键关系有三个明显区别但又相互加强的观点,这些观点是由生产可能性边界、可贷资金市场和哈耶克三角形所提供的。在下一节中,这三个共同构成以资本为基础的宏观经济框架的成分,为奥地利学派有关储蓄和增长的观点,以及奥地利学派的经济周期理论提供了一个坚实的基础。

## 9.7 以资本为基础的宏观经济框架

上面讨论的三个成分在图 9.7 中融为一体,描绘了充分就业的宏观经济的跨期均衡。充分就业是由处于其生产可能性边界的这一经济的轨迹显示出来的。可贷资金市场是由这一边界的特定位置决定的。在可贷资金市场,利率反映了市场参与者的储蓄偏好。哈耶克三角形中最终生产阶段的产出提供了相应的消费偏好。以投资资金成本为基础,资源在生产的各个阶段得到配置,这样,实际部门的

收益率(正如在直角三角形斜边的斜率中反映出来的)相当于金融部门的回报率
(正如可贷资金市场的市场出清利率所描绘的)。图9.7和下面的几幅图来自加里
森(Garrison,2001)的著作。

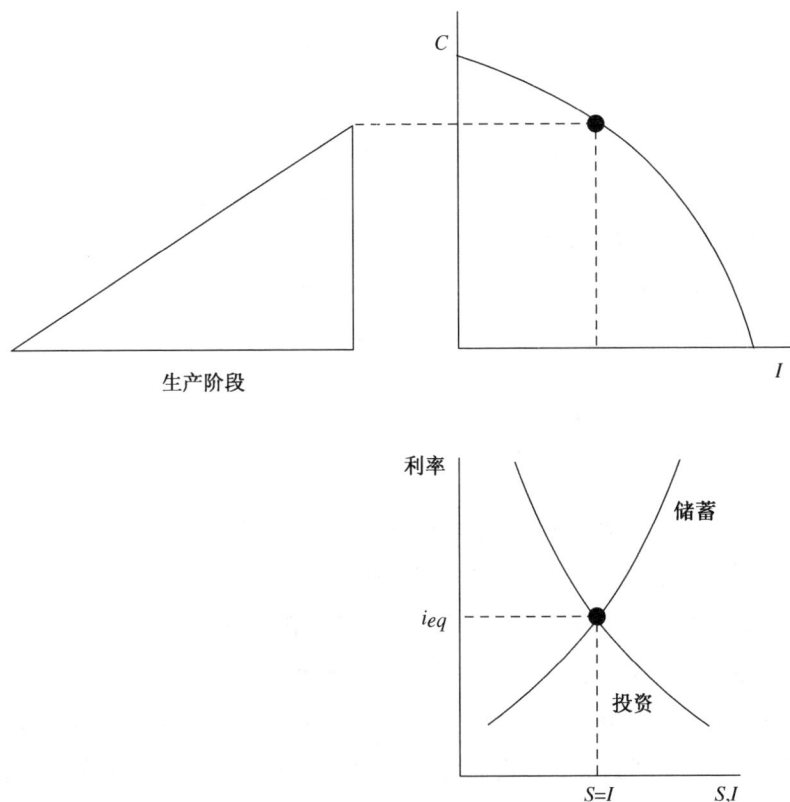

图9.7 以资本为基础的宏观经济框架

对于刚刚描绘的处于宏观经济均衡状态的经济来说,(实际部门和金融部门)
收益率可以被概括为"自然利率"。参数的变化——诸如储蓄倾向的变化——能够
改变这一自然率。例如,储蓄偏好的增加将引起市场出清的利率降低,同时三角形
斜边的斜率更平缓。以资本为基础的宏观经济学的框架被用来显示(1) 资本力量
是如何建立新的自然率以符合某一参数的变化的,(2) 经济是如何对旨在维护金
融部门利率——而这一利率与自然率并非一致,通常低于自然率——的政策作出
反应。这些涉及宏观经济学其他问题的分析的运用——诸如赤字财政和税收改
革——被加里森的著作(Garrison,2001)所论证;科克伦在其著作(Cochran,2001)
中对奥地利学派经济周期理论提出了一些扩展。

在其最简单的解释中,图 9.7 描绘了状态稳定、没有增长的经济。这里不存在净投资。在可贷资金市场中显示出来的储蓄和投资的正水平正好足以弥补资本的贬值。随着资本品的贬值并被替代,哈耶克三角形在规模和形状两方面都会变化。这一情形与图 9.2 中初始两个时期相对应。通常的情形是,假如投资超过资本贬值,经济会出现全方位的长期增长。生产的可能性边界向外移动,对可贷资金的供给和需求向右移动,哈耶克的三角形在规模上发生了变化,但是形状没变——或者至少是不必要的。这一情形对应于图 9.2 最后的几个阶段。应该注意到,未改变哈耶克三角形形状的长期增长的变化预示了可贷资金的供给和需求向右移动的幅度相同,利率保持不变。我们通常认为由经济增长带来收入和财富的增加,同时横轴上的时间跨度会增大,储蓄倾向上升。对上升的储蓄倾向加以分析时,总是要考虑到利率的降低,以及哈耶克三角形形状和规模的变化。

## 9.8 储蓄引起的资本重构

假定在一个没有增长的经济系统和自然利率为均衡利率($i_{eq}$)的环境中,人们变得更加节俭。增加的储蓄在图 9.8 中表现为可贷资金供给向右移动(从 $S$ 到 $S'$)。由此导致利率下调的压力,可贷资金市场回到了均衡状态,利率从均衡利率($i_{eq}$)到新的的均衡利率($i'_{eq}$)。借贷成本的下降刺激工商界扩张投资。当然,储蓄的增加意味着消费的减少。但是,减少了的消费通过增加的投资得到补偿,让经济保持在其生产的可能性边界。在投资增加的方向,沿着这一边界的顺时针运动与假定的跨期偏好变化是一致的。

哈耶克三角形中对应的变化是直接的。当下减少了的对消费品产出的需求(它压制了投资)伴随着降低了的借贷成本(它刺激了投资)。根据"引申需求"和"时间贴现",这些市场条件中的变化效应在第 9.4.4 节得到了讨论。引申需求效应主导了较晚阶段;时间贴现的效应主导了较早阶段。投入价格在较晚阶段降低(反映了对当下和近期产出的低需求),在较早阶段上升(反映了低借贷成本)。相对价格的变化将资源由较晚阶段吸出,并将它们注入较早阶段。进一步说,从时间上看,与从前相比,生产阶段离最终的消费更远了。借助于较低的借贷成本,这些阶段将具有引人注目的收益。由于缺乏储蓄偏好或者任何其他数据的进一步变化,新的跨期均衡将实际部门(含所有阶段)的收益率,这一收益率和金融部门的低收益率相匹配。资源再配置的一般形式被描绘为三角形斜边更平缓的斜率。

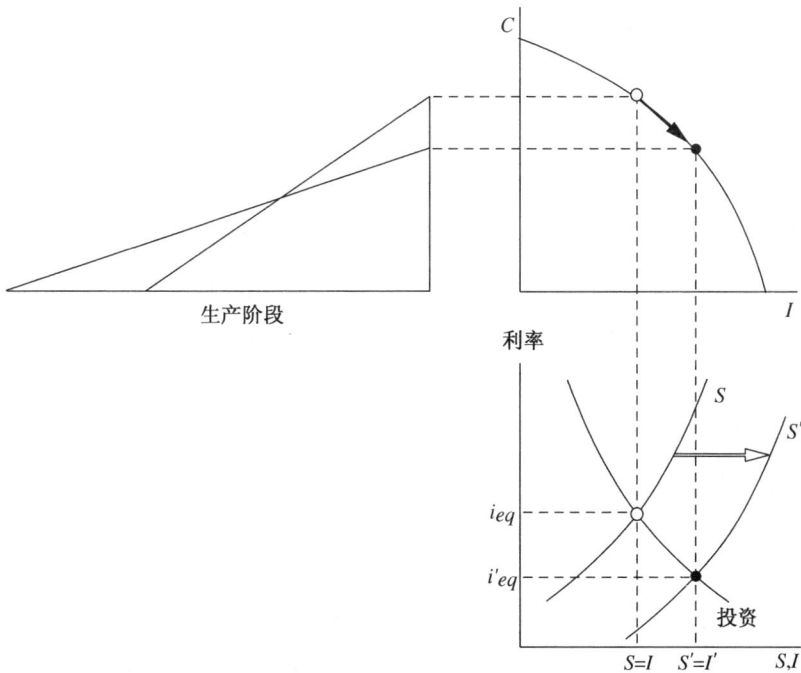

图 9.8　储蓄引起的经济增长

在根据更为具体的条件讨论储蓄引起的再配置性质时,相关的差异不是劳动力和资本之间的差异,而是(相对而言)非特定的两类资源和(相对而言)特定的两类资源之间的差异。非特定的资本——诸如用于零售市场和研究机构房屋的建筑材料——来自相对较晚的生产阶段,并进入较早的生产阶段,以回应较小的价格差异。特定的资本——诸如采矿设备或者娱乐设施——可能获得资本收益(在第一种场合)或者遭遇资本损失(在第二种场合)。同样,非特定劳动力向较早阶段流动,以回应小的工资等级的差异,同时,与特定阶段结合的工人可能会经历增加的——或者减少了的——工资等级。需要注意的是:根据相对价格和相对工资的变化而在各个生产阶段之间配置资源,与将工资率理论化是格格不入的。

一旦资本的重构是完全的,并且储蓄引起的初始投资通过生产的各个阶段得以实现,消费品产出就会增加,最终超越体现了初始无增长的经济特色的产出。假如我们理解了引起资本重构的储蓄不是消费持久的降低,而是未来消费增加的需求,那么我们会发现,这些再配置与引发它们的偏好变化是一致的。我们进一步发现,沿着生产可能性边界顺时针运动——边界随后向外扩张——描绘出的时间上的消费形式,与图9.2所描绘的形式完全一致。借助对近期消费的放弃,人们的储蓄行为让经济完成了从无增长的经济到长期增长的经济的转移。

有两个条件将有助于审视市场对储蓄增加的反应这一解释。首先,对初始无增长的经济的假定纯粹是为了教学的目的作出的。在这一背景下,由储蓄增加带来的变化独立于所有其他正在发生的变化——比如与长期增长相关的变化。对投入的需求在一些阶段下降,在另一些阶段上升。一些阶段失去了资源;一些阶段得到了资源。但是,实际上,在有着正在发生的长期增长的地方,这些同样相关的效应不是根据绝对的减少和增加来表示的,而是根据相对慢的增长率和相对快的增长率来表示的。市场只是在做与储蓄增加之前一样的事情——除了它是在适度消费需求的条件下和更有利的贷款条件下从事这些事情之外。正如早些时候所提出的,市场能够使自身适应储蓄增加的可能性等同于这样的可能性:市场能够在长期增长的期间运作良好。

第二,同时也是相关的,在图 9.8 显示的可贷资金供给中所发生的基本的、一次性的变化并不意味着储蓄行为有时是明显地改变可贷资金的。像采用无增长的假定一样,假设一个明显的变化有助于纯粹的教学目的。在讲授供给的基础知识时,教授们在黑板上勾出了相当大的变化曲线,以便后排的学生们能看到它。这里并没有暗示:储蓄偏好的实际变化往往是强烈的变化,或者储蓄在某种意义上是不稳定的。恰恰相反,借助于资本结构的复杂性,以及使得其自身和储蓄偏好相一致的市场机制的性质,情况应该是:甚至储蓄偏好微小和逐步的改变也要与资源在生产各个阶段中的恰当移动相一致。正如在微观经济学当中一样,奥地利学派的宏观经济学是研究参数变化引起的边际调整的。

因为资本结构明显的时间因素,任何跨期的错误配置可能产生累积效应。要避免这一错误的配置,需要以利率来揭示跨期偏好的真相。虚假利率的严重后果(累积的跨期错误配置之后是危机)是第 9.10 节的主题,但是,在第 9.9 节中,我们将在以资本为基础的框架的背景中,考察凯恩斯关于储蓄增加的观点。

## 9.9 凯恩斯节俭悖论再探

将奥地利学派对储蓄增加和随后出现的市场调整的论述,同凯恩斯对这些问题的论述加以比较是有益的。这里存在着两个重要的差异。首先,在对储蓄偏好变化作任何深入的分析之前,凯恩斯就认为这样的变化不可能发生。第二,根据他的设想,节俭的任何增加——这样的偏好变化实际上应该会发生——对于经济具有不良的后果。

根据凯恩斯的理论,储蓄是一种剩余,是人们在进行消费支出——它仅仅(或者主要)依赖于收入——之后留存下来的东西。在凯恩斯主义的框架中,利率对储蓄行为没有影响(或者其影响可以忽略)。因此,对储蓄偏好变化的深入分析在很大程度上没有得到提倡。凯恩斯对利率的分析是根据对货币供求(也就是现金余额),而不是根据对可贷资金的供求进行的。就凯恩斯涉及可贷资金来说——或者更为明确地来说是投资资金——他的关注点是可贷资金市场的另一面。根据他的观点,因为投资决策的内在不稳定性,对投资资金的需求容易发生明显的变化。对凯恩斯主义和奥地利学派两种经济周期理论的比较——凯恩斯主义理论突出了投资需求的崩溃——将成为第9.11节的主题。

凯恩斯认为储蓄行为并不容易发生变化,伴随着这一观点的是某种程度的解脱:这是一个事实。他认为储蓄的增加使得经济步入了衰退。这就是凯恩斯著名的"节俭的悖论"。假如人们试图从给定的收入中更多地储蓄,那么他们将发现自己的储蓄并不多于以前,而只是从减少的收入中储蓄不变的数额。也就是说,在他们努力增加其储蓄率即 $S/Y$ 的时候(通过增加这一比率的分子),他们建立了运行中的市场进程,这一进程通过减少分母增加了储蓄率。产生了与奥地利学派的预想完全不同的结果的市场进程的本质是什么?总之,在凯恩斯的转化中,奥地利学派有关引申需求和时间贴现的描述成了只与引申需求有关的描述。

凯恩斯预想的市场调整可能富有启迪地被描绘为图 9.8 所示的增加的储蓄可供选择的结果。在图 9.9 中,人们假定充分就业为初始状态。但是,根据凯恩斯的想法,可贷资金市场是由相对无弹性的储蓄和投资计划引发的。初始储蓄计划被标注为 $S(Y_0)$,表示人们正在从收入的初始水平 $Y_0$ 中储蓄。正如奥地利学派的描述中一样,我们通过可贷资金供给的右移——从 $S(Y_0)$ 移动到 $S'(Y_0)$ ——表明了节俭的增加。正如过去一样,这里有一个对利率的向下压力。但是,在凯恩斯的理论中,在其他的方面恢复储蓄和投资均衡关系的市场进程被占据主导地位的收入效应打断。更多的储蓄意味着更少的消费支出。更少的消费支出对销售这些消费品的人来说意味着更低的收入。这也意味着对用于生产消费品的投入的需求减少,即通常所说的要素市场需求的减少。

当支出和收入轮番下降时,经济螺旋下降。随着收入的减少,储蓄也减少了。当这一进程结束的时候,储蓄计划从 $S'(Y_0)$ 向左移动 $S'(Y_1)$ 移动,在这里,$Y_1 <$ $Y_0$。负收入效应完全抵消了正增加的节俭效应。储蓄和投资与偏好变化之前相

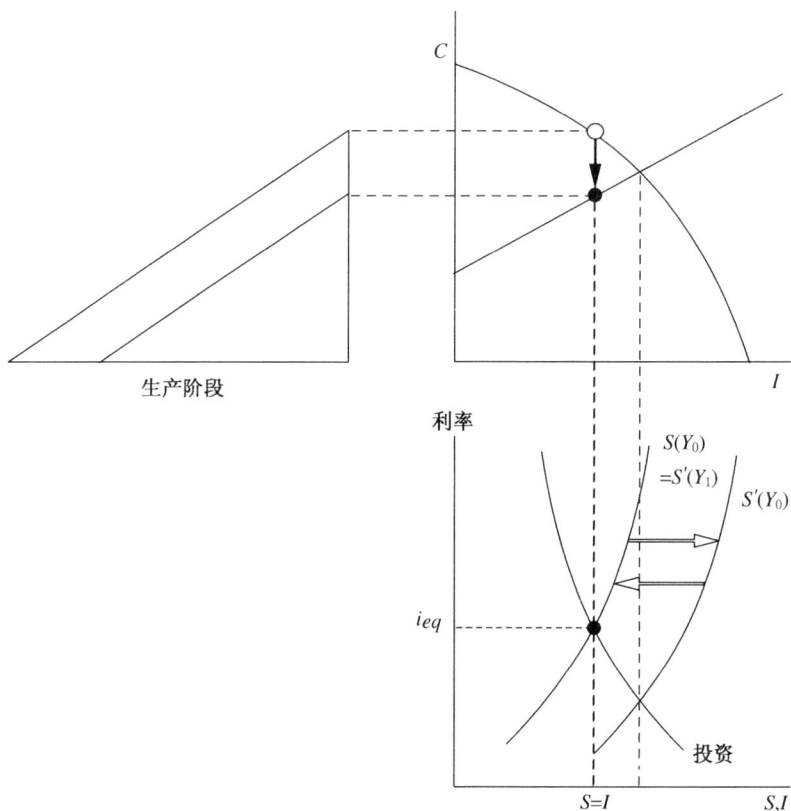

图 9.9　储蓄导致的经济衰退

同。但是,随着消费支出的减少,消费支出没有变化——肯定是没有增加,经济在生产可能性边界以内下降。(在图 9.9 中,与边界相交的向上倾斜的曲线表明:节俭压制的经济的消费水平低于在充分就业没有出现失误时能获得的跨期协调之中的消费水平,这一向上倾斜的"需求约束"的参数将在 9.11 节中得到确认。)

　　哈耶克的三角形在规模上发生变化,但是在形状上没有变化。注意:即使凯恩斯考虑到资本结构内的资源配置是靠利率的变化实现的,但是,节俭导致的再配置是不会发生的——因为(来自只能构成反常的流动性偏好的可能变化的)利率没有变化。

　　为了使增加的节俭所产生的后果具有独立性,人们假定:投资支出不会发生变化。但是,假如衰退的环境在工商界抑制了利润的预期,那么,投资支出就会下降,同时加剧由增加的节俭引发的问题。

　　节俭增加而引发的矛盾——和反常——后果被凯恩斯视为市场不可避免的结

果。按照他的话来说,"通过减少消费而更多地进行储蓄的每一个尝试,将影响收入,以致这一尝试将搬起石头砸自己的脚。"(Keynes,1936,p.84)经济完全不能沿着自己的生产可能性边界向前运动,在这一方向推进的储户将使经济陷入衰退之中。总之,凯恩斯的节俭悖论否认了市场经济在面对变化的储蓄偏好的时候,有能力实现和保持跨期均衡。资本结构中资源配置的相对变化不是这一描述的一部分。另外,当哈耶克评论道"凯恩斯先生的总量消除了变化最基本的机制"(Hayek,1931)的时候,对所有这样的结构变化的全面忽视是哈耶克所想的东西。

## 9.10 奥地利学派的经济周期理论

以上两节展示了奥地利学派和凯恩斯主义之间的显著差异。它们体现了储蓄的增加是如何使得经济沿着自身的可能性边界运动的,同时奥地利学派考虑到了一个经济系统的经济增长率的增加,而凯恩斯主义则考虑到储蓄的增加必然使经济超出其边界,进入衰退。简单地说,根据一种观点,市场发挥着功能;根据另一种观点,则不能发挥功能。

对于奥地利学派来说,市场的功能不是自明的。不存在这样的主张:市场始终只受到潜在的经济现实的引导——无论怎样的制度安排,也无论推行什么样的经济政策。事实上,奥地利学派的经济周期理论是一种有关政策导致的对经济产出可能性边界的偏离的理论——最初朝一个方向,然后朝另一个方向。

504

对于凯恩斯来说,增加的储蓄导致了衰退。然而这一主张并没有将他的节俭悖论变为过度储蓄的衰退理论。正如已经指出的,凯恩斯相信储蓄偏好不可能发生变化。根据他的观点,导致衰退的变化几乎一直是可贷资金市场需求方的自发变化。

凯恩斯和哈耶克都对双方解释衰退的努力持批评态度,但是他们对双方著作的评价产生的不是理性,而是激情,因此,没有形成不同观点的仔细比较。尽管20世纪后75年一直对凯恩斯的著作进行解释、再解释和再构建,但是,有益的是将(这一节和下一节)奥地利学派的观点和(最初的)凯恩斯主义的观点加以比较,这些观点涉及经济周期的性质和原因(见 Garrison,1989,1991,2002)。

根据奥地利学派的观点,市场有能力以市场决定的(自然)利率为基础,遵照跨期偏好来配置资源。那么,接下来的推论是:从根本上受到超市场力量影响的利率将会导致资源跨期不当配置。后一个主张是奥地利学派经济周期理论的本质。

对经济生产可能性边界的偏离的周期性质来自市场经济自我矫正的特性。紧随不当配置的是再次配置。注意：市场没有被判定为如此有效率，以至从一开始就能阻止所有政策导致的不当配置。正如哈耶克教导我们的，除非是以市场信号传递的信息——包括利率，它是重要的——为基础，否则市场不可能依照"实际要素"（消费者偏好、技术的可能性、资源的有效性）来配置资源（Hayek，1945）。正是利率的运动，以及投入价和产出价的对应运动给工商界提供了线索，让它们知道什么是实际要素，它们可能是如何变化的。

奥地利学派的经济周期理论是繁荣和萧条的理论，尤其关注引发繁荣的超市场的力量，以及将繁荣变为萧条的市场自身的矫正力量。我们已经发现增加的储蓄降低了利率，同时引起了真正的繁荣，在这种繁荣中不要求自我矫正。经济只是以更快的速率增长。相反，被扭曲的利率模仿了一个真正繁荣的市场条件，但是它并没有必需的储蓄相伴随，因此它引发了人为的繁荣。这一人为性最终由市场对不充分储蓄条件下以未来为导向的生产活动的反应显示出来。

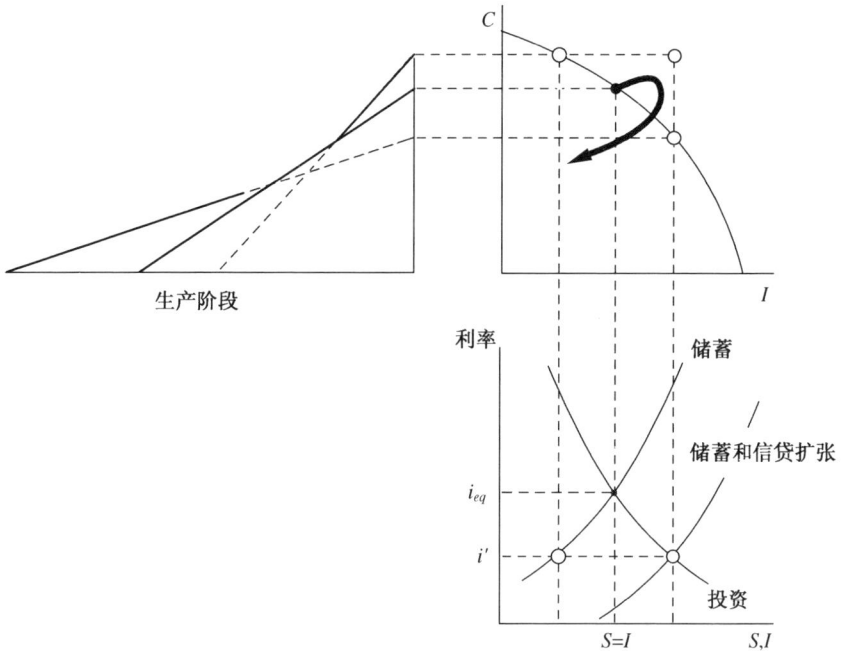

图 9.10 政策导致的繁荣和萧条

如图所示，对繁荣和萧条的分析开始于假定的处于跨期均衡中的无增长的经济。最初的（市场决定的）利率（图 9.10 中的 $i_{eq}$）也就是自然利率。人为的繁荣是由整个信贷市场新的货币的注入引发的。中央银行采用的目标利率低于在其他情况下应该存在的利率。它的实际预算利率受比该图显现的宽泛构想的市场利率严格许多的条件限定。中央银行通过采用新创造的贷款来增加可贷资金的供给，以实现目标利率。联邦储备委员会的开放市场委员会买入足够的债券以便使得联邦基金利率下降到选定的目标上来。随着这一行动的展开，市场利率通常会降至相同的水平。当然，有些利率反应速度更快。长期利率往往不像短期利率那样下降，这一事实减轻了（但不可能消除）信贷扩张的一般效应。进一步而言，这些一般效应与联邦储备委员会使用何种货币政策工具无关。通过贴现率（现在被称为一级信用利率）的降低或者通过降低存款准备金率带来的信贷扩张可以用同样的方式描述出来。所有制度上明晰的货币手段在宏观经济学的意义上是相等的：它们是使货币得以存在并对利率实施影响的手段。

图 9.10 中所描绘的中央银行的信贷扩张是与图 9.8 中所描绘的储蓄供给的实际变化相对应的。不是储蓄导致扩张的情形引起新的均衡利率和相应的储蓄和投资平衡，而是信贷扩张在低于自然率的水平上制造了双重失衡。储户储蓄更少，而借贷者借贷更多。注意：假如利率上限的强制执行导致了低利率，情况就不同了。由于有法定的上限，借贷就受储蓄的限制。供给和需求之间利率上限的水平距离体现了对信贷的受挫需求。只要利率上限是强制的，那么信贷的短缺就会即刻明显起来，并持续下去。

信贷扩张掩盖了扩张之前的信贷短缺。储蓄的供给和信贷需求之间的水平距离不是受挫需求，而是由中央银行注入的新信贷注入所创造的需求。它代表了不是由真正的储蓄导致的借贷和投资。当然，在最终的分析中，实际的投资不可能超过实际未消费的产出。说信贷的扩大掩盖了短缺并不意味着它消除了储蓄和投资之间的矛盾。它只是掩盖了问题，而且只是暂时地掩盖了。总之，我们发现，用新创造出来的货币来充实可贷资金会导致储蓄和投资之间的巨变。这一充实的即时效应（被掩盖的）是：(1)没有信贷的短缺；(2)经济繁荣，(被掩盖的)内在问题是储蓄和投资的不匹配；(3)衰退，它是对这一问题最终但也不可避免的解决。（但是，由于这一总结性的推断，我们已经超出了讨论范围。）

正如可贷资金市场所对应的部分，它的双重失衡在生产可能性边界有两个极限点。储蓄少意味着消费多。但是，由于虚假利率，消费者和投资者陷入了激烈竞争之中。鉴于低利率或者储蓄的低回报，假如消费者的选择获胜，经济就会沿着边界朝消费者的极限点逆时针运动。同样，假如由于人为的廉价信贷，投资者的决策

507 就会得胜,经济就会沿着边界朝投资者的极限点顺时针运动。当然,这一战争参与者的任何一方均没有完全胜利。但是,无论消费者的选择还是投资者的决策都具有单独的和矛盾的实际结果。从图表的角度来看,参与者在直角上相互拉动——消费者朝着更多消费的方向向上拉动,投资者朝着更多投资的方向向右拉动。它们的综合效应是在由两个极限点限定的"可能的"失衡点的方向,超边界的经济运动。

在根据产出的可持续性水平定义生产的可能性边界之后,我们能够考虑到经济超边界的运动——但是仅仅在临时的基础上。人们被大量地引入劳动力市场,而这一数量是不可能无限持续的。由于非同寻常的有利的劳动市场条件,家庭的多余成员可能找到了工作。一些工人可能超时工作。其他一些则可能推迟退休或者放弃休假。中断生产行为的例行检查可能被延迟。这样出现了许多繁荣的因素,这些因素使得经济的生产超出了生产可能性边界。但是,增大的束缚性实际资源约束将抑制经济,使它实际上达不到可能的失衡点——因此这是一点"可能的"性质。一旦我们考虑到经济的生产结构中的相应变化,由经济描绘出的这一路径一般的性质——顺时针旋转——将变得明显起来。

可贷资金市场的储蓄和投资之间被推动的巨变,以及使得经济超出其生产可能性边界的竞争,都在作为冲突的三角形的经济资本结构中得到了暴露。在储蓄导致的资本重构的情形中,引申需求的效应和时间贴现的效应一并发生作用,朝着较早的阶段再配置资源——哈耶克的三角形描述了再配置。在信贷扩张的情形中,这两个效应发挥着相反的作用。时间贴现的效应在较早阶段最强,它将资源吸引到长期项目中。低利率刺激了耐久的资本品、产品研发和其他远期最终支付行为的产生。在奥地利学派的文献中,向长期项目的过度配置被称为"坏的投资"。引申需求效应在较晚阶段最强,它将资源吸引到相反方向以满足对消费品需求的增加。哈耶克的三角形被从两端拉向中间。根据较早阶段"总供给矢量"和较晚阶段"总需求矢量",斯库森确认了同样的内部冲突(Skousen,1990)。

508 在繁荣时期,各个阶段当中资源的再配置受到绝对条件和相对条件的影响。正如上面提到的,经济一般按照不可能无限维持下去的产出水平生产。在总体产出水平比较高的同时,产出的形式在两个方向受到扭曲,一个朝向较早的阶段,一个朝向最晚的阶段。中间阶段经历了相对的下降,包括一些绝对下降。尽管人们从哈耶克[Hayek,1967(1935)]和米塞斯[Mises,1953(1912),1966]那里发现了这一繁荣的性质,但是,在以资本为基础的宏观经济学的这些早期发展所提供的选择性解释中,依然存在着理论(术语上和实质上)的差异(Garrison,2004)。

理查德·施特里格尔的写作没有参考哈耶克的三角形,但他也提供了与上述一致的对繁荣和萧条的说明[Strigl,2000(1934)]。根据他的说明,生产行为被分解为三个宽泛的范畴:当下消费品的生产(晚期阶段)、资本的维持(中期阶段)和新的冒险(早期阶段)。政策导致的繁荣状况往往以牺牲资本维持为代价,支持当下的生产和新的投机。这一经济氛围有"机不可失、时不再来"的特征,经济似乎以繁荣和快速增长为特征。但是,现存资本的维持不足(对中期阶段的配置不足)将政策导致的繁荣同真正的、可持续性的、储蓄导致的经济增长区别开来。

但是,在新的冒险(较早阶段行为)完全实现之前,维持不足的资本(削弱的中期阶段的产出)必定对消费品的产出产生消极的影响。这就是跨期失调的本质。在奥地利学派的文献中,消费品产出的相对或者绝对减少被称为"强迫储蓄"。也就是说,较早阶段这一投资的形式反映了较高水平的储蓄,而不是自愿基础上出现的储蓄。超出生产可能性边界、朝向实际失衡点的推进会因为实际储蓄的匮乏而中断。图9.10中经济调整路径向下的旋转反映了这一强制的储蓄。

强制储蓄仅仅是自行倒退进程的一个方面,并且不是必然首先观察的方面。它是人为繁荣的特点。增加的束缚性资源约束驱使消费品价格上升,以及支持新的冒险所需的投入价格的上升。过度扩张的经济需要额外的资金,利率由此上升。抵押贷款(没有在图9.10中显示出来)是蹒跚不前的经济的特征。

许多新的冒险和早期的行为现在通常被认为是无利可图的。一些被视同完工以使损失最小化,一些被变卖。通过朝向生产可能性边界回归的经济调整的路径,经济周期清算阶段的起点在图9.10中得到了描述。

当繁荣转向萧条的时候,大多数失业是与生产早期阶段的清算相关联的。过多的资本和劳动力交托给新的冒险。清算舍弃了这些生产要素,其中的多数被生产结构的其他地方重新吸纳——尽管显然不是即时的。对于奥地利学派来说,这一特殊的结构性失业的实例不是与周期性失业截然不同的东西。相反,标志着低迷时期开始的周期性失业具有典型的结构性特点。

在最为适宜条件下,萧条之后是信贷导致的结构性失调通过通常的市场力量得以纠正的复苏阶段。结构性闲置资源在需要它们的地方重新得到吸纳,并且,经济恢复到它的生产可能性边界。但是,由于整个经济跨期失衡的性质,失业的负收入效应最初可能推动经济进一步萧条,而不是回归边界。假如市场的一般运行被旨在阻止清算和激发繁荣的宏观经济政策所抵制,那么,低迷的第二个或者是混合

509

的方面可能就更为严重。

下面一节通过运用以资本为基础的分析去描绘凯恩斯主义对整个经济低迷的看法,以此来显示奥斯利学派的观点。对于凯恩斯来说,负收入效应可能会混合失调的资本结构的问题,它因此成了全部的问题。这个问题的起源被包裹在内在于投资行为的不确定的浓云之中。

## 9.11　奥地利学派框架中的凯恩斯主义的低迷

表现凯恩斯主义框架特点的总量水平排除了所有对作为跨期失调状况的繁荣和萧条的论述。哈耶克三角形形状的变化所可能描述的经济结构性的变化没有包括在凯恩斯主义的分析当中。三角形可能只是在规模上发生变化,随着经济的增长而增大(但是借助节俭的悖论,而非伴随着储蓄导致的增长),随着偶尔背离充分就业而缩小。

510 在生产的各阶段当中,利率在配置资源方面没有发挥作用,并且在决定投资总水平上只发挥着次要的作用。因此,投资被看作简单的总量,同时伴随着对投资基金的需求,这些基金被视为不稳定的、缺乏利率弹性。进一步而言,投资是自筹经费的,这样,增加的投资导致了增加的收入,这接下来导致增加的储蓄,两条曲线(储蓄和投资)一并变化,因此,特殊的投资利率弹性是无关紧要的。

直截了当地来说,循环流动的方程(作为均衡条件的收入和支出的等式)和简单的消费函数一道意味着投资和消费之间斜率为正的线性关系。考虑一下收支均衡的全面私有经济:

方程 9.4 $$Y = C + I$$

传统的线性消费方程描述了消费者的行为:

方程 9.5 $$C = c_0 + mpcY$$

在这里,$c_0$ 是消费支出中的自主部分,$mpc$ 是边际消费倾向。将两个方程联立,以消去收入变量,我们得到以下循环均衡中消费与投资的关系方程。

方程 9.6 $$C = c_0/mps + (mpc/mps)I$$

当然,$mps$ 在这里只是边际储蓄倾向:$mps = 1 - mpc$。这一向上倾斜的线性关系得到了凯恩斯(Keynes,1937,pp.220-221)的明确承认,并且可以被称为凯恩斯主义的需求约束。它具有直接来自我们对投资乘数和边际消费倾向理解的直觉解释。这一直线的斜率等于乘数(1/mps)乘以边际消费倾向(mpc)。假定 mpc 为

0.80,那就意味着 *mps* 为 0.20,乘数为 5。增加投资支出 100 美元会引发 500 美元的收入螺旋上升,这又推进了 400 美元的消费支出。同样的结果直接来自需求约束斜率( *mpc* / *mps* =0.80/0.20=4):增加投资 100 美元会增加 400 美元的消费。

凯恩斯主义的需求约束出现在图 9.11 中,与生产可能性边界位于同一个坐标系内。但是,在凯恩斯主义的解释中,向下倾斜的供给约束发挥着非常有限的作用。当乘数理论考察其是否具有效用的时候,边界只是有助于标出实际的支出量(在边界之下)和名义的支出量(在边界之上)之间的界线。值得注意的是,经济被需求约束排除在沿着边界曲线的运动之外。

511

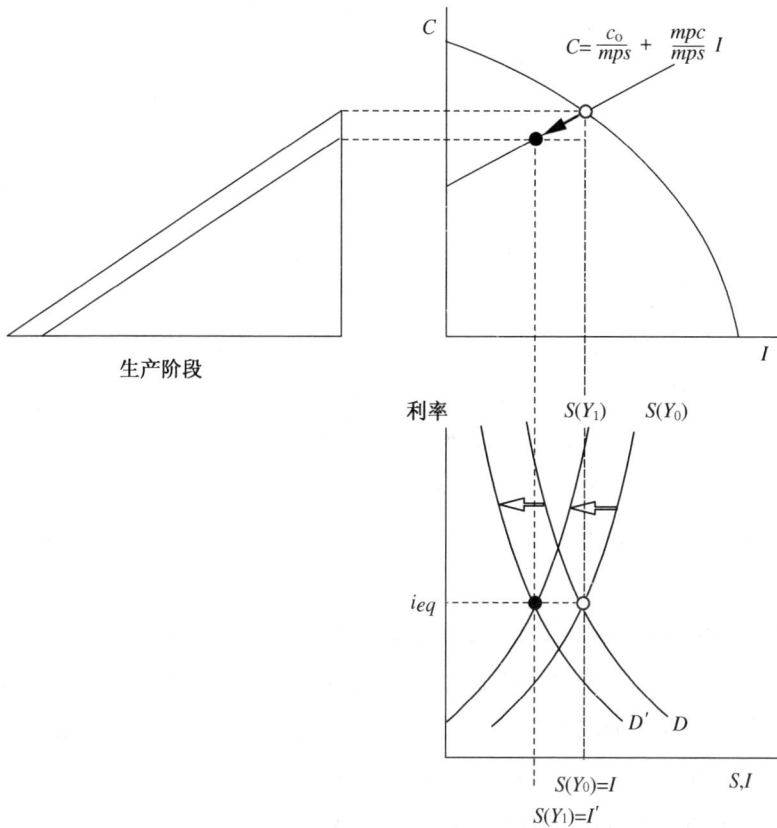

图 9.11　投资导致的进入衰退的崩溃

约束自身和消费函数是一样稳定的——显然它与这一函数参数相同。因此约束和边际的交叉点是充分就业唯一的可能点。(图 9.9 说明了节俭的悖论。在此图中,需求约束向下移动,反映了储蓄的增加——并因此反映了消费函数的截距参数 $c_0$ 的减少。这就是因为凯恩斯相信这一参数不会发生变化,因此他并不特别关心增加的储蓄的涵义。)最终,我们能够注意到,对凯恩斯主义关系——当货币和利率发生关系时,其中一个关系考虑到了对货币的需求(也就是流动性)——更为充分的描绘只是以与我们当下的关注点无关的方式改变需求约束。

根据凯恩斯的观点,投资需求的突然崩溃引发了一个市场经济体系整个经济的低迷特征(Kaynes,1936,p.315)。投资市场需求方本质缺陷反映了这样一个事实:投资一直是着眼于不确定的未来的。在这里,商业信心丧失的观点、犹豫不决的乐观主义,甚至逐渐削弱的"动物精神"开始起作用了(Keynes,1936,pp. 161 - 162)。在图 9.11 中,对投资基金的需求崩溃了:它从 $D$ 左移至 $D'$,投资的减少影响了收入,从而也对消费支出产生了影响。收入和支出的轮番下降将经济推到边界之下。正如从 $S(Y_0)$ 到 $S(Y_1)$ 移动的可贷资金的供给所显示的,减少的收入还转变为减少的储蓄。假如供给的变化正好与需求的变化相匹配,那么利率是不受影响的。

凯恩斯在他的《通论》(Kaynes,1936,p.180)中提供的唯一图表正是为了说明这一问题。从对货币流动性的考量中进行概括,凯恩斯告诉我们,可贷资金会发生变化以适应投资需求的变化。进一步而言,对投资无弹性的需求确保:即使对利率敏感的货币需求考虑到了利率的下降,投资需求向左移动的结果将不受任何影响。就近来对凯恩斯主义的观点和奥地利学派的观点的比较而言,经济离开生产可能性边界,以及可贷资金向左移动只是对凯恩斯归纳性观点的两个看法。根据他的观点,面对参数的变化,市场经济没有能力使消费和投资处于交替关系中——在这种情况下,对与投资活动相关的不确定性的背离就增加了。经济不能够沿着自身的生产可能性边界运动。

缩小的哈耶克三角形描述了整个需求的缩小。由于利率不变,就不可能存在时间贴现。因此,无节制的引申需求效应缩小了三角形的规模,同时没有改变其形状。但是,根据凯恩斯的观点,即使我们考虑到了利率的变化,这一变化也会处于错误的方向,构成了经济的崩溃。争取流动性提升了利率,结果是进一步地减少投资,进一步减少收入,进一步减少消费,进一步减少储蓄。

假如奥地利学派否认自我恶化的向下螺旋运动的可能性,他们就处于脆弱的基础上。但是,他们并没有否认。面对小规模的或者逐步的参数变化,市场竭力进行着边界调整。工商界信心的极度丧失完全有理由使经济进入向下的螺旋运动。

相对于价格和产量的均衡水平,在一个"通道"的范围内,阿克塞尔·莱琼霍夫德讨论了价格和产量的运动(Leijonhufvud,1981)。对依然维持在"通道"之内的均衡的价格或者产量的偏离具有自我纠正的特点,而在"通道"之外采取价格或者产量更为剧烈的偏离可能是自我恶化的。

奥地利学派在更为坚实的基础上质疑了这样一个观点:信心的普遍丧失是内在于市场经济的,并且这些丧失归因于支配投资界的心理因素。相反,工商界人士的信心被整个经济的跨期失调所动摇,这一失调自身归因于此前的信贷扩张和随后利率的扭曲。假如情况就是如此,那么凯恩斯有关低迷的理论仅仅是对继发收缩的阐述,这一理论已成为奥地利学派繁荣和萧条理论的一部分。

## 9.12　奥地利学派理论中的通货膨胀和通货紧缩

奥地利学派有关经济周期的理论考虑了信贷导致的不可持续的繁荣。在哈耶克对凯恩斯主义建构的评价中所提及的"基本机制"是市场力(时间贴现和引申需求),这些力量使得生产计划和跨期偏好密切相关;当信贷扩张扭曲了利率的时候,这些力量就会出现故障。人为的繁荣包含了自我毁灭的——因此也就是它们根本上的不可持续性——种子。

读者完全有理由注意到:奥地利学派的理论没有突出在信贷导致的繁荣期所经历的价格和工资的普遍上升。不论价格和工资的通货膨胀,还是对通货膨胀率可能的错觉,对于这一理论都不是根本的。相反,焦点集中在人为的廉价信贷期间资源的错误配置上。根据奥地利学派的观点,跨期失调可能发生在整个经济基础上,甚至在整个价格水平稳定期间。事实上,就是在这样的时期,生产者和消费者之间的冲突可能是潜在的,直到生产各个阶段的市场条件最终显示了繁荣的不稳定性的时候。在繁荣期恶化的问题可能未被发觉,假如宏观经济学家——以及金融市场——将不变价格水平作为宏观经济状态健康的标志,情况就更是如此了。

为了显示出储蓄导致的增长(图 9.8)和信贷导致的繁荣(图 9.10)的细节,我们采用了简化的假定,即我们开始于无增长的经济。当然,实际上我们不得不考虑到一些正在进行的经济增长,并且可能考虑到某一特别高的实际增长率。在一个快速增长的经济中,信贷扩张可能只被政策制定者视为"启动性"增长,或者"促进性"增长。奥地利学派持有不同的观点:信贷扩张培育的增长只略高于实际储蓄能支撑的增长。归因于信贷扩张的对价格的向上压力可能抵消归因于潜在的实际增长的对价格的向下压力。根据交换方程来思考,我们可以这样表达:$M$ 的增长可能与 $Q$ 的增长恰好匹配,这样,$P$ 完全保持不变。货币主义者总是把价格的稳定

514

性看成货币规则成功而值得称赞的运用的证明,同时,奥地利学派总是将实际经济增长期间价格水平的稳定性看成一个警告信号。货币规则不能排除信贷导致的跨期失调。

货币主义的观点和奥地利学派的观点在这里的比较使理论实用性的问题清楚地显示出来。对于依赖菲利普斯曲线分析的货币主义者来说(以及提出经济周期的货币错觉理论的新古典主义者来说),导致萧条的繁荣必然以通货膨胀为特征。雇主和雇员所观察到的不同的通货膨胀(根据菲利普斯曲线的分析)和通货膨胀的普遍错觉(根据新古典理论)具有严格的先决条件:实际上必然存在着引起不同感受的或者引起错觉的通货膨胀(见第四章、第五章)。这样,这些理论并不能适用于两次大战期间的繁荣和萧条,也不能运用于更近的 20 世纪 90 年代的扩张。在这些关键的周期当中,通货膨胀率是零(前者),或者非常温和(后者)。依赖于通货膨胀的理论只适用于从 60 年代后期到 80 年代后期不太剧烈的周期性变化。奥地利学派理论解释 1929 年和 2001 年低迷的能力似乎增加了这一理论的可信性。

奥地利学派的文献包含对通货膨胀的大量讨论。但是,在经济周期理论方面,由于货币量和全面价格水平之间牢固的长期关系,它有助于回答信贷导致的繁荣的可持续性这一次要问题。一旦人为的繁荣开始,进一步的信贷扩张能够避免萧条吗?奥地利学派的回答是:只要恶化跨期失调的根源问题,加重最终低迷的严重性,就可能存在着推迟市场纠正的力量。信贷能长期替代储蓄。进一步而言,通过信贷的增加延长繁荣的尝试可能会给资产泡沫火上浇油。(想一下 20 年代后期股票市场的狂热和 90 年代后期的"非理性亢奋"。)最终,越来越剧烈的信贷注入可能引起剥夺货币效用的加速通货膨胀。

515 　　像通货膨胀一样,在奥地利学派的文献中通货紧缩是一个次要问题。增长导致的通货紧缩——也就是伴随着实际产出增加的全面价格指数的下降——被认为不是个问题。无论何地,当供给和需求的条件得到保证的时候,价格就出现下降。这样,主导个人市场的经济力量就完全发挥了作用。

由严重的货币紧缩引发的通货紧缩是另一个问题。对价格总体强大的向下压力使市场机制负担过重。除非所有价格和工资难以置信地立刻适应较低的货币供应量,否则产出水平将发生下降。货币紧缩可能是低迷的根本原因——它存在于 1936—1937 年的美国。美联储由于没有理解商业银行超额准备金的意义,急剧地提高了准备金,在银行重建它们自由准备金的时候,引发了货币供应量的下降。但是 20 年代末繁荣时期引起货币供应量下降的是什么呢? 货币主义将这一货币紧缩归因为中央银行固有的无能,或者中央银行结束股票市场投机狂潮的(拙劣?)企图,这一狂潮本身是难以解释的。

在奥地利学派经济周期理论的背景中,货币供应量的崩溃是一个复杂的因素,而不是低迷的根本原因。1929年,当经济处于信贷导致的繁荣的最后阵痛之中时,美联储并不能确定做些什么,并且受到了内部争斗的阻碍,它允许货币供应量的崩溃。1929—1933年负的货币增长有助于解释前所未有的萧条深度。但是,像凯恩斯关注商业信心丧失一样,货币主义对货币供应量崩溃的关注把注意力从经济根本的失调中转移出来,这些失调是先于低迷的,也使低迷成为必然。

## 9.13 政策和改革

在解释凯恩斯主义在20世纪30年代对奥地利学派取得的决定性胜利的问题上,如下现象很有说服力。与建立在凯恩斯主义理论(支出计划、减税、赤字财政和货币扩张)基础上的政策处方的政治吸引力相比,奥地利学派理论缺乏相关的富有政治吸引力的政策处方清单。但是,在后来的几十年里,凯恩斯政策过度使用的累积效应(债务的货币化和两位数的通货膨胀)最终使货币主义成为看上去更负责的选项。得到认可的货币主义尽管没有将货币规则制度化,但在政治上也变得可行。

尽管信贷扩张在80年代得到缩减,但是,从来没有出现过以预先宣布的低增 516 长率推进货币增长的持续的时期。进一步而言,同时期进行的货币改革模糊了货币和其他高流动性资产的区别,使得货币规则的实施几乎成为不可能。对货币的定义变得富有争议,对货币一度稳定的需求(由交换方程中"流通速度"刻画)变得不稳定起来。由于疏忽,美联储恢复对利率的管理,将信贷扩大到能实现其既定的目标利率的规模。由于积极的中央银行支配着信贷市场,自然利率成为完全观察不到的利率,但也导致中央银行对政治上的考量十分敏感,可控制的利率经常低于自然利率。

奥地利学派对中央银行的政策建议是由预防而非治疗构成的:不要热衷于信贷扩张——即使当下的经济增长引发了产出价格指数的下降。这一规则在政治上和技术上都很难坚持,因为中央银行并不知道什么是自然利率,以及自然利率怎样才会变化。中央银行避免信贷导致的繁荣的政治和技术难度表明:人们所需要的是根本的改革,而不是政策的处方。哈耶克在晚年时推荐了《货币的去国籍》(Hayek,1976)一书。当代奥地利学派学者劳伦斯·H.怀特(White,1989)和乔治·塞尔金(Selgin,1989)后来写的作品认为：彻底分散的银行体制——在这个体制中,市场利率是自然利率无偏差的近似——可能是繁荣和萧条问题的最终解决方案。

（佘江涛　译）

# 第十章  新政治宏观经济学

绝大多数经济学家已经逐渐认识到,好的经济学忠告要求理解局势的政治经 517
济性。(Rodrik,1996)

## 10.1  导论:政治的扭曲作用与宏观经济表现

经济与政治制度的关系一直吸引着经济学家的兴趣,因为很显然,政治将影响
经济政策的选择并且由此影响经济表现。在 20 世纪的最后的四分之一的时间里,
研究政治与宏观经济的相互作用的各种形式已经成为一个主要的成长领域,致使
一个叫作"新政治宏观经济学"的研究领域的兴起,这个领域的发展得力于宏观经
济学、社会选择理论和博弈论三者之间的相互影响。这一迅速发展的领域特别地
使用了现代的经济分析的技术工具,用以调查数量众多的关键的公共政策问题。
宏观经济学家特别感兴趣的是政治和经济因素的相互作用对下面诸多问题会有什
么样的影响,如经济周期,通货膨胀,失业,稳定政策的操作与实施,独裁、民主、不
平等与经济增长之间的关系,不稳定与冲突,持续的预算赤字的起源,国际融合与
国家规模。对这一领域活动的主要贡献,无论是从理论分析上讲还是就经验调查
而言,来自下列这些经济学家的研究工作,如达龙·阿塞穆戈鲁、艾尔伯托·艾莱
斯那、阿兰·德莱森、布鲁诺·弗雷、道格拉斯·希布斯、威廉·诺德豪斯、道格拉
斯·诺斯、曼科尔·奥尔森(Mancur Olson)、肯尼斯·罗戈夫、弗里德里希·施奈
德和安德雷·施雷弗(Andrei Shleifer,见 Willett,1988;Persson and Tabellini,
1990;Alesina and Rosenthal,1995;Keech,1995;Alesina and Roubini with Cohen,
1997;Drazen,2000a,2000b;Gartner,2000;Olson,2000;Hibbs,2001;Besley and
Case,2003;Acemoglu and Robinson,2005)。

在本章里,我们将考察"新政治宏观经济学"的发展已经取得的一些进步。

## 10.2 政治对政策选择的影响

　　凯恩斯相信资本主义"也许能有潜力在取得经济目标方面比目前可见的其他制度更有效率"(Keynes,1926)。然而,要想实现这个潜力,必将涉及一个政府扩大干预经济的行为。古典经济学家不否认总体经济活动的膨胀可能发生,但他们坚信具有自我纠正能力的价格机制将占据主导,并且在一段可令人接受的时间内将系统恢复到完全就业水平。到了 20 世纪 20 年代中期,凯恩斯就已表达了他对这种古典放任主义哲学的幻想破灭,这种放任主义哲学向人们讲述了一个以秩序和稳定为常态的资本主义市场经济。对凯恩斯而言,智慧的管理资本主义才是"避免整个现存的经济形态崩盘"的唯一可行的途径。因此,正统凯恩斯观念是在大萧条的灾难经历中演化出来的,它认为市场经济具有内在的不稳定性。这种不稳定性产生了总产出和就业方面的波动,令财富减损(见第一章至第三章)。结果,"旧"凯恩斯认为这种不稳定性可以也应该被由权威裁定的货币和财政政策所纠正(见Modigliani,1977;Tobin,1996)。正统凯恩斯观念所隐含的假定是政府事实上希望稳定。

　　卡莱茨基(Kalecki,1943)是率先对这个相当幼稚的假定提出挑战的经济学家之一。他提出了一个马克思·凯恩斯模型,其中一个代表资本家利益的党派政府故意用政治手段制造了衰退,为的是减少由于工人增大的议价能力而对利润产生的威胁。这个增大了的议价能力之所以能获得,是长时期的完全就业的直接结果。在卡莱茨基的模型里,是资本家利益的主导性地位,通过产生一个不具广泛代表性的政治机制,导致了政治性的经济周期(见 Feiwel,1974)。阿克曼期望进一步发展这个思路(Akerman,1947);他提出,选举周期,通过影响经济政策,也将有助于产生总量的不稳定性。这个思路当然地走到了传统凯恩斯模型的反面,后者将政府当作收入循环流动过程的外生因素,并且政治家在其中被假定是为了社会的利益而行动的。根据哈罗德的观点(Harrod,1951),凯恩斯是个坚定的精英主义者,他认为应该由从士大夫阶层中选拔出来的贤人来制定并实施经济政策。这些"哈维道路的假设真理"暗示了凯恩斯认为经济政策的法律化将总是服务于公众利益。政府作为社会福利的柏拉图式的守护人的仁德的统治者形象越来越受到经济学家的质疑。特别是在关于公共选择的著作里,经济学家们已经质疑这样一个假定,即被选举出来的政治家将总是追求旨在使净社会利益最大化的政策(见 Buchanan et al.,1978)。在凯恩斯革命的早期,熊彼特也承认,既然资本主义民主生态圈里居住着争取选票的政治家,这将不可避免地影响政策决定和实施结果(见 Schumpeter,1939,1942)。例如,从一个公共选择的角度看,凯恩斯经济学被认为已经根本性地削弱了工业民主社会的财政健康,因为它尊崇这样的思想,即预算赤字应该作为降低衰退风险的手段而被接受。布坎南等人认为,这种哲学,运作于政治家们不断追求选举优势的民主体系之中,不可避免地导致在应用凯恩斯政策过程中的一种不对称。因为选民不理解政府面临着一个跨期的预算限制,他们低估了借债开销项目的未来税务负担,即选民得了"财政幻觉症"(见 Alesina and Perotti,1995a)。与在经济周期内平衡预算(如凯恩斯所意图的)不同,根据阿巴·勒纳(Lerner,1944)的功能性财政的原则,稳定政策变得不对称,因为为了选举目的而操纵经济的做法产生了持久的赤字偏向。赤字偏向还可能产生于一种策略行为,根据这种策略,现任政府通过操纵负债来试图影响未来政府的政策(Alesina,1988)。

出于这些考虑,宏观经济学家似乎应该考虑这样一种可能性,即被选举出来的政治家也许会从事"为政治利益而进行的经济操纵行为"(Wagner,1977)。在新古典政治经济文献里,政府不再被看成外生的;相反它(至少)是部分内生的并且政策将反映社会的不同利益(Colander,1984)。这当然不是一种新见解,有下面的选自托克维尔著名的关于美国民主的讨论为证:

总统的首要目标是渴望再次当选,不从这个角度看问题就不可能想象事件在美国的一般发展过程……尤其是当选举日接近时,他的个人兴趣取代了他对公众利益的兴趣。(de Tocqueville,1835)

尽管凯恩斯对绝大多数政治家的印象极差,在他所处的时代背景下,他从未真正想过把政治过程看作一个争取选票的集市。凯恩斯头脑里有的东西是可以被描绘成一个线性模型的政策决策过程,其中经济学家的角色是基于健全的经济分析而提供建议、预测和处方给角色引导的政治家们,由他们负责作出政策决定。接着,假定因为政治家们在寻求解决宏观经济问题的有效途径,所以他们会自动采取必要的行动,通过听取经济顾问提供的客观的专业意见来使社会福利最大化。这种以经济学家为中心的有关政策决策过程的传统观点如图10.1所示。

这种分析政策决策过程的传统方法沿用了丁伯根(Tinbergen,1952)和泰尔(Theil,1956)的方法。例如,在由泰尔开创的传统的最优化方法里,政策制定者被模型化了,成为一个"仁慈的社会规划者",其唯一的关切就是使社会福利最大化。这样,这种传统的分析经济政策的规范方法把政府当作经济的外生力量来对待。

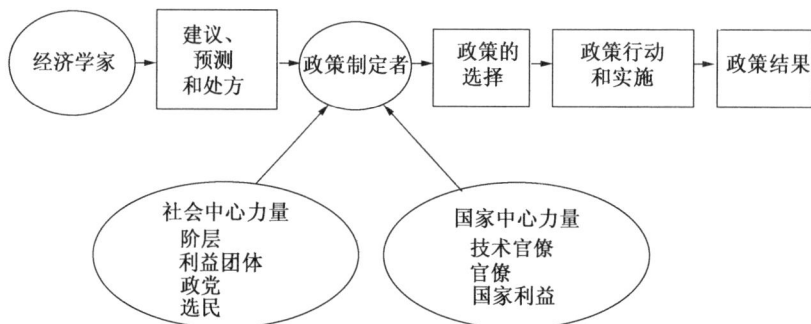

来源：改编自 Meier(1995)。

图 10.1　影响政策选择的因素

政府的唯一的利益在于将经济往能产生最好的可能结果的方向引导。经济政策分析被简化为一项在有限的条件下追求最大化的技术活动。

　　从一个新的政治经济的角度来看,政策制定者将在很大程度上受到强大的社会中心力量和国家中心力量的影响,而不是在经济学家的建议下采取不偏不倚的行动。因此,在那些经济学家所提供的见解的基础上形成的理论见解和政策建议经由一个政治体系的作用而变了样,这种政治体系反映了一种利益冲突的平衡,在一个由差异的个体所组成的区域中这种冲突的发生是不可避免的。在社会中心的方法里,政策制定者受到不同团体的压力,他们要求政策制定者"提供"将使他们直接或者间接受益的政策。当新马克思主义者关注阶级斗争和资产阶级的权力时,新政治经济文献强调利益团体(例如农场主)、政党以及选民的影响力。在国家中心的方法里,强调技术官僚的作用等同于承认"仁慈的统治者"的假设。与之对比,新政治经济文献关注官僚和国家利益对政策制定者的影响。

　　许多年以前,在一篇题为"发展规划的可能性"的评论文章中,托尼·基利克对经济学家采用的关于政策制定过程的传统方法作了扼要的总结:

　　经济学家已经采用了一个关于政治的理性演员的模型。这个模型将使我们看到,政府是由一群有公益心的、知识渊博的以及角色引导的政治家组成:他们有着清晰而统一的目标;他们选择那些可以取得全民利益最优结果的政策;他们愿意并且有能力作长远的打算。政府在基本上是一个整体的社会团体中是稳定的;它行使中央集权并有着相对普遍的权威;它一般有能力取得一个既定的政策决定所想要的结果。(Killick,1976)

　　在现实中,社会团体经常是分裂的并且是有差异的,尤其当极端的收入与财富的不均加剧了业已存在的宗教、种族、语言及地理方面的显著差别。其结果是,政府将时常被管理利益冲突的工作所占据,以应付不断变化的优惠政策的平衡。在这样的世界里,"国民利益"和"社会福利功能"的概念鲜有操作意义。"在面临重大社会分化时,决策过程变成了一个平衡利益的行为而不是寻求最优的行为;在解决冲突的过程中,社会安定和保持权力是基本的考虑,而不是使增长率最大化"(Killick,1976)。

在模拟政治-经济关系时,新政治宏观经济观点将政府视为站在政治和经济力量相互作用的中心点。一旦这种政府是内生因素的观点被采用,用追求福利最大化来解释经济政策形成过程的方法(与规范方法相联系)"于逻辑不再可行"(见Frey,1978)。当政者对经济政策的选择和实施负责,他们的行为将明显受到各种机构的限制力量的影响,而正是这些限制力量构成了政治的体系。相应地,用政治-经济的方法来分析宏观经济现象和政策强调政治家面临的动机,这种动机会影响他们的政策选择。

## 10.3　政府的作用

政府做什么或者不做什么,显然将对经济增长与稳定产生重要的影响。财政、货币以及汇率政策,连同有关国际贸易、竞争、监管、劳动力市场、教育、科技、健康以及关键制度如知识产权制度的提供等政策,所有这些都会对经济表现产生深远的影响。在 19 世纪,政府的经济作用以政府支出占 GDP 的百分比来衡量,大约在10％左右。到了 1996 年,经合组织发达成员国的政府支出与 GDP 之比已经上升到 45％的平均水平(见 Tanzi and Schuknecht,2000)。20 世纪所有国家的政府活动的这种角色扩张反映了特别是如下几种因素的影响: 522

1. 两次世界大战的影响;

2. 大萧条以及随后的凯恩斯革命;

3. 1945 年之后苏联的国家主导发展模式的最初影响;

4. 伴随冷战而来的军费开支的上升和美国与苏联在意识形态上的全球竞争;

5. 社会主义/人文主义思维的影响和对通过收入再分配争取更多平等的越来越多的关注;

6. 福利国家资本主义的兴起;

7. 经济学家普遍承认存在范围更广的重要的市场失灵,不仅仅是亚当·斯密首先发现的那些市场失灵,尤其是由外部效应、不完全信息和总量不稳定问题导致的广泛的市场扭曲(Stiglitz,2000,2002)。

20世纪初,国家在经济领域里的作用还很小。然而,在过去的100年里,我们见证了经济学家对政府在经济事务中的恰当作用的看法产生的巨大变化。在20世纪的前75年里,国家的作用扩大了;但是在后25年里,经济学家对于这一趋势是否值得需要的思考已经有了显著的变化。这种变化很大程度上反映了这样的事实,即在过去的25年里经济学家已经有了明显趋同的信念,他们相信,比起其他已知的替代措施,市场经济更有力量提供不断上升的生活水平。

政府在经济中的作用应该是什么? 贯穿历史,这个重要的问题一直在被人们争论并且渗透在所有重要的公共政策问题中。目前的国家作用范围主要由历史事件加上经济分析的发展所决定,这些经济分析承认了市场失灵和政府失灵的重要性。

50年代和60年代,经济学家对政府纠正市场失灵的能力的信念达到了高点,而70年代和80年代则见证了逐渐增加的对政府作用扩大化的怀疑,并且我们看到了经济学家对市场的信念回归。在经济学家之间对各种形式的政府失灵有了逐渐增加的认识。国家做的事情更多了,但做得更差了。即使在政府试图作为慷慨的社会规划人而通过干预来纠正市场失灵的例子中,它必须通过使用代理人(官僚)来实际实施这个策略。因为这些代理人有可能是自利的并且难以监督,政府干预总是为经济操纵和腐败提供机会。自70年代以来,关于市场失灵还是政府失灵的争论有愈演愈烈之势并成为经济学文献的一个重要特征。许多经济学家,受到诸如彼得·鲍尔、米尔顿·弗里德曼、詹姆斯·布坎南、哈耶克、小罗伯特·卢卡斯和安妮·克鲁格(Anne Krueger)这些经济学家的评论文章的影响,开始接受国家正试图做得太多的观点。在许多国家里,这种做法对市场功能的有效发挥、经济增长及稳定产生了有害的效果。政府作为"慷慨的社会监护人"的观念以及国家机构里全是"无私的官僚"这种可疑的假定已经被经验严重地瓦解了。这并非暗示资本主义是完美的制度,市场总是有效运作,或者政府的作用不重要。但这的确意味着在整个世界范围"政府已经趋向规划得更少,拥有更少的资产和进行更少的监管,代之以让市场的领域扩张"(Yergin and Stanislaw,1999)。市场和有效负责的政府是相辅相成的(见 World Bank,1997;Snowdon,2001b;Stiglitz,2002)。

## 10.4 政治家与稳定政策

这种看待政治家的"唐斯"观点表明,政府在宏观经济学模型中应该被看成内生变量(见 Downs,1957)。根据弗雷的观点,传统的凯恩斯循环流模型需要修正以把自利的政府行为考虑在内(Frey,1978)。作为这个修正结果的政治-经济体系用图 10.2来表示。毫无疑问,在凯恩斯革命之后,选民越来越认为政府应对经济状况负责。但是,在选民选择授予谁决定权时,他们面临着一个主顾-代理人问题,因为代理人(政府)可能对没有掌握完全信息的选民隐瞒不同的偏好。

图 10.2 显示,在政治-经济循环流模型里,意识形态和连任考虑的一个平衡被认为是政治家的驱动力。选民评价政治家的基础是他们在取得想要的经济目标方面有多么成功,这些经济目标包括高就业率、低通货膨胀以及实际可支配收入的迅速增长。在即将选举的前期,经济的状态是至关重要的,而且政治家显然知道为了在政府里生存,最好的办法是让经济处在上升状态。如果经济条件不利,选民可能选择反对党,而现任官员会失去职位。与此同时,反对党对选举人许下诱人的诺言

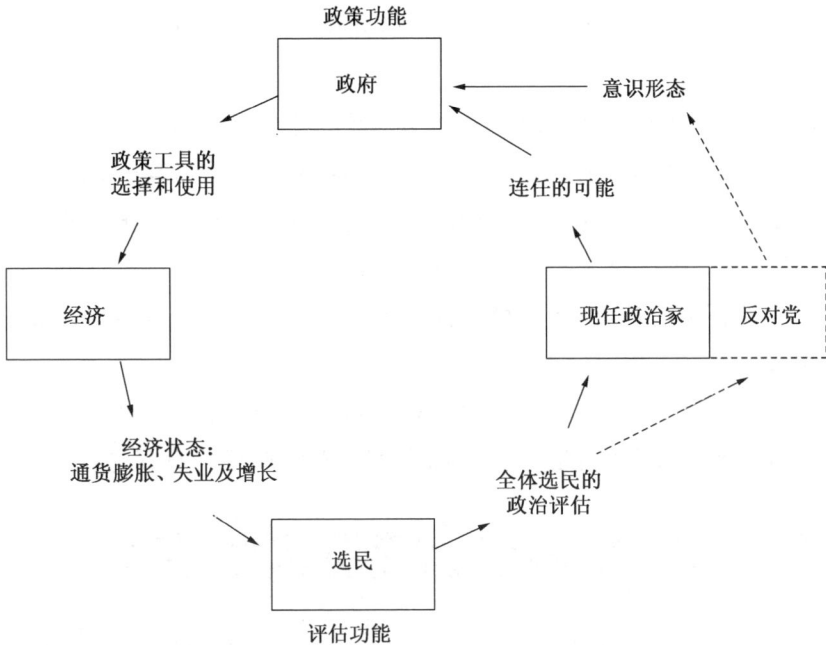

来源:改编自 Frey(1978)。

图 10.2　一个政治-经济的模型

（请回忆,老布什在 1988 年的大选前著名的誓言:"请读我的嘴唇,不会有新的税收了")。因此经济条件影响选举结果,并且被选上的动机直接影响着宏观经济政策的选择和使用。

政治家还受到出于党派的考虑的驱动,但是只有当党派首先赢得或者保持权力时才可能推行其意识形态项目。在过去的 25 年里,一直有大量的经验工作用于检测关键经济变量(例如通货膨胀、失业及可支配收入的增长)对政府受欢迎程度的重要性。这些工作表明上述宏观经济变量在统计上是有意义的,并且对选举结果是有重要影响的(见 Kramer,1971;Tufte,1975,1978;Mosley,1978;Fair,1988;Schneider and Frey,1988)。既然现任政治家占据的位置类似一个政策供给的垄断者所处的位置,那么就不奇怪他们会屈服于欲望并使用可以由他们主观裁定的政策来使他们再次当选的可能性变得最大。

在过去的 20 年左右的时间里,经济学家已经建立了大量的政治-经济模型,这些模型融合了许多这样的考虑。现在对于那些对发现总量不稳定的基本原因感兴趣的经济学家来说,经济与政策的相互依赖关系是一个已经很好地建立起来的研究领域。这项研究已试着回答不少有趣的问题,例如:

1. 经济因素对选民的投票选择有多重要的影响?(Frey 和 Schneider,1978a,1978b)

2. 机会主义政治家是否操纵经济来谋取政治利益?(Nordhaus,1975)

3. 意识形态的(党派的)考虑是否导致政党出台区别对待的政策?(Hibbs,1977)

4. 在一个由理性的且有能力思考未来的选民和经济行为人组成的世界里,政治循环能够存在吗?(Alesina,1987;Rogoff and Sibert,1988)

5. 经验证据为政治-经济模型提供支持了吗?(Alesina and Roubini with Cohen,1997)

6. 这些模型的政策推论是什么?(Alesina,1989;Drazen,2000a)

下面,我们将说明经济学家是如何试图回答这些问题及其他问题的。

## 10.5 对"政治经济周期"的另一些研究方法:简单介绍

关于政治经济周期的理论文献(自 70 年代中期开始发展起来)中,我们能区分出四种主要的研究方法,这些方法的演进经历两个分开的阶段。这四种不同研究方法的基础性假设总结见表 10.1(Alesina,1988)。在第一阶段(70 年代中期到晚

期),诺德豪斯通过发展一个关于政治经济周期的机会主义的模型重新唤起了对这个领域的兴趣(Nordhaus,1975)。接着,希布斯强调了意识形态方面的考虑,而不是职位动机方面的考虑(Hibbs,1977)。然而,诺德豪斯和希布斯模型("旧的"政治宏观经济学)在所谓的理性预期革命时期有点被打垮了,这一理性预期革命在70年代中期到晚期主导了宏观经济学的讨论(见第五章)。在经历了相对冷却的一段526时期之后,政治-经济模型的第二阶段出现于80年代中期;自此,对这一领域的研究工作继续盛行。由于受到新古典理论家的影响,这些新模型融合了理性经济行为人和选民的假设。当诸如罗戈夫和西伯特这样的经济学家发展了理性机会主义模型(Rogoff and Sibert,1988)时,艾莱斯那(Alesina,1987)则创造了一个理性党派理论("新"政治宏观经济学)。

**表 10.1  关于总量波动的政治-经济模型**

| 关于政治家的假设 | 关于选民和经济行为人的假设 | |
|---|---|---|
| | 非理性行为,非理性预期 | 理性行为,理性预期 |
| 非党派的机会主义政治家 | Nordhaus(1975) | Rogoff and Sibert(1988) |
| 党派的意识形态的政治家 | Hibbs(1977) | Alesina(1987) |

来源:Alesina(1988)。

下面我们将考察这四种方法(加上 Frey and Schneider,1978a,1978b 的混合模型),每一种模型都试图将政治行为对宏观经济的影响内生化。

## 10.6  诺德豪斯的机会主义模型

诺德豪斯的开创性文章(Nordhaus,1975)刺激了关于政治经济周期的现代文献的发展。诺德豪斯让大家熟知了选举模型,在这个模型里,执政党"在其执政期间选择的是能使其在下一届的选举中赢得最多选票的经济政策"。既然选民在选举前受到政府的宏观经济表现的影响,政治家们将忍不住去操纵政策工具以使政策结果在选举期间变得最为有利。这种行为的后果是,在民主政体里,被实施的政策是偏向于损害下一代利益的政策(亦见 Lindbeck,1976;MacRae,1977)。这样,尽管选举和选举竞争对于增加政府的负责性是必要的,但是它们也有可能把具有527潜在破坏性的扭曲效果引入了政策决策过程。诺德豪斯作了许多重要的假设来得出这个结论,这些假设有:

N1　政治体系包括了两个政策完全趋同的政党,唐斯的中间选民论断预言了这种情形(Downs,1957)。

N2　两个政党都热衷于政治利润最大化而不是进行意识形态方面的活动。对这些机会主义的而不是为党派信念而奋斗的政治家而言,只有选举结果才是重要的。

N3　选举的时间安排是一个固定的外生因素。

N4　个体的投票人是相同的,并且在他们的偏好方程里有着对总失业率($U_t$)和通货膨胀率($\dot{P}_t$)的偏好值。低的通货膨胀率和失业率被偏好。政策制定者对投票人的偏好完全知晓,但他们自己却对通货膨胀率和失业率没有特定的偏好。

N5　投票人根据现任政治家在他们任期内管理经济的既往表现来作出政治选择。投票人不仅仅在他们的投票行为方面是向后看的(他们没有前瞻性);而且他们还有着一个逐渐衰退的记忆力(评价过去经济表现的一个高的折扣率),即他们是**短视**的。

N6　宏观经济体系可以被描述为一个预期-增大的菲利普斯曲线,其中短期的利弊权衡不如长期的利弊权衡受欢迎。投票人对宏观经济框架是无知的。

N7　通货膨胀预期($\dot{P}_t^e$)的形成是一个适应性的过程,即行为人是向后看的。

N8　政策制定者能控制失业水平,他们通过财政和货币政策去操纵总需求来实现这种控制。

诺德豪斯假定(N4),政策的决定将依据观察到的总投票方程($V_t$),此方程反映了个体的偏好;方程10.1描绘了这种关系:

方程10.1　　$V_t = g(U_t, \dot{P}_t)$, where $g'(U_t) < 0$, and $g'(\dot{P}_t) < 0$

在方程10.1中,选票是$\dot{P}$和$U$的递减函数。图表10.3显示了总投票方程($V_1, V_2$等)的等高线(等选票曲线),这些等高线表示对于某一给定的政策结果,现任者所得到的选票百分比。既然通货膨胀和失业是"坏事情",所以$V_1 > V_2 > V_3 > V_4$。投票人愿意选择$V_1$的任意一点甚于选择$V_2$的任意一点,但是在同一等高线上的不同点之间没有意愿差别。寻求选举胜利的政府会尽力操纵经济,使经济朝着最高可行的选票等高线的方向发展,目的是让该等高线恰巧出现在选举期间。

诺德豪斯采用的宏观经济框架涉及一个预期增大的菲利普斯曲线的框架,方

528

程 10.2—10.5 对此进行了概括。

预期扩展的菲利普斯曲线：

方程 10.2
$$\dot{P}_t = f(U_t) + \lambda \dot{P}_t^e$$

适应预期假说：

方程 10.3
$$\dot{P}_t^e - \dot{P}_{t-1}^e = \alpha[\dot{P}_{t-1} - \dot{P}_{t-1}^e], \text{and } \alpha > 0$$

均衡条件：

方程 10.4
$$\dot{P}_t = \dot{P}_t^e$$

长期菲利普斯曲线

方程 10.5
$$\dot{P}_t = \frac{f(U)}{(1-\lambda)}$$

诺德豪斯假定 1>λ>0，这样产生了一个长期菲利普斯曲线，它不如短期的菲利普斯曲线关系受欢迎(更为陡峭)。在图 10.3 里，短期菲利普斯曲线用 $S_G$、$S_W$ 和 $S_M$ 来表示，并且每条曲线的位置取决于预期的通货膨胀率。长期菲利普斯曲线用 LRPC 来标识。如果参数 λ 为 1，那么菲利普斯曲线在自然失业率下将成为一条垂直线(见 Friedman，1968a)。然而，正如诺德豪斯指出的，"一条垂直的菲利普斯曲线在原则上等同于"该模型的重要结论(Nordhaus，1975，p. 176)。

### 10.6.1  最优通胀和失业

给定假设 N4，政策决定者的社会福利方程($W$)将是总投票方程的贴现值。在政治约束缺失的情况下，一个社会规划者将寻求使方程 10.6 表示的福利方程最大化，这个福利方程受到方程 10.1—10.5 所表示的宏观经济约束的限制：

方程 10.6
$$W = \int_0^\infty g(U_t, \dot{P}_t)_e^{-Nt} dt$$

根据政策制定者对于贴现率($r$)的选择，会有几种可能的结果。当未来一代人被赋予与当代人相同的重要性时($r=0$)，结果就是图 10.3 中的 $G$ 所表示的情况。这里，LRPC 与总投票方程($V_2$)相切，这代表了通货膨胀与失业的最好的可持续的组合。诺德豪斯将这个结果称为政策方案的"黄金法则"，它使得通货膨胀=$\dot{P}_G$ 且失业=$U_G$。当政策制定者只关心当代人(无限大的贴现率适用于此情形)时，一个"纯粹短视"的政策产生了图 10.3 中 $M$ 所表示的那一种结果，在此情况下，$S_M$ 与 $V_4$ 相切。换言之，忽视未来一代人福利的"短视的"政策导致了比在黄金规则政策下更高的通货膨胀率($\dot{P}_M$)和更低的失业率($U_M$)(Nordhaus，1975)。当

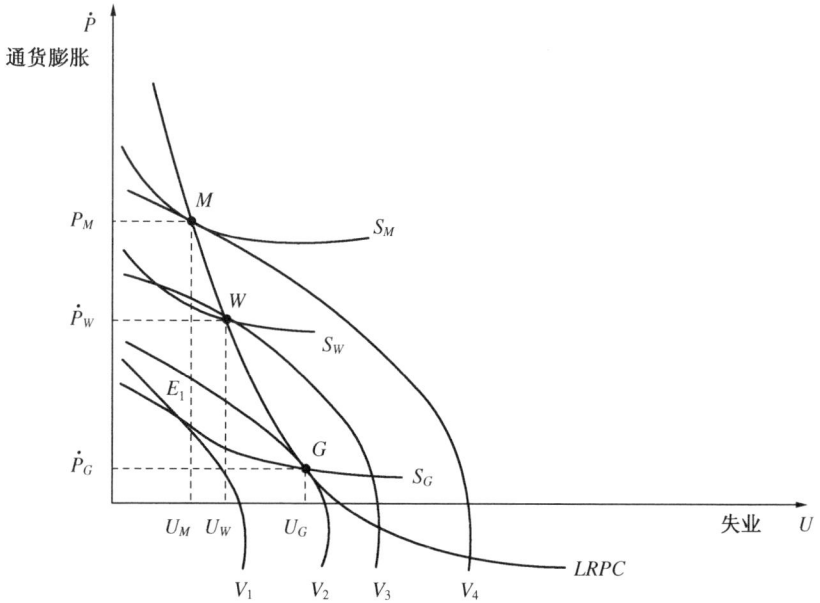

图 10.3 诺德豪斯的政治经济周期模型

政策制定者同时在乎当代和下一代人($\infty > r > 0$),一种被诺德豪斯称为"一般福利最优"的结果会产生。在此情况下,$U = U_w$,而$\dot{P} = \dot{P}_w$。

## 10.6.2 诺德豪斯模型的长期含义

在现任政治家关心着他们的连任前景的情况下,诺德豪斯模型预测了"民主体制将选择一项权衡长期利弊的政策,这种政策产生的失业率比理想状态还要低一些,而通货膨胀率比理想状态则要高一些"。其结果是由如下行为所致。假使在选举前,经济位于图 10.3 上的 G 点。现任政府能够通过精心设计一次经济扩张来增加其再度获得选举胜利的几率:它把经济沿着短期权衡线 $S_G$ 向上推移到了 $E_1$ 这一点。这代表了政府所能成就的最佳位置,因为 $S_G$ 与 $V_1$ 相切于 $E_1$。既然 $E_1$ 位于 LRPC 的左边,方程 10.3 表明 $S_G$ 将向右上方移动,因为人们的期望随着更高的通货膨胀率而调整。相比之下,如果短期与选举相关的经济结果的位置落在 LRPC 的右方,执政党可以通过将经济移回到 LRPC 上的某一位置的政策选择来提高自身的受欢迎度。图 10.4 显示了在多次选举过程中的诺德豪斯模型的长期动态机制,其中 $E_0 E_0$ 是选举结果中心线。$E_0 E_0$ 与 LRPC 相交于 $E^* = M$,这决定了长期的均衡。既然 M 同时位于 LRPC 和 $S_M$,"执政党无法通过在短期权衡曲线上的移动来改善它的表现",因为 $S_M$ 还与等选票曲线 $V_4$ 相切(Nordhaus,1975)。短期菲利普斯曲线越平缓,稳定状态的均衡通货膨胀率将越高。

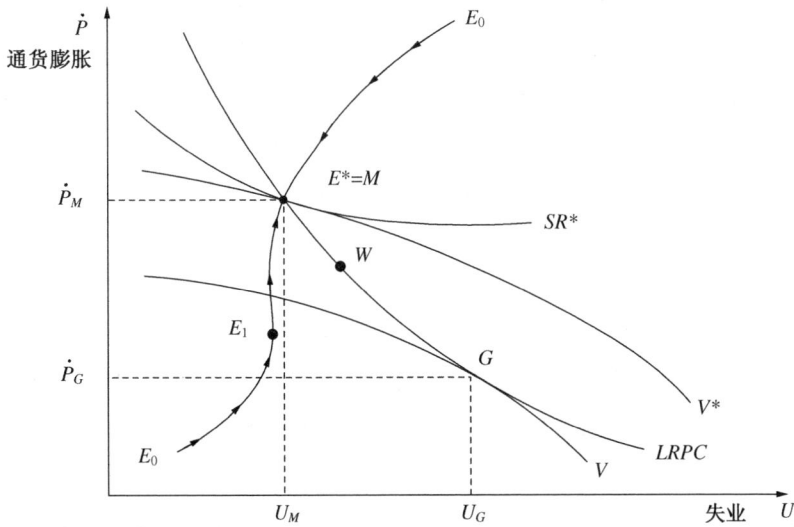

图 10.4　诺德豪斯模型中的长期方案

在多次选举时期所展现的机会主义行为的有趣结果是,对于这一模型的长期解决方案就是这个短视的位置 $M$。这样可以预测,民主制度将产生这样一种稳定状态的均衡,即比理想状态有着更高通货膨胀率和更低失业率。也就是说,将导致通货膨胀偏向(伴随 λ＝1 和一个垂直的菲利普斯曲线,其结果只涉及通货膨胀偏向)。

### 10.6.3　短期结果:"政治的经济周期"

在关于短期行为的分析里,诺德豪斯提出了选民具有"逐渐衰退的记忆力"(假设 N5)的可能性。选民看重近期事件的影响甚于过去的遥远事件的影响。在此情形下,方程 10.1 被方程 10.7 取代,其中 $T$ 是选举期间的时间长度,$z$ 是选民记忆力的衰退率:

方程 10.7　　　　　　　$$V_T = \int_0^T g(U_t, \dot{P}_t)_e^z \, dt$$

这个修正的选举方程 10.7 表明,尽管选民认为政府应该对当期的通货膨胀和失业负责,选民的渐衰的记忆力给了当权者系统性地愚弄选举人的机会。一个典型的短期政治的经济周期可以如下方式进行。如前,假定经济在选举前夕最初位于图 10.3 上的 $G$ 点。通过扩大总需求,政府能够降低失业率并使经济到达诸如 $E_1$ 这样的一个位置。这个位置能产生比经济在点 $G$ 更多的选票($V_1 > V_2$)。这种操纵的代价是一个(延迟的)通货膨胀加速($S_G$ 最终将随着预期的调整而向右上方位移)。然而,这个代价倾向于在选举已经获胜之后才显现出来。即使通货膨胀在将要选举之前开始加速,由于适应性预期的关系,经济行为人和选民需要经过一定的时间才能意识到通货膨胀已经上升了。在已经导致了更高的通货膨胀之后,政府现在需要降低它。因此,在紧接着一次选举胜利之后,政府将通过增加失业来紧缩总需求,这将最终降低通货膨胀预期,从而使短期菲利普斯曲线向 $S_G$ 回归。因为选民记忆力是逐渐衰退的,这个策略可以在下一次选举时被重复使用:近期的事件比"遥远的不幸""更加令人沮丧"。因此,政府能够从机会主义行为中获利,这种行为故意地破坏经济的稳定从而产生一个由于政治原因导致的经济周期。这个结果显然与基本的凯恩斯观念相悖,后者认为政府的一个主要目标就是稳定经济。

诺德豪斯模型给出了关于在选举周期中失业和通货膨胀模式的清楚的预测。在选举周期的前半段时期里,失业率应该是上升的,GDP 应该会下降,通货膨胀(最终)应该下降。在选举快要来临的时候,也就是选举周期的后半段,下降的失业率和上升的 GDP 应该成为这一时期的特征。在紧随选举之后的时期,通货膨胀率上升了,衰退开始了。诺德豪斯用九个国家在 1947—1972 年间的情况检验这个假说,得出结论是"在有了经济行为的非正式的和正式的证据以及被检验国家的历史记录之后,显然,政治的经济周期是**一些**资本主义经济运行过程中的显著因素"(Nordhaus,1975,强调是后加的)。后来,诺德豪斯认为政治对于经济循环的影响可以有不止一种的非常规的解释,但是在他看来,出于意识形态考虑的作用依然次于机会主义行为的作用(Nordhaus,1989)。

也许从理查德·尼克松第一任总统任期快要结束时的美国可以观察到机会主义行为的最好例子。1970—1971 年的人为衰退被 1972 年大选前夕的扩张政策迅速地扭转了。根据塔夫特(Tufte,1978),尼克松确保所有接受社会保障的人正好在 1972 年总统选举前收到一封信。每封信里附有一张支票,载有社会保障好处提高了 20% 的内容。显然尼克松考虑到了他在 1960 年被肯尼迪击败的原因就是艾森豪威尔总统没有能够使经济扩张起来。因此,理查德·尼克松被罗戈夫称为"政治的经济周期的大英雄"(Rogoff,1988)就一点也不奇怪了。

由于这种现象的严重的政治性质,诺德豪斯提出了一些可能的纠正建议,包括增加选民可获得的信息、把货币政策托付给一个独立的中央银行(见第 10.13 节)。

## 10.7　希布斯的党派模型

在诺德豪斯模型里,存在着这样一种政策的趋同性,即所有的政府都采取同样的机会主义的行为,所有的选民被假定具有同样的在通货膨胀和失业之间取舍的偏好。另一种研究方法将选民和政治家视为具有意识形态的或者党派的特性。政治家把取得选举胜利看作将其党派计划付诸实施的手段,同时不尽相同的选民显然对通货膨胀和失业有着不同的偏好。希布斯考察了 12 个发达资本主义民主国家战后(1945—1969 年期间)经济政策的模式和结果,以检验左翼和右翼的政府对通货膨胀和失业的权衡存有不同偏好这一命题(Hibbs,1977)。特别的,希布斯认为他所掌握的证据支持有关左翼政府比右翼政府更倾向于一个较低的失业 $U$ 和较高的通货膨胀结果 $\dot{P}$ 这样一个命题。我们可以将这种偏好差别用损失方程的差别来表示。等方程 10.8 和 10.9 显示了以失业和通货膨胀表示的两个党派的损失(成本)方程,其中右翼党派＝ $C_R$ ,左翼党派＝ $C_L$ (见 Alesina,1987)。

533

方程 10.8　　　　$$C_R = \frac{(U_R - U_R^*)^2}{2} + \phi_R \frac{(\dot{P}_t - \dot{P}_R^*)^2}{2}$$

方程 10.9　　　　$$C_L = \frac{(U_L - U_L^*)^2}{2} + \phi_L \frac{(\dot{P}_t - \dot{P}_L^*)^2}{2}$$

这里 $U_R^*$ 和 $\dot{P}_R^*$ 是右翼党派的失业和通货膨胀目标, $\phi_R$ 是通货膨胀偏离目标的程度( $\dot{P}_t - \dot{P}_R^*$ )相对于失业偏离目标的程度( $U_R - U_R^*$ )的相对权重。因党派而产生的不同可以用下式来概括。

$$U_L^* \leqslant U_R^*$$

$$\dot{P}_L^* \geqslant \dot{P}_R^*$$

$$\phi_L \leqslant \phi_R$$

党派效应可以进一步地用图 10.5 来演示, $RR$ 和 $LL$ 表示右翼和左翼政治家各自的偏好。假设在一个稳定的可利用的菲利普斯曲线利弊权衡关系下,左翼政府将选择 $\dot{P}_L$ 和 $U_L$ 的组合,以 $L^*$ 来表示;而右翼政府将选择 $\dot{P}_R$ 和 $U_R$ 的组合,以 $R^*$ 来表示。

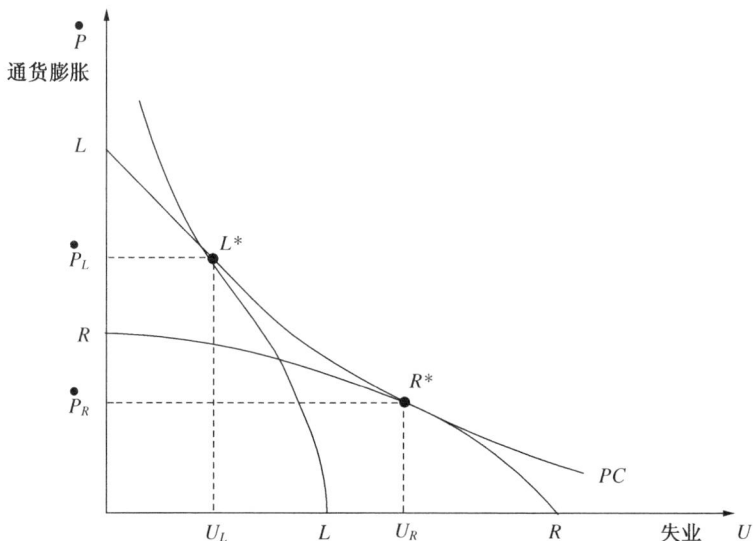

图 10.5 希布斯的党派模型

希布斯认为,"不同的失业/通货膨胀结果对国民收入的分配有着重要的关系到阶级利益的效果"。对不同政策制定者的偏好已经显现,它反映了社会团体的利益,这些社团通常支持不同的党派。既然宏观经济政策有着分配方面的后果,希布斯放弃了诺德豪斯的政策趋同的假设(N1)。根据希布斯,经验的证据支持党派论的观点,即"一个相对的低失业-高通胀的宏观经济构架与穷人的经济处境改善相联系,这种改善不论在相对还是绝对意义上都是很可观的"。因为紧张的劳动力市场容易产生收入平均的效果,我们可以预见左翼政府会在菲利普斯曲线的利弊权衡中选择 $L^*$ 表示的那一点。右翼党派认为通货膨胀对他们的中上阶层选民支持者更为有害,他们会选择像 $R^*$ 这样的位置。根据希布斯,经验的证据支持以意识形态的观点来看待宏观经济政策的决策过程。不同的职业团体的不同利益反映在左翼和右翼政党的政策偏好当中。在对 1945—1969 年期间 12 个西欧和北美国家的考察中,希布斯发现了有力的证据支持这样一个命题,即劳工或社会党执政的时间比例越高,平均通货膨胀率越高而平均失业率越低。除了这些静态的汇总证据之外,希布斯还发现了美国和英国的时间序列证据支持下述命题,即民主党和工党政府通常会减少失业,而共和党和保守党政府倾向于增加失业。希布斯还报告了在收入分配上的党派效应(Hibbs,1987),而巴特尔斯和布雷迪总结道"希布斯发现的由党派导致的经济表现上的一贯差异仍然存在,并将保持到 20 年以后"(Bartels and Brady,2003),并且党派的作用力"已经对美国经济的运行产生了深远的影响"。

这些影响总结在表10.2中。

**表 10.2　党派因素对宏观经济结果的影响,美国,1948—2001 年**

| 宏观经济结果 | 共和党总统 | 民主党总统 | 党派差异 |
|---|---|---|---|
| 平均失业率(%) | 6.35 | 4.84 | 1.51 |
| 平均通货膨胀率(%) | 3.95 | 3.97 | −0.02 |
| 平均年 GDP 增长率(%) | 2.86 | 4.08 | −1.22 |

来源:改编自 Bartels and Brady(2003)。

因此,有证据支持希布斯的模型,即系统性的差异存在于党派政府的政策选择和结果。希布斯认为这与右翼和左翼政党的基于阶级的政治支持者的主观偏好相一致。

## 10.8　机会主义和党派模型的衰落与复兴

随着低通胀、低失业及高过平均的经济增长的"黄金时代"接近尾声,70 年代成为资本主义民主政体的动荡时期。70 年代的滞胀危机将在战后四分之一世纪的时间里主导着宏观经济理论和政策决策的凯恩斯主义公认观点带入终点。紧接着货币主义的反革命,卢卡斯启发了宏观经济学里的一次理性预期的革命。到了70 年代中期,那些继续使用适应性预期假说的模型遭到了新古典理论家的猛烈批评,因为这些假说暗示了经济行为人可能发生系统性的错误。在含有理性预期的市场出清模型里,经济行为人具有前瞻性这一假说使得政策制定者操纵实际经济活动变得更加困难。政策制定者能够使用的可利用的短期菲利普斯曲线不存在了。例如,选举前的货币扩张,将不再令理性的行为人惊讶,因为如此的运作手段将被预见到。

理性预期假说还暗示了投票人将具有前瞻性,并且他们不会在均衡的问题上系统性地被愚弄。根据艾莱斯那(Alesina,1988),在诺德豪斯(Nordhaus,1975)、林德贝克(Lindbeck,1976)和麦克雷(MacRae,1977)的贡献之后,由于理性预期的批评"毁灭性的"效果,"有关政治经济周期的理论文献没有发生实质性的进步"。诺德豪斯模型涉及一个可加以利用的短期菲利普斯曲线权衡关系,与之相伴的是短视的投票人。然而,一旦理性预期假说被引入,投票人能被期望认识到政治家为了选举利益而操纵经济的动机。美国总统选举是四年一度,很难相信理性的投票人和经济行为人将允许自己系统性地被自利的政治家的宏观经济操纵行为所愚弄。另外,也很难将诺德豪斯模型的预测与货币政策由独立的中央银行来执行这一情况协调起来,除非政府能以某种方式给中央银行施压,让其采用现任政府偏爱的货币政策(有关这些,见 Havrilesky,1993;Woolley,1994)。然而,布林德在讨论这个问题时,否认了政治施压在其任美联储副主席期间(1994—1996 年)是个问题。以他的经验,政治对货币政策的影响是"微小的,几近于零",尽管他同意在理查德·尼克松-阿瑟·伯恩斯时代情况是不同的(见 Snowdon,2001a)。

536

希布斯的模型还有着重大的理论缺陷,尤其是关于菲利普斯曲线权衡关系的稳定性方面,这种权衡关系隐含在他的分析里面。尤为明显的是,希布斯在他的1977 年论文里没有提及预期增大的菲利普斯曲线,尽管弗里德曼-费尔普斯理论诞生有十年之久,并且在那时已经是一个很完善的观点,即使是凯恩斯主义者(见Gordon,1975,1976;Blinder,1988b,1992a;Laidler,1992a)也这么认为。理性的假设也蕴涵对希布斯模型的挑战。既然在新古典模型里,扩张的和紧缩的需求管理政策对产出和失业的效果仅仅是暂时的,辨别党派问题对宏观经济结果的影响将变得更加困难(见 Alesina,1989)。阿尔特总结道,党派效应并非永久性的,但会临时地存在于政府更替之后(Alt,1985)。

政治经济周期的早期文献除了具有理论缺陷之外,诺德豪斯模型还未能得到强力的经验支持,计量经济学文献给出的是非结论性的结果(见 Mullineux et al.,1993)。麦卡勒姆(McCallum,1978)根据美国的数据否定了诺德豪斯模型的推论,帕尔丹(Paldam,1979)仅能在经合组织国家里找到政治经济周期的微弱的证据。以后的研究,如 Hibbs(1987)、Alesina(1988,1989)、Alesina and Roubini(1992)、Alesina and Roubini with Cohen(1997)以及 Drazen(2000a,2000b),依据美国及其他经合组织国家有关失业和 GNP 增长的数据,也几乎找不到关于政治经济周期的证据。这同样适用于选举的时间安排是外生变量的情况(见 Alesina et al.,1993)。Soh(1986),Nordhaus(1989),Haynes and Stone(1990),以及 Tufte(1978)报告了对诺德豪斯模型更为有利的研究结果,他们发现了有关美国的选举前财政和货币政策操纵的一些证据。另外,德莱森(Drazen,2000a)对基于经验的预测作了区分,分为关注于政策结果(通货膨胀、失业、增长)的预测和关注于政策工具(税收、政府开支、利率)的预测,并且总结道"对宏观经济政策的机会主义操纵的迹象比操纵宏观经济结果的迹象明显"。在宏观经济结果方面,支持源自选举后通货膨胀行为的机会主义政治经济周期理论的证据要多于可以从选举前实际 GDP 和失业动向中找到的有关证据。德莱森还总结道,证明政策工具的机会主义操纵行为的证据在财政政策方面比在货币政策方面要更为有力。

一般而言,党派理论的一个相当严重的问题是:低通货膨胀对穷人的帮助甚于富人,这是由伊斯特利和费希尔(Easterly and Fischer,2001)提出的论点,他们还提供了有关证据。通货膨胀的作用如同一项财务税,它不相称地打击了穷人,因为相对各自收入而言,穷人比富人倾向于以更多的货币来保有他们的财富,而富人则更有可能获得各种金融工具从而允许对冲通货膨胀风险。另外,穷人显然更加依赖最低工资和由国家决定的收入支付,而这些工资和支付往往没有被指数化以防止通货膨胀的效果(见 Snowdon,2004b)。伊斯特利和费希尔提供的证据来自一次对 38 个国家的超过 3 万名居民的国际调查,对调查提问的回复情况表明,穷人自己对通货膨胀的厌恶比那些拥有更高收入的人更为强烈。这破坏了希布斯模型的一项关键的假设,即富人比穷人更加厌恶通货膨胀。

到了 80 年代中期,政治经济学文献已经达到了一个新的低潮。扎诺维茨在他对经济周期研究的回顾中,用了一个脚注来提及选举周期的观点,并且以批判的语气提到了这些模型的"似乎有说服力"却又"值得怀疑"的假设以及支持性证据的缺乏(Zarnowitz,1985)。戈登编辑的回顾性文章——《美国经济周期》(Gordon,1986),也有着同样的忽略选举周期理论的特征。

在一段相对被忽略的时期之后,自 80 年代中期开始,有关政治和宏观经济关系的文献又经历了显著的复兴(见 Willet,1988)。经济学家通过建立新一代理性政治经济模型来回应理性预期学派的批评。和在 70 年代的第一阶段一样,政治经济模型的第二阶段包含了关于政治与宏观经济互动关系的机会主义的和党派的解释。在接下来的两个小节里,我们将考察理性政治经济周期模型和理性党派理论的主要特征。

## 10.9  理性政治经济周期

政治经济周期学派的近期著作已经显示了诺德豪斯(Nordhaus,1975)的一些见解甚至可以在一个含有理性预期的模型中存在,只要投票人和政策制定者之间存在信息上的不对称。换言之,投票人的短视特点并非政治家制造政治经济周期的必要条件。最优的政策只有在一个政治竞争的世界里才是有可能的,在这个世界里,行为人、投票人及政治家对于社会目标的看法是一致的并且他们之间的信息是对称的。因为这些条件几乎不可能成立,政治家就有机会来实行非最优政策。只要不完全信息的某种元素存在着,以至于具有前瞻性的投票人不能充分知晓政治及经济环境的某些特征,现任政府就有机会创造出"一个暂时的繁荣的幻象"(Alesina,1989)来赢得选举人的支持。

在库克曼和梅尔泽(Cukierman and Meltzer,1986)、罗戈夫和西伯特(Rogoff and Sibert,1988)、罗戈夫(Rogoff,1990)以及佩尔森和塔贝里尼(Persson and Tabellini,1990)提出的理性机会主义模型里,选举周期孕育于政策变量如政府开支、税收和货币增长,并且暂时的信息不对称使得这种周期成为可能。尽管理性的投票人的目标是选择那些他们认为会给他们带来最大效用的政治家,但是他们缺乏关于不同政策制定者胜任力的信息。投票人通过观察结果来获得有关胜任力的信息。因此,在选举之前,当政者会置身于一种"发出信号的过程",旨在说服投票人目前掌权的政治家是胜任的。这种发出信号的活动总能在英国财政大臣的年度预算演讲中看到,尤其是当一次选举即将开始之前。

罗戈夫和西伯特把胜任力定义为在预算过程中减少浪费的能力;即胜任的政府能够生产出更多的公共物品并且将税收收入的给定金额转移支付出去。当政者拥有创造临时的财政繁荣(或者不实行必要的税收增加)的潜力,这样做会受到投票人的欢迎。因为预算过程十分复杂,所以连理性的投票人——因为他们缺乏完整的信息——也不能预见到选举前的繁荣终究要通过选举后的税收增加来提供资金支持。与诺德豪斯模型不同,理性政治周期理论并不产生一个规律性的通货膨胀-失业周期,而是预测了在选举前后存在对不同政策工具的操纵行为。在选举之前,当政者受到的诱惑是:为了显得有胜任力而去减税和增加开支,显然这种行为产生了对最优结果的偏离。因此机会主义行为在理性机会主义模型里得以生存,尽管这些模型产生了与原始诺德豪斯模型不同的经验预测。特别地,由于理性预期,任何产生自货币和财政政策操纵行为的周期将被预测为具有更加不规则的和更加短期的特性。

最后,我们应该注意发展中国家的政府似乎与富裕国家的政府有相似的表现。在对 35 个发展中国家的研究中,舒克尼赫发现了"相当多的证据"来支持由选举而产生的财政政策周期(Schuknecht,1996),尽管自利的政治行为的机会比在更为开放的经济里要少。

## 10.10 理性党派理论

正如前面提到,希布斯在他的关于宏观经济政策选择的党派理论(Hibbs,1977)中,认为左派政党将系统性地选择与右派政党偏好不同的失业和通货膨胀的组合。在理性预期革命之后,理论家们开始质疑政策制定者通过运用总需求管理政策来影响实际经济活动的能力。在一系列的出版作品中,艾莱斯那已经展示了政治经济周期的党派理论能够在包含了理性预期的模型里生存,只要投票人对选举结果不确定,并且非状态依赖型的合同在不连续的时期被签署且不受选举结果被宣布之后的再谈判制约(见 Alesina,1987,1988,1989)。在艾莱斯那的模型里,经济行为人不能签订状态依赖型的名义工资合同来为选举风险提供保险。理性党派理论的核心是这样一种观点:许多工业化民主国家政治的体制是两极分化的。艾莱斯那不同意唐斯关于政治家行为的传统观点,即在两党制政体里,追求选票最大化的政治家将导致政策的趋同性(Downs,1957),因为两个政党都选择中间选民赞同的政策(亦见 Minford and Peel,1982)。在党派理论中,政治家是具有意识形态的,并且在当政时采用不同的政策。"这里,并不存在这样一种假设,即在一个由自利的政治家组成的多党制政体里,人们就应该观察到政策的趋同现象"(Alesina,1989)。以美国为例,经验的研究工作已经显示了:尽管从整个美国历史来看,两极分化的程度一直在变化,但是共和党和民主党从来没有完全趋同过(Alesina and Rosenthal,1995)。这部分地反映了一位总统候选人必须讨好本党的中间投票人,以获得提名。"因为在初级阶段所采取的平台是对在总统选举阶段所能选择的平台的约束,即使自利的政治家或许不得不选择两极分化的政策"(Alesina,1989)。艾莱斯那采纳了韦特曼(Wittman,1977)和希布斯(Hibbs,1977)的意见,并且强调政治家的意识形态偏好,这些政治家的意图是通过实行有可能导致有利于其支持者的收入再分配政策来取悦这些支持者。因此,理性党派理论显示了政党如何根据收入再分配的作用而采取不同的宏观经济策略。这里的假设是投票人很清楚政党之间的这些意识形态上的差别。在这个框架中,宏观经济政策创造了短期的总量扰动,因为理性的投票人不确定选举的结果。当共和党或者保守党胜出,经济行为人在紧接着选举之后的时期里面临一个通货紧缩的冲击,即通货膨胀小于预期。当民主党和社会党政府胜出,则相反的情况会发生,这时会有一个比预期更大的"通货膨胀突变"。在艾莱斯那模型里,选举结果的不确定性与两党之间意识形态差别的共同作用导致了总量的不稳定性。如果两个政党能够对宏观经济政策达成共识,那么总量波动将被减少。

艾莱斯那采用的"选举"宏观经济学框架是基于费希尔的著名的理性预期模型(Fischer,1977),该模型包括了这样一个劳动力市场:在此市场中,签订的名义工资合同期限包括好几个时期并且可以延长好几个时期(见第七章)。与卢卡斯(Lucas,1972a)及萨金特和华莱士(Sargent and Wallace,1975)有关的"中性"结果或者"政策无效命题"取决于完全的(即时的)工资和价格的灵活性以及行为人拥有理性的预期(见第五章)。费希尔(Fischer,1977)说明了新古典结果的关键假设是即时的市场出清。因为名义工资合同的存在,这个模型融入了价格黏性的元素;并且在非市场出清的背景下,政策的效力被恢复了:货币政策对总产出和就业有实际的效果。当具有意识形态的政治家在这样的背景里运用货币政策,一个理性的党派的经济周期就产生了。

这是如何发生的呢? 考虑方程 10.10—10.13。

方程 10.10 $$y_t = \beta[\dot{P}_t - \dot{W}_t] + y_{N,} \text{ ,and } \beta > 0$$

忽略资本积累,方程 10.10 显示了产出增长率($y_t$)取决于产出的自然增长率($y_{N,}$),并且和通货膨胀率($\dot{P}_t$)与名义工资增长率($\dot{W}_t$)之差呈正相关关系。前两者之差,也就是实际工资的路径。(根据奥肯定律,失业和产出被假定为负相关关系,并且产出的自然增长率与失业的自然率是相容的。)艾莱斯那使用的是产出的增长而不是产出水平,因为产出的增长是经验研究用来捕捉经济的党派效应的变量。如果我们假设非指数化的名义工资合同(该合同延续一个时期,比如两年)之签订旨在保持实际工资与自然产出增长相一致,那么我们得出方程 10.11,它显示了名义工资增长被设定为与当前预期的通货膨胀率($\dot{P}_t^e$)相等:

方程 10.11 $$\dot{W}_t = \dot{P}_t^e$$

与在诺德豪斯和希布斯模型里的情形不同,行为人理性地形成他们的预期。理性预期的假设由方程 10.12 给出:

方程 10.12 $$\dot{P}_t^e = E[\dot{P}_t \mid I_{t-1}]$$

这里 $E$ 是算术的预期运算器,$I_{t-1}$ 表示截至时期($t-1$)末经济行为人累积的
信息。通过合并等式方程 10.10 和 10.11,我们得到方程 10.13。这个等式告诉我们,如果发生通货膨胀突变,产出增长将偏离它的自然率水平。这种突变是没有意料的货币政策变化的结果:

方程 10.13
$$y_t = \beta[\dot{P}_t - \dot{P}_t^e] + y_{N_t}$$

在理性党派模型里,有这样一种假设:当政者通过货币政策有能力控制通货膨胀率。既然在对通货膨胀的厌恶程度方面,政党的偏好有所不同——右翼被假设比左翼更厌恶通货膨胀,一次带来政府更替的选举将导致通货膨胀突变,引起产出偏离它的自然增长路径。行为人具有理性的预期,但是不确定即将发生的选举结果。因为行为人在选举结果揭晓之前签订名义工资合同,选举后随之而来的通货膨胀率会不同于在选举前由工资谈判双方形成的理性预期的通货膨胀率。考虑以下事件可能的顺序。假定现任政府是左派政党当政(在美国为民主党,在英国为工党)。希布斯认为,我们能够假设左翼政府有着想要低失业率的名声(Hibbs,1977)。工资的谈判双方——如果他们认为当政者将赢得选举——将签订包含高预期通货膨胀率的名义工资合同。即使右翼党派看上去更像能赢得选举,厌恶风险的工资谈判将很有可能签订这样的合同:这个合同所包含的通货膨胀预期高于行为人确切知道右翼将获得胜利情形下的通货膨胀预期。如果一个保守的(厌恶通货膨胀的)政府取代现任左翼政府,他们将开始紧缩货币政策以减少通货膨胀,于是产生了一个没有被考虑到工资合同里的通货膨胀突变。结果是,在共和党或保守党获得选举胜利之后,艾莱斯那的理性党派模型预测:随着通货膨胀的降低,产出增长衰减且失业上升。事件的相反顺序将发生在政府从右翼变为左翼之后(Maloney et al.,2003)。在选举之后的时期,左翼政府要扩张经济和减少失业。最终,当通货膨胀预期调整到适应新的情况,产出增长回到了自然率水平但是经济被锁定在一个伴随高通货膨胀的均衡点。根据艾莱斯那模型,在左翼政党胜选之后将出现一个顺周期的模式,这与诺德豪斯模型所预测的正相反。在两种情形下,预期被假定为会在政府任期的后半段调整到通货膨胀的事实水平,并且从方程 10.13 我们可以看到,产出增长将在选举周期的这一时段回归到它的自然率水平,不论对于右翼还是左翼政府都是这种情形。既然在政府任期的后半段没有因选举而产生的突变,实际变量便回归到它们的自然率水平。然而,因为在艾莱斯那模型里,左翼政府将被锁定在一个高通货膨胀的均衡水平,他们可能会感到有压力要在下一次选举前来抑制通货膨胀。在 1979—1980 年间,卡特总统发现自己正面临这样的形势。

542

我们现在可以总结一下关于经济周期的理性党派理论的一些预测:

A1　保守党或共和党政府上台之后会出现一次衰退和上升的失业。一旦通货膨胀预期已经被减弱,产出增长将回到它的自然率水平。随着下一期选举的临近,通货膨胀处于低位。

A2 工党或民主党政府上台之后会出现通货膨胀的加速,因为经济更加迅速地扩张。失业一开始将下降。一旦通货膨胀预期调整,产出增长回到它的自然率水平但是通货膨胀仍维持在高位。如果左翼政府在下一期选举临近时试图抑制通货膨胀,它将制造一次衰退。

A3 两个政党的意识形态的信念越强烈,那么在选举之后由于政策框架的改变而产生的对产出和就业的扰动将越大。

A4 与希布斯的模型不同,理性党派理论预测因政府变更而导致的失业与增长的差别将仅仅是一个暂时的现象。

## 10.10.1 理性党派周期的经验证据

为检验理性党派理论,近年来有相当数量的经验工作已经进行(见 Alesina and Sachs,1988;Alesina,1989;Alesina and Roubini,1992;Alesina and Rosenthal,1995)。这些研究已经发现一些支持性的证据,包括关于产出和就业的临时党派效应的证据以及关于通货膨胀率的长期党派效应的证据。这些证据与预测相吻合。对于美国,系统性的差别已经被发现发生在好几届政府任期的前半段,而不是后半段。这类证据反映在表 10.3 中。尽管艾莱斯那的理性党派理论和诺德豪斯的政治经济周期模型(Nordhaus,1975)给出有关共和党和保守党政府的相似的预测,表10.3 里的数据平均而言并没有显示机会主义行为的证据。与艾莱斯那模型的预测相吻合,"二战后每一届共和党政府任期(里根的第二任除外)都始于一次衰退。民主党政府任期的开端没有发生过衰退"(Alesina,1995)。美国和英国经济史上紧接着里根总统和撒切尔首相上台之后的大衰退很好地印证了上述预测项 A1 和A3。预测项 A2 与法国在 1981—1983 年期间的经历非常契合。在密特朗的法兰西社会党政府任期的早期,扩张的政策最初被采用,即使许多其他主要经济体正处在衰退当中。密特朗总统和美国的卡特总统在快要结束他们的任期时都试图抑制通货膨胀,尽管必须承认在卡特政府的案例中第二次 OPEC 油价冲击使得问题复杂化。

表 10.3　实际 GDP 增长率

| | 年份 | | | |
|---|---|---|---|---|
| | 第一年 | 第二年 | 第三年 | 第四年 |
| *民主党政府* | | | | |
| 杜鲁门 | 0.0 | 8.5 | 10.3 | 3.9 |
| 肯尼迪/约翰逊 | 2.6 | 5.3 | 4.1 | 5.3 |
| 约翰逊 | 5.8 | 5.8 | 2.9 | 4.1 |
| 卡特 | 4.7 | 5.3 | 2.5 | −0.2[a] |
| 平均 | 3.3 | 6.2 | 5.0 | 3.3 |
| 前半段/后半段平均 | 4.8 | | 4.1 | |
| *共和党政府* | | | | |
| 艾森豪威尔 I | 4.0 | −1.3 | 5.6 | 2.1 |
| 艾森豪威尔 II | 1.7 | −0.8 | 5.8 | 2.2 |
| 尼克松 | 2.4 | −0.3 | 2.8 | 5.0 |
| 尼克松/福特 | 5.2 | −0.5 | −1.3[a] | 4.9 |
| 里根 I | 1.9 | −2.5 | 3.6 | 6.8 |
| 里根 II | 3.4 | 2.7 | 3.4 | 4.5 |
| 布什 | 2.5 | 0.9 | −0.7 | — |
| 平均 | 3.0 | −0.3 | 2.7 | 4.3 |
| 前半段/后半段平均 | 1.4 | | 3.5 | |

注：[a] 石油冲击。
来源：总统的经济报告，1992(被 Alesina，1995 引用)。

　　艾莱斯那总结道，政治经济周期模型的更为近期的理性版本在经验上已经比早些时候的诺德豪斯和希布斯模型要成功。特别地，"党派效应"显得"相当明显"，而"机会主义效应"看上去"规模甚小"，并且似乎仅影响特定的政策工具，尤其是财政变量(见 Alesina，1995)。还有记录显示，在里根和撒切尔政府执政期间，微观和宏观政策在收入分配方面的后果"特别具有党派特性"。在两人执政期间，不平等加剧了(见 Alesina，1989)。

## 10.10.2　对理性党派理论的批判

　　理性党派理论存在一些重要的缺陷。首先如果顺周期性效果归因于工资合同签订于一次选举之前，那么一个显然的解决办法就是推迟合同的签订直到选举结果揭晓。当然，当选举的时间安排是固定的外生变量的时候，这个解决办法未必适用。然而，在美国，工资合同是错开的并且是重叠的，这意味着至少工资合同期限的相当一部分会不可避免地跨越选举日。第二点重要的批评是，与其他假设名义

544

工资刚性的模型相一致,艾莱斯那模型暗示了一个反周期的实际工资,这与经济周期的一些模式化的事实不符。对于纯理论者而言,第三点批评与这些模型缺乏坚实的微观经济学基础有关,因为需要这些基础来解释名义工资合同签订的机制。艾莱斯那把这个问题描述为理性党派理论的"软肋"(Alesina,1995)。第四点批评来自最近一代的均衡经济周期理论。根据实际经济周期理论家的观点,货币政策不能够被用来产生有关产出和就业的实际效果,尽管这些学者同意货币增长决定通货膨胀率。在实际经济周期模型里,总量波动主要取决于对生产方程的各种冲击,并且这些冲击是地方性的。政治家的选举前行为与选举后的货币突变大体上是不相关的。一个良性的货币政策不会终结总量波动(见第六章)。第五点批评与滞后效果有关。如果理性党派模型的自然率特性因总需求扰动之后的持续效应而不能成立,政治经济周期也许会被"颠倒过来"(见 Gartner,1996)。第六点批评与经验的证据有关。在作了广泛的调查之后,卡尔米尼亚尼(Carmignani,2003)总结道,货币政策不是实际变量的政治周期的来源(亦见 Drazen,2000a,2000b)。最后,一些理论家认为党派和机会主义模型是不相容的,并且一个更加完整的模型应该包含上述两个影响因素(见 Frey and Schneider,1978a,1978b;Schultz,1995)。现在我们来看一看这最后的一项批评。

## 10.11 机会主义和党派行为:一个综合论

我们在前面的讨论中已经看到,关于政治经济周期的机会主义理论假定政治家仅仅受到官位的驱使,他们的宏观经济政策的设计是为了赢得选举。党派理论强调意识形态方面的考虑,并且抛弃了机会主义理论所作的所有政党遵循相同政策的假设。党派理论抛弃了政策趋同论。一个可供选择的假说由弗雷和施奈德(Frey and Schneider,1978a,1978b)提出,此假说认为当连任的机会看起来很少的时候,政党会表现出机会主义的行为方式。政府能够使用独立的调查来评估其受欢迎的程度。当一个政党是"受到欢迎的"并且有信心赢得下一届的选举,它便有资本去大力施行意识形态的政策。弗雷和施奈德认为"一个政府在选票上领先于反对派是由经济状况和选举周期同时决定的"(Frey and Schneider,1978a)。这后一种情形是指现任政府在两次选举之间会变得不太受欢迎这种倾向。当权的政治家希望再次当选以实施他们的意识形态计划,但可能面对一个在每次选举时会有所变化的利益驱动结构。因为当政府感到没有把握赢得下一届选举的时候使用机会主义政策的动机最强,机会主义行为将随着执政者的政治不安全感的增强而增多。这种观点能够解释支持机会主义行为的系统性的证据为什么不足。只要政治安全感是一项重要的因素,机会主义政策操纵就会在一些但非所有的选举前被观察到(见 Schultz,1995)。

当考虑使用政策操纵并以再次当选的可能最大化为其目标时,当政者需要考虑这些政策的边际好处和边际成本。当政府的受欢迎度严重不足时,机会主义行为的边际好处(以额外的选票为形式)是最大的。但是,政策操纵也给当政者产生了额外的成本(以声誉的损失为形式),并且这将损害长期的党派支持(见 Schultz, 1995)。舒尔茨认为"通过制造一次选举前的选情高峰,政府已经使自己面临不负责任和机会主义的指控"。然而,"当政府感到对当前选举没有把握的时候,长远打算对他们而言恐怕是一种奢侈,因此他们给未来的现值狠狠地打了折"。从这些观察中,舒尔茨形成了如下的假说:"**在一次选举之前,政府操纵经济的程度将与其在当时的民意测验中的领先情况负相关。**"既然政策操纵有潜在的成本,政府只会在接近下一届选举的时候才对受欢迎度不足有所应对。舒尔茨用英国政府对转移支付的操纵来检验这个假说,这一操纵对实际可支配收入产生了显著的和即时的效果。舒尔茨发现,除了 1974 年 10 月的那次选举之外,实际转移支付的增长与选举前现任政府的选情领先之间存在清晰可辨的负相关关系。这些结果是富有深意的。在产生机会主义行为的过程中,政治经济周期的效果的强度在每次选举中不尽相同,"因为政府的动机在每次选举中也不尽相同"(Schultz,1995)。显然在这个领域需要更多的研究。表 10.4 总结了有关总量波动的五大主要政治经济模型的主要特征。

在回顾经济学家们从对政治经济周期历时 25 年的研究中学到了什么时,德莱森以一种"清楚的讯息"总结道:

货币突变并非政治周期的令人信服的力量,不论是对机会主义周期还是党派周期而言;研究工作应该集中在财政政策上,把它当作驱动的力量,尤其是对机会主义周期而言。政治的货币周期更有可能是适应财政刺激的效果,即在试图影响选举结果的过程中,货币周期是被动的,而财政政策是主动的。(Drazen,2000b)

## 10.12　政治学、时间上的不连贯性、可信度和声誉

在将理性预期假说融合到宏观经济学模型中之后,有关经济政策的理论文献

已经被博弈论的方法所占据。人们看到,政策制定者与私人部门的经济行为人(他们还有一种身份即投票人)展开了一场复杂的动态的博弈。这样的文献是被基德兰德和普雷斯科特的专题论文(Kydland and Prescott,1977)所催化,他们提出了一个普遍的问题,即政策在时间上的不连贯性。他们认为,不受规则(事先的承诺)的束缚,因而可以施行自行决定的政策的政府将无法让理性的行为人相信政府将坚持低通货膨胀的政策。行为人知道,如果他们降低其对通货膨胀的预期,政府将有动机去欺骗并通过制造通货膨胀突变来暂时增加就业。但是,因为理性的行为人觉察到政策制定者的动机,在时间上连贯的政策便涉及一个偏通货膨胀的倾向。如果政府拥有自决权,宣布低通货膨胀在时间上是不连贯的并且是不可信的。因此一个可信的政策宣布可以被定义为在时间上是连贯的。对这个时间上不连贯问题的解决方案包括合约安排、对决策的授权以及制度和法律上的限制(见 Drazen,2000a)。

正如我们已经看到的,在那些必须定期举行民主选举的工业民主国家里,政治家有动机偏离最佳政策并且能够制造通货膨胀突变。

547　**表 10.4　其他政治经济模型**

| 政治经济模型 | 主要假设 | 预言 |
|---|---|---|
| 非理性机会主义经济周期理论(Nordhaus,1975) | 预期增大的菲利普斯曲线。政治家只关心再次当选。行为人是短视的并有着非理性的预期。 | 所有政府,不论左翼和右翼,表现相同。在一次选举之前,产出将增加,同时失业将减少。随着选举的来临,通货膨胀将加剧但在选举之后到达顶峰并且被选民所发觉。 |
| 强的党派理论(Hibbs,1977) | 可利用的菲利普斯曲线权衡关系。政策制定者和投票人具有意识形态差别并且是非理性的。中左党派对失业的厌恶甚于对通货膨胀的厌恶。中右党派则相反。 | 有着不同意识形态信条的政府将拥有不同的关于通货膨胀和失业的宏观经济目标。右翼政府比左翼政府更倾向于坚持高失业和低通货膨胀的政策。 |
| 理性机会主义理论(Rogoff and Sibert,1988) | 短期的菲利普斯曲线权衡关系。行为人有着理性的预期却没有充分的信息。投票人选择他们预计表现最好的党派。政治家只关心再次当选。 | 所有的政府表现相同。在选举之前,货币会增长,财政会扩张。 |

| 政治经济模型 | 主要假设 | 预言 |
|---|---|---|
| 理性党派理论（Alesina，1987） | 短期的菲利普斯曲线权衡关系。行为人有着理性的预期，但是不能确定选举结果。中左党派对失业的厌恶甚于对通货膨胀的厌恶。中右党派则相反。 | 中左政府较中右政府更倾向于通货膨胀。在中左（中右）政府任期的初期，产出高于（低于）自然率水平。货币政策的党派效应对实际变量的影响是暂时的。 |
| 弱的党派理论机会主义-党派综合（Frey and Schneider，1978a） | 政治家在党派的和机会主义的行为之间摇摆。政治家的实际行为取决于他们在民意测验中的"受欢迎度的盈余"。 | 如果选举前当政者的受欢迎度不足（低于某一关键水平），当政者会从党派行为转变为机会主义行为。受欢迎度有盈余的当政者表现得更意识形态化。 |

来源：改编自 Edwards(1994)。

　　在诺德豪斯模型里，扩张经济的动机在选前是存在的，为的是赢得选票。这种情况在诺德豪斯模型里是有可能的，这是因为：由于有了非理性的经济行为人及短视的投票人的假设，政策制定者永远不会丧失可信度。在那些含有理性预期和前瞻性投票人的假设的模型里，政策制定者才有压力去建立他们的可信度和声誉（见 Blackburn and Christensen，1989）。在这里，经济学家用"声誉"一词来指"政策制定者被预期会采取的行动"（Drazen，2000a）。在一个博弈论的背景下，一个博弈者的声誉将取决于他已经采取的博弈方式以及他对过去事件的反应。理性的行为人将只相信那些作出事前政策宣布的政治家，这些宣布的政策在事后看来也将是最佳的实施方案。然而，理性的行为人对政治家的选前许诺背后的动机缺乏充分的信息。因此私有部门行为人将需要仔细分析政治家发出的种种信号。在这种情形下，投票人或许难以区分"强硬的"（厌恶通货膨胀的）政治家和"通融的"（容忍通货膨胀的）政治家，因为后者总是有动机把自己装扮成"强硬派"（见 Backus and Driffill，1985）。

　　艾莱斯那已经说明了中间选民定理（即在两党政体下，政策存在趋同性）的预言在时间上是不连贯的（Alesina，1987）。在选前的一段时期里，两党都发现宣布趋同的政策对各自都有利，假设这样做会讨好中间选民。为了使再次当选的可能最大化，意识形态问题退居二线了。然而，因为没有机制保证当选政府兑现它的诺言，这些宣布的趋同的政策一定是时间上不连贯的。选举之后，党派考虑的影响将占据主导，随着当选的政治家重新推行最佳政策并且实施那些最符合他们意识形态立场的计划，在时间上连贯的均衡不涉及政策趋同，并且两党"奉行各自最偏爱的政策"(Alesina and Tabellini,1988)。这不可避免地制造了过多的政策决策的波动性,导致了因政治诱发的经济周期。

从以上分析可以得出,只有在选举前的政策宣布和诺言与一个政党的意识形态相一致,这些宣布和诺言才会被选民认真对待。一旦被选上,政治家将倾向于执行一个更加党派化的策略。这对于那些宣称将对"通货膨胀采取严厉措施"的左派政党来说可能是个特别的问题。根据希布斯(Hibbs,1977)和艾莱斯那(Alesina, 1987)模型的基本假设,左派政治家会优先考虑减少失业,投票人很有可能带着怀疑的眼光看待那些声称讨厌通货膨胀的声明。对通货膨胀宽容的政党有动机将自己装扮成对通货膨胀的"强硬派"。理性的投票人很有可能将这些信号解释为"一个骗子的伪装行动"(Blackburn,1992)。这个情况的引申意义是"一个关心失业的政府所宣布的低通货膨胀政策是不可信的;事实上,如果预期通货膨胀是低的,这样的政府将制造出一个通货膨胀突变以达到减少失业的目的"(Alesina,1989)。

这些问题在 1997 年英国选举前夕是非常突出的。托尼·布莱尔领导的"新"工党宣布该党有意对"通货膨胀采取严厉措施",并且还要以实现更低的失业率为目标。在艾莱斯那的模型里,有关通货膨胀的表述显然是时间上不连贯的。然而,为了给它的反通货膨胀言论增加可信度,在赢得了 1997 年选举之时,新工党立即赋予英格兰银行操作独立性(见 Snowdon,1997)。

## 10.13　政治经济模型在政策方面的引申意义:一个独立的中央银行?

1997 年 5 月 6 日,在为英国经济引进了"新货币政策框架"(该框架确立了英格兰银行的"操作独立性")的时候,财政大臣戈登·布朗在一份官方声明里为政府的战略提供了如下理由(Brown,1997,强调是后加的):

如果让经济的长期要求而非短期的政治考虑来指引货币的决策,那么我们将只能建立一个值得完全信任的货币政策的框架。**我们必须消除那些怀疑,即短期的党派政治考虑在影响着利率的设定。**

布朗财政大臣关于授予英格兰银行更大的独立性的决定有其根源:这就是布朗的经济顾问埃德·鲍尔斯(Ed Balls)在 1992 年写的一篇题为"欧元货币主义"的费边协会论文。作为拉里·萨默斯在哈佛大学的学生,鲍尔斯熟知艾莱斯那和萨默斯有关中央银行独立性的经验著作(Alesina and Summers,1993)。在 1997 年 3

月对美国的一次访问中,影子内阁财政大臣布朗和他的经济顾问会见了艾伦·格林斯潘和拉里·萨默斯。就这样,如若胜选立即给予中央银行更大独立性这一战略诞生了。

　　有关规则与自主决定在财政、货币政策实施过程中的相对优势的一般争论由于一些研究而再次热烈起来,第五章和第七章对这些研究已经有所回顾。既然货币和财政工具的非最佳化的使用是政治经济周期文献的各种流派的核心,这些著作的绝大多数都说明了非常需要建立一种政策体制,这种体制可以对政策制定者被迫采用不稳定政策的动机起到遏制作用。基德兰德和普雷斯科特(Kydland and Prescott,1977)以及巴罗和戈登(Barro and Gordon,1983a)的新古典主义文稿,强调了时间上的不连贯性、可信度和声誉方面的问题,为货币规则提供了额外的支持理由,而这些货币规则与弗里德曼的著作(Friedman,1968a)有联系。政治经济文献还表明,强烈的党派或机会主义行为能为总变量产生出一个非最佳化的结果。然而,为了使政策规则可信,某种形式的执行机制是必需的。因为这个原因,近年来许多经济学家支持制度改革,涉及一个独立的中央银行的建立(见 Goodhart,1994a,1994b)。这个论点背后的假设是:这样的制度(至少原则上)能以不受机会主义和党派影响干扰的方式来实行货币政策。另外,财政政策也将受制于一个更加严格的预算限制,只要独立的中央银行没有义务将赤字货币化(见 Alesina and Perotti,1995a)。更大的中央银行独立性也是包含于马斯特里赫特条约中的目标之一,该条约寻求为国家金融立法带来一些根本的改变,以期建立欧洲货币联盟(见 Walsh,1995a,1995b)。

　　在货币政策实施过程中呈现出的通货膨胀偏向通常成为支持中央银行独立性的依据。在70年代和80年代早期工业国家所经历的相对高的通货膨胀率为这种通货膨胀偏向提供了佐证。因为大多数经济学家强调货币增长是持续的通货膨胀的基础原因(见 Lucas,1996),那么可以推断国家之间通货膨胀率的持久差别产生于各国货币扩张速率的不同。因此,对于这些"程式化的事实"的任何合理的解释必须包括对中央银行行为的理解(Walsh,1993)。特别地,我们需要找到货币政策以某种方式运行的原因,这种方式所创造的正的平均通货膨胀率高于人们想要的水平。货币当局之所以可以制造通货膨胀,有几个原因,包括为影响再次当选前景而去降低失业的政治压力、希布斯和艾莱斯那所强调的党派效应、动态不连贯性的影响以及与为赤字融资的有关动机。这最后一种原因在具有非有效的或不发达的财政制度的经济中尤为重要(见 Cukierman,1994)。

民主国家中央银行独立性的理论依据与一项共识有关,这个共识是:长期的菲利普斯曲线垂直于自然失业率水平。这暗示了,尽管货币政策在短期是非中立的,但在长期它对实际变量如失业和产出的影响甚微。因为没有可利用的长期权衡,有远见的货币当局应该在垂直的菲利普斯曲线上挑选一个与价格稳定这一可持续目标相一致的位置(见 Goodhart,1994b;Cukierman,1994)。

中央银行独立性的经验**依据**与跨国比较的证据相联系,这些证据显示,对于发达的工业国家来说,中央银行独立性与通货膨胀之间存在着明显的负相关关系(见 Grill et al.,1991;Cukierman,1992;Alesina and Summers,1993;Eijffinger and Keulen,1995;Eijffinger,2002a)。然而,应该注意到,这种负相关性并不能证明因果关系,并且当国家样本扩大包括了发展中国家之后,这种关系就不再成立了。那些金融市场深度不够以及有着不可持续的预算赤字的贫穷国家,希望通过创设独立的中央银行的办法来解决其通货膨胀问题是不大可能的(Mas,1995)。但是,至少对于发达工业民主国家而言,理论的和经验的研究都赞同货币制度应该被设计成可以保证中央银行的高度自治权。

尽管独立的德意志联邦银行在很长时间内保持低通货膨胀方面的成功引起了其他国家的效仿,但是中央银行独立性的衡量、形式以及后果等重要问题也明显地随之产生。首先,独立性的全部问题就是一个程度的问题。尽管在 1997 年 5 月之前,美联储比英格兰银行拥有更多的独立性,但显然法律上的独立没有也不能彻底消除"货币政策"的影响(见 Mayer,1990;Havrilesky,1993;Woolley,1994)。例如,坎贝尔等(Chappell et al.,1993)说明了党派力量是如何影响货币政策的实施的,这种影响可以通过总统对美联储董事会的任命来实现。通过这种"政治的"任命以及其他形式的总统信号(道德劝诫),美联储的货币政策决策绝不可能完全独立于政治压力之外。尽管如此,近年来相当多的研究努力投入衡量许多国家的中央银行独立程度的工作中(见 Cukierman,1992;Eijffinger and Keulen,1995;Healey,1996)。根据库克曼,四套指标可以被用于确认中央银行的独立程度:(1)法律指标;(2)调查问卷指标;(3)中央银行董事的人员更换率;(4)银行对政治压力的抵御能力。然而,这些研究以及它们的引申含义受到了相当多的批评(见 Jenkins,1996)。

在讨论中央银行独立性的形式方面,费希尔提出区分"目标独立性"和"工具独立性"(Fischer,1995a,1995b)。前者暗示了中央银行自己设定政策目标(即政治上是独立的),而后者指在货币政策的各种手段上的独立性(即经济上是独立的)。用这种分析体系来看,英格兰银行在 1997 年 5 月被授予了工具(经济的)独立而不是目标

(政治的)独立。目标和工具独立的区分可以被用来说明独立的中央银行的两大模式之间的差别。理论文献已经对这两大模式有所论述。第一种模式是基于罗戈夫的"保守的中央银行家"(Rogoff,1985)。在这个模式里,厌恶通货膨胀的保守的中央银行家得到了任命,他将保证通货膨胀维持在低水平。如果没有这样的人被任命,在同样的环境下就很难建立起关于低通货膨胀的事先承诺。罗戈夫的厌恶通货膨胀的中央银行家同时拥有目标和工具上的独立性。其结果是,平均通货膨胀率较低但是产出变动度较高。第二种模式与沃尔什(Walsh,1995)有关,它利用了主顾-代理人的框架,强调中央银行的责任。在沃尔什的契约论中,中央银行拥有工具独立性但没有目标独立性,并且对中央银行的奖惩依据其在控制通货膨胀方面的成就来进行。然而,正如沃尔什(Walsh,1995a)指出的:

只有中央银行认同有关失业与通货膨胀权衡关系的社会价值观时,一份基于通货膨胀的合约(同时结合政策的实际实施中的中央银行独立性),才能取得最佳的政策结果。当中央银行不认同社会的偏好时,最佳的合约不再是通货膨胀的一个简单的函数;必须创造出更为复杂的激励手段来保证中央银行在维持低平均通货膨胀的同时仍然执行着恰当的稳定政策。

当1990年改革以后成立的新西兰联邦储备银行效仿主顾-代理人模式之时,德意志联邦银行在欧洲货币联盟成立之前,却接近罗戈夫的保守的中央银行模式。在费希尔(Fischer,1995a)看来,从这类文献中显现的重要结论就是"一个中央银行应当具有工具独立性,但不该具有目标独立性"。

最近几年,许多国家已经着手改革货币政策的体制。这些国家包括那些曾是共产主义经济的前"东部集团"以及那些来自拉丁美洲和西欧的国家。绝大多数国家采用了主顾-代理人方式的某种变种,以此方式,中央银行有合约义务去实现明确界定的目标——完成这些想要的目标所需的工具同时提供给中央银行,并且要对偏离已选择路径的情况负责(见 Bernanke and Mishkin,1992;Walsh,1995a)。在新西兰模式中,中央银行行长对财政部部长负责。这与德意志联邦银行形成对比,后者向公众负责。在加拿大和英国,通货膨胀目标管理已被强化。不能实现通货膨胀目标会对中央银行的声誉造成损失。在英国的例子里,自1992年之后采用的方式涉及英格兰银行的通货膨胀目标管理与操作独立(自1997年5月之后)相结合(见第七章)。

反对中央银行独立性的主要理论依据之一是由这种独立性引发的货币与财政当局之间的潜在冲突(见 Doyle and Weale,1994)。诺德豪斯对政策制定者面临的问题进行了深入的讨论(Nordhaus,1994),这些政策制定者所在国家的货币和财政政策是独立实施的。在那些因此而导致冲突的国家里(例如 1979—1982 年期间的美国),已经经常性地产生了巨额财政赤字和高实际利率的结果。根据诺德豪斯,这导致了长期增长率过低。紧货币-松财政政策的组合在美国并不奇怪,因为驱使美联储和财政部行动的支配性动机是不同的。独立的中央银行强调货币节制和稳定的低通货膨胀率,而财政当局知道增加的政府开支和减少的税收是"政治的恩惠"(Nordhaus,1994)。在此情形下,经济很有可能被锁定在一种"高赤字均衡"里面。自利的政治家不大可能从事减少赤字的活动,因为他们害怕失去选民支持。当财政和货币当局对通货膨胀有着不同想法的时候,这种由不合作的财政-货币博弈产生的协调问题不可避免地发生了。这些问题最终提出了一个基础性的课题。一个由未经选举的个人组成的团体是否应当被允许作出关于使用重要政策工具的选择,而这种选择将对一国的民众产生重大的影响? 简言之,独立的中央银行的存在是否对民主制度构成威胁(见 Stiglitz,1999a)? 不对民主负责的独立性显然是无法令人接受的(Eijffinger,2002b)。

现在关于中央银行独立性问题的文献非常之多。学术文献指出了为什么工业化民主国家已经形成通货膨胀偏向的各种原因;在形成这种偏向的过程中,政府被允许在财政和货币政策的操作中使用自行决定权。与罗戈夫(Rogoff,1985)形成对比,艾莱斯那和萨默斯(Alesina and Summers,1993)提出的经验证据显示:对于发达工业国家而言,通货膨胀与中央银行的独立性程度呈负相关关系,但这在长期并不对实际的增长和就业产生重大的不利影响。中央银行独立性似乎在提供一份"免费的午餐"! 然而,产出变动的原因把这个问题变得更加复杂。艾莱斯那和加蒂区分了能够导致总量不稳定的两种变动类型(Alesina and Gatti,1995)。第一类是经济变动,它源自对总需求和/或总供给的不同类型的外部冲击。第二类是政治的或者由政策引起的变动,它已经成为本章的主题。罗戈夫的保守的中央银行家不会对"经济冲击"作出太多反应。然而,艾莱斯那和加蒂认为一个独立的中央银行将减少由政策引发的产出变动(Alesina and Gatti,1995)。因此"独立性对产出变动的综合效果便是模糊的"。于是,当由政策引起的变动超过了那些外部冲击带来的变动的时候,一个更为独立的中央银行能够减少通货膨胀和产出的变动,这个结果与艾莱斯那和萨默斯(Alesina and Summers,1993)的数据相吻合。对于批评家而言,中央银行独立性并非万能药,并且艾莱斯那-萨默斯相关关系并不证明因果关系(Posen,1995)。另外,独立性可能产生的大量的国内和国际政策协调问题也许会抵消潜在的好处。在面对强大的"经济"冲击时,一个保守且独立的中央银行

554

或许并不比一个由选举产生的政府更高明。

## 10.14  负债和赤字的政治经济

在20世纪70年代中期,一些经合组织成员国积累了大量的公债。在由相对同质化的经济组成的一个集团范围内,和平时期的负债占GNP的比率的提高是前所未有的,并且与新古典主义的有关最佳财政政策的方法难以协调,这种新古典方法的代表是"税收平滑"理论。在1990年,当诸如希腊、意大利和爱尔兰等国家积累了超过95%的公债比率时,其他国家如德国、法国和英国的债务比率在1990年则低于50%(Alesina and Perotti,1995b)。

为了解释国家经历的不同以及这些上升的负债率出现时间的不同,艾莱斯那和佩罗蒂认为对政治-体制因素的理解是"至关重要的"(Alesina and Perotti,1995)。在解释如此大的差异时,艾莱斯那和佩罗蒂总结出最重要的两项因素,它们是:

1. 围绕预算过程的各种规则和规章;

2. 政府的结构,即选举制度容易产生联合政府还是单一党派的政府?

在面临巨大经济冲击时,弱的联合政府容易耽误必要的财政调整。一个"社会规划者"会对一个经济冲击很快作出反应,而在一个充斥党派和机会主义政治的现实世界里,会形成延误必要的财政调整的"拉锯战"(见 Alesina and Drazen,1991)。佩尔森和塔贝里尼(Persson and Tabellini,2004)调查了选举规则、政府形式与财政结果之间的关系。他们主要的发现有:(1)与以比例代表制为基础的选举相比,采用多数人决定制的选举会产生较小的政府和较小的福利计划;(2)与议会制民主国家相比,总统制民主国家会产生较小的政府。

艾莱斯那和佩罗蒂所作的研究(Alesina and Perotti,1996b,1997a)还表明,一次财政调整的"构成"对其能否成功是非常重要的,而衡量成功的标准是可持续性和宏观经济的结果。可以定义两种类型的调整:类型1的财政调整依赖于削减支出、减少转移支付、减少公共部门的工资和就业;类型2的调整主要依靠基础广泛的税收增加和公共投资的减少。艾莱斯那和佩罗蒂(Alesina and Perotti,1997a)发现调整类型1"会引发更加持续的预算加强并且更具扩张性,而调整类型2会由于预算的恶化而很快被扭转回来,它对经济产生收缩的后果"。因此,任何财政调整,"只要它回避社会安全、福利计划及臃肿的政府官僚机构这些问题,就注定要失败"(见 Alesina,2000)。调整类型1与那些依赖扭曲的增税政策相比,还有可能对"竞争力"(单位劳动成本)产生更多有益的效果(见 Alesina and Perotti,1997b)。

在政治经济范畴里,有一个相关的且更加深入的研究领域,它关心政治的和经济的稳定之间的关系(见 Carmignani,2003)。有很好的理由去相信经济表现将遭受困境,如果一国在政治上是不稳定的。经常的暴乱、有着政治目的的暴力以及革命不可避免地对一国的经济产生负面的影响。正如凯恩斯一直强调的,不确定性会打击投资和生产性的创业精神。

艾莱斯那的党派理论预言,党派效应越大,不稳定性将越大,因为分歧很大的政策会创造不确定性并且使预期变得不稳定。还有一点也不太可能发生,即一个感到自己再次当选的胜率甚微的政府会把声誉看得很重要。在此情况下,执政者有"动机去遵循特别短视的政策,因为它不会去关心一个自己可能即将出局的未来"(Alesina,1989)。

对政策的另一不稳定影响产生于政治的不稳定,这种政治不稳定来源于脆弱的联合政府没有能力去实行严厉但是必要的对长期稳定非常关键的经济政策。艾莱斯那发现,在 1973—1986 年期间,政治的不稳定性指数与奥肯的痛苦指数(通货膨胀＋失业)之间存在正相关关系(Alesina,1989)。在他的包括 20 个国家的样本里,英国是一个例外;英国在这段时期,尽管保持着高度的政治稳定,它试图将相对糟糕的经济表现包含在内。在艾莱斯那和德莱森分析为什么必要的稳定政策经常被延误时,他们考虑了这样一种情况:两个有着不同意识形态的政党在进行一场拉锯战,它们都试图把财政改革的负担转嫁到对方的支持者身上(Alesina and Drazen,1991)。结果在改革过程中的延误和政府不作为导致了负债累积与危机,直到其中一个政党被迫接受财政负担的较大部分。正如德莱森指出的:"不能采取有利于社会的经济改革或者在耽误了长时间之后才采取这样的改革,这个现象是有关经济政策决策的简单教科书模型与现实世界经历相背离的很好的例子。"(Drazen,2000a)

现在有相当多的跨国证据表明硬币铸造税(通货膨胀税)与政治不稳定程度正相关。在对 79 个发达和发展中国家于 1971—1982 年间的情况的研究,库克曼等人发现了支持他们的假说的证据,他们的假说是"与稳定的且同质的社会相比,较为不稳定的国家相对会更加依赖硬币铸造税来为政府预算融资"(Cukierman et al.,1992)。这些结论还得到了爱德华兹(Edwards,1994)的支持,他发现使用通货膨胀融资的动力与政治体制的波动性紧密相关。在极端的情况下,极度通货膨胀会爆发(见 Capie,1991;Siklos,1995;Fischer et al.,2002)。

## 10.16 关于经济增长的政治经济

政治不稳定最重要的不利效果之一是它对经济增长的副作用。在第十一章里我们将讨论新增长理论中的几个流派,这些流派关注有关增长的更深层次的决定因素,包括政治和机构。德莱森认为关于增长的政治经济理论是关于收入再分配的政治经济研究的一种自然延伸(Drazen,2000a),而且在本章里,我们回顾了关于不平等、经济增长、独裁和民主之间联系的一些近期的研究(见 Alesina and Perotti, 1994;Alesina and Rodrik,1994;Persson and Tabellini,1994;Alesina and Perotti, 1996c;Benabou,1996;Deininger and Squire,1996;Aghion et al.,1999;Barro,2000; Forbes,2000;Lundber and Squire,2003)。

在探索不平等与经济增长之间联系的过程中,我们首先需要区分"旧的"观点与"新的"的观点。在 60 和 70 年代,旧的观点主宰了发展经济学的思维方式,并且被吸纳在诸如阿瑟·刘易斯(Arthur Lewis,1954)和理查德·纳尔逊(Richard Nelson,1956)这样的经济学家的著作中。旧的观点的主旨是"资本的基础性";即资本的积累是经济增长的关键。资本的基础性尤其与被广泛认同并使用的哈罗德-多马模型相联系,这个模型属于发展理论以及像世界银行这样致力于发展的机构(见 Easterly,1999,2001a;本书第十一章)。为了促进高积累率,在缺乏可观的国外资本流入的情况下,一国必须通过高的国内储蓄率来产生必需的资源。这里有一个假定,就是收入的不平等性会产生上述结果,因为富人被假定比穷人有更高的储蓄倾向(见 Kaldor,1955)。这个观点被概括在哈里·约翰逊的如下陈述中:

> 快速的增长和公平分配之间的矛盾很有可能发生;告诉一个渴望发展的贫穷国家不要过于担心收入分配问题或许是个很好的建议。(Johnson,1958)

不平等会导致更快发展的另一个理由与投资的不可分割性的观念有关,即新工业的建立经常涉及非常大的沉没成本。穷国的金融市场发展不充分,补偿这些成本需要财富的集中。最后,还有观点认为,如果缺少足够的激励,投资率将不足以维持持续的增长。

增长与平等之间存在权衡关系,这个观点主宰了"二战"后早期有关发展的思维。另外,"库兹涅茨假说"认为随着国家的发展,不平等将首先加剧,然后才会减轻(见 Kuznets,1955)。因此,不平等与人均 GDP 之间的关系不论在时间序列还是跨区域数据里面都呈现出倒 U 型的关系。巴罗的经验测试结果确认了库兹涅茨曲线保持着"清晰的经验上的规律性"(Barro,2000)。

在 20 世纪后半叶,经济发展遍及全球,有一点变得清晰起来,即:在越来越多的成功发展的故事里,引人注目的经济增长率的取得并没有伴随着出现高度的收入不平等,就像亚洲"四小龙"那样。另外,在许多国家比如拉丁美洲国家,严重的不平等与不佳的经济增长纪录相伴。一些经济学家已经开始强调不平等对增长的潜在不利影响,这是冈纳·米尔德尔早已提出的观点(Gunnar Myrdal,1973)。阿洪等总结道,不平等是资本积累所必需的,再分配损害增长的旧的观点"与经验的证据相左"(Aghion et al.,1999)。

不平等与作为其后果的增长表现之间存在反向联系,有多种机理被提出来作为这种反向联系的可能原因(见 Alesina and Perotti,1994)。信用市场方式强调穷人有限的融资途径去投资于人力资本的形成。在这种环境下,绝大多数人只得依赖他们自己的资源来为教育提供资金,不平等程度的减轻能增加人力资本的形成和提高经济增长的速度。第二种是"财政的"方式,它强调了在降低严重的不平等的政治压力下,税收所产生的扭曲的和挫伤积极性的效果。通过提高潜在投资人的税负,对收入的再分配减少了投资,从而也减缓了经济增长(Alesina and Rodrik,1994;Persson and Tabellini,1994)。第三种方式认为严重的不平等导致了大量的行为人从事操纵、腐败和犯罪活动。这些活动威胁产权和投资积极性。格莱泽等人发展了这样一个模型:一个富裕而强大的阶层颠覆了法律的、政治的和监管的机构从而威胁着产权,通过这种方式,不平等对经济结果造成了不利的影响(Glaeser et al.,2003)。用"罗宾汉的分配"取代"约翰王的再分配"不是解决这个问题的办法,即不能用一个官僚主义的社会党的寡头政治去取代一个旧的腐败的寡头政治。根据奥尔森,任何社会的繁荣有两个必要的关键条件:第一,建立有保障的且定义清晰的个人权利,这些权利是关于私人产权和公平的执行合同,因为资本主义是首要的法律制度;第二,"没有任何类型的掠夺行为"(Olson,2000)。经验的证据显示,"战后没有一个社会完全符合前述两个条件"。但是,显然一些经济体与其他经济体相比更接近理想的情况,这可以在它们的长期经济表现中反映出来(Olson,1996)。贾马-布雷庞对非洲的腐败、经济增长和不平等作了经验的分析,发现腐败与收入不平等正相关,并且对穷人的伤害甚于对富人的伤害(Gyimah-Brempong,2002)。理解经济成功的政治根源对社会科学家来说是一个重要的研究领域,因为如同表 10.5 所示,撒哈拉以南非洲国家的"关于治理的主观指标"读起来令人压抑。法扬齐尔伯等人也说明了暴力犯罪与不平等正相关（Fajnzylber et al.,2002），他们的研究结果在考虑到贫穷的整体水平之后仍经得起推敲。艾莱斯那和佩罗蒂进一步说明了不平等会加重社会的和政治的不安定，并且暴力和革命的威胁减少了促进增长的活动（Alesina and Perotti,1996c）。这些结论在经验上"相当牢固"（亦见 Alesina et al.,1996）。

阿伯·赫希曼也注意到不平等对增长的影响，这种影响是通过他称之为"隧道效应"的方式实现的，包括以下两个基本命题（Alber Hirschman,1973）：

1. 在发展和增长的早期阶段，对日益增加的不平等有相当大的容忍；

2. 如果低收入群体不能从增长过程中受益，这种容忍会日渐消失；

**表 10.5　有关国家治理的选定指标：20 个撒哈拉以南的非洲国家[a]**

| 国家及其独立时间[b] | 言论和负责解释[c] | 法律的规则[c] | 政府效率[c] | 腐败指数[c] |
|---|---|---|---|---|
| 安哥拉 1975 | −1.26 | −1.49 | −1.31 | −1.14 |
| 布基纳法索 1960 | −0.26 | 0.79 | −0.02 | −0.93 |
| 喀麦隆 1960 | −0.82 | −0.40 | 2.0 | −1.11 |
| 科特迪瓦 1960 | −1.19 | −0.54 | −0.81 | −0.71 |
| 埃塞俄比亚 1941 | −0.85 | −0.24 | −1.01 | −0.40 |
| 加纳 1957 | 0.02 | −0.08 | −0.06 | −0.28 |
| 肯尼亚 1963 | −0.68 | −1.21 | −0.76 | −1.11 |
| 马达加斯加 1960 | 0.28 | −0.68 | −0.35 | −0.93 |
| 马拉维 1964 | −0.14 | −0.36 | −0.77 | 0.10 |
| 马里 1960 | 0.32 | −0.66 | −1.44 | −0.41 |
| 莫桑比克 1975 | −0.22 | −0.32 | −0.49 | −0.10 |
| 尼日尔 1960 | 0.11 | −1.17 | −1.16 | −1.09 |
| 尼日利亚 1960 | −0.44 | −1.13 | −1.00 | −1.05 |
| 塞内加尔 1960 | 0.12 | −0.13 | 0.16 | −0.39 |
| 南非 1934 | 1.17 | −0.05 | −0.25 | 0.35 |
| 苏丹 1956 | −1.53 | −1.04 | −1.34 | −1.24 |
| 坦桑尼亚 1961 | −0.07 | 0.16 | −0.43 | −0.92 |
| 乌干达 1962 | −0.79 | −0.65 | −0.32 | −0.92 |
| 扎伊尔 1960 | −1.70 | −2.09 | −1.38 | −1.24 |
| 津巴布韦 1965 | −0.90 | −0.94 | −1.03 | −1.08 |

注：a　UNDP，《人类发展报告》,2002。

　　b　*Chambers Political Systems of the World*, Edinburge.

　　c　UNDP(2002)。打分范围为−2.5—2.5,越高越好。各类别的最高得分是：
　　　　言论和负责解释：瑞士(1.73)
　　　　法律的规则：瑞士(1.91)
　　　　政府效率：新加坡(2.16)
　　　　腐败指数：芬兰(2.25)
　　　　英国的上述四项得分分别是：1.46,1.61,1.77 和 1.86。

3. 长期而言,一个发展中国家持续的和日益加重的不平等可能导致"发展的灾难",由不平等而引发的内部紧张局势会导致政治不稳定。

赫希曼认为,个人是以相对的标准来评判自己的福利,即通过将自己的收入和他人的作比较。即便穷人的实际收入有所增加,但是其他群体暴发的事实使穷人产生了相对被剥夺之感。赫希曼用在一条两车道的隧道里因交通阻塞而滞留的开车人作比喻,两条车道的行驶方向相同。如果两条车道的交通都是停滞的,驾车人最初将表现出耐心以期待堵塞很快会消除。如果一条车道的交通开始松动,那些还没有移动的人最初的希望在增加,他们盼望很快也能开动上路。所以,最初"隧道效应"强烈,那些还没有开动的驾车人耐心地等待他们的活动顺序。但是如果一条车道的交通继续畅通,并且车流越来越快,而另一条车道仍旧在堵塞,那么很快处于停滞车道的驾车人将为他们所面临的不公而变得愤怒,并将准备采取"违规行动",即危险的驾驶动作并且甚至会对畅通车道的驾车人采取暴力行为(公路愤怒)。换言之,即使不平等在增加,只要"隧道效应"还在延续,每个人都会感觉不错。但是,一旦"隧道效应"消失,就有革命的潜在可能和对政治变革的要求。这种变革可能引发暴乱。这似乎精准地描述了几个发展中国家所经历的情况。

第四种方式从墨菲等人的新版"大推动"理论(Murphy et al.,1989b)发展而来。这里的观点是,成功的工业化进程需要一个内需旺盛的大市场以便使那些旨在提高回报率的技术手段变得有利可图。高度的收入不平等抑制了内需,阻碍了有利于促进经济发展"大推动"的经济环境的发展。

图 10.6 展示了不平等作用于经济增长的种种机理。艾莱斯那和佩罗蒂承认,这些方式有着相反的作用(Alesina and Perotti,1996c)。由财政方式产生的税收对投资积极性的扭曲效果将趋向于减少增长,但同时还有可能减少社会紧张,并因此减少政治不稳定的威胁。"因此,再分配政策对增长的净效果必须将扭曲的税收带来的成本和社会紧张降低带来的益处作一个比较。"

关于不平等对增长的作用的新旧观点之间是否有某种联系呢? 在一次访谈中,阿塞穆戈鲁提出了如下的可能性:

"不平等对增长有好处的"旧故事和"不平等对增长有害"的新故事之间的一种联系方式如下。设想这样的一种模式,在发展的早期阶段,通过给予同一团体资源和政治权力,这导致更高的投资率。但是还假设,在一个动态的世界里,这些富有而有权势的人群不再从变化的经济机会中得到好处。这些有权势的既得利益团体变成了抵制变化的无生产能力的寡头政治集团。他们用他们经济和政治的力量来阻止新的更有活力的群体加入进来。这样,不平等与增长之间的关系便倒过来了。高度不平等国家的发展开始停滞不前。当然这纯属猜测。但是这个故事与加勒比经济体的历史相吻合。(见 Snowdon,2004c)

经济学家的研究中有一点变得越来越清楚:体制方面的失败往往会阻止一国采用最具生产力的技术。一些经济学家提出了"经济输家"的假说,即强大的利益集团抵制新技术的采用,为的是保护他们的经济租金(Parente and Prescott,2000)。与此形成对比,在一系列的论文里,达龙·阿塞穆戈鲁和詹姆斯·鲁宾逊鼓吹"政治输家"的假说,作为一种可替代的并且更为合理的解释,来说明为什么发展的体制障碍会出现(例如,可见 Acemoglu and Robinson,2000a)。

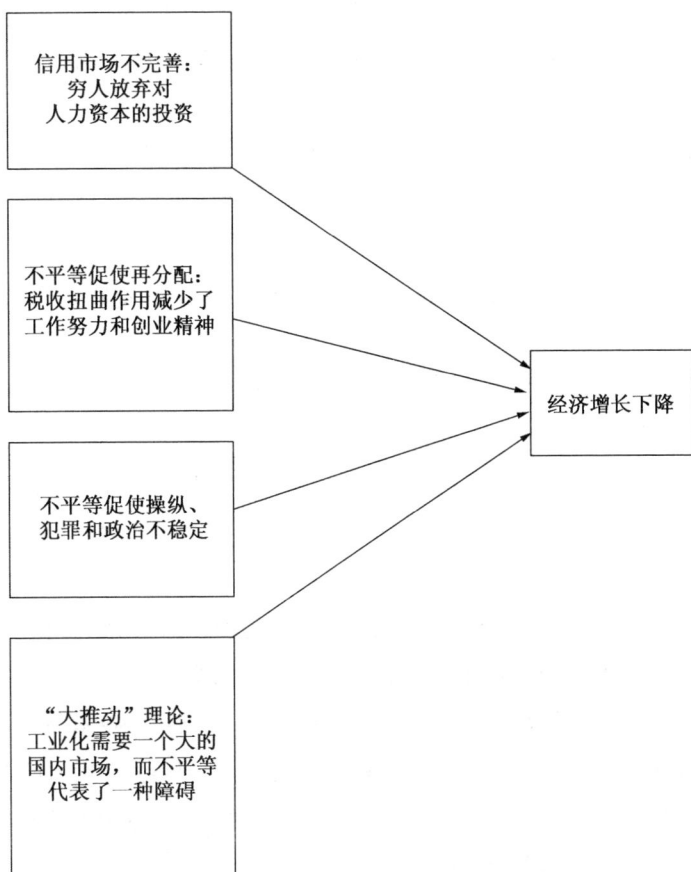

图 10.6 不平等如何对增长产生不利影响

## 10.17 经济增长的政治障碍

经济学家们对经济增长所需的广泛条件十分清楚,或者说至少他们知道什么是不能做的!然而许多政府继续选择保留大家都知道是灾难性的政策和体制,这些政策和体制会阻碍或者甚至挫败积极性、生产力增长和创业活动。这样的国度还通常有着过度腐败的特征(Aidt,2003)。既然政策和体制似乎是国家经济表现的第一决定因素,为什么政府不从他们的错误中吸取教训而选择更好的政策?什么可以解释政府持续地重复采用并维持低效率的体制和已经被证明是不好的政策(Robinson,1998)?这显然是政治经济中最重要的现实问题之一。是否存在一种理性选择的解释,而不必去假定不正常的政治领导人,纯属疯子或者没有理性并且在观念上不可理喻?

阿塞穆戈鲁(Acemoglu,2003b)及阿塞穆戈鲁和鲁宾逊(Acemoglu and Robinson,2000a,2000b,2000c,2001,2003)为经济后退的起源和持续提供了一种政治的视角。他们主要的论点如下:

1. 那些将要提高经济效率和经济增长的新技术的引入也将影响政治权力的分配。

2. 那些感到自己的政治权力由于新技术的引入而减损的集团将故意阻止这样的变革,即便这种改变对社会整体有利。

3. 尽管新技术将增加未来的产出,并且因此增加政治上强大的集团的收入,但是掌权的精英团体还害怕新技术将增强与之竞争的集团的力量,从而对他们的未来构成威胁。

4. 因此,任何精英团体都要面临在下面两者之间作出权衡:即允许技术进步所能带来的潜在利益和对精英团体垄断政治权力的威胁。

5. 严重的承诺问题阻止精英团体支持有利于扩大增长的技术的、体制的和政策的变革,继而阻止了将这些变革所带来的收益的一部分再分配给自己。

6. 外部的威胁可能迫使精英团体接受变革,例如在 19 世纪末日本于 1868 年明治维新之后采取的"防卫现代化"计划。

使用这样的框架,阿塞穆戈鲁和鲁宾逊考察了美国、英国、德国、奥匈(哈布斯堡帝国)和俄国的政治变革和工业化的历史。他们认为在政治精英受到竞争威胁的时候他们就会被迫接受变革,否则就要被他人取代。在精英团体根基牢固的时候,他们也有可能更乐意接受变革。然而,当精英团体地位不稳时,他们将阻挠变革。俄国和奥匈帝国的情况是,不受限制的绝对君主政权抵制了工业化的力量,因为他们害怕这将导致政权的丢失。与之相比,在美国,宪法保护了政治竞争以及分权限制了榨取经济租金的机会,因而变革受到了鼓励和推动。在英国,拥有土地的贵族组成的精英团体"根基足够牢固",渐进的政治变革伴随了工业革命进程。19世纪下半叶的德国经历具有相似的故事特征。

许多发展失败的最糟糕的例子涉及那些遭受"窃国者"个人统治之苦的国家,"窃国者"将政治权力当作控制资产和在广大范围内掠夺其臣民财富的工具,他们这样做通常是为了自己的(他们的家族和密切支持者的)挥霍和虚荣。正如阿塞穆戈鲁等人指出的,窃国者政治最令人困惑的特征之一是它们的长寿(Acemoglu et al.,2003b)。为什么被压迫的大多数人不去推翻这些窃国者?阿塞穆戈鲁等人认为,这种政权的长寿是"缺乏制度化的政体"的结果,这种政体允许窃国者使出"分而治之的招数"。窃国者通过强化集体行动问题而得以生存,因而通过贿赂中坚集团来破坏反对他的联盟(Bates,1981,2001)。接着,如果窃国者能轻易获得自然资源租金(石油、钻石、铜等等)和不断的国外援助,那么分而治之策略的可行性便得以增强(见 Easterly,2003;Sala-i-Martin and Subramanian,2003)。窃国统治还更有可能出现在低人均收入国家,在那里贿赂对中坚集团而言更有吸引力。

当种族多样化是一国的特征时,窃国者将利用这一点作为分而治之的基础,他们向特定种族集团行贿以收买反对力量。莫罗(Mauro,1995)将政治不稳定与种族-语言的分立现象以及这种状况对体制质量的影响联系起来。伊斯特利和莱文(Easterly and Levine,1997)还将南撒哈拉非洲国家糟糕的经济表现的大部分原因归结为与种族多样化有关的政治不稳定(亦见 Collier,2001;Alesina et al.,2003)。

## 10.18 国家的大小

自 90 年代后期以来,一些经济学家开始使用现代经济分析工具来探求国家大小的决定因素(见 Alesina and Spolare,1997,2003;Bolton and Roland,1997;Alesina et al.,2000,2005)。尽管历史学家和其他社会学者已经研究了这个课题,经济学家们"还是在当观众"。经济学家特别感兴趣的是艾莱斯那等人观察到的现象,即自"二战"末期以来,国家的数量陡增。在 1948 年,世界上有 74 个国家;1950 年达到 89 个,而到了 2001 年达 191 个(Alesina et al.,2005)。他们还注意到世界"现在包含了数量众多的相对较小的国家:在 1985 年,世界上有 87 个国家人口少于 500 万,58 个国家的人口少于 250 万,还有 35 个国家人口不足 50 万"。国家数量的激增还导致了太多的独立货币(Alesina and Barro,2002;Alesina et al.,2002)。就在这同一时期内,出现了全球化的第二阶段,并且全球 GDP 当中国际贸易的份额"引人注目的增长"(Snowdon,2002a,2003c)。这里面有关联吗? 艾莱斯那等人(Alesina et al.,2005)提出了以下重要的观点:

1. 政治边界是人为划定的,而不是依据外生的地理特征。

2. 经济学家应该将国家规模(以总人口衡量)的均衡视为"在规模的好处与人口的偏好异质性带来的成本之间权衡的结果"。

3. 国家规模的主要好处如下:公共物品(例如国防、法律和秩序的维持、公共卫生等等)的生产方面的规模经济;抵御国外入侵能力提高而带来的更大的安全感;跨地区外部效应内部化;对于受到特定冲击的地区有更好的收入保障;跨地区收入转移以取得在整体人口之间更大的平等;如亚当·斯密所指出的,一个更大的内部市场使更加专业化的潜在可能增大。

4. 在一个自由贸易的世界里,以人口衡量的国家规模不再是市场规模的决定因素。

5. 因此,可以得出"国家规模的好处随着国际经济一体化增加而减少"。

565

6. 国际经济一体化的好处增加了,国家规模就越小。

7. 经济一体化和政治多元化正相关。

8. 规模的成本包括管理的和过载成本,但更重要的是与个人偏好的异质性有关的问题,显然国家越大,这些问题就越多。

9. 用种族-语言的分立状况来大致代表偏好的异质性程度,经济学家们已经发现了种族多样化与经济表现、治理质量和经济政治自由度反相关(见 Alesina et al.,2003)。

10. 随着国际经济一体化程度的加深,一国规模的好处和偏好异质性为代表的成本之间的利弊权衡向支持小国家方向倾斜。

这些研究工作对于欧盟的未来有着重要的意义。欧盟的扩大显然加大了偏好异质化程度,并且经济一体化减少了国家规模的好处,因此减少了小国独立的成本。正如艾莱斯那等人指出的,"许多人已经认为欧洲将要(并且也许应该)成为由独立地区组成的松散的欧洲邦联的地区集合体"(Alesina et al.,2005)。

经济学家关于国家规模的决定因素的研究尚处于初级阶段。然而,许多有趣的关系仍有待探求,包括国际一体化、民主、国家规模及国际冲突之间的相互联系。

## 10.19 结论

自 80 年代后期起,政治经济学因利用现代经济分析工具经历了一次重大复兴。贯穿这个"新政治经济学"的一个共同主题是这样一种需要,即将政治过程融合到主流经济学当中。在 70 年代中后期,诺德豪斯的开创性的贡献(Nordhaus,1975)重新唤醒了人们对政治经济周期这一观念的兴趣,这个观念可以追溯到熊彼特和卡莱茨基的著作。然而,在理性预期革命之后的一段时期内,对政治-经济模型的兴趣逐渐消失。有关机会主义和党派的模型没有理性基础,这些模型的理论缺陷及不明确的经验结果导致了这一领域研究的暂时停滞。在经验方面,阿尔特和克里斯特尔宣布"没人能够阅读政治经济周期文献而不因其缺乏支持性证据而感到震惊"(Alt and Chrystal,1983)。在对政治-经济方法的兴趣衰退的同时,新古典理论家正忙着完成理性预期市场出清模型的政策含义。在这些模型里,对于政策低效率和理性的强调最初被理解为与出于政治原因而进行的政策操纵不一致。尽管如此,新理性政治-经济模型已经取得了成功的发展,它们包含了诸如不对称/不充分信息、非随状态变动的名义工资合同和对选举结果不确定等特征。政策决策的过程中并不存在一位仁慈的独裁者,他听取经济学家们的意见以使社会福利最大化;实际上,决策的过程包括了由相互竞争的不同集团一起参与的一个复杂的游戏,这些集团的利益并不一致。

尽管在导致工业民主国家总量不稳定的因素里,政治影响的重要性仍是非常有争议的,但很少有评论者会挑战这样的观点:面临常规选举周期的政治家将倾向于发展短期目标。再次当选或者重新掌权的欲望会驱使政治家去追求或者承诺一套经济政策组合,该政策组合会制造总量经济不稳定。如果这个论点被接受,那么接下来的推理是:我们所需要的是一种能够创造有利环境的体制框架,以便能够更加频繁地实施可持续的针对长期目标的经济政策。工业民主国家面临的两难是如何通过体制改革来限制政治家过于热心的短期的自行裁决的行动,同时却不对民主政府的基本原则构成威胁。试图解决这个两难的力量将保证经济和选举周期之间的关系继续成为宏观经济学家的一个丰富而有成果的研究领域。

经济学家不仅通过向他们的模型里加入政治维度从而加深了我们对总量不稳定的理解,而且他们还探索了增长奇迹和灾难的更深层次的决定因素。在从事这

566

些工作的过程中,他们强调了"坏"体制和政策对经济增长所起的重要限制作用。近期的研究还探索了政治和经济的相互作用,对有关经济增长和发展的政治经济学,及国际经济一体化对国家规模的影响有了新的认识。这些当然是需要进行更多研究的领域(见第十一章)。

就像经济的力量不能为政治科学家所忽视,本章所讨论的那些研究所透露的信息是,对经济政策的积极的模型感兴趣的经济学家们"不能也不应该忽视政治竞技场"(Alesina,1988)。

**现代宏观经济学:起源、发展和现状**

# 艾尔波托·艾莱斯那

艾尔波托·艾莱斯那于 1957 年生于意大利的布朗尼,1981 年获得米兰博科尼 567
大学的硕士学位,1986 年获得哈佛大学的博士学位。他的主要职位包括:卡内基-
梅隆大学经济学助理教授(1986—1988 年);哈佛大学经济与政府学助理教授
(1988—1990 年)、政治经济学副教授(1990—1993 年)。自 1993 年以后,他一直是
哈佛大学经济与政府学教授。

不论是在理论分析还是经验调查方面,艾莱斯那教授对研究政治和宏观经济
之间相互作用的各种形式都作出了贡献,并因此而闻名;他的关于政治-经济周期、
财政赤字的起源和影响以及政治稳定和经济增长之间关系的有影响力的著作也同
样使其成名。他的最著名的书籍有:与 H. 罗森塔尔合著的《党派政治,分裂的政
府与经济》(*Partisan Politics*, *Devided Government and the Economy*, Cambridge
University Press, 1995);与 N. 鲁比尼合著的《政治周期与宏观经济》(*Political Cy-
cles and the Macroeconomy*, MIT Press, 1997);与 E. 斯波莱尔合著的《国家的规
模》(*The Size of Nations*, MIT Press, 2002)。他被人阅读最多的文章包括:《两党
体制中的宏观经济政策———一个重复的博弈》("Macroeconomic Policy in a Two-
Party System as a Repeated Game", 1987);与 N. 鲁比尼合著的《经合组织经济体中
的政治周期》("Political Cycles in OECD Economies", 1992);与 L. 萨默斯合著的
《中央银行独立性和宏观经济表现:一些比较的证据》("Central Bank Independence
and Macroeconomic Performance: Some Comparative Evidence", *Journal of Mon-
ey*, *Credit and Banking*, 1993);与 D. 罗德里克合著的《分配政策与经济增长》 568
("Distributive Politics and Economic Growth", *Quarterly Journal of Economics*,
1994);以及《美国预算盈余的政治经济学》("The Political Economy of the Budget
Surplus in the US", *Journal of Economic Perspectives*, 2000)。

1997 年 3、4 月间,我们对艾莱斯那教授进行了采访。

▲ 你是怎么对经济学产生兴趣的？你在哪里完成本科和研究生学业的？

在高中的时候，我就对社会政治问题很感兴趣。我曾经认为经济学是最严谨的社会科学。作为一名本科生，我在意大利米兰的博科尼大学（1976—1981 年）学习。我哈佛大学取得了硕士和博士学位（1982—1986 年）。

▲ 哪些论文或者书籍影响了你的研究兴趣？

我受到"事实"的影响大于特定的论文或者书籍，并且一直对政策决策过程深感兴趣。总是打动我的基本事实是：实际的政策决策与模型所预测的情况有多么的不同，这些模型假设存在社会规划者和有代表性的消费者。我总是注意到在政治领域演讲是如何围绕分配冲突而展开的，而在大多数宏观经济模型里，分配问题是不存在的。

▲ 是不是意大利经济和（或）政治体制的某些方面激发了你对政治和经济联系的兴趣？

是的。意大利一届又一届的政府不能解决严重的财政问题，这是一个重要的影响。更一般地说，思考意大利的问题使我想弄清楚政治分裂和经济表现之间的关系。

▲ 你是否认为自己属于宏观经济学的某个可确认的流派？

不。

## 凯恩斯和凯恩斯主义

▲ 凯恩斯假定经济政策应该并且将会为了公共利益而实行，他在这一点上幼稚吗？

如果我们把凯恩斯的观点用上述方式来概括，我要说他是幼稚的，尽管我认为你的提问过于简化了他的观点。

569　　▲ 在 1951 年罗伊·哈罗德所著的凯恩斯传记里，他认为凯恩斯倾向于认为重要的决定是由"贤人"作出的，并且很少考虑"有干涉作用的民主"给这个见解加上的政治限制。

如果有人在《通论》之外还读过诸如《如何为战争埋单》这样的小册子，我认为

　　　　　　　　　　　　　　　　　　　　　　现代宏观经济学：起源、发展和现状

他就会发现凯恩斯感到了政策决策的微妙性。我同意在他的主要的科学著作里，他没有考虑到政治的扭曲作用对政策决策产生的效果。你不能指望同一个经济学家能解答所有的事情。事实上，他已经做了很多！

▲ 你是否认为强调财政自决权的凯恩斯经济学已经从根本上弱化了西方工业民主国家的财政体制？

不。在我看来，这一点被过于强调了。例如，意大利由于多种原因积累了大量负债，但采用凯恩斯主义的政策并非其中之一。

▲ 意大利的财政问题是否来自其政治体制？

是的，来自它的分裂的政治体制、过于强大的工会、缺乏一个财政自律的政党以及积习太久的官僚主义。

▲ 为什么有些国家比其他国家更容易发生预算赤字？为什么减少赤字是如此棘手的问题？

在我与佩罗蒂合著的论文（Alesina and Perotti,1995a）里，我们得出的结论是：仅仅用经济的理由很难解释这些巨大的国别差别。政治体制因素对理解预算赤字（特别而言）以及财政政策（一般而言）是关键的。经合组织国家的经济相对相似，但它们的体制，例如选举法、政党结构、预算法、中央银行、中央集权程度、政治稳定性以及社会分化对立情况，有相当的不同。在一篇考察经合组织国家财政调整的关联论文里（Alesina and Perotti,1995），我们发现联合政府的调整企图几乎总是不成功的，联合成员之间的冲突使得它们不能保持一个强硬的财政立场。我们还发现一个成功的财政调整最佳的启动时机是在一段相对高增长的时期之内，这种调整不提高税收，而是削减转移支付计划及政府工资和雇员。政治家及其顾问必须放弃这样的思维方式，即认为政府预算的支出方的一切都是不可触动的。

▲ 你认为对于我们理解宏观经济现象，凯恩斯的最重要贡献是什么？

是他的如下观点：由于缺少完全的价格弹性，总需求政策是可以起作用的。  570

## 政治经济周期

▲ 在米哈尔·卡莱茨基（Kalecki,1943）之前，还有没有其他经济学家预测到政治经济周期的可能性？

据我所知，没有。

▲ 英国 1979—1982 年的深度衰退在多大程度上可以被看成政治因素引发的？

例如,有理由认为,当时的首相玛格丽特·撒切尔用高失业来恢复英国资本主义的健康,这个做法与卡莱茨基的模型是一致的。

撒切尔的衰退是降低通货膨胀需要的结果。我不能确定需要用失业"来恢复资本主义的健康"。失业部分是一种周期现象,部分是供给方面刚性的结果。后一种影响在欧洲经济体中特别强烈。

▲ 宏观经济变量对选举行为有多重要?

在美国,GNP 的增长率是极端重要的,通货膨胀和失业稍微次要些。在其他国家,证据不那么明显,部分是由于选举体制的差别。一般而言,经济的状况对选举是非常重要的,但是这个效果是如何显现出来的可能因国家的不同而变化很大。

▲ 诺德豪斯的模型(Nordhaus,1975)直觉上很吸引人。你认为它的重要优缺点是什么?

它的主要优点是它提出了一个简单而有力的观点,并且容易被检验。它的主要缺点是它基于极端幼稚行为的假设,并且还非常缺乏经验支持。

▲ 投票人(主顾)怎样才能确保代理人(政治家)不去发生制造经济低效率的机会主义行为?

主要通过用选票把他们赶下台的威胁。

## 非理性的党派理论

▲ 你认为希布斯(Hibbs,1977)对政治-经济模型发展所做的重要贡献是什么?

希布斯通过引进意识形态-党派的差异而扮演了重要的角色,他把人们的注意力从那些假定所有政治家有着相同动机的模型处引开了。

571     ▲ 通货膨胀对高收入群体更加有害的证据有多充分?

这个方面的证据不太充分。通货膨胀的害处有多大取决于通货膨胀的水平以及各种制度安排,如指数化。

▲ 对于整个战后时期而言,经验的证据是否支持如下党派理论的观点,即左翼政府比右翼政府更偏好并取得较低的失业率? 比起右翼政府,左翼政府是否还与更高的通货膨胀率联系在一起?

某种程度上讲是这样的。然而,左翼政府在减少失业方面的成功仅仅是暂时的。在考虑到结构性中断(如 70 年代早期的外汇体系的中断、石油冲击等等)之后,的确左翼政府比右翼政府更多地与高通货膨胀联系在一起。

## 理性预期和经济周期模型

▲ 你是否将 70 年代晚期到 80 年代中期用政治-经济的观点来解释经济周期的兴趣衰落归因于卢卡斯的理论发展和理性预期革命,还是经验方面的失败才是一个更重要的因素?

我认为"理性预期革命"是一个重要得多的贡献因素,它导致了对这些模型的兴趣减少。而且,经验方面的"失败"并没有阻止经济学家在 90 年代进一步调查这个课题。

▲ 对民主市场的一个重要批评是,投票人在多数情况下并不知情。对于任何一个投票人来说,获得更多信息带来的好处不足以抵消成本。在这个信息不充分的世界里,政治家在选举之前是否不可避免地要从事机会主义的财政行为?

就某种程度而言是这样的,但是我不会过分强调这点,基于以下几点原因。首先,如果这种情况是预算赤字的主要解释,那么它应该(或多或少的)适用于每一个民主国家。因此你不应该看到在经合组织民主国家之间在财政政策方面存在着如此巨大的差别。其次,大幅度地偏离有效政策,比如在选举年份的巨额赤字,很容易被观察到,即使单个投票人没有注意,新闻界肯定会注意到。第三,据我所知,还没有任何结论性的证据表明巨额赤字有利于现任政府再次当选。我认为在实践中一直发生的情况是,在选举年份,有利于选举的财政动作不会太大,并且因此可能难以发现。尽管如此,由此产生的政治好处可能还是相当显著的。让我在这个问题上补充一点:对于以不充分信息为关键因素的政治模型,我不是它的狂热信徒。我自己认为利益冲突比不对称信息重要得多。

▲ 在 1988 年乔治·布什告诉美国选民:"看着我的嘴唇,不会有新的税收"。每一年,英国的财政大臣在他的预算演讲里强调政府在管理财政事务方面的胜任能力。你是否认为这些例子就是理性机会主义模型之罗戈夫-西伯特流派(Rogoff-Sibert, 1988)所预测政治行为的典型种类?

鉴于在讨论上一个问题时我已经进行了提醒,我认为罗戈夫和西伯特的观点很对路。他们的模型比原始的诺德豪斯模型与经验证据更为一致。我对这个课题所作的经验研究结果相当支持他们的模型。这些研究被收录在艾莱斯那、鲁比尼和科恩所著的《政治周期与宏观经济》(Alesina and Roubini with Cohen, 1997)中。

▲ "财政幻觉"在政治-经济模型中起什么作用?

572

艾尔波托·艾莱斯那

我认为这个概念被过分炒作了。用财政幻觉来解释过度的财政赤字并不完全令人信服，因为这些解释暗示了选民在选民估算税收和开支的成本和收益时所犯的错误当中有系统性的偏向。财政幻觉还不能解释经合组织经济中赤字问题的发生时间或者预算赤字的跨国差异。我偏向那些基于理性行为和预期的模型。

## 理性党派理论

▲ 反对中间投票人理论的证据有多充分？

要看情况。对于大型选举，我不会使用这个模型；事实上，它的引申含义是，当政之后所有政党会采取相同的做法。这显然与有关的证据甚至是来自像英美这样的两党制国家的证据不一致。在多党体制中，中间投票人理论被证明是更加不适用的。因此，对于宏观经济和宏观政治研究，我不会使用这个模型。但是，如果我想研究由5个人组成的委员会对一项议题进行投票的行为，那么中间投票人理论是个很好的开始！

▲ 在英国，托尼·布莱尔的"新工党"在许多经济问题上已经朝着保守党所采取的立场靠近。例如，在1997年1月20日，影子内阁财政大臣戈登·布朗向选民承诺"新工党"如果当选将不会提高税收。1997年1月21日，托尼·布莱尔承诺不会改变保守党在80年代订立的工业关系法。这是否暗示着两极对立情况不如过去那么重要了？

对于英国的情况，我们还得等等再瞧！然而，关于更为一般的日益增加的政党趋同性问题，在《政治周期和宏观经济》(1997)中，我们总结道："当涉及宏观经济管理的时候，政党变得越来越相似这个观点有些被夸大了"。我们的看法是，尽管70年代和80年代早期的宏观经济问题"可能已经让处在政治色谱两端的政治家在宏观经济管理方面都变得更加谨慎，但这些问题的存在并没有完全消除意识形态上的差异"。进一步说，我们还指出了"未来十年左翼和右翼政府都将面临减少财政开支的问题"并且"党派冲突很有可能在达成这个目标的方式问题上爆发"。

▲ 在你的理性党派模型(Alesina,1987,1989)里，你似乎对你的理论框架[该理论框架基于与Fischer(1977)有关的"货币突变"理性预期模型的一个变种]采取了折中主义的方法。卢卡斯和其他新古典理论家现在似乎赋予实际冲击更多的重要性作为对战后宏观经济波动的解释。这是否动摇了那些基于货币冲击的模型的基础？

我不欣赏那种把宏观经济波动归因于供给或者需求冲击的观点。首先,一个经济体可能同时受到上述两种类型的冲击。其次,可以肯定,实际经济周期模型没有取得经验上的成功。理性党派理论没有暗示实际冲击不存在。事实上,在进行经验检验的过程中,人们或许希望保持供给冲击不变。

▲ 什么是理性党派理论的核心预言?这些预言是否已经得到了经验研究的支持?

这个模型的基本观点是,在给定工资调整迟缓的情况下,因政府更替而来的通货膨胀的变化使实际经济活动临时地偏离了其自然水平。在一个右翼政府执政初期,产出的增长在其自然水平之下,而失业在其自然水平之上。如果预测左翼政府的情况,则正好相反。有了这样的预期之后,价格和工资开始调整,产出和就业会回到它们的自然水平,并且经济活动的水平应该与哪个政党当政无关。然而,在一个左翼政府执政期间内,通货膨胀率应该会保持更高的水平。理性党派理论的这些引申含义是与经验证据相一致的,这些证据在那些两党制的国家里或者当发生明显可辨的从左翼到右翼(或者相反)的政治变动的时候尤为明显。在那些有着大型联合政府并且政府经常倒台的国家里,理性党派理论就不太适用了,并且事实上常常是失败的。

574

▲ 在英国保守党在 1979—1992 年之间赢得了四次选举。克林顿总统也成功地再次当选。理性党派理论对于一个特定政党的再度当选将产生的效果作何预测?

严格地说,这取决于这种再度当选的意外程度。如果保守党在前四次选举中稳操胜券,那么不会给经济带来很多变化。通货膨胀应该继续保持低水平并且增长(其他条件不变的情况下)应该一直稳定。克林顿总统可能对再次当选把握稍低一些。在此情况下,该模型预测美国经济增长率应该略微提高一些。

▲ 根据你的模型,如果一个中偏左的政党在经济扩张期的顶点上台,有可能会出现什么情况?

根据此模型,一个中偏左的政党将尽最大可能避免一次衰退,包括采用增加通货膨胀的方法。如果我们讨论 1997 年英国的情况,那么必须考虑其他的可能影响结果的因素,比如欧洲货币联盟。显然,该模型没有考虑这种类型的因素。

▲ 你的模型对于宏观经济政策的实施以及政治体制的设计的主要政策推论是什么?

该模型的精简版是"实证的"而非"规范的",因此它没有直接的政策推论。然而,该模型可以被用作规范性的指导。让我举几个例子来说明这一点。首先,该模型认为,独立的中央银行通过把货币政策与党派影响隔绝开来,能够减少货币和实际的变动程度。这个观点在我与罗伯塔·加蒂合作的论文里正式提出过。第二,关于政治体制,该模型指出了一种权衡关系。产生联合政府的比例选举制度导致"妥协"和政策折中。这减少了党派波动和两极对立,却可能引发政策决策中的僵局,特别是在财政问题方面。导致两党制的少数服从多数制度有着相反的特征,即更多的政策对立但没有政策僵局。这两种制度的极端版本不太有可能产生最优化的结果,尽管我认为过多的"联合政府治理"在欧洲的背景下是一个特别显著的问题。

▲ 哪一种情况有可能产生最大的不稳定:外生的选举时间安排还是内生的?

内生的选举无疑会产生更为频繁的选举。是否产生更多的不稳定,这一点不太明朗。意大利是个完美的例子。有人可以认为战后的意大利一直不稳定,因为它经历了无数次的政府更替和提前选举。另一方面,有人也可以认为,至少直到90年代早期,情况没有什么大的变化,因为同样的政党和个人一直在当政。

▲ 理性党派理论的主要缺点是什么?

我猜我不是回答这个问题的合适人选,但是在别的地方(Alesina,1995)我曾经指出了理性党派理论的弱点,即工资的形成机制被假定是外生的,而不是从最优个人行为中得出的。

▲ 你是否同意理性的投票人将根据有关一个政党的过去表现和预期的未来表现的信息来作出他们的投票决定?

必须使用过去信息才能作出对未来的预测。即使那些向前看的投票人也得向后看才能形成预期。关于"投票人是向前看还是向后看"的问题是非常误导人的。进一步说,我发现关于这个问题的研究工作常常是混乱的和令人困惑的。一个不同的更加有用的问题是,投票人是否"有效地"利用他们所掌握的过去信息去形成有关未来的预期。换言之,这个问题是投票人是否"理性地"利用他们的过去信息。这是一个困难但是提得很好的问题,它与金融学中提出的问题相似。

▲ 机会主义行为和党派行为在多大程度上取决于现任政府对再次当选的把握程度? 是不是政府的再次当选把握越大,意识形态行为的可能性就越大?

有可能,或许是这样的。我还没有看到一个"理性的"模型提出这种观点。布鲁诺·弗雷和弗里德里希·施奈德早在1978年他们的"非理性"模型里就提出了这样的见解。

# 一般宏观经济问题

▲ 有关时间不一致性、可信度及声誉的文献对政治-经济学模型的发展有多大影响？

在我看来，这些贡献有着非常大的影响力。我认为这些文献是90年代新一波政治-经济模型背后的重要推动力量，尽管公平地说，现在这些文献有了自己的生命。

▲ 为什么政府要制造通货膨胀？

一个重要的理由是企图减少失业。第二个理由与为预算赤字融资有关。另外，当通货膨胀在体系中变得牢固时，降低它的成本就很高。这些理由对于不同国家的适用情况可能不尽相同，对于不同时期的适用情况可能也不同。

▲ 政治和经济的不稳定之间的关系是什么？在战后时期，英国是如何在相对较差的经济表现情况下保持着政治稳定的？

英国一直是"稳定的"，但两极对立非常严重。保守党和工党政府有着非常不同的计划。另一方面，意大利有着相反的问题，即政府更替频繁但总是相同的人最终掌权。意大利的结果一直是缺乏财政纪律。然而，像政治稳定和两极对立这样的概念在实践中难以衡量。

▲ 中央银行应该有目标独立性和工具独立性吗？对于沃尔什提出的契约方法，你有什么看法？

立法机关应该坚决地将价格稳定（定义为0—3％的低通货膨胀率）作为货币政策唯一的目标。中央银行应该做它们想做的一切来实现这个目标。我不知道你想把这个称为工具独立还是目标独立。沃尔什已经提交了一篇优秀的论文（Walsh，1995a），但是我想看到在更为政治的方向上有进一步的研究。例如，沃尔什的契约方法是如何应对这样的事实，即在现实世界里，我们有党派的和机会主义的政治家而非仁慈的社会规划者？

▲ 你是否支持货币的和财政的规则？

我对上一个问题的回答包含了我对货币规则的观点。我个人反对中央政府采用平衡预算规则，但支持地方政府采取这样的规则。

▲ 把通货膨胀率从中等程度例如10％降低到5％，会带来任何显著的实际经济好处（以就业和经济增长方面的表现改善为形式）吗？

艾尔波托·艾莱斯那

如果通货膨胀永远保持稳定,例如保持在10%的水平,有着完全的确定性并且其他一切事物可调整,那么是否降低通货膨胀就不那么重要了。但是更高的通货膨胀导致更加变动的和更难预测的通货膨胀率,这是有代价的。因此,综合起来我相信降低通货膨胀会带来好处。

▲ 你对欧洲货币联盟的立场是什么?对于像意大利和英国这样的国家,货币联盟的成本是不是没有超过好处?

货币联盟的好处已经被过分炒作了。这样的安排当然会有正反两面性。意大利从《马斯特里赫特条约》目标已经得到了好处,否则它将花更少的力气来"把自己的家管好"。然而,这并非加入一个货币联盟的充分理由。尽管完整地回答这个问题需要一整篇论文,我的感觉是支持欧洲货币联盟的经济学理由相当薄弱。

▲ 你认为从近期对政治与宏观经济之间关系的研究中可以得到的最重要的收获和政策推论是什么?

首先是程序问题,即政策是如何被决定的。这关系到结果。第二,当思考"最优体制建设"时,不应该忽视利益冲突。第三,基于"社会规划者"的模型不能完全解释经验的证据,并且如果把它用作政策指导,也许是令人误解的或者是无效的。

▲ 什么类型的政治体系最有利于宏观经济的稳定?

对于一个经合组织经济体来说,我会选择一个强调多数人决定规则的选举体系。美国的总统-议会制约和平衡的体系也运行得不错。不同的选举体系暗示着在调和与僵局的权衡中作出不同选择。英国的体系可能处在"没有调和但也没有僵局"的极端位置。现在的意大利的体系处在相反的一端。或许美国的体系是中庸之道。

▲ 此刻你在从事什么研究,并且依照你的意见什么是宏观经济学家未来应该着力研究的重要领域?

我正在进行三个主要领域的研究。第一个领域是重大财政调整的政治经济学课题,在这个领域里我已经与罗伯塔·佩罗蒂合作出版了不少论文。我还对是什么决定国家的数量与形状感兴趣,即关于国家合并与分离的经济理论以及合并与分离同诸如地理、贸易等等因素的关系。例如,可以参见我与斯波莱尔合作的论文(Alesina and Spolare, 1997)。第三,我还在研究美国城市和地区的社会-种族分立对于财政政策选择的效果。我个人觉得,我发现与财政政策有关的课题比那些与货币政策关联的课题更加有趣,尤其是因为我们对前者比后者了解得更少。我认为,社会保障改革的——以及更为一般地,福利国家的改革的——政治经济学将是未来十年经合组织国家政策日程上的首要事项。经济学家的研究要能赶得上重要事件的发展。

（魏　戚　译）

# 第十一章 经济增长研究的复兴

579 　　不论是鼎盛时期的中国或埃及,还是光荣的希腊或伟大的罗马,过去致富的故事当中没有一则与现代经济增长方式相近。(McCloskey,1994)

　　在关于增长的所有政策问题中,最为基础的就是是否存在任何政策,它可以为一个无所不知的、无所不能的、仁慈的社会规划者所采用,来提高一个经济体中所有个人的福利。(P. Romer,1989)

## 11.1 导言

　　在 2002 年,这个世界上一共有 191 个得到国际社会承认的独立地区(Alesina and Spolare,2003)。在这些国家或地区里,用历史标准来衡量,有的国家极度富裕,而更多的国家相对贫穷。这些国家的大小——用地理面积、总人口或者总 GDP 来衡量——有着巨大的差别。用地理和人口规模来衡量,我们观察到贫穷的大国(印度)和富裕的大国(美国),还有富裕的小国(瑞士)和贫穷的小国(塞拉利昂)。我们还见到居间的每一种其他可能的组合。当我们考察这些国家的经济增长表现时,我们还看到了它们的经历各不相同:从亚洲四小龙(中国香港、韩国、新加坡、中国台湾)于 20 世纪后 40 年里的表现中,我们观察到了高的正增长率;而许多南撒哈拉国家在过去 20 年里却经历了负增长。既然持续的经济增长是生活水准的最重要的决定因素,那么挑战经济学家研究努力的课题当中没有比理解经济增长的原因更为重要的了。在审视多个国家诸如印度、埃及、亚洲四小龙、日本和美国的有差异的增长表现以及这些差异对生活水准带来的后果的过程中,卢卡斯观察到"涉及诸如此类问题的人类福利的有关后果真的非常重大。一旦我们开始思考它们,我们就很难思考其他事情"(Lucas,1988)。

　　在本章,我们要回顾与现代经济增长关联的许多重要的理论的、经验的和政治
580 经济学的问题,我们还要回顾生活水准的决定因素,这个课题在 20 世纪引发了经

济学家、经济历史学家和其他社会科学家共同的研究兴趣。

## 11.2 "大分化"

在人类历史上,没有什么事件可与工业革命对世界人口生活条件的影响相提并论。自从工业革命极大地改变了社会面貌之后,GDP 总量和人均 GDP 就在持续增长。尽管经济史学家对工业革命的起源、发生时间及数量方面的争论还在继续,毫无疑问,在过去的 250 年里,这一事件的主要后果是:随着世界经济开始经历一个库兹涅茨(Kuznets,1966)称之为"现代经济增长"的新纪元,一个显著的体制变革产生了。我们还应注意到,现代经济增长和资本主义是同义词,正如鲍莫尔所说:

对于历史学家和经济学外行而言同样明显的是,资本主义在其一直以来通过不断的工业革命从而取得优异的增长纪录的过程中发挥了独特的作用,这些工业革命所产生的物质财富的涌现和先前人类历史所见到的任何情况都不同。(Baumol,2002)

早在 150 多年前,卡尔·马克思和弗里德里希·恩格斯在他们 1847 年所著的《共产党宣言》中已经承认了鲍莫尔的观点,彼时二人观察到,资产阶级已经创造了比之前时代所创造的生产力的总和更为庞大的生产力。

表 11.1　人均 GDP 水平和增长率[b]:世界和主要地区,公元 1 年(0)—1998 年(1998)

| 地　区 | 0[a] | 1000[a] | 1820[a] | 1998[a] | 0—1000[a] | 1000—1820[b] | 1820—1998[b] |
|---|---|---|---|---|---|---|---|
| 西欧 | 450 | 400 | 1 232 | 17 921 | −0.01 | 0.14 | 1.51 |
| 西方旁支国家 | 400 | 400 | 1 201 | 26 146 | 0.00 | 0.13 | 1.75 |
| 日本 | 400 | 425 | 669 | 20 413 | 0.01 | 0.06 | 1.93 |
| A 组平均 | 443 | 405 | 1 130 | 21 470 | −0.01 | 0.13 | 1.67 |
| 拉丁美洲 | 400 | 400 | 665 | 5 795 | 0.00 | 0.06 | 1.22 |
| 东欧及苏联国家 | 400 | 400 | 667 | 4 354 | 0.00 | 0.06 | 1.06 |
| 亚洲 | 450 | 450 | 575 | 2 936 | 0.00 | 0.03 | 0.92 |
| 非洲 | 425 | 416 | 418 | 1 368 | −0.01 | 0.00 | 0.67 |
| B 组平均 | 444 | 440 | 573 | 3 102 | −0.00 | 0.03 | 0.95 |
| 世界 | 444 | 435 | 667 | 5 709 | −0.00 | 0.05 | 1.21 |

注:
a. 用 1990 年国际美元衡量。
b. 年平均复合增长率。
来源:Maddison(2001),表 1.2。

与人类历史的绝大部分时间相比,现时代的特征就世界整体而言有:人口爆炸、不断延长的寿命、迅速的城市化、雇佣方式的多样化以及人均收入的稳定增长(Easterlin,1996)。然而,由于工业革命和经济增长在全世界分布不均匀,因此人类历史的现代时期还见证了史无前例的全球不平等的出现。自从 19 世纪初,世界经济一直在经历着彭慕兰所谓的"大分化"(Pomeranz,2000)和普里切特所提出的"大时代的分化"(Pritchett,1997)。以实际人均收入衡量的生活水准在国际范围内有巨大的差别,即便对有关估计(这些估计考虑了购买力变动和家庭生产的因素)作了调整之后也是如此。

人均收入的"大分化"是一个现代的现象。在 19 世纪之前,对于世界经济体及民族的绝大多数而言,经济增长的过程是"零散的和不连贯的"。直到 20 世纪下半叶,经济增长才波及第三世界国家的许多人的生活。如表 11.1 所示:在世界范围内,以人均 GDP 衡量的生活水准,在公元纪年的第一个千年里没有以任何显著的方式提高。然而,自从大约 1750 年后,始于大不列颠,持续的现代经济增长现象已经成为"人类历史的定义特征",并且到了 1950 年,惠及地球人口的三分之一。

当代生活水准的差异本身就是过去 200 年间所观察到的各国增长率的差异的产物,表 11.2 显示了这些差异。被广泛使用的三项衡量生活水准的重要指标出现在表格中,即用国际美元(购买力平价美元)衡量的人均总国民收入(GNI)、预期寿命和人类发展指数(HDI)。HDI 是三个等权重的基本成分的合成度量,这三个基本成分分别是:人均实际收入(PPP　US $ = $Ypc$),经调整,该项反映了这样一个假设,即当收入超过世界平均水平之后,其边际效用迅速递减;用出生预期寿命衡量的生命长度(L);以及教育成就(E),用成人识字率(占 2/3 的权重)和初、中、高三级教育的合并的总入学率(占 1/3 的权重)来表示。因此,对于任何一个经济体($j$)的 HDI 估算值是 $Ypcj + Lj + Ej$ 的一个简单的加权平均。尽管在使用 HDI 作为生活水准的一个度量的过程中存在严重的指数数字问题,并且 HDI 已经遭到不少批评,但它还是被证明是一个有用的额外的发展指标,是对传统的基于"商品"的进步衡量尺度(如人均收入)的补充,而非替代。虽然经合组织国家与许多发展中国家的人均收入有着前所未有的差异,但是克拉夫特认为,如果我们考察 HDI 的长期趋势,就会看到一幅关于人类福利进步的更为乐观的画卷(Crafts,1999,2000)。例如,以 1870 年人均收入衡量的领先国家(现在的七国集团)当时的 HDI 得分不如 2002 年许多贫穷国家的 HDI 得分。克拉夫特总结道,通过用一个更为广泛的视野来看待进步的过程,"自 1870 年以来以实际人均国民收入衡量的生活水准的增长很有可能被大大低估了"(Crafts,2001;亦见 Becker et al.,2003;Crafts,2003)。

每个国家的总人口数据也包括在表 11.2 中。上面列举的 40 个国家包括了 47.957 亿人,占 2000 年世界总人口(60.54 亿)的 79%。值得一提的重要观点包括:人均收入、预期寿命和 HDI 之间紧密的相关性;博茨瓦纳和南非在预期寿命和 HDI 得分方面的表现逊色于它们在人均收入方面排名的位置;美国与塞拉利昂的人均国民收入之比达到惊人的 72∶1(注意:世界银行记录的 2002 年人均国民收入最高的国家是卢森堡,达到了 51 160 购买力平价美元)。

**表 11.2 生活水准的三种指标:40 个国家**

| 国　家 | 人均国民总收入<br>(PPP$),2002[a] | 预期寿命<br>年数,2000[b] | HDI,2000[b] | 总人口<br>(百万),2000[c] |
|---|---|---|---|---|
| 美国 | 35 060 | 77.0 | 0.939 | 282 |
| 加拿大 | 28 070 | 78.8 | 0.940 | 31 |
| 澳大利亚 | 26 960 | 78.9 | 0.939 | 19 |
| 中国香港 | 26 810 | 79.5 | 0.888 | 4.4[d] |
| 德国 | 26 220 | 77.7 | 0.925 | 82 |
| 法国 | 26 180 | 78.6 | 0.928 | 59 |
| 日本 | 26 070 | 81.0 | 0.933 | 127 |
| 英国 | 25 870 | 77.7 | 0.928 | 60 |
| 意大利 | 25 320 | 78.5 | 0.913 | 58 |
| 新加坡 | 23 090 | 77.6 | 0.885 | 2.3[d] |
| 韩国 | 16 480 | 74.9 | 0.882 | 47 |
| 捷克 | 14 500 | 74.9 | 0.849 | 10 |
| 匈牙利 | 12 810 | 71.3 | 0.835 | 10 |
| 沙特阿拉伯 | 11 480 | 71.6 | 0.759 | 21 |
| 波兰 | 10 130 | 73.3 | 0.833 | 39 |
| 阿根廷 | 9 930 | 73.4 | 0.844 | 37 |
| 南非 | 9 870 | 52.1 | 0.695 | 43 |
| 智利 | 9 180 | 75.3 | 0.831 | 15 |
| 墨西哥 | 8 540 | 72.6 | 0.796 | 98 |
| 马来西亚 | 8 280 | 72.5 | 0.782 | 23 |
| 俄罗斯联邦 | 7 820 | 66.1 | 0.781 | 146 |
| 博茨瓦纳 | 7 770 | 40.3 | 0.572 | 2 |
| 巴西 | 7 250 | 67.7 | 0.757 | 170 |

| 国　家 | 人均国民总收入<br>（PPP＄），2002[a] | 预期寿命<br>年数，2000[b] | HDI，2000[b] | 总人口<br>（百万），2000[c] |
|---|---|---|---|---|
| 泰国 | 6 680 | 70.2 | 0.762 | 61 |
| 伊朗 | 6 340 | 68.9 | 0.721 | 64 |
| 土耳其 | 6 210 | 69.8 | 0.742 | 65 |
| 乌克兰 | 4 650 | 68.1 | 0.748 | 50 |
| 中国 | 4 390 | 70.5 | 0.726 | 1 261 |
| 埃及 | 3 710 | 67.3 | 0.642 | 64 |
| 印度尼西亚 | 2 990 | 66.2 | 0.684 | 210 |
| 印度 | 2 570 | 63.3 | 0.577 | 1 016 |
| 越南 | 2 240 | 68.2 | 0.688 | 79 |
| 津巴布韦 | 2 120 | 49.2 | 0.551 | 12 |
| 巴基斯坦 | 1 940 | 60.0 | 0.499 | 138 |
| 孟加拉国 | 1 720 | 59.4 | 0.478 | 130 |
| 肯尼亚 | 990 | 50.8 | 0.513 | 30 |
| 尼日利亚 | 780 | 51.7 | 0.462 | 127 |
| 埃塞俄比亚 | 720 | 43.9 | 0.327 | 64 |
| 坦桑尼亚 | 550 | 51.1 | 0.440 | 34 |
| 塞拉利昂 | 490 | 38.9 | 0.275 | 5 |
| 世界 | 7 570（A） | 66.9（A） | 0.722（A） | 4 795.7（T） |

注：

a. 以购买力平价美元表示的人均国民总收入（*World Development Indicators*，2003，World Bank）。

b. 人类发展指数和预期寿命（*Human Development Report* 2002，United Nations）。

c. 总人口（*World Development Report* 2002，World Bank）。

d. 中国香港和新加坡的数据来自 *Human Development Report* 2002。

e. A 表示平均数，T 表示总数。

<!-- page marker 584 -->

## 11.3　经济史赞歌

　　关于历史的一般知识和关于经济史的特别知识对于理解社会和经济的变迁是重要的，这是我们的观点。当代经济历史学家主要关心经济的长期发展，试图理解经济增长的基本原因，技术进步的决定因素，制度的演变和影响，以及当前经济问题的历史起源。在技术进步的决定问题上——这个问题如今是外生增长理论的前沿，赖特认为（Wright，1997），如果经济学家想要认真对待技术问题，那么经济学

"将不得不更像一门历史学科"(也见 Mokyr,2002,2005)。威廉·鲍莫尔在他的具有影响力的 1986 年论文中,也建议那些对长期增长感兴趣的经济学家更多地关注经济史学家们的"精彩见解"和"有力分析"。

在 20 世纪 60 年代以前,尽管经济史学家制作了大量珍贵的量化数据,但是他们的很多分析常常与理论无关。经济史的传统研究方法以描述性为主。这种情况在 60 年代有了巨大的改变,这是因为形式化和分析的严谨性从主流经济学蔓延到经济史的领域。从 60 年代早期起,诸如诺贝尔奖得主罗伯特·福格尔和道格拉斯·诺斯这样的学者开创了经济史研究的"新"数量方法,或者叫作"计量历史学",它的定义是"将经济理论和数量方法应用于历史的研究"(Goldin,1995)。

在"计量历史学革命"的后四十年里,经济历史学家从经济理论和方法论知识中受益匪浅。这个"新"方法强调,为了将历史调查与数量分析联系起来,学者们必须精准而明确地知道哪些假说正在被检验。然而,经济学家同样从更多的历史知识尤其是经济史知识中获益颇多(Snowdon,2002c)。事实上,本章着重强调主要发展之一是,近年来经济理论家如何看上去已经听从了戈尔丁的忠告——"只有漠视者才能忽视宏观经济的历史,只有无知者将会选择这么做"。戈尔丁的建议对于那些对长期经济增长问题感兴趣的经济学家而言尤为相关。过去不光为检验各种经济学假说提供了一个巨大的实验室;历史还包含了许多教训,这些教训能够为当代政策决策者——不仅是发展中国家和转型经济中的决策者——提供有用的信息。因为过去影响着现在,它也必定影响未来。正如戈尔丁所认为的,"那些影响着今日可能世界面貌的过去遗留物——各种规范、结构、制度甚至人——将始终伴随我们"。虽然历史很少准确地重复自己,但它的确提供了指引,扩展了我们的知识储备,提示了什么对决定结果是重要的,还"使我们能够发现和解读各种信号"(Horrell,2003)。值得说明的是,几位卓越的宏观经济学家在最近几年已经通过从事量化的经济史研究,为增长分析作出了重要的贡献(见 Lucas,2000b,2002;Hansen and Prescott,2002;Parente and Prescott,2005;以及第 11.21 节)。

585

## 11.4　回到长期

随着阿布拉莫维茨(Abramovitz,1986)、鲍莫尔(Baumol,1986)、保罗·罗默(Romer,1988)和卢卡斯(Lucas,1988)所作的推动性的重要贡献,对长期经济增长的研究再次成为一个非常活跃的研究领域。许多经济学家逐渐接受了这样的观点:宏观经济分析和政策如果仅仅从短期的角度出发将成为——用瓦伊纳的话说——"一个坐落在流沙上的建筑"(Baumol,1986)。这一研究重点的重新定位在许多经济学家看来,是为时过晚了。尽管对增长的神秘成分的研究复兴始于80年代中期,但是直到90年代相关文献才真正涌现。曼昆的宏观经济回顾(Mankiw,1990)根本没有提及经济增长,而费希尔的回顾(Fischer,1988)只肯留给"增长理论"四句话的篇幅并且只是顺便提到了保罗·罗默的1986年论文。然而,到了1989年,罗伯特·巴罗和保罗·罗默联手开展一项重要的关于经济增长的研究项目,哈佛大学和国家经济研究局负责这个项目;在1996年,作为对这一进展的反应,第一期《经济增长杂志》出版了。1990年以后,有关的新书以及期刊回顾文章也开始持续涌现,说明了经济学家对经济增长的研究赋予了更高的关注度和新的紧迫感(例如,可见 Grossman and Helpman,1991;Fagerberg,1994;P. Romer,1994a;Mankiw,1995;Crafts and Toniolo,1996;Aghion and Howitt,1998;Gylfason,1999;Temple,1999;Solow,2000,2001;Easterly,2001a;Easterly and Levine,2001;Jones,2001a;Lucas,2002;Barro and Sala-i-Martin,2003;Rodrik,2003;Aghion and Durlauf,2005;也见 Snowdon and Vane,1997a;Snowdon,2003a)。

考虑到差的增长表现对于经济福利的显著负面作用以及随之而来的经济学家所赋予增长的重要性,也许会令人感到惊奇的是,在20世纪里这一领域的研究努力与经济周期同步变化。对于经济增长可持续性的关注是古典经济学家的一项主要的关注,其中托马斯·马尔萨斯和大卫·李嘉图的悲观主义和亚当·斯密的乐观主义形成了对比(Rostow,1990)。然而,在1870—1929年期间,经济学家的研究工作受到"边际主义革命"的很大影响,并因此主要以微观为导向,其研究方向是与有效分配现有资源有关的问题。在1929—1933年之后的四分之一个世纪里,有关大萧条的问题以及凯恩斯对这一事件的回应主导了讨论话题,宏观经济这门新科学由此演化发展起来。在1939—1956年期间,增长理论由罗伊·哈罗德(Harrod,1939,1948)和埃弗赛·多马(Domar,1946,1947,1948)的新凯恩斯主义作品所主导。而在1956—1970年期间,诺贝尔奖获得者罗伯特·索洛具有重要影响力的作品(Solow,1956,1957)主导了增长理论,他和特雷弗·斯旺(Swan,1956)一起开创了新古典增长模型。然而,正如多马在1957年评论的:"在经济理论当中,增长理论占据了一个奇怪的位置:总是四处可见但极少被邀请入门。它不是被想当然就是被当作事后聪明。"

在这个领域里,理论前沿的研究工作进入了回报递减的状态,并且在1970—

1985 年期间"实际上已经死亡了",这的确是实情。这主要归因于三点:一是它显而易见地缺乏经验相关性;二是 70 年代在世界范围内经历了总量不稳定之后,经济学家们对经济周期分析的研究兴趣产生了分歧;三是在学术界内理性预期"革命"的影响(见本书第五章,以及 Barro and Sala-i-Martin,2003)。在对三大经济学刊物内容的回顾中,拉班德和威尔斯发现:

> 在 20 世纪上半叶,出现了越来越多的关于经济增长和发展的学术论文。这种学术兴趣及作品在 50 年代达到了顶峰,然后在整个 60、70 和 80 年代期间就明显地走了下坡路。这个下降的趋势在 90 年代前半期突然反转过来,关于经济增长的文章大量涌现出来。(Laband and Wells,1998)

这一正在扩张的文献已经将经济学家有关增长原因的认识推进到多远的地方还有待观察(见 Nelson,1997;Abramovitz,1999;Kenny and Williams,2001)。

在最近的 50 年里,随着新古典模型取代新凯恩斯增长模型成为主导性的分析框架,理论焦点已经发生了转变。而自 80 年代中期以来,新古典理论也受到了外生增长理论的挑战(Snowdon and Vane,1997a;Solow,2001)。但是,什么才能解释在过去 20 年里对于增长分析的兴趣的高调复兴? 我们找到了自 80 年代中期以来推动这一兴趣复兴的以下 12 种因素,其中前三种扮演了关键的角色:

1. 在保罗·罗默(Romer,1986,1987b,1989,1990,1994a)和罗伯特·卢卡斯(Lucas,1988,1990b,1993,2002)的研究启发下,有了新的理论见解;新的理论工具已经具有了非凡的重要性。

2. 许多国家和地区的新数据丰富可得(例如,见 Summers and Heston,1991;Maddison,2001)。经济学家现在拥有绝大多数国家自 1960 年之后的数据。最新的经验研究也已把焦点集中在跨国增长的模式上(Durlauf and Quah,1999)。

3. 人们越来越意识到大批发展中国家,尤其是在撒哈拉以南的非洲地区,并非在"追赶"并向富裕的经合组织国家的人均收入水平看齐(Abramovitz,1986,Baumol,1986,P. Romer,1986,1989;Lucas,1988)。

4. 80 年代末,苏联和其他"东部板块"经济的突然的始料未及的崩溃使人们的注意力集中到社会的、政治的及经济的结构与一个经济维持经济增长的能力之间的关系上(Fukuyama,1992;Snowdon,2003b)。

5. 在 80 年代,人们日益注意到,美国的经济地位相对其他主要经合组织国家尤其是日本和德国的优势正在消失(Thurow,1992)。

6. 对于生产率增长的放缓——始于 60 年代后期或 70 年代早期,但直到 80 年代早期才被清楚地认识到——的原因的关注(Fischer et al.,1988;Baumol et al.,1989)。写于 1988 年,费希尔将此事件描述为"最近 20 年里最具意义的宏观经济发展"。更近些时候,在 90 年代末,对于美国的兴趣已经集中在一轮生产率加速上,这轮加速与由信息技术推动的"新经济"的出现相关(见 Gordon,2000b;Jorgenson,2001;Jorgenson and Stiroh,2000)。

7. 人们愈发意识到经济增长的衡量方面存在问题,并且意识到运用传统的估算技术,进步的真正速度可能被"大大低估了"(Fogel,1999;Nordhaus,2001)。博斯金委员会(消费者价格指数研究顾问委员会)的发现指出,美国 GDP 增长在 1970—1996 年间每年被低估了大约 0.9%(Boskin,1996)。另外,信息技术的兴起和随之而来的"知识"(或者"无重量")经济,以及回归非市场生产的潜在可能增加了改进国民收入统计技术的需要(Stafford,1999)。

8. 亚洲四小龙经济所展现的非凡的增长表现与许多发展中国家尤其是撒哈拉以南非洲、拉丁美洲和南亚所经历的"增长灾难"与挫折之间的差距越来越为人们所认识(World Bank,1993;Bhagwati,1993;Bloom and Sachs,1998;A. Taylor,1998;Collier and Gunning,1999a,1999b)。

9. 在 80 年代,研究经济波动的实际经济周期方法渐具影响力,索洛的新古典增长模型采用了这个方法作为研究波动和增长的标杆(Kydland and Prescott,1982)。实际经济周期理论家认为增长过程有着很大的随机成分,并且正因如此,导致了"短期的"产出波动。总量不稳定仅仅是"随机增长过程的表现形式"(Ryan and Mullineux,1997)。主流经济学家将经济周期和经济增长当作基本上独立的现象,而实际经济周期理论家则将总量波动视为经济对供给方面(生产率)冲击的最优回应(见第六章)。

10. 在解释对于一门学科的某一特定分支的兴趣增加时,容易忽略的一个因素就是由"内部科学特征"所施加的影响。因为学术界的动机结构与出版紧密相连,这种情况在美国尤其普遍,所以一个可以大做文章的新观点或者研究项目有着丰富的课题有待挖掘,故而受到广泛关注。一种由新数据组支持的新理论——许多论文都在讨论它,并且它挑战着现存的正统理论——总是被证明是学术界的一种强大的力量(Snowdon and Vane,1996)。

11. 在最近十年里,有越来越多的文章致力于我们标注为"新政治宏观经济增长"的领域。除了曼科尔·奥尔森的作品(Olson,1993,2000)之外,达龙·阿塞穆戈鲁和他的合著者们的开创性贡献在重新唤起对增长的"政治壁垒"的兴趣方面已经起了特别重要的作用(见 Acemoglu and Robinson,2000a,2000b,2000c,2001,2003;Snowdon,2004c)。

12. 对于某些经济学家比如罗伯特·卢卡斯(Lucas,1987,2003)和爱德华·普雷斯科特(Prescott,1996)来说,对增长问题的兴趣复燃根源于他们相信经济周期波动"对社会而言代价不大"以及相信对于经济学家来说更重要的是去关心"提高经济整体生产率的增长速度而不是平顺经济波动"(Prescott,1996)。的确,短期内稳定经济的举动会对长期增长前景带来不利影响(Cooley and Ohanian,1997;Blackburn,1999)。

## 11.5 为什么经济增长如此重要?

自从 18 世纪中叶开始,人类历史就被现代经济增长现象所主宰。在 18 和 19 世纪里,经济增长很大程度上局限于少数国家(Bairoch,1993;Easterlin,1996;Maddison,2001)。"现代"经济增长逐渐从它的大不列颠发祥地扩散到西欧,并且最先到达的海外区域是欧洲移民定居区(Landes,1969,1998)。工业革命以来在发达工业国家所发生的生活水准的巨大改善如今正在传播到世界的其他地方。然而,这一传播一直是非常不均匀的,并且有些地方还没有被波及。这一长期的不均匀增长的结果是,世界上最富和最穷国家之间人均收入的差距方式几乎让人无法理解(见表 11.1 和表 11.2)。经济增长作为人类福利进步的一项基础,其重要性永远不会被高估,并且被大量的经验研究所证实(Dollar and Kraay,2002a,2002b)。国家之间人均收入增长率上即使是微小的差别,如果长期持续下去,也会导致不同国民之间相对生活水准的显著差别。说明这个事实的最好例证就是,东亚经济"奇迹般"的增长历程与自 1960 年(此时非殖民化正在进行中)以来大部分撒哈拉以南非洲经济的增长过程相比,这两种不同的经历对生活水准造成的影响悬殊。

贯穿这一讨论,值得记住的是,对于任何以每年 1% 的速度进行指数式增长的变量,其数值翻倍所需时间大约是 70 年。这个所谓的"七十法则"告诉我们,如果任意变量以每年 $g%$ 的速度增长,那么这个变量数值翻倍需要的时间大约是 $70/g$ 年。这个关系可以用如下更加正式的方式来表示(Jones,2001a)。如果 $y_t$ 是 $t$ 时刻的人均收入水平,而 $y_0$ 是人均收入的某个期初值,那么 $y_t$ 的值可以用下式来表示:

方程 11.1 $$y_t = y_0 e^{gt}$$

方程 11.1 说明,如果 $y_0$ 以 $g$ 的速率连续地以指数方式增长,它在 $t$ 时刻的价值将是$y_t$。令人均收入翻倍(即$y_t = 2y_0$)所需的时间长度为$t^*$。因此$t^*$将是方程11.2和11.3的解：

方程11.2 $\qquad\qquad\qquad 2y_0 = y_0 e^{gt^*}$

方程11.3 $\qquad\qquad\qquad t^* = \log 2 / g$

$\log 2 \approx 0.7$，那么当增长率为1％时，$t^* \approx 0.7/0.01 \approx 70$年。我们能将这个关系一般化，例如如果任何一国的人均收入增长率$g\% = 5\%$，它的生活水准翻倍时间将是$70/g = 14$年。因此增长率的即使是微小的差别的影响，在以复利方式累积一段时间之后，也是惊人的。戴维·罗默将此观点简洁地表达如下："长期增长的福利意义大于短期波动的任何可能的作用，而后者是宏观经济学传统上关注的东西"(Romer,1996)。巴罗和萨拉-伊-马丁(Barro and Sala-i-Martin,2003)也认为，"经济增长……是宏观经济学真正重要的那个部分"，这个观点很大程度上得到曼昆(Mankiw,1995)的支持，后者写道："长期增长与短期波动一样重要，也许更加重要。"

表11.3显示了持续增长对于五个假想国家的**绝对生活水准**的复利效果，这五个国家分别用A-E来标示，每个国家的人均收入都以1 000美元为起点。

**表11.3 不同增长率的积累效果**

| 年 数 | A<br>$g=1$ | B<br>$g=2$ | C<br>$g=3$ | D<br>$g=4$ | E<br>$g=5$ |
|---|---|---|---|---|---|
| 0 | \$1 000 | \$1 000 | \$1 000 | \$1 000 | \$1 000 |
| 10 | 1 100 | 1 220 | 1 340 | 1 480 | 1 630 |
| 20 | 1 220 | 1 490 | 1 800 | 2 190 | 2 650 |
| 30 | 1 350 | 1 810 | 2 430 | 3 240 | 4 320 |
| 40 | 1 490 | 2 210 | 3 260 | 4 800 | 7 040 |
| 50 | 1 640 | 2 690 | 4 380 | 7 110 | 11 470 |

这些数据显示，在经历了50年的期间之后，A-E这5个国家在增长率($g\%$)方面的差别是如何导致相对生活水准的巨大分化的。

表11.3的假想数据重现于图11.1，后者清楚地突显了分化的生活水准如何能够出现在一个相对较短(50年)的历史时期内。根据加罗尔和蒙特福德(Galor and Mountford,2003)所做的图11.2，我们还再现了世界不同地区的实际增长历程[使用Maddison(2001)的数据]。

图11.1和11.2说明了经济增长是如何成为导致长期人均收入提高以及生活水准分化(如果增长率在世界不同国家和地区不相同)的最重要的单一机制的。

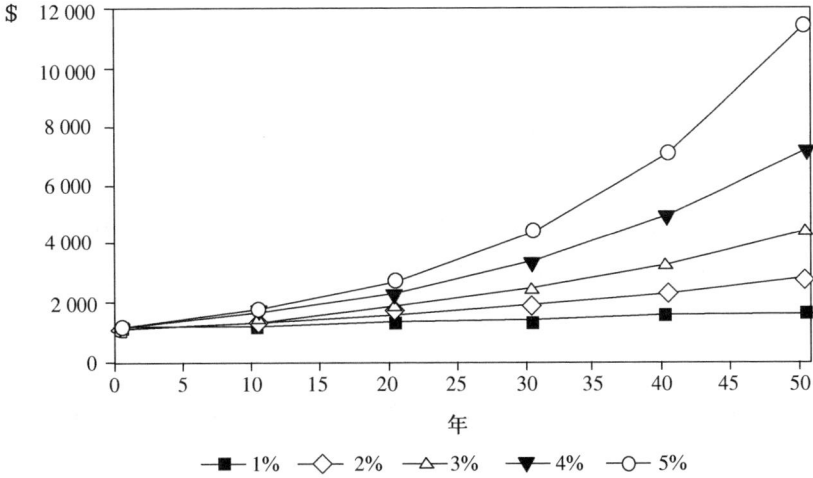

图 11.1 不同增长率对人均收入的影响

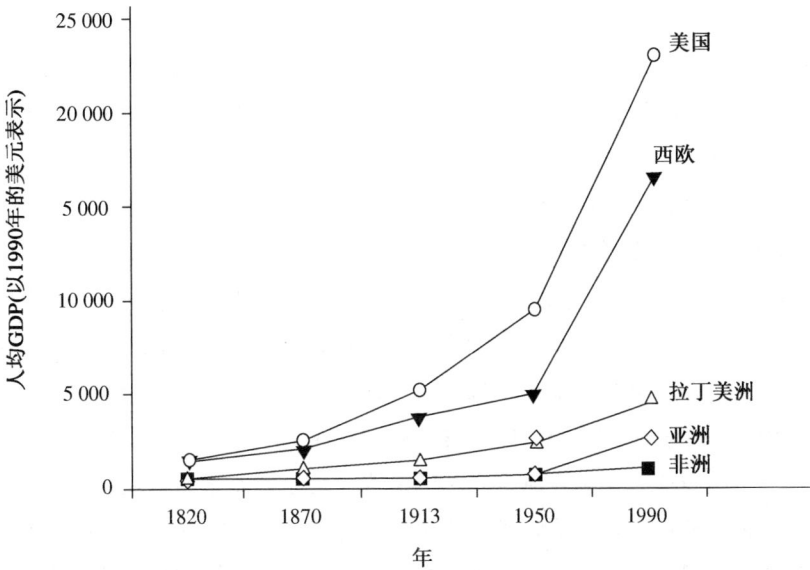

来源：Galor and Mountford(2003)。

图 11.2 大分化

在很短的时限里,温和的经济增长的好处对于受益者而言经常是感觉不到的。然而,历经几代人之后,这些好处将是明白无疑的。正如罗森堡和伯泽尔认为的:

一年之内,或者甚至十年之内,经济上的好处(在 18 世纪末和 19 世纪这段时间)在考虑了人口增长的因素之后,是如此不易觉察,以至于人们普遍相信这些好处只有富人享受到了,而穷人没有。只有随着西方的复利增长在 20 世纪得以持续,它的幅度才变得明显。西方的工人阶级与全体人口同比例致富和壮大,这一点是明显的。倒不是贫困就此消失。西方的成就不是贫困的消亡而是贫困波及的范围在缩小,从人口的 90% 到 30%、20%,或者更少,这取决于所在国家以及对贫困的定义。(Rosenberg and Birdzell,1986)

这些强调长期经济增长重要性的观点已经成为近年来政策声明的显要特征。例如,在经济顾问班子(CEA)所作的《总统经济报告》(*Economic Report of the President*,2004,p. 27)导言的总结部分,我们发现了下面的声明:

就在开国元勋们签署《独立宣言》的时候,伟大的经济学家亚当·斯密写道:"将一国从最低级的野蛮状态提升到最高级的富裕状态,除了和平、轻赋税及适度的执法之外,没有什么东西是必需的。其余的一切由事物的自然发展过程提供。"本报告中呈现的经济分析就是建立在亚当·斯密及其智慧的继承者们的观点之上的;通过讨论政府在创造一个能够促进和保持经济增长的环境中所起的作用将上述观点加以体现。

在为英国于 1997 年 5 月改变其货币政策安排提供合理性的过程中,可持续增长的重要性也被强调。在赢得选举的数日内,"新工党"政府就宣布,英格兰银行将在一个新的制度框架下运作,这个框架赋予该银行在设定短期利率方面拥有运作独立权。财政大臣戈登·布朗在 1997 年 5 月 6 日为这项新安排提供了经济方面的理由,他当时在一封给英格兰银行行长的公开信中声明:"价格稳定是高水平且稳定的增长和就业的先决条件,而高水平且稳定的增长和就业反过来将有助于在可持续的基础上创造价格稳定的条件。为此,英格兰银行的货币政策的目标将是稳定价格(以政府的通货膨胀目标来定义),并且在不妨碍此目标的情况下,为政府的经济政策包括它的增长和就业目标提供支援"(Brown,1997;也见 Brown,2001)。

20 世纪的历史或许最好地诠释了经济增长对生活水准提高的推动力。尽管有两次灾难性的世界大战、大萧条和两次世界大战之间国际一体化的崩溃,以及社会主义试验的起落,世界上大部分人的生活比起他们的父辈和祖父辈要好许多——用人均收入(购买力平价美元)来衡量。如果把预期寿命考虑在内,人类的福利已经有了显著的进步(见 Crafts,2003)。

## 11.6 用历史的视野看待现代经济增长

除了 30 年代的"大萧条"和 70 年代的"大通胀"之外,主导 20 世纪宏观经济历史的第三大现象就是在世界经济范围内经济增长现象的扩散。的确,罗伯特·卢卡斯(见第五章后的访谈)相信"经济增长,尤其是经济增长传播到我们过去称为第三世界的地方,是20世纪宏观经济的重大事件"。正如麦迪逊的数据(Maddison,2001)显示的,在现时代之前,对于世界人口的绝大多数而言,生活水准的进步慢如冰河时代的演变步伐。在思考"我们子孙的经济可能性"时,凯恩斯评论道,"从有历史记载的最初时代起……在地球文明中心生活的普通人的生活水准没有多大的变化……这种进步的迟缓或者说缺失归结为两个原因——重要技术进步的明显缺乏和没有资本的积累"(Keynes,1930b)。

既然产能的增加既可能被人口的增加所吸收,也可能导致人均收入的增加,那么从一开始就要区分广度增长和深度增长,这一点是重要的。雷诺(Reynolds,1985)将广度增长定义为这样一种情况:GDP的增加被人口增加完全吸收了,没有人均收入向上升的趋势。前现代世界经济并非呈现持续停滞的特征。几千年来世界人口如冰河演变般缓慢增加的事实便是广度增长的证据。如果我们假定对于绝大多数人而言,仅够维持生存的生活是常态,那么只有当总产出也在增加,更多的人口数量才有可能(Kremer,1993)。因此广度增长已经成为贯穿整个人类历史的"相当普遍的情况"(Lal,1999)。

相比之下,深度增长是GDP增长超过人口增长的情况,使以实际人均收入衡量的生活水准持续提高。正如雷诺所示,几个深度增长的时期通常在一个长期的广度增长之后,这种长期的广度增长往往要历经几个世纪,并且对于任何经济而言,显著的"转折点"就是从广度增长到深度增长的过渡时期。这个"转折点"实际上是某个特定年份前后十到二十年的一个时期,在这个时期内可以观察到人均收入有显著而持续的提高(Reynolds,1994)。在过去,以农耕(有机的)为主导的经济中,持续的深度增长的可能性极端微弱。土地的供应潜力和生产率决定了广度增长量,但是一旦合适的耕地供应被耗尽,回报递减效应就开始显现。当这些因素与马尔萨斯人口动态学作用相结合时,难怪会发现许多古典经济学家都预测对于人类的绝大多数而言,生活水准将不可避免地处于仅够维持生存的长期平稳状态。

当讨论深度增长的时候,还可以作一项有用的进一步区分。埃里克·琼斯区分了深度增长的两种形式,即"斯密式增长"和"普罗米修斯式增长"(Jones,1988)。斯密式深度增长依赖于那些能够由劳动分工、专业化及贸易带来的生产率的提高。这样的增长必将走入回报递减的终局,因为资源再配置能带来的好处是有限的。相比之下,普罗米修斯式深度增长由于技术进步和创新的推动因而是可持续的。

594

在18世纪后半叶,我们开始看到普罗米修斯式增长在英国出现,彼时正当工业革命,一个以有机为主的经济被一个基于矿物的经济所取代。当然,许多经济学家和经济史家试图回答的头号问题是:为什么普罗米修斯式增长始于一个特定的地理区域(即英国)和一个特定的历史时间?(见 Landes,1969,1990,1998;Crafts,1983,1985;E. Jones,1988;Wrigley,1988;Mokyr,1990,1993,2005;Diamond,1997;Lal,1999;Jay,2000;Pomeranz,2000;Jones,2001b。)

在伊斯特林看来,普罗米修斯式深度增长现象代表了一个显著的"年代变化"(Easterlin,1996)。伊斯特林将世界经济历史分成三个时代,每一个时代在主要职业形态、人口定居基本模式、人口及实际人均 GDP 的增长率方面都有着显著的特征。伊斯特林划分的第一个时代是史前时代,结束于公元前 8000 年;第二个是由新石器农业革命引发的定居的农业时代,这一时代一直持续到 18 世纪中叶;第三个是现代经济增长时代,经济活动的结构和特性有了巨大的转型。在现代增长年代,一开始,人均收入和人口之间正向的马尔萨斯关系持续存在,导致了一次人口爆炸。然而最终,现代增长年代"以人均收入和技术水平皆稳步增长为特征"并且随着人口构成发生转变,上述特征导致了"产出水平与人口增长率之间的反向关系"(Galor and Weil,2000)。一些经济学家最近提出,对增长过程的任何描述,除了解释持续增长的现代历程,应该也能够解释长时期的马尔萨斯停滞现象(见 Galor and Weil,1999,2000;Galor and Moav,2002;Hansen and Prescott,2002;Parente and Prescott,2005;也见本书第 11.21 节)。

## 11.7 增长的固定模式

一个关于经济增长的理论显然需要与从历史经验中浮现出的增长固定模式相一致。卡尔多(Kaldor,1961)第一个提出了他所认为主要的经验观察现象,任何增长理论需要与这些观察现象保持一致。卡尔多的六种固定模式或者说大的趋势列在下面(K1-K6),同列的还有保罗·罗默(Romer,1989)和琼斯(Jones,2001a)指出的补充"模式",分别是(R7-R11)和(J12-J14)。

K1　工人人均产出连续增长,没有生产率增长率下降的长期趋势。

K2　资本-劳动比率显示出连续的增长。

K3　资本回报率稳定。

K4　资本-产出比率稳定。

K5　劳动和资本在 GDP 中的份额保持稳定。

K6　我们观察到跨地区之间生产率增长率的明显不同。

R7　在一个广泛的国家横截面内,平均增长率与人均收入水平无关。

R8　增长与国际贸易量正相关。

R9　增长率与人口增长负相关。

R10　增长解释研究总是能发现一项"残差";即,投入要素积累本身不能解释增长。

R11　高收入国家对熟练和非熟练工人都有吸引力。

J12　跨国之间人均收入存在巨大差别。

J13　世界整体的增长率与个别国家的增长率随着时间推移变化很大。

J14　任何国家在世界收入分配中的相对地位可以改变。

当然,不是所有这些固定模式是独立的。正如罗默(Romer,1989)指出的,模式 K2 是模式 K1 和 K4 的结果。模式 K4 和 K5 暗示着 K3。罗默还质疑 K5 的有效性(也见 Jones,2004)。关于模式 J13,经济学家直到最近才试图提供一个全面的理论去解释增长率从马尔萨斯停滞到"现代经济增长"的演变过程(见 Galor and Weil,1999,2000;Hansen and Prescott,2002)。

## 11.8　增长的直接来源 vs 基本来源

在坦普尔关于增长经验的回顾(Temple,1999)中,他强调了这样一个事实,即自 1960 年以来重要的历史教训之一是:当一些国家成功地"创造了奇迹"之时,另一些国家却经历了"增长灾难"。当分析奇迹经济的经历时,经济学家需要"利用这些事件经历去帮助评估那些或许能影响其他国家增长率的经济政策"(Lucas,1993)。然而,如果没有理论构架在手去帮助研究人员理解现在经济学家可获得的"大量"数据,这项评估工作便难以开展。正如卢卡斯所言,要想从东亚经历中获得宝贵教益,"人们需要的是——简单地说——一种理论"。回应这一主题,坦普尔提醒经济学家什么是可能的关键问题:"为什么一些国家变富了而另一些国家变穷了? 很难想象还有比这更基本的问题需要经济学家来回答。"(Temple,1999)

在分析增长理论的发展时,以区分增长的直接和基本原因作为开始是有用的。直接原因与投入要素如资本和劳动的积累有关,还与能够影响这些要素生产率的变量如规模经济和技术变化有关。增长核算学家如丹尼森(Denison,1967,1974,

1985)、乔根森(Jorgensen,1996,2001)和麦迪逊(Maddison,1972,1987,1995)的研究工作已经对增长的各种直接来源进行了有用的分类,而新凯恩斯主义的、新古典的和内生的增长理论倾向于集中精力给这些直接变量建立模型。然而,一旦我们考虑了这些增长的直接决定因素的影响,我们就会面临更深刻的问题:"为什么有些国家比其他国家在积累人力和实物资本以及创造或接受新观念、新知识方面做得好得多?"即,我们需要调查增长的基本决定因素(见 Rodrik,2003)。

与增长的基本的或者说深层次的来源有关的变量是那些对一国积累生产要素的能力以及投资于知识生产的能力产生影响的变量。例如,坦普尔考虑如下对于增长"更为广泛的"的影响因素:人口增长、金融部门的影响力、一般宏观经济环境、贸易制度、政府规模、收入分配以及政治的和社会的环境(Temple,1999)。盖洛普等人还要在这份清单上加上一个被忽略的影响因素——地理的影响(Gallup et al.,1998)。从探寻增长的直接原因到探寻基本原因还使人们的注意力焦点从一个经济的制度框架转移到它的"社会潜力"(Abramovitz,1986)、"社会基础建设"(Hall and Jones,1997,1999)或"从属变量"(Baumol et al.,1994)方面来。现在被广泛接受的观点是,"好的"政府治理与制度和激励结构是成功增长和发展的重要前提(World Bank,1997,2002)。

罗斯托在他的对经济增长分析的史学回顾中,提出了一个中心的命题:"从 18世纪到现在,增长理论一直建立在这样或那样的某种形式的普遍等式或生产方程之上。"(Rostow,1990)这可以用阿德尔曼(Adelman,1958)提出的等式(方程 11.4)来表述:

方程 11.4 $$Y_t = f(K_t, N_t, L_t, A_t, S_t)$$

这里,$K_t$、$N_t$ 和 $L_t$ 分别代表了源自资本存量、自然资源(地理)和劳动资源的服务,$A_t$ 表示一个经济的应用知识的储量,$S_t$ 代表了阿德尔曼所谓"社会文化环境"和阿布拉莫维茨(Abramovitz,1986)更近些时候所称的"社会能力",这是经济运行所不可或缺的。更加复杂的模型对人力资本和实物资本作了区分。的确,许多作者认为人力资本是经济增长的关键成分(Lucas,1988;Galor and Moav,2003)。例如,赫克曼认为中国低于平均水平的教育投资花费——与其在实物资本积累上的花费相比——是政策的"一种严重扭曲",将有可能延缓中国的进步(Heckman,2003)。戈尔丁也把美国在 20 世纪取得的经济成功大部分归因于人力资本的积累(Goldin,2001)。

罗斯托认为:"不论是休谟的经济短文、亚当·斯密的《国富论》,还是最近的新古典增长模型,事实上在这期间的所有的系统表述都包含了像基本等式这样的东西。"(Rostow,1990)这个普遍的等式包括了经济增长的直接原因和基本原因,并且阿布拉莫维茨在 50 年前就关注了这些重要的因素(见 Nelson,1997)。显然,$S_t$ 包含了能影响一个经济的增长潜力和表现的非经济变量及经济变量的作用,这些变量包括制度、激励、规则和规章,它们决定着创业才能的分配(Baumol,1990)。因此,近几年来经济学家对于增长的"更深层的"决定因素的研究已经导致了一些学者强调制度和激励结构(North,1990;Olson,2000)、贸易和开放程度(Krueger,1997;Dollar and Kraay,2003),以及相当受忽视的地理作用(Bloom and Sachs,1998)的重要性。值得一提的是,亚当·斯密早在 200 多年前已经强调了所有这三项"更深层的"决定因素!

598

在第 11.17 - 11.20 节里,我们将更加具体地考察经济增长的"更深层的"决定因素。但是,我们先要在第 11.8 - 11.10 节里回顾增长理论的三大浪潮,它们从 20 世纪中期到现在一直有影响力。三种方法都强调了增长的直接决定因素,这三种方法是:

1. 新凯恩斯主义的哈罗德-多马模型;
2. 索洛-斯旺新古典模型;
3. 受罗默-卢卡斯启发的外生增长模型。

每一个模型所发展的思想代表了多种发现的有趣例子。第一波研究兴趣浪潮围绕罗伊·哈罗德(Harrod,1939,1948)和埃弗赛·多马(Domar,1946,1947)的新凯恩斯主义的著作展开。在 50 年代中期,由罗伯特·索洛和特雷弗·斯旺(Solow and Swan,1956)发展的新古典增长模型刺激了第二波,也是持续时间更长、内容更为丰富的研究兴趣浪潮;这次浪潮在经历了一段相对平淡的时期(1970—1986 年)之后又重新高涨起来(Mankiw et al.,1992;Mankiw,1995;Klenow and Rodriguez-Clare,1997a,1997b)。第三波,也是最近的一波浪潮,由保罗·罗默(Romer,1986)和罗伯特·卢卡斯(Lucas,1988)的研究工作所启发,导致了外生增长理论的发展;这一理论的出现是对新古典模型在理论和经验上已经为人所觉察的缺陷的一种回应(P. Romer,1994a;Crafts,1996;Blaug,2002)。

## 11.9 哈罗德-多马模型

在凯恩斯于 1936 年发表《通论》之后,一些经济学家试图将凯恩斯的静态短期理论动态化,以便探寻资本主义经济的长期动态机制。罗伊·哈罗德(Harrod, 1939,1948)和埃弗赛·多马(Domar,1946,1947)各自独立发展了将一个经济的增长率与其资本存量联系起来的理论。凯恩斯强调投资对总需求的影响,而哈罗德和多马强调投资支出如何还能增加一个经济的生产能力(供给方面的效果)。虽然哈罗德的理论比多马的理论更加雄心勃勃,前者建立在凯恩斯短期宏观经济学之上以便找出在动态背景下达到均衡的必要条件,但是从现在开始我们将统称"哈罗德-多马模型",而忽略这两位杰出的经济学家各自贡献当中的细微差别。

哈罗德-多马模型的一个主要强项是它的简单性。这个模型假定一个外生的劳动力增长率($n$),一个给定的技术条件——它反映了固定的要素比率(恒定的资本-劳动比率,$K/L$),以及一个固定的资本-产出比率($K/Y$)。假设一个由两个部门组成的经济(家庭和企业),我们可以写下简单的国民收入方程,如方程 11.5 所示:

方程 11.5 $$Y_t = C_t + S_t$$

这里,$Y_t$=GDP,$C_t$=消费,$S_t$=储蓄。

在这个简单经济中达到均衡的条件是:

方程 11.6 $$I_t = S_t$$

将方程 11.6 代入 11.5,得出 11.7:

方程 11.7 $$Y_t = C_t + I_t$$

在哈罗德-多马框架下,实际 GDP 的增长被假定与投资支出($I$)的份额成正比,并且要想使一个经济增长,资本存量的净增加是必需的。资本存量随着时间的演变方式用方程 11.8 表示:

方程 11.8 $$K_{t+1} = (1-\delta)K_t + I_t$$

这里 $\delta$ 是资本存量的折旧率。总资本存量($K$)规模与总 GDP($Y$)规模之间的关系被称为资本-产出比率($K/Y=v$)并且被假定是固定的。既然我们定义了 $v=K/Y$,那么还可以得出 $v=\Delta K/\Delta Y$(这里 $\Delta K/\Delta Y$ 是边际资本-产出比率或者 ICOR)。如果我们假定总的新投资由总储蓄决定,那么哈罗德-多马模型的要义可以用下面的式子来表示。假定总储蓄是 GDP($Y$)的某一比例($s$),如方程 11.9 所示:

方程 11.9 $$S_t = sY_t$$

既然 $K=vY$ 并且 $I_t=S_t$,那么我们可以将方程 11.8 重写,成为方程 11.10:

方程 11.10 $$vY_{t+1} = (1-\delta)\,vY_t + sY_t$$

两边同时除以 $v$,合并 $Y_t$ 并且两边同时减去 $Y_t$,得到方程 11.11:

方程 11.11                $Y_{t+1} - Y_t = [s/v - \delta]Y_t$

两边同除以 $Y_t$，得出方程 11.12：

方程 11.12                $[Y_{t+1} - Y_t]/Y_t = s/v - \delta$                              600

这里，$[Y_{t+1} - Y_t]/Y_t$ 是 GDP 的增长率。令 $G = [Y_{t+1} - Y_t]/Y_t$，我们可以将哈罗德-多马的增长方程写成方程 11.13：

方程 11.13                $G = s/v - \delta$

这个等式简单地告诉我们，GDP 的增长率取决于储蓄率($s$)与资本-产出比率($v$)之比，从而由这两者共同决定。更高的储蓄率和更低的资本-产出比率及折旧率，将使经济更快地增长。在接下来的讨论中，我们将忽略折旧率，并且认为哈罗德-多马模型就用方程 11.14 来表示：

方程 11.14                $G = s/v$

因此，从方程 11.14 可以明显看出，哈罗德-多马模型"认可了资本积累在寻求加快增长的过程中所具有的极端重要性"(Shaw，1992)。

正如巴格沃蒂回顾所言，哈罗德-多马模型在 1950—1975 年期间成为发展经济学文献当中极具影响力的模型，并且是经济规划的框架当中的一个关键的成分。"这个受到欢迎的模型的引申含义是鲜明和可靠的。它认为核心的发展问题就是增加用于投资的资源，仅此而已"(Bhagwati，1984)。例如，如果一个发展中国家想要取得人均收入每年 2% 的增长率(即生活水准每 35 年可以翻倍)，并且估计人口以 2% 的速度增长，那么经济规划者将需要设定 GDP 的目标增长率($G^*$)为 4%。如果 $v=4$，这暗示着只有当理想储蓄率($s^*$)为 0.16 或者说 GDP 的 16% 的时候，$G^*$ 才能达到 4%。如果 $s^* > s$，就存在一个"储蓄缺口"，规划者需要设计政策来填补这个缺口。

既然在哈罗德-多马模型里增长率与储蓄率正相关，在 50 年代，发展经济学家将他们的研究精力集中在理解如何提高私人储蓄率的问题上，以使欠发达经济能够"飞跃"到"自我可持续增长"的轨道上(Lewis，1954，1955；Rostow，1960；Easterly，1999)。我们还可以看到，在 50 年代，政府的财政政策扮演了重要的角色，因为预算盈余或许能(从理论上讲)替代私人国内储蓄，这反映出那个年代关于发展的观念。如果国内的融资来源不足以取得想要的目标增长率，那么国外的资金帮助    601
或许能填补"储蓄缺口"(Riddell，1987)。外资帮助需求($Ar$)通过一个简单的计算就可以得出，即 $s^* - s = Ar$(Chenery and Strout，1966)。然而，哈罗德-多马方法的一个主要弱点是，它假定固定的资本-产出比率。既然 $v$ 的倒数($1/v$)是投资的生

产率($\Phi$),我们可以把方程 11.14 重写如下:

方程 11.15 $\qquad\qquad\qquad G = s\Phi$

不幸的是,正如巴格沃蒂所观察到的,投资的生产率不是给定的,但是它反映了投资决策行为所处的政策框架和激励结构的效率(Bhagwati,1993)。印度 80 年代之前不够理想的增长表现反映了"与其说是令人失望的储蓄表现,不如说是令人失望的生产率表现"(Bhagwati,1993)。于是,在多种影响增长的因素的作用下,增长与投资的关系最后变得"松散且不稳定"(Easterly,2001a)。此外,经济学家很快发觉这个"外资帮助需求"或者"融资缺口"模型的第二项重大缺陷。这个模型假定了外资流入与投资有一一对应的关系。但是很快变得明显的是,以弥补储蓄缺口为目标的外资流入并非必然提高总储蓄。外资与投资并非一对一的关系。的确,在许多情况下,外资流入导致了国内储蓄的减少以及投资生产率的下降(Griffin,1970;White,1992)。布恩的研究证实了外资流入并没有提高绝大多数接受外资的发展中国家的增长率(Boone,1996)。在许多发展中国家里,一个进一步的问题是,在公共部门内部实行的"软预算约束"创造了一个巴格沃蒂称之为"混日子"的氛围。因此,指望公共部门的企业产生利润来增加政府储蓄往往靠不住,便也不奇怪了。简言之,"资本基础主义"和"外资补充投资的迷信"在 1950 年以后大部分时间里主导了关于发展的思维,引导经济学家在他们"探索增长的神秘旅途"中走入歧途(King and Levine,1994;Easterly,2001a;2003;Easterly et al.,2003;Snowdon,2003a)。的确,前世界银行经济学家威廉·伊斯特利认为哈罗德-多马模型还有生命力,并且仍然继续对那些服务于主要国际金融机构的经济学家们施加着相当的影响力,尽管它在学术界已经弃用很久了(Easterly,1999)。伊斯特利揭示,在世界银行、国际货币基金组织、美洲开发银行、欧洲复兴开发银行以及国际劳工组织工作的经济学家们还经常用哈罗德-多马-切纳里-斯特劳特的方法论来计算特定国家为实现其增长目标所需的投资和外资帮助需求。然而,正如伊斯特利令人信服地阐明的,有关外资流入一对一地变成投资,以及增长与投资在短期内存在一个固定的线性关系的证据,"被坚决地否定了"。

哈罗德-多马体系的一个更深一层的弱点是资本和劳动之间零替换假定(即,一个固定要素比例的生产方程)。对于一个关注长期增长的模型而言,这是一项"关键的"却又不恰当的假定。哈罗德-多马模型的这个假定还导致了一项著名的不稳定特性,即"即使对于长期而言,最好的情形是:一个经济体系在一个极不确定的均衡增长下达到平衡"(Solow,1956)。在哈罗德-多马模型里,取得伴随充分就业的稳定增长的可能性极小。只有在非常特殊的情况下，一个充分就业的经济才会同时保持劳动和资本的均衡。正如索洛(Solow,1988)在他的诺贝尔奖颁奖典礼上的演讲中指出的,想要在哈罗德-多马体系中取得稳定增长如同等待"幸运之神奇迹般地降临"。这个问题产生于关于生产方程的一个假定,即技术条件是固定不变的。在哈罗德-多马模型里,资本-产出比率($K/Y$)和资本-劳动比率($K/L$)被假定是常量。在一个增长的背景下,这意味着 $K$ 和 $Y$ 必须总是以相同的速度增长方能维持均衡。然而,因为这个模型还假定了一个恒定的资本-劳动比率($K/L$),所以 $K$ 和 $L$ 必须也以相同的速度增长。因此,如果我们假定劳动力($L$)的增长速度与人口增长速度($n$)相同,那么我们能得出这样的结论:在这个模型里,均衡能够维持的唯一方式是 $n=G=s/v$。而 $n=G$ 的情况将是一种纯粹的巧合。如果 $n>G$,结果将是持续上升的失业。如果 $G>n$,资本存量将变得愈加闲置,并且产出的增长率将减缓至 $G=n$。因此,只要 $K$ 和 $L$ 的增长率不同,经济就偏离它的"如刀刃般狭窄的"均衡增长路径。然而,大量证据表明这个特性与增长的实际经历不吻合(有关哈罗德－多马模型的更加详细的讨论请见 Hahn and Matthews,1964;H. Jones,1975)。

## 11.10　索洛的新古典增长模型

在索洛(Solow,1956,1957)和斯旺(Swan,1956)的开创性贡献之后,新古典模型成为增长分析的主导方法,至少在学术圈内如此。在 1956—1970 年期间,经济学家改进了"旧的增长理论",成了更有名的索洛新古典经济增长模型(Solow,2000,2002)。该模型建立在一个新古典的生产方程体系之上,强调了在一个封闭的没有政府部门的经济里,储蓄、人口增长及技术进步对增长的作用。尽管有外生增长理论的最新发展,索洛的模型保持着任何经济增长讨论的基本出发点的位置。正如曼昆(Mankiw,1995,2003)指出的,只要实用宏观经济学家必须回答长期增长的有关问题,他们通常以一个简单的新古典增长模型为开始(也见 Abel and Bernanke,2001;Jones,2001a;Barro and Sala-i-Martin,2003)。

索洛模型的关键假设是:(1) 为简便起见,假定经济有一个部门组成,这个部门生产一种类型的既可用于投资也可用于消费的商品;(2) 这个经济与国际贸易隔绝,并且政府部门被忽略;(3) 所有被节省的产出都被用于投资;即,在索洛模型里,单独的投资方程的缺失暗示了凯恩斯的难题被消除了,因为事前的储蓄和事前的投资总是相等的;(4) 既然这个模型关注长期,就不存在凯恩斯的稳定问题;即完全价格弹性和货币中立性的假设适用并且经济始终处于潜在(自然)总产出的生产水平;(5) 索洛抛弃了哈罗德-多马模型关于固定的资本-产出比率($K/Y$)和固定的资本-劳动比率($K/L$)的假设;(6) 技术进步、人口增长及资本存量折旧的速度都是由外生因素所决定。

有了这些假设,我们能够集中力量推导索洛模型的三个关键的关系,即生产方程、消费方程,以及资本积累过程。

**生产方程**　索洛的增长模型是围绕新古典总生产方程 11.16 而建立的,它关注的焦点是增长的**直接**原因:

方程 11.16
$$Y = A_t F(K, L)$$

这里,$Y$ 是实际产出,$K$ 是资本,$L$ 是劳动投入,$A_t$ 是技术水平的一种度量(即,生产方程的投入要素能够被转化为产出的方式),它是外生的变量并且它的度量仅仅取决于时间。某些时候,$A_t$ 被称为"总要素生产率"。外生技术假设在索洛模型里有何意义,弄清这一点很重要。在新古典增长理论中,技术被假定为一种公共商品。应用到世界经济中,这意味着各国被假定共享相同的知识存货,即可以自由地获取知识;也就是说,所有国家有机会拥有相同的生产方程。曼昆在为技术如同公共商品这一新古典假设作辩护时,提出他的理由如下:

604
　　生产方程不应当被直观地看成对一个特定的生产过程的描述,而是应当被看成从投入数量到产出数量的一种映射关系。我们说不同的国家有着相同的生产方程仅仅是指,如果它们有相同的投入,它们便有相同的产出。不同投入水平的不同国家无需依赖完全相同的过程来生产商品和服务。当一个国家将其资本存量提高一倍时,它并非给每个工人增配一倍数量的铁铲,而是将铁铲换成了推土机。就给经济增长建立模型而言,这种改变应该被视为沿着相同的生产方程移动,而不是变换为一个全新的生产方程。(Mankiw,1995)

正如我们将要在后面(第 11.15 节)看到的那样,许多经济学家不同意这个方法并且坚持认为国家之间存在显著的技术差距(见 Fagerberg,1994;P. Romer,1995)。但是,为了使我们对索洛模型的考察能够进行下去,我们将继续把技术当作一件公共商品。

为简便起见,让我们首先假定一种没有技术进步的情景。作出这个给定技术状态的假设将使我们集中地关注人均产出和人均资本之间的关系。于是我们可以将方程 11.16 重写为:

方程 11.17 $$Y = F(K, L)$$

由方程 11.17 表示的总生产方程被假定为"表现良好";即,它满足以下三个条件(见 Inada, 1963; D. Romer, 2001; Barro and Sala-i-Martin, 2003; Mankiw, 2003):第一,对于所有 $K > 0$ 和 $L > 0$,$F(\cdot)$ 对于资本和劳动都展现了正的却是递减的边际回报;即,$\partial F/\partial K > 0$, $\partial^2 F/\partial K^2 < 0$, $\partial F/\partial L > 0$, $\partial^2 F/\partial L^2 < 0$。第二,该生产方程展现了恒定规模回报 $F(\lambda K, \lambda L) = \lambda Y$;即投入提高 $\lambda$ 倍,总产出也提高 $\lambda$ 倍。令 $\lambda = 1/L$,可得 $Y/L = F(K/L)$。这个假设允许 11.17 被重写成方程 11.18 的深化形式,其中 $y =$ 人均产出($Y/L$),$k =$ 人均资本($K/L$):

方程 11.8　$y = f(k)$,对于所有 $k$,$y = f'(k) > 0$ 且 $y = f''(k) < 0$

方程 11.18 说明人均产出是资本-劳动比率的一个正函数并且展现出回报递减的特性。回报不变这个关键的假设暗示了经济规模足够大,以至于通过进一步的劳动分工和专业化而产生的任何斯密收益已经被穷尽了,因此以劳动力来衡量的经济规模对人均产出没有影响。第三,当资本-劳动比例趋向无穷大($k \to \infty$)时,资本边际产出($MPK$)接近于零;当资本-劳动比率接近零($k \to 0$)时,边际资本产出趋于无穷($MPK \to \infty$)。

605

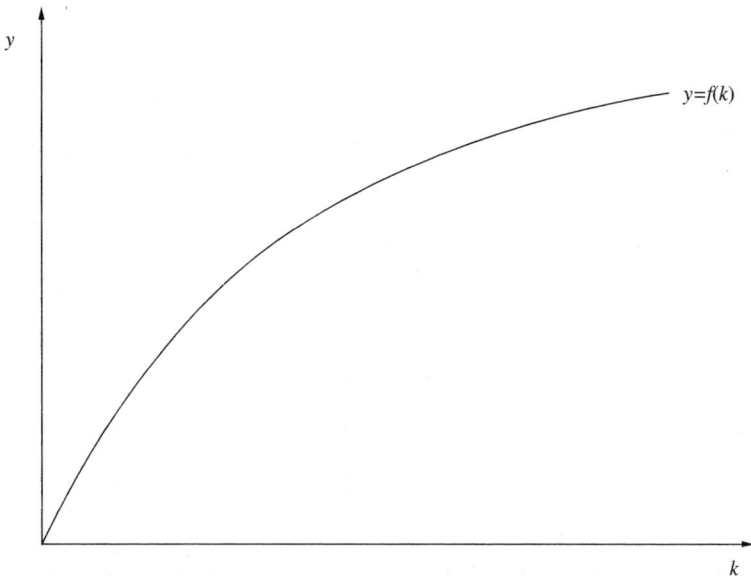

图 11.3　新古典总生产方程

图 11.3 表示新古典总生产方程的一个深化形式,它满足上面所有条件。如该图所示,对于一个给定的技术条件,任何一个提高其资本-劳动比率的国家(给每个

工人配更多的机器设备)将有更高的人均产出。然而,由于回报递减效应,人均资本积累(资本深化)对人均产出的影响将持续减弱。因此,在资本相对稀缺的地方相比在资本相对富裕的经济里,$k$ 的一个给定的增加值对于 $y$ 的作用要大得多。即,相对于发达国家而言,发展中国家的资本积累对于劳动生产率的作用应该更加显著。

生产方程的斜率衡量资本的边际产出,即 $MPK = f(k+1) - f(k)$。在索洛的模型里,发展中国家的 $MPK$ 应该比发达国家大得多。在一个没有资本流动限制的开放经济的背景下,我们因此有望看到,若其他情况相同,资本受到更高的潜在回报的吸引会从富国流向穷国,从而加快资本积累的过程。

606 **消费方程** 既然人均产出取决于人均资本,且两者为正向关系,我们需要理解资本-劳动比率是如何随着时间推移而演变的。为考察资本积累过程,我们首先需要明确储蓄是由什么决定的。在一个封闭的经济里,总产出＝总收入,并且包括了两个组成部分即,消费($C$)和投资($I$)。而投资($I$)＝储蓄($S$)。

方程 11.19 $$Y = C + I$$

或者等同地 $$Y = C + S$$

这里 $S = sY$ 是一个简单的储蓄方程,其中 $s$ 是收入当中被储蓄的部分,并且 $1 > s > 0$。我们可以将方程 11.19 重新写成方程 11.20:

方程 11.20 $$Y = C + sY$$

在给定一个封闭经济的假设下,私人国内储蓄($sY$)必须等于国内投资($I$)。

**资本积累过程** 在某一时刻,一国的资本存量($K_t$)包括厂房、机器和基础设施。每年,资本存量一部分要被消耗掉。参数 $\delta$ 代表了这个折旧的过程。为了防止资本存量下降倾向,每年有一定流量的投资支出($I_t$)加入资本存量中去。因此,在这两种力量存在的情况下,我们可以写出资本存量演变的一个等式如下:

方程 11.21 $$K_{t+1} = I_t + (1-\delta)K_t = sY_t + K_t - \delta K_t$$

以人均的方式改写方程 11.21 得出方程 11.22:

方程 11.22 $$K_{t+1}/L = sY_t/L + K_t/L - \delta K_t/L$$

方程 11.22 两边同时减去 $K_t/L$ 得出方程 11.23:

方程 11.23 $$K_{t+1}/L - K_t/L = sY_t/L - \delta K_t/L$$

在古典增长理论中,资本的积累以方程 11.24 的方式演变,方程 11.24 是索洛模型的基本微分等式:

方程 11.24 $$\dot{k} = sf(k) - \delta k$$

607 这里,$\dot{k} = K_{t+1}/L - K_t/L$,是人均资本投入的变化,并且 $sf(k) = sy = sY_t/L$,是

人均储蓄(投资)。$\delta k = \delta K_t/L$ 代表了为使资本-劳动比率保持不变的人均"投资要求"。索洛模型中的恒定状态条件以方程 11.25 来表示:

方程 11.25 $$sf(k^*) - \delta k^* = 0$$

于是,在恒定状态下,$sf(k^*) = \delta k^*$;即,人均投资正好足够补充人均折旧,使得人均资本保持不变。

延伸这个模型从而将劳动力的增长考虑在内是相对容易理解的。在索洛模型里,劳动参与率是假定不变的,因此劳动力以一个恒定的比率增长,这个比率等于由外生因素决定的人口增长率=n。因为 $k = K/L$,人口的增长通过增加劳动供给将使 $k$ 下降。因此,人口增长对于 $k$ 的作用与折旧的作用相同。我们需要对方程 11.24 作出修改以反映人口增长的影响。基本微分等式现在变成:

方程 11.26 $$\dot{k} = sf(k) - (n+\delta)k$$

我们可以把表达式 $(n+\delta)k$ 想象成"必要的"或者"临界的"投资,它是保持每单位劳动的资本存量($k$)不变所必需的投资。为了阻止 $k$ 下滑,需要用一些投资来抵消折旧。这部分投资就是方程 11.26 中的 $(\delta)k$ 项。同样还需要一些投资,因为劳动数量以 $n$ 的速率在增长。这部分投资就是方程 11.26 中的 $(n)k$ 项。因此资本存量必须以 $(n+\delta)$ 的速度增长,以维持 $k$ 恒定不变。当每单位劳动的投资大于临界投资所必要的数量时,$k$ 将上升,并且在这种情况下,经济会经历"资本深化"。在索洛模型的结构下,经济将及时地到达恒定状态;在这个状态下,尽管经济持续经历"资本泛化",即现存的人均资本扩展到新加入的工人身上,实际的人均投资 $sf(k)$ 等于临界的人均投资 $(n+\delta)k$,而人均资本的变化 $\dot{k}=0$。用 $*$ 表示恒定状态的数值,我们可以定义恒定状态为方程 11.27:

方程 11.27 $$sf(k^*) = (n+\delta)k^*$$

图 11.4 抓住了索洛模型的本质特征,这些特征由方程 11.18 到方程 11.27 所勾画。在图 11.4 的上部图形中,曲线 $f(k)$ 表示一个表现良好的深化生产方程;$sf(k)$ 显示了在不同资本-劳动比率水平下的人均储蓄水平;线性关系 $(n+\delta)k$ 说明了临界投资是 $k$ 的一定比例。在资本-劳动比率为 $k_1$ 时,人均储蓄(投资)$(b)$ 超过必要的投资$(c)$,因此经济经历资本深化,并且 $k$ 在上升。在 $k_1$,人均消费用$(d-b)$来表示,并且人均产出为 $y_1$。在 $k_2$,因为 $(n+\delta)k > sf(k)$,资本-劳动比例下降,资本变得"浅化"(Jones,1975)。恒定状态平衡的增长路径出现在 $k^*$ 点,此时人均投资等于临界投资。人均产出为 $y^*$,并且人均消费等于$(e-a)$。在图 11.4 下部图形中,$\dot{k}$(资本-劳动比率的变化)与 $k$ 的关系用一个相图来表示。当 $\dot{k}>0$ 时,$k$ 在增

加;当$\dot{k}<0$时,$k$在减少。

在恒定状态均衡下,如图11.4的上部图形中的$a$点所示,人均产出($y^*$)和人均资本($k^*$)是不变的。然而,尽管恒定状态下没有深度增长,广度增长却存在,这是因为人口(并且因此劳动投入=$L$)以每年$n\%$的速度增长。于是,为了使$y^*=Y/L$且$k^*=K/L$保持不变,$Y$和$K$都必须也要以和人口增长相同的速度增长。

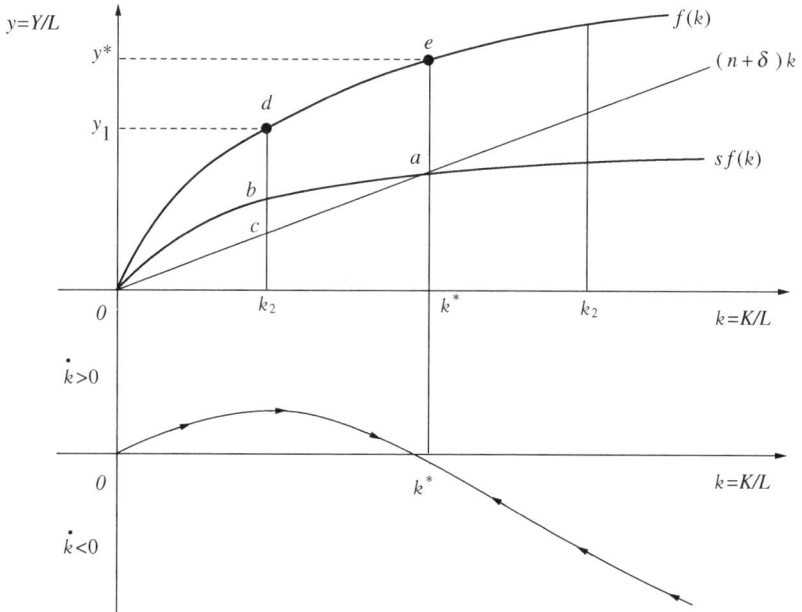

图11.4　索洛增长模型

从图11.4中可以看出,如果人口增长率和(或)折旧率减少[$(n+\delta)k$方程围绕原点向下转动],则恒定状态的人均产出水平将增加(若其他条件不变),反之则反是。如果储蓄率增加[$sf(k)$方程向上移动],则恒定状态的人均产出水平也将增加(若其他条件不变),反之则反是。从索洛模型可以得到的一条预言是,储蓄比率的一次增加不能永久性地提高长期增长率,这条预言有着特别重要的意义。在从转型动态向新的恒定状态过渡期间,更高的储蓄比率确实能暂时提高增长率,并且还能永久性地提高人均产出水平。当然转型动态时期可能是一个漫长的历史时期,它对产出水平的效果是重要的并且不应被低估(见Solow,2000;Temple,2003)。

到目前为止,我们一直假定没有技术进步。而事实是,人均产出已经显示出持续增加的倾向,至少自从工业革命开始以来在如今的发达国家是这样的情况,所以一个预言恒定状态人均产出的模型显然不令人满意。新古典增长模型的一个令人惊讶的结论是,如果没有技术进步,一个经济通过资本积累来提高人均产出的能力是有限的,它受到一些因素的交互作用的制约,这些因素是:回报递减效应、人们的储蓄意愿、人口增长率,以及资本存量的折旧率。为了解释长期人均产出的持续增长,索洛模型必须将持续技术进步的影响整合在内。

用科布-道格拉斯形式来表示生产方程 11.16,可以写成方程 11.28:

方程 11.28 $\qquad Y = A_t K^\alpha L^{1-\alpha}$

这里 $\alpha$ 和 $(1-\alpha)$ 是反映资本和劳动在国民收入中份额的权重。假定规模回报不变,人均产出 $(Y/L)$ 不受产出规模的影响,并且对于一个给定的技术条件 $A_{t0}$,人均产出与资本-劳动比率 $(K/L)$ 正相关。我们因此可以用人均产出的方式来改写生产方程 11.28,以方程 11.29 表示:

方程 11.29 $\quad Y/L = A(t_0)(K/L) = A(t_0)K^\alpha L^{1-\alpha}/L = A(t_0)(K/L)^\alpha$

令 $y=Y/L$ 且 $k=K/L$,我们得到了总量生产方程的"深化形式",如方程 11.30 所示:

方程 11.30 $\qquad y = A(t_0)K^\alpha$

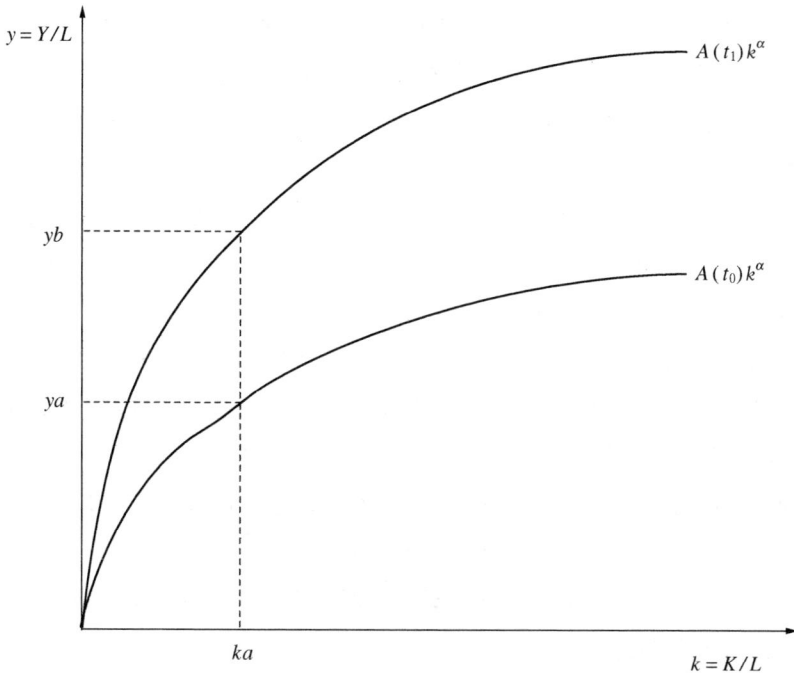

图 11.5 技术进步

对于一个给定的技术条件,方程 11.30 告诉我们,提高人均资本的数量(资本深化)将导致人均产出的增加。图 11.5 演示了外生的技术进步的作用,它使得生产方程在两个时期之间($t_0$ 到 $t_1$)发生了移动,即从 $A(t_0)k^a$ 到 $A(t_1)k^a$,而人均产出在给定资本-劳动比率 $ka$ 的情况下从 $ya$ 提高到了 $yb$。在由外生因素决定的知识增长的推动下,生产方程的连续向上的移动,这为新古典模型中恒定状态的人均产出增长提供了唯一的"解释"机制。

因此,尽管不是索洛的初衷,但是恰恰是他的新古典增长理论使得技术进步作为经济增长分析里面的一个重大解释因素变得突出起来。但是,有点自相矛盾的是,在索洛的理论中,技术进步是外生的,即不为该模型所解释!索洛承认他把技术进步作为外生变量置于他的模型里,为的是简化它,并且还因为他不想"假装了解"它(见本章后面对索洛的采访)。而且,正如阿布拉莫维茨观察到的(Abramovitz,1956),索洛的残差最后变成了"对我们的无知的一种度量"(也见 Abramovitz,1999)。虽然巴罗和萨拉-伊-马丁总结认为这是"一个显然不令人满意的局面"

611 (Barro and Sala-i-Martin,1995),但是戴维·罗默却评论说,索洛模型"将变量的行为视为给定,而此变量正是该模型所发现的增长的主要推动力量"(Romer,1996)。此外,尽管索洛模型不认为资本积累对取得长期可持续的增长有所贡献,但是应该注意到,生产率增长可能不独立于资本积累,如果技术进步内含在新的资本设备中。与非内含式的技术进步能够提高现有投入要素的生产率不同的是,内含式的技术进步无助于旧的资本设备。值得注意的是,德朗和萨默斯选取了 1960—1985年期间 60 多个国家作为样本,发现设备投资和经济增长之间存在强烈的关联性(Delong and Summers,1991,1992)。

值得注意的是,尽管经济学家很久以来就认识到作为资本主义经济主要活力来源的技术变革的至关重要性(特别是卡尔·马克思和约瑟夫·熊彼特),经济学家对技术变革和创新的分析直到最近还是一处相对被忽略的领域(见 Freeman,1994;Baumol,2002)。

现在让我们将这些争论搁置一旁,去关注一下索洛模型允许我们作出的关于增长过程的几项重要预言(见 Mankiw,1995,2003;Solow,2002):

1. 在长期,一个经济将渐进地趋近一个恒定状态的均衡,该均衡水平下的 $y^*$ 和 $k^*$ 独立于初始条件。

2. 恒定状态的总产出的平衡增长率取决于人口增长率($n$)和技术进步率($A$)。

3. 在恒定状态的平衡增长路径中,人均产出的增长率仅取决于技术进步率。

如图 11.5 所示,没有技术进步,人均产出的增长终将停止。

4. 恒定状态的资本存量增长率等于收入增长率,所以 $K/Y$ 的比率是不变的。

5. 对于一个给定的折旧率($\delta$),恒定状态的人均产出水平取决于储蓄率($s$)和人口增长率($n$)。更高的储蓄率将提高 $y^*$,更高的人口增长率将降低 $y^*$。

6. 储蓄(投资)率的一次增加对于人均产出增长的作用是暂时的。在趋近新的恒定状态过程中,一个经济会经历一段更高的增长时期。更高的储蓄率对于长期可持续的增长率没有影响,尽管它将提高人均产出水平。对于索洛而言,这项发现是"令人吃惊的"。

7. 索洛模型有着特定的"趋同性质"。特别的,"如果国家在偏好和技术方面的结构参数相似,那么穷国趋向于比富国更快地增长"(Barro,1991)。

在索洛模型中,储蓄率的增加对长期经济增长率没有影响的结论包含的"不只是一点点讽刺"(Cesaratto,1999)。正如汉贝格所说(Hamberg,1971),新凯恩斯的哈罗德-多马模型强调增加储蓄率对促进长期增长的重要性,而在凯恩斯的《通论》(Keynes,1936)中,储蓄率的一次增加通过其对总需求的负面影响(所谓"位移悖论"效应),导致短期产出的减少。相形之下,强调位移性质的古典-新古典经济学的长期传统与索洛模型有些脱节,因为是技术进步而非位移推动着人均产出的长期增长(见 Cesaratto,1999)!

## 11.11 经济增长来源的核算

经济学家不仅需要一个理论框架来理解增长的原因,他们还需要一个简单的方法来计算资本、劳动和技术在实际经济的增长经历中的相对重要性。在索洛的开创性贡献(Solow,1957)之后建立起来的框架叫"增长核算"(见 Abel and Bernanke,2001。一些经济学家对增长核算的整个方法论和理论基础保持高度的怀疑,例如 Nelson,1973)。就增长的直接原因而言,我们通过回顾方程 11.28 能看到,总 GDP($Y$)的增加来自资本积累、劳动供应增长和技术进步的联合加权作用。经济学家能够衡量随着时间的推移发生在一个经济中的资本和劳动数量的变化,但是技术水平的变化(总要素生产率=TFP)无法直接观察到。然而,在考虑了资本和劳动投入对增长的贡献之后,把 TFP 的变化当成一项"余值"来衡量却是有可能的。索洛的方法是将技术变化定义为总产出减去劳动和资本投入的加权贡献之和(Solow,1957)。简言之,索洛余值衡量了总产出变化当中的特定部分,这部分变化不能被资本和劳动投入的可衡量的数量变化所解释。索洛余值的推导可说明如下。方程 11.28 中的总生产方程表明，产出($Y$)依赖于要素投入——资本($K$)、劳动($L$)以及当前可获得的技术条件($A$)。技术条件($A$)起到一个总要素生产率指数的作用。如果 $A$、$K$ 或者 $L$ 有变化，产出将变化。在方程 11.28 中，资本存量上方的指数 $\alpha$ 衡量产出对资本的弹性，而劳动投入上方的指数($1-\alpha$)衡量产出对于劳动的弹性。权数 $\alpha$ 和($1-\alpha$)是从国民收入统计中估算而来的，它们分别反映了资本和劳动在收入中的份额。既然这些权数之和为 1，这表明了方程 11.28 是一个规模回报不变的生产方程。因此，要素投入($K$ 和 $L$)同时等百分比增加将使 $Y$ 增加相同的百分比。因为要素投入的乘积的增长率是 $A$ 的增长率加上 $K^\alpha$ 的增长率加上 $L^{1-\alpha}$ 的增长率，所以方程 11.28 可以被改写成方程 11.31，它是有关经济增长的无数经验研究中使用的基本增长核算方程（见 Maddison，1972，1987；Denison，1985；Young，1995，Crafts，2000；Jorgenson，2001）。

方程 11.31　　　$\Delta Y/Y = \Delta A/A_t + \alpha \Delta K/K + (1-\alpha)\Delta L/L$

方程 11.31 仅仅是科布-道格拉斯生产方程以一种反映变化率的形式的重写。它表明总产出的增长（$\Delta Y/Y$）取决于如下变化的贡献：总要素生产率的变化（$\Delta A/A$），资本加权贡献的变化 $\alpha \Delta K/K$，以及劳动加权贡献的变化($1-\alpha$)$\Delta L/L$。通过重新安排方程 11.28，可将需要衡量的产出率指数（$TFP$）表示成方程 11.32：

方程 11.32　　　　　　　$TFP = A = Y/K^\alpha L^{1-\alpha}$

如前面已经提到的，因为没有衡量 $TFP$ 的直接方法，所以它只能被估算为一项余值。通过用变化率的方式来重写方程 11.32，我们能够得到一个等式，其中 $TFP$ 的增长（技术变化）可以被估算为一项余值。这用方程 11.33 表示：

方程 11.33　　　$\Delta A/A = \Delta Y/Y - [\alpha \Delta K/K + (1-\alpha)\Delta L/L]$

与产出和资本及劳动投入有关的数据是可获得的。对于 $\alpha$ 和($1-\alpha$)估计值可以从历史的国民收入数据中获得。例如，在索洛涉及 1909—1949 年期间美国经济的原创论文中，他估计了总产出的增长率（$\Delta Y/Y$）为平均每年 2.9%，其中 0.32% 可归因于资本（$\alpha \Delta K/K$），1.09% 可归因于劳动($1-\alpha$)$\Delta L/L$[①]，剩余 1.49% 为"索洛余值"（$\Delta A/A$）。换言之，在此期间，美国经济增长几乎一半来自未被解释的技术进步！丹尼森在此后的研究（Denison，1985）中发现，对于期间 1929—1982，$\Delta Y/Y = 2.92\%$，其中 1.02% 归因于 $\Delta A/A$。阿尔文·杨（Alwyn Young，1992，1994，

――――――――――――

① 原文为 $1-\alpha \Delta L/L$，疑有误。

613

614

538 —

1995)在更近一些时候所作的关于东亚经济增长来源的颇有争议的研究中,提出了 TFP 增长率的估计值,分别是中国台湾为 2.6%,韩国为 1.7%,中国香港为 1.7%,新加坡为微小的 0.2%! 因此,尽管这些经济体自 60 年代早期开始经历了史无前例的 GDP 增长率,杨的研究暗示了这些经济是积累奇迹的榜样。一旦我们说明了劳动以及实物和人力资本的增长,剩下需要解释的东西就很少了,特别是对于新加坡的情况(见 Krugman,1994b; Hsieh,1999; Bhagwati,2000)。进一步回到过去的历史,尼克·克拉夫特(Crafts,1994,1995)提供了英国经济在 1760—1913 年期间的增长来源的估计值。克拉夫特所作的估算认为,"用 20 世纪的标准来看,产出增长率和 TFP 增长率都相当一般"(Crafts,1995)。

1973 年之后增长核算数据最为明显的特征是广为人知的"生产率放缓"之困惑。这种放缓有许多可能的原因,包括 70 年代石油价格冲击对投资及现有资本存量造成的负面影响、创新速度的放缓、不利的人口统计学趋势、逐渐加强的监管环境,以及有关度量的问题如对质量变化的核算(Fischer et al.,1988)。

在近期的一篇对增长核算文献的回顾文章中,博斯沃思和柯林斯重申了他们的信念,即增长核算技术能够产生有用的和一致的结果(Bosworth and Collins,2003)。在辩论资本积累与 TFP 在解释增长方面哪一个更为重要的过程中,博斯沃思和柯林斯总结道,"两者都是重要的",并且"一些早些时候的研究由于对资本投入的衡量不充分,从而低估了资本积累的作用"。

615

## 11.12 有关趋同问题的争论

自 1945 年以来,习惯上被称为第三世界的经济一直被看成在从事试图取得经济发展的活动,并且凭此开始"赶上"世界上以人均收入为衡量标准的富裕国家。观察发展中国家试图取得经济发展的过程,人们越来越意识到这些国家的经历种类各异,这个现象已经成为重新研究经济增长这一重要问题的一个主要推动因素。

普遍接受的看法是,第三世界加入所谓"成熟工业国家"行列的努力代表了 20 世纪下半叶重大社会、经济及政治现象之一。这种向现代经济增长转型的尝试将与驯服原子一起成为这一时期的最重要的事件。(Fei and Ranis,1997)

关于趋同问题的现代讨论始于格申克龙(Gerschenkron,1962)的贡献,他认为穷国可能从"相对落后"中获益,因为从发达国家获取技术转移的可能性会加快工业化的步伐。然而,这一争论还有着更早的渊源,可以回溯到 1750 年,当时休谟提出了这样的观点:增长过程将最终产生趋同现象,因为富国的经济增长将通过一个"外生的衰落"过程而显现出一种自然的放慢趋势(Elmslie and Criss,1999)。奥斯瓦德和塔克不认同休谟的论断(见 Elmslie and Criss,1999),他们提出了一个外生增长的观点即"在科学和经济活动中逐渐增加的或者至少不降低的回报将阻止穷国向它们的富有邻居自然趋近"。在其他地方,埃尔姆斯利还认为,在《国富论》(Smith,1776)中,斯密坚持一种外生增长的立场,因为劳动分工的社会延伸将允许富国持续保持或延长它们相对穷国的技术领先地位(见 Elmslie and Criss,1999)。这个观点也是巴贝奇 1835 年论文的核心思想,即科学上的永久先进性为进一步的领先和经济进步提供了基础。埃尔姆斯利和克里斯认为,巴贝奇反对限制机器出口法律的理由是"古典时期外生增长的最好陈述"。如巴贝奇所认为的那样,他国的增长并不构成经济威胁,因为"科学的阳光虽然已经渗透进来,但只是通过大自然庄严的长袍外褶而已"。

在更近一些的时候,趋同问题自 80 年代中期开始受到大量的关注,这一研究兴趣的增长主要产生于这样一个逐渐增加的认识,即许多贫穷国家并没有显现出在人均收入方面缩小与富裕国家差距的趋势(见 Islam,2003)。首先清楚地表述这个世界经济范围内的人均收入不趋同之谜的人是保罗·罗默(Romer,1985)。索洛模型中的趋同特性源于可生产资本回报递减的核心假设。由于不变的规模回报,劳动和资本投入同比例的一次提高导致同比例的产出提高。通过增加劳动-资本比率,一个经济将经历递减的边际资本生产率。因此,有着低劳动-资本比率的穷国拥有高的边际资本产出,并由此拥有高的增长率(在投资率给定的情况下)。

616 相形之下,富国拥有高的资本-劳动比率、低的边际资本产出,由此导致低的增长率[见图 11.5 中的总生产方程 $A(t_0)k^a$]。回报递减严重程度取决于资本在生产过程中的相对重要性,因此资本份额($\alpha$)的大小决定生产方程的曲度以及回报递减的速度(见 DeLong,2001)。当资本份额较小的时候(典型的 $\alpha = 1/3$),劳动的平均产出和边际产出随着资本深化的发生而急剧下降。通过对图 11.3 - 11.5 中的生产方程的考察,很显然在索洛模型里,当人均资本比率较低的时候,资本积累对人均产出的作用要大得多;反之当人均资本比率较高的时候,资本积累的作用较小。在国际资本自由流动的无风险的世界里,这个趋同的倾向将被加强(Lucas,1990b)。新古典模型也预测,对于已经到达恒定状态的经济,它们的增长率在长期将趋同。然而,正如罗默指出的,有关低人均收入经济倾向于比高人均收入经济更快增长的新古典假设,似乎与跨国的证据不一致。

罗默在其开创性的 1986 年论文中质疑了经济学家们在构建增长模型时所表现的偏好,因为这种增长模型呈现如下特征:资本积累的回报递减效应,增长率随时间而下降,各国人均收入水平以及增长率的趋同性。有关增长率下降的证据可以通过考察"领先"经济的历史增长纪录与其他经济的对比而找到(这里领先者的定义是拥有最高的生产率水平)。麦迪逊(Maddison,1982)发现了自 1700 年以来的三个领先经济,分别是荷兰(1700—1785 年)、英国(1785—1890 年)、美国(1890—1979 年)。随着 21 世纪的来临,美国保持着领先经济的地位。但是,正如罗默指出的,领先经济的增长率在提高,从 18 世纪的荷兰几乎为零的增长率上升到 1890—1979 年期间美国2.3%的年增长率。工业国家的历史数据也显示了一个正的(不是负的)增长率趋势。因此,罗默没有去修正新古典增长模型,而是引进了一个外生增长理论作为替代,在这个理论中,恒定状态收入水平不存在,增长率能随时间而增加,国家之间的人均收入差距能无限期维持。

趋同的一般特性经常被表述为这样一种趋势,即穷国的增长率高于平均水平而富国的增长率低于平均水平。在世界整体范围内,"并未发现这种趋势"(Sachs and Warner,1995)。然而,在经合组织国家之间,以及美国的州、日本的县与欧共体的地区之间,趋同的证据很有力(Baumol,1986;DeLong,1988;Dowrick,1992; Barro and Sala-i-Martin,2003)。相互矛盾的证据使得鲍莫尔提出了可能存在一个"趋同俱乐部"的想法,即只有那些拥有充分的人力资本基础和有利制度的国家才有望加入趋同增长的行列中。更近一些时候,德朗和多里克(Delong and Dowrick,2002)说明"已经发生的趋同现象一直局限于一定的地理和时间范围内",并且其结果是,用普里切特(Pritchett,1997)的话说,曾经发生过"大时代的分化"(见 Jones,1997a,1997b;Melchior,2001)。

在巴罗启发下所进行的研究工作(Barro,1991)已经显示,新古典模型所预言的趋同现象需要相当的条件才能实现。如果所有的经济有相同的储蓄率和人口增长率并且能无限制地获得相同技术,那么相对的资本密集程度将决定各国之间人均产出的差别。低资本密集程度的穷国将被预计在特定期间内比富国增长得更快,这个期间就是穷国从转型动态向普通恒定状态过渡的时期。在这种情况下,就会出现无条件的或者绝对的趋同。显然,在给定限制性条件的情况下,这种趋同的结果只有在有着相似特征的相对同质的国家或地区才可能被观察到,比如经合组织国家和美国各州。在现实中,许多经济体在关键变量方面(比如储蓄倾向、政府政策及人口增长)有着相当的差别,这些经济正通向不同的恒定状态。因此,索洛模型的普遍趋同特性是有条件的。"每个经济趋同于它自己的恒定状态,而各自恒定状态又是由各自的储蓄率和人口增长率所决定的"(Mankiw,1995)。这个有条件趋同的特性暗示了如果一国的初始人均产出相对低于其长期恒定状态值,其增长在转型动态期间将是迅速的。当各国达到它们各自的恒定状态后,各国增长率将相等且与技术进步率保持一致。显然,如果富国比穷国拥有更高的恒定状态下的 $k^*$ 值,那么在绝对意义上将没有趋同的可能。正如巴罗指出的,"一个穷国缺乏长期的作为,可能是因为有害的公共政策或者低储蓄率,将不会有迅速的增长倾向"(Barro,1997)。有条件的趋同为富国比穷国更快增长留出了可能性,这将导致人均收入的分化! 既然各国恒定状态人均收入不同,一国初始人均收入水平与其长期恒定状态人均收入差距越大,这个国家就有更快的增长倾向。

这一情况可以说明如下。省略技术进步项,我们得到生产方程的深化形式:

方程 11.34                $$y = k^a$$

用增长率的形式来表示方程 11.34,可以得到方程 11.35:

方程 11.35                $$\dot{y}/y = a\dot{k}/k$$

将索洛基本方程 11.26 两边同除以 $k$,得到方程 11.36:

方程 11.36                $$\dot{k}/k = sf(k)/k - (n+\delta)$$

因此,将方程 11.35 代入方程 11.36,我们得到人均产出增长率的表达式方程 11.37:

方程 11.37                $$\dot{y}/y = a[sf(k)/k - (n+\delta)]$$

在图 11.6 中,资本-劳动比率的增长率($\dot{k}/k$)用 $sf(k)/k$ 方程与有效折旧线($n+\delta$)之间的垂直距离来表示(见 Jones,2001a;Barro and Sala-i-Martin,2003)。储蓄曲线与有效折旧线的交点决定了恒定状态的人均资本 $k^*$。在图 11.7 中,我们比较了一个富裕的发达国家和一个贫穷的发展中国家。这里,我们(现实地)假定发展中国家比发达国家有更高的人口增长率,即,$(n+\delta)_P > (n+\delta)_R$,并且还假定发达国家比发展中国家储蓄率更高。发展中国家的恒定状态用点 $S_P$ 来表示,其恒定状态的资本-劳动比率为 $k_P^*$。类似地,发达国家的恒定状态用点 $S_R$ 来表示,其恒定状态的资本-劳动比率为 $k_R^*$。假设这些经济目前的位置分别是 $k_P$ 和 $k_R$。显然,发达国家将比发展中国家以更快速度增长,因为发达国家的资本-劳动比率(截距 $c-d$)大于发展中国家($a-b$)。图 11.7 还显示,即使发达国家的人口增长率与发展中国家相同,它仍然会拥有更快的增长率,因为发达国家的储蓄曲线与有效折

618

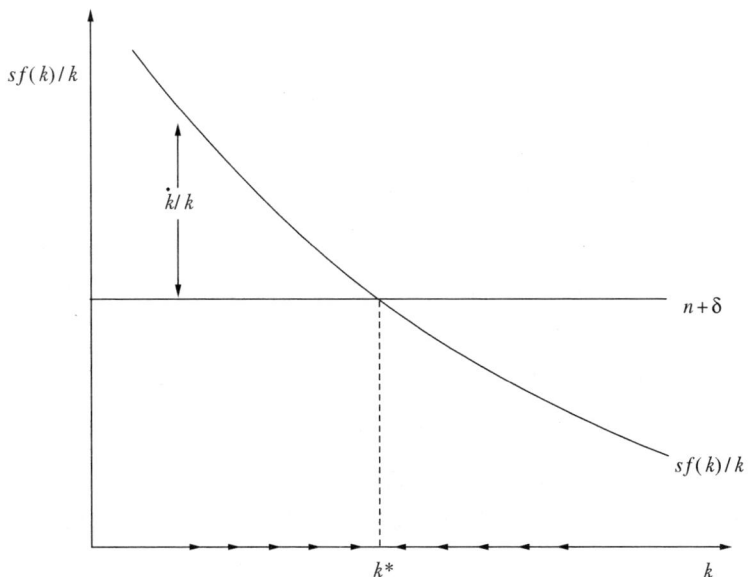

图 11.6　转型动态

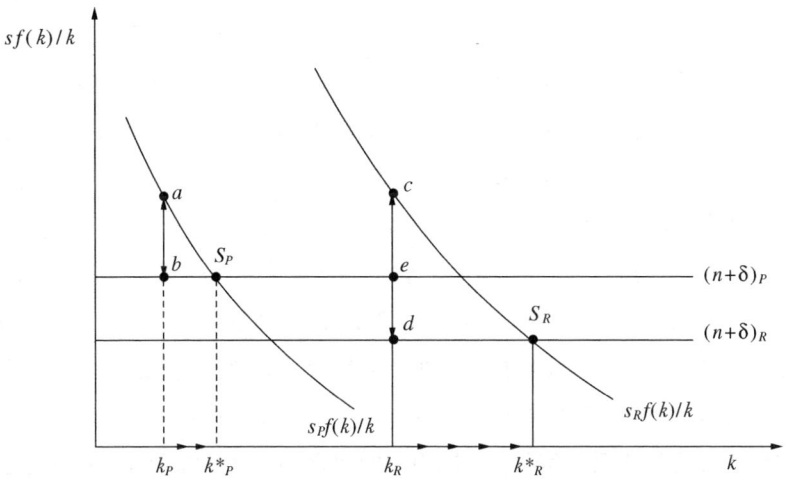

图 11.7　有条件的趋同

旧线之间的差距仍然大于发展中国家,即 $a-b>c-e$。[①]

　　罗伯特·卢卡斯(Lucas,2000b)最近在一个模型里展现了世界收入动态机制的一种数量模拟,这个模型捕捉了工业革命在世界经济范围内传播的某些特征(见

---

　　①　原文 c-e,似乎应该是 c-d。

Snowdon,2002a)。在讨论 21 世纪的前景时,卢卡斯从他的模拟实验中总结道:"社会之间收入平等的恢复将是这个世纪的重大经济事件之一。"在 21 世纪里,我们将见证"大时代的趋同"! 简言之,我们将见证一个不断扩大的"趋同俱乐部",因为迟早"所有人都将加入工业革命中"。

620 　　在卢卡斯的模型里,落后者比领先者增长得更快,并且终将与领先者在人均收入水平方面趋同,"但是将永远不会超过领先者的水平"。随着落后者追上领先者,卢卡斯假定落后者的增长率趋同于领先者的增长率,即 2%。前工业化国家将要开始增长之概率与世界其他国家的生产水平正相关,因为后者反映了过去的增长经历。工业革命从领先者向落后者传播有几个可能的途径,例如:

　　1. 通过人力资本外部性导致的溢出效应而传播(Tamura,1996),这个观点认为"任何地方产生的知识有益于所有地方的人";

　　2. 通过采用成功国家的政策和制度从而消除增长的障碍而传播(Olson,1996;Parente and Prescott,1999,2000);

　　3. 通过回报递减效应从而导致资本流向低收入经济而传播(Lucas,1990b)。

　　卢卡斯的模拟预测了工业革命在 19 世纪传播得相对慢一些,却在 20 世纪"惊人地"加快了,而在 2000 年将要来到之时终于放慢了下来,"这是因为处于停滞的前工业化经济中的人口实在是太少了"。在卢卡斯的模拟中,到 2000 年,世界 90%的部分在增长。在传播速度给定的情况下,最初,世界范围收入不平等现象加剧,到了 70 年代的某个时期到达顶峰,然后开始减轻,"最终为零"。在卢卡斯看来,世界收入不平等逐渐加大的漫长阶段——这个问题曾经由普里切特讨论过(Prichett,1997)——已经过去。这个模型所预言的世界生产的增长率"于 1970 年左右"达到顶峰,然后于紧接 2100 年之后的某个时刻下降到 2%的水平。卢卡斯模型的预言似乎"与我们所知道的过去两个世纪里人均收入表现相一致"(Lucas,2000)。然而,克拉夫特和维纳布尔斯(Crafts and Venables,2002)不同意卢卡斯的乐观看法。考虑到地理的和聚而不融现象的因素,他们总结认为,竞技并非在同一水平的场地进行,因此穷国之间趋同的可能性比卢卡斯认为的要有限得多。相反,我们有可能观察到快速的趋同发生在一组选定的国家组合当中(关于全球收入分配演变的详细的和对立的观点,请见 Sala-i-Martin,2002a,2002b;Bourguignon and Morrisson,2002;Milanovic,2002)。

　　索洛的模型预言了有条件的趋同,并且用"转型动态"来解释增长差别,而另一个"追赶"假说则强调那些处于创新前沿后方的经济与技术先进的领先经济之间的技术差距(Gerschenkron,1962;Abramovitz,1986,1989,1990,1993)。这类"追赶"文献也更多地强调历史分析、社会能力和制度因素(见 Fagerberg,1995)。

在索洛模型里,导致差异增长率的主要机制与资本积累率有关,而在追赶模型里,正是低人均收入国家有采用更先进国家技术的潜在可能为穷国增长快于富国构建了可能。换言之,劳动生产率的潜在(直接)来源似乎有三种,即:

1. 通过实物和人力资本积累而增长;
2. 通过技术变革而增长,这种变革反映出世界生产边界线发生了位移;
3. 通过向世界生产边界线靠拢的技术追赶而增长。

换言之,穷国通过向代表着"最佳实践"技术的技术边界线靠拢而比富国拥有额外的更快增长的机会,或者,如保罗·罗默所说的,穷国需要缩小它们的"观念差距"而非"工具差距"(Romer,1993)。库马和拉塞尔发现存在"技术追赶的大量证据"(Kumar and Russell,2002),而帕伦特和普雷斯科特则强调,在许多国家里,不能采用"最佳实践"技术是因为为保护特殊团体而竖起了壁垒,这些团体(至少在短期)将受到技术变革所带来的变化的负面影响(Parente and Prescott,2000)。新古典论断与追赶论断都暗示了经济增长率有可能与人均 GDP 紧密相关,穷国在经济增长方面获益于它们的相对落后。越来越多的证据表明更加开放的经济比封闭的经济趋同得更快(Sachs and Warner,1995;Krueger,1997,1998;Edwards,1993,1998;Parente and Prescott,2000)。虽然在现时代这些似乎是正确的,但是鲍德温等人却认为在工业革命时期,国际贸易最初促使了富国与穷国之间的分化(Baldwin et al.,2001)。然而,他们也认为在现时代,由贸易观念而产生的交易成本的巨幅下降"可以成为南部地区工业化的关键"(也见 Galor and Mountford,2003)。

最后,我们应该注意到,尽管在人均 GDP 方面曾经发生过"大时代的分化",但是与之形成"鲜明对比"的是,在预期寿命方面到现在为止全球范围内一直发生的是相当程度的趋同。贝克尔等人计算了一个"全收入"度量,包含了用货币估算的寿命延长的好处,调查范围覆盖 1965—1995 年期间 49 个发达国家和发展中国家(Becker et al.,2003)。通过用生命的数量与质量来估算经济福利,贝克尔等人说明了收入趋同的缺失状况被扭转过来了。"用这种'全收入'度量来考量,收入起点低的国家增长更快。在上述期间,发达国家平均'全收入'增长率为 140%,而发展中国家则为 192%"(也见 Crafts,2003)。

尽管缺少一个关于技术变革的理论是基本新古典模型一个明显的弱点，曼昆却认为从该模型中得出的许多一般性预言"大体上与经验一致"（Mankiw，1995）。例如，跨国的数据表明人口增长与人均收入之间存在强的负相关关系，而人均收入与储蓄/投资率之间存在强的正相关关系（Jones，2001a）。正如该模型所预言的那样，富裕的经合组织经济的增长率相对低一些，而在那些正从当初的相对低人均收入和低资本深度境况中走出来的国家中，已出现了较快的增长。在相对同质的经济如经合组织成员之间，以及在美国、欧洲和日本之间，也存在强的趋同证据（Baumol，1986；Barro and Sala-i-Martin，1995）。在更广泛的、更多样化的数据组别中，能证明增长率与某一期初的（如 1960 年的）人均收入水平之间的预期反向关系（即所谓绝对趋同）的证据很少（P. Romer，1986，1989；DeLong，1988）。然而，"有条件趋同的中心观念有着很强的数据支持"（Barro，1991，1997）并且对于国家和地区的情况都能作相当程度的解释。阿尔文·杨（Young，1992，1994，1995）的增长核算研究已经显示，亚洲四小龙经济的快速增长是容易解释的，并且主要归功于要素投入的快速积累而非总要素生产率的罕见高增长。保罗·克鲁格曼认为，这一研究的引申意义是，人们因而可以预期这种快速的增长在未来会大大放慢下来，就像在日本已经发生的情况（Krugman，1994b）。索洛模型还被用来为 1945 年后日本和德国的增长"奇迹"提供一种合理的"重建"解释，同时还可用于解释法国和意大利相对不俗的增长表现，因为这两个国家从转型动态向高人均收入恒定状态发展。这些经济在战后时期快速增长似乎是合理的，因为它们正在"重建"遭受"二战"毁灭性打击的资本存量。

然而，索洛模型仍有许多重要的缺陷和迷局难以克服和解释。首先，在索洛模型里，尽管经济政策能永久性地影响人均产出水平（例如用税收激励手段来提高储蓄比率从而影响人均产出水平），但是它不能改变长期增长的路径。增长率只能在转型动态向新恒定状态过渡期间有临时的提高。跨国增长差别也是通过转型动态来解释的，转型动态允许各国的增长快于其长期可持续增长率。在索洛模型里，持续的增长只有在技术进步存在的情况下才有可能发生，因为如果没有技术进步，人均收入增长终将因资本积累回报递减的作用而停止。既然人均收入在许多国家已经连续增长了 100 多年，并且增长率未呈现下降的整体趋势，因此在索洛模型里，技术进步在解释可持续增长方面成为关键。但是这里存在着新古典模型的一个明显的缺点，因为"长期人均增长率完全由一个要素——技术进步率来决定，而技术进步率并不在这个模型之内……于是我们得到这样一个增长模型，它能解释所有事情，却不能解释长期增长，这是一个显然不能令人满意的情景"(Barro and Sala-i-Martin，1995)。此外，正如保罗·罗默所言，在长期增长的政策建议方面，新古典模型几乎无所作为(Romer，1989)！

第二个问题与证据有关，证据清楚地显示世界人均收入差别比该模型所预言的要大得多。资本深度的跨国差别太小，不足以解释我们观察到的实际收入的悬殊。运用科布-道格拉斯生产方程框架，就有可能将各国人均收入水平的差别分解为总要素生产率增长水平的不同和要素投入积累水平的不同。特别地，既然总要素生产率为所有国家所共有，现在有可能估算出人们所见到的富国与穷国的收入悬殊有多大部分可以归结为资本深度的不同。将方程 11.34 代入方程 11.26 可得：

方程 11.38　　　　　　　　$\dot{k} = sk^{\alpha} - (n+\delta)k$

令此式等于零（恒定状态条件），并代入生产方程，得到方程 11.39：

方程 11.39　　　　　　　　$y^* = [s/(n+\delta)]^{\alpha/(1-\alpha)}$

现在，方程 11.39 的形式能够为恒定状态的人均产出($y^*$)求出一个解来。正如琼斯强调的，我们可以从方程 11.39 中看到为什么有些国家如此富有，而有些则如此贫穷(Jones，2001a)。假定技术是外生的，并且资本指数($\alpha$)的值相似，那么那些维持高储蓄率、低人口增长率和折旧率的国家将会变得富有。根据新古典增长模型，高收入经济已经取得了它们的高生活水准，因为它们已经积累了大额人均资本存量。然而，尽管这个模型正确地预言了储蓄和人口增长对人均产出之效果的方向，它并未正确地预言其幅度。曼昆等人(Mankiw et al.，1992)及曼昆(Mankiw，1995)认为，富国与穷国在人均产出（生活水准）方面的差距比方程 11.39 所预言的要大，其中储蓄率和人口增长为合理的估算值。这个问题的症结在于当 $\alpha=1/3$ 时，资本的回报递减效应十分明显。这暗示了如果美国和印度人均产出差 10 倍的话，则两国的资本-劳动比率会相差 1 000 倍！（应该注意到，这一结果对于选择 $\alpha=1/3$ 作为资本在 GDP 中的份额是高度敏感的。）

索洛模型的第三个问题是，在给定共同的生产方程的情况下（即，技术是外生的），穷国的资本边际产出应该远高于富国。如果产出差距完全是由资本深度不同导致的，在索洛模型的给定参数条件下，人们所观察到的富国与穷国之间人均产出的 10 倍差距意味着资本的边际产出要相差 100 倍。但是人们恰恰并未看到富国与穷国之间在资本回报率上有如此之大的差别。戴维·罗默观察到,如此之大的回报率差距"将打消诸如市场不完善、政府税收政策、担心被罚没等等顾虑,以至于我们将看到巨额的资本从富国流向穷国(Romer,1996)。我们却没有看到这样的流动。"但是,穷国的资本回报率比预期的要小,并且人们并未观察到在整体范围内出现预想的大量资本从富国流向穷国的情况(Lucas,1990b)。

第四个困难与趋同速度有关,实际的速度大约只有该模型所预言的一半。经济的初始条件对结果的影响时间远长于该模型认为的合理时间(Mankiw,1995)。

综上所述,在索洛增长框架范围内,似乎实物资本积累本身既不能解释人均收入在很长时期内的连续增长,也不能解释我们观察到的生活水准在不同地域之间的巨大悬殊。用图 11.3 来说明,我们实际观察到的世界范围的人均产出(或者人均收入)数据展现了远远大于索洛模型所预言的悬殊情况,而索洛模型预言的基础是人均资本上的差别。

1986 年之后出现的新增长模型与索洛模型在三个主要方向上发生了分歧。有一组模型通过放弃资本积累回报递减的假设而创造了连续增长。为了实现这一点,保罗·罗默(Romer,1986)提出了资本积累的正外部效应,即个别厂商投资活动的一个副产品是在整个经济范围内创造了知识,这便是"通过投资获得知识"(Barro and Sala-i-Martin,2003)的一个例子。第二个方法将知识的积累设计为企业家追求私人利润最大化的有意行为的结果;即技术进步被内生化了(P. Romer,1990)。第三类模型认为资本的角色比传统的科布-道格拉斯生产方程(见方程 11.28-11.30)中的 α 项所暗示的要重要得多。曼昆等人(Mankiw et al.,1992)在其"扩展的"索洛模型里,将"人力资本"包括在内,从而扩展了资本的概念。前两类模型构成了内生增长理论的核心,而曼昆、罗默和威尔(MRW)模型则被克莱诺夫和罗德里格斯-克莱尔称为一次"新古典的复兴"(Klenow and Rodriguez-Clare,1997a,1997b)。内生增长理论的中心命题是广义资本积累(实物和人力资本)不会经历回报递减。增长过程由广义资本的积累所推动,同时由研发所创造的新知识的生产也对增长有所帮助。

## 11.14 内生增长:资本积累回报不变

在 80 年代中期,一些经济学家——其中最著名的有保罗·罗默(Romer,1986,

1987b)和罗伯特·卢卡斯(Lucas,1988),寻求建立另一类增长模型;在这类模型里,长期人均收入增长取决于"投资"决策而非未被解释的技术进步。然而,克拉夫特(Crafts,1996)指出,投资一词在这些新模型的背景下指的是一个比在国民账户体系中反映的实物资本积累更为广泛的概念;研发(R&D)支出和人力资本的形成也可以被包括在内。"内生的恒定状态增长的关键是广义资本积累的回报应当是不变的"。因此,为了建立一个内生增长的简单理论,需要对资本落入回报递减的长期倾向作些修改,来解释人们在世界经济范围内观察到的人均收入的了不起的连续提高。在新内生增长理论的早期版本中,资本积累在增长过程中扮演了远比在传统新古典模型中更为重要的角色。在许多方面,罗默还原了阿罗(Arrow,1962)早期的有关"在实践中学习"的重要思想。阿罗已经说明了劳动生产率是如何随着经验增加,而经验是能够改变工作环境的累计资本支出的函数。即,一个厂商的资本积累对知识的获取产生了外部效应。然而,布劳格认为,"这不但能解释产出的永久性的增加,还能解释总要素生产率年复一年以不变的速度增长,未免不可信"(Blaug,2002)。

以阿罗的见解为基础,罗默扩展了资本的概念,将对知识的投资与实物资本物品的积累一起包括在内。既然工人在一家厂商所获得的知识具有公共商品的特征并且最多只是部分地具有独占性,那么知识的溢出现象便会发生,使得一家厂商的研发投资能提高其他厂商的潜在生产能力。没有哪个单一厂商能够把它们的实物和人力资本投资对于整个经济知识存量的积极效果完全保留在厂商内部。

通过修改生产方程,可以演示保罗·罗默的1986模型。在方程11.40中,生产方程包含了作为一项内生投入要素的技术水平(A):

方程11.40 $$Y = F(K, L, A)$$

在微观层面上,某一单个厂商的产出($j$)取决于它自身的投入要素:资本($Kj$),劳动($Lj$)以及整个经济的知识状况($A$),如方程11.41所示:

方程11.41 $$Yj = F(Kj, Lj, A)$$

在这个方程式中,知识(技术)的增长被假定为取决于资本的增长,因为资本的深化促进技术的溢出效应,而技术溢出将提高整个经济范围的资本的边际生产率。因此,资本总量$K$的任何增加将改善$A$,并且由此改善所有厂商的生产率。在罗默的内生增长模型(Romer,1986)中,总量知识的扩张来自各厂商的获取知识的外部效应。实际上,一个经济的资本存量水平越高,每一个厂商的生产能力将通过"从实践中学习"的过程而变得更强。所以,尽管一个厂商的生产方程展现了规模回报不变以及资本积累的回报递减,总生产方程将展现递增的——而不是不变的——规模回报。

内生增长的最简单的模型之一是 $AK^*$ 模型,可以用方程 11.42(Rebelo,1991)来表示:

方程 11.42 $$Y = K^\alpha H^\beta = AK^*$$

在这里,$A$ 是一个常量,$K^*$ 代表了对资本的一个广义的度量($K^\alpha H^\beta$),并且 $\alpha + \beta = 1$。正如克拉夫特指出的,"这种类型的模型将投资放在了中心位置,并且将增长视为一个由投资驱动的过程。在这类模型里,索洛余值没有其位置"(Crafts,1995)。因此,$AK$ 模型和哈罗德-多马模型之间有紧密的相似性。在这两者中,都不存在回报递减,因此随着资本深化的发生,增长没有理由会慢下来。如果一组国家比另一组其他国家具有更高的平均储蓄率、更低的折旧率和更低的资本-产出比率,那么第一组国家将比第二组国家永久性的增长更快,并且"大时代的分化"将成为法则。

内生增长模型之 $AK$ 类型已经受到了严重的批评,主要是由于它们的一项关键假设,即不存在资本投入的回报递减效应。$AK$ 模型预言了,在一个经济的投资与 GDP 比例的一次提高之后,增长率会永久性提高。然而,琼斯在对 15 个经合组织国家 1945 年以后时期所作的时间序列分析中,认为 $AK$ 模型与经验证据不一致(Jones,1995)。尽管投资与 GDP 比例在 1950—1989 年期间有显著的提高,人均 GDP 增长率保持稳定或者有所下降。这一发现受到了麦克格拉坦(McGrattan,1998)的挑战。通过选取更多的国家作为样本并且延长观察时间来考虑时间序列的证据,麦克格拉坦发现 $AK$ 模型的主要预言得到了数据的印证。采用麦迪逊的数据(Maddison,1995)来考察 1870—1989 年时期,麦克格拉坦发现"更高的投资率伴随着更高的增长率,除了美国经济之外(美国的人均 GDP 增长率很少变化)"。将分析延伸到 125 个经济体在 1960—1985 年期间的截面数据,同样揭示了"投资率与增长率之间明确的正相关关系"。

## 11.15 内生增长:观念的经济学

世界经济体之间在技术(知识)方面的差别可能是重要的,趋同课题已经将此作为一项重要问题提出。索洛模型试图解释人均收入水平与增长的差别,并且假定技术是一种纯粹的公共商品,因此可以为所有国家自由地获得,不管这些国家的发展水平如何。越来越多的经济学家，以及绝大多数经济史学家和发展经济学家将显著的技术差距视为穷国所面临的至关重要的问题。这种方法强调需要采取政策来填补国家之间的"观念差距"（P. Romer，1993）。

保罗·罗默的1986模型把技术进步解释为单个厂商因资本积累而无意间产生的副产品。后来，罗默不满意他最初的方法，着手发展了新增长理论的第二阶段（Romer，1990）。内生创新模型包含一个新熊彼特式的关于内生技术变革的框架，它基于三个前提（Grossman and Helpman，1991，1994；Crafts，1996；Aghion and Howitt，1998）。第一，与在索洛模型中的情况相同，经济增长背后的基本推动力量是技术变革，即在生产过程中有关我们如何将投入变成产出的知识的改进。第二，技术变革是内生的，取决于经济行为人的有意活动，而经济行为人的行动主要是出于财务动机。第三，观念或者知识的定义特征是"一旦创造一套新程序的成本被负担，那么这套程序可以在无需负担额外成本的情况下被一次次地反复使用"（Romer，1990）。因此，观念是非竞争性产品，它们被一家厂商或一人使用并未妨碍其他厂商或个人获得和利用它们。观念还具有"部分排他性"，这里排他性被定义为一件商品的所有者防止其他经济行为人无偿使用该商品的能力。正如罗默指出的，"排他性是技术和法制的函数"（Romer，1990）。在罗默的第二个前提（即技术变革源自自利的经济行为人的有意行动）给定情况下，技术（新观念）的改进必须对个人带来至少"部分排他性的"好处，例如可以通过专利法来实现。

罗默的见解已经导致了观念的经济学的研究萌芽（Jones，2002，2005）。上面讨论的三个前提对经济增长理论有两个重要的引申意义。第一，因为观念是非竞争性的，它们在人均基础上的积累是没有限制的。第二，由于不完全的排他性（可被盗用性），知识的创造涉及相当大的溢出好处（外部效应），这些好处不能完全被创造这些观念的经济行为人所获取。观念的经济学所具有的这种"无限制"增长和"不完全的可被盗用性"特征意味着"产出不可能是所有投入要素总和的一个规模回报不变的函数"。罗默的分析暗示了递增的规模回报，其言外之意是微观基础建立在不完全竞争的存在之上。

尽管一件非竞争性商品如一种新观念涉及固定的生产成本，该成本往往是可观的，但是一旦新知识被创造出来，在后续使用它的过程中涉及的边际成本为零。一项新设计的产生是耗费成本的，但是一旦存在，它可以被任意经常地使用，也可以被使用于任意多的背景中。正是因为这种原因，才会存在诸如专利和版权的法律机制来授予投资者对一项新观念至少一段时期的独占权，使得他们能够从他们发明的新观念中获得回报（Kremer，1998；Mazzoleni and Nelson，1998）。这个问题的重要性已经由诺斯（North，1990）说明，他认为西欧的经济发展并没有真正开始，直到产权的发展保证了个人能够从他们的"观念"中获得一些好处并且帮助加速了技术变革的步伐（Crafts，1995）。始于英国工业革命的现代经济增长时代"来临了，其时，保护知识产权的制度被充分发展起来，使得创业者能够从其创新所产生的巨大社会回报中获得一部分作为其私有的回报……历史表明只有当市场激励足够的时候，广泛的创新和增长才能出现"（Jones，2001a）。

以美国为例，美国宪法的起草者急切地想"促进科学和实用艺术的进步"。因此，一项关于版权和专利权的知识产权条款出现在宪法的第一条中，并且到了1810年美国"在授予个人专利权方面远远超过了英国"（Khan and Sokoloff，2001）。中国未能领跑第一次工业革命也已归因于这个国家未能建立起一个自由的市场，没有建立产权制度，没有提供一个鼓励竞争和创新的环境，以及未能吸收国外技术（Landes，1998）。于是，根据内生增长模型的这个新品种，"政府通过它对长期增长率的影响而对国家前途好坏有着巨大的潜在决定力量"（Barro，1997）。经济增长不仅受到有关贸易体制、技术转让、提供基础设施和金融市场的政策的影响，还受到有关税收和激励、知识产权保护以及维持法律和秩序的政策的影响。

通过发展一个关于技术变革的内生理论，罗默已经同时挑战了索洛新古典增长模型的传统版本和扩展版本（见第11.16节）。在新古典模型里，技术被假定为外生的变量并且因此在全球任何地方可被无限制地获得。基于"压倒性的证据"表明技术并非一个纯粹的公共商品，罗默抛弃了这个新古典假定（Romer，1995）。新古典模型强调"工具差距"，即在实物和人力资本方面的差别，以解释国家之间人均收入的差别。尽管曼昆相信生活水准差别的大部分可以用人力和实物资本数量方面的差别来解释（Mankiw，1995），相比之下，罗默则强调"观念差距"，即由技术差距而导致的生产率的差别，作为分化的生活水准的主要来源（Romer，1993）。

帕伦特和普雷斯科特（Parente and Prescott，1994，1999，2000）也把国际收入差别归结为技术差距。在他们的研究中，他们已经发现一些证据显示这些生产率差距并非由发展中国家能够接触到的可用知识存量方面的基本差别所致。相反，帕伦特和普雷斯科特认为存在着以社会强加的限制为形式的壁垒来防止许多发展中国家的厂商去吸收更好的生产方法，并且许多这种限制"是为保护当前生产过程中的既得利益集团而设置的"。结果，他们总结出国际收入差别的绝大部分"是总要素生产率差别的结果"。帕伦特和普雷斯科特总结道，"能够导致资源在生产中使用效率提高的一国制度的变革是增长奇迹的源泉"（Parente and Prescott，2005）。

罗默的立场受到的最近支持来自伊斯特利和莱文的研究（Easterly and Levine，2001），他们发现"余值"（总要素生产率）而不是要素积累能够解释跨国收入和增长差别的绝大部分。他们的数据显示，要素积累是持久的，而增长却不持久。纳尔逊和帕克在他们对亚洲奇迹和现代增长理论的讨论（Nelson and Pack，1999）中，也强调了这些经济在成功吸收新技术之前必须具备的创业精神、创新和学习态度的重要性。他们的观点是，人力和实物资本的积累是必要的，但在这一增长过程中是远远不够的。成功的关键是鼓励学习的政策环境的建立，并且为使经济学家更好地理解吸收新观念与技术的学习过程，他们需要"在如此环境中有关厂商行为的一个更好的理论"。

历史经历说明，观念的创造和传播无疑已经成为当代生活水准的一个重要决定因素（Rosenberg，1994；Mokyr，2005）。如果罗默是正确的，并且穷国的确受制于观念差距而非工具差距，那么世界范围内的大部分贫穷现象可以通过技术"追赶"而以"相对较小的代价"得以消除。这种分析的一个清楚的引申意义是，那些阻隔观念自由流动或者竖起新技术吸收的壁垒的国家，将遭受相对的停滞，因为贸易政策和开放程度影响创新和增长。国外直接投资可以作为新发明和新观念传播的一个重要渠道，从而加速增长过程（Grossman and Helpman，1990；Romer，1994b；Sachs and Warner，1995；Proudman and Redding，1997；Edwards，1998；Parente and Prescott，2000）。因此，至少是潜在地，贫穷经济能够从减少国际贸易限制、鼓励国外直接投资流入国内以及投资于人力资本中获得巨大收益，因为这么做它们可以接触到世界知识存量（World Bank，1998/9）。尽管在新古典模型中，消除贸易壁垒导致的低效率将对生产潜力产生水平效果而非持续增长效果，而在内生增长模型中，增加的经济一体化程度所产生的增长效果有可能重要得多。

保罗·罗默的研究的一个更深的引申意义是，如果美国想要保持领先地位，政府政策必须继续支持私有和公共机构的高水平的研发活动。既然社会与私人部门从研发支出中所获得的回报率差别巨大，这一点已有文件记录可以证明，因此政府在防止研发投资不足方面起着关键的作用。在最近的一项关于美国最佳研发投资率的调查中，琼斯和威廉姆斯总结道，美国私人部门的研发回报率在7%—14%的范围内，而"据保守估计"，社会的研发回报率达到30%（Jones and Williams，1998）。因此，琼斯和威廉姆斯得出结论，最佳的研发开支占 GDP 的份额"比实际的开支大两到四倍以上"（也见 Jones and Williams，2000）。

与用供给方面的角度来看待知识、观念和技术变革的增长不同,施莫克勒 (Schmookler,1966)认为技术变革主要是由需求引发的。在罗默的模型里,新技术 发展的关键投入要素是先前发明创造的供给(见 Jones,2005),与此不同的是,施莫 克勒将技术变革和创新的催化因素看成解决当前技术问题的需要;即,技术变革是 由需求驱使的并且取决于新观念的有用性。在近期的一次对施莫克勒的研究工作 的讨论中,凯利总结道,供给和需求方面对于技术的影响是互补的(Kelly,2002)。

近期内生增长理论的一个重要缺陷是它们不能作出有条件趋同的预言,而巴 罗认为这一预言"在国家和地区的数据中有很强的经验规律性"(Barro,1997)。为 纠正这一缺陷,巴罗和萨拉-伊-马丁(Barro and Sala-i-Martin, 1997)已经发展一个 将内生增长的元素与索洛模型的趋同推论相结合的模型。他们的模型有如下 元素:

1. 在长期,世界经济的增长率由领先经济的技术发现所驱动;

2. 跟随者经济通过一个模仿的过程来分享新的发明创造;

3. 既然模仿比创新廉价,"绝大多数国家偏好复制而非发明";

4. 模仿的相对低成本意味着跟随者经济将比领先经济增长得更快,并且至少 部分地向领先者趋近;

5. 随着未被复制的发明创造的数量减少,模仿的成本将趋于上升,因此跟随 者的增长率将趋于减缓;

632    6. 因此,基于技术在国家之间传播,巴罗/萨拉-伊-马丁模型提出了一种有条 件趋同的形式,并且与索洛模型的预言类似;

7. 在长期,"所有经济以领先地域内新发现出现的速度而增长"。

因此,巴罗/萨拉-伊-马丁的混合模型建立了这样一种框架,其中长期增长是 由内生因素推动的,这个内生因素就是"领先端"经济中的新观念发现;不仅如此, 这个模型还借助跟随者国家的模仿行为的作用将新古典增长模型的趋同特性保留 了下来。

## 11.16  扩展的索洛模型:新古典的一次复兴?

新古典模型的实际情况是,由于它依赖跨国间资本-劳动比率的不同来解释人 均产出水平的巨大悬殊,所以不能令人满意地解释世界收入差别。为回应这一缺 陷,曼昆等人通过在原有的实物资本积累的基础上加入人力资本积累从而"扩展"

了索洛模型(Mankiw et al.,1992)。他们方法的核心是这样的论点,即,对于资本在收入中的份额 $\alpha$ 的传统估计值可能不是反映资本总体贡献度的一个好指标。通过将人力资本加入模型里,生产方程变成下式:

方程 11.43 $\qquad Y = K^{\alpha}H^{\beta}(AL)^{1-\alpha-\beta},\alpha + \beta < 1$

这里,我们现在有四项生产要素可以结合起来生产产品,其中 $H$ 是人力资本存量,$AL$ 是以效率单位衡量的劳动投入(效率单位既反映劳动的数量也反映既有技术条件所决定的劳动生产率)(见 Mankiw,2003)。此生产方程展现了规模回报不变,并且当 $\alpha+\beta<1$ 时,"广义资本"的回报递减。但是,当资本份额($\alpha+\beta$)较大时,劳动的平均产出随着资本积累的发生下降速度变得更慢了,这是因为资本份额大小决定了生产方程的曲度,并且因此决定了回报递减的速度。当 $\alpha=1/3$ 时,广义资本回报递减效应将比传统索洛模型中的情况要小得多。当 $\alpha$ 较小时,图11.3 中的生产方程的曲度较大。但是在加入人力资本之后的扩展模型里,向恒定状态过渡要缓慢得多,并且 80% 的国际生活水准差别可以由人口增长率的差别以及人力和实物资本积累的差别来解释(Mankiw et al.,1992;Mankiw,1995)。MRW 模型中的投资率的任何增加所造成的过渡性作用将产生延迟的效果。然而,由于 $K$ 和 $H$ 的指数之和小于 1,这种增长理论的"新古典复兴"并非提供一种内生增长的模型。人均收入终将停留在一种恒定状态之中,并且以外生的技术进步的速度增长。

对于某些批评者而言,MRW 模型用公共商品的观点来看待技术,因此未能解答各国之间总要素生产率增长和技术效率不同这一关键的问题(Klenow and Ro-driguez-Clare,1997a,1997b)。尽管扩展的索洛模型更好地解释了国际生活水准的差异,它却不能解释经济增长的持久性。内生增长理论试图表明持久的增长在不必求助外生的技术进步的情况下依然是可能发生的(Bernanke and Gurkaynak,2001)。

## 11.17 关注增长的基本原因

经济学家的研究表明,成功的经济区拥有人力和实物资本的高积累率以及持续的技术进步。但是,这一结论接着引发了一个关键的问题:为什么一些国家成功地取得了这种成果而其他国家却不能? 奥尔森强调了这样的事实:高增长率似乎发生于部分穷国,而不是出现于所有的低收入国家,后者是索洛新古典增长模型的转型动态机制暗示的情形(Olson,1996)。既然资本和技术可以跨越政治边境而转移,人均产出水平上的显著差别的持久性意味着存在阻碍增长与发展的持久性壁垒(Parente and Prescott,2000)。阻碍资本从富国向穷国自由流动的一个明显的因素来自投资于有以下特征的国家所涉及的更大风险,这些特征是宏观经济不稳定、贸易壁垒、基础设施不健全、教育落后、族群分化、普遍腐败、政治不稳定、不利的地理环境,以及频繁的政策反复。为了弄清为什么有些国家在增长方面的表现比其他国家好许多,为此需要把视野不局限在增长的直接原因上,而是要深入探究更为广阔的基本决定因素。这意味着我们不能指望使用狭隘的经济分析本身就能找到经济增长的关键决定因素。为了解释"奇迹"和"灾难",要求我们理解被调查国家的历史,以及在一个涉及政治性扭曲的制度结构中政策选择是如何作出的。

丹尼·罗德里克提供了一种有用的框架来强调经济增长的直接原因与基本原因之间的区别(Dani Rodrik,2003)。

634

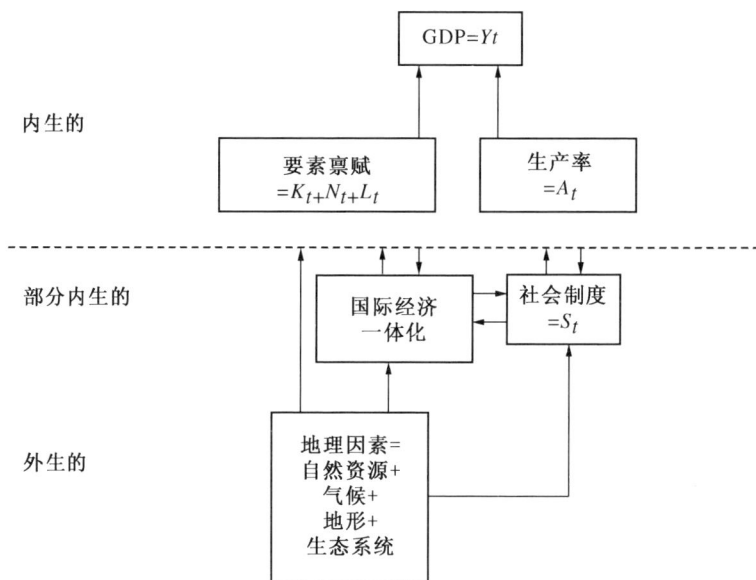

图 11.8　增长的直接和基本来源

图 11.8 改编自罗德里克,它捕捉了决定任何经济之规模与增长的主要因素。重温方程 11.4,在图 11.8 的上半部分,我们能够看到增长的直接决定因素的影响,即,一个经济的禀赋和资源的生产率($A_t$)直接影响着产出,这些禀赋包括劳动($L_t$)、实物资本($K_t$)、自然资源($N_t$)。技术和分配效率的作用同时由生产率这个变量来反映。在图 11.8 的下半部分,我们观察到经济增长的重要基本决定因素,包

括社会能力($S_i$)。罗德里克提供了一个关于增长的基本决定因素的三分法,即地理环境、一体化以及制度。这些类别突出反映了主导近年来增长分析的三大研究领域,有关这些领域的文献为数甚多而且迅速增加。许多社会学家强烈建议,文化的影响应该被加入经济表现的重要深层决定因素的清单之列。经济史学家当然会比经济学家更多地考虑文化作为经济表现的一项决定因素。例如,戴维·兰德斯(David Landes)认为"文化决定了几乎所有的差别"(Harrison and Huntington,2000)。如果读者想要了解其他有关文化对经济增长和发展影响的有趣讨论,可以参考 Huntington(1996)、Temin(1997)、Landes(1998)、Lal(1999)、Dasgupta and Serageldin(2000)、Barro and McCleary(2003)和 Grief(2003)。

罗德里克指出,增长分析的中心问题是:图 11.8 中的因果关系哪一个最重要?然而,罗德里克还指出地理环境是三分法当中唯一的外生因素,而一体化和制度"与经济表现一同演变"。图 11.8 中变量之间用双向箭头表示的因果关系暗示了复杂的反馈效应在起作用。因此,以无数跨国回归为形式的试图建立清晰因果关系的经验研究工作必须"极端小心"地对待。

## 11.18　制度与经济增长

尽管穷国有巨大潜力去追赶和趋同,但是如果这些国家缺乏足够的政治的、法律的和监管的体系,这些优势将不能对增长产生积极的结果。制度对国家财富有着深远的影响,这个观点当然很早就有了,亚当·斯密第一次雄辩地表达了这一思想。自从亚当·斯密的《国富论》于 1776 年出版以后,经济学家已经意识到保护产权免受其他公民或者国家盗用是鼓励个人投资和积累资本的重要条件。有了这样的渊源,经济学家已经倾向于将他们对于增长的更深层次决定因素的分析集中在制度的作用上。这里所强调的因素有产权的作用、法律体系的效果、腐败、监管结构以及施政质量(North,1990;World Bank,1997;Olson,2000;Acemoglu et al.,2001,2002a;Glaeser and Shleifer,2002)。从制度主义者的视角来看,寻找增长的更深层次决定因素导致了希布斯所说的"增长理论的政治化"(Hibbs,2001)。希布斯的"政治化"是指许多研究增长的学者越来越强调"政治、政策和制度安排"的重要性,尤其是道格拉斯·诺斯在这方面做了开创性的贡献。这些因素最终决定激励结构、民众储蓄和生产性投资的能力和意愿、产权的保障,以及创新和参与创业活动的动机。政治-制度因素还似乎是许多跨国回归研究所显示的强有力的增长决定因素(Knack and Keefer,1995,1997b;Sala-i-Martin,1997;Dawson,1998;Durlauf and Quah,1999;Easterly and Levine,2003;Rodrik,2003;Rodrik et al.,2004)。

尽管技术落后和人均收入差距的存在为追赶和趋同创造了潜力,阿布拉莫维茨(Abramovitz,1986)强调了"社会能力"的重要性,没有它,各国将无法发挥它们的潜力。社会能力是指各种制度的安排,这些安排为生产性经济活动的实行设定了框架,并且如果没有这些制度安排,市场经济就不能有效地运行。坦普尔和约翰逊(Temple and Johnson,1998)认为,由阿德尔曼和莫里斯(Adelman and Morris,1967)在60年代提出的社会发展指数有着"相当的预言效力"(也见 Temple,1998)。坦普尔和约翰逊说明,在考虑了初始收入之后,这些度量"在预测后续增长方面非常有用"并且"如果观察者在60年代早期对这些社会能力指数给予更多重视,他们或许在预测东亚的快速增长和撒哈拉以南非洲的不佳表现方面会更成功"(Temple and Johnson,1998)。

**发展有效的制度** 显然,我们在世界范围内观察到的重大收入差别与各国制度和经济政策质量上的差异有很大关系,同时还和政治领导的质量差异有关。这既解释了我们目睹的部分东亚发展中国家自1960年左右以来的迅速增长,也解释了同期撒哈拉以南非洲的绝大多数国家的相对停滞。许多经济学家相信,一些国家快速进步和增长而另一些国家停滞的原因不在地理和要素禀赋方面。自然资源匮乏的国家和地区如日本、中国台湾和韩国经历了"奇迹般的"增长,而撒哈拉以南非洲的许多自然资源富足的经济区如扎伊尔(自1997年起为刚果民主共和国)却经历了增长"灾难"。雷诺(Reynolds,1985)总结道,解释经济进步的最重要的单一变量是政治组织和政府的行政能力(见 Herbst,2000)。格雷和麦克弗森(Gray and McPherson,2001)在他们对非洲政策改革中的领导因素的分析中总结道:"许多非洲国家,或许是大多数的国家,曾经被有足够力量来推行改革的个人所统治,只要他们有动机这么做。然而,他们的动机却把他们引向别处。"还会出现的情况是,在经济发展所要求的变革中遭受政治上和经济上失败的人往往成为进步的障碍(Acemoglu and Robinson,2000a;Parente and Prescott,2000)。

由于这些问题的重要性,近期增长文献在政治经济方面的研究已经专注于以下因素:经济自由、民主与增长的关系(例如 Barro,1996,1999;Clague et al.,1996;Minier,1998;Benson Durham,1999;Landman,1999;Olson,2000),产权与增长的关系(例如 North and Weingast,1989;North,1990;Delong and Shleifer,1993;Acemoglu and Johnson,2003),种族差异性、政治冲突与增长的关系(例如 Easterly and Levine, 1997; Acemoglu and Robinson, 2000a, 2000b, 2000c, 2001, 2003; Collier, 2001; Easterly, 2001b), 不平等和政治不稳定对于增长的作用 (例如 Alesina and Rodrik, 1994; Alesina et al., 1996; Lee and Roemer, 1998; Barro, 2000; Glaeser et al., 2003; 也见本书第十章), 以及社会能力/社会基础设施/社会资本的各种度量(包括信任)与增长的关系 (例如 Knack and Keefer, 1995, 1997a, 1997b; Abramovitz and David, 1996; Landau et al., 1996; Hall and Jones, 1997, 1999; Temple, 1998; Temple and Johnson, 1998; Paldam, 2000; Rose-Ackerman, 2001; Zak and Knack, 2001)。

世界银行指出, 越来越多的跨期和跨空间的证据都显示, 制度发展的质量与经济增长和效率相联系, 并且现在被广泛接受的观点是"好的"制度和激励结构是成功增长和发展的前提条件(World Bank, 2002)。因为经济史本质上是关于经济区在长期的表现, 所以经济史在帮助增长理论家提高开发分析体系的能力方面有显著的贡献, 而开发一种更好的分析体系是为了更好地理解长期经济变化(North and Thomas, 1973; North, 1981, 1989, 1990, 1994; Myles, 2000)。

从经济史中浮现出来的故事讲的是, 不成功(没能取得生活水准持续增长)的经济区是那些未能制定出一套可实行的经济游戏规则以促进经济进步的经济区。诺斯认为, "经济史和经济发展的中心问题是去解释政治和经济制度的演变, 而这些制度创造了一个有利于生产率不断提高的经济环境"(North, 1991)。

诺斯将制度定义为"人为设计的各种约束, 目的是为政治的、经济的和社会的相互作用搭建结构"(North, 1991)。起到约束作用的制度可以是非正式的(习俗、传统、禁忌、行规、涉及愧疚和羞耻的自律性的行为准则)和(或)正式的(法律、合同履行、规范、章程、产权)。在一个理想的世界里, 非正式的和正式的制度将互为补充。这些制度为重复性的人类互动能够发生提供了一种结构, 为市场交易提供了支持, 为经济行为人之间的信息传递提供了帮助, 为人们从事生产性活动提供了必要的动力。历史"大体上讲是一个关于制度演变的故事"并且有效的制度"提高了合作解决问题的好处, 或者增加了不合作的成本"(North, 1991)。

欧洲"二战"之后的重建为说明制度对于持续经济增长的重要性提供了一个很好的例子。德朗和艾申戈林认为, "马歇尔计划通过改变经济政策的决策环境而显著地加速了西欧的增长"(Delong and Eichengreen, 1993), 另外, 马歇尔计划对西欧增长的帮助还体现在它为一项复兴战略提供了支持, 这一复兴战略的基本思想是恢复基于市场的经济体系以及必要的支持制度。回顾过去, 我们现在发现1950—1973 年其实是西欧"混合"经济区的一个经济增长的"黄金时代", 并且德朗和艾申戈林总结道,马歇尔计划是"史上最成功的结构调整项目"。艾申戈林(Eichengreen,1996)还进一步阐述了对欧洲为什么能够在马歇尔计划实施之后的25年里享有一个"黄金时代"所作的基于制度的解释。根据艾申戈林,这个"黄金时代"的基础是一整套国内的(社会市场经济)和国际的(关贸总协定、欧洲内部自由贸易的发展、布雷顿森林体系)制度,这些制度"解决了实践诺言和合作的问题,如果这些问题得不到解决,将阻碍增长的恢复"。

对于生活在21世纪的一个典型的富裕经合组织国家里的个人而言,绝大部分这些基于市场的制度是理所当然的事情,因为这些制度已经演化了很长的历史时期。但是,人们在前共产主义经济区里见证到的"转型试验"提醒我们,如果没有必要的制度基础设施存在,市场经济想要有效运行是多么的困难。

来自"自然实验"的证据 那些影响经济制度和政策选择的政治发展已经成为人均收入分化的一个非常重要的来源,强调这一来源的有福山(Fukuyama,1989,1992)、奥尔森(Olson,1996,2000)和德朗(Delong,2001)。那些试图在"铁幕"下取得发展的国家和那些在1950年时有着差不多的人均收入水平且随后走上资本主义道路的国家相比,现在前者的人均收入要少得多。

20世纪全球大部分地区处在共产主义统治之下的事实是世界分化的一个主要原因……一国40％—94％的潜在物质繁荣被消灭了,如果它碰巧落在20世纪的共产主义统治之下,这取决于你如何计算物质繁荣以及你有多的不幸。(Delong,2001)

涉及比较性的发展实验的最明显的例子有东德和西德、朝鲜和韩国,以及中国大陆和中国台湾、新加坡、中国香港。但是对其他相邻国家进行比较似乎也合理,例如通过比较俄国与芬兰、匈牙利与奥地利、希腊与保加利亚、斯洛文尼亚与意大利、柬埔寨与泰国,我们发现了在生活水准上的显著差别。

639　　在上面提到的例子中,最富戏剧性的"自然实验"发生在20世纪下半叶的朝鲜半岛。1945年8月日本投降之后,朝鲜以三八线为界被分为两个占领区,苏联武装占领"北部",美国武装占领"南部"。在1948年夏季,紧接着5月选举之后,美国占领区变成了大韩民国,而在1948年9月,北部区正式更名为朝鲜人民民主共和国。两个"朝鲜国"都声称拥有整个朝鲜半岛的完全主权,这一分歧导致了从1950年6月至1953年7月的朝鲜战争。从那以后,三八线一直是朝鲜、韩国的分界线,"共产主义的北方"采取了中央计划经济策略,而"资本主义的南方"则相信资本主义的混合经济。正如表11.4和表11.5所示,50年前朝鲜、韩国分别作出的决定对于生活水准的影响实在是悬殊。正如阿塞穆戈鲁所言,"朝鲜半岛分裂之前的一个显著特征是种族、语言和经济上的同质性。北方和南方居住着本质上相同的人口,有着相同的文化,并且两个区域之间只有微小的差异"(Acemoglu,2003b)。因此,朝鲜半岛分裂为两个国家(每个国家的政策和制度如此不同)的这种自然实验,"提供了一个清楚的例子,说明尽管经济条件非常相似,政治领导人经常会选择非常不同的政策,导致非常不同的结果"。

**表 11.4　朝鲜、韩国相关情况表**

| 指标 | 人口<br>(千) | GDP<br>PPP $(百万) | 人均 GDP<br>PPP $ | 人口<br>(千) | GDP<br>PPP $(百万) | 人均 GDP<br>PPP $ |
|---|---|---|---|---|---|---|
| 年份 | 朝鲜 | 朝鲜 | 朝鲜 | 韩国 | 韩国 | 韩国 |
| 1950 年 | 9 471 | 7 293 | 770 | 20 846 | 16 045 | 770 |
| 1955 年 | 8 839 | 9 361 | 1 054 | 21 552 | 22 708 | 1 054 |
| 1960 年 | 10 392 | 11 483 | 1 105 | 24 784 | 27 398 | 1 105 |
| 1965 年 | 11 869 | 15 370 | 1 295 | 28 705 | 37 166 | 1 295 |
| 1970 年 | 13 912 | 27 184 | 1 954 | 32 241 | 62 988 | 1 954 |
| 1975 年 | 15 801 | 44 891 | 2 841 | 35 281 | 111 548 | 3 162 |
| 1980 年 | 17 114 | 48 621 | 2 841 | 38 124 | 156 846 | 4 114 |
| 1985 年 | 18 481 | 52 505 | 2 841 | 40 806 | 231 386 | 5 670 |
| 1990 年 | 20 019 | 56 874 | 2 841 | 42 869 | 373 150 | 8 704 |
| 1995 年 | 21 553 | 32 758 | 1 520 | 45 081 | 534 517 | 11 873 |
| 1998 年 | 21 234 | 25 131 | 1 183 | 46 430 | 564 211 | 12 152 |

来源:改编自 Maddison(2001)。

**表 11.5　南、北韩人均 GDP 增长率(%)**

| | 1953—1973 年 | 1973—1998 年 |
|---|---|---|
| 朝鲜 | 5.84 | −3.44 |
| 韩国 | 5.84 | 5.99 |

来源:改编自 Maddison(2001)。

麦迪逊的数据(Maddison,2001)表明,朝鲜的人均 GDP 在 1950 年为 770 美元(以 1990 年国际价格计算)。到了 1998 年,这个数字仅仅上升到 1 183 美元。与之形成鲜明对比的是,尽管韩国在 1950 年的人均收入也是 770 美元,到了 1998 年,它已经提高到 12 152 美元!这再次说明了不同的增长率能够对两国的相对生活水准产生多么强大的效力。尽管朝鲜在 1950—1973 年期间的人均经济增长率最初令人印象深刻(每年 5.84％),但在 1973—1998 年期间增长率崩溃到－3.44％。在 1950—1973 年期间韩国的增长率也是 5.84％。然而,在 1973—1998 年期间韩国的人均增长率提高到 5.99％。到了 1999 年,世界银行(World Bank,2002)的数据显示,4 700 万生活在南部的民众的预期寿命为 73 岁,而 2 360 万生活在北方的民众预期寿命是 60 岁,并且在最近几年,朝鲜正在经历着一场饥荒(Noland et al., 2001)。

这些"自然实验"说明,当国家的边界同样成为公共政策和制度的分界线时,经济表现方面显而易见的差别就会出现(Fukuyama,1992;Olson,1996)。在德朗看来,"在 20 世纪的整个历程中,共产主义已经成为产生分化的一个主要因素:正当富裕的工业经济变得更加富裕之时,共产主义使相对贫穷的国家更加贫穷"(Delong,1992)。

民主、政府治理质量与增长　是增长促进民主,还是民主促进增长? 近期对民主、独裁与增长之间联系的研究已经对上述两种联系都提供了支持。巴罗(Barro, 1996,1997,1999)为李普塞特假说(Lipset,1959)提供了支持性的证据,该假说认为繁荣促进民主。巴罗的研究确认此假说具有"很强的经验规律性"。既然经验的证据还支持经济自由促进繁荣这一假说,巴罗总结道,促进经济自由的政策也将通过李普塞特繁荣效应而促进更大的民主。肯定不可辩驳的是,从来没有一个自由民主国家(自由和有规律的竞选)缺少经济的自由(见 Friedman,1962;Kornai,2000; Snowdon,2003b)。

巴格沃蒂(Bhagwati,1995)关于民主的论文否定了一个早期流行的观点,即发展中国家会面临一个"残酷的两难",因为它们竟然必须在经济发展与民主之间作出选择,这个观点在他 1966 年的《欠发达国家经济学》一书中强调过。在 60 年代,民主经常被描述为一个穷国无法负担的奢侈品。通常的论调是,为了取得快速的增长需要作出一些艰难的决定,这又使免受民主约束的坚定的政治领导成为必需。现在,平衡的观点已经不再承认这种"残酷的两难命题"是不可避免的了。

尽管繁荣无疑播下了民主的种子,稳定的民主有利于持续的增长这一观念也已经得到越来越多的学术支持。如果产权是减少交易成本和促进专业化与贸易的关键,那么观察到以下情况就不足为奇了,即"几乎所有经历几代良好经济表现的国家都拥有稳定的民主政府"(Olson,2000;Rodrik,2000)。虽然好的政府治理与经济繁荣形影相随,独裁者,同时总是窃国者,却是投资的一种高风险形式。伊斯特利指出,"政府能够扼杀增长"(Easterly,2001a)。

641

对于人类历史的绝大部分时期而言,世界上绝大多数民众生活在曼科尔·奥尔森(Olson,1993,2000)所称的"流动的暴徒"和"常驻的暴徒"的统治之下。历史提供了无可辩驳的证据表明,仁慈的君主是稀有种类。流动的暴徒(军阀)没有兴趣促进其统治区内的民众福利。混战的军阀统治区代表了一种纯粹的无政府状态,任何形式的可持续经济发展都是不可能的。没有产权保障,人们没有动力去生产多于生存所必需的产品,因为任何剩余产品将被武力剥夺。而常驻的暴徒却能从其统治区榨取更多的税收收入,如果一个稳定的并且有生产效率的经济能够得到鼓励和维持。在这种情况下,君主有动力去提供关键的公共产品如法律和秩序。但是产权在独裁统治下永远不能得到充分的保障,因为独裁者拥有的自由裁定权产生了一个时间上不一致的问题,即独裁者将永远有一个可信度的问题。历史表明,专制主义的王位继承者总是发现想要建立稳定的王朝很难,并且这种与继承有关的不确定性阻碍了独裁者从长远的角度对待经济。例如,从威廉大帝(1066 年)的统治到"光荣革命"(1688 年)之间的英国君主政治受到不断的继承危机的困扰(例如"玫瑰战争")。只有在一个安全的民主政体中,代表民意的责任政府尊重个人权利,我们才能有望看到一种有利于持久产权的环境被创造出来(Fukuyama,1989,1992)。

阿塞穆戈鲁近期的研究强调了"发展的政治障碍"的重要性。这项研究关注人们对于等级社会变化的态度。经济学家承认经济增长是消除贫困和生活水准可持续提高的必要条件。进一步说,技术变革和创新是促进增长的关键因素。那么,为什么政治精英们会故意阻止采取那些对消除经济落后可能有帮助的制度和政策?阿塞穆戈鲁和鲁宾逊认为一流的制度和技术会受到抵制,因为精英们的政治权力可能因此被削弱(Acemoglu and Robinson,2000a,2000b,2000c,2001,2003,2005)。另外,一项"有力制度"的缺席允许独裁统治者"采取高效的政治策略来驱散任何反对他们统治的力量……窃国统治者恶化了集体行为问题并且通过贿赂中枢集团来破坏反对他的联盟"(Acemoglu et al.,2003b)。经常受惠于丰厚自然资源和国外援助的窃国者遵循着一条有效的维系权力的策略——"分而治之"。以扎伊尔为例,该国有超过 200 个种族团体,而蒙博托从 1965 年直到 1997 年被推翻一直有能力遵循"分而治之"的策略。阿塞穆戈鲁的研究支持了伊斯特利和莱文的结论(Easterly and Levine,1997),后者发现非洲的种族多样化降低了经济增长率(见下一节)。

诺斯和奥尔森主张的一般主题也得到德朗和施雷弗的肯定(Delong and Shleifer,1993),后者说明中世纪欧洲的那些在更为民主化的政府领导下的城市比那些由"君主"独裁统治的城市更具生产率。专制与可持续发展的不相容性产生了,这是因为在没有宪法约束独裁统治者的环境中产权是缺乏保障的。德朗和施雷弗假设市镇人口的规模是商业繁荣的一项有用的代表数,并"用前工业时期城市的数量与规模作为反映经济活动的一项指数,而城市数量的变化以及市镇人口规模的变化作为经济增长的指标"。他们的数据显示了在1000—1500年之间欧洲经济的重心是如何稳步北移的。尽管在1000年,西欧在市镇发展方面是"一潭死水",到了1800年,它已确立了世界上最繁荣和经济最发达地区的地位。尽管伦敦在13世纪初是欧洲的第25大城市,到1650年它已经上升到了第2位(位于巴黎之后),而到了1800年伦敦位居首位。德朗和施雷弗认为财产的安全可以被想象为一种形式的低税收,而专制政府和非专制政府的差别如同对私有财产执行了不同的税率。道格拉斯·诺斯也曾经认为,在英国,确立可信的和可持续的产权保障承诺要求确立议会高于王权。这完成于1688年的"光荣革命"之后,这一革命促进了有利于增进产权保障的各项经济制度的逐步建立(North and Weingast,1989;North,1990)。南北美洲经济命运的对比也印证了分歧的制度路线对于政治和经济表现造成的后果(Sokoloff and Engerman,2000;Acemoglu et al.,2001,2002a;Khan and Sokoloff,2001)。

许多国家没有能够发展起良好的政府治理已经造成了通常是灾难性的经济和政治后果。民主制度成功与否很大程度上在于选举和自由的新闻媒体行为有多大的规律性,这些活动是提高政客责任的重要机制。在一个主顾-代理人模型里,如果国民缺少信息并且被剥夺了通过定期的和有保证的竞选而使政客为其执政结果负责的机会,有潜力运用巨额资源的政客的经济寻租活动会极大地增加(见 Adsera et al.,2003)。

综上所述,我们认为温斯顿·丘吉尔在下议院(1947年11月11日)为捍卫民主所作的著名声明说得对:

没有人假装认为民主是无瑕的或者是完全智慧的。事实上,有人已经说过,民主是最糟糕的政府形式,如果不把历史上曾经有过的其他所有形式算在内的话。

寻租行为、信任、腐败与增长　为了促进高水平的人均产出,社会制度必须被发展起来以防止私人生产单位的产出被挪用。基础设施不健全(如存在腐败现象的官僚机构)的国家会引起旨在挪用资源寻租活动,而不是导致生产性活动例如积累资本、获取技能以及发展新商品和生产技术(Murphy et al.,1993;Mauro,1995)。

在一个法律和合同不能有力执行、缺乏产权保护、掠夺性税收以及普遍腐败的环境里,非生产性的利润(租金)寻求活动将成为通病并造成对创新和其他增进增长的活动的破坏(Tanzi,1998)。

有大量的证据表明经济激励能影响生产率和天才个人的兴趣,这些人有潜能为财富积累作出巨大贡献。个人或者由个人组成的团体若想有激励去采用先进技术或从事新观念的创造,一个允许足够回报率的制度体系是必要的。在对熊彼特的创新理论的一次有趣的发展中,鲍莫尔(Baumol,1990)已经说明,通过扩展这个模型使它包括创业技能的"分配",大大增强了该模型产生政策见地的能力。熊彼特在分析(Schumpeter,1934)中发现,创业活动除了与促进技术改进有关之外,还有五种形式,它们是:

1. 引入新商品或(和)引入现存商品的新品质。

2. 引入新生产方法。

3. 新市场的开放。

4. "俘获"原材料供应的新来源。

5. 任何产业的新组织形式。

鲍莫尔认为熊彼特的清单是不完善的并且需要得到扩展(Baumd,1990),从而包括:

6. "技术转移的创新行为:将现有技术介绍到这些技术的合适性原先未被承认或者至少未被利用的那些地理场所,从而有机会获得利益"。

7. "寻租过程的创新"。

最后的这个类别非常重要,因为它包括了鲍莫尔所谓的"非生产性的创业行为"。既然鲍莫尔给创业者下的定义是"那些在找到办法为他们自己的财富、权力、名声增值的方面富有天才和创造性的人",那么自然的推论是,在特定时间和地点,决定创业才能分配的主要因素之一将是"规定各种创业活动的相对收益的现行游戏规则"。有着最高私人回报的活动对人才有自然的吸引力。但不能保证这些活动将总是产生最高社会回报率。因此,从社会的观点来看,创新者除了可以是生产

性的,也可以是"非生产性的",甚至是"破坏性的"。在一些经济区人才成为传统的商业创业家,而在另一些国家里,才能被用在政府官僚的、军队的、宗教的、犯罪的和其他的寻租活动上。既然"游戏规则"能够并且的确会改变,我们可以预见创业才能为适应任何新的环境而进行的再分配。我们观察到的创业行为的形式显然将随历史时间和地理空间而改变。因此,创业才能在生产性的、非生产性的以及破坏

性的活动之间的分配对创新力,因而对任何经济的增长,只会产生"重大的效果"。例如,兰德斯认为工业革命开始于英国而不是法国的原因与才能的分配有关(Landes,1969)。任何对增长感兴趣的国家必须保证它的最优秀的人才被分配到该国经济的生产性的部门中去。墨菲等人认为70年代美国经济的生产率增长放缓的一个可能原因是人力资本的错误配置,因为有才能的个人已经越来越多地成为寻租者(例如律师)而不是生产者(例如工程师)。他们总结道,"将人才分配到创业活动中去对增长有好处,而将他们分配到寻租活动中去则对增长有害处"(Murphy et al.,1991)。在鲍莫尔看来,在如今的经济里,非生产性的创业活动的主导形式是寻租行为,并且现行的法律、法规和财务激励结构将不可避免地对"才能的分配"产生重要作用。

这些见解暗示了,一个有成果的研究方向是关注不同国家的创新者所面临的激励结构的差别,而激励结构与在开办新企业、采用新技术因而促进增长方面的鼓励措施有关。如果有明显的既得现实利益的特定集团故意制造了对生产性创业活动的障碍,那么经济学家的任务就是提供关于如何设计并建立制度的政策建议,以使这种"非生产性的"行为最小化。当一种有利于创业者采用新观念的环境被创造出来的时候,一种被经济学家称为"组织的"或者"商业的"的资本类型产生了,它的存在独立于创新者。缺乏组织资本的国家将不能吸引国外直接投资。

经济行为人之间的信任是交易成本的一个至关重要的决定因素。这个观点有长久的渊源(Fukuyama,1995)。例如,约翰·斯图尔特·穆勒指出,对于欧洲有些国家而言:"大规模地经营商业公司的最大障碍就是被认为值得信任的人太少,这个信任是指在巨额资金的收支方面……人类能够互信的好处深入到人们生活的每一个角落:经济方面恐怕是最小的部分,可即使在这个方面,好处也是难以计算的。"(Mill,1848)

在一篇近期的论文中,扎克和纳克继续发展这一见解并显示了一个经济中的信任程度"显著地"影响着增长率,而且"高信任的社会比低信任度的社会生产出的产品更多"(Zak and Knack,2001)。在交易者之间高度信任的经济里,投资率和经济增长率可能高于在低信任的环境中的情况。这项发现支持了纳克和基弗早些时候的经验研究(Knack and Keefer,1995,1997a,1997b),他们在考察了29个市场经济样本之后发现信任和增长之间存在正相关。扎克和纳克认为在如下国家中信任度低:(1)缺乏正式的(法律、合同的执行)和非正式的(排斥、愧疚、声誉损失)机制和制度来防范和惩罚欺骗者并限制投机行为;(2)人口异质性(族群分化)程度高;(3)不平等现象更加普遍。伊斯特利和莱文(Easterly and Levine,1997)发现,在非洲,族群分化减少了经济增长率,因为分化的集团很难找到达成和解的途径并且连续的分配斗争浪费了稀缺的资源,这种斗争的最极端形式包括内战、"种族清洗"和种族灭绝(波斯尼亚、卢旺达、科索沃地区、阿富汗)。科利尔的研究(Collier,2001)认为族群分化的社会"特别不适合独裁政治";在政治体系中,只要不存在"种族统治",那么民主制度能大大降低由族群分化和竞争团体之间可能发生的消耗战所带来的潜在负面经济影响。伊斯特利认为,保护少数民族和保障免受政府罚没和毁约的正式的制度能"限制一个种族集团对另一个种族集团的伤害程度"(Easterly,2001b)。在伊斯特利的分析体系中,下面的关系成立:

$$族群冲突 = f(族群分化,制度质量)$$

伊斯特利的研究显示,只要好的制度确立起来,族群分化就不会降低增长或者产生糟糕的经济政策(Snowdon,2003a)。好的制度还"降低战争和种族灭绝的风险;如果没有好的制度,族群分裂有可能引起上述灾难"。罗德里克(Rodrik,1999a,1999b,2000)也说明了,如果社会分裂情况严重并且缺乏冲突管理的民主制度,这样的社会非常容易受到各种外生经济冲击的侵害(也见 Alesina and Rodrik,1994)。潜在社会冲突(LSC)越大,社会的冲突管理制度(ICM)越弱,外部冲击(S) 647 对经济增长的负面效果越大。罗德里克的假说可以用如下关系来表示:

$$\Delta 增长 = -S(LSC/ICM)$$

罗德里克(Rodrick,1999a)运用这个体系来解释发生 70 年代经济冲击之后世界范围内的"增长崩溃"。在他的经验分析中,有着民主的和高质量的政府制度的国家展现了更好的宏观经济管理水平;作为结果,这些国家比冲突管理制度弱化的国家经历了更少的增长率波动。

## 11.19 贸易与经济增长

增长文献的另一重要流派强调日益增加的国际经济一体化(全球化)的重要性,并将此作为经济增长的一项主要的基本决定因素。有观点认为,相信更加开放的经济比更加封闭的经济增长得更快,有着可靠的理论理由。在近期对这类文献的一次回顾中,卢尔和范登伯格总结道:"贸易对经济增长的作用似乎对人类福利非常重要。"(Lewer and Van den Berg,2003)另外,这种观点的支持者用大量经验研究来支持他们的立场并且总结道,总体而言,"全球化"对经济增长已经产生了积极的效果(Sachs and Warner,1995;Krueger,1997;Edwards,1998;Frankel and Romer,1999;O'Rourke and Williamson,1999;Baldwin,2000;Bhagwati and Srinivasan,2002;Dollar and Kraay,2003,2004;Bordo et al.,2002b;Bhagwait,2004;Winters,2004;see also Snowdon,2001c,2003c)。

尽管经济学家承认,更加自由的贸易在一次性提高一国的产出上有"水平效果",但是它对产出增长率的可能影响远更具争议性。例如,卢卡斯认为消除贸易壁垒或许会引起一系列的产出提升,但这种提升表面看是增长效果,而其实是水平效果(Lucas,1988)。在索洛增长模型之标准开放经济版本中,贸易自由化能够对长期增长率产生暂时的而非永久的效果。里韦拉-巴蒂斯和罗默指出,主要问题是经济学家没有一个"有力的模型"来为他们的信念提供合理解释,这个信念认为日益增加的经济一体化将倾向于提高长期增长率(Rivera-Batiz and Romer,1991)。罗德里格斯和罗德里克(Rodriguez and Rodrik,2000)已经声称,很难找到证据来证明"开放的贸易政策——是指低关税和没有贸易关税壁垒——与经济增长显著相关"。作为回应,巴格沃蒂和斯里尼瓦桑认为,一种开放的贸易体制不仅允许从比较优势中获得有益的水平效果,而且对经济增长有积极的影响(Bhagwati and Srinivasan,2001)。但是,巴格沃蒂和斯里尼瓦桑没有依赖"数不清的"(并且是"无头绪的")跨国回归证据,而是求助大量深度的国家案例研究来论证更大的开放程度对增长起到促进作用(Bhagwati,1978;Krueger,1978;Balassa,1989;Edwards,1998)。克鲁格(Krueger,1997,1998)确信,遵循更加外向型策略的发展中国家相对那些"愉快地放弃了"比较优势原则同时采取并长期保持进口替代(ISI)政策的国家而言,在可持续的基础上已经有了更快的增长。克鲁格将 1945 年之后对外向型策略的最初的敌意与国家干预的观念(这是大萧条的一项遗产)的有力影响以及苏联的国家领导发展策略的明显成功联系起来。巴格沃蒂(Bhagwati,1993)回忆起印度是如何被迫采取一种"有害的"进口替代策略的,因为 50 年代印度许多有影响的经济学家包括马汉兰诺比斯(P. C. Mahalanobis),将与出口有关的"弹性悲观主义"观念看得过于严重。与印度相反,东亚"奇迹"经济区所取得的超过 40 年的杰出经济增长表现的经历也同它们选择开放贸易体制正向关联。萨克斯和沃纳(Sachs and Warner,1995)、本-戴维(Ben-David,1996)、爱德华兹(Edwards,1993,1998)及本-戴维和洛伊(Ben-David and Loewy,1998)所作的经验研究为主流观点增加了支持,主流的观点认为自由贸易和国家之间的收入趋同有很强的联系。劳伦斯和韦恩斯坦(Lawrence and Weinstein,2001)尽管为那些倡导更加自由的贸易政策的人提供支持,但同时否定了早期研究的"出口崇拜主义"转而强调 GDP 中日益增加的进口份额对扩大增长的效果,这种效果是通过创新和学习实现的(见 Rodrik,1995)。可以确定的是,一个更加开放的经济将有机会从世界市场上获得更加便宜的进口资本品(见 DeLong and Summers,1993;Jones,1994)。

萨克斯和沃纳发现,影响趋同的一个重要因素是一个经济的开放程度:

我们认为对于证据的最为节俭的解读是,所有国家都能够取得趋同,即便是那些最初技能水平低下的国家也可以,只要它们是开放的并且融入世界经济中……趋同俱乐部是通过国际贸易而联结在一起的经济的俱乐部……至于有条件趋同假说,我们认为长期收入水平的明显差别不是由基本偏好和技术造成的差别,而是由有关经济一体化的政策造成的。(Sachs and Warner,1995)

萨克斯和沃纳发现一个"封闭的"贸易体制至少具有以下特征之一:(1)非关税壁垒涉及 40% 或更多的贸易;(2)平均关税率在 40% 或以上;(3)在 70 和 80 年代,黑市外汇汇率相对官方外汇汇率贬值 20% 或以上;(4)一个社会主义的经济体系(Kornai,1992 对此下过定义);以及(5)对主要出口品的国家垄断。一个开放的经济是以上几项条件都不存在的经济。中国的例子是唯一真正的困惑。然而,正如萨克斯和沃纳解释的,在国际贸易方面,中国经济对于非国有企业而言本质上是自由的,尤其是对于那些在沿海经济特区运营的非国有企业而言。在中国,1978—1994 年期间增长最快的区域除新疆以外全部是沿海省份(Ying,1999)。

萨克斯和沃纳的研究发现使他们作出四项重要结论:首先,"开放的国家有很强的无条件趋同证据,而封闭的国家没有无条件趋同证据";其次,"封闭的国家增长系统性地慢于开放的国家,表明'好的'政策是重要的";第三,"其他增长因素不变,贸易政策的作用仍会持续";第四,"其他因素不变,差的贸易政策似乎直接影响增长,并且影响实物资本的积累"。因此,萨克斯和沃纳对于证据的解读意味着贸易政策应该被视为"改革的首要工具",是整套市场改革的风向标。

在理论层面,内生增长理论研究强调了在激发技术创新过程中观念交流的重要性(P. Romer,1990,1993,1994b)。在此背景下,一国与外部世界有更多的接触就更有可能从他国研发活动(包括与组织方法有关的新观念)中获益。保罗·罗默认为,"贸易的核心作用是它使发展中国家有机会接触到存在于世界其他地方的观念"。这个观点也得到罗伯特·索洛的支持,他认为"贸易对长期增长率的作用只有这样理解才有意义:不是看这个国家是否由出口引导,而是看这个国家是否与世界其他地方保持联系"(见本章末尾的索洛访谈)。爱德华兹提供了一个简单的框架来考察总要素生产率增长与开放程度之间的关系(Edwards,1998)。这个框架由方程 11.44 和方程 11.45 概括：

方程 11.44 $$Y_t = A_t f(K_t, L_t)$$

方程 11.45 $$\dot{A}/A = \theta + \omega(W - A)/A$$

这里,$Y_t$ 是 GDP,$A_t$ 是知识存量或者总要素生产率,$K_t$ 是实物资本,$L_t$ 是以效率单位衡量的劳动。增长将取决于 $A_t$、$K_t$ 和 $L_t$ 的变化率。爱德华兹假定总要素生产率增长的来源有二：一是由创新推动的国内来源,取决于国内人力资本(教育)；二是国际来源,它"与一国能够吸收(或者模仿)技术进步的速度有关,这些技术进步源自领先国家"。模仿取决于一个"追赶"项。距离技术边界最远的国家具有最大的模仿潜力。在方程 11.45 中,$\dot{A}$ 是 TFP 增长率,$\theta$ 是国内创新率,$\omega$ 是一国能够弥补其知识差距的速度,它受到贸易政策的影响,$W$ 是世界知识存量,它被假定以 $g$ 的速度增长($g \geqslant \theta$)。对于世界的技术领先者(19 世纪 90 年代以后的美国),$g = \theta$ 且 $W = A$。爱德华兹认为,根据许多基于观念的增长模型,更加开放的经济"有更大的能力从世界其他地方吸收观念,并因此拥有更高的 $\omega$",并且"这个简单模型的一个重要特性是,贸易自由化的国家将经历转型的生产率增长,这个增长将超过那些保持贸易扭曲的国家的增长"。因为国家之间的贸易有可能作为观念传播的一种渠道,给贸易设置壁垒的内向型贸易和发展策略将因此妨碍知识的转移。

科等人对南北研发溢出的程度作了调查(Coe et al.,1997)。既然几乎所有的研发活动在发达国家中进行,那么对于发展中国家来说显然有机会从知识溢出中获益,尤其是从美国那里获得。科等人提供的经验证据表明发展中国家的总要素生产率"显著地与其工业国家贸易伙伴的研发水平以及它们从工业国家进口机器设备的数量正相关"。

在本-戴维和洛伊的模型(Ben-David and Loewy,1998)中,开放给国内厂商制造了更大的竞争压力,这些厂商为应对竞争压力会寻求获取与生产过程和技术有关的国外知识(也见 Parente and Prescott,2000;Baumol,2002)。因此,贸易流动促进了观念的转移并且刺激了经济的增长。因为许多贫穷国家已经采取了保护主义策略,它们的贸易壁垒起到"限制知识溢出的缓冲器"的作用。本-戴维和洛伊认为,只要这样的壁垒持续,国家之间的收入差别将继续存在。

令人惊叹的是,亚当·斯密预言了自由贸易促进观念和知识流动：

没有什么比互相交流知识和各种改良更有可能建立这种力量的平等,所有国家之间出于自然的,或者更确切地说出于必要的大量商业活动带动了这种互相的

交流。(Smith,1776)

在欧文看来,斯密的这些见解与技术转移和开放的动态益处有关,"是他写作的那个时代杰出的思想"(Irwin,1996)。

尽管经济学家的多数观点倾向巴格沃蒂关于贸易与增长的立场,罗德里克仍然对那些过分强调"全球化"和出口、把它当作发展捷径的人持批评态度(Rodrik, 1995,1999a)。他继续强调,发展中国家的政策制定者需要形成一种增长策略,这种策略承认国内制度(包括民主)和国内投资者的重要性,而不是一种仅仅建筑在"对全球一体化有害的迷恋"之上的增长策略。巴格沃蒂和克鲁格对进口替代政策一直保持批评,与他们不同,罗德里克认为那些采取了进口替代政策的国家的增长经历已经给了我们错误的启示(Rodrik,1999a,1999b)。在罗德里克看来,在70年代后期之前,进口替代政策在大约20年的时间里运作得很好,并且许多采取进口替代政策的国家随后的增长崩溃和令人失望的经济表现"与进口替代政策无关"。一些发展中国家能够成功击退70年代和80年代经济冲击是因为这些国家迅速而断然地作出了恰当的宏观经济调整,同时拥有有效的国内制度进行冲突管理。所以,相比拉丁美洲和撒哈拉以南非洲,东亚经济更好地被武装起来对付经济风暴,其原因并非东亚经济是外向型的而其他经济是封闭的;而是因为拉丁美洲和撒哈拉以南非洲在管理和吸收这些冲击方面"做得很糟糕"。罗德里克不否认开放的潜在好处,但他告诫决策者和经济学家同事,要想让开放成为任何发展策略的一个成功的成分,它一定不可以被当成国内策略的替代品。决策者当中的"条件反射式"的全球化论者似乎错误地以为,全球化自身就能为发展中国家的经济创造奇迹。因此,罗德里克一直坚定地主张国内的投资、人力和实物资本的形成作为经济增长基本决定因素的重要性。尽管从经验上看,投资与增长之间的关系"在短期似乎是无规律的……跨国研究表明,在横跨数十年的维度上,投资是经济增长的仅有的几个有效的关联变量之一"(见Rodrik,1995,1999a;see also Vamvakidis,2002)。

从上面的讨论得出的一个合理结论是,看起来是开放而不是出口本身对增强的经济表现起作用,同时要想充分地从开放的潜在好处中获益,发展中国家需要互补性的国内策略,其中包括构建"为高质量增长而设计的制度"(Rodrik,2000, 2003,2005)。开放是达到目的的手段,而不是目的本身。有趣的是,艾莱斯那和斯波莱尔的研究(Alesina and Spolare,2003)显示,随着世界经济变得更加开放,一国的国内市场规模作为生产率水平和增长的一项积极影响因素的重要性越来越低。随着全球化的蔓延,规模的好处在消失。果然,世界上的国家数量已经从1945年

652

的 74 个增加到 2004 年的 191 个。

## 11.20 地理与增长

近年来,不少学者已经重提地理对经济表现有重要影响这一观点。在这类文献中有两个派别。第一派以诸如保罗·克鲁格曼、安东尼·维纳布尔斯和迈克尔·波特这些经济学家的著作为代表,强调回报递增、聚而不融、规模、群居以及位置在各国和各地区的生产率表现方面的作用(见 Krugman,1991a,1991b,1997;Krugman and Venables,1995;Martin,1999;Crafts and Venables,2002;Porter,2003;Yang,2003)。"新经济地理学",其思想根源来自阿尔文·杨、冈纳·米尔德尔和尼古拉斯·卡尔多的著作,强调累积因果关系效应的作用,通过此效应,旧的成功培育新的成功。在这些模型里,全球化能引起累积过程从而导致不平衡的空间(城镇、地区和国际)发展的延续。克拉夫特和维纳布尔斯(Crafts and Venables,2002)指出,在一个由回报递增、累积因果关系、聚而不融效应以及路径依赖等现象主导的世界里,日益增加的国际一体化将导致趋同的可能性要不确定得多。

这类文献的第二个流派强调地理能够通过气候、自然资源及地形产生的直接作用。这些因素显然影响人口的健康、农业生产率、一个经济区的经济结构、运输成本以及信息和知识的传播。地理被认为在决定人均收入水平和增长方面扮演了重要的角色(见 Diamond,1997;Bloom and Sachs,1998;Gallup et al.,1998;Bloom et al.,2003。对于这类文献的评论,请见 Acemoglu et al.,2001,2002a)。

地理对经济表现的作用,人们关于这个问题的兴趣又重新燃起,其中一个重要的刺激因素来自越来越多的人认同人均收入与纬度紧密相关。靠近赤道的国家,除少数几个(例如新加坡)之外,相比位于气候更加温和地区的国家,有更低的人均收入和 HDI 得分。生活水准与距离热带纬度远近之间强的反向经验关联关系很大程度上是由"非洲大陆令人压抑的增长表现"决定的,这个地方制造了"20 世纪最糟糕的经济灾难"(Artadi and Sala-i-Martin,2003;也见 Easterly and Levine,1997;Collier and Gunning,1999a,1999b;Herbst,2000)。什么能够解释 20 世纪后半叶,特别是非殖民地化以后,撒哈拉以南非洲经济区的超乎寻常的糟糕经济表现?

布卢姆和萨克斯已经提出了六组因素来概括对于撒哈拉以南非洲经济区糟糕经济表现的各种解释(Bloom and Sachs,1998),这些解释的根据是:

1. 与殖民地和冷战遗产有关的不利的外部因素;

2. 以出口贸易为主要考量的波动性;

3. 容易导致威权主义和腐败的内部政策;

4. 强调进口替代和财政宽松的国家干预经济政策;

5. 涉及人口快速增长和"停止的人口构成转型"的人口统计学趋势;

6. 种族分化和低水平的社会资本(信任)。

然而,除了这些因素起了一些作用之外,布卢姆和萨克斯相信,经济学家应当"不要把眼光停留在宏观经济政策和市场自由化上",并且认识到撒哈拉以南非洲的发展受到它的"超乎寻常的不利地理条件"的限制性影响。拥有世界全部热带地区最大比例的土地(93%)和人口(2000年为6.59亿),撒哈拉以南非洲因其气候、土壤、地形及疾病生态而遭受低农业生产率、与国际经济疏离、不良健康状况以及巨大的疾病负担(现在因一场艾滋病流行的开始而加重)之苦。根据世界银行发展报告(World Bank,2002),撒哈拉以南非洲是世界所有主要地区中人均收入最低的地区($480,PPP$1 560)。在1999年,撒哈拉以南非洲的预期寿命是47岁,也是世界最低的,并且5岁以下儿童的死亡率为每1 000人中159人,是世界最高的。可以确定的是,这些证据支持了国民健康状况与国家积累财富的能力之间正相关的观点(Bloom et al.,2004)。

地理因素对经济增长和发展的影响没有被亚当·斯密所遗忘,他承认,贸易的成功很大程度上被水路运输的容易获得所加强。斯密指出:

> 只有在海滨地区和可航行的河流沿岸,工业的每一类别才会自然地开始细分和自我完善……非洲的所有内陆部分,以及亚洲的位于黑海和里海以北相当远的所有地区……似乎在世界的所有时代都一直处在贫瘠和未开化的状态,就像我们现在看到的情况一样。(Smith,1776)

近期,拉帕波特和萨克斯已经说明了美国的经济活动压倒性地集中在海洋沿线或附近以及五大湖沿岸地区(Rappaport and Sachs,2003)。亚当·斯密认识到,与海岸地区的邻近大大改善了生产率的表现和生活的质量。

尽管没有为地理决定论找到一个新理由,同时也承认经济政策的关键作用,布卢姆和萨克斯相信"好的政策必须切合地理现实"。他们总结道,如果经济学家在他们的研究中能从其他领域(如人口统计学、流行病学、农艺学、生态学及地理学)积累的知识中获取"更多的杂交受精"的好处,非洲的情况将更好些。因此,世界的一个重要分界线的确存在,但它不是南北之间的分界线,而是位于温带纬度国家与位于热带纬度国家之间的分界线(也见 Sachs and Warner,1997;Diamond,1997;Hall and Jones,1999;Landes,1990,1998;Sachs,2003)。

在本节的最后,我们提醒大家注意最近关于"自然资源诅咒"的研究,即,一些自然资源丰富的国家有比自然资源贫乏的国家增长更慢的趋势。尽管像美国、加拿大和挪威这样的民主国家常常将石油和其他自然资源管理得很好,但这与那些由掠夺成性的窃国独裁者统治的国家有很大的不同,在那些国家里"黑色金子"刺激了寻租行为、政治不稳定以及(在极端情况下)内战(见 Sachs and Warner,2001;Eifert et al.,2003)。萨拉-伊-马丁和萨布拉曼尼安(Subramanian,2003)记录道,"尼日利亚有着灾难般的发展经历",尽管它拥有大量石油资源。接连的腐败的军事独裁者只是在抢夺石油收入。与尼日利亚完全不同的是博茨瓦纳的经历,这个国家有诱人的钻石资源。博茨瓦纳的经济成功主要归功于它的政府治理和制度的质量(见 Acemoglu et al.,2003)。

## 11.21　历史中的增长:寻找一个统一的理论

在考虑经济增长的"理想条件"之前,我们将简要地回顾一些新的和有意思的文献,这些文献试图为世界领先经济的"胜利大逃亡"提供一种统一的解释,这些国家从"马尔萨斯停滞"中解脱出来,进入了一个"现代经济增长"的体系。这里,作出优秀研究工作的学者例如:达龙·阿塞穆戈鲁、格利高里·克拉克(Gregory Clark)、理查德·伊斯特林、奥德·加罗尔、马丁·古德弗伦德、加里·汉森、西蒙·约翰逊(Simon Johnson)、查尔斯·琼斯(Charles Jones)、埃里克·琼斯、迈克尔·克莱默(Michael Kremer)、戴维·兰德斯、罗伯特·卢卡斯、安格斯·麦迪逊、约翰·迈克德莫特(John McDermott)、奥莫尔·莫维(Omer Moav)、乔尔·莫克尔(Joel Mokyr)、道格拉斯·诺斯、史蒂芬·帕伦特、肯尼斯·彭慕兰、爱德华·普雷斯科特、詹姆斯·鲁宾逊和戴维·威尔(David Weil)。需要解释的主要困惑有:

1. 为什么在 18 世纪之前(马尔萨斯时代)世界上没有国家和地区经历过持久的深度增长,即持续的人均 GDP 的增加?

2. 什么导致了"工业革命",这个"革命"是不可避免的吗?

3. 什么导致了发生在过去 250 年里世界范围内的生活水准方面的"大分化"?

很难想象,还有什么比这些更大的或者更难的问题让经济学家去回答了! 此时此刻,正在为这些问题提供答案而工作的学者站在了增长理论和经验研究的前沿。逐渐地,为了提供这些问题的合理回答,增长理论家们已经开始评估经济历史的价值以及经济史学家先前所作的研究。的确,近期将增长理论、经济历史和发展经济学融合在一起的综合性工作日渐显现,这是早就应该做的事情。尽管索洛和罗默的模型可以为发达国家的现代经济增长经历提供令人信服的解释,这些模型却不能解释发生在工业革命之初的重大增长转型。我们需要一种统一的理论来同时解释马尔萨斯时代和现代增长体系的主要特征,如表 11.1 所记录的情况。现在,有了几种关于世界生活水准进化的解释或"故事"。

自然选择,进化的故事 加罗尔和莫维强调达尔文力量和马尔萨斯力量之间的相互作用(Galor and Moav,2001,2002)。在马尔萨斯停滞时代,生存斗争逐渐导致了人力资本质量的进化提高,而人力资本质量的提高刺激了技术进步率的增加。这最终为持续的经济增长的"起飞"创造了有利条件。加罗尔和威尔发展了这个故事并且解释了一次内生的转型是如何发生的(Galor and Weil,1999,2000)——在一个经济从"马尔萨斯体系"到"后马尔萨斯体系"转变的过程中,在最终进入"现代增长体系"之前,会发生这种内生转型。前两个体系以技术进步的加速为分水岭,而分隔后两个体系的是人口统计学的转型,这种转型由效用最大化的生育行为所驱动(见 Lee,2003)。

人口、观念和产权的故事 迈克尔·克莱默(Kremer,1993)在保罗·罗默工作 656 的基础上,构建了一个观念驱动技术进步的模型。而观念的数量取决于人口规模。因此,在马尔萨斯时代,尽管将生活水准的提高忽略不计,技术进步却导致了人口规模的增加,而人口规模的扩大通过更多新观念的创造进一步促进了技术进步。克莱默的模型预言了,从历史角度来看,至少在 20 世纪后半叶全球范围内的人口统计学转型蔓延之前,人口的增长率将与其规模水平成比例(见 Lee,2003)。查尔斯·琼斯(Jones,2001b)为这个故事加入了一个关键的必要条件,即,为了使技术进步跑赢马尔萨斯的回报递减,不仅要求可积累要素的回报递增,而且还需要发展诺斯(North,1990)所强调的"促进创新的制度"。

从马尔萨斯到索洛的故事 汉森和普雷斯科特(Hansen and Prescott,2002)以及帕伦特和普雷斯科特(Parente and Prescott,2005)建立了这样的模型,其中主导一个经济最初状态的是土地密集的、生产率低的"马尔萨斯技术条件",这种条件伴随着低的知识投入。最终,随着知识的增长——这是由利润动机所驱动,经济逐渐转为由一个更具生产性的"索洛技术条件"所主导。古德弗伦德和迈克德莫特的一个更早的模型(Goodfriend and McDermott,1995)强调了从家庭生产到市场生产的转型,驱动这种转型的是专业化带来的回报递增,而逐渐增长的人口使得专业化成为可能。

**制度和产权的故事** 诺斯和温格斯特(North and Weingast,1989)强调了在工业革命之前的英国,更加有保障的产权的建立对创新和创业行为产生了积极的作用。阿塞穆戈鲁等人(Acemoglu et al.,2002b)在这种观点的基础上,探寻了1500年以后的"大西洋商人"殖民经济的兴起,并将这些经济随后的增长成功与商业资本家的影响联系起来,这些资本家要求制度的变革并取得成功,而制度的变革导致了对产权的更多保护。这又为英国工业革命的发生奠定了基础。

**"雅典娜的礼物"的故事** 莫克尔回顾了技术变革的历史并将工业革命的知识根基追溯到有关新知识创造和传播的方法和文化的重要变革(Mokyr,1990,2002, 2005)。"发展于17世纪西欧的科学方法意味着观察发现和经验被置于公共的领地"(Mokyr,2005)并且科学知识成为一种公共产品。"开放的科学"和验证工作,受到成名和被承认的奖励,成为莫克尔所说的"工业的启蒙"的一部分。经济进步是有可能的这个观念主导了这场新启蒙。如果没有这些知识的根基,成为工业革命特征的"宏观发明"和"微观发明"浪潮("小器械的浪潮")将不可能出现。莫克尔指出,"知识创造了机会,但它不保证行动"(Mokyr,2005)。另外,"对启蒙的强调说明了经济学家是如何看待文化和文化信念的"。

这些仅仅是近期的一些试图为世界收入在很长时期内的演化提供一种统一解释的故事。感兴趣的读者还可以参见 Jones(1998)、Easterlin(1996)、Landes (1998)、Lucas(2002)、Maddison(2001)和 Clark(2003)。

## 11.22 增长和发展的理想条件:重新发现古老的真理

对于经济增长我们已经作了广泛的讨论,似乎应该通过提出这样一个问题来作总结,即,"有可能促进生活水准显著改善的理想条件是什么?"为了得出重要进步的"理想条件",兰德斯(Landes,1998)认为历史的教训暗示了以下的前提条件:

1. 一个促进首创性、竞争和超越的环境;

2. 工作招聘应基于优点、胜任能力和表现;

3. 财务奖励应与努力或进取精神关联;

4. 经济必须完全可获得现有的技术知识;

5. 教育应在人口中普及。

这些前提条件又暗示：

6. 基于不相关标准(种族、宗教、性别)的歧视不再存在；

7. 一个明白的偏好:科学理性压倒"魔法和迷信"。

有利于取得上述目标的政治和社会制度将涉及：

8. 为保护财产安全、个人自由和合同权利的安全而提供法律；658

9. 减少寻租行为；

10. 提供一个更加稳定的、温和的、诚实的、有效的和有回应的(民主的)政府，它在一个公开透明的规则体系下运作(Tanzi,1999)。

这些前提条件对于可持续增长的重要性已经越来越得到承认,尽管自从1776年亚当·斯密的《国富论》出版以来,这种重要性经常被故意忽视。虽然世界上没有一个经济达到兰德斯的重大进步的"理想"条件,但显然一些国家比其他国家距离上述标准要近许多。

沿着相近的思路,罗德里克(Rodrik,2005)发现了某种理想的似乎适用全球的"超级原则",无论历史、地理条件以及发展阶段如何。这些原则包括了以下事项的重要性:激励措施、产权保障、合同的执行和法治、竞争的力量、有力的预算约束、宏观经济和金融稳定(低通货膨胀、谨慎的监管和财政的可持续性),以及使激励失真最小化的有目标的再分配措施。

在很大程度上,这些"超级原则"是"非制度的",因为它们没有暗示有关恰当的制度安排的任何固定的思路。换言之,一个混合经济可以有许多可能的模型,而在实践中,我们观察到的世界上的资本主义市场经济展现了"多样化的制度安排"。每一个资本主义体系都包含公共和私人制度的合成体,并且正如"新比较经济学"承认,欧洲、日本、东亚和美国的资本主义形式是不同的。然而,罗德里克认为,在每一种情况下都肯定有"维持市场的制度",他将其分成四类:

1. 创造市场的制度(产权和合同执行)；

2. 监管市场的制度(监管当局)；

3. 稳定市场的制度(货币、财政和金融当局)；

4. 市场合法化的制度(民主和社会保护)。

在这种体系之下,罗德里克总结道,"在好的制度所发挥的**作用**和其**形式**之间没有唯一的关联"。在符合广义"超级原则"的前提下,"制度多样化"仍有很大的展示空间(见Snowdon,2002d)。

根据以上的讨论,许多发展中经济和转型经济还有很长的路要走,直到它们有659

望将其经济转型为能使生活水准持续改善的体系。如果没有显著的方向改变,生活在像朝鲜那样的国家里的公民还抱有什么希望? 因此,尽管增长理论和经验研究显示了穷国有巨大的追赶和趋同的潜力,但是在政治的、法律的和监管的体系不健全的国家里,这些优势将不会对增长产生积极的结果。研究还表明,经济增长并不在整体上有利于社会最贫困的人群,所以任何声称关心穷人的人应该支持"提升增长的政策——好的法治、财政节律以及国际贸易开放"(Dollar and Kraay, 2002b)。

当我们步入新千年,世界上越来越多国家实行自由的民主政体(Barro,1997; World Bank,1997)。福山(Fukuyama,1989,1992)认为,这种"全球的自由革命"是否构成"人类意识形态演变的终点"有待争论。亨廷顿提出了一个更为悲观的情景,他的引起争议的观点是:基于文化-宗教分歧的"文明的碰撞"将成为 21 世纪的特征(Huntington,1996)! 然而,如果日益扩大的民主化趋势在继续,并且亨廷顿的悲观预言被证明是错误的,那么和平和"财富普及"的前景在 21 世纪会大大增加。研究表明,尽管一般而言民主国家同样有可能进行战争,并且更有可能普遍与独裁体制发生冲突,但是民主国家之间进行战争的可能也要小得多。与独裁体制相比,民主政府更加对其选民负责,并拥有更好的制度途径来管理和解决冲突(Lake,1992;Dixon,1994)。如果 21 世纪被证明比 20 世纪更加民主和和平,那么我们对全世界经济的增长和减少贫困的前景要乐观得多。正如米尼尔所言(Minier,1998),21 世纪的一个有用的标语是"自由、平等、友爱和繁荣"。在这样的世界里,"大时代的趋同"不是不可能的。

# 罗伯特·M.索洛

唐纳·科文尼

罗伯特·索洛于 1924 年生于纽约的布鲁克林。他分别于 1947 年、1949 年和 1951 年取得了哈佛大学的学士、硕士和博士学位。他以麻省理工学院（MIT）统计学助理教授（1950—1954 年）的身份开始了他的学术生涯，直到他成为该校的经济学助理教授（1954—1958 年）。后来，他历任该校的经济学教授（1958—1973 年）以及经济学资深教授（1973—1995 年）。自 1995 年之后，他成为麻省理工学院的经济学荣誉教授。

索洛教授最为知名之处是他在增长理论和资本理论方面所作的开创性研究以及他对新凯恩斯主义经济学的发展与捍卫。1987 年，他被授予诺贝尔经济学奖，"以表彰他对经济增长理论的贡献"。他最为知名的著作有：《线性规划与经济分析》(*Linear Programming and Economic Analysis*，McGraw-Hill, 1958)，与罗伯特·多夫曼(Robert Dorfman)和保罗·萨缪尔森合著；《资本理论与回报率》(*Capital Theory and the Rate of Return*，North-Holland, 1963)；《通货膨胀、失业和货币政策》(*Inflation, Unemployment and Moretary Policy*，MIT Press, 1998)，与约翰·泰勒合著；《增长理论：一项阐述》(第二版，*Growth Theory: An Exposition*，Oxford University, 2000)。他被广泛阅读的论文包括：《对经济增长理论的一次贡献》("A Contribution to the Theory of Economic Growth", *Quarterly Journal of Economics*, 1956)；《技术变革和总生产方程》("Technical Change and the Aggregate Production Function", *Review of Economics and Statistics*, 1957)；《反通货膨胀政策的解析性质》("Analytical Aspects of Anti-Inflation Policy", *American Economic Review*, 1960)，与保罗·萨缪尔森合著；《财政政策重要吗?》("Does Fiscal Policy Matter?", *Journal of Public Economics*, 1973)，与阿兰·布林德合著；《关于失业的理论》("On Theories of Unemployment", *American Economic Review*, 1980)。

我们于 1998 年 1 月 4 日在芝加哥采访了索洛教授，地点是他下榻的酒店房间。彼时，他正在参加美国经济学会的年会。下面，我们将呈现给大家的是那次采访的缩简版本,重点在于索洛教授关于经济增长的观点。此次采访的全部内容,包括索洛教授关于现代宏观经济学发展的观点,可见 Snowdon and Vane(1996b)。

## 背景信息

▲ 你最早于何时决定学习经济学?

噢,说来话长。我在 1940 年作为一名 16 岁的新生进入哈佛大学时,并没有打算学习经济学,我甚至不知道经济学是什么。那时,我想我或许能成为一名生物学家,但是事实证明我不擅长于此,所以我从普通社会科学专业开始学起。我学习了诸如基础经济学、心理学、社会学、人类学之类的课程。我对社会科学感兴趣的原因正是当时的社会环境。别忘了那是 1940 年,大萧条刚刚结束,而战争正好开始。两年以后,也就是 1942 年,我离开哈佛参了军,那时对我来说参军显得更重要。在 1945 年,我恢复了学业,并且对我曾经离别的女孩(自那以后她便一直是我的妻子了)说:“你主修经济学;它有趣吗?”当她作出肯定回答的时候,我决定试一试。那时,形势迫使我必须作出决定选择某个专业,因为我在 8 月份退伍,而 9 月份就要开学了。我仍然是一名本科生。不管怎样,最终结果不错。所以,我研究经济学的原因,一是我对时局的一般兴趣,即为什么在 20 世纪 30 年代和 40 年代社会运行出了问题;二是纯粹的孤注一掷,因为我必须在仓促中作出选择。

▲ 作为学生,哪位老师激发了你对经济学的兴趣?

主要是华西里·列昂惕夫,他在我参军之前就教了我一门课程。在那个时候,哈佛有一个导师制度,每一名主修经济学的学生都有一名院系成员分配给他,做他的导师。我们每周会面一次,这显然是模仿牛津和剑桥的制度。华西里是我的导师,我的确从他那里学习了经济学;他无疑是激发我对经济学产生兴趣的主要人物。在那个时候,除了他之外,唯一真正启发我的老师是迪克·古德温(Dick Goodwin),他在 1940—1941 年间教我基础经济学课程。我和他很合得来。战争结束以后,我回到学校,师从他学习了更多经济学课程。

▲ 哪一位经济学家对于你自己的研究方向产生了最大的影响?

自从我取得博士学位以来,保罗·萨缪尔森和吉姆·托宾——他们都是我的好朋友——研究经济学的方式是我曾经并且依然欣赏的。他们是我现在(当时我并没有觉察到)认为能够代表战后经济学研究新风格的人。经济学从一门带有人文色彩的学科变成一门建模的学科,我喜欢这种转变。对我来说,保罗·萨缪尔森

662

和吉姆·托宾正是这种新方法的典型人物。另一个我想提及的名字是劳埃德·梅茨勒(Lloyd Metzler)，我提他仅仅是根据他的文章而非个人关系。在我读了萨缪尔森的乘数-加速数论文(Samuelson，1939)之后，我阅读了梅茨勒的文章。梅茨勒关于存货周期的论文(Metzler，1941，1947)以及《财富、储蓄和利息率》(Metzler，1951)真是棒极了。我与劳埃德·梅茨勒不太熟，因为他那时去了芝加哥，并且之后得了严重的脑瘤。他得病之后就不再是真正的劳埃德·梅茨勒了。

## 经济增长

▲ 近年来对经济增长的全部课题的研究兴趣重新燃起，并且许多杰出的经济学家如罗伯特·巴罗和泽维尔·萨拉-伊-马丁认为经济增长是宏观经济学当中真正重要的部分(Barro and Sala-i-Martin，1995)。诺贝尔奖似乎对这个领域有所忽视，因此你是否预计这个相对的忽视将来会被纠正过来，既然大家已经知道增长对人类福利的重要性？

噢，我不想把它描述为一种相对的忽视。我认为那些看上去被忽视的事情实际上是另外一回事。诺贝尔经济学奖是在1969年开始设立的，不像物理或化学奖那样历史久远；如果你设这个奖的话，明显符合条件的人有一长串。因此，按顺序挑选是最自然不过的事了。也有例外。有些人不按顺序来；例如阿罗提早获了奖（当然他是应得的），但即便是他也是和那时已经上了年纪的约翰·希克斯一起获奖的。当1987年我获奖的时候，已经获奖的人没有生于我之后的，因此从某种意义上说获奖的顺序还是按照从老到小的顺序。我的看法是，如果增长理论、有关增长的经验分析和与之相关的各种思想继续受到欢迎，这个课题将吸引这个行业里最优秀的人才来研究。是的，这个领域当然将获得更多的奖项。顺便说一下，我不知道你是如何为阿瑟·刘易斯和特德·舒尔茨归类的，他们对经济发展感兴趣——特德·舒尔茨的方式与众不同——但是阿瑟·刘易斯贡献了著名的1954年论文《无限劳动供应下的经济发展》。所以，我不认为存在忽视问题；我想说在获奖的时间安排上是顺其自然的。很有可能会有更多的惊喜出现，而且出现的速度比过去更快，因为我们正在追赶当代人，追赶那些最近还在进行研究工作的经济学家。自从1987年之后，关于增长的研究工作真正爆发式地开展起来，因此在这个领域将有更多的奖项。

▲ 你的1956年和1957年论文显然已经对经济增长领域的研究方向产生了深

远的影响。你能告诉我们领你进入那个研究领域的主要影响因素是什么以及哪些影响因素导致了那些论文的诞生吗？

是的，我的确想过是什么领我进入那些研究的。我对增长问题产生兴趣有三个主要原因。第一，在50年代早期，每个人都对经济发展感兴趣，显而易见的理由是当时世界上大多数人口生活在贫穷的经济中。我对经济发展的兴趣是被动的，我从来没有主动地——以一种研究的方式——对欠发达国家发生的事情感兴趣。但是我必须思考发展问题并且我已经读过阿瑟·刘易斯的文章。我知道我不准备研究发展问题，但是发展问题的确让我对有关经济增长的一般领域产生了兴趣。接着，保罗·萨缪尔森和我开始进行一些思考，这些思考后来发展成为《线性规划与经济分析》这本书。这是第二个因素。在做这项研究的过程中，我们考虑了冯·诺依曼和拉姆齐模型。于是，从最优化和线性规划这一端出发，以及在考察运用规划理论来处理跨期最优化这一思想的过程中，我也对增长问题有了兴趣。第三个影响来自我对哈罗德和多马作品的阅读；但是我猜想，我对他们的思想的反应和其他经济学家稍有不同。我对他们的模型存有疑惑，其原因我已经在一些场合解释过了。我发现，如果世界按照他们的模型预示的方式运行，那么资本主义世界的历史要比实际情况更加古怪。如果哈罗德-多马模型是一个好的长期宏观模型，那么在我看来就很难解释经济波动是如何受到平抑，你又是如何能画出一条趋势线并且观察到波动围绕着趋势线发生，并且那些波动又是如何保持在趋势线上下3%—4%的范围内的——除了少数几次严重萧条之外。我想一定存在一种为增长建立模型的方式，它不具有哈罗德-多马模型的那种极为不确定的特性。那些便是引导我写出1956年论文的影响因素。

▲ 你在回答中提到了阿瑟·刘易斯。他的模型被描述为一种古典的模型，而不是新古典模型。你认为古典经济学家在有关经济增长问题上提出过任何重要、持久的见解吗？

当你说到古典经济学家时，你是指斯密、李嘉图和穆勒吗？

▲ 是的。

如果他们有所建树的话，那可不是我获得任何知识上的帮助的地方。这有几点原因。第一，我对经济思想史不太了解。我读过斯密、李嘉图和穆勒作品的简缩版本，但是我从来不敢说自己对古典经济学有深刻的认识。我回头看看是不是我遗漏了什么，但是我想说，除了穆勒作过有关稳态的论述，以及李嘉图在某种意义上是穆勒的继承者之外，我没有找到比模糊的思想更明确的东西。他们显然对长期感兴趣,但那不管用。回报递减与稳态的关系,尤其在穆勒作品当中,显然与我在 50 年代中期所做的工作有些关系。那令我受益匪浅。但另一方面,明显处于负面的事情是,在工业革命的过程中,早期的李嘉图和晚期的穆勒在思考长期问题,但有关增长可以通过技术改进而维持的观念似乎没有严肃地出现在他们头脑中。

▲ 你的 1956 年论文立刻被出版界接受了吗?

是的。我能精确地说出我何时开始做这项工作的。那是在 1955 年。我把论文寄给了《经济学季刊》,他们立刻接受了它。写论文对我来说很艰苦。所以在我整个的学生生涯里,只有当我觉得真的想说些什么的时候,或者当我必须为某个纪念文集或类似的东西写点文章的时候,我才动笔。但是那些出于我的自由意志而写出的文章通常很严谨,否则的话就不值得努力去写了,因为我实在不是一个喜欢写作的人。

▲ 前面你提到了人们对于发展经济学的兴趣的增长,而发展经济学作为一项研究领域是在 50 年代兴起的。为什么发展经济学在这个期间作为与增长理论分离的一个经济学分支出现?

它为什么那样发生?噢,我想提出一个看法,但它不是我原创的。我猜这个看法最初来自麻省理工学院的保罗·克鲁格曼。整体而言,在这一行里,对经济发展感兴趣的学者的个性类型不是建模者类型。他们是数据的收集者和从粗糙的经验数据中总结一般性规律的人,例如西蒙·库兹涅茨;或者像特德·舒尔茨这类人,真正深入研究欠发达的农业地区;或者是对历史和落后现象本身感兴趣的人。那种气质类型不适合做建模工作。最优秀的增长理论不建立模型是不行的。所以,即使是我先前提到的阿瑟·刘易斯,也将其 1954 年论文视为其《经济增长理论》(Lewis,1955)一书的附带创作。对经济增长理论感兴趣的人是喜欢建立模型的人。

▲ 我们刚才提到詹姆斯·托宾,他在 1993 年说过,经济学中真正好的论文总是包含着惊喜。当发现恒定状态增长率是独立于储蓄率时,你是否感到惊讶?

噢,是的。我立刻写下了我的发现,并且想要出版它,尽管我不喜欢写论文。我想它真的令人吃惊。我真的没有预料到会有这个发现,还有,当我在做关于技术变革的 1957 年论文时,我一开始认为的答案与我后来的发现也不一样。我一开始以为增长的主要来源是资本积累,因为那是每个人都在说的东西,并且我作为学生已经听了一辈子了。那些都是真正的惊喜。

▲ 那篇 1957 年论文启发了大量有关增长核算的文献,诸如丹尼森、肯德里克、

665

乔根森、麦迪逊以及其他经济学家都对此作了贡献。在做了40年的研究工作之后，关于经济增长来源，我们已经知道些什么？

我想我们已经知道了很多。这不是和我们可能会知道的东西相比，而是和我们在其他宏观经济学领域已经学到的东西相比。技术变革或者说余值对增长的贡献比你想象的要多得多，对生产率增加的贡献比资本积累要大得多，这个概念已经确立起来了。在它还没有确立的地方——就像在 Young(1995)、Jong II Kim and Larry Lau(1994)、Sue Collins and Barry Bosworth(1996)对亚洲四小龙的研究中——你会感到非常有趣并且你实际上能学到很多东西(当然，假定它们都是正确的)。这些国家记录了令人吃惊的快速增长，但方式却和历史上的资本主义经济不同。资本积累和余值之间的那种根本差别被证明是非常具有信息价值的。我们还学到了人力资本的重要性，它和有形资本是有区别的，但是两者之间的相对重要性却还没有确定。你还会发现，那些看上去完美无瑕的经验论文却对人力资本的重要性得出了冲突的结论，这取决于所考察的时期、所采用的模型以及其他因素，特别是"人力资本"是如何衡量的。我事后很高兴地知道，在我的1957年论文的一开头，我所说的所谓技术变革包括了许多诸如人力资本之类的东西，尽管当时我没有使用"人力资本"这个词。但是有关增长核算的研究——始于爱德华·丹尼森，并有后人继续下去——已经教会了我们许多有关增长性质的知识。我想说，当代先进工业经济之增长只有一小部分归功于自然资源的开发这一事实是非常有趣的，并且这个结论也是出自增长核算方法。

666

▲ 在1970年，你的著作《增长理论：一项阐述》第一版出版了。在这之后的16年里，宏观经济学家对于经济增长问题或者更加准确地说是增长理论的兴趣在相对减弱。为什么会发生这种情况？

我认为，之所以会发生这种情况，是因为学术界的思想被耗尽了；对任何一门学科，你不可能仅仅靠更深入探究现有的思想而保持兴趣。爱德华·丹尼森在这个时期仍然在写书，我读了他所有的著作并且十分欣赏。但是这里没有新的思想。保罗·罗默(Romer,1986)和鲍勃·卢卡斯(Lucas,1988)的贡献的价值——我不知道如何区分这两人的作用——在于他们通过带来新的思想而使人们对这个学科的兴趣重燃。经济学的任何一个分支的新思想总是能够吸引人们，并且我想化学也是这样。所以，这仅仅是学术上的回报递减的一个例子。1970年前后，我们的新思想就用完了。

▲ 在经济增长的研究兴趣的新阶段中，第一篇关于内生增长的论文是保罗·

罗默的《递增的回报与长期增长》（Romer,1986）。你认为是什么激发了这种新的研究？是不是出现在同一时期的有争议的趋同课题引起的？我们知道,阿布拉莫维茨（Abramovitz,1986）和鲍莫尔（Baumol,1986）对趋同课题作出了贡献。

噢,这个问题你还是去问卢卡斯和罗默吧。

▲ 好的,我们将在明天采访保罗·罗默的时候问他这个问题。

我想说的是,仅仅从通过阅读他们的论文而获得的第二手证据中看,趋同课题对鲍勃·卢卡斯比对保罗·罗默更是一种激发因素。它也许也影响了保罗·罗默,但我不记得在他的1986年论文中有任何东西可以暗示这一点,尽管我有可能已经忘掉了。我倾向于认为保罗·罗默有了一种想法,发现这个想法很有意思,便沿着它进行下去。但是卢卡斯有更多迹象表明他受到了国际比较研究的启发。

▲ 你对趋同课题怎么看？你的1956年模型预言了有条件的趋同,并且这项预言似乎颇适用于某一组国家,即一个"趋同俱乐部"。但是还有其他一些贫穷国家没有显现出正在追赶富裕工业国家的迹象。

我对这个问题根本没有独立的看法。我读了这类文献,但不是全部,因为太多了。但是我读了足以发展自己观点的数量,情况大概就是这样。首先,我从心底里非常怀疑所有这些国际横断面研究。我读的时候,有时候觉得有趣,有时候不觉得有趣,但是在我大脑深处始终保留着一个疑问,就是我该不该相信它。我怀疑的根本原因是,它对反向的因果关系问题没有解决办法。随着越多的等式右边变量加入回归方程中,对我来说,这些变量看起来不仅像是原因而且更像是长期经济增长成功或者失败的结果。第二个怀疑的原因是,很久以前,我从在世界银行工作的罗斯·莱文那里获知,这些结果大部分不太可靠。如果你稍作改变,它们就不能成立。第三个怀疑的原因是,我不停地问自己,我真的相信在这样一个空间里——这个空间的轴线上刻有罗伯特·巴罗和他的同伴标记的所有东西——存在一个表面？我真的相信有这样的表面,并且这个表面上的国家或者各个点能够在原则上从一个地方转移到另一个地方,然后回到它们开始的地方,只要通过改变它们的政府形式或者或多或少搞些暗杀行动就可以实现？有一个微弱的声音说也许我相信,但我不会把赌注押在这样的表面的存在上。所以,我对那个研究方法表示怀疑。如果你把它看成一个纯粹的时间序列问题,这是丹尼·奎阿（Danny Quah,1993）的处理方式,如果你看一看有条件的趋同——并且有条件趋同是趋同问题的唯一有意义的版本——那么有关证据的确或多或少像是表明,增长与发展之间真的有所不同。是有一类国家,出于这样那样的原因在火车经过的时候没有搭上,并

667

且我倾向于把这个现象归结为这些国家缺少某种制度的基础设施，某种社会的基础设施，或者类似的随便什么东西。如果我非得抓阄决定我站在哪个阵营，我将支持趋同俱乐部。

▲ 增长问题研究兴趣复苏的另一个贡献因素是开始于60年代后期到70年代初期的所谓生产率放缓现象。你相信曾经发生过生产率放缓吗，如果有的话，可能的原因是什么？

是的，我相信曾经发生过生产率放缓。所有关于价格指数的争论在我看来似乎不能产生令人信服的理由来否认所观察到的一次生产率放缓。没有理由可以认为，如果你对1970年以前的价格指数作了同样的校正，你就不会对通货膨胀作出至少是同样的高估。所以，我认为发生了一次生产率放缓，我认为它具有国际特征，日本和美国的放缓程度是一样的；并且我认为，就任何人能够解释的情况而言，这次放缓至少一半以上的情况仍然是个谜。但是当我说"谜"的时候，我想我们应该区分"不可解释"一词（或者"谜"，就目前讨论的对象而言）的两个意义。当我说某件事是不可解释的或者是一个谜的时候，我可以指我不能够确定导致这个现象的具体原因。但"不可解释"也可以指这件事简直令人震惊！这种情况是如何发生的？我想，"生产率放缓是不可解释的"，仅仅是指这两种意义的第一种。增长经济学当中没有任何一个片段——不论是理论的还是经验的——说过余值的增长率是一个常量，它不可以在不同时期有所变化。我们通过通常的向后推论的方法知道，生产率永远不可能以每年1%—2%的速度增长，否则奥利弗·克伦威尔会感到毛骨悚然。顺便说一句，这涉及一个重要的分析问题。当我在我的50年代作品中说到我把技术变革当作外生的变量时，这并不意味着我在当时真的相信它没有内部的经济原因。同样就在这些论文中，我总是将人口增长当作外生的变量，但是我了解马尔萨斯，经济发展和人口统计学形态之间明显有联系。通过说某件事是外生的，我想表达的意思是我不假装我理解这件事，关于这件事我没有什么值得说的东西，所以由于某种不可解释的原因，我也可以将技术变革当作给定的，这里"不可解释"是我前面提到的第一种意义。在任何有用的细节上，我不清楚技术变革的决定因素是什么。但是技术变革不是不可解释的（在第二种意义上）。获知生产率增长在1973年之后比1973年之前要慢，我没有感到吃惊；如果情况反过来，我也不会吃惊。

▲ 如果我们从一个更长期的角度来看，从大约100年前开始算起，恐怕更大的困惑是从战后到70年代这段时期超过长期趋势的生产率表现。

正是如此。我的确相信那一点。这是一个对我来说有意义的假说;我甚至能讲述一个有意义的故事来解释它。但是请记住,我是在,可以说,用一个自由度来估算一个参数,所以没有真正的检验可以去做。我告诉我自己的故事如下:从1930年到大约1947年,一定数量的技术变革和其他生产性知识的改进正在发生,但不能被整合到实际的经济中,首先是因为大萧条,其次是因为战争。所以,从大约1950年开始,世界拥有20年的技术改进的积蓄可以整合到实践中去。在1950年之后,这个情况开始发生了。这个故事似乎很完美。但我不相信检验这个假说是有可能的,因为没有东西可与之相比较。

▲ 有没有任何强的理论的或经验的理由可以相信低于10％的温和的通货膨胀对经济增长有任何显著的不利影响?

我不熟知有关这个主题的所有文献。但是我所掌握的情况是,至少从经验上说,证据显示快速的通货膨胀无条件地有害于经济增长,但是相对低一些的通货膨胀,甚至或许平均每年10％的通货膨胀,与经济表现之间没有显而易见的相关性。我不敢说理论确保这个观点成立,但是我能很容易地想见,理论和这个观点很契合。

▲ 内生增长理论的现代阶段已经陪伴我们超过十年了。你认为什么是这个研究项目最重要的发展或见解? 我们学到了什么有用的东西没有?

比我曾经希望的要少。我自己的观点(现在我认为保罗·罗默也同意)是早期的发展——所谓的 AK 模型只相当于说让我们假定可积累的(人力的和实物的)生产要素集合的回报正好是固定不变的——所有这些都没有什么用,因为它不是健全的理论。增长能以那种方式发生的可能性很小。如果你采纳了 AK 模型,那么世上最简单的事莫过于说:我能向你说明对资本品的减税将如何提高增长率,或者我能向你说明使休闲生活变得不那么有吸引力将如何提高增长率。但是那种东西是无用的并且不会提供实际的见解,因为它完全依据一种线性关系,而线性关系是不太可能真实的。但是然后,当你开始询问是什么**真正**决定技术知识的积累,如何才能为人力资本建立模型,那时你才开始进入真正有趣的课题。那才是所有那些文献令我喜欢的地方。

▲ 目前涉及所谓亚洲四小龙经济的危机正在成为大新闻。它们过去的成功已经被发现与出口表现(当然还有其他因素)有关。你怎么看待外贸和增长之间的关系? 东亚增长"奇迹"是由出口引导的吗?

噢,我对贸易和增长的关系不太确定。从经验上讲,似乎有一定的关系。我有许多朋友已经对这个问题做过经验的研究,尽管他们的结果不尽相同,并且有的人最后两手空空,但是似乎贸易开放有利于经济表现。有点不太清楚的是,至少就我所读过的文献而言,那种关系的来源是什么。需要在那些产生增长效果的因素与那些产生水平效果的因素之间作出非常重要的区分。把指数式增长想象成半对数图纸上的一种线性趋势。你可以问:是否有一些力量能够影响一国的趋势线并且能不改变其斜率而使之上移,即产生水平效果(大体上平行的移动趋势线)?显然,任何提高经济效率的东西都能做到这一点。所以,提高经济效率的贸易几乎肯定能做到这一点。如果你要找的是将改变趋势线斜率(增长率)的东西,那么从贸易中获得的纯粹效率好处不能做到这一点(除非是暂时的,而在一个很长时期内是做不到的)。看待贸易对长期增长率的作用的唯一有意义的方式,不是看这个国家是否由出口引导,而是看这个国家是否与世界其他地方保持联系。

▲ 所以增长的重要因素是一个经济的开放程度?

是的,就一般而言是开放程度。特别地说,是一个经济从世界其他地方获得新技术和新思想的意愿和能力。我完全清楚,贸易对效率和产出水平的积极作用会发生,并且那些喜欢由出口引导的增长方式而不是进口替代的国家将自己融入了世界经济中去并且学到了东西。有些东西是通过技术移植学到的,有些东西是通过国外直接投资和跨国公司学到的。但是是否存在由贸易引起长期增长率的真正改变的案例,我认为是非常不确定的。我能轻易地想象一个国家因为贸易而从不发达的停滞经济中解脱出来并登上增长的列车。这是我能很容易地看到的。但是,如果一个国家的增长率已经和经合组织国家差不多,它是否还能通过开放或者贸易而在长达数十年的时期里提高它的增长率,这对我来说似乎是尚未证明的。

▲ 在《经济增长杂志》1996 年第一期中,罗伯特·巴罗、艾尔波托·艾莱斯那及其他一些人发表了一些关于民主与经济增长之间关系以及政治不稳定与经济增长之间关系的有意思的文章。例如,巴罗认为帮助穷国的最好方式是将我们的经济体系出口给它们,并且如果这样做的结果是它们的经济改善了,它们将倾向于变得更加民主。换言之,经济改革通过促进经济增长,将最终导致当今贫穷国家出现更加民主的结局。你有没有看过这类文献并且在这些问题上形成自己的观点?

对我这个小老头而言,这涉及的问题太大了。但是我对那些文献的反应一直是这样的:如果你将以民主为组织原则的国家和实行相当严酷的寡头政治的国家作比较,我可以轻易地看见,民主的经济将赢得更多创业行为,而不民主国家的寡头统治者会很快卸下他们鼓励创业的伪装——他们曾经假装鼓励创业,是为了获得美酒声色或者其他什么东西。还有一个问题是,你是否能够在一个严酷的威权体制下运作一个现代经济,或者威权政治和现代经济是否兼容。在中国即将发生的事情将是这种两难境地的大例子。我能理解这种类型的不同①。但是如果你能给那些准民主的国家在0到1的范围内打分,在民主的刻度上从0.5走到0.6能在增长率或者甚至产出水平上让你感到大的或者可觉察的区别,这个想法似乎不太现实。

▲ 绿色和平组织和环境保护主义者总是在警告每一个人,经济增长的成本将最终超过好处。你是否担心过增长对环境造成的后果? 这个世界能使中国、南亚、非洲和拉丁美洲长期维持如同经合组织国家那样的人均产出水平吗?

是的,我首先担心迅速的人口增长将开始侵蚀生产率改善的可能性以及环境。再者,我的一个儿子对这些问题有着专业的兴趣;他喜欢说中国是用煤做的,中国就是一个大煤矿。现在如果他们仅通过烧煤而发展,尽管这样做或许对我们通常意义的GDP的增长率不会有什么影响,但是对于某种大体上与GDP对应的福利指标则肯定大有影响。是的,我当然担心这些事情。我担心这些问题超过我担心资源枯竭问题,仅仅是因为我们似乎离资源枯竭还很遥远。另外,我认为经济增长和环境之间的关系问题,粗略地说,可能可以归结为一场技术和污染的赛跑。我们对这个问题的可能后果不太了解,可能也无法对它有很多了解。对这些问题盲目乐观是愚蠢的,但是同样愚蠢的是,相信我们对用技术手段克服资源的局限已经黔驴技穷了。

▲ 你目前在研究哪类问题?

噢,不太多。正如你已经注意到的,我马上就要到74岁了并且在到处旅行。此刻,我没有一份长的正在进行中的研究日程表,尽管我很希望回到工作中,如果可能的话。我仍然想做宏观经济学的研究。我想深入研究的主要课题是:如果认真对待不完全竞争问题,宏观经济学会是个什么样子。弗兰克·哈恩和我写了一本基本上不值一读的书(Hahn and Solow, 1995),这本书在几年前出版了。书中,我们企图勾勒出一个认真对待不完全竞争的宏观模型的轮廓,同时这个模型可能还要认真对待回报递增问题,因为规模回报递增是竞争为什么不完全的一个标准理由。我们可能在那个特定章节做得还算不错,但是我们的模型还不够完善。尤

① 即民主与非民主对增长率产生不同的影响。

其是这个模型还没有发展到这样的地步:你可以合理地询问主要参数的合适值是多少,如果这个模型差不多是为美国、英国和德国经济而设计的。我希望能回去进一步发展这个模型。我还有其他一些关于增长理论的思路,但那是另一回事了。

# 保罗·罗默

安妮·克努森

保罗·罗默于 1955 年生于科罗拉多州丹佛。他分别于 1977 年和 1983 年获 673 得芝加哥大学的数学学士学位和博士学位。他过去的主要职务包括:罗切斯特大学助理教授(1982—1988 年)、芝加哥大学教授(1988—1990 年)、加州大学伯克利分校教授。自 1996 年以来,他一直是斯坦福大学商学研究生院的教授。

罗默教授最为知名之处是他对于经济增长领域的有影响力的贡献,这种贡献已经导致了经济增长分析的复兴,特别是外生增长模型的发展。外生增长模型突显了观念在推动经济增长过程中的重要性。他被广泛阅读的论文包括:《递增的回报和长期增长》("Increasing Returns and Long-Run Growth", *Journal of Political Economy*, 1986)、《基于递增的回报(由专业化导致的)的增长》("Growth Based on Increasing Returns Due to Specialization", *American Economic Review*, 1987)、《外生的技术变革》("Endogenous Technological Change", *Journal of Political Economy*, 1990)、《经济发展中的观念差距和工具差距》("Idea Gaps and Object Gaps in Economic Development", *Journal of Monetary Economics*, 1993)、《外生的增长之起源》("The Origins of Endogenous Growth", *Journal of Economic Perspectives*, 1994)、《为什么真的是美国? 现代经济增长的理论、历史和起源》("Why, Indeed, in America? Theory, History, and the Origins of Modern Economic Growth", *American Economic Review*, 1996)。

我们于 1998 年 1 月 5 日在芝加哥对罗默教授进行了采访,地点是他下榻的酒 674 店房间,当时他正在参加美国经济学会的年会。

## 背景信息

▲ 您于何地以及何时开始学习经济学?

在芝加哥大学,我主修数学和物理学。在高年级的时候,我第一次参加了经济学课程,因为我当时计划加入法学院。我在班里学得不错,于是教授鼓励我进研究生院学习经济学。经济学对我的智力吸引力有些部分等同于物理学——它运用简单的数学模型去理解世界如何运作——并且与物理学不同,它是一个我能从中获得实际工作机会的学术研究领域。

从某些方面讲,留在芝加哥大学是有吸引力的,因为它有一个非常出色的经济学系,但是我已经在那里待了四年。尽管我几乎没有受过芝加哥经济学的训练,但我还是不认为在一个地方度过我所有的学生生涯是个好主意,所以我开始在麻省理工学院攻读博士学位。在那里,我遇见了我的妻子,她从加拿大的皇后大学过来做一年的访问学者。在麻省理工待了两年之后,我们回到了皇后大学以完成她最后一年的医学学业。那便是我开始研究增长问题的时间。在那一年末,我转到了芝加哥完成我的博士学位,我的妻子也获得了一个伴读的职位随我来到芝加哥。1982年我结束了博士课程并加入就业市场——我的论文实际完成于1983年,因为我花了一年时间来修饰它。

▲ 作为学生,你发现你的老师当中谁特别有影响力或者有启发力?

噢,山姆·佩尔茨曼(Sam Peltzman)是那个鼓励我从法律专业转入经济学专业的教授。我不敢想象我的生活会怎样,如果他没有在中途找我谈话并且我上了法学院。这是我想要记在脑海里的一个情节——教授可以是非常有影响的,对学生们的一点关心可以使他们的生活发生很大改变。

除了把我的生活从法学中拯救出来,山姆还是一名优秀的教师。他第一个告诉我可以用很简单的工具——需求曲线或者无差异曲线——来获得关于世界如何运作的令人吃惊的见解。除了山姆,我还要提及我的其他一些非常好的老师。唐纳德·迈克劳斯基(Donald McCloskey),现在叫戴尔德丽·迈克劳斯基(Deirdre McCloskey),是在经济学方面影响我的第二个人。唐纳德和山姆一样,对经济学非常认真。他们两人给了我非常棒的入门教学。我还应该提一下,在芝加哥大学,学校没有一门叫"原理"的课程,这个兑水的和令头脑迟钝的介绍性课程是绝大多数大学提供的第一门经济学课程。在芝加哥,他们直接从中级微观经济学层次开始教起。所以,我从一开始就拥有有挑战性的且在知识上连贯的教材以及一流的老师,这让我受益匪浅。我是非常幸运的。

后来当我回到芝加哥,在研究生院里,鲍勃·卢卡斯和乔斯·沙因可曼(Jose Scheinkman)对我的风格以及我看待世界的方式有很大的影响。他们设定了严谨的标准——不允许学术马虎——这是我以后一直追求的。但是,可能我的研究生

675

现代宏观经济学:起源、发展和现状

时代最好的一年是在皇后大学度过的那一年,因为我在那里与院系老师们有大量的交流互动。通常,你作为学生真的没有那么多时间坐下来像同事那样与院系教师交谈。在那年,我与之深入交谈的人中的一些——拉塞尔·戴维森(Russell Davidson)和詹姆斯·麦金农(James McKinnon)——是了不起的经济学家并且对我职业生涯产生了很大影响。

## 宏观经济学的发展

▲你认为,有没有什么特别的论文或书籍对宏观经济学的发展产生了重大影响?

对我来说,这个问题太宽泛了。我能列出所有通常的候选人,例如像凯恩斯这样的人。如果让我来描述对我自己的工作产生影响的那些著作,可能更合适些。

▲请告诉我们对你自己的研究兴趣产生影响的事物。

鲍勃·卢卡斯给宏观经济学带来了一种风格,大大影响了整整一代人,包括我自己。有几篇论文可以为这种风格作例证。一是他在 1972 年《经济理论杂志》上的论文《预期与货币中性》。另一篇是他在 1978 年《计量经济学》上的论文《交换经济中的资产价格》。但他在 1971 年《计量经济学》上的论文《在不确定下的投资》(与爱德华·普雷斯科特合著)可能是最好的例子,因为这篇文章真的将一种关联推向了学术最前沿并且被经济学家们所明确,这种关联便是我们在宏观经济学中所做的工作与我们这个职业其余的人在一般均衡理论领域中一直从事的研究之间的联系。在那篇论文里,卢卡斯和普雷斯科特使用了解决最优化问题与均衡之间的关联,这成为现代宏观经济学中的一个相当有力的工具。那篇 1971 年论文建立在诸如卡斯(Cass,1965)和库普曼斯(Koopmans,1965)等人工作的基础之上,这些人一直在研究增长理论,并且这种概括动态均衡的基本方法可以一直被追溯到弗兰克·拉姆齐的论文(Ramsey,1928)。然而,卢卡斯和普雷斯科特将这种方法更深入地带到了宏观经济学的核心。如果说宏观模型师发展了并且宏观教科书作者呈现了你随处可见的投资理论,那么这篇论文就像黑夜中的一道闪电,瞬间指明了你在一个更加广袤的地域中的方位。

▲你提到了鲍勃·卢卡斯所做工作的影响。你认为他的工作,特别是他在 70 年代所从事并因此获得诺贝尔奖的研究工作,所产生的持续影响是什么?

我认为卢卡斯的贡献更深地影响了这个职业的方法论。他采取了一般均衡理

676

论并使之具有可操作性,以至于宏观经济学家能计算和概括整个经济的行为。就像佩尔茨曼和迈克劳斯基看重中级微观经济学,卢卡斯看重一般均衡理论。许多以研究一般均衡理论为生的人似乎并不真的相信他们所从事的工作。他们给人的印象是这是一种数学游戏。研究贸易与增长的经济学家向我们说明了我们如何能够使用一般均衡理论,但是他们并未准备将动态学和不确定带入分析中去。首先是研究金融的经济学家,然后是宏观经济学家认真对待了一般均衡理论,并向经济学家说明了包含不确定性的和充分具体化的动态模型对世界有实际的意义。方法论的转变的一个重要的结果是,对预期的作用有了更多的关注和更深的理解。但是,这只是更深刻的方法论创新的一部分。你从教科书里仍然不会知道这些来龙去脉,但是对于专业的研究者来说,最后变得清楚的是,你不能用一个大的供给曲线和一个大的需求曲线来看待总量经济。

这场思想革命的具有讽刺性的地方之一是对它的发生最具贡献的两个人——卢卡斯和罗伯特·索洛——最后对这个方法论的宏观经济政策重要结论产生了分歧。索洛的工作还对我们这个职业产生了巨大的影响,将我们推往同一个方向。他的有关增长的研究还说服了经济学家认真对待简单的一般均衡模型。许多人认识到卢卡斯和索洛在宏观政策问题上的不同,但是未能认识到他们的工作在方法论层面有很强的互补性。如果琼·罗宾逊获得胜利并将生产方程的概念从专业文章中剔除出去,那么卢卡斯和普雷斯科特恐怕永远没有机会写下《在不确定下的投资》。

▲ 在 80 年代,关于总量波动的实际经济周期研究方法与新的增长理论一同发展起来。你如何看待那项工作,特别是怎么看待它在试图融合波动分析和增长分析时所采用的方式?

677 　　经济学的许多进展仍然出自新工具的建立,这些新工具帮助我们理解非常复杂的体系。作为一门形式的或者说数学的科学,经济学仍然非常年轻。你可以说它仍处在青春期的早期。记住,当爱因斯坦发展物理学中的一般相对论的时候,经济学家们还正在用模糊的词汇和粗糙的图表来互相交谈。

为了考察实际经济周期理论适用于何处,你不仅要看这个理论的要旨和结论,还要看它如何影响了我前面谈到的方法论的轨道。你可以想象一般均衡模型——即关于整体经济的模型的一个等级体系。在最顶端,你有帕累托最优的完全竞争模型,以至于你能解决最大化问题并且立即计算出经济的行为。然后,在接下来的一个层面,你有好几个具有特定类型不完全——外部效应、税收、名义货币或者某种类型的非凸性——的模型。在许多情况下,你能找到办法运用一些相同的最大化工具来研究这些动态模型,即使它们的均衡并非帕累托最优。这就是卢卡斯在他的1972年论文《预期与货币中性》中所用的方法。从形式上讲,它就像那个模型里的一个外部效应。它也是我在我的第一篇关于增长的论文中所用的方法。

实际经济周期论者在试图简化总量经济分析方面比卢卡斯和我所做的更进了一步。他们说:"我们可以凭纯粹的完全竞争和纯粹的帕累托最优一直走下去。我们甚至能用这个方式为经济周期设计模型。这样做大大简化了分析并且我们能在这样做的同时学到许多东西。"我个人的观点——并且逐渐成为许多从事同样工作的人,比如鲍勃·金的观点——是在一个相当大的程度上实际经济周期理论简化得太多了。它排除了许多你需要用来理解经济周期的要素。这并不是说一开始的工作做得不好。它只是意味着,我们现在准备进入下一个阶段,并且将诸如先决名义价格之类的东西取回来。从方法论上讲,这项工作帮助我们提炼我们的工具,所以当我们把先决价格放回到模型里时,我们将更好地理解它们。

通过看似后退一步,我们在经济学上经常取得进步。我们假定排除那些人们一直以模糊的和混乱的方式从事的实际问题,剥离事物的外延只剩下它们最基本的核心部分,并且运用某种新的工具来更好地处理这些核心部分。然后,我们重新考虑复杂性。这就是索洛当时正在做的事情,也是让罗宾逊疯狂的事情——他当时用一个总生产方程来为一个经济的生产结构设计模型。接着,我们重新考虑许多这样的复杂性——不可逆的投资、有限的事后替代可能性等等——把它们放回到模型中去。实际经济周期理论家做的是同样的事情,并且在简化阶段,他们还让人们发狂。

## 经济增长

▲ 在卢卡斯的论文《论经济发展的力学》(Lucas,1988)中评论道,一旦你开始思考增长问题,你很难再想其他事情。在他们的教科书《经济增长》的引言部分,罗伯特·巴罗和泽维尔·萨拉-伊-马丁认为,经济增长是经济学中真正重要的部分(Barro and Sala-i-Martin,1995)。按照这些非常有影响力的宏观经济学家的说法,你是否认为,回顾过去,经济学家在试图理解经济周期上花费了太多的时间?

你说的基本正确。记得我们在两次世界大战之间经历了宏观经济大灾难。这些萧条足够抵消30—40年的增长。在这个时期长大的经济学家当然会多考虑除长期增长以外的问题。他们自然地关心如何避免那样的灾难。

所以，我不认为你可以作出这样的论断：从某种绝对意义上说，关注增长比关注稳定更重要。我认为正确的是，我们现在知道了如何才能避免我们看见的发生在 20 年代的英国和 30 年代的美国的那种灾难性的事件。那些都是在货币政策方面犯下的重大错误，现在我们知道如何避免了。我们还知道如何避免发生于两次世界大战之间的那种破坏性的恶性通货膨胀。近期，我们甚至已经发展了更好的货币规则来避免发生于 70 年代的破坏性小一些的但仍需要付出相当代价的通货膨胀。一旦你学会了如何避免这些类型的问题，增长便突出地成为日程表上剩下的最重要的问题。

我相信在 60 年代和 70 年代的一段时期，宏观经济学家花费过多的时间去关注经济周期——那些战后时期特征性的较小的周期和波动——而关注增长的时间太少。我们应该继续研究稳定政策，但是我们也应该研究长期增长的决定因素。在两者之间调整以取得平衡是我整个职业生涯一直在做的事情。

当我在教授学生的时候，我非常努力地使他们正确达到这样的平衡。我给他们做了一个比喻，好比有一个为参加一场马拉松比赛而努力训练的长跑选手。问增长是否比稳定更重要就像是问当这个选手开始流血的时候训练是否比给他绑上绷带更重要。在某种意义上，训练和跑步技术的确是赢得比赛的关键。但是如果这个选手快要失血而死，还在教他怎么做更好的动作就相当愚蠢了。

但是现在，当我们考察当前这个职业的智力资源分配的时候，我们处境是这样的：我们能在哪一方面更多地学习如何做较小的调整，是在经济周期幅度方面还是在长期增长率方面。面对这样的权衡，很明显，在长期增长率上稍加提高能够对生活质量产生更加深远的影响，并且对这个领域的研究一直偏少。

回顾过去，经济学家回避增长问题的原因之一是我们的工具还没有足够好地发展起来。关于无限时域最大化问题（infinite horizon maximization problem）、横截性条件（transversality conditions）、刀口行为（knife edge behavior）以及爆发式增长（explosive growth）之解决方案的存在这样的纯粹技术的或数学的课题阻碍了经济学家对长期增长提出恰当的有意义的问题。现在我们有了更好的工具，我们能够把那些课题放在一边从而在有意义的问题上有所进步。

▲ 古典经济学家非常关心长期的问题比如增长。你是否通过回顾古典经济学家的作品和其他早期的关于增长的著作而为你的工作获得灵感？

在阅读亚当·斯密和艾尔弗雷德·马歇尔时，我的确花了点时间从中寻找灵感。例如,我读了阿林·杨(Allyn Young)的 1928 年论文,这篇论文建立在马歇尔的研究基础之上。我想它刊登在和拉姆齐的论文同一期的《经济学杂志》上。所以,有一个时期,我花了几年时间试图寻找杨和斯密的说法以及我想说的东西之间的联系。这项工作我做了一段时间并且从中感到乐趣,接着我便停了下来。我不肯定我能否将它称为一种年轻人的研究策略,但是它可以是有趣的并且有指导意义。

当我开始进行增长的研究时,我几乎没有读过之前的有关文章。我基本上是从一张白纸开始的,并且只有在后来才回头去看看其他人曾经说了什么。我认为在很多情况下这样做是正确的方式。如果你把注意力过多地放在祖先崇拜上,你会陷入其中并且失去从一个新视角看事情的机会。当然,在经济学中,你的前辈们还在周围,占据着这个行业的有利的职位,并且当有人跑过来并试图用新眼光看问题的时候,前辈们并不总是乐意的。

▲ 从 19 世纪 70 年代的边际主义革命到 20 世纪 50 年代中期的整个时期,经济学家主要在关注微观经济学的发展并在大萧条期间着手准备宏观经济学的诞生。然后经济增长的问题在 50 年代期间重新回到舞台。令人困惑的事情之一是,在这个时期,随着索洛于 1956、1957 年所作的贡献,增长理论取得重大进展,而同期发展经济学似乎作为一个完全独立的兴趣领域在演变。为什么这种分离现象会发生?

我可能听起来像一张破唱片,一遍遍地在重复我的意思,但是我还是要说这种分离是方法论导致的。研究增长的人用数学在谈话,而研究发展的人仍然用词汇在说话。他们分离得越来越远,因为他们不能相互理解。他们在所提出的重大问题上的差别小于他们在所选择的用以解决这些问题的工具上的差别。

▲ 是不是发展经济学家实际上更想要并且更需要说有关政策的事情?

有这么一回事。就像我曾谈及实际经济周期理论家的情况,有时候你得后退一步,做一些简化工作,然后才能在发展新模型方面取得进步。而在忙于努力提供政策建议的过程中,取得工具方面的进步是困难的。

如果你回头读一读斯密、马歇尔或者杨,你一定会吃惊于经济学这个专业所经历的令人难以置信的拧转式的转型:从一门纯粹的语言科学到成为一门纯粹的数学科学。记得和阿林·杨的论文同时出现的,甚至课题也相同的,是弗兰克·拉姆齐的论文。拉姆齐运用了像变分法这样的工具,这是物理学家已经用了数十年的工具。但是当时经济学家们运用基本的微积分仍有困难。雅各布·瓦伊纳需要

680

他的拟稿人的帮助才能正确理解长期与短期平均成本曲线的联系。如今,经济学家所用的数学和物理学家所用的数学一样复杂和正式。所以,我们在一个相对短的时期里完成了一次非常大的转型。随着我们学习如何运用数学工具,我们也作了某些舍弃。你可以想象一种生产可能性边界,其中一个轴是工具,另一个轴是结果。当你把努力逐渐往建立工具的方向引导,你在结果方面的收获会变少。所以研究发展的人会这样看待索洛,他们说:"在一个发展的世界里,你搞的那些东西对决策者而言没有什么可用的内容;你们这些家伙只是在数学的空间里浪费时间,而我们却在现实的世界里使事物发生改变。"作为回应,工具建设者应该作这样解释:结果与工具建设之间有跨期的权衡关系,由于工具的建设,我们能够在未来给出更好的政策建议。总体说来,对于整个经济学专业的正确立场是:我们赞同劳动分工;专门从事不同活动的人都能有所贡献;我们不企图强迫整个专业只做某一个分支的研究。理想的情况是,我们应该保持两个分支之间的畅通无阻。

▲ 让我们去看看罗伯特·索洛的贡献。你认为索洛增长模型的主要优缺点是什么? 有些经济学家比如格里高利·曼昆宁可修正索洛模型而不愿遵循内生增长的路线(Mankiw,1995)。

681　　　索洛模型的推出对经济学以及建模方面的进步作了几项重要的贡献。它作了一个非常重要的展示,即你能如何对待和应用一般均衡理论以及如何描述真实的世界。正如我前面说过的,索洛帮助说服我们,通过使用简单的函数形式并且简化假设条件,我们有办法为整个经济考虑均衡,并从中得出一些重要的结论。它是一种在风格上与阿罗和德布鲁的理论以及此二人同期进行的更为抽象的研究迥异的一般均衡理论。索洛和萨缪尔森不得不到处和人打恶意的口水仗,这次是与英国的剑桥,为的是给我们当中那些想使用生产方程概念的人一个安全的世界。

在重要的层面——我认为是你的问题所指的内容——索洛模型的优点是:在他的经验论文和理论论文里,他都明确地将技术加入分析中。他对技术、资本和劳动有明确的描述。如果你要考虑增长问题,这是你必须考虑的三大要素。这是好的一面。不好的一面是,由于受到现有工具箱的制约,他谈论技术的唯一方式是将它当成一件公共产品。那是索洛模型真正的弱点。有关内生增长理论的一切就是它对技术作了重新分类,不再把它当成一件公共产品,而是一件受制于私人控制的商品。它至少有一定程度的与其关联的可侵占性或可排他性,以至于动机对它的生产和使用来说是重要的。但是内生增长理论也保留了索洛提出的非竞争的观念。正如他认为,技术是一件非常特殊的不同于资本和劳动的商品,因为它可以被

　　　　　　　　　　　　　　现代宏观经济学:起源、发展和现状

一遍又一遍地利用,而边际成本为零。索洛理论是非常重要的第一步。接下来自然的第二步是将技术的公共产品特征化分解为更加丰富的特征化——一件部分可排他的非竞争的商品。要做到这一步,你不得不离开完全竞争并且这就是最近一轮增长理论已经做的事情。为了走出这一步,我们需要所有那些在 50 年代末至 80 年代之间发展起来的工具。

让我们把增长理论的另外一个流派,即所谓的内生增长的 AK 版本也纳入讨论中来。在这些模型里,技术就如同其他任何商品——我们或许可以给它加上另外一个标签,称之为人力资本或者我们可以把它称为一般化的资本——但是技术被看成与实物资本完全类似。我认为这种方法与索洛模型相比是严重的倒退。AK 模型没有索洛模型那么复杂,因为 AK 模型不承认技术是一种很另类的投入。正如我早些时候所认为的,我也不同意实际经济周期方法所说的"让我们从完全竞争出发来做所有的事情"。以前,你可能认为没有别的选择,但是这不再是正确的了。我们有完全适用的关于垄断竞争的动态一般均衡模型,并且如果它们反映了世界的重要特征,我们没有理由不去使用它们。

仍有一群人会说"让我们就把技术当作纯粹的私人商品并且保留完全竞争吧"。然后另一群经济学家比如曼昆会说,技术是不同的,但是我们可以把它当作纯粹的公共产品,就像索洛所做的那样。我认为这两种立场都不对。当技术的纯粹私人商品特征化和纯粹公共产品特征化都完全不正确的时候,就会产生惊人的重大政策问题。

▲ 你的早期研究,以你的 1986 年论文为代表,对回报递增的关注超过了对技术变革的决定因素的关注,是不是这样?

你得在那篇论文的字里行间看看在方法论层面上发生了什么,因为请记住,方法论的和形式的问题一直在支撑着所有东西。在我 1986 年的论文里,逻辑顺序是说,一旦你考虑增长,你得考虑技术。一旦你考虑技术,你得面临一个事实,即回报递增有一个固有的形式——用术语说就是非凸性。请注意这些全在索洛模型里。如果你看一下 $AF(K,L)$,你在所有相关的投入 $A$、$K$ 和 $L$ 中得到的回报递增。所以,在这一点上,索洛和我是一致的。你得把技术看成一项关键的投入,它与传统的投入有根本的不同。一旦这样想了,你便面临递增的回报或者非凸性。然后你得决定如何从一个方法论的视角给它设计模型。索洛说,把它当作一件公共产品。这有两种变体。一是技术是从天而降的并且只是时间的函数。二是政府可以公开地提供它。我认为在索洛头脑中二者兼而有之并且无所谓你特指哪一种。而我想要的是某种东西以一定的方式使得既存在某种递增的回报又存在某种私人的供应。我想反映出这样的事实：私人的个人和厂商投资于新技术的生产。所以在这个意义上，这篇论文很大程度上是关于技术变革的。为了容纳私人的供应，我使用了马歇尔的外部递增回报的概念。这让你描述一种价格接受条件下的均衡但仍允许你在模型里呈现非凸性。那是暂时的第一步。它是一种方法以反映如下事实：对技术有私人的控制，激励因素是重要的，并且背景是回报递增。1986年至1990年之间发生的事情是，我在努力地研究这个问题的数学模式，并且说服了自己，外部递增回报特征化也是不正确的——就像索洛的公共产品假设一样不正确。

只要你创建理论，你就会作出各种近似，你就会走捷径。你总是在权衡简化带来的收益和我们在描述世界方面的能力的损失。公共产品的近似是合理的第一步，但是我们需要继续努力并对它加以改进。外部递增回报的近似是某种形式的改进，但是后来的垄断竞争版本（Romer，1990）才是在简化和相关性之间作出的恰当的取舍。

▲ 自索洛的论文（Solow，1957）以来，出现了大量关于增长核算的文献。你认为这项研究的主要重大发现是什么？

这个领域已经取得的一般进展是，将所观察到的增长的原因小部分归于余值，而将大部分归于投入的积累。这些文献是以这样的方式开始的，即声明技术是极端重要的，因为它解释了增大的大部分。我们现在的观点是，技术本身并不能解释大部分的增长。最初，我们高估了它的重要性，那时我们声称技术变革本身解释了70%的增长。但是有人喜欢推倒这个观点并且说其实没有必要去理解技术，因为它对增长的贡献是如此之小。他们认为我们完全可以忽略它。这是没有前提的推理。它是不符合逻辑的。我们从索洛那里获知如下经得起时间考验的观察：即使投资于资本对增长有直接贡献，是技术导致了对资本的投资并且间接导致了全部增长。没有技术变革，增长将会停止。

▲ 当我们昨天与鲍勃·索洛交谈时，他解释了为什么他将技术作为外生的变量放在他的模型里。这只是他缺乏对技术变革原因的理解。

那是当你对付一个复杂的世界时的一个合理的临时的策略。

▲ 在过去的十年左右的时间里，大量的注意力被集中在所谓的趋同问题上。同时，随着你的第一篇重要的内生增长论文在1986年出版，摩西·阿布拉莫维茨和威廉·鲍莫尔也发表了论文，引起了人们对这种追赶和趋同争论的注意。这种争论继续吸引着人们的研究兴趣，例如，在近期的《经济视角杂志》中，兰特·普里

切特(1997 年夏)发表了一篇题为"大时代之分化"的文章。当我们前天和爱德华·普雷斯科特交谈时,他有理由相信趋同终将发生。这个重要的争论是否影响 684了你自己对增长的思考并且你对这个研究领域的看法是什么?

保持对事实的清醒是非常重要的。事实是,人们沿着时间水平线,比方说从1950 年到现在,所看到的数据显示出极少的整体趋同的证据。每个人都同意这一点,即使并不总是预先说出来。那些描述这种国家趋同倾向的人是这样说的:如果其他一切情况相同——如果你使所有相关的变量保持不变——那么将会出现国家趋同倾向。例如,罗伯特·巴罗研究的重要结果之一就是前面这种表述。这其实就是鲍莫尔所表达的以趋同俱乐部作为类比解释的一种更精确的表述。如果你看到几个国家的这些变量具有相同的数值,那么这些国家便有趋同的趋势。但背景情况是,朝着缩小人均收入离差方向的整体进步十分有限,这也是实情。普里切特所作的背景说明是有用的。如果你回头看1950 年以前的情况,必然有一段时间收入分化了不少——一些国家快速地走在前列而另一些国家则落在后面。同时,整体收入分布在一段时间也变宽了。更近一些时候,即在战后的年岁中,整体分布一直基本保持不变。

所以,为什么我们关心这个问题? 首先,你可能从一个人类福利的角度或者一个收入分配的角度关心它。在这个方面有某些悲观的理由——我们其实在过去三四十年里没有取得多少进步。你还可能因为你认为它或许能帮助你辨别不同的增长理论——哪些是正确的,哪些是错误的——而关心这个问题。许多人已经断言,这个有条件趋同的过程——其他一切条件相同,收入便会趋同——与一个纯粹索洛式模型是一致的,在这类模型里,知识是公共产品,所有的技术是公共产品。所以他们说,证据与技术的公共产品模型是一致的。这个表述是正确的,但是证据也与技术在其中是非公共产品的模型完全一致。根据这种解释即技术差距模型,国家之间技术的流动是推动趋同过程的因素。在这种解释下,你看到的趋同是技术的追赶,而不仅仅是在人均资本存量方面的追赶。而根据曼昆和其他一些人的解释,在索洛模型下,技术在世界所有地方已经是相同的了。它就像空中短波电台广播那样的一种公共产品,所以在这种模型下已经没有技术追赶的空间。仍使我感到迷惑不解的是,人们在面对技术流动重要性的直接证据时还在试图为这种模型辩护。他们当然会用有条件趋同的证据来支撑他们的立场。

所以我不认为关于趋同的论战已经帮助我们辨别不同的模型。于是我认为趋 685同争论所引起的大量关注已经被用错了地方。普雷斯科特的意见是他不认为我们将会看到持续的分化。我想他在这一点上可能是正确的。我个人认为国家之间的这些技术流动是我们已经看到的这个趋同大事件中的非常重要的力量。如果你去看像日本这样的国家,并想知道在它非常迅速地向世界领先国家趋同的背后是什么在推动,那么技术转移是这个过程的关键环节。向前看,我们有乐观的理由。如果我们能够让这些发展中国家建立正确的制度,那么同样的技术流动过程可能被释放出来,并且我们真的能看见世界范围收入不平等的某种缩小。如果你用国家来衡量,那么情况看起来要比用人口来衡量更糟一些。这是因为中国的追赶过程将使整体面貌发生巨大的改观。而且中国是说明公共产品模型错误之处的一个很好的例子。在改革时代之前,中国有着高储蓄率。在取得巨大成功的中国制造业部门里,现在最大的不同是技术通过国外直接投资而流入了中国——这些改革改变了国外企业在将技术带入中国并使其发挥作用时所面临的激励因素。

　　▲ 你是否读过像冈纳·米尔德尔(Myrdal,1957)和尼古拉斯·卡尔多(Kaldor,1970b)这样的经济学家的著作,他们倾向于否认新古典模型的均衡特性而赞成累积因果关系的作用? 在他们的模型里缺少趋同现象是不奇怪的。

　　这些作品使我产生兴趣的方式与阿林·杨使我产生兴趣的方式相同。我想知道我和他们的思维方式有多少共同之处。但坦率地说,当你回头去读那些纯粹用语句表达的经济学的时候,这很难判断。你一边读一边说,噢,他们说得很正确——这里可以用这个模型来说明他们的想法,这样做总是存在危险。因为你的阅读方式是宽容的,你忽略了一些模糊和混乱的地方。我曾经以这样的方式写过一篇文章就某一点问题阐释阿林·杨的论文,别人也可能对这个领域的其他经济学家做同样的事情。例如,由墨菲·施雷弗和维什尼所著的有重大推动作用的论文(Murphy, Shleifer and Vishny,1989a)就是对某些这类文献采用了这样的对待方法。所以正确的结论是,这些人是非常聪明的一群人,他们的确有一些很好的思想,但是他们的研究工具非常粗糙。我猜想我会将祖先崇拜这种研究策略描绘为一种非生产性策略。但是作为一项消费活动,这样做是有乐趣的。

686　　▲ 噢,我们想让你在祖先这个话题上再停留片刻。既然你的研究主要集中在技术变革的影响及其决定因素以及研发的重要性上,那么约瑟夫·熊彼特的著作是否曾经影响过你的思想?

　　没有,我可以诚实地说它没有影响过我。熊彼特创造了一些精彩的词汇如"创造性破坏",但是当我创建自己的模型时,我没有阅读任何熊彼特的文章。如我所说,我真是在一张白纸上设计出我的模型。老实说,在试图阅读熊彼特作品的时候,我发现它很难读。真不知道像熊彼特这样的家伙在说些什么。

▲ 太多的词语和太少的数学?

是的,而且词语通常是模糊的。

▲ 这个问题也是凯恩斯《通论》中的混乱以及对《通论》的各种对立的解释的来源。

是的,正确。保罗·克鲁格曼写了一篇不错的文章(Krugman,1994),谈论在发展经济学中有重大推动作用的思想。现在当你用数学来叙述这些思想(就像墨菲、施雷弗和维什尼所用的方式)的时候,你会看见这些思想可以被多么清楚地表达出来,并且你会奇怪为什么以前没有人这么做。我认为这种情况说明,如今的经济学家是思维和分析的数学模型大发展的受益者,并且我们现在看它容易是因为我们拥有这些工具来从事研究。在获得这些技术之前,用数学来表达真的是非常困难的。

▲ 让我们回到有关知识增长和技术变革的非竞争性和可排他性问题上去。你是如何在鼓励技术变革与使这些新思想和发现可被社会其他人所获得之间取得正确的平衡的? 这里,存在一个与专利权有关的权衡问题。

当然有这样的问题。这个问题的有趣之处在于它没有被解决。如果你认为传统的私人商品是可排他的并且是竞争性的,那么我们知道最好的制度是:强的产权和匿名市场。这是你所需要的全部东西。这是经济学家必须继续告诉其他人的一个非常重要的见解。如果人们懂得这一点,就不会对公路、污染和农业用水的收费有那么多的抵触。非经济学家在理解价格机制对竞争性商品的分配和生产是多么有效方面仍然是迟缓的。

但是当你说到非竞争性商品时,我们不知道合适的制度是什么。这是一个我认为非常有意思的领域,因为制度创新的空间还很大。一个策略是,当你允许专利权却又要缩小这种权利的范围并使其具有有限的存续期时,你要作出一个大致的取舍。你将允许部分的可排他性——比完全排他性要少,比零排他性要强。我们经常这么说,似乎它是通用的解决方案。但事实上,这不是通用的解决方案。你得根据非竞争性商品的类型而对这个问题进行分解。有一些非竞争性商品比如二次方程式或者纯粹数学运算法则传统上是没有被授予产权之类的东西。还有其他形式的非竞争性商品比如书籍。你将因为这本访谈录而得到一份版权,这是一种很强形式的保护。你写的内容和我的话——你可以取走它们并且给它们贴上版权的标签,这样其他人就不能再使用它们了。没有得到你的允许,我甚至不能再使用我

687

自己的话。我们需要做的是,对不同类型的非竞争性商品作更加细致的区分,还要分析为什么不同的制度结构和产权保护程度对不同种类的商品是合适的。

专利权或者正当产权只是故事的一部分。我们还创造了其他机制,比如对研发进行补贴。我们创造了整个大学制度,而大学一般是非营利性的并由政府来支持,用以试图鼓励思想的生产。对非竞争性商品制度的分析比许多人认为的要更加复杂微妙。

例如,我已经提出区分人力资本和思想是非常重要的——它们是不同类型的经济商品。人力资本就像是资本或土地。它是一件普通的私人商品。我同意加里·贝克尔对此的看法。我认为许多关于人力资本外部性的论断是错误的。尽管如此,当人们总结认为我们不应该对人力资本生产有任何政府补贴时,我并不同意。这是为什么呢?这是因为人力资本是生产思想的关键投入要素。如果你想鼓励思想的生产,一个途径就是资助思想本身。但另一个途径是资助那些进入思想生产过程的投入要素。在一个典型形式的次优分析中,你或许想引入一种额外的扭曲作用——对科学家和工程师进行补贴——来抵消另一种作用——新思想的社会回报高于私人回报这个事实。你创造了一个更大的科学家和工程师的资源库。这为任何想要雇用科学家和工程师的服务来生产新思想的人降低了这些人员的价格。

所以一般而言,理想的制度设计是一个未解决的问题。我们已经看到了在过去100年里所做的许多试验。我已经作出断言,在未来100年里将要取得真正成功的经济将会是那些设计出最好的制度以同时完成新思想的生产和广泛应用的经济。我们将会看到新的社会的或者制度的机制将被建立起来以鼓励新思想,对此我相当有信心。

688 　　▲ 在最近几年,对经济增长的研究已经延伸到了大量其他有趣的领域。例如艾尔波托·艾莱斯那和丹尼·罗德里克(Rodrik,1994)已经探索了不平等与增长之间的关系。罗伯特·巴罗、艾尔波托·艾莱斯那及其他一些人已经探索了民主、政治稳定和增长之间的关系。你怎么看待这些工作? 如果出口我们的经济体系多于出口我们的政治体系,能否对贫穷国家有更多的帮助,就像巴罗认为的那样?

让我稍微后退一步。正式的经济学理论要求你遵守的纪律之一是你必须以一个明确的概念体系作为开始。例如,当我们观察世界的时候,马歇尔的分析让我们思考供给和需求。一般均衡理论要求我们将世界分为偏好和我们所能获得的实物机会。这种区分真的是重要的,并且我总是试图让我的学生去思考它,当他们面对问题的时候。在你的模型里人们想要什么？他们能获得的生产可能性是什么？

增长理论的全部一直在模型的实物机会问题这一边开展。我们把实物机会描绘为实物工具比如原材料，然后开始将思想想象成重新安排这些工具的配方。当你开始思考民主和政策，你不得不面对模型的另一边。什么是人们想要的？什么驱动着他们的行为？如果你将偏好的概念扩展并说它是人们脑袋里的一切东西，那么它包括了社会学家和心理学家所谈论的所有种类的事物：品位、价值和规范等等。巴罗的断言基于某种经验的一般化，并且这些论断就目前来说还算不错，但是所缺失的是对经济发展和政治结构之间联系的任何理论上的理解。这不仅是经济学里的问题。它还是政治科学里的一个深刻的问题。在政治科学里，还有许多基础的问题没有得到解决。首先，为什么每个人要费力去投票？政治学家的标准理论是，人们出去投票是因为选举结果关乎他们的利益并且他们想要影响选举结果使之对他们有利——更少的税收和更多的转移支付，等等。这个理论一经提出便是自相矛盾的，因为任何一个投票人在选举中起决定性作用的可能性是微乎其微的，以至于任何人前往投票站的成本使得他从该行为中能够得到的任何可能的预期收益相形见绌。

所以，我就想在这里提出一则注意事项。有那么一点点的经验证据提示了收入水平和民主之间的联系，但是我们在研究这个问题时实际面临着一个几乎彻底的理论真空。我们不太可能取得多大的进步，直到我们拥有某种理论基础使我们清晰地思考所涉及的问题。

▲ 在经济发展文献中，另一个受到很多关注的有争议的领域是外贸和增长的关系。这在当前已经遍及亚洲四小龙经济的危机形势下尤其成为话题，而亚洲四小龙经济经常被确立为由出口推动的增长的范例。作为经济学家，我们能轻易地想象出贸易对 GDP 水平的影响，但是贸易能影响增长率吗？

这里有两种机制。从发展的角度看，你想思考的主要事情是这个追赶的过程。贸易的关键作用是它让发展中国家有机会接触到存在于世界其他地方的各种思想。我告诉我的学生，在世界的发达国家，我们已经知道了我们需要知道的为世界上每个人提供一个非常高的生活水准的一切东西。它不是我们缺少实物资源；使印度和中国人贫穷的不是物质的匮乏。使他们贫穷的是他们没有机会接触那些我们在北美、欧洲和日本已经运用的知识和思想，凭借这些知识和思想，我们在现代经济中生活。使他们富裕起来的小窍门就是让那些知识流入到这些国家。相当多的这些知识是非常基本的——比如如何运行一个物流分配体系，使衣服从工厂走上商店的货架,让人们在他们需要的时候可以买到一件衬衫。你怎么保证食品不变质并且在正确的时间被配送到正确的地方?你如何在一个制造过程中实施质量控制体系?这都是基本知识,但就是它让生活水准提高。许多这些知识能被穷国所运用,如果这些国家允许正确类型的贸易。尤其是跨国公司带来的国外直接投资对于很快接触到这种类型的知识是很重要的。

还有第二个问题。如果你拿富裕经济比如经合组织国家做例子,市场越大,发展新思想的动力越大。所以,在一个非常大的市场区域里的自由贸易创造了更大的创新动力并因此导致了更多的技术进步。如果你不认为那是真实的,那么就问问你自己:在硅谷分别能产生多少创新,如果在那里生产的产品只能在美国销售,或者只能在加州销售,或者只能在圣塔克拉拉县销售?创新肯定是有的,但是比我们现在看到的要少得多。

所以贸易对追赶而言是重要的。它对于领先国家的持续增长也是重要的。

▲ 既然增长对于生活水准的提高是如此重要,那么政府不可避免将试图影响增长率。政府对于增长应该扮演的角色是什么?特别地,你认为货币和财政政策的角色在这里是什么?

关于货币政策,它有点像我前面谈到的一种区别——止血还是保持体形。政府必须有一定数量的急救药来准备介入。数量用多了等于无害的注射。如果政策制定者在运用货币政策时不重蹈他们在两次世界大战间的覆辙,那么它的帮助是很大的。但是一个合理的货币政策只能创造增长发生的机会,它并不能使它发生。在财政一边,政府必须有能力偿还它的债务并且它必须防止对收入课以过高的税率以至于严重扭曲了动机。

还有其他一些政策也起着作用。其中一些涉及创造一个法律体系。如果你在美国,什么类型的制度是重要的?风险资本,流动的资本市场——想想帮助像英特尔这样的公司从无到有并成长为一股巨大力量的一切东西。政府不必做任何非常积极的事情,但它必须使允许风险投资、新股发行市场等等的结构到位。除了这些,还有与人力资本有关的各种措施。这里,政府是可以有所为的。现代大学,随着它出现在20世纪的美国,非常注重培训和实际问题的解决。它受到了政府的资助。正如我前面所说,资助人力资本是间接资助技术变革的一个非常重要的途径。所以,现代大学是政府能够支持的制度类型的一个例子。

我应当澄清,人们为政府描述的许多直接角色是不合理的。许多人将内生增长理论视为他们所支持的一切政府干预的通行证,而其中许多干预是非常错误的。

现代宏观经济学:起源、发展和现状

例如,有关基础设施的许多讨论就是错误的。基础设施在很大程度上是一个传统的实物商品并且应当以和其他实物商品一样的方式被提供,在这个过程中有市场激励和强大的产权。基础设施的提供向私有化方向迈进正是正确的道路。政府应当更少地介入基础设施的提供。所以这是我与一些狂热的干预主义者分歧的一个地方。另一个分歧的地方是这样的观念:政府应该直接资助特定研究项目来生产特定品种的思想。如果你将这个机制与资助人力资本的机制作比较,并且让市场机制去分配人力资本的去向以及什么思想该得到发展,那么基于人力资本的方法会起到更好的作用。挑选几家厂商并且给它们钱显然是有问题的。官僚们如何才能得到他们需要的分散信息来决定该支持哪个项目?你如何才能阻止寻租行为和贿赂选民政治主导分配过程?

▲ 关于避免非轻微通货膨胀率的制度设计,已经有了很多思考。然而,通胀表现和增长表现之间的关系还远未清晰,尤其是在低通货膨胀率环境下。关于这个问题的证据,你是如何解读的?

通货膨胀具有某种破坏性,并且它可能是一种非线性的关系,所以通货膨胀率越高,它的破坏性可能越大。

▲ 是不是因为更高位的通货膨胀率有更大的变动性?

至少部分如此。变动性和更高的通胀率都使破坏性超线性增长。基本上,增长和通货膨胀之间没有权衡关系,所以从增长的角度看,没有理由不把目标定在非常低的通货膨胀水平上。一个非常低的通胀水平是最佳的位置,并且没有理由出于我们能在长期增长方面得到某些好处的考虑,接受比方说10%的通货膨胀率。所以如果你试图在增长方面做得最好,你基本上要把目标定在一致认可的某种最低通货膨胀率上。这个最低数字当前将在0—2%或3%之间变化。或许通胀率上升到6%的水平比起在2%或3%的水平不会有太多的有害性,但是如果它还是有害的,我们何必要接受它?

▲ 在70年代早期,《增长的限度》(Meadows et al.,1972)一书引起了大量的研究兴趣。自那以后,环境运动变得越来越有影响力。你是否曾经思考过或者担心过增长的环境影响或者资源对增长限制的可能性?世界其他国家能否有望享有和当前经合组织国家一样的生活水准而不会产生环境灾难?

环境问题是实际的问题。这些问题是这样的情况:我们当前的制度结构没有给实物工具确立价格,而这些实物工具应该是有价格的。当你没有给海里的鱼确立价格时,市场动机会使渔民捕捞过度。我们知道,我们需要建立一种价格机制,或者是某种与价格机制效果相同的监管体系。我们将面临大的挑战,如果,比方说,对于大气的承载能力而言人类产生的二氧化碳太多了。我们在实施一个全球价格或者监管体系来解决这个问题的时候会有很多麻烦,但是我们将需要这么做。

然而,所有这些并不等于说存在增长的长期限度,这是非常不同的。考虑限度的思维方式等于在问,"我们现在的生活水准或者收入比 100 年前高,这意味着什么?"它并不意味着我们比过去拥有更多的物质或者材料。它意味着我们将有限的可获得的地球资源以某种方式重新安排使得它们更有价值。例如,我们现在取得大量的硅并将它变成有价值得多的微芯片。所以这个问题是:我们在将有限的地球物质以某种方式重新安排使得人们发现它们更有价值这件事上能达到何种程度?这里,你可以采取一个很强的立场认为潜力几乎是无限的。为什么我们不能使增长持续到我们能够想象的遥远未来,其理由是绝对没有的。如果你实施了正确的制度,增长的类型或许会和我们预期的方式略有不同。如果二氧化碳真的是一个大问题并且我们实施制度来提高碳排放的价格,那么汽车将变得小一些。或者我们的开车频率也许会低一些,或者我们也许会依赖视频会议而不是开车去会见亲人,等等。我们可以转向更多地依赖可再生生物资源或者光电资源作为能源的主要来源。我们现在就有做这些的技术。它是比燃烧石油和煤更昂贵的发电方式,但是如果人均收入 100 年以后是现在的 5 或 10 倍,稍微多花些钱在能源上将不是什么大问题。

底线是存在我们将需要解决的污染和其他环境问题。但是这些问题将不会阻止微芯片运行得更快,硬盘存储密度继续变得更高,新药被发明出来,新通信科技涌现出来,像快递和低价零售这样的货物配送新方法显现出来。所有这些过程将在富裕国家中继续下去并将传播到贫穷的国家。在此过程中,每个人的生活水准将提高。

▲ 曼科尔·奥尔森在其《国家的兴衰》(Olson,1982)一书中发展了这样的论点:像英国这样的长期稳定的社会出现了对经济效率和动态机制有害的集体行动的社会结构。在考察了战后德国和日本的经济增长表现并与英国作了比较之后,你认为其中是否有奥尔森说的那种情况?

他的设想是有趣的,但是为了评价它,我们必须回到之前关于生产可能性与偏好的讨论上。曼科尔想要做的事情是将某种关于人们的脑子里想些什么的理论引入这个讨论中。他想做这件事,凭此他可能理解影响政策决定的政治动态机制,这些政策决定与大学、监管、寻租行为等等有关。这些对于像英国这样的发达国家来说是重要的问题,不论是从一个发展的角度还是从一个长期增长的角度来看都是重要的。这是重要的问题,但是当我们考虑它们的时候,区分关于实物世界的断言和关于人们的脑子里想些什么的断言是重要的。每当你将政治引入到讨论中时,你就在跨越那个分界线。在这个时候,提醒自己我们对这个领域知之甚少总是重要的。曼科尔在依赖一些经验的一般化。他考察了一些历史情景,在这些情景中,像一场革命或者一场战争这样的事件打破了桎梏,然后你看到了迅速的增长。他还考察了增长放缓的一般过程。历史对于这类问题并非完全可靠的向导,因为我们所有的观察数量不是很多,并且当前的情况总是和过去不同。我总是提醒像曼科尔这样的人要以诚实的态度对待我们在这个领域里的无知程度,尽管我鼓励经济学家们思考这些问题。仅仅说实物世界给我们提供了大量的增长机会并不意味着我们将必定自我组织起来并且以最快的速度来利用这些机会。

▲ 你在斯坦福大学的同事阿布拉莫维茨强调了在追赶过程中的他所谓的"社会能力"的重要性(Abramovitz,1986)。各国之间不同的生产率水平为追赶创造了潜在可能,只要落后国家有合适的制度以及技术能力。我们能使像社会能力这样的概念付诸实施吗?

社会能力是诸如社会资本之类的模糊词汇之一,我认为当你写下一个数学模型的时候,你不得不从事的概念澄清工作将对这些模糊词汇有所帮助。它可以是你在理论体系的实物机会这一边理解的某种东西。例如,你可以把人力资本当成技术的一项关键的补充投入。所以,就像实物资本自身不能解释很多东西——土地和劳动本身也不能生产出玉米,但是两者合起来却可以——人力资本可以是思想或者知识的关键补充物,就像土地是劳动的补充物那样。仅仅从世界其他地方拿来实物资本将不会起作用,如果你没有使人力资本与之一起工作的话。

你还可以在一个更广泛的意义上解释社会能力。你可以问一个国家是否有政治的或者社会的伦理准则或者一套道德规范,这些准则或规范让市场能够运行,鼓励风险承担行为,支持法治而不是腐败或者纯粹任意的商议行为。你可以在这种更广泛的意义上解释社会能力并且那里有一些重要的问题。但是当你这样做的时候,你必须承认你正在将人们的脑子里所想的东西理论化。

▲ 大量研究和努力已经被用于调查美国和其他发达工业国家生产力放缓的存在、原因和后果。你个人如何解释这些研究的发现?

当我和学生以及校外人士交谈时,我试图对我们的无知保持诚实。声称知道的东西多于实际知道的东西,这样做对经济学家是非常有诱惑力的。在两个意义上,我们不知道生产率放缓是怎么回事。第一,我不认为我们确切地知道什么是基本事实。我们在谈到数据时缺乏底气,也不能回答究竟什么随着时间的推移对生产率的增长率起着作用。第二,即使存在放缓现象,我们也没有任何信心说出其原因。在近期的一篇与凯文·墨菲及克雷格·里德尔合著的论文(Murphy et al.,1998)中,我已经开始考察劳动市场的证据,该证据似乎告诉我技术变革在过去30或40年里以一个相当快且稳定的步伐在进行下去,既没有放缓也没有加速。这让人怀疑对我们拥有的产出数据所作的某些解释的正确性,这些数据的确暗示发生了一次大的放缓。但是所有这些推断只能是临时性的。你必须对你能期望的东西保持现实的态度。当我们拿到冷酷的数据时,我们将得出结论,认为发生了一次生产率放缓,或许我们永远不完全理解它为什么会发生,这种情况是有可能出现的。我从来没有声称,内生增长理论一定会有能力精确地预测或解释我们观察到的一切现象。经济是一只非常复杂的动物,我们的目标不是以零点几个百分点的精确度来预测增长率,不论是向前预测还是向后预测。真正的考验是,这个理论在建立促进增长的制度方面是否给我们提供某种指导?它能否帮助我们理解是什么类型的事物导致了在过去100年里英国和美国的增长表现的差异?如果这个理论给了我们那种类型的指导,那么它已经是成功的了,并能帮助我们设计政策来提高人们的生活质量,并且这才是一个极端重要的贡献。

▲ 你认为对于经济增长的研究今后可能的方向是什么,或者应该是什么?

我已经数次提到了跨越以下分界线的过程,即仅考虑实物机会与考虑人们头脑里所想的分界。一旦我们更加系统地那样做,我们就能开始理解个人和社会在增长方面所作的选择。我相信,我们已经知道在像印度这样的国家里将使增长加快的那些政策。我们需要知道的是,为什么在印度,个人和集体决策过程阻止了他们实施这些政策。这应该是研究日程表上的下一个项目。

(魏 威 译)

# 第十二章 结论和思考

我从未有能力理解一个人在不知道思想的来源、不知道它是如何从以前的思想进化而来的情况下，能去理解任何思想……经济学和其他学科一样，伟大的理论都是有路径依赖的……也就是说，被人们接受的思想导致了独特的新理论的发展，在没有考虑这些思想的情况下，不可能去解释这些理论的产生。假如被人们接受的思想是有差异的，那么我们就会在发展的顶点得到差异的理论。换句话说，在没有经济学史的情况下，经济理论就从天上掉了下来；你只能凭信仰获取它们。在你希望判断一个理论的时候，你必须探问它最初是如何被制造出来的，这是一个只能由思想史回答的问题。(Blaug,1994)

## 12.1 导论

在本书中，我们已经说明了现代宏观经济学的起源、发展和现状。在这样做的时候，我们选择的方法是，在第三章至第九章中讨论了宏观经济学七个主要的竞争性学派在历史的视野里进化时的核心原则以及政策含义。另外，在第十章和第十一章我们讨论了与"新古典宏观经济学"和"经济增长"领域研究的复兴相关的重要发展。从先前各章的讨论中，我们希望传递给读者这样的信息：现代宏观经济学是激动人心和充满争议的学科。在对著名经济学家的采访中，他们所作的个性鲜明的回答最为有力地证实了这一点。宏观经济理论和政策领域、宏观经济学研究的历史和方法论见证了变动不居、持续不断的争论，而这些经济学家对这些争论作出了深远的贡献。这一总结性章节的目的就是简短地思考一下宏观经济学 20 世纪发展的宽广全景，我们在本书的各章已经对此进行了更为详细的介绍。

在开始这一任务之前，有必要考虑一下两位著名的经济学家——麻省理工学院的经济学教授奥利弗·布兰查德和哥伦比亚大学经济学教授迈克·伍德福德——所采用的方法。他们两人为 20 世纪短期经济学的发展（不包括对新古典宏观经济学和经济增长的讨论)作出了思考性的探索。

## 12.2 20世纪宏观经济学的发展：进化还是革命？

根据布兰查德的探索，他认为：

从表面上看，从20世纪30年代和40年代的凯恩斯革命，到货币主义者和凯恩斯主义者的争斗，到70年代的理性预期革命，再到新凯恩斯主义者和80年代新古典经济学家的争斗，20世纪宏观经济学的历史似乎是一系列争斗、革命和反革命。

但是，布兰查德认为，以这种方式看待宏观经济学的进步制造了一个"错误的景象"。相反，"正确的景象是知识令人吃惊地稳步积累"。在探索整个20世纪宏观经济学的发展时，他确认了三个时期，即：

1. 1940年前，探索的时期；

2. 1940—1980年，巩固的时期；

3. 1980年后，新的探索时期。

在1940年前，对我们现在所称的短期宏观经济学的研究集中在两个"很大程度上脱节的"领域，即货币理论和经济周期理论。在前一种情形中，货币理论受到货币数量论的控制，主要集中在与货币短期非中性和长期中性相关的议题上。在后一种情形中，经济周期理论由不同的解释构成，每一种解释都有其自身丰富的发展历史，例如哈伯勒在其著作《繁荣和萧条》(Haberler,1937)中对前凯恩斯观点所作的探究就是明证。根据布兰查德的观点，凯恩斯《通论》(Keyens,1936)在方法论上的贡献通过将过去运用于以上两个领域研究的所有相关因素聚合在一起，作出了"关键的差异"来整合这两个领域。通过分析商品、劳动力和货币之间的相互作用，凯恩斯提供了一个在早期著作中所没有的前后一致的框架。

布兰查德认为1940—1980年是一个巩固的时期。由凯恩斯整合的框架(Keyens,1936)和希克斯对《通论》LS‑LM的解释(Hicks,1937)为这一延长的时期提供了基础。在这一时期发生的"知识的稳步积累"当中，确认一些原则是可能的，它们包括：

1. 经济数据有效性的提升，例如在詹姆斯·米德和理查德·斯通的工作(James Mead and Richard Stone,1944)之后，建立了国民账户；

2. 发展和提升了经济计量学方法(见 Hoover,1995a,2001a,2001b)；

3. 将消费的行为关系（例如，Modigliani，1954；Friedman，1957）、投资（例如 Jorgenson，1963），以及货币需求（例如 Baumol，1952；Tobin，1958）更为详尽地模型化；

4. 建构了经济的宏观经济计量学的方法（例如 Klein and Goldberger，1955）；

5. 将预期扩展的菲利普斯曲线的分析并入宏观经济模型和对稳定政策含义的检验当中（例如，Friedman，1968a）；

6. 对预期的构想方式进行了更为仔细的模型化（例如 Cagan and Muth，1961）；

7. 出自政策变化的分析，对国民预期含义进行了检验。

这一清单远没有穷尽，它只是说明许多重要的发展，以及这一时期所实现的突破，其中的一些通过诺贝尔经济学奖得到了认可（见 Blaug and Vane，2003；Vane and Mulhearn，2004）。但是，到 70 年代末，布兰查德认为，"对市场缺陷的医治过于随意"导致了宏观经济学的危机。这一危机最初导致两条不同的探求路径。在 80 年代之后新探索的时期，一群贴有新凯恩斯主义者标签的经济学家（例如见 Gordon，1990；Mankiw and Romer，1991）将他们的注意力集中到商品市场、劳动力市场和信贷市场，以及它们的宏观经济学含义上。另一派经济学家被称为实际经济周期的理论家（例如见 Kydland and Prescott，1982；Long and Plosser，1983；Prescott，1986），他们采用了新古典经济学的方法论和假定，并在最初探索了在不求助于货币冲击和在分析中不引入缺陷的情况下，在解释总波动的时候，均衡理论能够走多远。

相反，伍德福德在研究中认为："在整个 20 世纪的历程中存在的进步程度远非明了；宏观经济学一直存在着众所周知的争议。"（Woodford，2000）由于认识到"宏观经济学中有关 20 世纪发展的讨论经常以革命和反革命为参照（例如见 Klein，1947；Clower，1970；Brunner，1970；Friedman，1970c；Johnson，1970；Tobin，1981；Begg，1982；Barro，1984；Tomlison，1984；Booth，1985；Dimand，1988；Blaug，1991b），因此他从历史的视野勾勒了宏观经济学的发展轨迹。从凯恩斯的《通论》（Keynes，1936）开始，伍德福德描述了宏观经济学进步的轨迹——凯恩斯主义革命、新古典综合、大通胀和凯恩斯主义经济学的危机、货币主义、理性预期和新古典经济学、实际经济周期理论、新新古典综合。从伍德福德的历史视野出发，经济学家对宏观经济学的思考的进化远非平稳。

十分明显的是，我们在本书所采用的方法与伍德福德所采用的方法是一致的。

我们一致认为现代宏观经济学的产生可以追溯到凯恩斯《通论》(Keynes,1936)的出版,或者一致认为宏观经济学"从本质上说是20世纪发展起来的"(Woodford,2000)。确实,布兰查德注意到:"宏观经济"一词直到它成为德·沃尔夫1941年发表的一篇论文题目的一部分时才在经济学文献中出现,而"宏观经济学"一词出现在克莱因1946年发表的一篇论文当中的。决定宏观经济思想中后来的凯恩斯主义革命的核心信念是对稳定的需求,管理当局能够且应该采用谨慎的财政政策和货币政策,把产出和就业稳定在充分就业的水平上(见Modigliani,1977)。按照杰拉德的观点(Gerrard,1996),当代宏观经济学进化中的一致主题因而是"古典经济学和凯恩斯主义之间不断演变的争论",这一争论涉及不同思想学派的贡献,它们被区别和分类为正统的(正统凯恩斯主义学派和正统货币主义学派)、新的(新古典学派、实际经济周期学派和新凯恩斯主义学派)或者极端的(奥地利学派和后凯恩斯主义学派)。

正统凯恩斯经济学的兴衰很大程度上归因于它解决问题的效果。它似乎提供了严肃经验问题——即大规模的失业——的坚实解释。大规模失业持续甚久,以致不能轻易地解释为一个次要的异常现象。另外,它为被诊断的问题提供了富有吸引力的政治行动计划。它包含了许多严肃的概念问题——例如表达上的不一致和含糊与激进的因素一道出现——同时,新古典综合的过程有效地掩盖了这些问题。古典经济学的思想和凯恩斯主义的思想的综合——被LS-LM、AD-AS框架所掌控——在1970年之前表现出共识,并且是教科书和专业讨论中宏观经济分析的标准方法。

正统凯恩斯主义的退位很大程度上是它没能适当处理新的、重大的、由70年代滞胀提出的经验问题的结果。从概念上说,它大多数"启发式的力量"已经"逐渐消失和干涸"(Leijonhufvud,1968)。正如克莱默所承认的:"20世纪70年代对于凯恩斯主义来说是撤退、防守和挫折的十年。"(Klamer,1984)在宏观经济学有着共识的年代,经济学家之间的分界线在文献中变得越来越不明显,越来越难以觉察。凯恩斯主义和经济实证主义的内在缺陷和实际上的失灵在60年代和70年代突出出来,这导致了大量旧的正统学说的退位,同时没有一个单一的、占据主导地位的新方法取而代之。对立的宏观经济解释之间所有持续的、"被掩盖的"竞争变得更为公开和明显。大部分"旧经济学"以传统的形式(奥地利学派的方法)或者新的形式(货币主义的、新古典经济学的、实际经济周期的方法)得到复兴。这一复兴动摇了大量正统凯恩斯主义的"新经济学",却激发了新凯恩斯主义考量的发展。后凯恩斯主义对凯恩斯《通论》(Keynes,1936)更为激进的解释也继续提供了另一种宏观经济体系运作方式的图景。

凯恩斯主义最初面对的是一个有力的对手,它能够较好地以更为一致的方式来解释滞胀经验上的反常。正如我们所讨论的,根据正统的货币主义的观点(以及新古典经济学方法),不存在稳定政策的需要,因此,管理当局不能也不应该试图通过采用积极的总需求管理政策,去稳定产出和就业的波动。货币主义在面对它自己的问题之前——正如第四章注意到的,80年代美国和其他地方在趋势速度上突然下降——经历了一个进步期。在80年代初期,货币函数的稳定需求崩溃,这严重地动摇了货币主义。在70年代初期,与新古典学派相关的第二次反革命发生了,它对传统凯恩斯主义的总需求管理政策是否能够用来稳定经济表示了进一步的怀疑。尽管新古典宏观经济学是从货币主义的方法中产生的,但是它对货币主义的和凯恩斯主义的正统理论提出了持久的挑战。正如我们所看见的,对于那些受到正统货币主义推动的人来说,新古典主义对谨慎政策的积极反对和对规则的赞同,是建立在不同观点基础之上的(最著名的是政策失灵的观点、卢卡斯批判和时间不一致)。

依靠培育后来融入宏观经济学主流的理性预期革命,以及突出总供给的作用,新古典宏观经济学展示了重要的概念上的进步。但是,重要的批评越来越直指新古典宏观经济学在概念、经验和政策上的缺陷。它的经验上的结果至多是有点混合和非决定的。与它最初的主张相反,尽管一些经济体经历了公开阻止通货膨胀的代价,但是,预见到的和不可预见到的政策变化似乎影响了产出和就业。新古典宏观经济学无疑留下了印记,而实际经济周期理论和新凯恩斯主义经济学可以被看作对小罗伯特·卢卡斯和其他著名新古典经济学家提出的问题的回应。

在80年代期间,重要的分化在弹性价格竞争性均衡的实际经济周期模型和黏性价格的新凯恩斯模型之间出现,在后一种模型当中,对于任何短期实际变量的路径的解释来说,货币的影响被看作核心影响。在实际经济周期方法中不存在稳定政策的需求。进一步而言,因为货币因素在解释这样的波动上是不相干的,因此,货币政策甚至不能在短期被用于影响产出和就业。在这些情况下,政府不应该试图去减少产出和就业的波动——这些波动是对生产函数冲击的帕累托最优的回应。相反,新凯恩斯主义者认为:因为资本主义的经济体受制于经济的需求方和供给方的冲击,并且这些冲击引发了产出和就业无效率的波动,因此存在着稳定政策的需求。进一步而言,因为政府能够提高宏观经济的运作,它们应该推行稳定政策。尽管在新凯恩斯主义者之间对规则和随机的争论没有一致的观点,但是新凯恩斯主义者没有提倡去"微调"经济,而是提倡"大规模的调整"以回应产出和就业与它们自然水平的分离。今天,新凯恩斯主义的姿态最好被定性为这样一种姿态,它支持以行动主义规则——例如弹性的泰勒制的规则——的形式出现的某种受到约束的随机。

另外,注意到以下一点是有趣的:新凯恩斯经济学可能被命名为新货币主义经济学(Mankiw and Romer,1991),在其中它代表着货币主义和新古典宏观经济学一些关键基础的综合。例如,新凯恩斯主义学派吸收了被认为是货币主义和新古典反革命有效成分的东西,最著名的是自然率的假定和理性预期的假定。但是,为了回应新古典宏观经济学家挑战,新凯恩斯学派提供了严格的微观基础去解释由于工资和价格的黏性,市场为何没有能够出清。在这样做的人当中,新凯恩斯学派能够把非自愿的失业解释为一种均衡现象,并且提供了一个基本原理去证实稳定经济的干预主义政策的合理性。

当然,正统凯恩斯主义的退位也使得对这样的非主流考量——比如奥地利学派的思想以及由后凯恩斯主义者对凯恩斯基本思想的拯救——兴趣的复兴。

701

在第四章和第九章,我们在宏观经济学的范围内检验了由于凯恩斯主义正统理论的崩溃所引发的异议的性质和范围。几十年来,经济学家在很大程度上热衷于强调他们的差异,而不是他们的相似之处。在学术领域,他们经常更关注于将他们的智力产品差异化,同时在公共领域显示出政策建议的冲突。总之,存在着这样一种强调身份独特性的倾向,这一独特性接下来导致了差异性和标签化。

表12.1突出了本书第三章至第九章所探索的一些宏观经济思想学派的重要性质。主流宏观经济学从正统的凯恩斯学派发展到新凯恩斯学派。奥地利学派的方法和后凯恩斯学派的方法代表着最为重要的非主流方法。当我们查询该表的时候应该记得两点。首先,在每一个被认定的学派当中,存在着观点和重点的差异:图表只是确定了对一些特殊问题最普遍的观点。第二,正如对图表的细读所证明的,各种学派对许多问题的看法有着相当程度的重叠。这表明在许多问题上学派之间的分界线实际上正越来越模糊。由于后见之明,学派之间的差异已经被夸大了,例如托宾和弗里德曼有关货币政策传导机制的争论。在评论这一争论时,斯坦利·费希尔认为:

你能够阅读弗里德曼和托宾有关传导机制的论述,但是你并不能分辨是谁写的。我使用的比喻是当我还是孩子的时候,我就能分辨在马路上行驶的汽车。道奇汽车和福特汽车之间的差异是巨大的。那么,假如你看一辆旧车,我知道它是20世纪50年代的,但是,我不知道它是福特还是道奇,因为它们实际上看上去是一样的。在这个意义上,它们使用的方法和模型,以及它们审视的问题都是相似的。(Fischer,1994)

十年前,在《宏观经济学现代指南》的结论中,我们注意到"当时的宏观经济学缺乏一度处于正统地位的凯恩斯主义控制之下的共识,尽管似乎也不存在任何明显的、正在出现的共识,但是,假如综合在未来发展建立起来,甚至可能从分离的学派中发展建立起来,我们也不应该惊讶"(Snowdon,Vane and Wynarczyk,1994)。根据马尔文·古德弗伦德和罗伯特·金的观点(Goodfriend and King,1997),最近几年的知识潮流是正在将现代宏观经济学引向"新新古典综合"。新的综合"继承了旧综合的精神,在这一精神中,旧综合将凯恩斯学派和古典经济学的因素结合起来"。通过注意新综合中的关键因素,我们也能发现这一点。这些因素包括:跨期最优化,理性预期,商品市场、劳动力市场、信贷市场不完全竞争,名义刚性,成本价

表 12.1　宏观经济学中一些观点一致和观点不同的领域

| 宏观经济学学派 | 不稳定的主要原因 | 预期 | 价格/工资调整 | 市场调整 | 均衡观点 | 主导的时间框架 | 规则与相机抉择 |
|---|---|---|---|---|---|---|---|
| 正统凯恩斯主义 | 自主支出的波动 | 适应的 | 强调名义工资刚性 | 微弱的 | 充分就业以下可能的剩余状态 | 短期 | 相机 |
| 正统货币主义 | 货币扰动 | 适应的 | 弹性的 | 有力的 | 自然率基础上的市场出清 | 短期和长期 | 规则 |
| 新古典 | 货币扰动 | 理性的 | 完全弹性的 | 强有力的 | 自然率基础上的市场出清 | 长期等于短期 | 规则 |
| 实际经济周期 | 供给冲击(主要是技术的) | 理性的 | 完全弹性的 | 强有力的 | 自然率基础上的市场出清 | 长期等于短期 | 规则 |
| 新凯恩斯主义 | 需求冲击和供给冲击(折中的) | 理性的 | 强调价格刚性 | 缓慢的 | 与非自愿失业相一致的状态 | 短期处于主导地位 | 受约束的相机抉择 |
| 奥地利学派 | 货币扰动 | 合理的 | 弹性的 | 有力的 | 趋于一致 | 短期和长期 | 规则 |
| 后凯恩斯主义 | 自主支出的波动 | 合理的 | 黏性的 | 非常微弱的 | 充分就业以下可能的剩余状态 | 短期 | 相机抉择 |

格调整。在他们的分析中,古德弗伦德和金总结道:新新古典综合对货币政策的作用提出了几个重要的结论。首先,货币政策对短期是有实际效应的。其次,无需

依靠通货膨胀和实际行为之间长期的替代关系的方式。第三，通货膨胀是高成本的，消除它是重要的。第四，政策行为的信誉对货币政策的结果具有重要的影响。古德弗伦德和金认为这些结论为以规则为基础、同时把通货膨胀的指标作为名义目标的货币政策框架指明了道路。

## 12.3  在宏观经济问题上存在着共识吗？

我们的讨论突出了现代宏观经济学发展的主要趋势，并且不可避免地集中于争论和观点不同的地方。但是，得出以下的结论是错误的：在主要的宏观经济学问题上不存在共识。在最后一节，尽管没有达成一致的意见，我们依然归纳了六个现在似乎十分普遍的领域。我们注意到在一些情况下，一致的意见是通过激烈的争论和冲突获得的。目前在宏观经济学家之间的共识可以归纳为以下几点：

1. 实际GDP的趋向变动主要是由供给方要素驱动的。同样，在长期，GDP依赖于要素产出的供给上升和技术状态的提高（Solow，1997）。尽管有着各种各样的政府可以采纳影响经济增长的政策——包括鼓励教育和培训、资本形成、研究和发展——但是，对提高经济体生产能力的最佳方法是什么，以及政府能够和应该发挥什么作用去鼓励经济增长，一直存在着争议。现在经济学家也更加清楚地认识到对经济发展更深一层的决定因素加以研究的重要性，认识到说明马尔萨斯时代和现代增长时代增长经验的增长理论的必要性。

2. 围绕上升的长期趋势的实际GDP波动和短期实际的GDP波动主要是由总需求冲击引发的。正如我们所发现的，实际经济周期理论家——如普雷斯科特——对这一共识的观点提出了挑战，认为GDP的实际波动主要是由持续的供给方冲击驱动的，并且是按照产出的自然率的波动，而非产出对平滑的确定性趋势的背离。总需求变动能影响实际产出的原因是与名义刚性的存在相关的。宏观经济学家也对政府是否能够引发不稳定、它们能够和应该推行什么政策减少经济行为的短期波动持有争议。为了试图确认周期的主要原因，人们把重点放置在总需求冲击的各种原因上，包括自主支出的波动（例如凯恩斯主义者和后凯恩斯主义者）、货币冲击（例如货币主义者、新古典经济学家和奥地利学派经济学家）、对宏观经济政策的政治扭曲（例如古典经济周期理论家）。有趣的是，与大萧条的经历相比较，第二次世界大战之后的GDP的实际波动相对是轻微的——主要的例外是紧随着两次有害的欧佩克石油价格（供给）的冲击的时期，以及美国、欧洲80年代初期反

通货膨胀时期。正如索洛所评论的："围绕着趋势的波动被囊括在适度狭小的通道中。"(Solow,1997)

3. 尽管管理当局面临通货膨胀和失业之间短期的交替关系,但是在长期,这一交替关系消失了。正如布林德所认为的那样,预期扩展的菲利普斯曲线"发挥了很好的功能",并且和"奥肯定律"一道代表着一种"稳定的经验关系",在短期,人们广泛地认为管理当局通过热衷于扩张性的总需求政策,能够将失业降低到自然率之下(Blinder,1997a)。当通货膨胀增加的时候,减少失业包含了一个短期的交替关系。或者,当失业增加的时候,制订相反的减少通货膨胀的总需求政策包含了一个短期的交替关系。但是,在长期不存在通货膨胀和失业的交替关系。一个推论是:在长期,管理当局能够实现较低的通货膨胀率,同时没有自然失业率的变化,并且,降低被认为是独立于总需求水平的自然率需要微观经济(总供给管理)的政策,这些政策改善了劳动力市场的结构和功能。一些新凯恩斯主义者对这一共识的观点增加了一个重要的限制条件,即在实际失业率保持在长期自然率之上的地方,因为滞后效应,自然率(或者按新凯恩斯主义者喜欢的说法,非加速通货膨胀失业率)往往会上升。换句话说,一些新凯恩斯主义者认为:自然率(或者非加速通货膨胀失业率)会受到总需求水平的影响(Blanchard,1997b)。

4. 在长期,货币供应量的增长率决定着通货膨胀率。弗里德曼使得大多数经济学家和政策制定者相信持续的通货膨胀是一种货币现象,货币政策的主要目标应该是追求低的、稳定的通货膨胀率。确实,许多国家现在都用货币政策来拥有一个长期的通货膨胀指标。这一货币政策的目标是保持总需求增长的稳定以创造宏观经济的稳定。

5. 与20世纪50年代和60年代初期占据主导地位的凯恩斯主义的观点形成对比,人们现在普遍认为,为了保持产出和就业贴近,或者处于充分就业或自然率的水平上,政府不应该试图用相机的总需求政策去"调整"它们的经济体系。大多数经济学家现在认为:积极的财政政策的稳定潜力一定要受到严格的限制,并且财政政策的稳定作用要嵌入到自主的稳定器当中。进一步而言,作为稳定政策的主要工具,已经出现了从财政政策向货币政策的明显转化。当代对规则和相机抉择的讨论涉及弹性的泰勒制规则的拥护者和赞成大刀阔斧的调整。至于货币政策,几乎没有人依然是弗里德曼对货币增长固定百分比规则的货币主义核心信条的拥护者。经验的证据也表明:货币政策在短期具有实际效应,"古典凯恩斯主义和古典实际经济周期理论有关货币政策周期性失灵的观点已经被埋葬"(Eichen-

baum,1997)。

　　6. 另外,与 50 年代和 60 年代相比,那时稳定被认为是控制论的问题,现在被认为是博弈论的问题。被管理当局所采纳的政策体制影响着人们的预期和行为。这一洞见得到了广泛的认同。同样重要的是建立政策的可信性和实施可信性政策的制度设计,比如不断关注中央银行独立性的问题就是证明。进一步而言,大多数经济学家都同意:假如政策是可信的,阻止通货膨胀的短期的产出成本或者就业成本是不大的。尽管泰勒在其实用宏观经济学的核心中包括了理性预期的假设(Taylor,1997b),但是索洛(Solow,1997)依然是一个怀疑主义者。

　　总之,"政策制定者的福音是确实存在一个适用的宏观经济学的核心;宏观经济学研究者的福音是依然有许多要去做的工作。"(Blanchard,1997)

　　至于未来宏观经济学的进程,立刻就会出现两条主要的道路。首先,实际经济周期模型可能会进一步整合到主流当中(Danthine,1997)。无疑,许多实际经济周期模型近年来引进了名义刚性,它们考虑到了货币对产出和就业的短期影响。第二,可能存在着对新的发展理论和经验主义——尤其是现在正在出现的对发展更深层决定因素的研究——的持续兴趣(Temple,1999;Rodrik,2003)。通过对发展过程的更好理解,发展分析的复兴展示了一个能够提供诸多洞见的远景。这些洞见可能在帮助设计可以对长期增长和生活标准产生重要影响的政策中是有价值的。尤其是整合经济史、发展经济学、新政治经济和现代增长理论文献中的重要思想的研究,可能将重要而新颖的洞见提供到增长过程当中(例如见 Galor and Weil,2000;Acemoglu and Robinson,2003)。

　　戴维·罗默认为:在许多情形下,采纳降低福利的效率低下的政策要归因于对经济运作怀有片面的或者非理性的信念("误解")的个人和政策制定者(David Romer,2003)。这意味着经济学家需要保证那些从事制定重要政策决策的个人起码要明白经济学家主要的研究结论。接下来是经济学家需要理解代表不同利益的个体和个人整体层面上相互作用是如何扭曲政策制订的。

　　在我们对宏观经济学发展的概述中,我们已经显示:尽管宏观经济政策的目标在很大程度上依然没有变化,但是,政策制定者有关经济运行方式的观点已经出现了明显的变化,这些变化接下来导致宏观经济政策实施层面的较大变化。这些变化很大程度上是经济学家的研究所推动的经济理解水平提高的结果。政策制定者认为运用总需求扩张实现低失业目标具有可行性和持续性,经济理论的发展和经验证据导致了他们这一观点的变化。对菲利普斯的通货膨胀和失业之间交替关系曲线思考的发展为此提供了极好的例证（见 Romer and Romer, 2002, 2004）。另一个好例子是由 1997 年 3 月给予英格兰银行更大的独立性的决策提供的。这一变化可以直接追溯到经济学家的研究结论中。

尽管在宏观经济分析中存在着许多进步，但是我们现有的知识依然是不完备的，正如艾伦·格林斯潘所注意到的：

尽管为了掌握和限定我们所认为的关键的宏观经济学的东西，我们付出了大量的努力，但是，我们有关许多重要联系的知识远非完善，而且完全可能一直是这样的。从观念和经验的意义上来说，每个模型——无论设计得多么详尽或者多么完美——都只是对我们在日复一日基础上以其复杂性去感受的世界最简单化的再现。

人们依然可以发现宏观经济学下一步的明显发展会是什么，但是，同样明显的是，依靠进化或者革命，宏观经济学将继续变化和进步。至于宏观经济学未来的方向，我们能够肯定的一件事是它将像过去所做的一样令我们惊讶。正如卢卡斯在我们对他的采访中所言：

当宏观经济学的共识在一个问题上实现的时候（正如在通货膨胀的货币原因的问题上），这一问题专业争论的阶段就结束了，我们就会就其他问题发生争论。专业的经济学家主要是学者，而不是政策制定者。我们的责任是将研究推进到创造新的也必然富有争议性的领域。共识在特殊的问题上是可能实现的，但是对于整个研究领域来说，共识就等于停滞、失当和死亡。

（佘江涛　译）

# 作者索引

Abel, A. B. 阿贝尔 xiv, 237, 301, 305, 306, 307, 321, 333, 378, 387, 408, 603, 612

Abramovitz, M. 阿布拉莫维茨 34, 88, 585, 586, 587, 597, 610, 620, 635, 666, 693

Acemoglu, D. 达龙·阿塞穆戈鲁 31, 32, 517, 562, 563, 588, 635, 636, 637, 639, 642, 643, 652, 654, 656, 706

Adelman, I. 阿德尔曼 597, 636

Aghion, P. 阿洪 34, 556, 557, 585, 628

Akerlof, G. A. 乔治·阿克洛夫 57, 74, 160, 187, 247, 336, 372, 374, 384, 385, 388, 391, 392, 393, 432, 441

Akerman, J. 阿克曼 518

Alesina, A. 艾尔波托·艾莱斯那 2, 29, 30, 31, 195, 259, 260, 261, 262, 279, 413, 517, 519, 525, 526, 532, 535, 536, 537, 539, 542, 543, 544, 545, 547, 548, 549, 550, 551, 553, 554, 555, 556, 557, 558, 560, 564, 566, 567, 569, 572, 579, 637, 646, 652, 688

Allsopp, C. 克里斯托弗·奥尔索普 416

Alt, J. E. 阿尔特 30, 536, 565

Ando, A. 安多 171

Azariadis, C. 阿扎里亚迪斯 384

Backhouse, R. E. 巴克豪斯 13, 46, 72, 113, 182, 230, 321

Backus, D. K. 巴克库斯 257, 329, 341, 548

Bade, R. 巴德 260, 361

Bailey, M. N. 贝利 16, 384

Ball, L. 拉里·鲍尔 249, 250, 335, 363, 370, 378, 379, 394, 398, 403, 411, 429, 430, 437

Balls, E. 埃德·鲍尔斯 416, 419

Barro, R. J. 罗伯特·巴罗 22, 32, 34, 72, 112, 156, 162, 163, 230, 231, 246, 268, 269, 288, 296, 297, 312, 317, 318, 320, 323, 346, 358, 360, 363, 371, 412, 430, 431, 440, 550, 556, 557, 564, 585, 586, 590, 603, 604, 610, 612, 617, 618, 622, 623, 625, 629, 631, 635, 636, 637, 640, 659, 662, 678, 688, 697

Bartels, L. M. 巴特尔斯 534

Baumol, W. J. 鲍莫尔 13, 34, 46, 580, 584, 585, 587, 597, 611, 617, 622,

现代宏观经济学:起源、发展和现状

现代宏观经济学:起源、发展和现状

# 参考文献

Titles marked with an asterisk are particularly recommended for student reading.

*Abel, A.B. and Bernanke, B.S. (2001), *Macroeconomics*, 4th edn, New York: Addison-Wesley.

Abraham, K.G. and Haltiwanger, J.C. (1995), 'Real Wages and the Business Cycle', *Journal of Economic Literature*, September.

Abramovitz, M. (1956), 'Resource and Output Trends in the US Since 1870', *American Economic Review*, May.

*Abramovitz, M. (1986), 'Catching Up, Forging Ahead, and Falling Behind', *Journal of Economic History*, June.

Abramovitz, M. (1989), *Thinking About Economic Growth*, Cambridge: Cambridge University Press.

Abramovitz, M. (1990), 'The Catch-Up Factor in Post-War Economic Growth', *Economic Inquiry*, January.

Abramovitz, M. (1993), 'The Search for the Sources of Growth: Areas of Ignorance, Old and New', *Journal of Economic History*, June.

Abramovitz, M. (1999), 'What Economists Don't Know About Growth', *Challenge*, January/February.

*Abramovitz, M. and David, P. (1996), 'Convergence and Deferred Catch-Up: Productivity Leadership and the Waning of American Exceptionalism', in R. Landau, T. Taylor and G. Wright (eds), *The Mosaic of Economic Growth*, Stanford: Stanford University Press.

*Acemoglu, D. (2003a), 'A Historical Approach to Assessing the Role of Institutions in Economic Development', *Finance and Development*, June.

Acemoglu, D. (2003b), 'Why Not a Political Coase Theorem?', *Journal of Comparative Economics*, December.

Acemoglu, D. and Johnson, S. (2003), 'Unbundling Institutions', NBER Working Paper, No. 9934, September.

Acemoglu, D. and Robinson, J.A. (2000a), 'Political Losers as a Barrier to Development', *American Economic Review*, May.

Acemoglu, D. and Robinson, J.A. (2000b), 'Why Did the West Extend the Franchise? Democracy, Inequality and Growth in Historical Perspective', *Quarterly Journal of Economics*, November.

Acemoglu, D. and Robinson, J.A. (2000c), 'Democratisation or Repression?', *European Economic Review*, May.

Acemoglu, D. and Robinson, J.A. (2001), 'A Theory of Political Transitions', *American Economic Review*, March.

Acemoglu, D. and Robinson, J.A. (2003), 'Economic Backwardness in Political Perspective', NBER Working Paper, No. 8831, March.

Acemoglu, D. and Robinson, J.A. (2005), *Economic Origins of Dictatorship and Democracy* (forthcoming).

*Acemoglu, D., Johnson, S. and Robinson, J.A. (2001), 'The Colonial Origins of Comparative Development: An Empirical Investigation', *American Economic Review*, September.

*Acemoglu, D., Johnson. S. and Robinson, J.A. (2002a), 'Reversal of Fortune: Geography and Institutions in the Making of the Modern World Income Distribution', *Quarterly Journal of Economics*, November.

Acemoglu, D., Johnson. S. and Robinson, J. A. (2002b), 'The Rise of Europe: Atlantic Trade, Institutional Change and Growth', NBER Working Paper, No. 9378, November.

Acemoglu, D., Johnson. S. and Robinson, J. A. (2003a), 'An African Success Story: Botswana?', in D. Rodrik (ed.), *In Search of Prosperity: Analytic Narratives on Economic Growth*, Princeton: Princeton University Press.

Acemoglu, D., Robinson, J.A. and Verdier, T. (2003b), 'Kleptocracy and Divide and Rule: A Model of Personal Rule', Working Paper, July, http://econ-www.mit.edu/faculty/index.htm

Ackley, G. (1966), *Macroeconomic Theory*, New York: Collier-Macmillan.

Adelman, I. (1958), *Theories of Economic Growth and Development*, Stanford: Stanford University Press.

Adelman, I. and Morris, C.T. (1967), *Society, Politics and Economic Development*, Baltimore: Johns Hopkins University Press.

Adsera, A., Boix, C. and Payne, M. (2003), 'Are You Being Served? Political Accountability and Quality of Government', *Journal of Law, Economics and Organisation*, October.

Aghion, P. and Durlauf, S. (eds) (2005), *Handbook of Economic Growth*, Amsterdam: Elsevier.

Aghion, P. and Howitt, P. (1998), *Endogenous Growth Theory*, Cambridge, MA: MIT Press.

Aghion, P., Caroli, E. and Garcia-Penalosa, C. (1999), 'Inequality and Economic Growth: The Perspective of the New Growth Theories', *Journal of Economic Literature*, December.

Aidt, T.S. (2003), 'Economic Analysis of Corruption: A Survey', *Economic Journal*, November.

Akerlof, G.A. (1979), 'The Case Against Conservative Macroeconomics', *Economics*, August.

Akerlof, G.A. (1982), 'Labour Contracts as Partial Gift Exchange', *Quarterly Journal of Economics*, November.

Akerlof, G.A. (1984), 'Gift Exchange and Efficiency Wage Theory: Four Views', *American Economic Review*, May.

*Akerlof, G.A. (2002), 'Behavioural Macroeconomics and Macroeconomic Behaviour', *American Economic Review*, June.

Akerlof, G.A. and Yellen, J.L. (1985a), 'A Near-Rational Model of the Business Cycle, with Wage and Price Inertia', *Quarterly Journal of Economics*, Supplement.

Akerlof, G.A. and Yellen, J.L. (1985b), 'Can Small Deviations from Rationality Make Significant Differences to Economic Equilibria?', *American Economic Review*, September.

Akerlof, G.A. and Yellen, J.L. (eds) (1986), *Efficiency Wage Models of the Labour Market*, Cambridge: Cambridge University Press.

Akerlof, G.A. and Yellen, J.L. (1987), 'Rational Models of Irrational Behavior', *American Economic Review*, May.

Akerlof, G.A. and Yellen, J.L. (1988), 'Fairness and Unemployment', *American Economic Review*, May.

*Akerlof, G.A. and Yellen, J.L. (1990), 'The Fair Wage–Effort Hypothesis and Unemployment', *Quarterly Journal of Economics*, May.

Akerlof, G.A., Dickens, W.T. and Perry, G.L. (1996), 'The Macroeconomics of Low Inflation', *Brookings Papers on Economic Activity*.

Akerman, J. (1947), 'Political Economic Cycles', *Kyklos*.

Akhtar, M.A. (1995), 'Monetary Policy Goals and Central Bank Independence', *Banca Nationale Del Lavoro Quarterly Review*, December.

Aldcroft, D.H. (1993), *The European Economy, 1914–1990*, 3rd edn, London: Routledge.

Alesina, A. (1987), 'Macroeconomic Policy in a Two-Party System as a Repeated Game', *Quarterly Journal of Economics*, August.

Alesina, A. (1988), 'Macroeconomics and Politics', *NBER Macroeconomics Annual*.

*Alesina, A. (1989), 'Politics and Business Cycles in Industrial Democracies', *Economic Policy*, April.

Alesina, A. (1994), 'Political Models of Macroeconomic Policy and Fiscal Reforms', in S. Haggard and S. Webb (eds), *Voting for Reform*, Oxford: Oxford University Press.

Alesina, A. (1995), 'Elections, Party Structure, and the Economy', in J.S. Banks and E.A. Hanushek (eds), *Modern Political Economy: Old Topics, New Directions*, Cambridge: Cambridge University Press.

*Alesina, A. (2000), 'The Political Economy of the Budget Surplus in the United States', *Journal of Economic Perspectives*, Summer.

Alesina, A. and Barro, R.J. (2002), 'Currency Unions', *Quarterly Journal of Economics*, May.

Alesina, A. and Drazen, A. (1991), 'Why are Stabilisations Delayed?', *American Economic Review*, December.

Alesina, A. and Gatti, R. (1995), 'Independent Central Banks: Low Inflation at No Cost?' *American Economic Review*, May.

*Alesina, A. and Perotti, R. (1994), 'The Political Economy of Growth: A Critical Survey of the Recent Literature', *World Bank Economic Review*, September.

*Alesina, A. and Perotti, R. (1995a), 'The Political Economy of Budget Deficits', *IMF Staff Papers*, March.

Alesina, A. and Perotti, R. (1995b), 'Fiscal Experiences and Adjustments in OECD Economies', *Economic Policy*, October.

Alesina, A. and Perotti, R. (1996a), 'Fiscal Discipline and the Budget Process', *American Economic Review*, May.

Alesina, A. and Perotti, R. (1996b), 'Reducing Budget Deficits', *Swedish Economic Policy Review*, Spring.

Alesina, A. and Perotti, R. (1996c), 'Income Distribution, Political Instability and Investment', *European Economic Review*, June.

Alesina, A. and Perotti, R. (1997a), 'Fiscal Adjustments in OECD Countries: Composition and Macroeconomic Effects', *IMF Staff Papers*.

Alesina, A. and Perotti, R. (1997b), 'The Welfare State and Competitiveness', *American Economic Review*, December.

Alesina, A. and Perotti, R. (1998), 'Economic Risk and Political Risk in Fiscal Unions', *Economic Journal*, July.

Alesina, A. and Rodrik, D. (1994), 'Distributive Politics and Economic Growth', *Quarterly Journal of Economics*, May.

Alesina, A. and Rosenthal, H. (1995), *Partisan Politics, Divided Government and the Economy*, Cambridge: Cambridge University Press.

Alesina, A. and Roubini, N. (1992), 'Political Cycles in OECD Economies', *Review of Economic Studies*, October.

*Alesina, A. and Roubini, N. with Cohen, G.D. (1997), *Political Cycles and the Macroeconomy: Theory and Evidence*, Cambridge, MA: MIT Press.

Alesina, A. and Sachs, J. (1988), 'Political Parties and the Business Cycle in the United States, 1914–1984', *Journal of Money, Credit, and Banking*, February.

Alesina, A. and Spolare, E. (1997), 'On the Number and Size of Nations', *Quarterly Journal of Economics*, November.

Alesina, A. and Spolare, E. (2003), *The Size of Nations*, Cambridge, MA: MIT Press.

*Alesina, A. and Summers, L.H. (1993), 'Central Bank Independence and

Macroeconomic Performance: Some Comparative Evidence', *Journal of Money, Credit, and Banking*, May.

Alesina, A. and Tabellini, G. (1988), 'Credibility and Politics', *European Economic Review*, March.

Alesina, A., Barro, R.J. and Tenyero, S. (2002), 'Optimal Currency Area', *NBER Macroeconomics Annual*.

Alesina, A., Cohen , G. D. and Roubini, N. (1993), 'Electoral Business Cycles in Industrial Democracies', *European Journal of Political Economy*, March.

Alesina, A., Spolare, E. and Wacziarg, R. (2000), 'Economic Integration and Political Disintegration', *American Economic Review*, December.

Alesina, A., Spolare, E. and Wacziarg, R. (2005), 'Trade, Growth and the Size of Nations', in P. Aghion and S. Durlauf (eds), *Handbook of Economic Growth*, Amsterdam: Elsevier.

*Alesina, A. et al. (1996), 'Political Instability and Growth', *Journal of Economic Growth*, June.

Alesina, A. et al. (2003), 'Fractionalisation', *Journal of Economic Growth*, June.

Allsopp, C. and Vines, D. (2000), 'The Assessment: Macroeconomic Policy', *Oxford Review of Economic Policy*, Winter.

Alogoskoufis, G.S., Lockwood, B. and Philippopoulos, A. (1992), 'Wage Inflation, Electoral Uncertainty and the Exchange Rate Regime: Theory and UK Evidence', *Economic Journal*, November.

Alston, R., Kearl, J.R. and Vaughan, M.B. (1992), 'Is There a Consensus Among Economists in the 1990s?' *American Economic Review*, May.

Alt, J.E. (1985), 'Political Parties, World Demand and Unemployment: Domestic and International Sources of Economic Activity', *American Political Science Review*.

Alt, J.E. and Alesina, A. (1996), 'Political Economy: An Overview', in R.E. Goodin and H.D. Klingerman (eds), *A New Handbook of Political Science*, Oxford: Oxford University Press.

Alt, J.E. and Chrystal, A. (1983), *Political Economics*, Brighton, UK: Wheatsheaf.

Altonji, J.G. (1986), 'Intertemporal Substitution in Labour Supply: Evidence from Micro Data', *Journal of Political Economy*, June.

Alvi, E. (1993), 'Near Rationality/Menu Costs, Strategic Complementarity and Real Rigidity: An Integration', *Journal of Macroeconomics*, Fall.

Andersen, T.M. (1994), *Price Rigidity*, Oxford: Clarendon Press.

Ando, A. and Modigliani, F. (1965), 'The Relative Stability of Monetary Velocity and the Investment Multiplier', *American Economic Review*, September.

Arestis, P. (1996), 'Post Keynesian Economics: Towards Coherence', *Cambridge Journal of Economics*, January.

Arestis, P. (1997), *Money, Pricing, Distribution and Investment*, London: Macmillan.

*Arestis, P. and Sawyer, M. (1998), 'Keynesian Economic Policies for the New Millennium', *Economic Journal*, January.

Arnold, L.G. (2002), *Business Cycle Theory*, Oxford: Oxford University Press.

Arrow, K.J. (1962), 'The Economic Implications of Learning By Doing', *Review of Economic Studies*, June.

Arrow, K.J. and Hahn, F.H. (1971), *General Equilibrium Analysis*, San Francisco: Holden-Day.

*Artadi, E. and Sala-i-Martin, X. (2003), 'The Economic Tragedy of the Twentieth Century: Growth in Africa', NBER Working Paper, No. 9865, July.

Artis, M., Mizen, P. and Kontolemis, Z. (1998), 'Inflation Targeting: What Can the ECB Learn From the Recent Experience of the Bank of England?', *Economic Journal*, November.

Atkinson, A.B. and Micklewright, J. (1991), 'Unemployment Compensation and Labour Market Transitions: A Critical Review', *Journal of Economic Literature*, December.

Attfield, C.L.F., Demery, D. and Duck, N.W. (1985), *Rational Expectations in Macroeconomics: An Introduction to Theory and Evidence*, Oxford: Basil Blackwell.

Azariadis, C. (1975), 'Implicit Contracts and Underemployment Equilibria', *Journal of Political Economy*, December.

*Backhouse, R.E. (1995), *Interpreting Macroeconomics: Explorations in the History of Macroeconomic Thought*, London: Routledge.

*Backhouse, R.E. (1997a), 'The Rhetoric and Methodology of Modern Macroeconomics', in B. Snowdon and H.R. Vane (eds), *Reflections on the Development of Modern Macroeconomics*, Cheltenham, UK and Lyme, USA: Edward Elgar.

Backhouse, R.E. (1997b), *Truth and Progress in Economic Knowledge*, Cheltenham, UK and Lyme, USA: Edward Elgar.

Backhouse, R.E. (2002), 'Say's Law', in B. Snowdon and H.R. Vane (eds), *An Encyclopedia of Macroeconomics*, Cheltenham, UK and Northampton, MA, USA: Edward Elgar.

Backhouse, R.E. (2004), 'What was Lost with IS-LM', in M. De Vroey and K.D. Hoover (eds), *The IS–LM Model: Its Rise, Fall and Strange Persistence*, Durham, NC: Duke University Press.

Backus, D. and Driffill, J. (1985), 'Inflation and Reputation', *American Economic Review*, June.

Backus, D.K. and Kehoe, P.J. (1992), 'International Evidence on the Historical Properties of Business Cycles', *American Economic Review*, September.

Backus, D.K., Kehoe, P.J. and Kydland, F.E. (1992), 'International Real Business Cycles', *Journal of Political Economy*, August.

Bailey, M.N. (1974), 'Wages and Unemployment under Uncertain Demand', *Review of Economic Studies*, January.

Bailey, M.N. (1978), 'Stabilisation Policy and Private Economic Behaviour', *Brookings Papers on Economic Activity*.

Bain, K. and Howells, P. (2003), *Monetary Economics: Policy and Its Theoretical Basis*, Basingstoke: Palgrave.

Bairoch, P. (1993), *Economics and World History: Myths and Paradoxes*, Hemel Hempstead: Harvester Wheatsheaf.

Balassa, B. (1989), 'Outward Orientation', in H. Chenery and T.N. Srinivasan (eds), *Handbook of Development Economics Vol. II*, Amsterdam: North-Holland.

*Baldwin, R.E. (2000), 'Trade and Growth: Still Disagreement About the Relationships', OECD Economics Department Working Paper, No. 264, www.oecd.org/eco/eco

Baldwin, R.E., Martin, P. and Ottaviano, G.P. (2001), 'Global Income Divergence, Trade, and Industrialisation: The Geography of Growth Take-offs', *Journal of Economic Growth*, March.

Ball, L. (1990), 'Insiders and Outsiders: A Review Essay', *Journal of Monetary Economics*, December.

Ball, L. (1991), 'The Genesis of Inflation and the Costs of Disinflation', *Journal of Money, Credit, and Banking*, August.

Ball, L. (1994), 'What Determines the Sacrifice Ratio?', in N.G. Mankiw (ed.), *Monetary Policy*, Chicago: University of Chicago Press.

Ball, L. (1995), 'Time-consistent Policy and Persistent Changes in Inflation', *Journal of Monetary Economics*, November.

*Ball, L. (1999), 'Aggregate Demand and Long-Run Unemployment', *Brookings Papers on Economic Activity*.

Ball, L. and Cecchetti, S.G. (1988), 'Imperfect Information and Staggered Price Setting', *American Economic Review*, December.

*Ball, L. and Mankiw, N.G. (2002), 'The NAIRU in Theory and Practice', *Journal of Economic Perspectives*, Fall.

Ball, L. and Romer, D. (1990), 'Real Rigidities and the Non-Neutrality of Money', *Review of Economic Studies*, April.

Ball, L. and Romer, D. (1991), 'Sticky Prices as Coordination Failure', *American Economic Review*, June.

Ball, L. and Sheridan, N. (2003), 'Does Inflation Targeting Matter?, NBER Working Paper, No. 9577, March.

Ball, L., Mankiw, N.G. and Romer, D. (1988), 'The New Keynesian Economics and the Output–Inflation Trade-off', *Brookings Papers on Economic Activity*.

Balls, E. and O'Donnell, G. (eds) (2002), *Reforming Britain's Economic and Financial Policy*, Basingstoke: Palgrave.

Bank of England (1999), *Economic Models at the Bank of England*, London: Bank of England.

Bank of England (2003), 'Expectations of Inflation in the UK', *Bank of England Quarterly Bulletin*, Autumn.

Bardhan, P. (1993), 'Economics of Development and the Development of Economics', *Journal of Economic Perspectives*, Spring.

Barens, I. and Caspari, V. (1999), 'Old Views and New Perspectives: On Rereading Hicks's "Mr. Keynes and the Classics"', *European Journal of the History of Economic Thought*, Summer.

Barro, R.J. (1974), 'Are Government Bonds Net Wealth?', *Journal of Political Economy*, November/December.

Barro, R.J. (1977a), 'Unanticipated Money Growth and Unemployment in the United States', *American Economic Review*, March.

Barro, R.J. (1977b), 'Long-Term Contracting, Sticky Prices and Monetary Policy', *Journal of Monetary Economics*, July.

Barro, R.J. (1978), 'Unanticipated Money, Output and the Price Level in the United States', *Journal of Political Economy*, August.

*Barro, R.J. (1979), 'Second Thoughts on Keynesian Economics', *American Economic Review*, May.

Barro, R.J. (1981), 'Output Effects of Government Purchases', *Journal of Political Economy*, December.

*Barro, R.J. (1984), 'What Survives of the Rational Expectations Revolution? Rational Expectations and Macroeconomics in 1984', *American Economic Review*, May.

*Barro, R.J. (1986), 'Recent Developments in the Theory of Rules Versus Discretion', *Economic Journal*, Supplement.

*Barro, R.J. (1989a), 'New Classicals and Keynesians, or the Good Guys and the Bad Guys', *Schweizerische Zeitschrift für Volkswirtschaft und Statistik*.

*Barro, R.J. (1989b), 'The Ricardian Approach to Budget Deficits', *Journal of Economic Perspectives*, Spring.

Barro, R.J. (ed.) (1989c), *Modern Business Cycle Theory*, Cambridge, MA: Harvard University Press.

Barro, R.J. (1991), 'Economic Growth in a Cross Section of Countries', *Quarterly Journal of Economics*, May.

Barro, R.J. (1993), *Macroeconomics*, 4th edn, New York: John Wiley.

Barro, R.J. (1994), 'Interview with Robert Barro', in B. Snowdon, H.R. Vane and P. Wynarczyk, *A Modern Guide to Macroeconomics: An Introduction to Competing Schools of Thought*, Aldershot, UK and Brookfield, USA: Edward Elgar.

*Barro, R.J. (1995), 'Inflation and Economic Growth', *Bank of England Quarterly Bulletin*, May.

Barro, R.J. (1996), 'Democracy and Growth', *Journal of Economic Growth*, March.

*Barro, R.J. (1997), *Determinants of Economic Growth*, Cambridge, MA: MIT Press.

Barro, R.J. (1999), 'Determinants of Democracy', *Journal of Political Economy*, December.

Barro, R.J. (2000), 'Inequality and Growth in a Panel of Countries', *Journal of Economic Growth*, March.

Barro, R.J. and Gordon, D.B. (1983a), 'Rules, Discretion and Reputation in a Model of Monetary Policy', *Journal of Monetary Economics*, July.

Barro, R.J. and Gordon, D.B. (1983b), 'A Positive Theory of Monetary Policy in a Natural Rate Model', *Journal of Political Economy*, July.

Barro, R.J. and Grossman, H. (1976), *Money, Employment and Inflation*, New York: Cambridge University Press.

Barro, R.J. and McCleary, R.M. (2003), 'Religion and Economic Growth', *American Sociological Review*, October.

Barro, R.J. and Rush, M. (1980), 'Unanticipated Money and Economic Activity', in S. Fischer (ed.), *Rational Expectations and Economic Policy*, Chicago: University of Chicago Press.

Barro, R.J. and Sala-i-Martin, X. (1995), *Economic Growth*, New York: McGraw-Hill.

Barro, R.J. and Sala-i-Martin, X. (1997), 'Technological Diffusion and Convergence', *Journal of Economic Growth*, March.

Barro, R.J. and Sala-i-Martin, X. (2003), *Economic Growth*, 2nd edn, Cambridge, MA: MIT Press.

Barsky, R.B. and Kilian, L. (2001), 'Do We Really Know that Oil Caused the Great Stagflation?', *NBER Macroeconomics Annual*.

Bartels, L.M. and Brady, H.E. (2003), 'Economic Behaviour in Political Context', *American Economic Review*, May.

Bates, R.H. (1981), *Markets and States in Tropical Africa*, Berkeley, CA: University of California Press.

Bates, R.H. (2001), *Prosperity and Violence: The Political Economy of Development*, New York: W.W. Norton.

Baumol, W.J. (1952), 'The Transactions Demand for Cash: An Inventory Theoretic Approach', *Quarterly Journal of Economics*, November.

Baumol, W.J. (1977), 'Say's (at least) Eight Laws, or What Say and James Mill May Really Have Meant', *Economica*, May.

*Baumol, W.J. (1986), 'Productivity Growth, Convergence and Welfare: What the Long-Run Data Show', *American Economic Review*, December.

*Baumol, W.J. (1990), 'Entrepreneurship: Productive, Unproductive and Destructive', *Journal of Political Economy*, October.

Baumol, W.J. (1999), 'Say's Law', *Journal of Economic Perspectives*, Winter.

Baumol, W.J. (2002), *The Free-market Innovation Machine: Analysing the Growth Miracle of Capitalism*, Princeton: Princeton University Press.

Baumol, W.J., Blackman, S.A.B. and Wolfe, E.N. (1989), *Productivity and American Leadership*, Cambridge, MA: MIT Press.

Baumol, W.J., Nelson, R.R. and Wolfe, E.N. (1994), *The Convergence of Productivity: Cross National Studies and Historical Evidence*, Oxford: Oxford University Press.

*Bean, C.R. (1994), 'European Unemployment: A Survey', *Journal of Economic Literature*, June.

*Bean, C. (1998), 'The New UK Monetary Arrangements: A View From the Literature', *Economic Journal*, November.

Bean, C.R., Layard, R. and Nickell, S.J. (eds) (1986), *The Rise in Unemployment*, Oxford: Basil Blackwell.

*Beaud, M. and Dostaler, G. (1997), *Economic Thought Since Keynes: A History and Dictionary of Major Economists*, London: Routledge.

Becker, G.S., Philipson, T.J. and Soares, R.R. (2003), 'The Quantity and Quality of Life and the Evolution of World Inequality', NBER Working Paper, No. 9765.

Begg, D.K.H. (1982), *The Rational Expectations Revolution in Macroeconomics: Theories and Evidence*, Oxford: Philip Allan.

Begg, D.K.H., Dornbusch, R. and Fischer, S. (2003), *Economics*, 7th edn, Maidenhead: McGraw-Hill.

Benabou, R. (1996), 'Inequality and Growth', *NBER Macroeconomics Annual*.

Bénassy, J.P. (1993), 'Nonclearing Markets: Microeconomic Concepts and Macroeconomic Applications', *Journal of Economic Literature*, June.

Ben-David, D. (1996), 'Trade and Convergence Among Countries', *Journal of International Economics*, May.

Ben-David, D. and Loewy, M.B. (1998), 'Free Trade, Growth and Convergence', *Journal of Economic Growth*, June.

Benjamin, D.K. and Kochin, L.A. (1979), 'Searching for an Explanation of Unemployment in Inter-war Britain', *Journal of Political Economy*, June.

Benson Durham, J. (1999), 'Economic Growth and Political Regimes', *Journal of Economic Growth*, March.

Berger, H., de Hahn, J. and Eijffinger, S.C.W. (2001), 'Central Bank Independence: An Update of Theory and Evidence', *Journal of Economic Surveys*, February.

Bernanke, B.S. (1983), 'Non-Monetary Effects of the Financial Crisis in the Propagation of the Great Depression', *American Economic Review*, June.

Bernanke, B.S. (1993), 'The World on a Cross of Gold: A Review of "Golden Fetters", the Gold Standard and the Great Depression', *Journal of Monetary Economics*, April.

Bernanke, B.S. (1995), 'The Macroeconomics of the Great Depression: A Comparative Approach', *Journal of Money, Credit, and Banking*, February.

*Bernanke, B.S. (2000), *Essays on the Great Depression*, Princeton: Princeton University Press.

Bernanke, B.S. and Carey, K. (1996), 'Nominal Wage Stickiness and Aggregate Supply in the Great Depression', *Quarterly Journal of Economics*, August.

Bernanke, B.S. and Gertler, M. (1989), 'Agency Costs, Net Worth and Business Fluctuations', *American Economic Review*, March.

Bernanke, B.S. and Gertler, M. (1995), 'Inside the Black Box: The Credit Channel of Monetary Policy Transmission', *Journal of Economic Perspectives*, Fall.

Bernanke, B.S. and Gurkaynak, R. (2001), 'Is Growth Endogenous? Taking Mankiw, Romer and Weil Seriously', *NBER Macroeconomics Annual*.

Bernanke, B.S. and James, H. (1991), 'The Gold Standard, Deflation and Financial Crisis in the Great Depression: An International Comparison', in R.G. Hubbard (ed.), *Financial Markets and Financial Crisis*, Chicago: University of Chicago Press.

Bernanke, B.S. and Mishkin, F.S. (1992), 'Central Bank Behaviour and the Strategy of Monetary Policy: Observations From Six Industrialised Countries', *NBER Macroeconomics Annual*.

*Bernanke, B.S. and Mishkin, F.S. (1997), 'Inflation Targeting: A New Framework for Monetary Policy', *Journal of Economic Perspectives*, Spring.

Bernanke, B.S. and Parkinson, M.L. (1991), 'Procyclical Labour Productivity and Competing Theories of the Business Cycle: Some Evidence from Interwar US Manufacturing Industries', *Journal of Political Economy*, June.

Bernanke, B.S. and Woodford, M. (1997), 'Inflation Forecasts and Monetary Policy', *Journal of Money, Credit, and Banking*, November.

*Bernanke, B.S. and Woodford, M. (eds) (2004), *Inflation Targeting*, Chicago: University of Chicago Press.

Bernanke, B.S., Gertler, M. and Watson, M. (1997), 'Systematic Monetary Policy and the Effects of Oil Price Shocks', *Brookings Papers on Economic Activity*.

*Bernanke, B.S., Laubach, T., Mishkin, F.S. and Posen, A.S. (1999), *Inflation Targeting: Lessons from the International Experience*, Princeton: Princeton University Press.

Besley, T. and Case, A. (2003), 'Political Institutions and Policy Choices: Evidence From the United States', *Journal of Economic Literature*, March.

Bhagwati, J. (1966), *The Economics of Underdeveloped Countries*, London: Weidenfeld and Nicolson.

Bhagwati, J. (1978), *Foreign Trade Regimes and Economic Development: Anatomy and Consequences of Exchange Control Regimes*, Cambridge, MA: Ballinger.

Bhagwati, J. (1984), 'Development Economics: What Have We Learned?', *Asian Development Review*.

Bhagwati, J. (1988), 'Poverty and Public Policy', *World Development*, May.

Bhagwati, J. (1993), *India in Transition: Freeing the Economy*, Oxford: Clarendon Press.

Bhagwati, J. (1995), 'Democracy and Development: New Thinking on an Old Question', *Journal of Democracy*, October.

Bhagwati, J. (2000), *The Wind of the Hundred Days: How Washington Mismanaged Globalisation*, Cambridge, MA: MIT Press.

*Bhagwati, J. (2004), *In Defence of Globalisation*, Oxford: Oxford University Press.

Bhagwati, J. and Srinivasan, T.N. (2001), 'Outward Orientation and Development: Are the Revisions Right?', in D. Lall and R. Snape (eds), *Essays in Honour of Anne A. Krueger*, Basingstoke: Palgrave.

*Bhagwati, J. and Srinivasan, T.N. (2002), 'Trade and Poverty in Poor Countries', *American Economic Review*, May.

Bhaskar, V., Machin, S. and Reid, G.C. (1993), 'Price and Quantity Adjustment Over the Business Cycle: Evidence From Survey Data', *Oxford Economic Papers*, April.

Black, F. (1987), *Business Cycles and Equilibrium*, Oxford: Basil Blackwell.

Blackburn, K. (1987), 'Macroeconomic Policy Evaluation and Optimal Control Theory: A Critical Review of Some Recent Developments', *Journal of Economic Surveys*.

*Blackburn, K. (1992), 'Credibility and Time-Consistency in Monetary Policy', in K. Dowd and M.K. Lewis (eds), *Current Issues in Financial and Monetary Economics*, Basingstoke: Macmillan.

Blackburn, K. (1999), 'Can Stabilisation Policy Reduce Long-Run Growth?', *Economic Journal*, January.

*Blackburn, K. and Christensen, M. (1989), 'Monetary Policy and Policy Credibility', *Journal of Economic Literature*, March.

Blackburn, K. and Ravn, M.O. (1992), 'Business Cycles in the UK: Facts and Fictions', *Economica*, November.

Blanchard, O.J. (1984), 'The Lucas Critique and the Volcker Deflation', *American Economic Review*, May.

Blanchard, O.J. (1986), 'Reaganomics', *Economic Policy*, October.

Blanchard, O.J. (1990a), 'Why Does Money Affect Output? A Survey', in B.M. Friedman and F.H. Hahn (eds), *Handbook of Monetary Economics*, New York: North-Holland.

Blanchard, O.J. (1990b), 'Comment on B.T. McCallum, New Classical Macroeconomics: A Sympathetic Account' in S. Honkapohja (ed.), *The State of Macroeconomics*, Oxford: Basil Blackwell.

Blanchard, O.J. (1992), 'For a Return to Pragmatism', in M. Belongia and M. Garfinkel (eds), *The Business Cycle: Theories and Evidence*, London: Kluwer Academic Publishers.

Blanchard, O.J. (1997a), *Macroeconomics*, New Jersey: Prentice-Hall.

*Blanchard, O.J. (1997b), 'Is There a Core of Usable Macroeconomics?', *American Economic Review*, May.

*Blanchard, O.J. (2000), 'What Do We Know About Macroeconomics that Fisher and Wicksell Did Not?', *Quarterly Journal of Economics*, November.

*Blanchard, O.J. (2003), *Macroeconomics*, 3rd edn, New Jersey: Prentice-Hall.

Blanchard, O.J. and Fischer, S. (1989), *Lectures on Macroeconomics*, Cambridge, MA: MIT Press.

Blanchard, O.J. and Katz, L.F. (1997), 'What We Know and Do Not Know About the Natural Rate of Unemployment', *Journal of Economic Perspectives*, Winter.

Blanchard, O.J. and Kiyotaki, N. (1987), 'Monopolistic Competition and the Effects of Aggregate Demand', *American Economic Review*, September.

Blanchard, O.J. and Quah, D. (1989), 'The Dynamic Effects of Aggregate Demand and Supply Disturbances', *American Economic Review*, September.

Blanchard, O.J. and Summers, L.H. (1986), 'Hysteresis and the European Unemployment Problem', *NBER Macroeconomics Annual*.

Blanchard, O.J. and Summers, L.H. (1988), 'Beyond the Natural Rate Hypothesis', *American Economic Review*, May.

Blanchard, O.J. and Wolfers, J. (2000), 'The Role of Shocks and Institutions in the Rise of European Unemployment: The Aggregate Evidence', *Economic Journal*, March.

Blaug, M. (1991a), *The Historiography of Economics*, Aldershot, UK and Brookfield, USA: Edward Elgar.

*Blaug, M. (1991b), 'Second Thoughts on the Keynesian Revolution', *History of Political Economy*, Summer.

Blaug, M. (1992), *The Methodology of Economics: Or, How Economists Explain*, 2nd edn, Cambridge: Cambridge University Press.

Blaug, M. (1994), 'Not Only an Economist – Autobiographical Reflections of a Historian of Economic Thought', *American Economist*, Fall.

Blaug, M. (1997), *Economic Theory in Retrospect*, 5th edn, Cambridge: Cambridge University Press.

*Blaug, M. (2002), 'Endogenous Growth Theory', in B. Snowdon and H.R. Vane (eds), *An Encyclopedia of Macroeconomics*, Cheltenham, UK and Northampton, MA, USA: Edward Elgar.

*Blaug, M. and Vane, H.R. (2003), *Who's Who in Economics*, 4th edn, Cheltenham, UK and Northampton, MA, USA: Edward Elgar.

Blaug, M. et al. (1995), *The Quantity Theory of Money: From Locke to Keynes and Friedman*, Aldershot, UK and Brookfield, USA: Edward Elgar.

Bleaney, M. (1985), *The Rise and Fall of Keynesian Economics*, London: Macmillan.

Bleaney, M. (1996), 'Central Bank Independence, Wage Bargaining Structure and Macroeconomic Performance in OECD Countries', *Oxford Economic Papers*, January.

Blinder, A.S. (1979), *Economic Policy and the Great Stagflation*, London: Academic Press.

Blinder, A.S. (1986), 'Keynes after Lucas', *Eastern Economic Journal*, July/September.

Blinder, A.S. (1987a), *Hard Heads, Soft Hearts: Tough-Minded Economics for a Just Society*, New York: Addison-Wesley.

*Blinder, A.S. (1987b), 'Keynes, Lucas and Scientific Progress', *American Economic Review*, May.

Blinder, A.S. (1988a), 'The Challenge of High Unemployment', *American Economic Review*, May.

*Blinder, A.S. (1988b), 'The Fall and Rise of Keynesian Economics', *Economic Record*, December.

Blinder, A.S. (1991), 'Why Are Prices Sticky? Preliminary Results From An Interview Study', *American Economic Review*, May.

Blinder, A.S. (1992a), 'Déjà Vu All Over Again', in M. Belongia and M. Garfinkel (eds), *The Business Cycle: Theories and Evidence*, London: Kluwer Academic Publishers.

Blinder, A.S. (1992b), 'A Keynesian Restoration is Here', *Challenge*, September/October.

Blinder, A.S. (1994), 'On Sticky Prices: Academic Theories Meet the Real World', in N.G. Mankiw (ed.), *Monetary Policy*, Chicago: University of Chicago Press.

*Blinder, A.S. (1997a), 'Is There a Core of Practical Macroeconomics That We Should All Believe?', *American Economic Review*, May.

*Blinder, A.S. (1997b), 'What Central Bankers Can Learn From Academics and Vice Versa', *Journal of Economic Perspectives*, Spring.

Blinder, A.S. (1998), *Central Banking in Theory and Practice*, Cambridge, MA: MIT Press.

Blinder, A.S. and Solow, R.M. (1973), 'Does Fiscal Policy Matter?', *Journal of Public Economics*, November.

*Bloom, D.E and Sachs, J. (1998), 'Geography, Demography and Economic Growth in Africa', *Brookings Papers on Economic Activity*.

Bloom, D.E., Canning, D. and Jamison, D.T. (2004), 'Health, Wealth and Welfare', *Finance and Development*, March.

Bloom, D.E., Canning, D. and Sevilla, J. (2003), 'Geography and Poverty Traps', *Journal of Economic Growth*, December.

Böhm-Bawerk, E. v. (1959 [1884;1889;1909]), *Capital and Interest*, 3 vols, South Holland, IL: Libertarian Press.

Bolton, P. and Roland, G. (1997), 'The Breakup of Nations: A Political Economy Analysis', *Quarterly Journal of Economics*, November.

Boone, P. (1996), 'Politics and the Effectiveness of Aid', *European Economic Review*, February.

Booth, A. (1985), 'The Keynesian Revolution and Economic Policy-making – A Reply', *Economic History Review*, February.

Bordo, M.D. and Schwartz, A.J. (2003), 'IS-LM and Monetarism', NBER Working Paper, No.9713, May.

Bordo, M.D., Choudhri, E.U. and Schwartz, A.J. (2002a), 'Was Expansionary Monetary Policy Feasible During the Great Contraction? An Exploration of the Gold Standard', *Explorations in Economic History*, January.

*Bordo, M.D., Goldin, C. and White, E.N. (1998), *The Defining Moment: the Great Depression and the American Economy in the Twentieth Century*, Chicago: University of Chicago Press.

*Bordo, M.D., Taylor, A. and Williamson, J.G. (eds) (2002b), *Globalisation in Historical Perspective*, Chicago: University of Chicago Press.

Boskin, M.J. (1996), *Towards a More Accurate Measure of the Cost of Living*, Final Report to the Committee on Finance of the US Senate.

*Bosworth, B.P. and Collins, S.M. (2003), 'The Empirics of Growth: An Update', *Brookings Papers on Economic Activity*.

*Bourguignon, F. and Morrisson, C. (2002), 'Inequality Among World Citizens: 1820–1992', *American Economic Review*, September.

Brandolini, A. (1995), 'In Search of a Stylised Fact: Do Real Wages Exhibit a Consistent Pattern of Cyclical Variability?', *Journal of Economic Surveys*, June.

Braun, R.A. and Evans, C.L. (1998), 'Seasonal Solow Residuals and Christmas: A Case for Labour Hoarding and Increasing Returns', *Journal of Money, Credit, and Banking*, August.

Brendon, P. (2000), *The Dark Valley: A Panorama of the 1930s*, London: Jonathan Cape.

Bridel, P. (1987), *Cambridge Monetary Thought*, New York: St Martin's Press.

Brimmer, A.F. (1983), 'Monetary Policy and Economic Activity: Benefits and Costs of Monetarism', *American Economic Review*, May.

*Britton, A. (2002), 'Macroeconomics and History', *National Institute Economic Review*, January.

Bronfenbrenner, M. (ed.) (1969), *Is the Business Cycle Obsolete?*, New York: Wiley.

Broughton, J.M. (2003), 'On the Origins of the Fleming–Mundell Model', *IMF Staff Papers*, April.

Brown, G. (1997), 'Letter from the Chancellor to the Governor: 6th May 1997', *Bank of England Quarterly Bulletin*, August.

Brown, G. (2001), 'The Conditions for High and Stable Growth and Employment', *Economic Journal*, May.

Bruno, M. and Sachs, J.D. (1985), *The Economics of Worldwide Stagflation*, Cambridge, MA: Harvard University Press.

Brunner, K. (1968), 'The Role of Money and Monetary Policy', *Federal Reserve Bank of St. Louis Review*, July.

Brunner, K. (1970), 'The Monetarist Revolution in Monetary Theory', *Weltwirtschaftliches Archiv*, March.

Buchanan, J.M. (1976), 'Barro on the Ricardian Equivalence Theorem', *Journal of Political Economy*, April.

Buchanan, J.M. and Wagner, R.E. (1978), 'Democracy and Keynesian Contributions: Political Biases and Economic Consequences', in J.M. Buchanan, J. Burton and R.E. Wagner, *The Consequences of Mr Keynes*, London: Institute of Economic Affairs.

*Buchanan, J.M., Burton, J. and Wagner, R.E. (1978), *The Consequences of Mr Keynes*, London: Institute of Economic Affairs.

*Budd, A. (1998), 'The Role and Operations of the Bank of England Monetary Policy Committee', *Economic Journal*, November.

Buiter, W.H. (1980), 'The Macroeconomics of Dr. Pangloss: A Critical Survey of the New Classical Macroeconomics', *Economic Journal*, March.

*Buiter, W.H. (2003a), 'James Tobin: An Appreciation of His Contribution to Economics', *Economic Journal*, November.

Buiter, W.H. (2003b), 'Deflation: Prevention and Cure', NBER Working Paper, No. 9623, April.

Burns, A. (1959), 'Progress Towards Economic Stability', *American Economic Review*, May.

Burns, A.F. and Mitchell, W.C. (1946), *Measuring Business Cycles*, New York: NBER.

Burnside, C., Eichenbaum, M. and Rebelo, S. (1995), 'Capital Utilization and Returns to Scale', *NBER Macroeconomics Annual*.

Burton, J. (1981), 'Positively Milton Friedman', in J.R. Shackleton and G. Locksley (eds), *Twelve Contemporary Economists*, London: Macmillan.

现代宏观经济学：起源、发展和现状

Cagan, P. (1956), 'The Monetary Dynamics of Hyperinflation', in M. Friedman (ed.), *Studies in the Quantity Theory of Money*, Chicago: University of Chicago Press.

Cagan, P. (1993), 'Does Endogeneity of the Money Supply Disprove Monetary Effects on Economic Activity?', *Journal of Macroeconomics*, Summer.

Cairncross, F. and Cairncross, A. (eds) (1992), *The Legacy of the Golden Age: The 1960s and their Economic Consequences*, London: Routledge.

Campbell, J.Y. and Mankiw, N.G. (1987), 'Are Output Fluctuations Transitory?', *Quarterly Journal of Economics*, November.

Campbell, J.Y. and Mankiw, N.G. (1989), 'International Evidence on the Persistence of Economic Fluctuations', *Journal of Monetary Economics*, March.

Capelli, P. and Chauvin, K. (1991), 'An Interplant Test of the Efficiency Wage Hypothesis', *Quarterly Journal of Economics*, August.

Capie, F.H. (ed.) (1991), *Major Inflations in History*, Aldershot, UK and Brookfield, USA: Edward Elgar.

Caplin, A.S. and Spulber, D.F. (1987), 'Menu Costs and the Neutrality of Money', *Quarterly Journal of Economics*, November.

Caporale, T. (1993), 'Knut Wicksell: Real Business Cycle Theorist', *Scottish Journal of Political Economy*, November.

Caporale, G.M. (1993), 'Productivity Shocks and Business Cycles', *Applied Economics*, August.

Carabelli, A.M. (1988), *On Keynes's Method*, New York: St Martin's Press.

Carlin, W. and Soskice, D. (1990), *Macroeconomics and the Wage Bargain*, Oxford: Oxford University Press.

Carmignani, F. (2003), 'Political Instability, Uncertainty and Economics', *Journal of Economic Surveys*, February.

Carlson, K.M. and Spencer, R.W. (1975), 'Crowding Out and Its Critics', *Federal Reserve Bank of St. Louis Monthly Review*, December.

Carlton, D.W. (1986), 'The Rigidity of Prices', *American Economic Review*, September.

Carter, M. and Maddock, R. (1984), *Rational Expectations: Macroeconomics for the 1980s?*, London: Macmillan.

Carvalho, F.J.C.D. (1995/6), 'The Independence of Central Banks: A Critical Assessment of the Arguments', *Journal of Post Keynesian Economics*, Winter.

Cass, D. (1965), 'Optimum Growth in an Aggregative Model of Capital Accumulation', *Review of Economic Studies*, July.

Cecchetti, S.G. (1998), 'Understanding the Great Depression: Lessons for Current Policy', in M. Wheeler (ed.), *The Economics of the Great Depression*, Kalamazoo, MI: W.E. Upjohn Institute for Employment Research.

Cecchetti, S.G. (2000), 'Making Monetary Policy: Objectives and Rules', *Oxford Review of Economic Policy*, Winter.

Cesaratto, S. (1999), 'Savings and Economic Growth in Neoclassical Theory', *Cambridge Journal of Economics*.

Chadha, B. and Prasad, E. (1993), 'Interpreting the Cyclical Behavior of Prices', *IMF Staff Papers*, June.

Chadha, B., Masson, P.R. and Meredith, G. (1992), 'Models of Inflation and the Costs of Disinflation', *IMF Staff Papers*, June.

Chamberlin, E.H. (1933), *The Theory of Monopolistic Competition*, Cambridge, MA: Harvard University Press.

Chappell, H.W. with Havrilesky, T.M. and McGregor, R.R. (1993), 'Partisan Monetary Policies: Presidential Influence through the Power of Appointment', *Quarterly Journal of Economics*, February.

*Chari, V. (1998), 'Nobel Laureate Robert E. Lucas Jr: Architect of Modern Macroeconomics', *Journal of Economic Perspectives*, Winter.

Chari, V.V., Kehoe, P.J. and McGrattan, E.R. (2002), 'Accounting for the Great Depression', *American Economic Review*, May.

Chatterjee, S. (1999), 'Real Business Cycles: A Legacy of Countercyclical Policies', *Federal Reserve Bank of Philadelphia Business Review*, January/February.

Chenery, H.B. and Strout, A.M. (1966), 'Foreign Assistance and Economic Development', *American Economic Review*, September.

Chick, V. (1983), *Macroeconomics After Keynes: A Reconsideration of the General Theory*, Oxford: Philip Allan.

*Chick, V. (1995), 'Is There a Case for Post Keynesian Economics?', *Scottish Journal of Political Economy*, February.

Cho, J.O. and Cooley, T.F. (1995), 'The Business Cycle with Nominal Contracts', *Economic Theory*, June.

Choudri, E.U. and Kochin, L.A. (1980), 'The Exchange Rate and the International Transmission of Business Cycle Disturbances', *Journal of Money, Credit, and Banking*, November.

Chow, G.C. (1975), *Analysis and Control of Dynamic Economic Systems*, New York: John Wiley.

Christiano, L.J., Motto, R. and Rostagno, M. (2004), 'The Great Depression and the Friedman–Schwartz Hypothesis', NBER Working Paper, No. 10255, January.

Chrystal, K.A. (ed.) (1990), *Monetarism: Vols I and II*, Aldershot, UK and Brookfield, USA: Edward Elgar.

Clague, C., Keefer, P., Knack, S. and Olson, M. (1996), 'Property and Contract Rights in Autocracies and Democracies', *Journal of Economic Growth*, June.

Clarida, R., Gali, J. and Gertler, M. (1999), 'The Science of Monetary Policy:

A New Keynesian Perspective', *Journal of Economic Literature*, December.

Clarida, R., Gali, J. and Gertler, M. (2000), 'Monetary Policy Rules and Macroeconomic Stability: Some Evidence and Some Theory', *Quarterly Journal of Economics*, February.

Clark, G. (2003), 'The Great Escape: The Industrial Revolution in Theory and History', University of California, Davis, Working Paper, September.

Clower, R.W. (1965), 'The Keynesian Counter-Revolution: A Theoretical Appraisal', in F.H. Hahn and F.P.R. Brechling (eds), *The Theory of Interest Rates*, London: Macmillan.

Clower, R.W. and Howitt, P. (1996), 'Taking Markets Seriously: Groundwork for a Post Walrasian Macroeconomics' in D. Colander (ed.), *Beyond Microfoundations: Post Walrasian Macroeconomics*, New York: Cambridge University Press.

Cochran, J.P. (2001), 'Capital-Based Macroeconomics: Recent Developments and Extensions of Austrian Business Cycle Theory', *Quarterly Journal of Austrian Economics*.

Coddington, A. (1976), 'Keynesian Economics: The Search for First Principles', *Journal of Economic Literature*, December.

*Coddington, A. (1983), *Keynesian Economics: The Search For First Principles*, London: Allen and Unwin.

Coe, D.T., Helpman, E. and Hoffmaisler, A.W. (1997), 'North–South R and D Spillovers', *Economic Journal*, March.

Colander, D.C. (ed.) (1984), *Neoclassical Political Economy*, Cambridge, MA: Ballinger.

Colander, D.C. (1988), 'The Evolution of Keynesian Economics: From Keynes to New Classical to New Keynesian', in O.F. Hamouda and J.N. Smithin (eds), *Keynes and Public Policy After Fifty Years, Vol 1: Economics and Policy*, Aldershot, UK and Brookfield, USA: Edward Elgar.

Colander, D.C. (ed.) (1996), *Beyond Microfoundations: Post Walrasian Macroeconomics*, New York: Cambridge University Press.

Colander, D.C. (2004), 'The Strange Persistence of the IS–LM Model', in M. De Vroey and K.D. Hoover (eds), *The IS–LM Model: Its Rise, Fall and Strange Persistence*, Durham, NC: Duke University Press.

*Colander, D.C. et al. (1992), 'Symposium on New Keynesian Macroeconomics: The Emergence of the Microfoundations of Macroeconomics', *Eastern Economic Journal*, Fall.

Cole, H. and Ohanian, L.E. (1999), 'The Great Depression in the United States From a Neoclassical Perspective', *Federal Reserve Bank of Minneapolis Quarterly Review*, Winter.

Cole, H. and Ohanian, L.E. (2002a), 'The Great UK Depression: A Puzzle and Possible Resolution', *Review of Economic Dynamics*, January.

Cole, H. and Ohanian, L.E. (2002b), 'The US and UK Great Depressions Through the Lens of Neoclassical Growth Theory', *American Economic Review*, May.

*Collier, P. (2001), 'Implications of Ethnic Diversity', *Economic Policy*, April.

*Collier, P. and Gunning, J. (1999a), 'Explaining African Economic Performance', *Journal of Economic Literature*, March.

*Collier, P. and Gunning, J. (1999b), 'Why has Africa Grown So Slowly?', *Journal of Economic Perspectives*, Summer.

Collins, S.M. and Bosworth, B.P. (1996), 'Economic Growth in East Asia: Accumulation Versus Assimilation', *Brookings Papers on Economic Activity*.

Cooley, T.F. (ed.) (1995), *Frontiers of Business Cycle Research*, Princeton: Princeton University Press.

Cooley, T.F. (1997), 'Calibrated Models', *Oxford Review of Economic Policy*, Autumn.

Cooley, T.F. and Ohanian, L.E. (1991), 'The Cyclical Behaviour of Prices', *Journal of Monetary Economics*, August.

Cooley, T.F. and Ohanian, L.E. (1997), 'Postwar British Economic Growth and the Legacy of Keynes', *Journal of Political Economy*, June.

Cooley, T.F. and Prescott, E.C. (1995), 'Economic Growth and Business Cycles', in T.F. Cooley (ed.) *Frontiers of Business Cycle Research*, Princeton: Princeton University Press.

Cornwall, J. (ed.) (1984), *After Stagflation*, Oxford: Basil Blackwell.

Corry, B.A. (1962), *Money, Saving and Investment in English Economics, 1800–1850*, London: Macmillan.

Crafts, N.F.R. (1983), 'British Economic Growth, 1700–1831: A Review of the Evidence', *Economic History Review*, May.

Crafts, N.F.R. (1985), *British Economic Growth During the Industrial Revolution*, Oxford: Clarendon Press.

Crafts, N.F.R. (1994), 'The Industrial Revolution', in R. Floud and D. McCloskey (eds), *The Economic History of Britain Since 1700: Volume 1*, 2nd edn, Cambridge: Cambridge University Press.

Crafts, N.F.R. (1995), 'Exogenous or Endogenous Growth? The Industrial Revolution Reconsidered', *Journal of Economic History*, December.

*Crafts, N.F.R. (1996), 'Post-Neoclassical Endogenous Growth Theory: What are the Policy Implications?', *Oxford Review of Economic Policy*, Summer.

*Crafts, N.F.R. (1999), 'Economic Growth in the Twentieth Century', *Oxford Review of Economic Policy*, December.

Crafts, N.F.R. (2000), 'Globalisation and Growth', IMF Working Paper, No. 00/44, March.

Crafts, N.F.R. (2001), 'Historical Perspectives on Development', in G. Meier and J.E. Stiglitz (eds), *Frontiers of Development Economics: The Future in Perspective*, Oxford: Oxford University Press.

Crafts, N.F.R. (2003), 'Is Economic Growth Good for Us?', *World Economics*, July–September.

*Crafts, N.F.R. and Toniolo, G. (eds) (1996), *Economic Growth in Postwar Europe*, Cambridge: Cambridge University Press.

Crafts, N.F.R. and Venables, T. (2002), 'Globalisation and Geography: An Historical Perspective', in M. Bordo, A. Taylor and J.G. Williamson (eds), *Globalisation in Historical Perspective*, Chicago: University of Chicago Press.

Cross, R. (1982a), *Economic Theory and Policy in the U.K.: An Outline and Assessment of the Controversies*, Oxford: Martin Robertson.

Cross, R. (1982b), 'The Duhem–Quine Thesis, Lakatos and the Appraisal of Theories in Macroeconomics', *Economic Journal*, June.

Cross, R. (ed.) (1988), *Unemployment, Hysteresis and the Natural Rate Hypothesis*, Oxford: Basil Blackwell.

*Cross, R. (ed.) (1995), *The Natural Rate of Unemployment: Reflections on 25 Years of the Hypothesis*, Cambridge: Cambridge University Press.

Cross, R. (2002), 'Hysteresis', in B. Snowdon and H.R. Vane (eds), *An Encyclopedia of Macroeconomics*, Cheltenham, UK and Northampton, MA, USA: Edward Elgar.

Cross, R. et al. (1993), 'The NAIRU', *Journal of Economic Studies*.

Crucini, M.J. and Kahn, J. (1996), 'Tariffs and Aggregate Economic Activity: Lessons from the Great Depression', *Journal of Monetary Economics*, December.

Cukierman, A. (1992), *Central Bank Strategy, Credibility and Independence*, Cambridge, MA: MIT Press.

Cukierman, A. (1994), 'Central Bank Independence and Monetary Control', *Economic Journal*, November.

Cukierman, A. and Meltzer, A.H. (1986), 'A Positive Theory of Discretionary Policy, the Cost of a Democratic Government, and the Benefits of a Constitution', *Economic Inquiry*, July.

Cukierman, A., Edwards, S. and Tabellini, G. (1992), 'Seigniorage and Political Instability', *American Economic Review*, June.

Culbertson, J.M. (1960), 'Friedman on the Lag in Effect of Monetary Policy', *Journal of Political Economy*, December.

Culbertson, J.M. (1961), 'The Lag in Effect on Monetary Policy: Reply', *Journal of Political Economy*, October.

Cunningham Wood, J. (1983), *John Maynard Keynes: Critical Assessments*, Vols 1–4, Beckenham: Croom Helm.

Dalziel, P.C. (1991), 'Theoretical Approaches to Monetary Disinflation', *Journal of Economic Surveys*.

Danthine, J. P. ( 1997), 'In Search of a Successor to IS–LM', *Oxford Review of Economic Policy*, Autumn.

Danthine, J.P. and Donaldson, J.B. (1993), 'Methodological and Empirical Issues in Real Business Cycle Theory', *European Economic Review*, January.

Danziger, S., Van der Gaag, J., Smolensky, E. and Taussig, M. (1982–3), 'The Life Cycle Hypothesis and the Consumption Behaviour of the Elderly', *Journal of Post Keynesian Economics*, Winter.

Dasgupta, P. and Serageldin, I. (eds) (2000), *Social Capital: A Multifaceted Perspective*, Washington, DC: World Bank.

Davidson, G. and Davidson, P. (1988), *Economics for a Civilised World*, London: Macmillan.

Davidson, P. (1972), *Money and the Real World*, London: Macmillan.

Davidson, P. (1977), 'Money and General Equilibrium', *Economie Appliquée*.

*Davidson, P. (1978), *Money and the Real World*, 2nd edn, London: Macmillan.

Davidson, P. (1980), 'Post Keynesian Economics: Solving the Crisis in Economic Theory', *Public Interest*, Special Issue; reprinted in D. Bell and I. Kristol (eds) (1981), *The Crisis in Economic Theory*, New York: Basic Books.

Davidson, P. (1982), *International Money and the Real World*, London: Macmillan.

Davidson, P. (1982–3), 'Rational Expectations: A Fallacious Foundation for Studying Crucial Decision-Making Processes', *Journal of Post Keynesian Economics*, Winter.

Davidson, P. (1984), 'Reviving Keynes's Revolution', *Journal of Post Keynesian Economics*, Fall.

*Davidson, P. (1991), 'Is Probability Theory Relevant for Uncertainty? A Post Keynesian Perspective', *Journal of Economic Perspectives*, Winter.

*Davidson, P. (1994), *Post Keynesian Macroeconomic Theory: A Foundation for Successful Economic Policies for the Twenty-First Century*, Aldershot, UK and Brookfield, USA: Edward Elgar.

Davidson, P. (1996), 'What Revolution?: The Legacy of Keynes', *Journal of Post Keynesian Economics*, Fall.

Davidson, P. (2002), 'Restating the Purpose of the Journal of Post Keynesian Economics After 25 Years', *Journal of Post Keynesian Economics*, Fall.

Davidson, P. and Weintraub, S. (1973), 'Money As Cause or Effect', *Economic Journal*, March.

Davis, M.D. (1983), *Game Theory: A Non Technical Introduction*, New York: Basic Books.

Dawson, J.W. (1998), 'Institutions, Investment, and Growth: New Cross-Country and Panel Data Evidence', *Economic Inquiry*, October.

Deane, P. (1983), 'The Scope and Method of Economic Science', *Economic Journal*, March.

Deininger, K. and Squire, L. (1996), 'A New Dataset Measuring Income Inequality', *World Bank Economic Review*, September.

*DeLong, J.B. (1988), 'Productivity Growth, Convergence and Welfare: Comment', *American Economic Review*, December.

DeLong, J.B. (1992), 'Growth in the World Economy, ca. 1870–1990', in H. Siebert (ed.), *Economic Growth in the World Economy*, Tübingen: Mohr/Siebeck.

*DeLong, J.B. (1996), 'Keynesianism, Pennsylvania Avenue Style: Some Economic Consequences of the Employment Act of 1946', *Journal of Economic Perspectives*, Summer.

*DeLong, J.B. (1997), 'America's Only Peacetime Inflation: The 1970s', in C. Romer and D. Romer (eds) *Reducing Inflation: Motivation and Strategy*, Chicago: University of Chicago Press.

DeLong, J.B. (1998), 'America's Fiscal Policy in the Shadow of the Great Depression', in M. Bordo, C. Goldin and E. White (eds), *The Defining Moment: The Great Depression and the American Economy in the Twentieth Century*, Chicago: University of Chicago Press.

DeLong, J.B. (1999a), 'Introduction to the Symposium on Business Cycles', *Journal of Economic Perspectives*, Spring.

DeLong, J.B. (1999b), 'Why we Should Fear Deflation', *Brookings Papers on Economic Activity*.

DeLong, J.B. (1999c), 'Financial Crises in the 1890s and 1990s: Must History Repeat Itself?', *Brookings Papers on Economic Activity*.

*DeLong, J.B. (2000), 'The Triumph of Monetarism?', *Journal of Economic Perspectives*, Winter.

DeLong, J.B. (2001), *Macroeconomics*, Burr Ridge: McGraw-Hill Higher Education.

DeLong, J.B. and Dowrick, S. (2002), 'Globalisation and Convergence', in M. Bordo, A. Taylor and J.G. Williamson (eds), *Globalisation in Historical Perspective*, Chicago: University of Chicago Press.

DeLong, J.B. and Eichengreen, B. (1993), 'The Marshall Plan: History's Most Successful Structural Adjustment Programme', in R. Dornbusch, W. Nolling and R. Layard (eds), *Post-War Reconstruction and Lessons for the East Today*, Cambridge, MA: MIT Press.

*DeLong, J.B. and Shleifer, A. (1993), 'Princes and Merchants: City Growth Before the Industrial Revolution', *Journal of Law and Economics*, October.

DeLong, J.B. and Summers, L.H. (1986), 'The Changing Cyclical Variability of Economic Activity in the United States', in R.J. Gordon (ed.), *The American Business Cycle*, Chicago: University of Chicago Press.

DeLong, J.B. and Summers, L.H. (1991), 'Equipment Investment and Economic Growth', *Quarterly Journal of Economics*, May.

DeLong, J.B. and Summers, L.H. (1992), 'Equipment Investment and Economic Growth: How Strong is the Nexus?', *Brookings Papers on Economic Activity*.

DeLong, J.B. and Summers, L.H. (1993), 'How Strongly Do Developing Countries Benefit from Equipment Investment?', *Journal of Monetary Economics*, December.

Denison, E.F. (1967), *Why Growth Rates Differ: Post-War Experience in Nine Western Countries*, Washington, DC: The Brookings Institution.

Denison, E.F. (1974), *Accounting for United States Growth, 1929–1969*, Washington, DC: The Brookings Institution.

Denison, E.F. (1985), *Trends in American Economic Growth*, Washington, DC: The Brookings Institution.

De Prano, M. and Mayer, T. (1965), 'Tests of the Relative Importance of Autonomous Expenditure and Money', *American Economic Review*, September.

Deutscher, P. (1990), *R.G. Hawtrey and the Development of Macroeconomics*, Basingstoke: Macmillan.

De Vanssay (2002), 'Marshall–Lerner Condition', in B. Snowdon and H.R. Vane (eds), *An Encyclopedia of Macroeconomics*, Cheltenham, UK and Northampton, MA, USA: Edward Elgar.

De Vroey, M. (2000), 'IS–LM à la Hicks Versus IS–LM à la Modigliani', *History of Political Economy*, Summer.

*De Vroey, M. (2001), 'Friedman and Lucas on the Phillips Curve: From a Disequilibrium to an Equilibrium Approach', *Eastern Economic Journal*, Spring.

De Wolff, P. (1941), 'Income Elasticity of Demand: A Microeconomic and a Macroeconomic Interpretation', *Economic Journal*, April.

*Diamond, J. (1997), *Guns, Germs and Steel*, New York: W.W. Norton.

Diamond, P.A. (1982), 'Aggregate Demand Management in Search Equilibrium', *Journal of Political Economy*, October.

Diamond, P., Shafir, E. and Tversky, A. (1997), 'Money Illusion', *Quarterly Journal of Economics*, May.

*Dimand, R.W. (1988), *The Origins of the Keynesian Revolution*, Aldershot, UK and Brookfield, USA: Edward Elgar.

*Dimand, R.W. (2002a), 'Ricardian Equivalence', in B. Snowdon and H.R. Vane (eds), *An Encyclopedia of Macroeconomics*, Cheltenham, UK and Northampton, MA, USA: Edward Elgar.

*Dimand, R.W. (2002b), 'Real Balance Effect', in B. Snowdon and H.R. Vane (eds), *An Encyclopedia of Macroeconomics*, Cheltenham, UK and Northampton, MA, USA: Edward Elgar.

*Dimand, R.W. (2002c), 'Balance of Payments: Keynesian Approach', in B. Snowdon and H.R. Vane (eds), *An Encyclopedia of Macroeconomics*, Cheltenham, UK and Northampton, MA, USA: Edward Elgar.

Dimand, R. (2004), 'James Tobin and the Transformation of the IS–LM Model', in M. De Vroey and K.D. Hoover (eds), *The IS–LM Model: Its Rise, Fall and Strange Persistence*, Durham, NC: Duke University Press.

Dixon, H. (1995), 'Of Coconuts, Decomposition and a Jackass: The Genealogy of the Natural Rate', in R. Cross (ed.), *The Natural Rate of Unemployment: Reflections on 25 Years of the Hypothesis*, Cambridge: Cambridge University Press.

*Dixon, H. (1997), 'The Role of Imperfect Competition in Keynesian Economics', in B. Snowdon and H.R. Vane (eds), *Reflections on the Development of Modern Macroeconomics*, Cheltenham, UK and Lyme, USA: Edward Elgar.

Dixon, H. and Rankin, N. (1994), 'Imperfect Competition and Macroeconomics: A Survey', *Oxford Economic Papers*, April.

Dixon, W. (1994), 'Democracy and the Peaceful Settlement of International Conflict', *American Political Science Review*, March.

*Dollar, D. and Kraay, A. (2002a), 'Spreading the Wealth', *Foreign Affairs*, February.

*Dollar, D. and Kraay, A. (2002b), 'Growth is Good for the Poor', *Journal of Economic Growth*, September.

Dollar, D. and Kraay, A. (2003), 'Institutions, Trade and Growth', *Journal of Monetary Economics*, January.

*Dollar, D. and Kraay, A. (2004), 'Trade, Growth, and Poverty', *Economic Journal*, February.

Domar, E.D. (1946), 'Capital Expansion, Rate of Growth and Employment', *Econometrica*, April.

Domar, E.D. (1947), 'Expansion and Employment', *American Economic Review*, March.

Domar, E.D. (1948), 'The Problem of Capital Accumulation', *American Economic Review*, December.

Domar, E.D. (1957), *Essays on the Theory of Economic Growth*, New York: Oxford University Press.

Dore, M. (1993), *The Macrodynamics of Business Cycles*, Oxford: Blackwell.

Dorfman, R. (1989), 'Thomas Robert Malthus and David Ricardo', *Journal of Economic Perspectives*, Summer.

Dorfman, R., Samuelson, P.A. and Solow, R.M. (1958), *Linear Programming and Economic Analysis*, New York: McGraw-Hill.

Dornbusch, R. (1976), 'Expectations and Exchange Rate Dynamics', *Journal of Political Economy*, December.

*Dornbusch, R., Fischer, S. and Startz, R. (2004), *Macroeconomics*, 9th edn, New York: McGraw-Hill.

Dow, C. (1998), *Major Recessions: Britain and the World 1920–95*, Oxford: Oxford University Press.

Downs, A. (1957), *An Economic Theory of Democracy*, New York: Harper and Row.

Dowrick, S. (1992), 'Technological Catch-Up and Diverging Incomes', *Economic Journal*, May.

Doyle, C. and Weale, M. (1994), 'Do We Really Want an Independent Central Bank?', *Oxford Review of Economic Policy*, Autumn.

Drago, R. and Heywood, J.S. (1992), 'Is Worker Behaviour Consistent with Efficiency Wages?', *Scottish Journal of Political Economy*, May.

Drazen, A. (2000a), *Political Economy in Macroeconomics*, Princeton: Princeton University Press.

*Drazen, A. (2000b), 'The Political Business Cycle After Twenty Five Years', *National Bureau of Economics Research Macroeconomics Annual*.

Driffill, J. (1988), 'Macroeconomic Policy Games with Incomplete Information: A Survey', *European Economic Review*, March.

Dunlop, J.G. (1938), 'The Movement of Real and Money Wages', *Economic Journal*, September.

Durlauf, S.N. (1989), 'Output Persistence, Economic Structure, and the Choice of Stabilisation Policy', *Brookings Papers on Economic Activity*.

Durlauf, S. and Quah, D. (1999), 'The New Empirics of Economic Growth', in J.B. Taylor and M. Woodford (eds), *Handbook of Macroeconomics, Vol. IA*, Amsterdam: Elsevier.

*Easterlin, R.A. (1996), *Growth Triumphant: The Twenty-First Century in Perspective*, Ann Arbor: University of Michigan Press.

Easterly, W. (1999), 'The Ghost of the Financing Gap: Testing the Growth Model Used in International Financial Institutions', *Journal of Development Economics*, December.

*Easterly, W. (2001a), *The Elusive Quest for Growth: Economists' Adventures and Misadventures in the Tropics*, Cambridge, MA: MIT Press.

Easterly, W. (2001b), 'Can Institutions Resolve Ethnic Conflict?', *Economic Development and Cultural Change*, July.

Easterly, W. (2003), 'Can Foreign Aid Buy Growth?', *Journal of Economic Perspectives*, Summer.

Easterly, W. and Fischer, S. (2001), 'Inflation and the Poor', *Journal of Money, Credit, and Banking*, May.

*Easterly, W. and Levine, R. (1997), 'Africa's Growth Tragedy: Policies and Ethnic Divisions', *Quarterly Journal of Economics*, November.

Easterly, W. and Levine, R. (2001), 'It's Not Factor Accumulation: Stylised Facts and Growth Models', www.worldbank.org.

Easterly, W. and Levine, R. (2003), 'Tropics, Germs and Crops: How Endowments Influence Economic Development', *Journal of Monetary Economics*, January.

Easterly, W., Devarajan, S. and Pack, H. (2003), 'Low Investment is Not the Constraint on African Development', *Economic Development and Cultural Change*, April.

Edwards, S. (1993), 'Openness, Trade Liberalisation and Growth in Developing Countries', *Journal of Economic Literature*, September.

Edwards, S. (1994), 'The Political Economy of Inflation and Stabilization in Developing Countries', *Economic Development and Cultural Change*, January.

*Edwards, S. (1998), 'Openness, Productivity and Growth: What Do We Really Know?', *Economic Journal*, March.

Eggertsson, G. B. and Woodford, M. (2003), 'The Zero Bound on Interest Rates and Optimal Monetary Policy', *Brookings Papers on Economic Activity*.

Eichenbaum, M. (1991), 'Real Business Cycle Theory: Wisdom or Whimsy?', *Journal of Economic Dynamics and Control*, October.

*Eichenbaum, M. (1997), 'Some Thoughts on Practical Stabilization Policy', *American Economic Review*, May.

Eichenbaum, M. and Singleton, K.J. (1986), 'Do Equilibrium Real Business Cycle Theories Explain Postwar US Business Cycles?', *NBER Macroeconomics Annual*.

*Eichengreen, B. (1992a), 'The Origins and Nature of the Great Slump Revisited', *Economic History Review*, May.

*Eichengreen, B. (1992b), *Golden Fetters: The Gold Standard and the Great Depression, 1919–1939*, New York: Oxford University Press.

Eichengreen, B. (1996), 'Institutions and Economic Growth: Europe After World War II', in N.F.R. Crafts and G. Toniolo (eds), *Economic Growth in Europe Since 1945*, Cambridge: Cambridge University Press.

Eichengreen, B. and Sachs, J.D. (1985), 'Exchange Rates and Economic Recovery in the 1930s', *Journal of Economic History*, December.

Eichengreen, B. and Temin, P. (2000), 'The Gold Standard and the Great Depression', *Contemporary European History*, July.

*Eichengreen, B. and Temin, P. (2002), 'Counterfactual Histories of the Great Depression', in T. Balderston (ed.), *The World Economy and National Economies Between the Wars*, London: Macmillan.

*Eichner, A.S. and Kregel, J.A. (1975), 'An Essay on Post Keynesian Theory: A New Paradigm in Economics', *Journal of Economic Literature*, December.

Eifert, B., Gelb, A. and Tallroth, N.B. (2003), 'Managing Oil Wealth', *Finance and Development*, March.

*Eijffinger, S.C.W. (2002a), 'Central Bank Independence', in B. Snowdon and H.R. Vane (eds), *An Encyclopedia of Macroeconomics*, Cheltenham, UK and Northampton, MA, USA: Edward Elgar.

*Eijffinger, S.C.W. (2002b), 'Central Bank Accountability and Transparency', in B. Snowdon and H.R. Vane (eds), *An Encyclopedia of Macroeconomics*, Cheltenham, UK and Northampton, MA, USA: Edward Elgar.

Eijffinger, S.C.W. and Keulen, M.V. (1995), 'Central Bank Independencies in Another Eleven Countries', *Banca Nazionale del Lavoro Quarterly Review*, March.

Eijffinger, S.C.W. and Schaling, E. (1993), 'Central Bank Independence in Twelve Industrial Countries', *Banca Nazionale del Lavaro Quarterly Review*, March.

Elmslie, B. and Criss, A.J. (1999), 'Theories of Convergence and Growth in the Classical Period: The Role of Science, Technology and Trade', *Economica*, February.

Els, van P.J.A. (1995), 'Real Business Cycle Models and Money: A Survey of Theories and Facts', *Weltwirtschaftliches Archiv*.

Eltis, W. (1995), 'John Locke, the Quantity Theory of Money and Establishment of a Sound Currency', in M. Blaug et al., *The Quantity Theory of Money: From Locke to Keynes and Friedman*, Aldershot, UK and Brookfield, USA: Edward Elgar.

Evans, G.W. and Honkapohja, S. (1999), 'Learning Dynamics', in J.B. Taylor and M. Woodford (eds), *Handbook of Macroeconomics*, Amsterdam: North-Holland.

Evans, G.W. and Honkapohja, S. (2001), *Learning and Expectations Macroeconomics*, Princeton: Princeton University Press.

Fackler, J.S. and Parker, R.E. (1994), 'Accounting for the Great Depression: A Historical Decomposition', *Journal of Macroeconomics*, Spring.

*Fagerberg, J. (1994), 'Technology and International Differences in Growth Rates', *Journal of Economic Literature*, September.

*Fagerberg, J. (1995), 'Convergence or Divergence? The Impact of Technology on Why Growth Rates Differ', *Journal of Evolutionary Economics*, Spring.

Fair, R. (1988), 'The Effect of Economic Events on Votes for President: 1984 Update', *Political Behaviour*.

Fair, R. (1992), 'The Cowles Commission Approach, Real Business Cycle Theories and New Keynesian Economics', in M. Belongia and M. Garfinkel (eds), *The Business Cycle: Theories and Evidence*, London: Kluwer Academic Publishers.

Fajnzylber, P., Lederman, D. and Loayza, N. (2002), 'Inequality and Violent Crime', *Journal of Law and Economics*, April.

Fama, E. (1980), 'Banking in the Theory of Finance', *Journal of Monetary Economics*, January.

Fay, J.A. and Medoff, J.L. (1985), 'Labour and Output Over the Business Cycle', *American Economic Review*, September.

Fei, J. and Ranis, G. (1997), *Growth and Development From an Evolutionary Perspective*, Oxford: Basil Blackwell.

Feiwel, G.R. (1974), 'Reflections on Kalecki's Theory of Political Business Cycle', *Kyklos*.

Feldstein, M. (1982), 'Government Deficits and Aggregate Demand', *Journal of Monetary Economics*, February.

Feldstein, M. (1986), 'Supply-Side Economics: Old Truths and New Claims', *American Economic Review*, May.

*Feldstein, M. (1992), 'The Council of Economic Advisers and Economic Advising in the United States', *Economic Journal*, September.

Feldstein, M. (ed.) (1999), *The Costs and Benefits of Price Stability*, Chicago: University of Chicago Press.

Fellner, W. (1976), 'Towards a Reconstruction of Macroeconomics – Problems of Theory and Policy', *American Enterprise Institute*.

Fellner, W. (1979), 'The Credibility Effect and Rational Expectations: Implications of the Gramlich Study', *Brookings Papers on Economic Activity*.

Fischer, S. (1977), 'Long-Term Contracts, Rational Expectations, and the Optimal Money Supply Rule', *Journal of Political Economy*, February.

Fischer, S. (1988), 'Recent Developments in Macroeconomics', *Economic Journal*, June.

Fischer, S. (1990), 'Rules Versus Discretion in Monetary Policy', in B.M. Friedman and F.H. Hahn (eds), *Handbook of Monetary Economics Vol. II*, Amsterdam: North-Holland.

Fischer, S. (1993), 'The Role of Macroeconomic Factors in Growth', *Journal of Monetary Economics*, December.

Fischer, S. (1994), 'Interview with Stanley Fischer', in B. Snowdon, H.R. Vane and P. Wynarczyk, *A Modern Guide to Macroeconomics: An Introduction to Competing Schools of Thought*, Aldershot, UK and Brookfield, USA: Edward Elgar.

*Fischer, S. (1995a), 'Central Bank Independence Revisited', *American Economic Review*, May.

Fischer, S. (1995b), 'The Unending Search for Monetary Salvation', *NBER Macroeconomics Annual*.

*Fischer, S. (1996a), 'Robert Lucas's Nobel Memorial Prize', *Scandinavian Journal of Economics*, March.

Fischer, S. (1996b), 'Why are Central Banks Pursuing Long-Run Price Stability?, in *Achieving Price Stability*, Federal Reserve Bank of Kansas.

*Fischer, S., Sahay, R. and Vegh, C. (2002), 'Modern Hyper- and High Inflations', *Journal of Economic Literature*, September.

Fischer, S. et al. (1988), 'Symposium on the Slowdown in Productivity Growth', *Journal of Economic Perspectives*, Fall.

Fisher, I. (1907), *The Rate of Interest*, New York: Macmillan.

Fisher, I. (1911), *The Purchasing Power of Money*, New York: Macmillan.

Fisher, I. (1933a), 'The Debt-Deflation Theory of Great Depressions', *Econometrica*, October.

Fisher, I. (1933b), *Booms and Depressions*, London: Allen and Unwin.

Fisher, I. (1973), 'I Discovered the Phillips Curve', *Journal of Political Economy*, March/April.

Fitoussi, J.P. and Phelps, E.S. (1988), *The Slump in Europe: Open Economy Theory Reconstructed*, Oxford: Blackwell.

Fitoussi, J.P., Jestaz, D., Phelps, E.S. and Zoega, G. (2000), 'Roots of the Recent Recoveries: Labour Reforms or Private Sector Forces', *Brookings Papers on Economic Activity*.

Fitzgibbons, A. (1988), *Keynes's Vision*, Oxford: Oxford University Press.

*Fleming, J.M. (1962), 'Domestic Financial Policies under Fixed and under Floating Exchange Rates', *IMF Staff Papers*, November.

Fletcher, G. (2002), 'Neoclassical Synthesis', in B. Snowdon and H.R. Vane (eds), *An Encyclopedia of Macroeconomics*, Cheltenham, UK and Northampton, MA, USA: Edward Elgar.

Fogel, R.W. (1999), 'Catching Up With the Economy', *American Economic Review*, March.

Forbes, K. (2000), 'A Reassessment of the Relationship Between Inequality and Growth', *American Economic Review*, September.

Forder, J. (1998), 'Central Bank Independencies – Conceptual Clarifications and Interim Assessment', *Oxford Economic Papers*, July.

Frankel, J.A. and Romer, D. (1999), 'Does Trade Cause Growth?', *American Economic Review*, June.

Freeman, C. (1994), 'The Economics of Technical Change', *Cambridge Journal of Economics*.

Frenkel, J.A. and Johnson, H.G. (eds) (1976), *The Monetary Approach to the Balance of Payments*, London: Allen and Unwin.

Frenkel, J.A. and Johnson, H.G. (eds) (1978), *The Economics of Exchange Rates*, Reading, MA: Addison-Wesley.

Frenkel, J.A. and Razin, A. (1987), 'The Mundell–Fleming Model a Quarter Century Later: A Unified Exposition', *IMF Staff Papers*, December.

Frey, B.S. (1978), *Modern Political Economy*, London: Martin Robertson.

Frey, B.S. and Schneider, F. (1978a), 'A Politico-Economic Model of the United Kingdom', *Economic Journal*, June.

Frey, B.S. and Schneider, F. (1978b), 'An Empirical Study of Politico-

Economic Interaction in the United States', *Review of Economics and Statistics*, May.

Frey, B.S. and Schneider, F. (1988), 'Politico-Economic Models of Macroeconomic Policy: A Review of the Empirical Evidence', in T.D. Willett (ed.), *Political Business Cycles*, Durham, NC: Duke University Press.

Friedman, B.M. (1988), 'Lessons of Monetary Policy from the 1980s', *Journal of Economic Perspectives*, Summer.

Friedman, B.M. (1992), 'How Does It Matter?', in M. Belongia and M. Garfinkel (eds), *The Business Cycle: Theories and Evidence*, London: Kluwer Academic Publishers.

Friedman, B.M. and Kuttner, K.N. (1996), 'A Price Target for U.S. Monetary Policy? Lessons from the Experience with Money Growth Targets', *Brookings Papers on Economic Activity*.

Friedman, M. (1948), 'A Monetary and Fiscal Framework for Economic Stability', *American Economic Review*, June.

*Friedman, M. (1953a), 'The Methodology of Positive Economics', in M. Friedman, *Essays in Positive Economics*, Chicago: University of Chicago Press.

*Friedman, M. (1953b), 'The Case for Flexible Exchange Rates', in M. Friedman, *Essays in Positive Economics*, Chicago: University of Chicago Press.

Friedman, M. (1956), 'The Quantity Theory of Money, A Restatement', in M. Friedman (ed.), *Studies in the Quantity Theory of Money*, Chicago: University of Chicago Press.

Friedman, M. (1957), *A Theory of the Consumption Function*, Princeton: Princeton University Press.

Friedman, M. (1958), 'The Supply of Money and Changes in Prices and Output', reprinted in *The Optimum Quantity of Money and Other Essays*, Chicago: Aldine, 1969.

Friedman, M. (1959), 'The Demand for Money – Some Theoretical and Empirical Results', *Journal of Political Economy*, June.

Friedman, M. (1960), *A Program for Monetary Stability*, New York: Fordham University Press.

Friedman, M. (1962), *Capitalism and Freedom*, Chicago: University of Chicago Press.

Friedman, M. (1966), 'Interest Rates and the Demand for Money', *Journal of Law and Economics*, October.

*Friedman, M. (1968a), 'The Role of Monetary Policy', *American Economic Review*, March.

Friedman, M. (1968b), 'Money: Quantity Theory', in D. Sills (ed.), *The International Encyclopedia of the Social Sciences*, New York: Macmillan Free Press.

Friedman, M. (1969), *The Optimum Quantity of Money and Other Essays*, Chicago: Aldine.

*Friedman, M. (1970a), 'A Theoretical Framework for Monetary Analysis', *Journal of Political Economy*, March/April.

Friedman, M. (1970b), 'Comment on Tobin', *Quarterly Journal of Economics*, May.

*Friedman, M. (1970c), *The Counter-Revolution in Monetary Theory*, IEA Occasional Paper No. 33, London: Institute of Economic Affairs.

Friedman, M. (1972), 'Comments on the Critics', *Journal of Political Economy*, September/October.

Friedman, M. (1974), *Monetary Correction*, IEA Occasional Paper No. 41, London: Institute of Economic Affairs.

*Friedman, M. (1975), *Unemployment Versus Inflation? An Evaluation of the Phillips Curve*, IEA Occasional Paper No. 44, London: Institute of Economic Affairs.

*Friedman, M. (1977), 'Nobel Lecture: Inflation and Unemployment', *Journal of Political Economy*, June.

Friedman, M. (1983), 'A Monetarist Reflects', *The Economist*, 4 June.

Friedman, M. (1984), 'Lessons from the 1979–82 Monetary Policy Experiment', *American Economic Review*, May.

Friedman, M. (1991), 'Old Wine in New Bottles', *Economic Journal*, January.

Friedman, M. (1992), *Money Mischief: Episodes in Monetary History*, New York: Harcourt Brace Jovanovich.

Friedman, M. (1993), 'The Plucking Model of Business Fluctuations Revisited', *Economic Inquiry*, April.

Friedman, M. and Meiselman, D. (1963), 'The Relative Stability of Monetary Velocity and the Investment Multiplier in the United States, 1897–1958', in *Commission on Money and Credit: Stabilization Policies*, Englewood Cliffs, NJ: Prentice-Hall.

Friedman, M. and Schwartz, A.J. (1963), *A Monetary History of the United States, 1867–1960*, Princeton: Princeton University Press.

Friedman, M. and Schwartz, A.J. (1982), *Monetary Trends in the United States and the United Kingdom: Their Relation to Income, Prices and Interest Rates*, Chicago: University of Chicago Press.

*Frisch, H. (1977), 'Inflation Theory 1963–1975: A Second Generation Survey', *Journal of Economic Literature*, Deember.

Frisch, R. (1933), 'Propagation Problems and Impulse Problems in Dynamic Economics', in *Essays in Honour of Gustav Cassel*, London: Allen and Unwin.

Frydman, R. and Phelps, E.S. (eds) (1983), *Individual Forecasting and Ag-*

*gregate Outcomes: 'Rational Expectations' Examined*, Cambridge: Cambridge University Press.

Fukuyama, F. (1989), 'The End of History', *The National Interest*, Summer.

Fukuyama, F. (1992), *The End of History and the Last Man*, New York: The Free Press.

Fukuyama, F. (1995), *Trust: The Social Virtues and the Creation of Prosperity*, New York: The Free Press.

Galbraith, J. (1997), 'Time to Ditch the NAIRU', *Journal of Economic Perspectives*, Winter.

Galbraith, J.K. (1967), *The New Industrial State*, Boston, MA: Houghton Mifflin.

Galbraith, J.K. (1977), *The Age of Uncertainty*, Boston, MA: Houghton Mifflin.

Gali, J. (2002), 'New Perspectives on Monetary Policy and the Business Cycle', NBER Working Paper, No. 8767, February.

Gallup, J., Sachs, J.D. and Mellinger, A. (1998), 'Geography and Economic Development', NBER Working Paper, No. 6849, December.

*Galor, O. and Moav, O. (2001), 'Evolution and Growth', *European Economic Review*, May.

Galor, O. and Moav, O. (2002), 'Natural Selection and the Origin of Economic Growth', *Quarterly Journal of Economics*, November.

Galor, O. and Moav, O. (2003), 'Das Human Capital: A Theory of the Demise of Class Structure', Brown University Working Paper, July.

Galor, O. and Mountford, A. (2003), 'Trade, Demographic Transition and the Great Divergence: Why are a Third of People Indian or Chinese?', Brown University Working Paper, January.

*Galor, O. and Weil, D.N. (1999), 'From Malthusian Stagnation to Modern Growth', *American Economic Review*, May.

Galor, O. and Weil, D.N. (2000), 'Population, Technology, and Growth: From Malthusian Stagnation to the Demographic Transition and Beyond', *American Economic Review*, September.

*Garrison, R.W. (1989), 'The Austrian Theory of the Business Cycle in the Light of Modern Macroeconomics', *Review of Austrian Economics*.

Garrison, R.W. (1991), 'New Classical and Old Austrian Economics: Equilibrium Business Cycle Theory in Perspective', *Review of Austrian Economics*.

Garrison, R.W. (1992), 'Is Milton Friedman a Keynesian?', in M. Skousen (ed.), *Dissent on Keynes: A Critical Appraisal of Keynesian Economics*, New York: Praeger.

*Garrison, R.W. (2001), *Time and Money: The Macroeconomics of Capital Structure*, London: Routledge.

*Garrison, R.W. (2002), 'Business Cycles: Austrian Approach', in B. Snowdon and H.R. Vane (eds), *An Encyclopedia of Macroeconomics*, Cheltenham, UK and Northampton, MA, USA: Edward Elgar.

*Garrison, R.W. (2004), 'Overconsumption and Forced Saving in the Mises–Hayek Theory of the Business Cycle', *History of Political Economy*, Summer.

Gartner, M. (1996), 'Political Business Cycles When Real Activity is Persistent', *Journal of Macroeconomics*, Fall.

Gartner, M. (2000), 'Political Macroeconomics: A Survey of Recent Developments', *Journal of Economic Surveys*, December.

Geraats, P.M. (2002), 'Central Bank Transparency', *Economic Journal*, November.

Gerrard, B. (1988), 'Keynesian Economics: The Road to Nowhere', in J. Hillard (ed.), *J. M. Keynes in Retrospect*, Aldershot, UK and Brookfield, USA: Edward Elgar.

*Gerrard, B. (1991), 'Keynes's General Theory: Interpreting the Interpretations', *Economic Journal*, March.

Gerrard, B. (1996), 'Review Article: Competing Schools of Thought in Macroeconomics – An Ever-Changing Consensus? *Journal of Economic Studies*.

Gerschenkron, A. (1962), 'Economic Backwardness in Historical Perspective', in B.F. Hoselitz (ed.), *The Progress of Underdeveloped Areas*, Chicago: University of Chicago Press.

Ghosh, A. and Phillips, S. (1998), 'Warning: Inflation May be Harmful to Your Growth', *IMF Staff Papers*, December.

Glaeser, E. and Shleifer, A. (2002), 'Legal Origins', *Quarterly Journal of Economics*, November.

Glaeser, E., Scheinkman, J. and Shleifer, A. (2003), 'The Injustice of Inequality', *Journal of Monetary Economics*, January.

Glahe, F.R. (1973), *Macroeconomics: Theory and Policy*, New York: Harcourt Brace Jovanovich.

Goldin, C. (1995), 'Cliometrics and the Nobel', *Journal of Economic Perspectives*, Spring.

*Goldin, C. (2001), 'The Human Capital Century and American Leadership: Virtues of the Past', *Journal of Economic History*, June.

Golosov, M. and Lucas, R.E. Jr (2003), 'Menu Costs and Phillips Curves', NBER Working Paper, No. 10187, December.

*Goodfriend, M. (2004), 'Inflation Targeting in the US?', in B.S. Bernanke and M. Woodford (eds), *Inflation Targeting*, Chicago: University of Chicago Press.

*Goodfriend, M. and King, R.G. (1997), 'The New Neoclassical Synthesis and the Role of Monetary Policy', *NBER Macroeconomics Annual*.

Goodfriend, M. and McDermott, J. (1995), 'Early Development', *American Economic Review*, March.

*Goodhart, C.A.E. (1994a), 'Game Theory for Central Bankers: A Report to the Governor of the Bank of England', *Journal of Economic Literature*, March.

*Goodhart, C.A.E. (1994b), 'What Should Central Bankers Do? What Should be Their Macroeconomic Objectives and Operations?', *Economic Journal*, November.

Goodhart, C. and Presley, J. (1991), 'Real Business Cycle Theory: A Restatement of Robertsonian Economics?', Economic Research Paper, Loughborough University.

Gordon, D.F. (1974), 'A Neoclassical Theory of Keynesian Unemployment', *Economic Inquiry*, December.

Gordon, R.J. (1972), 'Wage Price Controls and the Shifting Phillips Curve', *Brookings Papers on Economic Activity*.

Gordon, R.J. (ed.) (1974), *Milton Friedman's Monetary Framework: A Debate With His Critics*, Chicago: University of Chicago Press.

Gordon, R.J. (1975), 'Alternative Responses to External Supply Shocks', *Brookings Papers on Economic Activity*.

Gordon, R.J. (1976), 'Recent Developments in the Theory of Inflation and Unemployment', *Journal of Monetary Economics*, April.

Gordon, R.J. (1978), 'What Can Stabilisation Policy Achieve?', *American Economic Review*, May.

*Gordon, R.J. (1981), 'Output Fluctuations and Gradual Price Adjustment', *Journal of Economic Literature*, June.

Gordon, R.J. (1982a), 'Price Inertia and Policy Ineffectiveness in the United States, 1890–1980', *Journal of Political Economy*, December.

Gordon, R.J. (1982b), 'Why US Wage and Employment Behaviour Differs From That in Britain and Japan', *Economic Journal*, March.

Gordon, R.J. (ed.) (1986), *The American Business Cycle: Continuity and Change*, Chicago: University of Chicago Press.

Gordon, R.J. (1988), 'Hysteresis in History: Was There Ever a Phillips Curve?', *American Economic Review*, May.

Gordon, R.J. (1989), 'Fresh Water, Salt Water, and Other Macroeconomic Elixirs', *Economic Record*, June.

*Gordon, R.J. (1990), 'What Is New-Keynesian Economics?', *Journal of Economic Literature*, September.

Gordon, R.J. (1993), *Macroeconomics*, 6th edn, New York: HarperCollins.

*Gordon, R.J. (1997), 'The Time-Varying NAIRU and its Implications for Economic Policy', *Journal of Economic Perspectives*, Winter.

*Gordon, R.J. (1998), 'Foundations of the Goldilocks Economy: Supply Shocks and the Time-Varying NAIRU', *Brookings Papers on Economic Activity*.

Gordon, R.J. (2000a), *Macroeconomics*, 8th edn, New York: Addison-Wesley.

Gordon, R.J. (2000b), 'Does the New Economy Measure Up to the Great Inventions of the Past?', *Journal of Economic Perspectives*, Fall.

*Gordon, R.J. (2003), *Macroeconomics*, 9th edn, New York: Addison-Wesley.

Grandmont, J.M. and Laroque, G. (1976), 'On Temporary Keynesian Equilibrium', *Review of Economic Studies*, February.

Gray, C. and McPherson, M. (2001), 'The Leadership Factor in African Policy Reform and Growth', *Economic Development and Cultural Change*, July.

Green, J. (1996), 'Inflation Targeting: Theory and Policy Implications', *IMF Staff Papers*, December.

*Greenspan, A. (2004), 'Risk and Uncertainty in Monetary Policy', *American Economic Review*, May.

*Greenwald, B.C. and Stiglitz, J.E. (1987), 'Keynesian, New Keynesian and New Classical Economics', *Oxford Economic Papers*, March.

Greenwald, B.C. and Stiglitz, J.E. (1988), 'Examining Alternative Macroeconomic Theories', *Brookings Papers on Economic Activity*.

*Greenwald, B.C. and Stiglitz, J.E. (1993a), 'New and Old Keynesians', *Journal of Economic Perspectives*, Winter.

Greenwald, B.C. and Stiglitz, J.E. (1993b), 'Financial Market Imperfections and Business Cycles', *Quarterly Journal of Economics*, February.

Grief, A. (2003), *Comparative and Historical Institutional Analysis: A Game Theoretic Perspective*, Cambridge: Cambridge University Press.

Griffin, K. (1970), 'Foreign Capital, Domestic Savings and Economic Development', *Oxford Bulletin of Economics and Statistics*, May.

Grilli, V., Masciandaro, D. and Tabellini, G. (1991), 'Political and Monetary Institutions and Public Finance Policies in the Industrialised Countries', *Economic Policy*, October.

Grossman, G. and Helpman, E. (1990), 'Trade, Innovation and Growth', *American Economic Review*, May.

Grossman, G. and Helpman, E. (1991), *Innovation and Growth in the Global Economy*, Cambridge, MA: MIT Press.

*Grossman, G. and Helpman, E. (1994), 'Endogenous Innovation in the Theory of Growth', *Journal of Economic Perspectives*, Winter.

Gujarati, D. (1972), 'The Behaviour of Unemployment and Unfilled Vacancies: Great Britain, 1958–71', *Economic Journal*, March.

Gyimah-Brempong, K. (2002), 'Corruption, Economic Growth and Income Inequality in Africa', *Economics of Governance*, November.

Gylfason, T. (1999), *Principles of Economic Growth*, Oxford: Oxford University Press.

Haberler, G. (1937), *Prosperity and Depression*, Cambridge, MA: Harvard University Press.

Haberler, G. (1963), *Prosperity and Depression*, 4th edn, New York: Atheneum.

Hahn, F.H. (1977), 'Keynesian Economics and General Equilibrium Theory', in G.C. Harcourt (ed.), *The Microfoundations of Macroeconomics*, London: Macmillan.

Hahn, F. (1982), *Money and Inflation*, Oxford: Basil Blackwell.

Hahn, F.H. (1987), 'On Involuntary Unemployment', *Economic Journal*, Supplement.

Hahn, F.H. and Matthews, R.C.O. (1964), 'The Theory of Economic Growth: A Survey', *Economic Journal*, December.

Hahn, F.H. and Solow, R.M. (1995), *A Critical Essay on Modern Macroeconomic Theory*, Cambridge, MA: MIT Press.

Haldane, A. (1998), 'On Inflation Targeting in the United Kingdom', *Scottish Journal of Political Economy*, February.

Haley, J. (1990), 'Theoretical Foundations of Sticky Wages', *Journal of Economic Surveys*.

Hall, R.E. (1991), 'Labour Demand, Labour Supply and Employment Volatility', *NBER Macroeconomics Annual*.

*Hall, R.E. (1996), 'Robert Lucas, Recipient of the 1995 Nobel Memorial Prize in Economics', *Scandinavian Journal of Economics*, March.

Hall, R.E. (2003), 'Modern Theory of Unemployment Fluctuations: Empirics and Policy Applications', *American Economic Review*, May.

Hall, R.E. and Jones, C.I. (1997), 'Levels of Economic Activity Across Countries', *American Economic Review*, May.

Hall, R.E. and Jones, C.I. (1999), 'Why Do Some Countries Produce So Much More Output Per Worker Than Others?', *Quarterly Journal of Economics*, February.

Hall, R.E. and Taylor, J.B. (1997), *Macroeconomics*, 5th edn, New York: W.W. Norton.

*Hall, T.E. and Ferguson, J.D. (1998), *The Great Depression: An International Disaster of Perverse Economic Policies*, Ann Arbor: University of Michigan Press.

Hamberg, D. (1971), *Models of Economic Growth*, New York: Harper and Row.

Hamilton, J.D. (1983), 'Oil and the Macroeconomy Since World War II', *Journal of Political Economy*, April.

Hamilton, J.D. (1988), 'The Role of the Gold Standard in Propagating the Great Depression', *Contemporary Policy Issues*, April.

Hamilton, J.D. (1996), 'This is What Happened to the Oil Price–Macroeconomic Relationship', *Journal of Monetary Economics*, October.

*Hammond, J.D. (1996), *Theory and Measurement: Causality Issues in Milton Friedman's Monetary Economics*, Cambridge: Cambridge University Press.

Hamouda, O.F. and Harcourt, G.C. (1988), 'Post Keynesianism: From Criticism to Coherence', *Bulletin of Economic Research*, January.

Hansen, A.H. (1949), *Monetary Theory and Fiscal Policy*, New York: McGraw-Hill.

Hansen, A.H. (1953), *A Guide to Keynes*, New York: McGraw-Hill.

Hansen, B. (1970), 'Excess Demand, Unemployment, Vacancies and Wages', *Quarterly Journal of Economics*, February.

Hansen, G.D. (1985), 'Indivisible Labour and the Business Cycle', *Journal of Monetary Economics*, November.

Hansen, G.D. and Prescott, E.C. (1993), 'Did Technology Cause the 1990–1991 Recession?', *American Economic Review*, May.

Hansen, G.D. and Prescott, E.C. (2002), 'Malthus to Solow', *American Economic Review*, September.

Hansen, L.P. and Heckman, J.J. (1996), 'The Empirical Foundations of Calibration', *Journal of Economic Perspectives*, Winter.

Harcourt, G.C. (1972), *Some Cambridge Controversies in the Theory of Capital*, Cambridge: Cambridge University Press.

Hargreaves-Heap, S.P. (1980), 'Choosing the Wrong Natural Rate: Accelerating Inflation or Decelerating Employment and Growth?', *Economic Journal*, September.

Hargreaves-Heap, S.P. (1992), *The New Keynesian Macroeconomics: Time Belief and Social Interdependence*, Aldershot, UK and Brookfield, USA: Edward Elgar.

Hargreaves-Heap, S.P. (2002), 'New Keynesian Economics', in B. Snowdon and H.R. Vane (eds), *An Encyclopedia of Macroeconomics*, Cheltenham, UK and Northampton, MA, USA: Edward Elgar.

*Harrison, L.E. and Huntington, S.P. (eds) (2000), *Culture Matters: How Values Shape Human Progress*, New York: Basic Books.

Harrod, R. (1939), 'An Essay in Dynamic Theory', *Economic Journal*, March.

Harrod, R.F. (1948), *Towards a Dynamic Economics*, London: Macmillan.

Harrod, R. (1951), *The Life of John Maynard Keynes*, London: Macmillan.

Hartley, J.E. (1997), *The Representative Agent in Macroeconomics*, London: Routledge.

*Hartley, J.E., Hoover, K.D. and Salyer, K.D. (1997), 'The Limits of Business Cycle Research: Assessing the Real Business Cycle Model', *Oxford Review of Economic Policy*, Autumn.

Hartley, J.E., Hoover, K.D. and Salyer, K.D. (eds) (1998), *Real Business Cycles: A Reader*, London: Routledge.

Havrilesky, T.M. (1993), *The Pressures on Monetary Policy*, Norwell: Kluwer Academic Publishers.

Hayek, F.A. (1931), 'Reflections on the Pure Theory of Money of Mr. J.M. Keynes', *Economica*, August.

Hayek, F.A. (1933), *Monetary Theory and the Trade Cycle*, London: Jonathan Cape.

Hayek, F.A. (1945), 'The Use of Knowledge in Society', *American Economic Review*, September.

*Hayek, F.A. (1948), *Individualism and Economic Order*, London: Routledge and Kegan Paul.

Hayek, F.A. (1967[1935]), *Prices and Production*, 2nd edn, New York: Augustus M. Kelley.

Hayek, F.A. (1976), *Denationalisation of Money: An Analysis of the Theory and Practice of Concurrent Currencies*, London: Institute of Economic Affairs.

*Hayek, F.A. (1978), *A Tiger By the Tail: The Keynesian Legacy of Inflation*, 2nd edn, London: Institute of Economic Affairs.

Hayek, F.A. (1983), 'The Austrian Critique', *The Economist*, 11 June.

Haynes, S.E. and Stone, J.A. (1990), 'Political Models of the Business Cycle Should be Revived', *Economic Inquiry*, July.

Heckman, J.J. (2003), 'China's Investment in Human Capital', *Economic Development and Cultural Change*, July.

Healey, N. (1996), 'What Price Central Bank Independence?', *Review of Policy Issues*, Spring.

Heilbroner, R.L. (1989), *The Making of Economic Society*, 8th edn, Englewood Cliffs, NJ: Prentice-Hall.

Heinlein, R. (1966), *The Moon is a Harsh Mistress*, New York: Putnam.

Hennings, K.H. (1997), *The Austrian Theory of Value and Capital: Studies in the Life and Work of Eugen von Böhm-Bawerk*, Cheltenham, UK and Lyme, USA: Edward Elgar.

Henry, S.G.B. and Ormerod, P.A. (1978), 'Incomes Policy and Wage Inflation: Empirical Evidence for the U.K. 1961–1977', *National Institute Economic Review*, August.

Herbst, J. (2000), *States and Power in Africa: Comparative Lessons in Authority and Control*, Princeton: Princeton University Press.

Hess, G.D. and Shin, K. (1997), 'International and Intranational Business Cycles', *Oxford Review of Economic Policy*, Autumn.

Heymann, D. and Leijonhufvud, A. (1995), *High Inflation*, Oxford: Oxford University Press.

Hibbs, D.A. (1977), 'Political Parties and Macroeconomic Policy', *American Political Science Review*, December.

Hibbs, D.A. (1987), *The American Political Economy: Electoral Policy and Macroeconomics in Contemporary America*, Cambridge, MA: Harvard University Press.

*Hibbs, D.A. (2001), 'The Politicisation of Growth Theory', *Kyklos*.

Hicks, J.R. (1937), 'Mr. Keynes and the "Classics": A Suggested Interpretation', *Econometrica*, April.

Hicks, J.R. (1950), *A Contribution to the Theory of the Trade Cycle*, Oxford: Oxford University Press.

Hicks, J.R. (1974), *The Crisis in Keynesian Economics*, Oxford: Basil Blackwell.

Hicks, J.R. (1977), *Economic Perspectives*, Oxford: Oxford University Press.

Hicks, J.R. (1979), *Causality in Economics*, New York: Basic Books.

Hirschman, A. (1973), 'The Changing Tolerance for Income Inequality in the Course of Economic Development', *Quarterly Journal of Economics*, November.

Holt, R.P.F. (1997), 'Post Keynesian School of Economics', in T. Cate (ed.), *An Encyclopedia of Keynesian Economics*, Cheltenham, UK and Lyme, USA: Edward Elgar.

*Hoover, K.D. (1984), 'Two Types of Monetarism', *Journal of Economic Literature*, March.

*Hoover, K.D. (1988), *The New Classical Macroeconomics: A Sceptical Inquiry*, Oxford: Basil Blackwell.

Hoover, K.D. (1991), 'The Causal Direction Between Money and Prices', *Journal of Monetary Economics*, June.

Hoover, K.D. (ed.) (1992), *The New Classical Macroeconomics*, Aldershot, UK and Brookfield, USA: Edward Elgar.

Hoover, K.D. (ed.) (1995a), *Macroeconometrics: Developments, Tensions and Prospects*, Boston, MA: Kluwer Academic Publishers.

Hoover, K.D. (1995b), 'Facts and Artifacts: Calibration and the Empirical Assessment of Real-Business Cycle Models', *Oxford Economic Papers*, January.

Hoover, K.D. (1995c), 'Relative Wages, Rationality and Involuntary Unemployment in Keynes's Labour Market', *History of Political Economy*, Winter.

Hoover, K.D. (ed.) (1999), *The Legacy of Robert E. Lucas Jr.*, Cheltenham, UK and Northampton, MA, USA: Edward Elgar.

*Hoover, K.D. (2001a), *Causality in Macroeconomics*, Cambridge: Cambridge University Press.

*Hoover, K.D. (2001b), *The Methodology of Empirical Macroeconomics*, Cambridge: Cambridge University Press.

Hoover, K.D. and Perez, S.J. (1994), 'Post Hoc Ergo Propter Once More: An Evaluation of "Does Monetary Policy Matter?" in the Spirit of James Tobin', *Journal of Monetary Economics*, August.

Horrell, S. (2003), 'The Wonderful Usefulness of History', *Economic Journal*, February.

*Horwitz, S.G. (2000), *Microfoundations and Macroeconomics: An Austrian Perspective*, London: Routledge.

Howitt, P.W. (1986), 'The Keynesian Recovery', *Canadian Journal of Economics*, November.

Howitt, P.W. (1990), *The Keynesian Recovery*, Oxford: Philip Allan.

Hsieh, C. (1999), 'Productivity Growth and Factor Prices in East Asia', *American Economic Review*, May.

Hume, D. (1752), 'Of Money', reprinted in A.A. Walters (ed.), *Money and Banking*, Harmondsworth: Penguin.

Huntington, S.P. (1996), *The Clash of Civilisations and the Remaking of the World Order*, London: Simon Schuster.

Hutchison, M.M. and Walsh, C.E. (1998), 'The Output–Inflation Tradeoff and Central Bank Reform: Evidence from New Zealand', *Economic Journal*, May.

Hutchison, T.W. (1977), *Keynes v The Keynesians*, London: Institute of Economic Affairs.

Inada, K. (1963), 'On a Two-Sector Model of Economic Growth: Comments and Generalisations', *Review of Economic Studies*, June.

Ireland, P.N. (2004), 'Technology Shocks in the New Keynesian Model', NBER Working Paper, No. 10309, February.

Irwin, D. (1996), *Against the Tide: An Intellectual History of Free Trade*, Princeton: Princeton University Press.

*Islam, N. (2003), 'What Have We Learned From the Convergence Debate?', *Journal of Economic Surveys*, July.

Jackson, D., Turner, H.A. and Wilkinson, F. (1972), *Do Trade Unions Cause Inflation?*, Cambridge: Cambridge University Press.

Jaffe, D. and Stiglitz, J.E. (1990), 'Credit Rationing', in B.M. Friedman and F.H. Hahn (eds), *Handbook of Monetary Economics*, Vol. II, Amsterdam: North-Holland.

James, H. (2001), *The End of Globalisation: Lessons from the Great Depression*, Cambridge, MA: Harvard University Press.

Jansen, D.W., Delorme, C.D and Ekelund, R.E. (1994), *Intermediate Macroeconomics*, New York: West Publishing Co.

Jay, P. (2000), *Road to Riches or the Wealth of Man*, London: Weidenfeld and Nicolson.

Jenkins, M.A. (1996), 'Central Bank Independence and Inflation Performance: Panacea or Placebo?', *Banca Nazionale del Lavoro Quarterly Review*, June.

Johnson, E.S. (1978), 'Keynes as a Literary Craftsman', in E.S. Johnson and H.G. Johnson (eds), *The Shadow of Keynes*, Oxford: Basil Blackwell.

Johnson, H.G. (1958), 'Planning and the Market in Economic Development', *Pakistan Economic Journal*, June.

Johnson, H.G. (1964), *Money, Trade and Economic Growth*, London: Allen and Unwin; excerpt from Chapter 5 reprinted in R.W. Clower (ed.), *Monetary Theory*, Harmondsworth: Penguin (1969) – page reference in text refers to reprint.

Johnson, H.G. (1969), 'Inside Money, Outside Money, Income, Wealth and Welfare in Monetary Theory', *Journal of Money, Credit, and Banking*, February.

*Johnson, H.G. (1971), 'The Keynesian Revolution and the Monetarist Counter-Revolution', *American Economic Review*, May.

Johnson, H.G. (1972a), 'The Monetary Approach to Balance of Payments Theory', in H.G. Johnson (ed.), *Further Essays in Monetary Economics*, London: Macmillan.

Johnson, H.G. (1972b), 'Inflation: A Monetarist View', in H.G. Johnson (ed.), *Further Essays in Monetary Economics*, London: Macmillan.

Jones, C.I. (1994), 'Economic Growth and the Relative Price of Capital', *Journal of Monetary Economics*, December.

Jones, C.I. (1995), 'Time Series Tests of Endogenous Growth Models', *Quarterly Journal of Economics*, May.

*Jones, C.I. (1997a), 'On the Evolution of World Income Distribution', *Journal of Economic Perspectives*, Summer.

Jones, C.I. (1997b), 'Convergence Revisited', *Journal of Economic Growth*, July.

*Jones, C.I. (2001a), *Introduction to Economic Growth*, 2nd edn, New York: W.W. Norton.

Jones, C.I. (2001b), 'Was an Industrial Revolution Inevitable? Economic Growth Over the Very Long Run', *Advances in Macroeconomics*, August.

Jones, C.I. (2002), 'Sources of US Economic Growth in a World of Ideas', *American Economic Review*, March.

Jones, C.I. (2004), 'The Shape of Production Functions and the Direction of Technical Change', Department of Economics, University of California, Berkeley, Working Paper.

Jones, C.I. (2005), 'Growth and Ideas', in P. Aghion and S. Durlauf (eds), *Handbook of Economic Growth*, Amsterdam: Elsevier.

Jones, C.I. and Williams, J.C. (1998), 'Measuring the Social Return to R and D', *Quarterly Journal of Economics*, November.

Jones, C.I. and Williams, J.C. (2000), 'Too Much of a Good Thing? The Economics of Investment in R and D', *Journal of Economic Growth*, March.

*Jones, E.L. (1988), *Growth Recurring: Economic Change in World History*, Ann Arbor: University of Michigan Press.

Jones, H.G. (1975), *An Introduction to Modern Theories of Economic Growth*, Sunbury-on-Thames: Nelson.

Jorgenson, D.W. (1963), 'Capital Theory and Investment Behaviour', *American Economic Review*, May.

Jorgenson, D.W. (1996), *Postwar US Economic Growth*, Cambridge, MA: MIT Press.

*Jorgenson, D.W. (2001), 'Information Technology and the US Economy', *American Economic Review*, March.

Jorgenson, D.W. and Stiroh, K. (2000), 'Raising the Speed Limit: US Economic Growth in the Information Age', *Brookings Papers on Economic Activity*.

Judd, J.P and Trehan, B. (1995), 'The Cyclical Behaviour of Prices: Interpreting the Evidence', *Journal of Money, Credit, and Banking*, August.

Kahn, R.F. (1929), 'The Economics of the Short Period', unpublished Fellowship Dissertation, Cambridge; published in 1989, London: Macmillan.

Kahn, R.F. (1931), 'The Relation of Home Investment to Unemployment', *Economic Journal*, June.

Kahn, R.F. (1984), *The Making of Keynes's General Theory*, Cambridge: Cambridge University Press.

Kaldor, N. (1955), 'Alternative Theories of Distribution', *Review of Economic Studies*, January.

Kaldor, N. (1961), 'Capital Accumulation and Economic Growth', in F.A. Lutz and D.C. Hague (eds), *The Theory of Capital*, New York: St Martin's Press.

Kaldor, N. (1970a), 'The New Monetarism', *Lloyds Bank Review*, July.

Kaldor, N. (1970b), 'The Case for Regional Policies', *Scottish Journal of Political Economy*, November.

*Kalecki, M. (1943), 'Political Aspects of Full Employment', *Political Quarterly*, October/December.

Kareken, J. and Solow, R.N. (1963), 'Monetary Policy: Lags versus Simultaneity', in *Commission on Money and Credit: Stabilization Policies*, Englewood Cliffs, NJ: Prentice-Hall.

*Kasper, S.D. (2002), *The Revival of Laissez-Faire in American Macroeconomic Theory*, Cheltenham, UK and Northampton, MA, USA: Edward Elgar.

Katz, L.F. (1986), 'Efficiency Wage Theories: A Partial Evaluation', *NBER Macroeconomics Annual*.

Katz, L.F. (1988), 'Some Recent Developments in Labour Economics and Their Implications for Macroeconomics', *Journal of Money, Credit, and Banking*, August.

Katz, L.F. and Krueger, A.B. (1999), 'The High-Pressure Labour Market', *Brookings Papers on Economic Activity*.

*Keech, W. (1995), *Economic Politics: The Costs of Democracy*, Cambridge: Cambridge University Press.

Keegan, W. (1984), *Mrs Thatcher's Economic Experiment*, Harmondsworth: Penguin.

Kehoe, T.J. and Prescott, E.C. (2002), 'Great Depressions of the Twentieth Century', *Economic Dynamics*, January.

Kelly, L.C. (2002), 'Pursuing Problems in Economic Growth', *Journal of Economic Growth*, September.

Kenny, C. and Williams, D. (2001), 'What Do We Know About Economic Growth? Or Why Don't We Know Very Much?', *World Development*, January.

Keuzenkamp, H.A. (1991), 'A Precursor to Muth: Tinbergen's 1932 Model of Rational Expectations', *Economic Journal*, September.

Keynes, J.M. (1913), *Indian Currency and Finance*, London: Macmillan.

Keynes, J.M. (1919), *The Economic Consequences of the Peace*, London: Macmillan.

Keynes, J.M. (1921), *A Treatise on Probability*, London: Macmillan.

Keynes, J.M. (1923), *A Tract on Monetary Reform*, London: Macmillan.

Keynes, J.M. (1925), *The Economic Consequences of Mr. Churchill*, London: Hogarth Press.

Keynes, J.M. (1926), *The End of Laissez-Faire*, London: Hogarth Press.

Keynes, J.M. (1929), 'A Programme of Expansion'; reprinted in *Essays in Persuasion* (1972), London: Macmillan.

Keynes, J.M. (1930a), *A Treatise on Money*, London: Macmillan.

Keynes, J.M. (1930b), 'The Economic Possibilities of Our Grandchildren', *Nation and Athenaeum*, October; reprinted in *Essays in Persuasion* (1963), New York: W.W. Norton.

Keynes, J.M. (1933), 'A Monetary Theory of Production', reprinted in D. Moggridge (ed.) (1973a), *The Collected Writings of John Maynard Keynes, XIII*, London: Macmillan.

*Keynes, J.M. (1936), *The General Theory of Employment, Interest and Money*, London: Macmillan.

*Keynes, J.M. (1937), 'The General Theory of Employment', *Quarterly Journal of Economics*, February; reprinted in D. Moggridge (ed.) (1973b), *The Collected Writings of John Maynard Keynes, XIV*, London: Macmillan.

Keynes, J.M. (1939a), 'Relative Movements in Real Wages and Output', *Economic Journal*, March.

Keynes, J.M. (1939b), 'Professor Tinbergen's Method', *Economic Journal*; reprinted in D. Moggridge (ed.) (1973b), *The Collected Writings of John Maynard Keynes, XIV*, London: Macmillan.

Keynes, J.M. (1940), *How to Pay for the War*, London: Macmillan.

*Keynes, J.M. (1972), Vol. IX, *Essays in Persuasion*, London: Macmillan.

Keynes, J.M. (1973a), *The Collected Writings of John Maynard Keynes, XIII*, edited by D. Moggridge, London: Macmillan.

Keynes, J.M. (1973b), *The Collected Writings of John Maynard Keynes, XIV*, edited by D. Moggridge, London: Macmillan.

Keynes, J.M. (1979), *The Collected Writings of John Maynard Keynes, XXIX*, edited by D. Moggridge, London: Macmillan.

Keynes, J.M. and Henderson, H. (1929), *Can Lloyd George Do It?*, London: Hogarth Press.

Khan, Z. and Sokoloff, K.L. (2001), 'The Early Development of Intellectual Property Institutions in the United States', *Journal of Economic Perspectives*, Summer.

Killick, T. (1976), 'The Possibilities of Development Planning', *Oxford Economic Papers*, July.

Kim, J.-I. and Lau, L.J. (1994), 'The Sources of Economic Growth of the Asian Newly Industrialized Countries', *Journal of the Japanese and International Economies*.

Kim, K. (1988), *Equilibrium Business Cycle Theory in Historical Perspective*, Cambridge: Cambridge University Press.

*King, M. (1997a), 'The Inflation Target Five Years On', *Bank of England Quarterly Bulletin*, November.

King, M. (1997b), 'Changes in UK Monetary Policy: Rules and Discretion in Practice', *Journal of Monetary Economics*, June.

King, M. (1999), 'Monetary Policy and the Labour Market', *Bank of England Quarterly Bulletin*, February.

*King, M. (2004), 'The Institutions of Monetary Policy', *American Economic Review*, May.

King, R.G. (1993), 'Will the New Keynesian Macroeconomics Resurrect the IS–LM Model?', *Journal of Economic Perspectives*, Winter.

King, R.G. and Levine, R. (1994), 'Capital Fundamentalism, Economic Development and Economic Growth', *Carnegie-Rochester Conference Series on Public Policy*, Vol. 40.

King, R.G. and Plosser, C.I. (1984), 'Money, Credit and Prices in a Real Business Cycle', *American Economic Review*, June.

King, R.G., Plosser, C.I. and Rebelo, S.T. (1988a), 'Production Growth and Business Cycles: I. The Basic Neoclassical Model', *Journal of Monetary Economics*, March.

King, R.G., Plosser, C.I. and Rebelo, S.T. (1988b), 'Production Growth and Business Cycles: II. New Directions', *Journal of Monetary Economics*, May.

Kirman, A.P. (1992), 'Whom or What Does the Representative Individual Represent?', *Journal of Economic Perspectives*, Spring.

Kirschner, D. and Rhee, W. (1996), 'Predicting the Pattern of Economics Research: The Case of Real Business Cycle Theory', *Journal of Macroeconomics*, Spring.

*Kirshner, J. (2001), 'The Political Economy of Low Inflation', *Journal of Economic Surveys*, January.

*Klamer, A. (1984), *The New Classical Macroeconomics*, Brighton: Wheatsheaf.

Klein, L.R. (1946), 'Macroeconomics and the Theory of Rational Behaviour', *Econometrica*, April.

Klein, L.R. (1947), *The Keynesian Revolution*, New York: Macmillan.

Klein, L.R. (1968), *The Keynesian Revolution*, 2nd edn, London: Macmillan.

Klein, L.R. and Goldberger, A.S. (1955), *An Econometric Model of the United States, 1929–1952*, Amsterdam: North-Holland.

*Klenow, P.J. and Rodriguez-Clare, A. (1997a), 'Economic Growth: A Review Essay', *Journal of Monetary Economics*, December.

*Klenow, P.J. and Rodriguez-Clare, A. (1997b), 'The Neoclassical Revival in Growth Economics: Has it Gone Too Far?', *NBER Macroeconomics Annual*.

Knack, S. and Keefer, P. (1995), 'Institutions and Economic Performance: Cross Country Tests Using Alternative Institutional Measures', *Economics and Politics*, November.

Knack, S. and Keefer, P. (1997a), 'Why Don't Poor Countries Catch Up? A Cross-National Test of an Institutional Explanation', *Economic Inquiry*, July.

Knack, S. and Keefer, P. (1997b), 'Does Social Capital Have an Economic Payoff? A Cross Country Investigation', *Quarterly Journal of Economics*, November.

Knight, F.H. (1933), *Risk, Uncertainty and Profit*, London: London School of Economics, reprint; first published in 1921.

Koopmans, T.C. (1949), 'The Econometric Approach to Business Fluctuations', *American Economic Review*, May.

Koopmans, T.C. (1965), 'On the Concept of Optimal Economic Growth', in *The Econometric Approach to Development Planning*, Amsterdam: North-Holland.

Kornai, J. (1992), *The Socialist System: The Political Economy of Communism*, Oxford: Clarendon Press.

*Kornai, J. (2000), 'What the Change of System from Socialism to Capitalism Does and Does Not Mean', *Journal of Economic Perspectives*, Winter.

Kramer, G.H. (1971), 'Short-term Fluctuations in US Voting Behaviour, 1896–1964', *American Political Science Review*, March.

Kremer, M. (1993), 'Population Growth and Technological Change: One Million B.C. to 1990', *Quarterly Journal of Economics*, August.

Kremer, M. (1998), 'Patent Buyouts: A Mechanism for Encouraging Innovation', *Quarterly Journal of Economics*, November.

Kreps, D.M. (1988), *Notes on the Theory of Choice*, Boulder: Westview Press.

Krueger, A.O. (1978), *Foreign Trade Regimes and Economic Development: Liberalisation Attempts and Consequences*, Cambridge, MA: Ballinger.

*Krueger, A.O. (1997), 'Trade Policy and Economic Development: How We Learn', *American Economic Review*, March.

*Krueger, A.O. (1998), 'Why Trade Liberalisation is Good for Growth', *Economic Journal*, September.

Krugman, P. (1991a), *Geography and Trade*, Cambridge, MA: MIT Press.

Krugman, P. (1991b), 'Increasing Returns and Economic Geography', *Journal of Political Economy*, June.

Krugman, P. (1994a), *Peddling Prosperity: Economic Sense and Nonsense in the Age of Diminished Expectations*, New York: W.W. Norton.

Krugman, P. (1994b), 'The Myth of Asia's Miracle', *Foreign Affairs*, November/December.

Krugman, P. (1994c), 'The Fall and Rise of Development Economics', in L. Rodwin and D.A. Schon (eds), *Rethinking the Development Experience: Essays Provoked by the Work of O. Hirschman*, Washington, DC: Brookings Institution; Cambridge, MA: Lincoln Institute of Land Policy.

Krugman, P. (1997), *Development, Geography and Economic Theory*, Cambridge, MA: MIT Press.

Krugman, P. (1998), 'Its Baaack! Japan's Slump and the Return of the Liquidity Trap', *Brookings Papers on Economic Activity*.

*Krugman, P. (1999), *The Return of Depression Economics*, New York: W.W. Norton.

Krugman, P. and Venables, A.J. (1995), 'Globalisation and the Inequality of Nations', *Quarterly Journal of Economics*, November.

Kumar, S. and Russell, R.R. (2002), 'Technological Change, Technological Catch-Up, and Capital Deepening: Relative Contributions to Growth and Convergence', *American Economic Review*, June.

Kuznets, S. (1955), 'Economic Growth and Income Inequality', *American Economic Review*, March.

Kuznets, S. (1966), *Modern Economic Growth*, New Haven: Yale University Press.

*Kydland, F.E. and Prescott, E.C. (1977), 'Rules Rather Than Discretion: The Inconsistency of Optimal Plans', *Journal of Political Economy*, June.

Kydland, F.E. and Prescott, E.C. (1982), 'Time to Build and Aggregate Fluctuations', *Econometrica*, November.

Kydland, F.E. and Prescott, E.C. (1990), 'Business Cycles: Real Facts and the Monetary Myth', *Federal Reserve Bank of Minneapolis Quarterly Review*, Spring.

Kydland, F.E. and Prescott, E.C. (1991), 'Hours and Employment Variation in Business Cycle Theory', *Economic Theory*.

*Kydland, F.E. and Prescott, E.C. (1996), 'The Computational Experiment: An Econometric Tool', *Journal of Economic Perspectives*, Winter.

Laband, D. and Wells, J. (1998), 'The Scholarly Journal Literature of Economics: An Historical Profile of the AER, JPE and QJE', *American Economist*, Fall.

Laidler, D.E.W. (1976), 'Inflation in Britain: A Monetarist Perspective', *American Economic Review*, September.

*Laidler, D.E.W. (1981), 'Monetarism: An Interpretation and an Assessment', *Economic Journal*, March.

Laidler, D.E.W. (1982), *Monetarist Perspectives*, Oxford: Philip Allan.

*Laidler, D.E.W. (1986), 'The New Classical Contribution to Macroeconomics', *Banca Nazionale del Lavoro Quarterly Review*, March.

Laidler, D.E.W. (1991), *The Golden Age of the Quantity Theory: The Development of Neoclassical Monetary Economies 1870–1914*, Oxford: Philip Allan.

Laidler, D.E.W. (1992a), 'The Cycle Before New Classical Economics', in M. Belongia and M. Garfinkel (eds), *The Business Cycle: Theories and Evidence*, London: Kluwer Academic Publishers.

Laidler, D.E.W. (1992b), 'Issues in Contemporary Macroeconomies', in A. Vercelli and N. Dimitri (eds), *Macroeconomies: A Survey of Research Strategies*, Oxford: Oxford University Press.

Laidler, D.E.W. (1993), *The Demand for Money: Theories, Evidence and Problems*, 4th edn, New York: HarperCollins.

*Laidler, D.E.W. (1999), *Fabricating the Keynesian Revolution: Studies of the Inter-War Literature on Money, the Cycle, and Unemployment*, Cambridge: Cambridge University Press.

Laing, D. (1993), 'A Signalling Theory of Nominal Wage Inflexibility', *Economic Journal*, November.

Lakatos, I. (1978), *The Methodology of Scientific Research Programmes*, Cambridge: Cambridge University Press.

Lake, D. (1992), 'Powerful Pacifists: Democratic States and War', *American Political Science Review*, March.

Lal, D. (1999), *Unintended Consequences: The Impact of Factor Endowments, Culture and Politics on Long-Run Economic Performance*, Cambridge, MA: MIT Press.

*Landau, R., Taylor, T. and Wright, G. (eds) (1996), *The Mosaic of Economic Growth*, Stanford: Stanford University Press.

Landes, D.S. (1969), *The Unbound Prometheus: Technological Change and Development in Western Europe from 1750 to the Present*, Cambridge: Cambridge University Press.

Landes, D.S. (1990), 'Why Are We So Rich and They So Poor?', *American Economic Review*, May.

*Landes, D.S. (1998), *The Wealth and Poverty of Nations: Why Some Are So Rich and Some So Poor*, New York: W.W. Norton.

Landman, T. (1999), 'Economic Development and Democracy: The View from Latin America', *Political Studies*, September.

Lawrence, R. and Weinstein, D. (2001), 'Trade and Growth: Import-Led or Export-Led? Evidence from Japan and Korea', in J.E. Stiglitz and S. Yusuf (eds), *Rethinking the East Asian Miracle*, Oxford: Oxford University Press.

Lawson, T. and Pesaran, H. (eds) (1985), *Keynes's Economics: Methodological Issues*, London: Croom Helm.

Layard, R. and Nickell, S.J. (1998), 'Labour Market Institutions and Economic Performance', Centre for Economic Performance (LSE) Discussion Paper, No. 407.

Layard, R., Nickell, S.J. and Jackman, R. (1991), *Unemployment, Macroeconomic Performance and the Labour Market*, Oxford: Oxford University Press.

Layard, R., Nickell, S.J. and Jackman, R. (1994), *The Unemployment Crisis*, Oxford: Oxford University Press.

*Lee, R. (2003), 'The Demographic Transition: Three Centuries of Fundamental Change', *Journal of Economic Perspectives*, Fall.

Lee, S.P. and Passell, P. (1979), *The New Economic View of American History*, New York: W.W. Norton.

Lee, W. and Roemer, J. (1998), 'Income Distribution, Redistributive Politics, and Economic Growth', *Journal of Economic Growth*, September.

Leeson, R. (1994a), 'A. W. H. Phillips M.B.E. (Military Division)', *Economic Journal*, May.

Leeson, R. (1994b), 'A. W. H. Phillips, Inflationary Expectations and the Operating Characteristics of the Macroeconomy', *Economic Journal*, November.

*Leeson, R. (1997a), 'The Trade-off Interpretation of Phillips's Dynamic Stabilisation Exercise', *Economica*, February.

*Leeson, R. (1997b), 'The Political Economy of the Inflation–Unemployment Trade-off', *History of Political Economy*, Spring.

Leeson, R. (1997c), 'The Eclipse of the Goal of Zero Inflation', *History of Political Economy*, Fall.

Leeson, R. (ed.) (1999), *A. W. H. Phillips: Collected Works in Contemporary Perspective*, Cambridge: Cambridge University Press.

Leibenstein, H. (1957), *Economic Backwardness and Economic Growth*, New York: Wiley.

Leibenstein, H. (1979), 'A Branch of Economics Is Missing: Micro–Micro Theory', *Journal of Economic Literature*, June.

Leijonhufvud, A. (1968), *On Keynesian Economics and the Economics of Keynes*, London: Oxford University Press.

Leijonhufvud, A. (1973), 'Effective Demand Failures', *Swedish Journal of Economics*, March.

*Leijonhufvud, A. (1981), *Information and Co-ordination: Essays in Macroeconomic Theory*, Oxford: Oxford University Press.

*Leijonhufvud, A. (1992), 'Keynesian Economics: Past Confusions, Future Prospects', in A. Vercelli and N. Dimitri (eds), *Macroeconomics: A Survey of Research Strategies*, Oxford: Oxford University Press.

Leijonhufvud, A. (1993), 'Towards a Not-too-Rational Macroeconomics', *Southern Economic Journal*, July.

Leijonhufvud, A. (1998a), 'Three Items for the Macroeconomic Agenda', *Kyklos*.

Leijonhufvud, A. (1998b), 'Mr. Keynes and the Moderns', *European Journal of the History of Economic Thought*, Spring.

Lerner, A. (1944), *The Economics of Control*, New York: Macmillan.

Leslie, D. (1993), *Advanced Macroeconomics Beyond IS–LM*, Maidenhead: McGraw-Hill.

Levacic, R. (1988), *Supply Side Economics*, London: Heinemann.

Lewer, J.J. and Van den Berg, H. (2003), 'How Large is International Trade's Effect on Economic Growth?', *Journal of Economic Surveys*, July.

Lewis, W.A. (1954), 'Economic Development with Unlimited Supplies of Labour', *Manchester School of Economic and Social Studies*, May.

Lewis, W.A. (1955), *The Theory of Economic Growth*, London: Allen and Unwin.

Lilien, D.M. (1982), 'Sectoral Shifts and Cyclical Unemployment', *Journal of Political Economy*, August.

Lindbeck, A. (1976), 'Stabilization Policies in Open Economies With Endogenous Politicians', *American Economic Review*, May.

Lindbeck, A. (1992), 'Macroeconomic Theory and the Labour Market', *European Economic Review*, April.

*Lindbeck, A. (1998), 'New Keynesianism and Aggregate Economic Activity', *Economic Journal*, January.

Lindbeck, A. and Snower, D.J. (1985), 'Explanations of Unemployment', *Oxford Review of Economic Policy*, Spring.

Lindbeck, A. and Snower, D.J. (1986), 'Wage Setting, Unemployment, and Insider Outsider Relations', *American Economic Review*, May.

Lindbeck, A. and Snower, D.J. (1988a), 'Cooperation, Harassment and Involuntary Unemployment: An Insider–Outsider Approach', *American Economic Review*, March.

Lindbeck, A. and Snower, D.J. (1988b), *The Insider–Outsider Theory of Employment and Unemployment*, Cambridge, MA: MIT Press.

Lipset, S.M. (1959), 'Some Social Requisites of Democracy: Economic Development and Political Legitimacy', *American Political Science Review*.

Lipsey, R.G. (1960), 'The Relationship Between Unemployment and the

Rate of Change of Money Wage Rates in the U.K. 1862–1957: A Further Analysis', *Economica*, February.

*Lipsey, R.G. (1978), 'The Place of the Phillips Curve in Macroeconomic Models', in A.R. Bergstrom (ed.), *Stability and Inflation*, Chichester: John Wiley.

Lipsey, R.G. (1981), 'The Understanding and Control of Inflation: Is There a Crisis in Macroeconomics?', *Canadian Journal of Economics*, November.

Littleboy, B. and Mehta, G. (1983), 'The Scientific Method of Keynes', *Journal of Economic Studies*, Special Issue.

Littlechild, S. (1990), *Austrian Economics, vol. 2*, Aldershot, UK and Brookfield, USA: Edward Elgar.

Litterman, B. and Weiss, L. (1985), 'Money, Real Interest Rates and Output: A Reinterpretation of Postwar U.S. Data', *Econometrica*, January.

Ljungqvist, L. and Sargent, T.J. (1998), 'The European Unemployment Dilemma', *Journal of Political Economy*, June.

Lohmann, S. (1992), 'Optimal Commitment in Monetary Policy: Credibility Versus Flexibility', *American Economic Review*, March.

Long, J.B. and Plosser, C.I. (1983), 'Real Business Cycles', *Journal of Political Economy*, February.

Lovell, M.C. (1986), 'Tests of the Rational Expectations Hypothesis', *American Economic Review*, March.

Lucas, R.E. Jr (1972a), 'Expectations and the Neutrality of Money', *Journal of Economic Theory*, April.

Lucas, R.E. Jr (1972b), 'Econometric Testing of the Natural Rate Hypothesis', in O. Eckstein (ed.), *The Econometrics of Price Determination Conference*, Washington Board of Governors: Federal Reserve System.

*Lucas, R.E. Jr (1973), 'Some International Evidence on Output–Inflation Tradeoffs', *American Economic Review*, June.

Lucas, R.E. Jr (1975), 'An Equilibrium Model of the Business Cycle', *Journal of Political Economy*, December.

Lucas, R.E. Jr (1976), 'Econometric Policy Evaluation: A Critique', in K. Brunner and A. Meltzer (eds), *The Phillips Curve and Labor Markets*, Amsterdam: North-Holland, Carnegie-Rochester Series on Public Policy.

*Lucas, R.E. Jr (1977), 'Understanding Business Cycles', in K. Brunner and A.H. Meltzer (eds), *Stabilization of the Domestic and International Economy*, Amsterdam and New York: North-Holland.

*Lucas, R.E. Jr (1978a), 'Unemployment Policy', *American Economic Review*, May.

Lucas, R.E. Jr (1978b), 'Asset Prices in an Exchange Economy', *Econometrica*, November.

*Lucas, R.E. Jr (1980a), 'Methods and Problems in Business Cycle Theory', *Journal of Money, Credit, and Banking*, November.

Lucas, R.E. Jr (1980b), 'The Death of Keynesian Economics: Issues and Ideas', University of Chicago, Winter.

*Lucas, R.E. Jr (1981a), *Studies in Business Cycle Theory*, Oxford: Basil Blackwell.

Lucas, R.E. Jr (1981b), 'Tobin and Monetarism: A Review Article', *Journal of Economic Literature*, June.

Lucas, R.E. Jr (1981c), 'Rules, Discretion and the Role of the Economic Adviser', in R.E. Lucas Jr, *Studies in Business Cycle Theory*, Oxford: Basil Blackwell.

Lucas, R.E. Jr (1987), *Models of Business Cycles*, Oxford: Basil Blackwell.

Lucas, R.E. Jr (1988), 'On the Mechanics of Economic Development', *Journal of Monetary Economics*, July.

Lucas, R.E. Jr (1990a), 'Supply-side Economics: An Analytical Review', *Oxford Economic Papers*.

Lucas, R.E. Jr (1990b), 'Why Doesn't Capital Flow From Rich to Poor Countries?', *American Economic Review*, May.

Lucas, R.E. Jr (1993), 'Making a Miracle', *Econometrica*, March.

Lucas, R.E. Jr (1994a), 'Interview with Robert Lucas', in B. Snowdon, H.R. Vane and P. Wynarczyk, *A Modern Guide to Macroeconomics: An Introduction to Competing Schools of Thought*, Aldershot, UK and Brookfield, USA: Edward Elgar.

Lucas, R.E. Jr (1994b), 'Review of Milton Friedman and Anna J. Schwartz's *A Monetary History of the United States, 1867–1960*', *Journal of Monetary Economics*, August.

*Lucas, R.E. Jr (1996), 'Nobel Lecture: Monetary Neutrality', *Journal of Political Economy*, August.

Lucas, R.E. Jr (2000a), 'Inflation and Welfare', *Econometrica*, March.

*Lucas, R.E. Jr (2000b), 'Some Macroeconomics for the 21st Century', *Journal of Economic Perspectives*, Winter.

Lucas, R.E. Jr (2002), *Lectures on Economic Growth*, Cambridge, MA: Harvard University Press.

Lucas, R.E. Jr (2003), 'Macroeconomic Priorities', *American Economic Review*, March.

Lucas, R.E. Jr and Prescott, E.C. (1971), 'Investment under Uncertainty', *Econometrica*, September.

Lucas, R.E. Jr and Rapping, L.A. (1969), 'Real Wages, Employment and Inflation', *Journal of Political Economy*, September/October.

*Lucas, R.E. Jr and Sargent, T.J. (1978), 'After Keynesian Macroeconomics', in *After the Phillips Curve: Persistence of High Inflation and High Unemployment*, Boston, MA: Federal Reserve Bank of Boston.

Lucas, R.E. Jr and Sargent, T.J. (1981), *Rational Expectations and Econometric Practices*, Minneapolis: University of Minnesota Press.

Lundberg, M. and Squire, L. (2003), 'The Simultaneous Evolution of Growth and Inequality', *Economic Journal*, April.

MacRae, C.D. (1977), 'A Political Model of the Business Cycle', *Journal of Political Economy*, April.

Maddison, A. (1972), 'Explaining Economic Growth', *Banca Nazionale del Lavoro Quarterly Review*, September.

Maddison, A. (1979), 'Long-Run Dynamics of Productivity Growth', *Banca Nazionale del Lavoro Quarterly Review*, March.

Maddison, A. (1980), 'Western Economic Performance in the 1970s: A Perspective and Assessment', *Banca Nazionale Del Lavoro Quarterly Review*, September.

Maddison, A. (1982), *Phases of Capitalist Development*, Oxford: Oxford University Press.

*Maddison, A. (1987), 'Growth and Slowdown in Advanced Capitalist Economies: Techniques of Quantitative Assessment', *Journal of Economic Literature*, June.

Maddison, A. (1995), *Explaining the Economic Performance of Nations*, Aldershot, UK and Brookfield, USA: Edward Elgar.

*Maddison, A. (2001), *The World Economy in Millennial Perspective*, Paris: OECD.

Madsen, J.B. (1998), 'General Equilibrium Macroeconomic Models of Unemployment: Can They Explain the Unemployment Path in the OECD?', *Economic Journal*, May.

Malinvaud, E. (1977), *The Theory of Unemployment Reconsidered*, Oxford: Basil Blackwell.

Maloney, J., Pickering, A.C. and Hadri, K. (2003), 'Political Business Cycles and Central Bank Independence', *Economic Journal*, March.

Mankiw, N.G. (1985), 'Small Menu Costs and Large Business Cycles: A Macroeconomic Model of Monopoly', *Quarterly Journal of Economics*, May.

*Mankiw, N.G. (1989), 'Real Business Cycles: A New Keynesian Perspective', *Journal of Economic Perspectives*, Summer.

*Mankiw, N.G. (1990), 'A Quick Refresher Course in Macroeconomics', *Journal of Economic Literature*, December.

Mankiw, N.G. (1991), 'Comment on J.J. Rotemberg and M. Woodford: Markups and the Business Cycle', *NBER Macroeconomics Annual*.

*Mankiw, N.G. (1992), 'The Reincarnation of Keynesian Economics', *European Economic Review*, April.

*Mankiw, N.G. (1995), 'The Growth of Nations', *Brookings Papers on Economic Activity*.

Mankiw, N.G. (1997), *Principles of Economics*, New York: Dryden Press.

Mankiw, N.G. (2001), 'The Inexorable and Mysterious Trade-off Between Inflation and Unemployment', *Economic Journal*, May.

Mankiw, N.G. (2002), 'US Monetary Policy in the 1990s', in J.A. Frenkel and P.R. Orszag (eds), *American Economic Policy in the 1990s*, Cambridge, MA: MIT Press.

*Mankiw, N.G. (2003), *Macroeconomics*, 5th edn, New York: Worth.

Mankiw, N.G. and Reis, R. (2002), 'Sticky Information versus Sticky Prices: A Proposal to Replace the New Keynesian Phillips Curve', *Quarterly Journal of Economics*, November.

Mankiw, N.G. and Romer, D. (eds) (1991), *New Keynesian Economics*, Cambridge, MA: MIT Press.

Mankiw, N.G., Romer, D. and Weil, D.N. (1992), 'A Contribution to the Empirics of Economic Growth', *Quarterly Journal of Economics*, May.

Mankiw, N.G., Rotemberg, J.J. and Summers, L.H. (1985), 'Intertemporal Substitution in Macroeconomics', *Quarterly Journal of Economics*, February.

Manning, A. (1995), 'Developments in Labour Market Theory and Their Implications for Macro Policy', *Journal of Political Economy*, August.

Marris, R. (1991), *Reconstructing Keynesian Economics with Imperfect Competition*, Aldershot, UK and Brookfield, USA: Edward Elgar.

Marshall, A. (1890), *Principles of Economics*, 1st edn, 8th edn 1929, London: Macmillan.

Marshall, A. (1920), *Principles of Economics*, London: Macmillan.

*Martin, R. (1999), 'The New Geographical Turn in Economics: Some Critical Reflections', *Cambridge Journal of Economics*, January.

Mas, I. (1995), 'Central Bank Independence: A Critical View from a Developing Country Perspective', *World Development*, October.

Matthews, K. and Minford, P. (1987), 'Mrs Thatcher's Economic Policies 1979–87', *Economic Policy*.

Matthews, R.C.O. (1968), 'Why has Britain had Full Employment Since the War?', *Economic Journal*, September.

*Mauro, P. (1995), 'Corruption and Growth', *Quarterly Journal of Economics*, August.

Mayer, T. (1978), *The Structure of Monetarism*, New York: W.W. Norton.

Mayer, T. (1980), 'David Hume and Monetarism', *Quarterly Journal of Economics*, August.

Mayer, T. (1990), *The Political Economy of American Monetary Policy*, New York: Cambridge University Press.

Mayer, T. (1994), 'Why is There So Much Disagreement Among Economists?', *Journal of Economic Methodology*, June.

*Mayer, T. (1997), 'What Remains of the Monetarist Counter-Revolution?', in B. Snowdon and H.R. Vane (eds), *Reflections on the Development of Modern Macroeconomics*, Cheltenham, UK and Lyme, USA: Edward Elgar.

Mayer, T. (1999), *Monetary Policy and the Great Inflation in the United States*, Cheltenham, UK and Northampton, MA, USA: Edward Elgar.

Mazower, M. (1998), *Dark Continent: Europe's Twentieth Century*, London: Penguin.

Mazzoleni, R. and Nelson, R.R. (1998), 'Economic Theories About the Benefits and Costs of Patents', *Journal of Economic Issues*, December.

McCallum, B.T. (1978), 'The Political Business Cycle: An Empirical Test', *Southern Economic Journal*, January.

McCallum, B.T. (1986), 'On Real and Sticky-Price Theories of the Business Cycle', *Journal of Money, Credit, and Banking*, November.

McCallum, B.T. (1989), 'Real Business Cycle Models', in R.J. Barro (ed.), *Modern Business Cycle Theory*, Cambridge, MA: Harvard University Press.

McCallum, B.T. (1992), 'Real Business Cycle Theories', in A. Vercelli and N. Dimitri (eds), *Macroeconomics: A Survey of Research Strategies*, Oxford: Oxford University Press.

McCloskey, D.N. (1994), '1780–1860: A Survey', in R. Floud and D.N. McCloskey (eds), *The Economic History of Britain Since 1700, Vol. I*, 2nd edn, Cambridge: Cambridge University Press.

McDonald, I.M. (1992), *Macroeconomics*, New York: John Wiley.

McDonald, I.M. and Solow, R.M. (1981), 'Wage Bargaining and Employment', *American Economic Review*, December.

McGrattan, E.R. (1998), 'A Defence of AK Growth Models', *Federal Reserve Bank of Minneapolis Quarterly Review*, Fall.

Meade, J.E. and Stone, J.R.N. (1944), *National Income and Expenditure*, London: Oxford University Press.

Meadows, D.H. et al. (1972), *The Limits to Growth*, London: Earth Island.

Mehra, R. and Prescott, E.C. (1985), 'The Equity Premium: A Puzzle', *Journal of Monetary Economics*, March.

Meier, G.M. (ed.) (1995), *Leading Issues in Economic Development*, 6th edn, Oxford: Oxford University Press.

*Melchior, A. (2001), 'Beliefs vs Facts in the Global Inequality Debate', *World Economics*, July–September.

*Meltzer, A.H. (1988), *Keynes's Monetary Theory: A Different Interpretation*, Cambridge: Cambridge University Press.

Mendoza, E.G. (1991), 'Real Business Cycles in a Small Open Economy', *American Economic Review*, September.

Menger, C. (1981[1871]), *Principles of Economics*, New York: New York University Press.

Metzler, L.A. (1941), 'The Nature and Stability of Inventory Cycles', *Review of Economics and Statistics*, August.

Metzler, L.A. (1947), 'Factors Governing the Length of Inventory Cycles', *Review of Economics and Statistics*, February.

Metzler, L.A. (1951), 'Wealth, Saving and the Rate of Interest', *Journal of Political Economy*, April.

Meyer, S. (1981), *The Five Dollar Day, Labour Management and Social Control in Ford Motor Company, 1908–21*, Albany: State University of New York Press.

Milanovic, B. (2002), *Worlds Apart: Inter-National and World Inequality, 1950–2000*, Washington, DC: World Bank.

Mill, J.S. (1848), *Principles of Political Economy*, Harmondsworth: Pelican, 1970.

Mill, J.S. (1982), *On Liberty*, Harmondsworth: Penguin English Library.

Millard, S., Scott, A. and Sensier, M. (1997), 'The Labour Market Over the Business Cycle: Can Theory Fit the Facts?', *Oxford Review of Economic Policy*, Autumn.

Minford, A.P.L. (1991), *The Supply Side Revolution in Britain*, Aldershot, UK and Brookfield, USA: Edward Elgar.

*Minford, A.P.L. (1997), 'Macroeconomics: Before and After Rational Expectations', in B. Snowdon and H.R. Vane (eds), *Reflections on the Development of Modern Macroeconomics*, Cheltenham, UK and Lyme, USA: Edward Elgar.

Minford, A.P.L. and Peel, D.A. (1982), 'The Political Theory of the Business Cycle', *European Economic Review*.

Minford, A.P.L. and Peel, D.A. (1983), *Rational Expectations and the New Macroeconomics*, Oxford: Martin Robertson.

Minford, A.P.L., Brech, M. and Matthews, K.G.P. (1980), 'A Rational Expectations Model of the UK Under Floating Exchange Rates', *European Economic Review*, September.

Minford, A.P.L., Ashton, P., Peel, M., Davies, D. and Sprague, A. (1985), *Unemployment: Cause and Cure*, 2nd edn, Oxford: Basil Blackwell.

Minier, J. (1998), 'Democracy and Growth: Alternative Approaches', *Journal of Economic Growth*, September.

Miron, J.A. (1994), 'Empirical Methodology in Macroeconomics: Explaining the Success of Friedman and Schwartz's *A Monetary History of the United States, 1867–1960*', *Journal of Monetary Economics*, August.

Mises, L. v. (1953[1912]), *The Theory of Money and Credit*, New Haven, CT: Yale University Press.

Mises, L. v. (1966), *Human Action: A Treatise on Economics*, 3rd edn, Chicago: Henry Regnery.

Mishkin, F.S (1982), 'Does Anticipated Monetary Policy Matter? An Econometric Investigation', *Journal of Political Economy*, February.

*Mishkin, F.S. (1999), 'International Experiences with Different Monetary Regimes', *Journal of Monetary Economics*, June.

Mishkin, F.S. (2000a), 'Inflation Targeting in Emerging-Market Economies', *American Economic Review*, May.

Mishkin, F.S. (2000b), 'What Should Central Banks Do?', *Federal Reserve Bank of St. Louis Review*, November/December.

*Mishkin, F.S. (2002), 'Inflation Targeting', in B. Snowdon and H.R. Vane (eds), *An Encyclopedia of Macroeconomics*, Cheltenham, UK and Northampton, MA, USA: Edward Elgar.

Modigliani, F. (1944), 'Liquidity Preference and the Theory of Interest and Money', *Econometrica*, January.

Modigliani, F. (1977), 'The Monetarist Controversy, or Should We Forsake Stabilization Policies?', *American Economic Review*, March.

Modigliani, F. (1986), *The Debate Over Stabilisation Policy*, Cambridge: Cambridge University Press.

Modigliani, F. (1988a), 'The Monetarist Controversy Revisited', *Contemporary Policy Issues*, October.

Modigliani, F. (1988b), 'Reagan's Economic Policies: A Critique', *Oxford Economic Papers*, September.

Modigliani, F. (1996), 'The Shameful Rate of Unemployment in the EMS: Causes and Cures', *De Economist*, October.

*Modigliani, F. (2003), 'The Keynesian Gospel According to Modigliani', *American Economist*, Spring.

Modigliani, F. and Brumberg, R. (1954), 'Utility Analysis and the Consumption Function: An Interpretation of Cross-Section Data' in K.K. Kurihara (ed.), *Post-Keynesian Economics*, New Brunswick, NJ: Rutgers University Press.

Modigliani, F. and Papademos, L.D. (1975), 'Targets for Monetary Policy', *Brookings Papers on Economic Activity*.

Moggridge, D. (1992), *John Maynard Keynes: An Economist's Biography*, London: Routledge.

Mokyr, J. (1990), *The Lever of Riches: Technological Creativity and Economic Change*, Oxford: Oxford University Press.

*Mokyr, J. (1993), *The British Industrial Revolution: An Economic Perspective*, Boulder, CO: Westview Press.

Mokyr, J. (2002), *The Gifts of Athena*, Princeton: Princeton University Press.

*Mokyr, J. (2005), 'Long-Term Economic Growth and the History of Technology', in P. Aghion and S. Durlauf (eds), *Handbook of Economic Growth*, Amsterdam: Elsevier.

Morgan, B. (1978), *Monetarists and Keynesians: Their Contribution to Monetary Theory*, London: Macmillan.

Mosley, P. (1978), 'Images of the Floating Voter: Or, the Political Business Cycle Revisited', *Political Studies*, February.

Muellbauer, J. (1997), 'The Assessment: Business Cycles', *Oxford Review of Economic Policy*, Autumn.

Mullineux, A.W. (1984), *The Business Cycle After Keynes*, Brighton: Wheatsheaf.

Mullineux, A.W. and Dickinson, D.G. (1992), 'Equilibrium Business Cycles: Theory and Evidence', *Journal of Economic Surveys*.

Mullineux, A.W., Dickinson, D.G. and Peng, W. (1993), *Business Cycles*, Oxford: Basil Blackwell.

Mundell, R.A. (1960), 'The Monetary Dynamics of International Adjustment under Fixed and Flexible Rates', *Quarterly Journal of Economics*, May.

*Mundell, R.A. (1962), 'The Appropriate Use of Monetary and Fiscal Policy for Internal and External Stability', *IMF Staff Papers*, March.

*Mundell, R.A. (1963), 'Capital Mobility and Stabilisation Policy under Fixed and Flexible Exchange Rates', *Canadian Journal of Economics and Political Science*, November.

*Mundell, R.A. (2000), 'A Reconsideration of the Twentieth Century', *American Economic Review*, March.

Mundell, R.A. (2001), 'On the History of the Mundell–Fleming Model', *IMF Staff Papers*, Special Issue.

Murphy, K., Riddell, C. and Romer, P.M. (1998), 'Wages, Skills and Technology in the United States and Canada', in E. Helpman (ed.), *General Purpose Technologies*, Cambridge, MA: MIT Press.

Murphy, K.M., Shleifer, A. and Vishny, R.W. (1989a), 'Industrialisation and the Big Push', *Quarterly Journal of Economics*, May.

Murphy, K.M., Shleifer, A. and Vishny, R.W. (1989b), 'Income Distribution, Market Size and Industrialisation', *Quarterly Journal of Economics*, August.

Murphy, K.M., Shleifer, A. and Vishny, R.W. (1991), 'The Allocation of Talent: Implications for Growth', *Quarterly Journal of Economics*, May.

Murphy, K.M., Shleifer, A. and Vishny, R.W. (1993), 'Why is Rent-Seeking So Costly to Growth?', *American Economic Review*, May.

Muscatelli, A. (1998), 'Optimal Inflation Contracts and Inflation Targets with Uncertain Central Bank Preferences: Accountability Through Independence?', *Economic Journal*, March.

Muscatelli, A. and Trecroci, C. (2000), 'Monetary Policy Rules, Policy Preferences, and Uncertainty: Recent Empirical Evidence', *Journal of Economic Surveys*, December.

Mussa, M. (1976), 'The Exchange Rate, The Balance of Payments and Monetary and Fiscal Policy under a Regime of Controlled Floating', *Scandinavian Journal of Economics*.

Muth, J.F. (1961), 'Rational Expectations and the Theory of Price Movements', *Econometrica*, July.

Myles, G.D. (2000), 'Taxation and Economic Growth', *Fiscal Studies*, March.

Myrdal, K.G. (1957), *Rich Lands and Poor: The Road to World Prosperity*, New York: Harper and Row.

Myrdal, K.G. (1973), 'Equity, Growth and Social Justice', *World Development*, March–April.

Naish, H.F. (1993), 'Imperfect Competition as a Micro Foundation for Keynesian Economics: A Graphical Analysis', *Journal of Macroeconomics*, Spring.

Ndulu, B.J. and O'Connell, S.A. (1999), 'Governance and Growth in Sub-Saharan Africa', *Journal of Economic Perspectives*, Summer.

Nelson, C.R. and Plosser, C.I. (1982), 'Trends and Random Walks in Macroeconomic Time Series: Some Evidence and Implications', *Journal of Monetary Economics*, September.

Nelson, R.R. (1956), 'A Theory of the Low Level Equilibrium Trap', *American Economic Review*, December.

Nelson, R.R. (1973), 'Recent Exercises in Growth Accounting: New Understanding or Dead End?', *American Economic Review*, June.

Nelson, R.R. (1997), 'How New is New Growth Theory?', *Challenge*, September–October.

*Nelson, R.R. and Pack, H. (1999), 'The Asian Miracle and Modern Economic Growth Theory', *Economic Journal*, July.

Nickell, S. (1990), 'Unemployment: A Survey', *Economic Journal*, June.

*Nickell, S. (1997), 'Unemployment and Labour Market Rigidities: Europe Versus North America', *Journal of Economic Perspectives*, Summer.

Nickell, S. (1998), 'Unemployment: Questions and Some Answers', *Economic Journal*, May.

Noland, M., Robinson, S. and Wang, T. (2001), 'Famine in North Korea: Causes and Cures', *Economic Development and Cultural Change*, July.

Nordhaus, W.D. (1975), 'The Political Business Cycle', *Review of Economic Studies*, April.

Nordhaus, W.D. (1989), 'Alternative Approaches to the Political Business Cycle', *Brookings Papers on Economic Activity*.

Nordhaus, W.D. (1994), 'Policy Games: Co-ordination and Independence in Monetary and Fiscal Policy', *Brookings Papers on Economic Activity*.

Nordhaus, W.D. (2001), 'New Directions in National Economic Accounting', *American Economic Review*, May.

North, D.C. (1981), *Structure and Change in Economic History*, New York: W.W. Norton.

North, D.C. (1989), 'Institutions and Economic Growth: An Historical Approach', *World Development*, September.

*North, D.C. (1990), *Institutions, Institutional Change and Economic Performance*, Cambridge: Cambridge University Press.

North, D.C. (1991), 'Institutions', *Journal of Economic Perspectives*, Winter.

*North, D.C. (1994), 'Economic Performance Through Time', *American Economic Review*, June.

North, D.C. and Thomas, R. (1973), *The Rise of the Western World: A New Economic History*, Cambridge: Cambridge University Press.

North, D.C. and Weingast, B.R. (1989), 'Constitutions and Commitment: The Evolution of Institutions Governing Public Choice in Seventeenth-Century England', *Journal of Economic History*, December.

O'Brien, D.P. (1975), *The Classical Economists*, Oxford: Clarendon Press.

Obstfeld, M. (1998), 'The Global Capital Market: Benefactor or Menace', *Journal of Economic Perspectives*, Fall.

Obstfeld, M. (2001), 'International Macreconomics: Beyond the Mundell–Fleming Model', *IMF Staff Papers*, Special Issue.

Obstfeld, M. and Taylor, A. (1998), 'The Great Depression as a Watershed: International Capital Mobility over the Long Run', in M. Bordo, C. Goldin and E. White (eds), *The Defining Moment: The Great Depression and the American Economy in the Twentieth Century*, Chicago: University of Chicago Press.

O'Donnell, R.M. (1982), 'Keynes: Philosophy and Economics', unpublished PhD, University of Cambridge.

O'Donnell, R.M. (1989), *Keynes: Philosophy, Economics and Politics*, London: Macmillan.

Okun, A. (1962), 'Potential GNP: Its Measurement and Significance', *Proceedings of the Business and Economics Statistics Section of the American Statistical Association*, Washington, DC: ASA.

Okun, A. (1975), 'Inflation: Its Mechanics and Welfare Cost', *Brookings Papers on Economic Activity*.

Okun, A. (1980), 'Rational Expectations with Misperceptions as a Theory of the Business Cycle', *Journal of Money, Credit, and Banking*, November.

Okun, A. (1981), *Prices and Quantities: a Macroeconomic Analysis*, Oxford: Basil Blackwell.

Olson, M. (1982), *The Rise and Decline of Nations*, New Haven, CT: Yale University Press.

Olson, M. (1993), 'Dictatorship, Democracy and Development', *American Political Science Review*, September.

*Olson, M. (1996), 'Distinguished Lecture on Economics in Government: Big Bills Left on the Sidewalk: Why Some Nations are Rich, and Others Poor', *Journal of Economic Perspectives*, Spring.

Olson, M. (2000), *Power and Prosperity: Outgrowing Communist and Capitalist Dictatorships*, New York: Basic Books.

O'Rourke, K.H. and Williamson, J.G. (1999), *Globalisation and History: Evolution of the Nineteenth Century Atlantic Economy*, Cambridge, MA: MIT Press.

Paish, F.W. (1968), 'The Limits of Incomes Policies', in F.W. Paish and J. Hennessey, *Policy for Incomes*, London: Institute of Economic Affairs.

Paldam, M. (1979), 'Is There an Electoral Cycle? A Comparative Study of National Accounts', *Scandinavian Journal of Economics*.

Paldam, M. (2000), 'Social Capital: One or Many? Definition and Measurement', *Journal of Economic Surveys*, December.

Parente, S.L. and Prescott, E.C. (1994), 'Barriers to Technology Adoption and Development', *Journal of Political Economy*, April.

Parente, S.L. and Prescott, E.C. (1997), 'Monopoly Rights: A Barrier to Riches', Federal Reserve Bank of Minneapolis Staff Report 236, July.

Parente, S.L. and Prescott, E.C. (1999), 'Monopoly Rights: A Barrier to Riches', *American Economic Review*, December.

*Parente, S.L. and Prescott, E.C. (2000), *Barriers to Riches*, Cambridge, MA: MIT Press.

Parente, S.L. and Prescott, E.C. (2005), 'A Unified Theory of the Evolution of International Income Levels', in P. Aghion and S. Durlauf (eds), *Handbook of Economic Growth*, Amsterdam: Elsevier.

*Parker, R. (2002), *Reflections on the Great Depression*, Cheltenham, UK and Northampton, MA, USA: Edward Elgar.

Parkin, M. (1986), 'The Output–Inflation Tradeoff When Prices Are Costly to Change', *Journal of Political Economy*, February.

Parkin, M. (1992), 'Where Do We Stand?', in M. Belongia and M. Garfinkel (eds), *The Business Cycle: Theories and Evidence*, London: Kluwer Academic Publishers.

Parkin, M. and Bade, R. (1982a), 'Central Bank Laws and Monetary Policy', unpublished, University of Western Ontario.

Parkin, M. and Bade, R. (1982b), *Modern Macroeconomics*, Oxford: Philip Allan.

*Patinkin, D. (1948), 'Price Flexibility and Full Employment' *American Economic Review*, September.

Patinkin, D. (1956), *Money, Interest and Prices: An Integration of Monetary and Value Theory*, Evanston, IL: Row Peterson.

Patinkin, D. (1969), 'The Chicago Tradition, the Quantity Theory, and Friedman', *Journal of Money, Credit, and Banking*, February.

Patinkin, D. (1976), *Keynes's Monetary Thought: A Study of its Development*, Durham, NC: Duke University Press.

Patinkin, D. (1982), *Anticipations of the General Theory?* Oxford: Blackwell.

Patinkin, D. (1990a), 'In Defence of IS–LM', *Banca Nazionale del Lavoro Quarterly Review*, March.

*Patinkin, D. (1990b), 'On Different Interpretations of the General Theory', *Journal of Monetary Economics*, October.

Patinkin, D. (1993), 'On the Chronology of the General Theory', *Economic Journal*, May.

Pearce, K.A. and Hoover, K.D. (1995), 'After the Revolution: Paul Samuelson and the Textbook Keynesian Model', in A.F. Cottrel and M.S. Lawlor (eds), *New Perspectives on Keynes*, Durham, NC: Duke University Press.

Perry, G.L. and Tobin, J. (eds) (2000), *Economic Events, Ideas, and Policies: The 1960s and After*, Washington, DC: The Brookings Institution.

Persson, T. (1988), 'Credibility of Macroeconomic Policy: An Introduction and a Broad Survey', *European Economic Review*, March.

Persson, T. and Tabellini, G. (1990), *Macroeconomic Policy, Credibility and Politics*, London: Harwood.

Persson, T. and Tabellini, G. (1994), 'Is Inequality Harmful to Growth?', *American Economic Review*, June.

Persson, T. and Tabellini, G. (2004), 'Constitutional Rules and Fiscal Policy Outcomes', *American Economic Review*, March.

Pesek, B. and Saving, T.R. (1967), *Money, Wealth and Economic Theory*, London: Macmillan.

Phelps, E.S. (1967), 'Phillips Curves, Expectations of Inflation and Optimal Unemployment Over Time', *Economica*, August.

Phelps, E.S. (1968), 'Money Wage Dynamics and Labour Market Equilibrium', *Journal of Political Economy*, August.

Phelps, E.S. (1972), *Inflation Policy and Unemployment Theory: The Cost–Benefit Approach to Monetary Planning*, New York: W.W. Norton.

Phelps, E.S. (1978), 'Commodity-Supply Shock and Full Employment Monetary Policy', *Journal of Money, Credit, and Banking*, May.

Phelps, E.S. (1985), *Political Economy: An Introductory Text*, New York: W.W. Norton.

*Phelps, E.S. (1990), *Seven Schools of Macroeconomic Thought*, Oxford: Oxford University Press.

Phelps, E.S. (1992), 'Expectations in Macroeconomics and the Rational Expectations Debate', in A. Vercelli and N. Dimitri (eds), *Macroeconomics: A Survey of Research Strategies*, Oxford: Oxford University Press.

Phelps, E.S. (1994), *Structural Slumps: The Modern Equilibrium Theory of Unemployment, Interest and Assets*, Cambridge, MA: Harvard University Press.

Phelps, E.S. (2000), 'Lessons in Natural Rate Dynamics', *Oxford Economic Papers*, January.

Phelps, E.S. and Taylor, J.B. (1977), 'Stabilizing Powers of Monetary Policy Under Rational Expectations', *Journal of Political Economy*, February.

Phelps, E.S. and Zoega, G. (1998), 'Natural Rate Theory and OECD Unemployment', *Economic Journal*, May.

Phelps, E.S. et al. (1970), *Microeconomic Foundations of Employment and Inflation Theory*, New York: W.W. Norton.

*Phillips, A.W. (1958), 'The Relation Between Unemployment and the Rate of Change of Money Wage Rates in the United Kingdom, 1861–1957', *Economica*, November.

Pierce, J.L. (1995), 'Monetarism: The Good, the Bad and the Ugly', in K.D. Hoover and S.M. Sheffrin (eds), *Monetarism and the Methodology of Economics: Essays in Honour of Thomas Mayer*, Aldershot, UK and Brookfield, USA: Edward Elgar.

Piga, G. (2000), 'Dependent and Accountable: Evidence from the Modern Theory of Central Banking', *Journal of Economic Surveys*, December.

Pigou, A.C. (1941), *Employment and Equilibrium*, London: Macmillan.

Pigou, A.C. (1943), 'The Classical Stationary State', *Economic Journal*, December.

Pigou, A.C. (1947), 'Economic Progress in a Stable Environment', *Economica*, August.

Pindyck, R. and Rubinfeld, D.L. (1998), *Microeconomics*, 4th edn, Englewood Cliffs, NJ: Prentice-Hall.

*Plosser, C.I. (1989), 'Understanding Real Business Cycles', *Journal of Economic Perspectives*, Summer.

Plosser, C.I. (1994), 'Interview with Charles Plosser', in B. Snowdon, H.R. Vane and P. Wynarczyk, *A Modern Guide to Macroeconomics: An Introduction to Competing Schools of Thought*, Aldershot, UK and Brookfield, USA: Edward Elgar.

Pomeranz, K. (2000), *The Great Divergence: China, Europe and the Making of the Modern World Economy*, Princeton: Princeton University Press.

Poole, W. (1988), 'Monetary Policy Lessons of Recent Inflation and Disinflation', *Journal of Economic Perspectives*, Summer.

Porter, M. (2003), 'The Economic Performance of Regions', *Regional Studies*, August/October.

Posen, A.S. (1995), 'Declarations Are Not Enough: Financial Sector Sources of Central Bank Independence', *NBER Macroeconomics Annual*.

Posen, A. (1998), 'Central Bank Independence and Disinflationary Credibility: A Missing Link', *Oxford Economic Papers*, July.

*Prescott, E.C. (1986), 'Theory Ahead of Business Cycle Measurement', *Federal Reserve Bank of Minneapolis Quarterly Review*, Fall.

Prescott, E.C. (1996), 'Interview with Edward C. Prescott', *The Region*, September.

Prescott, E.C. (1998), 'Needed: A Theory of Total Factor Productivity', *International Economic Review*, August.

Prescott, E.C. (1999), 'Some Observations on the Great Depression', *Federal Reserve Bank of Minneapolis Quarterly Review*, Winter.

*Prescott, E.C. (2002), 'Prosperity and Depression', *American Economic Review*, May.

Presley, J.R. (1986), 'J.M. Keynes and the Real Balance Effect', *The Manchester School*, March.

*Pritchett, L. (1997), 'Divergence, Big Time', *Journal of Economic Perspectives*, Summer.

Proudman, J. and Redding, S. (1997), 'The Relationship Between Openness and Growth in the United Kingdom: A Summary of the Bank of England Growth Project', *Bank of England Quarterly Bulletin*, November.

Purvis, D.D. (1980), 'Monetarism: A Review', *Canadian Journal of Economics*, February.

Quah, D. (1993), 'Galton's Fallacy and Tests of the Convergence Hypothesis', *Scandinavian Journal of Economics*, December.

Quah, D.T. (1995), 'Business Cycle Empirics: Calibration and Estimation', *Economic Journal*, November.

Radcliffe Committee on the Working of the Monetary System (1959), *Report*, Cmnd 827, London: HMSO.

Raff, D.M.G. and Summers, L.H. (1987), 'Did Henry Ford Pay Efficiency Wages?', *Journal of Labour Economics*, October.

Ramey, G. and Ramey, V.A. (1995), 'Cross-Country Evidence on the Link Between Volatility and Growth', *American Economic Review*, December.

Ramsey, F. (1928), 'A Mathematical Theory of Saving', *Economic Journal*, December.

Rappaport, J. and Sachs, J.D. (2003), 'The United States as a Coastal Region', *Journal of Economic Growth*, March.

Ravn, M.O. and Sola, M. (1995), 'Stylised Facts and Regime Change: Are Prices Procyclical?', *Journal of Monetary Economics*.

Rebelo, S. (1991), 'Long-Run Policy Analysis and Long-Run Growth', *Journal of Political Economy*, June.

Redman, D.A. (1992), *A Readers Guide to Rational Expectations*, Aldershot, UK and Brookfield, USA: Edward Elgar.

Reynolds, L.G. (1985), *Economic Growth in the Third World, 1850–1980*, New Haven: Yale University Press.

Reynolds, L.G. (1994), 'Government and Economic Growth', in G.M. Meier (ed.), *From Classical Economics to Development Economics*, New York: St Martin's Press.

Riddell, R. (1987), *Foreign Aid Reconsidered*, Baltimore: Johns Hopkins University Press.

Rivera-Batiz, L. and Romer, P.M. (1991), 'Economic Integration and Endogenous Growth', *Quarterly Journal of Economics*, May.

Robbins, L. (1971[1934]), *The Great Depression*, Freeport, NY: Books for Libraries Press.

Roberts, P.C. (1989), 'Supply-Side Economics: An Assessment of the American Experience', *National Westminster Bank Quarterly Review*, February.

Robertson, D.H. (1926), *Banking Policy and the Price Level*, London: P.S. King.

Robertson, D.H. (1956), *Economic Commentaries*, London: Macmillan.

Robinson, J. (1933), *The Economics of Imperfect Competition*, London: Macmillan.

Robinson, J. (1962), *Economic Philosophy*, Harmondsworth: Penguin.

Robinson, J. (1971), *Economic Heresies*, London: Macmillan.

Robinson, J. (1972), 'The Second Crisis in Economic Theory', *American Economic Review*, May.

Robinson, J. (1975), 'What Has Become of the Keynesian Revolution?', in M. Keynes (ed.), *Essays on John Maynard Keynes*, Cambridge: Cambridge University Press.

Robinson, J. (1998), 'Theories of "Bad" Policy', *Journal of Policy Reform*.

Rodriguez, F. and Rodrik, D. (2000), 'Trade Policy and Economic Growth: A Sceptics Guide to Cross-National Data', *NBER Macroeconomics Annual*.

*Rodrik, D. (1995), 'Getting Interventions Right: How South Korea and Taiwan Grew Rich', *Economic Policy*, April.

*Rodrik, D. (1996), 'Understanding Economic Policy Reform', *Journal of Economic Literature*, March.

Rodrik, D. (1999a), *The New Global Economy and Developing Countries: Making Openness Work*, Washington, DC: Overseas Development Council.

Rodrik, D. (1999b), 'Where Did All the Growth Go? External Shocks, Social Conflict and Growth Collapses', *Journal of Economic Growth*, December.

Rodrik, D. (2000), 'Institutions for High-Quality Growth: What Are They and How to Acquire Them', *Studies in International Development*, Fall.

Rodrik, D. (ed.) (2003), *In Search of Prosperity: Analytic Narratives on Economic Growth*, Princeton: Princeton University Press.

*Rodrik, D. (2005), 'Growth Strategies' in P. Aghion and S. Durlauf (eds), *Handbook of Economic Growth*, Amsterdam: Elsevier.

Rodrik, D., Subramanian, A. and Trebbi, F. (2004), 'Institutions Rule: The Primacy of Institutions Over Geography and Integration in Economic Development', *Journal of Economic Growth*, June.

Roed, K. and Zhang, T. (2003), 'Does Unemployment Compensation Affect Unemployment Duration?', *Economic Journal*, January.

Rogerson, R. (1988), 'Indivisible Labour, Lotteries and Equilibrium', *Journal of Monetary Economics*, January.

Rogerson, R. (1997), 'Theory Ahead of Language in the Economics of Unemployment', *Journal of Economic Perspectives*, Winter.

Rogoff, K. (1985), 'The Optimal Degree of Commitment to an Intermediate Monetary Target', *Quarterly Journal of Economics*, November.

Rogoff, K. (1988), 'Comment on Macroeconomics and Politics', *NBER Macroeconomics Annual*.

Rogoff, K. (1990), 'Equilibrium Political Budget Cycles', *American Economic Review*, March.

Rogoff, K. (2002), 'Dornbusch's Overshooting Model After Twenty-Five Years', *IMF Staff Papers*, Special Issue.

Rogoff, K. (2003), 'Disinflation: An Unsung Benefit of Globalisation', *Finance and Development*, December.

Rogoff, K. and Sibert, A. (1988), 'Equilibrium Political Business Cycles', *Review of Economic Studies*, January.

Romer, C.D. (1986a), 'Spurious Volatility in Historical Unemployment Data', *Journal of Political Economy*, March.

Romer, C.D. (1986b), 'New Estimates of GNP and Unemployment', *Journal of Economic History*, June.

Romer, C.D. (1986c), 'Is the Stabilisation of the Postwar Economy a Figment of the Data?', *American Economic Review*, June.

Romer, C.D. (1989), 'The Pre-war Business Cycle Reconsidered: New Estimates of GNP, 1869–1908', *Journal of Political Economy*, February.

Romer, C.D. (1990), 'The Great Crash and the Onset of the Great Depression', *Quarterly Journal of Economics*, August.

Romer, C.D. (1992), 'What Ended the Great Depression?', *Journal of Economic History*, December.

*Romer, C.D. (1993), 'The Nation in Depression', *Journal of Economic Perspectives*, Spring.

Romer, C.D. (1994), 'Re-Measuring Business Cycles', *Journal of Economic History*, September.

*Romer, C.D. (1999), 'Changes in Business Cycles: Evidence and Explanations', *Journal of Economic Perspectives*, Spring.

Romer, C.D. (2004), 'The Great Depression', in *Encyclopedia Britannica*, Upper Saddle River, NJ: Pearson Education.

Romer, C.D. and Romer, D.H. (1989), 'Does Monetary Policy Matter? A New Test in the Spirit of Friedman and Schwartz', *NBER Macroeconomics Annual*.

Romer, C.D. and Romer, D.H. (1994a), 'Monetary Policy Matters', *Journal of Monetary Economics*, August.

Romer, C.D. and Romer, D.H. (1994b), 'What Ends Recessions?', *NBER Macroeconomics Annual*.

Romer, C.D. and Romer, D.H. (eds) (1997), *Reducing Inflation: Motivation and Strategy*, Chicago: University of Chicago Press.

Romer, C.D. and Romer, D.H. (1999), 'Monetary Policy and the Well-Being of the Poor', *Federal Reserve Bank of Kansas City Economic Review*.

*Romer, C.D. and Romer, D.H. (2002), 'The Evolution of Economic Understanding and Postwar Stabilisation Policy', Department of Economics, University of California, Berkeley, Working Paper.

Romer, C.D. and Romer, D.H. (2004), 'Choosing the Federal Reserve Chair: Lessons from History', *Journal of Economic Perspectives*, Winter

*Romer, D. (1993), 'The New Keynesian Synthesis', *Journal of Economic Perspectives*, Winter.

Romer, D. (1996), *Advanced Macroeconomics*, New York: McGraw-Hill.

*Romer, D. (2000), 'Keynesian Macroeconomics Without the LM Curve', *Journal of Economic Perspectives*, Spring.

Romer, D. (2001), *Advanced Macroeconomics*, 2nd edn, New York: McGraw-Hill.

Romer, D. (2003), 'Misconceptions and Political Outcomes', *Economic Journal*, January.

Romer, P.M. (1986), 'Increasing Returns and Long-Run Growth', *Journal of Political Economy*, October.

Romer, P.M. (1987a), 'Crazy Explanations for the Productivity Slowdown', *NBER Macroeconomics Annual*.

Romer, P.M. (1987b), 'Growth Based on Increasing Returns Due to Specialisation', *American Economic Review*, May.

Romer, P.M. (1989), 'Capital Accumulation in the Theory of Long-Run Growth', in R.J. Barro (ed.), *Modern Business Cycle Theory*, Cambridge, MA: Harvard University Press.

Romer, P.M. (1990), 'Endogenous Technological Change', *Journal of Political Economy*, October.

Romer, P.M. (1993), 'Idea Gaps and Object Gaps in Economic Development', *Journal of Monetary Economics*, December.

*Romer, P.M. (1994a), 'The Origins of Endogenous Growth', *Journal of Economic Perspectives*, Winter.

Romer, P.M. (1994b), 'New Goods, Old Theory, and the Welfare Costs of Trade Restrictions', *Journal of Development Economics*, February.

*Romer, P.M. (1995), 'The Growth of Nations: A Comment on Mankiw', *Brookings Papers on Economic Activity*.

Rose-Ackerman, S. (2001), 'Trust and Honesty in Post-Socialist Societies', *Kyklos*.

Rosen, S. (1985), 'Implicit Contracts: A Survey', *Journal of Economic Literature*, September.

Rosenberg, N. (1994), *Exploring the Black Box: Technology, Economics and History*, Cambridge: Cambridge University Press.

Rosenberg, N. and Birdzell, L.E. (1986), *How the West Grew Rich*, New York: Basic Books.

Rostow, W.W. (1960), *The Stages of Economic Growth*, Cambridge: Cambridge University Press.

Rostow, W.W. (1990), *Theories of Economic Growth from David Hume to the Present*, Oxford: Oxford University Press.

Rotemberg, J.J. (1987), 'The New Keynesian Microfoundations', *NBER Macroeconomics Annual*.

Rotemberg, J.J. and Summers, L.H. (1990), 'Inflexible Prices and Procyclical Productivity', *Quarterly Journal of Economics*, November.

Rotemberg, J.J. and Woodford, M. (1991), 'Markups and the Business Cycle', *NBER Macroeconomics Annual*.

Rothbard, M.N. (1963), *America's Great Depression*, Los Angeles: Nash Publishing.

Rothschild, K.W. (1971), 'The Phillips Curve and All That', *Scottish Journal of Political Economy*, November.

Rush, M. (1987), 'Real Business Cycles', *Federal Reserve Bank of Kansas City Economic Review*, February.

Ryan, C. (2002), 'Business Cycles: Stylised Facts', in B. Snowdon and H.R. Vane (eds), *An Encyclopedia of Macroeconomics*, Cheltenham, UK and Northampton, MA, USA: Edward Elgar.

*Ryan, C. and Mullineux, A.W. (1997), 'The Ups and Downs of Modern Business Cycle Theory', in B. Snowdon and H.R. Vane (eds), *Reflections on the Development of Modern Macroeconomics*, Cheltenham, UK and Lyme, USA: Edward Elgar.

Rymes, T.K. (ed.) (1989), *Keynes's Lectures, 1932–35: Notes from a Representative Student*, London: Macmillan.

*Sachs, J.D. (1999), 'Twentieth-Century Political Economy: A Brief History of Global Capitalism', *Oxford Review of Economic Policy*, December.

*Sachs, J.D. (2003), 'Institutions Matter, But Not For Everything', *Finance and Development*, June.

*Sachs, J.D. and Warner, A.M. (1995), 'Economic Reform and the Process of Global Integration', *Brookings Papers on Economic Activity*.

Sachs, J.D. and Warner, A.M. (1997), 'Fundamental Sources of Long-Run Growth', *American Economic Review*, May.

Sachs, J.D. and Warner, A.M. (2001), 'The Curse of Natural Resources', *European Economic Review*, May.

Sala-i-Martin, X. (1997), 'I Just Ran 2 Million Regressions', *American Economic Review*, May.

Sala-i-Martin, X. (2002a), 'The Disturbing "Rise" of Global Inequality', NBER Working Paper, No. 8904, April.

Sala-i-Martin, X. (2002b), 'The World Distribution of Income', NBER Working Paper, No. 8933, May.

*Sala-i-Martin, X. and Subramanian, A. (2003), 'Addressing the Natural Resource Curse: An Illustration From Nigeria', NBER Working Paper, No. 9804, June.

Salant, W.S. (1988), 'The Spread of Keynesian Doctrines and Practices in the United States', in O.F. Hamouda and J.N. Smithin (eds), *Keynes and Public Policy After Fifty Years, Vol 1: Economics and Policy*, Aldershot, UK and Brookfield, USA: Edward Elgar.

Salop, S.C. (1979), 'A Model of the Natural Rate of Unemployment', *American Economic Review*, March.

Samuelson, P.A. (1939), 'Interactions Between the Multiplier Analysis and the Principle of Acceleration', *Review of Economics and Statistics*, May.

Samuelson, P.A. (1946), 'Lord Keynes and the General Theory', *Econometrica*, July.

Samuelson, P.A. (1948), *Economics*, New York: McGraw-Hill.

Samuelson, P.A. (1955), *Economics*, 3rd edn, New York: McGraw-Hill.

Samuelson, P.A. (1983), 'The Keynes Centenary: Sympathy From the Other Cambridge', *The Economist*, 25 June.

Samuelson, P.A. (1984), 'Evaluating Reagonomics', *Challenge*, November/December.

Samuelson, P.A. (1988), 'In the Beginning', *Challenge*, July/August.

*Samuelson, P.A. and Solow, R.M. (1960), 'Analytical Aspects of Anti-Inflationary Policy', *American Economic Review*, May.

Sandilands, R. (2002), 'Great Depression', in B. Snowdon and H.R. Vane (eds), *An Encyclopedia of Macroeconomics*, Cheltenham, UK and Northampton, MA, USA: Edward Elgar.

Sanfey, P.J. (1995), 'Insiders and Outsiders in Union Models', *Journal of Economic Surveys*.

*Santomero, A.M. and Seater, J.J. (1978), 'The Inflation–Unemployment Trade-Off: A Critique of the Literature', *Journal of Economic Literature*, June.

Sargent, T.J. (1979), *Macroeconomic Theory*, New York: Academic Press.

Sargent, T.J. (1982), 'The End of Four Big Inflations', in R.H. Hall (ed.), *Inflation: Causes and Effects*, Chicago: University of Chicago Press.

Sargent, T.J. (1993), *Rational Expectations and Inflation*, 2nd edn, New York: HarperCollins.

Sargent, T.J. (1999), *The Conquest of American Inflation*, Princeton: Princeton University Press.

Sargent, T.J. and Wallace, N. (1975), 'Rational Expectations, the Optimal Monetary Instrument and the Optimal Money Supply Rule', *Journal of Political Economy*, April.

Sargent, T.J. and Wallace, N. (1976), 'Rational Expectations and the Theory of Economic Policy', *Journal of Monetary Economics*, April.

Sargent, T.J. and Wallace, N. (1981), 'Some Unpleasant Monetarist Arithmetic', *Federal Reserve Bank of Minneapolis Quarterly Review*, Autumn.

Savage, L. (1954), *The Foundations of Statistics*, New York: John Wiley.

Say, J.B. (1821), *A Treatise on Political Economy*, London: Longmans.

Schmookler, J. (1966), *Invention and Economic Growth*, Cambridge, MA: Harvard University Press.

Schneider, F. and Frey, B. (1988), 'Politico-Economic Models of Macroeconomics Policy: A Review of the Empirical Evidence', in T.D. Willet (ed.), *Political Business Cycles: The Political Economy of Money, Inflation and Unemployment*, Durham, NC: Duke University Press.

Schuknecht, L. (1996), 'Political Business Cycles and Fiscal Policies in Developing Countries', *Kyklos*.

Schultz, K. (1995), 'The Politics of the Political Business Cycle', *British Journal of Political Science*.

Schumpeter, J.A. (1934), *The Theory of Economic Development*, Cambridge, MA: Harvard University Press.

Schumpeter, J.A. (1939), *Business Cycles*, New York: McGraw-Hill.

Schumpeter, J.A. (1942), *Capitalism, Socialism and Democracy*, London: Allen and Unwin.

Schwartz, A.J. (1992), *Monetarism and Monetary Policy*, IEA Occasional Paper No. 86, London: Institute of Economic Affairs.

Selgin, G.A. (1988), *The Theory of Free Banking: Money Supply Under Competitive Note Issue*, Totowa, NJ: Roman and Littlefield.

Shackle, G.L.S. (1967), *The Years of High Theory*, Cambridge: Cambridge University Press.

*Shackle, G.L.S. (1974), *Keynesian Kaleidics*, Edinburgh: Edinburgh University Press.

Shapiro, C. and Stiglitz, J. (1984), 'Equilibrium Unemployment as a Worker Discipline Device', *American Economic Review*, June.

Shaw, G.K. (1984), *Rational Expectations: An Elementary Exposition*, Brighton: Wheatsheaf.

Shaw, G.K. (1988), *Keynesian Economics: The Permanent Revolution*, Aldershot, UK and Brookfield, USA: Edward Elgar.

Shaw, G.K. (1992), 'Policy Implications of Endogenous Growth Theory', *Economic Journal*, May.

Shaw, G.K. (2002), 'Balanced Budget Multiplier', in B. Snowdon and H.R. Vane (eds), *An Encyclopedia of Macroeconomics*, Cheltenham, UK and Northampton, MA, USA: Edward Elgar.

Sheffrin, S. (1989), *The Making of Economic Policy*, Oxford: Basil Blackwell.

Sheffrin, S.M. (1996), *Rational Expectations*, 2nd edn, Cambridge: Cambridge University Press.

Shiller, R.J. (1997), 'Why Do People Dislike Inflation?', in C.D. Romer and D.H. Romer (eds), *Reducing Inflation: Motivation and Strategy*, Chicago: University of Chicago Press.

*Siebert, H. (1997), 'Labour Market Rigidities: At the Root of Unemployment in Europe', *Journal of Economic Perspectives*, Summer.

Siklos, P.L. (ed.) (1995), *Great Inflations of the Twentieth Century: Theories, Policies and Evidence*, Aldershot, UK and Brookfield, USA: Edward Elgar.

Simkins, S.P. (1994), 'Do Real Business Cycle Models Really Exhibit Business Cycle Behaviour?', *Journal of Monetary Economics*, April.

Sims, C.A. (1972), 'Money, Income, and Causality', *American Economic Review*, September.

Sims, C.A. (1980), 'Comparisons of Interwar and Postwar Business Cycles: Monetarism Reconsidered', *American Economic Review*, May.

Sims, C.A. (1983), 'Is There a Monetary Business Cycle?', *American Economic Review*, May.

Sims, C.A. (1996), 'Macroeconomics and Methodology', *Journal of Economic Perspectives*, Winter.

*Skidelsky, R. (1983), *John Maynard Keynes, Vol. 1: Hopes Betrayed 1883–1920*, London: Macmillan.

*Skidelsky, R. (1992), *John Maynard Keynes, Vol. 2: The Economist as Saviour 1920–1937*, London: Macmillan.

Skidelsky, R. (1996a), 'The Influence of the Great Depression on Keynes's *General Theory*', *History of Economics Review*, Winter–Summer.

Skidelsky, R. (1996b), *Keynes*, Oxford: Oxford University Press.

*Skidelsky, R. (2000), *John Maynard Keynes, Vol. 3: Fighting for Britain, 1937–46*, London: Macmillan.

Skousen, M. (1990), *The Structure of Production*, New York: New York University Press.

Smith, A. (1776), *An Inquiry Into the Nature and Causes of the Wealth of Nations*, R.H. Campbell and A.S. Skinner (eds) (1976), Oxford: Clarendon Press.

Smith, D. (1987), *The Rise and Fall of Monetarism: The Theory and Politics of an Economic Experiment*, Harmondsworth: Penguin.

Smith, R.T. (1992), 'The Cyclical Behaviour of Prices', *Journal of Money, Credit, and Banking*, November.

Smithin, J. (2002), 'Phillips Curve', in B. Snowdon and H.R. Vane (eds), *An Encyclopedia of Macroeconomics*, Cheltenham, UK and Northampton, MA, USA: Edward Elgar.

Snowdon, B. (1997), 'Politics and the Business Cycle', *Political Quarterly*, July.

Snowdon, B. (2001a), 'Keeping the Keynesian Faith: Alan Blinder on the Evolution of Macroeconomics', *World Economics*, April–June.

Snowdon, B. (2001b), 'Redefining the Role of the State: Stiglitz on Building a Post-Washington Consensus', *World Economics*, July–September.

Snowdon, B. (2001c), 'Bhagwati on Growth, Trade and Development in the Second Age of Globalisation', *World Economics*, October–December.

*Snowdon, B. (2002a), *Conversations on Growth, Stability and Trade*, Cheltenham, UK and Northampton, MA, USA: Edward Elgar.

Snowdon, B. (2002b), 'The Ups and Downs of Capitalism: Ben Bernanke on the "Great Depression" and the "Great Inflation" ', *World Economics*, April–June.

Snowdon, B. (2002c), 'In Praise of Historical Economics: Bradford DeLong on Growth, Development and Instability', *World Economics*, January–March.

Snowdon, B. (2002d), 'Should We Be Globaphobic About Globalisation? Dani Rodrik on the Economic and Political Implications of Increasing International Economic Integration', *World Economics*, October–December.

Snowdon, B. (2003a), 'In Search of the Holy Grail: William Easterly on the Elusive Quest for Growth and Development', *World Economics*, July–September.

Snowdon, B. (2003b), 'From Socialism to Capitalism and Democracy: Janos Kornai on the Trials of Socialism and Transition', *World Economics*, January–March.

Snowdon, B. (2003c), 'Back to the Future: Jeffrey Williamson on Globalisation in History', *World Economics*, October–December.

Snowdon, B. (2004a), 'Outside the Mainstream: Axel Leijonhufvud on Twentieth Century Macroeconomics', *Macroeconomic Dynamics*, February.

Snowdon, B. (2004b), 'Beyond the "Ivory Tower": Stanley Fischer on the Economics of Contemporary Global Issues', *World Economics*, January–March.

Snowdon, B. (2004c), 'Explaining the "Great Divergence": Daron Acemoglu on How Growth Theorists Rediscovered History and the Importance of Institutions', *World Economics*, April–June.

Snowdon, B. and Vane, H.R. (1995), 'New Keynesian Economics Today: The Empire Strikes Back', *American Economist*, Spring.

Snowdon, B. and Vane, H.R. (1996), 'The Development of Modern Macroeconomics: Reflections in the Light of Johnson's Analysis After Twenty-Five Years', *Journal of Macroeconomics*, Summer.

*Snowdon, B. and Vane, H.R. (eds) (1997a), *A Macroeconomics Reader*, London: Routledge.

Snowdon, B. and Vane, H.R. (1997b), 'Modern Macroeconomics and Its

Evolution from a Monetarist Perspective: An Interview with Professor Milton Friedman', *Journal of Economic Studies.*

Snowdon, B. and Vane, H.R. (1998), 'Transforming Macroeconomics: An Interview with Robert E. Lucas Jr.', *Journal of Economic Methodology*, June.

Snowdon, B. and Vane, H.R. (1999a), 'The New Political Macroeconomics', *American Economist*, Spring.

Snowdon, B. and Vane, H.R. (1999b), *Conversations with Leading Economists: Interpreting Modern Macroeconomics*, Cheltenham, UK and Northampton, MA, USA: Edward Elgar.

Snowdon, B. and Vane, H.R. (2002a), 'James Tobin, 1918–2002: An "Unreconstructed Old Keynesian" Who Wouldn't Quit', *World Economics*, July–September.

*Snowdon, B. and Vane, H.R. (2002b), *An Encyclopedia of Macroeconomics*, Cheltenham, UK and Northampton, MA, USA: Edward Elgar.

Snowdon, B., Vane, H.R. and Wynarczyk, P. (1994), *A Modern Guide to Macroeconomics: An Introduction to Competing Schools of Thought*, Aldershot, UK and Brookfield, USA: Edward Elgar.

Soh, B.H. (1986), 'Political Business Cycles in Industrialized Democratic Countries', *Kyklos.*

*Sokoloff, K. and Engerman, S. (2000), 'Institutions, Factor Endowments and Paths of Development in the New World', *Journal of Economic Perspectives*, Summer.

Solomou, S. (1996), *Themes in Macroeconomic History: The UK Economy, 1919–39*, Cambridge: Cambridge University Press.

Solow, R.M. (1956), 'A Contribution to the Theory of Economic Growth', *Quarterly Journal of Economics*, February.

Solow, R.M. (1957), 'Technical Change and the Aggregate Production Function', *Review of Economics and Statistics*, August.

Solow, R.M. (1966), 'The Case Against the Case Against the Guideposts' in G.P. Schultz and R.Z. Aliber (eds), *Guidelines, Informal Controls and the Market Place: Policy in a Full Employment Economy*, Chicago: University of Chicago Press.

Solow, R.M. (1979), 'Another Possible Source of Wage Stickiness', *Journal of Macroeconomics*, Winter.

Solow, R.M. (1980), 'On Theories of Unemployment', *American Economic Review*, March.

Solow, R.M. (1985), 'Economic History and Economics', *American Economic Review.*

Solow, R.M. (1986), 'What is a Nice Girl Like You Doing in a Place Like This? Macroeconomics After Fifty Years', *Eastern Economic Journal*, July–September.

Solow, R.M. (1988), 'Growth Theory and After', *American Economic Review*, June.

Solow, R.M. (1990), *The Labour Market as a Social Institution*, Oxford: Basil Blackwell.

Solow, R.M. (1994), 'Perspectives on Growth Theory', *Journal of Economic Perspectives*, Winter.

*Solow, R.M. (1997), 'Is There a Core of Usable Macroeconomics That We Should All Believe In?', *American Economic Review*, May.

Solow, R.M. (1998), 'How Cautious Must the Fed Be?', in R.M. Solow and J.B. Taylor, *Inflation, Unemployment and Monetary Policy*, Cambridge, MA: MIT Press.

*Solow, R.M. (2000), *Growth Theory: An Exposition*, 2nd edn, Oxford: Oxford University Press.

Solow, R.M. (ed.) (2001), *Landmark Papers in Economic Growth*, Cheltenham, UK and Northampton, MA, USA: Edward Elgar.

*Solow, R.M. (2002), 'Neoclassical Growth Model' in B. Snowdon and H.R. Vane (eds), An *Encyclopedia of Macroeconomics*, Cheltenham, UK and Northampton, MA, USA: Edward Elgar.

*Solow, R.M. and Taylor, J.B. (1998), *Inflation, Unemployment and Monetary Policy*, Cambridge, MA: MIT Press.

Solow, R.M. and Tobin, J. (1988), 'Introduction to the Kennedy Reports', in J. Tobin and M. Weidenbaum (eds), *Two Revolutions in Economic Policy: The First Economic Reports of Presidents Kennedy and Reagan*, Cambridge, MA: MIT Press.

Sowell, T. (1972), *Say's Law: An Historical Analysis*, Princeton: Princeton University Press.

Spence, M. (1974), *Market Signalling*, Cambridge, MA: Harvard University Press.

Sraffa, P. (1926), 'The Law of Returns Under Competitive Conditions', *Economic Journal*, December.

Stadler, G.W. (1990), 'Business Cycle Models with Endogenous Technology', *American Economic Review*, September.

*Stadler, G.W. (1994), 'Real Business Cycle Theory: A Survey', *Journal of Economic Literature*, December.

Stafford, G. (1999), 'Economic Growth: How Good Can it Get?, *American Economic Review*, May.

Staiger, D., Stock, J.H. and Watson, M.W. (1997), 'The NAIRU, Unemployment and Monetary Policy', *Journal of Economic Perspectives*, Winter.

Stein, H. (1969), *The Fiscal Revolution in America*, Chicago: University of Chicago Press.

Stewart, M. (1986), *Keynes and After*, 3rd edn, Harmondsworth: Penguin.

Stiglitz, J.E. (1984), 'Price Rigidities and Market Structure', *American Economic Review*, May.

*Stiglitz, J.E. (1987), 'The Causes and Consequences of the Dependency of Quality on Prices', *Journal of Economic Literature*, March.

*Stiglitz, J.E. (1992), 'Methodological Issues and the New Keynesian Economics', in A. Vercelli and N. Dimitri (eds), *Macroeconomics: A Survey of Research Strategies*, Oxford: Oxford University Press.

Stiglitz, J.E. (1993), *Economics*, New York: W.W. Norton.

*Stiglitz, J.E. (1997), 'Reflections on the Natural Rate Hypothesis', *Journal of Economic Perspectives*, Winter.

Stiglitz, J.E. (1999a), 'Central Banking in a Democratic Society', *De Economist*.

Stiglitz, J.E. (1999b), 'Towards a General Theory of Wage and Price Rigidities and Economic Fluctuations', *American Economic Review*, May.

*Stiglitz, J.E. (2000), 'The Contribution of the New Economics of Information to Twentieth Century Economics', *Quarterly Journal of Economics*, November.

*Stiglitz, J.E. (2002), 'Information and Change in the Paradigm in Economics', *American Economic Review*, June.

Stiglitz, J.E. and Greenwald, B. (2003), *Towards a New Paradigm in Monetary Economics*, Cambridge: Cambridge University Press.

Stock, J.H. and Watson, M.W. (1988), 'Variable Trends in Economic Time Series', *Journal of Economic Perspectives*, Summer.

Strigl, R. (2000 [1934]), *Capital and Production*, Auburn, AL: The Ludwig von Mises Institute.

Sugden, R. (1987), 'New Developments in the Theory of Choice Under Uncertainty', in J.D. Hey and P.J. Lambert (eds), *Surveys in the Economics of Uncertainty*, Oxford: Basil Blackwell.

Summers, L.H. (1986), 'Some Sceptical Observations on Real Business Cycle Theory', *Federal Reserve Bank of Minneapolis Quarterly Review*, Fall.

Summers, L.H. (1988), 'Relative Wages, Efficiency Wages, and Keynesian Unemployment', *American Economic Review*, May.

Summers, L.H. (1990), *Understanding Unemployment*, Cambridge, MA: MIT Press.

Summers, L.H. (1991a), 'The Scientific Illusion in Empirical Macroeconomics', *Scandinavian Journal of Economics*.

Summers, L.H. (1991b), 'How Should Long-Term Monetary Policy be Determined?', *Journal of Money, Credit, and Banking*, August.

Summers, L.H. (1996), 'Why are Central Banks Pursuing Price Stability? A Comment', *Achieving Price Stability: A Symposium*, sponsored by the Federal Reserve Banks of Kansas City, Kansas City, MO: The Bank.

Summers, R. and Heston, A. (1991), 'The Penn World Table (Mark 5): An Expanded Set of International Comparisons, 1950–88', *Quarterly Journal of Economics*, May.

*Svensson, L.E.O. (1996), 'The Scientific Contributions of Robert E. Lucas Jr.', *Scandinavian Journal of Economics*, March.

Svensson, L.E.O. (1997a), 'Optimal Inflation Targets, "Conservative" Central Banks and Linear Inflation Contracts', *American Economic Review*, March.

Svensson, L.E.O. (1997b), 'Inflation Forecast Targeting: Implementing and Monitoring Inflation Targets', *European Economic Review*, June.

Svensson, L.E.O. (1999), 'Inflation Targeting as a Monetary Policy Rule', *Journal of Monetary Economics*, June.

Svensson, L.E.O. (2000), 'The First Year of the Euro-System: Inflation Targeting or Not', *American Economic Review*, May.

Svensson, L.E.O. (2003a), 'Escaping From the Liquidity Trap: The Foolproof Way and Others', *Journal of Economic Perspectives*, Fall.

Svensson, L.E.O. (2003b), 'What is Wrong With Taylor Rules? Using Judgement in Monetary Policy Through Targeting Rules', *Journal of Economic Literature*, June.

Swan, T.W. (1956), 'Economic Growth and Capital Accumulation', *Economic Record*, November.

Tamura, R. (1996), 'From Decay to Growth: A Demographic Transition to Economic Growth', *Journal of Economic Dynamics and Control*, June–July.

*Tanzi, V. (1998), 'Corruption Around the World: Cause, Consequences, Scope and Cures, *IMF Staff Papers*, December.

Tanzi, V. (1999), 'Transition and the Changing Role of Government', *Finance and Development*, June.

Tanzi, V. and Schuknecht, L. (2000), *Public Spending in the Twentieth Century: A Global Perspective*, Cambridge: Cambridge University Press.

Tarshis, L. (1939), 'Changes in Real and Money Wages', *Economic Journal*, March.

Tavelli, H., Tullio, G. and Spinelli, F. (1998), 'The Evolution of European Central Bank Independence: An Updating of the Masciandaro and Spinelli Index', *Scottish Journal of Political Economy*, August.

Taylor, A.M. (1998), 'On the Costs of Inward-Looking Development: Price Distortions, Growth, and Divergence in Latin America', *Journal of Economic History*, March.

Taylor, H. (1985), 'Time Inconsistency: A Potential Problem for Policymakers', *Federal Reserve Bank of Philadelphia Business Review*, March/April.

Taylor, J. (1972), 'The Behaviour of Unemployment and Unfilled Vacancies: Great Britain, 1958–71, An Alternative View', *Economic Journal*, December.

Taylor, J.B. (1980), 'Aggregate Dynamics and Staggered Contracts', *Journal of Political Economy*, February.

Taylor, J.B. (1989), 'The Evolution of Ideas in Macroeconomics', *Economic Record*, June.

Taylor, J.B. (1992a), 'The Great Inflation, the Great Disinflation, and Policies for Future Price Stability' in A. Blundell-Wignall (ed.), *Inflation, Disinflation and Monetary Policy*, Sydney: Ambassador Press.

Taylor, J.B. (1992b), 'Synchronised Wage Determination and Macroeconomic Performance in Seven Large Countries', in A. Vercelli and N. Dimitri (eds), *Macroeconomics: A Survey of Research Strategies*, Oxford: Oxford University Press.

*Taylor, J.B. (1993), 'Discretion Versus Policy Rules in Practice', *Carnegie-Rochester Conference Series on Public Policy*, Amsterdam: North-Holland.

*Taylor, J.B. (1996), 'Stabilisation Policy and Long-Term Growth', in R. Landau, T. Taylor and G. Wright (eds), *The Mosaic of Economic Growth*, Stanford: Stanford University Press.

Taylor, J.B. (1997a), 'Comment', in C.D. Romer and D.H. Romer (eds), *Reducing Inflation: Motivation and Strategy*, Chicago: University of Chicago Press.

*Taylor, J.B. (1997b), 'A Core of Practical Macroeconomics', *American Economic Review*, May.

Taylor, J.B. (1998a), 'Monetary Policy Guidelines for Employment and Inflation Stability', in R.M. Solow and J.B. Taylor, *Inflation, Unemployment and Monetary Policy*, Cambridge, MA: MIT Press.

Taylor, J.B. (1998b), 'Monetary Policy and the Long Boom', *Federal Reserve Bank of St. Louis Review*, December.

Taylor, J.B. (1999), 'A Historical Analysis of Monetary Policy Rules', in J.B. Taylor (ed.), *Monetary Policy Rules*, Chicago: University of Chicago Press.

*Taylor, J.B. (2000a), 'Reassessing Discretionary Fiscal Policy', *Journal of Economic Perspectives*, Summer.

*Taylor, J.B. (2000b), 'Teaching Modern Macroeconomics at the Principles Level', *American Economic Review*, May.

Taylor, J.B. (2001), *Economics*, 3rd edn, New York: Houghton Mifflin.

Temin, P. (1976), *Did Monetary Forces Cause the Great Depression?*, New York: W.W. Norton.

*Temin, P. (1989), *Lessons From the Great Depression*, Cambridge, MA: MIT Press.

Temin, P. (1993), 'Transmission of the Great Depression', *Journal of Economic Perspectives*, Spring.

Temin, P. (1997), 'Is it Kosher to Talk About Culture?' *Journal of Economic History*, June.

Temin, P. (1998), 'The Causes of the American Business Cycle: An Essay in Economic Historiography', in J.C. Fuhrer and S. Schuh (eds), *Beyond Shocks*, Boston, MA: Boston Federal Reserve Bank.

Temple, J. (1998), 'Initial Conditions, Social Capital and Growth in Africa', *Journal of African Economies*, October.

*Temple, J. (1999), 'The New Growth Evidence', *Journal of Economic Literature*, March.

Temple, J. (2000), 'Inflation and Growth: Stories Short and Tall', *Journal of Economic Surveys*, September.

*Temple, J. (2003), 'The Long-Run Implications of Growth Theories', *Journal of Economic Surveys*, July.

Temple, J. and Johnson, P. (1998), 'Social Capital and Economic Growth', *Quarterly Journal of Economics*, August.

Theil, H. (1956), 'On the Theory of Economic Policy', *American Economic Review*, May.

Thirlwall, A.P. (1993), 'The Renaissance of Keynesian Economics', *Banca Nazionale del Lavoro Quarterly Review*, September.

Thurow, L.C. (1983), *Dangerous Currents: The State of Economics*, New York: Random House.

Thurow, L. (1992), *Head to Head*, New York: Morrow.

Timbrell, M. (1989), 'Contracts and Market Clearing in the Labour Market', in D. Greenaway (ed.), *Current Issues in Macroeconomics*, Basingstoke: Macmillan.

Tinbergen, J. (1952), *On The Theory of Economic Policy*, Amsterdam: North-Holland.

Tobin, J. (1958), 'Liquidity Preference as Behaviour Towards Risk', *Review of Economic Studies*, February.

Tobin, J. (1970), 'Money and Income: Post Hoc Ergo Propter Hoc', *Quarterly Journal of Economics*, May.

*Tobin, J. (1972a), 'Inflation and Unemployment', *American Economic Review*, March.

Tobin, J. (1972b), 'Friedman's Theoretical Framework', *Journal of Political Economy*, September/October.

Tobin, J. (1975), 'Keynesian Models of Recession and Depression', *American Economic Review*, May.

*Tobin, J. (1977), 'How Dead is Keynes?', *Economic Inquiry*, October.

Tobin, J. (1980a), *Asset Accumulation and Economic Activity: Reflections on Contemporary Macroeconomic Theory*, Oxford: Basil Blackwell.

*Tobin, J. (1980b), 'Are New Classical Models Plausible Enough to Guide Policy?', *Journal of Money, Credit, and Banking*, November.

Tobin, J. (1980c) 'Stabilisation Policy Ten Years After', *Brookings Papers on Economic Activity*.

*Tobin, J. (1981), 'The Monetarist Counter-Revolution Today – An Appraisal', *Economic Journal*, March.

Tobin, J. (1985), 'Theoretical Issues in Macroeconomics', in G.R. Feiwel (ed.), *Issues in Contemporary Macroeconomics and Distribution*, Albany: State University of New York Press.

*Tobin, J. (1987), *Policies For Prosperity: Essays in a Keynesian Mode*, P.M. Jackson (ed.), Brighton: Wheatsheaf.

Tobin, J. (1988), '"Comment" on David Romer's paper "What are the Costs of Excessive Deficits?"', *NBER Macroeconomics Annual*.

Tobin, J. (1989), 'Keynesian Theory: Is It Still a Useful Tool in the Economic Reality of Today?', *Revista di Politica Economica*, April.

*Tobin, J. (1993), 'Price Flexibility and Output Stability: An Old Keynesian View', *Journal of Economic Perspectives*, Winter.

Tobin, J. (1995), 'The Natural Rate as New Classical Economics', in R. Cross (ed.), *The Natural Rate of Unemployment: Reflections on 25 Years of the Hypothesis*, Cambridge: Cambridge University Press.

*Tobin, J. (1996), *Full Employment and Growth: Further Essays on Policy*, Cheltenham, UK and Brookfield, USA: Edward Elgar.

Tobin, J. (1997), 'An Overview of *The General Theory*', Cowles Foundation Paper, No. 947.

Tobin, J. (1998), 'Monetary Policy: Recent Theory and Practice', Cowles Foundation Discussion Paper, No. 1187.

Tobin, J. (2001), 'Fiscal Policy: Its Macroeconomics in Perspective', Cowles Foundation Discussion Paper, No. 1301, May.

Tocqueville, A. de (1835), *Democracy in America*, New York: Random House, 1954.

Tomlinson, J.D. (1984), 'A Keynesian Revolution in Economic Policy-Making?', *Economic History Review*, May.

Townshend, H. (1937), 'Liquidity-Premium and the Theory of Value', *Economic Journal*, March.

Treasury (1999), *The New Monetary Policy Framework*, London: H.M. Treasury.

Trevithick, J.A. (1975), 'Keynes, Inflation and Money Illusion', *Economic Journal*, March.

Trevithick, J.A. (1992), *Involuntary Unemployment: Macroeconomics from a Keynesian Perspective*, London: Harvester-Wheatsheaf.

Trevithick, J.A. and Stevenson, A. (1977), 'The Complementarity of Monetary Policy and Incomes Policy', *Scottish Journal of Political Economy*, February.

Trigg, A. (2002), 'Business Cycles: Keynesian Approach', in B. Snowdon and H.R. Vane (eds), *An Encyclopedia of Macroeconomics*, Cheltenham, UK and Northampton, MA, USA: Edward Elgar.

Tufte, E.R. (1975), 'Determinants of the Outcomes of Midterm Congressional Elections', *American Political Science Review*, September.

Tufte, E.R. (1978), *Political Control of the Economy*, Princeton, NJ: Princeton University Press.

Ugur, M. (ed.) (2002), *An Open Economy Macroeconomics Reader*, London: Routledge.

Vamvakidis, A. (2002), 'How Robust is the Growth–Openness Connection? Historical Evidence', *Journal of Economic Growth*, March.

Vane, H.R. (1992), 'The Thatcher Years: Macroeconomic Policy and Performance of the UK Economy, 1979–1988', *National Westminster Bank Quarterly Review*, May.

*Vane, H.R. and Mulhearn, C. (2004), 'The Nobel Memorial Prize in Economics: A Biographical Guide to Potential Future Winners', *World Economics*, January–March.

Vane, H.R. and Thompson, J.L. (1979), *Monetarism: Theory, Evidence and Policy*, Oxford: Martin Robertson.

Vercelli, A. (1991), *Methodological Foundations of Macroeconomics: Keynes and Lucas*, Cambridge: Cambridge University Press.

Vetter, H. and Andersen, T.M. (1994), 'Do Turnover Costs Protect Insiders?', *Economic Journal*, January.

Vickers, J. (1998), 'Inflation Targeting in Practice: The UK Experience', *Bank of England Quarterly Bulletin*, November.

*Vines, D. (2003), 'John Maynard Keynes 1937–46: The Creation of International Macroeconomics', *Economic Journal*, June.

Von Neumann, J. and Morgenstern, O. (1953), *The Theory of Games and Economic Behaviour*, 3rd edn, Princeton: Princeton University Press.

Wagner, R. (1977), 'Economic Manipulation For Political Profit: Macroeconomic Consequences and Constitutional Implications', *Kyklos*.

Waller, C.J. and Walsh, C.E. (1996), 'Central Bank Independence, Economic Behaviour and Optimal Term Lengths', *American Economic Review*, December.

Walsh, C.E. (1986), 'New Views of the Business Cycle: Has the Past Emphasis on Money Been Misplaced?', *Federal Reserve Bank of Philadelphia Business Review*, February.

Walsh, C.E. (1993), 'Central Bank Strategies, Credibility and Independence: A Review Essay', *Journal of Monetary Economics*, November.

Walsh, C.E. (1995a), 'Optimal Contracts for Central Bankers', *American Economic Review*, March.

Walsh, Carl (1995b), 'Recent Central-Bank Reforms and the Role of Price Stability as the Sole Objective of Monetary Policy', *NBER Macroeconomics Annual*.

Walsh, C.E. (1998), *Monetary Theory and Policy*, Cambridge, MA: MIT Press.

Walters, A.A. (1971), 'Consistent Expectations, Distributed Lags and the Quantity Theory', *Economic Journal*, June.

Walters, B. and Young, D. (1997), 'On the Coherence of Post Keynesian Economics', *Scottish Journal of Political Economy*, August.

Warming, J. (1932), 'International Difficulties Arising Out of the Financing of Public Works During a Depression', *Economic Journal*, June.

Weber, S. (1997), 'The End of the Business Cycle?', *Foreign Affairs*, July/ August.

Weintraub, E.R. (1979), *Microfoundations*, Cambridge: Cambridge University Press.

Weiss, A. (1980), 'Job Queues and Layoffs in Labour Markets with Flexible Wages', *Journal of Political Economy*, June.

Weiss, A. (1991), *Efficiency Wages: Models of Unemployment, Layoffs and Wage Dispersion*, Oxford: Clarendon Press.

Weitzman, M.L. (1985), 'Profit Sharing as Macroeconomic Policy', *American Economic Review*, May.

Wheeler, M. (ed.) (1998), *The Economics of the Great Depression*, Kalamazoo, MI: W.E. Upjohn Institute for Employment Research.

White, H. (1992), 'The Macroeconomic Impact of Development Aid: A Critical Survey', *Journal of Development Studies*, January.

White, L.H. (1989), *Competition and Currency: Essays on Free Banking and Money*, New York: New York University Press.

Wickens, M. (1995), 'Real Business Cycle Analysis: A Needed Revolution in Macroeconometrics', *Economic Journal*, November.

Wicksell, K. (1958), 'Ends and Means in Economics', in his *Selected Papers on Economic Theory* (ed. E. Lindahl), London: Allen and Unwin.

*Willet, T.D. (ed.) (1988), *Political Business Cycles: The Political Economy of Money, Inflation and Unemployment*, Durham, NC: Duke University Press.

Williamson, S.D. (1996), 'Real Business Cycle Research Comes of Age: A Review Essay', *Journal of Monetary Economics*, August.

Wilson, T. (1980), 'Robertson, Money and Monetarism', *Journal of Economic Literature*, December.

Winters, A. (2004), 'Trade Performance and Economic Performance: An Overview', *Economic Journal*, February.

Wittman, D.A. (1977), 'Candidates with Policy Preferences: A Dynamic Model', *Journal of Economic Theory*, February.

*Woodford, M. (2000), 'Revolution and Evolution in Twentieth-Century Macroeconomics', in P. Gifford (ed.), *Frontiers of the Mind in the Twenty-First Century*, Cambridge, MA: Harvard University Press.

Woolley, J.T. (1994), 'The Politics of Monetary Policy: A Critical Review', *Journal of Public Policy*.

World Bank (1993), *The East Asian Miracle: Economic Growth and Public Policy*, Oxford: Oxford University Press.

*World Bank (1997), *The State in a Changing World*, Oxford: Oxford University Press.

World Bank (1998/9), *Knowledge for Development*, Oxford: Oxford University Press.

*World Bank (2002), *Building Institutions for Markets*, Oxford: Oxford University Press.

Wright, G. (1997), 'Towards a More Historical Approach to Technological Change', *Economic Journal*, September.

Wrigley, E. (1988), *Continuity, Chance and Change: The Character of the Industrial Revolution in England*, Cambridge: Cambridge University Press.

Yang, X. (2003), *Economic Development and the Division of Labour*, Oxford: Blackwell.

*Yellen, J.L. (1984), 'Efficiency Wage Models of Unemployment', *American Economic Review*, May.

*Yergin, D. and Stanislaw, J. (1999), *The Commanding Heights: The Battle Between Government and the Marketplace That is Remaking the Modern World*, New York: Touchstone.

Ying, L.G. (1999), 'China's Changing Regional Disparities During the Reform Period', *Economic Geography*, January.

Young, A. (1928), 'Increasing Returns and Economic Progress', *Economic Journal*, December.

Young, A. (1992), 'A Tale of Two Cities: Factor Accumulation and Technical Change in Hong Kong and Singapore', *NBER Macroeconomics Annual*.

Young, A. (1994), 'Lessons from the East Asian NICs: A Contrarian View', *European Economic Review*, April.

*Young, A. (1995), 'The Tyranny of Numbers: Confronting the Statistical Realities of the East Asian Growth Experience', *Quarterly Journal of Economics*, August.

Young, W. (1987), *Interpreting Mr. Keynes: The IS–LM Enigma*, Cambridge: Polity Press.

Young, W. and Darity, W. Jr (2004), 'IS–LM–BP', in M. De Vroey and K.D. Hoover (eds), *The IS–LM Model: Its Rise, Fall and Strange Persistence*, Durham, NC: Duke University Press.

Young W. and Zilberfarb, B.Z. (eds) (2000), *IS–LM and Modern Macroeconomics*, Boston, MA: Kluwer Academic Publishers.

Zak, P.J. and Knack, S. (2001), 'Trust and Growth', *Economic Journal*, April.

Zarnowitz, V. (1985), 'Recent Work on Business Cycles in Historical Perspective', *Journal of Economic Literature*, June.

*Zarnowitz, V. (1992a), 'What is a Business Cycle?', in M. Belongia and M. Garfinkel (eds), *The Business Cycle: Theories and Evidence*, London: Kluwer Academic Publishers.

Zarnowitz, V. (1992b), *Business Cycles: Theory, History, Indicators and Forecasting*, Chicago: University of Chicago Press.

*Zijp, R. (1993), *Austrian and New Classical Business Cycle Theories: A Comparative Study Through the Method of Rational Reconstruction*, Aldershot, UK and Brookfield, USA: Edward Elgar.

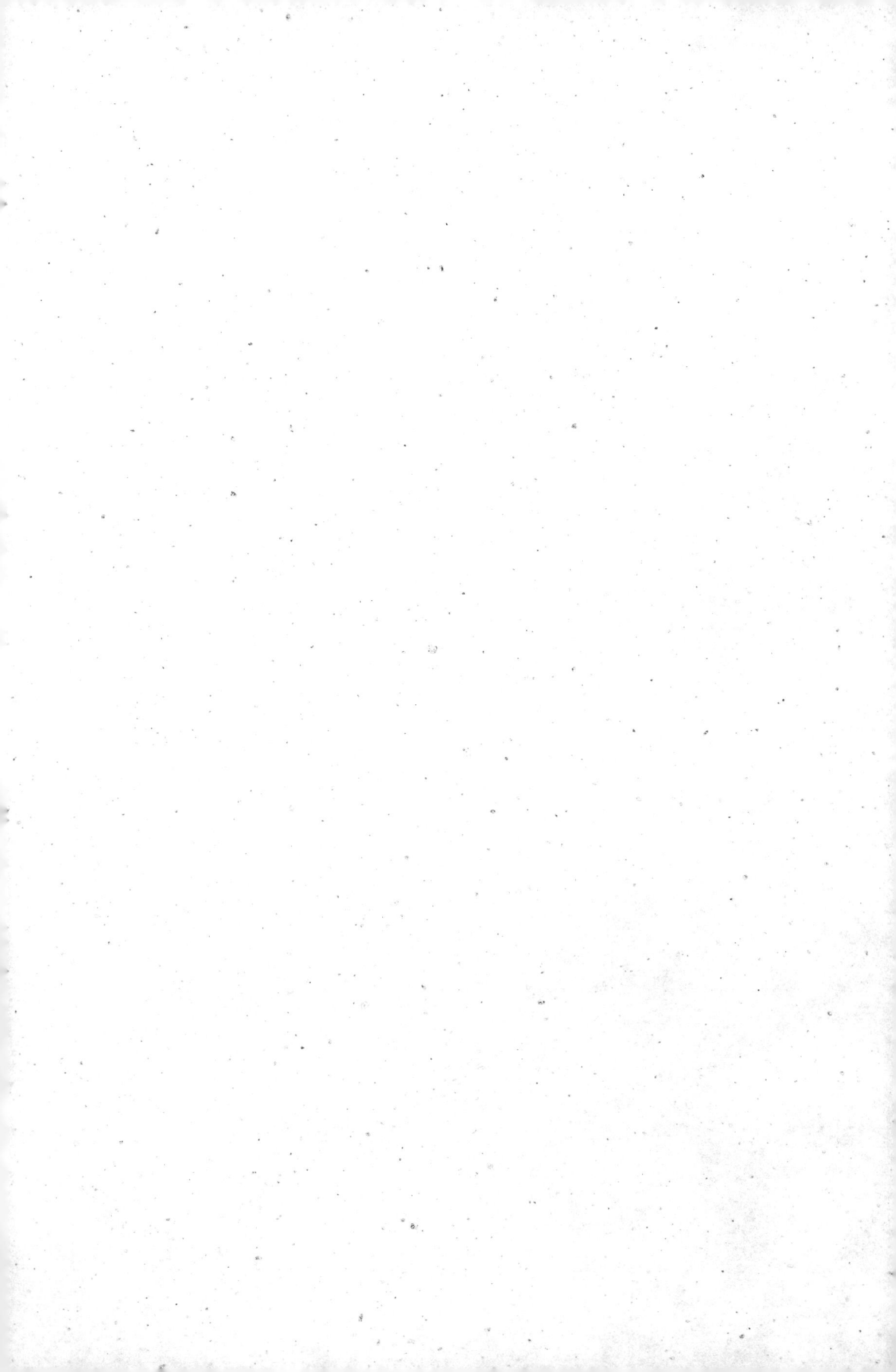